史记

中华经典轻松读

陈明星◎主编
农梅珍◎编注

北京时代华文书局

图书在版编目（CIP）数据

史记 / 农美珍编注. -- 北京 : 北京时代华文书局,2019.1
（中华经典轻松读 / 陈明星主编）
ISBN 978-7-5699-2794-8

Ⅰ. ①史… Ⅱ. ①农… Ⅲ. ①中国历史－古代史－纪传体②《史记》－译文
③《史记》－注释 Ⅳ. ①K204.2

中国版本图书馆CIP数据核字(2018)第275198号

中华经典轻松读
Zhonghua Jingdian Qingsong Du

史 记
Shiji

著　　者 | 农美珍 编注

出 版 人 | 王训海
选题策划 | 胡俊生
责任编辑 | 张超峰
装帧设计 | 颜森设计
责任印制 | 刘　银

出版发行 | 北京时代华文书局 http://www.bjsdsj.com.cn
北京市东城区安定门外大街 136 号皇城国际大厦 A 座 8 楼
邮编：100011　电话：010－64267120　64267397
印　　刷 | 固安县京平诚乾印刷有限公司　0316-6170166
（如发现印装质量问题，请与印刷厂联系调换）
开　　本 | 710mm×1000mm　1/16
印　　张 | 56.25
字　　数 | 590千字
版　　次 | 2019年7月第1版　　2019年7月第1次印刷
书　　号 | ISBN 978-7-5699-2794-8
定　　价 | 120.00元

前言

中国古代的文人学士，将道德修养和品格完善视为比生命还重要的东西。多少先贤曾立誓不饮盗泉之水，不食嗟来之食，进而把“贫贱不能移、富贵不能淫、威武不能屈”当成是上善的品格标准。

学识渊博的司马迁，一直把先贤衡量品格完美与否的标准，当成是自己修养品行的目标。于是他不顾冒犯天子，替涉嫌叛敌的将军李陵求情。这正是义理之所在，而司马迁不愧是“威武不能屈”的典范。

这样做的结果，直接导致司马迁遭受残酷的宫刑。自古以来，除了无力供养生计，或者甘心为奴的人，才不得不净身，除此之外是没有哪个男人会自愿接受宫刑的。司马迁为了伸张正义，付出了惨重的代价。他也曾在生与死之间徘徊，几度不堪受辱而欲轻生。然而最终，他选择继续生存下去。忍辱偷生是否意味着他丧失了男子汉应有的气节呢？司马迁用一部不朽的巨著，给世人答案，向历史证明。

《史记》是一部真正伟大的著作，是一座无法逾越的丰碑。

历史是一面镜子。中华泱泱大国，历史源远流长。注重对历史的总结和借鉴，是中华民族特有的优良风格。对此，司马迁的《史记》功不可没。

在司马迁之前，人们对历史的研究，一致推崇孔子的《春秋》。然而《春秋》的缺陷与不足，在《史记》问世后便凸显了出来。由于它是对少数帝王的言行记述，所以无法完整重现整个历史的全貌，再加上条目式的文字叙述，比起《史记》生动的笔法，显得有些枯燥。

《史记》在历史学领域开创了一种全新的体例。作为第一部纪传体通史，它具有两个明显的标志性特征：

其一，《史记》记事从传说中的三皇五帝开始，直到汉武帝时期，前后横跨两千五百余年，它把中华文明的源头整理得异常清晰，让后世之人，能轻易地从中华文明的各种演变中，寻找和总结出规律性的经验与教训，这是此前所有著作都无法实现的。

其二，《史记》也呈现给后人历史人物的真实面貌。他们不是神，也不是工具，而是血肉丰腴的生命个体；历史事件亦不是单纯孤立的存在，而是相互关联的因果。司马迁开创的纪传体史学形式，成功地做到了这一点，从而使后世史学家有了一个可资借鉴的模板，甚至可以说，中国后世的史学家和优秀的历史著作，都没能超过这个范畴。

司马迁的《史记》还有另一项耀眼的成就，那就是研究历史的方法。许多历史著作，往往过于偏重帝王将相的事迹，而忽略了更多的社会群体。司马迁却站在一个特殊的高度，俯瞰社会大众。他关注民生，强调社会群体对历史发展的影响和决定性作用。《史记》真实体现了作者极为先进的历史观和方法论。

在《史记》中，太史公把项羽、吕后列入本纪，把孔子、陈涉列入世家，同时还为刺客、善辩者等立传等，无不独具匠心。

《史记》不仅是一部光耀千古的历史巨著，还是一部伟大的文学巨著。鲁迅先生曾对此做出高度评价："史家之绝唱，无韵之离骚。"此评价也已经为大众所认可。

中国文学，自发源伊始，莫不以抒情和议论性质为主流，叙述性文学，甚至史学，因受制于体裁及叙述形式，往往显得较为单薄和苍白。《史记》的出现，改变了中国文学的这种现状，推进了中国优秀叙事文学的发展进程。它不仅把客观的历史人物和事件演绎得如此生动，而且还直接成为唐代传奇、宋元话本、明清小说的艺术蓝本。

由此，我们不难看出，正是司马迁忍下了一时之辱，才诞生了《史记》这部承传不朽的伟大著作。他正是以"明知不可为而为之"的大无畏精神，树立起了中华文明史上一座不朽的丰碑。

本书在编写过程中，参阅了大量的资料，并得到工作伙伴们的大力支持和帮助，在此对编委会老师常永楠、刘中洋、孙红丹、唐海燕、田苗、郑宇、朱慧俐、罗礼华、施中狱、郭汉尧、刘贤华、梅凤华、范敦海、朱刚、何泽明、温彩风、袁公明、聂超军、宋劝其、杜启龙、杨莎莎、徐小花、颜阳、农梅珍等，表示感谢。

目　录

本　纪

世　家

列 传

本纪

第一章 五帝本纪

【原文】

黄帝者，少典之子，姓公孙，名曰轩辕。生而神灵，弱而能言，幼而徇齐，长而敦敏，成而聪明。

轩辕之时，神农氏世衰。诸侯相侵伐，暴虐百姓，而神农氏弗能征。于是轩辕乃习用干戈，以征不享，诸侯咸来宾从。而蚩尤最为暴，莫能伐。炎帝欲侵陵诸侯，诸侯咸归轩辕。轩辕乃修德振兵，治五气，艺五种，抚万民，度四方，教熊罴貔貅貙虎，以与炎帝战于阪泉之野。三战，然后得其志。蚩尤作乱，不用帝命。于是黄帝乃征师诸侯，与蚩尤战于涿鹿之野，遂禽杀蚩尤。而诸侯咸尊轩辕为天子，代神农氏，是为黄帝。天下有不顺者，黄帝从而征之，平者去之，披山通道，未尝宁居。

【译文】

黄帝是少典的儿子，姓公孙，名轩辕。他一出生，便表现出超乎寻常的异禀，几个月大就会说话了，幼年思维敏捷，口齿伶俐，随着年龄的增长，他更加敦厚勤敏，成年后见多识广，能通晓天下大事。

轩辕的时候，炎帝神农氏已经开始衰落，诸侯征战不休，残害百姓，但是神农氏却无力征讨。于是轩辕就开始操练军队，以武力来征讨那些不来朝贡的诸侯，天下诸侯都来归顺。但是蚩尤最为残暴，还没有谁能够有能力去征讨他。炎帝准备侵犯诸侯，诸侯都来归附轩辕氏。于是轩辕就推行德政，同时强化军队，以顺应四时五方的自然气象，种五谷，抚百姓，并丈量规划四方土地，训练勇猛的劲旅。凭借这些，轩辕氏与炎帝在阪泉之野展开了大战，战斗数次后，轩辕氏终于取得了胜利。蚩尤叛乱，不服从黄帝轩辕氏的命令。于是轩辕氏就向各路诸侯征调军队，与蚩尤在涿鹿展开了决战，蚩尤兵败被俘，并最终被杀死。轩辕氏被诸侯推为天子，从而取代了炎帝神农氏，这就是黄帝。天下凡是有不归顺者，黄帝就立即进行征讨，平定以后就离开，他披荆斩棘、开山凿道，没有过过一天安逸的日子。

【原文】

东至于海，登丸山，及岱宗。西至于空桐，登鸡头。南至于江，登熊、湘。北逐荤粥，合符釜山，而邑于涿鹿之阿。迁徙往来无常处，以师兵为营卫。官名皆以云命，为云师。置左右大监，监于万国。万国和，而鬼神山川封禅与为多焉。获宝鼎，迎日推筴。举风后、力牧、常先、大鸿以治民。顺天地之纪，幽明之占，死生之说，存亡之难。时播百谷草木，淳化鸟兽虫蛾，旁罗日月星辰水波土石金玉，劳勤心力耳目，节用水火材物。有土德之瑞，故号黄帝。

黄帝二十五子，其得姓者十四人。

黄帝居轩辕之丘，而娶于西陵之女，是为嫘祖。嫘祖为黄帝正妃，生二子，其后皆有天下：其一曰玄嚣，是为青阳，青阳降居江水；其二曰昌意，降居若水。昌意娶蜀山氏女，曰昌仆，生高阳，高阳有圣德焉。黄帝崩，葬桥山。其孙昌意之子高阳立，是为帝颛顼也。

帝颛顼高阳者，黄帝之孙而昌意之子也。静渊以有谋，疏通而知事；养材以任地，载时以象天，依鬼神以制义，治气以教化，絜诚以祭祀。北至于幽陵，南至于交阯，西至于流沙，东至于蟠木。动静之物，大小之神，日月所照，莫不砥属。

【译文】

东到大海边，登上了丸山和泰山；西到崆峒，登上了鸡头山；南到长江，登上了熊山和湘山；北驱逐了荤粥，在釜山与各路诸侯验合符瑞，并在涿鹿山下建起了都城。迁徙往来，住处不固定，只是在营地的周围布置军队来作为护卫的屏障。用云来命名所设的官职，连军队都叫作“云师”。设置左右大监来监察天下诸侯。天下诸侯和睦相处，所以对鬼神山川的祭祀封禅，远远多于以往任何时候。黄帝又获得了宝鼎，用通灵草来预测日辰节气。风后、力牧、常先、大鸿被推举来治理民众。顺应天地四时的自然规律，预测阴阳五行的日常变化，制定养生送死的礼仪制度，推究国家兴衰存亡的道理。他按照节气时令播种谷物草木驯化鸟兽虫鱼，帝德旁及日月星辰的运行，水土玉石的性能等等各项事务，使自己的心力耳目劳苦，对山川林泽的物产资源进行有节制地使用。由于有“土德”的祥瑞出现，所以被人们称为“黄帝”。

黄帝有二十五个儿子，得到姓氏的有十四个。

黄帝住在轩辕之丘时，娶了西陵氏的女儿为妻，就是嫘祖。她是黄帝的正妃，并给黄帝生了两个儿子，他们的后代都统治过天下：一个叫玄嚣，即青阳，其封地在长江；另一个叫昌意，其封地在若水。昌意娶了蜀山氏的女子为妻，叫昌仆，生了高阳，高阳有圣德。黄帝死后，葬在桥山。他的孙子高阳，也就是昌意的儿子即位，即颛顼帝。

颛顼帝高阳是黄帝的孙子，昌意的儿子。他宁静深沉又智慧，通达又明事理，他充分利用土地以养材育物，按照时令节气办事以顺应自然规律，以鬼神的名义来制定礼仪制度，治理四时五气以教化百姓，诚心诚意来祭祀。疆域北到幽陵，南至交趾，西到流沙，东到蟠木。动植物、大小神，但凡日月星辰能够照到的地方，没有一处不是属于他的。

【原文】

帝颛顼生子曰穷蝉。颛顼崩，而玄嚣之孙高辛立，是为帝喾。

帝喾高辛者，黄帝之曾孙也。高辛父曰蟜极，蟜极父曰玄嚣，玄嚣父曰黄帝。自玄嚣与蟜极皆不得在位，至高辛即帝位。高辛于颛顼为族子。

高辛生而神灵，自言其名。普施利物，不于其身。聪以知远，明以察微。顺天之义，知民之急。仁而威，惠而信，修身而天下服。取地之财而节用之，抚教万民而利诲之，历日月而迎送之，明鬼神而敬事之。其色郁郁，其德嶷嶷。其动也时，其服也士。帝喾溉执中而遍天下，日月所照，风雨所至，莫不从服。

帝喾娶陈锋氏女，生放勋。娶娵訾氏女，生挚。帝喾崩，而挚代立。帝挚立，不善，而弟放勋立，是为帝尧。

帝尧者，放勋。其仁如天，其知如神。就之如日，望之如云。富而不骄，贵而不舒。黄收纯衣，彤车乘白马。能明驯德，以亲九族。九族既睦，便章百姓。百姓昭明，合和万国。

【译文】

颛顼帝生了个儿子，叫作穷蝉。颛顼帝死后，玄嚣的孙子高辛即位，即帝喾。

帝喾高辛是黄帝的曾孙，他的父亲叫蟜极，蟜极的父亲是玄嚣，玄嚣的父亲就是黄帝。从玄嚣到蟜极都没有统治天下，直到高辛才即帝位。高辛是颛顼的侄子。

高辛一出生就很灵异，自己说出了自己的名字。他广施恩泽以普及万物，但是从来都不考虑个人私利。聪明伶俐，见多识广，通晓事理，洞察万物。顺应上天，急百姓之急。仁爱不失威严，慈宽诚信，注重自身修养以使天下归心。对于物产资源，他充分利用而又有节制，对于百姓的抚育教导，他能够因势利导，对于历法的制定，他能够符合日月星辰的运行和春夏秋冬的变化，对于鬼神之道，他能够申明其理，并虔诚地供奉。他的态度庄严肃穆，德高望重，言行举止无不顺应天时，衣食住行又跟普通人没有区别。帝喾治理国家，就像春雨滋润万物一样，不偏不倚，但凡日月能够照到的地方，风雨所能达到的地方，没有不服从他的统治的。

帝喾娶陈锋氏的女子为妻，生子放勋。又娶娵訾氏的女子，生子挚。帝喾死后，由挚即位。帝挚在位的时候治理不善，其弟放勋取而代之，即帝尧。

帝尧就是放勋。他的仁德堪与天齐，他的智慧可比神灵。靠近他就像靠近太阳般温暖，仰望他就像仰望高洁白云。他富有但不骄奢，尊贵但不放纵。常常戴黄色礼帽，穿黑色礼服，乘白马拉的朱红色座车。由于他能够发扬光大恭顺的美德，所以能使九族和睦团结。九族和睦之后又能使百官的职责明确。百官各尽其责，又能使四方诸侯和睦融洽。

【原文】

乃命羲、和，敬顺昊天，数法日月星辰，敬授民时。分命羲仲，居郁夷，曰旸谷。敬道日出，便程东作。日中，星鸟，以殷中春。其民析，鸟兽字微。申命羲叔，居南交。便程南为，敬致。日永，星火，以正中夏。其民因，鸟兽希革。申命和仲，居西土，曰昧谷。敬道日入，便程西成。夜中，星虚，以正中秋。其民夷易，鸟兽毛毨。申命和叔；居北方，曰幽都。便在伏物。日短，星昴，以正中冬。其民燠，鸟兽氄毛。岁三百六十六日，以闰月正四时。信饬百官，众功皆兴。

尧曰："谁可顺此事？"放齐曰："嗣子丹朱开明。"尧曰："吁！顽凶，不用。"尧又曰："谁可者？"讙兜曰："共工旁聚布功，可用。"尧曰："共工善言，其用僻，似恭漫天，不可。"尧又曰："嗟，四岳，汤汤洪水滔天，浩浩怀山襄陵，下民其忧，有能使治者？"皆曰鲧可。尧曰："鲧负命毁族，不可。"岳曰："异哉，试不可用而已。"尧于是听岳用鲧。九岁，功用不成。

【译文】

于是尧帝便命羲氏、和氏敬顺上天，取法日月星辰的运行规律，教导百姓按照节气时令的变化来安排劳动生产。分别任命羲氏、和氏：命羲仲住在郁夷，此地又叫旸谷。恭敬地迎接日出，安排耕种的事务。春分日，昼夜长短一致，然后根据黄昏时鸟星的出现，推定仲春的节气。这时候百姓就去田野从事劳作，鸟兽也开始交尾；再命羲叔住在南交，安排并管理夏季的农作，务必谨慎敬业。夏至那天，白天最长，然后根据黄昏时火星的出现，推定仲夏的节气。此时的百姓更加辛勤劳作，鸟兽也开始换上稀疏的羽毛；再命和仲住在西方一个叫昧谷的地方，恭送太阳落山，安排并管理秋收事务。秋分那天，昼夜一样长短，再根据黄昏时虚星的出现，推定仲秋的季节。此时百姓喜悦和谐，鸟兽也都长好了羽毛；再命和叔住在北方一个叫幽都的地方，安排并管理冬藏的事宜。冬至那天，白天最短，再根据黄昏时昂星的出现，推定仲冬的节气。此时百姓都在室内，穿着厚衣服，鸟兽也都长了细密的绒毛以御寒。一年是三百六十六天，用闰月来调整季节的偏差。切实地整饬训诫百官，各项事业都蒸蒸日上。

尧说："谁能顺承天意来接帝位？"放齐说："你的嗣子丹朱通达开

明。”尧说：“唉，他生性顽劣，又好斗，不能任用。”尧又说：“谁可以？” 讙兜说：“共工做事很见成效，可以任用。”尧说：“共工能言善辩，但是心地不善良，看起来很恭顺，但内心却敢欺瞒上天，不能任用。”尧又说：“唉，四岳诸侯，眼下洪水滔天，包围了群山，淹没了高地，百姓忧心忡忡，谁能去治理呢？”众人都推说鲧可以。尧说：“鲧不遵教令，危害同类，不能任用。”四岳说：“并非如此吧，先试试，实在不行就算了。”尧于是听从四岳的建议，让鲧去治水。九年过去了，鲧治水毫无成效。

【原文】

尧曰：“嗟！四岳：朕在位七十载，汝能庸命，践朕位？”岳应曰：“鄙德忝帝位。”尧曰：“悉举贵戚及疏远隐匿者。”众皆言于尧曰：“有矜在民间，曰虞舜。”尧曰：“然，朕闻之。其何如？”岳曰：“盲者子。父顽，母嚚，弟傲，能和以孝，烝烝治，不至奸。”尧曰：“吾其试哉。”于是尧妻之二女，观其德于二女。舜饬下二女于妫汭，如妇礼。尧善之，乃使舜慎和五典，五典能从。乃遍入百官，百官时序。宾于四门，四门穆穆，诸侯远方宾客皆敬。尧使舜入山林川泽，暴风雷雨，舜行不迷。尧以为圣，召舜曰：“女谋事至而言可绩，三年矣。女登帝位。”舜让于德不怿。正月上日，舜受终于文祖。文祖者，尧大祖也。

【译文】

尧说：“唉，四岳啊，我在位七十年了，你们谁能顺承天命，来接替我的位子呢？”四岳说：“我们肤浅的德行会玷污了帝位的。”尧说：“那你们就把所知道的人才都推荐来吧。”众人都对尧说：“民间有个叫虞舜的单身汉。”尧说：“我也听说了。此人如何？”四岳说：“他的父亲是个盲人，冥顽不化，其母心地阴暗，兄弟傲慢无礼，他都能以孝道亲和他们，使他们上进，不至于奸恶。”尧说：“那就试试他吧。”于是尧就把自己的两个女儿都嫁给了舜，并通过女儿来考察舜的德行。舜告诫自己的妻子要放下架子，住在沩水河边谨守妇道。对此，尧很赞赏，于是他就放手让舜来推行五种教典，并且民众都能遵从。又让舜参与百官事务，百官的事务处理得井井有条。让舜在四门接待宾客，接待工作庄严肃穆，来宾也都态度恭敬。尧又派舜进入山川林泽，遇到狂风暴雨时，舜都没有迷失过方向。尧觉得他有圣智，便召见他说："你办什么事情都很成功，说过的话也都有实绩可察，转眼已经三年了，你来即帝位吧。"但是舜还是认为自己的德行不够，所以一直推辞谦让。尽管如此，正月初一那天，尧还是在文祖庙将帝位禅让给了舜。文祖就是尧的太祖。

【原文】

于是帝尧老，命舜摄行天子之政，以观天命。舜乃在璇玑玉衡，以齐七政。遂类于上帝，禋于六宗，望于山川，辩于群神。揖五瑞，择吉月日，见四岳诸牧，班瑞。岁二月，东巡狩，至于岱宗，祡，望秩于山川。遂见东方君长，合时月正日，同律度量衡，修五礼五玉三帛二生一死为挚，如五器，卒乃复。五月，南巡狩；八月，西巡狩；十一月，北巡狩：皆如初。归，至于祖祢庙，用特牛礼。五岁一巡狩，群后四朝。遍告以言，明试以功，车服以庸。肇十有二州，决川。象以典刑，流宥五刑，鞭作官刑，扑作教刑，金作赎刑。眚灾过，赦；怙终贼，刑。钦哉，钦哉，惟刑之静哉！

【译文】

于是尧帝告老还家，命舜代理天子执政，以观察上天的旨意。舜于是就通过璇玑玉衡观察天象，确定日月星辰的位置和它们运行的情况。于是以"类礼"来祭祀上天，用"禋礼"来祭天地四时，用"望礼"来祭祀名山大川，然后又遍祭各路神灵。接受五种瑞玉，并选择吉利的日子，接受四岳及各方诸侯的朝拜，向他们颁赐瑞玉。这年二月，舜巡视东方，到达泰山，烧柴祭天；然后又按等级祭祀了其他山川；于是召见东方诸侯，校订节气四时和月份大小，校正一天的时辰，并统一音律、度量衡、修订吉、凶、宾、军、嘉五种礼仪，规定用五种玉、三种帛、两种生物、一种死物来作为初次见面时的赠礼。至于那五种玉器，礼仪结束后仍然物归原主。五月，巡视南方；八月，巡视西方；十一月巡视北方，这期间所做的一切事情都跟巡视东方一样。回来后就到尧的祖庙和父庙祭祀，祭品是一头公牛。每五年巡视一次，其间的四年里，天下诸侯君长轮流朝见天子，舜对他们的告诫都是治理国家的方法，并明确考察他们的政绩，对政绩突出者给予车服等赏赐。开始将全国分为十二个州，疏通河道。把常用的刑律刻在器物上，对于触犯五刑的罪犯，用流放来宽赦，官府的刑罚是鞭刑，学校的刑罚是戒尺，也可以用金钱来减赎刑罚。如果是无心之过，或是因灾害而造成的犯罪都可以被赦免，而那些屡教不改的犯人却会受到更加严重的惩罚。谨慎啊，一定要谨慎啊，对于刑罚一定要慎之又慎啊！

【原文】

讙兜进言共工，尧曰不可而试之工师，共工果淫辟。四岳举鲧治鸿水，尧以为不可，岳强请试之，试之而无功，故百姓不便。三苗在江淮、荆州数为乱。于是舜归而言于帝，请流共工于幽陵，以变北狄；放讙兜于崇山，以变南蛮；迁三苗于三危，以变西戎；殛鲧于羽山，以变东夷：四罪而天下咸服。

尧立七十年得舜，二十年而老，令舜摄行天子之政，荐之于天。尧辟位凡二十八年而崩。百姓悲哀，如丧父母。三年，四方莫举乐，以思尧。尧知子丹朱之不肖，不足授天下，于是乃权授舜。授舜，则天下得其利而丹朱病；授丹朱，则天下病而丹朱得其利。尧曰“终不以天下之病而利一人”，而卒授舜以天下。尧崩，三年之丧毕，舜让辟丹朱于南河之南。诸侯朝觐者不之丹朱而之舜，狱讼者不之丹朱而之舜，讴歌者不讴歌丹朱而讴歌舜。舜曰“天也”，夫而后之中国践天子位焉，是为帝舜。

虞舜者，名曰重华。重华父曰瞽叟，瞽叟父曰桥牛，桥牛父曰句望，句望父曰敬康，敬康父曰穷蝉，穷蝉父曰帝颛顼，颛顼父曰昌意：以至舜七世矣。自从穷蝉以至帝舜，皆微为庶人。

【译文】

讙兜向尧引荐共工做接班人，被拒绝。于是就试用为工师，共工果然放纵。四岳推举鲧治理水，尧也认为不可以，试用后也确实毫无成效，百姓深感不便。三苗在江淮、荆州一带屡次作乱，舜巡视回来就向尧汇报，请求将共工流放到幽陵，以改变北狄的习俗；将讙兜流放到崇山，以改变南蛮的习俗；将三苗迁移到三危，以改变西戎的习俗；将鲧流放到羽山，以改变东夷的习俗。这四个罪人被惩罚后，天下都心悦诚服。

尧在位七十年才得到舜，又经过了二十年告老，命舜代行天子之政事，将他推荐给上天。尧退位二十八年后去世了。百姓都像死了父母一样悲痛哀伤。三年内，天下没有人奏乐，为的便是对他的悼念。知道自己的儿子丹朱不足以授予天下，尧就将帝位让给了舜。舜得了帝位，天下人都能得到好处，只有丹朱一人受到损害；丹朱得了帝位，则天下人都会受到损害，而只有丹朱一人会得利。尧觉得不能让全天下人受害而让一个人得利。所以最终将帝位传给了舜。

虞舜叫重华，重华的父亲叫瞽叟，瞽叟的父亲叫桥牛，桥牛的父亲叫句望，句望的父亲叫敬康，敬康的父亲叫穷蝉，穷蝉的父亲就是颛顼帝，颛顼的父亲是昌意，从昌意到舜已经有了七代。而从穷蝉到帝舜，中间几位都是普通百姓，地位低微。

【原文】

舜父瞽叟盲，而舜母死，瞽叟更娶妻而生象，象傲。瞽叟爱后妻子，常欲杀舜，舜避逃；及有小过，则受罪。顺事父及后母与弟，日以笃谨，匪有解。

舜，冀州之人也。舜耕历山，渔雷泽，陶河滨，作什器于寿丘，就时于负夏。舜父瞽叟顽，母嚚，弟象傲，皆欲杀舜。舜顺适不失子道，兄弟孝慈。欲杀，不可得；即求，尝在侧。

舜年二十以孝闻。三十而帝尧问可用者，四岳咸荐虞舜，曰可。于是尧乃以二女妻舜以观其内，使九男与处以观其外。舜居妫汭，内行弥谨。尧二女不敢以贵骄事舜亲戚，甚有妇道。尧九男皆益笃。舜耕历山，历山之人皆让畔；渔雷泽，雷泽上人皆让居；陶河滨，河滨器皆不苦窳。一年而所居成聚，二年成邑，三年成都。

【译文】

舜的父亲瞽叟是个盲人，舜的生母去世后，其父便娶了一个妻子，生下了狂傲骄纵的象。父亲偏爱象，想杀了舜，舜不得不逃避躲闪，有一点小过失都会被处罚。他态度恭顺，毫无怨言地侍奉父亲、后母和弟弟，每天都小心谨慎，不敢有丝毫的怠慢。

舜是冀州人，他曾在历山种过地，在雷泽捕过鱼，在黄河边做过陶器，在寿丘做过手艺活，还在负夏做过买卖。冥顽不善的父亲，搬弄是非的后母，狂傲骄纵的弟弟，他们都想把舜杀掉。但是由于舜谨守孝道，总是没有杀他的理由和机会；并且有事需要他来处理时，他又总是能随时来到身边。

舜二十岁的时候就以孝道闻名乡里了。三十岁时，尧询问可用的人才，四岳诸侯就荐举了他。于是尧就将两个女儿嫁给他，以观察他治家的能力；让九个儿子跟他交往，以观察他处世的方式。舜住在沩水湾，治家一丝不苟，尧的两个女儿也不敢以自己尊贵的地位来傲慢地对待舜的家人，谨守妇道。尧的九个儿子也变得更加忠厚友爱。舜在历山耕地，历山的人就从不争地界；舜在雷泽捕鱼，雷泽人都互相让出便于捕鱼的位置；舜在黄河制作陶器，那里的陶器就没有粗制滥造的。凡是舜居住的地方，一年之内就会聚成村落，两年内就会发展成城镇，三年便会壮大成为都市。

【原文】

尧乃赐舜絺衣，与琴，为筑仓廪，予牛羊。瞽叟尚复欲杀之，使舜上涂廪，瞽叟从下纵火焚廪。舜乃以两笠自扞而下，去，得不死。后瞽叟又使舜穿井，舜穿井为匿空旁出。舜既入深，瞽叟与象共下土实井，舜从匿空出，去。瞽叟、象喜，以舜为已死。象曰“本谋者象。”象与其父母分，于是曰：“舜妻尧二女，与琴，象取之。牛羊仓廪予父母。”象乃止舜宫居，鼓其琴。舜往见之。象鄂不怿，曰：“我思舜正郁陶！”舜曰：“然，尔其庶矣！”舜复事瞽叟爱弟弥谨。于是尧乃试舜五典百官，皆治。

【译文】

尧于是就赐给舜细葛布衣和琴，替建造仓库，还赐给他一些牛羊。父亲还是想杀舜，他让舜爬上去修补仓房，自己却从下边放火焚烧仓房。舜就用俩斗笠护住身子跳了下来，并逃离，才免得一死。后来父亲又让舜挖井，舜就事先挖了一个暗道可以从旁边的井口出来。在舜将井挖得很深的时候，父亲和弟弟就一起往井里填土，舜就从暗道逃离险境。父亲瞽叟和弟弟象都很高兴，他们以为舜死了。象说：“最先出此主意者是我。”象就和父母分割舜的家产，于是说：“舜的妻子，也就是尧的两个女儿，还有一把琴，这些都归我；牛羊和仓房分给父母。”于是象就住在舜的居室，弹着舜的琴。舜回来后看到象。象惊愕且不高兴，但仍假意说道：“我正在闷闷不乐地思念哥哥舜。”舜说：“是啊，你是个好人，我们之间的感情也实在是深厚！”舜又重新侍奉父母，爱护弟弟，态度比原来还要恭敬。于是尧就试着让舜来推行五种伦理和担任各种官职来测试他是否能够胜任，结果都干得很好。

【原文】

昔高阳氏有才子八人，世得其利，谓之“八恺”。高辛氏有才子八人，世谓之“八元”。此十六族者，世济其美，不陨其名。至于尧，尧未能举。舜举八恺，使主后土，以揆百事，莫不时序。举八元，使布五教于四方，父义，母慈，兄友，弟恭，子孝，内平外成。

昔帝鸿氏有不才子，掩义隐贼，好行凶慝，天下谓之浑沌。少皞氏有不才子，毁信恶忠，崇饰恶言，天下谓之穷奇。颛顼氏有不才子，不可教训，不知话言，天下谓之梼杌。此三族世忧之。至于尧，尧未能去。缙云氏有不才子，贪于饮食，冒于货贿，天下谓之饕餮。天下恶之，比之三凶。舜宾于四门，乃流四凶族，迁于四裔，以御螭魅，于是四门辟，言毋凶人也。

【译文】

过去，高阳氏有八个儿子，都很有才能，世人从他们那里受益很多，称他们“八恺”。高辛氏也有八个儿子，他们才干也很出众，世人称他们“八元”。这十六个有才能之人的后代，世代成就他们的德行，不辱没祖先的声誉。到了尧的时代，尧没有举用他们的后代。舜举用了“八恺”的后代，让他们主持土地事务，他们恪尽职守，将所有的事情都做得井然有序。举用“八元”的后代，让他们在天下布施教诲，使为人父者都仁义，为人母者都慈爱，为人兄者都友爱，为人弟者都恭敬，为人子者都孝顺，国内所有的部族都太平，边远地区的部族都向往归附。

从前，帝鸿氏有个不成材的儿子，掩盖仁义，阴狠残暴，好做凶恶之事，世人都称呼他为“浑沌”。少皞氏也有个不成器的儿子，毁败信义，憎恶忠直，满口恶毒的言论，世人称其为“穷奇”。颛顼氏也有个不成材的儿子，凶顽不接受教育，不分言语好坏，世人称其为“梼杌”。这三个家族，世代为人们所忧惧。到尧的时候，尧没有将他们的祸害除去。缙云氏也有个不成器的儿子，他贪酒恋食，贪钱图财，世人都称其为“饕餮”。世人都厌恶他，并将他同以上三凶相提并论。舜在掌管四门迎宾事务时，就将这四家凶族驱逐流放了，将他们迁到四方偏远的地方，用他们来抵御更加邪恶谄媚的人。于是，四方之门通达，可以说没有凶恶的人了。

【原文】

舜入于大麓，烈风雷雨不迷，尧乃知舜之足授天下。尧老，使舜摄行天子政，巡狩。舜得举用事二十年，而尧使摄政。摄政八年而尧崩。三年丧毕，让丹朱，天下归舜。而禹、皋陶、契、后稷、伯夷、夔、龙、倕、益、彭祖自尧时而皆举用，未有分职。于是舜乃至于文祖，谋于四岳，辟四门，明通四方耳目，命十二牧论帝德，行厚德，远佞人，则蛮夷率服。舜谓四岳曰：“有能奋庸美尧之事者，使居官相事？”

皆曰：“伯禹为司空，可美帝功。”舜曰：“嗟，然！禹，汝平水土，维是勉哉。”禹拜稽首，让于稷、契与皋陶。舜曰：“然，往矣。”舜曰：“弃，黎民始饥，汝后稷播时百谷。”舜曰：“契，百姓不亲，五品不驯，汝为司徒，而敬敷五教，在宽。”舜曰：“皋陶，蛮夷猾夏，寇贼奸宄，汝作士，五刑有服，五服三就；五流有度，五度三居：维明能信。”舜曰：“谁能驯予工？”皆曰垂可。于是以垂为共工。

【译文】

舜进入高山大麓，即使遇到暴风雷雨也不迷失方向，不误事，尧就知道舜是一个可以把整个天下托付的人。尧称老还家后，由舜来代行天子之职，并到全国各地去巡察。舜受到推举任用已经二十年了，然后尧才让他代行政事，八年后尧就去世了。丧礼是三年，结束后由丹朱继承帝位，但是世人却都归附舜。禹、皋陶、契、后稷、伯夷、夔、龙、倕、益、彭祖等人，自尧帝时就被任用，只是他们没有明确的分工。于是舜就到文祖庙，召集四方诸侯进行商讨，开放四方之门，以明白通晓各地所反映的意见，命十二位地方长官讨论天子的德行，认为只要推行德政，使民众远离邪佞的人，这样就会使蛮夷从服。舜对诸侯说："谁要是能将尧帝的事业发扬光大，就让他总领官位以辅佐我的政事。"

众人都说："伯禹做司空就可光大尧的功业。"舜说："是啊，禹，你就去治理水土吧，希望你能不负众望。"禹跪拜叩头，想推让给后稷、契和皋陶。舜说："就这样了，你去上任吧。"舜说："弃，百姓都挨饿了，你去负责农事吧，组织他们播种谷物粮食。"舜说："契，百姓之间不和睦，五常伦理不顺适，你去做司徒，认真推行五常伦理的教导，做事一定要宽厚啊。"舜说："皋陶，华夏被蛮夷扰乱，抢劫杀人也内外为患，你去做狱官之长吧，量刑要适中，执行五种刑罚要在郊野、市、朝三个不同的地方。流放也要有一定的尺度，五种流放要确定三等远近不同的处所。要严明公允，使人信服。"舜说："谁来担任我的工官？"众人都推举垂。于是让垂做共工，统领工匠事宜。

【原文】

舜曰："谁能驯予上下草木鸟兽？"皆曰益可。于是以益为朕虞。益拜稽首，让于诸臣朱虎、熊罴。舜曰："往矣，汝谐。"遂以朱虎、熊罴为佐。舜曰："嗟！四岳，有能典朕三礼？"皆曰伯夷可。舜曰："嗟！伯夷，以汝为秩宗，夙夜维敬，直哉维静絜。"伯夷让夔、龙。舜曰："然。以夔为典乐，教稚子，直而温，宽而栗，刚而毋虐，简而毋傲；诗言意，歌长言，声依永，律和声，八音能谐，毋相夺伦，神人以和。"夔曰："於！予击石拊石，百兽率舞。"舜曰："龙，朕畏忌谗说殄伪，振惊朕众，命汝为纳言，夙夜出入朕命，惟信。"舜曰："嗟！女二十有二人，敬哉，惟时相天事。"三岁一考功，三考绌陟，远近众功咸兴。分北三苗。

此二十二人咸成厥功：皋陶为大理，平，民各伏得其实；伯夷主礼，上下咸让；垂主工师，百工致功；益主虞，山泽辟；弃主稷，百谷时茂；契主司徒，百姓亲和；龙主宾客，远人至；十二牧行而九州莫敢辟违；唯禹之功为大，披九山，通九泽，决九河，定九州，各以其职来贡，不失厥宜。

【译文】

舜说："谁能替我掌管山林水泽中的草木鸟兽呢？"众人推举益。于是就任命益担任虞官。益跪拜叩头，想推让给朱虎、熊罴等人。舜说："你很合适，去吧，你们可以合作。"于是就让这两个人作为益的助手。舜说："啊！天下的诸侯，谁能替我掌管天、地、人三事之礼呢？"众人皆推伯夷。舜说："伯夷啊，就任命你掌管祭祀的礼官吧，早晚都要虔诚恭敬，掌礼施教都要清明、洁净、正直。"伯夷谦让给夔龙。舜说："可以。就任命夔龙做典乐官吧，用诗歌舞蹈来教导贵族子弟，要正直而温和，宽厚又不失严格，刚毅又不肆虐，简易而不傲慢；用诗来表现人的情志，用歌咏唱诗中的意义。五声要根据歌咏的需要，用音律来配合自然美妙的音乐，使八种乐器的声音能够协调一致，不互相错夺侵扰，这样一来，神、人之间就会达到欢悦和谐。"夔说："啊！我拊击石磬，连百兽都会为音乐所感而相率起舞。"舜说："龙，我厌恶忌讳那种诬陷他人的坏话和伪善的人，为了他们不扰乱我的臣民，任命你为纳言的官，早晚传达我的政令。务必要诚信。"舜说："啊！你们二十二人一定要认真办事啊，希望你们顺应时势辅佐我完成上天交给我们的天下大事。"舜每三年考察一次政绩，经过三次考察来决定官员的升迁，如此一来，远近的各项事业都逐渐兴旺起来了。舜又分别处理了北部边境的三苗氏部族。

被任命的这二十二人都成就了他们的功业。皋陶主管刑狱，执法公平，民众对他的判决都心服口服。伯夷主持礼仪，上下都表现谦让。垂担任工官，各种制作都达到了应有的功效。益做虞官，山川林泽都得到了开发利用。弃担任农官，各种谷物都顺应天时长得非常茂盛。契担任司徒，百姓亲近和睦。龙负责接待宾客，远方的诸侯和外族都欣然来朝贡。十二个地方官推行政令，各地的民众都没有谁敢逃避违背。只有禹的功劳是最大的，他开通了九座大山，疏浚了九处湖泽，疏浚了九条河流，划定了九州地界，使各州君长都按照相应的职务来进贡物产，没有失掉他们应有的规范的。

【原文】

方五千里，至于荒服。南抚交阯、北发，西戎、析枝、渠廋、氐、羌，北山戎、发、息慎，东长、鸟夷，四海之内咸戴帝舜之功。于是禹乃兴九招之乐，致异物，凤皇来翔。天下明德皆自虞帝始。

舜年二十以孝闻，年三十尧举之，年五十摄行天子事，年五十八尧崩，年六十一代尧践帝位。践帝位三十九年，南巡狩，崩于苍梧之野。葬于江南九嶷，是为零陵。舜之践帝位，载天子旗，往朝父瞽叟，夔夔唯谨，如子道。封弟象为诸侯。舜子商均亦不肖，舜乃豫荐禹于天。十七年而崩。三年丧毕，禹亦乃让舜子，如舜让尧子。诸侯归之，然后禹践天子位。尧子丹朱，舜子商均，皆有疆土，以奉先祀。服其服，礼乐如之。以客见天子，天子弗臣，示不敢专也。

【译文】

方圆五千里的国土，一直到达荒服的遥远地带。南边抚有交趾、北发，西边抚有戎、析枝、渠廋、氐、羌，北方抚有山戎、发、息慎，东边抚有长、鸟夷，四海之内，没有不感戴帝舜的功绩的。于是禹创作了《九韶》之乐来歌颂帝舜，还招来了各方奇珍异物，连凤凰也飞来盘旋起舞。天下的清明政德都是从虞舜时代开始的。

舜二十岁的时候，以孝顺闻名，三十岁时被尧举用，五十岁时代行天子的政事，五十八岁时尧去世，六十一岁时接替尧的帝位。登上帝位三十九年，到南方巡察时，死在苍梧境内。葬在长江南部的九嶷山，就是零陵。舜登上帝位后，用车子载着天子的旌旗，去朝拜父亲瞽叟，态度和悦恭敬，谨守做儿子的孝道。又封弟弟象做有鼻地方的诸侯。舜的儿子商均也不成器，于是舜就预先将禹推荐给了上天，让禹代行政事。十七年后就逝世了。三年的丧礼结束后，禹就把帝位又让给了舜的儿子，就像当初舜将帝位让给了尧的儿子一样。诸侯都归附他，后来禹就登上了帝位。尧的儿子丹朱和舜的儿子商均都有疆土，来供奉他们的祖先。他们仍然穿戴祖传的服饰，用自己家族的礼乐，朝见天子时用宾客的礼仪，天子不将他们看作臣下，以表示不敢专有天子的神威，不敢专有天下。

【原文】

自黄帝至舜、禹，皆同姓而异其国号，以章明德。故黄帝为有熊，帝颛顼为高阳，帝喾为高辛，帝尧为陶唐，帝舜为有虞。帝禹为夏后而别氏，姓姒氏。契为商，姓子氏。弃为周，姓姬氏。

太史公曰：学者多称五帝，尚矣。然尚书独载尧以来；而百家言黄帝，其文不雅驯，荐绅先生难言之。孔子所传宰予问五帝德及帝系姓，儒者或不传。余尝西至空桐，北过涿鹿，东渐于海，南浮江淮矣，至长老皆各往往称黄帝、尧、舜之处，风教固殊焉，总之不离古文者近是。予观春秋、国语，其发明五帝德、帝系姓章矣，顾弟弗深考，其所表见皆不虚。书缺有间矣，其轶乃时时见于他说。非好学深思，心知其意，固难为浅见寡闻道也。余并论次，择其言尤雅者，故著为本纪书首。

【译文】

从黄帝到舜、禹，都出自同姓，不同的只是他们立国以后的称号，以显扬各自的光明德行。所以黄帝的号是有熊，帝颛顼的号是高阳，帝喾的号是高辛，帝尧的号是陶唐，帝舜的号是有虞，帝禹的号是夏后，又另有姓氏，姓姒。契是商的始祖，姓子。弃是周的祖先，姓姬。

太史公说：多数学者都称说五帝，但是五帝的时代还是太久远。然而《尚书》只记载尧以来的政事史料，其他各家对黄帝的叙述文字都不雅驯，即使是有学问的人都不是很明白。孔子传下来的宰予问《五帝德》和《帝系姓》。儒生们认为不是圣人的言论，所以很少传习。我曾经西到崆峒，北过涿鹿，东至海滨，南渡江淮，所到之处都能听到长老们各自称颂的一些黄帝、尧、舜的典故，知道这些地方的风俗教化本来有些不同，但还是不背离古文经籍的说法比较接近事实。我在读《春秋》《国语》的时候发现，其中阐发《五帝德》《帝系姓》的内容是很明显的，只不过人们没有进一步考究罢了，其实它们的记述都不虚妄。《尚书》的缺失遗漏由来已久，别的记载里往往还有其散轶的内容。倘若不是好学，深加思考，对事情的真相心领神会，那就肯定很难对那些孤陋寡闻的人说清楚了。我对所收集的材料加以编排考察，选择其中记述得特别典雅合理的，因而编著成这篇本纪，并将其作为全书的首篇。

【评析】

三皇五帝都是我国古代传说中的重要人物，尤其是尧和舜都被儒家尊奉为“圣人”，其“禅让”的故事更是被后人争相传颂，成为美谈。司马迁写尧和舜两位古代的帝王，很大程度上寄托了自己的政治理想。像尧、舜这样的帝王，他们心胸宽广、谦逊仁爱，公而忘私、任劳任怨，心中想的是天下的苍生，而不是一己之利。当时的人们彼此以诚相待，和谐相处，这就与秦汉以来的专制以及为了功名利禄而进行的战争形成了鲜明的对比。尧、舜无疑是太史公心中的理想帝王，其受推崇的程度可见一斑。

第二章 夏本纪

【原文】

夏禹，名曰文命。禹之父曰鲧，鲧之父曰帝颛顼，颛顼之父曰昌意，昌意之父曰黄帝。禹者，黄帝之玄孙而帝颛顼之孙也。禹之曾大父昌意及父鲧皆不得在帝位，为人臣。

当帝尧之时，鸿水滔天，浩浩怀山襄陵，下民其忧。尧求能治水者，群臣四岳皆曰鲧可。尧曰："鲧为人负命毁族，不可。"四岳曰："等之未有贤于鲧者，愿帝试之。"于是尧听四岳，用鲧治水。九年而水不息，功用不成。于是帝尧乃求人，更得舜。舜登用，摄行天子之政，巡狩。行视鲧之治水无状，乃殛鲧于羽山以死。天下皆以舜之诛为是。于是舜举鲧子禹，而使续鲧之业。

尧崩，帝舜问四岳曰："有能成美尧之事者使居官？"皆曰："伯禹为司空，可成美尧之功。"舜曰："嗟，然！"命禹："女平水土，维是勉之。"禹拜稽首，让于契、后稷、皋陶。舜曰："女其往视尔事矣。"

【译文】

夏禹，名叫文命。禹的父亲叫鲧，鲧的父亲叫颛顼，颛顼的父亲叫昌意，昌意的父亲就是黄帝。禹就是黄帝的玄孙、颛顼的孙子。禹的曾祖父昌意和父亲鲧都没有继承帝位，他们都只是天子的臣民。

当帝尧时代，滔滔洪水浩浩荡荡地包围了大山高地，百姓都非常忧惧。帝尧求能治水之人，众人都说鲧可以，尧认为鲧不遵从教令，毁坏同族，不可用。但是大家还是希望尧试用一下，于是尧就听取大家的意见，命鲧去治水。用了九年的时间都没有将洪水制服，不见成效。于是尧又去寻求能够继承帝位的人，就得到了舜。舜被任用，代行天子的政事，他到各地视察。在巡视的过程中，舜发现鲧治水没有任何功效，就将鲧流放到了羽山，结果在那里死去。世人都认为舜对鲧的惩罚是正确的。于是舜又推举鲧的儿子禹来继续其父的治水事业。

帝尧死后，帝舜就问四方诸侯："谁能够将尧的事业发扬光大，让他任官职呢？"大家都说："伯夷做司空，可以成就完美尧的事业。"舜说："嗯，好！"他又命令禹："你去治理水土吧，务必勤勉地将此事办好。"禹跪拜叩头，想推让给契、后稷、皋陶等人。舜说："你还是去就职尽责吧。"

【原文】

禹为人敏给克勤；其德不违，其仁可亲，其言可信；声为律，身为度，称以出；亹亹穆穆，为纲为纪。

禹乃遂与益、后稷奉帝命，命诸侯百姓兴人徒以傅土，行山表木，定高山大川。禹伤先人父鲧功之不成受诛，乃劳身焦思，居外十三年，过家门不敢入。薄衣食，致孝于鬼神。卑宫室，致费于沟淢。陆行乘车，水行乘船，泥行乘橇，山行乘檋。左准绳，右规矩，载四时，以开九州，通九道，陂九泽，度九山。令益予众庶稻，可种卑湿。命后稷予众庶难得之食。食少，调有余相给，以均诸侯。禹乃行相地宜所有以贡，及山川之便利。

【译文】

禹为人机敏聪慧，又肯吃苦；他仁义有道德，和蔼可亲，言语诚信；话音适应钟律，行为举止合乎规矩，衡量好了再处理官事，勤勤恳恳，端庄恭敬，成为百官的典范。

禹于是就和益、后稷奉舜的旨命，敦促诸侯百官发动民众运土治水。他攀行山岭，并用木做标记，测定山川的形势。禹因伤感于父亲没有将洪水治理好而受到惩罚，就劳苦身躯，焦心思虑，在外劳苦奔波十三年，路过家门也不敢进去歇一歇。他节衣缩食，却致力于用丰洁的祭品来孝敬鬼神；自己的居室简陋，却致力于将大量费用来修筑沟淢。他坐车在陆地行进，驾船在水路行进，乘橇在泥滩上行进，穿铁齿的鞋子在山地行进。为了测量地形，他一年四季都带着准绳和规矩在身上，以开发九州土地，疏通九条河道，修治九处湖泽，测量九大山系。命益将稻种分发给百姓，让他们可以在低湿的地方耕种。命后稷分发给百姓短缺的食物。食物量少时，就从多余的地方调剂以互相补充，以便各地物品均衡。禹于是根据各地的特色来确定他们所能进贡的物品，以及将物品运到京都所经山川的便利路线。

【原文】

禹行自冀州始。冀州：既载壶口，治梁及岐。既修太原，至于岳阳。覃怀致功，至于衡漳。其土白壤。赋上上错，田中中，常、卫既从，大陆既为。鸟夷皮服。夹右碣石，入于河。

济、河维沇州：九河既道，雷夏既泽，雍、沮会同，桑土既蚕，于是民得下丘居土。其土黑坟，草繇木条。田中下，赋贞，作十有三年乃同。其贡漆丝，其篚织文。浮于济、漯，通于河。

海岱维青州：堣夷既略，潍、淄其道。其土白坟，海滨广潟，厥田斥卤。田上下，赋中上。厥贡盐絺，海物维错，岱畎丝、枲、铅、松、怪石，莱夷为牧，其篚酓丝。浮于汶，通于济。

【译文】

禹巡行治水是从冀州开始的。冀州：治理完壶口，就去治理梁山和岐山。已经修治了太原地区，又修治到大岳山的南面。治理好覃怀，又去治理横流入黄河的漳水。冀州的土壤白而细软松柔，贡赋为上上等级，有时为中等级，田地为中中等级。常水和卫水疏通后，大陆水泽也就被治理好了。冀州东北的鸟夷部族进贡皮衣。他们的贡赋从海中绕过西边的碣石山，然后进入黄河，最后到达京都。

沇州在济水和黄河之间。沇州境内黄河下游的九条河道已经疏导，雷泽也汇成湖泊了，雍、沮两条河水也汇合流入此湖泊。种有桑树的土地上已经能够养蚕，于是百姓都从山上搬到平地上定居。沇州土壤黑而肥沃，花草树木茂盛。田土为第六等，田赋等级也与此相当。沇州经过十三年的治理才达到了同其他八州的水平。其贡赋为漆、丝和用圆形竹器盛着的有花纹的丝织品。将其运往京都需要乘船先经济水、漯水，再入黄河。

大海和泰山之间是青州。堣夷地区治理好后，潍水和淄水也被疏导。青州土壤白而肥厚，海滨一带却又含碱，因此土地为盐碱地。田地为第三等级，贡赋为第四等。其贡品为盐和细葛布，有时候也会进贡海产品，以及泰山深谷的丝、大麻、矿石、松木、怪石，莱夷地区的牧产品，还有用竹筐盛着的可以用来做琴弦的柞蚕丝。贡品运往京都是先乘船入汶水，再进入济水。

【原文】

海岱及淮维徐州：淮、沂其治，蒙、羽其艺。大野既都，东原底平。其土赤埴坟，草木渐包。其田上中，赋中中。贡维土五色，羽畎夏狄，峄阳孤桐，泗滨浮磬，淮夷蠙珠暨鱼，其篚玄纤缟。浮于淮、泗，通于河。

淮海维扬州：彭蠡既都，阳鸟所居。三江既入，震泽致定。竹箭既布。其草惟夭，其木惟乔，其土涂泥。田下下，赋下上上杂。贡金三品，瑶、琨、竹箭，齿、革、羽、旄，岛夷卉服，其篚织贝，其包橘、柚锡贡。均江海，通淮、泗。

荆及衡阳维荆州：江、汉朝宗于海。九江甚中，沱、涔已道，云土、梦为治。其土涂泥。田下中，赋上下。贡羽、旄、齿、革，金三品，杶、榦、栝、柏，砺、砥、砮、丹，维箘簬、楛，三国致贡其名，包匭菁茅，其篚玄纁玑组，九江入赐大龟。浮于江、沱、涔、汉，逾于雒，至于南河。

【译文】

徐州在大海、泰山和淮河之间。治理好淮河和沂水，蒙山和羽山也得到开发种植。经过治理后的大野泽也可以蓄水了，东原一带在水退去后也可以耕种了。此地土壤为红色黏性且肥厚，草木也茂盛密集。田地为第二等级，贡赋为第五等级。贡品为五色土，羽山深谷出产的野鸡，峄山南边的独生桐木，泗水边浮石制的磬，淮水边上蚌珠和鱼，以及用竹筐盛着的黑色丝绸。贡品运往京都先乘船经过淮水、泗水，再到达黄河。

扬州在淮河以南和大海以西。彭蠡泽已经聚成湖泊，大雁冬天就来这里栖居。松江、钱塘江、浦阳江也在那里入海，震泽地区也得以安定，箭竹遍布，野草柔美，树木高大，土质湿润。田地为下下等级即第九等，田赋为上下等级，有时会升到第六等。贡赋为彩色羽毛、三色金属、美玉、似玉的宝石、箭竹、象牙、兽皮、旄牛尾，海岛上人的草编衣服，用竹筐盛着的五色染丝织成的贝锦，以及根据时令要进贡的橘子和柚子。贡品运往京都先沿江或沿海向北，然后再进入淮水和泗水。

荆州在北起荆山、南到衡山之南的地区。江水和汉水在这里汇入大海。无数条支流汇入长江，正好处于全州的中部，沱水和涔水已被疏导，云土泽和梦泽也都治理好了。荆州的土质湿润。田地为下中等级，即第三等。田赋为上下等级。贡赋为彩色羽毛、旄牛尾、象牙、兽皮、三色金属、椿木、杶木、桧木、柏木，粗磨石和细磨石、砮石和丹砂、箘簬和楛木，是荆州地区三个诸侯国所进贡品中的著名特产，还有用绳子缠绕包裹起来的菁茅，用竹筐盛着的黑色或浅降色绸布，以及珍珠，有时还根据命令进贡九江出产的大龟。贡品运往京都都是先经过长江、沱水、涔水、汉水北上，再经过陆路运到洛水，最后到达南河。

【原文】

荆河惟豫州：伊、雒、瀍、涧既入于河，荥播既都，道菏泽，被明都。其土壤，下土坟垆。田中上，赋杂上中。贡漆、丝、絺、纻，其篚纤絮，锡贡磬错。浮于雒，达于河。

华阳黑水惟梁州：汶、嶓既艺，沱、涔既道，蔡、蒙旅平，和夷厎绩。其土青骊。田下上，赋下中三错。贡璆、铁、银、镂、砮、磬，熊、罴、狐、貍、织皮。西倾因桓是来，浮于潜，逾于沔，入于渭，乱于河。

黑水西河惟雍州：弱水既西，泾属渭汭。漆、沮既从，沣水所同。荆、岐已旅，终南、敦物至于鸟鼠。原隰厎绩，至于都野。三危既度，三苗大序。其土黄壤。田上上，赋中下。贡璆、琳、琅玕。浮于积石，至于龙门西河，会于渭汭。织皮昆仑、析支、渠搜，西戎即序。

【译文】

豫州在荆山以北、黄河以南。伊水、洛水、瀍水、涧水，都已经治理好，并流入黄河，荥播泽经过治理后已经蓄水，疏通了菏泽，又治理到明都泽。此处土壤柔细松软，低洼地肥厚色黑。田地为中上等级，即第四等。贡赋为上中等级，即第二等。贡赋为漆、丝、细葛布、纻麻、用圆筐盛着的细丝绵，有时也按命令进贡一些制磬的石头。贡品运往京都要先乘船经过洛水，然后才进入黄河。

梁州东到华山之南，西到黑水之滨。汶山和嶓冢山已经得到开发。沱江和涔水已经被疏通，蔡山和蒙山也被治理好，和夷地区的百姓收到了治理的功效。此地土壤为青黑色。田地为下上等级，即第七等。田赋为下中等级，即第八等。但有时也会是第七等或第九等。贡品为璆玉、铁、银、钢铁、砮石、磬、熊、罴、狐、狸、地毯等。西戎织皮族和西倾山的贡品从桓水运送，其他贡品都要先乘船进入潜水，然后经过陆地转输再进入沔水，再入渭水，最后横渡黄河。

雍州西到黑水，东到冀州西界的黄河。弱水已经被疏通向西流去，泾水从北岸流入渭水，漆水和沮水也被治理好，沣水也汇入渭水。荆山和岐山道路都已开通，还有终南山、敦物山和鸟鼠山的道路也已竣工。高原和低地的治理也很成功，连野泽都受益。三危山一带已经可以定居，三苗族也开始遵守秩序了。此地土壤为黄色且细柔松软，田地为上上等级，即第一等。田赋为中下等级，即第六等。贡赋为璆玉、琳玉、宝石琅玕。贡品运往京都先乘船经过积石山附近的黄河，到龙门地段的西河，然后到渭水和黄河的汇合处。织皮族的百姓住在昆仑、析支、渠搜三座山下，西戎各族也就安定归服了。

【原文】

道九山：汧及岐至于荆山，逾于河；壶口、雷首至于太岳；砥柱、析城至于王屋；太行、常山至于碣石，入于海；西倾、朱圉、鸟鼠至于太华；熊耳、外方、桐柏至于负尾；道嶓冢，至于荆山；内方至于大别；汶山之阳至衡山，过九江，至于敷浅原。

道九川：弱水至于合黎，余波入于流沙。道黑水，至于三危，入于南海。道河积石，至于龙门，南至华阴，东至砥柱，又东至于盟津，东过雒汭，至于大邳，北过降水，至于大陆，北播为九河，同为逆河，入于海。嶓冢道漾，东流为汉，又东为苍浪之水，过三澨，入于大别，南入于江，东汇泽为彭蠡，东为北江，入于海。汶山道江，东别为沱，又东至于醴，过九江，至于东陵，东迤北会于汇，东为中江，入于梅。道沇水，东为济，入于河，泆为荥，东出陶丘北，又东至于荷，又东北会于汶，又东北入于海。道淮自桐柏，东会于泗、沂，东入于海。道渭自鸟鼠同穴，东会于沣，又东北至于泾，东过漆、沮，入于河。道雒自熊耳，东北会于涧、瀍，又东会于伊，东北入于河。

【译文】

开通了九大山脉的道路：从汧山、岐山，直到荆山，越过黄河；从壶口山、雷首山，直到太岳山；由砥柱山、析山，直到王屋山；从太行山、常山，直到碣石山，从这里入海；由西倾山、朱圉山、鸟鼠山，直到太华山；从熊耳山、外方山、桐柏山，直到负尾山；开通嶓冢山，直到荆山；内方山直到大别山；汶山南面直到衡山，经过九江，到达敷浅原。

疏导了九条河流：疏通弱水流过合黎山，使其下游注入了居延泽附近的沙漠；疏通黑水，流过三危山，再注入南海；从积石山开始疏通黄河，直到龙门，向南流到华山北面，又向东流经砥柱山，再继续东流过盟津，直到过洛水注入黄河到大邳山后再往北流过降水，进入大陆泽，再往北分成九条支流，汇合为逆河，注入大海。从嶓冢山开始疏通漾水，东流的叫汉水，再往东流的叫苍浪水，经过汇合三澨水，流到大别山，再向南流入长江，向东汇成彭蠡泽，再往东流就叫北江，最后流入大海；从汶山开始疏通江水，往东流分出另一支流，叫沱水，再东流到达澧水，经九江，到达东陵，向东偏北流去与彭蠡泽汇合，再往东流为中江，注入大海；疏通沇水，东流为济水，入黄河，从黄河溢出的水汇成荥泽，向东流过陶丘北部，继续向东达到菏泽，再向东北汇合汶水，再向北转东注入大海；从桐柏山开始疏导淮水，向东与泗水、沂水会合，再向东流入大海。从鸟鼠同穴山开始疏通渭水，向东流汇合沣水，再往东北与泾水汇合，再向东流过漆水和沮水，注入黄河；从熊耳山开始疏通洛水，往东北流与涧水、瀍水汇合，再向东流与伊水汇合，最后向东北流入黄河。

【原文】

于是九州攸同，四奥既居，九山刊旅，九川涤原，九泽既陂，四海会同。六府甚修，众土交正，致慎财赋，咸则三壤成赋。中国赐土姓："祗台德先，不距朕行。"

令天子之国以外五百里甸服：百里赋纳总，二百里纳铚，三百里纳秸服，四百里粟，五百里米。甸服外五百里侯服：百里采，二百里任国，三百里诸侯。侯服外五百里绥服：三百里揆文教，二百里奋武卫。绥服外五百里要服：三百里夷，二百里蔡。要服外五百里荒服：三百里蛮，二百里流。

东渐于海，西被于流沙，朔、南暨：声教讫于四海。于是帝锡禹玄圭，以告成功于天下。天下于是太平治。

【译文】

于是，九州之内政令教化就统一了，四方各地都可以安居，九大山系都开出了道路，九条河流也都疏通了，九片大湖也都已经筑起了堤防。四海之内进贡的道路都畅通无阻。物资齐备。各个区域的土地都交相订正了它们的等级，并要按规定交纳它们的赋税。按照上、中、下九个等级划分的土地级别确定好了赋税的标准。禹在中原地区向诸侯颁赐土地和姓氏，并告诫他们要恭敬尽职，将德行摆在首位，不要违背了他的政令。

规定天子直接统辖的国都范围以外的五百里区域叫作甸服：距离国都一百里的地区，要交纳连穗带杆的禾稿，一百里到二百里之间的地区，交纳用镰刀割下的谷穗，二百里到三百里之间的地区，交纳谷粒，三百里到四百里之间的地区，交纳粗米，四百里到五百里之间的地区，交纳精米。甸服外的五百里区域叫作侯服：一百里地区是卿大夫的采邑，二百里地区是给天子任事的小国，另外三百里地区用来分封诸侯。侯服以外的五百里地区叫作绥服：前三百里地区可以根据实际情况适当地推行政令教化，后二百里地区负责武力保护天子。绥服以外的五百里地区叫作要服：前三百里地区要遵守政令教化并和睦相处，后二百里地区要遵守王法。要服再外五百里地区叫作荒服：前三百里地区礼简怠慢，居民行动不受限制，后二百里地区，百姓迁徙流动，没有固定的居处。

东临大海，西及沙漠，南北也都达到了最遥远的地方：天子的声威教化传遍了整个华夏大地，包括偏远地区。于是帝舜就赏赐给了禹一块黑色的圭玉，向天下人宣布，治水成功。天下也因此变得太平大治。

【原文】

皋陶作士以理民。帝舜朝，禹、伯夷、皋陶相与语帝前。皋陶述其谋曰："信其道德，谋明辅和。"禹曰："然，如何？"皋陶曰："於！慎其身修，思长，敦序九族，众明高翼，近可远在已。"禹拜美言，曰："然。"皋陶曰："於！在知人，在安民。"禹曰："吁！皆若是，惟帝其难之。知人则智，能官人；能安民则惠，黎民怀之。能知能惠，何忧乎讙兜，何迁乎有苗，何畏乎巧言善色佞人？"

皋陶曰："然，於！亦行有九德，亦言其有德。"乃言曰："始事事，宽而栗，柔而立，愿而共，治而敬，扰而毅，直而温，简而廉，刚而实，强而义，章其有常，吉哉。日宣三德，蚤夜翊明有家。日严振敬六德，亮采有国。翕受普施，九德咸事，俊乂在官，百吏肃谨。毋教邪淫奇谋。非其人居其官，是谓乱天事。天讨有罪，五刑五用哉。吾言底可行乎？"禹曰："女言致可绩行。"皋陶曰："余未有知，思赞道哉。"

【译文】

皋陶负责刑狱，来治理百姓。舜上朝时，禹、伯夷和皋陶在舜面前交谈。皋陶陈述他的谋议说："若能切实按照道德行事，谋划就会高明，辅佐的大臣也会和谐相处。"禹说："好，如何做呢？" 皋陶说："要注重自身修养，要有长远打算，要使九族和睦相亲，使众多贤人来辅佐，政令由近及远，完全在于自身的修养。"禹听后拜谢道："对啊！" 皋陶说："还有要理解臣下，安定民心。"禹说："哎呀！若都这么做，只怕尧帝都很难办到。知人才能明智，才能任官得人；安民才能恩惠，百姓才会感念恩德。能做到明智仁爱，还忧患什么讙兜？何必流放有苗？还怕什么花言巧语善于察言观色和奸佞不正之人呢？"

皋陶说："的确如此。只是行为要有九种品德，即使是言论也要有道德的依据。"他接着说："考察一个人的品德要从他做的事情开始，性格宽宏而威严，柔和而能独行，忠诚而又恭敬，办事认真有条理，性情刚毅又不乏柔顺，温和又正直，简约不草率，笃实刚健，勇猛又合乎道义，常常发扬并坚持下去这九德就好了。大夫们每天修明三种美德，早晚庄敬努力，就会保有自己的领地。诸侯们每天修明六种品德，并认真办理各项事务，就能保有他们的封国。天子综合九种品德并加以运用，使有才能的人得到相应的职位，官吏就会严肃谨慎。不要叫百姓做邪恶淫乱之事，也别设想一些不正当的计谋。若不合适的人居于重要官位，则会扰乱上天交付的政事。上天将要讨伐有罪之人，就设立五种刑罚来惩罚五种罪人。我的言论能否得到实行呢？"禹说："你的言论一旦实行就能取得成绩。" 皋陶说："我没有什么才智，只是想辅佐天子实施治理天下的大道罢了。"

【原文】

帝舜谓禹曰："女亦昌言。"禹拜曰；"於，予何言！予思日孳孳。"皋陶难禹曰："何谓孳孳？"禹曰："鸿水滔天，浩浩怀山襄陵，下民皆服于水。予陆行乘车，水行乘舟，泥行乘橇，山行乘檋，行山刊木。与益予众庶稻鲜食。以决九川致四海，浚畎浍致之川。与稷予众庶难得之食。食少，调有余补不足，徙居。众民乃定，万国为治。"皋陶曰："然，此而美也。"

禹曰："於，帝！慎乃在位，安尔止。辅德，天下大应。清意以昭待上帝命，天其重命用休。"帝曰："吁，臣哉，臣哉！臣作朕股肱耳目。予欲左右有民，女辅之。余欲观古人之象。日月星辰，作文绣服色，女明之。予欲闻六律五声八音，来始滑，以出入五言，女听。予即辟，女匡拂予。女无面谀。退而谤予。敬四辅臣。诸众谗嬖臣，君德诚施皆清矣。"禹曰："然。帝即不时，布同善恶则毋功。"

【译文】

帝舜对禹说："你也发表一下高论吧。"禹拜谢说："嗨，我有什么可说的。我整天想的就是努力地做事。" 皋陶质疑道："怎么才叫努力呢？"

禹说："滔天洪水包围了高山低地，百姓深受其害，我陆上乘车，水上乘船，泥滩上乘撬，山路上穿带齿的鞋子，攀行山岭用木桩做出标记。和益一起将稻粮和新鲜肉食分给百姓。疏导九条河道流通到四海，疏浚各种沟渠流通到江河。和稷一起赈济吃粮困难的民众。粮食少了，就从有剩余之处调来以补给不足之处，并将百姓迁徙到适合居住的地方。于是百姓才有安定的生活，各诸侯国也得到了治理。"皋陶说："是啊，这确实是你的美德。"

禹说："啊，帝！你一定要谨慎，冷静思考你的举止。用有德行的人来辅佐你，这样天下百姓才会归顺你。清新你的意志，等待上天的旨意，上天才会再三赐福给你。"帝说："啊！臣子啊，臣子！臣子要做我的股肱耳目，我想帮助百姓，你们要辅佐我；我想模仿古人衣服上的图案，按照日月星辰天象来制作绣花纹色彩的服装，你们要替我明确服装的等级。我想听六律、五音、八乐的演奏，观察诸侯中勤于或荒怠政事的情况，以便取舍各方的言论，你们要认真倾听并帮我做出正确的判断。倘若我有不恰当的行为，你们要给我指出来，并匡正辅助我。不要当面逢迎恭维，背后指责。我敬重身边所有的臣子。那些奸佞小臣，只要君主真的能施行德政，他们就会被清除的。"禹说："是的。倘若帝不这么做，若善恶不分，好人坏人一起用，就不会有什么功绩了。"

【原文】

帝曰："毋若丹朱傲，维慢游是好，毋水行舟，朋淫于家，用绝其世。予不能顺是。"禹曰："予娶涂山，辛壬癸甲，生启予不子，以故能成水土功。辅成五服，至于五千里，州十二师，外薄四海，咸建五长，各道有功。苗顽不即功，帝其念哉。"帝曰："道吾德，乃女功序之也。"

皋陶于是敬禹之德，令民皆则禹。不如言，刑从之。舜德大明。

于是夔行乐，祖考至，群后相让，鸟兽翔舞，箫韶九成，凤皇来仪，百兽率舞，百官信谐。帝用此作歌曰："陟天之命，维时维几。"乃歌曰："股肱喜哉，元首起哉，百工熙哉！"皋陶拜手稽首扬言曰："念哉，率为兴事，慎乃宪，敬哉！"乃更为歌曰："元首明哉，股肱良哉，庶事康哉！"又歌曰："元首丛脞哉，股肱惰哉，万事堕哉！"帝拜曰："然，往钦哉！”于是天下皆宗禹之明度数声乐，为山川神主。

【译文】

帝说：“不要像丹朱一样骄恣放纵，一味偷懒游玩，在无水的路上行船，聚众在家里做淫乱的事，因此，我要断绝他的帝位继承权，我不能容忍他这样的情况。”禹说：“我娶了涂山国的女子为妻，辛日娶妻，壬癸二日在家，甲日就离开家去治水了，生了儿子启，我也没有时间抚养他，因此才完成了治水的事业。而且还为拱卫京师设置了五服制度，使国土的宽广达到了五千里，十二个州都设置了官长，京师以外一直管辖到偏远地区，建立了伍长制度，各自的首领也都遵循职守、建功立业。只有三苗愚顽而不肯遵从职守，帝一定要留意这件事情啊！”舜帝说：“用我的德教去开导他们，都要靠你的工作来使他们归顺啊。”

皋陶于是敬重禹的功德，令百姓都效法他。不按照命令来做的，就要用刑罚对其进行相应的惩罚。于是舜的德教因此而大显于天下。

于是夔奏起了乐曲，祖先的神灵因此降临，各方诸侯相互礼让，鸟兽起舞，当《箫韶》的乐曲奏完九章，凤凰都飞来了，百兽起舞，百官团结和睦。舜帝因为看到如此热烈的场面就作歌：“我奉上天的旨命来治理百姓，重在顺应时势，重在谨言慎行。”于是唱道：“辅佐大臣尽职尽责啊，君王治国要有功啊，百官的事业才会发达啊！”皋陶跪拜伸手叩头继续宣布：“大家要记住帝的告诫啊！都要恪尽职守，遵守法度，不要懈怠啊！”又继续作歌道：“君王英明啊，辅臣贤良啊，百业兴旺发达啊！”又唱道：“君王若无大略啊，辅臣就会懈怠啊，百业就会毁败啊！”舜拜答说：“对啊，以后我们大家都努力吧！”于是天下百姓都遵奉禹所兴起的九韶乐律，推崇他做山川神灵的主宰。

【原文】

帝舜荐禹于天，为嗣。十七年而帝舜崩。三年丧毕，禹辞辟舜之子商均于阳城。天下诸侯皆去商均而朝禹。禹于是遂即天子位，南面朝天下，国号曰夏后，姓姒氏。

帝禹立而举皋陶荐之，且授政焉，而皋陶卒。封皋陶之后于英、六，或在许。而后举益，任之政。

十年，帝禹东巡狩，至于会稽而崩。以天下授益。三年之丧毕，益让帝禹之子启，而辟居箕山之阳。禹子启贤，天下属意焉。及禹崩，虽授益，益之佐禹日浅，天下未洽。故诸侯皆去益而朝启，曰“吾君帝禹之子也”。于是启遂即天子之位，是为夏后帝启。

夏后帝启，禹之子，其母涂山氏之女也。

【译文】

舜向上天推荐禹来做天子的继承人。十七年后舜逝世了。三年的丧期结束后，禹因辞让回避舜的儿子商均而到阳城居住。天下人都离开商均来归顺于禹。于是禹就即天子位，坐北面南接受诸侯的朝拜，立国号为夏后，姓姒。

禹即位后向上天推荐皋陶，准备将处理国政的权力授予他，但是皋陶却过早地去世了。于是就分封其后代在英、六地方，也有部分在许地。然后推举伯益，任用他管理政事。

十年过去了，禹到东部地区去巡视，在到达会稽的时候就去世了。于是把天下传给了伯益。三年丧期结束后，伯益辞让给禹的儿子启，然后回避起来，住在箕山南。由于启贤能，所以天下归心。禹去世时，虽然将权力给了益，但是由于他辅佐禹的时间很短，天下人对他还不够顺服。所以诸侯就离他而去，转为朝拜启，并且说：“他是我们的君主禹的儿子啊。”于是启就做了天子，即夏后国的启帝。

夏后国的启帝是禹的儿子，他的母亲是涂山氏之女。

【原文】

有扈氏不服，启伐之，大战于甘。将战，作甘誓，乃召六卿申之。启曰：“嗟！六事之人，予誓告女：有扈氏威侮五行，怠弃三正，天用剿绝其命。今予维共行天之罚。左不攻于左，右不攻于右，女不共命。御非其马之政，女不共命。用命，赏于祖；不用命，僇于社，予则帑僇女。”遂灭有扈氏。天下咸朝。

夏后帝启崩，子帝太康立。帝太康失国，昆弟五人，须于洛汭，作五子之歌。

太康崩，弟中康立，是为帝中康。帝中康时，羲、和湎淫，废时乱日。胤往征之，作胤征。

中康崩，子帝相立。帝相崩，子帝少康立。帝少康崩，子帝予立。帝予崩，子帝槐立。帝槐崩，子帝芒立。帝芒崩，子帝泄立。帝泄崩，子帝不降立。帝不降崩，弟帝扃立。帝扃崩，子帝廑立。帝廑崩，立帝不降之子孔甲，是为帝孔甲。

【译文】

有扈氏不服从帝命，启就去讨伐，大战于甘展。即将开战，作《甘誓》，并召集六军将领进行告诫，启说："六军将领们啊，我发布誓词告诫你们！有扈氏违背五行规律，不守天、地、人三者之间关系的正道，因此，上天要断绝它的国运。现在我只是恭敬地执行上天的命令对其进行惩罚。车左的人不奋勇杀敌，车右的人不正确指挥马的左右进退，你们就是不服从命令。服从命令者，会在祖先神灵前得到赏赐；反之，就会在社神前被处死，或是将为奴隶，甚至会累及亲属。"于是就灭掉了有扈氏，天下诸侯都来朝拜。

夏后国帝启去世后，其子太康即位。但是太康帝沉迷于游玩打猎，不理国事，就被羿驱逐失去国位，五个弟弟逃到洛水北岸作了一首《五子之歌》。

太康逝世后，弟弟中康即位，即中康帝。中康帝的时候，羲氏、和氏因好酒贪杯而扰乱了时令，胤奉命前去讨伐，为了记载此事，就作了《胤征》。

中康逝世后，其子相帝即位。相帝逝世后，其子少康即位。少康帝逝世后，其子予帝即位。予帝逝世后，其子槐帝即位。槐帝逝世后，其子芒帝即位。芒帝逝世后，其子泄帝即位。泄帝逝世后，其子不降帝即位。不降帝逝世后，其弟扃帝即位。扃帝逝世后，其子廑帝即位。廑帝逝世后，不降帝的儿子孔甲即位，即孔甲帝。

【原文】

帝孔甲立，好方鬼神，事淫乱。夏后氏德衰，诸侯畔之。天降龙二，有雌雄，孔甲不能食，未得豢龙氏。陶唐既衰，其后有刘累，学扰龙于豢龙氏，以事孔甲。孔甲赐之姓曰御龙氏，受豕韦之后。龙一雌死，以食夏后。夏后使求，惧而迁去。

孔甲崩，子帝皋立。帝皋崩，子帝发立。帝发崩，子帝履癸立，是为桀。帝桀之时，自孔甲以来而诸侯多畔夏，桀不务德而武伤百姓，百姓弗堪。乃召汤而囚之夏台，已而释之。汤修德，诸侯皆归汤，汤遂率兵以伐夏桀。桀走鸣条，遂放而死。桀谓人曰："吾悔不遂杀汤于夏台，使至此。"汤乃践天子位，代夏朝天下。汤封夏之后，至周封于杞也。

太史公曰：禹为姒姓，其后分封，用国为姓，故有夏后氏、有扈氏、有男氏、斟寻氏、彤城氏、褒氏、费氏、杞氏、缯氏、辛氏、冥氏、斟戈氏。孔子正夏时，学者多传夏小正云。自虞、夏时，贡赋备矣。或言禹会诸侯江南，计功而崩，因葬焉，命曰会稽。会稽者，会计也。

【译文】

孔甲帝即位后，迷信鬼神，从事淫乱活动。夏后氏的威德开始衰败，诸侯开始背叛它。从天上降下一雄一雌两条龙，孔甲不能饲养它们，也没有找到会养此龙之人。陶唐氏也开始衰败，其后代有个名叫刘累的人，他师从豢龙，学到养龙之术，以此来侍奉孔甲。孔甲为他赐姓为御龙氏，并让他接受豕韦氏后代的封地。一条雌龙死了，刘累将其献给孔甲吃。吃完后，孔甲又派人前去索要，刘累因为害怕而逃走了。

孔甲逝世后，其子皋帝即位。皋帝逝世后，其子发帝即位。发帝逝世后，其子履癸帝即位，即桀。桀的时候，从孔甲开始就有很多诸侯叛离夏朝，桀不致力于德政而用暴力去伤害部族百姓，这让人难以忍受。桀又召来汤，并将其囚禁在夏台的监狱中，不久又将其释放。汤内修德政，天下诸侯纷纷归附，于是汤就领兵前来讨伐桀。桀逃到鸣条，最后失败而被放逐直至死去。桀曾对人说："我后悔当初在夏台时没有把汤杀了，以致让我落到这种田地。"汤登上天子之位，取代夏来接受天下诸侯的朝拜。对夏的后代，汤封给他们土地。到周朝时候，夏的后代又被封在杞这个地方。

太史公说：禹是姒姓，其后代受封，就用国名作为姓氏，因此有夏后氏、有扈氏、有男氏、斟寻氏、彤诚氏、褒氏、费氏、杞氏、缯氏、辛氏、冥氏、斟戈氏。孔子校正夏历，学者中很多都能传授《夏小正》。从虞、夏时起，贡赋制度就已经完备了。有人说禹是在江南会合诸侯首领、考核他们的功劳的过程中去世的，所以就葬在那里了。并将安葬之处命名为会稽。会稽就是会集诸侯、考核功劳之意。

【评析】

本篇开篇就歌颂了夏朝的开国君主大禹的功德。并主要以《尚书》《禹贡》《皋陶谟》和《甘誓》为依据，记述了夏朝初史，这一部分占了全文的绝大篇幅。作者致力于挖掘史料，以充分描述大禹的功德，他把一个“先天下之忧而忧，后天下之乐而乐”的劳动英雄一样的活生生帝王形象，矗立在了后世读者的面前，使万世景仰。由于夏朝历代的风云变幻，无情的时光已掩埋了大部分详情。作者也不得不对此作粗线条勾勒。由于他谨慎的态度，使得这里所排列的世系纪基本上都是可信的。夏朝有大禹这样一个贤能的帝王作开端，其发展应该是顺利的，然而，在经过了十几代帝王以后，大禹那种“吃苦在前，享乐在后”的精神已经荡然无存了，于是夏朝的灭亡就是必然的了。今天的人们要想有所作为，有所成就，成功的道理与国家的兴衰异曲同工。所谓“生于忧患，死于安乐”，当你不再沉湎于安乐的生活、时刻鞭策自己、警示自己时，成功就离你越来越近了。

第三章 殷本纪

【原文】

殷契，母曰简狄，有娀氏之女，为帝喾次妃。三人行浴，见玄鸟堕其卵，简狄取吞之，因孕生契。契长而佐禹治水有功。帝舜乃命契曰：“百姓不亲，五品不训，汝为司徒而敬敷五教，五教在宽。”封于商，赐姓子氏。契兴于唐、虞、大禹之际，功业著于百姓，百姓以平。

契卒，子昭明立。昭明卒，子相土立。相土卒，子昌若立。昌若卒，子曹圉立。曹圉卒，子冥立。冥卒，子振立。振卒，子微立。微卒，子报丁立。报丁卒，子报乙立。报乙卒，子报丙立。报丙卒，子主壬立。主壬卒，子主癸立。主癸卒，子天乙立，是为成汤。

成汤，自契至汤八迁。汤始居亳，从先王居，作帝诰。

汤征诸侯。葛伯不祀，汤始伐之。汤曰：“予有言：人视水见形，视民知治不。”伊尹曰：“明哉！言能听，道乃进。君国子民，为善者皆在王官。勉哉，勉哉！”汤曰：“汝不能敬命，予大罚殛之，无有攸赦。”作汤征。

【译文】

殷商的祖先契，母亲叫简狄，是有娀氏女子，是帝喾的第二个妃子。简狄等三人一起在洗浴，看到燕子生下了一个蛋，简狄就捡起吃了，就这样他怀孕生下了契。契长大后辅佐禹治水有功。舜就命令契：“百官不和睦，五伦关系不顺畅，你去做司徒的官，要恭敬地传布五伦的教诲，旨在宽厚。”契就被封在商地，赐姓子。契兴起于尧、舜、禹时代，其功业显著，百官因受其影响也和睦安定。

契去世后，其子昭明即位。昭明去世后，其子相土即位。相土去世后，其子昌若即位。昌若去世后，其子曹圉即位。曹圉去世后，其子冥即位。冥去世后，其子振即位。振去世后，其子微即位。微去世后，其子报丁即位。报丁去世后，其子报乙即位。报乙去世后，其子报丙即位。报丙去世后，其子主壬即位。主壬去世后，其子主癸即位。主癸去世后，其子天乙即位，他就是成汤。

成汤，从先祖契到汤经过十四代，共有八次迁都。汤开始就在亳定都，这是追随先王帝喾曾将此处做过国都才迁来的，于是写下了《汤征》以告知先帝。

汤征讨诸侯。由于葛伯不奉行祭祀，所以一开始汤就征伐他。汤说："我曾说过：人通过照水面来看到自己的容貌，观察民众的状况就可以知道国家治理的好坏。"伊尹说："英明啊！能够听取别人的意见，治国就会取得进展，做国君能够爱护百姓，有德行的人就会齐聚朝堂。努力啊，努力啊！"成汤对葛伯说："你不顺应天命，我就要重重地惩罚你们，决不留情。"于是就写下了《汤征》。

【原文】

伊尹名阿衡。阿衡欲奸汤而无由，乃为有莘氏媵臣，负鼎俎，以滋味说汤，致于王道。或曰，伊尹处士，汤使人聘迎之，五反然后肯往从汤，言素王及九主之事。汤举任以国政。伊尹去汤适夏。既丑有夏，复归于亳。入自北门，遇女鸠、女房，作女鸠女房。

汤出，见野张网四面，祝曰："自天下四方皆入吾网。"汤曰："嘻，尽之矣！"乃去其三面，祝曰："欲左，左。欲右，右。不用命，乃入吾网。"诸侯闻之，曰："汤德至矣，及禽兽。"

当是时，夏桀为虐政淫荒，而诸侯昆吾氏为乱。汤乃兴师率诸侯，伊尹从汤，汤自把钺以伐昆吾，遂伐桀。汤曰："格女众庶，来，女悉听朕言。匪台小子敢行举乱，有夏多罪，予维闻女众言，夏氏有罪。予畏上帝，不敢不正。今夏多罪，天命殛之。今女有众，女曰'我君不恤我众，舍我啬事而割政'。女其曰'有罪，其奈何'？夏王率止众力，率夺夏国。有众率怠不和，曰‘是日何时丧？予与女皆亡’！夏德若兹，今朕必往。尔尚及予一人致天之罚，予其大理女。女毋不信，朕不食言。女不从誓言，予则帑僇女，无有攸赦。”以告令师，作汤誓。于是汤曰“吾甚武”，号曰武王。

【译文】

伊尹名叫阿衡。阿衡想求见汤却找不到合适的途径，就去做有莘氏女子陪嫁的男仆，背着饭锅、砧板来见汤，用烹饪中的滋味来游说汤，使汤致力于实施王道政治。有人说，伊尹是个隐士，汤派人去聘用迎接他，请了五次才答应出来任职而依从汤，并向汤讲述远古帝王和九类国君不同政治状况方面的事情。汤举拔伊尹并委以国政。伊尹曾经离开汤到夏朝去，看到夏桀政治残暴丑恶后，又回到了亳。从北门进入亳都，遇到了汤的贤臣女鸠、女房，便写下了《女鸠》《女房》以说明他归来的意思。

汤外出，看见野外捕猎的人张开四面大网而祷告说：“从天上地下四方来的都入我的网中。”汤说：“哎，会一网打尽啊。”就让去掉网的三面，并让猎人祷告：“要从左边逃的就从左边逃，要从右边逃的就从右边逃。不按照我的想法逃的就进入我的网中。”四方诸侯听说此事后，都说：“汤的仁德真是太伟大了，竟让将恩惠扩大到了禽兽身上。”

就在这个时候，夏桀荒淫无道，而诸侯国昆吾氏也开始叛乱。汤就发兵，率领诸侯，伊尹跟从汤，汤亲自指挥，冲锋陷阵，攻伐昆吾，接着讨伐夏桀。汤说：“告诉你们大家，都过来仔细听我讲话。不是我敢于反叛，实在是夏桀荒淫无道，罪恶多端，我也常听你们说夏桀有罪，但是我畏惧上天，不敢讨伐。如今我奉上天的旨意去讨伐他，也许你们会说：‘我们的君王不体恤我们，让我们放弃农事来征讨作战。’你们还会问：‘夏桀究竟有什么罪？’他劳民伤财，百姓都不想跟他合作，说：‘这个太阳何时才能丧亡呢？我宁愿跟他一起灭亡。’他的德行都已经堕落成这样，所以我一定要去讨伐他。如果你们帮助我一起讨伐他，就会受到赏赐。你们不要怀疑，我说话是算数的。你们如果不听从我的誓言，就会受到惩罚，决不宽赦！”汤将此话告诉传令的长官，写下了《汤誓》。于是汤说“我很勇武”，就称为武王。

【原文】

桀败于有娀之虚，桀奔于鸣条，夏师败绩。汤遂伐三嵏，俘厥宝玉，义伯、仲伯作典宝。汤既胜夏，欲迁其社，不可，作夏社。伊尹报。于是诸侯毕服，汤乃践天子位，平定海内。

汤归至于泰卷陶，中𦉪作诰。既绌夏命，还亳，作汤诰："维三月，王自至于东郊。告诸侯群后：'毋不有功于民，勤力乃事。予乃大罚殛女，毋予怨。'曰：'古禹、皋陶久劳于外，其有功乎民，民乃有安。东为江，北为济，西为河，南为淮，四渎已修，万民乃有居。后稷降播，农殖百谷。三公咸有功于民，故后有立。昔蚩尤与其大夫作乱百姓，帝乃弗予，有状。先王言不可不勉。'曰：'不道，毋之在国，女毋我怨。'"以令诸侯。伊尹作咸有一德，咎单作明居。

汤乃改正朔，易服色，上白，朝会以昼。

汤崩，太子太丁未立而卒，于是乃立太丁之弟外丙，是为帝外丙。帝外丙即位三年，崩，立外丙之弟中壬，是为帝中壬。帝中壬即位四年，崩，伊尹乃立太丁之子太甲。太甲，成汤适长孙也，是为帝太甲。帝太甲元年，伊尹作伊训，作肆命，作徂后。

【译文】

在有娀部族的旧墟，桀被打败，他逃到了鸣条，军队溃败。于是汤就去讨伐忠于桀的三嵏国，缴获了该国的宝玉，义伯和仲伯就写下了《宝典》，以记载此事。汤已经战胜了夏桀，想毁掉夏朝的社稷，但认为社神的平水土之功是无法抹杀的，就没有换成，写下了《夏社》。伊尹将战况通报给了诸侯，于是四方诸侯全都归服，于是汤就做了天子，平定了天下。

汤在返回的途中到了泰卷，中𦉪作了诰命。废除了夏朝的政令，回到亳，写下了《汤诰》："王征讨夏桀归来到达京都东郊，告诉诸侯首领：'要建立对百姓有益的功业，勤勉努力地履行自己的职责。不然，我就要重罚你们，请大家不要怪我。'说：'古代禹、皋陶长时间在外面辛劳，由于他们有助于民众，所以百姓得以安居。东边治理了长江，北边治理了济水，西边治理了黄河，南边治理了淮水，四条大河得到很好的治理后，百姓才得以安居乐业。后稷教百姓耕种，农地就能产百谷。禹、皋陶、后稷三人对百姓都建立了功绩，因此他们的后代也都能建功立业。原来蚩尤和他的臣子扰乱百姓，上天就不会帮助他们，这样的先例是有的。先王的话不可不用来自勉啊！’又说：‘倘若做事违背了道义，就不能再主持国政了，你们可别埋怨我啊！’”汤以此来告诫四方诸侯首领。伊尹也写下了《咸有一德》，咎单也写了《明居》。

汤于是改变了历法，改变了服饰等器物所崇尚的颜色，变为崇上白色。还规定朝会要在白天举行。

汤去世后，太子太丁还没有即位就死了。于是太丁的弟弟外丙即帝位，即外丙帝。三年后去世，由外丙之弟仲壬即帝位，即仲壬帝。四年后去世，伊尹就让太丁之子太甲即位。太甲是汤的嫡长孙，为太甲帝。太甲帝元年，伊尹写下《伊训》《肆命》和《徂后》。

【原文】

帝太甲既立三年，不明，暴虐，不遵汤法，乱德，于是伊尹放之于桐宫。三年，伊尹摄行政当国，以朝诸侯。

帝太甲居桐宫三年，悔过自责，反善，于是伊尹乃迎帝太甲而授之政。帝太甲修德，诸侯咸归殷，百姓以宁。伊尹嘉之，乃作太甲训三篇，褒帝太甲，称太宗。

太宗崩，子沃丁立。帝沃丁之时，伊尹卒。既葬伊尹于亳，咎单遂训伊尹事，作沃丁。

沃丁崩，弟太庚立，是为帝太庚。帝太庚崩，子帝小甲立。帝小甲崩，弟雍己立，是为帝雍己。殷道衰，诸侯或不至。

帝雍己崩，弟太戊立，是为帝太戊。帝太戊立伊陟为相。亳有祥桑穀共生于朝，一暮大拱。帝太戊惧，问伊陟。伊陟曰：“臣闻妖不胜德，帝之政其有阙与？帝其修德。”太戊从之，而祥桑枯死而去。伊陟赞言于巫咸。巫咸治王家有成，作咸艾，作太戊。帝太戊赞伊陟于庙，言弗臣，伊陟让，作原命。殷复兴，诸侯归之，故称中宗。

【译文】

太甲帝即位已经三年，昏乱暴虐，不遵守汤的法度，背乱德义，于是伊尹就将其流放到汤的葬地桐宫。这期间三年由伊尹来代理主持国政，接见朝拜的诸侯。

太甲帝住在桐宫三年时间，他悔过自新，重新向善道，于是伊尹又将其迎回，并将权力交还。太甲帝修行德政，诸侯又全都归顺殷朝，百姓也得以安宁。伊尹写下了《太甲训》三篇以嘉勉太甲帝，称太甲为太宗。

太宗死后，其子沃丁即位。伊尹在沃丁帝时去世。将伊尹安葬在亳后，为了用伊尹的事迹教育后人，咎单就写下了《沃丁》。

沃丁死后，其弟太庚即位，即太庚帝。太庚死后，其子小甲即位。小甲死后，其弟雍己即位，即雍己帝。殷家政道开始衰败，有些诸侯已经不来朝拜了。

雍己帝死后，其弟太戊即位，即太戊帝。太戊帝让伊陟为相。亳有一棵怪异的桑树和楮树合生在朝堂上，一天时间就长到了双手合围那么大。太戊帝有些害怕，就问伊陟。伊陟说："我听说妖异是不能战胜德行的。难道您的政令有失误吗？看来您还是应该修明德政。"太戊帝就听从了伊陟的建议，那棵树就枯死了，怪异也随之消失了。伊陟将此事告诉了巫咸。巫咸治理朝政很有成绩，因此写下了《咸艾》和《太戊》。太戊帝在太庙中称赞了伊陟，并决定不把伊陟当臣下看待。伊陟谦让，就写了《原命》。殷商又兴盛起来了，天下诸侯都来归顺，因此称太戊为中宗。

【原文】

中宗崩，子帝中丁立。帝中丁迁于隞。河亶甲居相。祖乙迁于邢。帝中丁崩，弟外壬立，是为帝外壬。仲丁书阙不具。帝外壬崩，弟河亶甲立，是为帝河亶甲。河亶甲时，殷复衰。

河亶甲崩，子帝祖乙立。帝祖乙立，殷复兴。巫贤任职。

祖乙崩，子帝祖辛立。帝祖辛崩，弟沃甲立，是为帝沃甲。帝沃甲崩，立沃甲兄祖辛之子祖丁，是为帝祖丁。帝祖丁崩，立弟沃甲之子南庚，是为帝南庚。帝南庚崩，立帝祖丁之子阳甲，是为帝阳甲。帝阳甲之时，殷衰。

自中丁以来，废适而更立诸弟子，弟子或争相代立，比九世乱，于是诸侯莫朝。

帝阳甲崩，弟盘庚立，是为帝盘庚。帝盘庚之时，殷已都河北，盘庚渡河南，复居成汤之故居，乃五迁，无定处。殷民咨胥皆怨，不欲徙。盘庚乃告谕诸侯大臣曰："昔高后成汤与尔之先祖俱定天下，法则可修。舍而弗勉，何以成德！"乃遂涉河南，治亳，行汤之政，然后百姓由宁，殷道复兴。诸侯来朝，以其遵成汤之德也。

帝盘庚崩，弟小辛立，是为帝小辛。帝小辛立，殷复衰。百姓思盘庚，乃作盘庚三篇。帝小辛崩，弟小乙立，是为帝小乙。

【译文】

中宗死后，其子中丁即位。中丁将京都迁到隞。河亶甲的时候，定都城于相。到祖乙时又迁到邢。中丁死后，其帝外壬即位，即外壬帝。有《仲丁》记载此事，但已遗失。外壬帝死后，其弟河亶甲即位。河亶甲帝时，殷商进一步衰落。

河亶甲帝死后，其子祖乙即位。祖乙帝即位后，殷朝再次兴盛。巫咸在朝廷担任重要官职。

祖乙死后，其子祖辛即位。祖辛死后，其弟沃甲即位，即沃甲帝。沃甲死后，立其兄祖辛之子祖丁，即祖丁帝。祖丁死后，又立沃甲之子南庚，即南庚帝。南庚帝死后，又立祖丁的儿子阳甲，即阳甲帝。阳甲帝的时候，殷朝又开始衰败。

从中丁即位以来，废黜长子的继承权，将帝位传给弟弟或侄子的事情经常发生。弟弟、侄子争夺帝位，连续九代朝廷混乱，于是四方诸侯也很少有来朝拜的。

阳甲帝死后，其弟盘庚即位，即盘庚帝。盘庚帝在位的时候，殷朝的京都是建在黄河以北的，盘庚渡过黄河往南，再次定都成汤原先居住之地。从汤到盘庚，经过五次迁都，但没有一个固定之处。殷朝百姓都忧叹而有怨言，不想再迁都了。盘庚于是跟诸侯说："以前先王汤和你们的祖先一起平定天下，法则都制定和履行的很好，这是事实证明了的。如今你们想舍弃这样的先例而不去努力实施，还怎么成就德业呢？"于是就渡过黄河往南营建亳都，继续推行汤的政令。从此以后，百姓安宁，殷朝再度复兴，四方诸侯又重新来朝拜了，这都是因为盘庚遵循了汤的德政。

盘庚死后，其弟小辛即位，即小辛帝。小辛即帝位后，殷朝又开始衰落。百官思念盘庚，于是就写下了《盘庚》三篇。小辛死后，其弟小乙即位，即小乙帝。

【原文】

帝小乙崩，子帝武丁立。帝武丁即位，思复兴殷，而未得其佐。三年不言，政事决定于冢宰，以观国风。武丁夜梦得圣人，名曰说。以梦所见视群臣百吏，皆非也。于是乃使百工营求之野，得说于傅险中。是时说为胥靡，筑于傅险。见于武丁，武丁曰是也。得而与之语，果圣人，举以为相，殷国大治。故遂以傅险姓之，号曰傅说。

帝武丁祭成汤，明日，有飞雉登鼎耳而呴，武丁惧。祖己曰："王勿忧，先修政事。"祖己乃训王曰："唯天监下典厥义，降年有永有不永，非天夭民，中绝其命。民有不若德，不听罪，天既附命正厥德，乃曰其奈何。呜呼！王嗣敬民，罔非天继，常祀毋礼于弃道。"武丁修政行德，天下咸欢，殷道复兴。

帝武丁崩，子帝祖庚立。祖己嘉武丁之以祥雉为德，立其庙为高宗，遂作高宗肜日及训。

【译文】

小乙死后，其子武丁即位。武丁即帝位后，很想再度使殷复兴，但是却没有找到合适的辅佐人物。三年时间，武丁都没有发表过任何言论，一切政事都由冢宰来决定，武丁好旁观国家的政治风尚。武丁夜晚梦到一位名叫说的圣贤之人。他按照梦中人的相貌来审视百官，结果发现都不是。于是就派百官设法到民间去找寻，就在一个叫傅险的地方，找到了正在因犯法而服役的说。此时说正在建筑和养护道路。官员将其引见给武丁，武丁说就是此人。找到此人后，武丁与他交谈，发现他果真是个圣人，于是就任命说为相来辅佐朝政，殷朝得到了很好的治理。所以就用傅险作为他的姓氏，称为"傅说"。

有一次武丁祭祀成汤，第二天，有一只野鸡飞上鼎耳鸣叫，武丁很害怕。祖己说："帝不要忧虑，先修明政事吧。"祖己就开导武丁说："上天监视下民的标准是看他们是否遵守道义，赐给人长短有别的寿命，并不是上天要夭折人的年岁，在中途断绝人的寿命。民众中有些人不遵守道德，不承认自己的过错，当上天要降下符命对他们进行警告，要他们改正不好德行的时候，他们才想该怎么办啊。啊，帝您即位，一定要为民众办事啊，这就是继承上天的旨意，举行祭祀要按照常规，对于那些不合时宜的邪道不施用任何礼仪。”武丁修明政治，推行德教，天下为之欢欣鼓舞，殷朝再度中兴。

武丁帝死后，其子祖庚即位。祖己赞美武丁能够以野鸡鸣叫为警戒而修明德行，因而建立他的神庙，并称其为高宗，还写下了《高宗肜日》和《高宗之训》。

【原文】

帝祖庚崩，弟祖甲立，是为帝甲。帝甲淫乱，殷复衰。

帝甲崩，子帝廪辛立。帝廪辛崩，弟庚丁立，是为帝庚丁。帝庚丁崩，子帝武乙立。殷复去亳，徙河北。

帝武乙无道，为偶人，谓之天神。与之博，令人为行。天神不胜，乃僇辱之。为革囊，盛血，卬而射之，命曰“射天”。武乙猎于河渭之间，暴雷，武乙震死。子帝太丁立。帝太丁崩，子帝乙立。帝乙立，殷益衰。

帝乙长子曰微子启，启母贱，不得嗣。少子辛，辛母正后，辛为嗣。帝乙崩，子辛立，是为帝辛，天下谓之纣。帝纣资辨捷疾，闻见甚敏；材力过人，手格猛兽；知足以距谏，言足以饰非；矜人臣以能，高天下以声，以为皆出己之下。好酒淫乐，嬖于妇人。爱妲己，妲己之言是从。于是使师涓作新淫声，北里之舞，靡靡之乐。厚赋税以实鹿台之钱，而盈钜桥之粟。益收狗马奇物，充仞宫室。益广沙丘苑台，多取野兽蜚鸟置其中。慢于鬼神。大聚乐戏于沙丘，以酒为池，县肉为林，使男女裸相逐其间，为长夜之饮。百姓怨望而诸侯有畔者，于是纣乃重刑辟，有炮格之法。

【译文】

祖庚帝死后，其弟祖甲即位，即甲帝。甲帝荒淫暴虐，殷朝再度衰败。

甲帝死后，其子廪辛即位。廪辛帝死后，其弟庚丁即位。庚丁死后，其子武乙即位，殷朝又迁离亳都，重新居在黄河以北。

武乙帝不遵奉天道，做了一个木偶人，称之为天神。他跟木偶人赌胜负，让别人来判决。天神输了，就砍杀羞辱它。还用皮革做了一个囊，里面盛血，仰头用箭射，称之为射天。武乙在黄河和渭水一带打猎，出现暴雷，武乙被雷震死。其子太丁即位。太丁死后，其子乙帝即位。乙帝即位后，殷朝更加衰败。

乙帝的长子是微子启，启的生母身份低下，所以启不能继承帝位。小儿子是辛，辛的生母是乙帝的正妃，所以辛就继承了帝位。乙帝死后，其子辛即位，即辛帝，天下人称其为纣。纣天资聪颖，机智灵敏，能言善辩，力气过人，可以赤手空拳同猛兽搏斗。他以聪明才智来拒绝他人的劝谏，以超人的口才来粉饰自己的过错。在臣子面前炫耀自己的才能，在天下人前吹嘘自己的声名，认为没有人的本领在其之上。他贪酒恋杯，放荡作乐，沉迷女色。宠爱妲己，对其言听计从。于是让师涓创作新的淫荡音乐，和鄙俗的北里之舞，颓废淫荡的乐歌。为了充实鹿台的钱财、增加巨桥的存粮而加重赋税。大量搜集狗马珍玩，充塞于宫廷。他进一步扩建沙丘的园林楼台，捕捉大量野兽飞鸟放在里面。他怠慢鬼神。大规模聚集歌舞艺人到沙丘，用酒做池水，将肉悬挂起来形成肉林，让众多男女赤裸着身体在其中追逐嬉戏，就这样通宵宴饮。百姓怨声载道，有的诸侯甚至已经背叛了这个国家，于是纣就加重了刑罚，还发明了炮烙酷刑。

【原文】

以西伯昌、九侯、鄂侯为三公。九侯有好女，入之纣。九侯女不憙淫，纣怒，杀之，而醢九侯。鄂侯争之强，辨之疾，并脯鄂侯。西伯昌闻之，窃叹。崇侯虎知之，以告纣，纣囚西伯羑里。西伯之臣闳夭之徒，求美女奇物善马以献纣，纣乃赦西伯。西伯出而献洛西之地，以请除炮格之刑。纣乃许之，赐弓矢斧钺，使得征伐，为西伯。而用费中为政。费中善谀，好利，殷人弗亲。纣又用恶来。恶来善毁谗，诸侯以此益疏。

西伯归，乃阴修德行善，诸侯多叛纣而往归西伯。西伯滋大，纣由是稍失权重。王子比干谏，弗听。商容贤者，百姓爱之，纣废之。及西伯伐饥国，灭之，纣之臣祖伊闻之而咎周，恐，奔告纣曰："天既讫我殷命，假人元龟，无敢知吉，非先王不相我后人，维王淫虐用自绝，故天弃我，不有安食，不虞知天性，不迪率典。今我民罔不欲丧，曰'天曷不降威，大命胡不至'？今王其奈何？"纣曰："我生不有命在天乎！"祖伊反，曰："纣不可谏矣。"西伯既卒，周武王之东伐，至盟津，诸侯叛殷会周者八百。诸侯皆曰："纣可伐矣。"武王曰："尔未知天命。"乃复归。

【译文】

纣任命西伯昌、九侯和鄂侯为三公。九侯有个女儿，堪称绝色，献给了纣。此女不好淫乱，纣盛怒之下就将其杀了，还将九侯剁成了肉酱。为此，鄂侯谏争得非常坚决，由于其激烈的辩说，鄂侯也被斩杀以后熏成了干肉。西伯昌听说了，暗自叹气。崇侯虎将此事向纣告发了，于是西伯昌便被囚禁在羑里。西伯的臣子闳夭等人将美丽的女子、奇异的物品和精良的马匹献给了纣，于是纣就赦免了西伯昌。西伯昌一被释放后就献出了洛水以西的大片土地，以求纣废除炮烙等残酷的刑罚。纣答应了他，还赐给他弓矢斧钺，让他能够征讨其他诸侯，于是西伯昌便成了西方诸侯的首领。纣用善于阿谀奉承的费中主持政事。他为人贪财好利，百姓都不喜欢他。纣就又重用善于搬弄是非的恶来，他总是诽谤他人，因此四方诸侯就和朝廷更加疏远了。

西伯回来后，便暗自施行德政，遍做好事，诸侯大都离开纣而去投奔西伯。西伯的势力不断地发展壮大，纣也就逐渐失掉了自己的权势和威严。王子比干进谏，但是纣不听。商容人贤能，百官都拥戴他，但是却不被纣用。到西伯去讨伐忠于纣的饥国，并将其灭掉后，纣的大臣祖伊听说后就很仇恨周，恐惧的他急忙去向纣报告道："上天要终结我们的国运了，让人用灵龟去占卜的结果也不是吉兆，这并非是先王不帮助我们，实在是大王您荒淫残暴，以致自绝于天啊。所以上天抛弃我们，使大家不得安心饮食。您既不在意上天的旨意，又不遵用国家的常法。如今，我们的百姓没有人不想丧国的。他们都说：‘上天为何还不降下威严，灭亡纣的命令怎么还不到达呢？’大王现在准备怎么办呢？”纣说：“我不是受命于天吗？”祖伊返回后说：“对纣进行劝谏是没有作用的。”西伯已经去世了，周武王向东征讨，军队抵达盟津，诸侯中背叛纣王来与周会合的就有八百多个。诸侯都说：“可以讨伐纣了。”武王说：“你们还不知道天命。”于是就都返回了。

【原文】

纣愈淫乱不止。微子数谏不听，乃与大师、少师谋，遂去。比干曰：“为人臣者，不得不以死争。”乃强谏纣。纣怒曰：“吾闻圣人心有七窍。”剖比干，观其心。箕子惧，乃详狂为奴，纣又囚之。殷之大师、少师乃持其祭乐器奔周。周武王于是遂率诸侯伐纣。纣亦发兵距之牧野。甲子日，纣兵败。纣走，入登鹿台，衣其宝玉衣，赴火而死。周武王遂斩纣头，县之大白旗。杀妲己。释箕子之囚，封比干之墓，表商容之闾。封纣子武庚禄父，以续殷祀，令修行盘庚之政。殷民大说。于是周武王为天子。其后世贬帝号，号为王。而封殷后为诸侯，属周。

周武王崩，武庚与管叔、蔡叔作乱，成王命周公诛之，而立微子于宋，以续殷后焉。

太史公曰：余以颂次契之事，自成汤以来，采于书诗。契为子姓，其后分封，以国为姓，有殷氏、来氏、宋氏、空桐氏、稚氏、北殷氏、目夷氏。孔子曰，殷路车为善，而色尚白。

【译文】

纣越来越淫乱而没有节度。微子因多次进谏而不起作用，就同大师、少师一商量，离开了。比干说：“作为一个国家的臣子，不得不用死来谏争。”于是依然极力向纣进谏。纣怒道：“我听说圣贤之人，他的心是有七个孔窍。”于是就命人将比干的胸部剖开，将心拿出来看。箕子害怕了，就装疯卖傻去做奴隶。纣还是将他囚禁了起来。殷朝的大师和少师就带着他们的祭器和乐器向周逃奔。在这种形势下，周武王便率领四方诸侯开始对纣进行讨伐。纣也发动了军队在牧野进行抵抗。甲子日，纣大败，他逃进王宫，登上鹿台，穿上他饰有珍宝的衣服，跳到火海里而死。周武王于是将纣的头颅斩下来，悬挂在大白旗杆上。将妲己杀死。将箕子释放出狱，重筑比干的墓地。在商容居住的闾巷里对其进行了表彰嘉奖。对纣的儿子武庚和禄父进行分封，使他们能够继续殷的祭祀，告诫他们要奉行盘庚时代的政令规范。殷的百姓都很高兴。于是周武王就顺应天命，做了天子。大概是因为后世贬低帝的称号，所以他改变称号，不称帝而称王。将殷的后代封为诸侯国，隶属于周。

周武王逝世后，武庚和武王的弟弟管叔和蔡叔一起叛乱，周成王就派周公将他们诛灭，把微子封在宋国，来延续殷的后代。

太史公说：我根据《颂》的文献来编写契的事迹，自成汤以后，采用《尚书》《诗经》的有关材料。契本姓子，他的后代分封以国为姓，有殷氏、来氏、宋氏、稚氏、北殷氏、目夷氏。孔子说：殷人的路车很好，但是殷人在颜色方面崇尚白色。

【评析】

此篇的叙事，总体来说还是比较简单的，但是司马迁对商朝的开国帝王成汤与商朝的亡国帝王殷纣的描写还是相当清晰的。并且本篇所列的商朝历代帝王的世系已经被证实是相当清晰又大体准确的。本篇对研究商朝的历史提供了参考和依据。对此学术价值，我们暂且放下不说，单看文章里描写太甲的悔过反善，描写太戊的不信妖而修德，描写武丁的虚心访求并破格任用贤才，对于这些人的这些作为，作者都进行了热情的表彰歌颂。这也是作者对理想“君道”与对德政仁政的追求与向往。这对我们今天的领导者也有很重要的借鉴意义。一个部门的管理者或领导者，想使下属心甘情愿地为你做事，就不能以自己所处的位置压人，在倡导人文关怀的今天，就应该以人性化的管理，坦诚地对待每一个下属，做到情与理的交融，威望自然就会在人们心中提升。

第四章 周本纪

【原文】

周后稷，名弃。其母有邰氏女，曰姜原。姜原为帝喾元妃。姜原出野，见巨人迹，心忻然说，欲践之，践之而身动如孕者。居期而生子，以为不祥，弃之隘巷，马牛过者皆辟不践；徙置之林中，适会山林多人，迁之；而弃渠中冰上，飞鸟以其翼覆荐之。姜原以为神，遂收养长之。初欲弃之，因名曰弃。

弃为儿时，屹如巨人之志。其游戏，好种树麻、菽，麻、菽美。及为成人，遂好耕农，相地之宜，宜谷者稼穑焉，民皆法则之。帝尧闻之，举弃为农师，天下得其利，有功。帝舜曰："弃，黎民始饥，尔后稷播时百谷。"封弃于邰，号曰后稷，别姓姬氏。后稷之兴，在陶唐、虞、夏之际，皆有令德。

【译文】

周王室的始祖后稷，叫弃。他的母亲姓有邰氏，叫姜原，是帝喾的原配夫人。姜原出门去野外，发现有巨人的脚印，心里特别兴奋欢悦，想用脚踏上去，一踏上脚印，她的身子就感到一阵震动，好像怀孕了似的。一年后果真生下了一个儿子，觉得不是什么吉兆，就将孩子抛弃在狭小的巷子里，但是所有从那里经过的牛、马都避开而不去踩踏他；又将他移至树林中，恰恰林子里有很多人，于是就又换了个地方，将其丢在结冰的沟渠中，却有很多鸟儿飞来用羽毛为他覆盖和铺垫。姜原觉得这个孩子很神弃，于是就又将其抱回并抚养他长大成人。因为是开始想抛弃他，所以就为其起名叫作弃。

弃还在很小的时候，就有着大人一样远大的志向。他游戏时，喜欢种植苎、豆、麻等，并且都种得很好。等他成人后，就更加喜欢耕种农作物，研究土地适合种什么，适宜种谷物的就在此地种上谷物，其他百姓纷纷效仿。尧帝听说后，就推举弃负责管理农业生产，天下都因此而受益，工作颇见成效。舜帝说："弃，天下百姓开始有了饥荒的时候，你作为农官，一定要指导他们适时地播种五谷啊。"将弃封在邰地，并称其为后稷，另外取姓为姬姓。后稷这一族的兴起，在陶唐、虞和夏时代，都表现出了他们美好的德行。

【原文】

后稷卒，子不窋立。不窋末年，夏后氏政衰，去稷不务，不窋以失其官而奔戎狄之间。不窋卒，子鞠立。鞠卒，子公刘立。公刘虽在戎狄之间，复修后稷之业，务耕种，行地宜，自漆、沮度渭，取材用，行者有资，居者有畜积，民赖其庆。百姓怀之，多徙而保归焉。周道之兴自此始，故诗人歌乐思其德。公刘卒，子庆节立，国于豳。

庆节卒，子皇仆立。皇仆卒，子差弗立。差弗卒，子毁隃立。毁隃卒，子公非立。公非卒，子高圉立。高圉卒，子亚圉立。亚圉卒，子公叔祖类立。公叔祖类卒，子古公亶父立。古公亶父复修后稷、公刘之业，积德行义，国人皆戴之。薰育戎狄攻之，欲得财物，予之。已复攻，欲得地与民。民皆怒，欲战。古公曰："有民立君，将以利之。今戎狄所为攻战，以吾地与民。民之在我，与其在彼，何异。民欲以我故战，杀人父子而君之，予不忍为。"乃与私属遂去豳，度漆、沮，逾梁山，止于岐下。豳人举国扶老携弱，尽复归古公于岐下。及他旁国闻古公仁，亦多归之。于是古公乃贬戎狄之俗，而营筑城郭室屋，而邑别居之。作五官有司。民皆歌乐之，颂其德。

【译文】

后稷去世后，其子不窋即位。不窋在位的最后几年，夏后氏政治衰败，他们将农官废除，不再重视农业，不窋因为丢了官职，就逃奔到西方戎狄部族那里去了。不窋去世后，其子鞠即位。鞠去世后，其子公刘即位。公刘虽然身处戎狄部族间，但是又重新修治了先人的事业，致力于耕种。他考察土地的性能，从漆水、沮水到渭水，再到终南山，砍伐木材加以利用，使得出行的人有了旅费，在家的人有了积蓄，民众也都因此而获益。百姓因感怀他的恩惠而迁移过来归附他。周室从此开始兴盛，所以诗人创作诗歌来歌颂他的功德。公刘去世后，其子庆节即位，在豳地建立了国都。

庆节去世后，其子皇仆即位。皇仆去世后，其子差弗即位。差弗去世后，其子毁隃即位。毁隃去世后，其子公非即位。公非去世后，其子高圉即位。高圉去世后，其子亚圉即位。亚圉去世后，其子公叔祖类即位。公叔祖类去世后，其子古公亶父即位。古公亶父继承了后稷、公刘的事业，他积累德行推行仁义道德，受到百姓的拥戴。薰育戎狄部落前来攻打，想索取财物，古公亶父就给了他们。不久他们又来攻打，想要土地和民众。这激起了民众的愤怒，誓与侵略者作战到底。古公亶父说："百姓拥护建立君主，是因为会有利于他们。如今戎狄部落之所以要对我们进行战争，是因为他们想得到我们的土地和百姓。百姓在我这里和在他们那里有什么不同呢？百姓因为我的缘故而开战，那不就像杀了他们的父子而做他们的君主吗？我实在是不忍心这样做。"于是就带领自己的部属离开了豳，渡过漆水、沮水，翻越了梁山，定居于岐下。豳地的百姓又都扶老携小，重新到岐来归附。甚至附近其他国家的民众听说古公的仁爱，很多也前来归附。于是古公就将戎狄部族的习俗废除，并开始营建新的城郭宫室房屋，将民众分成邑落居住下来，又设置了五种官府机构以及负责的官员。百姓都创作歌乐以颂扬他的德行。

【原文】

古公有长子曰太伯，次曰虞仲。太姜生少子季历，季历娶太任，皆贤妇人，生昌，有圣瑞。古公曰："我世当有兴者，其在昌乎？"长子太伯、虞仲知古公欲立季历以传昌，乃二人亡如荆蛮，文身断发，以让季历。

古公卒，季历立，是为公季。公季修古公遗道，笃于行义，诸侯顺之。

公季卒，子昌立，是为西伯。西伯曰文王，遵后稷、公刘之业，则古公、公季之法，笃仁，敬老，慈少。礼下贤者，日中不暇食以待士，士以此多归之。伯夷、叔齐在孤竹，闻西伯善养老，盍往归之。太颠、闳夭、散宜生、鬻子、辛甲大夫之徒皆往归之。

崇侯虎谮西伯于殷纣曰："西伯积善累德，诸侯皆向之，将不利于帝。"帝纣乃囚西伯于羑里。闳夭之徒患之。乃求有莘氏美女，骊戎之文马，有熊九驷，他奇怪物，因殷嬖臣费中而献之纣。纣大说，曰："此一物足以释西伯，况其多乎！"乃赦西伯，赐之弓矢斧钺，使西伯得征伐。曰："谮西伯者，崇侯虎也。"

【译文】

古公有个长子叫太伯，次子叫虞仲。古公的妃子太姜生了小儿子季历，季历的妻子是太任，太姜和太任都是贤淑的女子，太任生下昌，有圣贤的祥瑞出现。古公说："我们家将会有兴隆家室的人出现，难道此人是昌吗？"太伯和虞仲知道了古公想立季历，然后传于昌，于是两人就逃往荆蛮之地，并在身上刻画花纹，截断头发，以将王位让给季历。

古公去世后，季历即位，即公季。公季遵循古公的理政办法，切实地施行仁义，四方诸侯都来归顺他。

公季去世后，其子昌即位，即西伯。西伯就是文王，他继承了后稷和公刘的事业，遵循古公、公季的成规，施行仁政，敬老爱幼。他礼贤下士，经常因为接待贤德之人而日过正午还顾不上吃饭，因此贤能之人多归附于他。伯夷和叔齐在孤竹国，听说西伯优待长者，就一同前来归服。太颠、闳夭、散宜生、鬻子、辛甲大夫等人也纷纷前来投靠他。

崇侯虎在纣面前进谗："西伯积善施德，四方诸侯都归附他，这很不利于天子您啊？"纣于是就将西伯囚禁在羑里。闳夭等人对此很是担忧。于是就搜求到一个有莘氏的美丽女子，骊戎国的骏马，有熊部的九辆驷车，还有其他稀奇古怪的物品，通过殷朝的宠臣费中献给了纣。纣高兴极了，说："单单一个美女就足以将西伯释放了，更何况还有如此多好东西啊！"于是就将西伯赦免，并赐给他弓矢斧钺，使他能够有权征讨其他诸侯，并说："是崇侯虎诋毁西伯的。"

【原文】

西伯乃献洛西之地，以请纣去炮格之刑。纣许之。

西伯阴行善，诸侯皆来决平。于是虞、芮之人有狱不能决，乃如周。入界，耕者皆让畔，民俗皆让长。虞、芮之人未见西伯，皆惭，相谓曰："吾所争，周人所耻，何往为，只取辱耳。"遂还，俱让而去。诸侯闻之，曰"西伯盖受命之君"。

明年，伐犬戎。明年，伐密须。明年，败耆国。殷之祖伊闻之，惧，以告帝纣。纣曰："不有天命乎？是何能为！"明年，伐邘。明年，伐崇侯虎。而作丰邑，自岐下而徙都丰。明年，西伯崩，太子发立，是为武王。

西伯盖即位五十年。其囚羑里，盖益易之八卦为六十四卦。诗人道西伯，盖受命之年称王而断虞芮之讼。后十年而崩，谥为文王。改法度，制正朔矣。追尊古公为太王，公季为王季：盖王瑞自太王兴。

武王即位，太公望为师，周公旦为辅，召公、毕公之徒左右王，师修文王绪业。

【译文】

西伯于是就将洛水西岸的大片土地献了出来，以使纣废除炮烙这种残酷的刑罚。纣就答应了。

西伯暗中实施德政，四方诸侯都来请他解决纷争。当时虞和芮两国的人发生了不能解决的纷争，就会来到周国。进入周国境内，发现这里的农夫都能互相谦让田界，他们也都尊重老人。这两国的人还没有见到西伯，就已经自惭形秽了，于是互相说道："我们所争执的正是人家周国的人们感到羞耻的，还怎么去找西伯，那样不是自取其辱吗？"于是就返回了，也退让而重新离去。诸侯听说此事后，都说西伯大概就是承受天命、得天下的君主。

第二年，西伯去征讨犬戎。下一年，又征讨密须。又下一年，将耆国打败。殷朝的祖伊听说后，非常恐惧，他急忙向纣王汇报。纣说："我不是受命于天吗？他那样又能有什么作为呢？"接下来的一年，西伯又伐邘国，然后再一年伐崇侯虎。然后营建了丰邑，并将国都从岐山下迁到了丰邑。下一年，西伯逝世，太子姬发即位，即武王。

西伯在位大概为五十年。他被囚羑里时，据说将《易》的八卦增衍成了六十四卦。诗人称赞西伯，认为他是承受天命那年就被拥立为王了，因裁决虞和芮两国的争端而受到诸侯的拥护。十年后，西伯去世，谥号为文王。文王在位时，已经将殷的法令制度改变了，并制定了周朝的历法。追奉古公为太王，公季为王季。也许是因为周朝的王业是从古公的时候开始兴起的吧。

武王即位后，任太公望做太师，周公旦做宰相，任召公、毕公等人做辅佐大臣，准备将文王开创的业绩发扬光大。

【原文】

九年，武王上祭于毕。东观兵，至于盟津。为文王木主，载以车，中军。武王自称太子发，言奉文王以伐，不敢自专。乃告司马、司徒、司空、诸节："齐栗，信哉！予无知，以先祖有德臣，小子受先功，毕立赏罚，以定其功。"遂兴师。师尚父号曰："总尔众庶，与尔舟楫，后至者斩。"武王渡河，中流，白鱼跃入王舟中，武王俯取以祭。既渡，有火自上复于下，至于王屋，流为乌，其色赤，其声魄云。是时，诸侯不期而会盟津者八百诸侯。诸侯皆曰："纣可伐矣。"武王曰："女未知天命，未可也。"乃还师归。

居二年，闻纣昏乱暴虐滋甚，杀王子比干，囚箕子。太师疵、少师强抱其乐器而奔周。于是武王遍告诸侯曰："殷有重罪，不可以不毕伐。"乃遵文王，遂率戎车三百乘，虎贲三千人，甲士四万五千人，以东伐纣。十一年十二月戊午，师毕渡盟津，诸侯咸会。曰："孳孳无怠！"武王乃作太誓，告于众庶："今殷王纣乃用其妇人之言，自绝于天，毁坏其三正，离逷其王父母弟，乃断弃其先祖之乐，乃为淫声，用变乱正声，怡说妇人。故今予发维共行天罚。勉哉夫子，不可再，不可三！"

【译文】

九年，武王在毕为文王举行祭祀。然后去东方检阅军队，到达盟津。用木头做了文王的神主，用车载着，在军帐中供奉。武王自称太子姬发，说是奉文王的旨意来征讨的，不敢独断专行。于是告令司马、司徒、司空和诸位接受符节的官员："一定要慎重，要虔诚，要守信。我才疏学浅，由于先人有德行，我才继承了先祖的功业。现在明确赏罚制度，以确保将先祖的功业完成。"于是就起兵。师尚父发号施令道："将你们的兵众集合，将你们的船只桨楫把好，迟到者斩首。"武王渡黄河，船行到中流时，有条白鱼跳进了武王所乘的船舱里，武王就弯腰将其捡起用来祭祀上天。渡过黄河后，又有一团天火从上覆盖而下，一直到达武王所居住的屋顶上，然后化成一只乌鸦，颜色红赤，发出魄魄的鸣叫。这时，诸侯中不约而同会聚于盟津的就有八百多个。诸侯都说："可以伐纣了。"武王说："你们还是不知道天命啊，现在还不是时候。"于是就班师而回了。

过了两年，听说纣更加荒淫暴虐，还杀死了王子比干，囚禁了箕子。太师疵和少师强也逃到了周国。于是武王就跟诸侯说："纣罪孽深重，是时候对他进行讨伐了。"于是就遵从文王的旨意，率领百乘兵车，三千名英勇的兵士，四万五千穿戴盔甲的军士，向东去讨伐纣。十一年十二月戊午日，大军渡过了盟津，四方诸侯会聚于此。都说："要奋进不止，不懈怠！"于是武王就写下了《太誓》，告诫大家："如今纣听信谗言，自绝于天，毁坏天、地、人之间的正道，疏远血缘至亲，抛弃先祖创制的乐曲，谱写崇尚淫靡之声，扰乱正统的音乐以取悦妇人。因此，我决定恭行上天的旨意，对其进行惩罚。大家要努力，这样的讨伐不能再有第二次、第三次！"

【原文】

二月甲子昧爽，武王朝至于商郊牧野，乃誓。武王左杖黄钺，右秉白旄，以麾。曰："远矣西土之人！"武王曰："嗟！我有国冢君，司徒、司马、司空，亚旅、师氏，千夫长、百夫长，及庸、蜀、羌、髳、微、纑、彭、濮人，称尔戈，比尔干，立尔矛，予其誓。"王曰："古人有言'牝鸡无晨。牝鸡之晨，惟家之索'。今殷王纣维妇人言是用，自弃其先祖肆祀不答，昏弃其家国，遗其王父母弟不用，乃维四方之多罪逋逃是崇是长，是信是使，俾暴虐于百姓，以奸宄于商国。今予发维共行天之罚。今日之事，不过六步七步，乃止齐焉，夫子勉哉！不过于四伐五伐六伐七伐，乃止齐焉，勉哉夫子！尚桓桓，如虎如罴，如豺如离，于商郊，不御克奔，以役西土，勉哉夫子！尔所不勉，其于尔身有戮。”誓已，诸侯兵会者车四千乘，陈师牧野。

帝纣闻武王来，亦发兵七十万人距武王。武王使师尚父与百夫致师，以大卒驰帝纣师。纣师虽众，皆无战之心，心欲武王亟入。纣师皆倒兵以战，以开武王。武王驰之，纣兵皆崩畔纣。

【译文】

二月甲子日，天蒙蒙亮，武王就赶到了位于商都郊外的牧业，进行誓师。武王左手举着黄钺，右手举着白色旄旗，来指挥军队。他说：“你们一路劳顿啊，西方的将士们。”接着又说：“我的诸侯们，司徒、司马、司空，亚旅、师氏，千夫长、百夫长，以及庸、蜀、羌、髳、微、纑、彭、濮各地部族的人们，举起你们的戈，列好你们的盾，立好你们的矛，我们要宣誓了。”武王说：“古代有人说：‘母鸡不报晓，倘若母鸡报晓，则这一家一定会灭亡。’如今纣王只听信妇人的谗言，对先祖的祭祀不闻不问，不理国家大政，不任用先祖传下来的亲族，反而信任和任用四方作恶多端逃来的人，尊重并重用他们，让他们对百官贵族进行施暴，在商国胡作非为。现在我决心替天行道。今天作战，每前进六七步就要停下来整顿一下军队，然后继续前进。大家要努力啊！每经过四次、五次、六次、七次冲刺也都要停下来整顿，然后齐头并进，努力啊各位！希望你们像老虎、熊罴、豺狼和螭蛟一样勇猛。在这商都的郊外，不可拒绝和杀害那些投降的殷朝士兵，可将他们带回西土服役，大家要努力啊！如果谁不奋发努力，我必严惩不贷。”宣誓结束，聚在一起的诸侯兵车有四千乘，在牧野摆开了阵势。

纣王听说武王攻来了，也发兵七十万进行抵抗。武王命太师尚父率领百名勇猛之士出阵挑战，接着用大部队向纣军冲杀。纣军虽然数量多，但缺乏斗志，心里都盼着武王赶快攻入商都。因此他们纷纷倒戈，为武王开道。武王奔驰进攻，纣军分崩离析，纷纷背叛纣王。

【原文】

纣走，反入登于鹿台之上，蒙衣其殊玉，自燔于火而死。武王持大白旗以麾诸侯，诸侯毕拜武王，武王乃揖诸侯，诸侯毕从。武王至商国，商国百姓咸待于郊。于是武王使群臣告语商百姓曰：“上天降休！”商人皆再拜稽首，武王亦答拜。遂入，至纣死所。武王自射之，三发而后下车，以轻剑击之，以黄钺斩纣头，县大白之旗。已而至纣之嬖妾二女，二女皆经自杀。武王又射三发，击以剑，斩以玄钺，县其头小白之旗。武王已乃出复军。

其明日，除道，修社及商纣宫。及期，百夫荷罕旗以先驱。武王弟叔振铎奉陈常车，周公旦把大钺，毕公把小钺，以夹武王。散宜生、太颠、闳夭皆执剑以卫武王。既入，立于社南大卒之左，左右毕从。毛叔郑奉明水，卫康叔封布兹，召公奭赞采，师尚父牵牲。尹佚筴祝曰：“殷之末孙季纣，殄废先王明德，侮蔑神祇不祀，昏暴商邑百姓，其彰显闻于天皇上帝。”于是武王再拜稽首，曰：“膺更大命，革殷，受天明命。”武王又再拜稽首，乃出。

【译文】

纣王败走，回到城里，登上鹿台，穿上有珠宝装饰的华丽衣服，投入火海而亡。武王手持白旗指挥诸侯，诸侯都参拜武王，武王也拱手作揖回谢诸侯，诸侯都顺从。武王到商都，百官贵族都到郊外来迎候。这时，武王让群臣告诉他们：“上天要降福给你们！”他们再次跪拜叩头，武王也回拜答礼。于是进城到纣自杀的地方。武王亲自向纣的尸体射了三箭，而后下车又用轻吕宝剑击打纣的尸体，并将其头颅用黄钺斩下，悬挂于大白旗的旗杆上。最后找到纣的两个宠妃，此二人也已上吊自杀。武王又向她们射了三箭，用剑击，再用黑斧头砍下她们的头，悬挂在小白旗上。然后武王就出城返回到军营。

到了第二天，武王修理道路，修复寺庙和商的宫殿。到了规定之日，由百名勇士扛着“罕旗”作为先导，武王的弟弟叔振铎护着已经陈列好插有太常旗显示王者威严的仪仗车，周公旦拿大斧，毕公拿小斧，左右护卫武王。散宜生、太颠、闳夭也都执剑护卫着武王。进城之后，站在社坛南边的军队左边，左右辅卫的人全都跟从。毛叔郑捧着在月光下取得的作玄酒用的露水，卫康叔铺好用公明草编织的席子，召公奭进献彩帛，太师尚父牵着祭祀用的牲畜。尹佚宣读祝文："殷的末代子孙纣，断绝废弃先王的英明德政，侮辱天地神灵而不去祭祀，对百官贵族昏乱暴虐，他罪恶滔天，上天早就知道了。"于是武王两次跪拜叩头，说："我承受着改朝换代的使命，革除殷朝暴政，接受上天圣明的旨令。"武王又一次跪拜叩头，然后就走了出去。

【原文】

封商纣子禄父殷之余民。武王为殷初定未集，乃使其弟管叔鲜、蔡叔度相禄父治殷。已而命召公释箕子之囚。命毕公释百姓之囚，表商容之闾。命南宫括散鹿台之财，发钜桥之粟，以振贫弱萌隶。命南宫括、史佚展九鼎保玉。命闳夭封比干之墓。命宗祝享祠于军。乃罢兵西归。行狩，记政事，作武成。封诸侯，班赐宗彝，作分殷之器物。武王追思先圣王，乃褒封神农之后于焦，黄帝之后于祝，帝尧之后于蓟，帝舜之后于陈，大禹之后于杞。于是封功臣谋士，而师尚父为首封。封尚父于营丘，曰齐。封弟周公旦于曲阜，曰鲁。封召公奭于燕。封弟叔鲜于管，弟叔度于蔡。余各以次受封。

武王征九牧之君，登豳之阜，以望商邑。武王至于周，自夜不寐。周公旦即王所，曰："曷为不寐？"王曰："告女：维天不飨殷，自发未生于今六十年，麋鹿在牧，蜚鸿满野。天不享殷，乃今有成。维天建殷，其登名民三百六十夫，不显亦不宾灭，以至今。我未定天保，何暇寐！"王曰："定天保，依天室，悉求夫恶，贬从殷王受。日夜劳来定我西土，我维显服，及德方明。自洛汭延于伊汭，居易毋固，其有夏之居。我南望三涂，北望岳鄙，顾詹有河，粤詹洛、伊，毋远天室。"营周居于雒邑而后去。纵马于华山之阳，放牛于桃林之虚；偃干戈，振兵释旅：示天下不复用也。

【译文】

武王封纣的儿子禄父，让他仍然统辖殷朝剩下的民众。由于殷地刚刚平定还没有安定，于是就派弟弟管叔鲜、蔡叔度辅助禄父来治理殷。然后命召公去将被囚禁的箕子释放，命毕公去释放被囚禁的百官贵族，还到商容居住的里巷去表彰他。命南宫括散发鹿台的钱财和钜桥的积粟，以救济贫弱的民众。命南宫括、史佚展示九鼎和宝玉。命闳夭增填比干的墓土并划定疆界。命令主管祭祀的祝官祭祀阵亡的将士。然后撤兵回到西部。途中巡视、记述政治事件，写下了《武成》。分封诸侯，颁赐用于祭祀的宝器，写下了《分殷之器物》。武王追忆先代的圣王，褒扬并封神农的后代于焦地，封黄帝的后代于祝地，封尧的后代于蓟地，封舜的后代于陈地，封禹的后代于杞地。又分封功臣谋士，太师尚父第一个受封，被封在营丘，国号为齐。周公旦被封于曲阜，国号为鲁。召公奭被封于燕国。叔鲜被封于管国，叔度被封于蔡国。其他人也都按照次序受到了分封。

武王征召九州的君长，登上豳地附近的山丘，遥望商的故都。武王回到周都，夜里都无法入睡。周公旦来到武王的处所，问："您为什么睡不着呢？"武王说："告诉你吧：由于上天抛弃了殷朝，从我未出生到现在已经六十年，贤人被逐而小人在朝当政，灾害严重以至民不聊生。上天不保佑殷人，因此才有了我们今天的成功。当初殷承受天命而创建之时，曾经任用贤人三百六十人，致使殷家的事业虽然政绩不显著，但也不至于灭亡。我们还没有确定上天是否保佑周朝的国运永葆不变，还怎么会有睡觉的功夫啊！"他接着说："确定上天的保佑，使天下人都归附于王室，找出那些不归顺王命的恶人，像惩罚纣王一样惩罚他们。日夜操劳招徕贤人，以安定我们的西土。我只有将诸事都办理好，直到使德教光明四射。从洛水延续到伊水，居地平坦没有险阻，那是夏代旧的居住地。我向南望到三涂，向北望到太行，回头看到黄河，审视洛水和伊水两岸，觉得这是一个建都的好地方。"武王就将周的陪都营建在洛邑，而后离去。在华山南面放养战马，在桃林的原野上放养牛，让军队放下武器，收整并解散军队，向天下显示不再用武了。

【原文】

武王已克殷，后二年，问箕子殷所以亡。箕子不忍言殷恶，以存亡国宜告。武王亦丑，故问以天道。

武王病。天下未集，群公惧，穆卜，周公乃祓斋，自为质，欲代武王，武王有瘳。后而崩，太子诵代立，是为成王。

成王少，周初定天下，周公恐诸侯畔周，公乃摄行政当国。管叔、蔡叔群弟疑周公，与武庚作乱，畔周。周公奉成王命，伐诛武庚、管叔，放蔡叔。以微子开代殷后，国于宋。颇收殷余民，以封武王少弟封为卫康叔。晋唐叔得嘉谷，献之成王，成王以归周公于兵所。周公受禾东土，鲁天子之命。初，管、蔡畔周，周公讨之，三年而毕定，故初作大诰，次作微子之命，次归禾，次嘉禾，次康诰、酒诰、梓材，其事在周公之篇。周公行政七年，成王长，周公反政成王，北面就群臣之位。

【译文】

武王已经战胜殷朝，两年后，问箕子殷朝灭亡的原因。箕子不忍心讲殷的罪过，只是跟武王说了一些国家的生死存亡之道。武王也有些不好意思，于是就又问了他一些治国之道。

武王生病了。那时天下还没有安定，众臣都恐惧不安，就虔诚地占卜，周公斋戒沐浴举行消灾避邪的仪式，情愿以自身为代替武王承受病痛，武王的病情渐渐得到好转。但是后来还是去世了，太子诵即位，即周成王。

成王年少，再加周朝刚安定天下，周公担心诸侯背叛周朝，就代理国事，主持政务。管叔和蔡叔兄弟怀疑周公，就和武庚一起作乱，背叛周朝。周公奉成王之命对其进行讨伐，将武庚和管叔诛杀，将蔡叔放逐，用微子开接续殷家后代，封国在宋。尽量收集残余的殷朝民众，封给武王的小弟弟，将其封为卫康叔。晋唐叔得到一种象征吉祥的谷物，将其献给了成王，成王将它运到出兵征伐地转给周公，周公就在东方接受了他，并对天子的圣命进行了颂扬。当初，管叔和蔡叔背叛周朝，周公前去讨伐，经过三年终于彻底平定。所以先作《大诰》，又作《微子之命》，再作《归禾》，再作《嘉禾》，再作《康诰》《酒诰》《梓材》，这些事情都在有关周公的篇章里记载着。周公摄政七年，成王长大了，周公将政权交还给成王，自己面北站在臣下的位置上。

【原文】

成王在丰，使召公复营洛邑，如武王之意。周公复卜申视，卒营筑，居九鼎焉。曰："此天下之中，四方入贡道里均。"作召诰、洛诰。成王既迁殷遗民，周公以王命告，作多士、无佚。召公为保，周公为师，东伐淮夷，残奄，迁其君薄姑。成王自奄归，在宗周，作多方。既绌殷命，袭淮夷，归在丰，作周官。兴正礼乐，度制于是改，而民和睦，颂声兴。成王既伐东夷，息慎来贺，王赐荣伯作贿息慎之命。

成王将崩，惧太子钊之不任，乃命召公、毕公率诸侯以相太子而立之。成王既崩，二公率诸侯，以太子钊见于先王庙，申告以文王、武王之所以为王业之不易，务在节俭，毋多欲，以笃信临之，作顾命。太子钊遂立，是为康王。康王即位，遍告诸侯，宣告以文武之业以申之，作康诰。故成康之际，天下安宁，刑错四十余年不用。康王命作策毕公分居里，成周郊，作毕命。

康王卒，子昭王瑕立。昭王之时，王道微缺。昭王南巡狩不返，卒于江上。其卒不赴告，讳之也。立昭王子满，是为穆王。穆王即位，春秋已五十矣。王道衰微，穆王闵文武之道缺，乃命伯臩申诫太仆国之政，作臩命。复宁。

【译文】

成王住在丰邑，命召公再次营建洛邑，以顺从武王的心愿。周公多次占卜，反复视察，最终完成了营建的工程，并把九鼎安放在那里。说："这里是天下的正中，从四方进贡的路程都一样长。"写下了《召诰》《洛诰》。成王又将殷朝的遗民迁徙到洛邑附近的成周，周公向他们宣告成王的命令，并写下了《多士》和《无佚》。召公担任太保，周公担任太师，向东去讨伐淮夷民族，将奄国灭亡，并将他的封君迁到了薄姑。成王从奄回来后，在宗周写下了《多方》。成王将殷礼废除后，又袭击了淮夷，回到丰邑写下了《周官》。将礼乐重新谱制，并同时修改了各种制度，因而百姓和睦，兴起了颂扬太平的歌声。成王讨伐了东夷以后，息慎部族就前来朝贺，成王赏赐他们财物，并命荣伯写下了《贿息慎之命》。

成王将要去世，担心太子钊不足以胜任王位，于是就命召公和毕公率领诸侯带太子瞻仰先祖庙宇，告诫他文王和武王的事业来之不易，要他致力于节俭，不要有太多的欲望，要以笃厚诚信的态度登临王位，于是又写下了《顾命》。太子钊于是就即位了，这就是康王。康王即位后，遍告四方诸侯，以文王和武王的业绩来劝勉他们，写下了《康诰》。因此，在成王和康王的时代，天下太平，刑罚被弃置了四十多年都没有使用。康王命令毕公写作策书，让民众分别村落居住，划定周都郊外的边界，作为周都的屏卫，并写下了《毕命》记录这件事。

康王去世，其子昭王瑕即位。昭王的时候，王道略有缺失。昭王到南方视察一直不复返，死在了江河水中。他死后，没有向诸侯发丧，这是为了隐讳他的错误行为。让昭王的儿子满即位，即穆王。穆王登上王位的时候，已经五十岁了。王道衰败，穆王忧虑文王和武王的大业残缺，就命伯臩担任太仆正之职，并告诫他要以国家政事为重，写下了《臩命》，国家又恢复了安宁。

【原文】

穆王将征犬戎，祭公谋父谏曰："不可。先王耀德不观兵。夫兵戢而时动，动则威，观则玩，玩则无震。是故周文公之颂曰：'载戢干戈，载櫜弓矢，我求懿德，肆于时夏，允王保之。'先王之于民也，茂正其德而厚其性，阜其财求而利其器用，明利害之乡，以文修之，使之务利而辟害，怀德而畏威，故能保世以滋大。"

"昔我先王世后稷以服事虞、夏。及夏之衰也，弃稷不务，我先王不窋用失其官，而自窜于戎狄之间。不敢怠业，时序其德，遵修其绪，修其训典，朝夕恪勤，守以敦笃，奉以忠信。奕世载德，不忝前人。至于文王、武王，昭前之光明而加之以慈和，事神保民，无不欣喜。商王帝辛大恶于民，庶民不忍，䜣载武王，以致戎于商牧。是故先王非务武也，勤恤民隐而除其害也。夫先王之制，邦内甸服，邦外侯服，侯卫宾服，夷蛮要服，戎翟荒服。甸服者祭，侯服者祀，宾服者享，要服者贡，荒服者王。"

【译文】

穆王将要征伐犬戎，祭公谋父劝谏道："不可。先王只显示德行而从不炫耀武力。兵器平常都是收藏着，只等适宜的时候才会动用，一旦动用就会显示威严，如果经常炫耀就会成为儿戏，别人就不会害怕你了。因此周公在其颂歌中说：‘收好干戈，藏好弓箭，我只想将美德推广，如此王道定会保佑周邦。’对待百姓，先王总是努力端正他们的德行，纯厚他们的性情，增加他们的财富，充实他们的器用，让他们明白利害所在，用礼法来教育他们，使他们趋利避害，感怀的惠而害怕惩罚。因此得以保守基业乃至不断发展壮大。”

“以前我们的祖先世代担任农官，在虞、夏两朝奔走效劳。到了夏朝衰败，将农业生产废弃，先祖不窋因此丢掉了官职，自行逃到戎狄地区。他仍然不敢荒废农业，并常维护先王的德行，遵循先王开创的基业，修正教令，一天到晚兢兢业业，用敦厚笃实的态度来严格遵守，用忠诚信服的精神来时刻奉行。一代代继承德政，不辱没先祖。到了文王和武王的时候，他们将先祖基业继续发扬光大，进一步推行德政，敬奉神明，爱护百姓，因而人神没有不高兴的。商王帝辛对百姓犯下了很大的罪恶，他们忍无可忍，于是都拥戴武王，以至于在商郊牧野展开了战争。因此，先王并非想要专意用武，用武是为了使百姓免遭祸害。先王的制度，王畿内是甸服，王畿外是侯服，侯服以外起武卫作用的实行宾服，蛮夷地区实行要服，再外的戎翟地区为荒服。甸服区的诸侯供奉天子每天的祭祀，侯服区负责供应每月的祭祀，宾服区负责供应四时的祭品，要服区每年都要向周王纳贡，荒服区要承认周王的正统地位。”

【原文】

“日祭，月祀，时享，岁贡，终王。先王之顺祀也，有不祭则修意，有不祀则修言，有不享则修文，有不贡则修名，有不王则修德，序成而有不至则修刑。于是有刑不祭，伐不祀，征不享，让不贡，告不王。于是有刑罚之辟，有攻伐之兵，有征讨之备，有威让之命，有文告之辞。布令陈辞而有不至，则增修于德，无勤民于远。是以近无不听，远无不服。”

“今自大毕、伯士之终也，犬戎氏以其职来王，天子曰‘予必以不享征之，且观之兵’，无乃废先王之训，而王几顿乎？吾闻犬戎树敦，率旧德而守终纯固，其有以御我矣。王遂征之，得四白狼四白鹿以归。自是荒服者不至。"

【译文】

"祭礼一天一次，祀礼一月一次，献享一季一次，进贡一年一次，荒服只需永远都承认周王室的正统地位即可。先王推行的这种祭祀制度，倘若甸服不来供奉祭祀，就得修正自己的思想；侯服不来贡祀，便须修正自己的言论；宾服不来献享，就要修正礼乐制度；要服不来进贡，就要修治尊卑职贡的名号，荒服若有不臣服之意，就应修正自己的德行。依次做到了这些，如果还有不按照规定做的，就动用刑罚。于是惩罚不参与日祭的，攻讨不参与月祀的，亲自出兵征讨不献时享的，责备不按年纳贡的，劝谕不想臣服的。于是也就有了刑罚的法规、讨伐的军队、征讨的措施、威严责备的诰命，以及晓谕劝诫的文辞。倘若谴责的诏命和劝谕的文辞都发布了，还有不朝贡者，则天子就更要加强自己的德行，而不是让百姓受苦受累去远征。所以才能使近地诸侯无不听从，远处民族无不臣服。"

"如今，自从犬戎的两位君主大毕和伯士去世之后，接下来的首领还按照荒服的职分前来朝见，但是您却说'我定要按不享之罪名来讨伐他们，并向他们炫耀我的武力'，这难道不是废弃了先王的遗训，毁坏先王的制度吗？我听说犬戎部落树立了敦厚的风尚，遵循先人的传统美德，始终恪守淳朴坚定的品性，这样他们就已经有了抵御我们的条件和基础了。穆王还是进行了征伐，只得到了本来犬戎就可以职贡的四头白狼和四只白鹿。但此后，荒服地区便没有部族前来朝见了。"

【原文】

"诸侯有不睦者，甫侯言于王，作修刑辟。王曰：吁，来！有国有土，告汝祥刑。在今尔安百姓，何择非其人，何敬非其刑，何居非其宜与？两造具备，师听五辞。五辞简信，正于五刑。五刑不简，正于五罚。五罚不服，正于五过。五过之疵，官狱内狱，阅实其罪，惟钧其过。五刑之疑有赦，五罚之疑有赦，其审克之。简信有众，惟讯有稽。无简不疑，共严天威。"

"黥辟疑赦，其罚百率，阅实其罪。劓辟疑赦，其罚倍洒，阅实其罪。膑辟疑赦，其罚倍差，阅实其罪。宫辟疑赦，其罚五百率，阅实其罪。大辟疑赦，其罚千率，阅实其罪。墨罚之属千，劓罚之属千，膑罚之属五百，宫罚之属三百，大辟之罚其属二百：五刑之属三千。”命曰甫刑。

【译文】

“诸侯中有闹矛盾的，辅相对穆王说要制定刑法。穆王说：好，来！你们这些有国家和土地的人，我要将健全的刑法告诉你们。如今你们要使百姓安定，得选择什么呢？不就是德高望重的贤人吗？严肃对待什么呢？不就是五刑吗？平时考虑什么呢？不就是量刑的轻重要适宜吗？原、被告都到齐时，法官就要用五种方法来考察供辞。都核实验证了，就要用五种刑律来对其进行判决。若不能检查核实，就不能用五种刑律，而是根据罪行的轻重处以五罚。若五罚不合适，不能使人心服，就要按五种过失来处罚官员。五种过失有这样的弊病，即依仗官势，图报恩怨，贪赃枉法，收受贿赂，徇私枉法等，这些都要考核查实，处罚要与所犯过失相当。判处五刑有疑问的则可按照五罚处治，判处五罚有疑问的则可按照五过处治，要审慎地加以考察。检查核实，准确取证一定要通过多种途径，审理案件的时候也一定要有一同办案的人。不能不经核实就凭主观判案，要恭敬谨慎地执行上天的判决。”

“判处黥刑有疑问的地方就从轻处治，可罚金百钱，但事先一定要核实清其罪过。判处劓刑有疑问的也从轻处治，可罚金二百钱，事先也要核实该人所犯罪行。判处膑刑有疑问的，可从轻处治，可罚金五百钱，一定要核实其所犯的罪过。判处宫刑有疑问的也从轻处治，可罚金六百钱，事先要核实其所犯的罪过。判处死刑有疑问的地方也从轻处治，可罚金一千钱，一定要事先核查其所犯罪行。处黥刑此类的犯罪条目为一千条，处劓刑此类罪行条目为一千条，处膑刑此类犯罪条目为五百条，处宫刑此类犯罪条目为三百条，处死刑此类犯罪条目为二百条：判处这五种刑罚的条目一共为三千条。”命名为《甫刑》。

【原文】

穆王立五十五年，崩，子共王繄扈立。共王游于泾上，密康公从，有三女奔之。其母曰："必致之王。夫兽三为群，人三为众，女三为粲。王田不取群，公行不下众，王御不参一族。夫粲，美之物也。众以美物归女，而何德以堪之？王犹不堪，况尔之小丑乎！小丑备物，终必亡。"康公不献，一年，共王灭密。共王崩，子懿王囏立。懿王之时，王室遂衰，诗人作刺。

懿王崩，共王弟辟方立，是为孝王。孝王崩，诸侯复立懿王太子燮，是为夷王。

夷王崩，子厉王胡立。厉王即位三十年，好利，近荣夷公。大夫芮良夫谏厉王曰："王室其将卑乎？夫荣公好专利而不知大难。夫利，百物之所生也，天地之所载也，而有专之，其害多矣。天地百物皆将取焉，何可专也？所怒甚多，而不备大难。以是教王，王其能久乎？夫王人者，将导利而布之上下者也。使神人百物无不得极，犹日怵惕惧怨之来也。故颂曰'思文后稷，克配彼天，立我烝民，莫匪尔极'。大雅曰'陈锡载周'。是不布利而惧难乎，故能载周以至于今。今王学专利，其可乎？匹夫专利，犹谓之盗，王而行之，其归鲜矣。荣公若用，周必败也。"厉王不听，卒以荣公为卿士，用事。

【译文】

穆王在位五十五年后去世，其子共王繄扈即位。共王在泾水上游玩，密国康公跟随着他，有三个女子投奔到他这里。密康公的母亲说："一定要将此三人献给共王。三只兽就聚成群，三个人就成众，三个美女就成粲。君王狩猎时，不获得过多的野兽，诸侯行进时就不敢让众人下车致敬，君王娶嫔妃不娶同一家的三个女子。此三人均为美丽的女子，别人将他们献给你，你有什么样的德行能够消受得起呢？君王都无法承受，更不要说像你这样的小人物了。小人物拥有这样的宝物，其国家必然要走向灭亡。"康公没有听从母亲的建议，一年后，便被共王灭掉。共王去世，其子懿王囏即位。懿王的时候，周王室开始衰败，诗人都作诗来进行讽刺。

懿王去世，由共王的弟弟辟方即位，即孝王。孝王去世，诸侯又重新扶立懿王的太子燮，即夷王。

夷王去世，其子厉王胡即位。厉王继承王位三十年，贪财好利，亲近荣夷公。大夫芮良夫劝谏道："难道周王室将要衰落了吗？那个荣公一味喜好独占财利，却不知将要大祸临头。财利，是多种物品才生成的，是天地自然育成的，要想独占，就会祸患无穷。天地生万物，每个人都有份，怎么可以独占呢？这样会得罪很多人，但又不知防备大祸难。他用这些来辅佐您，您还能长久安宁吗？天下君王若能开发财利，并将其平均分配给众人。使神、人和万物各得其所，尽管如此还会每天胆战心惊呢，唯恐招来怨恨。因此《颂》诗说：'具有文德的后稷，功高能够配比天与地，使众人安定生活，没有一件事不是遵循正道准则的。'《大雅》也说：'上天的赐福成就了周的天下。'这不就为了让人人得利而害怕大难的降临吗？所以才成就了周朝的基业直到今天。如今您却去学独占财利，这怎么能行呢？普通人这样做，尚且被叫作强盗，君王您也这么做，来归附您的人肯定就越来越少了。倘若荣公被重用，则周朝就必定要灭亡了。"厉王置之不理，最终还是任用荣公为卿士，让他执掌大权。

【原文】

王行暴虐侈傲，国人谤王。召公谏曰："民不堪命矣。"王怒，得卫巫，使监谤者，以告则杀之。其谤鲜矣，诸侯不朝。三十四年，王益严，国人莫敢言，道路以目。厉王喜，告召公曰："吾能弭谤矣，乃不敢言。"召公曰："是鄣之也。防民之口，甚于防水。水壅而溃，伤人必多，民亦如之。是故为水者决之使导，为民者宣之使言。故天子听政，使公卿至于列士献诗，瞽献曲，史献书，师箴，瞍赋，矇诵，百工谏，庶人传语，近臣尽规，亲戚补察，瞽史教诲，耆艾修之，而后王斟酌焉，是以事行而不悖。民之有口也，犹土之有山川也，财用于是乎出：犹其有原隰衍沃也，衣食于是乎生。口之宣言也，善败于是乎兴。行善而备败，所以产财用衣食者也。夫民虑之于心而宣之于口，成而行之。若壅其口，其与能几何？" 王不听。于是国莫敢出言，三年，乃相与畔，袭厉王。厉王出奔于彘。

【译文】

厉王行为骄奢暴虐，民众都在议论他。召公劝谏道："百姓已经无法忍受您的暴政了。"厉王大怒，就找来一个卫国的巫师，让他对那些议论朝政的人进行监视，只要向厉王报告，就立即将议论者处死。如此一来，议论者的确少了，但与此同时，诸侯也不来朝拜了。三十四年，厉王变本加厉了，百姓不敢开口议论，甚至在路上遇到也只是用目光示意一下。

厉王高兴异常，对召公说："我能禁止议论了，没有人再敢说三道四了。"召公说："这是强行堵塞了言路。防范百姓的言论更甚于防范水患。水若因被阻塞而决口，则会伤害很多人，压制言论的结果也是这样。所以治水的人疏通河道才会使水流顺畅；当政者广开言路，让百姓敢于说话。因此君王治理国政，让三公九卿乃至一般官员都献上讽喻政治的诗篇，盲人乐官献上反映民事的乐曲，史官献上用以借鉴的史书，乐师献上劝诫的言辞，让无眸的盲人朗诵三公九卿和一般官员献上的诗篇，让有眸而失明者宣读劝诫的言语，让百官进谏，百姓的意见能够层层被传达，身边的臣子尽规劝的职责，内外亲属大臣监察并补救君王的过失，太师太史施加教诲，朝中五六十岁的老臣帮助修治，然后再由君王自己定夺，这样各项事务就会有条不紊地实施了。百姓能言论自由，就好比大地有山河，财利都由此产生；就好比土地有高低干湿，衣食所需都由此产生。口能够发表意见，则趋善去恶的政治就此兴起。施行善政，防止败坏，是产生财利和衣食的重要途径。民众心中所想可以通过口表达出来，是经过反复考虑，意见成熟了才流露出来的。如果不让他们说话了，那么还有几个人肯拥护您呢？"厉王不听。于是国内没有人敢发表言论，三年以后，他们就相互联合，反动叛乱，袭击厉王。厉王就逃奔到了彘地。

【原文】

厉王太子静匿召公之家，国人闻之，乃围之。召公曰："昔吾骤谏王，王不从，以及此难也。今杀王太子，王其以我为仇而怼怒乎？夫事君者，险而不仇怼，怨而不怒，况事王乎！"乃以其子代王太子，太子竟得脱。

召公、周公二相行政，号曰"共和"。共和十四年，厉王死于彘。太子静长于召公家，二相乃共立之为王，是为宣王。宣王即位，二相辅之，修政，法文、武、成、康之遗风，诸侯复宗周。十二年，鲁武公来朝。

宣王不修籍于千亩，虢文公谏曰不可，王弗听。三十九年，战于千亩，王师败绩于姜氏之戎。

宣王既亡南国之师，乃料民于太原。仲山甫谏曰：“民不可料也。”宣王不听，卒料民。

四十六年，宣王崩，子幽王宫湦立。幽王二年，西周三川皆震。伯阳甫曰：“周将亡矣。夫天地之气，不失其序；若过其序，民乱之也。阳伏而不能出，阴迫而不能蒸，于是有地震。今三川实震，是阳失其所而填阴也。阳失而在阴，原必塞；原塞，国必亡。夫水土演而民用也。土无所演，民乏财用，不亡何待！昔伊、洛竭而夏亡，河竭而商亡。今周德若二代之季矣，其川原又塞，塞必竭。夫国必依山川，山崩川竭，亡国之征也。川竭必山崩。若国亡不过十年，数之纪也。天之所弃，不过其纪。”是岁也，三川竭，岐山崩。

【译文】

厉王的太子静藏在召公家中，国人听说后，就将召公的家围住了。召公说：“以前我不止一次地劝谏厉王，他不听，才招致了此祸患。今天，若杀了太子，君王就会认为我们将他作为仇敌而发泄愤怒怨恨啊。事奉君主之人，即使身处险境也不能仇恨君主，受责备也不能愤怒，更何况是事奉天子呢！”于是就用自己的儿子做太子的替身，太子方得以逃脱。

召公和周公两人共同辅政，称为“共和”。共和十四年，厉王在彘去世。太子静在召公家长大，两位宰相共同将其拥立为周王，即宣王。宣王即位后，召公和周公辅佐他，修治政事，效法文王、武王、成王和康王，诸侯又重新尊奉周朝王室。十二年，鲁国武公前来朝拜。

宣王不肯去千亩地方耕种籍田，虢国的文公劝谏说不可以这样。宣王不听。三十九年，宣王与犬戎在千亩交战，被犬戎打败。

宣王已经丧失了南方的部队，于是就在太原地区清点民众数字准备征兵。大臣仲山甫劝谏说：“民众是不可以清点调查而征兵的。”宣王不听，还是清点了该地的人数。

四十六年，宣王去世，其子幽王在宫湦即位。幽王二年，西周附近的三条河流都发生了地震。伯阳甫说：“周朝走到尽头了。天地自然之气，不能失掉他的正常秩序。如果失掉了，则说明有人扰乱了它。阳气伏在下边无法排出，被阴气压迫而无法上升，于是便会发生地震。如今三条河流都发生了地震，就是因为阳气失去了它在上边的位置而被阴气镇伏。阳气处在阴气下面，则河流的源泉就会被堵塞，河流的堵塞就会影响到国家的兴亡。水土气息通畅湿润就可生长作物以供民用；反之，民众就会缺乏财货物用，国家怎么会不灭亡呢？以前由于伊水和洛水枯竭，夏朝灭亡，黄河枯竭而商朝就灭亡。如今周朝的德运也像夏、商的末年了。国家河流的上源又被堵塞，则河流必然枯竭。一个国家必须依靠山川，山崩河干乃亡国的征兆。河流枯竭必定会发生山崩。倘若不过十年而国家败亡，这也是天数到了。被上天所厌弃的国家，其灭亡就不会超过天数。"恰恰在这一年，渭水、泾水和洛水都枯竭了，岐山也发生了崩塌。

【原文】

三年，幽王嬖爱褒姒。褒姒生子伯服，幽王欲废太子。太子母申侯女，而为后。后幽王得褒姒，爱之，欲废申后，并去太子宜臼，以褒姒为后，以伯服为太子。周太史伯阳读史记曰："周亡矣。"昔自夏后氏之衰也，有二神龙止于夏帝庭而言曰："余，褒之二君。"夏帝卜杀之与去之与止之，莫吉。卜请其漦而藏之，乃吉。于是布币而策告之，龙亡而漦在，椟而去之。夏亡，传此器殷。殷亡，又传此器周。比三代，莫敢发之，至厉王之末，发而观之。漦流于庭，不可除。厉王使妇人裸而譟之。漦化为玄鼋，以入王后宫。后宫之童妾既龀而遭之，既笄而孕，无夫而生子，惧而弃之。

宣王之时童女谣曰："檿弧箕服，实亡周国。"于是宣王闻之，有夫妇卖是器者，宣王使执而戮之。逃于道，而见乡者后宫童妾所弃妖子出于路者，闻其夜啼，哀而收之，夫妇遂亡，奔于褒。褒人有罪，请入童妾所弃女子者于王以赎罪。弃女子出于褒，是为褒姒。当幽王三年，王之后宫见而爱之，生子伯服，竟废申后及太子，以褒姒为后，伯服为太子。太史伯阳曰："祸成矣，无可奈何！"

【译文】

三年，幽王宠爱褒姒。褒姒生下儿子伯服，幽王就想将太子废掉。太子的母亲是申侯的女儿，是幽王的王后。后来，幽王得到褒姒后，对其宠爱无比，就想将申后废掉，同时废掉太子宜臼，然后立褒姒为王后，立伯服为太子。周太史伯阳阅读了关于历史记载的书籍后说：“周要亡国了。”以往夏后氏衰败之时，有两条神龙降到夏帝宫室内说：“我们是褒国的两位先君。”夏帝占卜，看对它们是杀掉，赶走，还是留下，结果却都不吉利。又占卜，结果说要留下神龙的唾液并储藏起来就吉利。于是陈列祭品，并宣读策文告诉神龙，神龙飞走时留下了它们的唾液，这唾液被藏在匣子里，并擦去痕迹。夏朝灭亡后，这个匣子就传给了殷朝。殷朝灭亡后，又将此匣子传给了周朝。连续三代都没有打开过它。厉王末年，将匣子打开看里面的唾液。唾液完全流落到宫廷的地面上，怎么都除不掉。厉王让妇人赤裸着大声吵嚷，唾液就化成了一只黑色的像蜥蜴似的动物，并进入了厉王的后宫。后宫的一个年满七岁的宫女遇到了此物，结果这个小女婢成年后就怀孕了，没有丈夫就生下了孩子。她害怕就将小孩抛弃了。

宣王的时候，女孩们唱这样的歌谣：“卖桑木做的弓、箕木做的箭袋的人会将周灭亡了呀。”正好宣王又听说有一对夫妇正好是卖歌谣里唱的这种弓和箭袋的，就派人将他们捉住杀掉。夫妇两人在路上逃命时，正好看到了那个被婢女丢弃的怪婴，听到她在黑夜里啼哭，很是可怜，就将其收养。这对夫妇逃到了褒国。褒国人得罪了周朝，就请求献上这个怪婴以赎罪。由于这个女子是在褒国长大的，所以就叫作褒姒。幽王三年的时候，幽王去后宫看到了褒姒，就宠幸她，于是生下了儿子伯服。最终将申后和太子废掉，立褒姒为王后，立伯服为太子。太史伯阳说：“祸患既已至此，也就没有办法了。”

【原文】

褒姒不好笑，幽王欲其笑万方，故不笑。幽王为烽燧大鼓，有寇至则举烽火。诸侯悉至，至而无寇，褒姒乃大笑。幽王说之，为数举烽火。其后不信，诸侯益亦不至。

幽王以虢石父为卿，用事，国人皆怨。石父为人佞巧善谀好利，王用之。又废申后，去太子也。申侯怒，与缯、西夷犬戎攻幽王。幽王举烽火征兵，兵莫至。遂杀幽王骊山下，虏褒姒，尽取周赂而去。于是诸侯乃即申侯而共立故幽王太子宜臼，是为平王，以奉周祀。

平王立，东迁于洛邑，辟戎寇。平王之时，周室衰微，诸侯强并弱，齐、楚、秦、晋始大，政由方伯。

四十九年，鲁隐公即位。

五十一年，平王崩，太子洩父蚤死，立其子林，是为桓王。桓王，平王孙也。

桓王三年，郑庄公朝，桓王不礼。五年，郑怨，与鲁易许田。许田，天子之用事太山田也。八年，鲁杀隐公，立桓公。十三年，伐郑，郑射伤桓王，桓王去归。

【译文】

褒姒不爱笑，幽王便千方百计想让她笑，可是无济于事。幽王设置了烽火台和大鼓，倘若敌寇前来侵犯，就将烽火点燃报警。有一次，幽王点燃烽火，诸侯纷纷率兵赶来护驾，来后却未见敌寇，于是褒姒大笑起来。幽王非常高兴，为博得褒姒一笑，他多次点燃烽火。从此失掉了信用，诸侯便不再带兵赶来了。

幽王任虢石父做卿士，执掌朝政，结果百姓怨天载道。虢石父为人奸佞狡诈，善于阿谀奉承，还贪财好利，幽王却重用他，还将申后和太子废掉。申侯大怒，就联合缯国和西夷犬戎一起攻打幽王。这时幽王又点燃烽火向诸侯求救，但是却没有人赶来。于是幽王就被申侯杀于骊山下，褒姒也被俘虏，周朝的财物也都被拿走了。于是诸侯就同申侯一起拥立原来幽王的太子宜臼，这就是平王，由他来继续供奉周王室的祭祀。

平王即位后，将京都向东迁到了洛邑，以避免犬戎的侵袭。平王的时候，周王室衰微，诸侯之间强国兼并弱国，齐、楚、秦、晋四国逐渐强大，政事由四方诸侯中的首领所左右着。

四十九年，鲁国的隐公继承王位。

五十一年，平王去世，太子洩父也早已死亡，就立了太子的儿子林，即桓王。桓王就是平王的孙子。

桓王三年，郑庄公前来朝拜，桓王却不以礼相待。五年，郑国怨恨桓王，就与鲁国交换了许田。许田是周王赐给郑国的用于协助天子祭祀的邑田。八年，隐公被鲁国人所杀，桓公被立。十三年，桓王率军讨伐郑国，结果被郑人射伤，桓王失败而归。

【原文】

二十三年，桓王崩，子庄王佗立。庄王四年，周公黑肩欲杀庄王而立王子克。辛伯告王，王杀周公。王子克奔燕。

十五年，庄王崩，子釐王胡齐立。釐王三年，齐桓公始霸。

五年，釐王崩，子惠王阆立。惠王二年。初，庄王嬖姬姚，生子穨，穨有宠。及惠王即位，夺其大臣园以为囿，故大夫边伯等五人作乱，谋召燕、卫师，伐惠王。惠王奔温，已居郑之栎。立釐王弟穨为王。乐及遍舞，郑、虢君怒。四年，郑与虢君伐杀王穨，复入惠王。惠王十年，赐齐桓公为伯。

二十五年，惠王崩，子襄王郑立。襄王母蚤死，后母曰惠后。惠后生叔带，有宠于惠王，襄王畏之。三年，叔带与戎、翟谋伐襄王，襄王欲诛叔带，叔带奔齐。齐桓公使管仲平戎于周，使隰朋平戎于晋。王以上卿礼管仲。管仲辞曰："臣贱有司也，有天子之二守国、高在。若节春秋来承王命，何以礼焉。陪臣敢辞。"王曰："舅氏，余嘉乃勋，毋逆朕命。"管仲卒受下卿之礼而还。九年，齐桓公卒。十二年，叔带复归于周。

【译文】

二十三年，桓王去世，其子庄王佗即位。庄王四年，周公黑肩想杀掉庄王而改立王子克。辛伯报告给了庄王，周公被庄王所杀。王子克逃到了燕国。

十五年，庄王去世，其子釐王胡齐即位。釐王三年，齐桓公开始称霸诸侯。

五年，釐王去世，其子惠王阆即位。惠王二年，起初庄王宠幸姚姬，生下儿子穨，穨也受到宠爱。到惠王即位的时候，强夺大臣的园地来作为饲养野兽的苑囿，由此导致了大夫边伯等五人作乱，他们密谋燕和卫两国的军队来讨伐惠王。惠王逃到温地。没多久，又到郑国的栎地居住。釐王的弟弟穨被拥立为王，穨与大臣用各种乐器来舞蹈娱乐。郑国和虢国的国君听说后都异常愤怒。四年，郑、虢两国对王穨进行讨伐，并将其杀死，重新迎回惠王。惠王十年，赐齐桓公为诸侯的霸主。

二十五年，惠王去世，其子襄王郑即位。襄王的母亲死得早，惠后是他的后母。惠后生下叔带，被惠王宠爱，襄王畏惧他。三年，叔带和戎族、翟族密谋攻打襄王，襄王就想诛杀叔带，叔带向齐国逃奔。齐桓公命管仲前去周平定戎族，命隰朋去晋国，让他们来援助周而讨伐戎族。襄王以上卿的礼节来款待管仲，管仲谦让道："我只是个低贱的小官，在齐国还有天子任命的上卿守臣国氏和高氏在，倘若他们在春秋朝聘的时间来朝见，您该以什么礼节来接待他们呢？我冒昧地请求辞谢。"襄王说："你是我舅舅家的使者，我嘉奖你的功劳，就不要推辞了。"但管仲最终只接受了下卿的礼仪就回国了。九年，齐桓公去世。十二年，叔带又回到了周朝。

【原文】

十三年，郑伐滑，王使游孙、伯服请滑，郑人囚之。郑文公怨惠王之入不与厉公爵，又怨襄王之与卫滑，故囚伯服。王怒，将以翟伐郑。富辰谏曰："凡我周之东徙，晋、郑焉依。子穨之乱，又郑之由定，今以小怨弃之！"王不听。十五年，王降翟师以伐郑。王德翟人，将以其女为后。富辰谏曰："平、桓、庄、惠皆受郑劳，王弃亲亲翟，不可从。"王不听。十六年，王绌翟后，翟人来诛，杀谭伯。富辰曰："吾数谏不从。如是不出，王以我为怼乎？"乃以其属死之。

初，惠后欲立王子带，故以党开翟人，翟人遂入周。襄王出奔郑，郑居王于氾。子带立为王，取襄王所绌翟后与居温。十七年，襄王告急于晋，晋文公纳王而诛叔带。襄王乃赐晋文公珪鬯弓矢，为伯，以河内地与晋。二十年，晋文公召襄王，襄王会之河阳、践土，诸侯毕朝，书讳曰"天王狩于河阳"。

二十四年，晋文公卒。

三十一年，秦穆公卒。

【译文】

十三年，郑国讨伐滑国，襄王派游孙和伯服去替滑国求情，郑国人就将此二人也给囚禁了起来。郑文公怨恨周襄王到郑国巡视时却没有将玉制的酒杯送给郑厉公，还怨恨襄王偏袒卫、滑两国，所以就将伯服囚禁。襄王怒，想借狄族来征伐郑国。富辰劝谏道：“大凡周室向东迁都，依靠的都是郑、晋两国。子穨作乱，还是由郑国平定的，如今怎么可以因为一点小怨就将其抛弃呢？”襄王不听。十五年，襄王派翟族军队讨伐郑国。襄王因感激翟族人而准备娶翟族的女子来做王后。富辰劝谏道：“平王、桓王、庄王和惠王都受到过郑国好处，您现在却抛弃亲族，去亲近翟族，万万不可啊！”襄王不听。十六年，襄王废掉了翟族的王后，翟族人就来诛讨，大夫谭伯被杀死。富辰说：“我一再劝谏而不听从，倘若此时不挺身而出，君王会觉得我是心怀怨恨吧？”于是就让他的私家部属去同翟族人进行了殊死的战斗。

当初，惠王王后想让叔带即位，所以派其亲信去为翟族人开路，直到周的地界。襄王逃奔到郑国，郑国就将他安置在汜地居住。子带立为王，就将襄王废除的翟族王后娶过来，他们一起住在温地。十七年，襄王向晋国告急，请求支援，晋文公接纳了襄王并诛杀了叔带。襄王于是赐给晋文公玉圭、香酒和弓箭，并将其封为诸侯霸主，同时赐给晋国河内地区。二十年，晋文公召襄王，他们在河阳、践土相会，天下诸侯也来朝拜，为了避讳以臣召君的事实，史书上只是说：“周天子在河阳巡视。”

二十四年，晋文公去世。

三十一年，秦穆公去世。

【原文】

三十二年，襄王崩，子顷王壬臣立。顷王六年，崩，子匡王班立。匡王六年，崩，弟瑜立，是为定王。

定王元年，楚庄王伐陆浑之戎，次洛，使人问九鼎。王使王孙满应设以辞，楚兵乃去。十年，楚庄王围郑，郑伯降，已而复之。十六年，楚庄王卒。

二十一年，定王崩，子简王夷立。简王十三年，晋杀其君厉公，迎子周于周，立为悼公。

十四年，简王崩，子灵王泄心立。灵王二十四年，齐崔杼弑其君庄公。二十七年，灵王崩，子景王贵立。景王十八年，后太子圣而蚤卒。

二十年，景王爱子朝，欲立之，会崩，子丐之党与争立，国人立长子猛为王，子朝攻杀猛。猛为悼王。晋人攻子朝而立丐，是为敬王。

敬王元年，晋人入敬王，子朝自立，敬王不得入，居泽。四年，晋率诸侯入敬王于周，子朝为臣，诸侯城周。十六年，子朝之徒复作乱，敬王奔于晋。十七年，晋定公遂入敬王于周。

三十九年，齐田常杀其君简公。

四十一年，楚灭陈。孔子卒。

四十二年，敬王崩，子元王仁立。元王八年，崩，子定王介立。

定王十六年，三晋灭智伯，分有其地。

【译文】

三十二年，襄王去世，其子顷王壬臣即位。顷王在位六年去世，其子匡王班即位。匡王在位六年去世，其弟瑜即位，即定王。

定王元年，楚庄王征伐陆浑地区的戎族，在洛水一带驻扎，派人去询问九鼎的情况。定王派大夫王孙满设法用言辞应付了过去，楚兵才离开。十年，楚庄王围攻郑国，郑国国君投降，没过多久又恢复了郑国。十六年，楚庄王去世。

二十一年，定王去世，其子简王夷即位。简王十三年，晋人杀了国君晋厉公，从周朝将子周迎回，立为悼公。

十四年，简王去世，其子灵王泄心即位。灵王二十四年，齐崔杼将其国君齐庄公杀死。二十七年，灵王去世，其子景王贵即位。景王十八年，王后生的太子很聪明，但是却死得很早。二十年，景王宠爱子朝，就想将其立为国君，可景王却不幸去世，于是子丐和其亲信同子朝争夺王位，而国人却拥立景王的长子猛做国君，子朝就进攻猛并将其杀死。由于猛即位时间不长便被杀死，所以被称作悼王。晋人又对子朝进行攻打而拥立子丐，这就是敬王。

敬王元年，晋人将敬王送入周都，因子朝自立为王，敬王没有被送进来，就住在泽地。四年，晋国率领四方诸侯将敬王送入周都，子朝做了臣子，诸侯为周修筑都城。十六年，子朝率领他的党羽再次作乱，敬王又逃奔到晋国。十七年，晋定公再次将敬王送到了周都。

三十九年，齐人田常将他们的国君简公杀死。

四十一年，楚国灭亡陈国。孔子去世。

四十二年，敬王去世，其子元王仁即位。元王于元王八年去世，其子定王介即位。

【原文】

二十八年，定王崩，长子去疾立，是为哀王。哀王立三月，弟叔袭杀哀王而自立，是为思王。思王立五月，少弟嵬攻杀思王而自立，是为考王。此三王皆定王之子。

考王十五年，崩，子威烈王午立。

考王封其弟于河南，是为桓公，以续周公之官职。桓公卒，子威公代立。威公卒，子惠公代立，乃封其少子于巩以奉王，号东周惠公。

威烈王二十三年，九鼎震。命韩、魏、赵为诸侯。

二十四年，崩，子安王骄立。是岁盗杀楚声王。

安王立二十六年，崩，子烈王喜立。烈王二年，周太史儋见秦献公曰："始周与秦国合而别，别五百载复合，合十七岁而霸王者出焉。"

十年，烈王崩，弟扁立，是为显王。显王五年，贺秦献公，献公称伯。九年，致文武胙于秦孝公。二十五年，秦会诸侯于周。

二十六年，周致伯于秦孝公。三十三年，贺秦惠王。三十五年，致文武胙于秦惠王。四十四年，秦惠王称王。其后诸侯皆为王。

四十八年，显王崩，子慎靓王定立。慎靓王立六年，崩，子赧王延立。王赧时东西周分治。王赧徙都西周。

【译文】

二十八年，定王去世，立其长子去疾，即哀王。哀王在位三个月，其弟叔将其杀死而自立为思王。思王在位五个月，其少弟嵬将其攻杀而自立为考王。这三个王都是定王的儿子。

考王十五年，考王去世，其子威烈王午即位。

考王将其弟封到河南，就是桓公，让他来接替周公的官职。桓公去世，其子威公即位。威公去世，其子惠公即位，于是就将其小儿子封在巩地以侍奉周王，称号为东周惠公。

威烈王二十三年，九鼎震动。周王封韩、魏和赵为独立的诸侯国。

二十四年，威烈王去世，其子安王骄立。就在这一年，楚声王被强盗杀死。

安王在位二十六年去世，其子烈王喜即位。列王二年，周太史儋见秦献公说："以前周和秦国是合在一起的，只是后来分开了，分开五百年后又合起来了，合并十七年后就会有称霸天下的出现。"

十年，烈王去世，其弟扁即位，即显王。显王五年，天子向秦献公表示道贺，献公称霸。九年，显王将祭祀周文王和武王的祭肉送给了秦孝公。二十五年，秦在周的中心地带与诸侯会盟。

二十六年，周天子赐予秦孝公方伯的称号。三十年，向秦惠王表示道贺。三十五年，又将祭祀周文王和武王的祭肉送给了秦惠王。四十四年，秦惠王正式称王。自此以后，诸侯各自称王了。

四十八年，显王去世，其子慎靓王定即位。慎靓王在位六年去世，其子赧王延即位。赧王的时候，东周和西周各自为政。赧王将都城迁到了西周的王城。

【原文】

西周武公之共太子死，有五庶子，毋适立。司马翦谓楚王曰："不如以地资公子咎，为请太子。"左成曰："不可。周不听，是公之知困而交疏于周也。不如请周君孰欲立，以微告翦，翦请令楚之以地。"果立公子咎为太子。

八年，秦攻宜阳，楚救之。而楚以周为秦故，将伐之。苏代为周说楚王曰："何以周为秦之祸也？言周之为秦甚于楚者，欲令周入秦也，故谓'周秦'也。周知其不可解，必入于秦，此为秦取周之精者也。为王计者，周于秦因善之，不于秦亦言善之，以疏之于秦。周绝于秦，必入于郢矣。"

秦借道两周之间，将以伐韩，周恐借之畏于韩，不借畏于秦。史厌谓周君曰："何不令人谓韩公叔曰'秦之敢绝周而伐韩者，信东周也。公何不与周地，发质使之楚'？秦必疑楚不信周，是韩不伐也。又谓秦曰'韩强与周地，将以疑周于秦也，周不敢不受’。秦必无辞而令周不受，是受地于韩而听于秦。”

【译文】

西周武公的太子共去世，武公有五个庶子，没有嫡子可立。司马翦对楚王说：“不如用土地来资助公子咎吧，请求立他为太子。”左成说：“不行。若周不听，则您的计谋就会受阻，而且同周的交往也会疏远。不如打听一下周君想立谁，再暗示司马翦，由司马翦请求让楚国用土地来资助他吧。”果然，公子咎被立为太子。

八年，秦国进攻宜阳，楚国前去支援。楚又因为周也出兵，怀疑是为了帮助秦的缘故，所以又攻打周。苏代替周游说楚王说：“为何要把周帮助秦当成是祸患呢？说周帮助秦国多于楚国的，是想让周投向秦，所以成为‘周秦’。倘若周朝知道不可避免要受到楚国的攻击，就必然投向秦。这真是帮助秦争取周的最好的计策啊！为大王您考虑，周帮助秦也善待它，不帮助秦也善待它，以此令其同秦疏远。一旦周和秦断绝交往，就必然会投向楚国了。”

秦国借用西周和东周之间的道路，准备去攻讨韩国，周有些害怕。借，怕韩国；不借，又怕秦国。谋士史厌对周君说：“何不派人跟韩公说：‘秦国之所以敢穿过周来攻韩国，是相信东周的缘故。您何不送给周君一些土地，并送人质到楚国呢？’如此一来，秦必然怀疑楚，更不信周君，那么它就不会攻打韩国了。再对秦说：‘韩国非要给周君土地，是想让秦怀疑周，而周又不得不接受。’秦也就没有让周推辞不接受韩国土地的理由，这样既可以从韩国得到土地，又能够听从秦国。”

【原文】

秦召西周君，西周君恶往，故令人谓韩王曰：“秦召西周君，将以使攻王之南阳也，王何不出兵于南阳？周君将以为辞于秦。周君不入秦，秦必不敢逾河而攻南阳矣。”

东周与西周战，韩救西周。或为东周说韩王曰：“西周故天子之国，多名器重宝。王案兵毋出，可以德东周，而西周之宝必可以尽矣。”

王赧谓成君。楚围雍氏，韩征甲与粟于东周，东周君恐，召苏代而告之。代曰："君何患于是。臣能使韩毋征甲与粟于周，又能为君得高都。"周君曰："子苟能，请以国听子。"代见韩相国曰："楚围雍氏，期三月也，今五月不能拔，是楚病也。今相国乃征甲与粟于周，是告楚病也。"韩相国曰："善。使者已行矣。"代曰："何不与周高都？"韩相国大怒曰："吾毋征甲与粟于周亦已多矣，何故与周高都也？"代曰："与周高都，是周折而入于韩也，秦闻之必大怒忿周，即不通周使，是以弊高都得完周也。曷为不与？"相国曰："善。"果与周高都。

【译文】

秦国召见西周君主，西周君畏惧而不敢前往，所以派人对韩王说："秦国召见西周君，想让他派兵攻打你的南阳，您为何不出兵南阳呢？这样，西周君便有理由不去秦国了。西周君不去秦国，秦国也肯定不敢渡过来攻打南阳。"

东周和西周发生了战争，韩国去支援西周。有人替东周游说韩王说："西周过去是天子的都城，有很多奇珍异宝。您按兵不动，就是对东周的恩惠了，同时西周的宝物也会全部归韩国所有。"

王赧是名义上的周王。韩国的雍氏城被楚军包围，韩国向东周征调兵士和军粮，东周君很恐慌，将苏代召来，告诉他情况。苏代说："何必担心这个呢？我既能让韩国不向您征调兵士和粮草，又能让您取得高都。"东周君说："若你做到了，我把国政交给你。"苏代求见韩国的相国说："楚国包围雍氏城，计划三个月将其拿下，如今已经五个月了却还没有攻下来，可见楚军已经疲惫了。现在相国您却向东周征调兵士和粮草，这不是明显地要告诉楚国你们也已经疲惫了吗？"韩国相国说："不错。但是我派的使者已经上路了。"苏代说："何不将高都让给东周呢？"韩国相国怒道："我不向东周征调兵士粮草已经很够意思了，为何还得将高都送上呢？"苏代说："将高都给了东周，这是东周又反过来投靠韩国了啊。秦国听说后，必定会对东周大为恼怒，就会断绝东周使臣的往来，这样不就是用一个高都来换取了完整的东周吗？何乐而不为呢？"相国说："很好。"果然将高都送给了东周。

【原文】

三十四年，苏厉谓周君曰：“秦破韩、魏，扑师武，北取赵蔺、离石者，皆白起也。是善用兵，又有天命。今又将兵出塞攻梁，梁破则周危矣。君何不令人说白起乎？曰‘楚有养由基者，善射者也。去柳叶百步而射之，百发而百中之。左右观者数千人，皆曰善射。有一夫立其旁，曰‘善，可教射矣’。养由基怒，释弓搤剑，曰‘客安能教我射乎’？客曰‘非吾能教子支左诎右也。夫去柳叶百步而射之，百发而百中之，不以善息，少焉气衰力倦，弓拨矢钩，一发不中者，百发尽息’。今破韩、魏，扑师武，北取赵蔺、离石者，公之功多矣。今又将兵出塞，过两周，倍韩，攻梁，一举不得，前功尽弃。公不如称病而无出’。”

四十二年，秦破华阳约。马犯谓周君曰：“请令梁城周。”乃谓梁王曰：“周王病若死，则犯必死矣。犯请以九鼎自入于王，王受九鼎而图犯。”梁王曰：“善。”遂与之卒，言戍周。因谓秦王曰：“梁非戍周也，将伐周也。王试出兵境以观之。”秦果出兵。又谓梁王曰：“周王病甚矣，犯请后可而复之。今王使卒之周，诸侯皆生心，后举事且不信。不若令卒为周城，以匿事端。”梁王曰：“善。”遂使城周。

【译文】

三十四年，苏厉对周君说：“秦攻破韩国和魏国，打败魏国将领师武，北边夺得了赵国的蔺石和离石，这些都是白起干的。此人尤善用兵，又有天助。现在他又率兵出伊阙塞，去攻打梁国了。若梁国被攻下，则周就危险了。您何不派人去游说白起呢？说‘楚国有个人叫养由基，他善于射箭。能够百步穿杨，旁观者数千人都说他善于射箭。有个汉子到他身边说‘不错，可以教你射箭了’。养由基很生气，将弓放下，将剑拿起，说‘你怎么能教我射箭呢’？那人说：‘并非是我能教你左手持弓，右手放箭的技术和姿势，而是想告诉你，你若能百步穿杨却不能见好就收，等一会儿气衰力竭了，弓箭不正了，只要有一次没有射中，则百发百中的前功就会尽弃了。’如今，攻破韩国和魏国，打败魏国将领师武，北边夺得了赵国的蔺石和离石，您的功劳已经很多了。现在您又要率兵出伊阙塞，越过东周和西周，背对这韩国去攻打梁国，一旦有一次战役不能成功，那么将军您就前功尽弃了。您不如推说有病而不带兵出征呢。”

四十二年，秦国破坏了和魏国订立的和约，攻破了魏国的华阳。马犯对周君说：“请让我去叫梁国来周都筑城。”于是就去对梁王说：“周王由于畏惧秦兵而重病缠身，若他病死，我也活不成了。我请求将周朝的九鼎献给大王您，希望大王您得了九鼎后想办法救救我。”梁王说：“好。”于是就给马犯兵卒，说是去戍守周的都城。马犯又去对秦王说：“梁国并不是去戍守周的都城，而是想对周进行攻打。您若不信就去边境上看一下。”秦国果然出兵。马犯又去对梁王说：“周王的病更加严重了，我请求等他的病情有所好转的时候，再将九鼎交给您。现在您让兵卒到了周，各诸侯国都对您起了疑心，以后做什么事都将不能使人信服了。干脆命令兵卒为周筑城，将此事平息了吧。”梁王说：“好吧。”于是就让兵卒在周的国都修城。

【原文】

四十五年，周君之秦客谓周冣曰：“公不若誉秦王之孝，因以应为太后养地，秦王必喜，是公有秦交。交善，周君必以为公功。交恶，劝周君入秦者必有罪矣。”秦攻周，而周冣谓秦王曰：“为王计者不攻周。攻周，实不足以利，声畏天下。天下以声畏秦，必东合于齐。兵弊于周。合天下于齐，则秦不王矣。天下欲弊秦，劝王攻周。秦与天下弊，则令不行矣。”

五十八年，三晋距秦。周令其相国之秦，以秦之轻也，还其行。客谓相国曰：“秦之轻重未可知也。秦欲知三国之情。公不如急见秦王曰‘请为王听东方之变’，秦王必重公。重公，是秦重周，周以取秦也；齐重，则固有周冣以收齐：是周常不失重国之交也。”秦信周，发兵攻三晋。

【译文】

四十五年，周君到秦国，宾客对周冣说：“您不如称赞秦王的孝道，趁便将周的应地作为秦王的母亲宣太后保养的地方，秦王一定会很高兴，这样您就跟秦国有了交情了。交情好，周王必然会认为是你的功劳。交情不好，则劝说周君依附秦国的人就必定会有罪过。”秦攻伐周，周冣对秦王说：“我为大王您着想，还是不要攻周的好。攻周，实在没有什么好处，只不过在名声上因为进攻天子之国而使天下害怕罢了。若天下因为这种声威而惧怕秦国，则必定会东联齐国。秦军由于进攻周而疲惫，又给了天下与齐联合的机会，则秦国就无法称王天下了。天下有人想让秦国疲惫，就会劝您进攻周。倘若秦国被天下诸侯所疲惫，则您的政令就无法在诸侯中推行了。”

五十八年，韩、赵、魏三国抗拒秦国。周天子让他的相国去秦国，由于相国担心秦国会看不起他，走到半路又返回了。宾客对相国说：“秦国对您是轻视还是重视，现在还不知道呢。秦国想知道韩、赵、魏三国的情况。您何不赶快去见秦王说‘请让我将东方三国情势的变化告诉大王您吧’。秦王必然不会轻视您了。重视您，就是秦国重视周，周也会因此而得到秦王的信任；齐国重视周，是因为本来就有周最在和好齐国：这样，周就可以不失掉同大国之间的交往了。”秦国相信周，于是发兵攻打韩、赵、魏。

【原文】

五十九年，秦取韩阳城负黍，西周恐，倍秦，与诸侯约从，将天下锐师出伊阙攻秦，令秦无得通阳城。秦昭王怒，使将军摎攻西周。西周君奔秦，顿首受罪，尽献其邑三十六，口三万。秦受其献，归其君于周。

周君、王赧卒，周民遂东亡。秦取九鼎宝器，而迁西周公于𢠸狐。后七岁，秦庄襄王灭东周。东西周皆入于秦，周既不祀。

太史公曰：学者皆称周伐纣，居洛邑，综其实不然。武王营之，成王使召公卜居，居九鼎焉，而周复都丰、镐。至犬戎败幽王，周乃东徙于洛邑。所谓“周公葬毕”，毕在镐东南杜中。秦灭周。汉兴九十有余载，天子将封泰山，东巡狩至河南，求周苗裔，封其后嘉三十里地，号曰周子南君，比列侯，以奉其先祭祀。

【译文】

五十九年，秦国攻取韩国的阳城、负黍，西周恐惧，背叛秦，与诸侯国相联合，率领天下的精锐军队出伊阙塞攻打秦国，使秦国无法通往阳城。秦昭王大怒，派遣将军摎去攻打西周。西周君主就跑到秦国，跪拜叩头接受重罚，把西周的三十六个城邑和三万人口都献给了秦国。秦国接受了这些献礼，就将西周的君主放回了国。

周君、王赧去世后，周朝百姓就向东逃亡。秦国收取九鼎宝器，将西周公迁徙到𢠸狐。七年以后，秦庄襄王灭亡了东周。东周和西周的土地都归秦国所有，周朝自此便再也没有主持祭祀的人了。

太史公说：很多学者说周朝讨伐了商纣以后，把都城设在了洛邑。但是经过一番考察发现并非如此。武王营造洛邑，成王命召公占卜是否可以定都在此，结果只是把九鼎放在了洛邑，都城定在了丰、镐。等到幽王被犬戎打败，周才将都城东迁至洛邑。所谓“周公安葬毕”，毕就是指镐京东南的杜中。周被秦国灭亡，汉朝兴起九十年后，天子将去泰山封禅，向东巡视来到了河南，寻找周室的后裔，并封给周的后代嘉三十里土地，号称“周子南君”，地位与列侯同，让他供奉他们祖先的祭祀。

【评析】

可以看出，相对于前两篇夏和殷的本纪来说，作者撰写周史所能利用的素材资料已经丰富了很多。由于很多文献，如《诗》《书》《国语》等对西周的历史都有详细的记载，这就给司马迁的浓墨重彩地铺叙创造了条件。此篇对于西周史，司马迁更是以一个“德”字贯穿于始终。周以有德而兴邦，同时又以失德而破国，这其中蕴含的教训不得不令后人警醒。作者描述了周国不同时期的历史，其中春秋时期的历史主要突出了王道衰微的内容。从王道、商道，乃至于现在风靡的粥道、茶道等，都告诉我们凡事要讲究一个“道”字。所谓“道”，就是指要遵循的一个准则，包括做人、做事。先人早在很久以前就告诉了我们这样的道理，这就是孟子说的“得道多助，失道寡助”。一个人，一个企业，抑或一个国家，无论大小，都要为自己制定一个行为准则，严格要求自身的同时也会无形中提高了自身的威望，远离失道寡德，自然就会“多助”了。如此一来，生存和发展才不会成为一纸空谈。

第五章 秦始皇本纪

【原文】

秦始皇帝者，秦庄襄王子也。庄襄王为秦质子于赵，见吕不韦姬，悦而取之，生始皇。以秦昭王四十八年正月生于邯郸。及生，名为政，姓赵氏。年十三岁，庄襄王死，政代立为秦王。当是之时，秦地已并巴、蜀、汉中，越宛有郢，置南郡矣；北收上郡以东，有河东、太原、上党郡；东至荥阳，灭二周，置三川郡。吕不韦为相，封十万户，号曰文信侯。招致宾客游士，欲以并天下。李斯为舍人。蒙骜、王齮、麃公等为将军。王年少，初即位，委国事大臣。

晋阳反，元年，将军蒙骜击定之。二年，麃公将卒攻卷，斩首三万。三年，蒙骜攻韩，取十三城。王齮死。十月，将军蒙骜攻魏氏畼、有诡。岁大饥。四年，拔畼、有诡。三月，军罢。秦质子归自赵，赵太子出归国。十月庚寅，蝗虫从东方来，蔽天。天下疫。百姓内粟千石，拜爵一级。五年，将军骜攻魏，定酸枣、燕、虚、长平、雍丘、山阳城，皆拔之，取二十城。初置东郡。冬雷。六年，韩、魏、赵、卫、楚共击秦，取寿陵。秦出兵，五国兵罢。拔卫，迫东郡，其君角率其支属徙居野王，阻其山以保魏之河内。七年，彗星先出东方，见北方，五月见西方。将军骜死。以攻龙、孤、庆都，还兵攻汲。彗星复见西方十六日。夏太后死。八年，王弟长安君成蟜将军击赵，反，死屯留，军吏皆斩死，迁其民于临洮。将军壁死，卒屯留、蒲鹝反，戮其尸。河鱼大上，轻车重马东就食。

【译文】

秦始皇是秦庄襄王的儿子。庄襄王在赵国做秦国的质子时，遇见了吕不韦的姬妾，很是喜欢，就娶了她，生下秦始皇。秦昭王四十八年正月，秦始皇生于邯郸。生下来就取名为政，姓赵。十三岁那年，庄襄王去世，政接替秦王位。当时，秦国的疆土已经兼并了巴、蜀、汉中，并且越过了宛而占有了郢，还在那里设置了南郡；往北收取了上郡以东的地区，占据了河东、太原和上党三郡；往东到了荥阳，灭亡了东、西二周，设置了三川郡。吕不韦做丞相，为其封邑十万户，号为文信侯。招揽宾客游士，想以此来吞并天下。李斯担任舍人。蒙骜、王齮、麃公等人为将军。秦王年少，再加上即位不久，国家大事就由大臣来处理。

晋阳叛乱，始皇元年，将军蒙骜前去讨伐并将其平定。二年，麃公率领军队攻打卷邑，斩杀敌军三万。三年，蒙骜进攻韩国，攻下了十三座城。这一年王齮死。十月，将军蒙骜进攻魏国的畼和有诡。这一年闹饥荒。四年，攻下了畼和有诡。三月，罢兵。秦国的质子从赵国返回，赵国的太子也离开秦国回赵国。十月庚寅，从东方飞来蝗虫，遮天蔽日。天下发生瘟疫。民众只要向官府交纳一千石粟，就会被封一级爵位。五年，将军骜攻打魏国，将酸枣、燕、虚、长平、雍丘、山阳等地平定，一共攻下了二十座城。首次设置了东郡。冬天，有打雷的异常现象发生。六年，韩、魏、赵、卫、楚联合进攻秦国，并将寿陵占领。秦出兵反击，五国才罢兵。秦国攻占卫国，进逼东郡，卫国国君角率领他的宗族迁居野王，凭借山势险阻而坚守魏国的河内地区。七年，彗星先出现在东方，后又在北方出现，五月时又在西方出现。将军骜去世。接着就出动军队攻打龙、孤、庆等城邑，返回时又攻打汲。彗星又在西方出现足足有十六日。夏太后去世。八年，秦王的弟弟长安君成蟜率兵进攻赵国，中途谋反，死在屯留，其随从军吏都被斩杀，并将该地民众迁往临洮。将军壁死后，屯留和蒲鹝两地的兵卒又起来造反，对壁的尸体进行鞭戮。黄河泛滥，导致河里的鱼大量涌上河岸，很多人都赶着车马向东方去另谋生计。

【原文】

嫪毐封为长信侯。予之山阳地，令毐居之。宫室车马衣服苑囿驰猎恣毐。事无小大皆决于毐。又以河西太原郡更为毐国。九年，彗星见，或竟天。攻魏垣、蒲阳。四月，上宿雍。己酉，王冠，带剑。长信侯毐作乱而觉，矫王御玺及太后玺以发县卒及卫卒、官骑、戎翟君公、舍人，将欲攻蕲年宫为乱。王知之，令相国昌平君、昌文君发卒攻毐。战咸阳，斩首数百，皆拜爵，及宦者皆在战中，亦拜爵一级。毐等败走。即令国中：有生得毐，赐钱百万；杀之，五十万。尽得毐等。卫尉竭、内史肆、佐弋竭、中大夫令齐等二十人皆枭首。车裂以徇，灭其宗。及其舍人，轻者为鬼薪。及夺爵迁蜀四千余家，家房陵。是月寒冻，有死者。杨端和攻衍氏。彗星见西方，又见北方，从斗以南八十日。十年，相国吕不韦坐嫪毐免。桓齮为将军。齐、赵来置酒。齐人茅焦说秦王曰："秦方以天下为事，而大王有迁母太后之名，恐诸侯闻之，由此倍秦也。"秦王乃迎太后于雍而入咸阳，复居甘泉宫。

【译文】

嫪毐被封为长信侯。将山阳赐给他作为封地，让其居住。宫室、车马、衣服、苑囿、驰猎场等，嫪毐都可随便使用。大小事务都由嫪毐决定。还将河西太原郡改名为毐国。九年，彗星出现，有时甚至光芒横贯天空。秦进攻魏国的垣城和蒲阳。四月，秦王在雍城留宿。己酉日，秦王举行成年加冠礼，并佩带宝剑。长信侯嫪毐想叛乱而被发现，他就假造秦王的玉玺和太后的印玺，来调动县里的军队、戍卒、侍卫、官骑、戎翟君公、舍人等，阴谋叛乱，进攻蕲年宫。秦王知道后，命相国昌平君和昌文君率领兵士攻伐嫪毐。在咸阳展开决战，数百兵士被斩首。平叛的功臣都被升了爵位。甚至那些参加作战的宦官都拜升一级爵位。嫪毐等人战败而逃亡。于是通令全国上下：能将嫪毐活捉的，可得到百万赏钱；将其杀死的可得到五十万赏钱。最终嫪毐等人都被全部捉拿。卫尉竭、内史肆、佐弋竭、中大夫令齐等二十人全被斩首、车裂以示众，其宗族也被诛灭。他们的门客，罪轻的罚三年劳役。那些被削去爵位并被流放到蜀地的四千多家，都居住在房陵。这个月天寒地冻，有人甚至被冻死。秦将杨端和攻打衍氏。彗星在西方出现，又在北方出现，再由北斗星附近转向南方，一共持续了八十天。十年，相国吕不韦因受嫪毐的牵连而被免去官职。任桓齮为将军。齐、赵两国的使臣受到了秦王酒宴的款待。齐国人茅焦游说秦王说："秦国正处在以统一天下的为大业的时候，而大王却有了流放太后的名声，恐怕诸侯听说了，会不服从秦国啊！"于是秦王就将太后从雍城迎回到咸阳，还是让她在甘泉宫中居住。

【原文】

大索，逐客，李斯上书说，乃止逐客令。李斯因说秦王，请先取韩以恐他国，于是使斯下韩。韩王患之。与韩非谋弱秦。大梁人尉缭来，说秦王曰："以秦之强，诸侯譬如郡县之君，臣但恐诸侯合从，翕而出不意，此乃智伯、夫差、湣王之所以亡也。原大王毋爱财物，赂其豪臣，以乱其谋，不过亡三十万金，则诸侯可尽。"秦王从其计，见尉缭亢礼，衣服食饮与缭同。缭曰："秦王为人，蜂准，长目，挚鸟膺，豺声，少恩而虎狼心，居约易出人下，得志亦轻食人。我布衣，然见我常身自下我。诚使秦王得志于天下，天下皆为虏矣。不可与久游。"乃亡去。秦王觉，固止，以为秦国尉，卒用其计策。而李斯用事。

十一年，王翦、桓齮、杨端和攻邺，取九城。王翦攻阏与、橑杨，皆并为一军。翦将十八日，军归斗食以下，什推二人从军，取邺安阳，桓齮将。十二年，文信侯不韦死，窃葬。其舍人临者，晋人也逐出之；秦人六百石以上夺爵，迁；五百石以下不临，迁，勿夺爵。自今以来，操国事不道如嫪毐、不韦者籍其门，视此。秋，复嫪毐舍人迁蜀者。当是之时，天下大旱，六月至八月乃雨。

【译文】

全国进行大规模的搜查，驱逐从各国来秦的别国人，李斯上书劝说，才废除了逐客令。李斯又借机建议秦王先取韩国，以此来震慑其他诸侯国家，所以秦王就派李斯去进攻韩国。韩王为此很是担忧，就与韩非商讨削弱秦国的计策。大梁人尉缭来到秦国，建议秦王说："凭着秦国如此强大，诸侯就像郡县的首脑，我担心的是诸侯国联合起来对秦进行出其不意的袭击，这也是以前智伯、夫差、湣王之所以灭亡的原因。请大王您别吝惜财物，馈赠给各国权贵大臣厚礼，以此来打乱诸侯的计划，这样只不过损失三十万金，而秦却可以吞并各诸侯国。”秦王按照他的计谋采取了行动，以平等的礼节相待尉缭，衣服饮食也同尉缭一样。尉缭说：“秦王这个人的相貌，高鼻梁，细长的眼睛，挚鸟一样的胸脯，豺狼般的声音，他缺乏仁德，却又有虎狼之心，不得志的时候很容易对人谦下，一旦得志，也会很轻易地吞食他人。我仅仅是个平民，可他见我时总是那样谦下。倘若他夺取天下的心愿真的实现了，则天下的人就都将成为他奴隶了。我不能长时间地跟他共事。”于是就想逃走，秦王觉察后，执意劝止，并任命他为秦国的最高军事长官，最终采用了他的计谋。于是这时起，李斯执掌秦国的国政。

十一年，主将王翦、次将桓齮、末将杨端和三军并为一军去攻打邺城，夺取了九座城邑。王翦就另外去攻打阏与和橑杨，还把各路援军合在一起，由王翦统率军队十八天，让军中年俸禄不满百石的人撤回，从每十人中挑选二人留在军队。将邺城的安阳攻下后，桓齮被任命为主将。十二年，文信侯吕不韦去世，他的门客偷偷地把他安葬在洛阳北邙山。对于那些参加哭吊的门客，若是晋国人，就将他们赶出国境；若是秦国人，俸禄在六百石以上的官员被剥夺爵位，迁到房陵；俸禄在五百石以下而没有参与哭吊的，也迁到房陵，但不剥夺官爵。自此以后，掌管国事不守正道，像嫪毐和吕不韦这样一类人，就登记没收他的家人充作奴隶，并且不得做官，全部都得照此办理。秋天，免除迁居蜀郡的嫪毐的门客。当时全国大旱，从六月开始，一直到八月才下了雨。

【原文】

十三年，桓齮攻赵平阳，杀赵将扈辄，斩首十万。王之河南。正月，彗星见东方。十月，桓齮攻赵。十四年，攻赵军于平阳，取宜安，破之，杀其将军。桓齮定平阳、武城。韩非使秦，秦用李斯谋，留非，非死云阳。韩王请为臣。

十五年，大兴兵，一军至邺，一军至太原，取狼孟。地动。十六年九月，发卒受地韩南阳假守腾。初令男子书年。魏献地于秦。秦置丽邑。十七年，内史腾攻韩，得韩王安，尽纳其地，以其地为郡，命曰颍川。地动。华阳太后卒。民大饥。

十八年，大兴兵攻赵，王翦将上地，下井陉，端和将河内，羌瘣伐赵，端和围邯郸城。十九年，王翦、羌瘣尽定取赵地东阳，得赵王。引兵欲攻燕，屯中山。秦王之邯郸，诸尝与王生赵时母家有仇怨，皆阬之。秦王还，从太原、上郡归。始皇帝母太后崩。赵公子嘉率其宗数百人之代，自立为代王，东与燕合兵，军上谷。大饥。

【译文】

十三年，桓齮攻打赵国的平阳城，将赵将扈辄斩杀，并斩首十万人。秦王去河南。正月，彗星在东方出现。十月，桓齮攻打赵国。十四年，在平阳攻击赵军，并攻占了宜安，将赵国军队打败，赵国的将军杀死。接着他又平定了平阳和武城。韩非出使秦国，秦王按照李斯的计谋，将韩非扣留，韩非死在云阳。韩王主动请求向秦称臣。

十五年，秦国大举出兵，一支军队到达邺县，一支军队到达太原，攻占狼孟。这年发生了地震。十六年九月，派军队将原韩国南阳一带土地接收过来，任命内史腾为代理南阳太守。开始命男子登记年龄。魏国向秦国献地。秦国设置了丽邑。十七年，内史腾对韩国发起攻伐，将韩王安擒获，并将其全部土地收缴。那个地方被设置为郡，命名为颍川郡。这年又发生了地震。华阳太后去世。百姓遭遇严重饥荒。

十八年，秦国又大举兴兵攻打赵国，王翦统率上地的军队，攻下了井陉。杨端和率领河内的军队，羌瘣攻打赵国，杨端和将邯郸城包围。十九年，王翦和羌瘣将赵国的东阳彻底平定，并俘获了赵王。他们又准备率兵攻打燕国，把军队驻扎在中山。秦王去邯郸，凡是当初与秦王生在赵国时的母家有仇的人，都被全部活埋。秦王返回，经过太原和上郡，最后回到秦国。秦始皇的母亲太后去世。赵国的公子嘉带着他的宗族几百人来到代地，自立为代王，并向东同燕国的军队会合，在上谷郡驻扎。这年饥荒严重。

【原文】

二十年，燕太子丹患秦兵至国，恐，使荆轲刺秦王。秦王觉之，体解轲以徇，而使王翦、辛胜攻燕。燕、代发兵击秦军，秦军破燕易水之西。

二十一年，王贲攻荆。乃益发卒诣王翦军，遂破燕太子军，取燕蓟城，得太子丹之首。燕王东收辽东而王之。王翦谢病老归。新郑反。昌平君徙于郢。大雨雪，深二尺五寸。

二十二年，王贲攻魏，引河沟灌大梁，大梁城坏，其王请降，尽取其地。

二十三年，秦王复召王翦，强起之，使将击荆。取陈以南至平舆，虏荆王。秦王游至郢陈。荆将项燕立昌平君为荆王，反秦于淮南。二十四年，王翦、蒙武攻荆，破荆军，昌平君死，项燕遂自杀。

二十五年，大兴兵，使王贲将，攻燕辽东，得燕王喜。还攻代，虏代王嘉。王翦遂定荆江南地；降越君，置会稽郡。五月，天下大酺。

【译文】

二十年，燕太子丹担忧秦军会打到燕国来，异常恐慌，于是就派荆轲去刺杀秦王。被秦王发现，将荆轲处以肢解之刑来示众，而后派王翦和辛胜去攻伐燕国。燕国和代国联合发兵迎击秦军，在易水西边，燕军被秦军击溃。二十一年，王贲去攻伐楚国。于是秦王就增派兵士去支援王翦的军队，终于将燕太子的军队打败，并将燕国的蓟城攻占，同时还拿到了燕太子丹的首级。燕王向东得到了辽东郡的地盘，在那里称王。王翦推说自己体弱多病而告老还乡。新郑叛乱。昌平君被迁居到郢城。这一年下了足足有二尺五寸厚的大雪。

二十二年，王贲攻打魏国，将汴河的水引来以灌大梁城，大梁城的城墙塌坏，魏王只好请求投降，于是魏国的全部土地都归属了秦国。

二十三年，秦王再次征召王翦，强行起用他，命他去攻打楚国。陈县往南直到平舆县的土地都被攻占，同时俘虏了楚王。秦王巡游来到郢都和陈县。楚将项燕将昌平君拥立为楚王，在淮河以南反叛秦军。二十四年，王翦和蒙武去攻打楚国，大败楚军，昌平君战死，项燕于是自杀而亡。

二十五年，秦大规模发动军队，以王贲为将，率军攻打燕国的辽东郡，将燕王姬喜俘获。秦军返回时又攻打代国，并将代王赵嘉俘获。于是楚国的长江以南一带被王翦平定，越族的首领也被降服，在那里设置了会稽郡。五月，秦王下令特许天下聚饮以示庆贺。

【原文】

二十六年，齐王建与其相后胜发兵守其西界，不通秦。秦使将军王贲从燕南攻齐，得齐王建。

秦初并天下，令丞相、御史曰："异日韩王纳地效玺，请为籓臣，已而倍约，与赵、魏合从畔秦，故兴兵诛之，虏其王。寡人以为善，庶几息兵革。赵王使其相李牧来约盟，故归其质子。已而倍盟，反我太原，故兴兵诛之，得其王。赵公子嘉乃自立为代王，故举兵击灭之。魏王始约服入秦，已而与韩、赵谋袭秦，秦兵吏诛，遂破之。荆王献青阳以西，已而畔约，击我南郡，故发兵诛，得其王，遂定其荆地。燕王昏乱，其太子丹乃阴令荆轲为贼，兵吏诛，灭其国。齐王用后胜计，绝秦使，欲为乱，兵吏诛，虏其王，平齐地。寡人以眇眇之身，兴兵诛暴乱，赖宗庙之灵，六王咸伏其辜，天下大定。今名号不更，无以称成功，传后世。其议帝号。"

【译文】

二十六年，齐王田建和他的相国后胜派遣军队驻守齐国西部的边境，不与秦国往来。秦王命将军王贲经由燕国往南对齐国展开进攻，齐王田建被俘获。

秦国初步统一天下，命令丞相和御史道："以前韩王将土地交出，将印玺献上，请求做守卫边境的臣子，但没多久又背弃誓约，同赵国和魏国联合起来反叛秦国，因此派兵去攻打他们，并俘虏了韩王。我觉得这样很不错，因为这样或许就可以停止战争了。赵王派他的相国李牧来找我们订立盟约，因此就将他们抵押在这里的质子归还了。但是没多久他们也违背盟约，在太原反叛，因此出兵去讨伐他们，并俘获了赵王。赵公子嘉居然自立为代王，因此我们又派兵去灭了赵国。魏王刚开始已约定归服于秦，但是没过多久却与韩国和赵国合谋来袭击秦国，我们的官兵前去讨伐，终于将他们打败。楚王将青阳以西的地盘献出，没多久也背弃誓约，对我们的南郡进行袭击，因此派兵去讨伐，楚王也被我们俘获，楚地也终于被平定。燕王昏庸，燕太子丹居然暗中派荆轲来做刺客，秦军前去讨伐，并将他的国家灭掉了。齐王按照后胜的计谋，断绝了与秦往来，妄想作乱，秦军前去讨伐，俘虏了齐王，并将齐地平定。我以如此渺小之身，兴兵诛讨暴乱，托的是祖宗神灵的福，六国君王都根据他们的罪过而受到了相应的惩罚，天下太平了。如今倘若不更改名号，那怎么显扬我的功业，并使它万世流传呢？请你们商议帝号吧。”

【原文】

丞相绾、御史大夫劫、廷尉斯等皆曰：“昔者五帝地方千里，其外侯服夷服，诸侯或朝或否，天子不能制。今陛下兴义兵，诛残贼，平定天下，海内为郡县，法令由一统，自上古以来未尝有，五帝所不及。臣等谨与博士议曰：‘古有天皇，有地皇，有泰皇，泰皇最贵。’臣等昧死上尊号，王为‘泰皇’。命为‘制’，令为‘诏’，天子自称曰‘朕’。”王曰：“去‘泰’，著‘皇’，采上古‘帝’位号，号曰‘皇帝’。他如议。”制曰：“可。”追尊庄襄王为太上皇。制曰：“朕闻太古有号毋谥，中古有号，死而以行为谥。如此，则子议父，臣议君也，甚无谓，朕弗取焉。自今已来，除谥法。朕为始皇帝。后世以计数，二世三世至于万世，传之无穷。”

始皇推终始五德之传，以为周得火德，秦代周德，从所不胜。方今水德之始，改年始，朝贺皆自十月朔。衣服旄旌节旗皆上黑。数以六为纪，符、法冠皆六寸，而舆六尺，六尺为步，乘六马。更名河曰德水，以为水德之始。刚毅戾深，事皆决于法，刻削毋仁恩和义，然后合五德之数。于是急法，久者不赦。

【译文】

丞相王绾、御史大夫冯劫，还有廷尉李斯等人都说：“以前五帝的疆土纵横各千里，在这之外还划分侯服、夷服等地区，诸侯中有些朝见，有些不朝见，天子不好控制，如今您以正义之师来对四方残贼之人进行讨伐，使天下得以安定，在全国设置郡县，统一了法令，这是前所未有的，五帝也不能比。我们恭谨地跟博士进行商讨说：‘古代有天皇、地皇、泰皇，其中以泰皇最为尊贵。’我们就冒着死罪来献上尊号，王应称为‘泰皇’。天子的‘命’称为‘制’，天子的“令”称为‘诏’，天子自称为‘朕’。秦王说：“将‘泰’字去掉，留下‘皇’字，采用上古‘帝’的位号，称‘皇帝’吧，其他就按诸位讨论的办。”于是下令说：“可以。”追尊庄襄王为太上皇。又颁布命令说："我听说上古的时候帝王只有号而没有谥，中古时候的帝王有号，去世后还要根据生前的品行事迹给个谥号。如此一来，就是儿子对父亲发表看法，臣子对君主发表看法了，很没有意义，我不赞成这种做法。所以从此以后将谥法废除。我就是始皇帝，后代也就从我这里开始计数，称二世、三世直到千世、万世，没有穷尽的相传下去。"

秦始皇按照水、火、木、金、土五行相生相克和终始循环的原理进行推求，认为周朝得到火德的属性，秦朝要想取代周朝，就必须推崇周朝的火德所无法抵过的水德。现在是水德的开始之年，要更改一年的岁首以顺承天意。群臣都要在十月初一元旦这一天朝见拜贺。衣服、符节和旗帜的装饰，都崇尚黑色。把数目以十为终极改成以六为终极，因此符节和御史所戴的法冠都规定为六寸，车舆宽度为六尺，六尺为一步，一辆车要用六匹马拉。将黄河改名为"德水"，以此来表示水德的开始。刚毅、严厉、苛刻，万事都要按照法律来进行裁决，刻薄而不讲仁爱、恩惠、和善、情义，认为这才符合五德中水主阴的命数。于是把法令搞得极为严酷，犯了法很长时间都不能得到宽赦。

【原文】

丞相绾等言："诸侯初破，燕、齐、荆地远，不为置王，毋以填之。请立诸子，唯上幸许。"始皇下其议于群臣，群臣皆以为便。廷尉李斯议曰："周文武所封子弟同姓甚众，然后属疏远，相攻击如仇雠，诸侯更相诛伐，周天子弗能禁止。今海内赖陛下神灵一统，皆为郡县，诸子功臣以公赋税重赏赐之，甚足易制。天下无异意，则安宁之术也。置诸侯不便。"始皇曰："天下共苦战斗不休，以有侯王。赖宗庙，天下初定，又复立国，是树兵也，而求其宁息，岂不难哉！廷尉议是。"

分天下以为三十六郡，郡置守、尉、监。更名民曰"黔首"。大酺。收天下兵，聚之咸阳，销以为钟鐻，金人十二，重各千石，置廷宫中。一法度衡石丈尺。车同轨。书同文字。地东至海暨朝鲜，西至临洮、羌中，南至北向户，北据河为塞，并阴山至辽东。徙天下豪富于咸阳十二万户。诸庙及章台、上林皆在渭南。秦每破诸侯，写放其宫室，作之咸阳北阪上，南临渭，自雍门以东至泾、渭，殿屋复道周阁相属。所得诸侯美人钟鼓，以充入之。

【译文】

丞相王绾等进言说："诸侯刚刚被打败，燕国、齐国、楚国地处偏远，倘若不给它们设王，则无法镇抚那里。请将各位皇子封立为王，希望皇上恩准。"始皇把这个建议下交给群臣商讨，群臣都认为这样做很合适。廷尉李斯发表意见说："周文王、周武王分封了不少子弟和同姓亲属，但是他们的后代逐渐疏远了，就像仇人一样互相攻击，诸侯之间互相征伐，周天子也阻止不了。如今天下由于您的神灵之威得到了统一，将其都划分成郡县，对于皇子和那些功臣，只要用公家的赋税重重加以赏赐，控制就不难了。使天下人都无邪异之心，才是安宁天下的好办法啊。设置诸侯并没有什么好处。"始皇说："以前，天下人都被连年战争所累，主要就是因为有那些诸侯王。如今我依仗祖宗的神灵，天下初定，倘若再设立诸侯国，这岂不是又要挑起战争吗？想要求得太平安宁不就更难实现了吗？还是廷尉说得对啊。"

于是就将天下分为了三十六个郡。每个郡都设置了守、尉、监。改称百姓为"黔首"。诏令全国上下特许聚饮狂欢。始皇下令收集天下的兵器，并将这些聚集到咸阳，熔化之后铸成大钟，还造了十二个铜人，每个重达千石，放置在宫廷里。统一了法令和度量衡的标准。还规定了车辆两轮间的宽度。统一了书写的文字。疆土东到大海和朝鲜，西到临洮、羌中，南边到北向户，往北据守黄河作要塞，沿着阴山往东一直到达辽东郡。秦始皇将天下富豪人家十二万户迁到咸阳居住。各代先祖的陵庙，以及章台宫、上林苑都在渭水的南岸。秦国每灭掉一个诸侯，都会照着该国宫室的样子，在咸阳北面的山坡上再仿造一座，南边濒临渭水，从雍门向东一直到泾水和渭水交会的地方，殿屋之间有天桥和环行长廊相互连接。将从诸侯那里虏得的美人和钟鼓乐器之类，都放进去以充实这些宫殿。

【原文】

二十七年，始皇巡陇西、北地，出鸡头山，过回中。焉作信宫渭南，已更命信宫为极庙，象天极。自极庙道通郦山，作甘泉前殿。筑甬道，自咸阳属之。是岁，赐爵一级。治驰道。

二十八年，始皇东行郡县，上邹峄山。立石，与鲁诸儒生议，刻石颂秦德，议封禅望祭山川之事。乃遂上泰山，立石，封，祠祀。下，风雨暴至，休于树下，因封其树为五大夫。禅梁父。刻所立石，其辞曰：

皇帝临位，作制明法，臣下修饬。二十有六年，初并天下，罔不宾服。亲巡远方黎民，登兹泰山，周览东极。从臣思迹，本原事业，祗诵功德。治道运行，诸产得宜，皆有法式。大义休明，垂于后世，顺承勿革。皇帝躬圣，既平天下，不懈于治。夙兴夜寐，建设长利，专隆教诲。训经宣达，远近毕理，咸承圣志。贵贱分明，男女礼顺，慎遵职事。昭隔内外，靡不清净，施于后嗣。化及无穷，遵奉遗诏，永承重戒。

于是乃并渤海以东，过黄、腄，穷成山，登之罘，立石颂秦德焉而去。

【译文】

二十七年，秦始皇去巡视陇西、北地，越过鸡头山，路经回中宫。于是在渭水南面建造信宫。不久又改信宫名为极庙，象征处于天极的北极星。从极庙修筑道路直到郦山，又修建了甘泉宫前殿。在驰道两旁筑墙，从咸阳一直连接到这里。这一年，秦始皇普遍赐给爵位一级。人们又增修了供皇帝巡行用的通向全国各地的驰道。

二十八年，始皇到东方去巡视郡县，登上邹地的峄山。在山上树立了石碑，又跟鲁地儒生们商讨碑文，想刻石以颂扬秦之德业，还讨论了在泰山祭天、在梁父山祭地和遥祭名山大川的事宜。于是就登上泰山，树立起石碑，并筑起土坛，举行祭天盛典。下山时，狂风暴雨骤至，始皇在一棵树下避雨休息，因此赐封那棵树为“五大夫”，接着在梁父山扫除整洁地面来举行祭地典礼，树立石碑并镌刻了碑文。碑文是：

皇帝登基即位，制订昌明法度，臣下端正谨慎。就在二十六年，首次统一天下，四方无不归顺称臣。皇帝亲自巡视远方，登临这座泰山，东方一览无余。随臣追思伟绩，推求创业本源，敬赞功德。治世之道畅行，诸种产业适宜，一切法则大振，大义美善昌明，传于后代子孙，永世顺承不变。皇帝圣明通达，已经将天下平定，国政丝毫不敢懈怠。每天早起晚睡，建设长远利益，专心推崇教诲。训解经义通达，远近通达平治，人人尊奉圣人的意志。贵贱清楚分明，男女依礼有别，人人恪尽职守。光明通照内外，处处安泰清净，后世永续德政。教化没有穷尽，一定要遵从先皇遗诏，重大告诫永世遵奉。

于是秦始皇就沿着渤海岸向东行，途经黄县和腄县，攀上成山的顶峰，又登上之罘山，树立石碑以歌颂秦之功德，然后离去。

【原文】

南登琅邪，大乐之，留三月。乃徙黔首三万户琅邪台下，复十二岁。作琅邪台，立石刻，颂秦德，明得意。曰：

维二十八年，皇帝作始。端平法度，万物之纪。以明人事，合同父子。圣智仁义，显白道理。东抚东土，以省卒士。事已大毕，乃临于海。皇帝之功，勤劳本事。上农除末，黔首是富。普天之下，抟心揖志。器械一量，同书文字。日月所照，舟舆所载。皆终其命，莫不得意。应时动事，是维皇帝。匡饬异俗，陵水经地。忧恤黔首，朝夕不懈。除疑定法，咸知所辟。方伯分职，诸治经易。举错必当，莫不如画。皇帝之明，临察四方。尊卑贵贱，不逾次行。奸邪不容，皆务贞良。细大尽力，莫敢怠荒。远迩辟隐，专务肃庄。端直敦忠，事业有常。皇帝之德，存定四极。诛乱除害，兴利致福。节事以时，诸产繁殖。黔首安宁，不用兵革。六亲相保，终无寇贼。欢欣奉教，尽知法式。六合之内，皇帝之土。西涉流沙，南尽北户。东有东海，北过大夏。人迹所至，无不臣者。功盖五帝，泽及牛马。莫不受德，各安其宇。

【译文】

秦始皇又往南走登上了琅邪山，举行了大型的娱乐活动，在那里停留了三个月。于是从别处迁三万户百姓来此居住，免除他们十二年的赋税徭役。建造琅邪台，树立石碑刻字，歌颂秦之功德，表明自己踌躇满志的心情。碑文说：

二十八年，皇帝刚刚登基。一切法度端正公平，整治万物纲纪。彰明人事之道，提倡父慈子孝。皇帝圣智仁义，宣明各种道德。亲自到东土安抚，并慰劳视察兵士。大事业已完成，于是又巡行滨海之地。皇帝功勋卓越，操劳根本大事。实行重农抑商，百姓因此而富足。普天之下团结同心，顺从皇帝意志。统一度量衡，统一钱币文字。日月照耀之处，车船所到之地，没有不遵奉王命的，人人称心如意。顺应四时行事，自有大秦皇帝。整顿不良习俗，跋山涉水千里。怜惜百姓疾苦，日夜不肯懈怠。除疑惑定法律，人人遵守法纪。地方长官分职，治理规范平易，举措必求得当，无不处理完善。皇帝圣明无比，亲自视察四方。无论尊卑贵贱，不越等级规章。奸邪无处容身，务求忠贞贤良。事情不分大小，无人敢于怠荒。无论远近偏僻，只求严肃端庄。正直敦厚忠诚，事业才能久长。皇帝浩大恩德，存恤安抚四方。诛除祸乱灾害，兴利造福无疆。劳役不误农时，百业繁荣富足。百姓安居乐业，不再动用兵戈。六亲终得相保，终无寇乱盗贼。欢欣接受教化，法规全都知晓。天地四方之内，尽是皇帝疆土。西边越过流沙，南边到达北户。东边抵达东海，北边越过大夏。人迹所到之处，都来称臣归附。功高盖过五帝，恩惠泽及牛马。人人受其恩德，家家安宁和睦。

【原文】

维秦王兼有天下，立名为皇帝，乃抚东土，至于琅邪。列侯武城侯王离、列侯通武侯王贲、伦侯建成侯赵亥、伦侯昌武侯成、伦侯武信侯冯毋择、丞相隗林、丞相王绾、卿李斯、卿王戊、五大夫赵婴、五大夫杨樛从，与议于海上。曰："古之帝者，地不过千里，诸侯各守其封域，或朝或否，相侵暴乱，残伐不止，犹刻金石，以自为纪。古之五帝三王，知教不同，法度不明，假威鬼神，以欺远方，实不称名，故不久长。其身未殁，诸侯倍叛，法令不行。今皇帝并一海内，以为郡县，天下和平。昭明宗庙，体道行德，尊号大成。群臣相与诵皇帝功德，刻于金石，以为表经。"

既已，齐人徐市等上书，言海中有三神山，名曰蓬莱、方丈、瀛洲，仙人居之。请得斋戒，与童男女求之。于是遣徐市发童男女数千人，入海求仙人。

【译文】

秦王兼有天下，建立名号称作皇帝，于是亲自到东土安抚百姓，到达琅邪。列侯武成侯王离、列侯通武侯王贲、伦侯建成侯赵亥、伦侯昌武侯成、伦侯武信侯冯毋择、丞相隗林、丞相王绾、卿李斯、卿王戊、五大夫赵婴、五大夫杨樛随从巡视，他们在海上一起议论皇帝的功德，纷纷说道：“古代的帝王，拥有的土地不超过千里，诸侯各守受封之土，有的来朝见，有的不来朝见。他们互相攻伐侵犯，暴乱残杀不止，还要刻金镂石，立碑来夸耀自己的功业。古代五帝三王，知识教化不同，法令制度不明，借助鬼神之威，欺凌压迫远方民众，其实与他们的名号不相称，所以不能长久。他们还没有去世，诸侯就已开始背叛了，法令名存实亡。当今皇帝统一海内，全国设立直辖郡县，天下太平安定。显明祖先宗庙，行公道施德政，皇帝尊号大称成功。群臣齐声称颂皇帝的功业，并将其刻在金石之上，作为永恒的典范。”

刻石事情完毕，齐地人徐市等上书，说大海之中有蓬莱、方丈和瀛洲三座神山，有仙人在那里居住。希望能斋戒沐浴，带领童男童女前往寻求神仙。于是就派徐市挑选几千名童男童女，到海中去寻找神仙了。

【原文】

始皇还，过彭城，斋戒祷祠，欲出周鼎泗水。使千人没水求之，弗得。乃西南渡淮水，之衡山、南郡。浮江，至湘山祠。逢大风，几不得渡。上问博士曰：“湘君何神？”博士对曰：“闻之，尧女，舜之妻，而葬此。”于是始皇大怒，使刑徒三千人皆伐湘山树，赭其山。上自南郡由武关归。

二十九年，始皇东游。至阳武博狼沙中，为盗所惊。求弗得，乃令天下大索十日。

登之罘，刻石。其辞曰：

维二十九年，时在中春，阳和方起。皇帝东游，巡登之罘，临照于海。从臣嘉观，原念休烈，追诵本始。大圣作治，建定法度，显箸纲纪。外教诸侯，光施文惠，明以义理。六国回辟，贪戾无厌，虐杀不已。皇帝哀众，遂发讨师，奋扬武德。义诛信行，威燀旁达，莫不宾服。烹灭强暴，振救黔首，周定四极。普施明法，经纬天下，永为仪则。大矣哉。宇县之中，承顺圣意。群臣诵功，请刻于石，表垂于常式。

【译文】

始皇返回时，路过彭城，斋戒祈祷，想要把那只落水的周鼎从泗水中打捞出来。派了一千人潜入水底寻找，没有找到。于是就向西南渡过淮水，前往衡山和南郡。乘船顺江而下，到达湘山祠。遇上了大风，几乎不能渡过。皇上问博士说："湘君是什么神？"博士说："传说是尧帝的女儿，舜帝的妻子，葬在此处。"于是始皇很生气，就派了三千服刑役的罪犯砍光了湘山上的所有树木，由于当地是红土，所以山就变成了赭红色，并且光秃秃的。皇上从南郡经由武关回到京城。

二十九年，始皇到东方去巡游。到达阳武县博浪沙这个地方的时候，被刺客行刺，受了惊吓。始皇没有捉到刺客，就命全国上下进行大规模搜捕，持续了十天之久。

秦始皇登上之罘山，刻石立碑，碑文是：

二十九年，正值仲春时节，春日阳和气息上升。皇帝东行游览，巡行登上之罘，亲临观赏汪洋大海。众臣赞赏景物，想起伟业根源，追颂创业之本。圣君始建治道，建立确定法度，彰明准则纲纪。对外教化诸侯，广施礼乐恩德，晓明大义公理。六国之君邪僻，贪婪狠戾不已，疯狂虐杀不止。皇帝哀怜民众，发动军队征讨，武德奋扬大振。仗义诛讨守信，声威慑服远方，海内无不臣服。彻底消除强暴，努力拯救民众，平定远近四方。明法普遍施行，主宰治理天下安定，永为法则典范。多么伟大啊！天地神州赤县，顺从遵循圣意。群臣歌颂功德，请求刻于石碑之上，以表率千古作常法。

【原文】

其东观曰：

维二十九年，皇帝春游，览省远方。逮于海隅，遂登之罘，昭临朝阳。观望广丽，从臣咸念，原道至明。圣法初兴，清理疆内，外诛暴强。武威旁畅，振动四极，禽灭六王。阐并天下，灾害绝息，永偃戎兵。皇帝明德，经理宇内，视听不怠。作立大义，昭设备器，咸有章旗。职臣遵分，各知所行，事无嫌疑。黔首改化，远迩同度，临古绝尤。常职既定，后嗣循业，长承圣治。群臣嘉德，祗诵圣烈，请刻之罘。旋，遂之琅邪，道上党入。

三十年，无事。

三十一年十二月，更名腊曰“嘉平”。赐黔首里六石米，二羊。始皇为微行咸阳，与武士四人俱，夜出逢盗兰池，见窘，武士击杀盗，关中大索二十日。米石千六百。

【译文】

在东观刻的碑文说：

二十九年，皇帝春日出游，巡行视察远方。幸临东海之滨，登上之罘高山，观赏初升朝阳。遥望广阔绚丽的山河，众臣推原追念，圣道英明辉煌。圣法刚刚实行，对内清理异端，对外诛伐暴强。军威远扬四海，震撼远近四方，终于禽灭六王。开拓一统天下，根除种种灾害，永远收藏兵器。皇帝修明圣德，经营治理天下，明视兼听不怠。谋划申明大义，设置种种器物，等级标志显著。大臣尽职守分，明确各自权限，诸事皆无猜疑。百姓移风易俗，远近同一法度，终身坚定守法。惯常职务已定，后人遵循祖业，永远承袭圣治。群臣赞美大德，称颂圣明伟业，请求在之罘山立碑刻字。不久，始皇前往琅邪，经由上党返回京城。

三十年，没有发生特殊事情。

三十一年十二月，把腊月改名为“嘉平”。赏赐给每一百户六石米和两只羊。始皇在咸阳穿便装出行，和四个武士一起，夜里出来，在兰池遇见了强盗行刺，情势危急，武士打死了强盗，于是就在关中地区进行大规模搜查，持续了二十天。米价涨到每石一千六百钱。

【原文】

三十二年，始皇之碣石，使燕人卢生求羡门、高誓。刻碣石门。坏城郭，决通堤防。其辞曰：

遂兴师旅，诛戮无道，为逆灭息。武殄暴逆，文复无罪，庶心咸服。

惠论功劳，赏及牛马，恩肥土域。皇帝奋威，德并诸侯，初一泰平。堕坏城郭，决通川防，夷去险阻。地势既定，黎庶无繇，天下咸抚。男乐其畴，女修其业，事各有序。惠被诸产，久并来田，莫不安所。群臣诵烈，请刻此石，垂著仪矩。

因使韩终、侯公、石生求仙人不死之药。始皇巡北边，从上郡入。燕人卢生使入海还，以鬼神事，因奏录图书，曰“亡秦者胡也”。始皇乃使将军蒙恬发兵三十万人北击胡，略取河南地。

【译文】

三十二年，始皇前往碣石，派燕人卢生访求方士羡门和高誓。在碣石山门刻石立碑。毁坏了内外城墙，挖通了堤防。刻石的碑文说：

皇帝兴师用兵，诛杀无道之君，意在平息叛逆。武力消除暴逆，依法平反良民，民心全都归附。论功赏赐众臣，恩惠泽及牛马，皇恩遍布全国。皇帝振奋神威，以德兼并诸侯，天下统一太平。拆除关东城郭，挖通河川堤防，夷平四方险阻。地势既已平坦，百姓不服徭役，天下均得安抚。男子欣喜耕作，女子修治女红，万事井然有序。皇恩遍及百业，合力勤勉耕田，人人安居乐业。群臣敬颂伟业，请求镌刻此石，永留典范规矩于后世。

于是始皇派韩终、侯公、石生去寻找成仙不死的灵药。始皇巡视北部边界，经由上郡进入京城。燕人卢生被派入海求仙返回。为了鬼神的事，他奏上了自己所抄录的宣扬符命占验的图录之书，上面写着“灭亡秦的是胡”。始皇于是就派将军蒙恬率领三十万士兵去攻伐北方的胡人，夺取了黄河以南地区。

【原文】

三十三年，发诸尝逋亡人、赘婿、贾人略取陆梁地，为桂林、象郡、南海，以适遣戍。西北斥逐匈奴。自榆中并河以东，属之阴山，以为四十四县，城河上为塞。又使蒙恬渡河取高阙、阳山、北假中，筑亭障以逐戎人。徙谪，实之初县。禁不得祠。明星出西方。三十四年，适治狱吏不直者，筑长城及南越地。

始皇置酒咸阳宫，博士七十人前为寿。仆射周青臣进颂曰："他时秦地不过千里，赖陛下神灵明圣，平定海内，放逐蛮夷，日月所照，莫不宾服。以诸侯为郡县，人人自安乐，无战争之患，传之万世。自上古不及陛下威德。"始皇悦。博士齐人淳于越进曰："臣闻殷周之王千余岁，封子弟功臣，自为枝辅。今陛下有海内，而子弟为匹夫，卒有田常、六卿之臣，无辅拂，何以相救哉？事不师古而能长久者，非所闻也。今青臣又面谀以重陛下之过，非忠臣。"始皇下其议。

【译文】

三十三年，征发那些曾经逃亡的犯人，典押给富贵人家的奴隶，以及商贩，去夺取陆梁地区，设置桂林、象郡、南海等郡，派遣受贬谪的人去防守。又在西北驱逐匈奴。从榆中沿着黄河向东一直连接到阴山，划分成四十四个县。沿河修筑城墙作为要塞。又派蒙恬渡过黄河去夺取高阙、阳山、北假一带地方，修筑堡垒屏障来驱逐戎狄。迁移被贬谪的人，把他们充实到新设置的县。发布禁令不准他们祭祀。在西方有彗星出现。三十四年，贬谪执法不正的法官去修筑长城或者去戍守南越地区。

秦始皇在咸阳宫摆设酒宴，七十位博士上前祝酒。仆射周青臣走上前去颂扬说："以前秦国土地不过千里，仰仗陛下的神灵圣明，平定了天下，驱逐了蛮夷，凡是日月能够照耀到的地方，没有不臣服的。把诸侯国改置为郡县，每个人都安居乐业，不再担心战争的祸患，功业可以流传千古。您的威德，自古至今都没有人能比得上。"始皇非常高兴。博士齐人淳于越上前说："我听说殷朝和周朝统治天下长达一千多年，他们对子弟功臣进行分封，以辅佐自己。如今陛下拥有了天下，可是您的子弟却都是平民百姓，万一有类似齐国田常、晋国六卿之类等谋杀君主的臣子出现，又没有辅佐，那么您靠谁来救援呢？我还从来都没有听说过凡事不师法古人而能长久的。刚才周青臣又当面阿谀奉承，以致陛下的过失加重，这不是忠臣。"始皇把他们的意见下交群臣讨论。

【原文】

丞相李斯曰："五帝不相复，三代不相袭，各以治，非其相反，时变异也。今陛下创大业，建万世之功，固非愚儒所知。且越言乃三代之事，何足法也？异时诸侯并争，厚招游学。今天下已定，法令出一，百姓当家则力农工，士则学习法令辟禁。今诸生不师今而学古，以非当世，惑乱黔首。丞相臣斯昧死言：古者天下散乱，莫之能一，是以诸侯并作，语皆道古以害今，饰虚言以乱实，人善其所私学，以非上之所建立。今皇帝并有天下，别黑白而定一尊。私学而相与非法教，人闻令下，则各以其学议之，入则心非，出则巷议，夸主以为名，异取以为高，率群下以造谤。如此弗禁，则主势降乎上，党与成乎下。禁之便。臣请史官非秦记皆烧之。非博士官所职，天下敢有藏诗、书、百家语者，悉诣守、尉杂烧之。有敢偶语诗书者弃市。以古非今者族。吏见知不举者与同罪。令下三十日不烧，黥为城旦。所不去者，医药卜筮种树之书。若欲有学法令，以吏为师。"制曰："可。"

【译文】

丞相李斯说："五帝的制度不是一代重复一代，三代的国家制度也不相因袭，他们都凭着各自的制度治理好了，这并非他们有意要彼此相反，而是由于时代变化了结果。现在陛下创建了伟大的功业，建立起万世不朽的功勋，这本来就不是那些愚陋的儒生所能理解的。更何况淳于越所说的是三代的事，有什么值得效法的呢？从前是由于诸侯并起纷争，才大量招揽游说之士。现在天下已经平定，法令出于一统，百姓在家就应该致力于农工生产，读书人就应该学习法令刑禁。现在那些儒生不学习当今的法令却要效法古代的，以此来诽谤当世，惑乱民众思想。丞相李斯冒死罪进言：古代天下散乱，没有人能够统一，所以诸侯并立兴起，说话都是称道古代而损害当今，矫饰虚言来扰乱名实，人们只认为自己私下所学的知识是正确的，对朝廷所建立的制度进行谴责。当今皇帝已统一天下，分辨了是非黑白，并且还规定了一切决定于至尊皇帝一人。可是私家之学却相互勾结，对法令教化进行非议。这些人一听说法令发布，就各自根据他们自己所学的东西加以议论，入朝就在心里指责，离开朝堂就去街巷谈议，在君主面前他们夸耀自己以博取名利，追求奇异说法以表示自己高明，带领民众制造谤言。像这样的情况却不禁止，就会使在上面的君主威势降下来，而在下面朋党就会形成一定的势力。臣以为禁止这种趋势是合适的。我请求让史官烧毁除不属于秦国的全部典籍。除博士官署所掌管的之外，天下倘若有人收藏着《诗》《书》、诸子百家等著作，都要将这些全部都送到地方官那里，一起烧掉。如果谁敢在一起谈议《诗》《书》，就处以死刑示众，用古代的事情来对今天进行非议的一律满门抄斩。官吏中倘若有知道的却又不举报，以同罪论处。如果命令下达了三十天，还有不烧书的，则对其处以脸上刺字的黥刑，然后再将其发配到边疆去修筑长城。所不取缔的书籍，是那些关于医药、占卜、种植的。若有人想要学习法令，就应该以官吏为师。”始皇下诏说：“可以。”

【原文】

三十五年，除道，道九原抵云阳，堑山堙谷，直通之。于是始皇以为咸阳人多，先王之宫廷小，吾闻周文王都丰，武王都镐，丰镐之间，帝王之都也。乃营作朝宫渭南上林苑中。先作前殿阿房，东西五百步，南北五丨丈，上可以坐万人，卜可以建五丈旗。周驰为阁道，自殿下直抵南山。表南山之巅以为阙。为复道，自阿房渡渭，属之咸阳，以象天极阁道绝汉抵营室也。阿房宫未成；成，欲更择令名名之。作宫阿房，故天下谓之阿房宫。隐宫徒刑者七十余万人，乃分作阿房宫，或作丽山。发北山石椁，乃写蜀、荆地材皆至。关中计宫三百，关外四百余。于是立石东海上朐界中，以为秦东门。因徙三万家丽邑，五万家云阳，皆复不事十岁。

【译文】

三十五年，秦开始修筑大道，经过九原俊一直修到云阳，将山峰挖掉，填平河谷，笔直贯通。这时始皇认为咸阳人口多，先王宫廷又窄小，听说周文王建都在丰，武王建都在镐，丰和镐两城之间，才是帝王定都城的地方。于是就在渭水南面的上林苑内修建朝宫。首先在阿房建前殿，它东西有五百步长，南北有五十丈宽，宫中可以容纳一万人，下面可以树立五丈高的大旗。四周环绕着回廊通道以供驰走，从宫殿之下一直通到南山。在南山的顶峰建造门阙作为标志。又修建天桥，从阿房跨过渭水，再连接咸阳，以象征天上的北极星和阁道星跨过银河抵达营室星。阿房宫没有建成；等竣工后，就再给它选择一个好名字。因为此宫是在阿房修筑的，所以就先称它为阿房宫。七十多万受过宫刑和徒刑的人，一部分人被派去修筑阿房宫，另一部分去营建骊山墓。从北山开采山石来制作石椁从蜀地、荆地运来木料。关中总共建有三百座宫殿，关外建四百座。于是在东海边的朐山上竖立石碑，用来作为秦朝国境的东门。还为此迁徙三万户民众到丽邑，五万户到云阳，都免除他们十年的赋税和徭役。

【原文】

卢生说始皇曰："臣等求芝奇药仙者常弗遇，类物有害之者。方中，人主时为微行以辟恶鬼，恶鬼辟，真人至。人主所居而人臣知之，则害于神。真人者，入水不濡，入火不爇，陵云气，与天地久长。今上治天下，未能恬倓。原上所居宫毋令人知，然后不死之药殆可得也。"于是始皇曰："吾慕真人，自谓'真人'，不称'朕'。"乃令咸阳之旁二百里内宫观二百七十复道甬道相连，帷帐钟鼓美人充之，各案署不移徙。行所幸，有言其处者，罪死。始皇帝幸梁山宫，从山上见丞相车骑众，弗善也。中人或告丞相，丞相后损车骑。始皇怒曰："此中人泄吾语。"案问莫服。当是时，诏捕诸时在旁者，皆杀之。自是后莫知行之所在。听事，群臣受决事，悉于咸阳宫。

【译文】

卢生劝说始皇道："我们去寻求灵芝、奇药和仙人，却一直都没有找到，似乎是有什么东西伤害了它们。当方术要与皇上相合的时候，皇上就应该秘密出行以便驱逐恶鬼，恶鬼避开了，神仙真人才会来临。皇上住的地方若让臣子们知道了，就会妨害神灵。真人往往都是入水不会被沾湿，入火不会被烧伤，他们能够乘云驾雾遨游，寿命与天地一样久长。现在皇上治理天下，还没能做到清静安宁。希望皇上所住的宫室不要让别人知道，这样可能就会得到不死之药了。"于是始皇说："我羡慕神仙真人，我就称自己'真人'，不再称'朕'了。"于是命咸阳方圆二百里内的二百七十座宫观都用天桥和有围墙的甬道相互连接起来；在里边安置帷帐、钟鼓和美人，全部按照所登记的位置不得移动。皇帝所到之处，倘若有人将其说出去了，就会被判处死罪。皇帝来到梁山宫，从山上看见丞相的随从车马队伍庞大，很不赞成。宦官近臣里有人告诉了丞相这件事，此后丞相就将车马数目减少了，始皇很生气地说："宫中有人把我的话泄露出去了。"经过审问，没有肯人招供认罪，于是皇帝就下诏把当时跟随在旁的人全部抓起来，统统杀死。从此再无人知晓皇帝的行踪了。处理国事，群臣接受皇帝的决策命令，全在咸阳宫进行。

【原文】

侯生卢生相与谋曰："始皇为人，天性刚戾自用，起诸侯，并天下，意得欲从，以为自古莫及己。专任狱吏，狱吏得亲幸。博士虽七十人，特备员弗用。丞相诸大臣皆受成事，倚辨于上。上乐以刑杀为威，天下畏罪持禄，莫敢尽忠。上不闻过而日骄，下慑伏谩欺以取容。秦法，不得兼方，不验，辄死。然候星气者至三百人，皆良士，畏忌讳谀，不敢端言其过。天下之事无小大皆决于上，上至以衡石量书，日夜有呈，不中呈不得休息。贪于权势至如此，未可为求仙药。"于是乃亡去。始皇闻亡，乃大怒曰："吾前收天下书不中用者尽去之。悉召文学方术士甚众，欲以兴太平，方士欲练以求奇药。今闻韩众去不报，徐市等费以巨万计，终不得药，徒奸利相告日闻。卢生等吾尊赐之甚厚，今乃诽谤我，以重吾不德也。诸生在咸阳者，吾使人廉问，或为妖言以乱黔首。"于是使御史悉案问诸生，诸生传相告引，乃自除。犯禁者四百六十余人，皆阬之咸阳，使天下知之，以惩后。益发谪徙边。始皇长子扶苏谏曰："天下初定，远方黔首未集，诸生皆诵法孔子，今上皆重法绳之，臣恐天下不安。唯上察之。"始皇怒，使扶苏北监蒙恬于上郡。

【译文】

侯生、卢生一起商量道："始皇的为人，天性粗暴狠毒，自以为是，他出身诸侯，却将天下兼并，志得意满，为所欲为，认为从古至今无人能与他相比。他专门任用治狱的官吏，狱吏们都能受到皇帝亲近和宠幸。

博士虽然也有七十人，但只不过是虚设充数却不得任用。丞相和各位大臣都只是接受皇上已经决定的命令，一切事情都由皇上裁决。皇上酷爱用重刑和杀戮以显示其威严，官员们都怕获罪，他们一心想保住禄位，因此谁都不敢真正竭诚尽忠。皇上听不到自己的过错，因而日益骄横。臣子们因担心害怕而说谎欺瞒，屈从讨好。秦法规定，一个方士不能兼有两种方术，倘若方术不能应验，方士就得被处死。然而占侯星象云气以测吉凶的人虽然多达三百，他们都是技艺精湛的良士，但是因为他们害怕获罪，就避讳奉承，不敢正直地说出皇帝的过失。天下的大小事都由皇上来决定，皇上甚至都要用秤来称每天批阅的各种上奏文书，日夜都有奏呈，如果批阅达不到定额，就绝不休息。他如此贪恋权势，咱们不能为他去寻求仙药了。”于是就逃跑了。始皇听说此二人逃跑了，十分恼怒地说：“我先前查收了天下所有不适用的书并且把它们都烧掉了。征召了大批博学之士和有各种技艺的方术之士，想以此来振兴太平，这些方士想要以炼造仙丹来求得奇药。今天听说韩众不辞而别。徐市等人花费了数以万计的钱，最终也没找到奇药，只是我听说了他们非法牟利互相告发的消息。我很尊重卢生等人，给予他们优厚的赏赐，可是他们现在却诽谤我，企图以此加重我的无德。那些在咸阳的人，我派人去查问过了，有的人竟妖言惑众。”于是派御史去一一审查，他们互相告发，一个供出一个，一共有四百六十多人触犯了禁令，全部被活埋在咸阳，让天下的人都知道，以警示以后的人。征发更多的流放人员去边疆戍守。始皇的大儿子扶苏进谏说：“天下刚刚平定，远方百姓尚未归附，儒生们都诵读诗书，效法孔子，现在皇上一律用严刑酷法来对他们进行制裁，我恐怕天下将不会安定，希望皇上对此进行明察。”始皇听后勃然大怒，就派扶苏到北方上郡去监督蒙恬的军队。

【原文】

三十六年，荧惑守心。有坠星下东郡，至地为石，黔首或刻其石曰“始皇帝死而地分”。始皇闻之，遣御史逐问，莫服，尽取石旁居人诛之，因燔销其石。始皇不乐，使博士为仙真人诗，及行所游天下，传令乐人歌弦之。秋，使者从关东夜过华阴平舒道，有人持璧遮使者曰：“为吾遗滈池君。”因言曰：“今年祖龙死。”使者问其故，因忽不见，置其璧去。使者奉璧具以闻。始皇默然良久，曰："山鬼固不过知一岁事也。"退言曰："祖龙者，人之先也。"使御府视璧，乃二十八年行渡江所沉璧也。于是始皇卜之，卦得游徙吉。迁北河榆中三万家。拜爵一级。

三十七年十月癸丑，始皇出游。左丞相斯从，右丞相去疾守。少子胡亥爱慕请从，上许之。十一月，行至云梦，望祀虞舜于九疑山。浮江下，观籍柯，渡海渚。过丹阳，至钱唐。临浙江，水波恶，乃西百二十里从狭中渡。上会稽，祭大禹，望于南海，而立石刻颂秦德。

【译文】

三十六年，火星侵入心宿。有一颗流星坠落在东郡，落地后变为陨石，百姓中有人在那块陨石上刻了"始皇帝死而土地分"。始皇听说后，就派御史前去挨家查问，没有人认罪，于是就将那块陨石附近的人全部抓来杀了，并将那块陨石焚毁了。始皇不高兴，命令博士作了一首《仙真人诗》，在他巡行天下时，每走到一处就传令乐师弹奏唱歌。秋天，使者走夜路从关东路经过华阴平舒道，有人手持玉璧拦住使者说："替我把它送给滈池君。"接着又说："今年祖龙将会死去。"使者问他缘由，那人却忽然消失不见了，留下了那块玉璧。使者捧回玉璧向秦王详细地陈述了所遇见的情况。始皇沉默了好一会儿，说："山鬼本来不过能预知一年的事。"退朝时他又说："祖龙就是人的祖先。"始皇让御府察看那块玉璧，竟然是始皇在二十八年巡行渡江时沉入水中的那块。于是始皇为此事进行占卜，占卜的结果是巡游迁徙才会吉祥。迁移三万户人家到北河和榆中地区定居，每户赏赐一级爵位。

三十七年十月癸丑日，始皇外出巡游。左丞相李斯跟随，右丞相冯去疾在京都留守。小儿子胡亥想去巡游，请求跟随，皇上答应了他的请求。十一月，走到云梦，在九疑山遥祭虞舜。然后坐船顺着长江漂流而下，观览籍柯，渡过海渚，经过丹阳，到达钱塘。来到浙江边上的时候，水波凶险，就向西走了一百二十里，从江面最狭窄的地方渡江。登上会稽山，祭祀大禹，遥望南海。在那里立碑刻字，歌颂秦朝的功德。

【原文】

其文曰：

皇帝休烈，平一宇内，德惠修长。三十有七年，亲巡天下，周览远方。遂登会稽，宣省习俗，黔首斋庄。群臣诵功，本原事迹，追首高明。秦圣临国，始定刑名，显陈旧章。初平法式，审别职任，以立恒常。六王专倍，贪戾慠猛，率众自强。暴虐恣行，负力而骄，数动甲兵。阴通间使，以事合从，行为辟方。内饰诈谋，外来侵边，遂起祸殃。义威诛之，殄熄暴悖，乱贼灭亡。圣德广密，六合之中，被泽无疆。皇帝并宇，兼听万事，远近毕清。运理群物，考验事实，各载其名。贵贱并通，善否陈前，靡有隐情。饰省宣义，有子而嫁，倍死不贞。防隔内外，禁止淫泆，男女絜诚。夫为寄豭，杀之无罪，男秉义程。妻为逃嫁，子不得母，咸化廉清。大治濯俗，天下承风，蒙被休经。皆遵度轨，和安敦勉，莫不顺令。黔首修絜，人乐同则，嘉保太平。后敬奉法，常治无极，舆舟不倾。从臣诵烈，请刻此石，光垂休铭。

【译文】

碑文是：

皇帝功业伟大，统一平定天下，德惠恩泽久长。三十七年，亲自巡行天下，周游游览远方。登临会稽山峰，考察当地习俗，百姓恭敬端庄。群臣齐颂功德，推求事迹本原，追溯英明高强。秦朝圣王登位，始定法度刑名，阐述旧有规章。初定公平法则，审慎区分职责，确立永久纲纪。六王专横背叛，贪利狂傲凶狠，凭借人多逞强。暴虐恣意横行，倚仗武力骄横，屡次挑起战争。暗中安置坐探，奉行六国合纵，行为卑鄙猖狂。对内修饰狡诈，对外侵我边疆，由此引起祸殃。仗义扬威诛讨，铲除凶暴叛逆，乱臣贼子灭亡。圣德广博深厚，天地四海之内，恩泽覆盖无疆。皇帝统一天下，一人治理万事，远近处处清明。协调管理国政，考察验证事实，分别记录其名。贵贱都能相通，善恶当前陈述，没有丝毫隐瞒。治有过扬道义，有夫弃子而嫁，视为叛夫不贞。以礼分别内外，禁止放荡淫乱，男女都应洁诚。丈夫在外淫乱，杀之没有罪过，男子须守规程。妻子弃夫另嫁，子不认她为母，都要感化清正。盛世荡涤恶俗，天下承受教化，民众沐浴新风。人人遵循法度，和睦安定互勉，无不顺从命令。民众美善清洁，乐于自愿守法，永保天下太平。后人敬奉圣法，永保盛事无极，车船不翻不倾。众臣颂扬伟业，请求刻石作铭，永传千古美铭。

【原文】

还过吴，从江乘渡。并海上，北至琅邪。方士徐市等入海求神药，数岁不得，费多，恐谴，乃诈曰："蓬莱药可得，然常为大鲛鱼所苦，故不得至，原请善射与俱，见则以连弩射之。"始皇梦与海神战，如人状。问占梦，博士曰："水神不可见，以大鱼蛟龙为候。今上祷祠备谨，而有此恶神，当除去，而善神可致。"乃令入海者赍捕巨鱼具，而自以连弩候大鱼出射之。自琅邪北至荣成山，弗见。至之罘，见巨鱼，射杀一鱼。遂并海西。

至平原津而病。始皇恶言死，群臣莫敢言死事。上病益甚，乃为玺书赐公子扶苏曰："与丧会咸阳而葬。"书已封，在中车府令赵高行符玺事所，未授使者。七月丙寅，始皇崩于沙丘平台。丞相斯为上崩在外，恐诸公子及天下有变，乃秘之，不发丧。棺载辒凉车中，故幸宦者参乘，所至上食。百官奏事如故，宦者辄从辒凉车中可其奏事。独子胡亥、赵高及所幸宦者五六人知上死。赵高故尝教胡亥书及狱律令法事，胡亥私幸之。高乃与公子胡亥、丞相斯阴谋破去始皇所封书赐公子扶苏者，而更诈为丞相斯受始皇遗诏沙丘，立子胡亥为太子。更为书赐公子扶苏、蒙恬，数以罪，赐死。语具在李斯传中。行，遂从井陉抵九原。会暑，上辒车臭，乃诏从官令车载一石鲍鱼，以乱其臭。

【译文】

始皇返回路过吴地，从江乘县渡江。沿着海岸向北行，到达琅邪。方士徐市等人入海去寻仙求药，好几年也没找到，花费了很多钱财，由于害怕遭受责罚，就欺骗说："蓬莱仙药是可以找到的，但由于有大鲨鱼的困扰，所以总无法到达，请皇上派善于射箭的人一起去，在遇到大鲨鱼时就用可以连续发射的弓弩射它。"始皇做梦与海神交战，海神的形状跟人很像。请占梦的博士给圆梦，博士说："水神原本是看不到的，它用大鱼蛟龙做侦探。如今皇上您祭祀周到恭敬，反而出现了这种恶神，就应当将其除掉，这样才会有真正的善神到来。”于是始皇就命入海的人携带捕大鱼的工具，他还亲自带着弓弩去等候大鱼出来以便射它。始皇从琅邪向北一直到荣成山，都没有遇见大鲨鱼。在到达之罘的时候，遇见了大鱼，并且射死了一条。接着又沿海向西进发。

秦始皇到达平原津时生了病。始皇不喜欢说“死”这个字，众臣也就没人敢说死的事情。皇帝病得更加严重了，就写了一封盖上御印的信给公子扶苏说：“到咸阳来参加丧事，在咸阳安葬。”信封好后，就存放在中东府令赵高兼掌印玺事务的办公处，没有交给使者。七月丙寅日，始皇在沙丘平台逝世。丞相李斯认为皇帝逝世在外，恐怕众皇子和各地乘机叛乱，就密而不发丧。把棺材放在既密闭又能通风的辒凉车中，还让过去受始皇宠幸的宦官陪乘，每走到适当的地方，就将饭食献上，百官向皇上奏事一如往常。宦官就在辒凉车中降诏批签。只有胡亥、赵高和五六个曾受宠幸的宦官知道皇上已经死了。赵高曾经教胡亥写字和狱律法令等事情，胡亥私下里对他很有好感。赵高与公子胡亥、丞相李斯秘密商量将始皇赐给公子扶苏的那封已封好的信拆开。谎称李斯在沙丘接受了始皇遗诏，立胡亥为太子。又给公子扶苏和蒙恬写了一封信，给他们的捏造罪状，并赐命他们自杀。这些事都记载在《李斯传》中，继续前行，从井陉到达九原。正赶上暑天，皇上的尸体在辒凉车中已经发臭，就命随从官员们往车里装一石有腥臭气的鲍鱼，以混淆尸臭和鱼臭。

【原文】

行从直道至咸阳，发丧。太子胡亥袭位，为二世皇帝。九月，葬始皇郦山。始皇初即位，穿治郦山，及并天下，天下徒送诣七十余万人，穿三泉，下铜而致椁，宫观百官奇器珍怪徙臧满之。令匠作机弩矢，有所穿近者辄射之。以水银为百川江河大海，机相灌输，上具天文，下具地理。以人鱼膏为烛，度不灭者久之。二世曰：“先帝后宫非有子者，出焉不宜。”皆令从死，死者甚众。葬既已下，或言工匠为机，臧皆知之，臧重即泄。大事毕，已臧，闭中羡，下外羡门，尽闭工匠臧者，无复出者。树草木以象山。

二世皇帝元年，年二十一。赵高为郎中令，任用事。二世下诏，增始皇寝庙牺牲及山川百祀之礼。令群臣议尊始皇庙。群臣皆顿首言曰："古者天子七庙，诸侯五，大夫三，虽万世世不轶毁。今始皇为极庙，四海之内皆献贡职，增牺牲，礼咸备，毋以加。先王庙或在西雍，或在咸阳。天子仪当独奉酌祠始皇庙。自襄公已下轶毁。所置凡七庙。群臣以礼进祠，以尊始皇庙为帝者祖庙。皇帝复自称'朕'。"

【译文】

一行人从直道回到咸阳，才发布治丧公告。胡亥太子继位，就是二世皇帝。九月，把始皇安葬在郦山。始皇刚刚登位的时候，就挖通治理了郦山，统一天下后，又从全国各地调来七十多万徒役，凿地足足有三重泉水那么深，灌注铜水，并填塞缝隙，才把外棺放进去，然后又修造宫观，还设置了百官位次，并将珍奇器物、珍宝怪石等搬进去了很多，放得满满的。始皇命工匠制造由机关操纵的弓箭，倘若有人盗墓，则一靠近就会被射死。百川江河大海是用水银做成的，通过机器依次灌注输送，顶壁装有天文图，下面按照地理图形进行布置。用娃娃鱼的油脂做成火炬，估计能燃烧很久而不熄灭。二世说："先帝后宫那些没有子女的妃嫔，放她们出去不合适。"于是就命令这些人全部殉葬，殉葬的人很多。葬礼完毕，有人说机械是工匠制造的，墓中所藏宝物他们都知道，宝物多而贵重，这很可能会泄露出去。所以当隆重的丧礼完毕，已经藏好宝物，就将墓道的中间一道门封闭了，还把墓地最外面的一道门放下来，把工匠们全都封闭在里边了，没有一个再出来的。墓上栽种草木，看上去好像一座山。

二世皇帝元年，二世二十一岁，赵高担任郎中令，掌管朝政大权。二世下诏，始皇祠庙里用来祭祀的牲畜数量要增加，山川各种祭祀的礼仪要增加。命大臣们讨论推尊始皇庙号的事。大臣们都跪拜叩头说："古时候天子的祖庙为七庙，祭祀七代祖宗，诸侯五庙，大夫三庙，虽然经历万世但是仍然没有废除。如今始皇庙是至高无上的，四海之内都得按照职阶来进献祭品。还增加了牛、羊、猪等祭祀牲畜的数量。礼仪完全具备，其他庙祭的标准不能再高于这个了。先王庙有的在西雍，有的在咸阳。天子按礼仪应当单独捧着经多次酿制而且质醇的酒来亲自祭祀始皇庙。从襄公以下的庙都毁除。所建造的祭祀先王的庙共七座。大臣们要按照礼法去进献祭祀，遵奉始皇庙为皇帝始祖庙。皇帝仍自称为‘朕’。”

【原文】

二世与赵高谋曰：“朕年少，初即位，黔首未集附。先帝巡行郡县，以示强，威服海内。今晏然不巡行，即见弱，毋以臣畜天下。”春，二世东行郡县，李斯从。到碣石，并海，南至会稽，而尽刻始皇所立刻石，石旁著大臣从者名，以章先帝成功盛德焉。

皇帝曰：“金石刻尽始皇帝所为也。今袭号而金石刻辞不称始皇帝，其于久远也如后嗣为之者，不称成功盛德。”丞相臣斯、臣去疾、御史大夫臣德昧死言：“臣请具刻诏书刻石，因明白矣。臣昧死请。”制曰：“可。”

遂至辽东而还。

【译文】

二世跟赵高商讨说：“我年纪轻，又是刚即位，百姓还不顺从。先帝通过巡视各郡县来显示他的强大，以便威慑四海之内。现在我在皇宫安然享受而不出去巡游，就会被人看作无能，这样就没有办法统治天下了。”春天，二世东行巡视郡县，李斯跟从。到达碣石山后，又沿海向南行进直到会稽，并在始皇所立的石碑上又都刻上了字，碑石旁还都增刻上了随从大臣的名字，以进一步彰显先帝的功业和盛德。

皇帝说：“金石碑刻全由始皇帝建造。现在我承袭了帝号，可是金石碑刻上不称始皇帝，如此一来，等年代久远以后，就好像是后代子孙所树立的，以致无法称赞始皇帝的功业和盛德。”丞相臣李斯、臣冯去疾、御史大夫臣德冒死进言：“我们请求把诏书全刻在石碑上，这样就明白了。为臣冒死请求。”制书批复说：“可以。”

接着到达了辽东，然后就返回京都。

【原文】

于是二世乃遵用赵高，申法令。乃阴与赵高谋曰：“大臣不服，官吏尚强，及诸公子必与我争，为之奈何？”高曰：“臣固愿言而未敢也。先帝之大臣，皆天下累世名贵人也，积功劳世以相传久矣。今高素小贱，陛下幸称举，令在上位，管中事。大臣鞅鞅，特以貌从臣，其心实不服。今上出，不因此时案郡县守尉有罪者诛之，上以振威天下，下以除去上生平所不可者。今时不师文而决于武力，愿陛下遂从时毋疑，即群臣不及谋。明主收举余民，贱者贵之，贫者富之，远者近之，则上下集而国安矣。”二世曰：“善。”乃行诛大臣及诸公子，以罪过连逮少近官三郎，无得立者，而六公子戮死于杜。公子将闾昆弟三人囚于内宫，议其罪独后。二世使使令将闾曰：“公子不臣，罪当死，吏致法焉。”将闾曰：“阙廷之礼，吾未尝敢不从宾赞也；廊庙之位，吾未尝敢失节也；受命应对，吾未尝敢失辞也。何谓不臣？愿闻罪而死。”使者曰：“臣不得与谋，奉书从事。”将闾乃仰天大呼天者三，曰：“天乎！吾无罪！”昆弟三人皆流涕拔剑自杀。宗室振恐。群臣谏者以为诽谤，大吏持禄取容，黔首振恐。

【译文】

于是秦二世就根据赵高的建议，申明法令。他私下里同赵高谋划说：“大臣们都不服从，官吏还有强大的势力，另外还有各位皇子一定会跟我争权，对此我该如何处置呢？”赵高说：“这些话我早就想说了却一直都没敢说。先帝在位时的大臣，都是具有累世功名的贵人，建功立业，世代相传，已经很久了。如今为臣出身卑贱，幸蒙陛下抬举，让我官高位显，管理宫廷事务。大臣们不满意，只在表面上服从，其实心里并不服。如今皇上出巡，何不借此机会将郡县守尉中的有罪者查办，并杀掉他们，这样，在上可以使皇上威慑天下，在下可以把那些皇上不满意的人除掉。现时不能师法文治而应取决于武力，请陛下您顺应时势，千万不要犹豫，这样大臣们就来不及谋算了。英明的君主往往会收集举用那些被弃不用的人。让卑贱的人变得显贵，让贫穷的人变得富裕，让疏远的人变得亲近，这样就能上下团结、国家安定了。”二世说：“好！”于是就开始诛杀大臣和皇子，捏造罪名连带拘捕近侍小臣中郎、外郎、散郎，无人得以幸免，六个皇子被杀死在杜县。公子将闾兄弟三人被囚禁在内宫，由于议定他们的罪状而被单独拖延在后。秦二世派使者命令将闾说：“你们不尽臣道，应当判处死罪，官吏依法行刑来了。”将闾说：“宫廷的礼节，我从来不敢不顺从掌管司仪的宾赞的引导去做；朝廷的位次，我从来不敢有失礼节；奉命回答提问，我从来不敢说错话。怎么能说我没有尽臣道呢？希望能让我明白罪名以后再死。”使者说：“我不能参与谋议，只是奉诏书行事。”将闾仰天大声呼喊，呼喊了几次说：“天啊！我没有罪！”兄弟三人都流着眼泪拔剑自刎了。宗室的人为此感到震惊恐慌。大臣们进谏的被认为是诽谤朝政，大官们为保住禄位而屈从讨好，民众震惊恐惧。

【原文】

四月，二世还至咸阳，曰：“先帝为咸阳朝廷小，故营阿房宫。为室堂未就，会上崩，罢其作者，复土郦山。郦山事大毕，今释阿房宫弗就，则是章先帝举事过也。”复作阿房宫。外抚四夷，如始皇计。尽征其材士五万人为屯卫咸阳，令教射狗马禽兽。当食者多，度不足，下调郡县转输菽粟刍藁，皆令自赍粮食，咸阳三百里内不得食其谷。用法益刻深。

七月，戍卒陈胜等反故荆地，为“张楚”。胜自立为楚王，居陈，遣诸将徇地。山东郡县少年苦秦吏，皆杀其守尉令丞反，以应陈涉，相立为侯王，合从西乡，名为伐秦，不可胜数也。谒者使东方来，以反者闻二世。二世怒，下吏。后使者至，上问，对曰：“群盗，郡守尉方逐捕，今尽得，不足忧。”上悦。武臣自立为赵王，魏咎为魏王，田儋为齐王。沛公起沛。项梁举兵会稽郡。

二年冬，陈涉所遣周章等将西至戏，兵数十万。二世大惊，与群臣谋曰：“奈何？”少府章邯曰：“盗已至，众强，今发近县不及矣。郦山徒多，请赦之，授兵以击之。”二世乃大赦天下，使章邯将，击破周章军而走，遂杀章曹阳。二世益遣长史司马欣、董翳佐章邯击盗，杀陈胜城父，破项梁定陶，灭魏咎临济。楚地盗名将已死，章邯乃北渡河，击赵王歇等于钜鹿。

【译文】

四月，二世返回到咸阳，说：“先帝因为觉得咸阳朝廷小，才营建阿房宫，但宫室还没有建成，始皇就去世了，只好停止修建，把人调到郦山去修墓。郦山修墓的工作已全部完毕，现在如果放下阿房宫而不建成它，岂不是表明先帝办事有失误吗？”于是又开始修建阿房宫。对外安抚四方的外族，按照始皇的策略，征召五万健壮的兵丁守卫咸阳。下令教习射箭，并且学习饲养供宫廷玩赏的狗、马等禽兽，这些都需要消费很多粮食，估计咸阳仓里的粮食不够用，于是就从下面各郡县征调粮食和饲料，命转运粮食人员自带干粮，咸阳三百里之内的地区不准吃这些粮食。施法更加严酷。

七月，戍卒陈胜等在以前的楚地造反，国号为“张楚”。陈胜自立为楚王，住在陈县，派遣各路将领夺取土地。崤山函谷关以东的山东各郡县，年轻人因为受尽秦朝官吏之苦，都把他们的郡守、郡尉、县令、县丞杀死后起来造反，以响应陈胜，并相继拥立为侯王，联合起来向西进攻，都是打着讨伐秦朝的旗号，造反的人不计其数。掌管传达通报的谒者出使山东回来，向二世报告了山东造反的情况。二世很生气，就让主管官吏去处理谒者。后边的使者回来后，皇上问他，答道：“只不过是一群盗匪，郡守和郡尉正在追捕，现在他们全部被抓获，不值得忧虑。”皇上很高兴。武臣自立为赵王，魏咎为魏王，田儋为齐王，沛公在沛县起义。项梁在会稽郡起兵。

二年冬天，陈胜派遣的周章等人率领的军队向西到达戏水，兵力有几十万。二世非常吃惊，跟群臣讨论道：“怎么办呀？”少府章邯说：“盗匪已经来了，人多势众，现在已经来不及征发附近各县的军队了。郦山有很多徒役，请赦免他们，并给他们兵器，让他们去迎击起义军。”于是二世就大赦天下，派章邯领兵为将，把周章的军队打败了，周章败逃，被杀死在曹阳。二世又增派长史司马欣和董翳去帮助章邯攻打起义军，陈胜被杀死在城父，在定陶项梁也被打败，在临济魏咎被杀死。楚地起义军的名将已经被杀死，章邯就向北渡过黄河，到钜鹿去攻打赵王赵歇等人。

【原文】

赵高说二世曰：“先帝临制天下久，故群臣不敢为非，进邪说。今陛下富于春秋，初即位，奈何与公卿廷决事？事即有误，示群臣短也。天子称朕，固不闻声。”于是二世常居禁中，与高决诸事。其后公卿希得朝见，盗贼益多，而关中卒发东击盗者毋已。右丞相去疾、左丞相斯、将军冯劫进谏曰："关东群盗并起，秦发兵诛击，所杀亡甚众，然犹不止。盗多，皆以戍漕转作事苦，赋税大也。请且止阿房宫作者，减省四边戍转。"二世曰："吾闻之韩子曰：'尧舜采椽不刮，茅茨不翦，饭土熘，啜土形，虽监门之养，不觳于此。禹凿龙门，通大夏，决河亭水，放之海，身自持筑臿，胫毋毛，臣虏之劳不烈于此矣。'凡所为贵有天下者，得肆意极欲，主重明法，下不敢为非，以制御海内矣。夫虞、夏之主，贵为天子，亲处穷苦之实，以徇百姓，尚何于法？朕尊万乘，毋其实，吾欲造千乘之驾，万乘之属，充吾号名。且先帝起诸侯，兼天下，天下已定，外攘四夷以安边竟，作宫室以章得意，而君观先帝功业有绪。今朕即位二年之间，群盗并起，君不能禁，又欲罢先帝之所为，是上毋以报先帝，次不为朕尽忠力，何以在位？"下去疾、斯、劫吏，案责他罪。去疾、劫曰："将相不辱。"自杀。斯卒囚，就五刑。

【译文】

赵高劝说二世道："先帝登位治理天下已经很长时间了，所以群臣不敢做非分之事，不敢进言异端邪说。如今陛下您正年轻，又是刚刚登上皇位，怎么能跟公卿在朝廷上议决大事呢？倘若事情有错误，就会被群臣看出自己的弱点。天子称'朕'，本来就是不应该让别人直接听到他的声音。"于是二世经常居住在深宫之内，只跟赵高决策各种事情。自此以后公卿就很少有机会朝见皇上，各地起义的人也越来越多了，不停地征调关中军队到东边去攻打起义军。右丞相冯去疾、左丞相李斯、将军冯劫进谏说："关东各路盗贼纷纷而起，朝廷派军前去诛讨他们，杀死了很多人，可是依然还不能平息。盗贼多都是因为戍边、运输、劳作的事情太多、太劳苦，赋税太重。我们请求暂时停止修建阿房宫，减少戍边兵役和运输徭役。"二世说："我听韩子说：'尧、舜用柞木做椽子，不进行砍削加工，用芦苇、茅草盖屋顶而不加修剪，用瓦碗吃饭，用瓦罐喝水，就算是今天看门人的供养，也不会比这再俭薄了。禹开凿龙门，疏通大夏，决通黄河淤积停滞之水，把水引入海，亲自拿着杵和锹，小腿上的汗毛都被泡光掉了，就算是今天奴隶的劳苦，也不会比这再厉害了。'人们之所以看重享有天下，就是因这样可以尽情享受，为所欲为。做君主重要的是修明法制，这样，臣下就不敢胡作非为，就能驾驭天下了。虞、夏的君主，地位尊贵，做了天子，却身处穷苦劳作的境地，为百姓作出牺牲，这还有什么值得效法的呢？我被称为万乘之主，却没有享受到万乘君王的实际，我要建造千乘之车驾，设立万乘之徒属，让我名实相符。再说，先帝以诸侯出身而兼并天下，天下既已平定，对外排除四方外族以安定边境，对内修建宫室来表示他建立丰功伟绩的得意，你们都看到了先帝功业已经有了好的开始。而现在我登位两年的时间，盗贼纷起，你们无法将其禁止，又想要终止先帝所要做的事情。这样做，对上无法报答先帝，其次也不能为我尽忠尽力，你们还有什么资格身处高位呢？”于是就把冯去疾、李斯、冯劫下交给狱吏，审讯追究三人的其他罪过。冯去疾、冯劫说：“将相不能受侮辱。”自杀了。结果李斯被囚遭受五刑的刑罚。

【原文】

三年，章邯等将其卒围钜鹿，楚上将军项羽将楚卒往救钜鹿。冬，赵高为丞相，竟案李斯杀之。夏，章邯等战数却，二世使人让邯，邯恐，使长史欣请事。赵高弗见，又弗信。欣恐，亡去，高使人捕追不及。欣见邯曰：“赵高用事于中，将军有功亦诛，无功亦诛。”项羽急击秦军，虏王离，邯等遂以兵降诸侯。八月己亥，赵高欲为乱，恐群臣不听，乃先设验，持鹿献于二世，曰：“马也。”二世笑曰：“丞相误邪？谓鹿为马。”问左右，左右或默，或言马以阿顺赵高。或言鹿，高因阴中诸言鹿者以法。后群臣皆畏高。

高前数言“关东盗毋能为也”，及项羽虏秦将王离等钜鹿下而前，章邯等军数却，上书请益助，燕、赵、齐、楚、韩、魏皆立为王，自关以东，大氐尽畔秦吏应诸侯，诸侯咸率其众西向。沛公将数万人已屠武关，使人私于高，高恐二世怒，诛及其身，乃谢病不朝见。二世梦白虎啮其左骖马，杀之，心不乐，怪问占梦。卜曰：“泾水为祟。”二世乃斋于望夷宫，欲祠泾，沉四白马。使使责让高以盗贼事。高惧，乃阴与其婿咸阳令阎乐、其弟赵成谋曰：“上不听谏，今事急，欲归祸于吾宗。吾欲易置上，更立公子婴。子婴仁俭，百姓皆载其言。”使郎中令为内应，诈为有大贼，令乐召吏发卒，追劫乐母置高舍。遣乐将吏卒千余人至望夷宫殿门，缚卫令仆射，曰："贼入此，何不止？"

【译文】

二世三年，章邯等率兵把钜鹿包围了，楚国上将军项羽率领楚兵前去援救钜鹿。冬天，赵高担任丞相，终于判决了李斯的罪案并将其杀死。夏天，章邯等作战屡次败退，二世派人去谴责章邯，章邯感到害怕，就派长史司马欣回京汇报情况，请求指示。赵高不接见，也不信任。司马欣由于害怕而赶紧逃离，赵高命人去追却没有追到。司马欣见到章邯说："赵高在朝中执掌朝政，将军您有功会被杀掉，无功也会被杀掉。"这时，项羽加紧进攻秦军，将王离俘虏，章邯等人就率兵投降了诸侯。八月己亥日，赵高想要谋反，但又担心群臣不听从他，就先设下计谋进行试验，他带来一只鹿献给二世，说："这是一匹马。"二世笑着说："丞相错了，怎么能把鹿说成是马呢。"问左右大臣，左右大臣有的保持沉默，有的为了迎合赵高而故意说是马，也有的说是鹿，赵高就私下假借法律陷害那些说是鹿的人。此后，大臣们都畏惧赵高。

赵高以前曾不止一次地说："关东的盗贼成不了什么气候。"可是后来项羽在钜鹿城下俘虏了王离等人并继续向前，章邯等人的军队屡次败退，上书请求增援，燕国、赵国、齐国、楚国、韩国和魏国都自立为王，从函谷关往东，基本上全部背叛了秦朝官吏而纷纷响应诸侯，诸侯都率兵西进。沛公率领几万人攻克了武关，派人来跟赵高秘密联络。赵高担心二世发怒，诛杀加害自身，就推病而不去朝见皇上。二世梦见一只白虎把他车驾的骖马给咬了，他把那只白虎杀了，但心中还是不痛快，觉得奇怪，就去问解梦的人。解梦人卜得卦辞说："泾水的水神在作怪。"二世就在望夷宫斋戒，准备祭祀泾水水神，把四匹白马沉入泾水。赵高因为起义者日益逼近的事情而遭到二世派人来谴责。赵高惶恐不安，就暗中与他的女婿咸阳县令阎乐，以及他的弟弟赵成商议道："皇上不听劝谏，如今事态危急，想要把罪祸推给我们家族。我想更换另立天子，改立公子婴。子婴仁爱谦下，他的话深得百姓的拥护。"就让郎中令做内应，谎称有大盗，命令阎乐召集官吏发兵追击，还把阎乐的母亲劫持，并送到赵高府中来做人质。派阎乐带领官兵一千多人在望夷宫殿门前，捆绑上卫令仆射，喝问道："盗贼从这里进去了，为何不上前阻止？"

【原文】

卫令曰："周庐设卒甚谨，安得贼敢入宫？"乐遂斩卫令，直将吏入行射，郎宦者大惊，或走或格，格者辄死，死者数十人。郎中令与乐俱入，射上幄坐帏。二世怒，召左右，左右皆惶扰不斗。旁有宦者一人，侍不敢去。二世入内，谓曰："公何不蚤告我？乃至于此！"宦者曰："臣不敢言，故得全。使臣蚤言，皆已诛，安得至今？"阎乐前即二世数曰："足下骄恣，诛杀无道，天下共畔足下，足下其自为计。"二世曰："丞相可得见否？"乐曰："不可。"二世曰："吾愿得一郡为王。"弗许。又曰："愿为万户侯。"弗许。曰："愿与妻子为黔首，比诸公子。"阎乐曰："臣受命于丞相，为天下诛足下，足下虽多言，臣不敢报。"麾其兵进。二世自杀。

【译文】

卫令说："皇宫周围警卫哨所都有重兵把守，十分严密，盗贼怎么敢进入宫中呢？"阎乐就把卫令斩杀了，带领官兵径直冲进去，边走边不停地射箭，郎官、宦官惊骇异常，有的逃跑，有的格斗，格斗的就被杀死了，被杀死的大概有几十人。郎中令和阎乐一同冲进宫殿，用箭射中了二世的帷帐。二世非常生气，召唤左右的侍者，左右的人都慌了不敢挺身而出。旁边有一个宦官服侍着二世不敢离开。二世进入内宫，对他说："您为何不早告诉我呢，竟然沦落到现在这种境地！"宦官说："我是不敢说，才保住性命的，要是早说，我们这些人早就统统被您给杀掉了，怎么可能活到今天啊？"阎乐走上前去历数二世的罪状说："你生性骄横放纵、肆意诛杀，不遵奉天道，天下的人都背叛了你，怎么办还是由你自己考虑吧！"二世说："我可以见丞相吗？"阎乐说："不行。"二世说："那我希望得到一个郡做个王。"阎乐不准。又说："我希望做个万户侯。"还是不应允。二世又说："我情愿和妻子儿女去做普通百姓，跟诸公子一样。"阎乐说："我是奉丞相的命令来替天下人诛杀你的，你就算说的话再多，我也不敢替你回报。"于是指挥士兵拥上前。二世就自杀了。

【原文】

阎乐归报赵高，赵高乃悉召诸大臣公子，告以诛二世之状。曰："秦故王国，始皇君天下，故称帝。今六国复自立，秦地益小，乃以空名为帝，不可。宜为王如故，便。"立二世之兄子公子婴为秦王。以黔首葬二世杜南宜春苑中。令子婴斋，当庙见，受王玺。斋五日，子婴与其子二人谋曰："丞相高杀二世望夷宫，恐群臣诛之，乃详以义立我。我闻赵高乃与楚约，灭秦宗室而王关中。今使我斋见庙，此欲因庙中杀我。我称病不行，丞相必自来，来则杀之。"高使人请子婴数辈，子婴不行，高果自往，曰："宗庙重事，王奈何不行？"子婴遂刺杀高于斋宫，三族高家以徇咸阳。子婴为秦王四十六日，楚将沛公破秦军入武关，遂至霸上，使人约降子婴。子婴即系颈以组，白马素车，奉天子玺符，降轵道旁。沛公遂入咸阳，封宫室府库，还军霸上。居月余，诸侯兵至，项籍为从长，杀子婴及秦诸公子宗族。遂屠咸阳，烧其宫室，虏其子女，收其珍宝货财，诸侯共分之。灭秦之后，各分其地为三，名曰雍王、塞王、翟王，号曰三秦。项羽为西楚霸王，主命分天下王诸侯，秦竟灭矣。后五年，天下定于汉。

【译文】

阎乐回去禀报赵高，赵高就召集所有的大臣和公子，告诉他们杀死二世的情况。赵高说："秦国原本是个诸侯国，始皇统治了天下，所以才称帝。现在六国又重新拥立了各自的国王，秦国地盘越来越小，却还凭着个空名称皇帝，这是不可以的。应像过去一样称王才恰当。"于是把二世兄长的儿子婴立为秦王。按照平民的葬仪把二世埋葬在杜南宜春苑中。又让子婴斋戒，到宗庙去拜祖先，接受国王的印玺。斋戒五天后，子婴和他的两个儿子商议道："丞相赵高把二世杀死在望夷宫，又担心大臣们诛杀他，就假装按照道义来立我为王。我听说赵高已经与楚国约定，灭掉秦宗室后他就称王关中。现在让我斋戒后去朝见宗庙，就是想趁着我在宗庙里把我杀掉。我推说生病不去，他必定会亲自来，他来了就杀掉他。"赵高派人去请子婴，前后去了好几趟，子婴都不去，赵高果然亲自去请。说："这是国家大事，王怎么能不去呢？"于是子婴就在斋宫将赵高杀死了，诛灭了赵高家三族，并在咸阳示众。子婴做了四十六天的秦王，楚将沛公就打败秦军攻入武关，然后就到了霸上，命人前去招降子婴。子婴用丝带系在脖子上，坐着白车白马，捧着天子的印玺、符节，在轵道亭旁请降。沛公于是进入咸阳，封了宫室府库，然后又退兵在霸上驻扎。一个多月后，各路诸侯的军队也到了，项羽是各路诸侯的盟主，他杀了子婴和秦各个公子宗室及所有的人。然后就在咸阳进行大屠杀，把宫室焚烧，还俘虏宫女，并将秦宫的珍宝财物全部没收，跟各路诸侯一起瓜分了。秦王朝灭亡之后，原来秦国的疆土就被划成三份各自为王，即雍王、塞王、翟王，号称三秦。项羽为西楚霸王，主持分割天下，赐封诸侯王，秦朝最终灭亡。此后五年，天下被汉家王室统一。

【原文】

太史公曰：秦之先伯翳，尝有勋于唐虞之际，受土赐姓。及殷夏之间微散。至周之衰，秦兴，邑于西垂。自缪公以来，稍蚕食诸侯，竟成始皇。始皇自以为功过五帝，地广三王，而羞与之侔。善哉乎贾生推言之也！曰：

秦并兼诸侯山东三十余郡，缮津关，据险塞，修甲兵而守之。然陈涉以戍卒散乱之众数百，奋臂大呼，不用弓戟之兵，鉏櫌白梃，望屋而食，横行天下。秦人阻险不守，关梁不阖，长戟不刺，强弩不射。楚师深入，战于鸿门，曾无藩篱之艰。于是山东大扰，诸侯并起，豪俊相立。秦使章邯将而东征，章邯因以三军之众要市于外，以谋其上。群臣之不信，可见于此矣。子婴立，遂不寤。藉使子婴有庸主之材，仅得中佐，山东虽乱，秦之地可全而有，宗庙之祀未当绝也。

【译文】

太史公说：秦朝的祖先伯翳，在唐尧和虞舜的时候，曾经建立功勋，获得了封土，并受赐姓嬴。到夏朝、商朝的时候开始衰落了。但是到周朝衰落的时候，秦国又兴起了，在西部边境建起了城邑。自穆公即位以来，对诸侯进行蚕食，最终成就了始皇。始皇自以为功德高于三皇五帝，他的地盘比三王更为宽广，因此认为跟五帝、三王位于同一行列是羞耻的事情。贾谊评论的话说得多好啊！他说：

秦朝兼并了诸侯，山东有三十多个郡，修整河津关隘，占据着险要地势，整顿军队而把守这些要地。然而陈涉却凭着几百名散乱的戍卒，徒手振臂大呼，没有动用弓箭矛戟等锐利的武器，仅仅凭借锄把和木棍，虽然没有给养，但只要看到有人家住的房屋就能得到饭食，纵横驰骋天下。秦朝险阻之地防守不住了，关卡桥梁也无法封销阻挡，长戟不能刺，强弩不能射。楚军很快深入境内，鸿门一战，居然没有遇到丝毫的阻拦和防范。于是山东地区大乱，诸侯纷纷叛乱，豪杰相继称王。秦王派章邯率兵东征，章邯趁此机会，凭借三军的众多兵力，在外面跟诸侯订立契约，同诸侯做交易，图谋他的君上。大臣们不能执守信用，在此就可以看出。子婴登位，最终也不曾省悟，假如子婴有一般君主的才能，即使仅仅得到中等才能的辅佐之臣，即使山东地区混乱不堪，秦国原来的地盘还是可以保全的，宗庙的祭祀也不会断绝。

【原文】

秦地被山带河以为固，四塞之国也。自缪公以来，至于秦王，二十余君，常为诸侯雄。岂世世贤哉？其势居然也。且天下尝同心并力而攻秦矣。当此之世，贤智并列，良将行其师，贤相通其谋，然困于阻险而不能进，秦乃延入战而为之开关，百万之徒逃北而遂坏。岂勇力智慧不足哉？形不利，势不便也。秦小邑并大城，守险塞而军，高垒毋战，闭关据厄，荷戟而守之。诸侯起于匹夫，以利合，非有素王之行也。其交未亲，其下未附，名为亡秦，其实利之也。彼见秦阻之难犯也，必退师。安土息民，以待其敝，收弱扶罢，以令大国之君，不患不得意于海内。贵为天子，富有天下，而身为禽者，其救败非也。

【译文】

秦国地势有险固的高山阻隔，有大河环绕，形成一个天然的屏障，是个四面都有险要关塞的国家。自穆公以来，一直到秦始皇，先后有二十多个国君经常在诸侯中称雄。难道说他们代代都贤明吗？这其实是由于地位形势的便利呀！再说天下各国曾经联合起来一起进攻秦国。在这种时候，贤人智士会聚，各国的军队都有良将指挥，有贤相沟通彼此的谋略，但是依然被险阻所困住而无法前进，于是秦就把诸侯引诱进入自己的境内作战，为他们打开关塞，结果致使山东百万军队败逃崩溃。难道说是勇气、力量和智慧不够吗？实在是地形不利，地势不便啊。秦国把小邑兼并为大城市，在险要关塞驻军防守，高筑营垒而不轻易跟敌方作战，紧闭关门据守险塞，守卫肩扛矛戟在那里。诸侯们都是平民出身，他们为了某种共同的利益而联合起来，并没德高望重而位居王位者的德行。他们的交往不够密切，他们的下属也不亲附。打着灭亡秦朝的旗号，其实是为自己谋求私利。他们看见秦地险阻难以进犯，就必定退兵。倘若秦王能够安定本土，让人民休养生息，等待他们的疲敝衰败，收纳弱小，扶助疲困，那么以此来对大国发号施令，就不必担心自己的愿望在天下实现不了了。可是秦王贵为天子，富足天下，自己却终究遭到擒获，这是因为他们挽救败亡方面所采取的策略错误啊。

【原文】

秦王足己不问，遂过而不变。二世受之，因而不改，暴虐以重祸。子婴孤立无亲，危弱无辅。三主惑而终身不悟，亡，不亦宜乎？当此时也，世非无深虑知化之士也，然所以不敢尽忠拂过者，秦俗多忌讳之禁，忠言未卒于口而身为戮没矣。故使天下之士，倾耳而听，重足而立，拑口而不言。是以三主失道，忠臣不敢谏，智士不敢谋，天下已乱，奸不上闻，岂不哀哉！先王知雍蔽之伤国也，故置公卿大夫士，以饰法设刑，而天下治。其强也，禁暴诛乱而天下服。其弱也，五伯征而诸侯从。其削也，内守外附而社稷存。故秦之盛也，繁法严刑而天下振；及其衰也，百姓怨望而海内畔矣。故周五序得其道，而千余岁不绝。秦本末并失，故不长久。由此观之，安危之统相去远矣。野谚曰“前事之不忘，后事之师也”。是以君子为国，观之上古，验之当世，参以人事，察盛衰之理，审权势之宜，去就有序，变化有时，故旷日长久而社稷安矣。

【译文】

秦王满足一己之功而不审察政治的得失，一错到底而不改变。二世继承了父亲的罪过，因循而不改正，残暴苛虐以致加重了祸患。子婴孤立无亲，自处危境却又没有亲附的辅佐之臣，三位君主一生昏惑而不省悟，秦朝最终灭亡，不也是很正常的吗？这个时候，并不是世上没有深谋远虑懂得形势变化的人，只是他们之所以不敢竭诚尽忠，纠正君王的过失，就是因为秦朝的风气多有忌讳的禁规，臣子往往还没有说完忠言就被杀戮了。所以致使天下士人都只能侧着耳朵听，并拢双脚站立，闭上嘴巴不敢说话。因此，三位君主迷失路途，忠臣不敢进谏，智士不敢出谋，天下已经大乱，可是皇上却还不知道，难道这不是很可悲吗？先王知道不明视听就会受到蒙蔽，并影响对国家的治理，因此设置公卿、大夫和士，来整治法规设立刑律，天下因而得到大治。强盛的时候，禁止残暴诛讨叛乱，慑服天下；衰弱的时候，五霸为天子征讨而使诸侯顺从；疆土被割削的时候，可以内守政务外附强宗以使社稷得以保全。所以秦朝强盛的时候，施用繁法严刑而使天下镇服；等到它衰弱的时候，致使百姓怨恨，天下背叛。周朝的公、侯、伯、子、男五等爵位因为合乎大道而使得国家延续了一千多年而不灭绝。而秦朝则是本末皆失，所以才不会长久。由此看来，安定和危亡的政治纲纪实在是相距太远了！俗话说“前事不忘，后事之师”。因此君子要治理国家，就应该考察上古的历史得失，验证当代的形势，还要通过人事加以检验，从而了解兴盛衰亡的规律，详知谋略和形势是否合宜，做到一切事情的取舍都有章法，变化举措要讲究时宜，所以才能使统治长久，国家安定。

【原文】

秦孝公据殽函之固，拥雍州之地，君臣固守而窥周室，有席卷天下，包举宇内，囊括四海之意，并吞八荒之心。当是时，商君佐之，内立法度，务耕织，修守战之备，外连衡而斗诸侯，于是秦人拱手而取西河之外。

孝公既没，惠王、武王蒙故业，因遗册，南兼汉中，西举巴、蜀，东割膏腴之地，收要害之郡。诸侯恐惧，会盟而谋弱秦，不爱珍器重宝肥美之地，以致天下之士，合从缔交，相与为一。当是时，齐有孟尝，赵有平原，楚有春申，魏有信陵。此四君者，皆明知而忠信，宽厚而爱人，尊贤重士，约从离衡，并韩、魏、燕、楚、齐、赵、宋、卫、中山之众。于是六国之士有宁越、徐尚、苏秦、杜赫之属为之谋，齐明、周最、陈轸、昭滑、楼缓、翟景、苏厉、乐毅之徒通其意，吴起、孙膑、带佗、儿良、王廖、田忌、廉颇、赵奢之朋制其兵。常以十倍之地，百万之众，叩关而攻秦。秦人开关延敌，九国之师逡巡遁逃而不敢进。秦无亡矢遗镞之费，而天下诸侯已困矣。于是从散约解，争割地而奉秦。秦有余力而制其敝，追亡逐北，伏尸百万，流血漂卤。因利乘便，宰割天下，分裂河山，强国请服，弱国入朝。延及孝文王、庄襄王，享国日浅，国家无事。

【译文】

秦孝公占据了殽山和函谷关的险固地势，拥有雍州的土地，君臣固守疆土，又密切注视着周朝王室的天下，以图夺取政权、席卷天下、包举宇内，有着囊括四海、并吞八方的雄心。就在那时候，商君辅佐他，对内建立法度律令，致力于农耕女织，修治防守和攻战的器械设备，对外采取连横的外交方略，以挑起诸侯之间的争斗，于是秦国人仅以举手之劳就把西河以外的土地纳入自己的疆土。

孝公去世后，由惠王、武王继承原有的基业，他们遵循孝公留下来的策略，南边兼并了汉中，西边夺取了巴、蜀，东边割取了肥沃的土地，并占据了险要的郡县。诸侯感到害怕了，就举行盟会来讨论削弱秦国，他们不惜用大量珍奇的器物、贵重的财宝和肥美的土地，来招揽天下贤士，进行合纵，缔结和约，互相邦交联合，结成一体。这个时候，齐国有孟尝君，赵国有平原君，楚国有春申君，魏国有信陵君。这四君子，个个明达事理、忠信宽仁、礼贤下士、唯才是举，他们使六国结约合纵，取消同秦国的连横，聚合起韩、魏、燕、楚、齐、赵、宋、卫、中山等国的众多军队。这时候六国的谋士有宁越、徐尚、苏秦、杜赫等人来为他们出谋划策，有齐明、周最、陈轸、昭滑、楼缓、翟景、苏厉、乐毅等人为他们沟通各国的意见，有吴起、孙膑、带佗、儿良、王廖、田忌、廉颇、赵奢等人为他们统率军队。他们曾经凭着比秦国多十倍的土地，用上百万大军，对函谷关进行攻打以攻伐秦国。秦国就把关门敞开，让敌人进来打，结果九国的军队却退缩奔逃，不敢向前。秦国没有损失一支箭，没有丢掉一个箭头，各国诸侯就已经疲困不堪了。因此合纵以解散告终，诸侯国解除了盟约，争着割让地盘来侍奉秦国。这就给了秦国壮大力量的机会，同时还能趁着各国正疲困的时候去制服他们，追逐败逃之敌，杀死上百万敌军，遍地尸体；血流成河，甚至都可以漂起盾牌。秦国乘着便利的形势，控制了天下，分裂切割诸侯的土地山河，迫使强国请求归附，弱国入秦朝拜。王位传到孝文王、庄襄王，由于他们在位的时间很短，国家没有什么大事发生。

【原文】

及至秦王，续六世之余烈，振长策而御宇内，吞二周而亡诸侯，履至尊而制六合，执棰拊以鞭笞天下，威振四海。南取百越之地，以为桂林、象郡，百越之君俯首系颈，委命下吏。乃使蒙恬北筑长城而守籓篱，却匈奴七百余里，胡人不敢南下而牧马，士不敢弯弓而报怨。于是废先王之道，焚百家之言，以愚黔首。堕名城，杀豪俊，收天下之兵聚之咸阳，销锋铸鐻，以为金人十二，以弱黔首之民。然后斩华为城，因河为津，据亿丈之城，临不测之渊以为固。良将劲弩守要害之处，信臣精卒陈利兵而谁何，天下以定。秦王之心，自以为关中之固，金城千里，子孙帝王万世之业也。

秦王既没，余威振于殊俗。陈涉，瓮牖绳枢之子，氓隶之人，而迁徙之徒，才能不及中人，非有仲尼、墨翟之贤，陶朱、猗顿之富，蹑足行伍之间，而倔起什伯之中，率罢散之卒，将数百之众，而转攻秦。斩木为兵，揭竿为旗，天下云集响应，赢粮而景从，山东豪俊遂并起而亡秦族矣。

【译文】

到了秦始皇，继承并发扬了六代先人留下来的功业，举起长鞭驾驭宇内，吞并了东周和西周，并灭亡了诸侯，登临皇帝之位，君临天下，用残酷的刑罚来统治全国，致使声威震动四海。南边夺取了百越的土地，改设为桂林、象郡。百越的君长低着头，把绳子系上脖颈，将命运交付给秦国的官吏。于是始皇派蒙恬在北方修筑长城戍守边防，把匈奴驱赶到七百多里以外，匈奴人不敢南下牧马，匈奴的军士也不敢张弓报仇。于是废弃了先王的治国法规，焚毁了百家的典籍，对百姓实行愚民政策。拆毁名城，屠杀豪杰，把天下兵器收缴并聚集到咸阳，把兵刃销毁，把乐器熔化，然后用它们铸成大钟，还有十二尊铜人，以削弱百姓的反抗力量。然后把险峻的华山当作城墙，把黄河当作护城的壕沟，上据万丈高城，下临无底深渊，以此作为坚固的屏障。有强将劲弩来把守着险关要塞，再加上忠信的大臣和精锐的部队，还摆开了锐利武器，谁还能把我怎么样呢？天下已经安定。秦始皇心里认为可以凭借关中那样坚固，就好似千里长的铜铸城墙，是子子孙孙作帝王的万世基业。

始皇去世后，他的余威仍然震慑着风俗各异的边远地区。陈涉不过是一个破瓮做窗户、绳子捆门枢的贫寒人家的孩子，是一个为人耕田的雇农，是一个被征服役的戍卒，才能连中等人都算不上，他没有仲尼和墨翟的贤能，没有陶朱和猗顿的富有，出身于士卒行伍，在田间村野崛起，带着疲劳涣散的士卒，率领几百名徒众，转过身来攻打秦朝。用砍下的树枝做武器，用举起的竹竿做旗帜，天下响应的人像云彩一样地聚集成群，背负干粮，形影不离地跟随着他，山东地区的豪杰俊士，于是同时起来诛灭了秦朝王族。

【原文】

且夫天下非小弱也，雍州之地，殽函之固自若也。陈涉之位，非尊于齐、楚、燕、赵、韩、魏、宋、卫、中山之君；鉏櫌棘矜，非锬于句戟长铩也；适戍之众，非抗于九国之师；深谋远虑，行军用兵之道，非及乡时之士也。然而成败异变，功业相反也。试使山东之国与陈涉度长絜大，比权量力，则不可同年而语矣。然秦以区区之地，千乘之权，招八州而朝同列，百有余年矣。然后以六合为家，殽函为宫，一夫作难而七庙堕，身死人手，为天下笑者，何也？仁义不施而攻守之势异也。

秦并海内，兼诸侯，南面称帝，以养四海，天下之士斐然乡风，若是者何也？曰：近古之无王者久矣。周室卑微，五霸既殁，令不行于天下，是以诸侯力政，强侵弱，众暴寡，兵革不休，士民罢敝。今秦南面而王天下，是上有天子也。既元元之民冀得安其性命，莫不虚心而仰上，当此之时，守威定功，安危之本在于此矣。

【译文】

再说秦朝的天下并不是变小削弱的，雍州的土地、殽山和函谷关的坚固一如从前。陈涉没有齐、楚、燕、赵、韩、魏、宋、卫、中山各国的国君尊贵，锄把和木棍也没有钩戟和长矛那样锋利；被流放守边的士卒没有九国的军队强大；深谋远虑和行军用兵的方略，更不比先前六国的谋士。然而各自的成功失败却有着异常的变化，功业成就完全相反。倘若让山东各国同陈涉等人比比长短大小，量量权势实力，实在是无法相提并论的。然而秦国凭着雍州那块小小的地盘，拥有千乘战车的诸侯权力，将八州攻取并兼有了天下，还使那些地位等级相同的六国诸侯都前来朝拜臣服，长达一百多年。然而后来秦统一天下以天下为家，以殽山和函谷关为宫殿，谁想到却因一个匹夫带头发难，就使得秦之宗庙被毁，君王以及皇子皇孙也死在他人手中，让天下人耻笑，这是什么原因呢？这是因为不施行仁义，使得夺取天下跟守住天下的形势发生了完全不同的变化！

秦统一天下，吞并诸侯，面南而称帝，供养四海，天下的士人顺服地慕风向往，什么原因造成了这种局面呢？回答是：近古以来没有统一天下的帝王已经很久了。周王室力量卑弱衰微，五霸相继死去以后，天子的命令不能在整个天下实行，因此诸侯凭着武力相征伐，强大的对弱小的压迫侵略，人多的对人少的欺凌羞辱，战事不止，军民疲惫。现在秦皇建制称帝使天下统一，这就是在上有了天子啊。这样一来，即使是那些可怜的百姓也希望能靠他安身活命，没有谁不诚心景仰皇上，在这个时候，应该保持住天子的威权，稳定既有的功业，是安定，是危败，根本就在这里了。

【原文】

秦王怀贪鄙之心，行自奋之智，不信功臣，不亲士民，废王道，立私权，禁文书而酷刑法，先诈力而后仁义，以暴虐为天下始。夫并兼者高诈力，安定者贵顺权，此言取与守不同术也。秦离战国而王天下，其道不易，其政不改，是其所以取之守之者异也。孤独而有之，故其亡可立而待。借使秦王计上世之事，并殷周之迹，以制御其政，后虽有淫骄之主而未有倾危之患也。故三王之建天下，名号显美，功业长久。

今秦二世立，天下莫不引领而观其政。夫寒者利裋褐而饥者甘糟糠，天下之嗷嗷，新主之资也。此言劳民之易为仁也。向使二世有庸主之行，而任忠贤，臣主一心而忧海内之患，缟素而正先帝之过，裂地分民以封功臣之后，建国立君以礼天下，虚囹圄而免刑戮，除去收帑污秽之罪，使各反其乡里，发仓廪，散财币，以振孤独穷困之士，轻赋少事，以佐百姓之急，约法省刑以持其后，使天下之人皆得自新，更节修行，各慎其身，塞万民之望，而以威德与天下，天下集矣。即四海之内，皆欢然各自安乐其处，唯恐有变，虽有狡猾之民，无离上之心，则不轨之臣无以饰其智，而暴乱之奸止矣。

【译文】

秦王怀着贪婪卑鄙之心，只想施展他个人的才能与智慧，不信任功臣，不亲近士民，废弃实施仁政的王道，树立个人权威，禁止读书习文而实行严刑酷法，重视诡诈权势而抛弃仁德信义，以残暴苛虐为前提来治理天下。对天下实行兼并时，需要崇尚诡诈和实力；安定国家时，需要重视顺应时势权衡变化：这就是说打天下和保天下所用的方法是不能相同的。秦从战国直到实现天下一统，一直在用同一个路线，政令没有发生变化，这是它打天下和保天下没有用的不同方法。秦王孤身无辅却拥有天下，因此他的灭亡就会很快来到。倘若秦王考虑到了古代的情况，沿着商、周的道路，来制定实行自己的政策，则后代中即使有骄奢淫逸的君主出现，倾覆危亡的祸患也不是轻易就能发生的。所以夏禹、商汤、周文王和周武王建立了国家，名号卓著美好，功业也就得以长久。

当今秦二世登上王位，普天之下没有人不伸长脖子盼着看一看他的新政策。要知道受冻的人只要能够穿上粗布短袄就觉得很好，饥饿中的人只要能够吃上糟糠也会觉得香甜无比。天下苦苦哀叫的百姓，正是新皇帝执政建立功业的最佳条件。这就是说对劳苦人民给予仁政是轻而易举的。假如二世拥有一般君主的德行，任用忠贞贤能的人，君臣一心，为四海之内的苦难而担忧，早在先帝丧服期间就纠正先帝的过失，分割土地和民众给功臣的后代来作为赏赐，封国立君，四海之内礼贤下士，把犯人从牢狱里放出来，免去刑戮，废除没收犯罪者妻子儿女为官家奴婢等杂乱刑罚，让被判刑的人各自返回家乡。把仓库打开，散发钱财，以赈济孤独穷苦的民众；轻徭薄赋，把百姓从危难中解救出来；简化法律，减少刑罚，给犯罪人以重新做人的机会，使天下人人能自新，改变立身的准则节操，修养品行，各自谨慎对待自身；满足万民的愿望，以威信恩德对待天下人，天下人就归附了。如果天下到处都欢欢喜喜安居乐业，唯恐发生变乱，那么即使会出现奸诈不轨的小人，但是民众没有背叛主上之意，图谋不轨的臣子也掩饰不住他的奸诈，暴乱的阴谋就会被阻止了。

【原文】

二世不行此术，而重之以无道，坏宗庙与民，更始作阿房宫，繁刑严诛，吏治刻深，赏罚不当，赋敛无度，天下多事，吏弗能纪，百姓困穷而主弗收恤。然后奸伪并起，而上下相遁，蒙罪者众，刑戮相望于道，而天下苦之。自君卿以下至于众庶，人怀自危之心，亲处穷苦之实，咸不安其位，故易动也。是以陈涉不用汤武之贤，不藉公侯之尊，奋臂于大泽而天下响应者，其民危也。故先王见始终之变，知存亡之机，是以牧民之道，务在安之而已。天下虽有逆行之臣，必无响应之助矣。故曰“安民可与行义，而危民易与为非”，此之谓也。贵为天子，富有天下，身不免于戮杀者，正倾非也。是二世之过也。

襄公立，享国十二年。初为西畤。葬西垂。生文公。文公立，居西垂宫。五十年死，葬西垂。生静公。静公不享国而死。生宪公。宪公享国十二年，居西新邑。死，葬衙。生武公、德公、出子。出子享国六年，居西陵。庶长弗忌、威累、参父三人，率贼贼出子鄙衍，葬衙。武公立。武公享国二十年。居平阳封宫。葬宣阳聚东南。三庶长伏其罪。德公立。

【译文】

二世不实行这种办法，相比始皇更加变本加厉，重新修建阿房宫，加多加重刑罚，杀戮更加严酷，官吏办事苛刻狠毒，赏罚又不得当，无限搜刮赋税，国家的事务太多，官吏们都治理不过来；百姓非常穷困，可君主却又不给予收容救济。于是奸险欺诈之事纷起，上下互相欺瞒，很多人蒙受罪罚，路上到处都是遭到刑戮的人，前后相望，连绵不断，天下的人都陷入苦难之中。由君卿往下直到普通民众，人人自危，处在穷苦的境地，没有安宁的地方，所以容易动乱。因此陈涉虽然没有商汤、周武王那样的贤能，也没有公侯那样的尊贵，但是却能在大泽乡振臂一呼而天下响应，其原因就在于此时的民众正处于危难之中。所以古代圣贤的帝王能够洞察开端与结局的变化，知道生存与灭亡的关键之所在，因此统治人民的手段，就是要一心致力于使他们安定而已。这样，天下即使有叛逆的臣子出现，也肯定不会有人响应，他们就得不到帮助力量了。所谓“人民处于安定状态就能共同行仁义，处于危难之中就容易一起做坏事”，说的就是这种情况。贵为天子，富足天下，可是自身却没有摆脱遭杀戮的命运，就是因为他挽救倾覆局势的方法错了。这就是二世的错误。

襄公登位，在位十二年。开始建造西畤。葬在西垂。生了文公。文公登位，在西垂宫居住。在位五十年后去世，葬在西垂。生了静公。静公还没登位就去世了。生了宪公。宪公在位十二年。住在西新邑。去世后葬在衙县。生了武公、德公和出子。出子在位六年，在西陵居住。庶长弗忌、威累和参父三人，带着刺客把出子杀死在鄙衍，葬在衙县。武公登位。武公在位二十年。在平阳封宫居住。葬在宣阳聚东南。三个庶长都受到了相应的惩罚。德公继位。

【原文】

德公享国二年。居雍大郑宫。生宣公、成公、缪公。葬阳。初伏，以御蛊。宣公享国十二年。居阳宫。葬阳。初志闰月。成公享国四年，居雍之宫。葬阳。齐伐山戎、孤竹。缪公享国三十九年。天子致霸。葬雍。缪公学著人。生康公。康公享国十二年。居雍高寝。葬竘社。生共公。共公享国五年，居雍高寝。葬康公南。生桓公。桓公享国二十七年。居雍太寝。葬义里丘北。生景公。景公享国四十年。居雍高寝，葬丘里南。生毕公。毕公享国三十六年。葬车里北。生夷公。夷公不享国。死，葬左宫。生惠公。惠公享国十年。葬车里。生悼公。悼公享国十五年。葬僖公西。城雍。生剌龚公。剌龚公享国三十四年。葬入里。生躁公、怀公。其十年，彗星见。躁公享国十四年。居受寝。葬悼公南。其元年，彗星见。怀公从晋来。享国四年。葬栎圉氏。生灵公。诸臣围怀公，怀公自杀。

【译文】

德公在位二年。住在雍邑大郑宫。生了宣公、成公、缪公。葬在阳地。开始规定伏日，以抵御热毒邪气。宣公在位十二年。住在阳宫。葬在阳地。开始记载闰月。成公在位四年。住在雍邑的宫殿。葬在阳地。齐国攻打山戎、孤竹。缪公在位三十九年。周天子为他称霸而致贺。葬在雍邑。缪公曾向宫殿的侍卫学习。生了康公。康公在位十二年。住在雍邑高寝。葬在竘社。生了共公。共公在位五年。住在雍邑高寝。葬在康公南面。生了桓公。桓公在位二十七年。住在雍邑太寝。葬在义里丘的北边。生了景公。景公在位四十年。住在雍邑高寝。葬在丘里南边。生了毕公。毕公在位三十六年。葬在车里北边。生了夷公。夷公没有登位。死后葬在左宫，生了惠公。惠公在位十年。葬在车里。生了悼公。悼公在位十五年。葬在僖公西面。在雍邑修筑城墙。生了刺龚公。刺龚公在位三十四年。葬在入里。生了躁公、怀公。第十年，出现了彗星。躁公在位十四年。住在受寝。葬在悼公南面。躁公元年，出现了彗星。怀公从晋国回来。在位四年。葬在栎圉氏。生了灵公。大臣们包围怀公，怀公自杀。

【原文】

肃灵公，昭子子也。居泾阳。享国十年。葬悼公西。生简公。简公从晋来。享国十五年。葬僖公西。生惠公。其七年。百姓初带剑。惠公享国十三年。葬陵圉。生出公。出公享国二年。出公自杀，葬雍。献公享国二十三年。葬嚣圉。生孝公。孝公享国二十四年。葬弟圉。生惠文王。其十三年，始都咸阳。惠文王享国二十七年。葬公陵。生悼武王。悼武王享国四年，葬永陵。昭襄王享国五十六年。葬茝阳。生孝文王。孝文王享国一年。葬寿陵。生庄襄王。庄襄王享国三年。葬茝阳。生始皇帝。吕不韦相。献公立七年，初行为市。十年，为户籍相伍。孝公立十六年。时桃李冬华。惠文王生十九年而立。立二年，初行钱。有新生婴儿曰“秦且王”。悼武王生十九年而立。立三年，渭水赤三日。昭襄王生十九年而立。立四年，初为田开阡陌。孝文王生五十三年而立。

【译文】

肃灵公是昭子的儿子。住在泾阳。在位十年。葬在悼公西面，生了简公。简公从晋国回来。在位十五年。葬在僖公西面。生了惠公。第七年，百官开始佩剑。惠公在位十三年。葬在陵围。生了出公。出公在位二年。出公自杀。葬在雍邑。献公在位二十三年。葬在嚣围。生了孝公。孝公在位二十四年。葬在弟围。生了惠文王。孝公十三年开始建都咸阳。惠文王在位二十七年。葬在公陵。生了悼武王。悼武王在位四年。葬在永陵。昭襄王在位五十六年。葬在茝阳。生了孝文王。孝文王在位一年。葬在寿陵。生了庄襄王。庄襄王在位三年。葬在茝阳。生了始皇帝，吕不韦任相国。献公登位第七年，开始设立集市。第十年，登记户口，五户相连共为一伍。孝公登位第十六年，这年桃树李树在冬天开了花。惠文王十九岁登位。登位第二年，开始实行用钱币。有个新生婴儿说："秦国将称王。"悼武王十九岁登位。登位第三年，渭水变红了三天。昭襄王十九岁登位。登位第四年，开始开辟井田制下的田埂。孝文王五十三岁登位。

【原文】

庄襄王生三十二年而立。立二年，取太原地。庄襄王元年，大赦，修先王功臣，施德厚骨肉，布惠于民。东周与诸侯谋秦，秦使相国不韦诛之，尽入其国。秦不绝其祀，以阳人地赐周君，奉其祭祀。

始皇享国三十七年。葬郦邑。生二世皇帝。始皇生十三年而立。二世皇帝享国三年。葬宜春。赵高为丞相安武侯。二世生十二年而立。右秦襄公至二世，六百一十岁。

孝明皇帝十七年十月十五日乙丑，曰：

周历已移，仁不代母。秦直其位，吕政残虐。然以诸侯十三，并兼天下，极情纵欲，养育宗亲。三十七年，兵无所不加，制作政令，施于后王。盖得圣人之威，河神授图，据狼、狐，蹈参、伐，佐政驱除，距之称始皇。

始皇既殁，胡亥极愚，郦山未毕，复作阿房，以遂前策。云"凡所为贵有天下者，肆意极欲，大臣至欲罢先君所为"。诛斯、去疾，任用赵高。痛哉言乎！人头畜鸣。不威不伐恶，不笃不虚亡，距之不得留，残虐以促期，虽居形便之国，犹不得存。

【译文】

庄襄王三十二岁登位。登位的第二年，夺取了太原地区。庄襄王元年，宣布大赦天下，论列表彰先王功臣，对于骨肉至亲施予恩惠，对百姓施以惠泽。东周联合诸侯谋划攻秦，秦国派相国吕不韦征讨它，将东周全部土地占领。秦国不断绝东周的祭祀，把阳人地方赐给周君，让他供奉祖宗祭祀。

始皇在位三十七年，葬在郦邑。生了二世皇帝。始皇是十三岁登位做秦王的。二世皇帝在位三年。葬于宜春苑。赵高担任丞相，并被封为安武侯。二世是十二岁即位为帝的。以上从秦襄王到秦二世，共计六百一十年。

汉孝明皇帝十七年十月十五日，这一天是乙丑日，孝明皇帝向班固询问关于贾谊和司马迁论秦二世亡天下的得失，班固说：

周朝的命数已经过去，（周属木德，汉为火德，木生火，就是说周为汉母，子不代母。），所以汉朝的仁德还不能直接代替周朝。但是秦朝恰恰赶上了木德与火德之间的帝王之位。始皇嬴政残忍暴虐。然而他却以一个十三岁的诸侯王兼并了天下，放纵私欲，行为狂妄，却又养育家族宗亲。三十七年间，四处征伐，他制法律政令，传留给后代帝王。这也许是他获得了圣人的神威，河神授予了象征帝王受命的河图，依据着主弓矢的狼星、狐星之气，践踏着主斩杀的参星、伐星的威严，帮助嬴政消除了天下诸侯，直到他自称始皇帝。

秦始皇死后，胡亥极其愚蠢，郦山工程尚未竣工，就又重新营造阿房宫，以完成先王的计划。还说什么“对于那些尊贵的君临天下的人来说，就是可以为所欲为，大臣们居然要废弃先君想干的事情”。他杀了李斯和冯去疾，任用赵高。二世的话叫人痛心不已啊！就好像长着人的脑袋，却发出牲畜一样的声音。倘若不是他逞淫威，人们就不会讨伐他的罪恶；倘若他的罪恶不深重，也就不至于国败身亡，直到帝位保不住了，残酷暴虐又加速了他的灭亡，即使他占据着易守难攻的有利国土，依然无法长存。

【原文】

子婴度次得嗣，冠玉冠，佩华绂，车黄屋，从百司，谒七庙。小人乘非位，莫不怳忽失守，偷安日日，独能长念却虑，父子作权，近取于户牖之间，竟诛猾臣，为君讨贼。高死之后，宾婚未得尽相劳，餐未及下咽，酒未及濡唇，楚兵已屠关中，真人翔霸上，素车婴组，奉其符玺，以归帝者。郑伯茅旌鸾刀，严王退舍。河决不可复壅，鱼烂不可复全。贾谊、司马迁曰："向使婴有庸主之才，仅得中佐，山东虽乱，秦之地可全而有，宗庙之祀未当绝也。"秦之积衰，天下土崩瓦解，虽有周旦之材，无所复陈其巧，而以责一日之孤，误哉！俗传秦始皇起罪恶，胡亥极，得其理矣。复责小子，云秦地可全，所谓不通时变者也。纪季以酅，春秋不名。吾读秦纪，至于子婴车裂赵高，未尝不健其决，怜其志。婴死生之义备矣。

【译文】

子婴越序继承了王位，戴上玉饰的王冠，佩上系着华美丝带的御玺，乘坐上帝王的黄屋车，百官随从，朝拜先代七世祖庙。小人物登上本不符合他身份的高位，没有一个不惶恐不安，六神无主的，每天苟且偷安。而子婴却能谋虑长远，排除顾虑，父子一起权衡策划，在一房室之内就将赵高擒获，终于诛杀了奸臣，为被害的先君诛讨了逆贼。赵高死后，子婴尚未来得及一一慰劳宾客亲属，饭食也都还没有来得及咽下，酒也没来得及沾唇，楚军就已经把关中攻占了，真人天子已经飞临霸上，于是子婴不得不驾着白马白车，脖颈上系着丝带，手捧皇帝的符节、玉玺，献给应该称帝的人。就像春秋时候郑伯持祭祀用的礼器茅旌和鸾刀投降一样，使楚庄王退兵三十里。然而河堤开了口子就不可能再堵住，鱼腐烂了不能再复原。贾谊、司马迁说："假如当时子婴有一般君主的才能，仅仅得到中等的辅佐之臣，尽管山东地区混乱不堪，秦国原有的土地还是可以保全的，宗庙的祭祀也不会断绝。"秦朝的衰弱是一代代地积累下来的，天下已经土崩瓦解，即使有周公旦那样的才能，也没有施展才干的机会了，而贾谊、司马迁却以秦朝的灭亡来责备登位没几天的子婴，实在是有失偏颇啊！民间相传，是秦始皇兴起的罪恶，胡亥又将它推到了顶点，这话是很有道理的。贾谊、司马迁又指责子婴无能，说原来的秦国土地可以保全，这就是所谓的不通晓时势变化呀。纪季为保住宗庙，而不得已把酅邑献给齐国，《春秋》不直接写出他的名字，就是为了赞美他。我读《秦始皇本纪》，读到子婴车裂赵高时，未尝不感到他果断、干练，怜爱他的志气。子婴对待生死大义，已经是完美无缺了。

【评析】

秦始皇统一六国，其称帝后的一系列改革还是卓有成效的，对此，司马迁虽有不满，但大体上讲还是肯定、赞扬的。同时，司马迁对秦始皇的“焚书坑儒”的具体事实描述得十分清晰，但似乎并无恶感。但是对于大兴土木、巡游求仙、推行暴政等行为还是严加痛斥的。在太史公的笔下，秦始皇是一个因缺少历史经验而招致失败的悲剧英雄，无限惋惜之情流露于笔端。秦始皇原本想二世、三世……千世、万世，世世代代传下去的国家却传到二世就走到了尽头，这可真是应了那句话：“再一再二不能再三。”对此司马迁更是感慨颇多，他尤其推崇汉时文人贾谊在《过秦论》中的评述。贾谊在最后说：“野谚曰‘前事之不忘，后事之师也’。是以君子为国，观之上古，验之当世，参以人事，察盛衰之理，审权势之宜，去就有序，变化有时，故旷日长久而社稷安矣。”贾谊的总结，可谓精辟之至，但在此之后的中国历代封建帝王，又有谁认真地照此去做呢？

第六章 项羽本纪

【原文】

项籍者，下相人也，字羽。初起时，年二十四。其季父项梁，梁父即楚将项燕，为秦将王翦所戮者也。项氏世世为楚将，封于项，故姓项氏。

项籍少时，学书不成，去学剑，又不成。项梁怒之。籍曰："书足以记名姓而已。剑一人敌，不足学，学万人敌。"于是项梁乃教籍兵法，籍大喜，略知其意，又不肯竟学。项梁尝有栎阳逮，乃请蕲狱掾曹咎书抵栎阳狱掾司马欣，以故事得已。项梁杀人，与籍避仇于吴中。吴中贤士大夫皆出项梁下。每吴中有大繇役及丧，项梁常为主办，阴以兵法部勒宾客及子弟，以是知其能。秦始皇帝游会稽，渡浙江，梁与籍俱观。籍曰："彼可取而代也。"梁掩其口，曰："毋妄言，族矣！"梁以此奇籍。籍长八尺余，力能扛鼎，才气过人，虽吴中子弟皆已惮籍矣。

【译文】

项籍为下相人，字羽。初有名气时，他年仅二十四岁。其叔父名叫项梁，项梁的父亲是楚国的将军项燕，项燕就是那个被秦国将军王翦所杀的那个楚国将军。项氏世代任楚国的将军，所以被封在项城，因此而姓项。

项籍少年时代读书写字没什么成就，于是就把这些放弃转而去学习剑术，仍然没学成。项梁对此很是恼火。项籍说："读书写字不过能写姓名就可以了。学好剑术也不过是能抵抗得住一个人，因此不值得学，我要学那种能够打败万人的本领。"于是项梁就教授项籍用兵打仗的方法，项籍很感兴趣，对其中大意有了大概地了解以后，又不肯完成学业。项梁曾因犯罪受牵连而在栎阳被抓进监狱，于是就请蕲县狱掾曹咎给栎阳狱掾司马欣写了一封讲情的信，因此犯罪的事能得以了结。项梁又杀了人，就带着项籍逃到吴中地区以躲避仇家的报复。吴中地区的贤士大夫都非常推崇他。吴中地区每当遇到大的徭役和丧葬之事，常常由项梁来做主办人。他私下用兵法部署组织宾客和青年，吴中地区的人都知道他的才能。秦始皇到会稽去巡视，在他渡过浙江的时候，项梁和项籍一起前去观看。项籍说："那个人我可以取而代之。"项梁掩住了他的嘴，说："千万别胡说，会遭到灭族的!"项梁因此认为项籍不是一个凡人。项籍身高八尺有余，力气大得足以扛起大鼎，才气过人，尽管吴中青年刚烈好斗，但没有谁不畏惧项籍的。

【原文】

秦二世元年七月，陈涉等起大泽中。其九月，会稽守通谓梁曰："江西皆反，此亦天亡秦之时也。吾闻先即制人，后则为人所制。吾欲发兵，使公及桓楚将。"是时桓楚亡在泽中。梁曰："桓楚亡，人莫知其处，独籍知之耳。"梁乃出，诫籍持剑居外待。梁复入，与守坐，曰："请召籍，使受命召桓楚。"守曰："诺。"梁召籍入。须臾，梁眴籍曰："可行矣！"于是籍遂拔剑斩守头。项梁持守头，佩其印绶。门下大惊，扰乱，籍所击杀数十百人。一府中皆慑伏，莫敢起。梁乃召故所知豪吏，谕以所为起大事，遂举吴中兵。使人收下县，得精兵八千人。梁部署吴中豪杰为校尉、候、司马。有一人不得用，自言于梁。梁曰："前时某丧使公主某事，不能办，以此不任用公。"众乃皆伏。于是梁为会稽守，籍为裨将，徇下县。

【译文】

秦二世元年七月，陈涉等人在大泽乡起义。这一年九月，会稽郡守殷通对项梁说："长江以西地区纷纷叛乱造反了，这正是上天要灭亡秦国的大好机会。我听人说率先采取行动就可控制他人，反之就会被别人控制。我想要发兵抗秦，让你和桓楚作为将军。"此时桓楚逃亡在草泽中。项梁说："桓楚现在逃亡在外，无人知道他的下落，只有项籍知道他的藏身之处。”于是项梁出来，命项籍随身带着宝剑在屋外等候。项梁再次进入屋内，和郡守坐在一起，他说：“请您召见项籍，让他接受您的命令去把桓楚招来。”郡守说：“好。”项梁就把项籍叫了进来。一会儿，项梁示意项籍说：“可以动手了!”于是项籍就拔出宝剑把郡守的头斩下。项梁手持郡守的头颅，佩带郡守的印符。郡守的部下看见这种情况都大吃一惊，一时方寸大乱，有近百人被项籍所杀。府中所有的人都惊恐地拜伏在地上，没有谁敢站起来反抗。于是项梁召集以前同他相交的豪吏，把自己要起义成就大事业的事情告诉他们。然后就出动吴中地区的军队，派人率领他们去接收郡内的属县，共得八千精兵。项梁把吴中地区的豪杰们任命为这支军队的校尉、候、司马等职。其中一人没有被任用，他自己到项梁跟前去问。项梁说：“前些日子某家丧葬时我派你去主办一件事，但是你没有能力完成，所以我不能任用你。”因此众人都很佩服项梁的知人善任。于是在这种情况下，项梁就做了会稽郡守，项籍被任用为裨将，率军攻取所辖各县。

【原文】

广陵人召平于是为陈王徇广陵，未能下。闻陈王败走，秦兵又且至，乃渡江矫陈王命，拜梁为楚王上柱国。曰：“江东已定，急引兵西击秦。”项梁乃以八千人渡江而西。闻陈婴已下东阳，使使欲与连和俱西。陈婴者，故东阳令史，居县中，素信谨，称为长者。东阳少年杀其令，相聚数千人，欲置长，无适用，乃请陈婴。婴谢不能，遂强立婴为长，县中从者得二万人。少年欲立婴便为王，异军苍头特起。陈婴母谓婴曰：“自我为汝家妇，未尝闻汝先古之有贵者。今暴得大名，不祥。不如有所属，事成犹得封侯，事败易以亡，非世所指名也。”婴乃不敢为王。谓其军吏曰：“项氏世世将家，有名于楚。今欲举大事，将非其人，不可。我倚名族，亡秦必矣。”于是众从其言，以兵属项梁。项梁渡淮，黥布、蒲将军亦以兵属焉。凡六七万人，军下邳。

【译文】

广陵人召平这时候正为陈王攻打广陵，还没能攻下。听说陈王战败逃走，而且秦国的军队又在逼近，就渡过长江假借陈王的命令，拜项梁为楚王的上柱国。他说："平定江东地区以后，就要赶快率军向西攻打秦。"项梁就带着八千大军渡过长江向西进攻。听说陈婴已攻取了东阳，就派使臣想要与他联合一起向西进攻。陈婴，原任东阳令史，在县城中居住，因平时诚信严谨而被尊称为长者。东阳的年轻人把他们的县令杀死了，聚集了数千人，准备推举一位首领，但没有合适的人选，就请陈婴担任此职。陈婴推辞说自己没有这样的贤能，但最终还是被强行拥立为首领。县中有二万人随从起义，年轻人们便准备立陈婴为王，并用黑头巾包头以区别其他军队。陈婴的母亲对陈婴说："自从我到你们陈家做媳妇至今，都没听说过你的先辈中有过贵人。现在你突然得到如此大的名分，不是什么好兆头。倘若你有所归属，待事业成功后还能被封侯，事业失败也好逃亡，因为那样你就不被世人所注意了。"所以陈婴不敢称王。对他的军官们说："项氏家族世代担任将军，是楚国的名门望族。现今要创建大业，只有项氏领导才有可能成功。我们依靠名门望族，秦国必然会灭亡。"于是众人按照他的建议，把军队归属项梁。项梁渡过淮河，黥布和蒲将军也分别率领军队前来归附。项梁所统领的军队共计六七万人，在下邳驻扎。

【原文】

当是时，秦嘉已立景驹为楚王，军彭城东，欲距项梁。项梁谓军吏曰："陈王先首事，战不利，未闻所在。今秦嘉倍陈王而立景驹，逆无道。"乃进兵击秦嘉。秦嘉军败走，追之至胡陵。嘉还战一日，嘉死，军降。景驹走死梁地。项梁已并秦嘉军，军胡陵，将引军而西。章邯军至栗，项梁使别将朱鸡石、余樊君与战。余樊君死。朱鸡石军败，亡走胡陵。项梁乃引兵入薛，诛鸡石。项梁前使项羽别攻襄城，襄城坚守不下。已拔，皆阬之。还报项梁。项梁闻陈王定死，召诸别将会薛计事。此时沛公亦起沛往焉。

居鄛人范增，年七十，素居家，好奇计，往说项梁曰："陈胜败固当。夫秦灭六国，楚最无罪。自怀王入秦不反，楚人怜之至今，故楚南公曰

‘楚虽三户，亡秦必楚’也。今陈胜首事，不立楚后而自立，其势不长。今君起江东，楚蜂午之将皆争附君者，以君世世楚将，为能复立楚之后也。”于是项梁然其言，乃求楚怀王孙心民间，为人牧羊，立以为楚怀王，从民所望也。陈婴为楚上柱国，封五县，与怀王都盱台。项梁自号为武信君。

【译文】

此时，秦嘉已经把景驹拥立为楚王，在彭城以东驻军，准备抵拒项梁。项梁对军中的官吏说道：“陈王首先起事，作战不是很顺利，现在不知道他在哪里。现在秦嘉背叛陈王而拥立景驹，这是大逆不道之事。”于是就对秦嘉发动攻打。秦嘉的军队败走，项梁的军队追击他到达胡陵，秦嘉就又掉头与项梁军交战了一天，结果秦嘉被杀，其军队投降。景驹逃走在梁地死去。项梁把秦嘉的军队兼并以后，驻军在胡陵，准备率军向西进攻。章邯的军队到达了栗县，项梁派遣别将朱鸡石、余樊君和秦军交战。余樊君战死，朱鸡石的军队被打败，向胡陵逃亡。项梁于是率军进入薛县，把朱鸡石诛杀。此前项梁派遣项羽另率一路军队去进攻襄城，襄城严兵把守而一时无法攻克。待它被攻破后，项羽活埋了全部俘虏，返回向项梁复命。项梁得知陈王确实死去，召集诸位别将在薛县开会计议大事。此时沛公也在沛县起兵前往。

居鄛人范增，年已七十，平常在家居住，擅长奇计，他去薛县劝导项梁说：“陈胜的失败是必然的事。秦国消灭了六国，其中楚国是最没有得罪秦国而被灭亡的一个。自从楚怀王进入秦国而被扣留无法返回，楚国人至今还很同情并怀念他，所以楚南公说：‘即使楚国只剩下三户人家，则灭亡秦国也还一定是楚国人。’今天陈胜率先起事，不扶立楚王的后代反而自立为王，他的势运必定长久不了。现在您从江东起事，楚国各地的将领都蜂拥而至争先归附您，原因就是因为您家世代做楚国大将，是因为您能够扶立楚王的后代。”于是项梁相信了他的话，就到民间找到了楚怀王的孙子熊心，当时熊心已落魄不堪，在为人牧羊，项梁拥立他并还称为楚怀王，这是为了顺应楚国民众的愿望。陈婴任楚国的上柱国，得到五个县的封地，和怀王一同居住在都城盱台。项梁自称武信君。

【原文】

居数月，引兵攻亢父，与齐田荣、司马龙且军救东阿，大破秦军于东阿。田荣即引兵归，逐其王假。假亡走楚。假相田角亡走赵。角弟田间故齐将，居赵不敢归。田荣立田儋子市为齐王。项梁已破东阿下军，遂追秦军。数使使趣齐兵，欲与俱西。田荣曰："楚杀田假，赵杀田角、田间，乃发兵。"项梁曰："田假为与国之王，穷来从我，不忍杀之。"赵亦不杀田角、田间以市于齐。齐遂不肯发兵助楚。项梁使沛公及项羽别攻城阳，屠之。西破秦军濮阳东，秦兵收入濮阳。沛公、项羽乃攻定陶。定陶未下，去，西略地至雝丘，大破秦军，斩李由。还攻外黄，外黄未下。

项梁起东阿，西北至定陶，再破秦军，项羽等又斩李由，益轻秦，有骄色。宋义乃谏项梁曰："战胜而将骄卒惰者败。今卒少惰矣，秦兵日益，臣为君畏之。"项梁弗听。乃使宋义使于齐。道遇齐使者高陵君显，曰："公将见武信君乎？"曰："然。"曰："臣论武信君军必败。公徐行即免死，疾行则及祸。"秦果悉起兵益章邯，击楚军，大破之定陶，项梁死。沛公、项羽去外黄攻陈留，陈留坚守不能下。沛公、项羽相与谋曰："今项梁军破，士卒恐。"乃与吕臣军俱引兵而东。吕臣军彭城东，项羽军彭城西，沛公军砀。

【译文】

过了几个月，项梁带兵攻打亢父，与齐国的田荣、司马龙且率领的军队一起援救东阿，在东阿秦军被打败。田荣立即领军回到齐地，把齐王假驱逐了。齐王假逃亡到楚国，齐王假的丞相田角逃亡到赵国。田角的弟弟田间原本为齐将，住在赵国而不敢回国。田荣把田儋的儿子田市扶立为齐王。项梁大败东阿城下的秦军后，紧接着又追击秦军。屡派使者去催促齐国出兵，想伙同齐军一起向西进攻。田荣说："除非楚国把田假杀掉，赵国把田角和田间杀掉，齐国才能出兵。"项梁说："田假是我们盟国的国王，他在走投无路时来投奔我，我实在不忍心杀害他。"赵国也没有把田角和田间杀死而想用他们来和齐国做交易。于是齐国就不肯出兵援助楚国。项梁派遣沛公和项羽另率一支军队去进攻城阳，屠杀城阳的守军。又向西进攻，在濮阳东部地区大败秦军，秦军收兵退到濮阳城。于是沛公和项羽就向定陶进攻。定陶未能攻下，就撤离，然后又向西攻取城邑到达雍丘，大败秦军，并将李由斩杀。回师攻打外黄，外黄没能攻克下来。

项梁在东阿西北起兵，来到定陶，又一次将秦军打败，此时项羽等人又斩杀了李由，所以楚军就更加轻视秦国，开始滋生骄傲情绪。于是宋义就劝谏项梁道："一取得胜利令将领们骄傲、士兵们懒惰，军队必然会失败。现在士卒们开始怠惰，而秦兵却在一天天地强大，我为您感到担忧。"项梁不听。于是就派宋义出使到齐国。行途中宋义遇见齐国的使者高陵君显，说："您是准备去会见武信君吗？"高陵君说："是的。"他又说："我敢断言武信君的军队必然会大败。您如果放慢行进速度就可免于被杀，反之则会赶上灾祸。"秦国果然发动倾国的兵员增加章邯军队的实力，大举进攻楚军，在定陶把楚军打垮，项梁战死。沛公、项羽撤离外黄转攻陈留，陈留坚守而无法攻下。沛公和项羽商讨说："如今项梁的军队被打败了，士卒们都很惊恐。"于是他们和吕臣的军队一同向东撤退。吕臣的军队在彭城的东面驻扎，项羽的军队在彭城的西面驻扎，沛公的军队在砀驻扎。

【原文】

章邯已破项梁军，则以为楚地兵不足忧，乃渡河击赵，大破之。当此时，赵歇为王，陈余为将，张耳为相，皆走入钜鹿城。章邯令王离、涉间围钜鹿，章邯军其南，筑甬道而输之粟。陈余为将，将卒数万人而军钜鹿之北，此所谓河北之军也。

楚兵已破于定陶，怀王恐，从盱台之彭城，并项羽、吕臣军自将之。以吕臣为司徒，以其父吕青为令尹。以沛公为砀郡长，封为武安侯，将砀郡兵。

初，宋义所遇齐使者高陵君显在楚军，见楚王曰："宋义论武信君之军必败，居数日，军果败。兵未战而先见败征，此可谓知兵矣。"王召宋义与计事而大说之，因置以为上将军，项羽为鲁公，为次将，范增为末将，救赵。诸别将皆属宋义，号为卿子冠军。行至安阳，留四十六日不进。项羽曰："吾闻秦军围赵王钜鹿，疾引兵渡河，楚击其外，赵应其内，破秦军必矣。"宋义曰："不然。夫搏牛之虻不可以破虮虱。今秦攻赵，战胜则兵罢，我承其敝；不胜，则我引兵鼓行而西，必举秦矣。故不如先斗秦赵。夫被坚执锐，义不如公；坐而运策，公不如义。”因下令军中曰：“猛如虎，很如羊，贪如狼，强不可使者，皆斩之。”乃遣其子宋襄相齐，身送之至无盐，饮酒高会。天寒大雨，士卒冻饥。

【译文】

章邯把项梁的军队打败以后，就认为楚国的军队没有什么可担忧的，于是就渡过黄河对赵国发动进攻，将赵军打垮。这时，赵歇为赵王，陈余任将军，张耳任国相，他们一起逃入钜鹿城中。章邯命令王离和涉间把钜鹿城包围，章邯在他们的南面驻军，并修筑两边有高墙的甬道用来输送军粮。陈余作为将领，率领几万名士卒驻扎在钜鹿的北面，这就是所谓的河北军。

楚军已经在定陶被打败，怀王惊恐，从盱台来到彭城，将项羽和吕臣的军队兼并起来，并由他亲自指挥。任吕臣为司徒，任其父吕青为令尹。任沛公为砀郡长，并封为武安侯，统领砀郡的军队。

当初宋义所遇到的那位齐国使者高陵君显正好在楚军中，见到楚王后，他说：“宋义断言武信君的军队一定失败，不几天，果真被他言中。军队尚未作战却能预见有失败的征兆，此人可以称得上是懂得用兵之人了。”楚王于是召见宋义并与他共商大计，非常喜欢他，因此他被任命为上将军；项羽被封为鲁公，担任次将军；范增被任命为末将军。他们共同率军救援赵国。此外其余各路军队都归宋义指挥，其称号为卿子冠军。大军到了安阳，停留了四十六天不再前进。项羽说：“我听说秦军围困赵王于钜鹿，应赶快率军渡过黄河，楚军在外围攻秦军，赵军在内配合，一定可以将秦军攻破。”宋义说：“并非如此。能叮咬大牛的牛虻却损伤不了小小的虮虱。如今秦军进攻赵军，若秦军获胜，则军队就会疲惫不堪，我军可趁它的疲惫予以攻击；若秦军不胜，我军又可以大张旗鼓地率领军队向西进攻，一定会把秦朝消灭。因此不如先让秦和赵互相厮杀。如果是身披坚固的铠甲，手持锐利的武器上阵杀敌，我比不过你；如果是坐下来运筹策划，你就比不过我了。”于是他在军中下令说：“那些凶猛如虎、狠戾如羊、贪婪如狼、强悍而不能听从差遣的人，统统要被斩杀。”于是就派他的儿子宋襄到齐国去做相国，并亲自把他送到无盐，饮酒大会宾客。天寒，大雨，士卒忍饥受冻。

【原文】

项羽曰："将戮力而攻秦，久留不行。今岁饥民贫，士卒食芋菽，军无见粮，乃饮酒高会，不引兵渡河因赵食，与赵并力攻秦，乃曰'承其敝'。夫以秦之强，攻新造之赵，其势必举赵。赵举而秦强，何敝之承！且国兵新破，王坐不安席，埽境内而专属于将军，国家安危，在此一举。今不恤士卒而徇其私，非社稷之臣。"项羽晨朝上将军宋义，即其帐中斩宋义头，出令军中曰："宋义与齐谋反楚，楚王阴令羽诛之。"当是时，诸将皆慑服，莫敢支吾。皆曰："首立楚者，将军家也。今将军诛乱。"乃相与共立羽为假上将军。使人追宋义子，及之齐，杀之。使桓楚报命于怀王。怀王因使项羽为上将军，当阳君、蒲将军皆属项羽。

项羽已杀卿子冠军，威震楚国，名闻诸侯。乃遣当阳君、蒲将军将卒二万渡河，救钜鹿。战少利，陈余复请兵。项羽乃悉引兵渡河，皆沉船，破釜甑，烧庐舍，持三日粮，以示士卒必死，无一还心。于是至则围王离，与秦军遇，九战，绝其甬道，大破之，杀苏角，虏王离。涉间不降楚，自烧杀。当是时，楚兵冠诸侯。诸侯军救钜鹿下者十余壁，莫敢纵兵。及楚击秦，诸将皆从壁上观。楚战士无不一以当十，楚兵呼声动天，诸侯军无不人人惴恐。于是已破秦军，项羽召见诸侯将，入辕门，无不膝行而前，莫敢仰视。项羽由是始为诸侯上将军，诸侯皆属焉。

【译文】

项羽说："在即将奋力而进攻秦军的时候，却久留不肯前行。今年遇到饥荒灾害而百姓贫困，士卒们吃的都是掺半的野菜和豆子，军中无存粮，却宴饮会宾客，而不是率军渡过黄河依靠赵国提供的粮食，同赵国联合攻打秦军，却说'等秦军疲惫了再攻打'。以秦军的强大，攻打初建立的赵国，肯定把赵国灭亡。如果赵国被平灭而秦军反而强大，有什么疲乏的机会可以利用呢？更何况我们的军队刚被攻破，国王坐立不安，把全国的军队全部由将军统领指挥，国家的安危，在此一举。现在他不抚恤士卒却徇私情，不能算是安定社稷的贤良之臣。”项羽早晨拜见上将军宋义的时候，就此斩了宋义的头，出帐来在军中发布命令说：“宋义和齐国人阴谋反叛楚国，楚王密令我前来诛杀他。”此时，众将领都畏服项羽，谁都不敢抗拒，都说：“当初扶立楚王的，就是将军家族的人，现在将军又诛杀了阴谋叛乱的人。”于是就一致拥立项羽担任代理上将军的职务。派人追赶宋义的儿子直到齐国境内，才追上并杀死了他。又派桓楚把此事报告给了楚王。怀王因此拜项羽为上将军，当阳君和蒲将军都由项羽指挥。

项羽杀了卿子冠军宋义后，威势震撼了楚国，声名传扬到各个诸侯。于是他派遣当阳君、蒲将军率领二万士兵渡过漳水，救援钜鹿。经过一番交战，没能取胜，陈余再次请求出兵。于是项羽就率领全部人马渡过漳河，沉没所有的渡船，砸烂所有做饭的锅碗等炊具，烧毁所有住的房屋，只随身携带三天的口粮，以此向士卒表明决一死战的决心，毫无退却之意。所以楚军到达钜鹿就包围了王离的军队，和秦军遭遇，激战多次后，终于阻断了秦军的粮道，秦军被打垮，苏角被杀死，王离被俘虏。涉间不投降楚军，自焚而死。到这时，楚国的军队在诸侯军队中最为强大。在钜鹿城下援救赵国的有十多路诸侯军队，谁都不敢出兵。到楚军攻打秦军的时候，诸将都在壁垒上观望。楚军战士个个以一当十，楚军士兵的呼声撼天动地，诸侯的军队人人心怀畏惧。因此楚军在攻破秦军以后，项羽召见诸侯将领，他们进入辕门以后，全都跪在地上用膝盖前行，谁也不敢仰视。项羽从此以后就成了诸侯的上将军，诸侯们都屈服于他。

【原文】

章邯军棘原，项羽军漳南，相持未战。秦军数却，二世使人让章邯。章邯恐，使长史欣请事。至咸阳，留司马门三日，赵高不见，有不信之心。长史欣恐，还走其军，不敢出故道，赵高果使人追之，不及。欣至军，报曰：“赵高用事于中，下无可为者。今战能胜，高必疾妒吾功；战不能胜，不免于死。原将军孰计之。”陈余亦遗章邯书曰：“白起为秦将，南征鄢郢，北阬马服，攻城略地，不可胜计，而竟赐死。蒙恬为秦将，北逐戎人，开榆中地数千里，竟斩阳周。何者？功多，秦不能尽封，因以法诛之。”

“今将军为秦将三岁矣，所亡失以十万数，而诸侯并起滋益多。彼赵高素谀日久，今事急，亦恐二世诛之，故欲以法诛将军以塞责，使人更代将军以脱其祸。夫将军居外久，多内却，有功亦诛，无功亦诛。且天之亡秦，无愚智皆知之。今将军内不能直谏，外为亡国将，孤特独立而欲常存，岂不哀哉！将军何不还兵与诸侯为从，约共攻秦，分王其地，南面称孤；此孰与身伏鈇质，妻子为僇乎？”章邯狐疑，阴使候始成使项羽，欲约。约未成，项羽使蒲将军日夜引兵度三户，军漳南，与秦战，再破之。项羽悉引兵击秦军污水上，大破之。

【译文】

章邯在棘原驻军，项羽在漳河南驻军，相互对峙没有交战。秦军屡次退却，二世皇帝派人责问章邯。章邯恐惧，就派长史司马欣到咸阳请求指示。司马欣到了咸阳后，在宫外司马门滞留了三天，赵高依然拒绝接见，显出不信任的意思。司马欣感到害怕，回到棘原军中，连来时走的道路他都不敢走。赵高果真命人追赶他，但没追上。司马欣到达军中，回报说：“赵高专权朝中，下面没有什么有作为的人。如今和楚军交战能取得胜利，赵高必然会嫉妒我们的功劳；如果交战不能取得胜利，则死罪难免。请将军仔细斟酌此事。”陈余也给章邯写信说：“白起是秦国的大将，征伐南边的鄢郢，活埋了北方赵括的军队。他为秦国攻克的城邑和占领的土地，数不胜数，但是最后却还是被赐死。蒙恬是秦国的将军，驱逐了北方的戎人，开拓了榆中地区的数千里疆土，但是最终还是被杀于阳周。这是为什么呢？就是因为他们功劳太多太大，秦国却还没有完全按照他们的功劳给予他们封地的能力，所以就借用法律诛杀了他们。”

“到现在将军已经担任了三年秦国的将军了，士卒伤亡损失数以万计，而各地有更多的诸侯蜂拥而起。那赵高平素总是阿谀奉承而隐瞒军情已经有很长时间了，如今事态紧急，他也担心被二世皇帝诛杀，所以才想以诛杀将军您的方法来弥补他隐瞒不报的罪责，派遣其他人来代替您担任将军以使自身摆脱祸患。将军您在朝外久了，和朝内的人产生很多分歧和矛盾，您有功无功都是要被杀的。况且上天要灭亡秦国，世人无论愚智都知道这种形势。如今将军您在朝内无法直言进谏，在朝外已成为亡国的将军，孤立无助却还想维持长久，这种念头难道不值得悲哀吗？将军还不如退兵和诸侯联合，相约共同进攻秦，分割一片土地而成为王，面南坐下而称孤；这与自己被斩、妻儿被杀相比哪样更好呢？”章邯开始动摇，暗遣军候始成出使项羽军中，想要订立和约。和约未达成，项羽就派蒲将军昼夜兼程地率军渡过三户津，驻军于漳河南边，和秦军展开交战，再次攻破秦军。项羽率领全军在污水上对秦军发动进攻，把秦军打得大败。

【原文】

章邯使人见项羽，欲约。项羽召军吏谋曰：“粮少，欲听其约。”军吏皆曰：“善。”项羽乃与期洹水南殷墟上。已盟，章邯见项羽而流涕，为言赵高。项羽乃立章邯为雍王，置楚军中。使长史欣为上将军，将秦军为前行。

到新安。诸侯吏卒异时故繇使屯戍过秦中，秦中吏卒遇之多无状，及秦军降诸侯，诸侯吏卒乘胜多奴虏使之，轻折辱秦吏卒。秦吏卒多窃言曰：“章将军等诈吾属降诸侯，今能入关破秦，大善；即不能，诸侯虏吾属而东，秦必尽诛吾父母妻子。”诸侯微闻其计，以告项羽。项羽乃召黥布、蒲将军计曰：“秦吏卒尚众，其心不服，至关中不听，事必危，不如击杀之，而独与章邯、长史欣、都尉翳入秦。”于是楚军夜击阬秦卒二十余万人新安城南。

行略定秦地。函谷关有兵守关，不得入。又闻沛公已破咸阳，项羽大怒，使当阳君等击关。项羽遂入，至于戏西。沛公军霸上，未得与项羽相见。沛公左司马曹无伤使人言于项羽曰：“沛公欲王关中，使子婴为相，珍宝尽有之。”项羽大怒，曰：“旦日飨士卒，为击破沛公军！”当是时，项羽兵四十万，在新丰鸿门，沛公兵十万，在霸上。范增说项羽曰：“沛公居山东时，贪于财货，好美姬。今入关，财物无所取，妇女无所幸，此其志不在小。吾令人望其气，皆为龙虎，成五采，此天子气也。急击勿失。”

【译文】

章邯派人求见项羽，希望订立和约。项羽召集军中官吏商讨道：“我们军粮少，我想接受章邯的和约。”军吏们都说：“如此再好不过了。”于是项羽就和章邯约定了时间在洹水南的殷墟会晤。结盟后，章邯看见项羽而流下眼泪，诉说赵高专权害人之事。项羽于是就把章邯立为雍王，安置在楚军中。任命长史司马欣为上将军，率领着秦军担当先头部队。

大军行进到新安。诸侯军中的一些军官和士卒以前曾因服徭役或屯戍而途经秦中地区，那里的官兵对他们大多都很苛虐，等到秦军投降于诸侯，诸侯军中的官兵又大多借着胜利的威势奴役使唤他们，轻视凌辱他们。许多秦军官兵暗里说：“章将军等人欺骗我们投降诸侯，现在如果能够入关攻破秦军，当然很好；如果不能取胜，则诸侯们就会威迫我们退回关东，秦人一定会杀死我们的父母妻儿。”诸侯的将领们听到了一些有关他们相谋的事，就向项羽报告。项羽于是召见黥布、蒲将军商议道：“秦军官兵人数还很多，他们内心不服，如果到达关中，他们不听指挥，则一定会威胁到我们的大事，不如先消灭他们，而只带章邯、长史司马欣、都尉董翳进入秦境。”于是在夜间秦营被楚军袭击，二十余万秦军都被活埋在新安城南。

然后项羽向西行攻取秦国的土地。函谷关有军队把守，没能进入。又听说沛公已攻下咸阳城，项羽大怒，派当阳君等人率军进攻函谷关。于是项羽进入关中，到达戏水之西。沛公在霸上驻军，还没有见到项羽。沛公的左司马曹无伤派人告诉项羽：“沛公想要称王关中，让秦王子婴做丞相，秦国珍宝全都归他所有。”项羽一听勃然大怒，他说：“明天一早用酒食好好犒劳士卒，务必打败沛公的军队！” 此时，项羽拥有军队四十万，屯驻在新丰鸿门，沛公拥有军队十万，屯驻在霸上。范增劝说项羽道：“沛公在山东地区时，贪好财色。如今入关后，却不索取财物，不接近妇女，这说明他的志向很大。我派人去觇望他那边的云气，总是有龙虎的气象呈现，五彩斑斓，这是天子的瑞气啊。要立即向他进攻，千万不要错失良机。”

【原文】

楚左尹项伯者，项羽季父也，素善留侯张良。张良是时从沛公，项伯乃夜驰之沛公军，私见张良，具告以事，欲呼张良与俱去。曰：“毋从俱死也。”张良曰：“臣为韩王送沛公，沛公今事有急，亡去不义，不可不语。”良乃入，具告沛公。沛公大惊，曰：“为之奈何？”张良曰：“谁为大王为此计者？”曰：“鲰生说我曰‘距关，毋内诸侯，秦地可尽王也’。故听之。”良曰：“料大王士卒足以当项王乎？”沛公默然，曰：“固不如也，且为之奈何？”张良曰：“请往谓项伯，言沛公不敢背项王也。”沛公曰：“君安与项伯有故？”张良曰：“秦时与臣游，项伯杀人，臣活之。今事有急，故幸来告良。”沛公曰“孰与君少长？”良曰：“长于臣。”沛公曰“君为我呼入，吾得兄事之。”张良出，要项伯。项伯即入见沛公。沛公奉卮酒为寿，约为婚姻，曰：“吾入关，秋毫不敢有所近，籍吏民，封府库，而待将军。所以遣将守关者，备他盗之出入与非常也。日夜望将军至，岂敢反乎！愿伯具言臣之不敢倍德也。”项伯许诺。谓沛公曰：“旦日不可不蚤自来谢项王。”沛公曰：“诺。”于是项伯复夜去，至军中，具以沛公言报项王。因言曰：“沛公不先破关中，公岂敢入乎？今人有大功而击之，不义也，不如因善遇之。”项王许诺。

【译文】

楚国的左尹项伯，是项羽的叔父，平素和张良要好。张良此时跟随沛公，项伯于是连夜赶到沛公军中，私下会见张良，把事情详细地讲给张良，想让张良和他一起离开。他说：“不要和刘邦一起送死。”张良说：“我是代表韩王来送沛公的，现在沛公有急难，我如果逃走就是不仁不义，不能不告诉他。”于是张良到军帐中，把项伯的话全都跟沛公说了，沛公一听很吃惊，他说：“如何是好啊？”张良说：“是谁劝大王派兵把守函谷关的？”刘邦说：“一个鄙陋小人劝我道‘守住函谷关，阻止诸侯入关，秦国的土地就可全部归您所有’，所以我听信了他的计策。”张良说：“您想过自己的士卒能够敌得过项王的军队吗？”沛公沉默下来，过了一会儿说：“的确无法抗衡，那现在该怎么办啊？”张良说：“请允许我去跟项伯说沛公您不敢背叛项王。”沛公说：“你怎么会和项伯认识？”张良说：“秦朝的时候项伯和我交游，项伯杀了人，我救了他。如今危难来临，因此幸亏有他前来相告。”沛公说：“你俩谁年长？”张良说：“他比我年长。”沛公说：“请替我把项伯叫进来，我要以对待兄长的礼节会见他。”张良出来邀请项伯。项伯立即去见沛公。沛公捧起酒杯向项伯祝寿，又订了儿女婚约，沛公说：“我入关后，秦室的财富秋毫不敢动，清查吏民，封藏库府，就只等着项将军的到来。派军队把守函谷关，是为了防备有其他的盗贼和意外的事变发生。我日夜盼望将军的到来，怎敢反叛呢！请项伯跟将军详细说明我不敢背德反叛。”项伯答应下来。他对沛公说：“明天一早务必要亲自前来向项王认错。”沛公说：“是。”于是项伯就连夜返回，到军中，把沛公所说的话完全无遗地报告了项羽。然后他说：“如果不是沛公先攻破关中，您又怎么敢进入关中呢？如今人家立下大功却要受到打击，这种举动很不仁义，还不如趁此机会善待他。”项王许诺。

【原文】

沛公旦日从百余骑来见项王，至鸿门，谢曰：“臣与将军戮力而攻秦，将军战河北，臣战河南，然不自意能先入关破秦，得复见将军于此。今者有小人之言，令将军与臣有却。”项王曰：“此沛公左司马曹无伤言之；不然，籍何以至此。”项王即日因留沛公与饮。项王、项伯东向坐。亚父南向坐。亚父者，范增也。沛公北向坐，张良西向侍。范增数目项王，举所佩玉玦以示之者三，项王默然不应。范增起，出召项庄，谓曰：“君王为人不忍，若入前为寿，寿毕，请以剑舞，因击沛公于坐，杀之。不者，若属皆且为所虏。”庄则入为寿，寿毕，曰：“君王与沛公饮，军中无以为乐，请以剑舞。”项王曰：“诺。”项庄拔剑起舞，项伯亦拔剑起舞，常以身翼蔽沛公，庄不得击。于是张良至军门，见樊哙。樊哙曰：“今日之事何如？”良曰：“甚急。今者项庄拔剑舞，其意常在沛公也。”哙曰：“此迫矣，臣请入，与之同命。”

【译文】

第二天一早，沛公就带着百余名随从来会见项王。到了鸿门，沛公对项王赔罪说：“我和将军共同努力进攻秦军，您在河北作战，我在河南作战，可是未曾想到我能先入关攻破秦，才得以在此与将军重相见。如今有小人散布谣言，使我们之间有了隔阂。”项王说：“那是沛公左司马曹无伤说的，不然，我是不会产生这样的疑心的？”项王当天就留请沛公一同宴饮。项王、项伯面东而坐，亚父面南而坐。亚父，就是范增。沛公面北而坐，张良面向西侧而陪侍。席间范增好几次给项王使眼色，多次举起身上所佩饰的玉块示意项王当机立断把刘邦杀死，项王不理睬。范增起身，出来召唤项庄，对他说：“君王心软不忍下手，你去上前敬酒祝寿，然后请求舞剑，趁沛公坐着的时候击刺他，把他杀死。如果不这样，将来你们这些人都得成为他的俘虏。”项庄就进入敬酒祝寿。祝寿完毕，他说：“大王和沛公饮酒，军中没什么可助乐的，请让我来舞剑为您助兴吧。”项王说：“好。”项庄就拔剑起舞，项伯也拔剑起舞，总是用自己的身体来掩护沛公，项庄无法下手。在这种情况下，张良来到军门，见了樊哙。樊哙说：“如今情况怎样？”张良说：“十分紧急。现在项庄舞剑，其用意一直在沛公身上。”樊哙说：“这么说来已经相当紧迫了，请让我进去，我要与沛公生死与共。”

【原文】

哙即带剑拥盾入军门。交戟之卫士欲止不内，樊哙侧其盾以撞，卫士仆地，哙遂入，披帷西向立，瞋目视项王，头发上指，目眦尽裂。项王按剑而跽曰：“客何为者？”张良曰：“沛公之参乘樊哙者也。”项王曰：“壮士，赐之卮酒。”则与斗卮酒。哙拜谢，起，立而饮之。项王曰：“赐之彘肩。”则与一生彘肩。樊哙覆其盾于地，加彘肩上，拔剑切而啖之。项王曰：“壮士，能复饮乎？”樊哙曰：“臣死且不避，卮酒安足辞！夫秦王有虎狼之心，杀人如不能举，刑人如恐不胜，天下皆叛之。怀王与诸将约曰‘先破秦入咸阳者王之’。今沛公先破秦入咸阳，豪毛不敢有所近，封闭宫室，还军霸上，以待大王来。故遣将守关者，备他盗出入与非常也。劳苦而功高如此，未有封侯之赏，而听细说，欲诛有功之人。此亡秦之续耳，窃为大王不取也。”项王未有以应，曰：“坐。”樊哙从良坐。坐须臾，沛公起如厕，因招樊哙出。

【译文】

樊哙立刻佩带宝剑拥着盾牌闯入军门。交戟侍立的卫士想阻止他进入，樊哙侧过手中的盾牌来撞击他们，卫士们就被撞倒在地，樊哙就进入军门内，樊哙把帷帐分开面西而立，瞪着双眼怒视着项王，头发向上直立，眼眶都快要瞪裂了。项王按着宝剑直起上身说："来者何人？"张良说："他是为沛公驾车的驭手樊哙。"项王说："是一位壮士啊，赐他一杯酒。"就给了他一大杯酒。樊哙拜谢，起身饮了这杯酒。项王说："赐他一只猪肘。"就把一只生猪肘给了他。樊哙把手中的盾牌平放在地上，然后又把猪肘放在盾上，拔出宝剑边切边吃了下去。项王说："壮士，还能再喝酒吗？"樊哙说："臣连死都不回避，一杯酒有什么可推辞的！秦王怀揣虎狼之心，唯恐杀人不能尽，刑罚不够重，天下人才都纷纷背叛了他。怀王和诸侯相约说：'先攻破秦军而进入咸阳的人将被封为关中王。'如今沛公首先攻破了秦而进入了成阳，对于秦室的财富，沛公一点边都不敢靠近，他封藏了宫室，退出军队而在霸上驻扎，就只等着大王的到来。沛公遣派将领把守函谷关，是为了防备其他的盗贼和意外事件的发生。像沛公如此劳苦功高，不仅没有得到封侯的奖赏，反而因为你听信小人谗言，有功之人将要被诛杀。这样做是亡秦的继续，我认为大王是不会采取这种做法的。"项王竟哑口无言，只是说："请坐。"樊哙于是与张良一起坐下。坐了一会儿，沛公起身去厕所，顺便把樊哙叫了出来。

【原文】

沛公已出，项王使都尉陈平召沛公。沛公曰："今者出，未辞也，为之奈何？"樊哙曰："大行不顾细谨，大礼不辞小让。如今人方为刀俎，我为鱼肉，何辞为。"于是遂去。乃令张良留谢。良问曰："大王来何操？"曰："我持白璧一双，欲献项王，玉斗一双，欲与亚父，会其怒，不敢献。公为我献之"张良曰："谨诺。"当是时，项王军在鸿门下，沛公军在霸上，相去四十里。沛公则置车骑，脱身独骑，与樊哙、夏侯婴、靳强、纪信等四人持剑盾步走，从郦山下，道芷阳间行。沛公谓张良曰："从此道至吾军，不过二十里耳。度我至军中，公乃入。"沛公已去，间至军中，张良入谢，曰："沛公不胜杯杓，不能辞。谨使臣良奉白璧一双，再拜献大王足下；玉斗一双，再拜奉大将军足下。"项王曰："沛公安在？"良曰："闻大王有意督过之，脱身独去，已至军矣。"项王则受璧，置之坐上。亚父受玉斗，置之地，拔剑撞而破之，曰："唉！竖子不足与谋。夺项王天下者，必沛公也，吾属今为之虏矣。”沛公至军，立诛杀曹无伤。

【译文】

沛公已经出来，项王派都尉陈平去叫沛公。沛公说：“现在我出来了，没有告辞，怎么办才好呢？”樊哙说：“举大事不顾小节，讲大礼就不必在乎小责难。如今人家正是快刀、砧板，而我们是人家宰割的鱼肉，讲什么告辞！”于是就离去了，因而命张良留下致谢。张良问：“大王来时带什么礼物了吗？”沛公说：“我带了一双白璧，准备献给项王，一双玉斗，准备送给亚父，恰逢他们发怒，就没敢献出。你替我献给他们。”张良说：“遵命。”这时，项王在鸿门一带驻军，沛公在霸上驻军，相距四十里。沛公就扔下马车、侍从，脱身逃离，一人骑马，樊哙和夏侯婴、靳强、纪信等四人手持剑、盾紧跟着徒步奔跑，由郦山而下，经过芷阳抄小道行进。沛公对张良说：“从此路到我们军中，不过二十里。估计我到了军中后，你再回军帐中向他们告辞。”沛公已经离去，从小道回到军中。张良进入帐中辞谢，说：“沛公不胜酒力，没能亲自告辞。委派我谨奉白璧一双，再拜献给大王；玉斗一双，再恭敬地献给给大将军。”项王说：“沛公现在在哪里？”张良说：“沛公听说大王有意责怪他的过错，脱身独自回去，已经到军中了。”项王听后就收下了玉璧，把它放在座位上。亚父接过玉斗弃置到地上，拔剑砍击打破了它，说：“唉！项伯这些无知的人实在是不能够和他们共谋大事。夺项王天下的人，必定是沛公。我们这些人即将成为他的俘虏了。”沛公到达军中，立刻把曹无伤诛杀。

【原文】

居数日，项羽引兵西屠咸阳，杀秦降王子婴，烧秦宫室，火三月不灭；收其货宝妇女而东。人或说项王曰：“关中阻山河四塞，地肥饶，可都以霸。”项王见秦宫室皆以烧残破，又心怀思欲东归，曰：“富贵不归故乡，如衣绣夜行，谁知之者！”说者曰：“人言楚人沐猴而冠耳，果然。”项王闻之，烹说者。

项王使人致命怀王。怀王曰：“如约。”乃尊怀王为义帝。项王欲自王，先王诸将相。谓曰：“天下初发难时，假立诸侯后以伐秦。然身被坚执锐首事，暴露于野三年，灭秦定天下者，皆将相诸君与籍之力也。义帝虽无功，故当分其地而王之。”诸将皆曰：“善。”乃分天下，立诸将为侯王。项王、范增疑沛公之有天下，业已讲解，又恶负约，恐诸侯叛之，乃阴谋曰：“巴、蜀道险，秦之迁人皆居蜀。”乃曰：“巴、蜀亦关中地也。”故立沛公为汉王，王巴、蜀、汉中，都南郑。而三分关中，王秦降将以距塞汉王。

【译文】

过了几天，项羽率领军队向西屠戮咸阳，把秦降王子婴杀死，并烧毁了秦宫室，大火持续烧了三个月都没有熄灭；收集藏在宫中的宝物和妇女往东返回。有人劝项王道：“关中地区有山河阻塞四方，土地肥沃富饶，可以在这里建立都城而称霸。”项王看见秦的宫室都已经被大火烧得残破不堪，再加上心里思念故土而想东归，就说：“富贵了不回故乡，就好比穿着锦绣衣裳在夜间行走一样，谁能看到我的荣华富贵呢！”那个劝说项王的人说：“人们说楚国人像是沐猴戴了人的帽子，果真如此。”项王听到后就把那个说者烹杀了。

项王派人向怀王报告入关破秦的情况。怀王说：“按照以前的盟约行事。”于是就尊怀王为义帝。项王想要自立为王，就先把手下的将相们立为王。他对诸位将相说：“天下刚开始发难的时候，假借拥立诸侯的后代以讨伐秦国。但是亲身披挂着坚固的铠甲、手持锋利的兵器，首先起义反秦，暴露在野外作战长达三年，灭亡了秦朝而平定天下，全靠诸位将相和我的力量。义帝虽无功绩，但是分给他一片土地让他做王，本来也是应该的。”众将领都说：“好。”于是分封天下，立各位将相为侯王。项王和范增担心沛公会据有天下，但是鸿门之会又已经讲和了，又怕担负负约的名声，致使诸侯反叛，因此他们两人私下商议道：“巴、蜀地区道路险峻，秦国被迁贬的人都住在这里。”于是他们说：“巴、蜀也属于关中地区。”因而把沛公立为汉王，统治巴、蜀和汉中地区，都城为南郑。而把关中地区分为三份，立秦的降将为王，以此来阻隔汉王。

【原文】

项王乃立章邯为雍王，王咸阳以西，都废丘。长史欣者，故为栎阳狱掾，尝有德于项梁；都尉董翳者，本劝章邯降楚。故立司马欣为塞王，王咸阳以东至河，都栎阳；立董翳为翟王，王上郡，都高奴。徙魏王豹为西魏王，王河东，都平阳。瑕丘申阳者，张耳嬖臣也，先下河南，迎楚河上，故立申阳为河南王，都雒阳。韩王成因故都，都阳翟。赵将司马卬定河内，数有功，故立卬为殷王，王河内，都朝歌。徙赵王歇为代王。赵相张耳素贤，又从入关，故立耳为常山王，王赵地，都襄国。当阳君黥布为楚将，常冠军，故立布为九江王，都六。鄱君吴芮率百越佐诸侯，又从入关，故立芮为衡山王，都邾。义帝柱国共敖将兵击南郡，功多，因立敖为临江王，都江陵。徙燕王韩广为辽东王。燕将臧荼从楚救赵，因从入关，故立荼为燕王，都蓟。徙齐王田市为胶东王。齐将田都从共救赵，因从入关，故立都为齐王，都临菑。故秦所灭齐王建孙田安，项羽方渡河救赵，田安下济北数城，引其兵降项羽，故立安为济北王，都博阳。田荣者，数负项梁，又不肯将兵从楚击秦，以故不封。成安君陈余弃将印去，不从入关，然素闻其贤，有功于赵，闻其在南皮，故因环封三县。番君将梅鋗功多，故封十万户侯。项王自立为西楚霸王，王九郡，都彭城。

【译文】

项王于是立章邯为雍王，统治咸阳以西地区，都城为废丘。长史司马欣，过去担任栎阳狱掾，曾经有恩于项梁；都尉董翳，他曾劝章邯投降楚国。于是就立司马欣为塞王，统治咸阳以东直到黄河地区，都城为栎阳；立董翳为翟王，统治上郡地区，都城为高奴。魏王豹被迁徙为西魏王，统治河东地区，都城为平阳。瑕丘县公申阳，原是张耳的亲信部属，曾率先攻下河南郡，在黄河岸上迎接楚国军队，因此立申阳为河南王，都城为洛阳。韩王成依然把原来韩国的都城作为都城，即以阳翟为都城。赵将司马卬平定河内地区，屡次立下战功，因此被立为殷王，统治河内地区，都城为朝歌。改立赵王歇为代王。赵相张耳平素贤明，又随从楚军入关，因此被立为常山王，统治赵地，都城为襄国。当阳君黥布担任楚军大将，常担任楚军先锋，因此被立为九江王，都城为六城。鄱君吴芮曾率领百越军队帮助诸侯讨伐秦国，又随从楚军进入关，因此被立为衡山王，都城为邾城。义帝的柱国共敖，率军攻伐南郡，立功颇多，因此被立为临江王，都城为江陵。燕王韩广被迁为辽东王。燕国的将领臧荼跟从楚军救援赵国，又率军跟从楚军进攻关中，因此被立为燕王，都城为蓟城。齐王田市被迁为胶东王。齐国将领田都随从楚军救援赵国，又随从楚军进攻关中，因此被立为齐王，都城为临菑。以前被秦所吞灭的齐国国王建的孙子田安，在项羽刚刚渡河救援赵国的时候，他把济北的几座城池攻下，并率领军队投降了项羽，因此被立为济北王，都城为博阳。田荣因屡次背弃项梁，还不肯率军随从楚军攻伐秦军，因此没有被封为王。成安君陈余放弃将印而离去，不跟从楚军入关攻伐秦军，但由于他向来以贤能闻名，对赵国有功，听说他在南皮居住，因此就把南皮周围的三个县封给了他。番君的将领梅鋗屡建战功，因此被封为十万户侯。项王自立为西楚霸王，管辖九个郡，都城为彭城。

【原文】

汉之元年四月，诸侯罢戏下，各就国。项王出之国，使人徙义帝，曰："古之帝者地方千里，必居上游。"乃使使徙义帝长沙郴县。趣义帝行，其群臣稍稍背叛之，乃阴令衡山、临江王击杀之江中。韩王成无军功，项王不使之国，与俱至彭城，废以为侯，已又杀之。臧荼之国，因逐韩广之辽东，广弗听，荼击杀广无终，并王其地。

田荣闻项羽徙齐王市胶东，而立齐将田都为齐王，乃大怒，不肯遣齐王之胶东，因以齐反，迎击田都。田都走楚。齐王市畏项王，乃亡之胶东就国。田荣怒，追击杀之即墨。荣因自立为齐王，而西杀击济北王田安，并王三齐。荣与彭越将军印，令反梁地。陈余阴使张同、夏说说齐王田荣曰："项羽为天下宰，不平。今尽王故王于丑地，而王其群臣诸将善地，逐其故主，赵王乃北居代，余以为不可。闻大王起兵，且不听不义，愿大王资余兵，请以击常山，以复赵王，请以国为扞蔽。"齐王许之，因遣兵之赵。陈余悉发三县兵，与齐并力击常山，大破之。张耳走归汉。陈余迎故赵王歇于代，反之赵。赵王因立陈余为代王。

【译文】

汉元年四月，诸侯受封散去，各自回封国就位。项王出关前往封国，派人迁徙义帝，说："古代帝王拥有方圆千里的土地，而且必定居住在水域的上游。"于是就派人把义帝迁到长沙郴县。他们督促义帝起程，义帝的群臣中稍有背叛项羽意向的，项羽就密令衡山王和临江王把义帝和他的臣子杀死在大江里。韩王成没有军功，项王不许他到自己的封国去，而是让他与自己一起到彭城，并把他废置成诸侯，不久后又杀死了他。臧荼前往封国，然后就要把韩广驱逐到辽东，韩广不听任摆布，就被臧荼杀死在无终，兼并了辽东王的领地。

田荣听说项羽把齐王田市迁为胶东王，而把齐将田都立为齐王，于是大怒，不肯把齐王送往胶东，因而在齐国反叛项羽，迎击田都。田都败逃到楚国。齐王田市害怕项王，于是就逃到胶东接受封国。田荣知道后很恼火，追击齐王，并把他杀死在即墨城。田荣于是自立为齐王，而后向西进攻并把济北王田安杀死，还把三齐的国土兼并了。田荣把将军的印符授给彭越，命他在梁地反击项王。陈余也暗中派张同和夏说劝齐王田荣道："项羽主宰天下，办事不公平。如今把贫瘠的土地全都分给了原来的诸侯王，而把好的土地都封给了他的群臣诸将，作为他们各自王国的领地，原有的诸侯王都被从封地驱逐出去了。赵王被迁到北方的代地。我认为这样做是不应该的。听说大王发动军队对楚军进行反击，并且不听任不义的行为，我希望大王能资助我一部分军队，让我去攻伐常山，以恢复赵王原有的封地，我情愿用我们的国土来为齐国作藩屏。"齐王应允了陈余的请求，因此派军队去赵国。陈余将其封地内三个县的军队发动起来，同齐国的军队一起攻伐常山，结果常山国的守军被打败，张耳逃去归附汉王。陈余把原来的赵王歇从代地迎回，然后返回赵地。陈余因此而被赵王立为代王。

【原文】

是时，汉还定三秦。项羽闻汉王皆已并关中，且东，齐、赵叛之：大怒。乃以故吴令郑昌为韩王，以距汉。令萧公角等击彭越。彭越败萧公角等。汉使张良徇韩，乃遗项王书曰："汉王失职，欲得关中，如约即止，不敢东。"又以齐、梁反书遗项王曰："齐欲与赵并灭楚。"楚以此故无西意，而北击齐。征兵九江王布。布称疾不往，使将将数千人行。项王由此怨布也。汉之二年冬，项羽遂北至城阳，田荣亦将兵会战。田荣不胜，走至平原，平原民杀之。遂北烧夷齐城郭室屋，皆阬田荣降卒，系虏其老弱妇女。徇齐至北海，多所残灭。齐人相聚而叛之。于是田荣弟田横收齐亡卒得数万人，反城阳。项王因留，连战未能下。

【译文】

这时候，汉军回军平定三秦。项羽听说汉王已经兼并了关中所有的地区，并且东方的齐国和赵国也反叛他，十分愤怒。于是他把原来的吴令郑昌封为韩王，用韩国来阻拒汉军。又命令萧公角等人攻伐彭越。彭越把萧公角等人打败。汉王派张良攻伐韩地，于是就给项王送去书信说："汉王所得的封地与他应该得到的地区不相符，他想要得到关中地区，如果能履行先入关中即为关中王的前约，他就会立即罢兵，汉王不会向东继续前进。"又把齐国和梁国反叛的书信交给项王说："齐国准备联合赵国来一同灭掉楚国。"楚国因此撤销了向西进攻汉王的意图，改为向北进攻齐国。项王征集九江王黥布的军队，黥布推病而不肯亲自前往，只派部将率领几千人前去。项王因而怨恨黥布。汉王二年的冬天，项羽就向北打到城阳，田荣也率军前来会战。田荣的军队战败，他逃到了平原而被平原人杀死。于是楚军向北进军，烧毁了齐国的屋室，齐国的城池也被夷平，田荣所部降兵全被活埋，齐国的老弱妇女沦为俘虏。在齐国境内一直攻打到北海，许多城邑被摧残毁灭，齐国人相聚在一起共同反叛楚军。这时候，田荣的弟弟田横收集了齐国散亡的军卒几万名，在城阳反抗楚国。项王因而停留在城阳，连续交战未能攻克城阳。

【原文】

春，汉王部五诸侯兵，凡五十六万人，东伐楚。项王闻之，即令诸将击齐，而自以精兵三万人南从鲁出胡陵。四月，汉皆已入彭城，收其货宝美人，日置酒高会。项王乃西从萧，晨击汉军而东，至彭城，日中，大破汉军。汉军皆走，相随入穀、泗水，杀汉卒十余万人。汉卒皆南走山，楚又追击至灵壁东睢水上。汉军却，为楚所挤，多杀，汉卒十余万人皆入睢水，睢水为之不流。围汉王三匝。于是大风从西北而起，折木发屋，扬沙石，窈冥昼晦，逢迎楚军。楚军大乱，坏散，而汉王乃得与数十骑遁去，欲过沛，收家室而西；楚亦使人追之沛，取汉王家：家皆亡，不与汉王相见。汉王道逢得孝惠、鲁元，乃载行。楚骑追汉王，汉王急，推堕孝惠、鲁元车下，滕公常下收载之。如是者三。曰："虽急不可以驱，奈何弃之？"于是遂得脱。求太公、吕后不相遇。审食其从太公、吕后间行，求汉王，反遇楚军。楚军遂与归，报项王，项王常置军中。

是时吕后兄周吕侯为汉将兵居下邑，汉王间往从之，稍稍收其士卒。至荥阳，诸败军皆会，萧何亦发关中老弱未傅悉诣荥阳，复大振。楚起于彭城，常乘胜逐北，与汉战荥阳南京、索间，汉败楚，楚以故不能过荥阳而西。

【译文】

春天，汉王统率五路诸侯的军队，共计五十六万人，向东伐楚。项王听到此消息，就命诸将继续攻打齐国，而他亲自率领精兵三万向南从鲁县穿过胡陵。四月，彭城已经被汉军攻克，楚国的财宝和美女被收取，整日置酒宴会高朋。项王于是率军向西，早晨，从萧地向东对汉军发动进攻，中午到达彭城，大败汉军。汉军纷纷溃逃，前后相随掉入榖水、泗水，楚军杀死汉军十多万士兵。汉军士卒纷纷向南逃往山地，楚军进一步追杀到灵壁东面的睢水河岸。汉军败退，被楚军逼挤到河边，士卒一部分被杀，其他十余万全都掉入睢水，致使睢水受堵塞而无法流通。楚军把汉王重重包围。就在此时，从西北方向刮起大风，狂风折断了树木、掀开了房屋，扬起沙石，顿时天昏地暗，大风恰巧迎面袭击楚军。楚军方寸大乱，包围圈破散，于是汉王和几十名骑兵得以逃离包围。汉王准备经过沛县，收集家室而迁往西方。楚国就派人追杀到沛县，俘获了汉王的家人；家人四散逃亡，没能和汉王相见。汉王路上遇到孝惠帝和鲁元公主，于是就让他们上车走。楚国的骑兵追杀汉王，情急之下，汉王就把孝惠帝和鲁元公主推落车下，滕公总是下车把他们重新扶进车里，像这样有好几次。他说："情况再紧急，车马也无法驱赶得更快，但是怎么能把他们舍弃呢？"于是姐弟二人才得以摆脱被楚军俘获。汉王等人没有找到太公和吕后。审食其跟随着太公和吕后走小道，也在寻找汉王，却遇上了楚军。楚军于是就把他们带回军中，报告给项王，他们便被留在军中做人质。

这时候，吕后的哥哥周吕侯替汉王统领着军队在下邑驻扎，汉王抄小路去投奔他，逐渐收聚起了他的士卒。然后到达荥阳，各路败军都到这里会合，萧何也发动关中地区的老弱和未成年的男子前来助战，汉军兵威大振。楚军从彭城出发，一路上乘胜追击汉军，与汉军在荥阳南面的京邑和索邑之间展开交战，汉军战胜，楚军于是没能越过荥阳再向西进攻。

【原文】

项王之救彭城，追汉王至荥阳，田横亦得收齐，立田荣子广为齐王。汉王之败彭城，诸侯皆复与楚而背汉。汉军荥阳，筑甬道属之河，以取敖仓粟。汉之三年，项王数侵夺汉甬道，汉王食乏，恐，请和，割荥阳以西为汉。

项王欲听之。历阳侯范增曰："汉易与耳，今释弗取，后必悔之。"项王乃与范增急围荥阳。汉王患之，乃用陈平计间项王。项王使者来，为太牢具，举欲进之。见使者，详惊愕曰："吾以为亚父使者，乃反项王使者。"更持去，以恶食食项王使者。使者归报项王，项王乃疑范增与汉有私，稍夺之权。范增大怒，曰："天下事大定矣，君王自为之。原赐骸骨归卒伍。"项王许之。行未至彭城，疽发背而死。

汉将纪信说汉王曰："事已急矣，请为王诳楚为王，王可以间出。"于是汉王夜出女子荥阳东门被甲二千人，楚兵四面击之。纪信乘黄屋车，傅左纛，曰："城中食尽，汉王降。"楚军皆呼万岁。汉王亦与数十骑从城西门出，走成皋。项王见纪信，问："汉王安在？"信曰："汉王已出矣。"项王烧杀纪信。

【译文】

项王援救彭城，追击汉王到荥阳，这给了田横收取齐国的土地的机会，他把田荣的儿子田广扶立为齐王。汉王在彭城战败一事，使诸侯又全都归顺楚国而背叛汉国。汉军在荥阳驻扎，修筑了连接到黄河岸边的甬道，用来获取敖仓的粮食。汉王三年，项王一次次侵入甬道夺取汉军的粮食，汉王军兵困粮乏，非常担忧，就请求与楚国讲和，割取荥阳以西地区作为汉国的封土。

项王准备接受此和约。历阳侯范增说："打败汉军轻而易举，现在若放弃而不攻下荥阳，以后一定会后悔。"项王于是就和范增立即把荥阳包围。汉王对此深感忧虑，就采用陈平的计谋来离间范增和项王。项王的使者前来，汉王置办了有猪、牛、羊在内的丰盛筵席，端过来准备进献的时，见了使者，假做惊愕状说道："我以为是亚父的使者，怎么是项王的使者啊。"于是便端走更换，让项王的使者食用粗劣的饭菜。使者回去后报告项王，项王于是就怀疑范增私交汉王，逐渐把他的权力剥夺了。范增大怒道："天下大局已定，君王您一人治理天下吧。请把我这副老骨头赏赐给我，让我告老还乡吧。"项王应允了他的请求。范增启程，尚未到彭城，就因背上的毒痈恶化而去世了。

汉军将领纪信劝汉王说："事态已十分危急，请大王允许我扮成您去诓骗楚兵，您可以趁机逃出城去。"于是汉王在夜间从荥阳东门放出二千名披铠甲的女子，楚兵立即从四面对她们围攻。纪信坐在汉王的黄屋车里，车的左首饰有羽毛。他说："城中粮尽，汉王请降。"楚军听到后都高呼万岁。汉王也和几十名骑兵从荥阳西门出城，逃到成皋。项王见到纪信，问道："汉王在哪儿？"纪信说："他已出城了。"于是纪信就被项王烧死了。

【原文】

汉王使御史大夫周苛、枞公、魏豹守荥阳。周苛、枞公谋曰："反国之王，难与守城。"乃共杀魏豹。楚下荥阳城，生得周苛。项王谓周苛曰："为我将，我以公为上将军，封三万户。"周苛骂曰："若不趣降汉，汉今虏若，若非汉敌也。"项王怒，烹周苛，并杀枞公。

汉王之出荥阳，南走宛、叶，得九江王布，行收兵，复入保成皋。汉之四年，项王进兵围成皋。汉王逃，独与滕公出成皋北门，渡河走修武，从张耳、韩信军。诸将稍稍得出成皋，从汉王。楚遂拔成皋，欲西。汉使兵距之巩，令其不得西。

是时，彭越渡河击楚东阿，杀楚将军薛公。项王乃自东击彭越。汉王得淮阴侯兵，欲渡河南。郑忠说汉王，乃止壁河内。使刘贾将兵佐彭越，烧楚积聚。项王东击破之，走彭越。汉王则引兵渡河，复取成皋，军广武，就敖仓食。项王已定东海来，西，与汉俱临广武而军，相守数月。

【译文】

汉王委派御史大夫周苛、枞公、魏豹在荥阳留守。周苛和枞公相谋议道：“魏豹是投降过楚国的一个封王，我们不好同他一起守城。”于是他们就一起把魏豹杀死了。楚军攻下荥阳城后，把周苛活捉了。项王对周苛说：“你给我做将领，我拜你为上将军，封你为三万户侯。”周苛骂道：“你还不赶快归附投降汉王，你们就要成为汉王的俘虏了，你不是汉王的对手。”项王听后异常生气，就把周苛烹杀了，并且还杀了枞公。

汉王出了荥阳城，又南逃到宛县、叶县，得到九江王黥布的支持，行进途中把散亡的汉军收聚起来，重新进入成皋防守。汉王四年，项王进兵围困成皋。汉王逃走，只和滕公出了成皋北门，渡过黄河而向修武逃奔，来到张耳和韩信的军中，诸将领陆续突围逃出成皋，跟从汉王。于是楚军把成皋攻克了，准备进攻西面。汉王派军队在巩县阻击楚军，使他们无法向西进犯。

这个时候，彭越率军渡过黄河对楚国的东阿发起进攻，楚国将军薛公被杀死。于是项王就亲自东进攻击彭越的军队。汉王得到淮阴侯的军队，准备渡过黄河向南。在郑忠的劝说下，汉王才暂停向南而在黄河北岸修筑壁垒拒守。汉王派遣刘贾率军增援彭越，把楚军积聚的物资烧毁了。项王向东击破了刘贾，并把彭越赶跑了。汉王就率军渡过黄河，重新拿下了成皋，在广武驻军，就近取得敖仓的粮食。项王把东海平定后又返回向西攻打，和汉方都在广武驻军，两军相持据守了几个月之久。

【原文】

当此时，彭越数反梁地，绝楚粮食，项王患之。为高俎，置太公其上，告汉王曰：“今不急下，吾烹太公。”汉王曰：“吾与项羽俱北面受命怀王，曰‘约为兄弟’，吾翁即若翁，必欲烹而翁，则幸分我一杯羹。”项王怒，欲杀之。项伯曰：“天下事未可知，且为天下者不顾家，虽杀之无益，只益祸耳。”项王从之。

楚汉久相持未决，丁壮苦军旅，老弱罢转漕。项王谓汉王曰：“天下匈匈数岁者，徒以吾两人耳，愿与汉王挑战决雌雄，毋徒苦天下之民父子为也。”汉王笑谢曰：“吾宁斗智，不能斗力。”项王令壮士出挑战。汉有善骑射者楼烦，楚挑战三合，楼烦辄射杀之。项王大怒，乃自被甲持戟挑战。楼烦欲射之，项王瞋目叱之，楼烦目不敢视，手不敢发，遂走还入壁，不敢复出。汉王使人间问之，乃项王也。汉王大惊。于是项王乃即汉王相与临广武间而语。汉王数之，项王怒，欲一战。汉王不听，项王伏弩射中汉王。汉王伤，走入成皋。

【译文】

就在此时，彭越几次往返梁地，断绝了楚国的粮食，项王对此深感忧虑。项羽制作了一个高大的案板，把太公放置在上面，对汉王说道：“现在你若不赶快投降，我就要烹杀你的父亲太公。”汉王说：“我和你曾一同作为臣子接受怀王之命，曾说‘结为兄弟’，我的父亲也就是你的父亲，你非要烹杀，就请你别忘了分给我一杯肉汤。”项王大怒，就要把太公杀了。项伯劝道：“天下是谁的还不知道，况且要夺取天下的人是不会顾及家人的，就算杀了他也没什么好处，只是带来更大的怨恨罢了。”项王听从了项伯的建议。

楚、汉相持了很久都胜负未决，壮年男子苦于军旅生涯，老弱疲于粮草的运输。项王对汉王说：“天下好几年兴兵动武，就是因为咱俩相争罢了，我希望能与你单独挑战，一决雌雄，不要让天下百姓父子们受连累。”汉王笑着推辞说：“我宁斗智，不斗力。”项王命令壮士出阵挑战。汉军中有一位名叫楼烦的人，擅长骑射，楚军挑战过好几次，每次都被楼烦射杀。项王见状大怒，就亲自披甲持戟挑战。楼烦想要射杀项王，项王就瞪着双眼冲他怒吼，楼烦被吓得不敢正视，手也不敢放箭，就转身逃回营垒，再也不敢出来。汉王派人私下打听，才知道是项王。汉王听说后非常吃惊。于是项王就靠近汉王而在广武之间东西两边相互对话。汉王一一列举项王的罪过，项王听后勃然大怒，要求决一死战。汉王不同意，项王就埋伏下弓弩正好射中汉王。汉王受伤，逃进成皋城中。

【原文】

项王闻淮阴侯已举河北，破齐、赵，且欲击楚，乃使龙且往击之。淮阴侯与战，骑将灌婴击之，大破楚军，杀龙且。韩信因自立为齐王。项王闻龙且军破，则恐，使盱台人武涉往说淮阴侯。淮阴侯弗听。是时，彭越复反，下梁地，绝楚粮。项王乃谓海春侯大司马曹咎等曰："谨守成皋，则汉欲挑战，慎勿与战，毋令得东而已。我十五日必诛彭越，定梁地，复从将军。"乃东，行击陈留、外黄。

外黄不下。数日，已降，项王怒，悉令男子年十五已上诣城东，欲阬之。外黄令舍人儿年十三，往说项王曰："彭越强劫外黄，外黄恐，故且降，待大王。大王至，又皆阬之，百姓岂有归心？从此以东，梁地十余城皆恐，莫肯下矣。"项王然其言，乃赦外黄当阬者。东至睢阳，闻之皆争下项王。

【译文】

项王听说淮阴侯已将黄河以北地区攻下，把齐国和赵国打败，并且准备进攻楚国，就派龙且前往迎击。淮阴侯和龙且作战，汉骑将灌婴进击龙且的军队，大败楚军，龙且被杀死。于是韩信自立为齐王。项王听说龙且军队被打败，就很惊恐，派盱台人武涉去劝导淮阴侯。淮阴侯不听。此时，彭越再次反击，把梁地攻下，把楚军粮道断绝。项王就对海春侯大司马曹咎等人说："在成皋城中严密防守，若汉军来挑战，千万不要与他们交战，只要不让汉军向东进攻即可。我在十五天内一定要把彭越诛杀，使梁地局势稳定，到时再来与将军们会合。"于是项王率军向东进军攻击陈留和外黄。

外黄城固守不降。几天后投降了，项王愤怒，命城中凡是十五岁以上的男子全都到城东集合，想要活埋他们。外黄县令舍人的十三岁的小儿子，前去劝说项王道："彭越逼迫外黄，外黄人很害怕，因此才暂且投降彭越，以等待大王的到来。大王来了，却又要活埋所有的壮丁，百姓们怎么会真心归附您呢？而且从这里往东，梁国地区十多座城邑中的民众都会畏惧大王，那还有人肯投降您吗？"项王接受了他的话，就赦免那些应当被活埋的外黄人。项王向东到达睢阳，听说此事的人都争着归附项王。

【原文】

汉果数挑楚军战，楚军不出。使人辱之，五六日，大司马怒，渡兵汜水。士卒半渡，汉击之，大破楚军，尽得楚国货赂。大司马咎、长史翳、塞王欣皆自刭汜水上。大司马咎者，故蕲狱掾，长史欣亦故栎阳狱吏，两人尝有德于项梁，是以项王信任之。当是时，项王在睢阳，闻海春侯军败，则引兵还。汉军方围钟离眜于荥阳东，项王至，汉军畏楚，尽走险阻。

是时，汉兵盛食多，项王兵罢食绝。汉遣陆贾说项王，请太公，项王弗听。汉王复使侯公往说项王，项王乃与汉约，中分天下，割鸿沟以西者为汉，鸿沟而东者为楚。项王许之，即归汉王父母妻子。军皆呼万岁。汉王乃封侯公为平国君。匿弗肯复见。曰："此天下辩士，所居倾国，故号为平国君。"项王已约，乃引兵解而东归。

汉欲西归，张良、陈平说曰："汉有天下太半，而诸侯皆附之。楚兵罢食尽，此天亡楚之时也，不如因其机而遂取之。今释弗击，此所谓'养虎自遗患'也。"汉王听之。汉五年，汉王乃追项王至阳夏南，止军，与淮阴侯韩信、建成侯彭越期会而击楚军。至固陵，而信、越之兵不会。楚击汉军，大破之。汉王复入壁，深堑而自守。谓张子房曰："诸侯不从约，为之奈何？"对曰："楚兵且破，信、越未有分地，其不至固宜。君王能与共分天下，今可立致也。即不能，事未可知也。君王能自陈以东傅海，尽与韩信；睢阳以北至穀城，以与彭越：使各自为战，则楚易败也。"汉王曰："善。"于是乃发使者告韩信、彭越曰："并力击楚。楚破，自陈以东傅海与齐王，睢阳以北至穀城与彭相国。"使者至，韩信、彭越皆报曰："请今进兵。"韩信乃从齐往，刘贾军从寿春并行，屠城父，至垓下。大司马周殷叛楚，以舒屠六，举九江兵，随刘贾、彭越皆会垓下，诣项王。

项王军壁垓下，兵少食尽，汉军及诸侯兵围之数重。夜闻汉军四面皆楚歌，项王乃大惊曰："汉皆已得楚乎？是何楚人之多也！"项王则夜起，饮帐中。有美人名虞，常幸从；骏马名骓，常骑之。于是项王乃悲歌慷慨，自为诗曰："力拔山兮气盖世，时不利兮骓不逝。骓不逝兮可奈何，虞兮虞兮奈若何！"歌数阕，美人和之。项王泣数行下，左右皆泣，莫能仰视。

【译文】

汉军果真向楚军挑战，楚军不出城应战。汉王派人羞辱楚军，持续了五六天，大司马被激怒，就率军渡过汜水。在楚军士卒渡到一半的时候，汉军就向他们发起进攻，结果被汉军大败，楚国所有的宝物财货也都被掳掠一空。大司马曹咎、长史董翳、塞王司马欣都在汜水岸上自杀而死。大司马曹咎，就是原来的蕲县狱掾，长史司马欣也就是原来的栎阳狱吏，两人曾经有恩于项梁，所以项王信任他们。这时，项王还在睢阳，听说海春侯的军队失败，就率兵往回返。汉军正在荥阳的东面围困钟离眜，项王到来，汉军畏惧楚军，全都逃往险阻的山地。

此时，汉王兵多粮足，而项王却兵疲粮尽。汉王派陆贾去劝说项王，请求归还太公，项王不答应。汉王又派侯公前去劝说，项王于是就和汉王约定，平分天下，割让鸿沟以西的土地划归汉，鸿沟以东的地区划归楚。项王接受了此条件，立即把汉王的父母妻子放回。士卒们因战争停止而高呼万岁。于是汉王封侯公为平国君。可是侯公却隐匿起来不肯再见。汉王说："此人是天下有名的辩士，他处在哪儿就能使哪国的大政倾动，所以才赐予他平国君的封号。"项王授受盟约后，就率军解除对汉军的威胁而回到东方。

汉王也准备西归，张良和陈平进言道："汉已拥有大半天下，而诸侯国又都归附汉。楚军兵疲粮尽，此乃上天亡楚的好时机，不如趁此机会把楚国灭亡。现在放走他们而不攻击，这无异于放虎归山啊。"汉王听取了他们的意见。汉五年，汉王于是追击项羽到阳夏南，军队不再追击，和淮阴侯韩信、建成侯彭越约定日期联合攻打楚军。汉军到达固陵，而韩信、彭越的军队却没有来会合。楚军对汉军发动进攻，大败汉军。汉王又一次逃回营垒，深挖壕沟自行坚守。汉王对张子房说："诸侯们不遵守盟约，该怎么办呢？"张良说："楚军将要被灭亡，韩信和彭越却都还没有得到分封的地盘，他们不来也是本该这样。君王您如果能和他们共分天下，他们马上就能赶来。否则，天下的事势也就难预料了。君王如果能把陈县以东到海滨一带的土地，全都封给韩信；睢阳以北到谷城的土地，全都划给彭越；督促他们各自攻伐楚军，则楚国被打败就轻而易举了。"汉王说："好。"于是就派使者向韩信和彭越通报道："如果能够联合攻打楚国，则楚国一旦被消灭，陈县以东至海滨一带的土地封给齐王，睢阳以北到谷城的土地封给彭相国。”使者抵达后，韩信和彭越都回报说：“请求现在就进兵攻打楚军。”于是韩信从齐地赶来，刘贾的军队也从寿春赶来一同进兵，屠戮了城父，抵达垓下。大司马周殷反叛楚国，在舒城起兵屠戮了六地，发动九江王国的军队，跟随刘贾和彭越一起到垓下会合，进逼项王。

项王在垓下筑壁垒驻扎军队，兵少粮绝，汉军和诸侯的军队把他们重重包围。夜里听到汉军营中四面皆唱楚地的民歌，项王于是非常吃惊地说：“难道汉军已经把楚国全部占领了吗？怎么会有如此多的楚国人呢！”项王就半夜起来，在帐中饮酒。有一位名叫虞姬的美人，因平素得到项王的宠幸而随从项王；项王有一匹名叫骓的骏马，经常骑着它四处征战。于是项王就慷慨悲歌，自己作诗道：“力拔山兮气盖世，时不利兮骓不逝。骓不逝兮可奈何，虞兮虞兮奈若何！”项王唱了好几遍后，美人也作诗应和。项王泣不成声，流下一行行热泪，左右随从也都跟着一起哭，谁都不敢仰视项王。

【原文】

于是项王乃上马骑，麾下壮士骑从者八百余人，直夜溃围南出，驰走。平明，汉军乃觉之，令骑将灌婴以五千骑追之。项王渡淮，骑能属者百余人耳。项王至阴陵，迷失道，问一田父，田父绐曰“左”。左，乃陷大泽中。以故汉追及之。项王乃复引兵而东，至东城，乃有二十八骑。汉骑追者数千人。项王自度不得脱。谓其骑曰：“吾起兵至今八岁矣，身七十余战，所当者破，所击者服，未尝败北，遂霸有天下。然今卒困于此，此天之亡我，非战之罪也。今日固决死，愿为诸君快战，必三胜之，为诸君溃围，斩将，刈旗，令诸君知天亡我，非战之罪也。”乃分其骑以为四队，四向。汉军围之数重。项王谓其骑曰：“吾为公取彼一将。”令四面骑驰下，期山东为三处。于是项王大呼驰下，汉军皆披靡，遂斩汉一将。是时，赤泉侯为骑将，追项王，项王瞋目而叱之，赤泉侯人马俱惊，辟易数里，与其骑会为三处。汉军不知项王所在，乃分军为三，复围之。项王乃驰，复斩汉一都尉，杀数十百人，复聚其骑，亡其两骑耳。乃谓其骑曰：“何如？”骑皆伏曰：“如大王言。”

【译文】

于是项王就跨上战马，在他帅旗的引领下有八百多名壮士组成的骑兵队跟从，趁夜向南突出重围，急驰逃奔。天快要亮的时候，汉军才发觉，汉王命骑兵将领灌婴率骑兵五千名前去追击。项王渡过淮河，就只有百余名能够跟得上的骑兵了。项王到达阴陵，迷失了道路，向一位田间老翁问路，老翁骗他说："向左。"于是项王就向左，结果陷入大沼泽地中，因此被汉军追上。项王又率军向东，到达东城，身边就剩下了二十八个骑兵。有几千汉军骑兵追击。项王估计自己是摆脱不了困境了，对他身边的骑兵说："我自起兵至今已有八年，亲身经历过的战斗有七十多次，所有阻挡我的军队没有一个不被我攻破消灭的，所有进攻我的人没有一个不被我征服的，未曾吃过败仗，于是就称霸而拥有天下。可是现在我却被困在这里，这是上天要灭亡我，而不是我作战的过失。今天肯定得决一死战了，我愿意为各位痛快决战，一定要连胜汉军三次，为使诸位能够突破重围，斩杀敌将，砍断汉军的军旗，好让诸位知道是上天要灭亡我，而并非我作战的过失。"于是项王把他的骑兵划分成四队，分别从四个方向突围。汉军把他们重重包围。项王对他的骑兵说："我为你取汉军一将。"他命骑士向四方奔驰而下，约定冲到山的东边分三个会合地点。于是项王大声疾呼奔驰而下，汉军都被杀得乱作一团，纷纷后退，就斩杀了一员汉军将领。此时，赤泉侯杨喜作为骑兵将领，追击项王，项王瞪着双眼冲他怒吼，赤泉侯连人带马都受到了惊吓，倒退好几里远。项王就同他的骑士会聚成三处，汉军分辨不出项王在哪一处，于是就兵分三路，重新把楚军包围。项王就在汉军中奔驰，又斩杀了汉军的一名都尉，杀死了近百名汉军士卒，又重新把他的骑士聚拢，仅损失了两名骑兵。于是对他的骑士们说："你们觉得怎么样？"骑士们都敬佩地说："果真如大王所说。"

【原文】

于是项王乃欲东渡乌江。乌江亭长舣船待，谓项王曰："江东虽小，地方千里，众数十万人，亦足王也。愿大王急渡。今独臣有船，汉军至，无以渡。"项王笑曰："天之亡我，我何渡为！且籍与江东子弟八千人渡江而西，今无一人还，纵江东父兄怜而王我，我何面目见之？纵彼不言，籍独不愧于心乎？”乃谓亭长曰：“吾知公长者。吾骑此马五岁，所当无敌，尝一日行千里，不忍杀之，以赐公。”乃令骑皆下马步行，持短兵接战。独籍所杀汉军数百人。项王身亦被十余创。顾见汉骑司马吕马童，曰：“若非吾故人乎？”马童面之，指王翳曰：“此项王也。”项王乃曰：“吾闻汉购我头千金，邑万户，吾为若德。”乃自刎而死。王翳取其头，余骑相蹂践争项王，相杀者数十人。最其后，郎中骑杨喜，骑司马吕马童，郎中吕胜、杨武各得其一体。五人共会其体，皆是。故分其地为五：封吕马童为中水侯，封王翳为杜衍侯，封杨喜为赤泉侯，封杨武为吴防侯，封吕胜为涅阳侯。

【译文】

于是项王就准备向东渡过乌江。乌江亭长把船划靠到岸边等候项王，对项王说：“江东地区虽然不大，但是它土地纵横千里，民众几十万，也可以称为一个王国了。请大王尽快渡江。现在渡船只有我有，汉军到达后，没有船可以渡过去。”项王大笑说：“是上天要灭亡我。还渡江做什么呢！再说了，当年我曾率领八千名江东子弟兵渡江向西，今天却连一个能够回还的人都没有，纵然江东父兄可怜我而将我拥立为王，我又有何脸面去见他们呢？就算他们什么都不说，难道我就不在心中愧疚吗？”于是对亭长说：“我知道您是一位长者。这匹马跟了我有五年了，所向无敌，能日行千里，我实在不忍心把它杀掉，就把它送给您吧。”于是命令骑士全部下马步行，手持短小的兵器同汉军交战。项籍一人杀死了几百名汉军士卒。项王身上也有十几处伤，他回头看见汉军骑兵中的司马吕马童，说：“难道你不是我的故人吗？”吕马童仔细看后，就指着他对王翳说：“此人就是项王。”项王就说：“我听说汉王出资千金，悬赏封万户侯来购求我的人头，我把这个好处恩施给你吧。”于是就自刎而死。王翳割下项羽的头颅，其余的汉军骑士都相互厮杀争夺项王的尸身，自相残杀者有几十人。结果是：郎中骑杨喜，骑司马吕马童，郎中吕胜、杨武各自夺得项王的一部分尸身。五个人把所得的部分合并一处，正好是项羽的全身。于是就把悬赏的封地划分为五份：封吕马童为中水侯，封王翳为杜衍侯，封杨喜为赤泉侯，封杨武为吴防侯，封吕胜为涅阳侯。

【原文】

项王已死，楚地皆降汉，独鲁不下。汉乃引天下兵欲屠之，为其守礼义，为主死节，乃持项王头视鲁，鲁父兄乃降。始，楚怀王初封项籍为鲁公，及其死，鲁最后下，故以鲁公礼葬项王穀城。汉王为发哀，泣之而去。

诸项氏枝属，汉王皆不诛。乃封项伯为射阳侯。桃侯、平皋侯、玄武侯皆项氏，赐姓刘。

太史公曰：吾闻之周生曰“舜目盖重瞳子”，又闻项羽亦重瞳子。羽岂其苗裔邪？何兴之暴也！夫秦失其政，陈涉首难，豪杰蜂起，相与并争，不可胜数。然羽非有尺寸，乘势起陇亩之中，三年，遂将五诸侯灭秦，分裂天下，而封王侯，政由羽出，号为“霸王”，位虽不终，近古以来未尝有也。及羽背关怀楚，放逐义帝而自立，怨王侯叛己，难矣。自矜功伐，奋其私智而不师古，谓霸王之业，欲以力征经营天下，五年卒亡其国，身死东城，尚不觉寤而不自责，过矣。乃引“天亡我，非用兵之罪也”，岂不谬哉！

【译文】

项王去世后，楚地全部归降汉王，只有鲁地不肯投降。汉王于是就率领天下的军队准备将其灭亡，由于该地区的人恪守礼义，誓死为君王守节，于是就拿来项王的头让鲁地人观看，鲁地的百姓才肯投降。刚开始，楚怀王初次封项籍为鲁公，等他去世后，鲁地又是最后一个投降的地方，因此以鲁公的名义和葬礼埋葬项王于谷城。汉王为其发丧致哀，哭祭一通后离去。

对于项氏宗族各支属的人，汉王都没有诛杀。还把项伯封为射阳侯。桃侯、平皋侯、玄武侯，也都是项氏的族人，汉王赐他们刘姓。

太史公说：我从周生那里听说“舜的眼睛是两个瞳仁儿”，还听说项羽也是两个瞳仁儿。难道说他是舜的后代吗？不然为什么会兴起得这么突然呢！秦朝失去了治理国家的正道，陈涉首先发难，而后天下豪杰纷纷响应，互相兼并争夺，数不胜数。项羽虽然没有尺寸封地，却能乘势兴起于田间陇亩之中，仅三年的时间，就率领五路诸侯灭亡秦朝，分割天下，封王封侯，天下政事均由项羽主宰，号称“霸王”。他最后虽未得到善终，但是近古以来像这样的人也是没有过的。至项羽离开关中而迷恋楚地，放逐义帝而自立为王，再去埋怨王侯们背叛自己，也就很难了。他自夸功劳，只按照自己的想法办事而不师法古代。认为霸业要靠武力征服来统治天下。五年后终于亡国，死在东城，临死前还不觉悟、不自责，错得实在是不轻。还声称“是上天要亡我，并不是我用兵的过失”，这难道不是很荒谬吗？

【评析】

作者热情饱满地歌颂了项羽在灭秦过程中的卓越功绩，并给予充分肯定，而对于项羽由于自身落后的政治思想、错误的政策方略，以及项羽性格上的缺点所导致最终的失败，则表示极大的惋惜和同情。正像太史公所说，项羽临死前都还没有觉悟，声称是天要亡我，非我用兵之过，如此执迷不悟，难怪他会兵败垓下，自刎乌江。无论是当时，还是今天来看，不可一世的西楚霸王拥有百万之师，发迹于市井的刘邦无论如何都不能对其构成威胁。当然，项羽应该也是这种想法吧，所以他失去了在鸿门宴中除去刘邦的良机，这无异于放虎归山，也就注定了他无法成就大事的宿命。纵然是“力拔山兮气盖世”，也无法阻止“霸王别姬”的上演。所谓知彼知己，百战不殆。项羽不能客观地看待敌我双方的优劣之所在，再加上妇人之仁，才会兵败沙场，夫妻双双奔赴黄泉。霸王留给后人的是感慨和借鉴。李清照感慨道：“生当作人杰，死亦为鬼雄。至今思项羽，不肯过江东。”

第七章 汉高祖本纪

【原文】

高祖，沛丰邑中阳里人，姓刘氏，字季。父曰太公，母曰刘媪。其先刘媪尝息大泽之陂，梦与神遇。是时雷电晦冥，太公往视，则见蛟龙于其上。已而有身，遂产高祖。

高祖为人，隆准而龙颜，美须髯，左股有七十二黑子。仁而爱人，喜施，意豁如也。常有大度，不事家人生产作业。及壮，试为吏，为泗水亭长，廷中吏无所不狎侮。好酒及色。常从王媪、武负贳酒，醉卧，武负、王媪见其上常有龙，怪之。高祖每酤留饮，酒雠数倍。及见怪，岁竟，此两家常折券弃责。

高祖常繇咸阳，纵观，观秦皇帝，喟然太息曰："嗟乎，大丈夫当如此也！"

【译文】

高祖，是沛县丰邑中阳里人，姓刘，字季。父亲为太公，母亲叫刘媪。高祖出生前，刘媪曾在大泽的堤岸上休息小睡，梦中和神相交合。当时电闪雷鸣，天色阴暗，太公来寻找，就发现一条蛟龙正卧在刘媪身上。不久刘媪就怀孕了，然后生了高祖。

高祖的相貌，高鼻梁而脸面有龙相，胡须很美，左腿上还有七十二颗黑痣。他性情宽厚爱人，爱好施舍，心胸宽广豁达。常显出大度宽宏的心怀，不肯从事平常人家的生产和经营等事情。他成年后，曾尝试着去做官，当了泗水亭长，对官府中的官吏没有不加以轻侮调侃的。他贪酒好色，常常到王媪和武负他们那里赊酒。他醉倒后，武负和王媪常见他的身上出现龙，他们感到吃惊。高祖每次在酒店中买酒畅饮，店中售出的酒达到平常的几倍。加之看到高祖醉卧出现的奇怪现象后，年底结账时，这两家酒店常常把赊账的竹简折断而放弃高祖所欠的酒钱。

高祖曾到咸阳服徭役，大开眼界，他看到了秦始皇，就颇为感慨地说："啊，大丈夫就应当这样啊！"

【原文】

单父人吕公善沛令，避仇从之客，因家沛焉。沛中豪杰吏闻令有重客，皆往贺。萧何为主吏，主进，令诸大夫曰："进不满千钱，坐之堂下。"高祖为亭长，素易诸吏，乃绐为谒曰"贺钱万"，实不持一钱。谒入，吕公大惊，起，迎之门。吕公者，好相人，见高祖状貌，因重敬之，引入坐。萧何曰："刘季固多大言，少成事。"高祖因狎侮诸客，遂坐上坐，无所诎。酒阑，吕公因目固留高祖。高祖竟酒，后。吕公曰："臣少好相人，相人多矣，无如季相，愿季自爱。臣有息女，愿为季箕帚妾。"酒罢，吕媪怒吕公曰："公始常欲奇此女，与贵人。沛令善公，求之不与，何自妄许与刘季？"吕公曰："此非儿女子所知也。"卒与刘季。吕公女乃吕后也，生孝惠帝、鲁元公主。

【译文】

单父人吕公，和沛县令交好，为了避开仇人，他跟从沛县令到沛县，因而把家安在沛县定居下来。沛县地区的豪杰和官吏听说县令有贵客来临，纷纷前去道贺。萧何当时是县令的属官，负责收受贺礼之事，他对众宾客说："所送贺礼不满千钱的人，在堂下就座。"身为亭长的高祖，平常就看不起县中官吏，于是就写了一张礼单谎称"贺钱一万"，实际上他一文钱都没有带来。他进门拜谒，吕公见到他就非常惊奇，起身到门前迎接。吕公爱给人相面，他看到高祖的相貌，很是敬重他，引他入座。萧何说："刘季总说大话，却没有做成过什么事。"高祖因受吕公的敬重而对众宾客随意轻辱，就坐在上座，毫不谦让。酒宴喝到尽兴时，吕公示意恳请高祖留下。高祖喝完了酒，直到最后。吕公说："我从小就善于给人看相，让我看相的人已有很多，但却没有谁能跟你的相貌相比，我希望你能好自珍爱。我有一个女儿，愿意把她嫁给你作为你的洒扫妻。"酒宴结束后，吕媪对吕公埋怨道："你平时总认为女儿奇特不寻常，要把她嫁给贵人。沛令和你交好，他来求婚你都没有答应，为何你却盲目地把女儿许嫁给刘季呢？"吕公说："这事不是你们妇人家所能知道的。"最终把女儿嫁给了刘季。吕公的女儿就是吕后，她生了孝惠帝和鲁元公主。

【原文】

高祖为亭长时，常告归之田。吕后与两子居田中耨，有一老父过请饮，吕后因餔之。老父相吕后曰："夫人天下贵人。"令相两子，见孝惠，曰："夫人所以贵者，乃此男也。"相鲁元，亦皆贵。老父已去，高祖适从旁舍来，吕后具言客有过，相我子母皆大贵。高祖问，曰："未远。"乃追及，问老父。老父曰："乡者夫人婴儿皆似君，君相贵不可言。"高祖乃谢曰："诚如父言，不敢忘德。"及高祖贵，遂不知老父处。

高祖为亭长，乃以竹皮为冠，令求盗之薛治之，时时冠之，及贵常冠，所谓"刘氏冠"乃是也。

【译文】

高祖当亭长的时候，经常请假回家处理农事。吕后带两个孩子在田里除草。有一位路过田间的老翁来讨水喝，吕后顺便还给了他一些饭吃。老翁仔细审视了吕后的相貌后说："夫人是天下的贵人。"吕后又让他替两个孩子相面，老翁看着孝惠帝说："夫人所以能尊贵，就是由于这个男孩子。"为鲁元公主看相，也说是贵人相。老翁走后，正好高祖从一旁的田舍走来，吕后就详细地讲述了有一位路过的老翁，给他们母子看相，说他们都是大贵人。高祖问此人现在何处，吕后说："还没有走远。"于是高祖追上了老翁，向他询问面相的说辞。老父说："刚才我看过的夫人和孩子都和你的面相相似，你的相貌高贵得无法用语言来表达。"高祖感激地说："如果真像老人家所预言的，我不会忘记您的恩德。"等到高祖贵为天子后，却不知道这位老人在哪里。

高祖担任亭长，就把竹皮做成帽子戴，让担任捕盗的差役到薛地去找人制作，以后他便经常戴这种竹皮冠，等到后来显贵了还经常戴着，后来人们所说的“刘氏冠”指的就是这种帽子。

【原文】

高祖以亭长为县送徒郦山，徒多道亡。自度比至皆亡之，到丰西泽中，止饮，夜乃解纵所送徒。曰：“公等皆去，吾亦从此逝矣！”徒中壮士愿从者十余人。高祖被酒，夜径泽中，令一人行前。行前者还报曰：“前有大蛇当径，愿还。”高祖醉，曰：“壮士行，何畏！”乃前，拔剑击斩蛇。蛇遂分为两，径开。行数里，醉，因卧。后人来至蛇所，有一老妪夜哭。人问何哭，妪曰：“人杀吾子，故哭之。”人曰：“妪子何为见杀？”妪曰：“吾，白帝子也，化为蛇，当道，今为赤帝子斩之，故哭。”人乃以妪为不诚，欲苦之，妪因忽不见。后人至，高祖觉。后人告高祖，高祖乃心独喜，自负。诸从者日益畏之。

秦始皇帝常曰“东南有天子气”，于是因东游以厌之。高祖即自疑，亡匿，隐于芒、砀山泽岩石之间。吕后与人俱求，常得之。高祖怪问之。吕后曰：“季所居上常有云气，故从往常得季。”高祖心喜。沛中子弟或闻之，多欲附者矣。

【译文】

高祖以亭长的身份负责遣送本县去修郦山墓的徒隶，很多徒隶在道途中逃亡。高祖估计到了郦山，这些人就全逃光了，他们到达丰西的大泽中，停下饮酒，到了夜里就把他们都放了。高祖说：“你们都逃走吧，我从此也远走高飞逃命去了！”徒隶中有十余人不愿离开高祖。高祖喝了酒，夜里行走在草泽中的小道上，他命一人在前面开道。那人跑回来报告说：“前面有一条大蛇挡在道路中间，请退回去。”高祖醉了，他说：“壮士前行，有什么好怕的！”就继续往前走，拔出宝剑就把那条大蛇斩杀了。大蛇就被砍为两段，小路也就通畅无阻了。又走了几里，酒醉得厉害，于是卧倒在地。后面的人来到有蛇的地方，看到有个老妇人在哭泣，问她为什么哭，老妇人说：“有人把我的儿子杀了，我在哭我的儿子。”来人又问："你儿子为何被杀了？"老妇人说："我儿子是白帝的儿子，他变成一条白蛇挡在路上，现在他被赤帝的儿子杀了，所以我在痛苦。"来人听完感觉老妇人的话不是真的，想要打他，可是老妇人却突然不见了。这些人到了高祖醉卧的地方，高祖正好酒醒，来人就把所遇之事告诉了高祖，高祖听后心里暗喜，自认为是赤帝之子。跟随他的人也对他一天天地敬畏起来。

秦始皇常说"东南地区有象征天子的云气"，于是他因此向东巡视企图镇压下去。高祖自己怀疑始皇这样做是冲着他来的，于是就逃亡隐藏起来，在芒山和砀山一带的山泽岩石之间，吕后和别人一起寻找高祖，总是能找到他，高祖感到奇怪，问他们为什么总能找到自己，吕后说："刘季所在的地方，上空总是环绕着云气，于是我就总是能追随云气而找到刘季。"高祖心中窃喜。沛县的一些年轻人听说此事后，很多人都愿意随从他。

【原文】

秦二世元年秋，陈胜等起蕲，至陈而王，号为"张楚"。诸郡县皆多杀其长吏以应陈涉。沛令恐，欲以沛应涉。掾、主吏萧何、曹参乃曰："君为秦吏，今欲背之，率沛子弟，恐不听。愿君召诸亡在外者，可得数百人，因劫众，众不敢不听。"乃令樊哙召刘季。刘季之众已数十百人矣。

于是樊哙从刘季来。沛令后悔，恐其有变，乃闭城城守，欲诛萧、曹。萧、曹恐，逾城保刘季。刘季乃书帛射城上，谓沛父老曰："天下苦秦久矣。今父老虽为沛令守，诸侯并起，今屠沛。沛今共诛令，择子弟可立者立之，以应诸侯，则家室完。不然，父子俱屠，无为也。"父老乃率子弟共杀沛令，开城门迎刘季，欲以为沛令。刘季曰："天下方扰，诸侯并起，今置将不善，一败涂地。吾非敢自爱，恐能薄，不能完父兄子弟。此大事，愿更相推择可者。"萧、曹等皆文吏，自爱，恐事不就，后秦种族其家，尽让刘季。诸父老皆曰："平生所闻刘季诸珍怪，当贵，且卜筮之，莫如刘季最吉。"于是刘季数让。众莫敢为，乃立季为沛公。祠黄帝，祭蚩尤于沛庭，而衅鼓旗，帜皆赤。由所杀蛇白帝子，杀者赤帝子，故上赤。于是少年豪吏如萧、曹、樊哙等皆为收沛子弟二三千人，攻胡陵、方与，还守丰。

【译文】

秦二世元年秋天，陈胜等人在蕲起义，到了陈地的时候，陈胜自立为王，定号为“张楚”。很多郡县的人纷纷杀掉自己的长官来响应陈胜。沛县县令恐惧了，也想在沛县反秦以响应陈胜。狱掾曹参和主吏萧何于是说：“你是秦朝的官吏，现在却要反叛，率领沛县的子弟起义，恐怕他们不服从你的领导。希望你能够把那些逃亡在外的人召集回来，这样可以得到几百人，用他们来驱使众人，就没有人敢不服从了。”于是县令就命樊哙去招刘季。此时刘季的部众已经壮大到几十近百人了。

于是樊哙同刘季一起前来。沛县县令突然反悔，他担心刘季来了会威胁到自己，于是就紧闭城门，准备诛杀曹参和萧何。此二人受惊，就逃出城来辅佐刘季。于是刘季写了一串帛书射到城上，向沛县的父老宣布说：“天下百姓受秦的残暴统治已经很久了。现在沛县父老即使为县令守城，但是诸侯一同反秦，眼看就要屠戮到沛县了。倘若沛县的人现在共同把县令诛杀，从年轻人中扶立一个可以胜任的人，以此来响应诸侯，那样也可以保全家室。否则父子家人被屠戮，还能有什么作为呢？”于是沛县父老就率领子弟一起杀死县令，打开城门迎接刘季，要选他做县令。刘季说：“天下正值大乱之时，诸侯并起，如今若选首领不妥当，则会一败涂地。我不是爱惜自身，而是怕能力微浅，不能保全沛县的父老子弟。这事非同小可，我希望大家还是重新推选一个能胜任的人。”萧何和曹参都是文官，而且他们都很顾惜自己的身体，怕事败后被秦诛灭家族。因此他们也全都推让给刘季。乡亲父老都说：“平时常听说关于刘季的一些非凡的事迹，刘季必然显贵，而且我们还占卜过，谁都比不上刘季吉利。”在此情况下，刘季多次推让，但是众人还是没有人肯出任县令，于是拥立刘季为沛公。刘季对黄帝进行祭祀，然后又在沛县的公庭中祭祀了蚩尤，并其举行了典礼，把血涂在旗上并祭祀血鼓。旗帜都是红色的，因为他杀的那条蛇是白帝的儿子，而杀这条白蛇的人是赤帝的儿子，所以就把赤色作为尊贵的颜色。于是沛公收集了萧何、曹参和樊哙等少年豪吏在内的沛县子弟二三千人，对胡陵、方与等地发动进攻，退回后在丰邑据守。

【原文】

秦二世二年，陈涉之将周章军西至戏而还。燕、赵、齐、魏皆自立为王。项氏起吴。秦泗川监平将兵围丰，二日，出与战，破之。命雍齿守丰，引兵之薛。泗州守壮败于薛，走至戚，沛公左司马得泗川守壮，杀之。沛公还军亢父，至方与，未战。陈王使魏人周市略地。周市使人谓雍齿曰："丰，故梁徙也。今魏地已定者数十城。齿今下魏，魏以齿为侯守丰。不下，且屠丰。"雍齿雅不欲属沛公，及魏招之，即反为魏守丰。沛公引兵攻丰，不能取。沛公病，还之沛。沛公怨雍齿与丰子弟叛之，闻东阳宁君、秦嘉立景驹为假王，在留，乃往从之，欲请兵以攻丰。是时秦将章邯从陈，别将司马尼将兵北定楚地，屠相，至砀。东阳宁君、沛公引兵西，与战萧西，不利。还收兵聚留，引兵攻砀，三日乃取砀。因收砀兵，得五六千人。攻下邑，拔之。还军丰。闻项梁在薛，从骑百余往见之。项梁益沛公卒五千人，五大夫将十人。沛公还，引兵攻丰。

【译文】

秦二世二年，陈涉的将领周章率军向西进攻直到戏水后退回。燕、赵、齐、魏等地豪杰纷纷自立为王。项氏在吴地起兵。秦国泗川郡监叫作平，他率领秦军把丰邑包围，两天后，沛公率领众人出城去迎战平率领的军队，将其打败。沛公命雍齿守卫丰邑，自己带兵去薛地。泗川县守叫作壮，他在薛地被沛公打败，逃到了戚县，在哪里被沛公的左司马捕获诛杀。沛公回师在亢父驻军，到达了方与，没有发生战斗。陈王派周市去攻取土地。周市派人告诉雍齿说："丰邑本来是梁惠王孙假被秦灭后迁徙的地方。如今魏地已经被平定了几十座城邑。你如果现在归降魏国，我们就要屠戮丰邑。"雍齿本来就不想附属沛公，等到魏国来招降他，就立即反叛，开始替魏国据守丰邑。沛公带人攻打丰邑，没能攻下。沛公病倒，军队退守沛县。沛公对雍齿和丰邑的子弟背叛他而怀恨在心，他听说东阳宁君、秦嘉把景驹扶立为代王，在留城驻军，就去那里附从他们，想让他们一起出兵攻打丰邑。此时，秦国的将领章邯由陈地进攻其他地区，他的部将司马尼另率一支军队向北平定楚地，对相城据守的军民进行屠戮，到达砀郡。东阳宁君和沛公率军向西方进攻，他们在萧县的西面交战，没能取胜，就退回来收兵聚集在留城，然后又率军攻打砀郡，经过多次激战终于把砀郡拿下。于是收集了砀地的兵卒，得到五六千人。接着他们又攻克了下邑，回师丰邑。沛公听说项梁在薛地，就率领随从骑兵一百多名前往见项梁，项梁给了他五千名兵卒以及十名五大夫级别的将领。沛公回来后，就率军对丰邑发动进攻。

【原文】

从项梁月余，项羽已拔襄城还。项梁尽召别将居薛。闻陈王定死，因立楚后怀王孙心为楚王，治盱台。项梁号武信君。居数月，北攻亢父，救东阿，破秦军。齐军归，楚独追北，使沛公、项羽别攻城阳，屠之。军濮阳之东，与秦军战，破之。

秦军复振，守濮阳，环水。楚军去而攻定陶，定陶未下。沛公与项羽西略地至雍丘之下，与秦军战，大破之，斩李由。还攻外黄，外黄未下。

项梁再破秦军，有骄色。宋义谏，不听。秦益章邯兵，夜衔枚击项梁，大破之定陶，项梁死。沛公与项羽方攻陈留，闻项梁死，引兵与吕将军俱东。吕臣军彭城东，项羽军彭城西，沛公军砀。

章邯已破项梁军，则以为楚地兵不足忧，乃渡河，北击赵，大破之。当是之时，赵歇为王，秦将王离围之钜鹿城，此所谓河北之军也。

【译文】

沛公附从项梁一个多月以后，项羽已经把襄城攻克而回军。项梁召集所有在外统兵的将领到薛城。他听说陈王确实是已死，就把楚王的后代怀王的孙子熊心拥立为楚王，都城为盱台。项梁称号为武信君。几个月后，向北攻伐亢父，援救东阿，把秦军打败。齐国的军队回归齐地，楚军单独追击败逃的敌人，另外派沛公和项羽率军进攻城阳，城阳的守军被屠戮。在濮阳东面驻军，和秦军交战，并将秦军打败。

秦军又重振军威，在濮阳城据守，把河堤决开，放水环卫全城。楚军离开濮阳去攻打定陶，没能攻下。沛公和项羽向西进攻直到雍丘城下，和秦军交战，秦军大败，并把李由斩杀。他们回师进攻外黄，没能攻下。

项梁第二次把秦军打败，骄傲的情绪滋生。宋义劝说骄兵必败，项梁不听。秦国增派了章邯的军队，趁夜幕来临，口中衔着竹枚来偷袭项梁的军队，楚军在定陶被打败，项梁战死。沛公和项羽正进攻陈留，闻说项梁战死，就率军同吕将军一起向东撤军。吕臣在彭城东边驻军，项羽在彭城西边驻军，沛公在砀县驻军。

章邯把项梁的军队打败后，便认为楚国地区的义军不足为患，就渡过黄河，向北攻打赵国，大胜。在这个时候，赵歇自立为赵王，他的军队被秦将王离的军队包围在钜鹿城中，在钜鹿的军队即所谓的河北军。

【原文】

秦二世三年，楚怀王见项梁军破，恐，徙盱台都彭城，并吕臣、项羽军自将之。以沛公为砀郡长，封为武安侯，将砀郡兵。封项羽为长安侯，号为鲁公。吕臣为司徒，其父吕青为令尹。

赵数请救，怀王乃以宋义为上将军，项羽为次将，范增为末将，北救赵。令沛公西略地入关。与诸将约，先入定关中者王之。

当是时，秦兵强，常乘胜逐北，诸将莫利先入关。独项羽怨秦破项梁军，奋，愿与沛公西入关。怀王诸老将皆曰："项羽为人僄悍猾贼。项羽尝攻襄城，襄城无遗类，皆坑之，诸所过无不残灭。且楚数进取，前陈王、项梁皆败。不如更遣长者扶义而西，告谕秦父兄。秦父兄苦其主久矣，今诚得长者往，毋侵暴，宜可下。今项羽僄悍，今不可遣。独沛公素宽大长者，可遣。"卒不许项羽，而遣沛公西略地，收陈王、项梁散卒。乃道砀至成阳，与杠里秦军夹壁，破秦二军。楚军出兵击王离，大破之。

【译文】

秦二世三年，楚怀王看到项梁的军队战败，感到害怕了，就把都城由盱台迁到彭城，并合并吕臣和项羽的军队，亲自统领。任沛公为砀郡长，封为武安侯，统领砀郡的军队。项羽被封为长安侯，封号为鲁公。吕臣任司徒，其父吕青任令尹。

赵国多次向楚军请求救援，怀王就任宋义为上将军，项羽为次将军，范增为末将军，率军向北援助赵国。命沛公向西攻取土地进入关中。同各将领订立盟约，先进入关中的就可被封为关中王。

这个时候，秦军还很强盛，常常是乘胜追击败退的诸侯国的军队，众将领无人认为首先入关去攻打秦军是件有利的事。只有项羽因项梁的军队被秦军打败而痛恨秦军，所以很激愤，定要同沛公一起向西进军攻入关中。怀王手下的一些老将领们都说：“项羽这个人性情急躁凶悍而好兴祸端。他曾攻打襄城，攻下后，那里没有一个活下来的人，全城人都被他活埋，他所到之处无不受到残酷地毁灭。而且楚军多次进兵想夺取关中，前有陈王和项梁的西进，他们都没成功。不如改派一位宽厚仁义的长者，以仁义的方式向西进攻，给秦国父老兄弟讲明道理。秦国民众已经因他们君主的残暴而受苦很久了，如今倘若真能让一位宽厚长者前往，不用侵伐残暴的手段，秦地应该是可以不攻自破的。如今项羽暴躁凶悍，不能派他去。唯有沛公平素宽大，且年长稳重，可派他前去。”怀王最终没有答应项羽的请求，而是派沛公向西进攻。沛公把原属于陈王、项梁而被秦军打散的士卒收集在一起。就路过砀城到达成阳，和杠里的秦军对垒，秦的两支军队都被消灭。与此同时，楚军也在河北进攻王离的军队，这支秦军也被打得大败。

【原文】

沛公引兵西，遇彭越昌邑，因与俱攻秦军，战不利。还至栗，遇刚武侯，夺其军，可四千余人，并之。与魏将皇欣、魏申徒武蒲之军并攻昌邑，昌邑未拔。西过高阳。郦食其监门，曰：“诸将过此者多，吾视沛公大人长者。”乃求见说沛公。沛公方踞床，使两女子洗足。郦生不拜，长揖，曰：“足下必欲诛无道秦，不宜踞见长者。”于是沛公起，摄衣谢之，延上坐。食其说沛公袭陈留，得秦积粟。乃以郦食其为广野君，郦商为将，将陈留兵，与偕攻开封，开封未拔。西与秦将杨熊战白马，又战曲遇东，大破之。杨熊走之荥阳，二世使使者斩以徇。南攻颍阳，屠之。因张良遂略韩地轘辕。

【译文】

沛公率军继续向西进，在昌邑县遇到了彭越，于是就和彭越的军队一起进攻秦军，没有取胜，他们回军到达栗县，又遇到刚武侯，夺了人家的军队，获得了大约四千多人，合并在一起，然后同魏将皇欣、魏国申徒武蒲的军队联合攻打昌邑，没有攻克。又向西路过高阳。高阳人郦食其对守城门的官吏说："路过这里的将领有很多，但依我看只有沛公是一位心胸宽大的长者。"于是他求见并游说沛公。沛公正在床边坐着，命两个女子给他洗脚。郦食其进见而没有行拜礼，只是作了一个揖，他说："您如果真想诛伐无道的暴秦，就不能坐着接见长者。"因而沛公起身，穿戴好衣服向他道歉，请他坐在上座。郦食其劝沛公袭击陈留，拿到秦积存在陈留的粮食。陈留被攻下后，封郦食其就被沛公封为广野君，担任将军，率领陈留的军队，同沛公一起攻打开封，没能取胜。又率军向西和秦将杨熊在白马交战，又在曲遇东面交战，把这支秦军彻底打垮。杨熊逃到荥阳，秦二世命使者斩杀了战败的杨熊以示众。沛公向南攻打颍阳，那里坚守不降的军队被屠戮。又凭借张良之力就把韩地轘辕占领了。

【原文】

当是时，赵别将司马卬方欲渡河入关，沛公乃北攻平阴，绝河津。南，战雒阳东，军不利，还至阳城，收军中马骑，与南阳守齮战犨东，破之。略南阳郡，南阳守齮走，保城守宛。沛公引兵过而西。张良谏曰："沛公虽欲急入关，秦兵尚众，距险。今不下宛，宛从后击，强秦在前，此危道也。"于是沛公乃夜引兵从他道还，更旗帜，黎明，围宛城三匝。南阳守欲自刭。其舍人陈恢曰："死未晚也。"乃逾城见沛公，曰："臣闻足下约，先入咸阳者王之。今足下留守宛。宛，大郡之都也，连城数十，人民众，积蓄多，吏人自以为降必死，故皆坚守乘城。今足下尽日止攻，士死伤者必多；引兵去宛，宛必随足下后：足下前则失咸阳之约，后又有强宛之患。为足下计，莫若约降，封其守，因使止守，引其甲卒与之西。诸城未下者，闻声争开门而待，足下通行无所累。"沛公曰："善。"乃以宛守为殷侯，封陈恢千户。引兵西，无不下者。至丹水，高武侯鳃、襄侯王陵降西陵。还攻胡阳，遇番君别将梅销，与皆，降析、郦。遣魏人宁昌使秦，使者未来。是时章邯已以军降项羽于赵矣。

【译文】

这时候，赵国的别将司马卬正在打算渡过黄河进入关中，沛公就向北攻打平阴，把司马卬渡河所要经过的黄河渡口断绝了。又向南进军，在洛阳东面同秦军交战，没能得胜，回军到达阳城，把军中的战马车骑收整后又与南阳郡守吕齮在犨地的东面交战，取得胜利。把南阳郡占领，南阳太守吕齮逃跑，据守宛城。沛公率军绕过宛城继续向西进军。张良劝阻说："沛公虽然急切地想要攻入关中，但是秦军仍然有很多，而且又凭借着险关拒守。现在若不攻克宛城，那么宛城的秦军就会攻击我军后方，强大的秦军主力又会在前面挡着，这条路很危险。"于是沛公就率军另选道路趁着夜幕返回，变换了旗帜，黎明时分，把宛城重重包围。南阳郡守想自杀，其舍人陈恢说："现在还不到死的时候呢。"于是他越过城墙来会见沛公，说："我听说您与众将领订立了盟约，先入咸阳的就可以称王关中。现在您停留下来围守着宛城。宛城是大郡的都城，联结着几十座城市，人口众多，积蓄的物品也很多，官吏们认为投降必然会被杀，因此都决心据城坚守。现今您整天停留在这里进行攻城，士卒一定有很多人死伤；率军离开宛城，宛城的军队必定会尾随您，在身后追击，这样，您在前面已无法占领关中之地，后面又有着强大的宛城军队的威胁。我为您着想，干脆订立盟约而招降宛城，封赏它的郡守，因而让他留守南阳，率领他的军队一起向西。那些还没有被占领的城邑，听说您招降的消息就会争先恐后地打开城门来迎接您，这就会使您向咸阳行进的道路畅通无阻。"沛公说："非常好。"就把宛城的南阳郡守封为殷侯，把陈恢封为千户侯。率君西进，城邑无不归附。到达丹水，高武侯戚鳃和襄侯王陵都在西陵投降。回师向胡阳进攻，碰到番君的别将梅鋗，便联合他一起作战，招降了析城和郦城。派魏人宁昌出使秦国，使者还没回来，章邯就已经在赵地带领秦军投降了项羽。

【原文】

初，项羽与宋义北救赵，及项羽杀宋义，代为上将军，诸将黥布皆属，破秦将王离军，降章邯，诸侯皆附。及赵高已杀二世，使人来，欲约分王关中。沛公以为诈，乃用张良计，使郦生、陆贾往说秦将，啖以利，因袭攻武关，破之。又与秦军战于蓝田南，益张疑兵旗帜，诸所过毋得掠卤，秦人憙，秦军解，因大破之。又战其北，大破之。乘胜，遂破之。

汉元年十月，沛公兵遂先诸侯至霸上。秦王子婴素车白马，系颈以组，封皇帝玺符节，降轵道旁。诸将或言诛秦王。沛公曰："始怀王遣我，固以能宽容；且人已服降，又杀之，不祥。"乃以秦王属吏，遂西入咸阳。欲止宫休舍，樊哙、张良谏，乃封秦重宝财物府库，还军霸上。召诸县父老豪杰曰："父老苦秦苛法久矣，诽谤者族，偶语者弃市。吾与诸侯约，先入关者王之，吾当王关中。与父老约，法三章耳：杀人者死，伤人及盗抵罪。余悉除去秦法。诸吏人皆案堵如故。凡吾所以来，为父老除害，非有所侵暴，无恐！且吾所以还军霸上，待诸侯至而定约束耳。"乃使人与秦吏行县乡邑，告谕之。秦人大喜，争持牛羊酒食献飨军士。沛公又让不受，曰："仓粟多，非乏，不欲费人。"人又益喜，唯恐沛公不为秦王。

【译文】

当初，项羽和宋义一起北进救援赵国，等到项羽杀了宋义后，代替他当上楚军的上将军，黥布等众将领都由项羽指挥，把秦将王离的军队打败，降服了章邯，诸侯都归附项羽。赵高杀了秦二世以后，就派人前来，想与沛公订立盟约来分割关中的土地而各自称王。沛公觉得这是阴谋诡计，就按照张良的计策，派郦食其和陆贾去劝说秦国将领，用利益引诱他们；沛公趁机进攻武关，打败守关的秦军。接着又同秦军在蓝田南面展开交战，用多种旗帜来迷惑秦军以造成沛公军队众多的假象，所过之处不准掳掠，秦国人很高兴，秦军瓦解，因而被打垮。又在蓝田北面同秦军展开交战，大败秦军，又乘胜追击，秦军就彻底土崩瓦解了。

汉王元年十月，沛公的军队比诸侯们的军队先到霸上。秦王子婴坐着用白马拉着的素车，把绳子套在脖颈上，奉上皇帝的玺印符节，在轵道旁向沛公投降。将领中有人提议诛杀秦王。沛公说："刚开始怀王派我向西进军入关，主要是因为我能宽容待人；况且人家已经屈服投降，如果再要谋杀他，就说不过去了。"就命官吏们看守秦王，接着向西进入咸阳。沛公想住进秦国的宫室中休息，樊哙和张良极力劝阻，才将秦国的重宝财物府库封藏了，退回后驻军霸上。沛公召来各县父老豪杰说："父老乡亲受到暴秦苛法的痛苦已很久，民众只要说一些同朝廷不一致的话就会被定为诽谤罪而诛灭家族，人们相互私语就会被诛杀示众。我和诸侯立了盟约，谁先入关谁就做关中地区的王，因此我应该是关中王。我同父老们订立盟约，约法三章：杀人的处死刑，伤人和盗抢他人财物的要各当其罪。其余秦法全部废除。各级官吏都像以前那样各司其职。我之所以来伐秦，就是为了替乡亲父老除害，而不是为了对你们侵凌施暴，诸位不用害怕！而且我退兵在霸上驻守的原因，是为了等候诸侯到来共同制定一个约法。"于是就派人和秦朝官吏巡行各县乡城邑，向民众讲明情况。秦国人很高兴，争先恐后地拿来牛羊酒食等物以慰劳沛公的军士。沛公谦让而不肯接受这些馈赠，说："仓库中有很多粮食，我们不缺这些，我不想让大家为此破费。"众人更加高兴，都担心沛公不在关中称王。

【原文】

或说沛公曰："秦富十倍天下，地形强。今闻章邯降项羽，项羽乃号为雍王，王关中。今则来，沛公恐不得有此。可急使兵守函谷关，无内诸侯军，稍征关中兵以自益，距之。"沛公然其计，从之。十一月中，项羽果率诸侯兵西，欲入关，关门闭。闻沛公已定关中，大怒，使黥布等攻破函谷关。十二月中，遂至戏。沛公左司马曹无伤闻项王怒，欲攻沛公，使人言项羽曰："沛公欲王关中，令子婴为相，珍宝尽有之。"欲以求封。亚父劝项羽击沛公。方飨士，旦日合战。是时项羽兵四十万，号百万。沛公兵十万，号二十万，力不敌。会项伯欲活张良，夜往见良，因以文谕项羽，项羽乃止。沛公从百余骑，驱之鸿门，见谢项羽。项羽曰："此沛公左司马曹无伤言之。不然，籍何以生此！"沛公以樊哙、张良故，得解归。归，立诛曹无伤。

项羽遂西，屠烧咸阳秦宫室，所过无不残破。秦人大失望，然恐，不敢不服耳。

【译文】

有人劝说沛公："秦国的财富是全天下的十倍，又占有优越的地理条件。如今听说章邯投降了项羽，项羽封他为雍王，让他称王关中。现在他们如果来到关中，我恐怕您就不能拥有关中地区了。应立即派兵把守函谷关，阻止诸侯军队进入。逐渐征集一些关中地区的士卒来壮大自己的军力，以对抗他们。”沛公认为很有道理，就照此行事。十一月中旬，项羽果然率领诸侯军队向西行进，在即将进入函谷关时，关门却关上了。他听说沛公已经把关中地区平定，怒火中烧，就派黥布等人攻克了函谷关。十二月中旬，就到了戏地。沛公的左司马曹无伤听说项羽大怒并且要攻伐沛公，他就派人告诉项羽：“沛公想在关中称王，他让子婴担任丞相，秦国的珍宝都收入自己囊中。”他想用这种方式来讨好项羽，以求得他的封爵。亚父范增劝项羽攻伐沛公。当时他们让士卒吃得饱饱的，以备第二天早晨日出时同沛公作战。这时项羽的军队为四十万，号称百万。沛公的军队为十万，号称二十万，力量根本无法与项羽抗衡。正好项伯想救张良，就连夜赶到霸上去见张良，沛公、张良则借机给项羽写了一封信，陈明道理，项羽才停止了向沛公进攻。沛公率领一百多名随从骑兵来到鸿门，见了项羽并表示歉意。项羽说：“这是沛公您的左司马曹无伤告诉我的，否则，我是不会起疑心的。”沛公凭借樊哙和张良的智勇相助才得以逃离危难返回军中。沛公回到军中就立即诛杀了曹无伤。

项羽于是就向西进军，咸阳城内的秦宫室被屠戮和焚烧，项羽所到之处无不遭到摧毁和毁灭的。秦地人感到很失望，但是由于害怕，也不敢不服从。

【原文】

项羽使人还报怀王。怀王曰：“如约。”项羽怨怀王不肯令与沛公俱西入关，而北救赵，后天下约。乃曰：“怀王者，吾家项梁所立耳，非有功伐，何以得主约！本定天下，诸将及籍也。”乃详尊怀王为义帝，实不用其命。

正月，项羽自立为西楚霸王，王梁、楚地九郡，都彭城。负约，更立沛公为汉王，王巴、蜀、汉中，都南郑。三分关中，立秦三将：章邯为雍王，都废丘；司马欣为塞王，都栎阳；董翳为翟王，都高奴。楚将瑕丘申阳为河南王，都洛阳。赵将司马卬为殷王，都朝歌。赵王歇徙王代。赵相张耳为常山王，都襄国。当阳君黥布为九江王，都六。怀王柱国共敖为临江王，都江陵。番君吴芮为衡山王，都邾。燕将臧荼为燕王，都蓟。故燕王韩广徙王辽东。广不听，臧荼攻杀之无终。封成安君陈余河间三县，居南皮。封梅销十万户。

【译文】

项羽派人回去报告请示怀王。怀王说："按约定行事。"项羽对怀王怀有怨恨，由于不派遣他与沛公一起西进入关，却让他向北进军去救援赵国，所以才使他在争取谁先入关称王的盟约中落后。于是项羽说："怀王此人，是项梁扶立的，他并没有做王的资格，凭什么来主持订立盟约！真正平定天下的人是众将军和我。"于是就假意尊奉怀王为义帝，但实际上是阳奉阴违，不听从他的命令。

正月，项羽自立为西楚霸王，统治梁、楚地区的九个郡，都城为彭城。他背弃前约，另立沛公为汉王，统治巴、蜀和汉中地区，国都为南郑。关中地区被一分为三，秦国的三位降将被立为王：章邯为雍王，都城为废丘；司马欣为塞王，都城为栎阳；董翳为翟王，都城为高奴；楚将瑕丘申阳为河南王，都城为洛阳；赵国的将军司马卬为殷王，都城是朝歌；赵王歇被迁为代王。赵相张耳为常山王，都城是襄国；当阳君黥布为九江王，都城是六城；怀王的柱国共敖被封为临江王，以江陵为都城。番君吴芮为衡山王，都城是邾；燕国将军臧荼为燕王，都城是蓟；原来的燕王韩广被迁到辽东为王。韩广不听，臧荼攻打他到无终，并把他杀死在那里。河间地区的三个县被封给了成安君陈余，他在南皮居住。梅销被封为万户侯。

【原文】

四月，兵罢戏下，诸侯各就国。汉王之国，项王使卒三万人从，楚与诸侯之慕从者数万人，从杜南入蚀中。去辄烧绝栈道，以备诸侯盗兵袭之，亦示项羽无东意。至南郑，诸将及士卒多道亡归，士卒皆歌思东归。韩信说汉王曰："项羽王诸将之有功者，而王独居南郑，是迁也。军吏士卒皆山东之人也，日夜跂而望归，及其锋而用之，可以有大功。天下已定，人皆自宁，不可复用。不如决策东乡，争权天下。"

项羽出关，使人徙义帝。曰："古之帝者地方千里，必居上游。"乃使使徙义帝长沙郴县，趣义帝行，群臣稍倍叛之，乃阴令衡山王、临江王击之，杀义帝江南。项羽怨田荣，立齐将田都为齐王。田荣怒，因自立为齐王，杀田都而反楚；予彭越将军印，令反梁地。楚令萧公角击彭越，彭越大破之。陈余怨项羽之弗王己也，令夏说说田荣，请兵击张耳。齐予陈余兵，击破常山王张耳，张耳亡归汉。迎赵王歇于代，复立为赵王。赵王因立陈余为代王。项羽大怒，北击齐。

【译文】

四月，各路诸侯军队在戏下解散，诸侯各自回到自己的封国。汉王前往封国去，项王派给他三万随从，楚军和诸侯军中因仰慕汉王而自愿跟从的有几万人。汉王的军队路过杜县城南后进入蚀谷道。过去后就把栈道烧毁，断绝了道路，以防诸侯军的侵袭，同时也是为了向项王表明自己毫无向东进攻的意思。到了南郑，很多官兵在途中就已经逃亡回家，没有逃跑的都唱想要东归回家的歌。韩信劝汉王道：“项羽把立功的各位将军分封为王，唯独您被封在南郑，这是对您的迁徙贬黜。官兵均为太行山以东的人，他们整日盼着回归故乡，利用他们这种急切思乡的心情，可以建立大功。若是天下安定后，人人安居乐业，那时将无便利形势可利用了，干脆现在就决定向东发展，争夺统治天下的大权。”

项羽出了函谷关，就命人去迁徙义帝。他说：“古时候的帝王拥有方圆千里的地域，必定要在江河的上游居住。”于是他就让使者把义帝迁到长沙郴县，催促义帝赶快出发前往。义帝的群臣里有稍微违背项羽意志的行动，项羽就暗中命衡山王和临江王偷袭他们，结果义帝在江南被杀死。项羽对田荣当年不出兵援助项梁心怀怨恨，因此把齐将田都立为齐王。对此，田荣很气愤，于是自立为齐王，把田都杀死而反叛楚国；把印信授予彭越将军，命他在梁地造反。楚国命萧公角对彭越发动进攻，结果被彭越打败。陈余怨恨项羽没给自己封王，就让夏说去劝说田荣，请他调兵让陈余率兵攻伐张耳。齐国给陈余调拨了军队，把常山王张耳打败了，张耳逃亡归附了汉王。陈余把赵王歇从代地迎请回来，把他重新拥立为赵王。赵王因此把陈余封为代王。项羽得知此事后大怒，向北进军攻伐齐国。

【原文】

八月，汉王用韩信之计，从故道还，袭雍王章邯。邯迎击汉陈仓，雍兵败，还走；止战好畤，又复败，走废丘。汉王遂定雍地。东至咸阳，引兵围雍王废丘，而遣诸将略定陇西、北地、上郡。令将军薛欧、王吸出武关，因王陵兵南阳，以迎太公、吕后于沛。楚闻之，发兵距之阳夏，不得前。令故吴令郑昌为韩王，距汉兵。

二年，汉王东略地，塞王欣、翟王翳、河南王申阳皆降。韩王昌不听，使韩信击破之。于是置陇西、北地、上郡、渭南、河上、中地郡；关外置河南郡。更立韩太尉信为韩王。诸将以万人若以一郡降者，封万户。缮治河上塞。诸故秦苑囿园池，皆令人得田之，正月，虏雍王弟章平。大赦罪人。

汉王之出关至陕，抚关外父老，还，张耳来见，汉王厚遇之。

二月，令除秦社稷，更立汉社稷。

【译文】

八月，汉王根据韩信的计谋，从以前来汉中时所走过的故道还师关中，对雍王章邯发动了袭击。章邯在陈仓迎击汉军，雍国军队败走，在好畤县停下来又和汉军交战，再次战败，逃到了废丘。于是汉王把雍地平定了。向东行进到达咸阳，带兵把雍王围困在废丘，然后又派众将领攻取陇西、北地、上郡，并将那里平定。命将军薛欧和王吸率军出武关，借助于南阳的王陵军队，到沛县迎接太公和吕后。楚国得知此事，用兵阳夏以阻挡他们，使他们无法行进。又把原吴令郑昌封为韩王，在韩地阻挡汉王的军队。

二年，汉王向东进攻，塞王司马欣、翟王董翳、河南王申阳都向汉王投降了。韩王郑昌不顺从汉王，汉王命韩信进攻他并将其打垮。这时还设置了陇西、北地、上郡、渭南、河上、中地等郡。并在关外设置了河南郡。把韩国太尉信改立为韩王。众将领如果有率领一万军或以一郡的地方前来投降的，就会被封为万户侯。对河上郡的要塞进行修筑。那些原来秦国所拥有的苑囿园地，允许民众作为田地耕种。正月，雍王的弟弟章平被俘。大赦天下。

汉王出了函谷关，来到陕县，安抚关外百姓。返回后，张耳来拜见，汉王给予厚待。

二月，下令除去秦朝的社稷，改立汉朝的社稷。

【原文】

三月，汉王从临晋渡，魏王豹将兵从。下河内，虏殷王，置河内郡。南渡平阴津，至雒阳。新城三老董公遮说汉王以义帝死故。汉王闻之，袒而大哭。遂为义帝发丧，临三日。发使者告诸侯曰："天下共立义帝，北面事之。今项羽放杀义帝于江南，大逆无道。寡人亲为发丧，诸侯皆缟素。悉发关内兵，收三河士，南浮江汉以下，愿从诸侯王击楚之杀义帝者。"

是时项王北击齐，田荣与战城阳。田荣败，走平原，平原民杀之。齐皆降楚。楚因焚烧其城郭，系虏其子女。齐人叛之。田荣弟横立荣子广为齐王，齐王反楚城阳。项羽虽闻汉东，既已连齐兵，欲遂破之而击汉。汉王以故得劫五诸侯兵，遂入彭城。项羽闻之，乃引兵去齐，从鲁出胡陵，至萧，与汉大战彭城灵壁东睢水上，大破汉军，多杀士卒，睢水为之不流。乃取汉王父母妻子于沛，置之军中以为质。当是时，诸侯见楚强汉败，还皆去汉复为楚。塞王欣亡入楚。

【译文】

三月，汉王从临晋渡过黄河，魏王豹率军随从，河内地区被他们占领，殷王被他们俘获，设置了河内郡。然后向南渡过平阳津，到了洛阳。由于义帝被杀的缘故，新城的三老董公拦住汉王的车驾叙说给汉王。汉王听说后，袒露着左臂痛哭。然后就为义帝发丧，并亲自举办了三天的丧礼。汉王遣使告诉诸侯："天下人共同拥立义帝，我们都臣服于他。现在项羽却把义帝放逐到江南并将其杀害，实在是大逆不道。我亲自为义帝治办丧事，大家都应身穿素白孝衣。我准备调动关内所有的军队，召集河南、河东和河内三郡的兵士，乘战船顺汉江漂浮南下，我愿意同诸侯王一起攻伐楚国杀害义帝的人。"

这时候项王正向北攻伐齐国，田荣和项王在城阳进行激战。田荣败逃到平原，在那里被平原人杀死了。齐国各地都向楚国投降。楚国因此把齐国的城邑焚烧了，齐国的子女被掳掠。齐人又开始反抗楚国。田荣的弟弟田横把田荣的儿子田广扶立为齐王，齐王在城阳对楚军发动反击。项羽虽然听说汉军东进，既然已和齐军交战，就准备把齐军打败后再去反击汉军。汉王因此能够驱使五路诸侯的军队，攻入彭城。项羽得知此事，就带领军队离开齐国，由鲁地出发路过胡陵，到了萧县，与汉军在彭城灵壁东面的睢水岸上展开交战，汉军战败，汉军许多士卒被杀，睢水因此而被堵塞不能畅流。而后又在沛县抓了沛公的父母妻子，让他们在军中作人质。那时，诸侯看到楚国强大而汉军失败，又纷纷背离了汉国而重又归附楚国。塞王司马欣逃到了楚国。

【原文】

吕后兄周吕侯为汉将兵，居下邑。汉王从之，稍收士卒，军砀。汉王乃西过梁地，至虞。使谒者随何之九江王布所，曰："公能令布举兵叛楚，项羽必留击之。得留数月，吾取天下必矣。"随何往说九江王布，布果背楚。楚使龙且往击之。

汉王之败彭城而西，行使人求家室，家室亦亡，不相得。败后乃独得孝惠，六月，立为太子，大赦罪人。令太子守栎阳，诸侯子在关中者皆集栎阳为卫。引水灌废丘，废丘降，章邯自杀。更名废丘为槐里。于是令祠官祀天地四方上帝山川，以时祀之。兴关内卒乘塞。

是时九江王布与龙且战，不胜，与随何间行归汉。汉王稍收士卒，与诸将及关中卒益出，是以兵大振荥阳，破楚京、索间。

【译文】

吕后的兄长周吕侯为汉王统率军队，在下邑驻守。汉王战败后逃往这里，逐渐把一些溃逃的士卒收集起来，军队在砀地驻守。汉王就向西路过梁地，到达虞县。遣使随何到九江王住地，对随何说："你如果能让黥布举兵反楚，项羽就必然会留下来进攻他。一旦项羽能被拖住几个月，则我得天下的大业就必然能够成功了。"随何前去劝说九江王黥布，黥布果然反楚。楚国派龙且去征伐黥布。

汉王在彭城吃了败仗后就向西逃跑，途中派人寻找自己的家室；他的家室也纷纷出逃，都没能遇到。彭城战事失败后只找到了孝惠。六月，把孝惠立为太子，大赦天下。命令太子守卫栎阳，关中地区诸侯王的儿子都会集中到栎阳充当太子的侍卫。汉军引来河水灌淹废丘，废丘城中的守军投降，章邯也自杀了。把废丘更名为槐里。于是就令负责祭祀的官员对天地四方上帝山川举行祭祀，根据时令举行祭祀。关内地区的士卒被发动起来据守要塞。

这时候，九江王黥布和龙且交战，没能得胜，他就与随何一起抄小路归附汉王。汉王逐渐收集了一些溃散的士卒和众将领，等待关中出动增援的士卒到来，于是荥阳汉军势力大振，大败楚军于京、索地区。

【原文】

三年，魏王豹谒归视亲疾，至即绝河津，反为楚。汉王使郦生说豹，豹不听。汉王遣将军韩信击，大破之，虏豹。遂定魏地，置三郡，曰河东、太原、上党。汉王乃令张耳与韩信遂东下井陉击赵，斩陈余、赵王歇。其明年，立张耳为赵王。

汉王军荥阳南，筑甬道属之河，以取敖仓。与项羽相距岁余。项羽数侵夺汉甬道，汉军乏食，遂围汉王。汉王请和，割荥阳以西者为汉。项王不听。汉王患之，乃用陈平之计，予陈平金四万斤，以间疏楚君臣。于是项羽乃疑亚父。亚父是时劝项羽遂下荥阳，及其见疑，乃怒，辞老，愿赐骸骨归卒伍，未至彭城而死。

汉军绝食，乃夜出女子东门二千余人，被甲，楚因四面击之。将军纪信乃乘王驾，诈为汉王，诳楚，楚皆呼万岁，之城东观，以故汉王得与数十骑出西门遁。令御史大夫周苛、魏豹、枞公守荥阳。诸将卒不能从者，尽在城中。周苛、枞公相谓曰：“反国之王，难与守城。”因杀魏豹。

【译文】

三年，魏王豹向汉王请假回家探望得病的父母，当他到了魏地后就立刻把河津的要道断绝了，反叛汉王而归附楚国。汉王派郦食其去劝说魏王豹，豹不听从。汉王派将军韩信对他发动袭击，将其军队彻底打垮，魏王豹被俘虏。于是就把魏地平定了，在这里设置了河东郡、太原郡和上党郡三个郡。汉王于是就命张耳和韩信继续东进占领井陉进而攻打赵国，陈余和赵王歇都被斩杀。第二年，汉王把张耳封为赵王。

汉王在荥阳南面驻军，修筑了连接到黄河岸边的甬道，以取得敖仓的粮食。汉王和项羽对峙了一年之久。项羽多次侵夺汉军运粮的甬道，汉军因缺乏粮食而被楚军围困。汉王请求讲和，希望把荥阳以西的地区划割给汉国。项羽不答应。汉王对此深感忧虑，就按照陈平的计策，给陈平四万斤黄金，用以离间楚国项羽和范增的君臣关系。于是项羽就开始猜疑亚父范增。亚父当时劝说项羽趁机攻打荥阳，待他被项羽猜疑后，非常气愤，推说年老体衰而辞职，希望项羽能赐给自由完整的身躯回去做平民，但他却在还没到彭城的时候就病死了。

汉军的粮食已尽，于是就在夜里使二千多名女子身披铠甲冒充军士，从荥阳城的东门出城，楚军从四面进攻这支队伍，将军纪信乘坐汉王的车驾，假扮汉王以迷惑楚军。楚国的军士以为把汉王俘获了，所以高呼万岁，来到东城观看俘获汉王的盛景，于是汉王方得以带着几十名骑士从西门逃离困境。汉王临走时命御史大夫周苛、魏豹和枞公守卫荥阳。那些不能随从汉王的将领和士卒，都留守城中。周苛和枞公商讨道："叛国的君王，很难与他一起守卫城池。"于是就把魏豹杀了。

【原文】

汉王之出荥阳入关，收兵欲复东。袁生说汉王曰："汉与楚相距荥阳数岁，汉常困。愿君王出武关，项羽必引兵南走，王深壁，令荥阳成皋间且得休。使韩信等辑河北赵地，连燕齐，君王乃复走荥阳，未晚也。如此，则楚所备者多，力分，汉得休，复与之战，破楚必矣。"汉王从其计，出军宛叶间，与黥布行收兵。

项羽闻汉王在宛，果引兵南。汉王坚壁不与战。是时彭越渡睢水，与项声、薛公战下邳，彭越大破楚军。项羽乃引兵东击彭越。汉王亦引兵北军成皋。项羽已破走彭越，闻汉王复军成皋，乃复引兵西，拔荥阳，诛周苛、枞公，而虏韩王信，遂围成皋。

【译文】

汉王出了荥阳城后到了关中，他收聚军队准备重新进攻东方。袁生劝汉王说："汉和楚在荥阳对抗了几年，汉军常常被困。希望您向武关出兵，项羽必然会率领荥阳的楚军向南转移，您若深挖壕沟、高筑壁垒来据守不战而拖住楚军，使荥阳和成皋地区的汉军得到休整的机会。派韩信等人去黄河以北的赵地进行安抚，联合燕国和齐国，到那时您再进军荥阳也不迟。这样，就会增加楚国所要防备的地区，分散他们的力量，而汉军却得以休整，再同楚军交战，就一定能够打胜。"汉王听从了他的计策，发兵在宛城和叶城地区驻守，和黥布在行军途中收聚散亡的军队。

项羽得知汉王在宛城，果然率军向南进兵。汉王守着壁垒而不同楚军交战。这时彭越的军队已渡过睢水，他与项声、薛公交战于下邳，大败楚军。项羽于是就率军向东进攻彭越。此时汉王也率领军队向北，在成皋驻扎。项羽把彭越的军队大败而迫使他逃走后，又听说汉王又驻军在成皋，于是就又率军西进，荥阳被攻克，周苛和枞公被诛杀，韩王信被俘虏，成皋被包围。

【原文】

汉王跳，独与滕公共车出成皋玉门，北渡河，驰宿修武。自称使者，晨驰入张耳、韩信壁，而夺之军。乃使张耳北益收兵赵地，使韩信东击齐。汉王得韩信军，则复振。引兵临河，南飨军小修武南，欲复战。郎中郑忠乃说止汉王，使高垒深堑，勿与战。汉王听其计，使卢绾、刘贾将卒二万人，骑数百，渡白马津，入楚地，与彭越复击破楚军燕郭西，遂复下梁地十余城。

淮阴已受命东，未渡平原。汉王使郦生往说齐王田广，广叛楚，与汉和，共击项羽。韩信用蒯通计，遂袭破齐。齐王烹郦生，东走高密。项羽闻韩信已举河北兵破齐、赵，且欲击楚，则使龙且、周兰往击之。韩信与战，骑将灌婴击，大破楚军，杀龙且。齐王广奔彭越。当此时，彭越将兵居梁地，往来苦楚兵，绝其粮食。

【译文】

汉王冲出包围圈向远处逃走，只和滕公夏侯婴乘坐一辆车逃出成皋城北边的玉门，北渡黄河，直到夜晚才在修武住宿。汉王假称自己为使者，早晨的时候急驰进入张耳和韩信营中，强行把他们的军队收回了。然后就派张耳去北方的赵地大量收集士卒，派韩信向东对齐国发动攻击。汉王得到原属于韩信的军队，就又重新振作。带兵到黄河边，向南进军而在小修武城的南面犒赏军队，以备和楚军再次交战。郎中郑忠就劝说汉王先高筑壁垒，深挖沟壕，坚守而不是同楚军交战。汉王采纳了，就派卢绾和刘贾率二万步兵、几百骑兵，渡过白马津，直入楚地，同彭越的军队在燕县外城又一起联合进攻并把楚军打败，最终梁地十几座城被重新收复。

淮阴侯韩信受命向东攻打齐国，尚未渡过平原城，汉王派郦食其前去游说齐王田广，田广反叛楚国，同汉订立和约，一起攻伐项羽。韩信采用蒯通的计策，袭击并攻破了齐军。齐王把郦食其烹杀后东逃到高密县。项羽得知韩信已发动黄河以北的军队将齐国和赵国攻克，并且准备进攻楚国，就派龙且和周兰率军去攻打韩信。韩信同他们交战，他部下的骑兵将军灌婴大败楚军，并杀了龙且。齐王田广向彭越投奔。此时，彭越率领军队在梁地驻守，往来转战使楚国的军队疲乏，并且项羽军队的粮食供给被断绝。

【原文】

四年，项羽乃谓海春侯大司马曹咎曰："谨守成皋。若汉挑战，慎勿与战，无令得东而已。我十五日必定梁地，复从将军。"乃行击陈留、外黄、睢阳，下之。汉果数挑楚军，楚军不出，使人辱之五六日，大司马怒，度兵汜水。士卒半渡，汉击之，大破楚军，尽得楚国金玉货赂。大司马咎、长史欣皆自刭汜水上。项羽至睢阳，闻海春侯破，乃引兵还。汉军方围钟离眛于荥阳东，项羽至，尽走险阻。

韩信已破齐，使人言曰："齐边楚，权轻，不为假王，恐不能安齐。"汉王欲攻之。留侯曰："不如因而立之，使自为守。"乃遣张良操印绶立韩信为齐王。

项羽闻龙且军破，则恐，使盱台人武涉往说韩信。韩信不听。

【译文】

四年，项羽就对海春侯大司马曹咎说："你要严守成皋。一旦汉军来挑战，千万别应战，只要不让他们向东进军就行了。我在十五天内肯定能把梁地平定，然后再来与你会合。"于是项羽率军边行进边攻打陈留、外黄、睢阳，攻克了它们。汉军果真三番五次地向楚军挑战，楚军坚守不应战，连续五天派人羞辱他们，大司马被激怒，率军渡过汜水。楚国士卒刚渡了一半时，汉军开始攻击他们，把楚军打败，缴获了楚国所有的金玉财货。大司马曹咎和长史欣都在汜水岸边自杀。项羽到了睢阳，得知海春侯的军队被打败，就搬兵回师。汉军正在荥阳东面围攻钟离眛，项羽到来，汉军就都向险阻地带逃奔。

韩信把齐国打败后，派人对汉王说："齐国是靠近楚国的边远地区，我权轻位卑，若不立为代理齐王，恐怕我无法把齐国安定。"汉王打算攻伐他，留侯张良对汉王说："干脆顺其意而把他立为王，使他能够为了自己的利益而守卫齐地。"于是就派张良拿着印绶去立韩信为齐王。

项羽得知龙且的军队被韩信消灭，就很惊慌，他派盱台人武涉前去劝说韩信。韩信置之不理。

【原文】

楚汉久相持未决，丁壮苦军旅，老弱罢转饟。汉王项羽相与临广武之间而语。项羽欲与汉王独身挑战。汉王数项羽曰："始与项羽俱受命怀王，曰先入定关中者王之，项羽负约，王我于蜀汉，罪一。项羽矫杀卿子冠军而自尊，罪二。项羽已救赵，当还报，而擅劫诸侯兵入关，罪三。怀王约入秦无暴掠，项羽烧秦宫室，掘始皇帝冢，私收其财物，罪四。又强杀秦降王子婴，罪五。诈阬秦子弟新安二十万，王其将，罪六。项羽皆王诸将善地，而徙逐故主，令臣下争叛逆，罪七。项羽出逐义帝彭城，自都之，夺韩王地，并王梁楚，多自予，罪八。项羽使人阴弑义帝江南，罪九。夫为人臣而弑其主，杀已降，为政不平，主约不信，天下所不容，大逆无道，罪十也。吾以义兵从诸侯诛残贼，使刑余罪人击杀项羽，何苦乃与公挑战！"项羽大怒，伏弩射中汉王。汉王伤匈，乃扪足曰："虏中吾指！"汉王病创卧，张良强请汉王起行劳军，以安士卒，毋令楚乘胜于汉。汉王出行军，病甚，因驰入成皋。

【译文】

楚、汉对峙了很久都未决胜负，壮年男子苦于军旅兵役和军旅生涯，老弱疲于转运军粮物资，汉王和项羽相互在广武之间对话。项羽想和汉王单挑。汉王列举项羽的罪状说："当初我和你共同受命，说首先进入并平定关中地区的人就做关中王，你违负盟约，把我封为蜀汉地区的王，这是第一条罪状。你假称诏令杀害卿子冠军宋义而自立为上将军，这是第二条罪状。你解救了赵国的围困后本当回师述职，却擅自强迫诸侯率军入关，这是第三条罪状。怀王约定进入秦地后不得施暴掳掠，你却放火把秦国的宫室烧毁，还挖掘了始皇帝的墓地，把秦国的财富据为己有，这是第四条罪状。又杀秦国投降的君王子婴，这是第五条罪状。以欺诈的手段把秦国子弟二十万人活埋杀害在新安，却把他们的将领封为王，这是第六条罪状。你把自己的部将都封在条件好的地区为王，却把这些地区原有的君主迁贬驱逐，使他们的臣子因为争王位而反叛，这是第七条罪状。你把义帝驱逐出彭城，然后把这里作自己的都城，把韩王的国土剥夺，把梁、楚的地方合并在一起而据为己有，多分给自己封土，这是第八条罪状。你派人暗杀义帝在江南，这是第九条罪状。总之你身为人臣却弑君，杀害已降的人，政事处理得不公平，主持盟约不讲信用，这是天下人所无法容忍的，是大逆不道的，这是你的第十条罪状。我以正义之军而联合诸侯诛杀残暴的贼子，驱使犯罪服刑的人去杀你，为什么要同你单打独斗呢！"项羽勃然大怒，埋伏下弓弩射中了汉王。汉王胸部被射中，却用手捂着脚，说："贼虏射中了我的脚趾!"汉王因受伤而卧病在床，张良坚决请汉王起床去慰劳军队，以此来稳定军心，不让楚军占胜利的威势压倒汉军。汉王出来巡视军中，汉王的伤加重了，因此急驰进入成皋城中。

【原文】

病愈，西入关，至栎阳，存问父老，置酒，枭故塞王欣头栎阳市。留四日，复如军，军广武。关中兵益出。

当此时，彭越将兵居梁地，往来苦楚兵，绝其粮食。田横往从之。项羽数击彭越等，齐王信又进击楚。项羽恐，乃与汉王约，中分天下，割鸿沟而西者为汉，鸿沟而东者为楚。项王归汉王父母妻子，军中皆呼万岁，乃归而别去。

项羽解而东归。汉王欲引而西归，用留侯、陈平计，乃进兵追项羽，至阳夏南止军，与齐王信、建成侯彭越期会而击楚军。至固陵，不会。楚击汉军，大破之。汉王复入壁，深堑而守之。用张良计，于是韩信、彭越皆往。及刘贾入楚地，围寿春，汉王败固陵，乃使使者召大司马周殷举九江兵而迎武王，行屠城父，随刘贾、齐梁诸侯皆大会垓下。立武王布为淮南王。

【译文】

汉王的伤痊愈后，向西进入函谷关，到栎阳后，对父老进行慰问，设酒宴款待他们，在栎阳市中把原塞王司马欣的头砍下挂在木杆上示众。四天后，又回到军中，驻在广武。关中地区加派更多的军队。

这时候，彭越率军在梁地往来转战，使楚军饱受往返奔波的困苦，楚军的粮食供应也被断绝。田横前往跟从他联合作战。项羽几次三番攻击彭越等人，齐王韩信又攻击楚军。项羽惊恐，就同汉王讲和，平分天下，鸿沟以西的地区归汉，鸿沟以东的地区归楚。项王把汉王的父母妻子放回。军队官兵高呼万岁，就回师分别到各自的属地去。

项羽退兵而回归东方。汉王也准备率军西归，又采纳了留侯张良和陈平的计策，追击项羽，到阳夏南面后，军队停下来同齐王韩信以及建成侯彭越约定了会合的时间，联合攻打楚军。汉军到达固陵后，韩信和彭越没有按期到来，楚军对汉军发动进攻，汉军被打败。汉王重新进入营垒，深挖沟据守。采纳张良的计策而使韩信和彭越都率军前往。等刘贾进入楚地，围攻寿春，汉王在固陵战败后，就遣使召唤大司马周殷出动九江地区的军队来迎接武王黥布，行军途中对城父城中的守军进行了屠戮，随后刘贾、齐、梁诸侯的军队都到垓下会合。武王黥布被汉王封为淮南王。

【原文】

五年，高祖与诸侯兵共击楚军，与项羽决胜垓下。淮阴侯将三十万自当之，孔将军居左，费将军居右，皇帝在后，绛侯、柴将军在皇帝后。项羽之卒可十万。淮阴先合，不利，却。孔将军、费将军纵，楚兵不利，淮阴侯复乘之，大败垓下。项羽卒闻汉军之楚歌，以为汉尽得楚地，项羽乃败而走，是以兵大败。使骑将灌婴追杀项羽东城，斩首八万，遂略定楚地。鲁为楚坚守不下。汉王引诸侯兵北，示鲁父老项羽头，鲁乃降。遂以鲁公号葬项羽穀城。还至定陶，驰入齐王壁，夺其军。

正月，诸侯及将相相与共请尊汉王为皇帝。汉王曰："吾闻帝贤者有也，空言虚语，非所守也，吾不敢当帝位。"群臣皆曰："大王起微细，诛暴逆，平定四海，有功者辄裂地而封为王侯。大王不尊号，皆疑不信。臣等以死守之。"汉王三让，不得已，曰："诸君必以为便，便国家。"甲午，乃即皇帝位汜水之阳。

【译文】

五年，高祖同诸侯的军队联合进攻楚军，与项羽决战于垓下。淮阴侯率领三十万士卒独当一面，孔将军熙居左，费将军陈贺居右，皇帝刘邦领兵在后，再后面是绛侯周勃和柴将军。项羽大概有十万军卒。淮阴侯首先同楚军交战，战败后撤。孔将军和费将军纵兵交战，楚兵形势危险，淮阴侯再次趁机进攻，在垓下大败楚军。项羽的士兵听到汉军唱的楚地歌谣，误以为楚地已被汉军全部占领，于是就败退而逃，因此楚军大败。汉王派骑将灌婴追到东城追杀项羽，杀死八万敌军，楚地也被占领平定。鲁城因忠于楚国而坚守不降。汉王率领诸侯的军队向北进军，在鲁城把项羽的头示众，鲁城人才肯投降。就以鲁公的名号把项羽安葬在谷城。汉王回师定陶，驰入齐王军营，夺取齐王所率领的军队。

正月，诸侯和将相们聚在一起共同请求尊奉汉王为皇帝。汉王说："我听说只有贤德之人才能据有皇帝的称号，那些无德而徒有空言虚语的人，是不能守住帝位的，我实在不敢担当。"群臣们都说："您以平民起事，诛除暴逆，平定海内，把土地分割给有功的人，并封他们为王侯。如果您不接受皇帝的尊号，则功臣们对您给的封赏疑而不信。我们这些臣子誓死坚持请您接受皇帝的尊号。"汉王再三推让，最后迫不得已地说："诸位如果真的认为我当皇帝有利，那么为了有利于国家，我就只好接受吧。”甲午日，汉王就在汜水的北岸即帝位。

【原文】

皇帝曰义帝无后。齐王韩信习楚风俗，徙为楚王，都下邳。立建成侯彭越为梁王，都定陶。故韩王信为韩王，都阳翟。徙衡山王吴芮为长沙王，都临湘。番君之将梅鋗有功，从入武关，故德番君。淮南王布、燕王臧荼、赵王敖皆如故。

天下大定。高祖都雒阳，诸侯皆臣属。故临江王驩为项羽叛汉，令卢绾、刘贾围之，不下。数月而降，杀之雒阳。

五月，兵皆罢归家。诸侯子在关中者复之十二岁，其归者复之六岁，食之一岁。

高祖置酒雒阳南宫。高祖曰：“列侯诸将无敢隐朕，皆言其情。吾所以有天下者何？项氏之所以失天下者何？”高起、王陵对曰：“陛下慢而侮人，项羽仁而爱人。然陛下使人攻城略地，所降下者因以予之，与天下同利也。项羽妒贤嫉能，有功者害之，贤者疑之，战胜而不予人功，得地而不予人利，此所以失天下也。”高祖曰：“公知其一，未知其二。夫运筹策帷帐之中，决胜于千里之外，吾不如子房。镇国家，抚百姓，给馈饷，不绝粮道，吾不如萧何。连百万之军，战必胜，攻必取，吾不如韩信。此三者，皆人杰也，吾能用之，此吾所以取天下也。项羽有一范增而不能用，此其所以为我擒也。”

【译文】

皇帝说义帝无后代子嗣，齐王韩信因了解楚地风俗，而被迁作楚王，都城为下邳。建成侯彭越被立为梁王，都城为定陶。原来的韩王信仍为韩王，都城为阳翟。衡山王吴芮被迁为长沙王，都城是临湘。番君的将军梅鋗立有战功，跟从皇帝攻入武关，因此感激番君。淮南王黥布、燕王臧荼和赵王敖都依然为王。

天下已平定，高祖定都洛阳，诸侯称臣归附他。原来的临江王驩，为了效忠项羽而反叛汉朝，高祖命卢绾和刘贾率军围攻他，但当时没能攻克。几个月后他投降，在洛阳被高祖诛杀。

五月，士兵们都解甲回家。住在关中的诸侯之子都免除十二年的赋税徭役，回到封国的诸侯之子都免除六年的赋税徭役，国家供养他们一年。

高祖在洛阳南宫摆酒设宴。高祖说："诸位列侯将领不要对我有所隐瞒，都要直言。是什么原因让我取得了天下呢？又是什么原因让项氏失去天下呢？"高起和王陵说："陛下为人傲慢又爱轻视戏侮别人，项羽为人宽厚又爱护别人。然而陛下在派人去攻城掠地时，就能把所攻克降服的地区封给他们，这就是陛下具有能和天下人共享其利的美德。项羽嫉妒贤能，总是设法加害那些有功之人，猜疑贤能之人，打胜仗后却不给他们授功，得到土地却不给予别人利益，这就是他最后失天下的原因。"高祖说："你们只知其一，而不知其二。在帷帐当中运筹谋划，而能决定千里以外的战争并取得胜利，我比不上张子房。镇守国家，安抚百姓，供给粮食，保证粮草运输不断，我比不上萧何。统领百万大军，战必胜，攻必克，我比不上韩信。这三人，都是人中豪杰，我能够任用他们，就是我之所以能得天下的原因。项羽只有一位范增却疑而不用，这就是他被我擒获的原因。"

【原文】

高祖欲长都雒阳，齐人刘敬说，乃留侯劝上入都关中，高祖是日驾，入都关中。六月，大赦天下。

十月，燕王臧荼反，攻下代地。高祖自将击之，得燕王臧荼。即立太尉卢绾为燕王。使丞相哙将兵攻代。

其秋，利几反，高祖自将兵击之，利几走。利几者，项氏之将。项氏败，利几为陈公，不随项羽，亡降高祖，高祖侯之颍川。高祖至雒阳，举通侯籍召之，而利几恐，故反。

六年，高祖五日一朝太公，如家人父子礼。太公家令说太公曰："天无二日，土无二王。今高祖虽子，人主也；太公虽父，人臣也。奈何令人主拜人臣！如此，则威重不行。"后高祖朝，太公拥篲，迎门却行。高祖大惊，下扶太公。太公曰："帝，人主也，奈何以我乱天下法！"于是高祖乃尊太公为太上皇。心善家令言，赐金五百斤。

【译文】

高祖想要把洛阳作为永久的都城，齐人刘敬劝说高祖，直到留侯张良劝说皇上进入函谷关而在关中定都的时候，高祖才在当天起驾，进入函谷关而定都关中。六月，大赦天下。

十月，燕王臧荼发动叛乱，攻下了代地。高祖亲自率军攻伐他，燕王臧荼被俘获。随即封太尉卢绾为燕王，命丞相樊哙率军去攻取代地。

就在这年秋天，利几谋反，高祖又亲率军对其进行讨伐，利几逃走。利几是项羽的将军，项羽战败后，他担任陈县县令，没有追随项羽，而是投降了高祖，高祖封他在颍川为侯。高祖来到洛阳，按照所有诸侯的名籍征召他，利几却恐怕发生不测，所以就谋反。

六年，高祖每五天朝见太公一次，就像平常人家那样行父子相见的礼节。太公家令劝太公道："天上无两个日头，地下也不应有两个君王。现在皇帝虽然是您的儿子，但他还是君主；太公您虽然是他的父亲，却还是臣子。怎么能让君主拜见臣子呢！如果总是像这样，皇帝的尊贵和威严就无法得到施行了。"以后高祖再来朝见，太公就抱着扫帚，在大门口迎接，然后倒退着行走。高祖看了很吃惊，忙下车扶住太公。太公说："皇帝是君主，怎么可以因为我而乱了天下的法度！"于是高祖就把太公尊奉为太上皇。心中认为太公家令说得好，就把五百斤黄金赏赐给他。

【原文】

十二月，人有上变事告楚王信谋反，上问左右，左右争欲击之。用陈平计，乃伪游云梦，会诸侯于陈，楚王信迎，即因执之。是日，大赦天下。田肯贺，因说高祖曰："陛下得韩信，又治秦中。秦，形胜之国，带河山之险，县隔千里，持戟百万，秦得百二焉。地势便利，其以下兵于诸侯，譬犹居高屋之上建瓴水也。夫齐，东有琅邪、即墨之饶，南有泰山之固，西有浊河之限，北有勃海之利。地方二千里，持戟百万，县隔千里之外，齐得十二焉。故此东西秦也。非亲子弟，莫可使王齐矣。"高祖曰："善。"赐黄金五百斤。

后十余日，封韩信为淮阴侯，分其地为二国。高祖曰将军刘贾数有功，以为荆王，王淮东。弟交为楚王，王淮西。子肥为齐王，王七十余城，民能齐言者皆属齐。乃论功，与诸列侯剖符行封。徙韩王信太原。

【译文】

十二月，有人上书举报楚王韩信谋反，皇上询问左右大臣，他们争着想去讨伐韩信。高祖采纳了陈平的计策，假称到云梦泽去巡游，在陈地会集诸侯，楚王韩信到此迎接，就在这时被拘捕。这一天，大赦天下。田肯前来道贺，并劝导高祖说："陛下把韩信擒获，又统治着关中秦地。秦国山川形势便利，它具有河山所形成的险阻，又与其他地区相隔绝千里。倘若关东拥有百万持戟的士卒前来攻击，秦只要二万的兵力就可抵挡。这是由于他便利的地势，它的军队在同诸侯们交战时就可采用从山上向下进攻的形势，就像从高屋上往下倒水一样势不可挡。再说齐地，它东有富饶的琅邪和即墨，南有险固的泰山，西有黄河作限隔，北有渤海的地利，土地纵横二千里。如果有持戟百万的军队，从隔绝千里以外的地区前来进攻，齐国只要二十万的兵力就可抵挡。所以齐秦二地实际上是东西二秦，如果不是陛下的亲属子弟，就不能被派去做齐王。"高祖说："很对。"赏赐给他五百斤黄金。

十几天后，韩信被高祖封为淮阴侯，把他原有的王国领土分割成两个王国。高祖因将军刘贾屡立功劳，就把他封为荆王，统治淮东地区。皇弟刘交被封为楚王，统治淮西地区。皇子刘肥被封为齐王，统治齐地七十多个县城，只要是讲齐地方言的百姓都归属于齐国。于是就评定功绩，把功臣分封为列侯并各赐予分封的信符凭证。韩王信被迁徙到太原。

【原文】

七年，匈奴攻韩王信马邑，信因与谋反太原。白土曼丘臣、王黄立故赵将赵利为王以反，高祖自往击之。会天寒，士卒堕指者什二三，遂至平城。匈奴围我平城，七日而后罢去。令樊哙止定代地。立兄刘仲为代王。

二月，高祖自平城过赵、雒阳，至长安。长乐宫成，丞相已下徙治长安。

八年，高祖东击韩王信余反寇于东垣。

萧丞相营作未央宫，立东阙、北阙、前殿、武库、太仓。高祖还，见宫阙壮甚，怒，谓萧何曰："天下匈匈苦战数岁，成败未可知，是何治宫室过度也？"萧何曰："天下方未定，故可因遂就宫室。且夫天子四海为家，非壮丽无以重威，且无令后世有以加也。"高祖乃说。

高祖之东垣，过柏人，赵相贯高等谋弑高祖，高祖心动，因不留。代王刘仲弃国亡，自归雒阳，废以为合阳侯。

九年，赵相贯高等事发觉，夷三族。废赵王敖为宣平侯。是岁，徙贵族楚昭、屈、景、怀、齐田氏关中。

【译文】

七年，匈奴人进攻韩王信所辖的马邑城，韩王信因此勾结匈奴而在太原叛乱。白土县人曼丘臣和王黄把原来的赵将赵利扶立为王而反叛，高祖亲自率军去攻伐他们。整值天寒地冻，士卒中有十分之二三的人的手指被冻掉，因此就只到了平城。匈奴人把汉军围困在平城，十天后才撤军离去。高祖命樊哙留在代地平定叛乱。兄长刘仲被立为代王。

二月，高祖从平城路过赵地、洛阳，来到长安。建成长乐宫，丞相以下的官吏都迁居到长安来治理政务。

八年，高祖率军向东在东垣攻伐跟随韩王信一起叛乱的余党。

萧何丞相负责主持建造未央宫，建筑有东阙、北阙、前殿、武库和太仓。高祖回来后，看到壮丽的宫阙后，很生气地对萧何说："天下战乱很多年，成败还不可确知，你为何还建造如此豪华的宫室？"萧何说："就是因为现在天下尚未安定，所以才能趁机建成宫室。而且天子四海为家，如果不建筑得壮丽就显示不了天子地位的尊显和威严，并且这样就可以使后世再修建时无法超越前代。"高祖听后才高兴起来。

高祖率军去东垣时，路过柏人城，赵国国相贯高等人阴谋杀害高祖，高祖当时心有所动，想到"柏人"字音与"迫人"相似，就没在那里留宿。代王刘仲放弃封国而向别处逃亡，未经皇帝允许就独自回到洛阳，皇帝把他的王爵取消并贬封他为合阳侯。

九年，赵相贯高等人企图杀害高祖的事被发觉，其三族被诛灭。赵王张敖的王爵被废除并贬封为宣平侯。这一年，楚国的昭氏、屈氏、景氏、怀氏和齐国的田氏等贵族都被迁徙到关中地区。

【原文】

未央宫成。高祖大朝诸侯群臣，置酒未央前殿。高祖奉玉卮，起为太上皇寿，曰："始大人常以臣无赖，不能治产业，不如仲力。今某之业所就孰与仲多？"殿上群臣皆呼万岁，大笑为乐。

十年十月，淮南王黥布、梁王彭越、燕王卢绾、荆王刘贾、楚王刘交、齐王刘肥、长沙王吴芮皆来朝长乐宫。春夏无事。

七月，太上皇崩栎阳宫。楚王、梁王皆来送葬。赦栎阳囚。更命郦邑曰新丰。

八月，赵相国陈豨反代地。上曰："豨尝为吾使，甚有信。代地吾所急也，故封豨为列侯，以相国守代，今乃与王黄等劫掠代地！代地吏民非有罪也。其赦代吏民。"九月，上自东往击之。至邯郸，上喜曰："豨不南据邯郸而阻漳水，吾知其无能为也。"闻豨将皆故贾人也，上曰："吾知所以与之。"乃多以金啖豨将，豨将多降者。

【译文】

未央宫建成。高祖在此召集诸侯群臣举行盛大朝会，在未央宫前殿摆设了酒宴。高祖手捧玉杯，起身给太上皇祝酒，说："当年您总认为我无所依恃，不能营治产业，不如刘仲努力。现在我所成就的产业和刘仲相比谁多啊？"殿上的群臣们听后都高呼万岁，大笑取乐。

十年十月，淮南王黥布、梁王彭越、燕王卢绾、荆王刘贾、楚王刘交、齐王刘肥、长沙王吴芮都到长乐宫朝见皇帝。春天和夏天国家都太平没发生什么事。

七月，太上皇在栎阳宫中去世。楚王和梁王都来送葬。赦免栎阳囚徒。把郦邑的名改为新丰。

八月，赵相国陈豨在代地叛乱。皇上说："陈豨曾经跟随我，很讲信用。我急需平定代地，所以我把陈豨封为列侯，以相国的职位而派他前去守卫代地，现在却和王黄等人劫掠代地！代地的官吏百姓没什么罪，因此应赦免代地官吏百姓。"九月，皇上亲自去征伐他们。到邯郸后，皇上高兴地说："陈豨不向南占领邯郸而借漳水阻挡，我知道他不会有所作为了。"又听说陈豨的部将原来都是商贾，皇上说："我知道对付他们的方法了。”于是就用许多黄金去引诱陈豨的部将，陈豨的部将很多人纷纷投降。

【原文】

十一年，高祖在邯郸诛豨等未毕，豨将侯敞将万余人游行，王黄军曲逆，张春渡河击聊城。汉使将军郭蒙与齐将击，大破之。太尉周勃道太原入，定代地。至马邑，马邑不下，即攻残之。

豨将赵利守东垣，高祖攻之，不下。月余，卒骂高祖，高祖怒。城降，令出骂者斩之，不骂者原之。于是乃分赵山北，立子恒以为代王，都晋阳。

春，淮阴侯韩信谋反关中，夷三族。

夏，梁王彭越谋反，废迁蜀；复欲反，遂夷三族。立子恢为梁王，子友为淮阳王。

秋七月，淮南王黥布反，东并荆王刘贾地，北渡淮，楚王交走入薛。高祖自往击之。立子长为淮南王。

十二年，十月，高祖已击布军会甀，布走，令别将追之。

【译文】

十一年，高祖在邯郸讨伐陈豨等人的事还没有结束，陈豨的部将侯敞率领一万多人流窜到各地，王黄在曲逆驻军，张春渡过黄河进攻聊城。汉朝派将军郭蒙和齐国将领进攻他们，他们被打败。太尉周勃路过太原率军攻入并把代地平定了。到了马邑，马邑坚守不降，就被汉军攻破城邑并把他们全部消灭。

陈豨的部将赵利据守东垣，高祖率军攻伐他，当时没攻下来。一个多月后，有士卒骂高祖，激怒了高祖。东垣城投降后，高祖命令把骂高祖的人找出斩杀，没有一起骂的人得到了宽恕。这时就把赵国山北地区分割出去，皇子刘恒被立为代王，在晋阳定都。

春天，淮阴侯韩信在关中叛乱，被诛灭三族。

夏天，梁王彭越反叛，被废除了王爵并且迁贬到蜀地；他还想再次反叛，结果也被诛灭三族。皇子刘恢被立为梁王，皇子刘友被立为淮阳王。

秋天七月，淮南王黥布谋反，向东侵并了荆王刘贾的土地，向北渡过淮河，楚王刘交向薛城逃去。高祖亲自去征伐黥布，皇子刘长被立为淮南王。

十二年，十月，高祖在会甀进攻黥布的军队后，黥布败逃，就命令其他的将军继续追击他。

【原文】

高祖还归，过沛，留。置酒沛宫，悉召故人父老子弟纵酒，发沛中儿得百二十人，教之歌。酒酣，高祖击筑，自为歌诗曰："大风起兮云飞扬，威加海内兮归故乡，安得猛士兮守四方！"令儿皆和习之。高祖乃起舞，慷慨伤怀，泣数行下。谓沛父兄曰："游子悲故乡。吾虽都关中，万岁后吾魂魄犹乐思沛。且朕自沛公以诛暴逆，遂有天下，其以沛为朕汤沐邑，复其民，世世无有所与。"沛父兄诸母故人日乐饮极欢，道旧故为笑乐。十余日，高祖欲去，沛父兄固请留高祖。高祖曰："吾人众多，父兄不能给。"乃去。沛中空县皆之邑西献。高祖复留止，张饮三日。沛父兄皆顿首曰："沛幸得复，丰未复，唯陛下哀怜之。"高祖曰："丰吾所生长，极不忘耳，吾特为其以雍齿故反我为魏。"沛父兄固请，乃并复丰，比沛。于是拜沛侯刘濞为吴王。

汉将别击布军洮水南北，皆大破之，追得斩布鄱阳。

樊哙别将兵定代，斩陈豨当城。

【译文】

高祖回归关中，途经沛县，停留下来。在沛宫中摆下酒宴，把所有的故人父老子弟都招来纵情畅饮，从沛地征集一百二十所人，教他们唱歌。酒酣之时，高祖亲自击筑奏乐，自己作诗唱道："大风起兮云飞扬，威加海内兮归故乡，安得猛士兮守四方！"命那些唱歌的小孩子练习和唱这支歌。高祖就在他们的唱和中手舞足蹈，慷慨伤怀，洒下一行又一行热泪。高祖对沛地父老说："外居的游子一想到故乡就会伤感。我虽然是在关中定都，但等将来死后我的魂魄还会留恋沛地的。而且我是以沛公的身份来诛除暴逆，拥有天下的，所以要把沛地作为我的汤沐邑，把沛县百姓的赋税徭役免除，永远不必交税服役。”沛县的父兄及长辈妇女以及故交旧友整天高兴痛饮，回忆并讲述过去的事情来取笑作乐。十几天过去了，高祖准备离去，沛县的父兄们恳请高祖留下。高祖说：“我带的人太多了，乡亲父老们承担不起他们的供给。”于是离去。沛县百姓把县中的东西都拿了出来到县西进献。高祖又停下来，又在城外设置帷帐同他们宴饮三天。沛县父老都叩头请求高祖道：“沛县有幸能免除赋税徭役，可丰邑的百姓还没能免除赋税徭役，请您怜悯一下他们吧。”高祖说：“我生长在丰邑，这是我无法忘怀的，只是由于他们随从雍齿反叛我而附归于魏，才不予免除。”沛地父老坚持恳请，丰邑才得以一同免除了赋税徭役，一切都跟沛县一样。于是沛侯刘濞被封为吴王。

汉将领兵在洮水南北进攻黥布军队，黥布的军队被打得大败，黥布被追到后，被杀于鄱阳。

樊哙另外率领一支军队把代地平定了，在当城把陈豨斩杀。

【原文】

十一月，高祖自布军至长安。十二月，高祖曰：“秦始皇帝、楚隐王陈涉、魏安釐王、齐缗王、赵悼襄王皆绝无后，予守冢各十家，秦皇帝二十家，魏公子无忌五家。”赦代地吏民为陈豨、赵利所劫掠者，皆赦之。陈豨降将言豨反时，燕王卢绾使人之豨所，与阴谋。上使辟阳侯迎绾，绾称病。辟阳侯归，具言绾反有端矣。二月，使樊哙、周勃将兵击燕王绾，赦燕吏民与反者。立皇子建为燕王。

高祖击布时，为流矢所中，行道病。病甚，吕后迎良医，医入见，高祖问医，医曰：“病可治。”于是高祖嫚骂之曰：“吾以布衣提三尺剑取天下，此非天命乎？命乃在天，虽扁鹊何益！”遂不使治病，赐金五十斤罢之。已而吕后问：“陛下百岁后，萧相国即死，令谁代之？”上曰：“曹参可。”问其次，上曰：“王陵可。然陵少戆，陈平可以助之。陈平智有余，然难以独任。周勃重厚少文，然安刘氏者必勃也，可令为太尉。”吕后复问其次，上曰：“此后亦非而所知也。”

【译文】

十一月，高祖从征伐黥布的军中返回到长安。十二月，高祖说：“秦始皇帝、楚隐王陈涉、魏安釐王、齐缗王、赵悼襄王都断绝了继嗣没有后代，分别赐予他们十家人来负责守护他们的冢墓，其中秦始皇增至二十家，魏公子无忌减至五家。”把代地那些被陈豨和赵利所劫持强迫跟从他们谋反的官吏和平民赦免，一律不追究他们的罪责。投降汉军的陈豨部将说陈豨谋反时，燕王卢绾曾派人找陈豨，同他暗中一起谋划。皇上派辟阳侯审食其召卢绾进京，卢绾推病不肯前来。辟阳侯返回长安，详细地说明卢绾造反的事确有迹象。二月，高祖派樊哙和周勃率领军队攻伐燕王卢绾，把燕国那些参与谋反的官吏和平民赦免。皇子刘建被立为燕王。

高祖攻打黥布时，曾被流矢击中，行军途中伤口发作，伤势很重，吕后请来一位名医。医生入宫觐见，高祖问他病情。医生说：“您的病能够治好。”因而高祖辱骂医生道：“我以一介布衣提着三尺宝剑得到了天下，难道这不是因为天命吗？我的命运既然是取决于上天，就算是扁鹊来了，对我的命运也不会有什么益处！”于是就不让他治病，赏赐五十斤黄金了事。事后吕后问高祖：“陛下百年之后，如果萧相国也去世了，该由谁来代替他做相国呢？”皇上说：“曹参可以。”吕后又问曹参以后的事，皇帝说：“王陵可以，不过王陵又太耿直，陈平能够协助他。陈平的智略有余，但是他却难以单独胜任。周勃为人稳重仁厚，但是却缺乏文化素养，不过使刘氏天下能够得到安定的人也一定是他，可以把他任命为太尉。”吕后再问以后的事，皇上说：“再以后的事也不是你所能知道的了。”

【原文】

卢绾与数千骑居塞下候伺，幸上病愈自入谢。

四月甲辰，高祖崩长乐宫。四日不发丧。吕后与审食其谋曰：“诸将与帝为编户民，今北面为臣，此常怏怏，今乃事少主，非尽族是，天下不安。”人或闻之，语郦将军。郦将军往见审食其，曰：“吾闻帝已崩，四日不发丧，欲诛诸将。诚如此，天下危矣。陈平、灌婴将十万守荥阳，樊哙、周勃将二十万定燕、代，此闻帝崩，诸将皆诛，必连兵还乡以攻关中。大臣内叛，诸侯外反，亡可翘足而待也。”审食其入言之，乃以丁未发丧，大赦天下。

卢绾闻高祖崩，遂亡入匈奴。

丙寅，葬。己巳，立太子，至太上皇庙。群臣皆曰："高祖起微细，拨乱世反之正，平定天下，为汉太祖，功最高。"上尊号为高皇帝。太子袭号为皇帝，孝惠帝也。令郡国诸侯各立高祖庙，以岁时祠。

【译文】

卢绾和几千名骑士在塞下等待时机，希望皇上病好后亲自去谢罪。

四月甲辰日，高祖在长乐宫去世。四天还不发丧。吕后和审食其谋划道："众将军曾和皇帝都是编入户籍册的平民，现在他们面北称臣，这总让他们心中不快，现在又要侍奉年少的君王，如果不杀了他们诛灭家族，天下将不会安宁。"有人听说此事，就报告给了将军郦商。将军郦商前去拜见审食其，说："我听说皇帝已经去世了，四天过去却还不发丧，想把众将军诛杀。若真是这样，天下可就危险了。陈平和灌婴率领十万军队守卫荥阳，樊哙和周勃率领二十万军队去平定燕地和代地。如果他们得知皇帝去世，众将领都被诛杀，一定会联合军队调转方向对关中发动进攻。那时内有大臣叛乱，外有诸侯造反，天下灭亡就指日可待了。"审食其入宫把此事报告给吕后，才在丁未日发丧，大赦天下。

卢绾听说高祖已经去世，就逃亡到匈奴。

丙寅日，高祖被安葬。己巳日，太子刘盈被立为皇帝，前往太上皇庙。群臣纷纷说道："高祖以卑微的平民起事，却能拨治乱世使之返归正道，天下终于平定，成为汉朝的太祖，功业最高。"奉上尊号为"高皇帝"。太子承袭皇帝称号，即孝惠帝。下令在各个郡国诸侯都分别建高祖庙，每年依照时令举行祭祀。

【原文】

及孝惠五年，思高祖之悲乐沛，以沛宫为高祖原庙。高祖所教歌儿百二十人，皆令为吹乐，后有缺，辄补之。

高帝八男：长庶齐悼惠王肥；次孝惠，吕后子；次戚夫人子赵隐王如意；次代王恒，已立为孝文帝，薄太后子；次梁王恢，吕太后时徙为赵共王；次淮阳王友，吕太后时徙为赵幽王；次淮南厉王长；次燕王建。

太史公曰：夏之政忠。忠之敝，小人以野，故殷人承之以敬。敬之敝，小人以鬼，故周人承之以文。文之敝，小人以塞，故救塞莫若以忠。三王之道若循环，终而复始。周秦之间，可谓文敝矣。秦政不改，反酷刑法，岂不缪乎？故汉兴，承敝易变，使人不倦，得天统矣。朝以十月。车服黄屋左纛。葬长陵。

【译文】

到孝惠帝五年，孝惠帝回忆起高祖生前在沛县的悲乐情事，就把沛宫作为高祖的原庙。高祖教过歌唱的一百二十个少儿，被命令在原庙吹奏乐歌，以后一有缺员，就立即给以补足。

高帝有八个儿子：长子为庶出，是齐悼惠王刘肥；次子孝惠帝，是吕后的儿子；第三子是戚夫人所生的儿子赵隐王刘如意；第四子是代王刘恒，后来被立为孝文帝，是薄太后所生；第五子是梁王刘恢，吕太后时被迁为赵共王；第六子是淮阳王刘友，吕太后时被迁为赵幽王；第七子是淮南厉王刘长；第八子是燕王刘建。

太史公说：夏朝的政治以忠厚为主。忠厚的弊端，是导致百姓粗野无礼，因此殷朝用恭敬来承续夏政。恭敬的弊端是导致百姓迷信鬼神，因此周朝用礼仪来承续殷政。礼仪的弊端是导致百姓讲究文饰、人心虚伪，所以解救虚伪的弊端莫若奉行忠厚。三王的治国之道就像是循环往复，终而复始。在周、秦之际，可以说礼仪之弊已经达到了极点。但是秦朝却没有对此进行更改，反而施用严刑峻法，这不是很荒谬吗？所以汉朝兴起，承接前代的弊病而加以变更，使人们孜孜不倦，这正是得到了天道循环的统纪。把十月定为朝会的岁首。又规定皇帝的车驾要用黄缎子做顶篷，车驾的左面要插上牛尾或用野鸡毛做成的羽旗。高祖葬在长陵。

【评析】

本篇记述了刘邦由起事反秦，楚汉相争，到统一国家，建号称帝的全过程。给读者展现了一个多角度的刘邦。他最初的市井流氓嘴脸，他造言妖异，自托圣神，他的表面豁达而内心深沉，尤其从他晚年残杀功臣，我们可以看到他的奸诈残忍。

但是与此同时，我们也看到了刘邦取得成功的原因，他顺应时代，笼络人心，他分化敌人，团结内部，他知人善任而又驾驭有方，他刚柔并济，恩威并施等。这一切都让我们感到刘邦的成功绝非偶然。在初次见到秦始皇出巡队伍的威武壮观时，刘邦感慨道："大丈夫理当如此！"于是胸怀大志的他就抓住每一次机会，最后终于使多年前那句"王侯将相宁有种乎？"在刘邦这里得到了响亮的、否定地回答。他开创了布衣百姓登堂入室做天子的先河。刘邦文不过人，武不能战，但凭他能任用"汉初三杰"的领导者眼光，他不做皇帝谁做呢？

第八章 吕太后本纪

【原文】

吕太后者，高祖微时妃也，生孝惠帝、女鲁元太后。及高祖为汉王，得定陶戚姬，爱幸，生赵隐王如意。孝惠为人仁弱，高祖以为不类我，常欲废太子，立戚姬子如意，如意类我。戚姬幸，常从上之关东，日夜啼泣，欲立其子代太子。吕后年长，常留守，希见上，益疏。如意立为赵王后，几代太子者数矣，赖大臣争之，及留侯策，太子得毋废。

吕后为人刚毅，佐高祖定天下，所诛大臣多吕后力。吕后兄二人，皆为将。长兄周吕侯死事，封其子吕台为郦侯，子产为交侯；次兄吕释之为建成侯。

高祖十二年四月甲辰，崩长乐宫，太子袭号为帝。是时高祖八子：长男肥，孝惠兄也，异母，肥为齐王；余皆孝惠弟，戚姬子如意为赵王，薄夫人子恒为代王，诸姬子子恢为梁王，子友为淮阳王，子长为淮南王，子建为燕王。高祖弟交为楚王，兄子濞为吴王。非刘氏功臣番君吴芮子臣为长沙王。

【译文】

吕太后，在高祖还没有显贵的时候嫁给了他，她生有孝惠帝刘盈，女儿鲁元太后。等高祖做了汉王，又娶了定陶人戚姬，受到高祖的宠幸，她生下赵隐王刘如意。孝惠帝为人宽厚柔弱，高祖感觉他的性格不像自己，经常寻思着把太子废掉，而立戚姬的儿子如意，因为他认为如意的性格像自己。戚姬被高祖所宠幸，常随从皇上到关东去，她日夜在高祖面前哭诉，想要立她的儿子为太子。吕后年纪大了，经常在关中留守，很少和皇上相见，因此感情也就更加淡薄疏远了。如意被立为赵王以后，曾多次险些要把太子刘盈取代来做太子。依靠大臣们的力争，还有依靠留侯的计谋，太子的地位才保住了。

吕后性格刚毅，在高祖平定天下的过程中，她功不可没，高祖诛杀大臣也多是由吕后出力献策。吕后的两个哥哥都做了将军。大哥周吕侯战死沙场，高祖封他的儿子吕台、吕产为郦侯和交侯。二哥吕释之被封为建成侯。

高祖于十二年四月甲辰日，在长乐宫逝世，太子刘盈承袭尊号继承帝位。此时高祖有八个儿子：长子刘肥，是惠帝的异母哥哥，刘肥被封为齐王；其他的都是惠帝的弟弟，戚姬的儿子如意被封为赵王，薄夫人的儿子刘恒被封为代王，其他姬妾所生的儿子，刘恢被封为梁王，刘友被封为淮阳王，刘长被封为淮南王，刘建被封为燕王。还封高祖的弟弟刘交为楚王，封高祖兄长的儿子刘濞为吴王。封不是刘氏而被封王的有功之臣番君吴芮的儿子吴臣为长沙王。

【原文】

吕后最怨戚夫人及其子赵王，乃令永巷囚戚夫人，而召赵王。使者三反，赵相建平侯周昌谓使者曰："高帝属臣赵王，赵王年少。窃闻太后怨戚夫人，欲召赵王并诛之，臣不敢遣王。王且亦病，不能奉诏。"吕后大怒，乃使人召赵相。赵相征至长安，乃使人复召赵王。王来，未到。孝惠帝慈仁，知太后怒，自迎赵王霸上，与入宫，自挟与赵王起居饮食。太后欲杀之，不得间。孝惠元年十二月，帝晨出射。赵王少，不能蚤起。太后闻其独居，使人持鸩饮之。犁明，孝惠还，赵王已死。于是乃徙淮阳王友为赵王。夏，诏赐郦侯父追谥为令武侯。太后遂断戚夫人手足，去眼，煇耳，饮喑药，使居厕中，命曰"人彘"。居数日，乃召孝惠帝观人彘。孝惠见，问，乃知其戚夫人，乃大哭，因病，岁余不能起。使人请太后曰："此非人所为。臣为太后子，终不能治天下。"孝惠以此日饮为淫乐，不听政，故有病也。

【译文】

吕后对戚夫人和她的儿子赵王很是痛恨，就下令把戚夫人在永巷宫囚禁起来，还派人把赵王召来。使者去了好几次，赵王的丞相建平侯周昌对使者说："高帝把赵王托付给我，赵王年幼。我私下里听说太后对戚夫人怀有怨恨，想要把赵王召去然后把他们一同诛杀，我不敢遣送赵王前去。况且赵王恰恰有病在身，实在难以遵从。"吕后非常恼火，就又派人把赵王的丞相召来。赵王的丞相一被征召到长安，就又派人再一次去召赵王。赵王奉命前来，尚未到达京城。孝惠帝天性敦厚仁慈，知道太后迁怒于赵王，就亲自到霸上把赵王迎接回来，并同他一起进宫，亲自守护着赵王起居饮食都在一起。太后想要杀害赵王，却一直没有机会。惠帝元年十二月早晨，皇帝出宫狩猎。赵王年纪小，不能早起随同前往。太后听说赵王独自一人在家，就命人给他喝了毒酒。黎明时分，惠帝回来的时候赵王就已经死了。于是吕后把淮阳王刘友迁为赵王。这年夏天，下诏赐给谥号追封郦侯的父亲为令武侯。太后还把戚夫人的手脚砍断，把眼睛挖去，把耳朵熏聋，并灌她喝下哑药，让她在厕所里面住，并称之为"人猪"。几天后，就传召惠帝去观看人猪。惠帝看后，问这是什么，方得知是戚夫人，于是大哭，因此病倒了，此后一年多都起不了床。惠帝派人对太后请求道："这不是人所能做出的事情，我是太后的儿子，最终难以治理天下了。"惠帝从此整日在宫中饮酒淫乐，不理朝政，因此就患上了疾病。

【原文】

二年，楚元王、齐悼惠王皆来朝。十月，孝惠与齐王燕饮太后前，孝惠以为齐王兄，置上坐，如家人之礼。太后怒，乃令酌两卮鸩，置前，令齐王起为寿。齐王起，孝惠亦起，取卮欲俱为寿。太后乃恐，自起泛孝惠卮。齐王怪之，因不敢饮，详醉去。问，知其鸩，齐王恐，自以为不得脱长安，忧。齐内史士说王曰："太后独有孝惠与鲁元公主。今王有七十余城，而公主乃食数城。王诚以一郡上太后，为公主汤沐邑，太后必喜，王必无忧。"于是齐王乃上城阳之郡，尊公主为王太后。吕后喜，许之。乃置酒齐邸，乐饮，罢，归齐王。三年，方筑长安城，四年就半，五年六年城就。诸侯来会。十月朝贺。

七年秋八月戊寅，孝惠帝崩。发丧，太后哭，泣不下。留侯子张辟强为侍中，年十五，谓丞相曰："太后独有孝惠，今崩，哭不悲，君知其解乎？"丞相曰："何解？"辟强曰："帝毋壮子，太后畏君等。君今请拜吕台、吕产、吕禄为将，将兵居南北军，及诸吕皆入宫，居中用事，如此则太后心安，君等幸得脱祸矣。"丞相乃如辟强计。太后说，其哭乃哀。吕氏权由此起。乃大赦天下。九月辛丑，葬。太子即位为帝，谒高庙。元年，号令一出太后。

【译文】

二年，楚元王和齐悼惠王都来朝见。十月，惠帝与齐王在太后面前宴饮，惠帝因为齐王是兄长，于是就让他坐上座，完全按照家人的礼节。太后非常激怒，就令人把两杯毒酒摆在齐王面前，命齐王起身，为她祝福。齐王起身，惠帝也跟着站了起来，把杯子拿过来准备和齐王共同饮酒祝福。这时太后才真正感到很害怕，于是就亲自起身把惠帝的酒碰洒了。齐王觉得有些异常，所以就没有敢再饮，声称酒醉而离去。齐王经过打听才知道原来是毒酒，于是很恐惧，自己明白逃离不了长安，非常担忧。齐国一个叫作士的内史开导齐王说："太后只生有惠帝和鲁元公主。现在大王您拥有的封地有七十多座城邑，可公主却才只有几座城邑作为食邑。若大王肯把一个郡的封地献给太后，来作为公主的汤沐邑，太后肯定会很高兴，那么您就不必再担忧什么事了。"于是齐王就把城阳郡献给公主，并尊公主为王太后。吕后果真欢喜，就答应了他的请求。并在齐王府邸设置酒宴，尽情宴饮。对齐王的过失也就不再追究，还应允他回封国去了。三年，开始修建长安城，四年修到了一半，五年、六年就修成了。诸侯们都来朝拜。十月，诸侯们前来朝贺。

七年秋天八月戊寅日，惠帝去世。发布丧事的时候，太后只是干哭却不掉泪。留侯张良的儿子张辟强担任侍中，当时年仅十五岁，他对丞相陈平说："太后只生了一个儿子惠帝，现今惠帝去世了，她干哭而不悲痛，您知道这是为什么吗？"丞相问："是为什么？"张辟强说："皇帝的儿子都没有成年，太后担心你们这些大臣将军们。您现在去请求太后拜任吕台、吕产、吕禄为将军，统领南北军队，还要让吕家的人都进入宫廷，并在宫廷中执掌朝政，如果能这样做太后就会心安了，你们也就可以侥幸避免祸患了。”丞相于是就按照张辟强说的去办。太后果真很高兴，于是才非常哀痛地哭起惠帝。从此，吕家的人开始在朝廷掌权。接着就大赦天下。九月辛丑日，惠帝下葬。太子即位做了皇帝，朝拜了高祖庙。元年，朝廷所有的号令都出自吕太后。

【原文】

太后称制，议欲立诸吕为王，问右丞相王陵。王陵曰：“高帝刑白马盟曰‘非刘氏而王，天下共击之’。今王吕氏，非约也。”太后不说。问左丞相陈平、绛侯周勃。勃等对曰：“高帝定天下，王子弟，今太后称制，王昆弟诸吕，无所不可。”太后喜，罢朝。王陵让陈平、绛侯曰：“始与高帝喋血盟，诸君不在邪？今高帝崩，太后女主，欲王吕氏，诸君从欲阿意背约，何面目见高帝地下？”陈平、绛侯曰：“于今面折廷争，臣不如君；夫全社稷，定刘氏之后，君亦不如臣。”王陵无以应之。十一月，太后欲废王陵，乃拜为帝太傅，夺之相权。王陵遂病免归。乃以左丞相平为右丞相，以辟阳侯审食其为左丞相。左丞相不治事，令监宫中，如郎中令。食其故得幸太后，常用事，公卿皆因而决事。乃追尊郦侯父为悼武王，欲以王诸吕为渐。

【译文】

太后行使皇权处理朝政，就商讨想立那些吕家子弟为王，询问右丞相王陵。王陵说：“高帝曾斩白马订盟誓说：‘非刘氏子弟而称王，则天下人可共同讨伐他。’如今要对吕家的人封王，无疑违背了高祖的盟约。”太后听后心中不快。又问左丞相陈平和绛侯周勃。周勃等人回答说：“高帝把天下平定，把自己的子弟封王；若太后行使皇权治理天下，把自己家的兄弟封为王，也不是不可以。”太后听后高兴异常。退朝后，王陵谴责陈平和周勃道：“当初高帝订立盟约的时候，难道各位都不在场吗？现今高帝去世，太后作女主，想封吕氏子弟为王，各位却纵容太后的私欲，迎合她的意愿违背盟约，将来还有什么脸面到九泉之下去见高帝？”陈平和绛侯说：“像今天这样当面抗拒，在朝廷上据理力争，我们比不过您；

但是若说保全社稷，安定刘氏后代的基业，您就比不上我们了。”王陵听后无话可说。十一月，太后想将王陵罢免，就把他封为皇帝的太傅，并将其右丞相实权剥夺。王陵就托病免职回家，于是把左丞相陈平任命为右丞相，把辟阳侯审食其任命为左丞相。左丞相不负责处理政务，只对宫中事务进行监管，就像郎中令一样。审食其因而轻而易举地获得了太后的宠幸，经常掌握决策政务的权力，公卿往往通过他来对某些事务做出裁决。接着就追尊郦侯的父亲为悼武王，想以此作为过渡来封诸吕为王。

【原文】

四月，太后欲侯诸吕，乃先封高祖之功臣郎中令无择为博城侯。鲁元公主薨，赐谥为鲁元太后。子偃为鲁王。鲁王父，宣平侯张敖也。封齐悼惠王子章为朱虚侯，以吕禄女妻之。齐丞相寿为平定侯。少府延为梧侯。乃封吕种为沛侯，吕平为扶柳侯，张买为南宫侯。

太后欲王吕氏，先立孝惠后宫子强为淮阳王，子不疑为常山王，子山为襄城侯，子朝为轵侯，子武为壶关侯。太后风大臣，大臣请立郦侯吕台为吕王，太后许之。建成康侯释之卒，嗣子有罪，废，立其弟吕禄为胡陵侯，续康侯后。二年，常山王薨，以其弟襄城侯山为常山王，更名义。十一月，吕王台薨，谥为肃王，太子嘉代立为王。三年，无事。四年，封吕媭为临光侯，吕他为俞侯，吕更始为赘其侯，吕忿为吕城侯，及诸侯丞相五人。

【译文】

四月，太后想要封吕家的人为王侯，就先把高祖的功臣郎中令冯无择封为博城侯。鲁元公主去世，赐谥号为鲁元太后。封其子张偃为鲁王。鲁王的父亲即为宣平侯张敖。把齐悼王的儿子刘章封为朱虚侯，还将吕禄的女儿嫁给了他。把齐王的丞相齐寿封为平定侯。把少府阳成延封为梧侯。然后就开始把吕种封为沛侯，把吕平封为扶柳侯，把张买封为南宫侯。

太后想封吕氏为王，就先封惠帝后宫妃嫔所生的几个儿子，刘强为淮阳王，刘不疑为常山王，刘山为襄城侯，刘朝为轵侯，刘武为壶关侯。太后暗示大臣们，大臣们于是就请求把郦侯吕台封为吕王，太后应允了大臣们的请求。建成康侯吕释之去世，继位的儿子因犯了罪而被废黜，于是就把他的弟弟吕禄封为胡陵侯，作为接续康侯的后代。二年，常山王去世，把其弟襄城侯刘山封为常山王，还为其改名为刘义。十一月，吕王吕台去世，谥封为肃王，他的儿子吕嘉继承王位。三年，没有什么大事值得记述。四年，封吕媭为临光侯，吕他为俞侯，吕更始为赘其侯，吕忿为吕城侯，还把五位诸侯王的丞相封为侯。

【原文】

宣平侯女为孝惠皇后时，无子，详为有身，取美人子名之，杀其母，立所名子为太子。孝惠崩，太子立为帝。帝壮，或闻其母死，非真皇后子，乃出言曰："后安能杀吾母而名我？我未壮，壮即为变。"太后闻而患之，恐其为乱，乃幽之永巷中，言帝病甚，左右莫得见。太后曰："凡有天下治为万民命者，盖之如天，容之如地，上有欢心以安百姓，百姓欣然以事其上，欢欣交通而天下治。今皇帝病久不已，乃失惑惛乱，不能继嗣奉宗庙祭祀，不可属天下，其代之。"群臣皆顿首言："皇太后为天下齐民计所以安宗庙社稷甚深，群臣顿首奉诏。"帝废位，太后幽杀之。五月丙辰，立常山王义为帝，更名曰弘。不称元年者，以太后制天下事也。以轵侯朝为常山王。置太尉官，绛侯勃为太尉。五年八月，淮阳王薨，以弟壶关侯武为淮阳王。六年十月，太后曰吕王嘉居处骄恣，废之，以肃王台弟吕产为吕王。夏，赦天下。封齐悼惠王子兴居为东牟侯。

【译文】

宣平侯的女儿做惠帝皇后的时候，没有儿子，就假装有孕在身，她把后宫美人生的儿子夺了过来充当自己的儿子，还把孩子的生母杀了，立这个冒充的生子为太子。孝惠帝去世后，太子即帝位。幼帝渐渐长大成人，听说生母已被杀害，他又不是皇后的亲生儿子，于是怨恨道："皇后怎么可以把我的生母杀害而又拿我来充当她的儿子呢？我尚未成年，成年后必定要报复她。"太后听到后对他非常恐惧，怕他作乱，就将其幽禁在永巷中，对外宣称皇帝得了重病，左右侍臣也见不到他。太后说："凡是拥有天下而治理万民的人，就要像天一样覆盖庇护他们，要像地一样包容抚育他们，君上用欢乐之心来安抚百姓，百姓就会欣然侍奉君上，上下欢欣交融才能换来天下大治。如今皇帝病了很久仍不见好转，以至于神志昏乱失常，无法担负继嗣为帝而奉宗庙祭祀的责任，天下不能交付给他，应该找个代替他的人。”群臣们听后都顿首说：“皇太后心系天下黎民，所以才会对于安定宗庙社稷的谋虑很深，我们群臣顿首尊奉诏旨。”皇帝被废，太后就暗自杀害了少帝。五月丙辰日，立常山王刘义为帝，改名为刘弘。但不改称元年的原因，是由于太后一直在称制治理天下。把轵侯刘朝封为常山王。设置太尉职位，任绛侯周勃为太尉。五年八月，淮阳王去世，就封其弟壶关侯刘武为淮阳王。六年十月，太后说吕王嘉行为骄纵，就将其废除了，把肃王吕台的弟弟吕产封为吕王。这年夏天，大赦天下。把齐悼王的儿子刘兴居封为东牟侯。

【原文】

七年正月，太后召赵王友。友以诸吕女为受后，弗爱，爱他姬，诸吕女妒，怒去，谗之于太后，诬以罪过，曰：“吕氏安得王！太后百岁后，吾必击之”。太后怒，以故召赵王。赵王至，置邸不见，令卫围守之，弗与食。其群臣或窃馈，辄捕论之，赵王饿，乃歌曰：“诸吕用事兮刘氏危，迫胁王侯兮强授我妃。我妃既妒兮诬我以恶，谗女乱国兮上曾不寤。我无忠臣兮何故弃国？自决中野兮苍天举直！於嗟不可悔兮宁蚤自财。为王而饿死兮谁者怜之！吕氏绝理兮托天报仇。”丁丑，赵王幽死，以民礼葬之长安民冢次。

己丑，日食，昼晦。太后恶之，心不乐，乃谓左右曰：“此为我也。”

二月，徙梁王恢为赵王。吕王产徙为梁王，梁王不之国，为帝太傅。立皇子平昌侯太为吕王。更名梁曰吕，吕曰济川。太后女弟吕媭有女为营陵侯刘泽妻，泽为大将军。太后王诸吕，恐即崩后刘将军为害，乃以刘泽为琅邪王，以慰其心。

【译文】

七年正月，太后把赵王刘友召回京。刘友因为太后把吕氏之女作为他的王后，他不喜爱，却对其他姬妾宠爱有加，王后因嫉妒愤怒而离去，还在太后跟前说赵王的坏话，诬告他，说他犯有罪过，她说赵王曾说："吕氏怎么可以被封为王呢！太后去世后，我必定要对他们采取攻伐。"太后被激怒了，就把赵王召来京城。赵王到长安后，被安置在王邸而不被接见，还被太后派遣的侍卫包围困守在王邸，不给他饭吃。他的臣子中有人私下给他吃的，就被逮捕判罪。赵王饥饿，就作歌唱道："吕氏之人当权持政啊，刘氏江山就有危险。威胁强迫王侯啊，强行授给我吕氏之女为妻。我妃子由于嫉妒啊，诬告我有罪恶。进谗言的女人祸乱国家啊，君上却没有省悟。我无忠臣啊，为何失去了封国？我在野外之中自决啊，上天为我申冤。我没有什么可以悔悟的啊，宁愿早些自裁。作为国王而被活活饿死啊，有谁会来可怜我？吕氏之人断绝天理啊，我要托付上天来为我报仇。"丁丑日，赵王在幽禁中死去，以平民之礼仪被埋葬在长安平民百姓的坟墓旁。

乙丑日，出现日食，白天昏暗。太后厌恶此事，心中不高兴，就对左右侍者说："这是由于我的缘故。"

二月，改封梁王刘恢为赵王。改封吕王吕产为梁王，梁王没有去封国，被任命为皇帝的太傅。皇子平昌侯刘太被封为吕王。又改梁国为吕国，改吕国为济川国。太后的妹妹吕媭有一个女儿嫁给营陵侯刘泽为妻，刘泽是大将军。太后封吕氏为王，忧虑她将来去世以后刘泽将军危害吕氏，就封刘泽为琅邪王，以此来安抚他的心。

【原文】

梁王恢之徙王赵，心怀不乐。太后以吕产女为赵王后。王后从官皆诸吕，擅权，微伺赵王，赵王不得自恣。王有所爱姬，王后使人鸩杀之。王乃为歌诗四章，令乐人歌之。王悲，六月即自杀。太后闻之，以为王用妇人弃宗庙礼，废其嗣。

宣平侯张敖卒，以子偃为鲁王，敖赐谥为鲁元王。

秋，太后使使告代王，欲徙王赵。代王谢，愿守代边。

太傅产、丞相平等言，武信侯吕禄上侯，位次第一，请立为赵王。太后许之，追尊禄父康侯为赵昭王。九月，燕灵王建薨，有美人子，太后使人杀之，无后，国除。八年十月，立吕肃王子东平侯吕通为燕王，封通弟吕庄为东平侯。

三月中，吕后祓，还过轵道，见物如苍犬，据高后掖，忽弗复见。卜之，云赵王如意为祟。高后遂病掖伤。

高后为外孙鲁元王偃年少，蚤失父母，孤弱，乃封张敖前姬两子，侈为新都侯，寿为乐昌侯，以辅鲁元王偃。及封中大谒者张释为建陵侯，吕荣为祝兹侯。诸中宦者令丞皆为关内侯，食邑五百户。

【译文】

梁王刘恢被迁徙为赵王后，心中不快。太后就让吕产的女儿来做他王后。赵王后的随从官吏均为吕家的人，他们在赵国把持政事，暗中监视赵王，赵王不敢随便行动。赵王有一位宠姬，王后派人将其毒死了。赵王因此作了诗歌四章，命乐工歌唱。赵王因悲伤过度而于六月间自杀。此事传入太后耳中，太后认为赵王因依恋妇人而不惜舍弃宗庙礼法，于是把赵王后代继承王位的权利废除了。

宣平侯张敖去世，其子张偃被封为鲁王，赐给张敖鲁元王的谥号。

秋天，太后派使者告知代王，说想要改封他为赵王。代王辞而不受，表示情愿继续留在代国镇守边疆。

太傅吕产、丞相陈平等人说武信侯吕禄在列侯中的功劳为上等，排在第一，请封他为赵王。太后答应了他们的请求，把吕禄的父亲康侯追封为赵昭王。九月，燕灵王刘建去世，他有一个美人生下的儿子，太后就派人把孩子杀了，从此燕灵王绝嗣无后，封国也被废除。八年十月，吕肃王的儿子东平侯吕通被封为燕王，吕通的弟弟吕庄被封为东平侯。

三月中旬，太后举行除灾求福的祭礼，返回途中路过轵道，看见一个怪物好像苍犬，钻入自己的腋下占据盘旋，忽然之间消失不见了。命人占卜，说是赵王如意的鬼魂在作怪。太后因此就患腋下疼痛的毛病。

高后因外孙鲁元王张偃年少，再加上很早就失去了父母，无依无靠，就把张敖前妻所生的两个儿子张侈为和张寿为分别封为新都侯和乐昌侯，让他们来辅佐鲁元王张偃。接着又把中大谒者张释封为建陵侯，把吕荣封为祝兹侯。在宫中担任令、丞等官职的宦官都被封为关内侯，赏赐食邑五百户。

【原文】

七月中，高后病甚，乃令赵王吕禄为上将军，军北军；吕王产居南军。吕太后诫产、禄曰："高帝已定天下，与大臣约，曰'非刘氏王者，天下共击之'。今吕氏王，大臣弗平。我即崩，帝年少，大臣恐为变。必据兵卫宫，慎毋送丧，毋为人所制。"辛巳，高后崩，遗诏赐诸侯王各千金，将相列侯郎吏皆以秩赐金。大赦天下。以吕王产为相国，以吕禄女为帝后。

高后已葬，以左丞相审食其为帝太傅。

朱虚侯刘章有气力，东牟侯兴居其弟也。皆齐哀王弟，居长安。当是时，诸吕用事擅权，欲为乱，畏高帝故大臣绛、灌等，未敢发。朱虚侯妇，吕禄女，阴知其谋。恐见诛，乃阴令人告其兄齐王，欲令发兵西，诛诸吕而立。朱虚侯欲从中与大臣为应。齐王欲发兵，其相弗听。八月丙午，齐王欲使人诛相，相召平乃反，举兵欲围王，王因杀其相，遂发兵东，诈夺琅邪王兵，并将之而西。语在齐王语中。

【译文】

七月中旬，高后病情加重，就封赵王吕禄为上将军，以统领北军；吕王吕产率领南军。吕太后告诫吕产、吕禄说："高祖安定天下后，曾与大臣立盟约道'若非刘氏子弟而被封王的，则普天之下的人都可以共同讨伐'。现如今吕氏之人被封王，大臣们都心怀不满。我一旦逝世，皇帝年纪又小，恐怕群臣要作乱叛变。你们必须掌握军队，守卫皇宫，小心谨慎，不要轻意为我送丧，以免被他人所控制。"辛巳日，高后去世，遗诏说赐黄金一千斤给每一个诸侯王，列侯将相等人也都按照各自的级别给予了相应的金子作为赏赐。大赦天下。并任命吕王吕产为相国，把吕禄的女儿封为皇后。

高后被安葬以后，由左丞相审食其担任皇帝的太傅。

朱虚侯刘章有魄力，东牟侯刘兴居是他的弟弟，他俩又都是齐哀王的弟弟，在长安居住。在此时，吕氏族人专有朝政，有叛乱的意图，但是又由于对高祖皇帝时的大臣绛侯周勃、灌婴等人有些害怕，才不敢轻举妄动！朱虚侯刘章的妻子，也就是吕禄的女儿，得知了他们的阴谋，恐怕最终受牵连而遭诛杀，就偷偷地派人将此事报告给他的哥哥齐哀王，想让齐哀王发兵向西攻进，将吕氏之人诛杀以后而自立为帝。朱虚侯准备与大臣一起在朝中做内应。齐哀王准备发兵，却遭到丞相的阻拦。八月丙午日，齐哀王想派人把丞相杀掉，丞相召平于是反叛，调动军队想要围困齐哀王。齐哀王因此将其诛杀并发动军队向东进攻，用计夺取了琅邪王的军队，一并统领两国军队向西进发。此事的具体情况记载在《齐悼惠王世家》中。

【原文】

齐王乃遗诸侯王书曰："高帝平定天下，王诸子弟，悼惠王王齐。悼惠王薨，孝惠帝使留侯良立臣为齐王。孝惠崩，高后用事，春秋高，听诸吕，擅废帝更立，又比杀三赵王，灭梁、赵、燕以王诸吕，分齐为四。忠臣进谏，上惑乱弗听。今高后崩，而帝春秋富，未能治天下，固恃大臣诸侯。而诸吕又擅自尊官，聚兵严威，劫列侯忠臣，矫制以令天下，宗庙所以危。寡人率兵入诛不当为王者。"汉闻之，相国吕产等乃遣颍阴侯灌婴将兵击之。灌婴至荥阳，乃谋曰："诸吕权兵关中，欲危刘氏而自立。今我破齐还报，此益吕氏之资也。"乃留屯荥阳，使使谕齐王及诸侯，与连和，以待吕氏变，共诛之。齐王闻之，乃还兵西界待约。

吕禄、吕产欲发乱关中，内惮绛侯、朱虚等，外畏齐、楚兵，又恐灌婴畔之，欲待灌婴兵与齐合而发，犹豫未决。当是时，济川王太、淮阳王武、常山王朝名为少帝弟，及鲁元王吕后外孙，皆年少未之国，居长安。赵王禄、梁王产各将兵居南北军，皆吕氏之人。列侯群臣莫自坚其命。

【译文】

齐哀王对各诸侯王下书说："高皇帝平定了天下，封刘氏的各个子弟为王，被封在齐国的是悼惠王。悼惠王去世，孝惠帝命令留侯张良前来立我为齐王。孝惠帝去世，朝中政务由高皇后治理，她年事已高，听信吕氏之人发号施令，擅自把少帝废除而另立他人，三任赵王接连被她杀害，把梁、赵、燕各封国从刘氏封王中减去，而用这些土地来封吕氏之人为王，把齐国分成了四份。忠臣劝谏，皇上迷惑昏乱而不接受。现在高后去世，而皇帝又年幼，还无法治理天下，本应依靠大臣和诸侯。可吕氏之人独断专权，官职显赫，掌握军队以逞威严，逼迫列侯和忠臣屈服，以皇帝的名义来号令天下，因此危害到刘氏的宗庙社稷。我将率领军队入关去把那些不该称王的人诛杀。”汉朝廷听说后，相国吕产等人就命颍阴侯灌婴领兵前去迎击齐王。灌婴到达荥阳后，就谋划说：“吕氏之人握有关中的军权，想要危及刘氏社稷而自立为皇帝。现今我若攻破了齐军去回报，就会助长吕家的实力。”于是就把军队屯在荥阳而不再前进，派遣使者告谕齐王和诸侯，希望同他们联合，等待吕氏叛乱，然后一起来讨伐他们。齐王听后，也就把军队撤回，转而驻守在齐国的西界，以等待时机相约联和。

吕禄和吕产准备在关中发动叛乱，但是由于他们在朝内畏惧绛侯周勃、朱虚侯刘章等人，在朝外又担心齐、楚两国的军队，还担心灌婴会反叛他们，于是就想等着灌婴的军队和齐国交战后再叛乱。正处于犹豫不决的时候。当时，名义上为少帝之弟的济川王刘太、淮阳王刘武、常山王刘朝，以及吕后的外孙鲁元王张偃，因年少的缘故都没有前往封国，而是居住在长安。赵王吕禄和梁王吕产分别在南北军中统领军队，他们均为吕氏之人。列侯和群臣没有人认为能自保其命。

【原文】

太尉绛侯勃不得入军中主兵。曲周侯郦商老病，其子寄与吕禄善。绛侯乃与丞相陈平谋，使人劫郦商。令其子寄往绐说吕禄曰：“高帝与吕后共定天下，刘氏所立九王，吕氏所立三王，皆大臣之议，事已布告诸侯，诸侯皆以为宜。今太后崩，帝少，而足下佩赵王将印，不急之国守籓，乃为上将，将兵留此，为大臣诸侯所疑。足下何不归将印，以兵属太尉？请梁王归相国印，与大臣盟而之国，齐兵必罢，大臣得安，足下高枕而王千里，此万世之利也。”吕禄信然其计，欲归将印，以兵属太尉。使人报吕产及诸吕老人，或以为便，或曰不便，计犹豫未有所决。吕禄信郦寄，时与出游猎。过其姑吕媭，媭大怒，曰：“若为将而弃军，吕氏今无处矣。”乃悉出珠玉宝器散堂下，曰：“毋为他人守也。”

左丞相食其免。

【译文】

太尉绛侯周勃不能统领军队。曲周侯郦商年老多病，其子郦寄和吕禄关系密切。绛侯周勃于是就和丞相陈平谋划，命人去劫持郦商，让郦寄前去欺骗吕禄说："高祖与吕后一起平定天下，刘氏的人被封立了九个王，吕氏的人被封立了三个王，这是经过他们同大臣商讨才决定的，此事已告诉天下诸侯，无人有异议。如今太后去世，皇帝幼小，而您却佩戴着赵王印，非但不赶紧前往封国去镇守藩地，反而仍然在这里做上将军，统领军队留驻长安，这无疑会被大臣诸侯们猜疑。您不如把将军的印信归还，把军队交给太尉。希望梁王也把相国的印信归还，与大臣一起订立盟约而前往封国，如此一来，齐国的军队肯定就撤回，大臣们也能够心安了，您不就可以高枕无忧地统治方圆千里的王国了吗？这可是子孙万世长久的好处啊。"吕禄听从了他的计策，准备把将军的印信奉还，把军队交给太尉。他命人把此事通报给吕产和吕家的长辈们，这些人认为他这样做可行和不可行的都有，还在犹豫不决。吕禄对郦寄很信任，经常和他一同外出游玩打猎。当他去看望姑母吕媭的时候，吕媭大怒道："你身为将军却离开军队，吕家的人从此没有安身立命的地方了。"于是就把她所有的珠玉宝器撒在堂下，说："我再也不替别人保存它们了。"

左丞相审食其被免官。

【原文】

八月庚申旦，平阳侯窋行御史大夫事，见相国产计事。郎中令贾寿使从齐来，因数产曰："王不蚤之国，今虽欲行，尚可得邪？"具以灌婴与齐楚合从，欲诛诸吕告产，乃趣产急入宫。平阳侯颇闻其语，乃驰告丞相、太尉。太尉欲入北军，不得入。襄平侯通尚符节。乃令持节矫内太尉北军。太尉复令郦寄与典客刘揭先说吕禄曰："帝使太尉守北军，欲足下之国，急归将印辞去，不然，祸且起。"吕禄以为郦兄不欺己，遂解印属典客，而以兵授太尉。太尉将之入军门，行令军中曰："为吕氏右袒，为刘氏左袒。"军中皆左袒为刘氏。太尉行至，将军吕禄亦已解上将印去，太尉遂将北军。

然尚有南军。平阳侯闻之，以吕产谋告丞相平，丞相平乃召朱虚侯佐太尉。太尉令朱虚侯监军门。令平阳侯告卫尉："毋入相国产殿门。"吕产不知吕禄已去北军，乃入未央宫，欲为乱，殿门弗得入，裴回往来。平阳侯恐弗胜，驰语太尉。太尉尚恐不胜诸吕，未敢讼言诛之，乃遣朱虚侯谓曰："急入宫卫帝。"朱虚侯请卒，太尉予卒千余人。入未央宫门，遂见产廷中。日餔时，遂击产。产走，天风大起，以故其从官乱，莫敢斗。逐产，杀之郎中府吏厕中。

【译文】

八月庚申日早晨，平阳侯曹窋代行处理御史大夫的职事，去会见相国吕产商讨政事。郎中令贾寿出使齐国回来，趁机指责吕产说："大王不早去封国，如今你即使想去，还有可能吗？"于是就把灌婴和齐、楚联合结盟，准备共同诛杀吕家人的事详细地跟吕产说了，并催促吕产赶快进宫。平阳侯听到了他们的谈话，就赶忙去向丞相和太尉报告。太尉想闯入北军，但没能进入。襄平侯纪通主管皇帝的符节印信，就让他拿着皇帝的符节假称奉皇帝诏命要太尉进入北军。太尉又命郦寄和典客刘揭先行去劝导吕禄道："皇帝派遣太尉统领北军，想要您回归封国，您尽快把将印归还辞职离去。如果不这样做，就要大祸临头了。"吕禄认为郦兄是不会欺骗自己的，于是就把将印解下交给典客，把军权授给太尉。太尉佩带将印进入军门，在军中发号施令道："愿为吕氏效忠的人袒露右胸，愿为刘氏效忠的人袒露左胸。"士卒就都袒露左胸以示愿为刘氏效忠。太尉来到的时候，将军吕禄已经把上将军印解下，然后离开了军营，太尉于是统率了北军。

但是南军还在吕氏之人手中。平阳侯曹窋听说后，就把吕产的阴谋告诉了丞相陈平，陈平就召朱虚侯刘章去辅助太尉。太尉命朱虚侯监守军门，命平阳侯跟卫尉说："不要让相国吕产进入殿门。"吕产尚不知吕禄已经离开了北军，仍然进入未央宫，想要作乱，但是他却无法进入殿门，在殿门前走来走去。平阳侯担心不能取胜，就派人急驰飞报太尉。太尉还是担心无法战胜吕家的人，就没敢公开说要诛杀吕产，于是就派朱虚侯前去对他说："快进宫保卫皇帝。"朱虚侯请兵，太尉调给他一千多人。朱虚侯进入未央宫门，就遇见吕产。日落时分，就攻击吕产。吕产逃跑。这时天空狂风大作，于是吕产的随从官吏乱作一片，无人再抵抗。朱虚侯追逐吕产，并将其杀死在郎中府的吏厕中。

【原文】

朱虚侯已杀产，帝命谒者持节劳朱虚侯。朱虚侯欲夺节信，谒者不肯，朱虚侯则从与载，因节信驰走，斩长乐卫尉吕更始。还，驰入北军，报太尉。太尉起，拜贺朱虚侯曰："所患独吕产，今已诛，天下定矣。"遂遣人分部悉捕诸吕男女，无少长皆斩之。辛酉，捕斩吕禄，而笞杀吕媭。使人诛燕王吕通，而废鲁王偃。壬戌，以帝太傅食其复为左丞相。戊辰，徙济川王王梁，立赵幽王子遂为赵王。遣朱虚侯章以诛诸吕氏事告齐王，令罢兵。灌婴兵亦罢荥阳而归。

诸大臣相与阴谋曰："少帝及梁、淮阳、常山王，皆非真孝惠子也。吕后以计诈名他人子，杀其母，养后宫，令孝惠子之，立以为后，及诸王，以强吕氏。今皆已夷灭诸吕，而置所立，即长用事，吾属无类矣。不如视诸王最贤者立之。"或言"齐悼惠王高帝长子，今其适子为齐王，推本言之，高帝适长孙，可立也"。大臣皆曰："吕氏以外家恶而几危宗庙，乱功臣今齐王母家驷，驷钧，恶人也。即立齐王，则复为吕氏。"欲立淮南王，以为少，母家又恶。乃曰："代王方今高帝见子，最长，仁孝宽厚。太后家薄氏谨良。且立长故顺，以仁孝闻于天下，便。"乃相与共阴使人召代王。代王使人辞谢。再反，然后乘六乘传。后九月晦日己酉，至长安，舍代邸。大臣皆往谒，奉天子玺上代王，共尊立为天子。代王数让，群臣固请，然后听。

【译文】

朱虚侯诛杀了吕产以后，皇帝就命谒者持节来慰劳他。朱虚侯想要夺取皇帝的符节印信，谒者不肯交给他，朱虚侯就与谒者同坐一车，依靠皇帝的节信而急驰，把长乐宫卫尉吕更始斩杀。回来后又飞驰进入北军，向太尉报告。太尉起身，向朱虚侯行礼祝贺道："我最担心的就是吕产，如今他已被诛杀，则天下就得以安定了。"就派人把吕氏家族的男女老少都逮捕起来斩杀了。辛酉日，吕禄被逮捕并遭诛杀，吕媭被鞭笞致死。还派人把燕王吕通诛杀了，同时废除了鲁王偃的王爵。壬戌日，皇帝的太傅审食其重新被任命为左丞相。戊辰日，把济川王迁徙为梁王，把赵幽王的儿子刘遂立为赵王。命朱虚侯刘章告知齐王诛杀吕家人的情况，让他撤兵。于是灌婴的军队也从荥阳撤回京来。

朝廷众臣暗地里共同讨论道："少帝和梁王、淮阳王、常山王，都不是惠帝真正的儿子。吕后用别人的儿子假冒，并把他们的生母杀害了，在后宫中抚养他们，并认作惠帝的儿子，然后或是被立为继承人，或是被封为诸侯王，以扩大吕家的势力。如今吕家的势力已经都被消灭了，但对于吕家所立的人置之不理，一旦他们成年后掌握了政权，则我们以及我们的家族就都会被诛灭了。干脆从封王中选出一位最贤明的立为皇帝。"有人说："齐悼惠王是高祖的长子，如今他的嫡子是齐王，从血统上来说，他就是高祖的嫡长孙，可以将他扶立为皇帝。"大臣们纷纷说："吕氏凭借自己外戚的身份就作恶，几乎毁灭了宗庙社稷，杀尽了名将功臣。现在齐王的母家姓驷，有个叫作驷钧的恶人。如果扶立齐王，就相当于又造出一个吕家叛乱。"众人想要立淮南王刘长，但是因为刘长年少，再加上其母家之人也很凶恶，就说："代王是当今健在的高祖的儿子，也是最年长的一位宗室王，为人宽厚仁孝。太后娘家薄氏恭谨善良。况且立长本来就合乎礼制，代王又以仁孝名闻天下，立他应该合适。"于是一起偷偷派人去把代王召来，代王派人入朝辞谢。使者又去迎请，代王这才乘坐六匹马拉的驿车前往。闰九月己酉日抵达长安，住在代王驻京的府邸。众臣前去拜见，并把天子的玺印奉献给他，共同拥立他为天子。代王一再谦让，群臣坚持请求，然后他才答应。

【原文】

东牟侯兴居曰："诛吕氏吾无功，请得除宫。"乃与太仆汝阴侯滕公入宫，前谓少帝曰："足下非刘氏，不当立。"乃顾麾左右执戟者掊兵罢去。有数人不肯去兵，宦者令张泽谕告，亦去兵。滕公乃召乘舆车载少帝出。少帝曰："欲将我安之乎？"滕公曰"出就舍。"舍少府。乃奉天子法驾，迎代王于邸。报曰："宫谨除。"代王即夕入未央宫。有谒者十人持戟卫端门，曰："天子在也，足下何为者而入？"代王乃谓太尉。太尉往谕，谒者十人皆掊兵而去。代王遂入而听政。夜，有司分部诛灭梁、淮阳、常山王及少帝于邸。

代王立为天子。二十三年崩，谥为孝文皇帝。

太史公曰：孝惠皇帝、高后之时，黎民得离战国之苦，君臣俱欲休息乎无为，故惠帝垂拱，高后女主称制，政不出房户，天下晏然。刑罚罕用，罪人是希。民务稼穑，衣食滋殖。

【译文】

东牟侯刘兴居说："诛杀吕氏集团的时候我没有立什么功，请让我去清理皇宫。"于是就和太仆汝阴侯滕公夏侯婴进入皇宫，上前对少帝说："您并非刘氏的后代，因此不能立为皇帝。"说完就挥手示意少帝周围那些持戟护卫的兵士们放下兵器离开。其中几个人不肯放下兵器，宦者令张泽告诫他们，也就放下了。滕公于是召来乘舆把少帝载出了皇宫。少帝说："你要拉我到哪去啊？"滕公说："出宫到私舍去住。"少帝被安置在少府居住。于是就奉着天子法驾，到代王府邸去迎请代王。报告代王说："我们已经谨慎地把皇宫清理了。"代王就在当天傍晚进入未央宫。有十位谒者手执着戟守卫在端门，他们说："天子还在，你为什么要进宫？"代王叫过太尉，让太尉就上前晓谕他们，他们全部放下兵器后离去。代王于是进入宫中开始执掌朝政。当夜，主管部门分别将梁王、淮阳王、常山王以及少帝诛杀在他们的府邸。

代王即位做了天子。二十三年以后崩逝，谥号为孝文皇帝。

太史公说：孝惠皇帝和高后统治时期，百姓得以暂时脱离战乱之苦，君臣上下都希望休养生息、无为而治，因此惠帝垂拱袖手，高后以女主身份把持朝政，颁布政令却不出居室门户，天下安定太平。很少使用刑罚，因而犯罪的人也很少见。百姓致力于农耕生产，丰衣足食。

【评析】

吕后是个刚毅阴狠，不甘雌伏的角色，以其玄奇的智谋，过人的胆识和高超的组织管理手段，在反秦建汉的斗争之中，充分展示了她杰出的女政治家才能。在艰苦的战争岁月里，她刚正不阿，巧妙周旋，不畏强权，辅佐刘邦，最终取得楚汉战争的胜利，为建立汉王朝立下了不朽功勋。高祖死后，她独掌政十五年，在历史上占有重要的地位。虽然满手血腥，但是她也有不少为人称道的政绩。在她执政期间所采取的一系列政治经济措施也促进了当时的社会生产。但吕后最大的缺点是嫉妒心太重，私心太重，手段过于残酷，竟然想以吕氏来代替刘氏，终至败亡。对历史人物的评论，应该看其对当时和以后的影响，所谓“民为天，社稷次之、君为轻”。只要他对百姓好，把当时的国家治理得好，哪怕她是女人。总之对于吕后的评价应该是毁誉参半。无论如何，在那种男尊女卑的时代，她能“不让须眉”，其才智和胆识还是让后人赞叹不已，也让一些七尺男儿汗颜。

第九章 孝文本纪

【原文】

孝文皇帝，高祖中子也。高祖十一年春，已破陈豨军，定代地，立为代王，都中都。太后薄氏子。即位十七年，高后八年七月，高后崩。九月，诸吕吕产等欲为乱，以危刘氏，大臣共诛之，谋召立代王，事在吕后语中。

丞相陈平、太尉周勃等使人迎代王。代王问左右郎中令张武等。张武等议曰："汉大臣皆故高帝时大将，习兵，多谋诈，此其属意非止此也，特畏高帝、吕太后威耳。今已诛诸吕，新喋血京师，此以迎大王为名，实不可信。愿大王称疾毋往，以观其变。"中尉宋昌进曰："群臣之议皆非也。夫秦失其政，诸侯豪杰并起，人人自以为得之者以万数，然卒践天子之位者，刘氏也，天下绝望，一矣。高帝封王子弟，地犬牙相制，此所谓盘石之宗也，天下服其强，二矣。汉兴，除秦苛政，约法令，施德惠，人人自安，难动摇，三矣。 夫以吕太后之严，立诸吕为三王，擅权专制，然而太尉以一节入北军，一呼士皆左袒，为刘氏，叛诸吕，卒以灭之。此乃天授，非人力也。今大臣虽欲为变，百姓弗为使，其党宁能专一邪？方今内有朱虚、东牟之亲，外畏吴、楚、淮南、琅邪、齐、代之强。方今高帝子独淮南王与大王，大王又长，贤圣仁孝，闻于天下，故大臣因天下之心而欲迎立大王，大王勿疑也。"代王报太后计之，犹与未定。卜之龟，卦兆得大横。占曰："大横庚庚，余为天王，夏启以光。"代王曰："寡人固已为王矣，又何王？"卜人曰："所谓天王者乃天子。"于是代王乃遣太后弟薄昭往见绛侯，绛侯等具为昭言所以迎立王意。薄昭还报曰：“信矣，毋可疑者。”代王乃笑谓宋昌曰：“果如公言。”乃命宋昌参乘，张武等六人乘传诣长安。至高陵休止，而使宋昌先驰之长安观变。

【译文】

孝文皇帝，是高祖儿子，排行居中。高祖十一年春天，大败陈豨叛军后，把代地平定了，立刘恒为代王，王国的都城在中都。代王是太后薄氏所生。登王位十七年时，即高后八年七月，高后去世。九月，以吕产为首的吕氏家族的人企图发动叛乱，以夺刘氏社稷，大臣们共同把他们诛杀了，谋划召代王入长安并把他拥立为皇帝。这些史事在《吕太后本纪》中都有记载。

丞相陈平和太尉周勃等人派人去迎请代王。代王向左右侍从的郎中令张武等人征求意见，张武等人商讨道：“朝中大臣都是当年高祖在世时的大将，他们熟习军事，多有谋略，他们绝不止于仅做大臣，只是当时畏惧高祖和吕太后的权威罢了。现今他们已经诛杀了吕氏族人，刚刚血染京都，现在这样做只是表面上迎请大王，其真实的用意却不可信。请大王还是称病不要去吧，借此来观察事态的变化。”中尉宋昌进言说：“群臣们的建议都是不正确的。要知道秦朝政治失道，诸侯豪杰们一同起义叛乱，数以万计的人都认为自己能够得到天下，然而最终登上天子位置的人却只有刘氏而已。于是天下诸侯豪杰也就不再抱有幻想，这是其一。高祖分封子弟为王，让各王国和郡县的土地犬牙相错而相互制约，这就是常说的稳如磐石一般的宗族根基，对于刘氏的强大，天下人都信服，这是其二。汉朝兴起以后，废除秦朝的苛政，简化法令，施行恩惠德政，人人平静安宁，人心坚定难以动摇，这是其三。至于说以吕太后的威严，立吕家的人为三王，使他们执掌朝政，独断专行，可是太尉仅凭一信节就进入北军，一声呼唤完毕，士卒就都将左胸袒露，表示愿效忠刘氏，反叛吕氏，最终诛灭了吕氏。这是天意，并非人力之所及。现在大臣们即使想要发动叛乱，百姓们也不会顺从他们的驱使，他们的党羽难道能自始至终地坚定追随而不移吗？如今朝内有朱虚侯和东牟侯这样的宗亲，朝外诸人又畏惧吴、楚、淮南、琅邪、齐、代等强大的王国。现在高帝的儿子里只有淮南王和您了，您又是兄长，而且为人贤德圣明仁爱孝顺，美名远扬，因此大臣们才想顺应民意而迎请大王拥立为帝，大王不要再怀疑了。”代王将此事报给薄太后进行商议，还是犹豫不决。于是就用龟甲进行占卜，卦的兆象是一大条横向裂纹。卜辞说：“大横裂纹意味着要发生地位的变化，我将成为天王，就像夏启那样继承父亲的位置并把先代的基业发扬光大。”代王说：“我都已经是王了，还做什么王？”占卜的人说：“天王是指天子。”于是代王就派太后的弟弟薄昭前去会见绛侯周勃，绛侯等人详细地对薄昭讲述了他们迎请代王的用意。薄昭回来报告说：“可以确信了，没有什么可以置疑。”代王于是就笑着对宋昌说：“果真像你说的那样。”就命宋昌陪他乘一辆车，张武等六人也乘传驿之车一起去了长安。到达高陵后就停了下来，先派宋昌驾快车进入长安以观察情况有无变化。

【原文】

昌至渭桥，丞相以下皆迎。宋昌还报。代王驰至渭桥，群臣拜谒称臣。代王下车拜。太尉勃进曰：“愿请间言。”宋昌曰：“所言公，公言之。所言私，王者不受私。”太尉乃跪上天子玺符。代王谢曰：“至代邸而议之。”遂驰入代邸。群臣从至。丞相陈平、太尉周勃、大将军陈武、御史大夫张苍、宗正刘郢、朱虚侯刘章、东牟侯刘兴居、典客刘揭皆再拜言曰：“子弘等皆非孝惠帝子，不当奉宗庙。臣谨请阴安侯列侯顷王后与琅邪王、宗室、大臣、列侯、吏二千石议曰：‘大王高帝长子，宜为高帝嗣。’愿大王即天子位。”代王曰：“奉高帝宗庙，重事也。寡人不佞，不足以称宗庙。愿请楚王计宜者，寡人不敢当。”群臣皆伏固请。代王西乡让者三，南乡让者再。丞相平等皆曰：“臣伏计之，大王奉高帝宗庙最宜称，虽天下诸侯万民以为宜。臣等为宗庙社稷计，不敢忽。愿大王幸听臣等。臣谨奉天子玺符再拜上。”代王曰：“宗室将相王列侯以为莫宜寡人，寡人不敢辞。”遂即天子位。群臣以礼次侍。

【译文】

宋昌到达了长安城西北的渭桥，丞相以下的大臣都前来迎接。宋昌回去报告代王，代王就驾快车来到渭桥，群臣都拜见称臣。代王就下车答礼。太尉周勃进言说："请允许我能够单独进言。"宋昌说："如果谈的是公事，不妨就公开说吧。如果要谈私事，那么做王的人是不接受私言。"太尉就跪在地上奉献天子的玺印符节。代王推辞说："到府邸以后再商定这件事吧。"就驱车驰入代王府邸。群臣也跟着到达王邸。丞相陈平、太尉周勃、大将军陈武、御史大夫张苍、宗正刘郢、朱虚侯刘章、东牟侯刘兴居、典客刘揭等人都再次参拜说道："皇子刘弘等人都不是孝惠帝的亲生儿子，没有承奉宗庙社稷的资格。臣等慎重地请求阴安侯、列侯顷王后和琅邪王、宗室、大臣、列侯，以及俸禄在二千石以上的官吏们商议说：'您是高祖的长子，理当成为继承人。'希望您登临天子位。"代王说："承奉高祖的宗庙社稷，关系重大。我无才无德，实在是担当不起侍奉宗庙的重任。请诸位另请楚王商议一个合适的人，我不敢承当。"群臣跪伏在地上坚决恳请。代王面西对着群臣谦让了三次，又面南对着群臣谦让了两次。丞相陈平等人都说："我们慎重斟酌了此事，由大王奉继高祖宗庙，再合适不过了，即使是天下的诸侯百姓也都没有异议。我们为了宗庙社稷着想，不敢有丝毫的疏忽。请您接受我们的请求。我恭谨地再次跪拜奉献上天子玺印符节。"代王说："宗室、将、相、王、列侯都认为没有比我更合适的人选了，那我也就不敢再推辞。"于是就登上了天子位。群臣按照朝廷的礼仪依次排列，侍从皇帝。

【原文】

乃使太仆婴与东牟侯兴居清宫，奉天子法驾，迎于代邸。皇帝即日夕入未央宫。乃夜拜宋昌为卫将军，镇抚南北军。以张武为郎中令，行殿中。还坐前殿。于是夜下诏书曰："间者诸吕用事擅权，谋为大逆，欲以危刘氏宗庙，赖将相列侯宗室大臣诛之，皆伏其辜。朕初即位，其赦天下，赐民爵一级，女子百户牛酒，酺五日。"

孝文皇帝元年十月庚戌，徙立故琅邪王泽为燕王。

辛亥，皇帝即阼，谒高庙。右丞相平徙为左丞相，太尉勃为右丞相，大将军灌婴为太尉。诸吕所夺齐楚故地，皆复与之。

壬子，遣车骑将军薄昭迎皇太后于代。皇帝曰："吕产自置为相国，吕禄为上将军，擅矫遣灌将军婴将兵击齐，欲代刘氏，婴留荥阳弗击，与诸侯合谋以诛吕氏。吕产欲为不善，丞相陈平与太尉周勃谋夺吕产等军。朱虚侯刘章首先捕吕产等。太尉身率襄平侯通持节承诏入北军。典客刘揭身夺赵王吕禄印。益封太尉勃万户，赐金五千斤。丞相陈平、灌将军婴邑各三千户，金二千斤。朱虚侯刘章、襄平侯通、东牟侯刘兴居邑各二千户，金千斤。封典客揭为阳信侯，赐金千斤。”

【译文】

于是命太仆夏侯婴和东牟侯刘兴居去清理皇宫，奉引天子的法驾，到代王府邸迎接皇帝。当日傍晚皇帝就入居未央宫。并在当夜任命宋昌为卫将军，镇守抚慰南北军。张武被任命为郎中令，负责巡行保卫宫殿内。皇帝又回到前殿坐朝。并于当天夜里颁布诏书称：“近来吕氏家族之人独裁专权，图谋大逆不道的事情，企图动摇刘氏的宗庙社稷，全凭将相、列侯和宗室大臣们共同把他们诛杀，使他们都受到了应有的处罚。我初登帝位，宣布大赦天下，赐民户家长每人一级爵位，赏给女子每百户一头牛、十石酒，允许民众狂欢聚饮五天。”

孝文皇帝元年十月庚戌日，把原琅邪王刘泽改封为燕王。

辛亥日，皇帝正式即位，拜谒高帝庙。右丞相陈平被迁为左丞相，太尉周勃被升为右丞相，大将军灌婴升为太尉。那些曾被吕氏族人篡夺的原本属于齐国和楚国的封地，又都重新归还给了原主。

壬子日，命车骑将军薄昭前去代国迎请皇太后。皇帝说：“吕产自立为相国，吕禄为上将军，他们擅自假传皇帝的诏令命灌婴统率军队去攻伐齐国，妄图替代刘氏，灌婴屯留在荥阳而没有出击，和诸侯们一起谋划诛杀吕氏。吕产还想作乱，丞相陈平和太尉周勃用智谋夺回了吕产等人的军权。朱虚侯刘章首先追捕吕产等人。太尉亲自带领襄平侯刘通持着符节承受诏令进入北军。典客刘揭亲自从赵王吕禄那里夺得印信。加封太尉周勃一万户，并赐给五千斤黄金；丞相陈平、灌婴将军都增加三千户食邑，赏赐二千斤黄金；朱虚侯刘章、襄平侯刘通、东牟侯刘兴居都增加二千户食邑，赏赐一千斤黄金。典客刘揭被封为阳信侯，赏赐一千斤黄金。”

【原文】

十二月，上曰："法者，治之正也，所以禁暴而率善人也。今犯法已论，而使毋罪之父母妻子同产坐之，及为收帑，朕甚不取。其议之。"有司皆曰："民不能自治，故为法以禁之。相坐坐收，所以累其心，使重犯法，所从来远矣。如故便。"上曰："朕闻法正则民悫，罪当则民从。且夫牧民而导之善者，吏也。其既不能导，又以不正之法罪之，是反害于民为暴者也。何以禁之？朕未见其便，其孰计之。"有司皆曰："陛下加大惠，德甚盛，非臣等所及也。请奉诏书，除收帑诸相坐律令。"

【译文】

十二月，皇上说："公正的法律，是用来禁止暴乱，引导人们向善的。如今有人触犯了法律并且已经被定罪受到惩罚，同时还会牵连到他无罪的父母、妻儿以及兄弟，以致被收为奴婢。我非常不赞成这种做法，你们应该讨论一下。"负责的官员纷纷表示："民众不能自律，所以才制定法律来约束他们。亲人受牵连而被治罪，目的是为了那些想犯罪的人在心里对亲属的命运有所顾虑，因而不敢轻易犯法，这种做法在很久以前就施行了，还像以前那样便利。"皇帝说："我听说法律正则民众就会诚实，惩罚适当则民众就会自觉用法律来约束自己。更何况治理民众而引导他们从善是官吏的责任。官吏如果非但不能教导民众向善，同时还要用不适当的法律来对他们进行惩罚，这反而害了他们，而让他们去行凶暴虐。还凭借什么来使他们不犯罪呢？我没有看到这样做的好处，你们再仔细想想吧。"负责的官吏都说："陛下对民众施加大恩惠，功德无量，不是我们所能想象到的。臣等请求奉行皇帝的诏书，把那些规定让罪犯家人为奴等相连坐的律令废除。"

【原文】

正月，有司言曰："蚤建太子，所以尊宗庙。请立太子。"上曰："朕既不德，上帝神明未歆享，天下人民未有嗛志。今纵不能博求天下贤圣有德之人而禅天下焉，而曰豫建太子，是重吾不德也。谓天下何？其安之。"有司曰："豫建太子，所以重宗庙社稷，不忘天下也。"上曰："楚王，季父也，春秋高，阅天下之义理多矣，明于国家之大体。吴王于朕，兄也，惠仁以好德。淮南王，弟也，秉德以陪朕。岂为不豫哉！诸侯王宗室昆弟有功臣，多贤及有德义者，若举有德以陪朕之不能终，是社稷之灵，天下之福也。今不选举焉，而曰必子，人其以朕为忘贤有德者而专于子，非所以忧天下也。朕甚不取也。”有司皆固请曰：“古者殷周有国，治安皆千余岁，古之有天下者莫长焉，用此道也。立嗣必子，所从来远矣。高帝亲率士大夫，始平天下，建诸侯，为帝者太祖。诸侯王及列侯始受国者皆亦为其国祖。子孙继嗣，世世弗绝，天下之大义也，故高帝设之以抚海内。今释宜建而更选于诸侯及宗室，非高帝之志也。更议不宜。子某最长，纯厚慈仁，请建以为太子。”上乃许之。因赐天下民当代父后者爵各一级。封将军薄昭为轵侯。

【译文】

正月，负责的官员进言说：“早早地确立太子，是使宗庙得到尊奉的一项重大措施。请求皇帝确立太子。”皇上说：“我既是德行浅微，上帝神明尚未接受我祭祀的歆享，天下百姓也还没有表示满意。现在我非但不能广泛征求天下贤德之人而禅位，却说要预先确立太子，这是让我更加失德啊。这叫我如何向天下人交代啊？还是暂时把此事放放吧。”负责的官员说：“先确立太子，是为了尊重宗庙社稷，表示不会把天下忘记。”皇上说：“楚王是我的叔父。他年纪长，对天下义理多有阅历，明晓国家的大政体要。吴王是我的兄长。他为人仁惠并且乐善好施。淮南王是我的弟弟，以自己的才德来辅佐我。难道不能把帝位传给他们吗！还有那些王侯宗室兄弟及有功之臣，其中德义之人大有人在，如果能举荐有贤德的人来继承我无法胜任的事业，那是社稷神明有灵，天下人的福气。如今你们不举荐他们，却说一定要传位给我的儿子，人们会认为我忽视贤能有德的人而专意于自己的儿子，这不是为天下着想啊。我认为，这种做法很不可取。”负责的官员都坚决请求说：“古时候殷、周建立了国家，政权都安稳地持续了一千多年，古时候拥有天下的朝代没有哪一个能比得上这两朝更长久，殷、周就是采用了早立太子的方法。继承人一定是君王儿子，这由来已久。高祖亲自率领士大夫最先平定了天下，封建诸侯国，成为后世皇帝的太祖。诸侯王和列侯最初接受封国的人也都成为该封国的始祖。子孙相继即位，代代相传，这是天下的大义，所以高祖制定这种制度以使海内安定。现在把应该立为太子的人抛在一边而改从诸侯和宗室中选取，这实在不是高祖的心愿。改议封立他人是说不通的。皇帝的儿子刘启年纪最大又为人纯厚慈仁，请陛下您把他确立为太子。”皇上于是答应了他们的建议。因此恩赐全天下民众中每位应当继承其父亲职位的人一级爵位。封将军薄昭为轵侯。

【原文】

三月，有司请立皇后。薄太后曰：“诸侯皆同姓，立太子母为皇后。”皇后姓窦氏。上为立后故，赐天下鳏寡孤独穷困及年八十已上孤儿九岁已下布帛米肉各有数。上从代来，初即位，施德惠天下，填抚诸侯四夷皆洽欢，乃循从代来功臣。上曰：“方大臣之诛诸吕迎朕，朕狐疑，皆止朕，唯中尉宋昌劝朕，朕以得保奉宗庙。已尊昌为卫将军，其封昌为壮武侯。诸从朕六人，官皆至九卿。”

上曰：“列侯从高帝入蜀、汉中者六十八人皆益封各三百户，故吏二千石以上从高帝颍川守尊等十人食邑六百户，淮阳守申徒嘉等十人五百户，卫尉定等十人四百户。封淮南王舅父赵兼为周阳侯，齐王舅父驷钧为清郭侯。”秋，封故常山丞相蔡兼为樊侯。

人或说右丞相曰：“君本诛诸吕，迎代王，今又矜其功，受上赏，处尊位，祸且及身。”右丞相勃乃谢病免罢，左丞相平专为丞相。

【译文】

三月，官吏请求皇帝封立皇后。薄太后说：“诸侯同姓，把太子的生母立为皇后。”皇后姓窦。皇上由于封立皇后的缘故，对全天下的鳏寡孤独穷困的人和年纪在八十岁以上的老人、九岁以下的孤儿们都给予了一定数额的布帛和米肉的赏赐。皇上从代国前来，初即位，普施恩德，安抚天下百姓，诸侯及四方部族都融洽欢乐，于是就对那些随从他从代国前来的功臣给予了封赏。皇上说：“在大臣把吕家人诛杀而前来迎请我时，我有迟疑，臣下也都劝阻我，只有中尉宋昌劝我前来，才使我能保有侍奉宗庙权力。应该把宋昌提升为将军，把宋昌封为壮武侯。其他六个随从我前来的人，官职都升至九卿。”

皇上说：“跟从高祖进入蜀和汉中地区的列侯共有六十八人，都再加封三百户。凡是跟从高祖的原官职在二千石以上的，颍川郡守刘尊等十人，都加封六百户食邑；淮阳郡守申徒嘉等十人，都加封五百户食邑；卫尉定等十人，都加封四百户食邑。把淮南王的舅父赵兼封为周阳侯，把齐王的舅父驷钧封为清郭侯。”这年秋天，把原常山国丞相蔡兼封为樊侯。

有人劝导右丞相周勃说：“您本是诛杀吕氏族人、迎立代王为帝的主要策划者，现在又凭借着此功劳，授受最高的赏赐，处于尊贵的职位，估计要大祸临头了。”右丞相周勃听后就推说身体有病而请求免除职务。左丞相陈平独任丞相之职。

【原文】

二年十月，丞相平卒，复以绛侯勃为丞相。上曰：“朕闻古者诸侯建国千余，各守其地，以时入贡，民不劳苦，上下欢欣，靡有遗德。今列侯多居长安，邑远，吏卒给输费苦，而列侯亦无由教驯其民。其令列侯之国，为吏及诏所止者，遣太子。”

十一月晦，日有食之。十二月望，日又食。上曰：“朕闻之，天生烝民，为之置君以养治之。人主不德，布政不均，则天示之以灾，以诫不治。乃十一月晦，日有食之，适见于天，灾孰大焉！朕获保宗庙，以微眇之身讬于兆民君王之上，天下治乱，在朕一人，唯二三执政犹吾股肱也。朕下不能理育群生，上以累三光之明，其不德大矣。令至，其悉思朕之过失，及知见思之所不及，匄以告朕。及举贤良方正能直言极谏者，以匡朕之不逮。因各饬其任职，务省繇费以便民。朕既不能远德，故憪然念外人之有非，是以设备未息。今纵不能罢边屯戍，而又饬兵厚卫，其罢卫将军军。太仆见马遗财足，余皆以给传置。”

【译文】

二年十月，丞相陈平去世，又重新任绛侯周勃为丞相。皇上说：“我听说古时候有一千多个建置诸侯国，他们分别守护自己封地，按时进贡；

民众很少有劳苦，普天之下欢欣，找不出失德之处。现在列侯多在长安居住，远离他们的食邑，其国中的吏卒运送给养所需费用很多并且劳苦，可是列侯却又没有机会对国中民众进行教导和管理。应命令列侯到封国去，担任朝中职务和有诏书命令留下的诸侯，应派遣其太子回归封国。”

十一月晦日，发生日食。十二月望日，又发生日食。皇上说：“我听说，天生万民，为他们设置了养育治理他们的君王。如果君王失德，施行政令不公平，上天就会降下灾异以示警告他没有治理好国家。所以在十一月晦日，就发生了日食，谴责在天上出现，哪还有比这次更大的灾异呢!我奉承上天之命来保全宗庙，以一个渺小的身躯而依托在万民和诸侯之上，天下治乱兴衰，都由我一人承担，二三位执掌国政的大臣就好像我的手足。我下没有治理养育好众生，上又损害了日、月、星辰的光辉，我实在是严重失德。诏令到达后，你们全都要考虑我的过失，以及我不知道的，没看到的和没有想到的地方，希望诸位告诉我真实的想法。并且举荐贤良方正和敢于直言劝谏的人，来匡正我的疏漏。因此大家要各自整顿各自的职任，一定要做到减省徭役费以便利民众。我既然无法做到远施恩德，因此总是担忧外族人会对我们进行侵犯，因此国境防备还在继续。现在纵然是不能把边疆屯驻的军队撤除，又怎么来命令军队加强对我的保卫，应当裁撤卫将军统领的军队。太仆所管现有的马匹留下够用就行了，其余的马匹一律交给驿站使用。”

【原文】

正月，上曰：“农，天下之本，其开籍田，朕亲率耕，以给宗庙粢盛。”

三月，有司请立皇子为诸侯王。上曰：“赵幽王幽死，朕甚怜之，已立其长子遂为赵王。遂弟辟强及齐悼惠王子朱虚侯章、东牟侯兴居有功，可王。”乃立赵幽王少子辟强为河间王，以齐剧郡立朱虚侯为城阳王，立东牟侯为济北王，皇子武为代王，子参为太原王，子揖为梁王。

上曰：“古之治天下，朝有进善之旌，诽谤之木，所以通治道而来谏者。今法有诽谤妖言之罪，是使众臣不敢尽情，而上无由闻过失也。将何以来远方之贤良？其除之。民或祝诅上以相约结而后相谩，吏以为大逆，其有他言，而吏又以为诽谤。此细民之愚无知抵死，朕甚不取。自今以来，有犯此者勿听治。”

九月，初与郡国守相为铜虎符、竹使符。

【译文】

正月，皇上说：“农业是天下的根本，应当开辟籍田，我要亲自率先进行耕作，以供给宗庙祭祀所用的黍稷。”

三月，有关的官吏请求皇帝把皇子封立为诸侯王。皇上说：“赵幽王被幽禁而死，我很怜悯他，已经把他的长子刘遂封为赵王。刘遂的弟弟刘辟强和齐悼惠王的儿子朱虚侯刘章、东牟侯刘兴居对国家建立了不可磨灭的功劳，可以把他们封为王。”于是就把赵幽王的小儿子刘辟强封为河间王，把齐国的几个大郡分出并把朱虚侯封为城阳王，把东牟侯封为济北王，封皇子刘武为代王，皇子刘参为太原王，皇子刘揖为梁王。

皇上说：“古代的人治理天下，在朝廷设有旌旗，允许百姓站在它下面进献善言，还设有可以刻写对朝政批评意见的诽谤木，设置这些是为了通达治道以招来劝谏的臣民。现今法律中却有诽谤和妖言的罪名，致使众臣不敢尽情直言，君王也听不到自己的过失。如何才能把远方的贤良招来呢？应把这样的法律条文废除。有的臣民相约结誓诅咒君上而后又相互攻击告发，官吏认为此乃大逆不道，倘若臣民还有其他怨言，而官吏又认为是对朝廷诽谤。这只不过是小民们因愚笨无知而犯下死罪。我认为没有可取之处，从现在开始，如果有人触犯了这条法令就不要治罪。”

九月，初次把铜虎符和竹使符发放给郡守国相用来作为发兵和出使所持的凭证。

【原文】

三年十月丁酉晦，日有食之。十一月，上曰：“前日诏遣列侯之国，或辞未行。丞相朕之所重，其为朕率列侯之国。”绛侯勃免丞相就国，以太尉颍阴侯婴为丞相。罢太尉官，属丞相。四月，城阳王章薨。淮南王长与从者魏敬杀辟阳侯审食其。

五月，匈奴入北地，居河南为寇。帝初幸甘泉。六月，帝曰：“汉与匈奴约为昆弟，毋使害边境，所以输遗匈奴甚厚。今右贤王离其国，将众居河南降地，非常故，往来近塞，捕杀吏卒，驱保塞蛮夷，令不得居其故，陵轹边吏，入盗，甚敖无道，非约也。其发边吏骑八万五千诣高奴，遣丞相颍阴侯灌婴击匈奴。”匈奴去，发中尉材官属卫将军军长安。

辛卯，帝自甘泉之高奴，因幸太原，见故群臣，皆赐之。举功行赏，诸民里赐牛酒。复晋阳中都民三岁。留游太原十余日。

【译文】

三年十月丁酉晦日，发生日食。十一月，皇上说：“前一段下诏命列侯前往各自的封国，还是有些人找借口没有出发。丞相是我所尊重的大臣，由他来替我率领列侯前往封国吧。”绛侯周勃就被免去丞相的职位回到了自己的封地。太尉颍阴侯灌婴被任命为丞相。把太尉一职废除，其事务由丞相处理。四月，城阳王刘章去世。淮南王刘长和他的随从魏敬把辟阳侯审食其杀死了。

五月，匈奴入侵北地郡，他们滞留在黄河以南的地区扰乱那里。文帝第一次驾临甘泉。六月，文帝说：“汉朝曾与匈奴相约为兄弟，使他们不要为害边境，所以运送赠给他们丰厚的财物。如今，匈奴右贤王离开他的国土，带领其部众，在黄河以南早已归属汉家朝廷的地区留居，这不是一般的变故，他们在靠近边塞的地区往来出入，捕杀吏卒，驱逐保卫边塞的蛮夷部族，使他们无法在原地居住，对我边塞的官吏恣意凌辱，侵入掠夺财物，傲慢无道至极，这违背了盟约。应发动边地官吏所统率的八万五千名骑士前往高奴，派遣丞相颍阴侯灌婴讨伐匈奴。”匈奴人离去，征调中尉部下精通骑射的士卒归属卫将军统领而驻扎在长安。

辛卯日，皇帝从甘泉前往高奴，因而亲自去了太原，召见以前做代王时的臣子，并给予赏赐。按照各自的功劳给予适当的奖赏，赐牛和酒给百姓。免除晋阳和中都地区的民众三年的赋税。文帝在太原停留巡游了十几日。

【原文】

济北王兴居闻帝之代，欲往击胡，乃反，发兵欲袭荥阳。于是诏罢丞相兵，遣棘蒲侯陈武为大将军，将十万往击之。祁侯贺为将军，军荥阳。

七月辛亥，帝自太原至长安。乃诏有司曰：“济北王背德反上，诖误吏民，为大逆。济北吏民兵未至先自定，及以军地邑降者，皆赦之，复官爵。与王兴居去来，亦赦之。”八月，破济北军，虏其王。赦济北诸吏民与王反者。

六年，有司言淮南王长废先帝法，不听天子诏，居处毋度，出入拟于天子，擅为法令，与棘蒲侯太子奇谋反，遣人使闽越及匈奴，发其兵，欲以危宗庙社稷。群臣议，皆曰“长当弃市”帝不忍致法于王，赦其罪，废勿王。群臣请处王蜀严道、邛都，帝许之。长未到处所，行病死，上怜之。后十六年，追尊淮南王长谥为厉王，立其子三人为淮南王、衡山王、庐江王。

【译文】

济北王刘兴居听说文帝要去代地，准备攻伐匈奴，就叛乱朝廷，率领军队准备袭击荥阳。皇帝于是下诏撤退由丞相率领去攻打匈奴的军队，任命棘蒲侯陈武为大将军，率领十万士卒去讨伐济北王。祁侯缯贺被任命为将军，驻守荥阳。七月辛亥日，皇帝由太原回到长安，他下诏给有关的官员说：“济北王违背德义反叛朝廷，连累了官员和民众，是大逆不道。济北国的官吏、百姓和军队的士兵们如果有人在汉军还没有到达以前就主动反正，或者是率领各自的军队和据守的城邑投降汉军，全部赦免他们谋反的罪责，并恢复其原有的官爵。离开济北王刘兴居而来投降朝廷的人，也赦免其罪责。”八月，济北王的军队大败，济北王被俘虏。济北王国那些随从济北王反叛的官吏和百姓被赦免。

六年，有关的官员上报说：“淮南王刘长把先帝的法律废弃，不听从天子诏令，居所不符合法度，出入效仿天子的礼仪，擅自颁行法令，伙同棘蒲侯的太子缯奇图谋反叛，派人出使闽越和匈奴地区让他们发动军队，妄图以此来危害宗庙社稷。”群臣讨论后，都说：“刘长所犯的罪恶应当被判处弃市。”文帝不忍心用刑法惩办淮南王，于是就将其赦免，把其爵位废除而不再为王。群臣请求把刘长安置到蜀郡严道和邛都一带，文帝应允。刘长还没有到达处所，就病死在行途中。皇上非常可怜他。十六年以后，皇帝追尊淮南王刘长谥号为厉王，把他的三个儿子分别封为淮南王、衡山王、庐江王。

【原文】

十三年夏，上曰："盖闻天道祸自怨起而福繇德兴。百官之非，宜由朕躬。今秘祝之官移过于下，以彰吾之不德，朕甚不取。其除之。"

五月，齐太仓令淳于公有罪当刑，诏狱逮徙系长安。太仓公无男，有女五人。太仓公将行会逮，骂其女曰："生子不生男，有缓急非有益也！"其少女缇萦自伤泣，乃随其父至长安，上书曰："妾父为吏，齐中皆称其廉平，今坐法当刑。妾伤夫死者不可复生，刑者不可复属，虽复欲改过自新，其道无由也。妾愿没入为官婢，赎父刑罪，使得自新。"书奏天子，天子怜悲其意，乃下诏曰："盖闻有虞氏之时，画衣冠异章服以为僇，而民不犯。何则？至治也。今法有肉刑三，而奸不止，其咎安在？非乃朕德薄而教不明欤？吾甚自愧。故夫驯道不纯而愚民陷焉。诗曰'恺悌君子，民之父母'。今人有过，教未施而刑加焉？或欲改行为善而道毋由也。朕甚怜之。夫刑至断支体，刻肌肤，终身不息，何其楚痛而不德也，岂称为民父母之意哉！其除肉刑。"

【译文】

十三年夏天，皇上说："我听说天之大道，祸患因为怨恨才起，福泽由于德义才兴。百官的过失，应当由我自己负责。现在负责秘祝的官吏把这些过失推卸给臣下，就更加显示出我缺乏仁义道德，对此我很不赞成，应当把这种做法取消。"

五月，齐国太仓令淳于公犯罪应当处以刑罚，诏令朝廷掌管牢狱的官吏将其逮捕并押送到长安。太仓令无子，生有五个女儿。太仓令将要被逮捕的时候，对女儿们骂道："生孩子若不生儿子，遇有急难的时候就没有任何益处！"小女儿缇萦因自己不是男儿而伤心哭泣，就跟随父亲来到长安，上书道："我的父亲身为官吏，齐中地区的人们都称赞他廉洁奉公，现今犯法理应受刑。我为那些死了的人无法复生，受刑罚的人再也没有完整的肢体而痛心，即使他们有改过自新的想法，他们也还是无路可走。我宁愿被取消名籍而成为官府的女奴，以此来抵赎父亲应当受刑的罪过，使他能够有悔过自新的机会。”这份上奏呈给天子，天子悲怜她的孝心，就下诏说：“我听说有虞氏的时候，用穿戴画有特别花纹和颜色的衣帽的方法来区分罪徒的耻辱，而民众就能做到不犯法。这是什么原因呢？是因为有了清明的政治局面。如今刑法列有黥面、劓鼻、刖足三种肉刑，可奸邪依然屡禁不止，过失在哪里呢？岂不是我的德行浅薄而教化不明吗？我深感惭愧。所以训导的方法不纯正就会使愚昧的百姓走上犯罪的道路。《诗经》里说：‘平易近人的官员，才是民众的父母’。现在人有了过错，不进行教育就加以刑罚，那么即使有人想改过从善也没有机会了。我非常怜悯他们。施用刑罚以致将他们的肢体割断，把犯人的肌肤刻伤，一辈子都长不好，是多么令人痛苦而又不合道德呀，作为百姓的父母，这怎么能合乎天下的父母心意呢？应该废除肉刑。”

【原文】

上曰：“农，天下之本，务莫大焉。今勤身从事而有租税之赋，是为本末者毋以异，其于劝农之道未备。其除田之租税。”

十四年冬，匈奴谋入边为寇，攻朝那塞，杀北地都尉卬。上乃遣三将军军陇西、北地、上郡，中尉周舍为卫将军，郎中令张武为车骑将军，军渭北，车千乘，骑卒十万。帝亲自劳军，勒兵申教令，赐军吏卒。帝欲自将击匈奴，群臣谏，皆不听。皇太后固要帝，帝乃止。于是以东阳侯张相如为大将军，成侯赤为内史，栾布为将军，击匈奴。匈奴遁走。

春，上曰：“朕获执牺牲珪币以事上帝宗庙，十四年于今，历日绵长，以不敏不明而久抚临天下，朕甚自愧。其广增诸祀墠场珪币。昔先王远施不求其报，望祀不祈其福，右贤左戚，先民后己，至明之极也。今吾闻祠官祝釐，皆归福朕躬，不为百姓，朕甚愧之。夫以朕不德，而躬享独美其福，百姓不与焉，是重吾不德。其令祠官致敬，毋有所祈。”

【译文】

文帝说：“农业是天下的根本，没有比这更重要的事情了。现在农民辛勤耕作却还要交纳租税，使务农和从事商业手工业几乎没有区别，本末不分，这大概是鼓励农耕的方法还不完备吧。应当免除农田的租税。”

十四年冬天，匈奴谋划侵入边境进行劫掠，进攻朝那塞，把北地郡都尉孙卬杀死。文帝于是派出三位将军率兵分别驻扎在陇西、北地、上郡，中尉周舍被任命为卫将军，郎中令张武被任命为车骑将军，驻扎在渭河以北地区，一共有千辆战车，十万骑兵。文帝亲自对军队进行慰劳，部署军队，申明训令，奖赏全军将士。文帝准备亲自率兵反击匈奴，群臣劝阻，一概不听。皇太后坚决阻拦文帝，文帝这才罢休。于是就任命东阳侯张相如为大将军，成侯董赤为内史，栾布为将军，命他们率军攻打匈奴。匈奴逃跑了。

这年春天，文帝说："我有幸得以执掌用牺牲、玉帛来祭祀上帝、宗庙的事，登上帝位，到现在已经十四年了，历时已经很长时间，让我这样一个不聪敏又不贤明的人长久地治理天下，感到非常自愧。应当广泛增设祭祀的墠场和玉帛。从前先王远施恩惠而不求报答，遥祭山川却不向神灵为自己祈福，尊贤抑亲，先想到臣民而后考虑自己，圣明到了极点。如今我听说主持祭祀的祠官在祈祷的时候，全都为我一个人，而不是为百姓祈福，我为此深感惭愧。凭着我这样寡德，却独自享受神灵的降福，而百姓却不能与我共同享受，这就加重了我的失德。现在命令祠官祭祀时只要向神灵献上敬意，不要再为我个人祈求什么。"

【原文】

是时北平侯张苍为丞相，方明律历。鲁人公孙臣上书陈终始传五德事，言方今土德时，土德应黄龙见，当改正朔服色制度。天子下其事与丞相议。丞相推以为今水德，始明正十月上黑事，以为其言非是，请罢之。

十五年，黄龙见成纪，天子乃复召鲁公孙臣，以为博士，申明土德事。于是上乃下诏曰："有异物之神见于成纪，无害于民，岁以有年。朕亲郊祀上帝诸神。礼官议，毋讳以劳朕。"有司礼官皆曰："古者天子夏躬亲礼祀上帝于郊，故曰郊。"于是天子始幸雍，郊见五帝，以孟夏四月答礼焉。赵人新垣平以望气见，因说上设立渭阳五庙。欲出周鼎，当有玉英见。

十六年，上亲郊见渭阳五帝庙，亦以夏答礼而尚赤。

十七年，得玉杯，刻曰"人主延寿"。于是天子始更为元年，令天下大酺。其岁，新垣平事觉，夷三族。

【译文】

这时，北平侯张苍担任丞相，刚刚明确了新的律历。鲁人公孙臣上书陈奏金木水火土五行相生相克，终而复始以象征王朝兴替的五德终始学说，说现在正处于土德，土德的应验是将会出现黄龙，应当更改历法、修订服色等制度。文帝把此事下交给丞相商议。丞相张苍经过推算认为现今是水德运行，才明确把冬十月作为岁首，崇尚黑色，认为公孙臣的说法不对，请求文帝予以否决。

十五年，在成纪县出现了黄龙，文帝重新召来鲁国的公孙臣，任命他为博士，让他申明当今应为土德的道理。于是文帝下诏说："有奇物神龙出现在成纪，没有伤害百姓，今年又是个丰收年。我要亲自到郊外祭祀上帝和诸神。礼官们商讨此事，不要因为怕我劳累而有所隐讳。"负责大臣和礼官们都说："古代天子每到夏天就亲自到郊外祭祀上帝，所以叫作郊祀。"于是文帝第一次来到雍，对五帝进行郊祭，在夏初四月向天帝致礼。赵国人新垣平凭着自己擅长望云气而知凶吉来进见文帝，因而劝导文帝在渭城建五帝庙，并预言这能引出周朝的传国宝鼎，还会有奇异的美玉出现。

十六年，文帝亲自到渭阳五帝庙郊祭，仍在夏天向天帝致敬，崇尚红色。

十七年，文帝得到一个玉杯，其实此玉杯是新垣平为欺骗文帝而专门派人献上的，玉杯上刻有"人主延寿"四个字。于是文帝诏令改这一年为后元元年，下令天下民众聚会宴饮。当年，新垣平欺诈的事情被发觉，被诛灭了三族。

【原文】

后二年，上曰："朕既不明，不能远德，是以使方外之国或不宁息。夫四荒之外不安其生，封畿之内勤劳不处，二者之咎，皆自于朕之德薄而不能远达也。间者累年，匈奴并暴边境，多杀吏民，边臣兵吏又不能谕吾内志，以重吾不德也。夫久结难连兵，中外之国将何以自宁？今朕夙兴夜寐，勤劳天下，忧苦万民，为之怛惕不安，未尝一日忘于心，故遣使者冠盖相望，结轶于道，以谕朕意于单于。今单于反古之道，计社稷之安，便万民之利，亲与朕俱弃细过，偕之大道，结兄弟之义，以全天下元元之民。和亲已定，始于今年。”

后六年冬，匈奴三万人入上郡，三万人入云中。以中大夫令勉为车骑将军，军飞狐；故楚相苏意为将军，军句注；将军张武屯北地；河内守周亚夫为将军，居细柳；宗正刘礼为将军，居霸上；祝兹侯军棘门：以备胡。数月，胡人去，亦罢。

【译文】

后元二年，文帝说：“我德行浅薄，不能施恩德于远方，所以致使境外的一些国家总是侵扰生事。边远地区的人民生活无法安定下来，内地的民众辛勤劳苦一刻都不得闲，这两方面的过失，都是由于我的德行不够深厚，惠及不到远方。最近接连几年，匈奴都来边境骚扰，杀害我们很多官吏和百姓，边境的官员和将领又不能理解我的心意，以致加重我的失德。这样长时期结下怨仇，兵祸不曾间断，各国怎么可能得到各自的安宁呢？现在我早起晚睡，日夜操劳国事，为天下百姓忧虑，惶惶不可终日，没有一天心里不想着这些事情，所以我不断地派出使者，多到在路上礼帽车盖前后相望，车子的辙迹道道相连，目的就是让他们向单于表明我的意愿。现今单于已经重新回到原来友好相处的道路上来了，考虑国家的安定，为了天下百姓的利益，主动与我相约完全抛弃细小的过失，共同选择走和平的道路，结盟为兄弟，以保全天下善良的民众。和亲的协议已经确定，就从今年开始。”

后元六年冬天，匈奴三万人入侵上郡，三万人入侵云中郡。文帝任中大夫令勉为车骑将军，在飞狐口驻扎；任原楚国丞相苏意为将军，在句注山驻扎；命将军张武在北地郡驻守；任河内郡郡守周亚夫为将军，在细柳驻军；任宗正刘礼为将军，在霸上驻军；命祝兹侯徐悍在棘门驻扎，以防备匈奴。几个月后，匈奴人退走，这些军队也就撤回了。

【原文】

天下旱，蝗。帝加惠：令诸侯毋入贡，弛山泽，减诸服御狗马，损郎吏员，发仓庾以振贫民，民得卖爵。

孝文帝从代来，即位二十三年，宫室苑囿狗马服御无所增益，有不便，辄弛以利民。尝欲作露台，召匠计之，直百金。上曰："百金中民十家之产，吾奉先帝宫室，常恐羞之，何以台为！"上常衣绨衣，所幸慎夫人，令衣不得曳地，帏帐不得文绣，以示敦朴，为天下先。治霸陵皆以瓦器，不得以金银铜锡为饰，不治坟，欲为省，毋烦民。南越王尉佗自立为武帝，然上召贵尉佗兄弟，以德报之，佗遂去帝称臣。与匈奴和亲，匈奴背约入盗，然令边备守，不发兵深入，恶烦苦百姓。吴王诈病不朝，就赐几杖。群臣如袁盎等称说虽切，常假借用之。群臣如张武等受赂遗金钱，觉，上乃发御府金钱赐之，以愧其心，弗下吏。专务以德化民，是以海内殷富，兴于礼义。

【译文】

这一年天下大旱，发生蝗灾。文帝施恩于民：下诏命诸侯不必向朝廷进贡，把民众开发山林湖泊的禁令解除，宫中各种服饰、车驾和狗马都适量地进行了缩减，裁减朝廷官员，打开粮仓救济贫苦民众，允许平民百姓出钱粮来买卖爵位。

孝文帝从代国来到京城，即位二十三年，宫室、园林、狗马、服饰、车驾等等，一样都没有增加过。凡是存在不利于百姓的事，就予以废止，以便利民众。文帝曾经想建造一座高台，召来工匠计算了一下，结果得知造价相当于上百斤黄金。文帝说："百斤黄金就是十户中等人家的产业，我承受了先帝留下的宫室，常常怕有辱于先帝，如今还建造高台做什么呢？"文帝平时身穿质地粗厚的丝织衣服，即使是倍受宠爱的慎夫人，他也不准她穿长得拖地的衣服，所用帏帐也不准绣彩色花纹，以此种俭朴的方式来为天下人做榜样。文帝规定，自己的陵墓霸陵，全部用瓦器，不准用金银铜锡等金属做装饰，也不必修得高大；要节俭，不要扰乱百姓。南越王尉佗自立为武帝，文帝却把他的兄弟召来，使他们显贵，以德报怨。尉佗于是就把帝号取消，主动向汉朝称臣。汉与匈奴结约和亲，匈奴却违背盟约进行入侵劫掠，而文帝却只是命令边塞戒备防守，不准发兵深入匈奴境内，因为他不想给百姓带来困扰和劳苦。吴王刘濞推病不来朝见，文帝就趁此机会赐给他木几和手杖，以表示考虑到他年岁已高，可以免去进京朝觐之礼。群臣中如袁盎等人进谏言说事，即使非常尖锐直率，文帝却总是宽容采纳。大臣中如张武等人收受别人贿赂，东窗事发，文帝就从皇宫的仓库中取出金钱来赐给他们，以此来使他们内心羞愧，而不把他们交给执法官吏处理。文帝一心致力于用恩德感化臣民，所以天下富足安定，礼义兴盛。

【原文】

后七年六月己亥，帝崩于未央宫。遗诏曰："朕闻盖天下万物之萌生，靡不有死。死者天地之理，物之自然者，奚可甚哀。当今之时，世咸嘉生而恶死，厚葬以破业，重服以伤生，吾甚不取。且朕既不德，无以佐百姓；今崩，又使重服久临，以离寒暑之数，哀人之父子，伤长幼之志，损其饮食，绝鬼神之祭祀，以重吾不德也，谓天下何！朕获保宗庙，以眇眇之身托于天下君王之上，二十有余年矣。赖天地之灵，社稷之福，方内安宁，靡有兵革。朕既不敏，常畏过行，以羞先帝之遗德；维年之久长，惧于不终。今乃幸以天年，得复供养于高庙。朕之不明与嘉之，其奚哀悲之有！其令天下吏民，令到出临三日，皆释服。毋禁取妇嫁女祠祀饮酒食肉者。自当给丧事服临者，皆无践。绖带无过三寸，毋布车及兵器，毋发民男女哭临宫殿。宫殿中当临者，皆以旦夕各十五举声，礼毕罢。非旦夕临时，禁毋得擅哭。已下，服大红十五日，小红十四日，纤七日，释服。佗不在令中者，皆以此令比率从事。布告天下，使明知朕意。霸陵山川因其故，毋有所改。归夫人以下至少使。"

【译文】

后元七年六月己亥日，文帝在未央宫去世。遗诏说："我听说天下万物萌芽生长，最终都躲不过一死。死是世间的常理，万事万物的自然归宿，没有什么值得过分悲哀的！现在的人们都想长生不想死去，死后人还要厚葬，以致耗尽家产；加重服丧以致损害身体。我不认为这有什么可取之处。况且我生前德行浅薄，没有给百姓带来多少好处；现在死了，再让百姓加重服丧来长期哭吊，遭受严寒酷暑的折磨，让天下的父子为我哀伤，让天下老幼心灵为此受到损害，减少饮食，中断对鬼神的祭祀，其结果让我更加严重失德，我如何向天下人交代呢！我有这个荣幸以保护宗庙，以我这渺小之身躯依托在天下诸侯之上，至今已有二十多年。全凭天地的神灵，社稷的福气，才使国家安宁而无战乱。我不聪敏，时常担心行为有过失，使先帝遗留下来的美德蒙受羞辱；时间长久了，总是担心不能维持到最后。现在没想到能侥幸享尽天年，将被供奉在高庙里享受祭祀，我这么不贤明，却还能得到这样的结果，我认为这已经很好了，还悲哀什么呢！现在诏令全国官员和民众，接到诏令后，哭吊三日就把丧服除去。不要禁止娶妻、嫁女、祭祀、饮酒、吃肉。参加丧事、服丧哭祭的人，都不用赤脚。用以服丧的麻带不要超过三寸宽，不要陈列车驾和兵器，不用让民间男女到宫殿哭祭。宫中应当哭祭的人，只需早晚各哭十五声，行礼完毕就停止。如果不是早上和晚上哭祭的时间，则不要擅自哭泣。下葬以后，按丧服制度规定要服丧九个月的大功只服十五天，要服丧五个月的小功只服十四天，要服丧三个月的缌麻只服七天，期满就脱去丧服。其余不在此令中的相关事宜，都参照此令办理。将此诏令通告天下，使天下人都明白我的心意。葬我的霸陵周围山水要保留其原貌，不要有什么改变。后宫夫人以下直至少使，全都准许他们回娘家。”

【原文】

令中尉亚夫为车骑将军，属国悍为将屯将军，郎中令武为复土将军，发近县见卒万六千人，发内史卒万五千人，藏郭穿复土属将军武。

乙巳，群臣皆顿首上尊号曰孝文皇帝。

太子即位于高庙。丁未，袭号曰皇帝。

孝景皇帝元年十月，制诏御史：“盖闻古者祖有功而宗有德，制礼乐各有由。闻歌者，所以发德也；舞者，所以明功也。高庙酎，奏武德、文始、五行之舞。孝惠庙酎，奏文始、五行之舞。孝文皇帝临天下，通关梁，不异远方。除诽谤，去肉刑，赏赐长老，收恤孤独，以育群生。减嗜欲，不受献，不私其利也。罪人不帑，不诛无罪。除宫刑，出美人，重绝人之世。朕既不敏，不能识。此皆上古之所不及，而孝文皇帝亲行之。德厚侔天地，利泽施四海，靡不获福焉。明象乎日月，而庙乐不称。朕甚惧焉。其为孝文皇帝庙为昭德之舞，以明休德。然后祖宗之功德著于竹帛，施于万世，永永无穷，朕甚嘉之。其与丞相、列侯、中二千石、礼官具为礼仪奏。”

【译文】

朝廷任中尉周亚夫为车骑将军，任典属国徐悍为将屯将军，任郎中令张武为复土将军。征调京城附近各县一万六千名现役士卒，又征调内史所统辖的一万五千名京城士卒，去做安葬棺椁的挖土、填土等工作，由将军张武统领。

乙巳日，文帝葬在霸陵，群臣叩首至地，奉上谥号，尊称为孝文皇帝。

太子刘启在高庙继承皇位。丁未日，承袭帝号为皇帝。

孝景皇帝元年十月，下诏给御史说：“我听说古代的帝王，建有取天下之功的被称为‘祖’，保有治天下之德的称为‘宗’，按照各自的规矩制定礼仪音乐。我还听说歌用来颂扬德行，舞用来显扬功绩。在高庙举行献酒祭祀，演奏《武德》《文始》《五行》等歌舞。在孝惠庙举行献酒祭祀，演奏《文始》《五行》等歌舞。孝文皇帝治理天下，开放关卡桥梁，四方畅通，边远地区也不例外；把诽谤有罪的法令废除了，把肉刑取消，赏赐老人，收养抚恤鳏寡孤独等贫苦的人，以此来养育天下众生；他杜绝各种嗜好，不收受臣子进献的贡品，不谋求一己之私利；处治罪犯不株连家人，无罪之人不予诛罚。把宫刑废除，并放出后宫美人，非常看重那些使人断绝后代的事。我不聪敏，对孝文皇帝的一切还了解得不够透彻。这些都是古代帝王做不到的，但孝文皇帝却亲自实行了。他显赫的功德比得上天地；恩惠又遍及四海，天下人都得到了他的好处。他的光辉好比日月，可是祭祀时用的歌舞却与他不相称，为此我深感不安。应当为孝文皇帝庙制作《昭德》舞，来使他的美德得以显扬。然后把祖宗的功德载入史册，流传万代，永远都没有穷尽，我认为这样做很好。此事由丞相、列侯、中二千石级的官员和礼官共同制定出礼仪，然后上报给我。”

【原文】

丞相臣嘉等言："陛下永思孝道，立昭德之舞以明孝文皇帝之盛德。皆臣嘉等愚所不及。臣谨议：世功莫大于高皇帝，德莫盛于孝文皇帝，高皇庙宜为帝者太祖之庙，孝文皇帝庙宜为帝者太宗之庙。天子宜世世献祖宗之庙。郡国诸侯宜各为孝文皇帝立太宗之庙。诸侯王列侯使者侍祠天子，岁献祖宗之庙。请著之竹帛，宣布天下。"制曰："可。"

太史公曰：孔子言"必世然后仁。善人之治国百年，亦可以胜残去杀"。诚哉是言！汉兴，至孝文四十有余载，德至盛也。廪廪乡改正服封禅矣，谦让未成于今。呜呼，岂不仁哉！

【译文】

丞相申徒嘉等人说："陛下始终不忘孝亲之道，制作《昭德》之舞来显扬孝文皇帝的显赫功德，这都是我们这些愚钝的臣子所想不到的。我们恭敬地建议：世间取天下的功劳没有比高祖大的，治天下的功德没有比孝文皇帝大的，高祖庙应当作为本朝帝王的太祖庙，同时孝文皇帝庙应当作为本朝帝王的太宗庙。后代天子应世代祭祀这两座庙。各郡各国诸侯也应为孝文皇帝建立太宗庙。每年朝廷举行祭祀的时候，诸侯王和列侯都要按时派使者来京陪侍天子祭祀，每年都要奉祭太祖、太宗庙。请把这些规定写入文献，并公布于天下。"景帝下制说："可以。"

太史公说：孔子讲"一定要经过三十年的治理然后仁政才见成效。好人治理国家一百年，也才可以清除暴乱，废除刑杀"。这话真是太对了！汉朝从兴起到孝文皇帝历经四十多年，德政可以说是达到了鼎盛。他非常谨慎地改正朔、易服色、行封禅，只是谦让的德政到现在还没有最后完成。这难道不正是仁吗？

【评析】

文帝和大臣诛灭吕后集团后，果断入朝，继承皇位，然后以无为而治的老庄思想为治国思想，相继施行了一系列善政，与民休养生息，使得社会生产得以恢复。作者是欣赏这样的帝王的，文帝谦虚谨慎、让德让贤，并且以天下为公。这就与那些为争权夺利而不择手段的人形成了鲜明的对照。文帝实施的一切措施都是从百姓的利益出发，甚至临终时还不忘替天下百姓着想，丧事一切从简，不得为此误国事、农事等。太子启继位后，自然有了好的参照榜样。也因此，汉朝在经历了初期的动荡之后，在文帝、景帝、武帝期间，一直保持着非常旺盛的发展局势，从而趋于鼎盛，成为中国历史上，足可与太唐盛世并驾齐驱的两大巅峰时期。由此可见，“无为”的最终结果是“大有作为”，太极讲究“以柔克刚”，将其用于“齐家、治国、平天下”也未尝不可。

第十章 孝武本纪

【原文】

孝武皇帝者，孝景中子也。母曰王太后。孝景四年，以皇子为胶东王。孝景七年，栗太子废为临江王，以胶东王为太子。孝景十六年崩，太子即位，为孝武皇帝。孝武皇帝初即位，尤敬鬼神之祀。

元年，汉兴已六十余岁矣，天下乂安，荐绅之属皆望天子封禅改正度也。而上乡儒术，招贤良，赵绾、王臧等以文学为公卿，欲议古立明堂城南，以朝诸侯。草巡狩封禅改历服色事未就。会窦太后治黄老言，不好儒术，使人微得赵绾等奸利事，召案绾、臧，绾、臧自杀，诸所兴为者皆废。

后六年，窦太后崩。其明年，上征文学之士公孙弘等。

明年，上初至雍，郊见五畤。后常三岁一郊。是时上求神君，舍之上林中蹏氏观。神君者，长陵女子，以子死悲哀，故见神于先后宛若。宛若祠之其室，民多往祠。平原君往祠，其后子孙以尊显。及武帝即位，则厚礼置祠之内中，闻其言，不见其人云。

【译文】

孝武皇帝是孝景帝的儿子，排行居中。他的母亲是王太后。孝景帝四年，武帝以皇子的身份而被封为胶东王。孝景帝七年，太子栗被废，做了临江王，胶东王被立为太子。孝景帝十六年时，景帝去世，太子即位，即孝武皇帝。孝武皇帝刚刚就位，尤其敬重祭祀鬼神。

元年，汉朝已经兴起了六十多年了，天下太平，朝廷大臣都希望天子举行封禅大典，更改正朔与服色等制度。然而皇上却倾心儒家经术，招贤纳士，赵绾、王臧等精通儒家学术的人均被拜为公卿，想商讨按照古制在长安城南门外建立明堂，以此作为诸侯朝见天子之地。初步拟定的巡视和封禅大典，以及修正律历和服色等事项都还没有完成，偏偏窦太后信仰黄老思想，不喜欢儒术，于是就派人暗中侦查，发现赵绾等人有非法营私的行为，就召来这些人，并对其进行处罚，他们于狱中自杀身亡。与此同时，他们所兴办的事务也都被废除了。

又过了六年，窦太后去世。第二年，皇帝又征召擅长儒学的公孙弘等人。

第二年，皇帝初次到了雍县，在五畤举行郊祭。此后便每三年举行一次郊祭。当时皇帝求到了一位神君，将其安置在上林苑的蹏氏观。神君本是一位长陵女子，由于儿子死亡而悲痛去世，去世后在妯娌宛若面前显灵。宛若便在自己家里对她进行供奉祭祀。民间很多人都去祭祀过她。平原君也去祭祀，自此以后，她的子孙便富贵显赫了。武帝即位后，用隆重的礼仪将其安置在宫中内廷来供奉祭祀。祭祀时能听到她说话，但没有看到她的神灵形象。

【原文】

是时而李少君亦以祠灶、谷道、却老方见上，上尊之。少君者，故深泽侯入以主方。匿其年及所生长，常自谓七十，能使物，却老。其游以方遍诸侯。无妻子。人闻其能使物及不死，更馈遗之，常余金钱帛衣食。人皆以为不治产业而饶给，又不知其何所人，愈信，争事之。少君资好方，善为巧发奇中。尝从武安侯饮，坐中有年九十余老人，少君乃言与其大父游射处，老人为儿时从其大父行，识其处，一坐尽惊。少君见上，上有故铜器，问少君。少君曰："此器齐桓公十年陈于柏寝。"已而案其刻，果齐桓公器。一宫尽骇，以少君为神，数百岁人也。

少君言于上曰："祠灶则致物，致物而丹沙可化为黄金，黄金成以为饮食器则益寿，益寿而海中蓬莱仙者可见，见之以封禅则不死，黄帝是也。臣尝游海上，见安期生，食臣枣，大如瓜。安期生仙者，通蓬莱中，合则见人，不合则隐。”于是天子始亲祠灶，而遣方士入海求蓬莱安期生之属，而事化丹沙诸药齐为黄金矣。

【译文】

这个时候，李少君也因其会祭祀灶神求福、种谷得金和长生不老的方术而被皇帝接见，并被敬重。少君是以前深泽侯推荐来负责方术、药物等事务的。他将年龄、籍贯和生平经历都隐瞒了，经常说自己是七十岁，能驱鬼逐神，能用药物让人长生不老。他因为会方术而游历诸侯各国。没有妻妾和子女。人们听说他能用药物让人长生不老，就赠给他财物，因此他才有了充足的金钱和衣物。人们都觉得他不从事生产却有富足的产业，又弄不清楚他到底是个什么样的人，因此更加信奉他，并且争相侍奉他。李少君天性就喜好方术，善于投机取巧地发表一些见解，而这些又常常奇迹般地被他言中。他曾陪同武安侯宴饮，其中有个九十多岁的老人，少君就讲起同老人的祖父游玩狩猎过的地方，老人小时候跟随祖父出行，认识那个地方，这让宴座上的所有人都感到吃惊。少君觐见皇上，皇上有一件古旧的器具，就拿出来问少君，少君说：“此铜器在齐桓公十年陈列在柏寝台。”随即命人考察器具上的刻字，果然是齐桓公时候的。宫廷中所有的人都很惊奇，觉得少君是个神，已经有几百岁了。

少君对皇上说：“祭祀灶神能召来神物，神物被召来，丹砂就会化为黄金，用此黄金筑成饮食的容器就能益寿延年。益寿延年就会被海中蓬莱的仙人看到，看到仙人并举行封禅大典就会长生，黄帝就是如此。我曾到海上游览，看到了安期生，吃过他送给我的像西瓜一样大的大枣。安期生是仙人，他能来往于蓬莱山中，奉行的道合他的意，他就会见你，反之，他就隐藏起来。”于是皇上开始亲自祭祀灶神，还派遣方士到海上寻求像蓬莱安期生这样的神仙，并干起将丹砂和各种药剂化成黄金的事情来。

【原文】

居久之，李少君病死。天子以为化去不死也，而使黄锤史宽舒受其方。求蓬莱安期生莫能得，而海上燕齐怪迂之方士多相效，更言神事矣。

亳人薄诱忌奏祠泰一方，曰：“天神贵者泰一，泰一佐曰五帝。古者天子以春秋祭泰一东南郊，用太牢具，七日，为坛开八通之鬼道。”于是天子令太祝立其祠长安东南郊，常奉祠如忌方。其后人有上书，言“古者天子三年一用太牢具祠神三一：天一，地一，泰一”。天子许之，令太祝领祠之忌泰一坛上，如其方。后人复有上书，言“古者天子常以春秋解祠，祠黄帝用一枭破镜；冥羊用羊；祠马行用一青牡马；泰一、皋山山君、地长用牛；武夷君用干鱼；阴阳使者以一牛”。令祠官领之如其方，而祠于忌泰一坛旁。

其后，天子苑有白鹿，以其皮为币，以发瑞应，造白金焉。

其明年，郊雍，获一角兽，若麃然。有司曰：“陛下肃祗郊祀，上帝报享，锡一角兽，盖麟云。”于是以荐五畤，畤加一牛以燎。赐诸侯白金，以风符应合于天地。

【译文】

很久以后，李少君病死了。皇上认为他是升天而非死去了，派黄锤和宽舒继续传授他的方术。没有找到蓬莱的安期生这样的仙人，但是在沿海属燕国和齐国的地方，那些怪诞迂阔的方士们却在纷纷效仿，更起劲地宣传起神仙的事情来。

亳地人薄诱忌上奏祭祀泰一神的方术，说：“天神中，属泰一神最为尊贵。泰一的配祭是五位天帝。古时候的天子都是在春秋的时候到东南郊对其进行祭祀。祭品为牛、羊、猪三牲的太牢祭礼，祭祀为七天，修建祭坛，并设有通往八方的鬼道。”于是皇上就命太祝官在长安东南郊建立了这样的祭坛，常常按照薄诱忌上奏的方法来进行供奉祭祀。此后有人上书，说“古时候的天子每三年对三一、天一、地一和泰一进行祭祀”。皇上也应允了，让太祝统领朝臣在薄诱忌的泰一神坛上祭祀，并按照薄诱忌所说的方法做。后来又有人上书，说“古时候的天子常在春秋时节举行祭祀，以去除祸患、祈求福祥。祭祀黄帝时，祭品为一只枭和一个破镜；祭祀冥羊神的祭品为羊；祭祀马行神的祭品为一匹青色的公马；祭祀泰一、皋山山君和地长的祭品为牛；祭祀武夷君的祭品为干鱼；祭祀阴阳使者的祭品为一头牛。”皇上就命祭祀官按照此方法来统领朝臣办理，在薄诱忌的泰一神坛旁边举行祭祀。

此后，皇上的园囿里养着白鹿，用鹿皮造成皮币，为了揭示祥瑞符应，而铸造了白金币。

第二年，在雍郊祭祀时，捕获了一只独角兽，看起来像麃。官员说："陛下如此肃穆虔诚地举行祭祀，上天为了回报，就将独角兽赐给您，这大概就是麒麟吧。"于是就将其献给了五畤，并为每畤增加一头牛的祭品，一起焚烧以祭祀天帝。将银锡白金赐给诸侯，以表示所揭示的征兆是合乎天意的。

【原文】

于是济北王以为天子且封禅，乃上书献泰山及其旁邑。天子受之，更以他县偿之。常山王有罪，迁，天子封其弟于真定，以续先王祀，而以常山为郡。然后五岳皆在天子之郡。

其明年，齐人少翁以鬼神方见上。上有所幸王夫人，夫人卒，少翁以方术盖夜致王夫人及灶鬼之貌云，天子自帷中望见焉。于是乃拜少翁为文成将军，赏赐甚多，以客礼礼之。文成言曰："上即欲与神通，宫室被服不象神，神物不至。"乃作画云气车，及各以胜日驾车辟恶鬼。又作甘泉宫，中为台室，画天、地、泰一诸神，而置祭具以致天神。居岁余，其方益衰，神不至。乃为帛书以饭牛，详弗知也，言此牛腹中有奇。杀而视之，得书，书言其怪，天子疑之。有识其手书，问之人，果伪书。于是诛文成将军而隐之。

其后则又作柏梁、铜柱、承露仙人掌之属矣。

文成死明年，天子病鼎湖甚，巫医无所不致，不愈。游水发根乃言曰："上郡有巫，病而鬼下之。"上召置祠之甘泉。及病，使人问神君。神君言曰："天子毋忧病。病少愈，强与我会甘泉。"于是病愈，遂幸甘泉，病良已。

【译文】

于是济北王认为皇上要举行封禅大典，就上书要献出泰山和附近的城邑。天子接受了，用另外的县邑来赏还他。常山王犯了罪，被贬官迁徙，天子将他的弟弟封在真定，来继续对先王的祭祀，而把常山国改为了郡。

此后，五岳均归于天子的管辖范围。

第二年，齐人李少翁因为具备招引鬼神的方术而被皇上召见。皇上特别宠爱的王夫人去世了，少翁便用方术在夜间设置帷帐使王夫人和灶鬼的形貌出现，天子从帷帐中看到了。于是就拜少翁为文成将军，并大加赏赐，将其奉为上宾。文成将军说："皇上想要和神仙会面，但是住的宫室和穿戴的服饰却不像神仙用的，神仙便不会来。"于是画了云气车，还分别依干支五行相胜之日驾车以驱除恶鬼。又建造了甘泉宫，中间设为台室，画出天、地、泰一等各种神灵，设置祭品以招来天神。一年多过去了，他的方术更加不灵了，神仙没有来。于是就在帛上写下字，并让牛吃进肚里，还假装不知道，说此牛肚里有奇怪的东西。将牛杀掉打开一看，果真有帛书，书上写的内容很是奇怪，天子对此表示怀疑。有人认出了帛书上的字迹，就询问写此笔迹的人，果真查出此书是假造的。于是就将文成将军诛杀，并将此事隐瞒。

此后，有营建了柏梁、铜柱、承露仙人掌等此类建筑物。

文成将军被杀的第二年，天子在鼎湖宫病得很严重，巫医用尽了一切办法，还是不见好转。游水县一个叫发根的人进言道："上郡有个能够驱除病魔的巫师。"皇上就将其招来安置在甘泉宫以行祭祀。病的时候，派人去问神君。神君说："皇上您不用担忧自己的病。病情稍见好转，就勉强支撑着来甘泉宫见我。"于是病情好转，就前往甘泉宫，果真就彻底好了。

【原文】

大赦天下，置寿宫神君。神君最贵者太一，其佐曰大禁、司命之属，皆从之。非可得见，闻其音，与人言等。时去时来，来则风肃然也。居室帷中。时昼言，然常以夜。天子祓，然后入。因巫为主人，关饮食。所欲者言行下。又置寿宫、北宫，张羽旗，设供具，以礼神君。神君所言，上使人受书其言，命之曰"画法"。其所语，世俗之所知也，毋绝殊者，而天子独喜。其事秘，世莫知也。

其后三年，有司言元宜以天瑞命，不宜以一二数。一元曰建元，二元以长星曰元光，三元以郊得一角兽曰元狩云。

其明年冬，天子郊雍，议曰："今上帝朕亲郊，而后土毋祀，则礼不答也。"有司与太史公、祠官宽舒等议："天地牲角茧栗。今陛下亲祀后土，后土宜于泽中圜丘为五坛，坛一黄犊太牢具，已祠尽瘗，而从祠衣上黄。"于是天子遂东，始立后土祠汾阴脽上，如宽舒等议。上亲望拜，如上帝礼。礼毕，天子遂至荥阳而还。过雒阳，下诏曰："三代邈绝，远矣难存。其以三十里地封周后为周子南君，以奉先王祀焉。"是岁，天子始巡郡县，侵寻于泰山矣。

【译文】

于是大赦天下，并把神君迁置到寿宫。神君最尊贵的是太一神，太一神的辅佐是大禁、司命等都跟着迁到了寿宫。人们是看不到这些神仙的模样，但是可以听到他们说话，跟人的声音一样。时而来临，时而离去，来的时候有风吹动的萧萧声。在宫室的帷帐中居住。有时会在白天说话，但通常还是在夜里说。天子举行了消灾求福的仪式后来到寿宫，将巫师作为寿宫的主人，并向他领取饮食。众神灵想说的话也都是通过巫师来传达。又建造寿宫和北宫，并用羽毛来装饰悬挂的旗帜，陈设供奉器具以礼祭神君。神君的话，皇上就派人听受并记录，称为"画法"。然而他说的话都是世间俗人知道的，没有什么特殊之处，唯独天子喜欢。这些事情是秘密进行的，因此世人无法知晓。

接下来的三年，官员们说纪元应当用天的祥瑞来命名，而不应只按一、二来记数。第一个纪元为建元，第二个纪元由于出现了彗星而称为元光，第三个纪元由于在郊外捕获一只野兽叫作元狩。

第二年冬，天子到雍县去举行郊祭，商讨说："如今上帝由我来亲自进行郊祭，但是却没有祭祀土地神，这是不完备的。"主管官员同太始公、祠官宽舒等人商议道："祭祀天地应该用茧栗色角的小牛。现在陛下亲自祭祀后土神，就应该在水泽中建五个外形高而圆的，像小丘的祭坛，每个祭坛都要用黄牛太牢礼来进行祭祀。结束后全都埋掉。陪祭人的服饰应为黄色。"于是天子就向东去，开始在汾阴地的山丘上建筑后土神庙，这些都依据宽舒等人的建议。皇上亲自进行望祭，同祭祀上帝的礼仪没有区别。祭礼结束后，天子就路经荥阳而返回。途经洛阳时颁布诏书说：

"三代距今非常遥远，太远了，他们的后代就难以留存。应该用三十里的地方封给周家的后裔为周子南君，以便使他们供奉先祖的祭祀。"这一年，天子开始巡视郡县，渐渐接近泰山一带了。

【原文】

其春，乐成侯上书言栾大。栾大，胶东宫人，故尝与文成将军同师，已而为胶东王尚方。而乐成侯姊为康王后，毋子。康王死，他姬子立为王。而康后有淫行，与王不相中，相危以法。康后闻文成已死，而欲自媚于上，乃遣栾大因乐成侯求见言方。天子既诛文成，后悔恨其早死，惜其方不尽，及见栾大，大悦。大为人长美，言多方略，而敢为大言，处之不疑。大言曰："臣尝往来海中，见安期、羡门之属。顾以为臣贱，不信臣。又以为康王诸侯耳，不足予方。臣数言康王，康王又不用臣。臣之师曰：'黄金可成，而河决可塞，不死之药可得，仙人可致也。'臣恐效文成，则方士皆掩口，恶敢言方哉！"上曰："文成食马肝死耳。子诚能修其方，我何爱乎！"大曰："臣师非有求人，人者求之。陛下必欲致之，则贵其使者，令有亲属，以客礼待之，勿卑，使各佩其信印，乃可使通言于神人。神人尚肯邪不邪。致尊其使，然后可致也。"于是上使先验小方，斗旗，旗自相触击。

【译文】

这年春天，乐成侯丁义上书推荐栾大。栾大是胶东王的宫人，以前曾经跟文成将军向一个师傅学艺，后来就跟着胶东王，替他主持配置药方。乐成侯的姐姐是康王的王后，没有儿子。康王去世，别的姬妾生的儿子即位。康王王后有淫乱的行为，她与康王不和睦，用法术互相伤害。康王听说文成将军已经被杀，就想讨好皇上，于是就通过乐成侯推荐栾大进言方术。天子将文成将军杀掉后，又有些后悔他死的太早了，还没有将所有的方术都用出来，见了栾大就非常高兴。栾大身材高大，面貌秀美，言谈中透露出很多计谋策略，而且敢于毫无迟疑地说大话。栾大进言说："我曾到海上，见到过安期生、美门等一类的仙人。只是他们由于我地位低贱而不信任我。又觉得康王只不过是个诸侯王，因此不值得将神仙之方给他。我曾多次对康王说，但是康王也不信任我。我师父说：‘黄金可以炼成，黄河的决口也可以堵上，长生不死的药也可以找到，神仙也可以被招来。’我是怕步文成将军的后尘，那样方士都会掩上自己的嘴巴，还有谁敢进言方术呢？”皇上说：“文成将军是吃了马肝才死的。你若真的可以修炼出神仙方术，我还吝惜什么呢？”栾大说：“我师父并非有求于人，而是人们去求他。陛下您若真想招来神仙，就一定要尊重他派遣的使者，让他有亲属，以宾客之礼来款待他，不能鄙视他，让他佩戴各种印信，这样才能使他与神仙交往通话。”于是皇上就让他先试验一下小的方术，表演斗棋，棋子就真的相互撞击抵触。

【原文】

是时上方忧河决，而黄金不就，乃拜大为五利将军。居月余，得四金印，佩天士将军、地土将军、大通将军、天道将军印。制诏御史：“昔禹疏九江，决四渎。间者河溢皋陆，隄繇不息。朕临天下二十有八年，天若遗朕士而大通焉。乾称‘蜚龙’，‘鸿渐于般’，意庶几与焉。其以二千户封地士将军大为乐通侯。”赐列侯甲第，僮千人。乘舆斥车马帷帐器物以充其家。又以卫长公主妻之，赍金万斤，更名其邑曰当利公主。天子亲如五利之第。使者存问所给，连属于道。自大主将相以下，皆置酒其家，献遗之。于是天子又刻玉印曰“天道将军”，使使衣羽衣，夜立白茅上，五利将军亦衣羽衣，立白茅上受印，以示弗臣也。而佩“天道”者，且为天子道天神也。于是五利常夜祠其家，欲以下神。神未至而百鬼集矣，然颇能使之。其后治装行，东入海，求其师云。大见数月，佩六印，贵振天下，而海上燕齐之间，莫不搤捥而自言有禁方，能神仙矣。

【译文】

这个时候，皇上正担忧黄河决口，而黄金也没有炼成，于是就将栾大拜为五利将军。过了一个多月，栾大就得到了四方金印，佩戴士将军、地土将军、大通将军和天道将军的印信。天子下诏给御史：“以前大禹将九江疏导，决通四渎。近来黄河泛滥，直至岸边广阔的土地，修筑堤防的劳役不能停息。我君临天下已经二十八年了，上天仿佛要送给我一名贤士，而栾大正是个通天意的贤士。《易经·乾卦》说‘飞龙在天’，‘鸿鸟飞临高岸’，得到栾大，说明我的意志是得到上天赞许的。应该用两千户食役封地将将军栾大封为乐通侯。”赐给他列侯等级的上等住宅，还有一千名童仆。其家室都按照帝王的标准添置了车马、帐幕、器械、百物等。又将卫皇后的长女嫁给他，赠送万斤黄金，将公主封号改为当利公主。天子亲临五利将军的宅第。派人问候并供给物品，这样的队伍在路上连续不断。从大长公主和将相以下，都在他家里设置酒宴，进献和赠送财物。于是天子又刻了一个称为“天道将军”的玉印，派使者身穿用羽毛缝制的衣服，夜晚时候站在白茅上，五利将军也身穿同样的衣服，站在白茅上接受玉印，为了显示不把他当臣子看待。而佩戴“天道”的意思就是要为天子招来神仙。于是五利将军便常在家里祭祀，想以此来让神仙降临。神仙没有招来却招来了百鬼，不过栾大指使他们还是游刃有余。此后，他整装出行，向东进入海上，去寻求他的师父了。栾大被引见几个月的时间，就佩戴上六方大印，尊贵之名令天下震动。而沿海燕国和齐国一带的方士，人人都扼手振腕称自己有神仙方术，可以将神仙招来。

【原文】

其夏六月中，汾阴巫锦为民祠魏脽后土营旁，见地如钩状，掊视得鼎。鼎大异于众鼎，文镂毋款识，怪之，言吏。吏告河东太守胜，胜以闻。天子使使验问巫锦得鼎无奸诈，乃以礼祠，迎鼎至甘泉，从行，上荐之。至中山，晏温，有黄云盖焉。有麃过，上自射之，因以祭云。至长安，公卿大夫皆议请尊宝鼎。天子曰：“间者河溢，岁数不登，故巡祭后土，祈为百姓育谷。今年丰庑未有报，鼎曷为出哉？”有司皆曰：“闻昔大帝兴神鼎一，一者一统，天地万物所系终也。黄帝作宝鼎三，象天地人也。禹收九牧之金，铸九鼎，皆尝亨鬺上帝鬼神。遭圣则兴，迁于夏商。周德衰，宋之社亡，鼎乃沦伏而不见。颂云‘自堂徂基，自羊徂牛；鼐鼎及鼒，不虞不骜，胡考之休’。今鼎至甘泉，光润龙变，承休无疆。合兹中山，有黄白云降盖，若兽为符，路弓乘矢，集获坛下，报祠大飨。惟受命而帝者心知其意而合德焉。鼎宜见于祖祢，藏于帝廷，以合明应。”制曰：“可。”

【译文】

这年夏天六月中旬，汾阴的一个叫锦的巫师在魏脽后土神庙旁为百姓祈祷祭祀时，看到地面有个地方凸起像钩状，将土扒开一看，是个鼎。此鼎要大于一般的鼎，雕刻着花纹，但没有文字，感到奇怪，就上报给当地官员。他们又上报给河东的太守胜，胜上书禀告给皇上。天子派人考查询问巫师得到此鼎的情况，确定没有欺诈，于是就举行祭礼，并将鼎迎到甘泉宫，是随从皇上同行的，皇上就把它祭献给上天。到了中山，天气晴朗温和，上空还覆盖着黄色的云彩。正好有只麃经过，皇上将其射中，因而就用它来祭祀。到了长安，官员都商议请求尊崇宝鼎。天子说："近来黄河泛滥，连续几年都收成不好，因此巡行祭祀后土神，祈祷他们能让民众得到丰收。如今还没有将丰收的事情祭告天地呢，鼎怎么就出土了呢？"官员们都说："听说以前太帝铸造了一座神鼎，代表大一统，以维系天地万物始终。黄帝铸造了三座鼎，代指天、地、人。大禹将九州出产的金属收集起来，铸造了九鼎，都曾被用来烹煮牲畜以祭祀上帝鬼神。他们往往在盛世出现，就这样传到了夏代和商代。周朝的德政衰败，宋国的社庙覆亡，于是鼎就被沦落淹没了。《诗经·周颂》说：'从庙堂到门槛外，有的献羊有的献牛；大鼎、中鼎和小鼎，我既不喧哗也不傲慢，保佑众人都长寿。'如今，鼎到了甘泉宫，光辉润泽龙游变化，传承无限的福惠。在此地同中山降下的黄白祥云相合，祥云像嘉兽就象征符应，再加上陛下用大弓四矢射获了麃，因此吉兆都会集到了坛下，形成了报答天地鬼神的盛大祭礼。只有承受天命而称帝的人才能从心眼里知道这其中的深意，并能与天地合德。此宝鼎应当献给高祖庙，并在甘泉宫的殿廷珍藏，以便同上天降下来的神明符应相契合。"皇上说："好的。"

【原文】

入海求蓬莱者，言蓬莱不远，而不能至者，殆不见其气。上乃遣望气佐候其气云。

其秋，上幸雍，且郊。或曰"五帝，泰一之佐也。宜立泰一而上亲郊之"。上疑未定。齐人公孙卿曰："今年得宝鼎，其冬辛巳朔旦冬至，与黄帝时等。"卿有札书曰："黄帝得宝鼎宛朐，问于鬼臾区。区对曰：'帝得宝鼎神策，是岁己酉朔旦冬至，得天之纪，终而复始。’于是黄帝迎日推策，后率二十岁得朔旦冬至，凡二十推，三百八十年。黄帝仙登于天。”卿因所忠欲奏之。所忠视其书不经，疑其妄书，谢曰：“宝鼎事已决矣，尚何以为！”卿因嬖人奏之。上大说，召问卿。对曰：“受此书申功，申功已死。”上曰：“申功何人也？”卿曰：“申功，齐人也。与安期生通，受黄帝言，无书，独有此鼎书。曰‘汉兴复当黄帝之时。汉之圣者在高祖之孙且曾孙也。宝鼎出而与神通，封禅。封禅七十二王，唯黄帝得上泰山封’。”

【译文】

到海上去寻求蓬莱仙人的人都说蓬莱山并不远，但是不能达到的原因，可能是由于没有见到它放射的瑞气。于是皇上就派会望气的人去辅佐征候蓬莱仙山的瑞气。

那年秋天，皇上去雍县，准备举行郊祀。有人说“五帝是泰一神的配祭。应该设立泰一神坛，由皇上来亲自祭祀它”。皇上犹豫不决。齐地一个叫公孙卿的人说：“今年得到宝鼎，是在冬月辛巳朔日，而且辰旦又正是冬至到达的时刻，这同黄帝得到宝鼎的时间正好相同。”公孙卿还有书札说：“黄帝是在宛地得到宝鼎的，为此他问臣子鬼臾区，鬼臾区说：‘黄帝得到宝鼎和神策，这一年是己酉朔日，早晨也是冬至到来的时刻，合乎天的历数，周而复始，连绵不绝。’于是黄帝就通过神策来预测日月朔望，从而推算历法，以后大约每过二十年，就又为朔旦冬至，共推二十次，合计三百八十年，然后黄帝就登临仙界了。”公孙卿想通过武帝的重臣所忠奏上。但是所忠看他书中的论述不合常理，就怀疑他是瞎写的，就推辞说：“祭祀宝鼎的事情已经决定了，还有什么能做的呢？”公孙卿就通过武帝宠爱的人奏上。皇帝看了非常高兴，就将公孙卿召来询问。公孙卿说：“我是从申功那里学到的，但是申功已经去世了。”皇上说：“申功是个什么样的人呢？”公孙卿说：“申功是齐地的人。他与安期生交往，并接受了黄帝的言论，但是没有文字记录，就只有这一份关于鼎的书。说‘汉室兴起时会与黄帝得鼎的时节相当，汉室的圣人将在高祖的孙辈，或曾孙辈中产生。宝鼎出土并与神灵交通，就要举行封禅大典。自古举行封禅的七十二位君王中，只有黄帝能够上到泰山封礼’。”

【原文】

"申功曰：'汉主亦当上封，上封则能仙登天矣。黄帝时万诸侯，而神灵之封居七千。天下名山八，而三在蛮夷，五在中国。中国华山、首山、太室、泰山、东莱，此五山黄帝之所常游，与神会。黄帝且战且学仙。患百姓非其道，乃断斩非鬼神者。百余岁然后得与神通。黄帝郊雍上帝，宿三月。鬼臾区号大鸿，死葬雍，故鸿冢是也。其后黄帝接万灵明廷。明廷者，甘泉也。所谓寒门者，谷口也。黄帝采首山铜，铸鼎于荆山下。鼎既成，有龙垂胡髯下迎黄帝。黄帝上骑，群臣后宫从上龙七十余人，龙乃上去。余小臣不得上，乃悉持龙髯，龙髯拔，堕黄帝之弓。百姓仰望黄帝既上天，乃抱其弓与龙胡髯号，故后世因名其处曰鼎湖，其弓曰乌号。'"于是天子曰："嗟乎！吾诚得如黄帝，吾视去妻子如脱屣耳。"乃拜卿为郎，东使候神于太室。

【译文】

"申功说：'汉朝的皇帝也应当到泰山上去举行封禅大典，这样就能够成仙升天了。黄帝的时候有上万的诸侯，能够主持名山大川的神灵祭祀，并得到封地的也就七千家。天下有八大名山，其中三座位于蛮夷之地，五座分布在中原各国。中原国的华山、首山、太室、泰山、东莱，这五座大山是黄帝经常巡游的地方，并能与神灵会面。黄帝边作战边学仙道。痛恨百姓中有人反对仙道，并将一些诋毁神灵的人处斩。就这样一百多年以后才可以与神灵交通。黄帝到雍去进行郊祭，在那里停留了三个月。鬼臾区号称大鸿，死后葬在了雍，这就是以前的鸿冢。此后黄帝在明堂接见万千神灵。明堂就是现在的甘泉宫。寒门就是现在的谷口。黄帝开采首山的铜，用它们在荆山下铸成鼎。鼎铸成后，有条巨龙垂下胡须来迎接黄帝。黄帝骑上龙背，还有七十多个跟着骑上去的群臣和后宫，于是就飞上了天。还有些小臣没能骑上龙背，就都抓住了龙的胡须，结果龙的胡须被拔了下来，同时黄帝的一把弓也一起掉落下来。百姓看着黄帝骑着巨龙飞上天，就抱着他的弓和龙须哭号不止，因此后人就把黄帝上天的地方称作鼎湖，将他掉落的弓称作乌号。'"于是天子就说："哎呀！倘若我真的能像黄帝那样，我就会把抛却人间的妻妾和子女看得像脱掉鞋子那样容易了。”于是任命公孙卿为郎官，并将其派到东方去，在太室山恭候神灵。

【原文】

上遂郊雍，至陇西，西登空桐，幸甘泉。令祠官宽舒等具泰一祠坛，坛放薄忌泰一坛，坛三垓。五帝坛环居其下，各如其方，黄帝西南，除八通鬼道。泰一所用，如雍一畤物，而加醴枣脯之属，杀一牦牛以为俎豆牢具。而五帝独有俎豆醴进。其下四方地，为餟食群神从者及北斗云。已祠，胙余皆燎之。其牛色白，鹿居其中，彘在鹿中，水而洎之。祭日以牛，祭月以羊彘特。泰一祝宰则衣紫及绣。五帝各如其色，日赤，月白。

十一月辛巳朔旦冬至，昧爽，天子始郊拜泰一。朝朝日，夕夕月，则揖；而见泰一如雍礼。其赞飨曰：“天始以宝鼎神筴授皇帝，朔而又朔，终而复始，皇帝敬拜见焉。”而衣上黄。其祠列火满坛，坛旁烹炊具。有司云“祠上有光焉”。公卿言“皇帝始郊见泰一云阳，有司奉瑄玉嘉牲荐飨。是夜有美光，及昼，黄气上属天。”太史公、祠官宽舒等曰：“神灵之休，祐福兆祥，宜因此地光域立泰畤坛以明应。令太祝领，秋及腊间祠。三岁天子一郊见。”

【译文】

皇上于是就到雍举行郊祭，到达陇西，向西登上了空桐山，幸临甘泉宫。命祠官宽舒设置泰一神坛，祭坛仿照薄谬忌所说的泰一坛建造。神坛分作三层。五帝的祭坛环绕在泰一坛的下面，各自依照他们所属的方位，黄帝坛安置在西南方，开通了八条供鬼神往来的通道。泰一坛所有的祭品相当于雍县五畤中的一畤的祭品，另外还增加了甜酒、枣果和干肉之类，还杀一头牦牛作为盛在俎豆中的牲牢祭品。而五帝坛只进献俎豆等牲牢和甜酒，没有牦牛。在祭坛下的四方，作为祭祀随从的众神和北斗星的地方。祭祀完毕，烧掉用过的全部祭品。祭祀用的是白色的牛，将鹿塞进牛的腹腔，再将猪塞进鹿的腹腔，然后浸泡在水里。用牛祭日神，用羊或者猪祭月神，这些都是只用一头。穿紫色绣衣的祝官祭泰一神，至于祭五帝的祝官，他们的礼服颜色各按照五帝所属的颜色，穿红衣祭日，穿白衣祭月。

十一月辛巳朔日早晨正值冬至，天刚拂晓，天子就开始在郊外祭祀泰一神。早晨对日神进行朝拜，傍晚对月神进行祭祀，这些都要拱手肃拜；而祭拜泰一神则与在雍县的郊祀礼仪相同。劝神进食的祝词是："上天开始把宝鼎神策赐给皇帝，让他的天下经过了一个又一个朔旦，终而复始，循环不息。皇帝在此恭敬地拜祭参见天神。"祭祀时穿黄色的礼服。祭祀时神坛上布满火炬，烹煮器具摆在坛旁。主管官员说"祠坛上方有光彩出现"。公卿大臣们说"皇帝刚开始的时候是在云阳宫进行郊祀，祭拜泰一神，司祭的官员捧着直径六寸的大玉璧、并且将毛纯膘肥的美牲进献给神灵享用。祭祀当夜天空就出现了美丽的光彩，直到第二天的白天，还有黄色云气上升与天相连"。太史公和祠官宽舒等说："神灵降下的美好景象，是保佑福禄的吉祥预兆，应该在这神光所照的地域建立泰畤坛，以宣明上天的神明瑞应。命令太祝负责此事，在每年的秋天和腊月之间举行祭祀。每三年，天子就来参加一次郊祀。"

【原文】

其秋，为伐南越，告祷泰一，以牡荆画幡日月北斗登龙，以象天一三星，为泰一锋，名曰"灵旗"。为兵祷，则太史奉以指所伐国。而五利将军使不敢入海，之泰山祠。上使人微随验，实无所见。五利妄言见其师，其方尽，多不雠。上乃诛五利。

其冬，公孙卿候神河南，见仙人迹缑氏城上，有物若雉，往来城上。天子亲幸缑氏城视迹。问卿："得毋效文成、五利乎？"卿曰："仙者非有求人主，人主求之。其道非少宽假，神不来。言神事，事如迂诞，积以岁乃可致。"于是郡国各除道，缮治宫观名山神祠所，以望幸矣。

其年，既灭南越，上有嬖臣李延年以好音见。上善之，下公卿议，曰："民间祠尚有鼓舞之乐，今郊祠而无乐，岂称乎？"公卿曰："古者祀天地皆有乐，而神祇可得而礼。"或曰："泰帝使素女鼓五十弦瑟，悲，帝禁不止，故破其瑟为二十五弦。"于是塞南越，祷祠泰一、后土，始用乐舞，益召歌儿，作二十五弦及箜篌瑟自此起。

【译文】

这年秋天，为了对南越进行讨伐而祭告泰一神，用牡荆做旗杆，旗上画有日、月、北斗以及腾空升起的龙，用来象征天一三星，并把它作为泰一神的先锋旗，命名为“灵旗”。替兵事祭告时，由太史官手持灵旗指着被伐国的方向。那时候，五利将军作为使者却不敢到海上求仙，只到泰山去祭祀。皇上命人暗中跟随，查验他的行踪，结果知道他事实上没有见到任何神仙。五利将军谎说见到了他的老师，他的方术已经用尽了，很多都不能应验。皇上就诛杀了他。

这年冬天，公孙卿在河南等候神灵，说是在缑氏城上看到了仙人的踪迹，还有个像山鸡一样的神物，在城上飞来飞去。天子亲自到缑氏城察看仙人的踪迹。问公孙卿：“你该不会是在仿效文成将军和五利将军来对我进行欺诈吧？”公孙卿说：“并不是仙人有求于皇帝，而是皇帝您有求于仙人。求仙之道，倘若不把时间稍微放宽一些，神仙是不会来的。说到求神这种事，听起来似乎是迂腐荒诞的，但事实是只要日积月累就可以将神仙招来。”于是各郡国都修道筑路，修缮宫殿观台以及名山的神祠，以恭候天子临幸。

这年，南越已经被灭掉，皇上有个名叫李延年的宠臣，他由于擅长音乐而被召见。皇上很是赞赏，就让公卿大臣们商讨，说：“民间祭祀时尚且有鼓、舞和音乐，如今我举行郊祀却连音乐都没有，这怎么相称呢？”公卿们说：“古时候祭祀天地都有音乐，这样天地神灵才会来享受祭祀。”有人说：“泰帝让女神素女弹奏有五十弦的瑟，声音悲切至极，泰帝让她停下来，可是她却不能自已，所以就将她的瑟剖开改成了二十五弦。”于是，在为平定南越而酬祭泰一、后土神的时候，首次采用音乐歌舞，广召歌手，并且从那时候起开始制作二十五弦瑟和箜篌瑟。

【原文】

其来年冬，上议曰：“古者先振兵泽旅，然后封禅。”乃遂北巡朔方，勒兵十余万，还祭黄帝冢桥山，泽兵须如。上曰：“吾闻黄帝不死，今有冢，何也？”或对曰：“黄帝已仙上天，群臣葬其衣冠。”即至甘泉，为且用事泰山，先类祠泰一。

自得宝鼎，上与公卿诸生议封禅。封禅用希旷绝，莫知其仪礼，而群儒采封禅尚书、周官、王制之望祀射牛事。齐人丁公年九十余，曰："封者，合不死之名也。秦皇帝不得上封。陛下必欲上，稍上即无风雨，遂上封矣。"上于是乃令诸儒习射牛，草封禅仪。数年，至且行。天子既闻公孙卿及方士之言，黄帝以上封禅，皆致怪物与神通，欲放黄帝以尝接神仙人蓬莱士，高世比德于九皇，而颇采儒术以文之。群儒既以不能辩明封禅事，又牵拘于诗书古文而不敢骋。上为封祠器示群儒，群儒或曰"不与古同"，徐偃又曰"太常诸生行礼不如鲁善"，周霸属图封事，于是上绌偃、霸，尽罢诸儒弗用。

【译文】

第二年冬天，皇上提议说："古代帝王先要整顿兵员，解散军队，然后才进行封禅。"于是到北边去巡视朔方，十几万军队随从，返回时在桥山黄帝陵墓前举行祭祀，并在须如把军队遣散。皇上说："我听说黄帝并没有死，但是现在却还有他的陵墓，这又该怎么讲呢？"有人回答道："黄帝成仙升天以后，众臣就将他的衣服帽子埋在此处，所以才有的陵墓。"皇上到了甘泉宫后，为了要上泰山举行封禅大典，就先用祭天的仪式来祭告泰一神。

自从得了宝鼎，皇上就同公卿大臣及众儒生商讨起封禅的事情了。由于封禅大典很少举行，长久以来已经失传，没有人了解它的具体礼仪了，儒生们主张采用《尚书》《周官》《王制》中记载的天子射牛、望祀的仪式来进行封禅大典。齐人丁公已经九十多岁，他说："登泰山祭天的'封'应该是永垂不朽的意思。秦始皇没能登上泰山行封礼。倘若陛下一定要上去，就一定要坚持；只要稍微登高一些就不会再有风雨阻挡了，就可以登上泰山行封礼了。"皇上于是命令众儒生反复练习射牛，并草拟封禅的礼仪。几年后，到了时间要进行封禅了。天子又听到方士和公孙卿的话，说是黄帝以前的帝王举行封禅的时候，都招来了怪异之物并且与神仙相通，就想仿效黄帝那时迎接神仙的使者蓬莱方士的做法，以超乎世俗，同九皇比德行，而且还在很大程度上广泛地采用儒术加以修饰。儒生们由于既不能明辨封禅的具体事宜，同时还受《诗》《书》等古文经籍的束缚，因此他们不敢尽情地施展自己的学问。皇上把封禅用的祭器拿给儒生们看，他们中有人说“跟古代的不同”，徐偃还说“太常祠官们行礼比不上古代鲁国的好”，就在这时候，周霸将众儒生聚在一起来共同讨论策划封禅事宜，于是皇上免除了徐偃、周霸等人的职务，把儒生们全部罢黜不再任用了。

【原文】

三月，遂东幸缑氏，礼登中岳太室。从官在山下闻若有言“万岁”云。问上，上不言；问下，下不言。于是以三百户封太室奉祠，命曰崇高邑。东上泰山，山之草木叶未生，乃令人上石立之泰山颠。

上遂东巡海上，行礼祠八神。齐人之上疏言神怪奇方者以万数，然无验者。乃益发船，令言海中神山者数千人求蓬莱神人。公孙卿持节常先行候名山，至东莱，言夜见一人，长数丈，就之则不见，见其迹甚大，类禽兽云。群臣有言见一老父牵狗，言“吾欲见巨公”，已忽不见。上既见大迹，未信，及群臣有言老父，则大以为仙人也。宿留海上，与方士传车及间使求仙人以千数。

四月，还至奉高。上念诸儒及方士言封禅人人殊，不经，难施行。天子至梁父，礼祠地主。乙卯，令侍中儒者皮弁荐绅，射牛行事。封泰山下东方，如郊祠泰一之礼。封广丈二尺，高九尺，其下则有玉牒书，书秘。

【译文】

三月，皇上到东方去，到了缑氏县，登上中岳的太室山进行祭祀礼。随从官员在山下听到好像有人喊“万岁”的声音。就问山上的人，都说没有喊；问山下的人，也都说没有喊。于是皇上封给太室山三百户用作供奉祭祀，命名为崇高邑。往东登上泰山，山上的草和树木的叶子还都没有长出来，于是就命人把石碑运上山，立在泰山的顶峰。

接着皇上又向东行巡视海上，行礼祭祀天主、地主、兵主、阴主、阳主、月主、日主和四时主八神。齐地人中上书谈到数以万计的神仙精灵和奇异方术，但没有一个灵验的。于是皇上增派船只，命那些谈论海上神山的几千人去寻求蓬莱仙人。公孙卿常常手持符节，先到各山恭候神灵，到东莱的时候，说夜间看见一个身高数丈的人，等靠近的时候却又不见了。据说看到了他的脚印很大，跟禽兽的脚印很相像。群臣中还有人说看见一位老人，牵着一只狗，说“我想要见天子”，一会儿也忽然消失不见了。皇上看到那大脚印时，还不相信，等到群臣中有人说起那位牵狗老人的事，才认为那就是仙人了。因此，就在海上留宿，给方士驿车，同时私下里还派出了数以千计的使者去寻找仙人。

四月，返回到奉高。皇上想着儒生和方士们对封禅礼仪的说法各不相同，不合常道，实在难以施行。天子又到了梁父山，行礼祭祀地神。乙卯日，命侍中官儒生戴上白鹿皮帽，穿上插笏官服，天子射牛以示亲自进行祭祀的礼仪。在泰山下的东方筑坛祭天，采用郊祀泰一神的礼仪。祭天的坛宽一丈二尺，高九尺，坛下放有封禅的用玉装饰的文书，文书的内容是隐秘的，无人知晓。

【原文】

礼毕，天子独与侍中奉车子侯上泰山，亦有封。其事皆禁。明日，下阴道。丙辰，禅泰山下阯东北肃然山，如祭后土礼。天子皆亲拜见，衣上黄而尽用乐焉。江淮间一茅三脊为神藉。五色土益杂封。纵远方奇兽蜚禽及白雉诸物，颇以加祠。兕旄牛犀象之属弗用。皆至泰山然后去。封禅祠，其夜若有光，昼有白云起封中。

天子从封禅还，坐明堂，群臣更上寿。于是制诏御史：“朕以眇眇之身承至尊，兢兢焉惧弗任。维德菲薄，不明于礼乐。修祀泰一，若有象景光，屑如有望，依依震于怪物，欲止不敢，遂登封泰山，至于梁父，而后禅肃然。自新，嘉与士大夫更始，赐民百户牛一酒十石，加年八十孤寡布帛二匹。复博、奉高、蛇丘、历城，毋出今年租税。其赦天下，如乙卯赦令。行所过毋有复作。事在二年前，皆勿听治。”又下诏曰：“古者天子五载一巡狩，用事泰山，诸侯有朝宿地。其令诸侯各治邸泰山下。”

【译文】

祭礼完毕，天子一个人带着侍中和奉车都尉霍子侯登上泰山，也举行了祭天仪式。这些事情的具体情节都禁止泄露。第二天，顺着山北的道路下山。丙辰日，在泰山脚下东北方的肃然山辟场祭地，按照祭祀后土神一样的礼仪。天子都亲自拜见天神、地神，祭祀穿的礼服崇尚黄色并全部用了音乐。用采自江淮一带的三棱灵茅作为神灵的垫席，用代表五方的五色泥土混杂起来多多地加在祭坛上。还放出从边远地方捕来的奇异的飞禽走兽和白毛野鸡等动物，大大增加礼仪的隆盛。但不用兕牛、旄牛、犀牛、大象之类的动物。天子一行人都是到了泰山，然后离去的。举行封禅大典的当天晚上，天空仿佛出现彩光，白天又有白云从祭坛中升起。

天子封禅回来后，坐在明堂上，群臣相继前来祝福。这时天子下诏令给御史："我以渺小之身继承了皇帝的至尊之位，谨言慎行地唯恐不能胜任。只因我德行微薄，不懂礼乐。祭泰一神时，天上像是有瑞祥气象的美光，我心中不安仿佛望见了什么，被这奇异景象所深深震撼了，想要中途停止却又不能，终于登上泰山筑坛祭天，到达了梁父山，然后在肃然山辟场祭地。我要修德以求完善自己，愿意与士大夫们一起重新开始。特赐给百姓每百户一头牛和十石酒，对于八十岁以上的老人和孤儿寡妇，再另加赐二匹布帛。免除博县、奉高、蛇丘和历城等地的徭役，不用交纳今年的租税。大赦天下，如同乙卯年的大赦令规定的那样。凡是我巡行所经过的地方，都不要再有监外劳役。若是在两年以前犯的罪，一律不得再追究。"又下诏说："古时天子每五年出巡视察一次，在泰山举行封禅祭祀，诸侯们来朝拜都有住所。特准许诸侯在泰山下各自修建官邸。"

【原文】

天子既已封禅泰山，无风雨灾，而方士更言蓬莱诸神山若将可得，于是上欣然庶几遇之，乃复东至海上望，冀遇蓬莱焉。奉车子侯暴病，一日死。上乃遂去，并海上，北至碣石，巡自辽西，历北边至九原。五月，返至甘泉。有司言宝鼎出为元鼎，以今年为元封元年。

其秋，有星茀于东井。后十余日，有星茀于三能。望气王朔言："候独见其星出如瓠，食顷复入焉。"有司言曰："陛下建汉家封禅，天其报德星云"。

其来年冬，郊雍五帝，还，拜祝祠泰一。赞飨曰："德星昭衍，厥维休祥。寿星仍出，渊耀光明。信星昭见，皇帝敬拜泰祝之飨。"

其春，公孙卿言见神人东莱山，若云“见天子”。天子于是幸缑氏城，拜卿为中大夫。遂至东莱，宿留之数日，毋所见，见大人迹。复遣方士求神怪采芝药以千数。是岁旱。于是天子既出毋名，乃祷万里沙，过祠泰山。还至瓠子，自临塞决河，留二日，沉祠而去。使二卿将卒塞决河，河徙二渠，复禹之故迹焉。

【译文】

天子已经在泰山封禅完毕，没有遇上风雨灾害，方士们又说蓬莱等神山好像就要找到了。于是皇上很高兴认为或许自己能遇到，就重新东行到海边眺望，希望见到蓬莱神岛。奉车都尉霍子侯突然生病，一天内就死去了。皇上这才离开，沿着海岸向上行，往北到达碣石。又从辽西开始巡行，经历北部边境到达九原县。五月，又返回甘泉宫。主管官员说，宝鼎出土那年的纪元称为“元鼎”，应将今年称为元封元年。

这年秋天，在东井宿天区出现了彗星，光芒四射。十几天后，在三台宿天区又出现了彗星，光芒四射。有个望气的名叫王朔的人说：“我观测时，只见那枚星出现时形状像葫芦瓜大小，一会儿就又隐没了。”主管官员说道：“陛下创建了汉家封禅大典的礼制，上天大概就是用象征吉祥的德星的出现来酬报您吧。”

第二年冬天，天子到雍县郊祀五帝，返回后又拜祭了泰一神并加祝词。祝词说：“德星光芒四射，显示出美好吉祥。寿星相继出现，光明遍照远方。信星昭明显现，皇帝敬拜诸神福泽无量。”

这年春天，公孙卿说在东莱山遇见了神仙，神仙好像是说“想见天子”。天子于是就到了缑氏城，任公孙卿为中大夫。随而又到了东莱，在那里住了好几天，还是什么也没看见，只看见了巨人的脚印。天子又派出很多方士去寻找神仙奇物，采集灵芝仙药。这年赶上干旱。于是天子已经出游，但又没有正当的名义了，就前往万里沙祈求降雨，路过又祭祀了泰山。返回时到达瓠子口，亲自来到堵塞黄河决口的现场指挥部署，停留了两天，将白马等祭品沉入河中以祭河神，然后就离去了。派二位将军率领士兵堵塞决口，改变黄河故道，分成两条河渠，使它恢复了当初大禹治水后的面貌。

【原文】

是时既灭南越，越人勇之乃言“越人俗信鬼，而其祠皆见鬼，数有效。昔东瓯王敬鬼，寿至百六十岁。后世谩怠，故衰秏”。乃令越巫立越祝祠，安台无坛，亦祠天神上帝百鬼，而以鸡卜。上信之，越祠鸡卜始用焉。

公孙卿曰：“仙人可见，而上往常遽，以故不见。今陛下可为观，如缑氏城，置脯枣，神人宜可致。且仙人好楼居。”于是上令长安则作蜚廉桂观，甘泉则作益延寿观，使卿持节设具而候神人，乃作通天台，置祠具其下，将招来神仙之属。于是甘泉更置前殿，始广诸宫室。夏，有芝生殿防内中。天子为塞河，兴通天台，若有光云，乃下诏曰：“甘泉防生芝九茎，赦天下，毋有复作。”

其明年，伐朝鲜。夏，旱。公孙卿曰：“黄帝时封则天旱，乾封三年。”上乃下诏曰：“天旱，意乾封乎？其令天下尊祠灵星焉。”

其明年，上郊雍，通回中道，巡之。春，至鸣泽，从西河归。

其明年冬，上巡南郡，至江陵而东。登礼潜之天柱山，号曰南岳。浮江，自寻阳出枞阳，过彭蠡，祀其名山川。北至琅邪，并海上。四月中，至奉高修封焉。

【译文】

这时已经灭了南越，越人勇之向皇上进言说“越人有信鬼的习俗，并且他们祭祀时都能见到鬼，多次都有效验。以前东瓯王敬重鬼神，长寿达一百六十岁。后世子孙怠慢了鬼，所以就衰败下来”。天子就命越地巫师建立越祠，安设了庙台而没有祭坛，也祭祀天神上帝百鬼，是采用鸡骨进行占卜的方法。皇上相信这些，越祠和用鸡骨占卜的方法从此就流传开来。

公孙卿说：“神仙是可以见到的，但是皇上您去求仙的时候总是太匆忙，所以总是见不到。如今陛下可以在京城修建一座台阁，就像缑氏城所建的一样，摆上一些干肉枣果之类的祭品，仙人应该就可以招来了。而且仙人喜欢有楼阁的住处。”于是皇上就下令在长安建造蜚廉观和桂观，还在甘泉宫按照要求建造益延寿观，让公孙卿手持符节摆好祭品来恭候仙人。又建造了通天台，在它的下面摆设祭品，希望招来神仙之类的灵物。又在甘泉宫设置前殿，开始扩充宫室的建筑。夏天，宫殿内长出了灵芝草。天子因为堵塞了黄河决口，兴建了通天台，据说当时天上隐约显出有神光的祥瑞，就下诏书说："甘泉宫殿房内生出了灵芝，而且还长有九株菌柄，为此特大赦天下，免除苦役犯的刑罚。"

第二年，征伐朝鲜。夏天，天气干旱。公孙卿说："黄帝时举行完封礼后，天就会干旱，暴晒祭坛的土三年之久。"皇上就下诏书说："天旱，大概是为了暴晒祭坛的土，以使其干燥吧？应该让天下百姓尊祭主宰农业的灵星。"

第三年，皇上到雍县郊祀，然后通过回中的道路到那里巡察。春天，到达鸣泽，再从西河返回京城。

来年冬天，皇上到南郡巡视，到达江陵后转向东走。登上潜县的天柱山，并且举行了祭祀，称为南岳。乘船顺江而行，从寻阳出发，穿过枞阳，又渡过彭蠡泽，一路祭祀沿途的名山大川。然后北到琅邪郡，再沿着海岸而上。四月中旬，到达了奉高县，在那里举行了封禅典礼。

【原文】

初，天子封泰山，泰山东北阯古时有明堂处，处险不敞。上欲治明堂奉高旁，未晓其制度。济南人公王带上黄帝时明堂图。明堂图中有一殿，四面无壁，以茅盖，通水，圜宫垣为复道，上有楼，从西南入，命曰昆仑，天子从之入，以拜祠上帝焉。于是上令奉高作明堂汶上，如带图。及五年修封，则祠泰一、五帝于明堂上坐，令高皇帝祠坐对之。祠后土于下房，以二十太牢。天子从昆仑道入，始拜明堂如郊礼。礼毕，燎堂下。而上又上泰山，有秘祠其颠。而泰山下祠五帝，各如其方，黄帝并赤帝，而有司侍祠焉。泰山上举火，下悉应之。

其后二岁，十一月甲子朔旦冬至，推历者以本统。天子亲至泰山，以十一月甲子朔旦冬至日祠上帝明堂，每修封禅。其赞飨曰："天增授皇帝泰元神策，周而复始。皇帝敬拜泰一。"东至海上，考入海及方士求神者，莫验，然益遣，冀遇之。

【译文】

当初，天子在泰山举行封禅典礼时，泰山脚下的东北方古时候有一处地方建有明堂，此地路不好走，又不宽敞开朗。皇上想要在奉高县旁再修建一处明堂，但不知道明堂的形制尺度。济南人公王带将黄帝时代的明堂图献上。明堂图的正中有一座殿堂，四面没有墙壁，用茅草盖顶，四面通水，环绕着宫墙修有天桥，上面有走楼，从西南方向伸入殿堂，命名为昆仑道，天子从这里走进殿堂来拜祭上帝。于是，皇上命令按照公王带的图样在奉高的汶水旁建造明堂。等到第五年再来举行封禅典礼时，就让泰一神和五帝的神位居于明堂的上座进行祭祀，让高皇帝的神主灵位对着他们。后土神的祠位安置在下房，用二十头牛来做祭品。天子从昆仑道进去，开始像行郊祀的礼仪一样在明堂祭拜。祭拜完毕，把祭品在堂下烧掉。而后，皇上再登上泰山，用一套秘密的办法在山顶举行祭祀。在泰山下祭祀五帝时，在他们各自所属的方位，只有黄帝和赤帝并排在一处，祭祀时由主管官员来侍奉左右。在泰山上举火，山下也都举火响应。

两年以后，十一月甲子日是朔日晨旦正是冬至，推算历法的人认为以这一天为推历的起点是正统。天子亲自来到泰山，这一天在明堂祭祀上帝，由于距上一次封禅还不到五年，因此就没有举行封禅典礼。祭祀时的祝词说："上天授予皇帝太古时代上皇创制历法时的泰元神策，周而复始，循环不息。皇帝在此虔诚地拜祭泰一神。"皇上又向东到达海上，考察那些到海上求仙的人和寻求神仙的方士们，没有得到什么效验，但皇上依然增派使者继续前往，总是希望能够遇上神仙。

【原文】

十一月乙酉，柏梁灾。十二月甲午朔，上亲禅高里，祠后土。临渤海，将以望祠蓬莱之属，冀至殊庭焉。

上还，以柏梁灾故，朝受计甘泉。公孙卿曰："黄帝就青灵台，十二日烧，黄帝乃治明庭。明庭，甘泉也。"方士多言古帝王有都甘泉者。其后天子又朝诸侯甘泉，甘泉作诸侯邸。勇之乃曰："越俗有火灾，复起屋必以大，用胜服之。"于是作建章宫，度为千门万户。前殿度高未央，其东则凤阙，高二十余丈。其西则唐中，数十里虎圈。其北治大池，渐台高二十余丈，名曰泰液池，中有蓬莱、方丈、瀛洲、壶梁，象海中神山龟鱼之属。其南有玉堂、璧门、大鸟之属。乃立神明台、井干楼，度五十余丈，辇道相属焉。

夏，汉改历，以正月为岁首，而色上黄，官名更印章以五字。因为太初元年。是岁，西伐大宛。蝗大起。丁夫人、雒阳虞初等以方祠诅匈奴、大宛焉。

【译文】

十一月乙酉日，柏梁台失火遭灾。十二月甲午日初一这一天，皇上亲临高里山举行禅礼，祭祀后土神。又到了渤海，遥望拜祭蓬莱等一类的仙山，希望能到达仙人所居住的异境。

皇上回到京城，由于柏梁台被焚毁了，就改在甘泉宫临朝接受各郡国上报的计簿册。公孙卿说："黄帝建成青灵台，十二天后就被大火烧掉了，黄帝于是又修建了明庭。明庭即甘泉宫。"很多方士也都说古代帝王有在甘泉建都的。此后天子又在甘泉宫接受诸侯朝拜，并且还在甘泉建造诸侯的官邸。勇之于是说："越地的习俗，若在火灾之后再盖起的房子，就一定要比原来的大，以此来压服火灾。"于是天子就修造了规模极大的建章宫，有千门万户。它的前殿比未央宫高。东面是高二十多丈的凤阙。西面是唐中苑，有几十里宽的虎圈。北面修了大水池，池中有个高二十多丈的渐台，池名叫做泰液池，池中还有蓬莱、方丈、瀛洲和壶梁四座仙山，象征着海中的仙山，还有用石头雕成的龟鱼之类。南面有玉堂宫、建章宫的璧门和大鸟雕像等。还建了神明台、井干楼，高达五十多丈，楼台之间有可供皇帝乘坐的辇车道相互连接。

夏天，汉朝修改历法，将正月作为一年的开头，服色崇尚黄色，官名印章改成了五个字，因此将这一年定为太初元年。也就在这一年，向西讨伐大宛。发生了严重的蝗灾。方士丁夫人，以及洛阳的虞初等人都用方术来诅咒匈奴和大宛。

【原文】

其明年，有司言雍五畤无牢熟具，芬芳不备。乃命祠官进畤犊牢具，五色食所胜，而以木禺马代驹焉。独五帝用驹，行亲郊用驹。及诸名山川用驹者，悉以木禺马代。行过，乃用驹。他礼如故。

其明年，东巡海上，考神仙之属，未有验者。方士有言“黄帝时为五城十二楼，以候神人于执期，命曰迎年”。上许作之如方，名曰明年。上亲礼祠上帝，衣上黄焉。

公王带曰：“黄帝时虽封泰山，然风后、封钜、岐伯令黄帝封东泰山，禅凡山合符，然后不死焉。”天子既令设祠具，至东泰山，东泰山卑小，不称其声，乃令祠官礼之，而不封禅焉。其后令带奉祠候神物。夏，遂还泰山，修五年之礼如前，而加禅祠石闾。石闾者，在泰山下阯南方，方士多言此仙人之闾也，故上亲禅焉。

【译文】

第二年，主管官吏上书说雍县五畤没有熟牲来做祭品，祭祀时芬芳的香气不足。于是就命祠官用熟牛犊作为祭品来献给五畤，并选择与它们颜色相符的牛来供神灵享用，还用木马来代替驹。驹是用以祭祀五帝的。皇上巡行亲自进行郊祭时也用驹来祭祀名山大川，但这些都用木马代替。只有天子经过的时候进行祭祀才用驹做祭品。其他礼仪照常。

第二年，天子向东到海上巡视，考察神仙的事情，没有得到验证。方士们说“黄帝的时候建造了五座城，十二座楼，这些都建在执期地方来恭候神仙，叫作迎年祠”。皇上就答应也建造同样的城楼，并命名为明年祠。皇上亲自到这里以礼来祭祀上帝，衣服崇尚黄色。

公王带说“黄帝的时候虽然封祭泰山，然而他的臣子风后、封钜、岐伯让他到泰山去举行封礼，到凡山行禅里，以此来契合上天降下的符应，然后就长生不老了。”天子就下令来准备祭祀，来到东泰山，东泰山矮小，与其名声不符，就命祠官改为以礼祭祀，而不举行封禅大典了。此后，就命公王带来供奉祭祀以恭候神灵。夏天，就回到了泰山，还像以前那样举行五年一次的封禅大典，并且增加了一次禅祭石闾山。石闾山在泰山脚下的南边，方士们总说这里是仙人居住的地方，因此皇上才亲自到那里去举行祭礼。

【原文】

其后五年，复至泰山修封，还过祭常山。

今天子所兴祠，泰一、后土，三年亲郊祠，建汉家封禅，五年一修封。薄忌泰一及三一、冥羊、马行、赤星，五，宽舒之祠官以岁时致礼。凡六祠，皆太祝领之。至如八神诸神，明年、凡山他名祠，行过则祀，去则已。方士所兴祠，各自主，其人终则已，祠官弗主。他祠皆如其故。今上封禅，其后十二岁而还，遍于五岳、四渎矣。而方士之候祠神人，入海求蓬莱，终无有验。而公孙卿之候神者，犹以大人迹为解，无其效。天子益怠厌方士之怪迂语矣，然终羁縻弗绝，冀遇其真。自此之后，方士言祠神者弥众，然其效可睹矣。

太史公曰：余从巡祭天地诸神名山川而封禅焉。入寿宫侍祠神语，究观方士祠官之言，于是退而论次自古以来用事于鬼神者，具见其表里。后有君子，得以览焉。至若俎豆珪币之详，献酬之礼，则有司存焉。

【译文】

此后的第五年，又来到泰山重新进行封禅大典。回来的途中路过常山时也进行了祭祀。

当今天子所建的神祠。泰一、后土，每三年都要亲自去郊外祭祀，创建了汉的封禅大典，每五年举行一次。薄忌建议设立的泰一祠、三一、冥羊、马行、赤星等五处神祠，由祠官宽舒来管理，每年按时进行祭祀。以上共六处神祠，都由太祝统领。至于八神等各种神仙，明年、凡山等其他有名的神祠，只要经过就会进行祭祀，离开后就停止。方士们兴起的祭祠，由他们自己主持，兴建者死后就停止，祠官们不负责主持。其余神祠的祭祀照常举行。当今皇上举行封禅大典，前后共经过十二年，祭祀已经遍及五岳和四渎。而方士们恭候祭祀神仙，到海上去寻找蓬莱仙山，最终都没有灵验。而公孙卿的恭候神仙，依然用巨人的脚印作为托词，毫无效果。皇上对方士们怪诞过阔的言论更加倦怠厌恶了，然后还是不肯与他们断绝往来。还是希望真的能够见到神仙。自此以后，方士谈论神仙祭祀的就更多了，然而其效果却是可想而知的。

太史公说：我跟随皇上巡行祭祀天地诸神，到过名山大川，并参加了封禅大典。进入寿宫侍从皇帝旁听了祭神的祝词，考究并观察了方士和祠官们的言论，于是回来依论述自古以来祭祀鬼神的情况，将其外部形式和内中缘由清楚地显示出来。后世的君子，可以从中浏览参考。至于俎豆等祭品的详情，以及献飨酬神的各种具体礼仪，在官方档案中都有保存。

【评析】

《史记》原有的《今上本纪》佚失了，此篇除了开头的六十个字外，其余都是后人抄录自《封禅书》，对此我们无需作太多的研究。关键是我们可以从中看到一个文韬武略的帝王。尽管汉武帝晚年也犯了不小的错误，但是这丝毫不能抹杀他的功绩。汉武帝时期的西汉帝国，在当时的世界上最为强大，其文治武功和内政外交也都是空前繁盛。在历代王朝的历史上，有“汉唐盛世”之说。这里的“汉”，主要指汉武帝时期。况且他勇于面对自己的错误，并痛下《轮台诏》来检讨自己一生的过失，这是中国历史上皇帝的第一个罪己诏。他为因自己的不辨是非而给人民带来的灾难而深深地自责，并且还及时地采取了一系列的补救措施，使汉武帝后期的经济又逐步恢复。客观地认识自我，公开地承认自己的错误，不是每个人都能做得到的，尤其是那些位高权重的人，但是汉武帝就做到了。想想古往今来都一直有些人为了维护自己所谓的良好形象而千方百计地掩盖自己的过失。殊不知往往欲盖弥彰。

世家

第一章 吴太伯世家

【原文】

吴太伯，太伯弟仲雍，皆周太王之子，而王季历之兄也。季历贤，而有圣子昌，太王欲立季历以及昌，于是太伯、仲雍二人奔荆蛮，文身断发，示不可用，以避季历。季历果立，是为王季，而昌为文王。太伯之奔荆蛮，自号句吴。荆蛮义之，从而归之千余家，立为吴太伯。

太伯卒，无子，弟仲雍立，是为吴仲雍。仲雍卒，子季简立。季简卒，子叔达立。叔达卒，子周章立。是时周武王克殷，求太伯、仲雍之后，得周章。周章已君吴，因而封之。乃封周章弟虞仲于周之北故夏虚，是为虞仲，列为诸侯。

周章卒，子熊遂立，熊遂卒，子柯相立。柯相卒，子强鸠夷立。强鸠夷卒，子余桥疑吾立。余桥疑吾卒，子柯卢立。柯卢卒，子周繇立。周繇卒，子屈羽立。屈羽卒，子夷吾立。夷吾卒，子禽处立。禽处卒，子转立。转卒，子颇高立。颇高卒，子句卑立。是时晋献公灭周北虞公，以开晋伐虢也。句卑卒，子去齐立。去齐卒，子寿梦立。寿梦立而吴始益大，称王。

自太伯作吴，五世而武王克殷，封其后为二：其一虞，在中国；其一吴，在夷蛮。十二世而晋灭中国之虞。中国之虞灭二世，而夷蛮之吴兴。大凡从太伯至寿梦十九世。

【译文】

吴太伯和他的弟弟仲雍，都是周太王的儿子，也就是王季历的哥哥。季历非常贤能，还有一个具有圣德的儿子昌，太王想立季历为太子以便日后传位给昌，听到这个消息后，太伯、仲雍两兄弟就逃到了荆蛮，像当地蛮人一样在身上刺满花纹，剪断头发，发誓不再继位，把太子之位让给季历。季历后来继位，即王季，而其子昌就是后来的周文王。太伯逃至荆蛮后，自称“句吴”。荆蛮人认为他崇尚节义，归附他的有千余户，因此他便被尊立为吴太伯。

太伯死后，因没有儿子，其弟仲雍便继了位，即吴仲雍。仲雍死后，其子季简继位。季简死后，其子叔达继位。叔达死后，其子周章继位。当时正是武王在殷地打败商纣的时刻，正在寻找太伯、仲雍的后人。当遇到周章时，周章已位居吴君，武王因此封其地为吴。后来，还把周章的弟弟虞仲封在周北边的夏都故址，即虞仲，并位列诸侯。

周章死后，其子熊遂继位。熊遂死后，其子柯相继位。柯相死后，其子强鸠夷继位。强鸠夷死后，其子余桥疑吾继位。余桥疑吾死后，其子柯卢继位。柯卢死后，其子周繇继位。周繇死后，其子屈羽继位。屈羽死后，其子夷吾继位。夷吾死后，其子禽处继位。禽处死后，其子转继位。转死后，其子颇高继位。颇高死后，其子句卑继位。此时，晋献公已经灭掉了周北虞公，为的是开拓晋国版图，征伐虢国。句卑死后，其子去齐继位。去齐死后，其子寿梦继位。寿梦继位后，吴国便日渐强盛，后来便自立为王。

从太伯建吴开始，到第五代武王胜殷商，在他的后人中封立有两个国家：其一是虞国，位于中原地区，其二是吴国，位于夷蛮地区。到第十二代中原地区的虞国被晋国所灭。两代之后，夷蛮地带的吴国又兴盛起来。仔细算来，从太伯传到寿梦共有十九代之久。

【原文】

王寿梦二年，楚之亡大夫申公巫臣怨楚将子反而奔晋，自晋使吴，教吴用兵乘车，令其子为吴行人，吴于是始通于中国。吴伐楚。十六年，楚共王伐吴，至衡山。

二十五年，王寿梦卒。寿梦有子四人，长曰诸樊，次曰余祭，次曰余眛，次曰季札。季札贤，而寿梦欲立之，季札让不可，于是乃立长子诸樊，摄行事当国。

王诸樊元年，诸樊已除丧，让位季札。季札谢曰："曹宣公之卒也，诸侯与曹人不义曹君，将立子臧，子臧去之，以成曹君，君子曰'能守节矣'。君义嗣，谁敢干君！有国，非吾节也。札虽不材，愿附于子臧之义。"吴人固立季札，季札弃其室而耕，乃舍之。秋，吴伐楚，楚败我师。四年，晋平公初立。

十三年，王诸樊卒。有命授弟余祭，欲传以次，必致国于季札而止，以称先王寿梦之意，且嘉季札之义，兄弟皆欲致国，令以渐至焉。季札封于延陵，故号曰延陵季子。

王余祭三年，齐相庆封有罪，自齐来奔吴。吴予庆封朱方之县，以为奉邑，以女妻之，富于在齐。

【译文】

王寿梦二年，楚国大夫申公巫臣流亡在外，他因怨恨楚国大将子反，而逃到了晋国。后来他以晋的使者出使吴国，教吴国用兵之术和车战之法，并让其子身居吴国的行人之官，此后，吴国便开始与中原各国的来往。后吴国派兵讨伐楚国。十六年，楚共王率兵征伐吴国，一直打到衡山。

二十五年，王寿梦去世。寿梦有四个儿子：长子名诸樊，次子名余祭，三子名余眛，四子名季札。季札聪明贤能，寿梦生前就想让他继位，但季札避让坚辞不就，后来便让长子诸樊继了位，国中一切事务主要由其总代理，以执掌国政。

王诸樊元年，诸樊服丧期满，想把君位让给季札。季札拒绝说："曹宣公死后，各国诸侯和曹国人都认为新立的曹君不仁义，想改立子臧为曹君，子臧逃离了曹国，来保全曹君继续执政。圣贤君子认为子臧的做法'能遵守节义'。您身为长子，本是最合适的继位人，别人凭什么违背这个规定呢？如我当了国君，那就失去节义了。虽然我不是贤能之士，但还是要学习子臧的义举的。"吴国人坚持要立季札，结果他抛弃了家室财产当了平民百姓，到此吴人才放弃拥立他的念头。同年秋，吴国征伐楚国，结果大败。四年，晋平公刚刚继位。

十三年，王诸樊去世。临终前把君位传给其弟余祭，目的是想按次序以兄传弟，直到把国位传至季札为止，以满足先王寿梦的遗愿。他们兄弟都十分赞赏季札的大度胸怀，也都想帮诸樊完成临终嘱托，于是大家都想把国君之位让给别人，而后便可传到季札身上。后来季札被封于延陵，号为延陵季子。

王余祭三年，齐国相庆封因获罪而从齐国逃到了吴国。吴王把朱方县赏赐给他以作奉邑，并把公主许配给庆封，这使庆封比在齐国时还富有。

【原文】

四年，吴使季札聘于鲁，请观周乐。为歌周南、召南，曰："美哉，始基之矣，犹未也。然勤而不怨。"歌邶、鄘、卫，曰："美哉，渊乎，忧而不困者也。吾闻卫康叔、武公之德如是，是其卫风乎？"歌王，曰："美哉，思而不惧，其周之东乎？"歌郑，曰："其细已甚，民不堪也，是其先亡乎？"歌齐，曰："美哉，泱泱乎大风也哉。表东海者，其太公乎？国未可量也。"歌豳，曰："美哉，荡荡乎，乐而不淫，其周公之东乎？"歌秦，曰："此之谓夏声。夫能夏则大，大之至也，其周之旧乎？"歌魏，曰："美哉，沨沨乎，大而宽，俭而易，行以德辅，此则盟主也。"歌唐，曰："思深哉，其有陶唐氏之遗风乎？不然，何忧之远也？非令德之后，谁能若是！"歌陈，曰："国无主，其能久乎？"

自郐以下，无讥焉。歌小雅。曰："美哉，思而不贰，怨而不言，其周德之衰乎？犹有先王之遗民也。"歌大雅，曰："广哉，熙熙乎，曲而有直体，其文王之德乎？"歌颂，曰："至矣哉，直而不倨，曲而不诎，近而不逼，远而不携，迁而不淫，复而不厌，哀而不愁，乐而不荒，用而不匮，广而不宣，施而不费，取而不贪，处而不底，行而不流。五声和，八风平，节有度，守有序，盛德之所同也。"见舞象箾、南籥者，曰："美哉，犹有感。"见舞大武，曰："美哉，周之盛也其若此乎？"见舞韶护者，曰："圣人之弘也，犹有惭德，圣人之难也！"见舞大夏，曰："美哉，勤而不德！非禹其谁能及之？"见舞招箾，曰："德至矣哉，大矣，如天之无不焘也，如地之无不载也，虽甚盛德，无以加矣。观止矣，若有他乐，吾不敢观。”

【译文】

四年，吴王派季札出使鲁国，季札想要欣赏一下周朝的音乐。鲁国乐工便为他演唱了《周南》《召南》，季札听后说：“多美妙呀，我从音乐中听出了周朝基业已经打好，但并没有获得最终胜利。曲中洋溢着辛劳但无怨言的情绪。”接着乐工又演唱了《邶风》《鄘风》和《卫风》，季札说：“不但美，还十分深沉，虽遭遇坎坷但精神却不显困顿颓废，我听说卫康叔与卫武公的品德便是这样，这就是《卫风》的歌曲吧？”乐工而后又唱了《王风》。季札说：“太美了，其中的感情虽然忧伤但不显恐惧悲愤，这是周朝东迁后的歌曲吧？”当演唱到《郑风》时，季札说：“歌声细繁表明政令苛刻，人民难以忍受，此国怕要率先灭亡呀！”接下来又是《齐风》，季札说：“真美，曲调宏大深远，真乃大国风范。堪称东海一方表率，这是受姜太公遗风影响的原因，可为前途无量呀！”又演唱了《豳风》，季札说：“好美啊，曲调宏大坦荡，欢快但不张扬，这应是周公东征的歌曲吧？”接着唱《秦风》，季札说：“这名叫夏声。歌曲能够演奏到如此程度，将来其国必会日益强大，可达极点，甚至达到周王朝创业的程度。”再唱《魏风》，季札说：“也很美，曲调弘阔，博大宽和，纯朴厚实，以此教化于民，再加上道德辅佐，必能使国主成为圣贤明君。”又唱《唐风》，季札说：“思虑深远悠长，这应是陶唐氏的流风遗韵吧？否则，又怎会如此忧思深邃？不是美德之人的后代，是无法达到这种水平的！”《陈风》演唱完后，季札说：“圣贤明君都没有，又怎能经久不衰呢？”

对于《郐风》之后的地方音乐，季札没有发表评论。当演唱到《小雅》时，季札说：“更美妙了，虽深怀忧思，但无众叛亲离之意，而是把怨恨忍于胸中，想必这是周室衰微时的乐曲了？但先王遗民之情乃可感受到。”《大雅》过后，季札说：“曲调宽阔缓和，显得和谐安乐，旋律曲折优美，但基调刚直有力，这应该代表着周文王的德行吧？”接下来演唱的是《颂》，季札说：“这是音乐的极致呀！曲调刚强有力但并非桀骜不驯，旋律委婉优美但却不矫揉造作，节奏紧张有序但不窘迫急速，节奏舒缓适当但无分离割断之弊，变化多端但不淫靡，反复回转但不让人生厌，暗含悲哀但不显愁苦，表现欢乐时恰到好处，不流于放纵，音如圣贤君子的才能，运用广泛的智慧但不觉匮乏，如圣人的仁德弘恩，不显奢华，如圣人管理天下百姓，施恩但不浪费钱财，想得到但不生贪婪之心，音乐暂息但并非停滞，音乐流畅时却不显虚浮无根。五声和谐，八音协调，节拍整齐划一，旋律各有秩序，就像圣贤君子的风度一般。”季札欣赏完乐工表演的《象箾》《南籥》舞蹈后，说“太美了，但也有一些遗憾。”看过《大武》后，说：“也很美，这与周朝的盛德很是相似？”《韶护》过后，季札说：“它象征的是圣人的弘德，我都感觉自愧不如了，可知圣人的标准是难以达到的。”《大夏》舞过后，说：“很美啊，有益于民，但不以德自居，这样的事也只有大禹才能够做到呀！”《招箾》过后，说：“这达到了美德的顶峰，如上天覆盖一切，大地承载万物，即使再好的德行，也比不上它所象征的舜的德行了。观乐就到此结束吧，如还有其他音乐，我也不敢欣赏了”。

【原文】

去鲁，遂使齐。说晏平仲曰：“子速纳邑与政。无邑无政，乃免于难。齐国之政将有所归；未得所归，难未息也。”故晏子因陈桓子以纳政与邑，是以免于栾高之难。

去齐，使于郑。见子产，如旧交。谓子产曰：“郑之执政侈，难将至矣，政必及子。子为政，慎以礼。不然，郑国将败。”去郑，适卫。说蘧瑗、史狗、史鳕、公子荆、公叔发、公子朝曰：“卫多君子，未有患也。”

自卫如晋，将舍于宿，闻钟声，曰：“异哉！吾闻之，辩而不德，必加于戮。夫子获罪于君以在此，惧犹不足，而又可以畔乎？夫子之在此，犹燕之巢于幕也。君在殡而可以乐乎？”遂去之。文子闻之，终身不听琴瑟。

适晋，说赵文子、韩宣子、魏献子曰：“晋国其萃于三家乎！”将去，谓叔向曰：“吾子勉之！君侈而多良，大夫皆富，政将在三家。吾子直，必思自免于难。”

季札之初使，北过徐君。徐君好季札剑，口弗敢言。季札心知之，为使上国，未献。还至徐，徐君已死，于是乃解其宝剑，系之徐君冢树而去。从者曰：“徐君已死，尚谁予乎？”季子曰：“不然。始吾心已许之，岂以死倍吾心哉！”

七年，楚公子围弑其王夹敖而代立，是为灵王。十年，楚灵王会诸侯而以伐吴之朱方，以诛齐庆封。吴亦攻楚，取三邑而去。十一年，楚伐吴，至雩娄。十二年，楚复来伐，次于乾溪，楚师败走。

十七年，王余祭卒，弟余眛立。王余眛二年，楚公子弃疾弑其君灵王代立焉。

四年，王余眛卒，欲授弟季札。季札让，逃去。于是吴人曰：“先王有命，兄卒弟代立，必致季子。季子今逃位，则王余眛后立。今卒，其子当代。”乃立王余眛之子僚为王。

王僚二年，公子光伐楚，败而亡王舟。光惧，袭楚，复得王舟而还。

五年，楚之亡臣伍子胥来奔，公子光客之。公子光者，王诸樊之子也。常以为“吾父兄弟四人，当传至季子。季子即不受国，光父先立。即不传季子，光当立”。阴纳贤士，欲以袭王僚。

【译文】

季札离开鲁国继续出使齐国。劝晏平仲说：“你快些放弃封邑和官职吧，只有离开了这两样，你才能幸免于难。齐国政权将要易手，在此之前，国家的动乱是难以止息的。”后来，晏子通过陈桓子交出了封邑和官职，才在栾、高二氏相互的攻杀中得以保身。

季札又从齐国来到郑国。见到了子产，如故人相逢。他对子产说：“掌握郑国权势的人骄纵欺人，难当大事，将来政权必会落到你身上。你执政后，要谨慎小心，善待国民，否则郑国就会衰败！”离开郑国后，季札又来到卫国。非常欣赏蘧瑗、史狗、史鰌、公子荆、公叔发、公子朝这些臣民，他说：“卫国有这么多的君子，看来是没有什么忧患了。”

从卫国来到晋国后，季札住在了宿邑，当听到鼓钟乐声时说：“奇怪！有才无德的人多会遭遇祸患。孙文子就是因此得罪国君的，十分小心还怕降罪呢，怎能还玩乐吗？此时的孙文子，就如在帷幕上建巢的鸟儿般危险。更何况国君尚在棺中停殡未葬，这能作乐吗？”因此便离开了。孙文子听后，从此便不再玩乐音乐了。

季札在晋国非常欣赏赵文子、韩宣子、魏献子等人，他说："未来晋国的政权恐怕要落到他们三家手中。"在临别时他对叔向说："你要勤恳自勉呀！晋国国君奢逸骄纵，但手下良臣颇多，且大夫富有，等将来政权落于韩、赵、魏三家时，你为人刚直的性格一定要想好为自己留条出路，以免祸患呀！"

季札刚出使时，曾北到过徐国。徐国国君看上了季札的宝剑，但表面没有显露出来，季札明白徐君的意思，但因还要出使其他国家，所以没将宝剑献给徐君。当出使归国时又经过徐国，但国君已经去世，季札便把宝剑挂在了徐君墓旁的树木上才离开。他的随从说："徐国国君已死，为何还把宝剑给他呢？"季子说："并非如此，因我当时内心已答应了他，虽然现在他死了，但又怎能违背我的心愿呢！"

七年，楚公子围杀死楚王夹敖自立为王，即灵王。十年，灵王会盟各诸侯，征伐吴国朱方县，为了除掉齐庆封。吴国也出兵攻楚，占据了楚国三座城邑。十一年，楚国征讨吴国，打到雩娄。十二年，楚再次攻打吴，在乾溪停留数日，无功而返。

十七年，国君余祭去世，其弟余眛继位。王余眛二年，楚公子弃疾杀死楚灵王，自立为君。

四年，王余眛死，想传位于季札。季札拒绝，逃离国家。吴人说："先王遗命，兄死弟继位，定要传予季子。如今季子逃避，王余眛成了兄弟中最后一个国君。现在他死了，也只由他的儿子继位了。"于是便立余眛之子僚为吴王。

王僚二年，公子光率兵伐楚，战败，把吴先王之舟也丢掉了。因怕获罪，公子光偷袭楚军，把舟重新夺回后才回师。

五年，楚国亡臣伍子胥来到吴国，公子光盛情款待。公子光是王诸樊的儿子。他自认为，"我父亲兄弟四人，本该最后传给季子。既然季子不肯，且我父亲又是先当国君的，季子之后，应该由我来继承国君之位。"因此他暗中招纳贤士，想打败王僚继位。

【原文】

八年，吴使公子光伐楚，败楚师，迎楚故太子建母于居巢以归。因北伐，败陈、蔡之师。九年，公子光伐楚，拔居巢、钟离。初，楚边邑卑梁氏之处女与吴边邑之女争桑，二女家怒相灭，两国边邑长闻之，怒而相攻，灭吴之边邑。吴王怒，故遂伐楚，取两都而去。

伍子胥之初奔吴，说吴王僚以伐楚之利。公子光曰：“胥之父兄为僇于楚，欲自报其仇耳。未见其利。”于是伍员知光有他志，乃求勇士专诸，是之光。光喜，乃客伍子胥。子胥退而耕于野，以待专诸之事。

十二年冬，楚平王卒。十三年春，吴欲因楚丧而伐之，使公子盖余、烛庸以兵围楚之六、灊。使季札于晋，以观诸侯之变。楚发兵绝吴兵后，吴兵不得还。于是吴公子光曰：“此时不可失也。”告专诸曰：“不索何获！我真王嗣，当立，吾欲求之。季子虽至，不吾废也。”专诸曰：“王僚可杀也。母老子弱，而两公子将兵攻楚，楚绝其路。方今吴外困于楚，而内空无骨鲠之臣，是无奈我何。”光曰：“我身，子之身也。”四月丙子，光伏甲士于窟室，而谒王僚饮。王僚使兵陈于道，自王宫至光之家，门阶户席，皆王僚之亲也，人夹持铍。公子光详为足疾，入于窟室，使专诸置匕首于炙鱼之中以进食。手匕首刺王僚，铍交于匈，遂弑王僚。公子光竟代立为王，是为吴王阖庐。阖庐乃以专诸子为卿。

季子至，曰：“苟先君无废祀，民人无废主，社稷有奉，乃吾君也。吾敢谁怨乎？哀死事生，以待天命。非我生乱，立者从之，先人之道也。”复命，哭僚墓，复位而待。吴公子烛庸、盖余二人将兵遇围于楚者，闻公子光弑王僚自立，乃以其兵降楚，楚封之于舒。

【译文】

八年，吴王派公子光伐楚，大胜楚军，把原楚太子建之母从居巢接到吴国。借势北伐，又打败了陈、蔡。九年，公子光再次伐楚，攻克居巢、钟离二城。当时，楚国边城卑梁氏有少女与吴边城女子因争抢采摘桑叶而相互攻杀，两国边邑长官听后相互攻伐，致使吴国边邑被灭。吴国听后勃然大怒，出兵伐楚，后夺取居巢、钟离二城。

伍子胥逃到吴国后，向吴王僚陈说伐楚的好处。公子光说：“子胥的父兄皆被楚王所杀，他劝您伐楚是为报私仇，这对吴国无益。”伍子胥明白公子光另有所图，于是便把一位名叫专诸的勇士介绍给公子光。光十分高兴，才以上宾款待伍子胥。后来子胥隐退郊野以耕作度日，专等专诸的好消息。

十二年冬，楚平王去世。十三年春，吴王想借楚国国丧之机伐楚，命公子盖余、烛庸率兵围困了楚国的六、灊二邑，并派季札出使晋国，以观察其他诸侯国的动静。不想楚国以奇兵截断吴军后路，使其无法回国。此时的吴公子光说：“好机会终于来了。”便对专诸说：“不寻找就无法得到。我才是真正的国王继任者，应立为君，现在我要的就是这个。即使季子回来，也不会反对的。”专诸说：“杀死王僚的时机已经成熟，国内只有他母子二人，两公子率兵攻楚，没有归路。如今境外又被楚国所困，国内没有忠直之臣，他们是没有办法阻拦我们的。”公子光说：“我的身体就是你的身体，我们祸福相连。”四月丙子日，公子光命甲士埋伏于暗室之中，后请王僚宴饮。王僚派兵列于道旁，从王宫到公子光之家，直至大门、台阶、屋门、座席旁，全为王僚亲兵，各手执利剑。王僚到后，公子光假装脚疼，藏于暗室中，后命专诸将匕首藏于烤好的鱼腹中，佯装上菜。专诸在把鱼送到王僚面前时，取出匕首刺向王僚，左右卫士急用剑刺入专诸胸膛，但王僚已死。公子光便自立为吴王，即吴王阖庐。阖庐任命专诸之子为士卿，以报恩德。

季札回国后说：“只要先王祭祀不废，百姓有国君可侍，社稷之神有人祭祀，那就是我的国君。我能责怪谁呢？能做的也只是哀悼死者，侍奉生者，以听从命运安排了。祸乱并非自己制造，就听命于新立的国君吧，这也是先人的做法呀。”于是季札到王僚墓上汇报自己出使的情况，痛哭一场后又回到宫中等待新君之命。吴国公子盖余、烛庸听说国中公子光杀死哥哥王僚自立为王，便领军投降了楚国，被楚王封于舒地。

【原文】

王阖庐元年，举伍子胥为行人而与谋国事。楚诛伯州犁，其孙伯嚭亡奔吴，吴以为大夫。

三年，吴王阖庐与子胥、伯嚭将兵伐楚，拔舒，杀吴亡将二公子。光谋欲入郢，将军孙武曰："民劳，未可，待之。"四年，伐楚，取六与灊。五年，伐越，败之。六年，楚使子常囊瓦伐吴。迎而击之，大败楚军于豫章，取楚之居巢而还。

九年，吴王阖庐请伍子胥、孙武曰："始子之言郢未可入，今果如何？"二子对曰："楚将子常贪，而唐、蔡皆怨之。王必欲大伐，必得唐、蔡乃可。"阖庐从之，悉兴师，与唐、蔡西伐楚，至于汉水。楚亦发兵拒吴，夹水陈。吴王阖庐弟夫概欲战，阖庐弗许。夫概曰："王已属臣兵，兵以利为上，尚何待焉？"遂以其部五千人袭冒楚，楚兵大败，走。于是吴王遂纵兵追之。比至郢，五战，楚五败。楚昭王亡出郢，奔郧。郧公弟欲弑昭王，昭王与郧公奔随。而吴兵遂入郢。子胥、伯嚭鞭平王之尸以报父雠。

十年春，越闻吴王之在郢，国空，乃伐吴。吴使别兵击越。楚告急秦，秦遣兵救楚击吴，吴师败。阖庐弟夫概见秦越交败吴，吴王留楚不去，夫概亡归吴而自立为吴王。阖庐闻之，乃引兵归，攻夫概。夫概败奔楚。楚昭王乃得以九月复入郢，而封夫概于堂溪，为堂溪氏。十一年，吴王使太子夫差伐楚，取番。楚恐而去郢徙都。

丨五年，孔了相鲁。

十九年夏，吴伐越，越王句践迎击之槜李。越使死士挑战，三行造吴师，呼，自刭。吴师观之，越因伐吴，败之姑苏，伤吴王阖庐指，军却七里。吴王病伤而死。阖庐使立太子夫差，谓曰："尔而忘句践杀汝父乎？"对曰："不敢！"三年，乃报越。

【译文】

吴王阖庐元年，命伍子胥任行人之官并参议国事。楚王杀死了伯州犁，其孙伯嚭逃到吴国，被吴王封为大夫。

三年，吴王阖庐与伍子胥、伯嚭领兵伐楚，夺取舒邑，杀了投降楚国的吴国公子盖余、烛庸。阖庐想顺势攻取楚国首都郢，将军孙武说："军民征战很是劳苦，攻打郢都的时机还不成熟。"四年，吴再次伐楚，攻取六邑与灊邑。五年，吴又伐越，大胜。六年，楚命子常囊瓦伐吴，吴君主动迎敌，于豫章大败楚军，攻占楚国居巢后凯旋。

九年，吴王阖庐询问伍子胥与孙武："当初你们不让我攻打郢都，现在是时候了吗？"二人说："楚国大将子常贪婪，唐、蔡二国十分痛恨他。大王如想伐楚，联合唐、蔡二国有可能取胜。"阖庐依计行事，出动全部军队联合唐、蔡二国伐楚，兵至汉水边。楚国也以强兵抵挡，隔水列阵。吴王阖庐之弟夫概想主动出战，阖庐不许。夫概说："大王既然把军队交我率领，作战就要抓住有利时机，现在还等什么呢？"于是领五千兵马突袭楚军，楚军败逃。吴王纵兵追赶。直到郢都，共有五次交战，楚兵都吃了败仗。楚昭王从郢都逃到郧县。郧公之弟想杀死昭王，昭王又与郧公逃至随国。吴兵攻入郢都后，伍子胥、伯嚭从墓中挖出楚平王尸体加以鞭打，以报杀父之仇。

十年春，越王得知吴王率兵驻扎郢都，国内空虚，便举兵伐吴。吴国另派军队抵抗越兵。楚国向秦求救，秦派兵救楚攻吴，吴军大败。阖庐之弟夫概看到秦越两国同时取胜，吴王又留驻楚国不归，便跑回吴国自立为王。阖庐得知，领兵回吴攻打夫概。夫概兵败逃到楚国，楚昭王才有机会于九月返回郢都，并封夫概于堂溪，即堂溪氏。十一年，吴王命太子夫差伐楚，夺取番邑。楚王大惊，将都城从郢迁至鄀。

十五年，孔子官拜鲁国相事。

十九年夏，吴兵伐越，越王句践带兵在槜李抵抗。越兵命敢死队出战，三次冲向吴阵，高呼口号，自杀于阵前。吴兵只顾观赏这种奇怪现象而放松警惕，越兵趁机在姑苏打败吴兵。吴王脚拇指被击伤，军队退后七里。吴王伤重去世。临终前立太子夫差为王，对嘱托说"你能忘记句践杀你父亲之仇吗？"夫差答道："不能忘！"三年之后，吴国终于一雪前耻。

【原文】

王夫差元年，以大夫伯嚭为太宰。习战射，常以报越为志。二年，吴王悉精兵以伐越，败之夫椒，报姑苏也。越王句践乃以甲兵五千人栖于会稽，使大夫种因吴太宰嚭以行成，请委国为臣妾。吴王将许之，伍子胥谏曰："昔有过氏杀斟灌以伐斟寻，灭夏后帝相。帝相之妃后缗方娠，逃于有仍而生少康。少康为有仍牧正。有过又欲杀少康，少康奔有虞。有虞思夏德，于是妻之以二女而邑之于纶，有田一成，有众一旅。后遂收夏众，抚其官职。使人诱之，遂灭有过氏，复禹之绩，祀夏配天，不失旧物。今吴不如有过之强，而句践大于少康。今不因此而灭之，又将宽之，不亦难乎！且句践为人能辛苦，今不灭，后必悔之。”吴王不听，听太宰嚭，卒许越平，与盟而罢兵去。

七年，吴王夫差闻齐景公死而大臣争宠，新君弱，乃兴师北伐齐。子胥谏曰：“越王句践食不重味，衣不重采，吊死问疾，且欲有所用其众。此人不死，必为吴患。今越在腹心疾而王不先，而务齐，不亦谬乎！”吴王不听，遂北伐齐，败齐师于艾陵。至缯，召鲁哀公而征百牢。季康子使子贡以周礼说太宰嚭，乃得止。因留略地于齐鲁之南。九年，为驺伐鲁，至，与鲁盟乃去。十年，因伐齐而归。十一年，复北伐齐。

越王句践率其众以朝吴，厚献遗之，吴王喜。唯子胥惧，曰：“是弃吴也。”谏曰：“越在腹心，今得志于齐，犹石田，无所用。且盘庚之诰有颠越勿遗，商之以兴。”吴王不听，使子胥于齐，子胥属其子于齐鲍氏，还报吴王。吴王闻之，大怒，赐子胥属镂之剑以死。将死，曰：“树吾墓上以梓，令可为器。抉吾眼置之吴东门，以观越之灭吴也。”

【译文】

吴王夫差元年，命大夫伯嚭为太宰。吴国注重军事训练，一心想着报复越国。二年，吴王率全部精兵伐越，在夫椒大败越军，报了姑苏失败之仇。越王句践只带了五千甲兵躲入会稽山，派大夫文种通过吴国太宰伯嚭求和，想作吴国的奴仆之国。吴王允许，伍子胥力谏说：“以前有过氏杀了斟灌氏又征伐斟寻氏，灭掉夏后帝相。相之妻子后缗怀有身孕，逃至有仍国生下少康。少康后来被封为有仍国牧正之官。有过氏又想杀少康，少康逃至虞国，有虞氏怀念夏之恩德，便把两个女儿嫁给少康，并把他封到纶邑，当时的少康封地只不过方圆数十里，手下士兵百余人。但少康弘扬夏之遗风，整顿官制。命人攻打有过氏，终于消灭了对方，恢复了夏禹业绩，祭祀时以夏祖配享天帝，夏代过去的遗失还都收复。如今的吴国没有当年的有过氏强大，但句践的实力远远大于当年的少康。现在如不彻底消灭越国，却饶过他们，这不是放虎归山吗！况且句践能吃苦耐劳，现在不除掉他，必然后患无穷。”吴王没有听伍子胥计谋，而依太宰嚭之言，放过了句践，两国订立了和约，吴国撤兵。

七年，吴王夫差听说齐景公死后大臣相互争权，新立之君幼小无势，便兴兵伐齐。伍子胥又劝谏说："越王句践吃饭不设两样以上的菜肴，穿衣不用两种以上的颜色，吊唁死者，慰问病者，他是想借此发动民众，将来报复吴国啊。句践不除，必为大患。如今越国才是我们的心腹大患，您却熟视无睹，倒去攻打齐国，岂不是舍本逐末？"吴王不听，北伐齐国，于艾陵大败齐兵。兵至缯邑，召见鲁哀公并索取百牢。季康子命子贡以周礼之举劝说太宰嚭，吴王才罢兵。吴王留下来略取齐、鲁两国南部边境的土地。九年，为驺国伐鲁，后与鲁订立盟约而去。十年，吴趁势伐齐。十一年，再次北伐齐国。

越王句践领越国群臣朝拜吴王，献上厚礼，吴王大喜。只有伍子胥心中恐惧，说："看来吴国要灭亡了。"于是力谏吴王："越国近在腹心之地，现在我国虽能战胜齐国，这也与石头田地无异，毫无用处。且《盘庚之诰》说，乱妄之人只有消灭干净，商朝才能兴盛。"吴王不听，命伍子胥出使齐国，伍子胥将儿子托付于齐国鲍氏，而后回报吴王。吴王大怒，赐伍子胥属镂之剑令其自杀。伍子胥临终说："你们在我坟前种上梓树，等生长到可以制造武器的时候，也就是吴国灭亡的时候。把我的眼睛挖出来放在吴都东门上，让我看到越国怎样灭掉吴国。"

【原文】

齐鲍氏弑齐悼公。吴王闻之，哭于军门外三日，乃从海上攻齐。齐人败吴，吴王乃引兵归。

十三年，吴召鲁、卫之君会于橐皋。

十四年春，吴王北会诸侯于黄池，欲霸中国以全周室。六月丙子，越王句践伐吴。乙酉，越五千人与吴战。丙戌，虏吴太子友。丁亥，入吴。吴人告败于王夫差，夫差恶其闻也。或泄其语，吴王怒，斩七人于幕下。七月辛丑，吴王与晋定公争长。吴王曰："于周室我为长。"晋定公曰："于姬姓我为伯。"赵鞅怒，将伐吴，乃长晋定公。吴王已盟，与晋别，欲伐宋。太宰嚭曰："可胜而不能居也。"乃引兵归国。国亡太子，内空，王居外久，士皆罢敝，于是乃使厚币以与越平。

十五年，齐田常杀简公。

十八年，越益强。越王句践率兵复伐败吴师于笠泽。楚灭陈。

二十年，越王句践复伐吴。二十一年，遂围吴。二十三年十一月丁卯，越败吴。越王句践欲迁吴王夫差于甬东，予百家居之。吴王曰："孤老矣，不能事君王也。吾悔不用子胥之言，自令陷此。"遂自刭死。越王灭吴，诛太宰嚭，以为不忠，而归。

太史公曰：孔子言"太伯可谓至德矣，三以天下让，民无得而称焉"。余读春秋古文，乃知中国之虞与荆蛮句吴兄弟也。延陵季子之仁心，慕义无穷，见微而知清浊。呜呼，又何其闳览博物君子也！

【译文】

齐国的鲍氏杀死齐悼公。吴王得知后，在军门外痛哭三日，而后乃取海道攻打齐国。齐人打败了吴军，吴王领兵逃回。

十三年，吴王召集鲁、卫二国国君在橐皋会盟。

十四年春，吴王夫差北上与诸侯会盟于黄池，欲想称霸中原，保全周室。六月丙子日，越王句践攻打吴国。乙酉，越兵五千人与吴军交战。丙戌日，俘获吴太子友。丁亥日，越军攻入吴国。吴人向夫差报告失败的消息，吴王不愿意让会盟诸侯知道这个消息。偏偏有人泄露，吴王大怒，在帐前斩杀了七人。七月辛丑日，吴王与晋定公争夺盟主之位。吴王说："在周室宗族中我祖先的辈分最大。"晋定公说："在姬姓诸国中只有晋国当过霸主。"晋国大夫赵鞅愤怒不已，想攻打吴国，这才让晋定公做了盟主。

会盟完毕后，吴王与晋定公分手，想攻打宋国。太宰嚭说："你能打败宋国，但不能占有它。"吴国这才领兵回国。吴国太子被俘，国内空虚，吴王久居在外，士卒疲惫不堪，于是便派使者带厚礼想与越国求和。

十五年，齐大夫田常杀死齐简公。

十八年，越国更加强大。越王句践率兵伐吴，于笠泽大败吴兵。楚国灭了陈国。

二十年，越王句践再次伐吴。二十一年，越兵围困吴国都城。

二十三年十一月丁卯，越国大败吴国。越王句践想把吴王夫差流放到甬东，并赐予百户人家。吴王说：“我老了，不能再事奉越王。我后悔不听伍子胥之言，让自己沦落到如此地步。”说完就自刎而亡。越王灭掉吴国，并杀死了太宰嚭，认为他对主上不忠，而后引兵归国。

太史公说：孔子认为“吴太伯可算是道德最高尚的人，他三次把天下让给别人，百姓不知用什么言辞来表达自己的敬重之情。”我读《春秋》古文，才知中原的虞国和荆蛮的吴国是兄弟啊。延陵季子的仁爱胸怀，一生仰慕道义，能够辨别清浊，见微知著。这是多么的有见识、有学问的君子啊！

【评析】

越王句践卧薪尝胆的故事大家都耳熟能详，没有人不佩服他的忍辱负重，没有人不赞叹他的韬光养晦，没有人不惊愕他为了复国而将自己置于艰苦的环境下锻炼的苦心和毅力。常人都很难做到这一点，句践做到了，因为他不是常人，他是一个非凡的人，所以最终成就了非凡的业绩。之所以重提句践，是因为其人其事足以给现代人以借鉴。吴王夫差不可谓不强大，但是由于他被假象所迷惑，且一意孤行，直到最后拔剑自刎时方后悔自己当初没有听取伍子胥的建议。这跟西楚霸王项羽错过鸿门宴的杀敌良机，以致放虎归山，最终自刎于乌江畔的过程惊人的相似。可见这样的人总是有的，但同时还有句践、刘邦一类人，他们能忍一时，能抓住时机直至最后的胜利。能笑到最后才是胜利者。对于今天的人来说，无论你从事什么行业，尤其是商场如战场，你总会或多或少地面对或大或小的类似事情。如何处理，相信以上人物事迹会给你一定的启发。

第二章 齐太公世家

【原文】

太公望吕尚者，东海上人。其先祖尝为四岳，佐禹平水土甚有功。虞夏之际封于吕，或封于申，姓姜氏。夏商之时，申、吕或封枝庶子孙，或为庶人，尚其后苗裔也。本姓姜氏，从其封姓，故曰吕尚。

吕尚盖尝穷困，年老矣，以渔钓奸周西伯。西伯将出猎，卜之，曰“所获非龙非螭，非虎非罴；所获霸王之辅”。于是周西伯猎，果遇太公于渭之阳，与语大说，曰：“自吾先君太公曰‘当有圣人适周，周以兴’。子真是邪？吾太公望子久矣。”故号之曰“太公望”，载与俱归，立为师。

或曰，太公博闻，尝事纣。纣无道，去之。游说诸侯，无所遇，而卒西归周西伯。或曰，吕尚处士，隐海滨。周西伯拘羑里，散宜生、闳夭素知而招吕尚。吕尚亦曰“吾闻西伯贤，又善养老，盍往焉”。三人者为西伯求美女奇物，献之于纣，以赎西伯。西伯得以出，反国。言吕尚所以事周虽异，然要之为文武师。

周西伯昌之脱羑里归，与吕尚阴谋修德以倾商政，其事多兵权与奇计，故后世之言兵及周之阴权皆宗太公为本谋。周西伯政平，及断虞芮之讼，而诗人称西伯受命曰文王。伐崇、密须、犬夷，大作丰邑。天下三分，其二归周者，太公之谋计居多。

【译文】

太公望吕尚，是东海一带人士。其先祖曾官拜四岳之官，辅佐夏禹治理水土，立下大功。舜、禹时被封于吕地，还有一些后人被封于申，姓姜。夏、商两代，申、吕有的封给旁支子孙，也有的沦落为平民百姓，吕尚就是其远代的子孙。吕尚本姓姜，因以封地为姓，故名吕尚。

吕尚开始过着穷困的生活，年老时借钓鱼想见于周西伯。西伯出外狩猎，占了一卦，卦辞说："此次所得的猎物既不是龙，也不是螭，既不是虎，也不是熊；而是辅佐成就霸业的辅臣。"西伯出猎，便在渭河北岸遇到了太公，交谈之后西伯大喜，说："我的先君太公曾说：'到时必有圣人来周，周便会因此兴旺。'说的就是您吧？太公已经盼望您很久了。"因此吕尚才有了"太公望"之称，接着两人共乘一车归去，吕尚被尊封为太师。

有人说，太公博学多识，曾辅佐过商纣。因商纣无道，便离他而去。四处游说各诸侯国，也没有碰到得遇之君，最终才西行归依西伯。还有人说，吕尚乃一隐士，生活于海滨。周西伯被囚禁在羑里时，西伯的臣下散宜生、闳夭就久闻吕尚的大名，并多次召请他。吕尚也认为"听说西伯贤明仁德，又尊重关怀老人，为什么不去投奔呢？"他们三人为了营救西伯，寻觅绝色佳人，奇珍异宝，献给纣王，以赎回西伯。西伯因此被释，返回周国。虽然吕尚归周的传说有不同的说法，但大都认为是文、武两代王业的军师。

周西伯昌从羑里脱身归国后，暗中与吕尚策划如何以仁德推翻暴虐的商纣，其中多是用兵的权谋和奇计，所以后代谈论用兵之道和周朝的隐秘权术都按照太公的策略行事。周西伯政事清明，多谋善断，和平解决了虞、芮二国的争端，被诗人称道为膺受天命的文王。接着西伯又讨伐了崇国、密须、犬夷，大力建造丰邑。致使天下三分之二的诸侯都归心向周，这多半是太公谋划的结果。

【原文】

文王崩，武王即位。九年，欲修文王业，东伐以观诸侯集否。师行，师尚父左杖黄钺，右把白旄以誓，曰："苍兕苍兕，总尔众庶，与尔舟楫，后至者斩！”遂至盟津。诸侯不期而会者八百诸侯。诸侯皆曰：“纣可伐也。”武王曰：“未可。”还师，与太公作此太誓。

居二年，纣杀王子比干，囚箕子。武王将伐纣，卜，龟兆不吉，风雨暴至。群公尽惧，唯太公强之劝武王，武王于是遂行。十一年正月甲子，誓于牧野，伐商纣。纣师败绩。纣反走，登鹿台，遂追斩纣。明日，武王立于社，群公奉明水，卫康叔封布采席，师尚父牵牲，史佚策祝，以告神讨纣之罪。散鹿台之钱，发钜桥之粟，以赈贫民。封比干墓，释箕子囚。迁九鼎，修周政，与天下更始。师尚父谋居多。

于是武王已平商而王天下，封师尚父于齐营丘。东就国，道宿行迟。逆旅之人曰：“吾闻时难得而易失。客寝甚安，殆非就国者也。”太公闻之，夜衣而行，黎明至国。莱侯来伐，与之争营丘。营丘边莱。莱人，夷也，会纣之乱而周初定，未能集远方，是以与太公争国。

太公至国，修政，因其俗，简其礼，通商工之业，便鱼盐之利，而人民多归齐，齐为大国。及周成王少时，管蔡作乱，淮夷畔周，乃使召康公命太公曰：“东至海，西至河，南至穆陵，北至无棣，五侯九伯，实得征之。”齐由此得征伐，为大国。都营丘。

【译文】

文王死后，武王即位。九年，武王为了完成文王的大业，东征商纣，以此来试探各诸侯是否纷纷响应。军队出师时，被尊称为“师尚父”的吕尚左手持黄钺，右手握秉白旄誓师，说：“苍兕呀苍兕呀，率领你手下所有的臣民，集结船只，如有迟到的就斩首。”于是兵至盟津。没有召集各路诸侯便来了八百之多。诸侯都说：“是征伐商纣的时候了。”武王说：“时机还没到。”而后班师回朝，并与太公写下了《泰誓》。

二年之后，商纣杀死了王子比干，囚禁了箕子。武王便想再次伐纣，占卜一卦，龟兆显示不吉利，风雨突至。群臣都说不是吉相，只有太公力劝武王出兵，武王听从了他的意见。十一年正月甲子日，在牧野誓师，进伐商纣。纣王军队大败而逃。商纣逃跑后登上鹿台，后追兵赶到被斩杀。次日，武王立于社坛之上，群臣手捧明水，卫康叔封铺上彩席，师尚父手捧祭祀的牲畜，史佚按策书祈祷，向神祇禀告伐纣之事。并散发商纣积聚在鹿台的钱币给各路诸侯，发放商纣囤积在钜桥的粮食给天下百姓，以赈济贫民。重新扩修比干的陵墓，释放被囚禁的箕子。把象征天子权力的九鼎迁到周国，修治周朝政事，与天下人共创了新的时代。上述诸事多是师尚父的功劳。

武王平定了商纣，成为天下之王，就把齐国营丘封赏给师尚父。师尚父东去自己的封地，走走停停，很是缓慢。客舍中有人说："我听说时机难得而易失。这位客人睡得如此安逸，想必不是去封国就任的吧。"太公听后，连夜赶路，黎明就到了齐国。正遇莱侯带兵攻打齐地，想与太公争夺营丘。营丘的邻国为莱国，是夷族人，想趁商纣之乱和周朝定国未稳之机，无法平定远方，也想争夺营丘。

太公到齐国后，整顿政治，顺应风俗，简化礼仪，鼓励工商，发展渔盐优势，使民多归附于齐，齐成为大国。到幼年的周成王即位时，管蔡叛乱，淮夷也背叛周朝，成王派召康公命太公平定叛乱，说："东至大海，西至黄河，南至穆陵，北至无棣，五等诸侯，九州长官，你都可讨伐。"齐国因此进一步强大，成为大国，定都营丘。

【原文】

盖太公之卒百有余年，子丁公吕伋立。丁公卒，子乙公得立。乙公卒，子癸公慈母立。癸公卒，子哀公不辰立。哀公时，纪侯谮之周，周烹哀公而立其弟静，是为胡公。胡公徙都薄姑，而当周夷王之时。哀公之同母少弟山怨胡公，乃与其党率营丘人袭攻杀胡公而自立，是为献公。献公元年，尽逐胡公子，因徙薄姑都，治临菑。

九年，献公卒，子武公寿立。武公九年，周厉王出奔，居彘。十年，王室乱，大臣行政，号曰"共和"。二十四年，周宣王初立。二十六年，武公卒，子厉公无忌立。厉公暴虐，故胡公子复入齐，齐人欲立之，乃与攻杀厉公。胡公子亦战死。齐人乃立厉公子赤为君，是为文公，而诛杀厉公者七十人。文公十二年卒，子成公脱立。成公九年卒，子庄公购立。庄公二十四年，犬戎杀幽王，周东徙雒。秦始列为诸侯。五十六年，晋弑其君昭侯。六十四年，庄公卒，子釐公禄甫立。釐公九年，鲁隐公初立。十九年，鲁桓公弑其兄隐公而自立为君。二十五年，北戎伐齐。郑使太子忽来救齐，齐欲妻之。忽曰："郑小齐大，非我敌。"遂辞之。三十二年，釐公同母弟夷仲年死。其子曰公孙无知，釐公爱之，令其秩服奉养比太子。三十三年，釐公卒，太子诸儿立，是为襄公。

【译文】

太公死时有一百多岁了，他的儿子丁公吕伋继位。丁公死后，其子乙公得继位。乙公死后，其子癸公慈母继位。癸公死后，其子哀公不辰继位。哀公执政时，纪侯向周王诬陷哀公，周王便下令用大鼎煮死哀公，后立其弟静为齐君，即胡公。胡公迁都至薄姑，时值周夷王在位期间。哀公同母少弟山怨恨胡公，便亲自率领营丘人杀死了胡公，自立为君，即献公。献公元年，把胡公后人全部驱逐出境，并把都城从薄姑迁至临淄。

九年，献公去世，其子武公寿继位。武公九年，周厉王出逃在外，居住在彘邑。十年，周王室大乱，大臣主持国政，史称"共和"。二十四年，周宣王即位。二十六年，武公死，其子厉公无忌继位。厉公残暴肆虐，致使胡公之子又返回齐国，齐人欲立胡公之子为君，一同杀死厉公。可惜胡公之子战死。齐人又立厉公之子赤为齐君，即文公，铲除了七十多个谋杀厉公的人。文公十二年死，其子成公脱继位。成公九年去世，其子庄公购继位。庄公在位的第二十四年，犬戎杀死周幽王，致使王室东迁至洛邑。秦国开始位居诸侯之列。五十六年，晋人杀死其国君晋昭侯。六十四年，庄公去世，其子釐公禄甫继位。釐公九年，鲁隐公即位。十九年，鲁桓公杀死了他的哥哥隐公，而后自立为君。二十五年，北戎攻打齐国。郑国派太子忽前来救助，齐侯想把女儿嫁给他。公子忽说："郑国弱小，齐国强大，我配不上。"便辞绝了。三十二年，釐公同母弟夷仲年去世。其子名公孙无知，釐公极其宠爱，给他的车服生活待遇与太子相同。三十三年，釐公去世，太子诸儿继位，即襄公。

【原文】

襄公元年，始为太子时，尝与无知斗，及立，绌无知秩服，无知怨。

四年，鲁桓公与夫人如齐。齐襄公故尝私通鲁夫人。鲁夫人者，襄公女弟也，自釐公时嫁为鲁桓公妇，及桓公来而襄公复通焉。鲁桓公知之，怒夫人，夫人以告齐襄公。齐襄公与鲁君饮，醉之，使力士彭生抱上鲁君车，因拉杀鲁桓公，桓公下车则死矣。鲁人以为让，而齐襄公杀彭生以谢鲁。

八年，伐纪，纪迁去其邑。

十二年，初，襄公使连称、管至父戍葵丘，瓜时而往，及瓜而代。往戍一岁，卒瓜时而公弗为发代。或为请代，公弗许。故此二人怒，因公孙无知谋作乱。连称有从妹在公宫，无宠，使之间襄公，曰“事成以女为无知夫人”。冬十二月，襄公游姑棼，遂猎沛丘。见彘，从者曰“彭生”。公怒，射之，彘人立而啼。公惧，坠车伤足，失屦。反而鞭主屦者茀三百。茀出宫。而无知、连称、管至父等闻公伤，乃遂率其众袭宫。逢主屦茀，茀曰：“且无入惊宫，惊宫未易入也。”无知弗信，茀示之创，乃信之。待宫外，令茀先入。茀先入，即匿襄公户间。良久，无知等恐，遂入宫。茀反与宫中及公之幸臣攻无知等，不胜，皆死。无知入宫，求公不得。或见人足于户间，发视，乃襄公，遂弑之，而无知自立为齐君。

桓公元年春，齐君无知游于雍林。雍林人尝有怨无知，及其往游，雍林人袭杀无知，告齐大夫曰：“无知弑襄公自立，臣谨行诛。唯大夫更立公子之当立者，唯命是听。”

【译文】

襄公元年，在襄公为太子时，曾与无知争斗，即位后，他降低无知的俸禄车马服饰的待遇，无知心怀怨恨。

四年，鲁桓公与夫人出使齐国。齐襄公曾与鲁夫人私通。鲁夫人是襄公的妹妹，在齐釐公时嫁与鲁桓公，此次跟随鲁桓公来齐又想与襄公私通，后被鲁桓公发现，怒斥夫人，夫人告知齐襄公。襄公假装宴请鲁桓公，将其灌醉后，命大力士彭生将鲁桓公抱上车，而后折断桓公肋骨将其杀死，等被抬出车时已经死掉。为此鲁国怨恨齐国，齐襄公便又杀死彭生来向鲁国谢罪。

八年，齐国攻打纪国，纪国被迫迁移都城。

十二年，当时襄公命连称、管至父把守葵丘，命令等七月瓜熟时出发，次年瓜熟时再派人去接替他们。他们驻守一年后，到瓜熟时期襄公还没有派人接替。有人劝襄公派人前去替换，襄公不肯。因此二人气愤，便通过公孙无知想反叛。连称的一堂妹在襄公宫内，但不被宠爱，他们便让其探听襄公消息，对她说：“事成之后让你当无知夫人。”同年冬十二月，襄公到姑棼游赏，后在沛丘狩猎。遇一大猪，侍从说“是彭生”，襄公愤怒，命令用箭射杀，大猪像人一样立起大叫。襄公十分恐惧，从车上掉下摔伤了脚，鞋子也没了。回宫后把管鞋的名叫“茀”的人痛打三百鞭。茀出宫后，无知、连称、管至父等人从其口中得知襄公受伤，便领兵袭击襄公。遇到了茀，茀说：“先不要进宫，以免打草惊蛇，到时就不易攻打了。”无知不信，茀让其验看自己的伤痕，无知才信。他们守在宫外，命茀先去打探。茀入宫后，将襄公藏于屋门后。好久之后，无知等人因忍耐不住便闯进宫去。茀却和宫中之人及襄公亲信反攻无知等人，结果因失败而全被杀死。无知进宫后找不到襄公，有人见屋门下露着双脚，开门后见正是襄公，便将其杀死，无知自立为君。

桓公元年春，齐君无知到雍林游玩。雍林有人怨恨无知，等他去游玩时，雍林人袭击并杀死无知，而后向齐国大臣宣告：“无知杀襄公自立为君，我们将其处死。希望你们另立公子中该为君的人吧，我们必听命于他。”

【原文】

初，襄公之醉杀鲁桓公，通其夫人，杀诛数不当，淫于妇人，数欺大臣，群弟恐祸及，故次弟纠奔鲁。其母鲁女也。管仲、召忽傅之。次弟小白奔莒，鲍叔傅之。小白母，卫女也，有宠于釐公。小白自少好善大夫高傒。及雍林人杀无知，议立君，高、国先阴召小白于莒。鲁闻无知死，亦发兵送公子纠，而使管仲别将兵遮莒道，射中小白带钩。小白详死，管仲使人驰报鲁。鲁送纠者行益迟，六日至齐，则小白已入，高傒立之，是为桓公。

桓公之中钩，详死以误管仲，已而载温车中驰行，亦有高、国内应，故得先入立，发兵距鲁。秋，与鲁战于乾时，鲁兵败走，齐兵掩绝鲁归道。齐遗鲁书曰：“子纠兄弟，弗忍诛，请鲁自杀之。召忽、管仲仇也，请得而甘心醢之。不然，将围鲁。”鲁人患之，遂杀子纠于笙渎。召忽自杀，管仲请囚。桓公之立，发兵攻鲁，心欲杀管仲。鲍叔牙曰：“臣幸得从君，君竟以立。君之尊，臣无以增君。君将治齐，即高傒与叔牙足也。君且欲霸王，非管夷吾不可。夷吾所居国国重，不可失也。”于是桓公从之。乃详为召管仲欲甘心，实欲用之。管仲知之，故请往。鲍叔牙迎受管仲，及堂阜而脱桎梏，斋祓而见桓公。桓公厚礼以为大夫，任政。

桓公既得管仲，与鲍叔、隰朋、高傒修齐国政，连五家之兵，设轻重鱼盐之利，以赡贫穷，禄贤能，齐人皆说。

二年，伐灭郯，郯子奔莒。初，桓公亡时，过郯，郯无礼，故伐之。

【译文】

开始，襄公把鲁桓公灌醉将其杀死，与鲁夫人通奸，还屡次滥用杀罚，沉迷女色，侮辱大臣，诸弟害怕遭受牵连，因此他的弟弟公子纠逃至鲁国，其母是鲁国之女。管仲、召忽辅佐他。次弟小白逃到亡莒国，鲍叔辅佐他。小白之母是卫国的女儿，深受齐釐公宠幸。小白自小与大夫高傒关系密切。雍林人杀死无知后，在立国君时，高氏、国氏率先从莒国召回小白。鲁国得知无知死去，也派兵送公子纠返齐，并命管仲率军队拦住莒国通道，用箭射中了小白的衣带钩。小白装死，管仲回报鲁国。因此鲁国减缓了送公子纠回齐的速度，六天后才到达，而小白却先到达了齐国，高傒立其为君，即齐桓公。

桓公被射中衣带钩后，装死骗过了管仲，后藏在温车中急速返回齐国，再加上高氏国氏二大家族的帮助，顺利地入齐继位，并派兵抵御鲁军。秋天，齐鲁两国在乾时交兵，鲁国大败，齐兵又切断鲁兵退路。后齐国写信给鲁国说：“我与子纠是兄弟，不忍亲手杀他，希望鲁国将他杀死。召忽、管仲是我的敌人，希望能够活着交给我，把他们剁成肉酱才可解我心头之恨。否则，齐兵就要攻打鲁国了。”鲁人害怕，就在笙渎杀死了子纠，召忽也自杀而亡，管仲被囚禁。桓公派兵攻鲁时，本杀死管仲。鲍叔牙劝谏说：“我荣幸地跟随您，现在您身为国君。地位尊崇，我没有能力再帮您有所作为了。您如想治理好齐国，有高傒和我就足够了。您如想成就霸业，就需要管夷吾这样的人才。夷吾在哪国，哪国就会强盛，你最好不要杀掉这个人才。”桓公采纳他的言行。借召回管仲以报仇雪恨之名，实际却是任他为相。管仲心知肚明，所以要求返齐。鲍叔牙亲自迎接，到达齐国境内后堂阜就给管仲除去了桎梏，让其斋沐后面见桓公。桓公以厚礼封其为大夫，处理政务。

在管仲的辅佐下，再加上鲍叔、隰朋、高傒等人的帮助，齐国日益强大，组织基层五家连兵之制，鼓励商业流通，渔盐业条件优势，用以救济贫民，广纳贤才，齐人欢欣鼓舞。

二年，齐国灭掉郯国，郯国国君逃至莒国。当初，齐桓公逃亡国外时，在郯国曾受到无礼对待，所以才讨伐它。

【原文】

五年，伐鲁，鲁将师败。鲁庄公请献遂邑以平，桓公许，与鲁会柯而盟。鲁将盟，曹沫以匕首劫桓公于坛上，曰："反鲁之侵地！"桓公许之。已而曹沫去匕首，北面就臣位。桓公后悔，欲无与鲁地而杀曹沫。管仲曰："夫劫许之而倍信杀之，愈一小快耳，而弃信于诸侯，失天下之援，不可。"于是遂与曹沫三败所亡地于鲁。诸侯闻之，皆信齐而欲附焉。七年，诸侯会桓公于甄，而桓公于是始霸焉。

十四年，陈厉公子完，号敬仲，来奔齐。齐桓公欲以为卿，让；于是以为工正。田成子常之祖也。

二十三年，山戎伐燕，燕告急于齐。齐桓公救燕，遂伐山戎，至于孤竹而还。燕庄公遂送桓公入齐境。桓公曰："非天子，诸侯相送不出境，吾不可以无礼于燕。"于是分沟割燕君所至与燕，命燕君复修召公之政，纳贡于周，如成康之时。诸侯闻之，皆从齐。

二十七年，鲁湣公母曰哀姜，桓公女弟也。哀姜淫于鲁公子庆父，庆父弑湣公，哀姜欲立庆父，鲁人更立釐公。桓公召哀姜，杀之。

二十八年，卫文公有狄乱，告急于齐。齐率诸侯城楚丘而立卫君。

二十九年，桓公与夫人蔡姬戏船中。蔡姬习水，荡公，公惧，止之，不止，出船，怒，归蔡姬，弗绝。蔡亦怒，嫁其女。桓公闻而怒，兴师往伐。

三十年春，齐桓公率诸侯伐蔡，蔡溃。遂伐楚。楚成王兴师问曰："何故涉吾地？"管仲对曰："昔召康公命我先君太公曰：'五侯九伯，若实征之，以夹辅周室。'赐我先君履，东至海，西至河，南至穆陵，北至无棣。楚贡包茅不入，王祭不具，是以来责。昭王南征不复，是以来问。”楚王曰：“贡之不入，有之，寡人罪也，敢不共乎！昭王之出不复，君其问之水滨。”齐师进次于陉。夏，楚王使屈完将兵扞齐，齐师退次召陵。桓公矜屈完以其众。屈完曰：“君以道则可；若不，则楚方城以为城，江、汉以为沟，君安能进乎？”乃与屈完盟而去。过陈，陈袁涛涂诈齐，令出东方，觉。秋，齐伐陈。是岁，晋杀太子申生。

【译文】

五年，齐国伐鲁，在鲁军失败之际。鲁庄公以献出遂邑来求和，桓公允许，在柯地与鲁会盟。发誓之际，鲁国的曹沫想在祭坛上用匕首劫持齐桓公，说：“把侵占的土地归还给鲁国！”桓公答应。而后曹沫扔掉匕首，退回面北的臣子之位上。但桓公后悔了，不但不想归还鲁国领土，还想杀死曹沫。管仲说：“被劫持时答应人家的要求，随后又做出背信弃义之事，虽然满足了一件小事的快意，但在诸侯中失去了威信，这就等于失去天下人的支持，这样做不妥。”桓公于是就把曹沫三次战败丢失的土地全部归还给了鲁国。诸侯得知，都认为齐国守信而甘愿归附。七年，诸侯与桓公在甄地会盟，从此成就了霸主的基业。

十四年，陈厉公之子陈完，号敬仲，逃至齐国。齐桓公命他为卿，他推让不肯；于是让他做了工正之官。这就是田成子田常的祖先。

二十三年，山戎攻打燕国，燕求救于齐。齐桓公派兵救燕，接着讨伐山戎，到达孤竹后才回师。燕庄王一直把桓公送到齐国境内。桓公说：“除天子，诸侯间相送不出国境，我不能无礼于燕。”于是便把燕君所至的齐国领土全部划给了燕国，让燕君重修召公之政，向周王进贡，就像周成王、康王时一样。诸侯闻知，更加尊重齐国了。

二十七年，鲁湣公之母哀姜，乃齐桓公之妹。哀姜与鲁公子庆父私通，庆父杀死湣公，哀姜想立庆父为国君，鲁人拥立了釐公。桓公将哀姜召回齐国，杀了哀姜。

二十八年，狄人攻打卫文公，向齐求救。齐国率领诸侯在楚丘筑城，把卫君安置于此。

二十九年，桓公与夫人蔡姬乘船游玩。蔡姬识水性，故意摇船颠簸桓公。桓公害怕，命其停止，蔡姬不听，下船后恼怒的桓公将其送回娘家，但没有断绝婚姻关系。蔡侯气愤，将蔡姬另嫁他人。桓公听后更加生气，兴兵伐蔡。

三十年春，齐桓公领各路诸侯伐蔡，蔡国大败。而后伐楚。楚成王率军寻问："为何攻打我国？"管仲说："过去召康公命我国先君太公：'五等诸侯，各地守官，你有权征伐，以辅佐周室。'这就表明赐予我先君有权征伐疆界，东至大海，西到黄河，南抵穆陵，北至无棣。楚国本应进献包茅，但没有做到，天子祭品不全，特来督责。昭王南征不归死在南方，故来问罪。"楚王说："没有进献贡品，这确是我的罪过，今后我再也不敢了。至于昭王没有归国，他并非在楚国境内，您到汉水边上问罪去吧。"齐军进扎陉地。夏天，楚王命屈完领兵抗齐，齐军退过召陵。桓公在屈完面前显示自己兵多将广。屈完说："合乎正义才可取胜；如若不然，楚国就以方城山为城墙，以长江、汉江为护城河，您又怎能进攻呢？"齐桓公后与屈完立约而回。经过陈国，陈国大夫袁涛涂欺骗桓公，想让齐军走难行的东线路，后被发现。秋天，齐国伐陈。同年，晋国君太子申生被杀。

【原文】

三十五年夏，会诸侯于葵丘。周襄王使宰孔赐桓公文武胙、彤弓矢、大路，命无拜。桓公欲许之，管仲曰"不可"，乃下拜受赐。秋，复会诸侯于葵丘，益有骄色。周使宰孔会。诸侯颇有叛者。晋侯病，后，遇宰孔。宰孔曰："齐侯骄矣，弟无行。"从之。是岁，晋献公卒，里克杀奚齐、卓子，秦穆公以夫人入公子夷吾为晋君。桓公于是讨晋乱，至高梁，使隰朋立晋君，还。

是时周室微，唯齐、楚、秦、晋为强。晋初与会，献公死，国内乱。秦穆公辟远，不与中国会盟。楚成王初收荆蛮有之，夷狄自置。唯独齐为中国会盟，而桓公能宣其德，故诸侯宾会。于是桓公称曰："寡人南伐至召陵，望熊山；北伐山戎、离枝、孤竹；西伐大夏，涉流沙；束马悬车登太行，至卑耳山而还。诸侯莫违寡人。寡人兵车之会三，乘车之会六，九合诸侯，一匡天下。昔三代受命，有何以异于此乎？吾欲封泰山，禅梁父。"管仲固谏，不听；乃说桓公以远方珍怪物至乃得封，桓公乃止。

三十八年，周襄王弟带与戎、翟合谋伐周，齐使管仲平戎于周。周欲以上卿礼管仲，管仲顿首曰："臣陪臣，安敢！"三让，乃受下卿礼以见。三十九年，周襄王弟带来奔齐。齐使仲孙请王，为带谢。襄王怒，弗听。

四十一年，秦穆公虏晋惠公，复归之。是岁，管仲、隰朋皆卒。管仲病，桓公问曰："群臣谁可相者？"管仲曰："知臣莫如君。"公曰："易牙如何？"对曰："杀子以适君，非人情，不可。"公曰："开方如何？"对曰："倍亲以适君，非人情，难近。"公曰："竖刀如何？"对曰："自宫以适君，非人情，难亲。"管仲死，而桓公不用管仲言，卒近用三子，三子专权。

四十二年，戎伐周，周告急于齐，齐令诸侯各发卒戍周。是岁，晋公子重耳来，桓公妻之。

【译文】

三十五年夏，桓公与诸侯在葵丘盟会。周襄王派宰孔赏赐给桓公祭祀文王武王的福胙、丹彩装饰的弓箭、天子乘用的车乘，并特许桓公不下拜谢恩。桓公本想答应，管仲说："不能这样做"。桓公于是下拜受赐。秋天，桓公再次在葵丘与诸侯会盟，桓公面有骄色。周王派宰孔参与盟会。诸侯见桓公开始离心离德。晋君病重，会盟迟了，正巧遇到宰孔。宰孔说："齐桓公有骄色，不去也没什么关系。"晋君听后未去会盟。此年，晋献公去世，里克杀死献公少子奚齐和卓子，秦穆公因自己夫人是晋公子夷吾的姐姐，所以派兵护送夷吾返继位。桓公也出兵伐晋，到达高梁时，派隰朋立夷吾为晋国君，随后回师。

此时周王室衰微，天下只有齐、楚、秦、晋四强。晋国刚入盟会，晋献公便死去，国内政局不稳。秦穆公地处偏远，没有参加中原会盟。楚成王侵占荆蛮之地不久，认为自己是夷狄之邦。唯有齐国能召集中原诸侯会盟，齐桓公极力显示盛德，以笼络诸侯，致使各国诸侯无不臣服。桓公宣称："寡人南征至召陵，看到了熊耳山；北伐山戎、离枝、孤竹国；西征大夏，远涉流沙；包缠马蹄，挂牢战车攀上过太行险路，到达卑耳山后返回。诸侯没有敢违抗我的。我召集兵车曾三次盟会，乘车六次盟会，九次聚集诸侯，使天下归于一统。以前三代开国天子，也不过如此！所以我想封祭泰山，禅祭梁父。”管仲劝谏，桓公不听；管仲于是介绍封禅之礼，表明只有具备了远方各种奇珍异物才能举行，桓公才罢手。

三十八年，周襄王之弟带与戎人、翟人暗中勾结攻周，齐派管仲去为双方讲和。周天子想以上卿之礼接待管仲，管仲拜谢说：“我是臣子，怎敢受此大礼！”推让再三，才决定以下卿之礼拜见天子。三十九年，周襄王之弟王子带逃至齐国。齐国派仲孙请求周襄王，想替带谢罪。周襄王气愤不允。

四十一年，秦穆公俘获晋惠公，又放其回国。同年，管仲、隰朋去世。管仲弥留之际，桓公问道：“你死后谁可担当相国之位？”管仲说：“最了解臣子的是君王。”桓公说：“易牙如何？”答道：“他杀子以迎合国君，不近人情，不能任用。”桓公又问：“开方如何？”回答说：“他弃双亲迎合国君，不近人情，不可用。”桓公说：“竖刀如何？”回答说：“阉割自己以迎合国君，不近人情，不可信。”管仲死后，桓公不听管仲之言，仍然重用三人，致使三人专权。

四十二年，戎人伐周，周向齐求救，齐命各诸侯分兵保卫周王室。同年，晋公子重耳来到齐国，齐桓公把本族之女嫁予重耳。

【原文】

四十三年。初，齐桓公之夫人三：曰王姬、徐姬、蔡姬，皆无子。桓公好内，多内宠，如夫人者六人，长卫姬，生无诡；少卫姬，生惠公元；郑姬，生孝公昭；葛嬴，生昭公潘；密姬，生懿公商人；宋华子，生公子雍。桓公与管仲属孝公于宋襄公，以为太子。雍巫有宠于卫共姬，因宦者竖刀以厚献于桓公，亦有宠，桓公许之立无诡。管仲卒，五公子皆求立。冬十月乙亥，齐桓公卒。易牙入，与竖刀因内宠杀群吏，而立公子无诡为君。太子昭奔宋。

桓公病，五公子各树党争立。及桓公卒，遂相攻，以故宫中空，莫敢棺。桓公尸在床上六十七日，尸虫出于户。十二月乙亥，无诡立，乃棺赴。辛巳夜，敛殡。

桓公十有余子，要其后立者五人：无诡立三月死，无谥；次孝公；次昭公；次懿公；次惠公。孝公元年三月，宋襄公率诸侯兵送齐太子昭而伐齐。齐人恐，杀其君无诡。齐人将立太子昭，四公子之徒攻太子，太子走宋，宋遂与齐人四公子战。五月，宋败齐四公子师而立太子昭，是为齐孝公。宋以桓公与管仲属之太子，故来征之。以乱故，八月乃葬齐桓公。

六年春，齐伐宋，以其不同盟于齐也。夏，宋襄公卒。七年，晋文公立。

十年，孝公卒，孝公弟潘因卫公子开方杀孝公子而立潘，是为昭公。昭公，桓公子也，其母曰葛嬴。

昭公元年，晋文公败楚于城濮，而会诸侯践土，朝周，天子使晋称伯。六年，翟侵齐。晋文公卒。秦兵败于殽。十二年，秦穆公卒。

十九年五月，昭公卒，子舍立为齐君。舍之母无宠于昭公，国人莫畏。昭公之弟商人以桓公死争立而不得，阴交贤士，附爱百姓，百姓说。及昭公卒，子舍立，孤弱，即与众十月即墓上弑齐君舍，而商人自立，是为懿公。懿公，桓公子也，其母曰密姬。

懿公四年春，初，懿公为公子时，与丙戎之父猎，争获不胜，及即位，断丙戎父足，而使丙戎仆。庸职之妻好，公内之宫，使庸职骖乘。五月，懿公游于申池，二人浴，戏。职曰："断足子！"戎曰："夺妻者！"二人俱病此言，乃怨。谋与公游竹中，二人弑懿公车上，弃竹中而亡去。

【译文】

四十三年。起初桓公有三位夫人：王姬、徐姬、蔡姬，但都没有儿子。桓公好色，有很多宠妾，地位等同于夫人的有六个：长卫姬，生有无诡；少卫姬，生有惠公元；郑姬，生有孝公昭；葛嬴，生有昭公潘；密姬，生有懿公商人；宋华子，生有公子雍。桓公与管仲曾把孝公昭托付给宋襄公，立为太子。易牙后来受到桓公长卫姬的宠幸，后通过宦官竖刀送给桓公厚礼，所以也深受桓公宠幸，桓公也答应易牙立无诡为太子。管仲死后，五位公子都想成为太子。冬十月乙亥日，桓公去世。易牙入宫，与竖刀借助宫内宠臣杀死诸大夫，立公子无诡为君。太子昭逃到宋国。

桓公病时，五位公子都结党谋求太子之位。桓公死后，便互相攻伐，致使宫中无人，也无人敢把桓公装尸入棺。所以桓公尸体一直在床上待了六十七天，尸体上的蛆虫以至爬出门外。十二月乙亥日，无诡即位，才入棺向各国报丧。辛巳夜，才入殓停柩于堂。

桓公共有十多个儿子，前后有五人登上君位：无诡即位三月后死去，没有谥号；接下来是孝公、昭公；而后是懿公，最后是惠公。孝公元年三月，宋襄公率各路诸侯送齐太子昭归国继位。齐人害怕，杀死无诡，拥立太子昭为君王，其余四子又率众攻打太子，太子逃到宋国，宋国与齐国四公子大战。五月，宋军打败四位公子，立太子昭为齐君，即齐孝公。宋国因受桓公和管仲临终重托，要求照顾太子，所以才通过征伐拥立太子。迫于战乱，齐桓公直到八月才被埋葬。

六年春，齐国伐宋，原因是宋国不参与齐国号召的盟会。夏天，宋襄公去世。七年，晋文公即位。

十年，齐孝公去世，孝公之弟潘让公子开方杀死孝公之子而立潘为君，即昭公。昭公是桓公之子，其母名葛嬴。

昭公元年，晋文公于城濮大败楚军，召集诸侯于践土盟会，朝见周天子，天子让晋国做了诸侯的霸主。六年，狄人伐齐。晋文公去世。秦兵在殽地大败。十二年，秦穆公病逝。

十九年五月，齐昭公去世，其子舍立继位。舍之母受昭公冷落，齐人都瞧不起他。昭公之弟商人因桓公死后未能争立为君，暗中笼络贤士，抚恤百姓，得到拥戴。昭公死后，其子舍继位，因软弱无能，商人便与党徒十月在昭公坟前将其杀死，后自立为君，即懿公。懿公是桓公之子，其母名叫密姬。

懿公四年春。当懿公还是公子时，与丙戎的父亲同去打猎，在争夺猎物时，懿公未得到，即位后便斩断了丙戎父亲的脚，并让丙戎为自己驾车。庸职之妻十分漂亮，懿公便将其抢入宫中，让庸职骖乘。五月，懿公在申池游玩，丙戎和庸职两人恰巧也在洗澡，互开玩笑。庸职嘲笑丙戎是砍脚人的儿子，丙戎讽刺庸职是被人夺妻的丈夫。两人深以为耻，十分仇恨懿公。于是两人谋划等与懿公在竹林中游玩时，在车上将懿公杀死，而后把尸体抛弃在竹林中，各自奔逃。

【原文】

懿公之立，骄，民不附。齐人废其子而迎公子元于卫，立之，是为惠公。惠公，桓公子也。其母卫女，曰少卫姬，避齐乱，故在卫。

惠公二年，长翟来，王子城父攻杀之，埋之于北门。晋赵穿弑其君灵公。

十年，惠公卒，子顷公无野立。初，崔杼有宠于惠公，惠公卒，高、国畏其逼也，逐之，崔杼奔卫。

顷公元年，楚庄王强，伐陈；二年，围郑，郑伯降，已复国郑伯。

六年春，晋使郤克于齐，齐使夫人帷中而观之。郤克上，夫人笑之。郤克曰："不是报，不复涉河！"归，请伐齐，晋侯弗许。齐使至晋，郤克执齐使者四人河内，杀之。八年。晋伐齐，齐以公子强质晋，晋兵去。十年春，齐伐鲁、卫。鲁、卫大夫如晋请师，皆因郤克。晋使郤克以车八百乘为中军将，士燮将上军，栾书将下军，以救鲁、卫，伐齐。六月壬申，与齐侯兵合靡笄下。癸酉，陈于鞍。逢丑父为齐顷公右。顷公曰："驰之，破晋军会食。"射伤郤克，流血至履。克欲还入壁，其御曰："我始入，再伤，不敢言疾，恐惧士卒，愿子忍之。"遂复战。战，齐急，丑父恐齐侯得，乃易处，顷公为右，车绊于木而止。晋小将韩厥伏齐侯车前，曰"寡君使臣救鲁、卫"，戏之。丑父使顷公下取饮，因得亡，脱去，入其军。晋郤克欲杀丑父。丑父曰："代君死而见僇，后人臣无忠其君者矣。"克舍之，丑父遂得亡归齐。于是晋军追齐至马陵。齐侯请以宝器谢，不听；必得笑克者萧桐叔子，令齐东亩。对曰："叔子，齐君母。齐君母亦犹晋君母，子安置之？且子以义伐而以暴为后，其可乎？"于是乃许，令反鲁、卫之侵地。

十一年，晋初置六卿，赏鞍之功。齐顷公朝晋，欲尊王晋景公，晋景公不敢受，乃归。归而顷公弛苑囿，薄赋敛，振孤问疾，虚积聚以救民，民亦大说。厚礼诸侯。竟顷公卒，百姓附，诸侯不犯。

十七年，顷公卒，子灵公环立。

【译文】

懿公刚继位时，骄横淫逸，臣民反感。齐人废掉懿公，而后把公子元从卫国召回齐，立为国君，即齐惠公。惠公是桓公之子。其母是卫国之女，名少卫姬，因躲避齐国内乱逃到了卫国。

惠公二年，长翟使齐，王子城父攻杀长翟，把他埋在北门。晋国大夫赵穿杀死国君晋灵公。

十年，惠公去世，其子顷公无野继位。当时大臣崔杼得到惠公宠信，在惠公死后，高氏、国氏怕受其威逼，将崔杼驱逐出国，致使崔杼逃到卫国。

顷公元年，楚庄王统治下的楚国日益强大，征伐陈国；二年，攻打郑国，郑伯投降，后又使郑伯复立郑国。

六年春，晋国派郤克出使齐国，齐顷公命其母在帷幕中观看。郤克走上台阶，夫人笑话他。郤克说："这次侮辱不报，我就不再过黄河！"回国后，请晋君出兵伐齐，晋君不许。齐使来到晋国，郤克在河内把齐国的四名使者全都杀死。八年，晋国伐齐，齐国命公子强到晋国做人质，晋军才退兵。十年春，齐国伐鲁、卫二国。鲁、卫大夫到秦求救，先去寻找郤克。晋国派郤克率八百乘战车，为中军之将，士燮领上军，栾书率下军，去援救鲁、卫，讨伐齐国。六月壬申日，晋齐两军在靡笄山大战。癸酉日，在鞍地列阵对峙。逄丑父为齐国的车右武士。顷公说："率兵前进，击溃晋军。"齐国射伤郤克，血流到脚。郤克想退回营垒，驾驶战车的驭手说："我自参战以来，已两负重伤，也不敢说疼，怕使扰乱士卒气势，望您能忍痛继续作战。"于是郤克继续作战。战斗中齐军落了下风，逄丑父怕齐顷公被活捉，就互换位置，顷公假冒车右武士，战车绊在树上停止。晋国将领韩厥拜伏于齐顷公战车前，说："我奉晋君之命前来救援鲁、卫。"如此嘲笑顷公。丑父佯装顷公，命装成车右武士的顷公下车取水，才借机脱身，逃回齐军营中。郤克要杀丑父，丑父说："我为国君而死，以后就不会再有忠于君主的了。"郤克放了他，丑父才得以逃回齐军。晋军一直把齐军追到马陵。齐顷公想以宝器逃命，郤克不许，定要一雪前耻，并命齐国把田垄都成改成东西走向。齐人说："萧桐叔子是齐顷公之母。齐君的母亲就犹如晋君的母亲一般，您想如何处置她？虽然您打着正义之师伐齐，但以暴虐无礼结束，这样不对吧？"郤克答应了他们，只是命齐国把侵占鲁、卫二国的领土归还给了他们。

十一年，晋设六卿，以封赏战争中的功臣。齐顷公朝见晋君，想以朝见天子的礼节拜访，景公不敢承受，齐君便返回了齐国。开放自己狩猎的园林，减轻赋税，赈济鳏寡孤独，用国家积蓄来救济天下贫民，百姓十分高兴。齐顷公以厚礼善待诸侯。直到顷公去世，百姓归附，诸侯也没有侵犯齐国的。

十七年，顷公去世，其子灵公环继位。

【原文】

灵公九年，晋栾书弑其君厉公。十年，晋悼公伐齐，齐令公子光质晋。十九年，立子光为太子，高厚傅之，令会诸侯盟于钟离。二十七年，晋使中行献子伐齐。齐师败，灵公走入临菑。晏婴止灵公，灵公弗从。曰："君亦无勇矣！"晋兵遂围临菑，临菑城守不敢出，晋焚郭中而去。

二十八年，初，灵公取鲁女，生子光，以为太子。仲姬，戎姬。戎姬嬖，仲姬生子牙，属之戎姬。戎姬请以为太子，公许之。仲姬曰："不可。光之立，列于诸侯矣，今无故废之，君必悔之。"公曰："在我耳。"遂东太子光，使高厚傅牙为太子。灵公疾，崔杼迎故太子光而立之，是为庄公。庄公杀戎姬。五月壬辰，灵公卒，庄公即位，执太子牙于句窦之丘，杀之。八月，崔杼杀高厚。晋闻齐乱，伐齐，至高唐。

庄公三年，晋大夫栾盈奔齐，庄公厚客待之。晏婴、田文子谏，公弗听。四年，齐庄公使栾盈间入晋曲沃为内应，以兵随之，上太行，入孟门。栾盈败，齐兵还，取朝歌。

六年，初，棠公妻好，棠公死，崔杼取之。庄公通之，数如崔氏，以崔杼之冠赐人。侍者曰："不可。"崔杼怒，因其伐晋，欲与晋合谋袭齐而不得间。庄公尝笞宦者贾举，贾举复侍，为崔杼间公以报怨。五月，莒子朝齐，齐以甲戌飨之。崔杼称病不视事。乙亥，公问崔杼病，遂从崔杼妻。崔杼妻入室，与崔杼自闭户不出，公拥柱而歌。宦者贾举遮公从官而入，闭门，崔杼之徒持兵从中起。公登台而请解，不许；请盟，不许；请自杀于庙，不许。皆曰："君之臣杼疾病，不能听命。近于公宫。陪臣争趣有淫者，不知二命。"公逾墙，射中公股，公反坠，遂弑之。晏婴立崔杼门外，曰："君为社稷死则死之，为社稷亡则亡之。若为己死己亡，非其私昵，谁敢任之！”门开而入，枕公尸而哭，三踊而出。人谓崔杼：“必杀之。”崔杼曰：“民之望也，舍之得民。”

【译文】

灵公九年，晋大夫栾书杀死了国君晋厉公。十年，晋悼公攻打齐国，齐国公子光被送给晋国做人质。十九年，公子光被立为太子，由高厚辅佐，并派他到钟离参与诸侯盟会。二十七年，晋国派中行献子伐齐。齐军战败，灵公逃至临淄。晏婴劝谏灵公，灵公不听。晏子说：“我们的国君也太懦弱了。”晋兵围攻临淄，齐人坚守不出，晋军把外城内烧光后离去。

二十八年，开始时灵公娶鲁国之女为妻，后有子名光，立为太子。后又娶仲姬、戎姬。戎姬得到宠爱，仲姬有子名牙，托付给戎姬抚养。戎姬想立牙为太子，灵公应允。仲姬说：“不可。光本为太子，已位列诸侯，如今无故废黜，必有祸患。”灵公说：“废立之事由我决定。”于是便让太子光迁至东部，让高厚辅佐牙为太子。灵公病后，崔杼迎原太子光为国君，即庄公。庄公杀死戎姬。五月壬辰日，灵公去世，庄公即位，在句窦丘捉住太子牙并杀死了他。八月，崔杼杀死高厚。晋国听说齐国发生了内乱，便出兵伐齐，到达高唐。

庄公三年，晋国大夫栾盈逃至齐国，庄公以礼厚待。晏婴、田文子劝谏阻止，庄公不听。四年，庄公派栾盈暗中入曲沃做内应，齐国大兵随后压境，打到太行山，进入孟门关口。栾盈失败，还师归齐，取下了朝歌城。

庄公六年，开始棠公之妻美貌如花，棠公死后，崔杼娶了她。庄公又与她通奸，多次去崔杼家与其约会，还把崔杼之冠赏给别人。庄公的侍从劝说：“千万不能如此。”崔杼知道后大怒，便借庄公伐晋之机想同晋国共谋除掉庄公，但没有成功。庄公曾鞭打宦官贾举，后又任命他为内侍，于是他便为崔杼寻找庄公的破绽来报仇。五月，莒国国君朝见齐君，齐庄公在甲戌日宴请莒君。崔杼谎称有病没去上朝。乙亥日，庄公探望崔杼病情，而后与崔杼之妻嬉戏。崔妻入室，与崔杼同把屋门关上不出来，庄公在前堂抱柱唱歌。此时贾举把庄公侍从拦在院外，自己入院把门关上。崔杼手下手执兵器一拥而上。庄公登上高台请求和解，众人不许，庄公又请求盟誓，众人也不许，庄公最后请求在祖庙里杀了自己，众人仍不许。大家说："崔杼病重，这时由不得你。况且离宫廷又远，我们只是在捉拿淫乱之徒，没接到其他命令。"庄公想跳墙逃走，后被射中大腿，落入墙里，随后被杀。晏婴站在崔杼院外，说："国君为社稷而死，臣子应为他殉葬，国君为社稷而逃亡，臣子也应随他逃亡。国君为个人私利而逃亡，除了宠幸私臣外，其他人不会为此殉死。"晏子等开门进入院内，把庄公尸体放在大腿上失声痛哭，先后三次顿足以示哀痛，而后走出院子。有人对崔杼说："一定要杀了晏婴！"崔杼说："他甚有威望，放过他我们会赢得民心。"

【原文】

丁丑，崔杼立庄公异母弟杵臼，是为景公。景公母，鲁叔孙宣伯女也。景公立，以崔杼为右相，庆封为左相。二相恐乱起，乃与国人盟曰："不与崔庆者死！"晏子仰天曰："婴所不唯忠于君利社稷者是从！"不肯盟。庆封欲杀晏子，崔杼曰："忠臣也，舍之。"齐太史书曰"崔杼弑庄公"，崔杼杀之。其弟复书，崔杼复杀之。少弟复书，崔杼乃舍之。

景公元年，初，崔杼生子成及强，其母死，取东郭女，生明。东郭女使其前夫子无咎与其弟偃相崔氏。成有罪，二相急治之，立明为太子。成请老于崔，崔杼许之，二相弗听，曰："崔，宗邑，不可。"成、强怒，告庆封。庆封与崔杼有郤，欲其败也。成、强杀无咎、偃于崔杼家，家皆奔亡。崔杼怒，无人，使一宦者御，见庆封。庆封曰："请为子诛之。"使崔杼仇卢蒲嫳攻崔氏，杀成、强，尽灭崔氏，崔杼妇自杀。崔杼毋归，亦自杀。庆封为相国，专权。

三年十月，庆封出猎。初，庆封已杀崔杼，益骄，嗜酒好猎，不听政令。庆舍用政，已有内郤。田文子谓桓子曰："乱将作。"田、鲍、高、栾氏相与谋庆氏。庆舍发甲围庆封宫，四家徒共击破之。庆封还，不得入，奔鲁。齐人让鲁，封奔吴。吴与之朱方，聚其族而居之，富于在齐。其秋，齐人徙葬庄公，僇崔杼尸于市以说众。

【译文】

丁丑日，崔杼立庄公异母兄弟杵臼为君，即景公。景公之母是鲁国大夫叔孙宣伯之女。景公即位后，任崔杼为右相，庆封当为左相。两位国相怕局势不稳，就与国人盟誓说：“不听从崔庆的人就要死！”晏子仰天长叹道：“我无法做到，我只跟从忠君利国之人！”不肯盟誓。庆封想杀晏子，崔杼说：“他是难得的忠臣，不能杀他。”齐太史把“崔杼杀庄公”记载于史，崔杼将其杀死。太史之弟又想记载此事，也被杀害。太史的最小兄弟还是记载，崔杼放过了他。

景公元年，开始，崔杼生有成和强两个儿子，其母去世后，崔杼又娶妻东郭氏之女，生子明。东郭氏女让她前夫之子无咎和其弟东郭偃做崔氏家族的相。成有过失，无咎和东郭偃二相便从严惩治，想拥立明为太子。成请求到崔邑告老还乡，崔杼答应，二相不肯，说：“崔邑是崔氏宗庙所在地，不能让他去。”成、强十分生气，告知庆封。庆封与崔杼素来不合，希望崔氏家族中落。成、强在崔杼家中杀死无咎、偃，家人四散奔逃。崔杼大怒，但因无家人，便让一宦官为其驾车，去见庆封。庆封说：“你让我杀掉成、强。”后便派崔杼的仇人卢蒲嫳袭击崔氏，杀了成、强两兄弟，崔氏一族全部被杀，无家可归的崔杼和其妻也相继自杀。庆封被封为相国，手握大权。

三年十月，庆封外出打猎。庆封杀死崔杼后，更加骄横无礼，酗酒游猎，不理政事。其子庆舍执政，致使国内矛盾重重。田文子对田桓子说：“恐怕要有动乱了。”田、鲍、高、栾四家联合，想消灭庆氏。庆舍派甲兵保护庆封宫室，四家族的徒众共同击破庆氏之家。庆封归来，无家可归，逃至鲁国。齐人威胁鲁国，庆封又逃到吴国。吴国赏给庆封朱方之地，庆封与族人同居于此，甚至比在齐国时还富有。同年秋，齐人移葬庄公，把崔杼尸体示众以泄民愤。

【原文】

九年，景公使晏婴之晋，与叔向私语曰：“齐政卒归田氏。田氏虽无大德，以公权私，有德于民，民爱之。”十二年，景公如晋，见平公，欲与伐燕。十八年，公复如晋，见昭公。二十六年，猎鲁郊，因入鲁，与晏婴俱问鲁礼。三十一年，鲁昭公辟季氏难，奔齐。齐欲以千社封之，子家止昭公，昭公乃请齐伐鲁，取郓以居昭公。

三十二年，彗星见。景公坐柏寝，叹曰："堂堂！谁有此乎？"群臣皆泣，晏子笑，公怒。晏子曰："臣笑群臣谀甚。"景公曰："彗星出东北，当齐分野，寡人以为忧。"晏子曰："君高台深池，赋敛如弗得，刑罚恐弗胜，茀星将出，彗星何惧乎？"公曰："可禳否？"晏子曰："使神可祝而来，亦可禳而去也。百姓苦怨以万数，而君令一人禳之，安能胜众口乎？"是时景公好治宫室，聚狗马，奢侈，厚赋重刑，故晏子以此谏之。

四十二年，吴王阖闾伐楚，入郢。四十七年，鲁阳虎攻其君，不胜，奔齐，请齐伐鲁。鲍子谏景公，乃囚阳虎。阳虎得亡，奔晋。四十八年，与鲁定公好会夹谷。犁钼曰："孔丘知礼而怯，请令莱人为乐，因执鲁君，可得志。"景公害孔丘相鲁，惧其霸，故从犁钼之计。方会，进莱乐，孔子历阶上，使有司执莱人斩之，以礼让景公。景公惭，乃归鲁侵地以谢，而罢去。是岁，晏婴卒。五十五年，范、中行反其君于晋，晋攻之急，来请粟。田乞欲为乱，树党于逆臣，说景公曰："范、中行数有德于齐，不可不救。"及使乞救而输之粟。

【译文】

九年，景公命晏婴出使晋国，晏婴暗中告诉叔向："齐国政权要落入田氏之手。田氏虽无大德，但能以公施舍私恩，有恩于民，必会受到拥戴。"十二年，景公来到晋国，面见晋平公，想共谋伐燕。十八年，景公再次来到晋国，面见晋昭公。二十六年，景公来到鲁国郊外打猎，后又进入鲁国都城，同晏婴学习鲁国的仪礼。三十一年，鲁昭公为躲避季氏叛乱逃到齐国。景公打算以千社土地封给昭公，子家劝昭公不要接受，昭公就求齐国讨伐鲁国，后攻取郓邑，给昭公居住。

三十二年，天空有彗星出现。景公坐于柏寝台上叹息说："堂皇的亭台，到底要落到谁手里呀？"群臣暗自落泪。晏子却大笑不止，景公十分恼怒。晏子说："我笑群臣太爱溜须拍马了。"景公说："出现在天空东北的彗星，正对的是齐国的位置，我很为此感到担忧呀！"晏子说："您建高台、筑深池，收重税，滥施刑罚，严厉苛刻，最凶的茀星将要出现，您还怕什么彗星呢？”景公说：“能通过祭祀避免彗星吗？”晏子说：“祭祀可以使神明降临，也可使彗星远离。但愁苦的百姓成千上万，您一个人的祈祷，能胜过众人的怨声呢？”当时景公大兴土木，饲养狗马，奢侈无度，征收重税，滥用酷刑，所以晏子借机劝谏景公。

四十二年，吴王阖闾伐楚，攻入楚都郢。四十七年，鲁国大夫阳虎反叛鲁君，失败后逃到齐国，请求齐国伐鲁。鲍子劝谏景公，景公想囚禁阳虎。后阳虎又逃到晋国。四十八年，景公与鲁定公在夹谷盟会修好。犁钼说：“孔丘精通礼仪但性格怯懦，不如让莱人表演歌舞，借机活捉鲁君，以便让鲁国答应我们的要求。”景公害怕心孔子成为鲁相，而使鲁国成就霸业，便听从了犁钼之计。盟会时，齐国献上莱人乐舞，孔子登上台阶，命有关人员捉住莱人斩首，并以礼责备景公。景公理亏，就归还了鲁国的领土以谢罪，而后回车。当年，晏子去世。五十五年，晋国大夫范氏与中行氏共谋反叛，晋君在与二人的斗争中没有占据上风，范氏、中行氏来齐国求助粮草。田乞也想反叛齐国，想与晋国勾结反叛，劝景公说：“范氏、中行氏对齐有数次恩德，不能不救助。”景公便命田乞救援并送去粮草。

【原文】

五十八年夏，景公夫人燕姬适子死。景公宠妾芮姬生子荼，荼少，其母贱，无行，诸大夫恐其为嗣，乃言愿择诸子长贤者为太子。景公老，恶言嗣事，又爱荼母，欲立之，惮发之口，乃谓诸大夫曰：“为乐耳，国何患无君乎？”秋，景公病，命国惠子、高昭子立少子荼为太子，逐群公子，迁之莱。景公卒，太子荼立，是为晏孺子。冬，未葬，而群公子畏诛，皆出亡。荼诸异母兄公子寿、驹、黔奔卫，公子驵、阳生奔鲁。莱人歌之曰：“景公死乎弗与埋，三军事乎弗与谋，师乎师乎，胡党之乎？”

晏孺子元年春，田乞伪事高、国者，每朝，乞骖乘，言曰：“子得君，大夫皆自危，欲谋作乱。”又谓诸大夫曰：“高昭子可畏，及未发，先之。”大夫从之。六月，田乞、鲍牧乃与大夫以兵入公宫，攻高昭子。昭子闻之，与国惠子救公。公师败，田乞之徒追之，国惠子奔莒，遂反杀高昭子。晏圉奔鲁。八月，齐秉意兹。田乞败二相，乃使人之鲁召公子阳生。阳生至齐，私匿田乞家。十月戊子，田乞请诸大夫曰："常之母有鱼菽之祭，幸来会饮。"会饮，田乞盛阳生橐中，置坐中央，发橐出阳生，曰："此乃齐君矣！"大夫皆伏谒。将与大夫盟而立之，鲍牧醉，乞诬大夫曰："吾与鲍牧谋共立阳生。"鲍牧怒曰："子忘景公之命乎？"诸大夫相视欲悔，阳生前，顿首曰："可则立之，否则已。"鲍牧恐祸起，乃复曰："皆景公子也，何为不可！"乃与盟，立阳生，是为悼公。悼公入宫，使人迁晏孺子于骀，杀之幕下，而逐孺子母芮子。芮子故贱而孺子少，故无权，国人轻之。

悼公元年，齐伐鲁，取讙、阐。初，阳生亡在鲁，季康子以其妹妻之。及归即位，使迎之。季姬与季鲂侯通，言其情，鲁弗敢与，故齐伐鲁，竟迎季姬。季姬嬖，齐复归鲁侵地。

鲍子与悼公有郤，不善。四年，吴、鲁伐齐南方。鲍子弑悼公，赴于吴。吴王夫差哭于军门外三日，将从海入讨齐。齐人败之，吴师乃去。晋赵鞅伐齐，至赖而去。齐人共立悼公子壬，是为简公。

【译文】

五十八年夏，景公夫人燕姬的嫡子去世。另外一名宠妾芮姬生有一子名荼，荼尚年幼，其母出身卑贱，荼又品行不端，国中大夫怕荼成为太子，便想在诸公子中选择年长且有贤德的做太子。此时景公年迈，不愿提太子之事，又加上宠爱荼的母亲，便一心想立荼为太子，但又不想主动要求，便对诸大夫说："你们只管享乐吧，还怕国家没有君主吗？"秋天，景公病危，便急命国惠子、高昭子立幼子荼为太子，并把其他公子逐出，迁至莱地。景公死后，荼继位成国君，即晏孺子。同年冬天，齐景公的尸体尚未安葬，而其他公子怕被荼所杀，便纷纷逃亡国外。荼的异母哥哥寿、驹、黔逃到卫国，公子驵、阳生逃到鲁国。面对此景，莱人唱道："不能参加景公的葬礼，不能谋划国家的军事。追随各位公子的大夫呀，你们都到哪里去了？"

晏孺子元年春，田乞佯装忠于高氏、国氏，每次二氏上朝，田乞便为他们牵马坠镫，劝谏说："虽然你们得到君王信任，但众大夫都感到十分危险，欲谋反叛。”又对众大夫说：“高昭子太恶毒了，不如趁他没有采取行动前，我们先把他铲除。”大夫们都听从了他的意见。六月，田乞、鲍牧与众大夫带兵进入宫，攻打高昭子。昭子知道后，与国惠子共救国君。国君兵败，田乞率兵追赶，后国惠子逃到莒国，田乞回兵杀死高昭子。晏圉逃到鲁国。八月，大夫秉意兹逃到鲁国。田乞打败高、国二相后，就派人到鲁国迎回公子阳生。阳生归齐后，藏在田乞家中。十月戊子日，田乞邀请诸大夫说：“尝儿的母亲现在在家要操持简陋的祭祀，特请光临饮酒。”会饮时，田乞事先把阳生装在口袋里，而后放在座席中央，并随后把阳生放出，说：“他就是齐国的君主！”诸大夫争相拜见。而后便与诸大夫盟誓立阳生为君，当时鲍牧酒醉，田乞欺骗大家说：“立阳生为君，是我和鲍牧的主意。”鲍牧大怒道：“您忘了景公本要立荼为君的遗命了吗？”诸大夫面面相觑，想改变主意，阳生上前叩头说：“至于我能立则立，不立则罢。”鲍牧怕生起祸乱，就说：“既然都是景公之子，又有何不可呢。”于是盟誓，阳生继位为齐君，即悼公。悼公入宫后，把晏孺子流放到骀地，途中买通帐幕将晏孺子杀死，而后又把孺子之母驱逐出宫。芮子本就卑贱弱小，没有权势，所以遭到国人轻视。

悼公元年，齐国伐鲁，攻取讙、阐二地。以前阳生逃亡鲁国时，季康子把其妹嫁给他。阳生归齐继位后，派人前去迎接妻子。其妻季姬竟与季鲂侯私通，家人知晓后，鲁人便不敢让季姬归齐，于是齐国伐鲁，最后迎回了季姬。季姬十分受悼公宠爱，接着齐国归还了侵占鲁国的土地。

鲍子与悼公有隔阂，素来不睦。四年，吴、鲁二国攻打齐国南部。鲍子杀害悼公，向吴国报丧。吴王夫差在军门外痛哭三日，打算从海路讨伐齐国。齐军打败了吴军，吴军撤回。晋国赵鞅伐齐，打到赖地后撤回。齐人后来共立悼公之子壬为君，即简公。

【原文】

简公四年春，初，简公与父阳生俱在鲁也，监止有宠焉。及即位，使为政。田成子惮之，骤顾于朝。御鞅言简公曰：“田、监不可并也，君其择焉。”弗听。子我夕，田逆杀人，逢之，遂捕以入。田氏方睦，使囚病而遗守囚者酒，醉而杀守者，得亡。子我盟诸田于陈宗。初，田豹欲为子我臣，使公孙言豹，豹有丧而止。后卒以为臣，幸于子我。子我谓曰："吾尽逐田氏而立女，可乎？"对曰："我远田氏矣。且其违者不过数人，何尽逐焉！"遂告田氏。子行曰："彼得君，弗先，必祸子。"子行舍于公宫。

夏五月壬申，成子兄弟四乘如公。子我在幄，出迎之，遂入，闭门。宦者御之，子行杀宦者。公与妇人饮酒于檀台，成子迁诸寝。公执戈将击之，太史子余曰："非不利也，将除害也。"成子出舍于库，闻公犹怒，将出，曰："何所无君！"子行拔剑曰："需，事之贼也。谁非田宗？所不杀子者有如田宗。"乃止。子我归，属徒攻闱与大门，皆弗胜，乃出。田氏追之。丰丘人执子我以告，杀之郭关。成子将杀大陆子方，田逆请而免之。以公命取车于道，出雍门。田豹与之车，弗受，曰："逆为余请，豹与余车，余有私焉。事子我而有私于其仇，何以见鲁、卫之士？"

庚辰，田常执简公于徐州。公曰："余蚤从御鞅言，不及此。"甲午，田常弑简公于徐州。田常乃立简公弟骜，是为平公。平公即位，田常相之，专齐之政，割齐安平以东为田氏封邑。

平公八年，越灭吴。二十五年卒，子宣公积立。宣公五十一年卒，子康公贷立。田会反廪丘。康公二年，韩、魏、赵始列为诸侯。十九年，田常曾孙田和始为诸侯，迁康公海滨。二十六年，康公卒，吕氏遂绝其祀。田氏卒有齐国，为齐威王，强于天下。

太史公曰：吾适齐，自泰山属之琅邪，北被于海，膏壤二千里，其民阔达多匿知，其天性也。以太公之圣，建国本，桓公之盛，修善政，以为诸侯会盟，称伯，不亦宜乎？洋洋哉，固大国之风也！

【译文】

简公四年春，以前简公与其父悼公曾同在鲁国，当时大夫监止受宠。简公即位后，命监止理政。田成子怕他报复，在上朝时总回头看他。简公的御手田鞅对简公说："田、监两人不能并存，你要从中选择其一。"简公不听。有天傍晚，田逆杀人，恰巧遇上监止，便把田逆逮捕。田氏家族此时相当团结，便让被囚禁的田逆佯装病危，后命家人以送酒探监为名，将看守灌醉杀死，逃脱出狱。后来监止与田氏在田氏宗祠前盟誓，和解此事。当初，田豹想做监止的家臣，请大夫公孙向监止引荐，恰逢田豹服丧而作罢。不过最后还是成了监止家臣，而且受到信任。监止对田豹说：“我想驱逐田氏而后立你为长，怎么样？”田豹说：“我只是田氏家族中的旁支，况且田氏家族中与你作对的只有几个人，为什么全都驱逐呢？”后来田豹把此事告诉了田氏。田逆说：“他得到君主宠信，如果我们不先下手，必遭祸患。”于是田逆便住在宫中以做内应。

夏五月壬申日，田成子兄弟乘四辆车求见简公。监止在帏帐中，也出来迎接，走进宫后便把大门关闭。宦官想阻拦田氏，结果被杀。当时简公正与妻妾在檀台上饮酒，田常把他带到寝宫。简公想用戈反击，太史子余说：“田常并非要谋害您，而是为您除害的。”田常出宫后住在武库，听说简公愤怒不已，便要逃到国外，并说：“哪里没有君主？”田逆拔剑说：“犹豫不决，必为祸根。这里的人哪个不是田氏成员？你如怯懦出逃，抛弃宗亲，我如不杀你，难以对得起祖宗。”田常无奈留下。监止跑回家，聚徒攻打宫城各门，都没有成功，就逃出齐国。田氏命人追赶，后听说丰丘有人抓住监止，田氏便在郭门将监止杀死。田常想杀大陆子方，在田逆的请求下才幸免于难。以简公之名在路上截车，驶出雍门。田豹曾给他车用，辞绝，说：“田逆为我求情，田豹送我车辆，别人知道了还以为我与田氏有私交呢。我身为监止家臣，却与仇家有私交，我有何脸面去见鲁、卫的士人呢？”

庚辰日，田常在徐州捉住简公。简公说：“如果我听田鞅所劝，也不会落到如此地步。”甲午日，田常在徐州杀死简公。立简公之弟鳌为齐君，即平公。平公继位后，田常为相，独揽大权，划割安平以东的土地为田氏封疆范围。

平公八年，越国灭掉吴国。二十五年平公去世，其子宣公积继位。宣公五十一年去世，其子康公贷继位。田会在廪丘反叛。康公二年，韩、赵、魏三家分晋，成为诸侯。十九年，田常曾孙田和成为诸侯，将康公迁居到海滨。二十六年，康公去世，吕氏祭祀断绝。田氏最终占有齐国，到齐威王时，成为首屈一指的强国。

太史公说：我到齐国，见齐地西起泰山，东至琅邪，北至大海，方圆两千里，百姓心胸豁达开阔，处事深沉多智，此乃天性使然。因太公圣明，创立国家根基，再加上桓公盛德，善修仁政，才能会盟于诸侯，成为霸主，这也是水到渠成之势，如此广博的胸怀，彰显了大国风范啊！

【评析】

此篇为我们再现了姜齐的兴亡史。从姜太公建国到齐桓公称霸春秋，从齐桓公身死数日而不得安葬到后来的崔、庆之乱，姜齐走过了由贫而富、盛极而衰的漫长历程。齐桓公曾作为“春秋五霸”之首登上历史的舞台，也使得当时的齐国左右着中原的政局。齐国在齐桓公时期达到鼎盛，也由此开始走向衰败。在成绩面前有了自满情绪的齐桓公开始不辨是非，宠信小人，从而使国家开始走下坡路。孟子曾说“得道多助，失道寡助”。齐桓公之所以能够称霸诸侯，不仅仅是靠武力，还有姜太公时期为他打下的坚实的经济基础，以及齐国两代统治者的良好声誉。得民心者得天下，那时他们赢得了民心，一度呈现出“万国归顺”的局面，不过天下也会随着民心的丧失而失去。于是，在随后接连不断地争权夺利中，姜齐就走上了不归路，败亡也就成了定局。闪亮地等场却无声地落幕，真是此一时，彼一时。

第三章 鲁周公世家

【原文】

周公旦者，周武王弟也。自文王在时，旦为子孝，笃仁，异于群子。及武王即位，旦常辅翼武王，用事居多。武王九年，东伐至盟津，周公辅行。十一年，伐纣，至牧野，周公佐武王，作牧誓。破殷，入商宫。已杀纣，周公把大钺，召公把小钺，以夹武王，衅社，告纣之罪于天，及殷民。释箕子之囚。封纣子武庚禄父，使管叔、蔡叔傅之，以续殷祀。遍封功臣同姓戚者。封周公旦于少昊之虚曲阜，是为鲁公。周公不就封，留佐武王。

武王克殷二年，天下未集，武王有疾，不豫，群臣惧，太公、召公乃缪卜。周公曰："未可以戚我先王。"周公于是乃自以为质，设三坛，周公北面立，戴璧秉圭，告于太王、王季、文王。史策祝曰："惟尔元孙王发，勤劳阻疾。若尔三王是有负子之责于天，以旦代王发之身。旦巧能，多材多艺，能事鬼神。乃王发不如旦多材多艺，不能事鬼神。乃命于帝庭，敷佑四方，用能定汝子孙于下地，四方之民罔不敬畏。无坠天之降葆命，我先王亦永有所依归。今我其即命于元龟，尔之许我，我以其璧与圭归，以俟尔命。尔不许我，我乃屏璧与圭。"周公已令史策告太王、王季、文王，欲代武王发，于是乃即三王而卜。卜人皆曰吉，发书视之，信吉。周公喜，开籥，乃见书遇吉。周公入贺武王曰："王其无害。旦新受命三王，维长终是图。兹道能念予一人。"周公藏其策金縢匮中，诫守者勿敢言。明日，武王有瘳。

【译文】

周公旦是周武王的弟弟。文王在世时，旦作为儿子十分孝顺，忠厚仁爱，远在其他兄弟之上。武王即位后，旦经常辅助武王，处理政务。武王九年，亲自东征到盟津，周公相随辅助。十一年，讨伐殷纣，兵至牧野，周公照旧辅助武王，并发布了《牧誓》。攻破殷都后，进入商宫。杀死殷纣后，周公手持大钺，召公手持小钺，左右辅助武王，行衅社之礼，向上天和殷民宣布纣王罪行。并释放囚禁的箕子。封纣子武庚禄父，命管叔、蔡叔辅助他，以承续殷商祭祀。而后分封功臣、同姓及亲戚。封周公于少昊故墟曲阜，即鲁公。但周公没有去自己的封地，而是留在朝廷辅佐武王。

武王灭纣的第二年，天下统一大业尚未完成，武王病危，身体不支，群臣恐惧，太公、召公想以占卜来辨吉凶。周公说："不要让先王忧虑悲伤。"周公于是以自身为质，设下三个祭坛，周公面北而立，捧璧持圭，对着太王、王季、文王的灵位祈祷。命史官作册文祈祷："你们的长孙周王发。辛劳成疾。如三位先王有欠于上天一子，请让旦代替周王发。旦灵巧贤能，才艺双全，能奉鬼神。论才艺周王发不如旦，也不会事奉鬼神。但周王受命于天庭，普度天下黎民，且能使子孙后人的生活得以安定，四方百姓无不敬畏。他能使天赐好运经久不衰，先王也可永享祭祀。如今我想以占卜之龟听先王吩咐，如能满足我的要求，将献上圭璧，听从您安排。如若不允，我就收藏圭璧。"周公命史官作册文向太王、王季、文王祝告要用己身代替武王发之后，便到三王祭坛前占卜。卜人都说是吉卦，翻开兆书观看 ，果然如此。周公十分欣喜，便开柜察看占兆之书，也是吉卦。周公便进宫祝贺武王说："您并无灾祸，我已收到三位先王遗命，您只考虑周室的长远之计就行了，其他不用担心。上天为天子考虑得多么周到啊！"周公把册文收进金丝缠束的柜中密封，告诫守护者不要泄露出去。次日，武王病情痊愈。

【原文】

其后武王既崩，成王少，在强葆之中。周公恐天下闻武王崩而畔，周公乃践阼代成王摄行政当国。管叔及其群弟流言于国曰："周公将不利于成王。”周公乃告太公望、召公奭曰：“我之所以弗辟而摄行政者，恐天下畔周，无以告我先王太王、王季、文王。三王之忧劳天下久矣，于今而后成。武王蚤终，成王少，将以成周，我所以为之若此。”于是卒相成王，而使其子伯禽代就封于鲁。周公戒伯禽曰：“我文王之子，武王之弟，成王之叔父，我于天下亦不贱矣。然我一沐三捉发，一饭三吐哺，起以待士，犹恐失天下之贤人。子之鲁，慎无以国骄人。”

管、蔡、武庚等果率淮夷而反。周公乃奉成王命，兴师东伐，作大诰。遂诛管叔，杀武庚，放蔡叔。收殷余民，以封康叔于卫，封微子于宋，以奉殷祀。宁淮夷东土，二年而毕定。诸侯咸服宗周。

天降祉福，唐叔得禾，异母同颖，献之成王，成王命唐叔以馈周公于东土，作馈禾。周公既受命禾，嘉天子命，作嘉禾。东土以集，周公归报成王，乃为诗贻王，命之曰鸱鸮。王亦未敢训周公。

成王七年二月乙未，王朝步自周，至丰，使太保召公先之雒相土。其三月，周公往营成周雒邑，卜居焉，曰吉，遂国之。

成王长，能听政。于是周公乃还政于成王，成王临朝。周公之代成王治，南面倍依以朝诸侯。及七年后，还政成王，北面就臣位，匔匔如畏然。

初，成王少时，病，周公乃自揃其蚤沉之河，以祝于神曰：“王少未有识，奸神命者乃旦也。”亦藏其策于府。成王病有瘳。及成王用事，人或谮周公，周公奔楚。成王发府，见周公祷书，乃泣，反周公。

【译文】

武王去世后，成王年幼，尚在襁褓之中。周公怕天下人得知武王去世的消息而反叛朝廷，就登位替成王理政，掌握大权。管叔与其他诸弟在国中散布流言说：“周公要对成王不利。”周公急告太公望、召公奭说：“我之所以不避忌讳地代理国政，怕的是有人反叛周室，到时就无法向先王太王、王季、文王交代了。三王为天下之业忧劳甚久，如今刚刚有所成就。且武王去世，成王幼小，为了巩固周朝基业，我也只能这样做了。”于是仍然辅佐成王，并命其子伯禽代替自己到鲁国受封。周公告诫伯禽：“我是文王之子、武王之弟，成王的叔父，在天下我的地位可算够高贵了。但我每次洗头时都要三次握起头发，每顿饭都要三次吐出食物，接待贤士立身而起，怕的是失去民心和贤人。你到鲁国后，切不可因有封地便对人骄横无礼。”

后来，管叔、蔡叔、武庚等人果真率兵反叛。周公便奉成王之命举兵东征，宣写《大诰》。后来诛斩管叔，杀掉武庚，流放蔡叔。收服了殷商遗民，把康叔封到卫地，把微子封到宋地，并准许其行殷商祭祀。平定淮夷及东部其他地区，二年后全部完成。各诸侯都归顺了周室。

天降祥瑞，唐叔得到二茎共生一穗的粟禾，进献成王，成王命唐叔去东部周公军队驻地赠给周公，并作《馈禾》。周公感恩接受，深赞天子恩德，作了《嘉禾》。平定东部后，周公回报成王，并作诗赠给成王，诗命名为《鸱鸮》。成王并没有责备周公。

成王七年二月乙未日，成王朝拜武王，而后步行来到丰京朝拜文王，命太保召公先到洛邑察看地形。三月，周公来到洛邑营造的成周京城，经占卜后得知卦象大吉，便将洛邑定为国都。

成王长大成人，可处理国事了。周公便把政权交给了成王，成王临朝听政。以前周公替成王治理天下，面向南方，背对扆壁，接受朝拜。七年后，把政权交给成王，周公面北立于臣子之位，仍然行事谨慎小心。

当初，成王幼小，身患疾病，周公便剪下指甲沉入河中，向神求告：“成王年幼无知，冒犯神灵的是我。”并把那些祝告册文暗藏起来，后成王果然痊愈。成王临朝后，有人背后诬陷周公，周公逃到楚国。成王打开秘府，发现周公当年的祈祷册文，不禁流满面，便把周公迎回。

【原文】

周公归，恐成王壮，治有所淫佚，乃作多士，作毋逸。毋逸称：“为人父母，为业至长久，子孙骄奢忘之，以亡其家，为人子可不慎乎！故昔在殷王中宗，严恭敬畏天命，自度治民，震惧不敢荒宁，故中宗飨国七十五年。其在高宗，久劳于外，为与小人，作其即位，乃有亮暗，三年不言，言乃欢，不敢荒宁，密靖殷国，至于小大无怨，故高宗飨国五十五年。其在祖甲，不义惟王，久为小人于外，知小人之依，能保施小民，不侮鳏寡，故祖甲飨国三十三年。”多士称曰：“自汤至于帝乙，无不率祀明德，帝无不配天者。在今后嗣王纣，诞淫厥佚，不顾天及民之从也。其民皆可诛。”“文王日中昃不暇食，飨国五十年。”作此以诫成王。

成王在丰，天下已安，周之官政未次序，于是周公作周官，官别其宜。作立政，以便百姓。百姓说。

周公在丰，病，将没，曰：“必葬我成周，以明吾不敢离成王。”周公既卒，成王亦让，葬周公于毕，从文王，以明予小子不敢臣周公也。

周公卒后，秋未获，暴风雷，禾尽偃，大木尽拔。周国大恐。成王与大夫朝服以开金縢书，王乃得周公所自以为功代武王之说。二公及王乃问史百执事，史百执事曰：“信有，昔周公命我勿敢言。”成王执书以泣，曰：“自今后其无缪卜乎！昔周公勤劳王家，惟予幼人弗及知。今天动威以彰周公之德，惟朕小子其迎，我国家礼亦宜之。”王出郊，天乃雨，反风，禾尽起。二公命国人，凡大木所偃，尽起而筑之。岁则大孰。于是成王乃命鲁得郊祭文王。鲁有天子礼乐者，以褒周公之德也。

【译文】

周公回来后，怕成王年轻，在政事上有荒淫放荡之举，就写了《多士》《毋逸》。《毋逸》中说：“身为父母，经历了很长的创业时期才成功，但因子孙的骄奢淫佚而忘记了祖上的困苦，使家业败落，作为后代能不谨慎吗？像以前的殷王中宗，庄严恭敬地敬畏天命，以身作则，治理百姓，勤恳执政，不敢有丝毫荒废，更不敢贪图享乐，这才使中宗在位有七十五年之久。殷之高宗，长时间在民间劳碌，常与百姓共同生活，即位后守丧，三年不语，一旦说话，就深得百姓拥戴，不敢荒废政事，一心只知巩固国家社稷，臣民毫无怨言，所以高宗在位有五十五年之久。殷王祖甲，因自己不是长子，觉得不适合为王，便长期流亡于民间，深知百姓疾苦，他安定国家，施恩于民，体恤鳏寡孤独之人，才在位执政三十三年。”《多士》中说：“自汤至帝乙，历代君王没有一代不遵循礼制去祭祀的，弘扬德行，听命于天。到后来的殷纣时，却荒淫无道，安逸享乐，违背天意民心，所以天下百姓都认为他该杀。”“周文王每天忙到太阳落山也顾不上吃饭，才拥有国家五十年。”周公以此来告诫成王。

成王在丰京居住，当时天下刚刚平定，周朝官职制度还没有秩序，于是周公作了《周官》，以确定百官职责。后又作《立政》，以方便百姓，百姓欢欣鼓舞。

周公在丰京患病，临终时说：“一定要把我葬在成周，以表明我不想离开成王。”周公死后，成王为表示谦让，把周公葬于毕邑，陪伴文王，以示成王不敢把周公当作臣子。

周公逝世的那年秋天，庄稼还没收割，突然一场暴风雷霆袭来，禾稼倒伏，大树连根拔起。国人十分惊恐。成王与众大夫穿朝服后打开金縢中的书籍，得到了周公愿以代武王去死的册文。太公、召公与成王便问史官及相关人员，他们说：“确有此事，但周公不让我们说出去。”成王手执册文痛哭流涕，说：“以后不要再占卜了！以前周公为王室操劳，我年幼无知。如今上天发威以彰显周公恩德，看来我该设坛拜迎各神呀，这才适合我们国家的礼仪。”于是便在郊外祭天，果然下起了大雨，风向转变，倒伏的禾穗全都立起。太公、召公命国人，把所有倒下的树木扶起以培实土基。当年获得丰收。于是成王允许鲁国也可行郊祭天和庙祭文王。因此，鲁国才有了与周天子一样的礼乐，这为的是褒奖周公的德行啊。

【原文】

周公卒，子伯禽固已前受封，是为鲁公。鲁公伯禽之初受封之鲁，三年而后报政周公。周公曰：“何迟也？”伯禽曰：“变其俗，革其礼，丧三年然后除之，故迟。”太公亦封于齐，五月而报政周公。周公曰：“何疾也？”曰：“吾简其君臣礼，从其俗为也。”及后闻伯禽报政迟，乃叹曰：“呜呼，鲁后世其北面事齐矣！夫政不简不易，民不有近；平易近民，民必归之。”

伯禽即位之后，有管、蔡等反也，淮夷、徐戎亦并兴反。于是伯禽率师伐之于肸，作肸誓，曰：“陈尔甲胄，无敢不善。无敢伤牿。马牛其风，臣妾逋逃，勿敢越逐，敬复之。无敢寇攘，逾墙垣。鲁人三郊三隧，峙尔刍茭、糗粮、桢干，无敢不逮。我甲戌筑而征徐戎，无敢不及，有大刑。”作此肸誓，遂平徐戎，定鲁。

鲁公伯禽卒，子考公酋立。考公四年卒，立弟熙，是谓炀公。炀公筑茅阙门。六年卒，子幽公宰立。幽公十四年。幽公弟㵒杀幽公而自立，是为魏公。魏公五十年卒，子厉公擢立。厉公三十七年卒，鲁人立其弟具，是为献公。献公三十二年卒，子真公濞立。

真公十四年，周厉王无道，出奔彘，共和行政。二十九年，周宣王即位。

三十年，真公卒，弟敖立，是为武公。

武公九年春，武公与长子括，少子戏，西朝周宣王。宣王爱戏，欲立戏为鲁太子。周之樊仲山父谏宣王曰："废长立少，不顺；不顺，必犯王命；犯王命，必诛之：故出令不可不顺也。令之不行，政之不立；行而不顺，民将弃上。夫下事上，少事长，所以为顺。今天子建诸侯，立其少，是教民逆也。若鲁从之，诸侯效之，王命将有所壅；若弗从而诛之，是自诛王命也。诛之亦失，不诛亦失，王其图之。"宣王弗听，卒立戏为鲁太子。夏，武公归而卒，戏立，是为懿公。

【译文】

周公死时，其子伯禽在此之前就已受封，即鲁公。鲁公伯禽开始受封到鲁地，三年后向周公汇报施政情况。周公说："怎么这么晚？"伯禽说："改变风俗，革新礼仪，服丧三年之后才能见到效果，所以迟了。"太公受封于齐，五个月后向周公汇报施政情况。周公说："怎么这么快？"太公说："我简化君臣间的仪礼，一切都顺应风俗而为。"后来太公听说伯禽汇报治政情况迟了，所感叹说："唉！鲁国后人要成为齐国臣子了，为政不从简从约，容易施行，百姓就会疏远他；政令平易百姓，人民才会心甘归附。"

伯禽即位后，有管、蔡等人造反，淮夷、徐戎也起兵造反。于是伯禽率军至肸征伐，作了《肸誓》，说："把你们的战甲头盔准备好，一定要精良。不能破坏牛栏马圈。马牛丢失，奴妾逃跑，军兵不得擅离职守去追赶，别处的牛马跑到我们这里要归还。不能劫略侵扰，不能入室窃取。鲁国西、南、北三方近远郊之人，要准备粮草桢干，不能耽搁。甲戌日我便可修筑工事以征伐徐戎，到时不来，必要处以极刑。"发布《肸誓》后，便征讨徐戎，安定鲁国。

鲁公伯禽死后，其子考公酋继位。考公在位四年去世，其弟熙继位，即炀公。炀公修建了茅阙门。六年炀公死，其子幽公宰继位。幽公十四年，其弟杀幽公自立为君，即魏公。魏公五十年死，其子厉公继位。厉公三十七年死，鲁人立其弟具为君，即献公。献公三十二年去世，其子真公濞继位。

真公十四年，周厉王荒淫无道，逃到彘邑，周公、召公共同执政。二十九年，周宣王即位。

三十年，真公去世，其弟敖继位，即武公。

武公九年春，武公与长子括、少子戏，西行拜见周宣王。宣王很喜欢戏，想立其为鲁国太子。身旁大夫樊仲山父劝谏说："废长立幼，不合礼制；不合礼制，便意味着触犯先王遗命；触犯先王遗命就要被杀，所以不能违背礼制。命令不易执行，便缺少权威；命令被施行却违背礼制，人民就不会服从。只有下级服从上级，年轻的服从年长的，才符合礼制。如今您想确立国家的继承人，竟然废长立幼，违背民意和礼制。要是鲁国听从您的意见，各诸侯就会纷纷仿效，先王之命就会受到阻塞；如果鲁国不听从您的命令，您就会兴兵伐鲁，这就等于诛伐先王的遗命。您伐鲁国是错，不伐鲁也是错，要慎重考虑呀。"宣王不从，仍立戏为太子。当年夏天，武公去世，戏继位，即懿公。

【原文】

懿公九年，懿公兄括之子伯御与鲁人攻弑懿公，而立伯御为君。伯御即位十一年，周宣王伐鲁，杀其君伯御，而问鲁公子能道顺诸侯者，以为鲁后。樊穆仲曰："鲁懿公弟称，肃恭明神，敬事耆老；赋事行刑，必问于遗训而咨于固实；不干所问，不犯所咨。"宣王曰："然，能训治其民矣。"乃立称于夷宫，是为孝公。自是后，诸侯多畔王命。

孝公二十五年，诸侯畔周，犬戎杀幽王。秦始列为诸侯。

二十七年，孝公卒，子弗湟立，是为惠公。

惠公三十年，晋人弑其君昭侯。四十五年，晋人又弑其君孝侯。

四十六年，惠公卒，长庶子息摄当国，行君事，是为隐公。初，惠公适夫人无子，公贱妾声子生子息。息长，为娶于宋。宋女至而好，惠公夺而自妻之。生子允。登宋女为夫人，以允为太子。及惠公卒，为允少故，鲁人共令息摄政，不言即位。

隐公五年，观渔于棠。八年，与郑易天子之太山之邑祊及许田，君子讥之。

十一年冬，公子挥谄谓隐公曰："百姓便君，君其遂立。吾请为君杀子允，君以我为相。"隐公曰："有先君命。吾为允少，故摄代。今允长矣，吾方营菟裘之地而老焉，以授子允政。"挥惧子允闻而反诛之，乃反谮隐公于子允曰："隐公欲遂立，去子，子其图之。请为子杀隐公。"子允许诺。十一月，隐公祭钟巫，齐于社圃，馆于蔿氏。挥使人弑隐公于蔿氏，而立子允为君，是为桓公。

【译文】

懿公九年，懿公之兄括的儿子伯御和鲁人杀死了懿公，立伯御为君。伯御在位十一年，周宣王伐鲁，杀死伯御，后问鲁国公子中谁能统领各路诸侯，谁就可做鲁国之君。樊穆仲说："鲁懿公之弟称，庄重恭谨，敬事神灵，尊重长者；处事行刑时，总是询问先王的遗训和成功经验，不违背先王遗训，不抵触成功条例。"宣王说："很好，那就让他来治理民众吧。"于是便在夷宫立称为君，即孝公。从此以后，违抗王命的事逐渐增多。

孝公二十五年，诸侯反叛周室，犬戎杀死周幽王。秦开始位列诸侯。

二十七年，孝公去世，其子弗湟继位，即惠公。

惠公三十年，晋人杀死君王昭侯。四十五年，晋人又杀死君王孝侯。

四十六年，惠公去世，庶生长子息理政，手握君权，即隐公。当初，惠公正室无后，其贱妾声子生有一子名息。息长大后，娶妻宋国之女。宋女到鲁国后，惠公见其美貌，便据为己有。生子名允。惠公把宋女封为正妻，立允为太子。惠公死时，因允年幼无知，鲁人便让息理政，因不能称为继位。

隐公五年，在棠地观看捕鱼。八年，与郑国交换天子所赐之封邑太山的祊和许田，君子对此事常有讽刺之语。

十一年冬，公子挥为讨好隐公说："百姓拥护你为君，您不如正式为国君吧。我希望您杀死子允，让我当国相。"隐公说："先君有命在先。因为允幼小，我才代理国事。如今允已长大，我想交出政权，到当初建造菟裘的地方去养老。”公子挥怕子允知道此事后被杀，便反过来在子允面前诬陷隐公说：“隐公想做国君，打算铲除你，你要小心呀！不如让我为你杀死隐公呀。”子允应允。十一月，在隐公祭祀钟巫之神时，在社圃斋戒，住在蒍氏家中。公子挥命人在蒍氏家杀死隐公，立子允为君，即桓公。

【原文】

桓公元年，郑以璧易天子之许田。二年，以宋之赂鼎入于太庙，君子讥之。

三年，使挥迎妇于齐为夫人。六年，夫人生子，与桓公同日，故名曰同。同长，为太子。

十六年，会于曹，伐郑，入厉公。

十八年春，公将有行，遂与夫人如齐。申繻谏止，公不听，遂如齐。齐襄公通桓公夫人。公怒夫人，夫人以告齐侯。夏四月丙子，齐襄公飨公，公醉，使公子彭生抱鲁桓公，因命彭生折其胁，公死于车。鲁人告于齐曰：“寡君畏君之威，不敢宁居，来修好礼。礼成而不反，无所归咎，请得彭生以除丑于诸侯。”齐人杀彭生以说鲁。立太子同，是为庄公。庄公母夫人因留齐，不敢归鲁。

庄公五年冬，伐卫，内卫惠公。

八年，齐公子纠来奔。九年，鲁欲内子纠于齐，后桓公，桓公发兵击鲁，鲁急，杀子纠。召忽死。齐告鲁生致管仲。鲁人施伯曰：“齐欲得管仲，非杀之也，将用之，用之则为鲁患。不如杀，以其尸与之。”庄公不听，遂囚管仲与齐。齐人相管仲。

十三年，鲁庄公与曹沫会齐桓公于柯，曹沫劫齐桓公，求鲁侵地，已盟而释桓公。桓公欲背约，管仲谏，卒归鲁侵地。十五年，齐桓公始霸。二十三年，庄公如齐观社。

【译文】

桓公元年，郑国用玉璧交换周天子赐给鲁国的封地许田。二年，鲁君把宋国贿赂赠送的鼎放到了太庙，君子对此深有讥贬之意。

三年，桓公命公子挥到齐国迎娶齐女为夫人。六年，夫人生下一子，因与桓公生日同天，起名“同”。同长大后被立为太子。

十六年，桓公与诸侯在曹国盟会，讨伐郑国，支持郑厉公回国为政。

十八年春，桓公打算外出，而后与夫人出使齐国。申繻劝阻，桓公不听，来到齐国后。齐襄公与桓公夫人私通。桓公知道后怒责夫人，夫人将此事告知齐侯。夏四月丙子日，齐襄公宴请桓公，并将桓公灌醉，后命公子彭生抱住桓公，并将桓公肋骨折断，使其死于车中。鲁人痛责齐君说：“我们国君敬畏您的威严，不敢安居，特来改善两国的友好关系。礼成但人没有回去，无法追究责任，我们只希望在诸侯面前除掉彭生以洗刷丑闻。”齐人便杀死彭生向鲁解释。鲁人后立太子同为君，即庄公。庄公的母亲桓公夫人留在了齐国，不敢归鲁。

庄公五年冬，鲁伐卫，支持卫惠公夺回政权。

八年冬，齐公子纠逃至鲁国。九年，鲁国想以武力护送子纠返齐为君，但让齐桓公抢先一步，齐桓公发兵攻鲁，鲁国迫于压力，杀死子纠，身边大臣召忽也死去。齐人想从鲁国得到管仲。鲁人施伯说：“齐国要回管仲，并非要杀他，而是要重用他，如果管仲被任用，将是鲁国大患。不如杀死管仲，将尸体送回。”庄公不听，把管仲送回齐国。管仲被封为国相。

十三年，鲁庄公与大夫曹沫在柯地与齐桓公盟会，曹沫武力要挟桓公，索要被侵占的鲁国土地，盟誓后放了桓公。桓公想弃约，被管仲劝阻，并归还了鲁国土地。十五年，齐桓公称霸于诸侯。二十三年，庄公到齐国拜观社祭。

【原文】

三十二年，初，庄公筑台临党氏，见孟女，说而爱之，许立为夫人，割臂以盟。孟女生子斑。斑长，说梁氏女，往观。圉人荦自墙外与梁氏女戏。斑怒，鞭荦。庄公闻之，曰：“荦有力焉，遂杀之，是未可鞭而置也。”斑未得杀。会庄公有疾。庄公有三弟，长曰庆父，次曰叔牙，次曰季友。庄公取齐女为夫人曰哀姜。哀姜无子。哀姜娣曰叔姜，生子开。庄公无适嗣，爱孟女，欲立其子斑。庄公病，而问嗣于弟叔牙。叔牙曰：“一继一及，鲁之常也。庆父在，可为嗣，君何忧？”庄公患叔牙欲立庆父，退而问季友。季友曰："请以死立斑也。"庄公曰："曩者叔牙欲立庆父，奈何？"季友以庄公命命牙待于鍼巫氏，使鍼季劫饮叔牙以鸩，曰："饮此则有后奉祀；不然，死且无后。"牙遂饮鸩而死，鲁立其子为叔孙氏。八月癸亥，庄公卒，季友竟立子斑为君，如庄公命。侍丧，舍于党氏。

先时庆父与哀姜私通，欲立哀姜娣子开。及庄公卒而季友立斑，十月己未，庆父使圉人荦杀鲁公子斑于党氏。季友奔陈。庆父竟立庄公子开，是为湣公。

湣公二年，庆父与哀姜通益甚。哀姜与庆父谋杀湣公而立庆父。庆父使卜齮袭杀湣公于武闱。季友闻之，自陈与湣公弟申如邾，请鲁求内之。鲁人欲诛庆父。庆父恐，奔莒。于是季友奉子申入，立之，是为釐公。釐公亦庄公少子。哀姜恐，奔邾。季友以赂如莒求庆父，庆父归，使人杀庆父，庆父请奔，弗听，乃使大夫奚斯行哭而往。庆父闻奚斯音，乃自杀。齐桓公闻哀姜与庆父乱以危鲁，及召之邾而杀之，以其尸归，戮之鲁。鲁釐公请而葬之。

【译文】

三十二年，起初庄公建筑一高台正好俯临党氏之家，庄公看上其家孟女，十分喜爱，便许诺要立其为夫人，并割破胳膊立誓。孟女生子斑。斑长大后看上了梁氏之女，前去拜望。有一名叫荦的养马人从墙外戏弄梁氏女。斑大怒，鞭打荦。庄公知道后说："荦很有力气，应杀掉他，不能打完放了他。"斑还没有来得及杀荦，庄公就病倒了。庄公有三个弟弟，分别名为庆父，叔牙，季友。庄公娶齐女为妻，名哀姜。哀姜无子，哀姜之妹名叔姜，生子名开。庄公正室无子，甚爱孟女，想立其子斑为太子。病重期间，询问其弟叔牙谁可继位。叔牙说："父亲死了，儿子继位，兄长死了，弟弟继位，这是鲁国规定。当然该庆父继位了，您有什么好担心的呢？"庄公不爱听叔牙立庆父的话，暗中又问季友。季友说："我誓死立斑为君。"庄公说："叔牙要立庆父，怎么办？"季友就以庄公名义命叔牙在鍼针巫氏家中等待命令，而后鍼季迫使叔牙喝下毒酒，并说："只要你喝下去，就可保家人安全；否则，你的后人也会被杀。"叔牙饮下毒酒而亡，鲁国立叔牙之子为叔孙氏。八月癸亥日，庄公去世，季友扶立斑为国君，完成了庄公遗命。子斑服丧在身，在党氏家居住。

庆父曾与哀姜私通，想立哀姜妹之子开。结果季友拥立了斑，十月己未日，庆父派圉人荦在党氏家杀死斑。季友逃到陈国。庆父而后立开为君，即湣公。

湣公二年，庆父与哀姜私通更加频繁。哀姜与庆父商量后想杀湣公立庆父为君。庆父命卜齮在武闱杀死湣公。季友知道后，与湣公弟申从陈来到邾地，想立申为鲁君。鲁人便想除掉庆父，庆父逃到莒国。季友便和申回到鲁国，立为国君，即釐公。釐公是庄公的小儿子。哀姜十分害怕，逃到邾。季友送礼请求莒国押回庆父，庆父被送回后，季友命人去杀庆父，庆父请求流亡国外，季友不允，命大夫奚斯哭着前去告诉庆父。庆父听到奚斯哭声，知道性命难保，便自杀而亡。齐桓公听说哀姜与庆父淫乱祸害鲁国，便把哀姜从邾国召回杀死，并将其尸体送到鲁国，以示众人。经鲁釐公请求后才安葬了哀姜。

【原文】

季友母陈女，故亡在陈，陈故佐送季友及子申。季友之将生也，父鲁桓公使人卜之，曰：“男也，其名曰‘友’，间于两社，为公室辅。季友亡，则鲁不昌。”及生，有文在掌曰“友”，遂以名之，号为成季。其后为季氏，庆父后为孟氏也。

釐公元年，以汶阳鄪封季友。季友为相。九年，晋里克杀其君奚齐、卓子。齐桓公率釐公讨晋乱，至高梁而还，立晋惠公。十七年，齐桓公卒。二十四年，晋文公即位。三十三年，釐公卒，子兴立，是为文公。文公元年，楚太子商臣弑其父成王，代立。三年，文公朝晋襄公。十一年十月甲午，鲁败翟于咸，获长翟乔如，富父终甥舂其喉以戈，杀之，埋其首于子驹之门，以命宣伯。

初，宋武公之世，鄋瞒伐宋，司徒皇父帅师御之，以败翟于长丘，获长翟缘斯。晋之灭路，获乔如弟棼如。齐惠公二年，鄋瞒伐齐，齐王子城父获其弟荣如，埋其首于北门。卫人获其季弟简如。鄋瞒由是遂亡。十五年，季文子使于晋。十八年二月，文公卒。文公有二妃：长妃齐女为哀姜，生子恶及视；次妃敬嬴，嬖爱，生子俀。俀私事襄仲，襄仲欲立之，叔仲曰不可。襄仲请齐惠公，惠公新立，欲亲鲁，许之。冬十月，襄仲杀子恶及视而立俀，是为宣公。哀姜归齐，哭而过市，曰："天乎！襄仲为不道，杀适立庶！" 市人皆哭，鲁人谓之"哀姜"。鲁由此公室卑，三桓强。宣公俀十二年，楚庄王强，围郑。郑伯降，复国之。

【译文】

季友的母亲乃陈国之女，所以季友逃到陈国，陈国并给予他和子申帮助。季友降生时，桓公命人为其占卜，占卜人说："是个男孩，就叫'友'吧，位于两社之间，将来必要成为国中重臣。季友死后，鲁国将不会昌盛。"降生时，掌中有纹路为'友'字，故而得名，号成季。其后便是季氏，庆父的后人为孟氏。

釐公元年，把汶阳鄪封给季友。并任季友为相。九年，晋大夫里克杀死君主奚齐、卓子。齐桓公率鲁釐公伐晋，至高梁而返，立晋惠公为君。十七年，齐桓公去世。二十四年，晋文公继位。三十三年，釐公去世，其子兴继位，即文公。文公元年，楚太子商臣杀死其父，自立为成王。三年，文公面见晋襄公。十一年十月甲午日，在咸地鲁国打败狄人，俘虏长狄乔如，鲁大夫富父终甥用戈刺乔如之喉，杀死了他，将其头颅埋在子驹门，以乔如二字为宣伯命名。

当初，宋武公在世时，鄋瞒攻打宋国，司徒皇父率兵抵抗，在长丘打败狄人，俘获长狄缘斯。晋国吞并路国时，俘获了乔如的弟弟棼如。齐惠公二年，鄋瞒攻打齐国，齐王子城父俘获其弟荣如，将其头颅埋在北门外。卫国俘获其弟简如。鄋瞒到此灭亡。十五年，季文子出使晋国。十八年二月，鲁文公去世。文公有两个妃子：长妃齐女名哀姜，生有二子恶与视；次妃名敬嬴，深受宠幸，生子名俀。俀暗中勾结襄仲，襄仲想拥立俀为国君，叔仲不肯。襄仲便向齐惠公救助，因齐惠公即位不久，想与鲁国搞好关系，便答应了。冬十月，襄仲杀死恶与视后，立俀为鲁君，即宣公。哀姜返回齐国，又哭又闹，说："天哪！襄仲大逆不道，废嫡立庶！" 其他人也跟着哭泣，因此鲁人便称她为"哀姜"。鲁国从此公室衰弱，而孟孙氏、叔孙氏、季孙氏、三桓等家族强大起来。宣公俀十二年，楚庄王强盛起来，围攻郑国。郑伯投降，后来庄王又恢复了郑国。

【原文】

十八年，宣公卒，子成公黑肱立，是为成公。季文子曰：“使我杀适立庶失大援者，襄仲。”襄仲立宣公，公孙归父有宠。宣公欲去三桓，与晋谋伐三桓。会宣公卒，季文子怨之，归父奔齐。成公二年春，齐伐取我隆。夏，公与晋郤克败齐顷公于鞍，齐复归我侵地。四年，成公如晋，晋景公不敬鲁。鲁欲背晋合于楚，或谏，乃不。十年，成公如晋。晋景公卒，因留成公送葬，鲁讳之。十五年，始与吴王寿梦会钟离。

十六年，宣伯告晋，欲诛季文子。文子有义，晋人弗许。十八年，成公卒，子午立，是为襄公。是时襄公三岁也。襄公元年，晋立悼公。往年冬，晋栾书弑其君厉公。四年，襄公朝晋。五年，季文子卒。家无衣帛之妾，厩无食粟之马，府无金玉，以相三君。君子曰：“季文子廉忠矣。”九年，与晋伐郑。晋悼公冠襄公于卫，季武子从，相行礼。十一年，三桓氏分为三军。十二年，朝晋。十六年，晋平公即位。二十一年，朝晋平公。二十二年，孔丘生。二十五年，齐崔杼弑其君庄公，立其弟景公。二十九年，吴延陵季子使鲁，问周乐，尽知其意，鲁人敬焉。三十一年六月，襄公卒。其九月，太子卒。鲁人立齐归之子裯为君，是为昭公。

昭公年十九，犹有童心。穆叔不欲立，曰：“太子死，有母弟可立，不即立长。年钧择贤，义钧则卜之。今裯非适嗣，且又居丧意不在戚而有喜色，若果立，必为季氏忧。”季武子弗听，卒立之。比及葬，三易衰。君子曰：“是不终也。”

【译文】

十八年，宣公去世，其子成公黑肱继位，即成公。季文子说：“让我杀嫡立庶失去支持的是襄仲。”襄仲拥立宣公后，襄仲之子公孙归父备受宣公宠爱。宣公想除掉三桓，与晋共伐三桓。正值宣公去世，季文子痛恨公孙归父，使其被迫逃到齐国。成公二年春，齐国攻打鲁国隆邑。夏天，成公与晋国大夫郤克共同在鞍地打败齐顷公，夺回了失去的土地。四年，成公出使晋国，晋景公轻视成公。成公打算与晋决裂而与楚结交，有人劝阻，才没有这么做。十年，成公出使晋国。晋景公去世，成公被留下为其送葬，鲁人忌讳此事，十五年鲁国首次结交吴国，与吴王寿梦在钟离盟会。

十六年，宣伯告诉晋国，最好杀掉季文子。因为季文子崇尚节义，但晋人没有这么做。十八年，成公去世，其子午继位，即襄公。时年才三岁。襄公元年，晋人拥立悼公为国君。去年冬季，晋大夫栾书杀死了国君厉公。四年，襄公去晋国朝会。五年，季文子去世。家中连穿丝绸的妻妾都没有，马棚中连吃谷子的马都没有，府中更是没有金玉之器，这就是三代国相的俭朴生活。君子说："季文子真是廉洁忠诚啊！"九年，鲁国同晋国共伐郑国。晋悼公在卫国为襄公举行冠礼，季武子作随从，帮助举行仪式。十一年，三桓氏掌握了鲁国三军。十二年，朝会晋国。十六年，晋平公继位。二十一年，朝会晋平公。二十二年，孔丘出生。二十五年，齐国大夫崔杼杀死齐庄公，立庄公之弟景公为君。二十九年，吴国延陵季子出使鲁国，欣赏周室音乐，能解其中深意，鲁人十分尊敬他。三十一年六月，襄公去世。同年九月，太子也死了。鲁国立襄公夫人妹齐归之子裯为君，即昭公。

昭公当时十九岁，童心未泯。穆叔不想让他继位，说："太子死了，应立他同母的弟弟，要是没有同母的弟弟，再立庶子中的长子。年龄相当的就要选择更有才能的，才能不相上下的再通过占卜决定。裯不是嫡长子，且居丧时又不显悲痛，倒面有喜色，如果立他为君，季氏就有忧虑了。"季武子没有听从，还是拥立裯为君。襄公下葬时，顽皮的裯竟然穿破了三件丧服。君子说："此人难有善终。"

【原文】

昭公三年，朝晋至河，晋平公谢还之，鲁耻焉。四年，楚灵王会诸侯于申，昭公称病不往。七年，季武子卒。八年，楚灵王就章华台，召昭公。昭公往贺，赐昭公宝器；已而悔，复诈取之。十二年，朝晋至河，晋平公谢还之。十三年，楚公子弃疾弑其君灵王，代立。十五年，朝晋，晋留之葬晋昭公，鲁耻之。二十年，齐景公与晏子狩竟，因入鲁问礼。二十一年，朝晋至河，晋谢还之。

二十五年春，鸲鹆来巢。师己曰："文成之世童谣曰'鸲鹆来巢，公在乾侯。鸲鹆入处，公在外野'。"

季氏与郈氏斗鸡，季氏芥鸡羽，郈氏金距。季平子怒而侵郈氏，郈昭伯亦怒平子。臧昭伯之弟会伪谗臧氏，匿季氏，臧昭伯囚季氏人。季平子怒，囚臧氏老。臧、郈氏以难告昭公。昭公九月戊戌伐季氏，遂入。平子登台请曰："君以谗不察臣罪，诛之，请迁沂上。"弗许。请囚于鄪，弗许。请以五乘亡，弗许。子家驹曰："君其许之。政自季氏久矣，为徒者众，众将合谋。"弗听。郈氏曰："必杀之。"叔孙氏之臣戾谓其众曰："无季氏与有，孰利？"皆曰："无季氏是无叔孙氏。"戾曰："然，救季氏！"遂败公师。

【译文】

昭公三年，到达黄河边去朝拜晋国，晋平公谢绝，让昭公回国，鲁人深以为耻。四年，楚灵王会盟诸侯于申地，昭公称病没有前去。七年，季武子去世。八年，楚灵王建好章华台，召见昭公。昭公前去祝贺，赐给了昭公几件宝器，结果又后悔了，想再骗回来。十二年，昭公再次在黄河边朝会晋国，晋平公谢绝，昭公返回。十三年，楚公子弃疾杀死楚灵王，自立为王。十五年，昭公朝会晋国，晋人留他为晋昭公送葬，鲁人深以为耻。二十年，齐景公与晏子在狩猎，顺路来鲁国拜访礼制。二十一年，昭公到黄河边朝会晋国，晋国辞谢，昭公回国。

二十五年春，有鸲鹆鸟到鲁国筑巢。师己说："文公与成公时有一童谣：'鸲鹆来鲁国筑巢，国君要在乾侯居住。等鸲鹆居住时，国君就要流亡野外了。'"

季氏与郈氏斗鸡，季氏在羽毛上装上护甲，郈氏在鸡爪上装上金套。季平子盛怒之下侵犯了郈氏，郈氏也十分痛恨季平子。臧昭伯的弟弟臧会诬陷臧氏，藏在季氏家中，臧昭伯因此逮捕了季氏家人。季平子大怒，也囚禁了臧氏家人。臧氏与郈氏向昭公诉苦。昭公便于九月戊戌日攻伐季氏，攻入其家。平子登台请求道："您听信谗言，不明辨谁是谁非，就来诛杀我，请让我到沂上居住吧。"昭公不许。季平子又请求把自己囚禁在鄪邑，还是没有应允。平子又请求带五乘车去国外流亡，昭公还不允。子家驹说："您答应他吧。季氏掌握政权多年，党徒众多，不然他们会合力对付您。"昭公不从。郈氏说："一定要杀了季平子。"叔孙氏家臣戾对众人说："季氏无论是灭亡还是存在，这对我们有什么好处呢？"大家都说：

“没有了季氏，也就没有了叔孙氏。”戾说：“不错，应营救季氏。”于是他们打败昭公军队。

【原文】

孟懿子闻叔孙氏胜，亦杀郈昭伯。郈昭伯为公使，故孟氏得之。三家共伐公，公遂奔。己亥，公至于齐。齐景公曰：“请致千社待君。”子家曰：“弃周公之业而臣于齐，可乎？”乃止。子家曰：“齐景公无信，不如早之晋。”弗从。叔孙见公还，见平子，平子顿首。初欲迎昭公，孟孙、季孙后悔，乃止。

二十六年春，齐伐鲁，取郓而居昭公焉。夏，齐景公将内公，令无受鲁赂。申丰、汝贾许齐臣高龁、子将粟五千庾。子将言于齐侯曰：“群臣不能事鲁君，有异焉。宋元公为鲁如晋，求内之，道卒。叔孙昭子求内其君，无病而死。不知天弃鲁乎？抑鲁君有罪于鬼神也？愿君且待。”齐景公从之。二十八年，昭公如晋，求入。季平子私于晋六卿，六卿受季氏赂，谏晋君，晋君乃止，居昭公乾侯。二十九年，昭公如郓。齐景公使人赐昭公书，自谓“主君”。昭公耻之，怒而去乾侯。三十一年，晋欲内昭公，召季平子。平子布衣跣行，因六卿谢罪。六卿为言曰：“晋欲内昭公，众不从。”晋人止。三十二年，昭公卒于乾侯。鲁人共立昭公弟宋为君，是为定公。

【译文】

孟懿子得知叔孙氏取胜，他也杀死郈昭伯。当时郈昭伯以昭公特使前去孟氏，孟氏趁此机会抓住了他。孟孙、叔孙、季孙三家共伐昭公，昭公逃亡在外。己亥日，昭公来到齐国。齐景公说：“我打算以千社人家和土地来接待你。”子家说：“放弃周公之业做齐国臣子，为什么呢？”昭公辞谢。子家说：“齐景公不讲信用，还是去晋国吧。”昭公不从。叔孙见昭公回国，去见季平子，平子叩头至地以表有愧。起初他们本想迎回昭公，但孟孙、季孙又反悔了，才没有这么做。

二十六年春，齐伐鲁，夺取郓邑给昭公居住。夏天，齐景公想让昭公回国，下命不得收受鲁国礼物。鲁大夫申丰、汝贾许诺给齐大夫高龁、子将粟谷五千庾。子将对齐侯说："鲁国有大臣不服鲁君，有怪现象出现。宋元公替鲁昭公到晋国求助，想支持昭公回国，途中去世。叔孙昭子也想让鲁君回国，可惜无病而终。这难道不是天弃鲁君吗？还是他得罪了鬼神？还是再等等看吧。"齐景公也只作罢。二十八年，昭公使晋，想求其支持回国。季平子贿赂晋国六卿，六卿受到季氏贿赂后，劝止晋君，晋君也就停止行动，让昭公住在了乾侯。二十九年，昭公来到郓邑。齐景公给昭公送信，称昭公为"主君"。昭公深以为耻，盛怒之下返回乾侯。三十一年，晋人想支持昭公回鲁，召见季平子。季平子身穿布衣，赤脚而入，通过六卿谢罪。六卿替季平子说："晋国想支持昭公回鲁，但鲁国人不同意。"晋君也无能为力。三十二年，昭公死于乾侯。鲁人拥立昭公之弟宋为君，即定公。

【原文】

定公立，赵简子问史墨曰："季氏亡乎？"史墨对曰："不亡。季友有大功于鲁，受鄪为上卿，至于文子、武子，世增其业。鲁文公卒，东门遂杀适立庶，鲁君于是失国政。政在季氏，于今四君矣。民不知君，何以得国！是以为君慎器与名，不可以假人。"定公五年，季平子卒。阳虎私怒，囚季桓子，与盟，乃舍之。七年，齐伐我，取郓，以为鲁阳虎邑以从政。八年，阳虎欲尽杀三桓适，而更立其所善庶子以代之；载季桓子将杀之，桓子诈而得脱。三桓共攻阳虎，阳虎居阳关。九年，鲁伐阳虎，阳虎奔齐，已而奔晋赵氏。

十年，定公与齐景公会于夹谷，孔子行相事。齐欲袭鲁君，孔子以礼历阶，诛齐淫乐，齐侯惧，乃止，归鲁侵地而谢过。十二年，使仲由毁三桓城，收其甲兵。孟氏不肯堕城，伐之，不克而止。季桓子受齐女乐，孔子去。十五年，定公卒，子将立，是为哀公。哀公五年，齐景公卒。六年，齐田乞弑其君孺子。七年，吴王夫差强，伐齐，至缯，征百牢于鲁。季康子使子贡说吴王及太宰嚭，以礼诎之。吴王曰："我文身，不足责礼。"乃止。八年，吴为邹伐鲁，至城下，盟而去。齐伐我，取三邑。十年，伐齐南边。十一年，齐伐鲁。季氏用冉有有功，思孔子，孔子自卫归鲁。十四年，齐田常弑其君简公于徐州。孔子请伐之，哀公不听。十五年，使子服景伯、子贡为介，适齐，齐归我侵地。田常初相，欲亲诸侯。十六年，孔子卒。

【译文】

定公继位时，赵简子对史墨说："季氏要灭亡了吗？"史墨说："没有。季友为鲁国立下大功，在鄪地被封为上卿，到季文子、季武子时，家世更是功勋卓越。鲁文公死后，东门逐杀嫡立庶，国君失去权力。国事全由季氏把持，至今已经过四代国君了。百姓连国君是谁都不知道，这样的国君又怎能执政呢！所以为君者要慎守礼器爵号，不可让予他人。"定公五年，季平子去世。阳虎为囚禁季桓子发怒，便与季桓子订立盟约，才释放了季桓子。七年，齐伐鲁，夺取郓邑，阳虎居住在封地奉邑，处理政务。八年，阳虎想杀尽三桓家的嫡子，拥立与自己相关的庶子继位；阳虎用车接回季桓子想杀掉他，季桓子巧妙逃脱。三桓共讨阳虎，阳虎逃到阳关。九年，鲁军讨伐阳虎，阳虎逃亡到齐国，后又逃到晋国赵氏处。

十年，定公与齐景公在夹谷相见，孔子主持礼仪。齐人想袭击定公，孔子按礼仪登上台阶，诛责齐国的淫乐，齐侯恐惧，才没有袭击定公，并归还鲁国土地来谢罪。十二年，派仲由毁掉三桓家族的城池，没收其武器兵力。孟氏不愿毁城，定公派兵攻伐，但没能取胜。季桓子接受了齐国的美女乐工，孔子也离鲁而去。十五年，定公去世，其子将继位，即哀公。哀公五年，齐景公去世。六年，齐国大夫田乞杀死其君孺子。七年，吴王夫差强盛，攻打齐国，来到缯地，向鲁国索要牛、羊、猪各百头。季康子命子贡去游说吴王和太宰嚭，用礼制说服他们。吴王说："我们身有花纹，不值得用礼制要求。"因此便放弃了。八年，吴国替邹国伐鲁，来到城下，订立盟约而去，齐伐鲁，夺取三邑。十年，鲁攻打齐国南部边境。十一年，齐再次伐鲁。季氏命冉有抵抗，收到效果，此时鲁人十分想念孔子，孔子便从卫国返回鲁国。十四年，齐国大夫田常在徐州杀死齐简公。孔子请求哀公出兵讨伐田常，哀公不听。十五年，命子服景伯为使节，子贡为助手，出使齐国。齐归还了侵占鲁国的土地。田常刚当上齐国相，为了亲近各诸侯，才这么做的。十六年，孔子去世。

【原文】

二十二年，越王句践灭吴王夫差。二十七年春，季康子卒。夏，哀公患三桓，将欲因诸侯以劫之，三桓亦患公作难，故君臣多间。公游于陵阪，遇孟武伯于街，曰："请问余及死乎？"对曰："不知也。"公欲以越伐三桓。八月，哀公如陉氏。三桓攻公，公奔于卫，去如邹，遂如越。国人迎哀公复归，卒于有山氏。子宁立，是为悼公。悼公之时，三桓胜，鲁如小侯，卑于三桓之家。十三年，三晋灭智伯，分其地有之。三十七年，悼公卒，子嘉立，是为元公。元公二十一年卒，子显立，是为穆公。穆公三十三年卒，子奋立，是为共公。共公二十二年卒，子屯立，是为康公。康公九年卒，子匽立，是为景公。景公二十九年卒，子叔立，是为平公。是时六国皆称王。

平公十二年，秦惠王卒。二十年，平公卒，子贾立，是为文公。文公元年，楚怀王死于秦。二十三年，文公卒，子雠立，是为顷公。顷公二年，秦拔楚之郢，楚顷王东徙于陈。十九年，楚伐我，取徐州。二十四年，楚考烈王伐灭鲁。顷公亡，迁于下邑，为家人，鲁绝祀。顷公卒于柯。鲁起周公至顷公，凡三十四世。

太史公曰：余闻孔子称曰"甚矣鲁道之衰也！洙泗之间龂龂如也"。观庆父及叔牙闵公之际，何其乱也？隐桓之事；襄仲杀适立庶；三家北面为臣，亲攻昭公，昭公以奔。至其揖让之礼则从矣，而行事何其戾也？

【译文】

二十二年，越王句践消灭了吴王夫差。二十七年春，季康子去世。夏天，哀公对三桓的强大很担心，想借诸侯之力消灭他们，三桓也怕哀公发难，所以君臣之间很是不睦。哀公去陵阪游玩，遇到了孟武伯，说："你说我能善终吗？"孟武伯说："不知道。"哀公想借越国讨伐三桓。八月，哀公去陉氏家。三桓攻打哀公，使其逃到卫国，后又来到邹国，接着来到越国。鲁人后来又迎回了哀公，结果死于有山氏家中。其子宁继位，即悼公。悼公时三桓更加强大，鲁君就像小侯一般，比三桓要弱很多。十三年，韩、赵、魏三家消灭智伯，三家分晋。三十七年，悼公去世，其子嘉继位，即元公。元公二十一年去世，其子显继位，即穆公。穆公三十三年去世，其子奋继位，即共公。共公二十二年去世，其子屯继位，即康公。康公九年去世，其子匽继位，即景公。景公二十九年去世，其子叔继位，即平公。此时六国都已经自称为王。

平公十二年，秦惠王去世。二十年，平公去世，其子贾继位，即文公。文公元年，楚怀王在秦国去世。二十三年，文公去世，其子雠继位，即顷公。顷公二年，秦攻入楚国都城郢，楚顷王东迁至陈。十九年，楚伐鲁，夺取徐州。二十四年，楚考烈王灭鲁。顷公逃亡，迁至都城外的小邑，沦为平民，鲁国就此灭绝。后顷公在柯邑去世。自周公至顷公，总经历了三十四代。

太史公说：我听孔子曾说“鲁国的道德衰微到极点了！洙水与泗水间的人们争斗不息。”看看庆父、叔牙和闵公即位时，鲁国多么混乱！隐公、桓公所遇到的事；襄仲杀嫡立庶；孟孙、叔孙、季孙三家本为臣子，竟攻打昭公，致使昭公逃亡。他们虽然一直主张遵循礼仪之节，可实际行为上与之又是相差甚远啊！

【评析】

鲁国向来都被称为礼乐之邦，它孕育出了孔子这样的大思想家和大教育家。可以看出司马迁本人对先贤高山仰止，心向往之，所以他对鲁史才研究和撰写得如此细致。作者着重介绍了鲁国的始祖周公的事迹，对周公的美德，作者以饱蘸感情之笔娓娓道来。周公吐哺，天下归心。作为一个权臣，他有威望，有治理国家的才能，但是面对唾手可得的王位，他却不觊觎，他一如既往地、忠诚地辅佐下一代君王。司马迁将其作为一个楷模树立在了天下臣子的面前，这与那些争权夺势的乱臣贼子形成了鲜明的对比。太史公在此有明显的褒贬之意，我们暂且不管，我们只看一下周公的淡泊名利，就会感慨万千。淡泊以明志，宁静以致远。颜之推在其著作《颜氏家训》中告诫子孙，要知止知足，官居中品即可，这样既可以使先人避免屈辱，又不会给自己招致祸端。这也许跟周公的思想不同，但是我们从中可以领会到，人要知足，不要放纵欲望。自古至今，一味追名逐利的下场是有目共睹的。

第四章 管蔡世家

【原文】

管叔鲜、蔡叔度者，周文王子而武王弟也。武王同母兄弟十人。母曰太姒，文王正妃也。其长子曰伯邑考，次曰武王发，次曰管叔鲜，次曰周公旦，次曰蔡叔度，次曰曹叔振铎，次曰成叔武，次曰霍叔处，次曰康叔封，次曰冉季载。冉季载最少。同母昆弟十人，唯发、旦贤，左右辅文王，故文王舍伯邑考而以发为太子。及文王崩而发立，是为武王。伯邑考既已前卒矣。

武王已克殷纣，平天下，封功臣昆弟。于是封叔鲜于管，封叔度于蔡：二人相纣子武庚禄父，治殷遗民。封叔旦于鲁而相周，为周公。封叔振铎于曹，封叔武于成，封叔处于霍。康叔封、冉季载皆少，未得封。

武王既崩，成王少，周公旦专王室。管叔、蔡叔疑周公之为不利于成王，乃挟武庚以作乱。周公旦承成王命伐诛武庚，杀管叔，而放蔡叔，迁之，与车十乘，徒七十人从。而分殷余民为二：其一封微子启于宋，以续殷祀；其一封康叔为卫君，是为卫康叔。封季载于冉。冉季、康叔皆有驯行，于是周公举康叔为周司寇，冉季为周司空，以佐成王治，皆有令名于天下。

蔡叔度既迁而死。其子曰胡，胡乃改行，率德驯善。周公闻之，而举胡以为鲁卿士，鲁国治。于是周公言于成王，复封胡于蔡，以奉蔡叔之祀，是为蔡仲。余五叔皆就国，无为天子吏者。

【译文】

管叔鲜和蔡叔度，是周文王的儿子，周武王的弟弟。武王同胞兄弟共十人。其母名叫太姒，是文王的正妃。长子名伯邑考，以下依次为武王发、管叔鲜、周公旦、蔡叔度、曹叔振铎、成叔武、霍叔处、康叔封，最小的是冉季载。在十兄弟中，武王发和周公旦的德才最高，是文王的左膀右臂，所以文王舍弃伯邑考而立次子发为太子。文王死后，太子发即位，即武王。此时伯邑考已经去世。

武王战胜商纣平定天下后，大封功臣与兄弟。把管地分封给叔鲜，把蔡地分封给叔度，并任命二人为纣子武庚禄父的辅相，共治殷族遗民。把鲁地封给叔旦，并命叔旦为周王朝国相，故称周公。把曹地封给叔振铎，把成地封给叔武，把霍地封给叔处。当时康叔和冉季过于幼小，没有分封。

武王死后，年幼的成王继位，周公旦手握大权。管叔、蔡叔怀疑周公不利于成王，便想要挟武庚反叛。周公旦按成王旨意讨伐叛军，诛斩武庚，杀死管叔并流放蔡叔，流放时给蔡叔十乘车和刑徒七十人。把南朝遗民分为二部：一部分宋地封给微子启，以承续殷人香火；一部分卫地由康叔为君，即卫康叔。又把冉地分给季载。冉季、康叔品德俱佳，于是周公封康叔为周室的司寇，冉季做司空，以辅佐成王治理国家，从而流芳百世。

蔡叔度流放期间去世。其子名胡，胡改正其父恶行，崇尚美德善行。周公听后，举荐他为鲁国卿士，使鲁国得到很好的治理。周公为成王建议，把胡又封在蔡地，以行蔡叔的祭祀之礼，即蔡仲。其余五叔各有封国，没有留在周朝做官。

【原文】

蔡仲卒，子蔡伯荒立。蔡伯荒卒，子宫侯立。宫侯卒，子厉侯立。厉侯卒，子武侯立。武侯之时，周厉王失国，奔彘，共和行政，诸侯多叛周。武侯卒，子夷侯立。夷侯十一年，周宣王即位。二十八年，夷侯卒，子釐侯所事立。釐侯三十九年，周幽王为犬戎所杀，周室卑而东徙。秦始得列为诸侯。四十八年，釐侯卒，子共侯兴立。共侯二年卒，子戴侯立。

戴侯十年卒，子宣侯措父立。宣侯二十八年，鲁隐公初立。三十五年，宣侯卒，子桓侯封人立。桓侯三年，鲁弑其君隐公。二十年，桓侯卒，弟哀侯献舞立。哀侯十一年，初，哀侯娶陈，息侯亦娶陈。息夫人将归，过蔡，蔡侯不敬。息侯怒，请楚文王："来伐我，我求救于蔡，蔡必来，楚因击之，可以有功。"楚文王从之，虏蔡哀侯以归。哀侯留九岁，死于楚。凡立二十年卒。蔡人立其子肸，是为缪侯。

缪侯以其女弟为齐桓公夫人。十八年，齐桓公与蔡女戏船中，夫人荡舟，桓公止之，不止，公怒，归蔡女而不绝也。蔡侯怒，嫁其弟。齐桓公怒，伐蔡；蔡溃，遂虏缪侯，南至楚邵陵。已而诸侯为蔡谢齐，齐侯归蔡侯。二十九年，缪侯卒，子庄侯甲午立。庄侯三年，齐桓公卒。十四年，晋文公败楚于城濮。二十年，楚太子商臣弑其父成王代立。二十五年，秦穆公卒。三十三年，楚庄王即位。三十四年，庄侯卒，子文侯申立。文侯十四年，楚庄王伐陈，杀夏徵舒。十五年，楚围郑，郑降楚，楚复醳之。二十年，文侯卒，子景侯固立。

【译文】

蔡仲死后，其子蔡伯荒继位。蔡伯荒死后，其子宫侯继位。宫侯死后，其子厉侯继位。厉侯死后，其子武侯继位。武侯时，周厉王失去王位，逃至彘地，周公、召公共同执政，许多诸侯叛离周室。武侯死后，其子夷侯继位。夷侯十一年，周宣王继位。二十八年，夷侯去世，其子釐侯所事继位。釐侯三十九年，周幽王被犬戎所杀，周室从此没落，向东迁移。秦国开始位列诸侯之列。四十八年，釐侯去世，其子共侯兴继位。共侯在位二年后去世，其子戴侯继位。戴侯十年去世，其子宣侯措父继位。宣侯二十八年，鲁隐公继位。三十五年，宣侯去世，其子桓侯封人继位。桓侯三年，鲁国人杀死隐公。二十年，桓侯去世，其弟哀侯献舞继位。哀侯十一年，当初，哀侯娶陈国夫人为妻，当年，息侯也从陈国娶妻，息夫人出嫁路过蔡国，蔡侯极不尊重。息侯十分生气，对楚文王说："你带兵讨伐我，我求救于蔡国，蔡兵必来救援，楚国便借机攻打蔡国，必能取胜。"楚文王依计行事，俘获了蔡哀侯，并带回了楚国。哀侯被扣压了九年，死于楚国。在位共二十年，蔡国后立哀侯之子肸为君，即缪侯。

缪侯将妹妹嫁给齐桓公。十八年，齐桓公与夫人蔡女乘船游玩，夫人摇晃船只，桓公让她停止，她仍不停止。齐桓公大怒，将其送回蔡国，从此断绝了关系。蔡侯十分愤怒，便又将其妹嫁给他人。齐桓公知道后攻打蔡国；蔡国大败，并俘获了缪侯，齐军一直向南打到楚国邵陵。后来诸侯替蔡侯向齐桓公道歉，齐桓公才放回蔡侯。二十九年，缪侯去世，其子庄侯甲午继位。庄侯三年，齐桓公去世。十四年，晋文公在城濮大败楚军。二十年，楚太子商臣杀死其父成王，自立为君。二十五年，秦穆公去世。三十三年，楚庄王继位。三十四年，庄侯去世，其子文侯继位。文侯十四年，楚庄王讨伐陈国，杀死了夏徵舒。十五年，楚国围困郑国，郑君投降，后来楚国又释放了郑君。二十年，文侯去世，其子景侯固继位。

【原文】

景侯元年，楚庄王卒。四十九年，景侯为太子般娶妇于楚，而景侯通焉。太子弑景侯而自立，是为灵侯。灵侯二年，楚公子围弑其王郏敖而自立，为灵王。九年，陈司徒招弑其君哀公。楚使公子弃疾灭陈而有之。十二年，楚灵王以灵侯弑其父，诱蔡灵侯于申，伏甲，饮之醉而杀之，刑其士卒七十人。令公子弃疾围蔡。十一月，灭蔡，使弃疾为蔡公。

楚灭蔡三岁，楚公子弃疾弑其君灵王代立，为平王。平王乃求蔡景侯少子庐，立之，是为平侯。是年，楚亦复立陈。楚平王初立，欲亲诸侯，故复立陈、蔡后。平侯九年卒，灵侯般之孙东国攻平侯子而自立，是为悼侯。悼侯父曰隐太子友。隐太子友者，灵侯之太子，平侯立而杀隐太子，故平侯卒而隐太子之子东国攻平侯子而代立，是为悼侯。悼侯三年卒，弟昭侯申立。昭侯十年，朝楚昭王，持美裘二，献其一于昭王而自衣其一。楚相子常欲之，不与。子常谗蔡侯，留之楚三年。蔡侯知之，乃献其裘于子常；子常受之，乃言归蔡侯。蔡侯归而之晋，请与晋伐楚。

十三年春，与卫灵公会邵陵。蔡侯私于周苌弘以求长于卫；卫使史鳍言康叔之功德，乃长卫。夏，为晋灭沈，楚怒，攻蔡。蔡昭侯使其子为质于吴，以共伐楚。冬，与吴王阖闾遂破楚入郢。蔡怨子常，子常恐，奔郑。十四年，吴去而楚昭王复国。十六年，楚令尹为其民泣以谋蔡，蔡昭侯惧。二十六年，孔子如蔡。楚昭王伐蔡，蔡恐，告急于吴。吴为蔡远，约迁以自近，易以相救；昭侯私许，不与大夫计。吴人来救蔡，因迁蔡于州来。二十八年，昭侯将朝于吴，大夫恐其复迁，乃令贼利杀昭侯；已而诛贼利以解过，而立昭侯子朔，是为成侯。

【译文】

景侯元年，楚庄王去世。四十九年，景侯为太子般娶楚国之妻，景侯后因与儿媳私通，被太子杀死，太子自立为君，即灵侯。灵侯二年，楚公子围杀死国君郏敖自立为王，即灵王。九年，陈国司徒招杀死国君哀公。楚国派公子弃疾消灭陈国。十二年，楚灵王以蔡灵侯杀父为名，将其骗到申地，事先设下埋伏，等其酒醉后把他杀死，跟随的七十名士兵也都被害。楚灵王又命公子弃疾围困蔡国。十一月，楚国消灭蔡国，命弃疾为蔡公。

楚灭蔡三年后，楚国公子弃疾杀死灵王，自立为君，即平王。平王找到蔡景侯幼子庐，立为国君，即平侯。当年，楚国复立陈国。楚平王继位，为亲近诸侯，便让陈、蔡两国后人继位。平侯九年去世，蔡灵侯之孙东国赶跑平侯之子，自立为君，即悼侯。悼侯之父乃隐太子友。友本是灵侯太子，平侯继位后杀了他。平侯死后，隐太子的儿子东国便赶跑了平侯的儿子，自立为君。悼侯三年去世，其弟昭侯申继位。昭侯十年时，前去朝见楚昭王，携带了两件漂亮的皮衣，把其中之一献给了昭王，另一件自己穿。楚国令尹子常想要昭侯的那一件，昭侯不给。子常就在楚昭王面前诬陷昭侯，使昭侯被扣压在楚国达三年之久。蔡昭侯知道其中原委后，就把皮衣给了子常，子常得衣后，才建议楚王放回了昭侯。蔡侯回国后拜访晋国，想与晋国共同讨伐楚国。

十三年春，昭侯与卫灵公在邵陵盟会。蔡侯暗中想让周大夫苌弘把蔡国在盟会上的位次提到卫国前面。卫则派史鰌表彰卫康叔德高望重，因此卫国排在了蔡国前面。夏天，蔡国为晋国消灭了沈国，楚王大怒，率兵伐蔡。蔡昭侯命其子去吴国做人质，请吴国发兵抗楚。冬天，蔡侯与吴王阖闾打败楚国，攻入楚都郢。蔡侯十分痛恨子常，子常也十分害怕，便逃到了郑国。十四年，吴军回国，楚昭王复立楚国。十六年，楚国令尹想为国民报复蔡国，在鼓动民众时痛哭流涕，蔡昭侯听后十分害怕。二十六年，孔子来到蔡国。楚昭王伐蔡，蔡侯恐慌，向吴求救。吴王认为蔡国距离太远，想让蔡侯把国都迁到离吴国近些的地方，以便出兵救助。蔡昭侯私下同意了。于是吴国出兵救蔡，并把蔡国都城迁到了州来。二十八年，昭侯朝见吴王，蔡国大夫怕他再次迁都，便命名叫利的盗贼杀死昭侯，而后又杀掉利，以推卸杀君之罪，并立昭侯之子朔为国君，即成侯。

【原文】

成侯四年，宋灭曹。十年，齐田常杀其君简公。十三年，楚灭陈。十九年，成侯卒，子声侯产立。声侯十五年卒，子元侯立。元侯六年卒，子侯齐立。侯齐四年，楚惠王灭蔡，蔡侯齐亡，蔡遂绝祀。后陈灭三十三年。伯邑考，其后不知所封。武王发，其后为周，有本纪言。管叔鲜作乱诛死，无后。周公旦，其后为鲁，有世家言。蔡叔度，其后为蔡，有世家言。曹叔振铎，有后为曹，有世家言。成叔武，其后世无所见。霍叔处，其后晋献公时灭霍。康叔封，其后为卫，有世家言。冉季载，其后世无所见。

太史公曰：管蔡作乱，无足载者。然周武王崩，成王少，天下既疑，赖同母之弟成叔、冉季之属十人为辅拂，是以诸侯卒宗周，故附之世家言。曹叔振铎者，周武王弟也。武王已克殷纣，封叔振铎于曹。叔振铎卒，子太伯脾立。太伯卒，子仲君平立。仲君平卒，子宫伯侯立。宫伯侯卒，子孝伯云立。孝伯云卒，子夷伯喜立。夷伯二十三年，周厉王奔于彘。三十年卒，弟幽伯强立。幽伯九年，弟苏杀幽伯代立，是为戴伯。戴伯元年，周宣王已立三岁。三十年，戴伯卒，子惠伯兕立。惠伯二十五年，周幽王为犬戎所杀，因东徙，益卑，诸侯畔之。秦始列为诸侯。三十六，惠伯卒，子石甫立，其弟武杀之代立，是为缪公。缪公三年卒，子桓公终生立。

【译文】

成侯四年，宋国消灭曹国。十年，齐国田常杀死国君简公。十三年，楚国消灭陈国。十九年，成侯去世，其子声侯产继位。声侯十五年去世，其子元侯继位。元侯六年去世，其子侯齐继位。侯齐四年，楚惠王消灭蔡国，蔡侯齐逃亡，蔡国到此断绝社稷。比陈国晚灭亡三十三年。伯邑考的后人不知被分封到何处。武王发的后人是周王，在《本纪》中有记载。管叔鲜因反叛被杀，没有后代。周公旦后人在鲁国，在《世家》中有记载。蔡叔度后人在蔡国，在《世家》中也有记载。曹叔振铎的后人在曹国，在《世家》中有记载。成叔武的后人下落不明。霍叔处的后人封在霍地，后被晋献公消灭。康叔封的后人在卫国，在《世家》中有记载。冉季载的后代不知所踪。

太史公说：管叔、蔡叔造反，不值得记载。但武王去世，成王年幼，天下人都怀疑周公，全靠成叔、冉季等兄弟的辅助，才使诸侯听命于周室，所以把他们的事都记录在《世家》里了。曹叔振铎是周武王的弟弟，武王灭掉商纣后，把叔振铎分封于曹地。叔振铎去世，其子太伯脾继位。太伯死后，其子仲君平继位。仲君平死后，其子宫伯侯继位。宫伯侯死后，其子孝伯云继位。孝伯云死后，其子夷伯喜继位。夷伯二十三年，周厉王逃到彘地。夷伯三十年去世，其弟幽伯强继位。幽伯九年，其弟苏杀死幽伯，自立为君，即戴伯。戴伯元年，周宣王已继位三年。戴伯三十年去世，其子惠伯兕继位。惠伯二十五年，周幽王被犬戎所杀，向东迁移，周室开始衰微，诸侯纷纷背叛。秦国开始位列诸侯。惠伯三十六年去世，其子石甫继位，其弟武杀死石甫自立为君，即缪公。缪公三年去世，其子桓公终生继位。

【原文】

桓公三十五年，鲁隐公立。四十五年，鲁弑其君隐公。四十六年，宋华父督弑其君殇公，及孔父。五十五年，桓公卒，子庄公夕姑立。庄公二十三年，齐桓公始霸。三十一年，庄公卒，子釐公夷立。釐公九年卒，子昭公班立。昭公六年，齐桓公败蔡，遂至楚召陵。九年，昭公卒，子共公襄立。共公十六年，初，晋公子重耳其亡过曹，曹君无礼，欲观其骈胁。釐负羁谏，不听，私善于重耳。二十一年，晋文公重耳伐曹，虏共公以归，令军毋入釐负羁之宗族闾。或说晋文公曰：“昔齐桓公会诸侯，复异姓；今君囚曹君，灭同姓，何以令于诸侯？”晋乃复归共公。

二十五年，晋文公卒。三十五年，共公卒，子文公寿立。文公二十三年卒，子宣公强立。宣公十七年卒，弟成公负刍立。成公三年，晋厉公伐曹，虏成公以归，已复释之。五年，晋栾书、中行偃使程滑弑其君厉公。二十三年，成公卒，子武公胜立。武公二十六年，楚公子弃疾弑其君灵王代立。二十七年，武公卒，子平公须立。平公四年卒，子悼公午立。是岁，宋、卫、陈、郑皆火。

【译文】

桓公三十五年，鲁隐公继位。四十五年，鲁人杀死君主隐公。四十六年，宋国华父督杀死宋殇公和大夫孔父。五十五年，楚桓公去世，其子庄公夕姑继位。庄公二十三年，齐桓公称霸于诸侯。三十一年，庄公去世，其子釐公夷继位。釐公九年去世，其子昭公班继位。昭公六年，齐桓公打败蔡国，顺势攻打到楚国邵陵。九年，昭公去世，其子共公襄继位。共公十六年，当初，晋公子重耳逃亡时在曹国经过，曹共公对其十分无礼，甚至想看看重耳身上连在一块的肋骨。曹大夫釐负羁劝谏，共公不理，釐负羁只得暗中对重耳示好。二十一年，晋文公重耳伐曹，将曹共公捉回晋国，却命军队不得骚扰釐负羁的住地。有人劝晋文公："当年齐桓公会盟诸侯，连异姓国家都对其盛赞不已；如今您囚禁曹君，消灭同姓诸侯。以后怎能称霸诸侯呢？"晋文公才放了曹共公。

二十五年，晋文公去世。三十五年，曹共公去世，其子文公寿继位。文公二十三年去世，其子宣公强继位。宣公十七年去世，其弟成公负刍继位。成公三年，晋厉公伐曹，并将其俘获到晋国，次年放回。五年，晋国大夫栾书、中行偃命令程滑杀死了君主厉公。二十三年，成公去世，其子武公胜继位。武公二十六年，楚公子弃疾杀死楚灵王，自立为君。二十七年，武公去世，其子平公须继位。平公四年去世，其子悼公午继位。当年，宋、卫、陈、郑四国都有火灾发生。

【原文】

悼公八年，宋景公立。九年，悼公朝于宋，宋囚之；曹立其弟野，是为声公。悼公死于宋，归葬。声公五年，平公弟通弑声公代立，是为隐公。隐公四年，声公弟露弑隐公代立，是为靖公。靖公四年卒，子伯阳立。伯阳三年，国人有梦众君子立于社宫，谋欲亡曹；曹叔振铎止之，请待公孙强，许之。旦，求之曹，无此人。梦者戒其子曰："我亡，尔闻公孙强为政，必去曹，无离曹祸。"及伯阳即位，好田弋之事。六年，曹野人公孙强亦好田弋，获白雁而献之，且言田弋之说，因访政事。伯阳大说之，有宠，使为司城以听政。梦者之子乃亡去。公孙强言霸说于曹伯。十四年，曹伯从之，乃背晋干宋。宋景公伐之，晋人不救。十五年，宋灭曹，执曹伯阳及公孙强以归而杀之。曹遂绝其祀。

太史公曰：余寻曹共公之不用僖负羁，乃乘轩者三百人，知唯德之不建。及振铎之梦，岂不欲引曹之祀者哉？如公孙强不修厥政，叔铎之祀忽诸。

【译文】

悼公八年，宋景公继位。九年，曹悼公朝会宋国，结果宋将其囚禁；曹国大臣便拥立悼公之弟野为国君，即声公。悼公最后死在宋国，归葬在曹国。声公五年，平公的弟弟通杀死了声公，自立为王，即隐公。隐公四年，曹声公之弟露杀死隐公，又自立为君，即靖公。靖公四年去世，其子伯阳继位。伯阳三年，曹国有一人做梦，梦到许多君子站在社宫商议要消灭曹国；曹叔振铎制止了他们，并让他们等待公孙强，众君子应允了。做梦的人天明后四处寻找，也没有遇到叫公孙强的人。做梦者便告诫自己的儿子："我死后，你要是听说有叫公孙强的执政，一定离开曹国，以免祸患。"伯阳继位后，爱好狩猎。六年，曹国有个叫公孙强的农夫也很爱好狩猎，把一只白雁献给了伯阳，并畅谈射猎之道，而后寻问到政事。伯阳很是兴奋，十分宠信公孙强，并封其为司城。做梦之人的儿子听后就逃到了曹国。公孙强向曹伯陈说称霸诸侯的主张。十四年，曹伯听从公孙强的主意，背叛晋国，攻打宋国。宋景公攻曹，晋国不去救援。十五年，宋消灭曹，并把曹伯阳和公孙强带回宋国杀掉，曹国灭亡。

太史公说：我通过探求曹共公不信贤人釐负羁却宠幸后宫三百美女之事得知，不能建立好的德政，国家就会败亡。曹叔振铎托人之梦，难道不是为了延长曹国的命运吗？怎奈公孙强不能治理好国家，才致使曹叔振铎的社稷过早败亡。

【评析】

此篇主要记叙了蔡国和曹国的历史，它们在春秋时期已经沦为了三等小国，其在当时诸侯国的地位中相当低下，只能依靠大国生存。并且，一旦它们稍有不慎，就会遭到别国的侵罚。就这样的受气包和可怜虫，它们并没有为自己处处受制于人的地位感到羞耻，丝毫没有奋发图强的做法，相反，仍然充满了荒淫和内乱。可见，弱国之所以弱，不能排除一定的客观原因，但是这不是关键之所在。它们不能内修德政，不能奋发图强才是主要原因。最后的太史公曰，虽然是针对曹国的，但是其他落后的国家也何尝不是如此呢?

第五章 陈杞世家

【原文】

陈胡公满者，虞帝舜之后也。昔舜为庶人时，尧妻之二女，居于妫汭，其后因为氏姓，姓妫氏。舜已崩，传禹天下，而舜子商均为封国。夏后之时，或失或续。至于周武王克殷纣，乃复求舜后，得妫满，封之于陈，以奉帝舜祀，是为胡公。

胡公卒，子申公犀侯立。申公卒，弟相公皋羊立。相公卒，立申公子突，是为孝公。孝公卒，子慎公圉戎立。慎公当周厉王时。慎公卒，子幽公宁立。幽公十二年，周厉王奔于彘。二十三年，幽公卒，子釐公孝立。釐公六年，周宣王即位。三十六年，釐公卒，子武公灵立。武公十五年卒，子夷公说立。是岁，周幽王即位。夷公三年卒，弟平公燮立。平公七年，周幽王为犬戎所杀，周东徙。秦始列为诸侯。二十三年，平公卒，子文公圉立。文公元年，取蔡女，生子佗。十年，文公卒，长子桓公鲍立。桓公二十三年，鲁隐公初立。二十六年，卫杀其君州吁。三十三年，鲁弑其君隐公。三十八年正月甲戌己丑，桓公鲍卒。桓公弟佗，其母蔡女，故蔡人为佗杀五父及桓公太子免而立佗，是为厉公。桓公病而乱作，国人分散，故再赴。

【译文】

陈胡公满是虞帝舜的后人。以前舜只是一介平民，尧将自己的两个女儿嫁给了他，在妫汭居住，其后人以地名为姓，故姓妫。舜去世后，传位给大禹，舜的儿子商均是个诸侯。夏朝时，舜后人的地位断断续续。周武王灭掉殷纣后，寻找舜的后人，找到妫满，将其封在陈国，以供奉舜帝的祭祀，即胡公。

胡公去世后，其子申公犀侯继位。申公死后，其弟相公皋羊继位。相公死后，拥立申公之子突为君，即孝公。孝公死后，其子慎公圉戎继位。慎公时也就是周厉王在位时。慎公死后，其子幽公宁继位。幽公二十年，周厉王逃到彘地。二十三年，幽公去世，其子釐公孝继位。釐公六年，周宣王继位。三十六年，釐公去世，其子武公灵继位。武公十五年去世，其子夷公说继位。那年，周幽王继位。夷公三年去世，其弟平公燮继位。平公七年，周幽王被犬戎所杀，迫使周都东迁至洛邑。秦国开始位列诸侯。二十三年，平公去世，其子文公圉继位。文公元年，娶蔡国之女为妻，生子名佗。十年，文公去世，长子桓公鲍继位。桓公二十三年，鲁隐公继位。二十六年，卫人杀死君主州吁。三十三年，鲁人杀死鲁隐公。三十八年正月甲戌己丑，桓公鲍去世。其弟佗之母是蔡国之女，因此蔡人为佗杀死五父和桓公太子免，拥立佗为国君，即厉公。桓公患病后国内局势不安，国民离心离德，四散奔逃，曾两次讣告天下。

【原文】

厉公二年，生子敬仲完。周太史过陈，陈厉公使以周易筮之，卦得观之否："是为观国之光，利用宾于王。此其代陈有国乎？不在此，其在异国？非此其身，在其子孙。若在异国，必姜姓。姜姓，太岳之后。物莫能两大，陈衰，此其昌乎？"厉公取蔡女，蔡女与蔡人乱，厉公数如蔡淫。七年，厉公所杀桓公太子免之三弟，长曰跃，中曰林，少曰杵臼，共令蔡人诱厉公以好女，与蔡人共杀厉公而立跃，是为利公。利公者，桓公子也。利公立五月卒，立中弟林，是为庄公。庄公七年卒，少弟杵臼立，是为宣公。宣公三年，楚武王卒，楚始强。十七年，周惠王娶陈女为后。

二十一年，宣公后有嬖姬生子款，欲立之，乃杀其太子御寇。御寇素爱厉公子完，完惧祸及己，乃奔齐。齐桓公欲使陈完为卿，完曰："羁旅之臣，幸得免负檐，君之惠也，不敢当高位。"桓公使为工正。齐懿仲欲妻陈敬仲，卜之，占曰："是谓凤皇于飞，和鸣锵锵。有妫之后，将育于姜。

五世其昌，并于正卿。八世之后，莫之与京。”三十七年，齐桓公伐蔡，蔡败；南侵楚，至召陵，还过陈。陈大夫辕涛涂恶其过陈，诈齐令出东道。东道恶，桓公怒，执陈辕涛涂。是岁，晋献公杀其太子申生。四十五年，宣公卒，子款立，是为穆公。穆公五年，齐桓公卒。十六年，晋文公败楚师于城濮。是岁，穆公卒，子共公朔立。共公六年，楚太子商臣弑其父成王代立，是为穆王。十一年，秦穆公卒。十八年，共公卒，子灵公平国立。

【译文】

厉公二年，生子名敬仲完。正值周太史路经陈国，陈厉公想让其用《周易》为儿子算一卦，卦象为《观卦》，周太史说：“这是国家的荣耀呀，有利于位居天子之宾。他大概会取代陈国建立自己的国家吧？如不在陈国，又能在哪个国家呢？这事虽然不会发生在他这一代，但很可能会发生在其子孙身上。如果出现在其他国家，必定是姜姓。所以姜姓才是太岳的后代呀。事物不能从两方面发展壮大的，只有陈国衰亡后，其后代才能昌盛起来呀！”陈厉公娶蔡国之女为妻，蔡女与一蔡人私通，陈厉公也数次做淫乱之事。七年，被厉公所杀的桓公太子免的三个弟弟，老大名跃，老二名林，小的名杵臼，利用蔡人以美女引诱厉公，而后同蔡人杀掉厉公，立跃为君，即利公。利公是桓公的儿子。利公继位后五个月就死了，立二弟林为君，即庄公。庄公七年去世，少弟杵臼继位，即宣公。宣公三年，楚武王去世，楚国强大起来。十七年，周惠王娶陈国女子为后。

二十一年，宣公后来的宠姬生有一子名款，宣公想立其为太子，便杀了先前的太子御寇。御寇很喜爱厉公之子完，完怕连累到自己，便逃到齐国。齐桓公想让陈完为卿，陈完说：“我作为寄居在外的臣子，有幸不受劳役之苦，就是您给我的恩惠，我不敢再任其他官职了。”桓公便让其做工正之官。齐懿仲想把女儿许配给陈完，先算一卦，卦象说：“夫妻好比雄雌凤凰双宿双飞，鸣叫铿锵有力。妫姓之后，恐怕在姜姓国土上昌盛了。五代以后便会发达起来，地位位列正卿。八代以后，便无人可与比肩了。”三十七年，齐桓公伐蔡，蔡国大败；齐兵趁势入侵楚国，袭击到召陵，返回时经过陈国。陈国大夫辕涛涂怕齐军骚扰百姓，便骗齐桓公从东路沿海返齐更好。齐桓公明白真相后大怒，便擒住了辕涛涂。当年，晋献公逼死太子申生。四十五年，宣公去世，其子款继位，即穆公。穆公五年，齐桓公去世。十六年，晋文公在城濮打败楚军。不久，陈穆公去世，其子共公朔继位。陈共公六年，楚太子商臣杀死其父楚成王，自立为君，即楚穆王。十一年，秦穆公去世。十八年，陈共公去世，其子灵公平国继位。

【原文】

灵公元年，楚庄王即位。六年，楚伐陈。十年，陈及楚平。

十四年，灵公与其大夫孔宁、仪行父皆通于夏姬，衷其衣以戏于朝。泄冶谏曰："君臣淫乱，民何效焉？"灵公以告二子，二子请杀泄冶，公弗禁，遂杀泄冶。十五年，灵公与二子饮于夏氏。公戏二子曰："徵舒似汝。"二子曰："亦似公。"徵舒怒。灵公罢酒出，徵舒伏弩厩门射杀灵公。孔宁、仪行父皆奔楚，灵公太子午奔晋。徵舒自立为陈侯。徵舒，故陈大夫也。夏姬，御叔之妻，舒之母也。

成公元年冬，楚庄王为夏徵舒杀灵公，率诸侯伐陈。谓陈曰："无惊，吾诛徵舒而已。"已诛徵舒，因县陈而有之，群臣毕贺。申叔时使于齐来还，独不贺。庄王问其故，对曰："鄙语有之，牵牛径人田，田主夺之牛。径则有罪矣，夺之牛，不亦甚乎？今王以徵舒为贼弑君，故征兵诸侯，以义伐之，已而取之，以利其地，则后何以令于天下！是以不贺。"庄王曰："善。"乃迎陈灵公太子午于晋而立之，复君陈如故，是为成公。孔子读史记至楚复陈，曰："贤哉楚庄王！轻千乘之国而重一言。"

八年，楚庄王卒。二十九年，陈倍楚盟。三十年，楚共王伐陈。是岁，成公卒，子哀公弱立。楚以陈丧，罢兵去。

【译文】

陈灵公元年，楚庄王继位。六年，楚国伐陈。十年，陈国与楚国签订和约。

十四年，陈灵公与陈国大夫孔宁、仪行父与夏姬私通，穿着夏姬的衣服在朝中嬉戏。大夫泄冶劝道："君臣如此淫乱，如何使百姓效法呢？"

陈灵公便把此话告诉了孔宁、仪行父二人，二人便想杀死泄冶，陈灵公并没有劝阻他们，后来二人果真杀死了泄冶。十五年，陈灵公与孔宁、仪行父在夏姬家中饮酒取乐。陈灵公开玩笑说："徵舒与你们长得很像。"二人反驳说："他也很像您呀。"夏徵舒听后很生气。灵公喝完酒出来后，夏徵舒躲在马棚门口将其射死。孔宁、仪行父吓得逃到了楚国，灵公太子午也逃到了晋国。夏徵舒便自立为陈侯。夏徵舒原为陈国的大夫。夏姬是御叔的妻子，夏徵舒的母亲。

陈成公元年冬，楚庄王以夏徵舒杀死陈灵公为借口，率诸侯讨伐陈国。并说："不要害怕，我要杀的人是夏徵舒。"但杀了夏徵舒之后，又要吞并陈国，把它变成了楚国的一个县，群臣向楚庄王祝贺。此时申叔时从齐国出使归来，对此并不表示赞同。楚庄王问他原因何在，申叔时说："俗语说，牵牛人为走近路，便会破坏人家庄稼，田地主人便把牛抢来，据为己有。因抄近路破坏了他人庄稼确实有罪，但因此就占有人家的牛，未免太过分了些？如今大王以夏徵舒为逆贼弑君讨伐他，来伸张正义，但事成之后又占领了陈国，霸占人家土地，往后又如何号令天下呢！所以我觉得没有什么值得庆贺的。"楚庄王说："说得好！"于是便从晋国迎回陈灵公的太子午，立其为君，像从前一样治理陈国，即陈成公。孔子在读历史时看到楚国重立陈国后，赞道："楚庄王真是贤德呀。不看重千乘之国，却采纳一句有益谏言。"

八年，楚庄王去世。二十九年，陈国背叛与楚国的盟约。三十年，楚共王伐陈。当年，陈成公去世，其子哀公弱继位。楚王因陈国办丧事，便班师回国。

【原文】

哀公三年，楚围陈，复释之。二十八年，楚公子围弑其君郏敖自立，为灵王。

三十四年，初，哀公娶郑，长姬生悼太子师，少姬生偃。二嬖妾，长妾生留，少妾生胜。留有宠哀公，哀公属之其弟司徒招。哀公病，三月，招杀悼太子，立留为太子。哀公怒，欲诛招，招发兵围守哀公，哀公自经杀。招卒立留为陈君。四月，陈使使赴楚。楚灵王闻陈乱，乃杀陈使者，使公子弃疾发兵伐陈，陈君留奔郑。九月，楚围陈。十一月，灭陈。使弃疾为陈公。

招之杀悼太子也，太子之子名吴，出奔晋。晋平公问太史赵曰："陈遂亡乎？"对曰："陈，颛顼之族。陈氏得政于齐，乃卒亡。自幕至于瞽瞍，无违命。舜重之以明德。至于遂，世世守之。及胡公，周赐之姓，使祀虞帝。且盛德之后，必百世祀。虞之世未也，其在齐乎？"

楚灵王灭陈五岁，楚公子弃疾弑灵王代立，是为平王。平王初立，欲得和诸侯，乃求故陈悼太子师之子吴，立为陈侯，是为惠公。惠公立，探续哀公卒时年而为元，空籍五岁矣。

十年，陈火。十五年，吴王僚使公子光伐陈，取胡、沈而去。二十八年，吴王阖闾与子胥败楚入郢。是年，惠公卒，子怀公柳立。

【译文】

哀公三年，楚国围困陈国，后又罢兵而去。二十八年，楚公子围杀死君主郏敖自立为王，即楚灵王。

三十四年，起初，陈哀公娶郑国女为妻，长姬生下悼太子师，少姬生子名偃。哀公还有两名宠妾，长妾生子名留，少妾生子名胜。哀公最宠爱留，并把他托付给做司徒的弟弟招照顾。哀公病后，三月，招杀死悼太子，立留为太子。哀公大怒，想杀死招，招发兵包围了哀公，哀公自缢而亡。招在临终前还是将留立为国君。四月，陈国使节去楚报丧。楚灵王听说陈国内乱，就杀死了陈国使者，命公子弃疾举兵伐陈，陈君留逃到了郑国。九月，楚围困陈。十一月，消灭了陈国。命公子弃疾为陈公。

招杀死了悼太子，悼太子的儿子吴出逃到晋国。晋平公问太史赵："陈国已经灭亡了吗？"太史赵说："陈国是颛顼的后代。只有等到陈氏从齐国得到政权后，才会最终灭亡。陈国祖先从幕到瞽叟，都是顺应天命。舜看重的就是他们的美德。直到遂，他们都世代谨守德业。到胡公这代时，周天才赐予其姓，以祭祀舜帝。如德功德无量之人，必能享受百代祭祀。虞舜本应享受的百代之数还没有达到，可能在齐国要继续下去吧？"

楚灵王灭陈后的第五年，楚国公子弃疾杀死灵王自立为王，即楚平王。平王刚即位不久，想与各诸侯建立友好关系，便找到陈国悼太子师的后人吴，立其为陈侯，即陈惠公。惠公继位后，如以陈哀公死的那年作为陈国纪年元年，已经有了五年的空白。

十年，陈国发生火灾。十五年，吴王僚命公子光伐陈，攻取胡、沈二地后离去。二十八年，吴王阖庐与伍子胥打败楚国，攻入郢都。当年，惠公去世，其子怀公柳继位。

【原文】

怀公元年，吴破楚，在郢，召陈侯。陈侯欲往，大夫曰：“吴新得意；楚王虽亡，与陈有故，不可倍。”怀公乃以疾谢吴。四年，吴复召怀公。怀公恐，如吴。吴怒其前不往，留之，因卒吴。陈乃立怀公之子越，是为湣公。

湣公六年，孔子适陈。吴王夫差伐陈，取三邑而去。十三年，吴复来伐陈，陈告急楚，楚昭王来救，军于城父，吴师去。是年，楚昭王卒于城父。时孔子在陈。十五年，宋灭曹。十六年，吴王夫差伐齐，败之艾陵，使人召陈侯。陈侯恐，如吴。楚伐陈。二十一年，齐田常弑其君简公。二十三年，楚之白公胜杀令尹子西、子綦，袭惠王。叶公攻败白公，白公自杀。

二十四年，楚惠王复国，以兵北伐，杀陈湣公，遂灭陈而有之。是岁，孔子卒。

杞东楼公者，夏后禹之后苗裔也。殷时或封或绝。周武王克殷纣，求禹之后，得东楼公，封之于杞，以奉夏后氏祀。

东楼公生西楼公，西楼公生题公，题公生谋娶公。谋娶公当周厉王时。谋娶公生武公。武公立四十七年卒，子靖公立。靖公二十三年卒，子共公立。共公八年卒，子德公立。德公十八年卒，弟桓公姑容立。桓公十七年卒，子孝公匄立。孝公十七年卒，弟文公益姑立。文公十四年卒，弟平公郁立。平公十八年卒，子悼公成立。悼公十二年卒，子隐公乞立。七月，隐公弟遂弑隐公自立，是为釐公。釐公十九年卒，子湣公维立。湣公十五年，楚惠王灭陈。十六年，湣公弟阏路弑湣公代立，是为哀公。哀公立十年卒，湣公子敕立，是为出公。出公十二年卒，子简公春立。立一年，楚惠王之四十四年，灭杞。杞后陈亡三十四年。杞小微，其事不足称述。

【译文】

怀公元年，吴国攻破楚国，驻扎于郢都，召见陈怀公。怀公本想前去，大夫说："吴王最近十分得意，楚王虽然逃走，但与陈是旧交，不能背叛陈楚之交。"陈怀公便以身体有病为由没去会见。四年，吴王再次召见怀公，怀公害怕，前往吴国。吴王对上次陈怀公不来会见一事耿耿于怀，便扣留了他，直到死在吴国。陈国便拥立怀公之子越为君，即湣公。

湣公六年，孔子出使陈国。吴王夫差伐陈，夺取三城归去。十三年，吴国再次伐陈，陈国向楚求救，楚昭王派兵援助，在城父驻军，吴军退去。当年，楚昭王死于城父。当时孔子还在陈国。十五年，宋国消灭曹国。十六年，吴王夫差伐齐，在艾陵大败齐兵，派人召见陈侯。陈湣公害怕，来到了吴国。楚国征伐陈国。二十一年，齐国大夫田常杀死国君简公。二十三年，楚国的白公胜杀死令尹子西、子綦，袭击楚惠王。楚国叶公打败白公，白公自杀。

二十四年，楚惠王复国，率兵北伐，杀死陈湣公，灭掉陈国并占有了它。同年，孔子去世。

杞国东楼公是夏代大禹的后代。殷朝时其封地断断续续。周武王灭掉殷纣后，在寻找禹的后代时找到东楼公，封在杞地，以供奉夏后氏。

东楼公有子名西楼公，西楼公有子题公，题公有子谋娶公。谋娶公与周厉王同时代。谋娶公有子武公。武公继位后四十七年去世，其子靖公继位，在位二十三年，其子共公继位。共公在位八年，其子德公继位。德公十八年去世，其弟桓公姑容继位。桓公十七年去世，其子孝公丐继位。孝公十七年去世，其子文公益姑继位。文公十四年去世，其弟平公郁继位。平公十八年去世，其子悼公成继位。悼公十二年去世，其子隐公乞继位。七月，隐公之弟遂杀死隐公自立为君，即釐公。釐公十九年去世，其子湣公维继位。湣公十五年，楚惠王消灭陈国。十六年，湣公之弟阏路杀死湣公自立为君，即哀公。哀公在位十年去世，湣公之子敕继位，即出公。出公十二年去世，其子简公春继位。一年后，也就是楚惠王四十四年，楚消灭杞国。杞国比陈国晚灭亡三十四年。杞是弱小的国家，关于它的事在此就不说了。

【原文】

舜之后，周武王封之陈，至楚惠王灭之，有世家言。禹之后，周武王封之杞，楚惠王灭之，有世家言。契之后为殷，殷有本纪言。殷破，周封其后于宋，齐湣王灭之，有世家言。后稷之后为周，秦昭王灭之，有本纪言。皋陶之后，或封英、六，楚穆王灭之，无谱。伯夷之后，至周武王复封于齐，曰太公望，陈氏灭之，有世家言。伯翳之后，至周平王时封为秦，项羽灭之，有本纪言。垂、益、夔、龙，其后不知所封，不见也。右十一人者，皆唐虞之际名有功德臣也；其五人之后皆至帝王，余乃为显诸侯。滕、薛、驺，夏、殷、周之间封也，小，不足齿列，弗论也。

周武王时，侯伯尚千余人。及幽、厉之后，诸侯力攻相并。江、黄、胡、沈之属，不可胜数，故弗采著于传云。

太史公曰：舜之德可谓至矣！禅位于夏，而后世血食者历三代。及楚灭陈，而田常得政于齐，卒为建国，百世不绝，苗裔兹兹，有土者不乏焉。至禹，于周则杞，微甚，不足数也。楚惠王灭杞，其后越王句践兴。

【译文】

舜的后代被周武王封到陈地，直到楚惠王时被灭，在《世家》中有记载。禹的后代被周武王封于杞地，后被楚惠王消灭，在《世家》中记载。契的后代是殷商后人，在《本纪》中有记载。殷朝被灭后，周朝把其后人封在宋国，后被齐湣王所灭，在《世家》中有记载。后稷后人是周朝王族，后被秦昭王所灭，在《本纪》中有记载。皋陶后人被封在英、六之地，后被楚穆王所灭，没有相关记载。伯夷后人在周武王时被封于齐，即太公望，后被陈氏所灭，在《世家》中有记载。垂、益、夔、龙，他们的后人都没有封地，不得而知。以上十一人，都是尧、舜时期有名的功臣；其中五人后来当过帝王，其余也都在诸侯之列。滕、薛、驺，是夏、商、周三代时的封国，太过弱小，不值一提，在此就不说了。

周武王时，位于侯伯之列的有千余人。到周幽王、周厉王之后，诸侯相互攻伐，互相吞并。像江、黄、胡、沈之类的小国，难以数计，结果都没有留下文字记载。

太史公说：舜的美德可谓达到顶峰！禅让给夏，而后经历夏、商、周三代。到楚国消灭陈后，接着便是田常夺取齐国政权，最终还成为封国，相继百代，子孙鼎盛，被封赐土地的人很多。而大禹后人在周时为杞国之君，因为弱小，也就不说了。楚惠王消灭杞国后，禹的后人越王句践兴起。

【评析】

陈和杞都是周初分封的两个异姓小国，他们分别是虞舜和夏禹的后裔。太史公司马迁对上古帝王倾心赞颂，认为他们的子孙后代之所以能够绵延长久，主要是因为上天对他们所做功德的回报。这就是司马迁的道德决定论的历史观。而事实上，他善良的推想毕竟不是客观现实。陈氏在齐国崛起并最终将齐取而代之，是被贪婪的欲望所驱使，这跟他们的祖先舜的功德是没有丝毫关系的。这些我们暂且放下不论，我们仍然可以从这样的小事中总结一些经验、吸取一些教训。历史的兴衰更替，是客观的，但很多的主观因素在起着不可估量的作用，尤其是自身的因素。所谓祸起萧墙，很多衰败的国家或是落寞的人，事实上也充当着自己的掘墓人。一味享乐，就会给别人以可乘之机，不求进取，当别人都前进的时候，自己还在原地踏步，就已经是后退了。齐被陈取而代之，除了陈的欲望以外，齐自身的败落不也正好给陈提供了良好的时机吗？

第六章 卫康叔世家

【原文】

卫康叔名封，周武王同母少弟也。其次尚有冉季，冉季最少。

武王已克殷纣，复以殷余民封纣子武庚禄父，比诸侯，以奉其先祀勿绝。为武庚未集，恐其有贼心，武王乃令其弟管叔、蔡叔傅相武庚禄父，以和其民。武王既崩，成王少。周公旦代成王治，当国。管叔、蔡叔疑周公，乃与武庚禄父作乱，欲攻成周。周公旦以成王命兴师伐殷，杀武庚禄父、管叔，放蔡叔，以武庚殷余民封康叔为卫君，居河、淇间故商墟。

周公旦惧康叔齿少，乃申告康叔曰："必求殷之贤人君子长者，问其先殷所以兴，所以亡，而务爱民。"告以纣所以亡者以淫于酒，酒之失，妇人是用，故纣之乱自此始。为梓材，示君子可法则。故谓之康诰、酒诰、梓材以命之。康叔之国，既以此命，能和集其民，民大说。

成王长，用事，举康叔为周司寇，赐卫宝祭器，以章有德。

康叔卒，子康伯代立。康伯卒，子考伯立。考伯卒，子嗣伯立。嗣伯卒，子疌伯立。疌伯卒，子靖伯立。靖伯卒，子贞伯立。贞伯卒，子顷侯立。

顷侯厚赂周夷王，夷王命卫为侯。顷侯立十二年卒，子釐侯立。

釐侯十三年，周厉王出奔于彘，共和行政焉。二十八年，周宣王立。

【译文】

卫国康叔名封，是与周武王同母的弟弟。另外还有一个弟弟叫冉季，年龄最小。

武王消灭殷纣后，又把殷朝遗民封给纣王之子武庚禄父，与诸侯同列，以使其祖先祭祀能够世代相传。但武庚并未完全听从，武王怕他有逆反心理，便命弟弟管叔、蔡叔监视并辅佐他，以安抚百姓。武王去世后，年幼的成王继位。周公旦替成王理政。管叔、蔡叔怀疑周公旦造反，便与武庚禄父发动叛乱，攻打成周。周公旦受成王之命率军讨伐，杀死了武庚禄父和管叔，并流放了蔡叔，而后把武庚殷的遗民交给康叔管理，立其为卫国之君，在黄河、淇水间居住，也就是商朝的旧都。

周公旦怕康叔因年幼而没有能力治理，便多次告诫康叔："一定要重用殷朝有才德、有贤能的君子，向他们多了解一些有关殷朝兴衰的历史，更要爱护体恤百姓。"还告诫康叔：商纣之亡的原因就是其饮酒作乐，沉溺女色造成的，商纣之乱便是从此开始的。周公旦还以匠人制木器必用规矩的道理，作了《梓材》，作为治国的法则。所以称之为《康诰》《酒诰》《梓材》，以此来教导康叔。康叔以此治国，教化安抚百姓，人民安居乐业。

成王长大后，亲自执政，命康叔为周朝司寇，赐给卫国许多宝器祭品，以表彰康叔的美德。

康叔逝世后，其子康伯继位。康伯去世后，其子考伯继为国君。考伯去世后，其子嗣伯继为国君。嗣伯去世后，其子疌伯为君。疌伯去世后，其子靖伯为君。靖伯去世后，其子贞伯为君。贞伯去世后，其子顷侯为君。

顷侯以厚礼贿赂周夷王，夷王将卫国君提升为侯爵。顷侯在立为国君十二年时去世，其子釐侯继任国君。

釐侯十三年，周厉王逃至彘地，在召公、周公的共同辅佐下执政，史称"共和"行政。釐侯二十八年，周宣王继位。

【原文】

四十二年，釐侯卒，太子共伯余立为君。共伯弟和有宠于釐侯，多予之赂；和以其赂赂士，以袭攻共伯于墓上，共伯入釐侯羡自杀。卫人因葬之釐侯旁，谥曰共伯，而立和为卫侯，是为武公。

武公即位，修康叔之政，百姓和集。四十二年，犬戎杀周幽王，武公将兵往佐周平戎，甚有功，周平王命武公为公。五十五年，卒，子庄公扬立。

庄公五年，取齐女为夫人，好而无子。又取陈女为夫人，生子，蚤死。陈女女弟亦幸于庄公，而生子完。完母死，庄公令夫人齐女子之，立为太子。庄公有宠妾，生子州吁。十八年，州吁长，好兵，庄公使将。石碏谏庄公曰："庶子好兵，使将，乱自此起。"不听。二十三年，庄公卒，太子完立，是为桓公。

桓公二年，弟州吁骄奢，桓公绌之，州吁出奔。十三年，郑伯弟段攻其兄，不胜，亡，而州吁求与之友。十六年，州吁收聚卫亡人以袭杀桓公，州吁自立为卫君。为郑伯弟段欲伐郑，请宋、陈、蔡与俱，三国皆许州吁。州吁新立，好兵，弑桓公，卫人皆不爱。石碏乃因桓公母家于陈，详为善州吁。至郑郊，石碏与陈侯共谋，使右宰丑进食，因杀州吁于濮，而迎桓公弟晋于邢而立之，是为宣公。

宣公七年，鲁弑其君隐公。九年，宋督弑其君殇公，及孔父。十年，晋曲沃庄伯弑其君哀侯。

【译文】

四十二年，釐侯去世，太子共伯余继任国君。共伯的弟弟和受宠于釐侯，共伯的弟弟和通过财物收买武士，想在釐侯的墓地上袭击共伯余，共伯被迫逃到釐侯墓自杀。卫人将共伯葬在釐侯墓旁，谥号共伯，后立和为卫国国君，即武公。

武公继位后，重整康叔时的政令，百姓安享快乐。四十二年，犬戎杀死周幽王，武公亲率军队辅佐周天子平定犬戎，功勋卓著，周平王命武公称公。五十五年，武公去世，其子庄公扬继任国君。

庄公继位后的第五年，娶齐国女为妻，齐女漂亮但没有后人。庄公便又娶陈女为妻，陈女生有一子，但夭折了。陈女的妹妹也受到庄公宠爱，生子名完。完的母亲去世后，庄公让夫人齐女抚养完，并立为太子。庄公还有一宠妾，生子名州吁。庄公十八年，州吁长大，爱好军事，庄公便封他为将领。卫国上卿石碏劝谏庄公说："妾生之子喜好军事，您却封他为将领，恐怕要有祸乱。”庄公不听，二十三年，庄公去世，太子完继任国君，即桓公。

桓公二年，州吁骄奢淫逸，桓公罢免了他，州吁逃亡。十三年，郑伯的弟弟段攻伐哥哥，失败后逃亡，州吁与他结为好友。十六年，州吁聚集卫国逃亡者袭击并杀死桓公，州吁自立为君。郑伯之弟段想伐郑，州吁请宋、陈、蔡三国援助，三国都答应了。州吁继位不久，因喜好军事，后又杀死桓公，卫人很厌恶他。石碏看到桓公母亲在陈国，便假装与州吁亲近，在卫国军队来到郑国郊野时，石碏便与陈侯谋划，命右宰丑向州吁进献食品，借机在濮地杀死了州吁，而后在邢地迎立桓公的弟弟为君，即宣公。

宣公七年，鲁人杀死国君隐公。九年，宋督杀死国君殇公和大夫孔父。十年，晋国曲沃庄伯杀死国君哀侯。

【原文】

十八年，初，宣公爱夫人夷姜，夷姜生子伋，以为太子，而令右公子傅之。右公子为太子取齐女，未入室，而宣公见所欲为太子妇者好，说而自取之，更为太子取他女。宣公得齐女，生子寿、子朔，令左公子傅之。太子伋母死，宣公正夫人与朔共谗恶太子伋。宣公自以其夺太子妻也，心恶太子，欲废之。及闻其恶，大怒，乃使太子伋于齐而令盗遮界上杀之，与太子白旄，而告界盗见持白旄者杀之。且行，子朔之兄寿，太子异母弟也，知朔之恶太子而君欲杀之，乃谓太子曰：“界盗见太子白旄，即杀太子，太子可毋行。”太子曰：“逆父命求生，不可。”遂行。寿见太子不止，乃盗其白旄而先驰至界。界盗见其验，即杀之。寿已死，而太子伋又至，谓盗曰：“所当杀乃我也。”盗并杀太子伋，以报宣公。宣公乃以子朔为太子。十九年，宣公卒，太子朔立，是为惠公。

左右公子不平朔之立也，惠公四年，左右公子怨惠公之谗杀前太子伋而代立，乃作乱，攻惠公，立太子伋之弟黔牟为君，惠公奔齐。

卫君黔牟立八年，齐襄公率诸侯奉王命共伐卫，纳卫惠公，诛左右公子。卫君黔牟奔于周，惠公复立。惠公立三年出亡，亡八年复入，与前通年凡十三年矣。

二十五年，惠公怨周之容舍黔牟，与燕伐周。周惠王奔温，卫、燕立惠王弟颓为王。二十九年，郑复纳惠王。三十一年，惠公卒，子懿公赤立。

【译文】

十八年，当初宣公宠爱的夫人是夷姜，她生子名伋，并被立为太子。宣公命右公子辅佐他。右公子为太子娶齐女为妻，还没有与伋成婚，便被宣公看上了，宣公见齐女漂亮，十分喜欢，便自娶为妻，太子只得另娶他女。宣公得到齐女后，齐女生子子寿、子朔，宣公命左公子教导他们。太子伋母亲死后，宣公正夫人与子朔便在宣公面前诬陷太子伋。宣公本就为抢夺太子之妻而讨厌他，想废掉他。听到有人中伤太子，十分生气，便在太子伋出使齐国的路上设下埋伏，命大盗在边境上杀死伋。宣公给太子白旄使节，告诫边境上的大盗见到手持白旄的就将其杀掉。在太子伋启程前往齐国时，子朔的哥哥子寿，也就是太子的异母兄弟，知道子朔憎恨太子，想与君王合谋除掉太子，便对太子说："边界的大盗如见到太子手持的白旄，便会杀死你，太子不要去了！"太子说："违背父命也必死无疑。"而后便上路了。子寿见不能劝止太子，便盗取太子白旄在其之前赶到边界。大盗按照事先约定，杀死了子寿。子寿被杀后，太子伋赶到，对大盗说："你应杀的是我呀！"大盗又杀了太子伋，回报宣公。宣公便立子朔为太子。十九年，宣公去世，太子朔继位，即惠公。

左右公子对子朔为君深怀不满。惠公四年，左右公子因怨恨惠公并谋杀太子伋而自立之事，发起兵变，攻打惠公，而后立太子伋之弟黔牟为君，惠公逃到齐国。

卫君黔牟八年时，齐襄公奉周天子之命率领各诸侯共伐卫国，送卫惠公回国，并诛杀了左右公子。卫君黔牟逃到周，惠公重登君位。惠公初立国君三年后逃亡，八年后又返回卫国，前后共有十三年之久。

二十五年，惠公对周室接纳黔牟心有怨恨，便联合燕国共伐周室。周惠王逃到温，卫、燕共同拥立惠王弟颓为王。二十九年，郑国再次送惠王回周。三十一年，卫惠公去世，其子懿公赤继位。

【原文】

懿公即位，好鹤，淫乐奢侈。九年，翟伐卫，卫懿公欲发兵，兵或畔。大臣言曰："君好鹤，鹤可令击翟。"翟于是遂入，杀懿公。

懿公之立也，百姓大臣皆不服。自懿公父惠公朔之谗杀太子伋代立至于懿公，常欲败之，卒灭惠公之后而更立黔牟之弟昭伯顽之子申为君，是为戴公。

戴公申元年卒。齐桓公以卫数乱，乃率诸侯伐翟，为卫筑楚丘，立戴公弟毁为卫君，是为文公。文公以乱故奔齐，齐人入之。

初，翟杀懿公也，卫人怜之，思复立宣公前死太子伋之后，伋子又死，而代伋死者子寿又无子。太子伋同母弟二人：其一曰黔牟，黔牟尝代惠公为君，八年复去；其二曰昭伯。昭伯、黔牟皆已前死，故立昭伯子申为戴公。戴公卒，复立其弟毁为文公。

文公初立，轻赋平罪，身自劳，与百姓同苦，以收卫民。

十六年，晋公子重耳过，无礼。十七年，齐桓公卒。二十五年，文公卒，子成公郑立。

成公三年，晋欲假道于卫救宋，成公不许。晋更从南河度，救宋。征师于卫，卫大夫欲许，成公不肯。大夫元咺攻成公，成公出奔。晋文公重耳伐卫，分其地予宋，讨前过无礼及不救宋患也。卫成公遂出奔陈。二岁，如周求入，与晋文公会。晋使人鸩卫成公，成公私于周主鸩，令薄，得不死。已而周为请晋文公，卒入之卫，而诛元咺，卫君瑕出奔。七年，晋文公卒。十二年，成公朝晋襄公。十四年，秦穆公卒。二十六年，齐邴歜弑其君懿公。三十五年，成公卒，子穆公遬立。

【译文】

懿公继位后，酷爱养鹤，挥霍荒淫。九年时，翟攻打卫国，卫懿公率军抵抗，有些士兵反叛。大臣说："国君喜欢养鹤，就派鹤去抵抗翟人吧！"翟人因此侵入卫国，杀死懿公。

懿公继位时，臣民本就不服。从懿公父亲惠公谋杀太子伋自立为君到懿公，手下臣民都想推翻他们，最后，终于消灭惠公及其后代，拥立黔牟之弟昭伯顽的儿子申为君，即卫戴公。

戴公申元年去世。齐桓公因卫国经常发生动乱，便率诸侯讨伐翟，替卫国在楚丘建筑城池，立戴公弟毁为国君，即文公。文公因卫动乱逃奔到齐国，齐人送他回国。

当初，翟人杀死懿公，卫人很可怜他，想再次拥立被宣公谋害的太子伋的后代，但伋的儿子已经去世，替伋死去的子寿也没有后人。太子伋有两个同胞弟弟：一个叫黔牟，黔牟曾替惠公做过八年国君，后又被惠公赶出卫国，另一个叫昭伯。昭伯、黔牟都已去世，所以卫人便立昭伯之子申为戴公，戴公去世后，又立其弟毁为文公。

文公刚刚登上君位不久，便减轻百姓赋税，秉公断案，与百姓同甘共苦，以此赢得了民心。

十六年，晋公子重耳路过卫国，文公对重耳没有礼待。十七年，齐桓公去世。二十五年时，文公去世，其子成公郑继位。

成公三年时，晋国为救助宋国想从卫国借路，但成公不肯。晋便改道渡南河救宋。晋国从卫国征兵，卫大夫本想应允，但成公不肯。大夫元咺攻打成公，成公出逃。晋文公重耳为报以前卫文公的无礼和卫不援救宋国的仇恨，讨伐卫国，并把卫国部分土地送给宋国。卫成公只好逃到了陈国。两年后，成公想通过周天子帮助回国，与晋文公会面。晋派人毒死成公，成公贿赂了周王室想毒杀自己的人，少放了些毒药，才幸免于难。后来周王向晋文公替成公求情，成公最终被送回卫国，杀死了元咺，卫君瑕逃亡。七年，晋文公去世。十二年，成公朝见晋襄公。十四年，秦穆公去世。二十六年，齐邴歜杀死国君懿公。三十五年，成公去世，其子穆公遬继任国君。

【原文】

穆公二年，楚庄王伐陈，杀夏徵舒。三年，楚庄王围郑，郑降，复释之。十一年，孙良夫救鲁伐齐，复得侵地。穆公卒，子定公臧立。定公十二年卒，子献公衎立。

献公十三年，公令师曹教宫妾鼓琴，妾不善，曹笞之。妾以幸恶曹于公，公亦笞曹三百。十八年，献公戒孙文子、宁惠子食，皆往。日旰不召，而去射鸿于囿。二子从之，公不释射服与之言。二子怒，如宿。孙文子子数侍公饮，使师曹歌巧言之卒章。师曹又怒公之尝笞三百，乃歌之，欲以怒孙文子，报卫献公。文子语蘧伯玉，伯玉曰："臣不知也。"遂攻出献公。献公奔齐，齐置卫献公于聚邑。孙文子、宁惠子共立定公弟秋为卫君，是为殇公。

殇公秋立，封孙文子林父于宿。十二年，宁喜与孙林父争宠相恶，殇公使宁喜攻孙林父。林父奔晋，复求入故卫献公。献公在齐，齐景公闻之，与卫献公如晋求入。晋为伐卫，诱与盟。卫殇公会晋平公，平公执殇公与宁喜而复入卫献公。献公亡在外十二年而入。

献公后元年，诛宁喜。

三年，吴延陵季子使过卫，见蘧伯玉、史鳍，曰："卫多君子，其国无故。"过宿，孙林父为击磬，曰："不乐，音大悲，使卫乱乃此矣。"是年，献公卒，子襄公恶立。

【译文】

穆公二年，楚庄王攻打陈国，杀死夏徵舒。三年，楚庄王围困郑国，郑侯投降。反又将其放回。十一年，孙良夫为援救鲁国攻打齐国，收复被夺取的土地。穆公去世后，其子定公臧继位。定公十二年去世，其子献公衎继位。

献公十三年，命师曹教宫中妾弹琴，妾弹得不好，师曹笞打了她。妾因受献公宠爱，便在献公面前诬陷曹，献公也笞打曹三百下。十八年，献公告诫孙文子、宁惠子进宴，两人如期前往。时间到了，但献公没去召请他们，却在园林中射雁。两人只得跟随献公，献公没换掉射服便与他们谈话，如此无礼的行为，两人很生气，便回到了宿邑。孙文子的儿子数次陪献公饮酒，献公让乐师曹唱《巧言》的最后一章。乐师曹对上次受献公笞打三百耿耿于怀，因此就演唱了其他的，以激怒孙文子，报复卫献公。文子把此事告诉给了大夫蘧伯玉，蘧伯玉说："微臣不知。"于是孙文子赶跑了献公。献公逃到齐国，齐国将其居住在聚邑。孙文子、宁惠子共立定公之弟秋为君，即殇公。

殇公秋继位后，把宿地封给孙文子林父。十二年，宁喜与孙林父因争宠交恶，殇公命宁喜攻打孙林父。林父逃到晋国，希望晋国重新让卫献公回国为君。当时献公在齐国。齐景公知道后，便与卫献公到晋国求助，想返回卫国。晋国便出兵伐卫，诱使卫与晋结盟。卫殇公前去参加盟会，结果卫殇公与宁喜被捕，而后将卫献公迎回卫国。献公逃亡十二年后又重返卫国。

献公回国后元年，杀死了宁喜。

三年，吴国延陵季子出使经过卫国，对蘧伯玉和史鳅说："卫国有很多君子，所以国家才会没有战乱。"他又路过宿地，孙林父为其击磬说："不高兴，是因为音乐悲伤，卫国的动乱要因此而生了！"同年，献公去世，其子襄公恶继任。

【原文】

襄公六年，楚灵王会诸侯，襄公称病不往。

九年，襄公卒。初，襄公有贱妾，幸之，有身，梦有人谓曰："我康叔也，令若子必有卫，名而子曰'元'。"妾怪之，问孔成子。成子曰："康叔者，卫祖也。"及生子，男也，以告襄公。襄公曰："天所置也。"名之曰元。襄公夫人无子，于是乃立元为嗣，是为灵公。

灵公五年，朝晋昭公。六年，楚公子弃疾弑灵王自立，为平王。十一年，火。

三十八年，孔子来，禄之如鲁。后有隙，孔子去。后复来。

三十九年，太子蒯聩与灵公夫人南子有恶，欲杀南子。蒯聩与其徒戏阳遬谋，朝，使杀夫人。戏阳后悔，不果。蒯聩数目之，夫人觉之，惧，呼曰："太子欲杀我！"灵公怒，太子蒯聩奔宋，已而之晋赵氏。

四十二年春，灵公游于郊，令子郢仆。郢，灵公少子也，字子南。灵公怨太子出奔，谓郢曰："我将立若为后。"郢对曰："郢不足以辱社稷，君更图之。"夏，灵公卒，夫人命子郢为太子，曰："此灵公命也。"郢曰："亡人太子蒯聩之子辄在也，不敢当。"于是卫乃以辄为君，是为出公。

【译文】

襄公六年，楚灵王会盟各诸侯，襄公装病没有去。

九年，襄公去世。当初，襄公有一身份低微的小妾，但极受宠爱，有孕后梦见一人对她说："我是康叔，你的儿子定能拥有卫国，我给他取名'元'吧。"小妾醒后很惊奇，便问孔成子。成子说："康叔是卫国的祖先。"等小妾生下孩子后，确实是个男孩，便把梦中之事告诉给了襄公。襄公说："此乃天意呀！"便给男孩取名元，正巧襄公夫人没有儿子，便将元立为嫡子，即灵公。

五年，灵公朝见晋昭公。六年，楚公子弃疾杀死楚灵王自立为君，即平王。十一年，卫国发生火灾。

三十八年，孔子出使到卫国，卫国给他在鲁国同样的俸禄。后来孔子与卫国发生了矛盾，便走了。不久后又来到卫国。

三十九年，太子蒯聩与灵公夫人南子有矛盾，想杀死南子。蒯聩与家臣戏阳遬谋划，在上朝时，让戏阳遬杀死夫人。戏阳在行事时后悔了，没有下手。蒯聩多次以眼色示意，被夫人察觉，夫人很害怕，大叫："太子要杀我！"灵公大怒，太子蒯聩逃到了宋国，不久又逃到晋国赵氏那里。

四十二年春，灵公在郊外游玩，命子郢驾车。郢是灵公的幼子，字子南。灵公怨恨太子出逃，便对郢说："我要立你为太子了。"郢说："我没有能力，怕辱没了社稷，您另择他人吧！"夏天，灵公去世，夫人想立子郢为太子，说："这是灵公的遗命！"郢说："逃亡太子蒯聩的儿子辄还在，我不敢继位。"于是卫人便立辄为君，即出公。

【原文】

六月乙酉，赵简子欲入蒯聩，乃令阳虎诈命卫十余人衰绖归，简子送蒯聩。卫人闻之，发兵击蒯聩。蒯聩不得入，入宿而保，卫人亦罢兵。

出公辄四年，齐田乞弑其君孺子。八年，齐鲍子弑其君悼公。

孔子自陈入卫。九年，孔文子问兵于仲尼，仲尼不对。其后鲁迎仲尼，仲尼反鲁。

十二年，初，孔圉文子取太子蒯聩之姊，生悝。孔氏之竖浑良夫美好，孔文子卒，良夫通于悝母。太子在宿，悝母使良夫于太子。太子与良夫言曰："苟能入我国，报子以乘轩，免子三死，毋所与。"与之盟，许以悝母为妻。闰月，良夫与太子入，舍孔氏之外圃。昏，二人蒙衣而乘，宦者罗御，如孔氏。孔氏之老栾宁问之，称姻妾以告。遂入，适伯姬氏。既食，悝母杖戈而先，太子与五人介，舆豭从之。伯姬劫悝于厕，强盟之，遂劫以登台。栾宁将饮酒，炙未熟，闻乱，使告仲由。召护驾乘车，行爵食炙，奉出公辄奔鲁。

【译文】

六月乙酉这天，赵简子把蒯聩送回卫国，并让阳虎派十余人扮成卫国人，身穿丧服，假装从卫国来晋国迎接太子，简子送别蒯聩。卫人知晓后，便出兵阻止蒯聩。结果蒯聩没有回到卫国，只得跑回宿地自保，卫人便罢兵而去。

出公辄四年，齐国田乞杀死国君孺子。八年，齐鲍子杀死国君悼公。

孔子从陈国来到卫国。九年，孔文子向孔子寻问军事，仲尼没有回答。后来，鲁侯派人迎接仲尼，仲尼返回了鲁国。

十二年，当初孔圉文子娶了太子蒯聩的姐姐为妻，生下悝。孔文子的仆人浑良夫长得很漂亮，孔文子死后，浑良夫与悝母私通。太子在宿地，悝母便让浑良夫到太子那里。太子对良夫说："你若能助我回国，我就以大夫所乘之车报答你，并免你三罪。穿紫衣、袒裘服、带宝剑，不将其列入死罪。"二人发誓立约，太子答应把悝母许配给良夫为妻。闰十二月，良夫与太子回国，住在孔氏外园之中。晚上两个人头蒙围巾身穿妇人衣物，乘车而来，由宦官罗驾车。孔氏家的老臣栾宁问他们是谁，竟谎称是侍妾，才得以顺利进入孔氏家，来到伯姬住所。吃完饭，悝母手持兵器先来到面见孔悝，太子与五人都身穿护甲，载着公猪随行。伯姬将悝逼到墙角，迫使其订立盟约，然后逼其登台，号召群臣。栾宁打算饮酒，但烤肉没熟，此时便听到门外的糟乱，便命人告诉仲由。召护驾车，边饮酒边吃肉，护送出公辄来到鲁国。

【原文】

仲由将入，遇子羔将出，曰："门已闭矣。"子路曰："吾姑至矣。"子羔曰："不及，莫践其难。"子路曰："食焉不辟其难。"子羔遂出。子路入，及门，公孙敢阖门，曰："毋入为也！"子路曰："是公孙也？求利而逃其难。由不然，利其禄，必救其患。"有使者出，子路乃得入。曰："太子焉用孔悝？虽杀之，必或继之。”且曰：“太子无勇。若燔台，必舍孔叔。”太子闻之，惧，下石乞、盂黡敌子路，以戈击之，割缨。子路曰：“君子死，冠不免。”结缨而死。孔子闻卫乱，曰：“嗟乎！柴也其来乎？由也其死矣。”孔悝竟立太子蒯聩，是为庄公。

庄公蒯聩者，出公父也，居外，怨大夫莫迎立。元年即位，欲尽诛大臣，曰：“寡人居外久矣，子亦尝闻之乎？”群臣欲作乱，乃止。

二年，鲁孔丘卒。

三年，庄公上城，见戎州。曰：“戎虏何为是？”戎州病之。十月，戎州告赵简子，简子围卫。十一月，庄公出奔，卫人立公子斑师为卫君。齐伐卫，虏斑师，更立公子起为卫君。

卫君起元年，卫石曼尃逐其君起，起奔齐。卫出公辄自齐复归立。初，出公立十二年亡，亡在外四年复入。出公后元年，赏从亡者。立二十一年卒，出公季父黔攻出公子而自立，是为悼公。

【译文】

仲由听后想进孔宅，遇到逃出的子羔。子羔说：“门已经关了。”子路说：“我先去看看。”子羔说：“来不及了，不要自寻麻烦。”子路说：“接受悝的俸禄，却看其受难不救。”子羔逃了，但子路要去，来到门前，公孙敢正要关大门，便说：“不要进去！”子路说：“你是公孙吧？接受利禄却躲避危难。我不能这样做，受人俸禄，就要救人于危难。”此时有使者出来，子路才得以入内。子路说：“太子为何在让孔悝来帮助？就算杀死他，也定会有人替他攻打太子。”又说：“太子缺乏勇气，如火烧燔台，必能释放孔叔。”太子听后很害怕，便命石乞、盂黡下台阻止子路，用戈击打子路，打掉了子路的帽缨。子路说：“君子死时，不能把帽子掉在地上。”说完，系好帽缨死去。孔子听到卫国的动乱后说：“可惜！柴（子羔）倒是回来吗？由却去世了。”孔悝最终立太子蒯聩为君，即庄公。

庄公蒯聩是出公的父亲，在外逃亡时，恨大夫不迎立他为君。即位的第一年，想把大臣斩尽杀绝，说：“我在外久居，你们知道吗？”大臣们想作乱，庄公才打消了念头。

二年，鲁国孔丘去世。

三年，庄公登城看到了戎州。说："戎虏为何要建城邑？"戎州人对此话很忧虑。十月，戎州人告诉赵简子，简子围攻卫国。十一月，庄公逃亡，卫人立公子斑师为君。齐国伐卫，俘虏斑师，改立公子起为君。

卫君起元年，卫石曼尃赶跑了国君起，起逃亡到齐国。从齐国返回的卫出公辄做了国君。出公即位十二年后逃亡，在外待了四年才重新回国。出公重新为君后的第一年，重赏跟随自己逃亡的人。前后共在位二十一年，出公叔父黔赶走出公之子自立为君，即悼公。

【原文】

悼公五年卒，子敬公弗立。敬公十九年卒，子昭公纠立。是时三晋强，卫如小侯，属之。

昭公六年，公子亹弑之代立，是为怀公。怀公十一年，公子颓弑怀公而代立，是为慎公。慎公父，公子适；适父，敬公也。慎公四十二年卒，子声公训立。声公十一年卒，子成侯遬立。

成侯十一年，公孙鞅入秦。十六年，卫更贬号曰侯。

二十九年，成侯卒，子平侯立。平侯八年卒，子嗣君立。

嗣君五年，更贬号曰君，独有濮阳。

四十二年卒，子怀君立。怀君三十一年，朝魏，魏囚杀怀君。魏更立嗣君弟，是为元君。元君为魏婿，故魏立之。元君十四年，秦拔魏东地，秦初置东郡，更徙卫野王县，而并濮阳为东郡。二十五年，元君卒，子君角立。

君角九年，秦并天下，立为始皇帝。二十一年，二世废君角为庶人，卫绝祀。

太史公曰：余读世家言，至于宣公之太子以妇见诛，弟寿争死以相让，此与晋太子申生不敢明骊姬之过同，俱恶伤父之志。然卒死亡，何其悲也！或父子相杀，兄弟相灭，亦独何哉？

【译文】

悼公五年去世，其子敬公弗继任。十九年，敬公去世，其子昭公纠继位。此时，三晋逐步强大，卫君只是个小诸侯，依附于赵国。

昭公六年，公子亹杀死昭公自立为君，即怀公。怀公十一年，公子颓杀死怀公自立为君，即慎公。慎公之父是公子适。适的父亲是敬公。慎公四十二年去世，其子声公训继位。十一年，声公去世，其子成侯遬继任国君。

成侯十一年，公孙鞅来到秦国。十六年，卫国被贬为侯。

二十九年，成侯去世，其子平侯继位。平侯八年去世，其子嗣君继位。

嗣君五年，又被贬为君，仅剩下濮阳一块地方。

四十二年嗣君去世，儿子怀君继位。三十一年，怀君朝见魏国，魏囚禁杀死了怀君。魏拥立嗣君之弟，即元君。元君是魏国的女婿，所以魏国才拥立他。元君十四年，秦国夺取魏国东部土地，开始在此地设置东郡。后又迁到野王县，把濮阳合并为东郡。二十五年元君去世，其子君角立继位。

君角九年，秦统一天下，嬴政自称为始皇帝。二十一年，秦二世废掉卫君，君角沦为平民，卫国后人至此绝灭。

太史公说：当我阅读世家记载时，看到卫宣公太子因妻被杀，弟弟寿与太子争相去死，这与晋太子申生不敢说出骊姬的过错一样，都怕伤害到父亲的情面。但最终还是死了，多么可悲呀！有的是父子互相残杀，有的是兄弟互相攻伐，这到底为什么呢？

【评析】

卫国的兴衰史又让我们看到了一个祸起萧墙的更为鲜明的例子。在《史记》所有的世家当中，卫国的国君是最荒淫无道的，其内乱也是最严重的。整篇文章给了我们这样的信息，即卫国的历史几乎就是内乱构成的，而且好像所有的内乱形式都可以在这里找到例子。康叔是周武王的同母弟弟，被寄予厚望，所以在分封时周公对他谆谆教诲。作者在文中不厌其烦地记录下周公三诰，这是作者心中一个为人君者应该具备的素养。然而，卫国这样一个周初重要的诸侯国，它后来的情况却与周公当初的教诲和康叔的风范大相径庭。他们父子相杀、兄弟相残。这也使司马迁痛心疾首，因此也对卫国的后世君主进行了无情地批判。历史的风云经过一代又一代的国君，终于变幻到今天。回首上下五千年，总还是有无数的后人犯着前人一样的错误。历史是一面镜子，这些都是前车之鉴。

第七章 宋微子世家

【原文】

微子开者，殷帝乙之首子而帝纣之庶兄也。纣既立，不明，淫乱于政，微子数谏，纣不听。及祖伊以周西伯昌之修德，灭阢国，惧祸至，以告纣。纣曰："我生不有命在天乎？是何能为！"于是微子度纣终不可谏，欲死之，及去，未能自决，乃问于太师、少师曰："殷不有治政，不治四方。我祖遂陈于上，纣沉湎于酒，妇人是用，乱败汤德于下。殷既小大好草窃奸宄，卿士师师非度，皆有罪辜，乃无维获，小民乃并兴，相为敌仇。今殷其典丧！若涉水无津涯。殷遂丧，越至于今。"曰："太师，少师，我其发出往？吾家保于丧？今女无故告予，颠跻，如之何其？"太师若曰："王子，天笃下灾亡殷国，乃毋畏畏，不用老长。今殷民乃陋淫神祇之祀。今诚得治国，国治身死不恨。为死，终不得治，不如去。"遂亡。

箕子者，纣亲戚也。纣始为象箸，箕子叹曰："彼为象箸，必为玉杯；为杯，则必思远方珍怪之物而御之矣。舆马宫室之渐自此始，不可振也。"纣为淫泆，箕子谏，不听。人或曰："可以去矣。"箕子曰："为人臣谏不听而去，是彰君之恶而自说于民，吾不忍为也。"乃被发详狂而为奴。遂隐而鼓琴以自悲，故传之曰箕子操。

【译文】

微子开是殷朝帝乙的大儿子，纣王的庶出的兄长。商纣继位后，统治黑暗，生活淫乱，国政衰危，微子多次劝谏，纣王就是不听。当祖伊的周西伯昌勤修德业时，消灭阢国后，便预示着殷朝要有危亡了，于是就告诉纣王。纣王却说："生命不是由上天决定吗？又能把我怎么样呢？"微子明白纣王到死也不会明白了，便想一死了之，或是离开纣王，但自己又拿不定主意，便前去询问太师、少师："殷朝难以政治清明，无法治理四方。我们的祖先曾经所贡献的才力和取得的成功，恐怕要毁于一旦了。纣王只知沉溺于酒色之中，只听妇人之言，败坏汤王德政。致使殷朝上下大小都以草野盗窃为伴，作奸犯科，臣民纷纷效仿，违法乱纪，使人惶惶不可终日，得不到应得的爵禄。朝野内外，互为仇敌，恐怕殷朝要丧失国典了，这就好比渡河找不到渡口。殷朝灭亡的日子不远了。"微子继续说："太师，少师，我该怎么办呢？殷朝社稷还能保住吗？你们一定要真实地告诉我，不要陷我于不义，该如何是好呢？"太师说："王子，天帝降灾要灭亡殷朝，纣王上不怕天、下天畏民，又不听长者之见。现在殷朝的臣民已经违背了神祇的意愿。如今就算能拯救殷朝，治理好国家，恐怕也无法改变天意了。就算死了，国家也无法治理，还不如远走他乡。"因此微子便离开了殷朝。

箕子是纣王的亲戚。纣王开始制作象牙筷子时，箕子就叹道："现在制作象牙筷子，将来就会制作玉杯；制作玉杯，就会想到把远方奇珍异宝据为己有。车马宫室的奢侈豪华也必将从这里开始，国家肯定无法振兴了。"纣王淫乱不堪，箕子劝谏不听。有人说："那就离他而去吧。"箕子说："身为臣子要劝谏君主，君主不听便离去，这是在宣扬君主恶行，哗众取宠于百姓，我不能这么做。"因此箕子装疯卖傻地做了奴隶。并以隐居弹琴来安慰自己，后人便把他的曲子称为《箕子操》。

【原文】

王子比干者，亦纣之亲戚也。见箕子谏不听而为奴，则曰："君有过而不以死争，则百姓何辜！"乃直言谏纣。纣怒曰："吾闻圣人之心有七窍，信有诸乎？"乃遂杀王子比干，刳视其心。

微子曰："父子有骨肉，而臣主以义属。故父有过，子三谏不听，则随而号之；人臣三谏不听，则其义可以去矣。"于是太师、少师乃劝微子去，遂行。

周武王伐纣克殷，微子乃持其祭器造于军门，肉袒面缚，左牵羊，右把茅，膝行而前以告。于是武王乃释微子，复其位如故。武王封纣子武庚禄父以续殷祀，使管叔、蔡叔傅相之。武王既克殷，访问箕子。武王曰："於乎！维天阴定下民，相和其居，我不知其常伦所序。"箕子对曰："在昔鲧堙鸿水，汨陈其五行，帝乃震怒，不从鸿范九等，常伦所斁。鲧则殛死，禹乃嗣兴。天乃锡禹鸿范九等，常伦所序。

"初一曰五行；二曰五事；三曰八政；四曰五纪；五曰皇极；六曰三德；七曰稽疑；八曰庶征；九曰向用五福，畏用六极。五行：一曰水，二曰火，三曰木，四曰金，五曰土。水曰润下，火曰炎上，木曰曲直，金曰从革，土曰稼穑。润下作咸，炎上作苦，曲直作酸，从革作辛，稼穑作甘。"

【译文】

王子比干也是纣王的亲属，见箕子劝谏无法说服纣王，便去做了奴隶，就说："君主有罪，却不能以死直言相劝，无辜的百姓又有何罪过呢！"因此便直言进谏纣王。纣王怒道："我听说圣人之心有七窍，这是真的吗？"便杀死比干，挖出他的心验证。

微子说："父子间有骨肉之情，君臣间义理相连。父亲如有过错，儿子劝谏不听，就应随之号哭；人臣如屡谏不听，从道义上讲就应该远离君主而去了。"所以太师、少师才劝微子离去，微子便离开了纣王。

周武王伐纣，打败殷朝，微子手持祭器来到军门。他露出右臂，两手背伏，命人左边牵羊，右边执茅，跪地向武王求告。因此武王便放了微子，恢复了他的爵位。武王封纣王之子武庚禄父，命其承继殷朝祭祀，并派管叔、蔡叔辅佐他。武王灭纣后，便去寻访箕子。武王说："可惜呀！上天厚待百姓，使他们安居乐业，我竟然连上天安排的次序都不知道。"箕子说："以前有鲧堵塞大水，扰乱五行的运转，上帝大怒，致使九类天理因此遭到破坏。鲧被杀之后，大禹续而兴盛起来。于是上天便赐给大禹九等规范天理，才使世间万物有了顺序。

"九种大法分别为：五行、五事、八政、五纪、皇极、三德、稽疑、庶征、向用五福，使人畏用六极。五行，即水、火、木、金、土。水的本性是向下滋养万物，火的本性是炎热旺盛而上升，木可在曲直间变化，金可销熔变成兵器，土可种植庄稼。滋养万物，水向下会有咸味，火光上升使烧焦的东西有苦味，木成曲直有酸味，金熔化变形有辣味，土地收获五谷杂粮有甜味。”

【原文】

“五事：一曰貌，二曰言，三曰视，四曰听，五曰思。貌曰恭，言曰从，视曰明，听曰聪，思曰睿。恭作肃，从作治，明作智，聪作谋，睿作圣。八政：一曰食，二曰货，三曰祀，四曰司空，五曰司徒，六曰司寇，七曰宾，八曰师。五纪：一曰岁，二曰月，三曰日，四曰星辰，五曰历数。

“皇极：皇建其有极，敛时五福，用傅锡其庶民，维时其庶民于女极，锡女保极。凡厥庶民，毋有淫朋，人毋有比德，维皇作极。凡厥庶民，有猷有为有守，女则念之。不协于极，不离于咎，皇则受之。而安而色，曰予所好德，女则锡之福。时人斯其维皇之极。毋侮鳏寡而畏高明。人之有能有为，使羞其行，而国其昌。凡厥正人，既富方谷。女不能使有好于而家，时人斯其辜。于其毋好，女虽锡之福，其作女用咎。毋偏毋颇，遵王之义。毋有作好，遵王之道。毋有作恶，遵王之路。毋偏毋党，王道荡荡。毋党毋偏，王道平平。毋反毋侧，王道正直。会其有极，归其有极。曰王极之傅言，是夷是训，于帝其顺。凡厥庶民，极之傅言，是顺是行，以近天子之光。曰天子作民父母，以为天下王。

“三德：一曰正直，二曰刚克，三曰柔克。平康正直，强不友刚克，内友柔克，沉渐刚克，高明柔克。维辟作福，维辟作威，维辟玉食。臣无有作福作威玉食，巨有作福作威玉食，其害于而家，凶于而国，人用侧颇辟，民用僭忒。”

【译文】

“五事：即相貌、言语、观察、听闻、思想。相貌庄严谦恭，言语使人心悦诚服，观察细致入微，听闻明辨是非，思想豁达缜密。相貌谦恭，百姓敬畏；言语使人心服口服，便可治理好国家；观察细致入微，便不会被蒙蔽；听闻聪明机敏，臣民就会出谋划策；思想活跃，便易事业有成。八政：即粮食、财货、祭祀、建造、教化臣民、铲除奸佞、礼仪制度、军事谋略。五纪：即年、月、日、星辰、历法。

“极高的准则：君王要建立制度，聚集幸福，施恩予臣民，臣民要维护君王建立的制度，君王也要让臣民遵守这些制度。凡是臣民不能结党营私，也不能私下勾结，而是把君王建立的制度当成最高尚的规范。身为臣民，都要替君王出谋划策，替君王办事，谨遵君王建立的规范制度。还要时刻注意，有时臣民的行为与建立的制度不协调，但还不至于达到惩罚的地步，这时君王就应给予宽容。要是有人说支持这种制度，并赐给他人幸福。这样便会有更多的人会遵守制度。这样人们就不会虐待没有依靠的人，却敬畏位高权重的人。对有能力的人，要善于任用他们，以使国家更为昌盛。凡是被任用的人，都要使他们有爵位俸禄。如果你不能让臣民为国家做贡献，他们就会为非作歹。那些不支持你所建立的制度的人，即使对他们再好，他们对国家也无益。你不要为此愤愤不平，遵循先王的办法就可以了。你不要有个人好恶，沿先王之路前进就行了。你不要为非作歹，要遵循先王的正确道路。你不要结党营私，先王的道路是越走越宽的，道路也会越来越清明透彻。你不要与王道相悖，更不要触犯制度，先王之路是正直的。能够博采众长，按原则行事，臣民就会归顺你。因此，天子所建立的至高制度，我们就应遵守，只要教导符合上天的要求便可。凡是臣民，就应把天子之言当作至高的制度，并按照要求行事，这就算顺应天子要求了。因此，天子就像百姓的父母一样，做了天下臣民的君王。

“三德：即正直的人、刚强能胜的人、柔弱能胜的人。如想治理天下，就要明白他人曲直，对那些刚强无礼之人，就要用刚强战胜他们，对那些友好的人就要以温柔的态度对待，对奸佞小人，要以刚强对待，对圣明君子，要以柔和对待。只有国君才有权授人爵位俸禄，只有国君才有权进行赏罚，只有国君才有权享用美食。臣民无权授爵赏人，无权施行赏罚，无权享用美食。如果臣民有了授爵赏人、施行刑罚、享用美食等权力，就会有害于家国，给国家带来祸患。人们就会因此违背王道，百姓就会因此犯上作乱。”

【原文】

“稽疑：择建立卜筮人。乃命卜筮，曰雨，曰济，曰涕，曰雾，曰克，曰贞，曰悔，凡七。卜五，占之用二，衍貣。立时人为卜筮，三人占则从二人之言。女则有大疑，谋及女心，谋及卿士，谋及庶人，谋及卜筮。女则从，龟从，筮从，卿士从，庶民从，是之谓大同，而身其康强，而子孙其逢吉。女则从，龟从，筮从，卿士逆，庶民逆，吉。卿士从，龟从，筮从，女则逆，庶民逆，吉。庶民从，龟从，筮从，女则逆，卿士逆，吉。女则从，龟从，筮逆，卿士逆，庶民逆，作内吉，作外凶。龟筮共违于人，用静吉，用作凶。

“庶征：曰雨，曰阳，曰奥，曰寒，曰风，曰时。五者来备，各以其序，庶草繁庑。一极备，凶。一极亡，凶。曰休征：曰肃，时雨若；曰治，时旸若；曰知，时奥若；曰谋，时寒若；曰圣，时风若。曰咎征：曰狂，常雨若曰僭，常旸若；曰舒，常奥若；曰急，常寒若；曰雾，常风若。王眚维岁，卿士维月，师尹维日。岁月日时毋易，百谷用成，治用明，畯民用章，家用平康。日月岁时既易，百谷用不成，治用昏不明，畯民用微，家用不宁。庶民维星，星有好风，星有好雨。日月之行，有冬有夏。月之从星，则以风雨。

“五福：一曰寿，二曰富，三曰康宁，四曰攸好德，五曰考终命。六极：一曰凶短折，二曰疾，三曰忧，四曰贫，五曰恶，六曰弱。”

于是武王乃封箕子于朝鲜而不臣也。

【译文】

“解决疑难：选择擅长占卜的人，命他们以占卜来预知下雨、雨过天晴、阴云密布、雾气弥漫、云雾相交、明亮、阴晦，以上七种卦象。前五种用龟甲占卜，后两种用蓍草占卜，通过对卦象的研究推演得出结果。对于占卜之人，如有三人占卜，但只信两个人。当遇到大的疑难问题时就要仔细考虑，与卿士谋划，与百姓商议，再由占卜者决定。你同意，卦象同意，占卜人同意，卿士同意，百姓同意，这就叫大同，这表明你本人会健康强壮，子孙也能逢凶化吉。你同意，卦象同意，占卜人同意，卿士不同意，百姓不同意，这就是吉。卿士同意，卦象同意，占卜人同意，你不同意，卿士不同意，这也是吉。百姓同意，卦象同意，占卜人同意，你不同意，卿士不同意，这还是吉。你同意，卦象同意，占卜人不同意，卿士不同意，百姓不同意，在国内行事为吉，在境外行事为凶。占卜与人们的意见不合，不行动便是吉利，行动便是凶险。

"各种征兆：阴雨，晴天，温暖，寒冷，大风，这五种自然现象的出现，都是有规律的。如五种现象都出现，且是有规律的，庄稼就会茂盛。如果只有一种出现，就代表着凶兆。如果有一种不出现，也代表着凶兆。吉兆有：肃穆，就有降雨；政治清明，就会阳光充足；明辨是非，就会迎来温暖；深谋远虑，就会迎来寒冷；行事通达，就会迎来大风。凶兆有：狂放不羁，就会雨水过多；政事混乱，就会有干旱；贪图享受，就会过于炎热；暴虐急躁，就会过于寒冷；昏暗不明，就会大风不止，如果是天子有过错，就会影响一年，如果卿士有过错，就会影响一个月，如果官吏有过错，就会影响一天。年月日都正常，庄稼就会生长茂盛，政治才会清明，任用贤能，国家才会安定。相反，年月日有异常，庄稼便会歉收，政治便会昏暗，疏远贤能之士，国家就会有动乱，百姓如同星辰，有些星辰好风，有些星辰好雨。日月的运行，才产生了冬夏。月亮顺从星辰，就会过多地出现风雨。

"五福：即长寿、富足、平安、美德、善终。六祸：即短命、多病、愁苦、贫穷、作恶、弱。"

武王听完箕子所言，便将朝鲜封给箕子，而没有让他作臣民。

【原文】

其后箕子朝周，过故殷虚，感宫室毁坏，生禾黍，箕子伤之，欲哭则不可，欲泣为其近妇人，乃作麦秀之诗以歌咏之。其诗曰："麦秀渐渐兮，禾黍油油。彼狡僮兮，不与我好兮！"所谓狡童者，纣也。殷民闻之，皆为流涕。

武王崩，成王少，周公旦代行政当国。管、蔡疑之，乃与武庚作乱，欲袭成王、周公。周公既承成王命诛武庚，杀管叔，放蔡叔，乃命微子开代殷后，奉其先祀，作微子之命以申之，国于宋。微子故能仁贤，乃代武庚，故殷之余民甚戴爱之。

微子开卒，立其弟衍，是为微仲。微仲卒，子宋公稽立。宋公稽卒，子丁公申立。丁公申卒，子湣公共立。湣公共卒，弟炀公熙立。炀公即位，湣公子鲋祀弑炀公而自立，曰“我当立”，是为厉公。厉公卒，子釐公举立。

釐公十七年，周厉王出奔彘。

二十八年，釐公卒，子惠公覸立。惠公四年，周宣王即位。三十年，惠公卒，子哀公立。哀公元年卒，子戴公立。戴公二十九年，周幽王为犬戎所杀，秦始列为诸侯。

三十四年，戴公卒，子武公司空立。武公生女为鲁惠公夫人，生鲁桓公。十八年，武公卒，子宣公力立。

【译文】

后来箕子去朝拜周王，在经过殷墟故都时，感伤于毁坏的宫殿和生长的禾苗，他十分悲伤，痛哭不止；本想小声哭泣，又怕近于女人之态，于是便作了《麦秀》一诗来歌颂，诗中有：“麦芒尖尖，禾苗绿油油。可惜那个顽劣之子，不与我友好！”所说的顽劣之子指的便是纣王。殷朝百姓听到此诗，都泣不成声。

武王去世后，年幼的成王继位，周公旦代理朝政，手握大权。管叔、蔡叔对周公旦疑心重重，便要挟武庚一起反叛，攻打成王、周公。周公按成王之命诛杀武庚、管叔，放逐了蔡叔，并让微子代管殷地，居续殷土先祖的遗德，并作《微子之命》告诫他，国名为宋。微子本就仁厚贤能，代替武庚后，殷地的百姓十分拥戴他。

微子开去世后，其弟衍继任国君，即微仲。微仲去世后，其子宋公稽继位。宋公稽去世后，其子丁公申继位。丁公申去世后，其子湣公共继位。湣公共去世后，其弟炀公熙继位。炀公继位后，湣公的儿子鲋祀杀死炀公自立为君，并说：“本就该我继位。”即厉公。厉公去世后，其子釐公举继位。

釐公十七年，周厉王逃奔到彘。

二十八年，釐公去世，其子惠公继位。惠公四年，周宣王继位。三十年，惠公去世，其子哀公继位。哀公在元年去世，其子戴公继位。

戴公二十九年，周幽王被犬戎所杀，秦国开始位列诸侯。

三十四年，戴公去世，其子武公司空继位。武公的女儿嫁给鲁惠公为夫人，生下鲁桓公。十八年，武公去世，其子宣公力继位。

【原文】

宣公有太子与夷。十九年，宣公病，让其弟和，曰："父死子继，兄死弟及，天下通义也。我其立和。"和亦三让而受之。宣公卒，弟和立，是为穆公。

穆公九年，病，召大司马孔父谓曰："先君宣公舍太子与夷而立我，我不敢忘。我死，必立与夷也。"孔父曰："群臣皆愿立公子冯。"穆公曰："毋立冯，吾不可以负宣公。"于是穆公使冯出居于郑。八月庚辰，穆公卒，兄宣公子与夷立，是为殇公。君子闻之，曰："宋宣公可谓知人矣，立其弟以成义，然卒其子复享之。"

殇公元年，卫公子州吁弑其君完自立，欲得诸侯，使告于宋曰："冯在郑，必为乱，可与我伐之。"宋许之，与伐郑，至东门而还。二年，郑伐宋，以报东门之役。其后诸侯数来侵伐。

九年，大司马孔父嘉妻好，出，道遇太宰华督，督说，目而观之。督利孔父妻，乃使人宣言国中曰："殇公即位十年耳，而十一战，民苦不堪，皆孔父为之，我且杀孔父以宁民。"是岁，鲁弑其君隐公。十年，华督攻杀孔父，取其妻。殇公怒，遂弑殇公，而迎穆公子冯于郑而立之，是为庄公。

【译文】

宣公的太子名与夷。十九年，宣公病重，想把君位让给弟弟和，并说："父亲死了，儿子继任，哥哥死了，弟弟继任，这是天下遵循的道理。我想立和为君。"和谦让辞绝多次才接受。宣公去世后，其弟和继位，即穆公。

穆公九年病危，召大司马孔父说："先君宣公舍弃太子与夷而立我为君。我不能忘怀。我死后，定要立与夷为君。"孔父说："大臣们都想立公子冯为君！"穆公说："不行，我不能辜负宣公。"于是穆公命冯出使郑国并居住在那里。八月庚辰日，穆公去世，其兄宣公之子与夷继位，即殇公。君子知道情况后说："宋宣公真可谓知人善任，立弟弟为君不但保全了道义，还使自己的儿子当上了国君。"

殇公元年，卫公子州吁杀死国君完，自立为君，为得到诸侯支持，便派人告诉宋国国君："在郑国的冯是后患，我们不如共同将其铲除。"宋君答应了，便与卫共伐郑国，打到东门后返回了。第二年，郑国伐宋，想报东门被破之仇。此后，诸侯不断侵扰宋国。

九年，大司马孔父嘉夫人很漂亮，有一天外出，路遇太宰华督，华督很高兴，盯着她不放。华督看上了孔父的妻子，就让人在国中宣说："殇公即位已经有十年了，却打了十一仗，百姓十分痛苦，这都是孔父的原因，我要杀死孔父来安定百姓。"当年，鲁人杀死国君隐公。十年，华督杀死孔父，霸占了他的妻子。殇公十分气恼，于是华督又杀死殇公，迎回了在郑国的穆公之子冯，立其为君，即庄公。

【原文】

庄公元年，华督为相。九年，执郑之祭仲，要以立突为郑君。祭仲许，竟立突。十九年，庄公卒，子湣公捷立。

湣公七年，齐桓公即位。九年，宋水，鲁使臧文仲往吊水。湣公自罪曰："寡人以不能事鬼神，政不修，故水。"臧文仲善此言。此言乃公子子鱼教湣公也。

十年夏，宋伐鲁，战于乘丘，鲁生虏宋南宫万。宋人请万，万归宋。十一年秋，湣公与南宫万猎，因博争行，湣公怒，辱之，曰："始吾敬若；今若，鲁虏也。"万有力，病此言，遂以局杀湣公于蒙泽。大夫仇牧闻之，以兵造公门。万搏牧，牧齿著门阖死。因杀太宰华督，乃更立公子游为君。诸公子奔萧，公子御说奔亳。万弟南宫牛将兵围亳。冬，萧及宋之诸公子共击杀南宫牛，弑宋新君游而立湣公弟御说，是为桓公。宋万奔陈。宋人请以赂陈。陈人使妇人饮之醇酒，以革裹之，归宋。宋人醢万也。

桓公二年，诸侯伐宋，至郊而去。三年，齐桓公始霸。二十三年，迎卫公子毁于齐，立之，是为卫文公。文公女弟为桓公夫人。秦穆公即位。

三十年，桓公病，太子兹甫让其庶兄目夷为嗣。桓公义太子意，竟不听。三十一年春，桓公卒，太子兹甫立，是为襄公。以其庶兄目夷为相。未葬，而齐桓公会诸侯于葵丘，襄公往会。

【译文】

庄公元年，华督任宰相。九年，捉住了郑国的祭仲，要他立突为郑国国君。祭仲答应了，最终立突为君。十九年，庄公去世，其子湣公捷继位。

湣公七年，齐桓公继位。九年，宋国发生水灾，鲁国使者臧文仲前来慰问，湣公自责道："因我不能事奉鬼神，致使政治昏暗，才发生了水灾。"臧文仲认为言之有理。其实那是公子子鱼教给湣公的。

十年夏，宋国伐鲁，在乘丘大战，鲁国生擒了宋将南宫万。宋人请求放回万，南宫万最终被放回宋国。十一年秋，湣公与南宫万狩猎，因博戏而争斗起来，湣公很生气，侮辱了他，说："开始我很敬重你，现在你是鲁国的俘虏而已。"南宫万勇武过人，痛恨湣公说这样的话，便用棋盘将湣公杀死在蒙泽。大夫仇牧知道后，带兵来到公门。南宫万与仇牧打起来，仇牧门齿碰到门扉上死去。南宫万后又杀死太宰华督，而后加立公子游为君。其他各公子逃到萧邑，公子御说奔到亳。南宫万的弟弟南宫牛率兵围困了亳。冬天，萧邑大夫和宋国逃亡的公子联合起来杀死了南宫牛，并杀死宋君公子游，另立湣公的弟弟御说，即桓公。南宫万奔到了陈国。宋国贿赂陈国。陈国人利用美人计将南宫万灌醉，用皮革把他裹起来，送到宋国。宋国用醢刑处决了他。

桓公二年，诸侯伐宋，到郊外后又退去了。三年，齐桓公开始称霸于诸侯。二十三年，把卫国公子毁从齐国迎回，拥立为君，即卫文公。文公的妹妹即宋桓公的夫人。当年秦穆公继位。三十年，宋桓公病重，太子兹甫想让自己的庶兄目夷为太子。桓公认为太子的意思合乎道义，但没有答应。三十一年春，桓公去世，太子兹甫继位，即宋襄公。襄公让哥哥目夷为宰相。桓公还没有安葬，齐桓公在葵丘会盟诸侯，襄公前去赴会。

【原文】

襄公七年，宋地霣星如雨，与雨偕下；六鹢退蜚，风疾也。

八年，齐桓公卒，宋欲为盟会。十二年春，宋襄公为鹿上之盟，以求诸侯于楚，楚人许之。公子目夷谏曰："小国争盟，祸也。"不听。秋，诸侯会宋公盟于盂。目夷曰："祸其在此乎？君欲已甚，何以堪之！"于是楚执宋襄公以伐宋。冬，会于亳，以释宋公。子鱼曰："祸犹未也。"十三年夏，宋伐郑。子鱼曰："祸在此矣。"秋，楚伐宋以救郑。襄公将战，子鱼谏曰："天之弃商久矣，不可。"冬，十一月，襄公与楚成王战于泓。楚人未济，目夷曰："彼众我寡，及其未济击之。"公不听。已济未陈，又曰："可击。"公曰："待其已阵。"阵成，宋人击之。宋师大败，襄公伤股。国人皆怨公。公曰："君子不困人于厄，不鼓不成列。"子鱼曰："兵以胜为功，何常言与！必如公言，即奴事之耳，又何战为？"

楚成王已救郑，郑享之；去而取郑二姬以归。叔瞻曰："成王无礼，其不没乎？为礼卒于无别，有以知其不遂霸也。"

是年，晋公子重耳过宋，襄公以伤于楚，欲得晋援，厚礼重耳以马二十乘。

十四年夏，襄公病伤于泓而竟卒，子成公王臣立。

【译文】

襄公七年，宋地陨星坠落如雨，和雨一起降下，六只鹢倒着飞，只因风太大了。

八年，齐桓公去世，宋国想与各诸侯盟会。十二年春，宋襄公想在鹿上结盟，向楚国发出请求，楚人应允。公子目夷劝谏说："小国想当盟主，必有灾祸。"襄公不听。秋天，各诸侯在盂与宋襄公盟会。目夷说："难道灾祸要来了吗？国君太狂妄了，谁能受得了呢！"果然楚国捉住宋襄公去讨伐宋国。冬天，各诸侯又在亳地盟会，楚国放了宋公。子鱼说："灾祸并没有结束。"十三年夏，宋国伐郑。子鱼说："灾祸又来了。"秋天，楚国援助郑国攻打宋国。襄公要出战。子鱼劝谏说："天很久就抛弃商了，不能出战。"冬天的十一月，襄公与楚成王在泓水作战。楚军还没有渡河完毕时，目夷就说："敌众我寡，趁他们渡河未完时攻打。"襄公不听。等楚军渡河后还没有布阵时，目夷又说：“可以攻打了。”襄公却说：“等他们布好阵势再打。”楚军布好阵势后，宋军才出战。结果大败，襄公伤了大腿。宋人埋怨襄公。襄公解释说：“君子是不能乘人之危的，所以没有攻打未布好阵的军队。”子鱼说：“打了胜仗就是功劳，空洞的话没有一点用处！如按你所说，就当奴隶服侍别人算了，还打什么仗呢？”

楚成王帮助郑国取得了胜利，郑国热情款待。成王走后，又娶郑君两个女儿为妻。叔瞻说：“成王没有礼节，恐怕不能寿终正寝。讲究礼节内外没有分别，由此便知他不能成就霸业了。”

当年，晋公子重耳路过宋国，襄公因被楚国打伤，便想求助晋国，因此厚待重耳，赠给重耳马车二十乘。

十四年夏，襄公因泓水之战时的腿伤去世，其子成公王臣继位。

【原文】

成公元年，晋文公即位。三年，倍楚盟亲晋，以有德于文公也。四年，楚成王伐宋，宋告急于晋。五年，晋文公救宋，楚兵去。九年，晋文公卒。十一年，楚太子商臣弑其父成王代立。十六年，秦穆公卒。

十七年，成公卒。成公弟御杀太子及大司马公孙固而自立为君。宋人共杀君御而立成公少子杵臼，是为昭公。

昭公四年，宋败长翟缘斯于长丘。七年，楚庄王即位。

九年，昭公无道，国人不附。昭公弟鲍革贤而下士。先，襄公夫人欲通于公子鲍，不可，乃助之施于国，因大夫华元为右师。昭公出猎，夫人王姬使卫伯攻杀昭公杵臼。弟鲍革立，是为文公。

文公元年，晋率诸侯伐宋，责以弑君。闻文公定立，乃去。二年，昭公子因文公母弟须与武、缪、戴、庄、桓之族为乱，文公尽诛之，出武、缪之族。

四年春，楚命郑伐宋。宋使华元将，郑败宋，囚华元。华元之将战，杀羊以食士，其御羊羹不及，故怨，驰入郑军，故宋师败，得囚华元。宋以兵车百乘文马四百匹赎华元。未尽入，华元亡归宋。

十四年，楚庄王围郑。郑伯降楚，楚复释之。

十六年，楚使过宋，宋有前仇，执楚使。九月，楚庄王围宋。十七年，楚以围宋五月不解，宋城中急，无食，华元乃夜私见楚将子反。子反告庄王。王问："城中何如？"曰："析骨而炊，易子而食。"庄王曰："诚哉言！我军亦有二日粮。"以信故，遂罢兵去。

【译文】

成公元年，晋文公继位。三年，宋国背弃楚国与晋国结交，原因是宋国曾有恩于晋文公。四年，楚成王伐宋，宋向晋救助。五年晋文公援助宋国，楚军退兵。九年，晋文公去世。十一年，楚太子商臣杀死父亲成王继位。十六年秦穆公去世。

十七年，成公去世。成公的弟弟御杀死太子和大司马公孙固，后自立为君。宋人杀死国君御，拥立成公幼子杵臼，即昭公。

昭公四年，宋在长丘打败长翟缘斯。七年，楚庄王继位。

九年，昭公昏庸无道，国人不愿归附。昭公的弟弟鲍革能礼贤下士。当初，襄公夫人想与公子鲍私通，未能如愿，便帮助鲍向国人施恩。在华元的推荐下公子鲍作了右师。昭公出外打猎，夫人王姬命卫伯杀死了昭公杵臼，让其弟鲍革继位，即文公。

文公元年，晋国率诸侯伐宋，责备宋杀死国君。但听说文公已立，便退兵而去。二年，昭公之子趁文公的同母弟弟须与武公、缪公、戴公、庄公、桓公的后人有矛盾而作乱，文公后来诛杀了他们，赶走了武公、缪公的后人。

四年春，楚命令郑国攻打宋国。宋国以华元为统帅，结果战败，华元被囚禁。华元在开战前杀羊犒劳士兵，他的车夫没有吃到羊羹，很是生气，便驾车去给郑军报信，宋军才大败，华元被囚。宋国用一百辆车、四百匹马赎回华元。当这些东西还没送到，华元就逃了回来。

十四年，楚庄王围困了郑国。郑伯投降，楚国罢兵而去。

十六年，楚国使者路经宋国，宋国因与之有仇，就捉住了楚国使者。九月，楚庄王围困了宋都。十七年，楚国围困宋都有五个月了，城中十分危险，食物用尽，华元便在暗中会见楚将子反。子反告诉了庄王。庄王说："城中怎么样了？"子反说："城中劈开人骨当柴，交换幼子饱食。"庄王说："真的呀？我军也只剩两天的口粮了。"楚国十分守信，就退兵了。

【原文】

二十二年，文公卒，子共公瑕立。始厚葬。君子讥华元不臣矣。

共公十年，华元善楚将子重，又善晋将栾书，两盟晋楚。十三年，共公卒。华元为右师，鱼石为左师。司马唐山攻杀太子肥，欲杀华元，华元奔晋，鱼石止之，至河乃还，诛唐山。乃立共公少子成，是为平公。

平公三年，楚共王拔宋之彭城，以封宋左师鱼石。四年，诸侯共诛鱼石，而归彭城于宋。三十五年，楚公子围弑其君自立，为灵王。四十四年，平公卒，子元公佐立。

元公三年，楚公子弃疾弑灵王，自立为平王。八年，宋火。十年，元公毋信，诈杀诸公子，大夫华、向氏作乱。楚平王太子建来奔，见诸华氏相攻乱，建去如郑。十五年，元公为鲁昭公避季氏居外，为之求入鲁，行道卒，子景公头曼立。

景公十六年，鲁阳虎来奔，已复去。二十五年，孔子过宋，宋司马桓魋恶之，欲杀孔子，孔子微服去。三十年，曹倍宋，又倍晋，宋伐曹，晋不救，遂灭曹有之。三十六年，齐田常弑简公。

三十七年，楚惠王灭陈。荧惑守心。心，宋之分野也。景公忧之。司星子韦曰："可移于相。"景公曰："相，吾之股肱。"曰："可移于民。"景公曰："君者待民。"曰："可移于岁。"景公曰："岁饥民困，吾谁为君！"子韦曰："天高听卑。君有君人之言三，荧惑宜有动。"于是候之，果徙三度。

【译文】

二十二年，文公去世，其子共公瑕继任国君。宋国首次实行厚葬。君子讥笑华元没有尽到为臣的任责。

共公十年，华元与楚将子重关系友好，与晋将栾书也不错，便与晋楚结盟。十三年，共公去世。华元为右师，鱼石为左师。司马唐山杀死了太子肥，又想杀死华元，华元逃到了晋国，鱼石劝阻了他，到了黄河又返回来，杀了唐山。而后立共公幼子成为君，即平公。

平公三年，楚共王攻克宋国彭城，将彭城封给宋国左师鱼石。四年，诸侯合谋杀死鱼石，把彭城还给了宋国。三十五年，楚公子围杀死国君即位，即楚灵王。四十四年，平公去世，其子元公佐继位。

元公三年，楚公子弃疾杀死国君继位，即平王。八年，宋国发生火灾。十年，元公背信弃义，暗中杀死各位公子。大夫华氏、向氏作乱。楚平王太子建逃到宋国，见华氏等人互相攻伐，便离开宋国来到郑国。十五年，在外避祸的鲁昭公躲避季氏，元公便替他四处求情回鲁，在途中去世，其子景公头曼继位。

景公十六年，鲁国阳虎逃奔而来，后又离开。二十五年，孔子路经宋国，宋国司马桓魋厌恶孔子，想杀死他，孔子装成平民逃走。三十年，曹国背叛宋国，又背叛晋国，宋国讨伐曹国，晋国没有去援助，因此宋国灭掉了曹国，据为己有。三十六年，齐国田常杀死齐简公。

三十七年，楚惠王消灭陈国，火星侵占了心宿星区。心宿区是宋国的分野，景公十分忧虑。司星子韦说："可把灾祸移到相国身上。"景公说："不行，相国是我的手足。"子韦又说："可移到百姓身上。"景公说："也不行，国君靠的就是百姓。"子韦又说："可移到庄稼收成上。"景公说："也不行，收成不好，百姓便会穷困，我又能做谁的国君呢？"子韦说："天虽高远，但能听到下界的细微之声，您既然能说出这三句话，火星应该移动了。"于是观察火星，果然移动了三度。

【原文】

六十四年，景公卒。宋公子特攻杀太子而自立，是为昭公。昭公者，元公之曾庶孙也。昭公父公孙纠，纠父公子褍秦，褍秦即元公少子也。景公杀昭公父纠，故昭公怨杀太子而自立。

昭公四十七年卒，子悼公购由立。悼公八年卒，子休公田立。休公田二十三年卒，子辟公辟兵立。辟公三年卒，子剔成立。剔成四十一年，剔成弟偃攻袭剔成，剔成败奔齐，偃自立为宋君。

君偃十一年，自立为王。东败齐，取五城；南败楚，取地三百里；西败魏军，乃与齐、魏为敌国。盛血以韦囊，县而射之，命曰"射天"。淫于酒、妇人。群臣谏者辄射之。于是诸侯皆曰"桀宋"。"宋其复为纣所为，不可不诛"。告齐伐宋。王偃立四十七年，齐湣王与魏、楚伐宋，杀王偃，遂灭宋而三分其地。

太史公曰：孔子称“微子去之，箕子为之奴，比干谏而死，殷有三仁焉”。春秋讥宋之乱自宣公废太子而立弟，国以不宁者十世。襄公之时，修行仁义，欲为盟主。其大夫正考父美之，故追道契、汤、高宗，殷所以兴，作商颂。襄公既败于泓，而君子或以为多，伤中国阙礼义，褒之也，宋襄之有礼让也。

【译文】

六十四年，景公去世。宋公子特杀死太子即位，即昭公。昭公是元公的曾孙。昭公的父亲是公孙纠，纠的父亲是公子褍秦，褍秦就是元公的幼子。景公杀死了昭公之父公孙纠，因此昭公怨恨太子并杀了他，自立为君。

昭公四十七年去世，其子悼公购由继任国君。悼公八年去世，其子休公田继位。休公田二十三年去世，其子辟公辟兵继位。辟公三年去世，其子剔成继位。剔成四十一年，剔成的弟弟偃攻打剔成，剔成失败后逃到齐国，偃自立为君。

君偃十一年，自立为王。向东打败齐国，连取五城；向南打败楚国，夺得三百里土地；向西打败魏国，与齐、魏结下仇怨。君偃用牛皮袋盛血，挂起来射箭，称“射天”。君偃沉湎于酒色。群臣凡有规劝的，君偃便用箭射死。因此诸侯称之为“桀宋”。“宋君偃走纣王的老路，胡作非为，不可不杀。”诸侯请求齐国伐宋。王偃在位的四十七年，齐湣王与魏、楚共伐宋国，杀死王偃，灭亡宋国，瓜分了宋土。

太史公说：孔子曾称“微子走了，箕子沦为奴隶，比干因进谏被杀，殷朝有三位仁臣。”《春秋》讽刺宋国的战乱从宣公废掉太子拥立其弟开始，从此国家才有了十多代的混乱。到襄公时，敬修仁义，想成为盟主。他的大夫正考父称赞他，所以才追溯契、汤、高宗时兴盛的殷朝，即《商颂》。宋襄公在泓水落败后，君子有的认为他该表扬，感叹的是当时中原的国家缺少礼义，之所以表彰他，是从宋襄公的礼让出发的。

【评析】

战乱纷争的春秋时期，大大小小诸侯国互相残杀吞并，国家内部也不断地更替着王位，可谓你方唱罢我登场，热闹非凡。这样的环境里还孕育着很多识大体的忠义之士，比方说宋微子、比干和箕子，面对“亲小人远贤臣”的无道君王，他们或远离朝歌，或装疯卖傻继续关注朝廷，或因直谏而被挖心。其实他们的做法都各有各的道理，就像“戊戌六君子”之一的谭嗣同在刑场上抒发的感慨一样“去留肝胆两昆仑”。走的可以有朝一日做到力所能及的事，死了的可以给后来人以力量。尽管对于商纣那样的君王，比干的拼死进谏显得有些不明智，但是他也同样像文天祥那样“留取丹心照汗青”。比干令后世敬仰。历朝历代都需要这样的人，只是很多都没有魏征那样的运气罢了。一定不要做无谓的牺牲。微子没有自尽，最后能够为先人尽绵薄之力，箕子也再遇贤主，使自己的才华得以施展，从而为江山社稷鞠躬尽瘁，这样不是更好吗？

第八章 晋世家

【原文】

晋唐叔虞者，周武王子而成王弟。初，武王与叔虞母会时，梦天谓武王曰：“余命女生子，名虞，余与之唐。”及生子，文在其手曰“虞”，故遂因命之曰虞。

武王崩，成王立，唐有乱，周公诛灭唐。成王与叔虞戏，削桐叶为珪以与叔虞，曰：“以此封若。”史佚因请择日立叔虞。成王曰：“吾与之戏耳。”史佚曰：“天子无戏言。言则史书之，礼成之，乐歌之。”于是遂封叔虞于唐。唐在河、汾之东，方百里，故曰唐叔虞。姓姬氏，字子于。

唐叔子燮，是为晋侯。晋侯子宁族，是为武侯。武侯之子服人，是为成侯。成侯子福，是为厉侯。厉侯之子宜臼，是为靖侯。靖侯已来，年纪可推。自唐叔至靖侯五世，无其年数。

靖侯十七年，周厉王迷惑暴虐，国人作乱，厉王出奔于彘，大臣行政，故曰“共和”。

十八年，靖侯卒，子釐侯司徒立。釐侯十四年，周宣王初立。十八年，釐侯卒，子献侯籍立。献侯十一年卒，子穆侯费王立。

【译文】

晋国的唐叔虞是周武王的儿子、周成王的弟弟。当初，周武王与叔虞的母亲相会时，梦到上天对武王说：“我让你有个儿子，起名虞，把唐地赐给他。”等孩子生下来后，果然发现手心上有个“虞”字，便起名为虞。

武王去世后，成王继位，唐地发生内乱，周公消灭了唐。有一天周成王和叔虞玩耍，成王把桐树叶削成珪状对叔虞说："把这封给你。"史佚请求选择良辰吉日分封叔虞为诸侯。成王说："我跟他说着玩呢！"史佚说："天子不能说戏言。说了就要如实记载，按礼节实行，并奏乐歌颂。"后来周成王便真把唐地封给叔虞。唐在黄河、汾河的东边，方圆百里，所以叫唐叔虞，姓姬，字子于。

唐叔之子名燮，位列晋侯。晋侯之子叫宁族，位列武侯。武侯之子名服人，即成侯。成侯之子名福，即厉侯。厉侯之子名宜臼，即靖侯。从靖侯开始，有年代可考了。从唐叔到靖侯的五代，没有年代记载。

靖侯十七年，周厉王迷惑暴虐，国人暴动，厉王逃到彘地，大臣处理政事，史称"共和"。

十八年，靖侯去世，其子釐侯司徒继位。釐侯十四年，周宣王继位不久。十八年，釐侯去世，其子献侯籍继位。献侯十一年去世，其子穆侯费王继位。

【原文】

穆侯四年，取齐女姜氏为夫人。七年，伐条。生太子仇。十年，伐千亩，有功。生少子，名曰成师。晋人师服曰："异哉，君之命子也！太子曰仇，仇者雠也。少子曰成师，成师大号，成之者也。名，自命也；物，自定也。今适庶名反逆，此后晋其能毋乱乎？"

二十七年，穆侯卒，弟殇叔自立，太子仇出奔。殇叔三年，周宣王崩。四年，穆侯太子仇率其徒袭殇叔而立，是为文侯。

文侯十年，周幽王无道，犬戎杀幽王，周东徙。而秦襄公始列为诸侯。

三十五年，文侯仇卒，子昭侯伯立。

昭侯元年，封文侯弟成师于曲沃。曲沃邑大于翼。翼，晋君都邑也。成师封曲沃，号为桓叔。靖侯庶孙栾宾相桓叔。桓叔是时年五十八矣，好德，晋国之众皆附焉。君子曰："晋之乱其在曲沃矣。末大于本而得民心，不乱何待！"

七年，晋大臣潘父弑其君昭侯而迎曲沃桓叔。桓叔欲入晋，晋人发兵攻桓叔。桓叔败，还归曲沃。晋人共立昭侯子平为君，是为孝侯。诛潘父。

孝侯八年，曲沃桓叔卒，子鱓代桓叔，是为曲沃庄伯。孝侯十五年，曲沃庄伯弑其君晋孝侯于翼。晋人攻曲沃庄伯，庄伯复入曲沃。晋人复立孝侯子郄为君，是为鄂侯。

【译文】

穆侯即位的第四年，娶齐国女姜氏为妻。七年，穆侯征伐条地。姜女生下太子仇。十年，讨伐千亩，建立功勋。穆侯又得一幼子，名成师。晋人师服说："君王给儿子起的名字好奇怪呀！太子叫仇，仇有仇恨之意。幼子叫成师，成师是大名号，即成就之意。名字是自己起的，但事物有自身规定。如今，嫡长子与庶子之名相反，晋国又岂能不乱？"

二十七年，穆侯去世，其弟殇叔自立为君，太子仇被迫出逃。殇叔三年，周宣王去世。四年，太子仇率党徒击败殇叔后自立为君，即文侯。

文侯十年，周幽王昏庸无道，被犬戎所杀，周室被迫东迁。秦襄公开始位列诸侯。

三十五年，文侯仇去世，其子昭侯伯即位。

昭侯元年，把文侯弟弟成师封在曲沃。曲沃比翼城大。翼城是晋君的都城。成师被封到曲沃后，号称桓叔。靖侯庶孙栾宾辅佐桓叔。桓叔时年五十八岁，善修德政，受到晋国百姓拥戴。君子说："晋国之乱将在曲沃发生。末大于本并且深得民心，不乱还等什么！"

七年，晋国大臣潘父杀死国君昭侯，想迎立曲沃桓叔。桓叔也想去晋都，但晋人发兵攻打桓叔。桓叔失败，又回到曲沃。晋人拥立昭侯之子平为君，即孝侯。孝侯杀了潘父。

孝侯八年，曲沃桓叔去世，其子鱓取代桓叔，即曲沃庄伯。孝侯十五年，曲沃庄伯在翼地杀死国君晋孝侯。晋人攻打曲沃庄伯，庄伯又逃回曲沃。晋人拥立孝侯之子郄为君，即鄂侯。

【原文】

鄂侯二年，鲁隐公初立。

鄂侯六年卒。曲沃庄伯闻晋鄂侯卒，乃兴兵伐晋。周平王使虢公将兵伐曲沃庄伯，庄伯走保曲沃。晋人共立鄂侯子光，是为哀侯。

哀侯二年，曲沃庄伯卒，子称代庄伯立，是为曲沃武公。哀侯六年，鲁弑其君隐公。哀侯八年，晋侵陉廷。陉廷与曲沃武公谋，九年，伐晋于汾旁，虏哀侯。晋人乃立哀侯子小子为君，是为小子侯。

小子元年，曲沃武公使韩万杀所虏晋哀侯。曲沃益强，晋无如之何。

晋小子之四年，曲沃武公诱召晋小子杀之。周桓王使虢仲伐曲沃武公，武公入于曲沃，乃立晋哀侯弟缗为晋侯。

晋侯缗四年，宋执郑祭仲而立突为郑君。晋侯十九年，齐人管至父弑其君襄公。

晋侯二十八年，齐桓公始霸。曲沃武公伐晋侯缗，灭之，尽以其宝器赂献于周釐王。釐王命曲沃武公为晋君，列为诸侯，于是尽并晋地而有之。

曲沃武公已即位三十七年矣，更号曰晋武公。晋武公始都晋国，前即位曲沃，通年三十八年。

【译文】

鄂侯二年，鲁隐公即位。

鄂侯六年去世。曲沃庄伯听到晋鄂侯去世，便兴兵讨伐晋都。周平王命虢公率军讨伐庄伯，庄伯逃回曲沃。晋人拥立鄂侯之子光为君，即哀侯。

哀侯二年，曲沃庄伯去世，其子称代替庄伯，即曲沃武公。哀侯六年，鲁国人杀死国君隐公。哀侯八年，晋国攻打陉廷。陉廷人与曲沃武公联合，九年，攻打到汾河边上，俘获了哀侯。晋人立哀侯子小子为君，即小子侯。

小子侯元年，曲沃武公指使韩万杀死被俘的哀侯。曲沃日益强大，晋对其无可奈何。

晋小子侯四年，曲沃武公诱骗来晋小子侯并杀了他。周桓王命虢仲讨伐曲沃武公，武公逃到曲沃，晋哀侯之弟缗继任晋侯。

晋侯缗四年，宋国捉住了郑国的祭仲，强迫其立突为郑国国君。晋侯十九年，齐人管至父杀死国君齐襄公。

晋侯二十八年，齐桓公称霸于诸侯。曲沃武公讨伐晋侯缗，消灭了晋，将晋国宝器全部用以贿赂周釐王，釐王便命曲沃武公为晋国君，位列诸侯，武公便吞掉了晋国的所有土地。

曲沃武公即位三十七年后，改号为晋武公。晋武公迁回晋国故城，加上在曲沃的即位，共在位三十八年。

【原文】

武公称者，先晋穆侯曾孙也，曲沃桓叔孙也。桓叔者，始封曲沃。武公，庄伯子也。自桓叔初封曲沃以至武公灭晋也，凡六十七岁，而卒代晋为诸侯。武公代晋二岁，卒。与曲沃通年，即位凡三十九年而卒。子献公诡诸立。

献公元年，周惠王弟颓攻惠王，惠王出奔，居郑之栎邑。

五年，伐骊戎，得骊姬、骊姬弟，俱爱幸之。

八年，士蒍说公曰："故晋之群公子多，不诛，乱且起。"乃使尽杀诸公子，而城聚都之，命曰绛，始都绛。九年，晋群公子既亡奔虢，虢以其故再伐晋，弗克。十年，晋欲伐虢，士蒍曰："且待其乱。"

十二年，骊姬生奚齐。献公有意废太子，乃曰："曲沃吾先祖宗庙所在，而蒲边秦，屈边翟，不使诸子居之，我惧焉。"于是使太子申生居曲沃，公子重耳居蒲，公子夷吾居屈。献公与骊姬子奚齐居绛。晋国以此知太子不立也。太子申生，其母齐桓公女也，曰齐姜，早死。申生同母女弟为秦穆公夫人。重耳母，翟之狐氏女也。夷吾母，重耳母女弟也。献公子八人，而太子申生、重耳、夷吾皆有贤行。及得骊姬，乃远此三子。

【译文】

武公自称为先君晋穆侯的曾孙，曲沃桓叔的孙子。桓叔是受封于曲沃的。武公是庄伯的儿子。从桓叔开始封于曲沃到武公灭晋，共经历六十七年，终于代替晋君成为诸侯。武公代替晋君后两年去世，加上在曲沃的时间，共在位三十九年。其子献公诡诸继位。

献公元年，周惠王之弟颓攻打惠王，惠王出逃，居住在郑国的栎邑。

五年，晋献公讨伐骊戎，得到骊姬两姐妹，十分宠爱她们。

八年，晋大夫士蔿劝说献公："已故晋国有很多公子，如不杀掉他们就有动乱。"于是献公命人杀死了所有公子，并同时修筑都城，改名为绛。九年，晋国的公子逃亡到虢国，虢因此讨伐晋国，以失败告终。十年，晋想伐虢，士蔿说："先等它发生内乱吧！"

十二年，骊姬生子奚齐。献公想废掉太子，就说："曲沃是先祖祭祀所在地，而蒲靠秦国，屈靠翟地，如不让公子驻守在哪里，我不放心。"于是，献公命太子申生驻守在曲沃，公子重耳驻守在蒲地，公子夷吾驻守在屈地。献公与骊姬之子奚齐驻守在绛地。晋人因此知道太子无法继位了。太子申生的母亲是齐桓公的女儿，名齐姜，已经去世。申生同母的妹妹是秦穆公夫人。重耳的母亲是翟人狐氏女子。夷吾的母亲与重耳的母亲是姐妹。献公共有八个儿子，太子申生、重耳、夷吾都很贤能，极具美德。骊姬受宠后，献公便疏远了这三个儿子。

【原文】

十六年，晋献公作二军。公将上军，太子申生将下军，赵夙御戎，毕万为右，伐灭霍，灭魏，灭耿。还，为太子城曲沃，赐赵夙耿，赐毕万魏，以为大夫。士蔿曰："太子不得立矣。分之都城，而位以卿，先为之极，又安得立！不如逃之，无使罪至。为吴太伯，不亦可乎，犹有令名。"太子不从。卜偃曰："毕万之后必大。万，盈数也；魏，大名也。以是始赏，天开之矣。天子曰兆民，诸侯曰万民，今命之大，以从盈数，其必有众。"初，毕万卜仕于晋国，遇屯之比。辛廖占之曰："吉。屯固比入，吉孰大焉。其后必蕃昌。"

十七年，晋侯使太子申生伐东山。里克谏献公曰："太子奉冢祀社稷之粢盛，以朝夕视君膳者也，故曰冢子。君行则守，有守则从，从曰抚军，守曰监国，古之制也。夫率师，专行谋也；誓军旅，君与国政之所图也：非太子之事也。师在制命而已，禀命则不威，专命则不孝，故君之嗣适不可以帅师。君失其官，率师不威，将安用之？"公曰："寡人有子，未知其太子谁立。”里克不对而退，见太子。太子曰：“吾其废乎？”里克曰：“太子勉之！教以军旅，不共是惧，何故废乎？且子惧不孝，毋惧不得立。修己而不责人，则免于难。”太子帅师，公衣之偏衣，佩之金玦。里克谢病，不从太子。太子遂伐东山。

【译文】

十六年，晋献公分建二军。自己统帅上军，太子申生统帅下军，赵夙驾车，毕万任护右，相继消灭了霍、魏、耿。罢兵后，献公命太子在曲沃筑城，把耿赐给赵夙，把魏赐给毕万，位列大夫。士蔿说：“太子无法继任国君了。分封都城，爵位是卿，已经把禄位提高到极点，又怎能即位呢？太子不如及早逃走，以免遭受祸患。太子仿效吴太伯，不也可以吗？这样还可落个好名声。”太子不从。占卜的大夫郭偃说：“毕万的后人定有所为。万是个满数；魏是高大的名字。把魏赐给毕万，是上天在保佑毕万呀。天子有兆民，诸侯有万民，如今给它命名，又逢满数，它必能拥有更多民众。”当初毕万在晋国算命时，遇到《屯卦》演变成《比卦》。辛廖说：“这代表吉利，屯代表坚固，比代表深入，没有比这更吉利了。其后必能繁荣昌盛。”

十七年，晋侯命太子申生讨伐东山。里克劝谏献公说：“太子是供奉宗庙、社稷祭品、检查国君膳食的人，所以叫冢子。国君出行时太子要留守，有人代为留守，太子就相随，随从叫抚军，留守叫监国，这就是古代制度。军队的统帅必能认真谋划；发布号令是国君与正卿的专职，并非属太子的职责。军队的统帅在于将军，太子向国君请命，就失去了威严；如独断专行，就会陷于不孝。所以国君的继位嫡子不能统帅军队。国君让太子统帅军队是错误的，统帅失去威严，也就失去了用途。”献公说：“我有几个儿子，不知立谁为太子。”里克没有回答就走了，去见太子。太子问：“我要被废掉吧？”里克说：“你努力吧，命您统帅下军，怕的是不能完成任务，为何要废掉您呢？您怕的是不孝，并非能不能继位。只要注重培养德行，不为难他人，就可免除灾难。”太子统率军队，献公让他穿上两色合成的衣服，佩戴金玦。里克推托有病，不愿跟随太子。紧接着太子便去讨伐东山了。

【原文】

十九年，献公曰："始吾先君庄伯、武公之诛晋乱，而虢常助晋伐我，又匿晋亡公子，果为乱。弗诛，后遗子孙忧。"乃使荀息以屈产之乘假道于虞。虞假道，遂伐虢，取其下阳以归。

献公私谓骊姬曰："吾欲废太子，以奚齐代之。"骊姬泣曰："太子之立，诸侯皆已知之，而数将兵，百姓附之，奈何以贱妾之故废适立庶？君必行之，妾自杀也。"骊姬详誉太子，而阴令人谮恶太子，而欲立其子。

二十一年，骊姬谓太子曰："君梦见齐姜，太子速祭曲沃，归釐于君。"太子于是祭其母齐姜于曲沃，上其荐胙于献公。献公时出猎，置胙于宫中。骊姬使人置毒药胙中。居二日，献公从猎来还，宰人上胙献公，献公欲飨之。骊姬从旁止之，曰："胙所从来远，宜试之。"祭地，地坟；与犬，犬死；与小臣，小臣死。骊姬泣曰："太子何忍也！其父而欲弑代之，况他人乎？且君老矣，旦暮之人，曾不能待而欲弑之！"谓献公曰："太子所以然者，不过以妾及奚齐之故。妾愿子母辟之他国，若早自杀，毋徒使母子为太子所鱼肉也。始君欲废之，妾犹恨之；至于今，妾殊自失于此。"太子闻之，奔新城。献公怒，乃诛其傅杜原款。或谓太子曰："为此药者乃骊姬也，太子何不自辞明之？"太子曰："吾君老矣，非骊姬，寝不安，食不甘。即辞之，君且怒之。不可。"或谓太子曰："可奔他国。"太子曰："被此恶名以出，人谁内我？我自杀耳。"十二月戊申，申生自杀于新城。

【译文】

十九年，献公说："起先我的先君庄伯、武公平息晋国叛乱，虢国常助晋国讨伐我们，又藏起了晋国逃亡的公子，如不去讨伐，必将后患无穷。"因此，献公便让荀息驾着屈产的驷马向虞借路。虞答应了，晋便讨伐虢国，攻克下阳后回国。

献公私下对骊姬说："我想废掉太子，用奚齐代替。"骊姬哭道："太子已立，诸侯都已知道，而且太子数次领兵征战，百姓都心悦诚服，你怎能因为我就废嫡长子而立庶子呢？你要这样做，我就自杀。"骊姬假装为太子求情，却暗中诬陷太子，想立自己的儿子为太子。

二十一年，骊姬对太子说："君王梦见了齐姜，太子前去曲沃拜祭吧，回来后把胙肉献给君王。"于是太子赶到曲沃去祭祀母亲，回来后，便把胙肉献给了献公。献公当时出外打猎，太子便将胙肉放在宫中。骊姬派人在胙肉中放了毒药。两天后献公回宫，厨师想把胙肉献给献公，献公正要享用，骊姬劝说："胙肉来自远方，先让他人尝尝。"厨师把胙肉放在地上，地面突起；把胙肉扔给狗，狗吃完就死了；把胙肉给宦臣吃，宦臣也死了。骊姬哭道："太子如此残忍！连亲生父亲也谋害，不要说他人了。况且您年事已高，还能活几天呢，太子竟着急要杀死您！"骊姬接着说："太子这么做，无非是因为我与奚齐的缘故。我们母子宁愿逃到他国，哪怕早死，也不想被太子害死。您以前想废掉他，我还反对；事到今日，我才知道自己错了。"太子知道此事后，逃回新城，献公十分生气，就杀了太子的老师杜原款。有人对太子说："下毒药的是骊姬，太子为何不说清楚呢？"太子说："我父亲年老了，没有骊姬就睡不着、吃不香。我去辩解，父亲必会生骊姬的气，不能这么做。"有人又对太子说："那你就逃到他国去吧。"太子说："戴罪而逃，谁能容我？还不如自杀呢。"十二月戊申日，申生在新城自杀。

【原文】

此时重耳、夷吾来朝。人或告骊姬曰："二公子怨骊姬谮杀太子。"骊姬恐，因谮二公子："申生之药胙，二公子知之。"二子闻之，恐，重耳走蒲，夷吾走屈，保其城，自备守。初，献公使士蔿为二公子筑蒲、屈城，弗就。夷吾以告公，公怒士蔿。士蔿谢曰："边城少寇，安用之？"退而歌曰："狐裘蒙茸，一国三公，吾谁适从！"卒就城。及申生死，二子亦归保其城。

二十二年，献公怒二子不辞而去，果有谋矣，乃使兵伐蒲。蒲人之宦者勃鞮命重耳促自杀。重耳逾垣，宦者追斩其衣袪。重耳遂奔翟。使人伐屈，屈城守，不可下。

是岁也，晋复假道于虞以伐虢。虞之大夫宫之奇谏虞君曰："晋不可假道也，是且灭虞。"虞君曰："晋我同姓，不宜伐我。"宫之奇曰："太伯、虞仲，太王之子也，太伯亡去，是以不嗣。虢仲、虢叔，王季之子也，为文王卿士，其记勋在王室，藏于盟府。将虢是灭，何爱于虞？且虞之亲能亲于桓、庄之族乎？桓、庄之族何罪，尽灭之。虞之与虢，唇之与齿，唇亡则齿寒。”虞公不听，遂许晋。宫之奇以其族去虞。其冬，晋灭虢，虢公丑奔周。还，袭灭虞，虏虞公及其大夫井伯、百里奚以媵秦穆姬，而修虞祀。荀息牵曩所遗虞屈产之乘马奉之献公，献公笑曰：“马则吾马，齿亦老矣！”

【译文】

此时重耳、夷吾来朝面君。有人告诉骊姬：“这两位公子怨恨你诬陷太子。”骊姬很害怕，便对献公说：“申生在胙肉中下毒，两位公子事先也知道。”重耳、夷吾听到骊姬的谣言，都很害怕，重耳便逃到了蒲，夷吾跑到了屈，戒备森严地亲自保护着城池。当初，献公命士蔿给两位公子建造蒲、屈二城，如今还没有成功。夷吾把此事告诉了献公，献公很生气。士蔿谢罪说：“边城贼寇少，为何非要建城呢？”士蔿退下时唱道：“狐皮袄的毛乱了，一个国家有三个主人，我服从谁呢！”士蔿最终修好城池。申生死后，两位公子各自守护着自己的城池。

二十二年，献公对两位公子不辞而别十分生气，以为他们真有阴谋，便派军伐蒲。蒲城名叫勃鞮的宦官让重耳赶快自杀。重耳爬墙而逃，勃鞮追赶，割下重耳的衣袖。重耳才得以逃跑，来到翟。献公又派人伐屈，屈城人全力防守才得以自保。

同年，晋国再次从虞借道伐虢。虞国大夫宫之奇劝谏虞君说：“不能借路给晋，否则晋国就会消灭虞国。”虞君说：“我与晋国同姓，它不会攻打我们的。”宫之奇说：“太伯、虞仲都是太王之子，太伯逃走，因而未能继位。虢仲、虢叔都是王季之子，文王的卿士，他们功勋卓著，记载于史，收藏于掌管盟约的官员手里。下决心要消灭虢国，又岂会怜悯虞国？晋与虞国亲近，难道比桓叔、庄伯还近吗？桓叔、庄伯家族有什么罪，晋君却把他们全部杀死。虞与虢可谓唇齿相交。”虞君不听，还是答应了晋国。宫之奇便带着家族逃离了虞国。当年冬天，晋国消灭了虢国，虢公丑逃到周。晋军在返回时，又消灭了虞国，俘虏了虞公及大夫井伯、百里奚以作为献公女儿秦穆姬的陪嫁人，还派人供奉虞国祭祀。荀息把献公以前送给虞君的屈地产的名马献给献公，献公笑着说："还是我原来那匹马，可惜老了！"

【原文】

二十三年，献公遂发贾华等伐屈，屈溃。夷吾将奔翟。冀芮曰："不可，重耳已在矣，今往，晋必移兵伐翟，翟畏晋，祸且及。不如走梁，梁近于秦，秦强，吾君百岁后可以求入焉。"遂奔梁。二十五年，晋伐翟，翟以重耳故，亦击晋于齧桑，晋兵解而去。

当此时，晋强，西有河西，与秦接境，北边翟，东至河内。

骊姬弟生悼子。

二十六年夏，齐桓公大会诸侯于葵丘。晋献公病，行后，未至，逢周之宰孔。宰孔曰："齐桓公益骄，不务德而务远略，诸侯弗平。君弟毋会，毋如晋何。"献公亦病，复还归。病甚，乃谓荀息曰："吾以奚齐为后，年少，诸大臣不服，恐乱起，子能立之乎？"荀息曰："能。"献公曰："何以为验？"对曰："使死者复生，生者不惭，为之验。"于是遂属奚齐于荀息。荀息为相，主国政。秋九月，献公卒。里克、邳郑欲内重耳，以三公子之徒作乱，谓荀息曰："三怨将起，秦、晋辅之，子将何如？"荀息曰："吾不可负先君言。"十月，里克杀奚齐于丧次，献公未葬也。荀息将死之，或曰不如立奚齐弟悼子而傅之，荀息立悼子而葬献公。十一月，里克弑悼子于朝，荀息死之。君子曰："诗所谓'白珪之玷，犹可磨也，斯言之玷，不可为也'，其荀息之谓乎！不负其言。"初，献公将伐骊戎，卜曰"齿牙为祸"。及破骊戎，获骊姬，爱之，竟以乱晋。

【译文】

二十三年，献公派贾华等人讨伐屈城，屈城溃败。夷吾想逃到翟。冀芮说："不行，重耳在那里，如果去了，晋国必会率军攻打翟，翟对晋很恐惧，恐怕要大祸临头了。你不如逃到梁国，梁国与秦较近，秦国强大，如国君去世，你就可请求秦把你护送回国了。"因此，夷吾逃到梁国。二十五年，晋国伐翟，翟国因重耳的缘故，也在齧桑攻打晋国，结果晋国退兵而去。

当时，晋国开始强大起来，向西占有河西，与秦国相接，北抵翟国，东到河内。

骊姬的妹妹生下悼子。

二十六年夏，齐桓公在葵丘与诸侯会盟。晋献公因病迟到，未能如期而至，途中遇到周朝的宰孔。宰孔说："齐桓公很骄横，不注重修德政却总想侵略远方，诸侯们很不满。您还是别去了，他对晋国是没办法的。"献公便因病又返回了晋国。不久献公病危，对荀息说："我让奚齐继位，但他还小，怕大臣们不服，要生乱子，你说立他行吗？"荀息说："可以。"献公说："为什么这么说？"荀息说："假如您能死而复生，活着的我仍无愧疚之感，这就是凭证。"于是献公把奚齐托付给了荀息。荀息为相，主持国政。秋季九月，献公去世。里克、邳郑想迎回重耳，便利用三位公子挑起内乱，对荀息说："三位怨家要闹事，外有秦、内有晋的帮助，怎么办？"荀息说："我不能辜负对先君的承诺。"十月，里克在守丧时杀死奚齐，当时，献公还未安葬。荀息想自杀，有人建议不如立奚齐之弟悼子为君，由自己辅佐。荀息便立悼子为君，而后安葬了献公。十一月，里克在朝堂上又杀死悼子，荀息为此也自杀而亡。君子说："《诗经》中有'白珪有斑点，仍可擦亮，话要是说错，就无可挽回了。'这指的是荀息呀！荀息没有违背自己的诺言。"当初，献公打算讨伐骊戎时，卦象上说过"谗言为害"。打败骊戎后，得到了骊姬，献公很宠爱她，晋国因此发生乱子。

【原文】

里克等已杀奚齐、悼子，使人迎公子重耳于翟，欲立之。重耳谢曰："负父之命出奔，父死不得修人子之礼侍丧，重耳何敢入！大夫其更立他子。"还报里克，里克使迎夷吾于梁。夷吾欲往，吕省、郤芮曰："内犹有公子可立者而外求，难信。计非之秦，辅强国之威以入，恐危。"乃使郤芮厚赂秦，约曰："即得入，请以晋河西之地与秦。"及遗里克书曰："诚得立，请遂封子于汾阳之邑。"秦缪公乃发兵送夷吾于晋。齐桓公闻晋内乱，亦率诸侯如晋。秦兵与夷吾亦至晋，齐乃使隰朋会秦俱入夷吾，立为晋君，是为惠公。齐桓公至晋之高梁而还归。

惠公夷吾元年，使邳郑谢秦曰："始夷吾以河西地许君，今幸得入立。大臣曰：'地者先君之地，君亡在外，何以得擅许秦者？' 寡人争之弗能得，故谢秦。"亦不与里克汾阳邑，而夺之权。四月，周襄王使周公忌父会齐、秦大夫共礼晋惠公。惠公以重耳在外，畏里克为变，赐里克死。谓曰："微里子寡人不得立。虽然，子亦杀二君一大夫，为子君者不亦难乎？"里克对曰："不有所废，君何以兴？欲诛之，其无辞乎？乃言为此！臣闻命矣。"遂伏剑而死。于是邳郑使谢秦未还，故不及难。

【译文】

里克等人杀死了奚齐、悼子，派人到翟国迎接公子重耳，想立他为君。重耳辞谢道："违背父命逃出晋国，父亲死后又不能按儿子的礼仪为其送丧，我怎敢回国继位，你们还是改立他人吧。"派去的人回来报告了里克，里克便派人去梁国迎接夷吾。夷吾想回晋，吕省、郤芮说："国内有能继位的公子却出来找你，我很怀疑。如不去秦国，不依靠强国的势力回晋国，可能有危险。"因此，夷吾让郤芮厚礼贿赂秦国，并说："我若能回到晋国，愿把晋国河西献给秦国。"夷吾还给里克写信说："我若能继位，愿把汾阳城给您。"秦缪公便派军队把夷吾护送回了晋国。齐桓公听说晋国内乱，便率诸侯来到晋国。秦军和夷吾也到达晋国，齐国就让隰朋与秦国一起把夷吾送到晋国，立其为君，即惠公。齐桓公在到达晋国高梁时返回。

惠公夷吾元年，命邳郑去秦国道歉，说："当初我本想把河西献给您，现在回国当上了君主。大臣说：'土地是先王留下的，逃亡在外的你凭什么擅自献给秦国土地呢？'我据理力争也没有成功，所以特来向秦表示歉意。"同时，夷吾也没有把汾阳城给里克，却剥夺了他的权力。四月，周襄王命周公忌父同齐、秦大夫一起共访晋惠公。惠公知道重耳逃亡在外，怕里克兵变，便杀死了里克，并说："如没有你里克，我当不上君主。可是你也杀死了两位国君和一位大夫，做你的国君真难呀！"里克说："不废掉他们，你又如何能当上国君呢？想杀我还怕找不到借口吗？你竟然这么说！我遵命就是了。"于是便伏剑自杀了。而邳郑因去秦国道歉未归，才没有遇难。

【原文】

晋君改葬恭太子申生。秋，狐突之下国，遇申生，申生与载而告之曰："夷吾无礼，余得请于帝，将以晋与秦，秦将祀余。"狐突对曰："臣闻神不食非其宗，君其祀毋乃绝乎？君其图之。"申生曰："诺，吾将复请帝。后十日，新城西偏将有巫者见我焉。"许之，遂不见。及期而往，复见，申生告之曰："帝许罚有罪矣，弊于韩。"儿乃谣曰："恭太子更葬矣，后十四年，晋亦不昌，昌乃在兄。"

邳郑使秦，闻里克诛，乃说秦缪公曰："吕省、郤称、冀芮实为不从。若重赂与谋，出晋君，入重耳，事必就。"秦缪公许之，使人与归报晋，厚赂三子。三子曰："币厚言甘，此必邳郑卖我于秦。"遂杀邳郑及里克、邳郑之党七舆大夫。邳郑子豹奔秦，言伐晋，缪公弗听。

惠公之立，倍秦地及里克，诛七舆大夫，国人不附。二年，周使召公过礼晋惠公，惠公礼倨，召公讥之。

四年，晋饥，乞籴于秦。缪公问百里奚，百里奚曰："天灾流行，国家代有，救灾恤邻，国之道也。与之。"邳郑子豹曰："伐之。"缪公曰："其君是恶，其民何罪！"卒与粟，自雍属绛。

五年，秦饥，请籴于晋。晋君谋之，庆郑曰："以秦得立，已而倍其地约。晋饥而秦贷我，今秦饥请籴，与之何疑？而谋之！"虢射曰："往年天以晋赐秦，秦弗知取而贷我。今天以秦赐晋，晋其可以逆天乎？遂伐之。"惠公用虢射谋，不与秦粟，而发兵且伐秦。秦大怒，亦发兵伐晋。

【译文】

晋君重新改葬了太子申生。秋天，狐突到了曲沃，遇到申生的鬼魂，申生与他同行并对他说："夷吾无礼，我得到天帝命令，要把整个晋国送给秦国，秦会祭祀我。"狐突说："我听说神不会享用自家之外的祭祀的，真要是这样，您的祭祀不就断绝了吗？您要好好仔细考虑呀！"申生说："好吧，我再问问天帝的意思吧。十天后，在新城西边有巫者要见我。"狐突答应了，申生就不见了。狐突按期来到新城西，又见到了申生，申生说："天帝要惩罚罪人了，说他在韩原要大败。"于是便流行起了歌谣："恭太子改葬了，以后的十四年晋国不会昌盛，昌盛是兄长。"

邳郑出使秦国，听说里克死了，就对秦缪公说："吕省、郤称、冀芮确实不愿把河西让给秦国。如贿赂他们，共谋大事，赶走国君，迎回重耳，必能成功。"秦缪公答应了，便派人与邳郑一起归报晋国，贿赂了三人。三人说："财多话甜，这必定是邳郑向秦国出卖了我们。"于是便杀死了邳郑及里克、邳郑的同伙七舆大夫。邳郑的儿子豹逃到秦，想请秦国伐晋，缪公没有答应。

惠公继位后，违背献给秦国的土地和分封里克的誓言，又杀了七舆大夫，晋人都不愿顺服于他。二年，周命召公拜访晋惠公，惠公无礼，召公嘲笑他。

四年，晋国遇到灾荒，向秦求助于粮食。缪公征求百里奚的意见，百里奚说："天灾流行，各国都会发生，救助邻国是道义之举。应该帮助。"邳郑的儿子豹说："应该趁机攻打晋国。"缪公说："晋君虽然有罪，但晋国百姓有什么罪呢？"秦国最终还是给了晋国粮食，从雍地运到绛地。

五年，秦国又发生了灾荒，向晋请求粮食。晋君与大臣们商议，庆郑说："君王凭借秦国力继位的，后来我们又违背献地的誓言。我国有灾荒时，秦国也给予了帮助，如今，秦国有了灾荒，向我国求粮，我们理应给予帮助，还有什么好犹豫的呢？商量什么呢？"虢射说："去年上天本想把晋国赐给秦国，但秦国竟然不知夺取，却给我们粮食。如今上天又把秦国赐给了晋国，难道我们还要违背天意吗？应该攻打秦国呀。"惠公采纳了虢射的建议，没有给秦国粮食，却率兵伐秦。秦国很生气，也派兵攻晋。

【原文】

六年春，秦缪公将兵伐晋。晋惠公谓庆郑曰："秦师深矣，奈何？"郑曰："秦内君，君倍其赂；晋饥秦输粟，秦饥而晋倍之，乃欲因其饥伐之：其深不亦宜乎！"晋卜御右，庆郑皆吉。公曰："郑不孙。"乃更令步阳御戎，家仆徒为右，进兵。九月壬戌，秦缪公、晋惠公合战韩原。惠公马鸷不行，秦兵至，公窘，召庆郑为御。郑曰："不用卜，败不亦当乎！"遂去。更令梁繇靡御，虢射为右，辂秦缪公。缪公壮士冒败晋军，晋军败，遂失秦缪公，反获晋公以归。秦将以祀上帝。晋君姊为缪公夫人，衰绖涕泣。公曰："得晋侯将以为乐，今乃如此。且吾闻箕子见唐叔之初封，曰'其后必当大矣’，晋庸可灭乎！”乃与晋侯盟王城而许之归。晋侯亦使吕省等报国人曰：“孤虽得归，毋面目见社稷，卜日立子圉。”晋人闻之，皆哭。秦缪公问吕省：“晋国和乎？”对曰：“不和。小人惧失君亡亲，不惮立子圉，曰‘必报仇，宁事戎、狄’。其君子则爱君而知罪，以待秦命，曰‘必报德’。有此二故，不和。”于是秦缪公更舍晋惠公，馈之七牢。十一月，归晋侯。晋侯至国，诛庆郑，修政教。谋曰：“重耳在外，诸侯多利内之。”欲使人杀重耳于狄。重耳闻之，如齐。

八年，使太子圉质秦。初，惠公亡在梁，梁伯以其女妻之，生一男一女。梁伯卜之，男为人臣，女为人妾，故名男为圉，女为妾。

十年，秦灭梁。梁伯好土功，治城沟，民力罢，怨；其众数相惊，曰“秦寇至”，民恐惑，秦竟灭之。

【译文】

六年春，秦缪公率军伐晋。晋惠公对庆郑说：“秦军深入我国腹地，怎么办？”庆郑说：“秦国送您回国，您竟然背信弃义不给秦地；晋国有灾荒，秦国运粮援助，秦国有灾荒，晋国竟然置之不理，还派兵进攻人家，今天秦军深入国境不很正常吗？”晋国对驾车和护卫的人进行占卜，庆郑的都是吉卦。惠公说：“庆郑难以驯服。”便另选步阳驾车，家仆徒做护卫向秦进军。九月壬戌日，秦缪公、晋惠公在韩原交战。惠公的马陷在泥里跑不动了，秦军赶到，惠公十分窘迫，让庆郑驾车。庆郑说：“不按占卜去做，失败了吧？”说完就走了。惠公改让梁繇靡驾车，虢射为护卫迎击秦军。缪公的士兵打败了晋军，晋军败退，让秦缪公跑走了，秦军反而俘获了晋君并带回秦国。秦想杀死他祭祀上帝。晋君的姐姐是缪公的夫人，她身穿丧服大哭。缪公说：“俘获晋侯你该高兴呀，却痛哭起来。我听说箕子看到唐叔刚刚受封时说‘他的后代一定能强大起来’，晋怎么能灭亡呢？”于是，秦缪公与晋侯在王城结盟，而后放回了晋侯。晋侯命吕省回报国人说：“我即使回到晋国，也汗颜面对社稷，还是择吉日让子圉继位吧！”晋人听后很伤心地哭了。秦缪公问吕省：“晋人团结吗？”吕省说：“不团结。百姓怕因失去国君而有内乱，伤及父母，不让子圉继位，都说：‘定要报仇，宁可事奉戎、狄。’国中君子都很关心国君，知其有罪，他们正等待秦送回国君呢，他们说：‘一定要报答秦国的恩惠’。国中有这两种情况，必不会和睦。”因此秦缪公便改换晋惠公的住处，赠晋惠公七牢。十一月，秦国送回晋公。晋侯返回晋国后杀了庆郑，重修政务。与大臣商议说：“重耳在外，诸侯多想迎立他为君。”于是晋君想派人去狄杀重耳。重耳知道后，逃到齐国。

八年，晋惠公让太子圉到秦国做人质。当初，惠公在梁国逃亡时，梁伯将女儿嫁给惠公，生有一男一女。梁伯为他们占卜，男孩做臣子，女孩做小妾，便为男孩取名圉，女孩取名妾。

十年，秦消灭梁国。梁伯好大兴土木、修筑城池沟堑，百姓怨声载道，数次吓唬说“秦军来了”，人民十分害怕，最终被秦所灭。

【原文】

十三年，晋惠公病，内有数子。太子圉曰：“吾母家在梁，梁今秦灭之，我外轻于秦而内无援于国。君即不起，病大夫轻，更立他公子。”乃谋与其妻俱亡归。秦女曰：“子一国太子，辱在此。秦使婢子侍，以固子之心。子亡矣，我不从子，亦不敢言。”子圉遂亡归晋。十四年九月，惠公卒，太子圉立，是为怀公。

子圉之亡，秦怨之，乃求公子重耳，欲内之。子圉之立，畏秦之伐也，乃令国中诸从重耳亡者与期，期尽不到者尽灭其家。狐突之子毛及偃从重耳在秦，弗肯召。怀公怒，囚狐突。突曰：“臣子事重耳有年数矣，今召之，是教之反君也。何以教之？”怀公卒杀狐突。秦缪公乃发兵送内重耳，使人告栾、郤之党为内应，杀怀公于高梁，入重耳。重耳立，是为文公。

晋文公重耳，晋献公之子也。自少好士，年十七，有贤士五人：曰赵衰；狐偃咎犯，文公舅也；贾佗；先轸；魏武子。自献公为太子时，重耳固已成人矣。献公即位，重耳年二十一。献公十三年，以骊姬故，重耳备蒲城守秦。献公二十一年，献公杀太子申生，骊姬谗之，恐，不辞献公而守蒲城。献公二十二年，献公使宦者履鞮趣杀重耳。重耳逾垣，宦者逐斩其衣袪。重耳遂奔狄。狄，其母国也。是时重耳年四十三。从此五士，其余不名者数十人，至狄。

【译文】

十三年，晋惠公得病，他有几个儿子。太子圉说：“我母亲原系梁国，今已被秦所灭，在国外我被秦轻视，在国内没有援助。如今父亲又因病卧床不起，我更怕大夫瞧不起我，还是改立其他公子为太子吧。”于是太子圉便计划与妻子逃走。秦国女子说：“您是一国太子，在此受辱。秦国命我服侍您，目的是稳住您的心。您要逃跑，我不会听从你，也不会声张。”太子圉便跑回了晋国。十四年九月，晋惠公去世，太子圉继位，即怀公。

太子圉逃走了，秦国很生气，便找回重耳，想送他回晋。太子圉继位后，怕秦国攻打，便下令凡跟随重耳逃亡的人都要按期归晋，逾期未归者杀其全族。狐突的儿子毛和偃都跟随重耳逃到秦国，没有回来。怀公很生气，囚禁了狐突。狐突说：“我儿事奉重耳已经多年了，今天下令让叫回来，这无疑是让他背叛君主，我怎能说服他呢？”怀公还是杀了狐突。秦缪公想派人护送重耳回晋，事先通知栾枝、郤縠的党徒做内应，在高梁杀死怀公，送回重耳。重耳即位，即文公。

晋文公重耳是献公之子。自小好结交贤士，十七岁时得到五个圣贤名士：赵衰；狐偃咎犯，文公的舅父；贾佗；先轸；魏武子。献公做太子时，重耳就已成人。献公继位时，重耳二十一岁。献公十三年，因骊姬的缘故，重耳就住在蒲城防守秦国。献公二十一年，杀死太子申生，骊姬中伤重耳，使其逃到蒲城。献公二十二年，献公让宦者履鞮前去杀重耳。重耳爬墙而逃，宦者追赶，砍掉重耳的袖子。重耳后逃到狄。狄是重耳母亲的出生地。时年重耳四十三岁。此后，他的五位朋友和其他不知名的几十位朋友，和他共同来到狄。

【原文】

狄伐咎如，得二女：以长女妻重耳，生伯鯈、叔刘；以少女妻赵衰，生盾。居狄五岁而晋献公卒，里克已杀奚齐、悼子，乃使人迎，欲立重耳。重耳畏杀，因固谢，不敢入。已而晋更迎其弟夷吾立之，是为惠公。惠公七年，畏重耳，乃使宦者履鞮与壮士欲杀重耳。重耳闻之，乃谋赵衰等曰：“始吾奔狄，非以为可用舆，以近易通，故且休足。休足久矣，固愿徙之大国。夫齐桓公好善，志在霸王，收恤诸侯。今闻管仲、隰朋死，此亦欲得贤佐，盍往乎？”于是遂行。重耳谓其妻曰：“待我二十五年不来，乃嫁。”其妻笑曰：“犁二十五年，吾冢上柏大矣。虽然，妾待子。”重耳居狄凡十二年而去。

过卫，卫文公不礼。去，过五鹿，饥而从野人乞食，野人盛土器中进之。重耳怒。赵衰曰：“土者，有土也，君其拜受之。”

至齐，齐桓公厚礼，而以宗女妻之，有马二十乘，重耳安之。重耳至齐二岁而桓公卒，会竖刀等为内乱，齐孝公之立，诸侯兵数至。留齐凡五岁。重耳爱齐女，毋去心。赵衰、咎犯乃于桑下谋行。齐女侍者在桑上闻之，以告其主。其主乃杀侍者，劝重耳趣行。重耳曰：“人生安乐，孰知其他！必死于此，不能去。”齐女曰：“子一国公子，穷而来此，数士者以子为命。子不疾反国，报劳臣，而怀女德，窃为子羞之。且不求，何时得功？”乃与赵衰等谋，醉重耳，载以行。行远而觉，重耳大怒，引戈欲杀咎犯。咎犯曰：“杀臣成子，偃之愿也。”重耳曰：“事不成，我食舅氏之肉。”咎犯曰：“事不成，犯肉腥臊，何足食！”乃止，遂行。

【译文】

狄国讨伐咎如，俘获两名女子，把年长的嫁给了重耳，生下伯儵、叔刘；把年少的嫁给赵衰，生下了盾。重耳在狄国住了五年，晋献公去世后，里克杀死了奚齐、悼子，想迎重耳为君。重耳害怕被杀，便辞绝了，不敢回国。后来晋国又迎立重耳的弟弟夷吾为君，即惠公。惠公七年，害怕重耳，便命宦者履鞮带着勇士去谋杀重耳。重耳知道后，与赵衰等人商议道：“我之所以逃到狄国，不是为能求得他的帮助，而是因为道路近，才暂时留在此地。居住一段时间后，就想再到大国去。齐桓公好结善行，想称霸于诸侯，体恤臣民。听说管仲、隰朋已经去世，齐国也在寻找贤能之人，不如我们前去吧？”于是，重耳又赶往齐国。离开狄时，重耳对妻子说：“如果我二十五年不回来，你就改嫁。”妻子笑着说：“等你二十五年，恐怕坟上的柏树都长大了。就算这样，我也会等着你。”重耳在狄居住十二年后离去。

重耳经过卫国，卫文公对他很无礼。上路后，经过五鹿时，因饥饿向村民讨饭，村民在容器中放了土献给他。重耳很生气，赵衰说："土是拥有土地的象征，你应该以礼接受。"

重耳来到齐国，齐桓公厚礼相待，并把家族的一个女儿嫁给他，陪送了二十辆马车，重耳深感满足。重耳在齐国住了两年，桓公去世，恰逢竖刀等人内乱，齐孝公继位，诸侯多次引兵来犯。重耳在齐居住了五年。重耳深爱齐国之女，没有离开的意思。赵衰、咎犯有一天就在桑树下商议离开齐国。重耳妻子的侍女在桑树上听到了，便回屋告诉了主人。主人便将侍女杀死，劝告重耳赶快离开。重耳说："人生就是要寻求快乐的，何必管其他的，我一定要死在齐国，就是不走。"妻子说："您乃一国公子，迫于无奈才来齐国，您的这些随从把您当作他们的生命。您不回国报答臣子，却贪恋女色，我很为你感到羞耻。如果现在你不去追求，何时才能成功呢？"她便和赵衰等人灌醉了重耳，用车载着他离开了。上路之后重耳醒来，知道真相后很生气，要杀死咎犯。咎犯说："杀死我成就您是我的心愿。"重耳说："要是不能成功，我就吃舅父你的肉。"咎犯说："事情失败，我的肉又腥又臊，你怎么能吃呢？"重耳这才平息了怒气，继续上路。

【原文】

过曹，曹共公不礼，欲观重耳骈胁。曹大夫釐负羁曰："晋公子贤，又同姓，穷来过我，奈何不礼！"共公不从其谋。负羁乃私遗重耳食，置璧其下。重耳受其食，还其璧。

去，过宋。宋襄公新困兵于楚，伤于泓，闻重耳贤，乃以国礼礼于重耳。宋司马公孙固善于咎犯，曰："宋小国新困，不足以求入，更之大国。"乃去。

过郑，郑文公弗礼。郑叔瞻谏其君曰："晋公子贤，而其从者皆国相，且又同姓。郑之出自厉王，而晋之出自武王。"郑君曰："诸侯亡公子过此者众，安可尽礼！"叔瞻曰："君不礼，不如杀之，且后为国患。"郑君不听。

重耳去之楚，楚成王以适诸侯礼待之，重耳谢不敢当。赵衰曰："子亡在外十余年，小国轻子，况大国乎？今楚大国而固遇子，子其毋让，此天开子也。"遂以客礼见之。成王厚遇重耳，重耳甚卑。成王曰："子即反国，何以报寡人？”重耳曰：“羽毛齿角玉帛，君王所余，未知所以报。”王曰：“虽然，何以报不穀？”重耳曰：“即不得已，与君王以兵车会平原广泽，请辟王三舍。”楚将子玉怒曰：“王遇晋公子至厚，今重耳言不孙，请杀之。”成王曰：“晋公子贤而困于外久，从者皆国器，此天所置，庸可杀乎？且言何以易之！”居楚数月，而晋太子圉亡秦，秦怨之；闻重耳在楚，乃召之。成王曰：“楚远，更数国乃至晋。秦晋接境，秦君贤，子其勉行！”厚送重耳。

【译文】

在经过曹国时，曹共公很无礼，想偷看重耳的骈胁。曹国大夫釐负羁说：“晋公子很是贤能，又与我们同姓，迫于窘境从我们这路过，为何如此无礼？”共公不听。负羁却暗中给重耳食物，并把一玉璧放在食物中。重耳接受了食物，但归还了玉璧。

重耳离开曹国，经过宋国，宋襄公刚被楚军打败，在泓水负伤，听说重耳贤明，便按国礼接待。宋国司马公孙固与咎犯关系甚好，说：“宋国弱小，又刚被打败，没有能力帮助你们回国，还是投奔大国去吧。”重耳等人别宋而去。

重耳经过郑国，郑文公很无礼。郑大夫叔瞻劝说：“晋公子贤能，他的随从也都是栋梁之材，又与我们同姓。郑国从厉王分出，而晋国是武王后代。”郑国国君说：“从诸侯国中逃出的公子经过我国的很多，怎能全以礼仪接待呢！”叔瞻说：“您不以礼相待，就不如杀掉他，免留后患。”郑国君不从。

重耳后又来到楚国，楚成王以诸侯的礼节对待他，重耳辞谢不受。赵衰说：“你在外逃亡已达十多年了，小国都轻视你，何况大国呢？如今大国楚却厚待你，就不要推辞了，这是上天在眷顾你。”重耳便接受了楚成王的招待。成王接待了重耳，重耳很是谦恭。成王说：“您回国后，如何报答我呢？”重耳说：“珍禽异兽、珠玉绸绢，你们楚国都有，我也不知道如何报答。”成王说：“既然如此，你到底想如何报答我呢？”重耳说：“实在想不出的话，那就是如果有一天在平原、湖沼地带与您交战，我会退避三舍。”楚国大将子玉生气地说：“君王对待晋公子太好了，今天重耳出言不逊，杀了他吧。”成王说：“晋公子品德高尚，在外遇难很久，随从都是贤能之辈，这是上天安排，怎能杀他？他的话将来必能灵验。”重耳在楚国住了几个月，晋国太子圉从秦国逃到晋国，秦国很生气，听说重耳在楚国，便把重耳请到秦国。成王说：“楚国太远了，要经过好几个国家才能到达晋国。秦晋两国相邻，且秦缪公很贤明，您去吧！”成王还赠送了许多礼物。

【原文】

重耳至秦，缪公以宗女五人妻重耳，故子圉妻与往。重耳不欲受，司空季子曰：“其国且伐，况其故妻乎！且受以结秦亲而求入，子乃拘小礼，忘大丑乎！”遂受。缪公大欢，与重耳饮。赵衰歌黍苗诗。缪公曰：“知子欲急反国矣。”赵衰与重耳下，再拜曰：“孤臣之仰君，如百谷之望时雨。”是时晋惠公十四年秋。惠公以九月卒，子圉立。十一月，葬惠公。十二月，晋国大夫栾、郤等闻重耳在秦，皆阴来劝重耳、赵衰等反国，为内应甚众。于是秦缪公乃发兵与重耳归晋。晋闻秦兵来，亦发兵拒之。然皆阴知公子重耳入也。唯惠公之故贵臣吕、郤之属不欲立重耳。重耳出亡凡十九岁而得入，时年六十二矣，晋人多附焉。

文公元年春，秦送重耳至河。咎犯曰：“臣从君周旋天下，过亦多矣。臣犹知之，况于君乎？请从此去矣。”重耳曰：“若反国，所不与子犯共者，河伯视之！”乃投璧河中，以与子犯盟。是时介子推从，在船中，乃笑曰：“天实开公子，而子犯以为己功而要市于君，固足羞也。吾不忍与同位。”乃自隐渡河。秦兵围令狐，晋军于庐柳。二月辛丑，咎犯与秦晋大夫盟于郇。壬寅，重耳入于晋师。丙午，入于曲沃。丁未，朝于武宫，即位为晋君，是为文公。群臣皆往。怀公圉奔高梁。戊申，使人杀怀公。

【译文】

重耳来到秦国，秦缪公把同宗的五个女子嫁给重耳，子圉的妻子也在其中。重耳不想接受公子圉妻，司空季子说：“你就要攻打他的国家了，更何况他的妻子呢！如果你接受了，就等于以秦国结姻的关系返回晋国，你岂能拘泥小节，忘记大辱！”重耳便接受了公子圉妻。秦缪公很高兴，亲自与重耳宴饮。赵衰吟唱《黍苗》诗。秦缪公说："我知道你想急着返回晋国。"赵衰和重耳离开座位，拜谢说："我们势单力孤，靠的全是你，就如同百谷盼时节的好雨。"时年为晋惠公十四年秋。惠公于九月去世，子圉继位。十一月，晋国安葬惠公。十二月，晋国大夫栾枝、郤縠等人知道重耳在秦国的帮助下要回国，便也在暗中给予援助，以做内应。于是秦缪公便派兵护送重耳回国。晋君听到秦军来到，便派兵迎战。但民众都知道了重耳将要回来。只有惠公的旧臣吕甥、郤芮等人不愿让重耳继位。至此，在外逃亡十九年的重耳终于返回晋国，时年六十二岁，晋人都归顺了他。

文公元年春，秦国护送重耳到达黄河边。咎犯说："我跟随国君游遍天下，有很多过错。自己都知道，就不要说您了。我请求离去。"重耳说："如我回晋后有与您不合的，请河伯作证！"因此，重耳就把玉璧扔到河中与子犯发誓。当时介子推也是随从，正在船中，笑着说："上天其实也在支持公子，但子犯却认为是自己的功劳，向君王索取好处，太不知耻辱了。我不愿与他同列。"于是便自己暗中渡过黄河。秦军围困了令狐，晋军驻扎在庐柳。二月辛丑日，咎犯与秦晋大夫在郇地结盟。壬寅日，重耳来到晋军中。丙午日，重耳来到曲沃。丁未日，重耳来武宫朝拜，继任晋国国君，即文公。群臣前来投奔。怀公圉逃到高梁。戊申日，重耳派人杀了怀公。

【原文】

怀公故大臣吕省、郤芮本不附文公，文公立，恐诛，乃欲与其徒谋烧公宫，杀文公。文公不知。始尝欲杀文公宦者履鞮知其谋，欲以告文公，解前罪，求见文公。文公不见，使人让曰："蒲城之事，女斩予祛。其后我从狄君猎，女为惠公来求杀我。惠公与女期三日至，而女一日至，何速也？女其念之。"宦者曰："臣刀锯之余，不敢以二心事君倍主，故得罪于君。君已反国，其毋蒲、翟乎？且管仲射钩，桓公以霸。今刑余之人以事告而君不见，祸又且及矣。"于是见之，遂以吕、郤等告文公。文公欲召吕、郤，吕、郤等党多，文公恐初入国，国人卖己，乃为微行，会秦缪公于王城，国人莫知。三月己丑，吕、郤等果反，焚公宫，不得文公。文公之卫徒与战，吕、郤等引兵欲奔，秦缪公诱吕、郤等，杀之河上，晋国复而文公得归。夏，迎夫人于秦，秦所与文公妻者卒为夫人。秦送三千人为卫，以备晋乱。

文公修政，施惠百姓。赏从亡者及功臣，大者封邑，小者尊爵。未尽行赏，周襄王以弟带难出居郑地，来告急晋。晋初定，欲发兵，恐他乱起，是以赏从亡未至隐者介子推。推亦不言禄，禄亦不及。推曰："献公子九人，唯君在矣。惠、怀无亲，外内弃之；天未绝晋，必将有主，主晋祀者，非君而谁？天实开之，二三子以为己力，不亦诬乎？窃人之财，犹曰是盗，况贪天之功以为己力乎？下冒其罪，上赏其奸，上下相蒙，难与处矣！"其母曰："盍亦求之，以死谁怼？"推曰："尤而效之，罪有甚焉。且出怨言，不食其禄。"母曰："亦使知之，若何？"对曰："言，身之文也；身欲隐，安用文之？文之，是求显也。"其母曰："能如此乎？与女偕隐。"至死不复见。

【译文】

怀公旧臣吕省、郤芮本不想归顺文公，害怕被杀，便想与党徒阴谋烧掉文公的宫殿，杀死文公。文公对此一无所知。但早先想杀死文公的宦者履鞮知道了这个消息，便想告诉文公，以求立功赎罪，于是前去拜见文公。文公拒绝了他，派人责备他说："在蒲城你砍掉了我的衣袖。后来，我跟着狄君去狩猎，你又替惠公追杀我。惠公命你三天到达，你竟一天就到了，这多快呀？你好好想想吧。"宦者说："我受过宫刑，不敢有二心事奉他主，不能背叛主人，这才得罪了您。您已回国，难道就没有蒲、翟这样的事吗？管仲射中齐桓公的带钩，桓公仍能重用管仲称霸。如今我这罪人要告诉您一件事，您竟不见，恐怕要有灾祸了。"文公终于接见了他，他便把吕甥、郤芮等人的阴谋告诉了文公。文公想召见吕、郤等人，又怕他们聚众造反。文公担心刚刚回国，可能有出卖自己的，便暗中改装来到王城会见秦缪公，国人根本就不知此事。三月己丑日，吕、郤等人造反，烧毁了文公的宫殿，但没有找到文公。文公的卫兵与他们交战，吕、郤等人想逃跑，秦缪公把吕、郤等人骗到黄河边，将他们杀死了，晋国才恢复平静，文公又返回晋国。夏季，文公从秦国接回夫人，秦国赐给文公的妻子最终成为夫人。秦国还派三千人保护，来防备晋国内乱。

文公勤修政务，施恩于民，赏赐逃亡的人员和有功之臣，功劳大的封给城邑，功劳小的授予爵位。还没有赏赐完毕，周襄王的弟因逃难来到郑国，而后向晋国求救。晋国刚刚稳定，本想派兵支援，又怕国内发生动乱，此时文公赏赐逃亡者还没有轮到躲藏的介子推。介子推也不求俸禄，所以就没有封给他。介子推说："献公有九个儿子，只有国君健在。惠公、怀公没有亲信，国内外都很厌恶他们；上天还没有消灭晋国，必定要有君主来主持晋国祭祀，除了国君还能是谁呢？上天是在帮助你呀，可有那么两三个人总以为是自己的功劳，这岂不荒谬？偷了别人的财物，还说对方是盗贼，更何况那些把上天功劳揽入自己怀中的人呢？臣下遮盖罪过，主上赏赐奸佞，上下欺骗，我不能与这样的人共事！"介子推的母亲说："你为何不去请求赏赐呢，死了又能怨谁呢？"介子推说："我怨恨他们，又去仿效他们，罪过就更大了。况且我已说出怨言，绝不吃他的俸禄。"母亲说："让文公了解一下你吧，如何？"介子推说："言语好比身上的花纹，装饰了身体，何必再使用花饰呢？装上花饰还不是为了炫耀自己。"介子推的母亲说："真是你说的这样吗？那咱们就一起隐藏吧。"母子俩至死都没有露面。

【原文】

介子推从者怜之，乃悬书宫门曰："龙欲上天，五蛇为辅。龙已升云，四蛇各入其宇，一蛇独怨，终不见处所。"文公出，见其书，曰："此介子推也。吾方忧王室，未图其功。"使人召之，则亡。遂求所在，闻其入绵上山中，于是文公环绵上山中而封之，以为介推田，号曰介山，"以记吾过，且旌善人"。

从亡贱臣壶叔曰："君三行赏，赏不及臣，敢请罪。"文公报曰："夫导我以仁义，防我以德惠，此受上赏。辅我以行，卒以成立，此受次赏。矢石之难，汗马之劳，此复受次赏。若以力事我而无补吾缺者，此复受次赏。三赏之后，故且及子。"晋人闻之，皆说。

二年春，秦军河上，将入王。赵衰曰："求霸莫如入王尊周。周晋同姓，晋不先入王，后秦入之，毋以令于天下。方今尊王，晋之资也。"三月甲辰，晋乃发兵至阳樊，围温，入襄王于周。四月，杀王弟带。周襄王赐晋河内阳樊之地。

四年，楚成王及诸侯围宋，宋公孙固如晋告急。先轸曰："报施定霸，于今在矣。"狐偃曰："楚新得曹而初婚于卫，若伐曹、卫，楚必救之，则宋免矣。"于是晋作三军。赵衰举郤縠将中军，郤臻佐之；使狐偃将上军，狐毛佐之，命赵衰为卿；栾枝将下军，先轸佐之；荀林父御戎，魏犨为右：往伐。冬十二月，晋兵先下山东，而以原封赵衰。

【译文】

介子推的随从很可怜他们，就在宫门上挂了一张牌子，上写："龙想上天，需要五条蛇辅佐。龙已跃入云霄，四条蛇各得其所，还有一条蛇独自悲伤，最终无所去处。"文公出宫时，看见了便说："这是介子推吧。我正在为国事担忧，还没有考虑到他。"于是晋文公便派人召回介子推，但已经逃走了。文公找到介子推的住处，得知他在绵上的山中隐居。便把整座绵上山封给了介子推，以作为他的封地，所以后人称之为介推田，又名介山，"以此来记录我的罪过，表彰贤能之士。"

随从文公逃亡的无能之辈壶叔说："您三次赏赐，也没有轮到我，难道我有罪吗？"文公说："用仁义教导我，用道德、恩惠劝谏我，受到的是上等赏赐。用行动辅佐我，使我有所得的属于次等功劳。冒着弓箭的危难为我立功的，受到的是再次的赏赐。如果只是为我出力，却没有弥补我的过错，这样的人受到的便是更次的赏赐。这三次赏赐完成后才会轮到你。"晋人听到文公这么说，都十分高兴。

二年春，秦军驻扎在黄河边，想护送周王回朝。赵衰说："如想称霸，就不如护送周王回朝。周、晋本是同姓，晋国如不抢先护送周王，让秦国抢先，就不能向天下发号施令了。尊敬周王才是晋称霸的基础呀。"三月甲辰日，晋国派兵到了阳樊，包围了温，而后护送周襄王回周都。四月，晋国杀死襄王的弟弟带。周襄王把河内、阳樊赐给了晋国。

四年，楚成王率各诸侯围困宋国，宋国公孙固到晋国求助。先轸说："想要称霸，在此一举了。"狐偃说："楚国占据曹国不久，且初次与卫通婚，如攻打曹、卫，楚国必要救援，到时宋国就能解围了。"于是晋国编制三军，赵衰推荐郤縠统帅中军，郤臻辅佐他；派狐偃统帅上军，狐毛帮助他，赵衰被封为卿；栾枝统帅下军，先轸协助；荀林父驾车，魏犨为护卫：三军共伐曹、卫。冬季十二月，晋军攻取太行山以东，把原邑封给赵衰。

【原文】

五年春，晋文公欲伐曹，假道于卫，卫人弗许。还自河南度，侵曹，伐卫。正月，取五鹿。二月，晋侯、齐侯盟于敛盂。卫侯请盟晋，晋人不许。卫侯欲与楚，国人不欲，故出其君以说晋。卫侯居襄牛，公子买守卫。楚救卫，不卒。晋侯围曹。三月丙午，晋师入曹，数之以其不用釐负羁言，而用美女乘轩者三百人也。令军毋入僖负羁宗家以报德。楚围宋，宋复告急晋。文公欲救则攻楚，为楚尝有德，不欲伐也；欲释宋，宋又尝有德于晋：患之。先轸曰："执曹伯，分曹、卫地以与宋，楚急曹、卫，其势宜释宋。"于是文公从之，而楚成王乃引兵归。

楚将子玉曰："王遇晋至厚，今知楚急曹、卫而故伐之，是轻王。"王曰："晋侯亡在外十九年，困日久矣，果得反国，险厄尽知之，能用其民，天之所开，不可当。"子玉请曰："非敢必有功，愿以间执谗慝之口也。"楚王怒，少与之兵。于是子玉使宛春告晋："请复卫侯而封曹，臣亦释宋。"咎犯曰："子玉无礼矣，君取一，臣取二，勿许。"先轸曰："定人之谓礼。楚一言定三国，子一言而亡之，我则毋礼。不许楚，是弃宋也。不如私许曹、卫以诱之，执宛春以怒楚，既战而后图之。"晋侯乃囚宛春于卫，且私许复曹、卫。曹、卫告绝于楚。楚得臣怒，击晋师，晋师退。军吏曰："为何退？"文公曰："昔在楚，约退三舍，可倍乎！"楚师欲去，得臣不肯。四月戊辰，宋公、齐将、秦将与晋侯次城濮。己巳，与楚兵合战，楚兵败，得臣收余兵去。甲午，晋师还至衡雍，作王宫于践土。

【译文】

五年春，晋文公伐曹，想从卫国经过，卫人不应。晋军只得转路从南渡河攻打曹国，讨伐卫国。正月，晋军夺取五鹿。二月，晋侯、齐侯在敛盂结盟。卫侯也想与晋结盟，晋人不应。卫侯又与楚结盟，国人反对，便赶出卫侯去晋国求和。卫侯住在襄牛，公子买守护卫国，楚国也前去援助，未能取胜。晋侯围困曹国。三月丙午日，晋军攻入曹都，列举曹君罪状，因曹君不听釐负羁劝谏，却用华丽的车拉载着三百美女。文公命军队不许入釐负羁同族的家门，以报答他的恩德。楚包围困宋国，宋又向晋求救。文公想救援宋国就得与楚国为敌，但楚国曾对文公有恩，文公不便与楚国开战；想放弃救助宋国，可宋国也曾对晋国有恩，文公一时犹豫不决。先轸说："抓住曹伯，把曹、卫的土地分给宋国，楚必会为此着急，到时就会放弃宋国了。"文公采纳了先轸的建议，楚成王果真引兵退去。

楚国大将子玉说："成王对晋有恩，如今文公明知楚国与曹、卫的关系还故意攻打它们，这是不把你放在眼里。"成王说："晋侯在外逃亡十九年，受困的时间很久，最终返回晋国。他受尽苦难折磨，知道如何善待百姓，上天也会怜悯他的，不能与之为敌。"子玉说："不一定说建功，只求堵塞诽谤的言论。"楚王很生气，给了他少量的军队。于是子玉让宛春告诉晋国："请求恢复卫侯地位，保留曹国，我就放弃宋国。"咎犯说："子玉无礼，我的国君只得到一份，他们的臣子却拥有两份，不能答应。"先轸说："安定人心叫礼。楚国一句话就安定了三个国家，您一句话却消灭了它们，真正无礼的是我们。不答应楚国，就等于放弃宋国。不如暗中答应下来，用曹、卫引诱楚国，扣留宛春来激怒楚国，根据战况再作定夺。"晋侯便把宛春囚禁在了卫国，暗中答应恢复曹、卫。曹卫两国派使臣与楚国断交。楚将得臣大怒，便率军攻晋，晋军后退，军官问："为何退兵？"文公说："以前曾对楚国立下约定，以后如有交战就退避三舍，不能违约。"楚军也想退兵，得臣不许。四月戊辰日，宋公、齐将、秦将与晋侯在城濮驻扎。己巳日，他们与楚军交战，楚军大败，得臣带残兵逃走。甲午日，晋军返回衡雍，在践土修筑了王宫。

【原文】

初，郑助楚，楚败，惧，使人请盟晋侯。晋侯与郑伯盟。

五月丁未，献楚俘于周，驷介百乘，徒兵千。天子使王子虎命晋侯为伯，赐大辂，彤弓矢百，玈弓矢千，秬鬯一卣，珪瓒，虎贲三百人。晋侯三辞，然后稽首受之。周作晋文侯命："王若曰：父义和，丕显文、武，能慎明德，昭登于上，布闻在下，维时上帝集厥命于文、武。恤朕身，继予一人永其在位。”于是晋文公称伯。癸亥，王子虎盟诸侯于王庭。

晋焚楚军，火数日不息，文公叹。左右曰：“胜楚而君犹忧，何？”文公曰：“吾闻能战胜安者唯圣人，是以惧。且子玉犹在，庸可喜乎！”子玉之败而归，楚成王怒其不用其言，贪与晋战，让责子玉，子玉自杀。晋文公曰：“我击其外，楚诛其内，内外相应。”于是乃喜。

六月，晋人复入卫侯。壬午，晋侯度河北归国。行赏，狐偃为首。或曰：“城濮之事，先轸之谋。”文公曰：“城濮之事，偃说我毋失信。先轸曰‘军事胜为右’，吾用之以胜。然此一时之说，偃言万世之功，奈何以一时之利而加万世功乎？是以先之。”

冬，晋侯会诸侯于温，欲率之朝周。力未能，恐其有畔者，乃使人言周襄王狩于河阳。壬申，遂率诸侯朝王于践土。孔子读史记至文公，曰“诸侯无召王”“王狩河阳”者，春秋讳之也。

【译文】

当初，郑国援助楚国，如今楚国失败，郑国很害怕，派人去与晋侯结盟。晋侯与郑伯结盟。

五月丁未日，晋文公把楚国俘虏献给周王，另有车马百乘，步兵一千多。天子命王子虎宣布晋侯为霸主，赐给晋侯黄金装饰的大车，一副红弓，百支红箭，十副黑弓，千支黑箭，一卣香酒，玉勺、勇士各三百。晋侯辞谢，然后叩首接受。周王作《晋文侯命》：“说道：你用道义臣服诸侯，彰显文王、武王功业。文王、武王能谨修德行，才感动了上天，流传于民间，所以，上天才把帝王之业赐给文王、武王，并将恩泽传给子孙后代。长辈关怀我，让我继承祖先事业，永保王位。”从此晋文公称霸于诸侯，癸亥日，王子虎在宫殿中与诸侯结盟。

晋国烧毁楚军阵地，大火数日没有熄灭，文公感叹。左右大臣说：“战胜楚国您还发什么愁呢？”文公说：“我听说打了胜仗还能心情安定的，只有圣人能做到，我才感到恐惧。况且子玉还在，怎能高兴起来呢？”子玉败归，楚成王怪他不听话，只知交战，便责备了子玉，子玉自杀而亡。晋文公说：“我在外打击楚，楚的内部却诛杀大将，内外呼应。”此时文公才高兴起来。

六月，晋人再次恢复卫侯地位。壬午日，晋侯渡黄河回国。晋文公论功行赏，狐偃属功劳最大。有人说：“城濮的战争全凭先轸的计划。”文公说：“在城濮时，狐偃劝我不要失信。先轸说：‘打仗要以取胜为目的。’我采纳了先轸的建议才取得了胜利。但这只有利于一时，狐偃的建议却是利在千秋，怎能使一时利益超过万代功业呢？所以我认为狐偃的功劳最大。”

冬季，晋侯在温与诸侯会盟，想率诸侯朝见周王。晋侯怕力量不够，又怕诸侯中有人背叛，便就派人告诉周襄王去河阳狩猎。壬申日，晋侯率诸侯到践土朝拜襄王。孔子读到关于文公的史书记载时说：“诸侯无权号召周王。‘周王在河阳打猎’。这种记载，《春秋》记载隐讳了。”

【原文】

丁丑，诸侯围许。曹伯臣或说晋侯曰：“齐桓公合诸侯而国异姓，今君为会而灭同姓。曹，叔振铎之后；晋，唐叔之后。合诸侯而灭兄弟，非礼。”晋侯说，复曹伯。

于是晋始作三行。荀林父将中行，先縠将右行，先蔑将左行。

七年，晋文公、秦缪公共围郑，以其无礼于文公亡过时，及城濮时郑助楚也。围郑，欲得叔瞻。叔瞻闻之，自杀。郑持叔瞻告晋。晋曰：“必得郑君而甘心焉。”郑恐，乃间令使谓秦缪公曰：“亡郑厚晋，于晋得矣，而秦未为利。君何不解郑，得为东道交？”秦伯说，罢兵。晋亦罢兵。

九年冬，晋文公卒，子襄公欢立。是岁郑伯亦卒。

郑人或卖其国于秦，秦缪公发兵往袭郑。十二月，秦兵过我郊。襄公元年春，秦师过周，无礼，王孙满讥之。兵至滑，郑贾人弦高将市于周，遇之，以十二牛劳秦师。秦师惊而还，灭滑而去。

晋先轸曰：“秦伯不用蹇叔，反其众心，此可击。”栾枝曰：“未报先君施于秦，击之，不可。”先轸曰：“秦侮吾孤，伐吾同姓，何德之报？”遂击之。襄公墨衰绖。四月，败秦师于殽，虏秦三将孟明视、西乞秫、白乙丙以归。遂墨以葬文公。文公夫人秦女，谓襄公曰：“秦欲得其三将戮之。”公许，遣之。先轸闻之，谓襄公曰：“患生矣。”轸乃追秦将。秦将渡河，已在船中，顿首谢，卒不反。

【译文】

丁丑日，诸侯围困许。曹国大臣中有人劝晋侯说："齐桓公与各诸侯会盟，为的是保存异姓国家；今天您也会盟诸侯，却要消灭同姓国家。曹国是叔振铎的后代，晋国是唐叔的后代。会合诸侯消灭兄弟。实在无礼。"晋侯很高兴，便恢复了曹伯的地位。

于是晋国开始建立三行军制。荀林父统中行军，先縠率右行军，先蔑率左行军。

七年，晋文公、秦缪公共围郑国，原因是文公在逃亡路过郑国时受到过无礼对待，以及在城濮之战中郑国救助楚国。晋国围困郑国，想得到叔瞻。叔瞻知道后自杀了。郑人将叔瞻尸体带至告诉晋君。晋君却说："只有得到郑君我才罢手。"郑君很害怕，就暗中派使者对秦缪公说："灭了郑国，晋国就会更强大，晋有了好处，但秦国却得不到好处。您为何不放弃郑国，与之交好呢？"秦伯答应了，罢兵回国，晋国也随后撤军。

九年冬，晋文公去世，其子襄公继位。同年郑伯也去世。

郑国有人向秦国出卖国家，秦缪公率军偷袭郑国。十二月，秦军路经晋都郊外。襄公元年春，秦军路过周都，非常傲慢，王孙满讥讽秦国。秦军到达滑，郑国商人弦高去周京做生意，路遇秦军，用十二头牛犒劳秦军。秦军十分震惊，很快回国了，并消灭了滑国而去。

晋国先轸说："秦伯不听蹇叔之计，违反民意，可趁此攻打它。"栾枝说："还没有报答秦国对先君的恩德就攻打它，不可以。"先轸说："秦国欺侮失去父亲的我国君主，讨伐我同姓国家，还有何恩德可言？"于是便讨伐秦国。襄公身穿黑色丧服随军征战。四月，晋在殽地打败秦军，俘虏了秦国孟明视、西乞秫、白乙丙三员大将。晋襄公身穿黑色丧服安葬了文公。文公的夫人是秦国女子，对襄公说："秦国得到这三员大将会杀死他们。"襄公同意了，便放回了三员大将。先轸听后对襄公说："恐怕祸患将至了。"先轸前去追赶三员大将。但三将已经上船，见到先轸便磕头道谢，一去不返。

【原文】

后三年，秦果使孟明伐晋，报殽之败，取晋汪以归。四年，秦缪公大兴兵伐我，度河，取王官，封殽尸而去。晋恐，不敢出，遂城守。五年，晋伐秦，取新城，报王官役也。

六年，赵衰成子、栾贞子、咎季子犯、霍伯皆卒。赵盾代赵衰执政。

七年八月，襄公卒。太子夷皋少。晋人以难故，欲立长君。赵盾曰："立襄公弟雍。好善而长，先君爱之；且近于秦，秦故好也。立善则固，事长则顺，奉爱则孝，结旧好则安。"贾季曰："不如其弟乐。辰嬴嬖于二君，立其子，民必安之。"赵盾曰："辰嬴贱，班在九人下，其子何震之有！且为二君嬖，淫也。为先君子，不能求大而出在小国，僻也。母淫子僻，无威；陈小而远，无援：将何可乎！"使士会如秦迎公子雍。贾季亦使人召公子乐于陈。赵盾废贾季，以其杀阳处父。十月，葬襄公。十一月，贾季奔翟。是岁，秦缪公亦卒。

灵公元年四月，秦康公曰："昔文公之入也无卫，故有吕、郤之患。"乃多与公子雍卫。太子母缪嬴日夜抱太子以号泣于朝，曰："先君何罪？其嗣亦何罪？舍适而外求君，将安置此？"出朝，则抱以适赵盾所，顿首曰："先君奉此子而属之子，曰'此子材，吾受其赐；不材，吾怨子'。今君卒，言犹在耳，而弃之，若何？"赵盾与诸大夫皆患缪嬴，且畏诛，乃背所迎而立太子夷皋，是为灵公。发兵以距秦送公子雍者。赵盾为将，往击秦，败之令狐。先蔑、随会亡奔秦。秋，齐、宋、卫、郑、曹、许君皆会赵盾，盟于扈，以灵公初立故也。

【译文】

三年后，秦国又派孟明伐晋，在殽报了当年之仇，夺取了晋国的汪地后退兵。四年，秦缪公派大军伐晋，渡过黄河，夺取王宫，在殽山为阵亡将士修筑了坟墓。晋国十分害怕，不敢出战，只知死守城池。五年，晋国攻打秦国，夺取新城，报了王官一役之仇。

六年，赵衰成子、栾贞子、咎季、子犯、霍伯都去世了。赵盾代替赵衰执政。

七年八月，襄公去世。太子夷皋年幼。晋人怕他难当大任，想拥立年长者。赵盾说："立襄公的弟弟雍吧。雍温和善良，且年纪稍长，深受先君喜爱，而且他与秦国关系不错，两国本就是友好邻邦。立善良的人国家必能安稳，事奉长者也比较顺利，事奉受先君欣赏的人便是孝，结交昔日朋友便能安定。”贾季说：“雍比不上他的弟弟乐。辰嬴受两位国君宠爱，立她的儿子为君，百姓定会高兴。”赵盾说：“辰嬴地位低下，远在九个妃妾之下，其子有何威望。她受两位国君宠爱，这是淫乱。乐作为先君之子，远离大国却投奔小国，这是孤僻。母亲淫乱，儿子孤僻，有何威严；陈国弱小且远离晋国，得不到援助，怎能为君呢？”于是晋国派士公到秦迎接公子雍。贾季也派人到陈国召公子乐。赵盾废掉贾季，原因是他杀了阳处父。十月，襄公入葬。十一月，贾季逃到翟。同年，秦缪公去世。

灵公元年四月，秦康公说：“以前文公回国没有卫士保护，才发生了吕、郤的祸患。”于是，秦给公子雍派了很多卫士。太子的母亲缪嬴日夜抱着太子在朝堂上痛哭，说：“先君何罪之有？他的后代又有什么罪？你们丢弃嫡子却到外边寻找君主，打算把太子怎么样？”缪嬴起出朝廷，抱着太子冲向赵盾住所，磕头说：“先君把此子嘱托给您，曾说‘如此子有材，必受你所赐，如不成材，我就会怨恨你’。如今先君去世，但当年之话犹在耳边，您想废掉他，这怎么行？”赵盾与各位大臣十分害怕缪嬴，怕被其逼迫，便背弃了雍，立了太子夷皋，即灵公。同时派军队抵御秦国护送公子雍的军队。赵盾为将军，率军攻打秦国，在令狐打败秦军。先蔑、随会逃回秦国。秋天，齐、宋、卫、郑、曹、许国国君都与赵盾会面，并在扈结盟，这一切都因灵公初立的缘故。

【原文】

四年，伐秦，取少梁。秦亦取晋之郩。六年，秦康公伐晋，取羁马。晋侯怒，使赵盾、赵穿、郤缺击秦，大战河曲，赵穿最有功。七年，晋六卿患随会之在秦，常为晋乱，乃详令魏寿余反晋降秦。秦使随会之魏，因执会以归晋。

八年，周顷王崩，公卿争权，故不赴。晋使赵盾以车八百乘平周乱而立匡王。是年，楚庄王初即位。十二年，齐人弑其君懿公。

十四年，灵公壮，侈，厚敛以雕墙。从台上弹人，观其避丸也。宰夫胹熊蹯不熟，灵公怒，杀宰夫，使妇人持其尸出弃之，过朝。赵盾、随会前数谏，不听；已又见死人手，二人前谏。随会先谏，不听。灵公患之，使鉏麑刺赵盾。盾闺门开，居处节，鉏麑退，叹曰："杀忠臣，弃君命，罪一也。"遂触树而死。

初，盾常田首山，见桑下有饿人。饿人，亓眯明也。盾与之食，食其半。问其故，曰："宦三年，未知母之存不，愿遗母。"盾义之，益与之饭肉。已而为晋宰夫，赵盾弗复知也。九月，晋灵公饮赵盾酒，伏甲将攻盾。公宰亓眯明知之，恐盾醉不能起，而进曰："君赐臣，觞三行可以罢。"欲以去赵盾，令先，毋及难。盾既去，灵公伏士未会，先纵啮狗名敖。明为盾搏杀狗。盾曰："弃人用狗，虽猛何为。"然不知明之为阴德也。已而灵公纵伏士出逐赵盾，亓眯明反击灵公之伏士，伏士不能进，而竟脱盾。盾问其故，曰："我桑下饿人。"问其名，弗告。明亦因亡去。

【译文】

四年，晋国伐秦，夺取少梁，秦也攻占了晋国的殽。六年，秦康公伐晋，夺取羁马。晋侯很生气，派赵盾、赵穿、郤缺讨伐秦国，在河曲交战，赵穿立了大功。七年，晋国六卿担心在秦国的随会造成晋国内乱，便让魏寿余假装反对晋国，而后去投降秦国。秦国命随会使魏，才将随会捉回晋国。

八年，周顷王去世，公卿为夺权展开激战，因此没有讣告天下。晋国命赵盾率八百战车平息了周朝动乱，而后拥立了匡王。同年，楚庄王继位。十年，齐人杀死国君懿公。

十四年，灵公长大成人，过于奢侈，用彩画装饰宫墙。在高台上射人，以观赏其避弹来取乐。厨师没把熊掌煮烂，灵公大怒，便杀了厨师，并让妇人抬着厨师的尸体扔出去，从朝廷经过。赵盾、随会前去劝告，灵公不听；后来又看到死人的手，便又去劝告。随会先去劝谏，灵公不听。灵公对他们很忌讳，竟让鉏麑刺杀赵盾。赵盾的家门敞开着，鉏麑看到赵盾的家十分简陋，退出来叹息道："杀死忠臣，违背君王，都是死罪呀。"说完，撞树自杀了。

当初，赵盾在首山打猎，碰到桑树下有个饥饿的人。名叫亓眯明。赵盾给了他一些食物，他吃了一半。赵盾问他为什么不吃完，亓眯明说："我已经当了三年奴隶了，不知母亲是否还在人世，想把剩下的留给母亲。”赵盾认为他很孝顺，便又给了给他一些饭肉。后来亓眯明做了晋君厨师。但赵盾不知此事。九月，晋灵公宴请赵盾，埋伏好士兵想杀死他，亓眯明知道后，怕赵盾酒醉后不能醒来，便上前劝说赵盾：“君王赏酒，喝三杯即可。”想让赵盾避过灾难。赵盾已经去了，灵公埋伏的士兵还没有集合好就放出一条叫敖的恶狗。亓眯明替赵盾杀死了狗。赵盾说：“抛弃人，却用狗，再凶猛也没有用呀！”但赵盾并不知道亓眯明在暗中保护他。不久灵公命埋伏的士兵追赶赵盾，亓眯明抵住灵公士兵，使其不能前进，赵盾才得以身脱。赵盾问亓眯明为什么救自己，亓眯明说：“我就是桑树下那个饿汉。”赵盾问他的姓名，他没有说。亓眯明便因此退隐。

【原文】

盾遂奔，未出晋境。乙丑，盾昆弟将军赵穿袭杀灵公于桃园而迎赵盾。赵盾素贵，得民和；灵公少，侈，民不附，故为弑易。盾复位。晋太史董狐书曰“赵盾弑其君”，以视于朝。盾曰：“弑者赵穿，我无罪。”太史曰：“子为正卿，而亡不出境，反不诛国乱，非子而谁？”孔子闻之，曰：“董狐，古之良史也，书法不隐。宣子，良大夫也，为法受恶。惜也，出疆乃免。”

赵盾使赵穿迎襄公弟黑臀于周而立之，是为成公。

成公者，文公少子，其母周女也。壬申，朝于武宫。

成公元年，赐赵氏为公族。伐郑，郑倍晋故也。三年，郑伯初立，附晋而弃楚。楚怒，伐郑，晋往救之。

六年，伐秦，虏秦将赤。

七年，成公与楚庄王争强，会诸侯于扈。陈畏楚，不会。晋使中行桓子伐陈，因救郑，与楚战，败楚师。是年，成公卒，子景公据立。

景公元年春，陈大夫夏徵舒弑其君灵公。二年，楚庄王伐陈，诛徵舒。

【译文】

赵盾脱身后，并没有走出晋国边境。乙丑日，赵盾的弟弟赵穿在桃园杀死灵公迎回赵盾。赵盾深受尊贵，很得民心。灵公年幼，奢侈无度，百姓不愿归附，所以杀死他很容易。赵盾恢复了先君地位。晋国太史董狐写道："赵盾杀死国君。"在朝廷上传给大家看。赵盾说："杀国君的是赵穿，并非我的罪过。"太史说："你是正卿，又没有逃出国境，为何不回来诛除作乱之人，不是你又是谁？"后来孔子听到此事说："董狐是古代优秀的史官，记载史实直言不讳。宣子是优秀的大夫，宁可让人败坏名声，也不会违背法制，可惜呀，如果赵盾逃出国境，他也就没有罪名了。"

赵盾让赵穿从周京迎立襄公的弟弟黑臀继位，即成公。

成公即文公的幼子，他的母亲是周室女儿。壬申日，成公去武宫朝拜。

成公元年，赐赵氏为公族大夫。晋国伐郑，因为郑国背叛晋国。三年，郑伯继位不久，郑国与晋交好而背弃了楚国。楚王很生气，讨伐郑国，晋国前往救助。

六年，晋国攻打秦国，俘获秦将赤。

七年，晋成公与楚庄王争霸，在扈邑会见诸侯。陈国害怕楚国，没有参加。晋国便命中行桓讨伐陈国，从而救助了郑国，与楚交战，打败楚军。当年，成公去世，其子景公据继位。

景公元年春，陈国大夫夏徵舒杀死国君灵公。二年，楚庄王讨伐陈国，杀死征舒。

【原文】

三年，楚庄王围郑，郑告急晋。晋使荀林父将中军，随会将上军，赵朔将下军，郤克、栾书、先縠、韩厥、巩朔佐之。六月，至河。闻楚已服郑，郑伯肉袒与盟而去，荀林父欲还。先縠曰："凡来救郑，不至不可，将率离心。"卒度河。楚已服郑，欲饮马于河为名而去。楚与晋军大战。郑新附楚，畏之，反助楚攻晋。晋军败，走河，争度，船中人指甚众。楚虏我将智罃。归而林父曰："臣为督将，军败当诛，请死。"景公欲许之。随会曰："昔文公之与楚战城濮，成王归杀子玉，而文公乃喜。今楚已败我师，又诛其将，是助楚杀仇也。"乃止。

四年，先縠以首计而败晋军河上，恐诛，乃奔翟，与翟谋伐晋。晋觉，乃族縠。縠，先轸子也。

五年，伐郑，为助楚故也。是时楚庄王强，以挫晋兵河上也。

六年，楚伐宋，宋来告急晋，晋欲救之，伯宗谋曰："楚，天方开之，不可当。"乃使解扬绐为救宋。郑人执与楚，楚厚赐，使反其言，令宋急下。解扬绐许之，卒致晋君言。楚欲杀之，或谏，乃归解扬。

七年，晋使随会灭赤狄。

八年，使郤克于齐。齐顷公母从楼上观而笑之。所以然者，郤克偻，而鲁使蹇，卫使眇，故齐亦令人如之以导客。郤克怒，归至河上，曰："不报齐者，河伯视之！"至国，请君，欲伐齐。景公问知其故，曰："子之怨，安足以烦国！"弗听。魏文子请老休，辟郤克，克执政。

【译文】

三年，楚庄王围攻郑国，郑国向晋求救。晋国派荀林父率中军，随会率上军，赵朔率下军，郤克、栾书、先縠、韩厥、巩朔辅佐他们。六月，晋军赶到黄河。听说楚国已征服郑国，听说郑伯已经脱去上衣露膊与楚结盟，楚军回国了，荀林父想班师回晋。先縠说："既然是来救援郑国的，不能不到，否则将帅就要离心。"晋军渡过黄河。已经降服郑国的楚军，想在黄河饮马后离开。结果楚晋两军大战，郑国刚归附楚国，害怕楚国，便反而帮助楚军攻打晋军。晋军大败，退到黄河边，士兵争相渡河，船中有很多被砍掉的手指。楚国俘虏了晋军大将智罃。晋军返回后，林父说："我是大将，军队失败我应被杀，请求一死。"晋景公想答应。随会说："过去文公与楚国在城濮作战，楚成王回到楚国后杀将军子玉，文公很高兴。如今，楚国打败我们，我们又杀死大将，这无异是在帮助楚国消灭他们的仇敌。"晋景公听后才没有这么做。

四年，先縠最先提出的建议使晋军在黄河畔吃了败仗，怕被杀，便逃到了翟，与翟国想共伐晋国。晋国发觉后就杀死了先縠的家族。先縠乃先轸的儿子。

五年，晋国伐郑，原因是他帮助楚国。当时楚庄王很强大，结果在黄河边打败晋军。

六年，楚国伐宋，宋向晋国求救，晋国本想去救助。伯宗献计说："楚国正是一天天兴盛的时候，无法阻挡。"于是晋国派解扬谎称救宋。

郑国人抓住解扬交给楚国，楚国赏赐了他很多财物，让他故意说反话，以使宋国尽快落败。解扬假装答应，便把晋君的话告诉了宋国。楚国想杀死他，有人劝谏，才放回了解扬。

七年，晋国派随会消灭赤狄。

八年，晋国派郤克出使齐国。齐顷公的母亲从楼上看到他后大笑。原因是郤克是个驼背，而鲁国使者跛足，卫国使者瞎了一只眼睛，于是，齐君也派同样的残疾人去接待宾客。郤克很生气，回到黄河畔发誓说："不报此仇，河伯来见证！"郤克返回晋国，请示晋君出兵伐齐。晋景公询问原因，说："你有怨气，怎能烦扰国家呢？"晋君没有听从。魏文子因年迈请求辞职，推荐了郤克，郤克手掌大权。

【原文】

九年，楚庄王卒。晋伐齐，齐使太子强为质于晋，晋兵罢。

十一年春，齐伐鲁，取隆。鲁告急卫，卫与鲁皆因郤克告急于晋。晋乃使郤克、栾书、韩厥以兵车八百乘与鲁、卫共伐齐。夏，与顷公战于鞍，伤困顷公。顷公乃与其右易位，下取饮，以得脱去。齐师败走，晋追北至齐。顷公献宝器以求平，不听。郤克曰："必得萧桐侄子为质。"齐使曰："萧桐侄子，顷公母；顷公母犹晋君母，奈何必得之？不义，请复战。"晋乃许与平而去。

楚申公巫臣盗夏姬以奔晋，晋以巫臣为邢大夫。

十二年冬，齐顷公如晋，欲上尊晋景公为王，景公让不敢。晋始作六军，韩厥、巩朔、赵穿、荀骓、赵括、赵旃为卿。智罃自楚归。

十三年，鲁成公朝晋，晋弗敬，鲁怒去，倍晋。晋伐郑，取汜。

十四年，梁山崩。问伯宗，伯宗以为不足怪也。

十六年，楚将子反怨巫臣，灭其族。巫臣怒，遗子反书曰："必令子疲于奔命！"乃请使吴，令其子为吴行人，教吴乘车用兵。吴晋始通，约伐楚。

十七年，诛赵同、赵括，族灭之。韩厥曰："赵衰、赵盾之功岂可忘乎？奈何绝祀！"乃复令赵庶子武为赵后，复与之邑。

十九年夏，景公病，立其太子寿曼为君，是为厉公。后月余，景公卒。

厉公元年，初立，欲和诸侯，与秦桓公夹河而盟。归而秦倍盟，与翟谋伐晋。三年，使吕相让秦，因与诸侯伐秦。至泾，败秦于麻隧，虏其将成差。

【译文】

九年，楚庄王去世。晋国伐齐，齐国派太子强到晋国做人质，晋才罢兵。十一年春，齐国伐鲁，夺取隆地。鲁国向卫求救。卫、鲁两国通过郤克贿赂晋国。晋国便派郤克、栾书、韩厥率八百战车联合鲁、卫共同伐齐。夏天，晋齐在鞍大战，顷公因伤被困，于是便与他的护右交换座位，下车去找水，才得以脱身。齐军大败而逃，晋国一直追赶到齐都。顷公献上宝器求和，晋国不答应。郤克说："一定要得到萧桐侄子作人质。"齐国使者说："萧桐侄子是顷公的母亲，顷公的母亲就如晋君的母亲，为何定要得到她呢？你们不讲信义，我们再次交战吧。"这时晋才答应与齐讲和。

楚申公巫臣因偷娶夏姬逃到晋国，晋君让他做了邢邑大夫。

十二年冬，齐顷公来到晋国，想尊奉晋景公为王，景公辞谢不受。晋国开设六军，韩厥、巩朔、赵穿、荀骓、赵括、赵旃各任大臣。智罃也从楚国归来。

十三年，鲁成公朝见晋君，晋君很无礼，鲁君生气地走了，背叛了晋国。晋国伐郑国，攻取汜地。

十四年，梁山山崩。晋君问伯宗，伯宗认为没什么好惊奇的。

十六年，楚国大将子反怨恨巫臣，杀死了巫臣家族。巫臣大怒，给子反送了一封信说："定要让你死无丧身之地！"于是巫臣请求出使吴国，让儿子作人质，教吴国乘车打仗。吴、晋两国才开始友好，决定共同伐楚国。

十七年，晋国杀死了赵同、赵括，并灭其全族。韩厥说："怎么能忘记赵衰、赵盾的功劳呢？为什么要断绝他们的家族呢？"因此，晋君便又将赵氏庶子赵武作为赵家后代，分封在原来的城邑。

十九年夏，景公病危，立太子寿曼为君，即厉公。一个月之后，景公去世。

厉公元年，他刚刚继位，想与各诸侯搞好关系，便与秦桓公隔河立盟。回来后秦国却违背了盟约，联合翟国伐晋。三年，晋派吕相抑制秦国，想同其他诸侯国共伐秦国。来到泾水后，在麻隧大败秦军，俘虏了秦将成差。

【原文】

五年，三郤谗伯宗，杀之。伯宗以好直谏得此祸，国人以是不附厉公。

六年春，郑倍晋与楚盟，晋怒。栾书曰："不可以当吾世而失诸侯。"乃发兵。厉公自将，五月度河。闻楚兵来救，范文子请公欲还。郤至曰："发兵诛逆，见强辟之，无以令诸侯。"遂与战。癸巳，射中楚共王目，楚兵败于鄢陵。子反收余兵，拊循欲复战，晋患之。共王召子反，其侍者竖阳縠进酒，子反醉，不能见。王怒，让子反，子反死。王遂引兵归。晋由此威诸侯，欲以令天下求霸。

厉公多外嬖姬，归，欲尽去群大夫而立诸姬兄弟。宠姬兄曰胥童，尝与郤至有怨，及栾书又怨郤至不用其计而遂败楚，乃使人间谢楚。楚来诈厉公曰："鄢陵之战，实至召楚，欲作乱，内子周立之。会与国不具，是以事不成。"厉公告栾书。栾书曰："其殆有矣！愿公试使人之周微考之。"果使郤至于周。栾书又使公子周见郤至，郤至不知见卖也。厉公验之，信然，遂怨郤至，欲杀之。八年，厉公猎，与姬饮，郤至杀豕奉进，宦者夺之。郤至射杀宦者。公怒，曰："季子欺予！"将诛三郤，未发也。郤锜欲攻公，曰："我虽死，公亦病矣。"郤至曰："信不反君，智不害民，勇不作乱。失此三者，谁与我？我死耳！"十二月壬午，公令胥童以兵八百人袭攻杀三郤。胥童因以劫栾书、中行偃于朝，曰："不杀二子，患必及公。"公曰："一旦杀三卿，寡人不忍益也。"对曰："人将忍君。"公弗听，谢栾书等以诛郤氏罪："大夫复位。"二子顿首曰："幸甚幸甚！"公使胥童为卿。闰月乙卯，厉公游匠骊氏，栾书、中行偃以其党袭捕厉公，囚之，杀胥童，而使人迎公子周于周而立之，是为悼公。

【译文】

五年，郤锜、郤犨、郤至三家诽谤伯宗，晋君杀了他。伯宗之死全因喜好直谏才造成的，百姓因此不愿意拥戴厉公。

六年春，郑国背叛晋国，与楚结盟，晋君大怒。栾书说："不能在我们这一代与诸侯决裂。"于是便派兵伐郑。厉公亲率大军，五月渡过黄河。听说楚国派兵援助郑国，范文子想让厉公撤兵。郤至说："发军讨伐逆贼，遇到强敌逃避，就无法号令诸侯。"于是晋楚大战。癸巳日，晋军射中楚共王的眼睛，楚军在鄢陵战败。子反集合残兵败将，想再次与晋大战，晋国很害怕。楚共王召见子反，子反的侍者竖阳穀敬酒，子反酒醉，没有拜见共王。共王大怒，批评了子反，子反自杀而亡。共王才引兵退去。晋国从此威震诸侯，有了号令天下的霸主之势。

厉公有很多姬妾，回国后他想免除所有大臣职务，让宠姬的兄弟当政。有个宠姬的哥哥叫胥童，曾与郤至结下怨仇，而且栾书又怨恨郤至没有采用自己的计谋而打败了楚军，便派人暗中向楚国谢罪。楚国便欺骗厉公说："鄢陵之战，实际是郤至召来的楚军，郤至想造反，欲迎立子周回国继位。正好盟国没有准备，才没有成功。"厉公把传言告诉了栾书，栾书说："很可能有此事，你不如暗中派人到周京调查一下。"厉公果然派郤至去周京。栾书暗中安排公子周与郤至见面，郤至却对陷害自己的事一无所知。厉公通过验证，认为确有此事，便十分痛恨郤至，想杀掉他。八年，厉公去狩猎，与宠姬饮酒，郤至杀猪献给厉公，被宦官夺去，郤至射死了宦官。厉公大怒道："季子你这是在欺侮我！"便想趁机杀死三郤，还没来得及动手。郤锜却抢先攻打厉公，说："我即使死了，国君也不会有好下场。"郤至说："忠信不能背叛国君；智慧不能伤害百姓；勇猛不能发动战乱。要是失去这三种德行，就没有人帮助了，还不如死了好。"十二月壬午日，厉公命胥童率八百士兵袭击三郤。胥童趁机在朝廷上劫持了栾书、中行偃，并说："这两人不死，将来就会有灾祸落到国君头上。"厉公说："一会就杀死了三卿，我不忍再杀人了。"胥童说："别人杀你时将会毫不留情。"厉公不从，并对栾书表示歉意，认为一切只因郤氏的缘故，说："所有大夫都官复原职。"两人磕头谢恩说："太幸运了，太幸运了！"厉公命胥童任大臣。闰月乙卯日，厉公到匠骊氏家去游玩，栾书、中行偃命令党羽袭击捉住了厉公，并囚禁了他，而后杀了胥童，命人从周京迎回了公子周，立其为君，即晋悼公。

【原文】

悼公元年正月庚申，栾书、中行偃弑厉公，葬之以一乘车。厉公囚六日死，死十日庚午，智罃迎公子周来，至绛，刑鸡与大夫盟而立之，是为悼公。辛巳，朝武宫。二月乙酉，即位。

悼公周者，其大父捷，晋襄公少子也，不得立，号为桓叔，桓叔最爱。桓叔生惠伯谈，谈生悼公周。周之立，年十四矣。悼公曰："大父、父皆不得立而辟难于周，客死焉。寡人自以疏远，毋几为君。今大夫不忘文、襄之意而惠立桓叔之后，赖宗庙大夫之灵，得奉晋祀，岂敢不战战乎？大夫其亦佐寡人！"于是逐不臣者七人，修旧功，施德惠，收文公入时功臣后。秋，伐郑。郑师败，遂至陈。

三年，晋会诸侯。悼公问群臣可用者，祁傒举解狐。解狐，傒之仇。复问，举其子祁午。君子曰："祁傒可谓不党矣！外举不隐仇，内举不隐子。"方会诸侯，悼公弟杨干乱行，魏绛戮其仆。悼公怒，或谏公，公卒贤绛，任之政，使和戎，戎大亲附。十一年，悼公曰："自吾用魏绛，九合诸侯，和戎、翟，魏子之力也。"赐之乐，三让乃受之。冬，秦取我栎。

十四年，晋使六卿率诸侯伐秦，度泾，大败秦军，至棫林而去。

十五年，悼公问治国于师旷。师旷曰："惟仁义为本。"冬，悼公卒，子平公彪立。

【译文】

悼公元年，正月庚申日，栾书、中行偃杀死厉公，仅用一辆车作陪葬。厉公是在被囚禁六天后死去的，去世十天后的庚午日，智罃迎回了公子周，在绛杀鸡与大夫盟誓，拥立公子周为君，即悼公。辛巳日，去武宫朝拜。二月乙酉日，公子周继位。

悼公周的祖父捷是晋襄公的幼子，没能继位，号称桓叔，桓叔很受怜爱。桓叔生下惠伯谈，谈生下悼公周。周继位时十四岁。悼公说："祖父、父亲都因没能继位而在周地避难，后死于周地。我认为自己已被疏远了，从没有想过要当国君。如今大夫们不忘文公、襄公的遗愿而拥立桓叔的后人，靠的就是祖宗和大夫们的在天之灵，才能继承晋国祭祀，我又岂敢不兢兢业业？你们也要尽力辅佐我呀！”于是逐出了对国君不忠的七位大臣，修整功业，施恩于百姓，抚恤文公返晋时的功臣之后。秋天，晋国伐郑。郑军大败，并打到了陈国。

三年，晋国会盟诸侯。悼公问群臣谁可任用，祁傒推荐了解狐。解狐是祁傒的仇人。悼公想另用他人，祁傒又推荐了儿子祁午。君子评价说：“祁傒没有偏私。在外推荐仇人，在内推荐儿子。”会盟诸侯不久，悼公的弟弟杨干扰乱了秩序，魏绛杀了他的仆人。悼公大怒，有人劝谏悼公，才使悼公看到了魏绛的贤能，便任用他持政，与戎讲和，最终使戎与晋国交好。十一年，悼公说：“自从我任用魏绛以来，与诸侯九次盟会，与戎、翟和好，这都是魏子的功劳。”悼公赐给魏绛，他礼让三次才接受。冬天，秦国夺取晋国的栎地。

十四年，晋命六卿率兵伐秦，渡过泾河，大败秦军，到棫林后才离去。

十五年，悼公向师旷询问治国之法。师旷说：“仁义是根本。”冬天，悼公去世，其子平公彪继位。

【原文】

平公元年，伐齐，齐灵公与战靡下，齐师败走。晏婴曰：“君亦毋勇，何不止战？”遂去。晋追，遂围临菑，尽烧屠其郭中。东至胶，南至沂，齐皆城守，晋乃引兵归。

六年，鲁襄公朝晋。晋栾逞有罪，奔齐。八年，齐庄公微遣栾逞于曲沃，以兵随之。齐兵上太行，栾逞从曲沃中反，袭入绛。绛不戒，平公欲自杀，范献子止公，以其徒击逞，逞败走曲沃。曲沃攻逞，逞死，遂灭栾氏宗。逞者，栾书孙也。其入绛，与魏氏谋。齐庄公闻逞败，乃还，取晋之朝歌去，以报临菑之役也。

十年，齐崔杼弑其君庄公。晋因齐乱，伐败齐于高唐去，报太行之役也。十四年，吴延陵季子来使，与赵文子、韩宣子、魏献子语，曰：“晋国之政，卒归此三家矣。”十九年，齐使晏婴如晋，与叔向语。叔向曰：“晋，季世也。公厚赋为台池而不恤政，政在私门，其可久乎！”晏子然之。二十二年，伐燕。二十六年，平公卒，子昭公夷立。昭公六年卒。六卿强，公室卑。子顷公去疾立。顷公六年，周景王崩，王子争立。晋六卿平王室乱，立敬王。

【译文】

平公元年，晋国伐齐，在靡下与齐灵公大战。齐军败退。晏婴对灵公说：“你本就没有勇气，为何不罢兵呢？”齐军便退去了。晋军追赶，围困了临菑，烧光了房屋，杀光了军民。向东打到胶水，向南打到沂水，齐军坚守城池，晋国才退兵。

六年，鲁襄公朝见晋君。晋国栾逞犯了罪过，逃到齐国。八年，齐庄公暗中命栾逞到曲沃，而后派兵跟随。齐军来到太行山，栾逞在曲沃造反，袭击了绛。绛毫无准备，平公想自杀，被范献子止住，命家兵抵抗栾逞，栾逞失败后逃到曲沃。曲沃人攻打栾逞，杀死了栾逞，并消灭了他的同党。栾逞是栾书的孙子。他来到绛是与魏氏商量好的。齐庄公听说栾逞兵败，便返回了齐国，夺取了晋国的朝歌而去，目的就是报临菑之仇。

十年，齐国的崔杼杀死庄公。晋国趁齐国内乱出兵，在高唐打败齐军，目的是报太行之仇。十四年，吴国延陵季子出使晋国，对赵文子、韩宣子、魏献子攀谈，后来对人说：“晋国政权将要落到这三家手中。”十九年，齐国派晏婴出使晋国，晏婴与叔向聊天。叔向说：“晋国到了末世。平公对百姓征收重税，修建楼台，不理政事，大权要落在私人之手了，又岂能长久？”晏子认为他说得对。二十二年，晋国伐燕。二十六年，平公去世，其子昭公夷继位。昭公六年去世。国内六卿逐渐强大，但王室日渐衰弱。其子顷公去疾继位。顷公六年，周景王去世，各位公子为争夺王位大乱。晋国六卿平息了内乱，拥立敬王继位。

【原文】

九年，鲁季氏逐其君昭公，昭公居乾侯。十一年，卫、宋使使请晋纳鲁君。季平子私赂范献子，献子受之，乃谓晋君曰：“季氏无罪。”不果入鲁君。

十二年，晋之宗家祁傒孙，叔向子，相恶于君。六卿欲弱公室，乃遂以法尽灭其族。而分其邑为十县，各令其子为大夫。晋益弱，六卿皆大。

十四年，顷公卒，子定公午立。

定公十一年，鲁阳虎奔晋，赵鞅简子舍之。十二年，孔子相鲁。

十五年，赵鞅使邯郸大夫午，不信，欲杀午，午与中行寅、范吉射亲攻赵鞅，鞅走保晋阳。定公围晋阳。荀栎、韩不信、魏侈与范、中行为仇，乃移兵伐范、中行。范、中行反，晋君击之，败范、中行。范、中行走朝歌，保之。韩、魏为赵鞅谢晋君，乃赦赵鞅，复位。二十二年，晋败范、中行氏，二子奔齐。

三十年，定公与吴王夫差会黄池，争长，赵鞅时从，卒长吴。

三十一年，齐田常弑其君简公，而立简公弟骜为平公。三十三年，孔子卒。

三十七年，定公卒，子出公凿立。

出公十七年，知伯与赵、韩、魏共分范、中行地以为邑。出公怒，告齐、鲁，欲以伐四卿。四卿恐，遂反攻出公。出公奔齐，道死。故知伯乃立昭公曾孙骄为晋君，是为哀公。

【译文】

九年，鲁季氏逐出了国君昭公，昭公跑到了乾侯。十一年，卫、宋命使者请求晋国帮助，想送鲁君回国。季平子暗中贿赂范献子，献子接受后对晋君说："季氏没有罪过。"致使鲁君没有回国。

十二年，晋国的宗亲祁傒的孙子和叔向的儿子在晋君面前相互中伤。六卿想削弱国君，便按律诛其全族，并将其城邑分为十县，让各自后人去做大夫。晋君力量进一步被削弱，六卿变得更加强大。

十四年，顷公去世，其子定公午继位。

定公十一年，鲁国的阳虎逃到晋国，赵鞅简子收留了他。十二年，孔子担任鲁国国相。

十五年，赵鞅与邯郸大夫午约定，想让卫贡等迁到晋阳，午不答应，赵鞅便认为午不诚实，想杀死午，午便与中行寅、范吉射亲率兵马攻打赵鞅，赵鞅逃到晋阳。定公围困了晋阳。荀栎、韩不信、魏侈与范去射、中行寅是仇敌，便派兵攻打范去射、中行寅。范去射、中行寅谋反，晋军讨伐，打败了他们。范去射、中行寅逃到朝歌，得以自保。韩不信、魏侈为赵鞅求情，晋君才放过了赵鞅，使其得以官复原职。二十二年，晋国打败了范吉射、中行氏，这两人逃到齐国。

三十年，定公与吴王夫差在黄池会盟，都想称霸，赵鞅也同往，最终吴王夫差得愿。

三十一年，齐国田常杀死了国君简公，拥立简公的弟弟骜平公为君。三十三年，孔子去世。

三十七年，定公去世，其子出公凿继位。

出公十七年，知伯与赵鞅、韩不信、魏侈瓜分了子范吉射、中行寅的城邑和土地。出公大怒，向齐、鲁救助，想讨伐四卿，四卿害怕，便袭击出公。致使出公逃到齐国，死于途中。所以知伯便拥立昭公曾孙骄为晋君，即哀公。

【原文】

哀公大父雍，晋昭公少子也，号为戴子。戴子生忌。忌善知伯，蚤死，故知伯欲尽并晋，未敢，乃立忌子骄为君。当是时，晋国政皆决知伯，晋哀公不得有所制。知伯遂有范、中行地，最强。

哀公四年，赵襄子、韩康子、魏桓子共杀知伯，尽并其地。

十八年，哀公卒，子幽公柳立。

幽公之时，晋畏，反朝韩、赵、魏之君。独有绛、曲沃，余皆入三晋。

十五年，魏文侯初立。十八年，幽公淫妇人，夜窃出邑中，盗杀幽公。魏文侯以兵诛晋乱，立幽公子止，是为烈公。

烈公十九年，周威烈王赐赵、韩、魏皆命为诸侯。

二十七年，烈公卒，子孝公颀立。孝公九年，魏武侯初立，袭邯郸，不胜而去。十七年，孝公卒，子静公俱酒立。是岁，齐威王元年也。

静公二年，魏武侯、韩哀侯、赵敬侯灭晋后而三分其地。静公迁为家人，晋绝不祀。

太史公曰：晋文公，古所谓明君也，亡居外十九年，至困约，及即位而行赏，尚忘介子推，况骄主乎？灵公既弑，其后成、景致严，至厉大刻，大夫惧诛，祸作。悼公以后日衰，六卿专权。故君道之御其臣下。固不易哉！

【译文】

哀公的祖父雍是晋昭公的幼子，号戴子。戴子后人名忌。忌与知伯关系很好，但英年早逝，因此知伯想吞并晋国，但没敢这么做，便拥立了忌的儿子骄为君。当时晋国事务全由知伯掌握，晋哀公无法控制朝政。因此知伯吞并了范吉射，中行寅的土地，成为六卿中最强大的。

哀公四年，赵襄子、韩康子、魏桓子共谋杀死知伯，吞并了他的所有土地。十八年，哀公去世，其子幽公柳继位。

幽公时，晋君害怕六卿，反倒朝拜韩、赵、魏三君。晋君只是拥有绛、曲沃，其余的都被三晋占有。

十五年，魏文侯继位。十八年，幽公好女色，夜间暗中出城，被强盗所杀。魏文侯派兵讨伐晋国内乱，拥立幽公之子止为君，即烈公。

烈公十九年，周威烈王封赵、韩、魏三国位居诸侯之列。

二十七年，烈公去世，其子孝公颀继位。孝公九年，魏武侯继位不久，袭击邯郸，失败后退兵而去。十七年，孝公去世，其子静公俱酒继位。当年是齐威王继位的第一年。

静公二年，魏武侯、韩哀侯、赵敬侯消灭晋国，将其土地瓜分。静公沦为平民，晋国祭祀从此断绝。

太史公说：晋文公可以说是古代的圣贤明君，在外逃亡十九年，生活很窘迫，继位后赏赐功臣，忘记了介子推，更何况骄逸之主呢？灵公被杀，他的后代成公、景公很严厉，到厉公时就更厉害了，大夫害怕被杀，大祸临头。悼公以后晋国日渐衰弱，六卿专权。才使国君受臣子的驾驭，晋国的经历真是艰难啊！

【评析】

本篇关于晋文公的描写占了全篇的五分之三。晋文公被孔子称作是“谲而不正”，是曹操一类的人物。他有心机，有手段，而且他还善于把握时机，也善于驾驭人才，但是他的道德不够崇高。现在看来，任何领域的竞争说到底都是人才的竞争，晋文公能做到很好地驾驭人才，就已经具备了成功的关键因素。所以就是他这样被认为是个道德不高尚的人，在其不算长的掌权时期里，使晋国迅速从诸侯国中脱颖而出，其地位达到了登峰造极的地步，并且还给晋国留下了日后称霸八十年的后劲。对此，司马迁是赞扬的，他虽然也对先贤孔子敬仰，但是并没有因此而继续守着先贤的旧教条，他勇敢地冲破了儒家的牢笼，以全新的视角来看待晋文公。也许晋文公道德真的不高尚，但是他好像并没有成为“寡助”之人，相反还网罗了一大批人才为自己办事，他适时地抓住时机成就了霸业。晋文公的成功同宋襄公不自量力，只想靠仁义手段来博取霸主的迂腐都给后人留下无尽的思考。

第九章 越王句践世家

【原文】

越王句践，其先禹之苗裔，而夏后帝少康之庶子也。封于会稽，以奉守禹之祀。文身断发，披草莱而邑焉。后二十余世，至于允常。允常之时，与吴王阖庐战而相怨伐。允常卒，子句践立，是为越王。

元年，吴王阖庐闻允常死，乃兴师伐越。越王句践使死士挑战，三行，至吴陈，呼而自刭。吴师观之，越因袭击吴师，吴师败于槜李，射伤吴王阖庐。阖庐且死，告其子夫差曰："必毋忘越。"

三年，句践闻吴王夫差日夜勒兵，且以报越，越欲先吴未发往伐之。范蠡谏曰："不可。臣闻兵者凶器也，战者逆德也，争者事之末也。阴谋逆德，好用凶器，试身于所末，上帝禁之，行者不利。"越王曰："吾已决之矣。"遂兴师。吴王闻之，悉发精兵击越，败之夫椒。越王乃以余兵五千人保栖于会稽。吴王追而围之。

【译文】

越王句践是先祖夏禹的后代，是夏朝少康帝的庶子。被封在会稽，供奉继承着夏禹的祭祀。他们身刺花纹，剪短头发，除去草丛，修筑城邑。二十多代后，传至允常。允常在位时，与吴王阖庐结仇，相互攻伐。允常去世后，其子句践继位，即越王。

越王句践元年，吴王阖庐听说允常去世，便举兵伐越。越王句践命敢死勇士冲向吴军，勇士排成三行，冲入吴军阵地，大叫着自刎而亡。吴兵十分惊奇，越军趁机袭击吴军，在槜李大败吴军，射伤吴王阖庐。阖庐在临终告诫儿子夫差："不要忘记越国的仇恨。"

三年，句践听说吴王夫差日夜练兵，要报一箭之仇，便想先发制人，在吴未发兵前攻打吴国。范蠡劝谏说："不妥，兵器就是凶器，攻战就是违背道德，先下手是事情中最不好的。暗中去做更是违背道德，好用凶器，就等于亲身参与不好的事，必会遭到天帝的惩罚，这对我们没好处。"越王说："我已下定决心了。"便举兵伐吴。吴王知道后，便率精锐部队迎战，在夫椒大败越军。越王只率五千名残兵败将退到会稽。吴王乘胜包围了会稽。

【原文】

越王谓范蠡曰："以不听子故至于此，为之奈何？"蠡对曰："持满者与天，定倾者与人，节事者以地。卑辞厚礼以遗之，不许，而身与之市。"句践曰："诺。"乃令大夫种行成于吴，膝行顿首曰："君王亡臣句践使陪臣种敢告下执事：句践请为臣，妻为妾。"吴王将许之。子胥言于吴王曰："天以越赐吴，勿许也。"种还，以报句践。句践欲杀妻子，燔宝器，触战以死。种止句践曰："大吴太宰嚭贪，可诱以利，请间行言之。"于是句践乃以美女宝器令种间献吴太宰嚭。嚭受，乃见大夫种于吴王。种顿首言曰："愿大王赦句践之罪，尽入其宝器。不幸不赦，句践将尽杀其妻子，燔其宝器，悉五千人触战，必有当也。"嚭因说吴王曰："越以服为臣，若将赦之，此国之利也。"吴王将许之。子胥进谏曰："今不灭越，后必悔之。句践贤君，种、蠡良臣，若反国，将为乱。"吴王弗听，卒赦越，罢兵而归。

句践之困会稽也，喟然叹曰："吾终于此乎？"种曰："汤系夏台，文王囚羑里，晋重耳奔翟，齐小白奔莒，其卒王霸。由是观之，何遽不为福乎？"

吴既赦越，越王句践反国，乃苦身焦思，置胆于坐，坐卧即仰胆，饮食亦尝胆也。曰："女忘会稽之耻邪？"身自耕作，夫人自织，食不加肉，衣不重采，折节下贤人，厚遇宾客，振贫吊死，与百姓同其劳。欲使范蠡治国政，蠡对曰："兵甲之事，种不如蠡；填抚国家，亲附百姓，蠡不如种。"于是举国政属大夫种，而使范蠡与大夫柘稽行成，为质于吴。二岁而吴归蠡。

【译文】

越王对范蠡说：“我没有听从你的劝告才落到这步田地，你说该怎么办呢？”范蠡说：“能保住功业的人，必定效法天道的盈而不溢；能平定倾覆的人，必定懂得人道是崇尚谦卑的；能节制事理的人必能因地制宜。你不如谦卑地派人给吴王送厚礼，如他不答应，您就亲自前去事奉，把自身献给吴国。”句践说：“听你的！”于是派大夫种去吴国求和，种跪在地上行到吴王面前叩头说：“君王的亡国臣民句践命我告诉您的臣民：句践想请您让他做仆人事奉你，并让他的妻子做您的侍妾。”吴王本想答应。但伍子胥说：“天帝把越国赐给吴国，不能答应。”种回越后，将情况告诉了句践。句践想杀死妻子儿女，烧毁宝器，亲自带兵与吴国决一死战。种劝阻说：“吴国太宰嚭很贪心，我们不如用厚礼金钱诱惑他，让他帮我们去劝说吴王。”于是句践便命种给太宰嚭送去了美女、珠宝、玉器。嚭高兴地答应了，便把大夫种引见给了吴王。种叩头说：“望大王能宽恕句践的罪过，我们越国将把世代传承的宝器献给大王。如不能获免，句践将杀死妻子儿女，烧毁宝器，率五千士兵与您决一死战，让你付出惨重的代价。”太宰嚭借机劝说：“越王已心悦诚服地想当臣子，如宽恕了他，对我们十分有利呀。”吴王便答应了种。伍子胥又劝谏说：“现在如不消灭越国，到时后悔就来不及了。句践是圣贤明君，大夫种、范蠡都是贤能之臣，如句践能够返回越国，以后定会卷土重来。”吴王不听，便赦免了越王，撤军回国。

句践被困在会稽时，曾仰天长叹说：“我难道要了此一生了吗？”种说：“商汤被囚在夏台，周文王被困在羑里，晋国重耳逃亡到翟，齐国小白逃到莒，他们都最终称霸了天下。所以说，我们今日的处境何尝不能转危为安呢？”

吴王赦免了越王，句践回国后，苦心思索经营，把苦胆置于座位上，坐卧时即能仰头尝胆，饮食也要尝胆。还说：“你难道忘记会稽的耻辱了吗？”他亲身耕作，夫人亲手织布，饭菜从来没有肉。从不穿两层华丽的衣服，对贤能之士彬彬有礼，能委曲求全，招待宾客十分诚恳，能扶助穷人，哀悼死者，与百姓同甘共苦。越王想让范蠡管理政务，范蠡说：“用兵打仗种不如我；安抚国家，得到百姓的拥护，我不如种。”于是便将国家政事交给了大夫种，命范蠡和大夫柘稽去吴国求和，并做了人质。两年后吴国才将他们放回。

【原文】

句践自会稽归七年，拊循其士民，欲用以报吴。大夫逢同谏曰：“国新流亡，今乃复殷给，缮饰备利，吴必惧，惧则难必至。且鸷鸟之击也，必匿其形。今夫吴兵加齐、晋，怨深于楚、越，名高天下，实害周室，德少而功多，必淫自矜。为越计，莫若结齐，亲楚，附晋，以厚吴。吴之志广，必轻战。是我连其权，三国伐之，越承其弊，可克也。”句践曰：“善。”

居二年，吴王将伐齐。子胥谏曰：“未可。臣闻句践食不重味，与百姓同苦乐。此人不死，必为国患。吴有越，腹心之疾，齐与吴，疥癣也。愿王释齐先越。”吴王弗听，遂伐齐，败之艾陵，虏齐高、国以归。让子胥。子胥曰：“王毋喜！”王怒，子胥欲自杀，王闻而止之。越大夫种曰：“臣观吴工政骄矣，请试尝之贷粟，以卜其事。”请贷，吴王欲与，子胥谏勿与，王遂与之，越乃私喜。子胥言曰：“王不听谏，后三年吴其墟乎！”太宰嚭闻之，乃数与子胥争越议，因谗子胥曰：“伍员貌忠而实忍人，其父兄不顾，安能顾王？王前欲伐齐，员强谏，已而有功，用是反怨王。王不备伍员，员必为乱。”与逢同共谋，谗之王。王始不从，乃使子胥于齐，闻其讬子于鲍氏，王乃大怒，曰：“伍员果欺寡人！”役反，使人赐子胥属镂剑以自杀。子胥大笑曰：“我令而父霸，我又立若，若初欲分吴国半予我，我不受，已，今若反以谗诛我。嗟乎，嗟乎，一人固不能独立！”报使者曰：“必取吾眼置吴东门，以观越兵入也！”于是吴任嚭政。

【译文】

句践从会稽回国已经有七年了，始终安抚士兵百姓，想寻找机会以雪前耻。大夫逢同进谏说：“国家刚刚流亡，如今又慢慢积日复苏殷实起来，如我们整顿军备，必会使吴国惧怕，它感到害怕，就会有灾难降临。

凶猛的大鸟袭击猎物时，定会先隐藏起来。如今吴军在与齐、晋开战，对楚、越有深仇大恨，虽然名声显赫，但却危害到了周王室。吴国缺乏德行，但功劳巨大，定会骄横狂妄。如果真想为越国谋利，就不如与齐结交，与楚亲近，归附晋国，厚待吴国。吴国志向远大，一向轻视战争，这样我们便可联合三国兵力，一起攻打吴国，越国便会趁其疲惫之时攻克吴国。”句践说：“说得好。”

两年后，吴王想讨伐齐国。伍子胥劝谏说：“不能。我听说句践从来不吃两样好菜，与百姓同心协力。此人不除，定会成为我国的心腹大患。吴国有了越国，那是天生的死敌呀，齐国对吴来说就如一块疥癣。望君王能放弃伐齐，先攻打越国。”吴王不听，出兵伐齐，在艾陵大败齐军，俘虏了齐国的高、国氏回吴。吴王批评了伍子胥，子胥说：“不要高兴得太早！”吴王大怒，子胥想自杀，吴王知道后制止了他。越国大夫种说：“我觉得吴王当政太骄横，我试探一下，向他借粮，以揣度吴王对越国的态度。”种便向吴王借粮。吴王答应了，但伍子胥不肯，吴王最终还是借给了越，越王暗中很高兴。伍子胥说：“大王不听我的劝告，三年后吴国必将是一片废墟！”太宰嚭听后，就多次与子胥争论对付越国的计策，借机中伤伍子胥说：“伍员外表忠厚，内心残忍，他连父兄都不顾，怎能顾惜大王呢？君王上次想攻打齐国，伍员强力劝阻，后来您作战有功，他却因此怨恨您。您不防备他，他必将作乱。”嚭还与逢共同一起谋划，在吴王面前中伤伍子胥。君王开始并不相信，便派伍子胥出使齐国，听说子胥将儿子委托给齐国鲍氏，吴王才大怒，便说：“伍员真的欺骗我！”子胥出使齐国归来后，吴王便赐给他一把“属镂”剑让其自杀。伍子胥大笑：“我辅佐你的父亲称霸，又拥立你为王，你当初想与我平分吴国，我没有答应，不久的今天，你又因谗言要杀我。唉！你绝对不会拥有国家！”子胥对使者说：“杀死我后定要把我的眼睛挂在城东门上，让我能亲眼看到越军攻入都城的那一刻”，于是吴王重用嚭执政。

【原文】

居三年，句践召范蠡曰：“吴已杀子胥，导谀者众，可乎？”对曰：“未可。”

至明年春，吴王北会诸侯于黄池，吴国精兵从王，惟独老弱与太子留守。句践复问范蠡，蠡曰“可矣”。乃发习流二千人，教士四万人，君子六千人，诸御千人，伐吴。吴师败，遂杀吴太子。吴告急于王，王方会诸侯于黄池，惧天下闻之，乃秘之。吴王已盟黄池，乃使人厚礼以请成越。越自度亦未能灭吴，乃与吴平。

其后四年，越复伐吴。吴士民罢弊，轻锐尽死于齐、晋。而越大破吴，因而留围之三年，吴师败，越遂复栖吴王于姑苏之山。吴王使公孙雄肉袒膝行而前，请成越王曰：“孤臣夫差敢布腹心，异日尝得罪于会稽，夫差不敢逆命，得与君王成以归。今君王举玉趾而诛孤臣，孤臣惟命是听，意者亦欲如会稽之赦孤臣之罪乎？”句践不忍，欲许之。范蠡曰：“会稽之事，天以越赐吴，吴不取。今天以吴赐越，越其可逆天乎？且夫君王蚤朝晏罢，非为吴邪？谋之二十二年，一旦而弃之，可乎？且夫天与弗取，反受其咎。‘伐柯者其则不远’，君忘会稽之厄乎？”句践曰：“吾欲听子言，吾不忍其使者。”范蠡乃鼓进兵，曰：“王已属政于执事，使者去，不者且得罪。”吴使者泣而去。句践怜之，乃使人谓吴王曰：“吾置王甬东，君百家。”吴王谢曰：“吾老矣，不能事君王！”遂自杀。乃蔽其面，曰：“吾无面以见子胥也！”越王乃葬吴王而诛太宰嚭。

【译文】

三年后，句践召见范蠡说：“吴王已杀死伍子胥，身边多是些阿谀奉承之辈，能攻打它了吗？”范蠡说：“不行。”

次年春天，吴王到北部的黄池与各诸侯会合，吴国派精锐部队跟随而去，命老弱残兵和太子留守都城。句践又问范蠡是否可以攻打了。范蠡说：“是时候了”。于是便派出熟悉水战的士兵两千人，训练有素的士兵四万人，受过良好教育的地位较高的近卫军六千人，各类技术军人一千，攻打吴国。吴军大败，越军还杀死了吴国的太子。吴国使者向吴王告急，吴王正在黄池与诸侯会合，怕其他诸侯知道惨败的消息，便坚守秘密。吴王在黄池与诸侯订约后便派人带厚礼去越国求和。越王知道自己也无法消灭吴国，便答应了。

在此后的四年里，越国经常攻打吴国。吴国军民疲惫，精锐士兵都在与齐、晋之战中死去。所以越国大败吴军，并围困吴国都城长达三年，吴军溃败，越国便把吴王围困在姑苏山上。吴王派公孙雄脱去上衣露膊跪着前去与越王求和，说："孤立无援的罪臣夫差冒昧以表心迹，以前我在会稽得罪您，我不敢与你为敌，希望求得和平，撤军回国。如今您投玉足前来惩罚孤臣，我必会对您唯命是从，我暗中的想法是希望您能像会稽山我对您那样宽恕我夫差的罪行！"句践不忍，想答应吴王。范蠡说："会稽之事是上天把越国赐给吴国的好机会，但吴国不要。如今上天又把吴国赐给越国，越国岂能背天而行？再说大王早朝晚罢，为的不是吴国吗？谋划伐吴已有二十二年，如果放弃，可以吗？上天赐给的都不要，这会受到处罚的。'用斧头砍木材做斧柄，斧柄的样子就在眼前。'大王忘记会稽的苦难了吗？"句践说："我听从您的建议，但我对吴国使者不忍。"范蠡便鸣鼓进军说："君王已把政务托付给我，吴国使者赶快离开，不然就对你不利了。"吴国使者伤心地哭着离开了。句践很可怜他，便命人对吴王说："我想把你安置到甬东！让你统治一百家。"吴王辞谢道："我老了，不能事奉您了！"说完便自杀了，自杀时还遮住面孔说："我没脸见伍子胥！"越王安葬了吴王，杀死了太宰嚭。

【原文】

句践已平吴，乃以兵北渡淮，与齐、晋诸侯会于徐州，致贡于周。周元王使人赐句践胙，命为伯。句践已去，渡淮南，以淮上地与楚，归吴所侵宋地于宋，与鲁泗东方百里。当是时，越兵横行于江、淮东，诸侯毕贺，号称霸王。

范蠡遂去，自齐遗大夫种书曰："蜚鸟尽，良弓藏；狡兔死，走狗烹。越王为人长颈鸟喙，可与共患难，不可与共乐。子何不去？"种见书，称病不朝。人或谗种且作乱，越王乃赐种剑曰："子教寡人伐吴七术，寡人用其三而败吴，其四在子，子为我从先王试之。"种遂自杀。

句践卒，子王鼫与立。王鼫与卒，子王不寿立。王不寿卒，子王翁立。王翁卒，子王翳立。王翳卒，子王之侯立。王之侯卒，子王无强立。

王无强时，越兴师北伐齐，西伐楚，与中国争强。当楚威王之时，越北伐齐，齐威王使人说越王曰："越不伐楚，大不王，小不伯。图越之所为不伐楚者，为不得晋也。韩、魏固不攻楚。韩之攻楚，覆其军，杀其将，则叶、阳翟危；魏亦覆其军，杀其将，则陈、上蔡不安。故二晋之事越也，不至于覆军杀将，马汗之力不效。所重于得晋者何也？”越王曰：“所求于晋者，不至顿刃接兵，而况于攻城围邑乎？愿魏以聚大梁之下，愿齐之试兵南阳莒地，以聚常、郯之境，则方城之外不南，淮、泗之间不东，商、於、析、郦、宗胡之地，夏路以左，不足以备秦，江南、泗上不足以待越矣。”

则齐、秦、韩、魏得志于楚也，是二晋不战而分地，不耕而获之。不此之为，而顿刃于河山之间以为齐秦用，所待者如此其失计，奈何其以此王也！”齐使者曰：“幸也越之不亡也！吾不贵其用智之如目，见豪毛而不见其睫也。今王知晋之失计，而不自知越之过，是目论也。王所待于晋者，非有马汗之力也，又非可与合军连和也，将待之以分楚众也。今楚众已分，何待于晋？”越王曰：“奈何？”曰：“楚三大夫张九军，北围曲沃、於中，以至无假之关者三千七百里，景翠之军北聚鲁、齐、南阳，分有大此者乎？且王之所求者，斗晋楚也；晋楚不斗，越兵不起，是知二五而不知十也。此时不攻楚，臣以是知越大不王，小不伯。复雠、庞、长沙，楚之粟也；竟泽陵，楚之材也。越窥兵通无假之关，此四邑者不上贡事于郢矣。臣闻之，图王不王，其敝可以伯。然而不伯者，王道失也。故愿大王之转攻楚也。”

【译文】

句践消灭吴国后，便出兵北渡黄河，在徐州与齐、晋会合，向周王室进贡。周元王派人赏赐句践祭祀之肉，称之为“伯”。句践离开徐州，渡过淮河南下，把淮河流域送给了楚国，把吴国侵占宋国的土地还给了宋国。把泗水以东百里土地给了鲁国。当时，越军在长江、淮河以东无人可敌，诸侯都来庆贺，越王称霸。

范蠡离开越王，给大夫种写了一封信。信中说：“飞鸟尽，良弓藏；狡兔死，走狗烹。越王长颈鸟嘴，能与之共患难，不可共享乐，你为何不离去呢？”种看过信后，便称病不再上朝。有人谣言中伤种要作乱，越王便赐给他一把剑说：“你教给我伐吴的计策有七条，我只用了三条就消灭了吴国，剩下的那四条还给你吧，你替我到先王面前试一下吧！”种自杀而亡。

句践去世后，其子王鼫与继位。王鼫与去世，其子王不寿继位。王不寿去世，其子王翁继位。王翁去世后，其子王翳继位。王翳去世后，其子王之侯继位，王之侯去世后，其子王无强继位。

无强时，越国发兵北攻齐国，西攻楚国，与中原各国争强求胜。楚威王时，越国攻打齐国，齐威王派人劝说越王：“越国不攻打楚国，从大处说不能称王，从小处说不能称霸。所以说越国不攻打楚国是因为得不到韩、魏的支持。韩、魏本就不想与楚国为敌。韩国如与楚国为敌，结果覆灭的只能是自己，兵将将会被诛杀，到时叶、阳翟就会有危险；魏国如与楚国为敌，不但全军覆灭、将领被杀，还会使陈、上蔡有危。所以韩、魏与越联合，才不会使军队覆灭、将领被杀，汗马之劳都得不到，为何要重视韩、魏的支持呢？”越王说：“我对韩、魏的要求并非是与楚军交战，非要一决雌雄，就更不要说攻城围邑了。我希望魏军能在大梁集合，齐军在南阳、莒练兵，在常、郯边界集合，这样就会使方城外的楚军不敢南下，淮、泗之间的楚军不敢东扩，商、於、析、郦、宗胡等地，也就是中原通往西部的地区，这样便可使楚军难以防备秦国，江南、泗水的楚军不足以抵御越国。

要是这样，齐、秦、韩、魏四国就可在楚国得到满足，韩、魏无须作战就可获得土地，无须耕种就可得粮食。如今韩、魏没有这么做，竟然在黄河、华山间相互争斗，而齐秦两国就会渔翁得利。韩魏如此失策的举动，怎能靠他们称王呢！”齐国使者说：“越国到现在还没有灭亡也真是幸运了！我不看重使用智谋，因为那就像眼睛一样，虽能见到毫毛，但见不到睫毛。如今你知道了韩魏的失策，却不能发现自己的过错，这就好比‘能见毫毛却见不到自己的睫毛’。君王所希望看到的并非是他们的功劳，也并非是与他们的兵力，而是想用他们牵制楚军。如今楚军兵力分散，为何还把希望寄予韩魏呢？”越王说：“那你说怎么办呢？”使者说：“楚国三位大夫已分别掌有军队，向北包围了曲沃、於中，直到无假关，长达三千七百里的战线，景翠的军队聚集在北方的鲁、齐、南阳等地，还有比他更分散的兵力吗？君王想看到的是晋、楚之间争斗；晋、楚不斗，越国就不出兵，这就如只知两个五却不知十。此时不伐楚，我便断定越王从大处不想称王，从小处不想称霸。另外，雠、庞、长沙是楚国粮食产区，竟泽陵是楚国的木材产区。越国出兵打通无假关，这四个地方便会停止向郢都献粮献材。我听说过，想称王却没有成功，但还可以称霸。如不能称霸，王道也就彻底失去了。所以希望您能回兵攻打楚国。”

【原文】

于是越遂释齐而伐楚。楚威王兴兵而伐之，大败越，杀王无强，尽取故吴地至浙江，北破齐于徐州。而越以此散，诸族子争立，或为王，或为君，滨于江南海上，服朝于楚。

后七世，至闽君摇，佐诸侯平秦。汉高帝复以摇为越王，以奉越后。东越，闽君，皆其后也。

范蠡事越王句践，既苦身戮力，与句践深谋二十余年，竟灭吴，报会稽之耻，北渡兵于淮以临齐、晋，号令中国，以尊周室，句践以霸，而范蠡称上将军。还反国，范蠡以为大名之下，难以久居，且句践为人可与同患，难与处安，为书辞句践曰："臣闻主忧臣劳，主辱臣死。昔者君王辱于会稽，所以不死，为此事也。今既以雪耻，臣请从会稽之诛。"句践曰："孤将与子分国而有之。不然，将加诛于子。"范蠡曰："君行令，臣行意。"乃装其轻宝珠玉，自与其私徒属乘舟浮海以行，终不反。于是句践表会稽山以为范蠡奉邑。

范蠡浮海出齐，变姓名，自谓鸱夷子皮，耕于海畔，苦身戮力，父子治产。居无几何，致产数十万。齐人闻其贤，以为相。范蠡喟然叹曰："居家则致千金，居官则至卿相，此布衣之极也。久受尊名，不祥。"乃归相印，尽散其财，以分与知友乡党，而怀其重宝，间行以去，止于陶，以为此天下之中，交易有无之路通，为生可以致富矣。于是自谓陶朱公。复约要父子耕畜，废居，候时转物，逐什一之利。居无何，则致赀累巨万。天下称陶朱公。

【译文】

于是越国立即放弃齐国转而攻打楚国。楚威王出兵迎战，大败越军，杀死无强，把原吴国直到浙江的土地全部攻取，向北在徐州大败齐军。越国至此分崩离析，各族子弟争权夺势，有的称王，有的称君，生活在长江南部沿海，向楚国朝贡。

七代后，传到闽君摇，他辅佐诸侯消灭秦朝。汉高帝又复立摇为越王，继续越国祭祀。东越、闽君都是越国的后代。

范蠡辅佐越王句践，费尽苦难，不遗余力，与句践共谋二十多年，最终消灭吴国，以雪会稽之耻。越军北渡淮河，兵临齐、晋，号令中原各国，共尊周室，句践称霸，范蠡官拜上将军。回国后的范蠡在盛名之下，知道难以保持长久，况且句践可与之同患难，而难以同安乐，便写信与句践辞别说："我听说君王忧愁臣子的劳苦，君主受辱臣子就该死。以前您在会稽受辱，我之所以未死，是为了报仇。当如今已经雪耻，臣请赐我在会稽因你受辱的死罪。"句践说："我想与你平分越国。不然就要问罪于你。"范蠡说："君主只管下令吧，我仍会按自己的意志行事。"于是他便打点行装带了些珠宝，与随从在海上乘船逃走了，再也没有返回，为表彰范蠡的功劳，句践把会稽山封给了他。

范蠡乘船来到齐国，更名改姓，自称"鸱夷子皮"，在海边耕作，历经艰辛，父子共理产业。没有多长时间，就积累了有几十万家产。齐人听说他贤能，便请他做国相。范蠡叹息着说："我在家已经积累了千金，做官也曾达到过卿相，这是平民百姓最想达到的地位。如长久享受这些尊号，不吉利的。"便归还了相印，分散了家产，送给了知音好友和乡邻，而后携带一些贵重财宝暗中逃走了，在陶地定了居。他认为这里是天下的中心，交易货物的道路十分通畅，经营生意可以致富。便自称陶朱公。父子约好都耕种畜牧，买卖时等待机会，可获十倍利润。不久便家资数万。天下人称他为陶朱公。

【原文】

朱公居陶，生少子。少子及壮，而朱公中男杀人，囚于楚。朱公曰："杀人而死，职也。然吾闻千金之子不死于市。"告其少子往视之。乃装黄金千溢，置褐器中，载以一牛车。且遣其少子，朱公长男固请欲行，朱公不听。长男曰："家有长子曰家督，今弟有罪，大人不遣，乃遗少弟，是吾不肖。”欲自杀。其母为言曰：“今遣少子，未必能生中子也，而先空亡长男，奈何？”朱公不得已而遣长子，为一封书遗故所善庄生。曰：“至则进千金于庄生所，听其所为，慎无与争事。”长男既行，亦自私赍数百金。

至楚，庄生家负郭，披藜藋到门，居甚贫。然长男发书进千金，如其父言。庄生曰：“可疾去矣，慎毋留！即弟出，勿问所以然。”长男既去，不过庄生而私留，以其私赍献遗楚国贵人用事者。

庄生虽居穷阎，然以廉直闻于国，自楚王以下皆师尊之。及朱公进金，非有意受也，欲以成事后复归之以为信耳。故金至，谓其妇曰：“此朱公之金。有如病不宿诫，后复归，勿动。”而朱公长男不知其意，以为殊无短长也。

【译文】

朱公住在陶地，生一幼子。长大成人后，朱公的二儿子杀了人，被囚禁在楚国。朱公说：“杀人偿命，天经地义。但我听说家有千金的儿子不会死于闹市。”便告诫小儿子前去探望。装好千镒黄金，放在褐色器具中，用牛车运去。在派小儿子前去时，朱公的长子坚决要去，朱公没有答应。长子便说：“家里的长子是家督，如今弟弟有罪，父亲不派长子，却派小弟，这证明我不肖。”长子说完想要自杀。他的母亲又替他说：“如今派小儿子去，不一定能使二儿子得救，却先失去了大儿子，这如何是好？”朱公没有办法便派了长子，并写了一封信让大儿子送给旧日好友庄生，而后叮嘱长子：“到楚国后要把千金送到庄生家，一切听他安排，不要与他争执。”长子走时，也随身携带了几百镒黄金。

长子来到楚国后，见庄生家在楚都外城，拨开野草才能到达庄生家门，十分贫穷。但长子交上了书信，并进献了千金，是全照父亲所嘱做的。庄生说：“你赶快回去，切不可在此久留！你弟弟释放后，不要问原因。”长子离开后，没有再去探望庄生，但他暗中留在了楚国，把个人带的黄金送给了楚国主事的达官贵人。

庄生家虽然穷乡陋巷，但他的清正廉洁在楚国是出了名的，从楚王到臣民都奉他为师。朱公献上黄金，他并非有心收下，而是想事后再还给朱公以示信用。所以留下黄金后他对妻子说：“这是朱公的钱财，以后再如数归还，但不知哪一天能归还，就如同不能预知自己会哪天生死一样，所以我们不能动用。”但朱公长子不知庄生之意，以为财产送给庄生不会起任何作用。

【原文】

庄生间时入见楚王，言“某星宿某，此则害于楚”。楚王素信庄生，曰：“今为奈何？”庄生曰：“独以德为可以除之。”楚王曰：“生休矣，寡人将行之。”王乃使使者封三钱之府。楚贵人惊告朱公长男曰：“王且赦。”曰：“何以也？”曰：“每王且赦，常封三钱之府。昨暮王使使封之。”朱公长男以为赦，弟固当出也，重千金虚弃庄生，无所为也，乃复见庄生。庄生惊曰：“若不去邪？”长男曰：“固未也。初为事弟，弟今议自赦，故辞生去。”庄生知其意欲复得其金，曰：“若自入室取金。”长男即自入室取金持去，独自欢幸。

庄生羞为儿子所卖，乃入见楚王曰：“臣前言某星事，王言欲以修德报之。今臣出，道路皆言陶之富人朱公之子杀人囚楚，其家多持金钱赂王左右，故王非能恤楚国而赦，乃以朱公子故也。”楚王大怒曰：“寡人虽不德耳，奈何以朱公之子故而施惠乎！”令论杀朱公子，明日遂下赦令。朱公长男竟持其弟丧归。

至，其母及邑人尽哀之，唯朱公独笑，曰：“吾固知必杀其弟也！彼非不爱其弟，顾有所不能忍者也。是少与我俱，见苦，为生难，故重弃财。至如少弟者，生而见我富，乘坚驱良逐狡兔，岂知财所从来，故轻弃之，非所惜吝。前日吾所为欲遣少子，固为其能弃财故也。而长者不能，故卒以杀其弟，事之理也，无足悲者。吾日夜固以望其丧之来也。”故范蠡三徙，成名于天下，非苟去而已，所止必成名。卒老死于陶，故世传曰陶朱公。

太史公曰：禹之功大矣，渐九川，定九州，至于今诸夏艾安。及苗裔句践，苦身焦思，终灭强吴，北观兵中国，以尊周室，号称霸王。句践可不谓贤哉！盖有禹之遗烈焉。范蠡三迁皆有荣名，名垂后世。臣主若此，欲毋显得乎！

【译文】

庄生得空入见楚王，说“某星宿移到某处，这对楚国有害。”楚王平时十分信任庄生，便问：“那该怎么办？”庄生说：“只有行道德之举才可消除灾难。”楚王说：“您不用多说了，我听你的。”楚王便命使者查封贮藏三钱的仓库。楚国的达官贵人吃惊地告诉朱公长子说：“楚王要实行大赦了。”长子问：“从哪得知的？”贵人说：“每当楚王大赦时，总会先查封贮藏三钱的仓库。昨晚楚王已命人查封了。”朱公长子认为既然要大赦了，弟弟便会被放回，一千镒黄金等于白白浪费了，没有派上用途，便又去见庄生。庄生惊奇地问：“你还没走呢？”长子说：“我本就没有离去。当初我为弟弟一事而来，如今楚国要大赦，弟弟自会得救，所以我特来告诉你。”庄生知道他是想拿回黄金，便说：“你自己到房间去取吧。”大儿子便入室取走了黄金，暗中庆幸没有白白浪费黄金，又失而复得。

庄生对被儿辈出卖深感羞耻，便又入宫求见楚王说：“上次我所说的某星宿之事，您本想用好事来回报。如今我在外听说陶地富翁朱公之子杀人后被楚囚禁，他派人用重金贿赂大王左右近臣，这样别人就会认为君王并非因体恤国人而大赦，却是因朱公之子才大赦的。”楚王生气地说：“我虽无德，岂能因朱公之子施恩！”便下令杀了朱公之子，第二天才下达赦免的诏令。朱公长子只得带着弟弟的尸体回了家。

回家后母亲和乡邻都很悲痛，但朱公却笑着说：“我就知道长子救不了弟弟！并非他不爱弟弟，而是不忍放弃金钱。年幼时就与我在一起生活，历经千辛万苦，知道生活艰难，所以十分看重钱财，不肯轻易花钱。至于小弟弟，出生时就身在富贵之中，乘上等车，驾千里马，到郊外去打猎，岂知钱财从何而来，所以对钱财看得很淡，用起来决不会吝惜。我原本想让小儿子去，就是因为他不重钱财，但长子舍不得弃财，才最终害了弟弟，这也是很有道理的，没有什么好悲伤的。我日夜盼望的就是二儿子的尸首回来。”

范蠡曾三次搬家，闻名天下，他并非是随意离开，在哪儿住就在哪儿成名。最后在陶地终老，所以世人相传叫他陶朱公。

太史公说：夏禹功勋卓著，疏导九条大河，安定九州大地，直到今天，整个九州都很安定。到了后代句践，辛苦劳作，深谋远虑，终于消灭强大的吴国，北定中原，共尊周室，号称霸王。能说句践不贤能吗！这也算是夏禹的遗风吧。范蠡三迁其家都留下了好的名声，并流芳百世。一般的君臣能做到吗，想得到这样的显赫容易吗？

【评析】

“苦心人，天不负，卧薪尝胆，三千越甲可吞吴。”句践在范蠡、文种等人的辅佐下复国灭吴成功。他们的忍辱负重、发奋图强让人敬佩。但句践是一个只能与人共患难，不能与人同欢乐的人，在胜利以后他就开始滥杀功臣。范蠡在句践灭吴的过程中起了非常重要的作用，但是由于他很清楚句践的为人和当时的君臣关系，所谓伴君如伴虎，所以他到了功成名就的时候就立即隐退了，乘一页扁舟而去，对功名毫不留恋。现在看来，他之所以不留恋功名大概是因为他更留恋尘世吧。明哲保身的道理大家都懂，但是真正能够做到将已经到手的功名利禄全抛掉，隐姓埋名，做一个平头百姓的人还真是为数不多，不然就不会有很多功臣被杀戮了。

第十章 郑世家

【原文】

郑桓公友者，周厉王少子而宣王庶弟也。宣王立二十二年，友初封于郑。封三十三岁，百姓皆便爱之。幽王以为司徒。和集周民，周民皆说，河雒之间，人便思之。为司徒一岁，幽王以褒后故，王室治多邪，诸侯或畔之。于是桓公问太史伯曰："王室多故，予安逃死乎？"太史伯对曰："独雒之东土，河济之南可居。"公曰："何以？"对曰："地近虢、郐，虢、郐之君贪而好利，百姓不附。今公为司徒，民皆爱公，公诚请居之，虢、郐之君见公方用事，轻分公地。公诚居之，虢、郐之民皆公之民也。"公曰："吾欲南之江上，何如？"对曰："昔祝融为高辛氏火正，其功大矣，而其于周未有兴者，楚其后也。周衰，楚必兴。兴，非郑之利也。"公曰："吾欲居西方，何如？"对曰："其民贪而好利，难久居。"公曰："周衰，何国兴者？"对曰："齐、秦、晋、楚乎？夫齐，姜姓，伯夷之后也，伯夷佐尧典礼。秦，嬴姓，伯翳之后也，伯翳佐舜怀柔百物。及楚之先，皆尝有功于天下。而周武王克纣后，成王封叔虞于唐，其地阻险，以此有德与周衰并，亦必兴矣。"桓公曰："善。"于是卒言王，东徙其民雒东，而虢、郐果献十邑，竟国之。

二岁，犬戎杀幽王于骊山下，并杀桓公。郑人共立其子掘突，是为武公。

【译文】

郑桓公友是周厉王的幼子，周宣王的弟弟。宣王继位二十二年，友被封于郑。在位三十三年，百姓都很拥戴他。幽王命他为司徒。他使周朝百姓和睦相处，百姓都很高兴，黄河、洛水流域的百姓都很想念他。做了一年司徒后，因周幽王宠爱褒姒，荒废朝政，致使困难重重，不少诸侯反叛幽王，于是桓公问太史伯："王室有这么多变故，我如何才能死里逃生呢？"太史伯说："只有洛水以东、黄河以南才可安身。"桓公问："为什么？"太史伯说："那里地靠虢、郐两国，虢、郐的国君贪婪好利，百姓不愿归顺。如今您是司徒，深爱百姓拥戴，如能在那里居住，虢、郐国君看到您手握大权，必会轻易地分你土地。您如果在那居住，虢、郐的百姓也必会归顺你。"桓公说："我想到南方的长江流域，你觉得怎么样？"太史伯说："以前祝融替高辛氏掌管火，功劳卓著，但其后人在周朝没有兴盛起来，楚国便是他的后代。周室衰弱，楚国定会强盛。楚国强盛，就会威胁到郑国。"桓公说；"我要是住在西方会怎么样呢？"太史伯说："那里的百姓贪婪好利，不能久居。"桓公说："周室衰弱，哪些国家会强盛？"太史伯说："齐、秦、晋、楚吧？齐国姓姜，是伯夷的后人，伯夷曾辅助尧掌管礼仪制度。秦国姓嬴，是伯翳的后代，伯翳曾辅助舜征服了许多部落。楚国的祖先也曾有功于天下。周武王消灭纣王后，将唐地封给叔虞，那地势险要，凭德行可与衰弱的周室并存，晋国也定会强盛。"桓公说："好吧。"便忙向幽王请示，把百姓迁到了洛水以东，虢、郐国国君果然向他献出了十座城邑，后来便建立了郑国。

二年，犬戎在骊山杀死幽王，也杀了桓公。郑人拥立桓公之子掘突，即武公。

【原文】

武公十年，娶申侯女为夫人，曰武姜。生太子寤生，生之难，及生，夫人弗爱。后生少子叔段，段生易，夫人爱之。二十七年，武公疾。夫人请公，欲立段为太子，公弗听。是岁，武公卒，寤生立，是为庄公。

庄公元年，封弟段于京，号太叔。祭仲曰："京大于国，非所以封庶也。"庄公曰："武姜欲之，我弗敢夺也。"段至京，缮治甲兵，与其母武姜谋袭郑。二十二年，段果袭郑，武姜为内应。庄公发兵伐段，段走。伐京，京人畔段，段出走鄢。鄢溃，段出奔共。于是庄公迁其母武姜于城颍，誓言曰："不至黄泉，毋相见也。"居岁余，已悔思母。颍谷之考叔有献于公，公赐食。考叔曰："臣有母，请君食赐臣母。"庄公曰："我甚思母，恶负盟，奈何？"考叔曰："穿地至黄泉，则相见矣。"于是遂从之，见母。

二十四年，宋缪公卒，公子冯奔郑。郑侵周地，取禾。二十五年，卫州吁弑其君桓公自立，与宋伐郑，以冯故也。二十七年，始朝周桓王。桓王怒其取禾，弗礼也。二十九年，庄公怒周弗礼，与鲁易祊、许田。三十三年，宋杀孔父。三十七年，庄公不朝周，周桓王率陈、蔡、虢、卫伐郑。庄公与祭仲、高渠弥发兵自救，王师大败。祝聸射中王臂。祝聸请从之，郑伯止之，曰："犯长且难之，况敢陵天子乎？"乃止。夜令祭仲问王疾。

【译文】

武公十年，娶申侯之女为妻，叫武姜。武姜生下太子寤生，生时难产，等生下后，夫人讨厌寤生。后来武姜又生子叔段，段是顺产，夫人很喜欢他。二十七年，武公得病，夫人请求武公立段为太子，武公没有答应。当年武公去世，寤生继位，即庄公。

庄公元年，将他的弟弟叔段封到京城，号称太叔。祭仲说："京城比国都大，不能封给弟弟。"庄公说："武姜想这么做，我不敢违背。"叔段来到京城，整顿军队，想与母亲武姜阴谋袭击郑都。二十二年，叔段果然袭击郑都，武姜为内应。庄公派军迎战叔段，段逃跑后又攻打京城，京城百姓反叛叔段，叔段逃到了鄢。鄢邑百姓溃逃。叔段又逃到共国。于是庄公将母亲武姜迁到城颍，发誓说："不到黄泉，不与她相见。"一年后，庄公后悔自己当初所言，很想念母亲。颍谷的考叔向庄公献礼，庄公赐给他食物。考叔说："臣有母亲，不如把食物赐给我母亲吧。"庄公说："我也很想我的母亲，但又怕违背誓言，怎么办呢？"考叔说："挖条地道通到有泉水处，你们母子就可见面了。"于是庄公照其所言，最终见到了母亲。

二十四年，宋缪公去世，公子冯逃到郑国。郑国侵占周室土地，夺取了田地中的庄稼。二十五年，卫国州吁杀死国君桓公继位，与宋国一起伐郑，原因是郑国接纳公子冯。二十七年，郑国国君朝拜周桓王，桓王对郑国夺取庄稼一事很生气，没有按礼仪接待他。二十九年，庄公对周桓王的无礼待遇进行报复，故意与鲁国交换了祊、许的田地。三十三年，宋国杀死孔父。三十七年，庄公不去朝拜周王，周桓王便率陈、蔡、虢、卫共伐郑国。庄公与祭仲、高渠弥迎战，大败周桓王，祝聸射中了桓王的手臂。祝聸请求追击，郑庄公阻止说："触犯长者都会有灾难，就更不要说天子了？"于是祝聸才没有追击。庄公深夜派祭仲询问桓王的伤势。

【原文】

三十八年，北戎伐齐，齐使求救，郑遣太子忽将兵救齐。齐釐公欲妻之，忽谢曰："我小国，非齐敌也。"时祭仲与俱，劝使取之，曰："君多内宠，太子无大援将不立，三公子皆君也。"所谓三公子者，太子忽，其弟突，次弟子亹也。

四十三年，郑庄公卒。初，祭仲甚有宠于庄公，庄公使为卿；公使娶邓女，生太子忽，故祭仲立之，是为昭公。

庄公又娶宋雍氏女，生厉公突。雍氏有宠于宋。宋庄公闻祭仲之立忽，乃使人诱召祭仲而执之，曰："不立突，将死。"亦执突以求赂焉。祭仲许宋，与宋盟。以突归，立之。昭公忽闻祭仲以宋要立其弟突，九月丁亥，忽出奔卫。己亥，突至郑，立，是为厉公。

厉公四年，祭仲专国政。厉公患之，阴使其婿雍纠欲杀祭仲。纠妻，祭仲女也，知之，谓其母曰："父与夫孰亲？"母曰："父一而已，人尽夫也。"女乃告祭仲，祭仲反杀雍纠，戮之于市。厉公无奈祭仲何，怒纠曰："谋及妇人，死固宜哉！"夏，厉公出居边邑栎。祭仲迎昭公忽，六月乙亥，复入郑，即位。

秋，郑厉公突因栎人杀其大夫单伯，遂居之。诸侯闻厉公出奔，伐郑，弗克而去。宋颇予厉公兵，自守于栎，郑以故亦不伐栎。

【译文】

三十八年，北戎伐齐，齐派使者求救于郑国，郑国派太子忽领兵救援。齐公想把女儿嫁给太子忽。忽辞谢说："郑国是小国，与大国齐不匹配。”当时祭仲也在太子身旁，劝太子答应下来，说：“我们国君有很多宠爱的姬妾，太子得不到援助是难以继位的，三位公子都可以成为国君。”三位公子分别指的是太子忽，及他的弟弟突，幼弟子亹。

四十三年，郑庄公去世。当初祭仲深受庄公宠信，庄公封他为上卿，并给庄公娶妻邓国之女，生下太子忽，所以祭仲立忽为君，即昭公。

庄公后又娶宋国的雍氏之女，生下厉公突。雍氏很受国君宠爱。宋庄公听说祭仲想立忽为太子，便派人诱骗祭仲并捉住了他，对他说：“你如不立突为君，就杀死你。”宋国也捉住突来索求贿赂。祭仲答应了，并与宋君盟约。他想带突回国继位。昭公忽听说祭仲受宋国要挟后想拥立弟弟突为君，九月丁亥日，忽逃到了卫国。己亥日，突来到郑都继位，即厉公。

厉公四年，祭仲专权。厉公很忧虑，暗中与祭仲的女婿纠谋划，想杀死祭仲。雍纠之妻是祭仲的女儿，知道了此事，便告诉母亲说：“父亲和丈夫谁更亲呢？”母亲说：“父亲只有一个，但丈夫可以任意选择！”祭仲的女儿便把事情告诉了祭仲，祭仲便杀死了雍纠，并暴尸于闹市。厉公对祭仲没有办法，但对雍纠很生气，说：“与妇人商议，死有余辜，”夏天，厉公被赶到边界的栎邑。祭仲迎回了昭公忽，六月乙亥日，忽又返回郑都继位。

秋天，郑厉公靠邑人杀死了栎邑大夫单伯，并居住在了栎邑。诸侯们听说厉公逃跑了，便举兵伐郑，没有取胜就撤兵了。宋国赠给厉公军队，让他坚守栎邑，郑国因此也不再伐栎。

【原文】

昭公二年，自昭公为太子时，父庄公欲以高渠弥为卿，太子忽恶之，庄公弗听，卒用渠弥为卿。及昭公即位，惧其杀己，冬十月辛卯，渠弥与昭公出猎，射杀昭公于野。祭仲与渠弥不敢入厉公，乃更立昭公弟子亹为君，是为子亹也，无谥号。

子亹元年七月，齐襄公会诸侯于首止，郑子亹往会，高渠弥相，从，祭仲称疾不行。所以然者，子亹自齐襄公为公子之时，尝会斗，相仇，及会诸侯，祭仲请子亹无行。子亹曰：“齐强，而厉公居栎，即不往，是率诸侯伐我，内厉公。我不如往，往何遽必辱，且又何至是！”卒行。于是祭仲恐齐并杀之，故称疾。子亹至，不谢齐侯，齐侯怒，遂伏甲而杀子亹。高渠弥亡归，归与祭仲谋，召子亹弟公子婴于陈而立之，是为郑子。是岁，齐襄公使彭生醉拉杀鲁桓公。

郑子八年，齐人管至父等作乱，弑其君襄公。十二年，宋人长万弑其君湣公。郑祭仲死。

十四年，故郑亡厉公突在栎者使人诱劫郑大夫甫瑕，要以求入。瑕曰：“舍我，我为君杀郑子而入君。”厉公与盟，乃舍之。六月甲子，瑕杀郑子及其二子而迎厉公突，突自栎复入即位。初，内蛇与外蛇斗于郑南门中，内蛇死。居六年，厉公果复入。入而让其伯父原曰：“我亡国外居，伯父无意入我，亦甚矣。”原曰：“事君无二心，人臣之职也。原知罪矣。”遂自杀。厉公于是谓甫瑕曰：“子之事君有二心矣。”遂诛之。瑕曰：“重德不报，诚然哉！”

【译文】

昭公二年，当昭公做太子时，其父庄公就想封高渠弥为上卿，太子忽讨厌高渠弥，庄公不听忽的意见，最终还是封渠弥为上卿。昭公继位后，渠弥怕昭公杀了自己，冬季十月辛卯日，当渠弥与昭公外出打猎时，在丛林中射死了昭公。祭仲与渠弥不敢迎纳厉公，便立昭公之弟子亹为君，称子亹，没有谥号。

子亹元年七月，齐襄公在首止与各诸侯会面，郑子亹也去了，高渠弥为辅臣也跟随前往，祭仲称病没去。祭仲这样做是因为在齐襄公做公子时，子亹曾与他相斗过，双方结下仇恨，诸侯相会时，祭仲劝说子亹不要去。子亹说：“齐国强大，厉公又在栎邑，如果不去，齐国会率诸侯讨伐，或让厉公回国。我还是去吧，并不一定会受辱，不可能会落到你所说的这步田地！”子亹还是去了。祭仲怕齐国杀害子亹及随从，便故称有病。子亹来到首止，没有向齐侯道歉，齐侯很生气，便设下埋伏杀死了子亹。高渠弥逃脱了，与祭仲商议，便把子亹之弟公子婴从陈国召回拥立为君，即郑子。同年，齐襄公命公子彭生趁鲁公酒醉折断其肋骨杀了鲁桓公。

郑子八年，齐国管至父等人作乱，杀死国君襄公。十二年，宋人万长杀死其君湣公。同年，郑国祭仲去世。

十四年，以前逃亡的郑厉公突在栎邑派人诱骗劫持了大夫甫瑕，想通过他的帮助回国复位。甫瑕说：“宽恕我，我就替你杀死郑子让你回国。”厉公与他盟约后，便放了他。六月甲子日，甫瑕杀死郑子和他的两个儿子，迎回了厉公突，突从栎回来继位。当时，有两条蛇在郑国南门争斗，城内的蛇死了。六年后，厉公果然回来了。厉公回郑后责备伯父原说：“我失去国家在外居住，你却没有接纳我的意思，也太过分了。”原说：“事奉国君不能有二心，这是人臣的本分。我知罪了。”说完便自杀了。厉公又对甫瑕说：“你事奉国君有二心。”便立即杀了他。甫瑕临死时说：“不去报答郑子的大德，才有此下场呀！”

【原文】

厉公突后元年，齐桓公始霸。

五年，燕、卫与周惠王弟颓伐王，王出奔温，立弟颓为王。六年，惠王告急郑，厉公发兵击周王子颓，弗胜，于是与周惠王归，王居于栎。七年春，郑厉公与虢叔袭杀王子颓而入惠王于周。

秋，厉公卒，子文公踕立。厉公初立四岁，亡居栎，居栎十七岁，复入，立七岁，与亡凡二十八年。

文公十七年，齐桓公以兵破蔡，遂伐楚，至召陵。

二十四年，文公之贱妾曰燕姞，梦天与之兰，曰：“余为伯儵。余，尔祖也。以是为而子，兰有国香。”以梦告文公，文公幸之，而予之草兰为符。遂生子，名曰兰。

三十六年，晋公子重耳过，文公弗礼。文公弟叔詹曰：“重耳贤，且又同姓，穷而过君，不可无礼。”文公曰：“诸侯亡公子过者多矣，安能尽礼之！”詹曰：“君如弗礼，遂杀之；弗杀，使即反国，为郑忧矣。”文公弗听。

三十七年春，晋公子重耳反国，立，是为文公。秋，郑入滑，滑听命，已而反与卫，于是郑伐滑。周襄王使伯犕请滑。郑文公怨惠王之亡在栎，而文公父厉公入之，而惠王不赐厉公爵禄，又怨襄王之与卫滑，故不听襄王请而囚伯犕。王怒，与翟人伐郑，弗克。冬，翟攻伐襄王，襄王出奔郑，郑文公居王于氾。三十八年，晋文公入襄王成周。

【译文】

厉公突复位后第一年，齐桓公称霸。

五年，燕、卫与周惠王的弟弟颓共伐周惠王，惠王逃到温，其弟颓继任周王。六年，惠王求助于郑国，厉公率兵攻打周王颓，没有取胜，厉公与周惠王便撤回郑国，惠王住在栎。七年春，郑厉公与虢叔共伐周王颓并杀死了他，而后送惠王回周都。

秋天厉公去世，其子文公踕继位。厉公在位四年后就逃到了栎，在栎住了十七年，后又回到郑都，在位七年，与逃亡的时间相加共二十八年。

文公十七年，齐桓公率军打败蔡国，后又讨伐楚国，打到召陵。

二十四年，文公的一位名叫燕姞的贱妾，梦到上天给她一株兰草说："我是伯儵，是你的祖先。用这株兰草做你的儿子，兰草有纯正的香气。"燕姞把梦境告诉了文公，文公便开始宠爱她了。并赠给兰草以作凭证。后来燕姞果然生下一子，取名兰。

三十六年，晋公子重耳路过郑国，郑文公对其无礼。文公的弟弟叔詹说："重耳贤能，又与我们同姓，因困难路过，不能无礼。"文公说："诸侯中逃亡的公子路过的太多了，我总不能都按礼相待吧！"叔詹说："您要是不礼待他，就不如杀了他，如果放过他，等他回国后，郑国就有后患了。"文公没有听从。

三十七年春，晋公子重耳返回晋国继位，即晋文公。秋天，郑国攻入滑国，滑国只得听凭郑国安排，不久滑国又与卫国亲近，郑国便又举兵攻打滑国。周襄王命伯犕去郑国为滑国求情，郑文公恨惠王曾逃到栎是文公的父亲厉公护送惠王回朝复位的，但惠王却没有赏赐厉公，而且恨襄王与卫、滑亲近，因此文公没有因襄王而放过滑国，甚至还囚禁了伯犕。襄王大怒，联合翟人攻打郑国，没有取胜。冬天，翟人攻打襄王，襄王逃到了郑国，郑文公让襄王住在氾。三十八年，晋文公将周襄王护送回周。

【原文】

四十一年，助楚击晋。自晋文公之过无礼，故背晋助楚。四十三年，晋文公与秦穆公共围郑，讨其助楚攻晋者，及文公过时之无礼也。初，郑文公有三夫人，宠子五人，皆以罪蚤死。公怒，溉逐群公子。子兰奔晋，从晋文公围郑。时兰事晋文公甚谨，爱幸之，乃私于晋，以求入郑为太子。晋于是欲得叔詹为僇。郑文公恐，不敢谓叔詹言。詹闻，言于郑君曰："臣谓君，君不听臣，晋卒为患。然晋所以围郑，以詹，詹死而赦郑国，詹之愿也。"乃自杀。郑人以詹尸与晋。晋文公曰："必欲一见郑君，辱之而去。"郑人患之，乃使人私于秦曰："破郑益晋，非秦之利也。"秦兵罢。晋文公欲入兰为太子，以告郑。郑大夫石癸曰："吾闻姞姓乃后稷之元妃，其后当有兴者。子兰母，其后也。且夫人子尽已死，余庶子无如兰贤。今围急，晋以为请，利孰大焉！"遂许晋，与盟，而卒立子兰为太子，晋兵乃罢去。

四十五年，文公卒，子兰立，是为缪公。

缪公元年春，秦缪公使三将将兵欲袭郑，至滑，逢郑贾人弦高诈以十二牛劳军，故秦兵不至而还，晋败之于崤。初，往年郑文公之卒也，郑司城缯贺以郑情卖之，秦兵故来。三年，郑发兵从晋伐秦，败秦兵于汪。

【译文】

四十一年，郑国帮助楚国攻打晋国。当年晋文公路过郑时，郑君对其无礼，所以郑便背叛晋国与楚国交好。四十三年，晋文公与秦缪公共同围困郑都，讨伐郑君助楚攻晋，以及文公路过时郑君的无礼对待。当初，郑文公有三位夫人，五个宠儿，都获罪死去。郑文公厌恶子瑕，赶走了各位公子。子兰逃到晋国，随晋文公围困郑都。因子兰事奉晋文公十分谨慎，深得晋文公宠幸。他便在晋国暗中行动，借机说服晋文公伐郑。晋国想得到叔詹并杀死他。郑文公很害怕，不敢对叔詹说，叔詹知道后告诉郑君："我曾告诉你最好杀死重耳，您就是不听，如今晋国最终成了我们的忧患。晋国包围郑都是因为我，我只有一死才能解救郑国，这是我的愿望。"说完便自杀了。郑人把叔詹的尸体给了晋国。晋文公说："定要见到郑君，使他受辱后才退兵。"郑人很害怕，就派人暗中告诉秦国："打败郑国对晋有利，但对秦无益。”秦军便撤军了。晋文公想让子兰做郑国太子，便将想法告诉了郑国。郑国大夫石癸说：“我听说姞姞的女儿是后稷的原配，她的后人应当奋起，子兰的母亲就是他的后代。而且夫人的儿子都已去世，剩下的儿子中没有比兰更贤能的。如今晋国围困郑都，情况十分紧迫，晋国为子兰求郑立太子，没有比这更好的条件了！”于是郑国便答应了，与晋国立约，立子兰为太子，晋军才撤兵。

四十五年，郑文公去世，子兰继位，即缪公。

缪公元年春，秦缪公派三路兵马攻伐郑国，在到达滑国时遇到郑国商人弦高，弦高假称奉郑君之命用十二头牛犒赏秦军，因此秦军没有到达就回去了，后来晋军在崤打败秦军。当初郑文公去世，郑国都城的戍官缯贺把郑国内情给出卖秦国，所以秦军才兴兵来伐。三年，郑国派兵随晋国攻打秦国，在汪大败秦军。

【原文】

往年楚太子商臣杀其父成王代立。二十一年，与宋华元伐郑。华元杀羊食士，不与其御羊斟，怒以驰郑，郑囚华元。宋赎华元，元亦亡去。晋使赵穿以兵伐郑。

二十二年，郑缪公卒，子夷立，是为灵公。

灵公元年春，楚献鼋于灵公。子家、子公将朝灵公，子公之食指动，谓子家曰：“佗日指动，必食异物。”及入，见灵公进鼋羹，子公笑曰：“果然！”灵公问其笑故，具告灵公。灵公召之，独弗予羹。子公怒，染其指，尝之而出。公怒，欲杀子公。子公与子家谋先。夏，弑灵公。郑人欲立灵公弟去疾，去疾让曰：“必以贤，则去疾不肖；必以顺，则公子坚长。”坚者，灵公庶弟，去疾之兄也。于是乃立子坚，是为襄公。

襄公立，将尽去缪氏。缪氏者，杀灵公，子公之族家也。去疾曰：“必去缪氏，我将去之。”乃止。皆以为大夫。

襄公元年，楚怒郑受宋赂纵华元，伐郑。郑背楚，与晋亲。五年，楚复伐郑，晋来救之。六年，子家卒，国人复逐其族，以其弑灵公也。

【译文】

楚太子商臣杀死父亲成王继位。二十一年，楚与宋国华元伐郑。华元宰羊犒劳士兵，但没有给驾车者羊斟肉吃，羊斟生气地把车赶到郑国，郑国囚禁了华元，宋国想以重金赎回华元，但华元已经逃离郑国。晋国命赵穿率军攻郑。

二十二年，郑缪公去世，其子夷继位，即灵公。

灵公元年春，楚国向郑灵公献鼋。子家、子公打算朝拜灵公，子公的食指动了一下，对子家说："我的手指动了，必定要吃奇异味了。"入宫后，见到灵公食用的是鼋汤，子公笑着说："没错吧。"灵公问子公为何发笑，子公告诉了灵公。灵公把他叫了过去，却没有给他汤喝，子公很生气，用手指在汤里沾了一下，尝了尝就走了出去。灵公大怒，要杀掉子公。子公与子家商量后想先下手。夏天，他们杀死了灵公。郑人想立灵公的弟弟去疾为君，去疾礼让说："一定要找贤能之人继位，我没有才能；你们要按长幼的顺序继位，公子坚比我年长。"坚是灵公的弟弟，去疾的哥哥。于是便立了子坚为君，即襄公。

襄公继位后，想把缪氏家族全部杀死。因为缪氏是杀死灵公的子公家族。去疾说："如要杀死缪氏家族，我就离开郑国。"襄公才没有这样做。并任命缪氏都为大夫。

襄公元年，楚国因郑国接受宋国贿赂释放了华元而大发雷霆，举兵攻郑。郑国背叛楚国，亲近晋国。五年，楚国攻打郑国，晋国派兵救助。六年，子家去世，郑都人将其家族赶出了子家家族，因为他杀死了灵公。

【原文】

七年，郑与晋盟鄢陵。八年，楚庄王以郑与晋盟，来伐，围郑三月，郑以城降楚。楚王入自皇门，郑襄公肉袒牵羊以迎，曰："孤不能事边邑，使君王怀怒以及弊邑，孤之罪也。敢不惟命是听。君王迁之江南，及以赐诸侯，亦惟命是听。若君王不忘厉、宣王，桓、武公，哀不忍绝其社稷，锡不毛之地，使复得改事君王，孤之愿也，然非所敢望也。敢布腹心，惟命是听。"庄王为却三十里而后舍。楚群臣曰："自郢至此，士大夫亦久劳矣。今得国舍之，何如？"庄王曰："所为伐，伐不服也。今已服，尚何求乎？”卒去。晋闻楚之伐郑，发兵救郑。其来持两端，故迟，比至河，楚兵已去。晋将率或欲渡，或欲还，卒渡河。庄王闻，还击晋。郑反助楚，大破晋军于河上。十年，晋来伐郑，以其反晋而亲楚也。

十一年，楚庄王伐宋，宋告急于晋。晋景公欲发兵救宋，伯宗谏晋君曰：“天方开楚，未可伐也。”乃求壮士得霍人解扬，字子虎，诓楚，令宋毋降。过郑，郑与楚亲，乃执解扬而献楚。楚王厚赐与约，使反其言，令宋趣降，三要乃许。于是楚登解扬楼车，令呼宋。遂负楚约而致其晋君命曰：“晋方悉国兵以救宋，宋虽急，慎毋降楚，晋兵今至矣！”楚庄王大怒，将杀之。解扬曰：“君能制命为义，臣能承命为信。受吾君命以出，有死无陨。”庄王曰：“若之许我，已而背之，其信安在？”解扬曰：“所以许王，欲以成吾君命也。”将死，顾谓楚军曰：“为人臣无忘尽忠得死者！”楚王诸弟皆谏王赦之，于是赦解扬使归。晋爵之为上卿。

【译文】

七年，郑晋两国在鄢陵结盟。八年，楚庄王因郑与晋结盟，便率兵伐郑，围困郑都长达三个月，郑国献出国都投降了。楚王从皇门攻入，郑襄公脱去上衣露出胳膊手牵着羊迎接楚王说：“我没有在边城事奉您，使你生气地攻破我国国都，这是我的罪过。一切我会听从你的吩咐。请求你把我流放到江南，把郑国分赐给诸侯，我必会照办。如果大王还不忘周厉王、周宣王、郑桓公、郑武公，就不如可怜可怜我，不要断绝他们的祭祀，赐给我一块不毛之地，使我能事奉你，这就是我的心愿，我并没有太高的要求。只是冒昧地表露心意，听从你的安排。”庄王为此退兵三十里驻扎下来。与大臣商议说：“我们千里迢迢来到这里，官兵们也不辞辛苦。现在放弃打下的国家，为什么呢？”庄王说：“我们出兵，讨伐的是不驯服的国君。如今国君已经驯服，还有什么要求呢？”楚军便撤兵了。晋国听到楚国伐郑，便派军救助。晋军发兵时因国内意见不统一，所以来迟了一步，等到达黄河时，楚军已经走了。晋军将帅有的想渡河追击，有的想班师回国，最后还是渡河追击了。庄王知道后便转身攻晋。郑国竟也帮助楚国，在黄河边大败晋军。十年，晋国前来攻郑，原因是郑反对晋而与楚亲近。

十一年，楚庄王伐宋，宋求救于晋国。晋景公派兵救助宋国，伯宗劝谏说："上天正在兴盛楚国，不能与楚为敌。"晋国便从霍国找来一位壮士，叫解扬，字子虎。晋国让解扬欺骗楚国，并告诉宋国不要投降，解扬路过郑国，郑楚关系亲密，便捉住解扬献给了楚国。楚王赏赐给解扬厚礼并与之立约，让他说反话，命宋国尽快投降，楚王多次威胁解扬，解扬才不情愿地答应了。于是楚王让解扬登上观敌的战车，让他对宋军喊话。但解扬却违背与楚人的约定，传达了晋君的命令，喊道："晋国正在准备动用全国兵力援助宋国，虽然你们形势紧迫，但切不可投降楚国，晋军援兵马上就到了！"楚王听后大怒，要杀死解扬。解扬说："国君以下令为本分，臣民以执行命令为守信。我受国君之命出外行事，宁死也不会让君命受损。"庄王说："那你答应了我，为何又反悔，你的信用在哪呢？"解扬说："我答应你的目的也是为了完成我国国君的命令。"在解扬受刑时，他回头对楚军说："为臣不能忘记尽忠，而后才可死去！"楚王的弟弟都为解扬求情，于是楚王便宽恕了他，命他回到晋国。晋国封其为上卿。

【原文】

十八年，襄公卒，子悼公沸立。

悼公元年，鄦公恶郑于楚，悼公使弟睔于楚自讼。讼不直，楚囚睔。于是郑悼公来与晋平，遂亲。睔私于楚子反，子反言归睔于郑。

二年，楚伐郑，晋兵来救。是岁，悼公卒，立其弟睔，是为成公。

成公三年，楚共王曰"郑成公孤有德焉"，使人来与盟。成公私与盟。秋，成公朝晋，晋曰"郑私平于楚"，执之。使栾书伐郑。四年春，郑患晋围，公子如乃立成公庶兄繻为君。其四月，晋闻郑立君，乃归成公。郑人闻成公归，亦杀君繻，迎成公。晋兵去。

十年，背晋盟，盟于楚。晋厉公怒，发兵伐郑。楚共王救郑。晋楚战鄢陵，楚兵败，晋射伤楚共王目，俱罢而去。十三年，晋悼公伐郑，兵于洧上。郑城守，晋亦去。

十四年，成公卒，子恽立。是为釐公。

釐公五年，郑相子驷朝釐公，釐公不礼。子驷怒，使厨人药杀釐公，赴诸侯曰"釐公暴病卒"。立釐公子嘉，嘉时年五岁，是为简公。

简公元年，诸公子谋欲诛相子驷，子驷觉之，反尽诛诸公子。二年，晋伐郑，郑与盟，晋去。冬，又与楚盟。子驷畏诛，故两亲晋、楚。三年，相子驷欲自立为君，公子子孔使尉止杀相子驷而代之。子孔又欲自立。子产曰："子驷为不可，诛之，今又效之，是乱无时息也。"于是子孔从之而相郑简公。

四年，晋怒郑与楚盟，伐郑，郑与盟。楚共王救郑，败晋兵。简公欲与晋平，楚又囚郑使者。

【译文】

十八年，襄公去世，其子悼公即位。

悼公元年，鄦公痛恨郑国与楚国亲近，悼公便让弟弟睔去楚国申辩。申辩没有成功，楚国囚禁了睔。于是郑悼公便来到晋国求和，两国和好如初。睔与楚国子反交情浓厚，子反求情后放回了睔。

二年，楚国伐郑，晋军前来救援。当年悼公去世，其弟睔继位，即成公。

成公三年，楚共王说："对郑成公来说，我曾有恩于他。"便派人与郑订立盟约。成公暗中与楚结盟。秋天，成公朝拜晋国，晋君说："你暗中与楚亲近"，便逮捕了成公。并派栾书攻打郑国。四年春，郑国怕晋国围困，公子如便立成公的庶生哥哥繻为君。同年四月，晋国听说郑国另立新君，便放回了成公。郑人听说成公回国，便杀死了繻重迎成公。晋军撤兵。

十年，郑国背叛晋国，与楚结盟。晋厉公大怒，派兵伐郑。楚共王前去救助。晋楚在鄢陵大战，楚军大败，晋军射伤了楚共王的眼睛，双方才停战。十三年，晋悼公伐郑，驻军在洧上。郑军坚守不出，晋军无功而返。

十四年，成公去世，其子挥继位，即釐公。

釐公五年，郑国国相子驷朝见釐公，釐公对其无礼。子驷很生气，便命厨师用毒药毒死了釐公，然后对其他诸侯说"釐公暴病而亡。"立釐公之子嘉为君，嘉当时只有五岁，即简公。

简公元年，各位公子谋划想铲除国相子驷，子驷觉察到了，反将各位公子都杀了。二年，晋国伐郑，郑晋结为盟友，晋国才撤兵。冬天，郑国又与楚国盟约。子驷害怕被杀，所以与晋楚都很亲近。三年，宰相子驷想自立为君，公子子孔派尉止杀了宰相而后代替了他。子孔也想自立为君。子产说："子驷自立没有成功，你杀了他，如今你又效仿他，这将会使内乱没有平息的时刻了。"子孔采纳了子产的建议，只是做了郑简公的国相。

四年，晋国因郑国与楚立约而大怒，举兵伐郑，郑国又与晋结盟。楚共王救助郑国，打败晋军。简公想与晋讲和，楚国便囚禁了郑国使者。

【原文】

十二年，简公怒相子孔专国权，诛之，而以子产为卿。十九年，简公如晋请卫君还，而封子产以六邑。子产让，受其三邑。二十二年，吴使延陵季子于郑，见子产如旧交，谓子产曰："郑之执政者侈，难将至，政将及子。子为政，必以礼；不然，郑将败。"子产厚遇季子。二十三年，诸公子争宠相杀，又欲杀子产。公子或谏曰："子产仁人，郑所以存者子产也，勿杀！"乃止。

二十五年，郑使子产于晋，问平公疾。平公曰："卜而曰实沈、台骀为祟，史官莫知，敢问？"对曰："高辛氏有二子，长曰阏伯，季曰实沈，居旷林，不相能也，日操干戈以相征伐。后帝弗臧，迁阏伯于商丘，主辰，商人是因，故辰为商星。迁实沈于大夏，主参，唐人是因，服事夏、商，其季世曰唐叔虞。当武王邑姜方娠大叔，梦帝谓已：'余命而子曰虞，乃与之唐，属之参而蕃育其子孙。'及生有文在其掌曰'虞'，遂以命之。及成王灭唐而国大叔焉。故参为晋星。由是观之，则实沈，参神也。昔金天氏有裔子曰昧，为玄冥师，生允格、台骀。台骀能业其官，宣汾、洮，障大泽，以处太原。帝用嘉之，国之汾川。沈、姒、蓐、黄实守其祀。今晋主汾川而灭之。由是观之，则台骀，汾、洮神也。然是二者不害君身。山川之神，则水旱之灾禜之；日月星辰之神，则雪霜风雨不时禜之；若君疾，饮食哀乐女色所生也。"平公及叔向曰："善，博物君子也！"厚为之礼于子产。

【译文】

十二年，简公对国相子孔专权很生气，杀死了子孔，封子产为上卿。十九年，简公来到晋国，为卫君求情，希望放他回国，并把六邑封给子产。子产辞决，只接受了三个。二十二年，吴国派延陵季子来到郑国，延陵季子与子产一见如故，对子产说："郑国臣子多行事奢侈，恐怕要有灾难降临了，大权将会落到你的手中。你如当政，一定要按礼仪治国；不然，郑国就要灭亡了。"子产厚待季子。二十三年，各位公子争宠而互相残杀，又想杀死子产。有的公子劝谏道："子产为人仁爱，郑国的存在靠的全是子产，千万不能杀他！"公子们才没有这么做。

二十五年，郑国命子产出使晋国，询问平公病情。平公问："经过占卜说是实沈、台骀作祟，史官不明白他们的来历，我问问你如何？"子产说："高辛氏有两个儿子，长子名阏伯，次子名实沈，两人住在森林中，不能相容，每天拿着干戈相互征伐，尧帝很讨厌他们，便让阏伯迁到商丘，主持祭祀辰星，商人从此沿袭下来，所以辰星称为商星，让实沈迁到大夏居住，主持祭祀参星，唐人从此沿袭下来，服侍夏、商，唐的末世君主名唐叔虞。当武王夫人邑姜身怀大叔时，梦见天帝对她说：'我给你的儿子起名虞，把他封在唐地，委托他祭祀参星，在那里繁育后代。'等大叔生出后，手掌心的纹理很像'虞'字，于是便起名为虞。周成王消灭唐后，将唐封给大叔。所以参星便成了晋国的星宿。由此可知，实沈是参星神。以前的金天氏有个叫昧的后代，做水官长，生子允格、台骀。台骀继承了前人官职，疏通了汾水、洮水，修筑堤防，在太原居住。颛顼帝对他大加奖励，封给他汾水。沈、姒、蓐、黄国实际掌管着祭祀。如今晋国统治着汾水流域，消灭了这一带的国家。由此看来，台骀是汾水、洮水神。但这两位神灵都不会对你身体构成危害，对于山河神，在发生水旱灾时应祭祀，对于日月星辰神，在风霜雨雪不能按时来临时就给予祭祀；您的病是因为饮食、哀乐、女色导致的。"平公和叔向对子产说："说得好，真不愧为博学多识的君子！"便赠送了子产丰厚的礼物。

【原文】

二十七年夏，郑简公朝晋。冬，畏楚灵王之强，又朝楚，子产从。二十八年，郑君病，使子产会诸侯，与楚灵王盟于申，诛齐庆封。三十六年，简公卒，子定公宁立。秋，定公朝晋昭公。定公元年，楚公子弃疾弑其君灵王而自立，为平王。欲行德诸侯。归灵王所侵郑地于郑。四年，晋昭公卒，其六卿强，公室卑。子产谓韩宣子曰："为政必以德，毋忘所以立。"六年，郑火，公欲禳之。子产曰："不如修德。"八年，楚太子建来奔。十年，太子建与晋谋袭郑。郑杀建，建子胜奔吴。十一年，定公如晋。晋与郑谋，诛周乱臣，入敬王于周。

十三年，定公卒，子献公虿立。献公十三年卒，子声公胜立。当是时，晋六卿强，侵夺郑，郑遂弱。声公五年，郑相子产卒，郑人皆哭泣，悲之如亡亲戚。子产者，郑成公少子也。为人仁爱人，事君忠厚。孔子尝过郑，与子产如兄弟云。及闻子产死，孔子为泣曰："古之遗爱也！"八年，晋范、中行氏反晋，告急于郑，郑救之。晋伐郑，败郑军于铁。

【译文】

二十七年夏，郑简公去朝见晋君。冬天，郑国害怕楚灵王的日渐强盛，便去朝拜楚国，子产也去了。二十八年，郑君有病，命子产与诸侯见面，与楚灵王在申立约，楚王杀死了齐国庆封。三十六年，简公去世，其子定公宁继位。秋天，定公朝拜晋昭公。定公元年，楚国公子弃疾杀死国君灵王自立为君，即平王。平王为了与各诸侯搞好关系，便广施恩德，归还了灵王侵占郑国的土地。四年，晋昭公去世，晋国的六卿开始强盛，国力日渐衰弱。子产对韩宣子说："执政定要靠仁德，不能忘记巩固政权的原因。"六年，郑国发生火灾，定公想祭天消灾。子产说："还不如广修德政。"八年，楚国太子建投奔郑国。十年，太子建与晋国合谋伐郑。郑国杀死了太子建，太子建的儿子逃到吴国。十一年，定公来到晋国。经商议后杀死周王室的乱臣贼子，护送敬王回周。

十三年，定公去世，其子献公虿继位。献公十三年去世，其子声公胜继位。此时，晋国六卿更加强盛，夺取了郑国大量领土，郑国开始衰落。声公五年，郑国国相子产去世，郑人痛流涕，如同悲悼自己的亲人一样。

子产是郑成公的幼子。为人仁厚慈爱，事奉君王忠心耿耿。孔子曾路过郑国，与子产亲如兄弟。得知子产去世，孔子悲痛地哭道："子产的仁爱，是古代的遗风啊！"八年，晋国的范氏、中行氏背叛晋国，向郑国告急，郑国派兵救助。晋国后又攻打郑国，在铁大败郑军。

【原文】

十四年，宋景公灭曹。二十年，齐田常弑其君简公，而常相于齐。二十二年，楚惠王灭陈。孔子卒。三十六年，晋知伯伐郑，取九邑。三十七年，声公卒，子哀公易立。哀公八年，郑人弑哀公而立声公弟丑，是为共公。共公三年，三晋灭知伯。三十一年，共公卒，子幽公已立。幽公元年，韩武子伐郑，杀幽公。郑人立幽公弟骀，是为繻公。繻公十五年，韩景侯伐郑，取雍丘。郑城京。十六年，郑伐韩，败韩兵于负黍。二十年，韩、赵、魏列为诸侯。二十三年，郑围韩之阳翟。二十五年，郑君杀其相子阳。二十七年，子阳之党共弑繻公骀而立幽公弟乙为君，是为郑君。郑君乙立二年，郑负黍反，复归韩。十一年，韩伐郑，取阳城。二十一年，韩哀侯灭郑，并其国。

太史公曰：语有之，"以权利合者，权利尽而交疏"，甫瑕是也。甫瑕虽以劫杀郑子内厉公，厉公终背而杀之，此与晋之里克何异？守节如荀息，身死而不能存奚齐。变所从来，亦多故矣！

【译文】

十四年，宋景公消灭曹国。二十年，齐国田常杀死国君简公，田常做了齐国国相。二十二年，楚惠王消灭陈国。孔子去世。三十六年，晋国知伯伐郑，攻取九座城邑。三十七年，声公去世，其子哀公继位。哀公八年，郑人杀死哀公立声公之弟丑为君，即共公。共公三年，三晋消灭了知伯。三十一年，共公去世，其子幽公继位。幽公元年，韩武子出兵伐郑，杀死幽公。郑人立幽公之弟骀为君，即繻公。繻公十五年，韩景侯兵伐郑国，攻取雍丘。郑国修筑京城。十六年，郑国兵伐韩国，在负黍大败韩军。二十年，韩、赵、魏位列诸侯。二十三年，郑国围困韩国的阳翟。二十五年，郑君杀死国相子阳。二十七年，子阳的党徒联合杀死了繻公骀，立幽公之弟乙为君，即郑君。郑君乙继位两年后，被郑国占领的负黍人反叛，使负黍回归韩国。十一年，韩国出兵伐郑，夺取阳城。二十一年，韩哀侯消灭郑国，并吞并了郑国。

太史公说：俗话说，“以权势和利害建立良好关系的，权势利害不存在了，关系就会破裂。”甫瑕就是最好的例子。甫瑕虽靠劫持杀了郑子接纳厉公回国，但厉公最终背叛并杀了他，这与晋国的里克有何分别呢？像荀息那样守节，就算死也不能保护奚齐。可见，祸乱产生的原因也是多方面的呀！

【评析】

春秋初期，郑国在诸国中实力最强，就连齐、鲁这样的大国在抵御蛮族入侵时都要请郑国帮忙支援。郑庄公更是一个开风气之先的人物，他不仅做出囚禁母亲、放逐弟弟等违背人伦之事，而且他在周天子面前也狂傲不羁、飞扬跋扈，首先撕掉了天子与诸侯间的礼教帷幕，从此开启了春秋诸侯争霸的先声。但是郑国就在大家看来蒸蒸日上时，却已经危机四伏了。郑庄公一死，接着就发生了昭厉争国，从此郑国开始衰落。而与此同时，齐国、楚国和晋国却发展形势一片大好。郑国最终失去了大好的发展机会，逐渐与强国拉开了距离，并沦为了二三流的国家。其实，在春秋诸侯国中，相对而言，郑国的内乱并不多，而且也不是最大的，但就是这样的内乱造成的后果却是触目惊心的。郑国从此一蹶不振，原本强大的国家不可思议地沦落为任人宰割的小国了，而支撑着这样小国的也仅是子产等人。真是一着不慎，全盘皆输。

第十一章 魏世家

【原文】

魏之先，毕公高之后也。毕公高与周同姓。武王之伐纣，而高封于毕，于是为毕姓。其后绝封，为庶人，或在中国，或在夷狄。其苗裔曰毕万，事晋献公。

献公之十六年，赵夙为御，毕万为右，以伐霍、耿、魏，灭之。以耿封赵夙，以魏封毕万，为大夫。卜偃曰："毕万之后必大矣，万，满数也；魏，大名也。以是始赏，天开之矣，天子曰兆民，诸侯曰万民。今命之大，以从满数，其必有众。"初，毕万卜事晋，遇屯之比。辛廖占之，曰："吉。屯固比入，吉孰大焉，其必蕃昌。"

毕万封十一年，晋献公卒，四子争更立，晋乱。而毕万之世弥大，从其国名为魏氏。生武子。魏武子以魏诸子事晋公子重耳。晋献公之二十一年，武子从重耳出亡。十九年反，重耳立为晋文公，而令魏武子袭魏氏之后封，列为大夫，治于魏。生悼子。

魏悼子徙治霍。生魏绛。

魏绛事晋悼公。悼公三年，会诸侯。悼公弟杨干乱行，魏绛僇辱杨干。悼公怒曰："合诸侯以为荣，今辱吾弟！"将诛魏绛。或说悼公，悼公止。卒任魏绛政，使和戎、翟，戎、翟亲附。悼公之十一年，曰："自吾用魏绛，八年之中，九合诸侯，戎、翟和，子之力也。"赐之乐，三让，然后受之。徙治安邑。魏绛卒，谥为昭子。生魏嬴。嬴生魏献子。

【译文】

魏国的祖先是毕公高的后代。毕公高和周天子同姓。武王伐纣后高被封于毕，因此便以毕为姓。在他的后代中断绝了封爵，成为平民百姓，有的在中原，有的在夷狄。在他的后代中有个叫毕万的，后来事奉晋献公。

晋献公十六年，赵夙驾车，毕万为护卫，讨伐霍、耿、魏，并消灭了这些国家。献公把耿封给赵夙，把魏封给毕万，被封为大夫。管占卜的卜偃说："毕万的后人定会发达。万是满数的意思，魏是高大的意思。这样的封赏，是上天的青睐呀！天子统治的叫兆民，诸侯统治的叫万民。现在他的封地是大，后边又是满数，他定会拥有万民。"当初毕万曾占卜事奉晋君的好坏，得到屯卦变为比卦。辛廖对他说："吉卦。屯卦象征坚固，比卦象征进入，没有比这更好的了，你将来必能兴旺。"

毕万受封十一年后，晋献公去世，他的四个儿子为君位相互争斗，晋国内乱。而毕万的子孙越来越多，随封地名被称为魏氏。毕万生子名武子。魏武子以魏氏诸子的身份事奉晋公子重耳。晋献公二十一年，魏武子跟随重耳逃亡在外，十九年后回国，重耳继位做了晋文公，命魏武子承袭魏氏后人的封爵，升任大夫，治理魏地。魏武子生子悼子。

魏悼子把官府迁至霍邑。后生子魏绛。

魏绛事奉晋悼公。悼公三年，与诸侯会盟。悼公的弟弟杨干扰乱军队，魏绛杀了杨干的仆人以羞辱他。悼公生气地说："与诸侯会盟本是光荣的事，你却侮辱我的弟弟！"便要杀死魏绛。经人劝说，悼公才没有这么做。后来又任用魏绛执政，派他去戎、狄建交，戎、狄从此与亲近并依附于晋国。悼公十一年，说："自我任用魏绛以来，八年中九次与各诸侯会盟，戎、狄与我们和睦相处，这全是你的功劳呀！"便赐给魏绛乐器和演奏者，魏绛三次辞让才接受。魏绛后把官抵迁到安邑。魏绛去世后，谥号昭子。魏绛生了魏嬴，魏嬴生子魏献子。

【原文】

献子事晋昭公。昭公卒而六卿强，公室卑。

晋顷公之十二年，韩宣子老，魏献子为国政。晋宗室祁氏、羊舌氏相恶，六卿诛之，尽取其邑为十县，六卿各令其子为之大夫。献子与赵简子、中行文子、范献子并为晋卿。

其后十四岁而孔子相鲁。后四岁，赵简子以晋阳之乱也，而与韩、魏共攻范、中行氏。魏献子生魏侈。魏侈与赵鞅共攻范、中行氏。

魏侈之孙曰魏桓子，与韩康子、赵襄子共伐灭知伯，分其地。

桓子之孙曰文侯都。魏文侯元年，秦灵公之元年也。与韩武子、赵桓子、周威王同时。

六年，城少梁。十三年，使子击围繁、庞，出其民。十六年，伐秦，筑临晋元里。

十七年，伐中山，使子击守之，赵仓唐傅之。子击逢文侯之师田子方于朝歌，引车避，下谒。田子方不为礼。子击因问曰："富贵者骄人乎？且贫贱者骄人乎？"子方曰："亦贫贱者骄人耳。夫诸侯而骄人则失其国，大夫而骄人则失其家。贫贱者，行不合，言不用，则去之楚、越，若脱蹝然，奈何其同之哉！"子击不怿而去。西攻秦，至郑而还，筑雒阴、合阳。

二十二年，魏、赵、韩列为诸侯。

二十四年，秦伐我，至阳狐。

二十五年，子击生子罃。

【译文】

魏献子事奉晋昭公。昭公去世后，晋国六卿逐渐强盛，晋室衰微。

晋顷公十二年，韩宣子告老还，魏献子主持国政。晋国宗族祁氏和羊舌氏互相诽谤，六卿将他们铲除，收回他们的封地划分为十县，六卿分派后人去十县做大夫。魏献子与赵简子、中行文子、范献子同任晋国卿位。

此后的十四年，孔子任鲁国宰相。四年后，赵简子因晋阳之乱，与韩氏、魏氏共伐范氏和中行氏。魏献子生子魏侈，魏侈同赵鞅共伐范氏和中行氏。

魏侈之孙名魏桓子，与韩康子、赵襄子共同消灭了知伯，瓜分了他的领地。

桓子的孙子是文侯都。魏文侯元年，即秦灵公元年。魏文侯与韩武子、赵桓子、周威烈王处于同一时代。

六年，文侯在少梁筑城。十三年，命子击围攻繁、庞，迁出当地百姓。十六年，攻打秦国，修建临晋、元里。

文侯十七年，攻打中山，命子击守卫那里，命赵仓唐辅佐他。子击在朝歌碰到了文侯的老师田子方，他引车避让，后又下车拜见。田子方却不还礼。子击问："一般是富贵之人对人傲慢，还是贫贱之人对人傲慢呢？"田子方说："贫贱之人多对人傲慢。如果诸侯对人傲慢就会失去封国，大夫对人傲慢就会失去家族。贫贱之人，如果行为不合，意见不被采用，就会离开投奔楚、越，就像脱掉草鞋一样，怎能与富贵者相比！"子击不高兴地走开了。向西攻打秦国，走到郑国就回来了，在雒阴、合阳筑城。

文侯二十二年，魏、赵、韩位列诸侯。

文侯二十四年，秦军伐魏，攻到阳狐。

文侯二十五年，子击生子名罃。

【原文】

文侯受子夏经艺，客段干木，过其闾，未尝不轼也。秦尝欲伐魏，或曰："魏君贤人是礼，国人称仁，上下和合，未可图也。"文侯由此得誉于诸侯。

任西门豹守邺，而河内称治。

魏文侯谓李克曰："先生尝教寡人曰'家贫则思良妻，国乱则思良相'。今所置非成则璜，二子何如？"李克对曰："臣闻之，卑不谋尊，疏不谋戚。臣在阙门之外，不敢当命。"文侯曰："先生临事勿让。"李克曰："君不察故也。居视其所亲，富视其所与，达视其所举，穷视其所不为，贫视其所不取，五者足以定之矣，何待克哉！"文侯曰："先生就舍，寡人之相定矣。"李克趋而出，过翟璜之家。翟璜曰："今者闻君召先生而卜相，果谁为之？"李克曰："魏成子为相矣。"翟璜忿然作色曰："以耳目之所睹记，臣何负于魏成子？西河之守，臣之所进也。君内以邺为忧，臣进西门豹。君谋欲伐中山，臣进乐羊。中山以拔，无使守之，臣进先生。君之子无傅，臣进屈侯鲋。臣何以负于魏成子！"李克曰："且子之言克于子之君者，岂将比周以求大官哉？君问而置相'非成则璜，二子何如'？克对曰：'君不察故也。居视其所亲，富视其所与，达视其所举，穷视其所不为，贫视其所不取，五者足以定之矣，何待克哉！'是以知魏成子之为相也。且子安得与魏成子比乎？魏成子以食禄千钟，什九在外，什一在内，是以东得卜子夏、田子方、段干木。此三人者，君皆师之。子之所进五人者，君皆臣之。子恶得与魏成子比也？"翟璜逡巡再拜曰："璜，鄙人也，失对，愿卒为弟子。"

【译文】

文侯拜子夏为师学习经书，以礼对待段干木，经过他的家乡时没有一次不凭轼敬礼。秦国曾想攻打魏国。有人说："魏君敬重贤能之士，深受魏国人称赞，全国齐心协力，不能对他有所企图。"文侯因此得到诸侯赞誉。

命西门豹为邺郡郡守，使河内得以整治。

魏文侯对李克说："先生曾教导我说：'家贫思良妻，国乱思良相'。现在要选任宰相，不是成子就是翟璜，你觉得他们谁更合适？"李克说："我听说卑贱的人不为尊贵的人出谋划策，疏远的人不替亲近的人出谋划策。我的职责在宫外，不敢在此乱言。"文侯说："先生对此就不要谦辞了。"李克说："这是您不注意考察他们的原因。平时观察他们与什么人亲近，富贵时看他结交什么人，显达时看他举荐什么人，失意时看他不做什么事，贫苦时看他不要什么东西，从这五条就能知道谁该任宰相了，何必问我李克呢！"文侯说："先生回家吧，我已经决定好谁任宰相了。"李克走后，到翟璜家中拜访。翟璜说："今天听说君主召见你选任宰相，结果是谁呢？"李克说："是魏成子。"翟璜气得脸色大变，说："单凭所见所闻，我哪点比不上魏成子？西河的守将是我推荐的。君主对内地最忧虑的是邺郡，我又推荐了西门豹。君主想攻打中山国，我推荐了乐羊。中山被灭后，无人可去驻守，我又推荐了先生。国君的儿子没有师傅，我推荐了屈侯鲋。我哪一点比不上魏成子呢！"李克说："您向君主推荐我，就是为了结党营私谋求官职吗？君主问我宰相之选'不是成子就是翟璜，你觉得两人如何？'我说：'这是您平时不注意考察的缘故。平时看他们亲近什么人，显达时推举什么人，失意时不做什么事，贫苦时拒绝什么。这五条足可知人善任，何必问我李克呢？’所以才知道魏成子要做宰相了。您怎能与魏成子相比呢？魏成子享用千钟俸禄，十分之九用在外边，十分之一用在家里，从东方请来了卜子夏、田子方、段干木。这三人被君主奉为老师。您推荐的那五个人，却都是君主的臣子。如何与魏成子相比？”翟璜犹豫再三后谢罪说：“我翟璜是个清浅之人，话有诸多不当之处，我想一生拜你为师。”

【原文】

二十六年，虢山崩，壅河。

三十二年，伐郑。城酸枣。败秦于注。三十五年，齐伐取我襄陵。三十六年，秦侵我阴晋。

三十八年，伐秦，败我武下，得其将识。是岁，文侯卒，子击立，是为武侯。

魏武侯元年，赵敬侯初立，公子朔为乱，不胜，奔魏，与魏袭邯郸，魏败而去。

二年，城安邑、王垣。

七年，伐齐，至桑丘。九年，翟败我于浍。使吴起伐齐，至灵丘。齐威王初立。

十一年，与韩、赵三分晋地，灭其后。

十三年，秦献公县栎阳。十五年，败赵北蔺。

十六年，伐楚，取鲁阳。武侯卒，子罃立，是为惠王。

惠王元年，初，武侯卒也，子罃与公中缓争为太子。公孙颀自宋入赵，自赵入韩，谓韩懿侯曰：“魏罃与公中缓争为太子，君亦闻之乎？今魏罃得王错，挟上党，固半国也。因而除之，破魏必矣，不可失也。”懿侯说，乃与赵成侯合军并兵以伐魏，战于浊泽，魏氏大败，魏君围。赵谓韩曰：“除魏君，立公中缓，割地而退，我且利。”韩曰：“不可。杀魏君，人必曰暴；割地而退，人必曰贪。不如两分之。魏分为两，不强于宋、卫，则我终无魏之患矣。”赵不听。韩不说，以其少卒夜去。惠王之所以身不死，国不分者，二家谋不和也。若从一家之谋，则魏必分矣。故曰“君终无适子，其国可破也”。

【译文】

文侯二十六年，虢山塌陷，堵住了黄河。

文侯三十二年，魏军伐郑。建造酸枣。在注城大败秦军。三十五年，齐军攻打占据了魏国襄陵。三十六年，秦军攻入魏国阴晋。

文侯三十八年，魏军伐秦，在武下失败，但俘虏了秦将识。同年，文侯去世，其子击继位，即武侯。

魏武侯元年，赵敬侯继位不久，公子朔作乱，失败后逃到魏国，与魏军共伐邯郸，魏军失败后离去。

武侯二年，建造安邑、王垣。

武侯七年，魏军伐齐，打到桑丘。九年，狄人在浍水战胜魏军。魏国命吴起攻打齐国，攻到灵丘。齐威王继位不久。

武侯十一年，魏与韩、赵三家瓜分晋国，消灭了晋国后人。

武侯十三年，秦献公迁都栎阳。十五年，魏军在北蔺大败赵军。

武侯十六年，魏军伐楚，占领鲁阳，武侯去世，其子罃继位，即惠王。

惠王元年。当初武侯去世时，子罃曾与公中缓为太子之位争斗。公孙颀从宋国来到赵国，又从赵国到韩国，对韩懿侯说："魏罃与公中缓争做太子，您听说了吗？现在魏罃有王错的辅佐，上党的协助，可以说拥有了半个国家。趁机除掉他，定能打败魏国，切不可失去机会。"懿侯十分高兴，便与赵成侯合兵伐魏，在浊泽大战，魏国大败，魏君被困。赵侯对韩侯说："杀掉魏君，拥立公中缓，割给土地后就退兵，这对我们有好处。"韩侯说："不行。杀死魏君，人们就会说我们残暴，割地退兵，人们就会说我们贪婪。不如将魏国分成两半，魏国两分后，还不如宋、卫两国强大，我们就永远不要担心魏国成为祸患了。"赵侯不从。韩侯很不高兴，便领部分军队连夜撤退了。魏惠王才得以幸免，魏国未被分割，原因就在于韩、赵两家意见不统一，如听从一家之言，魏国便会被分割。所以说"君主最终没有嫡子继位，国家就可能会破灭"。

【原文】

二年，魏败韩于马陵，败赵于怀。三年，齐败我观。五年，与韩会宅阳。城武堵。为秦所败。六年，伐取宋仪台。九年，伐败韩于浍。与秦战少梁，虏我将公孙痤，取庞。秦献公卒，子孝公立。

十年，伐取赵皮牢。彗星见。十二年，星昼坠，有声。

十四年，与赵会鄗。十五年，鲁、卫、宋、郑君来朝。十六年，与秦孝公会杜平。侵宋黄池，宋复取之。

十七年，与秦战元里，秦取我少梁。围赵邯郸。十八年，拔邯郸。赵请救于齐，齐使田忌、孙膑救赵，败魏桂陵。

十九年，诸侯围我襄陵。筑长城，塞固阳。

二十年，归赵邯郸，与盟漳水上。二十一年，与秦会彤。赵成侯卒。二十八年，齐威王卒。中山君相魏。

三十年，魏伐赵，赵告急齐。齐宣王用孙子计，救赵击魏。魏遂大兴师，使庞涓将，而令太子申为上将军。过外黄，外黄徐子谓太子曰："臣有百战百胜之术。"太子曰："可得闻乎？" 客曰："固愿效之。"曰："太子自将攻齐，大胜并莒，则富不过有魏，贵不益为王。若战不胜齐，则万世无魏矣。此臣之百战百胜之术也。"太子曰："诺，请必从公之言而还矣。"客曰："太子虽欲还，不得矣。彼劝太子战攻，欲啜汁者众。太子虽欲还，恐不得矣。"太子因欲还，其御曰："将出而还，与北同。"太子果与齐人战，败于马陵。齐虏魏太子申，杀将军涓，军遂大破。

【译文】

惠王二年，魏军在马陵大败韩军，在怀邑又打败赵军。三年，齐军在观城打败魏军。五年，魏王与韩侯在宅阳会面。建造武堵城。魏军被秦军所败。六年，魏军夺取宋国的仪台。九年，在浍水攻打战胜韩军。魏与秦军在少梁交战，魏将公孙痤被俘，并夺取庞城。秦献公去世，其子孝公继位。

惠王十年，魏军夺取赵国皮牢。彗星出现。十二年，白天有陨星坠落，还带有声音。

惠工十四年，魏工与赵侯在鄗邑会面。十五年，鲁、卫、宋、郑四国君主来朝见魏惠王。十六年，魏惠王与秦孝公在杜平会面。攻取了宋国的黄池，宋国后又夺回。

惠王十七年，魏军与秦军在元里大战，秦军夺取魏国的少梁。魏军围困赵都邯郸。十八年，魏军攻陷邯郸。赵国向齐求救，齐国派田忌、孙膑救赵，在桂陵大败魏军。

惠王十九年，诸侯国把魏国合围在襄陵。建造长城，使固阳成为要塞。

惠王二十年，魏国归还给赵国邯郸，魏王与赵侯在漳水畔会盟。二十一年，与秦君在彤会盟。赵成侯去世。二十八年，齐威王去世。中山君出任魏国宰相。

惠王三十年，魏军伐赵，赵国向齐求救。齐宣王采用孙膑的计策，攻打魏国，救助赵国。魏国大举兴兵，以庞涓为帅，太子申为上将军。魏军经过外黄时，外黄徐子对太子申说："我有百战百胜的办法。"太子说："能讲给我听吗？"徐子说："就是要讲给你的。"他继续说："太子亲率大军攻齐，就算取胜并夺取莒地，再富也不过是拥有魏国，再贵也不过是做魏王。如无法取胜齐国，就会使万代子孙失去魏国。这就是百战百胜之法。"太子申说："好吧，我定会按你的意思回国。"徐子说："太子虽想回国，但已经晚了。劝太子征战的那些人本想从中渔翁得利，且这样的人太多。太子就算想回，也不可能了。"太子本想回去，但驾车人却说："将军领兵刚出来就回国，这和失败没有什么区别。"太子申只得与齐军交战，经马陵一战。齐军俘虏了魏太子申，杀死了庞涓，魏军大败。

【原文】

三十一年，秦、赵、齐共伐我，秦将商君诈我将军公子卬而袭夺其军，破之。秦用商君，东地至河，而齐、赵数破我，安邑近秦，于是徙治大梁。以公子赫为太子。

三十三年，秦孝公卒，商君亡秦归魏，魏怒，不入。三十五年，与齐宣王会平阿南。

惠王数被于军旅，卑礼厚币以招贤者。邹衍、淳于髡、孟轲皆至梁。梁惠王曰："寡人不佞，兵三折于外，太子虏，上将死，国以空虚，以羞先君宗庙社稷，寡人甚丑之，叟不远千里，辱幸至弊邑之廷，将何以利吾国？"孟轲曰："君不可以言利若是。夫君欲利则大夫欲利，大夫欲利则庶人欲利，上下争利，国则危矣。为人君，仁义而已矣，何以利为！"

三十六年，复与齐王会甄。是岁，惠王卒，子襄王立。

襄王元年，与诸侯会徐州，相王也。追尊父惠王为王。

五年，秦败我龙贾军四万五千于雕阴，围我焦、曲沃。予秦河西之地。

六年，与秦会应。秦取我汾阴、皮氏、焦。魏伐楚，败之陉山。七年，魏尽入上郡于秦。秦降我蒲阳。八年，秦归我焦、曲沃。

十二年，楚败我襄陵。诸侯执政与秦相张仪会齧桑。十三年，张仪相魏。魏有女子化为丈夫。秦取我曲沃、平周。

十六年，襄王卒，子哀王立。张仪复归秦。

哀王元年，五国共攻秦，不胜而去。

【译文】

惠王三十一年，秦、赵、齐共伐魏国，秦将商鞅哄骗并俘虏了魏国将军公子卬，而后又击溃了魏军，取得大胜。秦国任用商鞅，使疆土东扩到黄河，而齐、赵又屡次战胜魏国，安邑又靠近秦国，于是魏国将都城迁至大梁。公子赫成为太子。

惠王三十三年，秦孝公去世，商鞅从秦国逃到魏国，魏人大怒，不收留他。三十五年，魏王与齐宣王在平阳南会面。

惠王屡次失败，便以谦逊的礼节和厚礼招纳贤士，邹衍、淳于髡、孟轲都来到魏国。梁惠王说："寡人不才，军队屡次受挫，太子被俘，上将被杀，国内空虚，使祖先社稷受辱，寡人很惭愧。老人家屈尊亲临魏国，请问如何才能有利我国呢？"孟轲说："君主不可只知谈论利益。君主想得利，手下大夫也想；大夫想利益，平民百姓就会想，国中臣民都以利所趋，国家就有危险了。身为一国之君，不如讲仁义，何必要讲利益呢？"

惠王三十六年，重新与齐王在甄邑会盟。同年，惠王去世，其子襄王继位。

襄王元年，魏王与各诸侯在徐州会盟，目的是为了相互称王。襄王追尊其父惠王为王。

五年，秦军在雕阴打败魏国龙贾率领的四万五千军队，并围困了魏国的焦城、曲沃。魏国将河西之地割给秦国。

六年，魏、秦在应城会盟。秦军攻占了魏国的汾阴、皮氏、焦城。魏军讨楚，在陉山大败楚军。七年，魏国把上郡全部割给秦国。秦军占领魏国的蒲阳。八年，秦国将焦城、曲沃还给魏国。

十二年，楚军在襄陵大败魏军。各诸侯国执政大臣与张仪在齧桑会面。十三年，张仪出任魏国宰相。魏国有女子变成男子。秦军夺取了魏国的曲沃、平周。

十六年，襄王去世，其子哀王继位。张仪返回秦国。

哀王元年，五国共攻秦国，无功而返。

【原文】

二年，齐败我观津。五年，秦使樗里子伐取我曲沃，走犀首岸门。六年，秦来立公子政为太子。与秦会临晋。七年，攻齐。与秦伐燕。

八年，伐卫，拔列城二。卫君患之。如耳见卫君曰：“请罢魏兵，免成陵君可乎？”卫君曰：“先生果能，孤请世世以卫事先生。”如耳见成陵君曰：“昔者魏伐赵，断羊肠，拔阏与，约斩赵，赵分而为二，所以不亡者，魏为从主也。今卫已迫亡，将西请事于秦。与其以秦醳卫，不如以魏醳卫，卫之德魏必终无穷。”成陵君曰：“诺。”如耳见魏王曰：“臣有谒于卫。卫故周室之别也，其称小国，多宝器。今国迫于难而宝器不出者，其心以为攻卫醳卫不以王为主，故宝器虽出必不入于王也。臣窃料之，先言醳卫者必受卫者也。”如耳出，成陵君入，以其言见魏王。魏王听其说，罢其兵，免成陵君，终身不见。

九年，与秦王会临晋。张仪、魏章皆归于魏。魏相田需死，楚害张仪、犀首、薛公。楚相昭鱼谓苏代曰：“田需死，吾恐张仪、犀首、薛公有一人相魏者也。”代曰：“然相者欲谁而君便之？”昭鱼曰：“吾欲太子之自相也。”代曰：“请为君北，必相之。”昭鱼曰：“奈何？”对曰：“君其为梁王，代请说君。”昭鱼曰：“奈何？”对曰：“代也从楚来，昭鱼甚忧，曰：‘田需死，吾恐张仪、犀首、薛公有一人相魏者也。’代曰：‘梁王，长主也，必不相张仪。张仪相，必右秦而左魏。犀首相，必右韩而左魏。薛公相，必右齐而左魏。梁王，长主也，必不便也。’王曰：‘然则寡人孰相？’代曰：‘莫若太子之自相。太子之自相，是三人者皆以太子为非常相也，皆将务以其国事魏，欲得丞相玺也。以魏之强，而三万乘之国辅之，魏必安矣。故曰莫若太子之自相也。’”遂北见梁王，以此告之。太子果相魏。

【译文】

二年，齐军在观津大败魏军。五年，秦国命樗里子夺取魏国曲沃，并在岸门赶跑了犀首公孙衍。六年，秦国拥立魏公子政为太子。魏王与秦王在临晋会盟。七年，魏军攻打齐国。后又同秦军共讨燕国。

八年，魏军攻打卫国，夺取两座城邑。卫国国君很害怕，如耳对卫君说：“让我去说服魏国罢兵，并免去成陵君，行吗？”卫君说：“先生如能做到，我愿世代事奉先生。”如耳见到成陵君后说：“以前魏军攻赵，阻断羊肠坂，夺取阏与，想把赵国一分为二，但赵国没有灭亡，是因为魏国是合纵的盟主。现在卫国将要灭亡，打算向西事奉秦国。与其请示秦国的救助，不如由魏国宽始卫国，这样卫国定会感谢魏国之恩。”成陵君说：“不错。”如耳又去拜见魏王说：“我曾进见过卫君。卫国原是周王室的旁支，虽是小国，但宝器颇多。现在国家有难，但宝器却还没有献出，原因是他们认为进攻或宽释卫国大王无法做主，所以即使献出宝器，也不可能被大王得到。臣私下认为，最先建议宽恕卫国的人，定是接受贿赂的人。”如耳走后，成陵君进见，照如耳之言拜见魏王。魏王听后，撤回魏军，并免去了成陵君，终身不再录用。

九年，魏王与秦王在临晋相会。张仪、魏章都在魏国。魏国宰相田需去世，楚国害怕张仪、犀首或薛公做了魏相。楚国宰相昭鱼对苏代说：“田需死了，我害怕张仪、犀首、薛公三人中有人做了魏相。”苏代说：“谁做宰相才对您有利呢？”昭鱼说：“我想让魏太子做宰相。”苏代说：“那就让我北上，定会满足你的要求。”昭鱼说：“怎么办？”苏代说：“您好比梁王，我前来游说。”昭鱼说：“你怎么说？”苏代说：“我从楚国则来，昭鱼很担心，他说：‘田需死了，怕张仪、犀首、薛公三人中有人成为魏相。’我说：‘梁王是贤君，定不会任张仪为相。张仪为相，定会偏向秦国，危害魏国。犀首做宰相，定会偏向韩国，有害魏国。薛公做宰相，定会偏向齐国，有害于魏国。梁王是位贤君，定会知道这些对魏国不利的情况。'魏王说：'那你说我该任谁为相呢？'我说：'不如让太子为相。太子亲自做宰相，这三个人都会认为太子不能长久为相，便会费尽心思让他们原来的国家事奉魏国，想借此得到相位。凭借魏国实力，再加上三个大国的帮助，魏国定会相安无事。所以说不如让太子为相。'"于是便北上求见魏王，以此话相告。魏太子果然做了宰相。

【原文】

十年，张仪死。十一年，与秦武王会应。十二年，太子朝于秦。秦来伐我皮氏，未拔而解。十四年，秦来归武王后。十六年，秦拔我蒲反、阳晋、封陵。十七年，与秦会临晋。秦予我蒲反。十八年，与秦伐楚。二十一年，与齐、韩共败秦军函谷。

二十三年，秦复予我河外及封陵为和。哀王卒，子昭王立。

昭王元年，秦拔我襄城。二年，与秦战，我不利。三年，佐韩攻秦，秦将白起败我军伊阙二十四万。六年，予秦河东地方四百里。芒卯以诈重。七年，秦拔我城大小六十一。八年，秦昭王为西帝，齐湣王为东帝，月余，皆复称王归帝。九年，秦拔我新垣、曲阳之城。

十年，齐灭宋，宋王死我温。十二年，与秦、赵、韩、燕共伐齐，败之济西，湣王出亡。燕独入临菑。与秦王会西周。

十三年，秦拔我安城。兵到大梁，去。十八年，秦拔郢，楚王徙陈。

十九年，昭王卒，子安釐王立。

【译文】

十年，张仪去世。十一年，魏王与秦武王在应城会盟。十二年，魏太子去朝拜秦国。秦军攻打魏国的皮氏，没有取胜便撤兵了。十四年，秦国将秦武王王后送回魏国。十六年，秦军攻取魏国的蒲反、阳晋和封陵。十七年，魏王与秦王在临晋会面。秦国归还了蒲城。十八年，魏、秦共伐楚国。二十一年，魏、齐、韩三军共伐秦军，在函谷关大胜。

二十三年，秦国把河外之地及封陵还给魏国，与之讲和。哀王去世，其子昭王继位。

昭王元年，秦军夺取魏国襄城。二年，魏秦交战，魏军败北。三年，魏国帮韩国攻打秦国，秦将白起在伊阙打败二十四万韩魏联军。六年，魏国将河东四百里土地割给秦国。芒卯因善用诡计被魏国重用。七年，秦军攻占了魏国大小城邑六十一座。八年，秦昭王自称西帝，齐湣王自称东帝，一个多月后，又都称王，收回了帝号。九年，秦军夺取了魏国的新垣、曲阳。

十年，齐国消灭宋国，宋王在魏国温邑去世。十二年，魏国与秦、赵、韩、燕共伐齐国，在济西大败齐军，齐湣王逃亡。燕军单独攻入临淄。魏王与秦王在西周会盟。

十三年，秦军夺取魏国安城。军队开至大梁，后又罢兵。十八年，秦军攻克楚都郢，楚王迁到陈城。

十九年，昭王去世，其子安釐王继位。

【原文】

安釐王元年，秦拔我两城。二年，又拔我二城，军大梁下，韩来救，予秦温以和。三年，秦拔我四城，斩首四万。四年，秦破我及韩、赵，杀十五万人，走我将芒卯。魏将段干子请予秦南阳以和。苏代谓魏王曰："欲玺者段干子也，欲地者秦也。今王使欲地者制玺，使欲玺者制地，魏氏地不尽则不知已。且夫以地事秦，譬犹抱薪救火，薪不尽，火不灭。"王曰："是则然也。虽然，事始已行，不可更矣。"对曰："王独不见夫博之所以贵枭者，便则食，不便则止矣。今王曰'事始已行，不可更'，是何王之用智不如用枭也？"

九年，秦拔我怀。十年，秦太子外质于魏死。十一年，秦拔我郪丘。

秦昭王谓左右曰："今时韩、魏与始孰强？"对曰："不如始强。"王曰："今时如耳、魏齐与孟尝、芒卯孰贤？"对曰："不如。"王曰："以孟尝、芒卯之贤，率强韩、魏以攻秦，犹无奈寡人何也。今以无能之如耳、魏齐而率弱韩、魏以伐秦，其无奈寡人何亦明矣。"左右皆曰："甚然。"中旗冯琴而对曰："王之料天下过矣。当晋六卿之时，知氏最强，灭范、中行，又率韩、魏之兵以围赵襄子于晋阳，决晋水以灌晋阳之城，不湛者三版。知伯行水，魏桓子御，韩康子为参乘。知伯曰：'吾始不知水之可以亡人之国也，乃今知之。'汾水可以灌安邑，绛水可以灌平阳。魏桓子肘韩康子，韩康子履魏桓子，肘足接于车上，而知氏地分，身死国亡，为天下笑。今秦兵虽强，不能过知氏；韩、魏虽弱，尚贤其在晋阳之下也。此方其用肘足之时也，愿王之勿易也！”于是秦王恐。

【译文】

安釐王元年，秦军攻克魏国两座城池。二年，又夺取魏国两座城池，兵至大梁，韩国派兵救助，把温邑让给秦国以求和解。三年，秦军夺取魏国四城，杀死四万人。四年，秦军打败魏、韩、赵联军，杀死十五万人，驱逐了魏将芒卯。魏将段干子请求把南阳让给秦国以求和解。苏代对魏王说：“想受封的是段干子，想得到土地的是秦国。现在大王想让得土地的人控制官印，让想受封的控制土地，魏国的土地不送光才怪呢。用土地事奉秦国，就如抱柴救火，柴不烧完，火不会熄灭。”魏王说：“确实如此，但事情已经酿成，无法更改了。”苏代说：“大王没见过玩博戏的人，原因是只看重枭子的缘故，有利就吃掉对方的子，无利就停下来。如今大王说‘事已至此，无法更改’，这说明大王的智谋还不如博戏时的用枭呢？”

九年，秦军攻克魏国怀邑，十年，在魏国作人质的秦太子死了。十一年，秦军攻克魏国的郪丘。

秦昭王对左右臣子说：“如今韩、魏与他们刚兴起时，何时更强大？”回答说：“不如开始时强大。”秦王说：“现在如耳、魏齐与以前的孟尝君、芒卯相比，谁更贤能？”回答说：“如耳、魏齐不如孟尝君和芒卯贤明。”秦王说：“凭孟尝君和芒卯的贤能，率韩、魏强兵攻秦，都不能把我怎么样。现在是无能的如耳、魏齐率疲弱之师攻秦，他们没有作为就更不用说了。”侍臣们都说：“不错。”中旗倚着琴却说：“大王看错天下形势了。当初晋国六卿掌权时，知氏最强，灭了范氏和中行氏，又率韩、魏军队在晋阳围攻赵襄子，决开晋水淹灌晋阳城，只有三版高没被淹没。知伯察看水势，魏桓子驾车，韩康子为车右陪侍。知伯说：‘我开始并不知道水也能灭亡国家，现在知道了。’以此类比，汾水也可以会淹灌魏都安邑，绛水也可能会淹灌韩都平阳。魏桓子用肘碰了一下韩康子，韩康子也用脚碰了一下魏桓子，两人在车上以肘脚为暗示，最后瓜分了知氏的领土，知伯客死他乡，被天下人嘲笑。如今秦兵虽强，但没有超过知氏；

韩、魏虽弱，但还胜过当年在晋阳城下之时。如今正是使他们以肘脚暗中联合的时候，望大王不要错看了天下形势！”秦王听后很惊恐。

【原文】

齐、楚相约而攻魏，魏使人求救于秦，冠盖相望也，而秦救不至。魏人有唐雎者，年九十余矣，谓魏王曰：“老臣请西说秦王，令兵先臣出。”魏王再拜，遂约车而遣之。唐雎到，入见秦王。秦王曰：“丈人芒然乃远至此，甚苦矣！夫魏之来求救数矣，寡人知魏之急已。”唐雎对曰：“大王已知魏之急而救不发者，臣窃以为用策之臣无任矣。夫魏，一万乘之国也，然所以西面而事秦，称东藩，受冠带，祠春秋者，以秦之强足以为与也。今齐、楚之兵已合于魏郊矣，而秦救不发，亦将赖其未急也。使之大急，彼且割地而约从，王尚何救焉？必待其急而救之，是失一东藩之魏而强二敌之齐、楚，则王何利焉？”于是秦昭王遽为发兵救魏。魏氏复定。

赵使人谓魏王曰：“为我杀范痤，吾请献七十里之地。”魏王曰：“诺。”使吏捕之，围而未杀。痤因上屋骑危，谓使者曰：“与其以死痤市，不如以生痤市。有如痤死，赵不予王地，则王将奈何？故不若与先定割地，然后杀痤。”魏王曰：“善。”痤因上书信陵君曰：“痤，故魏之免相也，赵以地杀痤而魏王听之，有如强秦亦将袭赵之欲，则君且奈何？”信陵君言于王而出之。

【译文】

齐、楚联合伐魏，魏国求救于秦国，使臣络绎不绝，但秦国缓兵迟迟不到。魏国有一名叫唐雎的人，年过九十，对魏王说：“老臣想到西方游说秦王，定能让秦军在我离秦之前出兵。”魏王拜谢，备好车马命他前去。唐雎来到秦国，入见秦王。秦王说：“老人家不辞千里，远道而来，实在辛苦了！魏国求救已有多次，寡人知道魏国危急。”唐雎说：“大王既知魏国危在旦夕却不派兵，我暗中认为是谋臣无能的表现。魏国是有万辆战车的大国，他西侍秦国，为东方属国，受秦国赏赐的衣冠，春秋两季向秦国献贡品，原因是认为强大的秦国可以成为盟友。现在齐楚联军兵围魏都，但秦国按兵不动，这就表明秦国并不算是太好的依靠。如果情况危急，它割地以求加入合纵国家，大王到时再去救助，又有何用呢？非要等危急时刻再去救助，这无异于失去了东方一个属国呀，这样只会使齐楚两国更加强大，对大王有什么好处呢？”于是秦昭王立即发兵救魏，魏国才得以安定。

赵国派人对魏王说：“替我杀了范痤，我就献七十里地给你。”魏王说：“好。”于是派官吏逮捕范痤，包围了他但没有杀他。范痤爬到屋顶上对使臣说：“与其用死范痤做交易，不如用活范痤去做交易。如把我杀了，赵国又不给土地，大王又怎么办呢？所以不如先让赵国割让土地，然后再杀我。”魏王说：“好。”范痤于是给信陵君写信说：“范痤是以前魏国罢免的宰相，赵国以割地为条件要杀我，魏王同意了，如强秦沿用赵国的方法对付您，您将怎么办呢？”信陵君劝谏赵王后，范痤才被释放。

【原文】

魏王以秦救之故，欲亲秦而伐韩，以求故地。无忌谓魏王曰：

秦与戎翟同俗，有虎狼之心，贪戾好利无信，不识礼义德行。苟有利焉，不顾亲戚兄弟，若禽兽耳，此天下之所识也，非有所施厚积德也。故太后母也，而以忧死；穰侯舅也，功莫大焉，而竟逐之；两弟无罪，而再夺之国。此于亲戚若此，而况于仇雠之国乎？今王与秦共伐韩而益近秦患，臣甚惑之。而王不识则不明，群臣莫以闻则不忠。

今韩氏以一女子奉一弱主，内有大乱，外交强秦魏之兵，王以为不亡乎？韩亡，秦有郑地，与大梁邻，王以为安乎？王欲得故地，今负强秦之亲，王以为利乎？

秦非无事之国也，韩亡之后必将更事，更事必就易与利，就易与利必不伐楚与赵矣。是何也？夫越山逾河，绝韩上党而攻强赵，是复阏与之事，秦必不为也。若道河内，倍邺、朝歌，绝漳滏水，与赵兵决于邯郸之郊，是知伯之祸也，秦又不敢。伐楚，道涉谷，行三千里而攻冥阨之塞，所行甚远，所攻甚难，秦又不为也。若道河外，倍大梁，右上蔡、召陵，与楚兵决于陈郊，秦又不敢。故曰秦必不伐楚与赵矣，又不攻卫与齐矣。

【译文】

魏王因秦国曾援救过自己，便想与秦亲近，兵伐韩国，想夺回故土。信陵君无忌对魏王说：

秦国和狄戎习俗相同，都是虎狼之心，贪婪凶恶，好利但不讲信用和礼义道德。如果有利，连亲戚兄弟也不顾惜，跟禽兽无异，这天下人都知道，他们不曾施舍过厚恩大德。虽然太后本为秦王之母，但忧郁而死，穰侯是秦王的舅父，功劳无人可比，竟然被驱逐了；秦王两个弟弟本都无罪，却被削夺了封地。对亲戚尚且如此，更何况敌国呢？现在大王与秦共伐韩国，亲近秦国，必会招来祸患，臣感到很迷惑。大王不懂此理就是不明，身为臣子不给你奏明此理谓不忠。

如今韩国靠一女人辅佐幼主，国内大乱，外有秦魏的强兵，大王认为它还不灭亡吗？韩国灭亡后，秦国占有原郑国的土地，逼近大梁，大王能安定吗？大王想夺回原来的国土，就被迫依靠强秦，这对我们有利吗？

秦国并非是个安分守己的国家，韩国灭亡后必会寻找事端，寻找有利于自己的目标，寻找容易且有利的目标必会率先避开楚、赵。为什么呢？因为有大山、黄河的阻隔，穿过韩国上党去攻打强大的赵国，这是重复阏与之战的老路，秦国肯定不会这样做。如果取道河内，背向邺城和朝歌，横渡漳水、滏水，与赵军在邯郸郊外决一死战，就会有知伯那样的灾祸，秦国也不会这样做。攻打楚国，取道涉谷，有三千里路程，去攻打冥阸关塞，路途遥远，过程艰难，秦国也不会这样做。如取道河外，背向大梁，右边是上蔡、召陵，与楚军在陈城郊外决战，秦国也没有这个胆量。由上可知，秦国必定不会攻打楚、赵两国，更不会攻打卫国和齐国。

【原文】

夫韩亡之后，兵出之日，非魏无攻已。秦固有怀、茅、邢丘，城垝津以临河内，河内共、汲必危；有郑地，得垣雍，决荧泽水灌大梁，大梁必亡。王之使者出过而恶安陵氏于秦，秦之欲诛之久矣。秦叶阳、昆阳与舞阳邻，听使者之恶之，随安陵氏而亡之，绕舞阳之北，以东临许，南国必危，国无害乎？

夫憎韩不爱安陵氏可也，夫不患秦之不爱南国非也。异日者，秦在河西晋，国去梁千里，有河山以阑之，有周韩以间之。从林乡军以至于今，秦七攻魏，五入囿中，边城尽拔，文台堕，垂都焚，林木伐，麋鹿尽，而国继以围。又长驱梁北，东至陶卫之郊，北至平监。所亡于秦者，山南山北，河外河内，大县数十，名都数百。秦乃在河西晋，去梁千里，而祸若是矣，又况于使秦无韩，有郑地，无河山而阑之，无周韩而间之，去大梁百里，祸必由此矣。

异日者，从之不成也，楚、魏疑而韩不可得也。今韩受兵三年，秦桡之以讲，识亡不听，投质于赵，请为天下雁行顿刃，楚、赵必集兵，皆识秦之欲无穷也，非尽亡天下之国而臣海内，必不休矣。是故臣愿以从事王，王速受楚赵之约，而挟韩之质以存韩，而求故地，韩必效之。此士民不劳而故地得，其功多于与秦共伐韩，而又与强秦邻之祸也。

夫存韩安魏而利天下，此亦王之天时已。通韩上党于共、宁，使道安成，出入赋之，是魏重质韩以其上党也。今有其赋，足以富国。韩必德魏爱魏重魏畏魏，韩必不敢反魏，是韩则魏之县也。魏得韩以为县卫，大梁、河外必安矣。今不存韩，二周、安陵必危，楚、赵大破，卫、齐甚畏，天下西向而驰秦入朝而为臣不久矣。

【译文】

韩国灭亡后，秦国出兵时，只能攻打魏国。秦国本就占有怀邑、茅邑、邢丘，如修筑垝津，兵临河内，河内的共城、汲邑必会危急；秦国占有郑国故土，得到垣雍城，决开荧泽，水淹大梁，大梁必败无疑。大王的使臣去秦已成过失，又在秦国中伤安陵氏，秦国早就想消灭它。秦国的叶阳、昆阳与魏国的舞阳相邻，任凭使臣中伤安陵氏，看着它被灭亡，秦军便会绕过舞阳北，从东边逼近许国故土，这样就会使南方告急，这岂能对魏国无害？

憎恶韩国不喜爱安陵氏还可以理解，但不考虑秦国不珍爱南方就错了。以前秦国在河西晋国故土，离大梁有千里之遥，有黄河和高山作屏障，有周、韩将其隔开。自林乡一战至今，秦国七次伐魏，五次攻入囿中，边境城邑全被夺取，文台被毁，垂都被烧，林木被伐，麋鹿猎尽，国都被围。秦军又长驱直入，打到大梁以北，东至陶、卫两城郊外，北至平监。秦国夺去的，有山南山北，河外河内，大县几十个，名都几百个。秦国还在河西晋国故土，离大梁千里之时，祸患便已如此。就不要说秦国消灭韩国以后了，那时便会占据郑国故土，黄河大山的屏障不复存在，周和韩的间隔被打通，离大梁只有百里，大祸便由此开始了。

以前合纵没有成功，是因为楚、魏相互猜疑，而韩国又不会参加。现在韩国历经三年战乱，秦国迫使其屈从求和，韩国明知要灭亡了也不愿听从，反送人质到赵国，以示想为天下诸侯的先锋与秦国决一死战。楚、赵必会联合军队，因为他们了解秦国的贪欲是没有尽头的，只有消灭所有的诸侯国，四海之内的百姓才会臣服他，所以秦国不达目的是绝不会罢手的。所以臣想以合纵的建议报效大王，大王应尽快接受楚国之约，挟持韩国人质共保韩国，然后再索回故土，韩国定会送还。这样做便会免去军民劳苦，且还能收回故土，利益远大于与秦国共伐韩国，而且又不会与强秦为邻。

存韩安魏，对天下有利，这是上天赐给大王的良机。开通共城、宁邑到韩国上党的道路，使此路经过安成，进出的商贾都要纳税，这就等于魏国又把韩国的上党作为抵押。如能得到这些税收便可使国家富足。韩国必会感谢、爱戴、尊崇魏国、惧怕魏国，更不会反叛魏国，如此一来，韩国就成为魏国的郡县。韩国成为郡县，卫、大梁、河外就会得到安定。如不保存韩国，二周、安陵就会有危险，楚、赵失败后，卫、齐就会恐惧，到那时，天下诸侯便会向西去秦国朝拜称臣了。

【原文】

二十年，秦围邯郸，信陵君无忌矫夺将军晋鄙兵以救赵，赵得全。无忌因留赵。二十六年，秦昭王卒。

三十年，无忌归魏，率五国兵攻秦，败之河外，走蒙骜。魏太子增质于秦，秦怒，欲囚魏太子增。或为增谓秦王曰："公孙喜固谓魏相曰'请以魏疾击秦，秦王怒，必囚增。魏王又怒，击秦，秦必伤'。今王囚增，是喜之计中也。故不若贵增而合魏，以疑之于齐、韩。"秦乃止增。

三十一年，秦王政初立。

三十四年，安釐王卒，太子增立，是为景湣王。信陵君无忌卒。

景湣王元年，秦拔我二十城，以为秦东郡。二年，秦拔我朝歌。卫徙野王。三年，秦拔我汲。五年，秦拔我垣、蒲阳、衍。十五年，景湣王卒，子王假立。

王假元年，燕太子丹使荆轲刺秦王，秦王觉之。

三年，秦灌大梁，虏王假，遂灭魏以为郡县。

太史公曰：吾适故大梁之墟，墟中人曰："秦之破梁，引河沟而灌大梁，三月城坏，王请降，遂灭魏。"说者皆曰魏以不用信陵君故，国削弱至于亡，余以为不然。天方令秦平海内，其业未成，魏虽得阿衡之佐，曷益乎？

【译文】

安釐王二十年，秦军围困邯郸，信陵君无忌假传王命夺得将军晋鄙的军队去救助赵国，赵国得以保全，无忌因此留在赵国。二十六年，秦昭王去世。

安釐王三十年，无忌返回魏国，率五国军队共伐秦国，在河外大败秦军，赶跑了秦将蒙骜。当时魏国太子增在秦国作人质，秦王大怒，要囚禁魏太子增。有人替太子求情说："公孙喜曾对魏相说过：'魏军快速攻秦，秦王盛怒之下便会囚禁太子增。这又会激怒魏王，然后再出兵伐秦，秦国必会加害太子增。'如今大王囚禁太子增，正是中了公孙喜的计谋。所以不如厚待太子增与魏国交好，让齐、韩对魏国产生怀疑。"秦王便打消了囚禁太子增的念头。

安釐王三十一年，秦王政继位。

安釐王三十四年，安釐王去世，太子增继位，即景湣王。信陵君无忌去世。

景湣王元年，秦军夺取魏国二十座城池，设为秦国东郡。二年，秦军攻取魏国的朝歌。卫国迁至野王。三年，秦军攻取魏国的汲邑。五年，秦军攻取魏国的垣地、蒲阳、衍邑。十五年，景湣王去世，其子魏王假继位。

魏王假元年，燕太子丹派荆轲刺杀秦王，秦王及时发觉。

三年，秦军水淹大梁，俘获魏王假，最终消灭魏国，设为郡县。

太史公说：我曾到过大梁旧址，那里的人说："秦军攻破大梁，是引河沟之水淹没大梁的，历经三个月都城被毁，魏王投降，消灭了魏国。"这些人都说，因为魏王不重用信陵君，国家才会日渐削弱，直到最终灭亡。我认为并非如此。这是上天让秦国平定四海，其功业不到成功之时，魏国就算得到像阿衡这样的贤臣辅佐，又能起到什么作用呢？

【评析】

魏公子信陵君窃符救赵的故事被后人传为佳话。司马迁老先生对信陵君更是推崇备至。也的确如此，信陵君的政治主张还是很有见地的，为当时魏国的发展起到了推动作用。可以说，整个魏国让司马迁最动感情的人物就是信陵君了。由于魏国的开国君主文侯魏斯的一系列政治活动，使魏国迅速强大起来，再加上他的好学善问，礼贤下士，为魏国招揽了很多人才，魏国成了战国初期最开明、最强大的国家。但是到了魏惠王时期，却开始衰落了。魏惠王的好战是魏国由盛而衰的主要原因，而他的昏庸无能，不采纳信陵君的政治方针，则是使魏国迅速败亡的主要因素。这与开国君主魏斯的礼贤下士形成了鲜明的对比。韩愈曾说"千里马常有而伯乐不常有"，可见一个有才能的人能否遇到一个知人善任的领导者，是决定其聪明才智是否得以充分发挥的关键。同样，一个领导是否善于发现人才，善于用人才，是其领导能力强弱的关键。这些又都是一个国家或是一个企业能否蒸蒸日上的关键。

第十二章 韩世家

【原文】

韩之先与周同姓，姓姬氏。其后苗裔事晋，得封于韩原，曰韩武子。武子后三世有韩厥，从封姓为韩氏。

韩厥，晋景公之三年，晋司寇屠岸贾将作乱，诛灵公之贼赵盾。赵盾已死矣，欲诛其子赵朔。韩厥止贾，贾不听。厥告赵朔令亡。朔曰："子必能不绝赵祀，死不恨矣。"韩厥许之。及贾诛赵氏，厥称疾不出。程婴、公孙杵臼之藏赵孤赵武也，厥知之。

景公十一年，厥与郤克将兵八百乘伐齐，败齐顷公于鞍，获逢丑父。于是晋作六卿，而韩厥在一卿之位，号为献子。

晋景公十七年，病，卜，大业之不遂者为祟。韩厥称赵成季之功，今后无祀，以感景公。景公问曰："尚有世乎？"厥于是言赵武，而复与故赵氏田邑，续赵氏祀。

晋悼公之七年，韩献子老。献子卒，子宣子代。宣子徙居州。

晋平公十四年，吴季札使晋，曰："晋国之政卒归于韩、魏、赵矣。"晋顷公十二年，韩宣子与赵、魏共分祁氏、羊舌氏十县。晋定公十五年，宣子与赵简子侵伐范、中行氏。宣子卒，子贞子代立。贞子徙居平阳。

贞子卒，子简子代。简子卒，子庄子代。庄子卒，子康子代。康子与赵襄子、魏桓子共败知伯，分其地，地益大，大于诸侯。

康子卒，子武子代。武子二年，伐郑，杀其君幽公。十六年，武子卒，子景侯立。

景侯虔元年，伐郑，取雍丘。二年，郑败我负黍。

【译文】

韩国的祖先与周王室同姓，姓姬。他们的后代事奉晋国，被封在韩原，称韩武子。韩武子传了三代后才到韩厥，他按封地改名为韩姓。

韩厥在晋景公三年时，晋国司寇屠岸贾想作乱，要诛杀灵公的贼臣赵盾。赵盾早已死去，就想杀死他的儿子赵朔。韩厥劝阻屠岸贾，屠岸贾不听。韩厥就告诉了赵朔，让他逃走。赵朔说："您如能保证使赵氏后代不断绝，我也就死而无憾了。"韩厥答应了他。等屠岸贾诛灭赵氏时，韩厥称病在家，程婴、公孙杵臼把赵氏孤儿赵武藏了起来，韩厥对此心知肚明。

晋景公十一年，韩厥与郤克率八百战车兵力征讨齐国，在鞍大败齐顷公，俘获了逄丑父。从此以后，晋国设置六卿，韩厥位居其一，号献子。

晋景公十七年，景公病重，占卜后说是一些大业未遂的人在作怪。韩厥称赞赵成季的功劳，并说他已无后人承继香火，以此来感动景公。景公说："他还有后代吗？"韩厥当时就谈到了赵武，景公便将赵氏原有的田邑封给赵武，让其承继赵氏祭祀。

晋悼公七年，韩献子告老还乡。献子去世后，其子宣子继任。宣子后迁到州邑。

晋平公十四年，吴国季札出使晋国，他说："晋国政权最终要落到韩、魏、赵三家。"晋顷公十二年，韩宣子与赵、魏共同瓜分了祁氏、羊舌氏的十个县。晋定公十五年，韩宣子和赵简子攻打范氏、中行氏。宣子去世后，其子贞子继任。贞子迁到平阳。

韩贞子去世，其子简子继位。韩简子去世，其子庄子继位。韩庄子去世，其子康子继位。韩康子、赵襄子、魏桓子共同打败知伯，瓜分了他的领地，三家的领地更加广阔，超过了诸侯。

韩康子去世后，其子武子继位。武子二年，攻打郑国，杀死国君郑幽公。十六年，韩武子去世，其子景侯继位。

韩景侯虔元年，攻打郑国，夺取雍丘。二年，郑军在负黍大败韩军。

【原文】

六年，与赵、魏俱得列为诸侯。

九年，郑围我阳翟。景侯卒，子列侯取立。

列侯三年，聂政杀韩相侠累。九年，秦伐我宜阳，取六邑。十三年，列侯卒，子文侯立。是岁魏文侯卒。

文侯二年，伐郑，取阳城。伐宋，到彭城，执宋君。七年，伐齐，至桑丘。郑反晋。九年，伐齐，至灵丘。十年，文侯卒，子哀侯立。

哀侯元年，与赵、魏分晋国。二年，灭郑，因徙都郑。

六年，韩严弑其君哀侯。而子懿侯立。

懿侯二年，魏败我马陵。五年，与魏惠王会宅阳。九年，魏败我浍。十二年，懿侯卒，子昭侯立。

昭侯元年，秦败我西山。二年，宋取我黄池。魏取朱。六年，伐东周，取陵观、邢丘。

八年，申不害相韩，修术行道，国内以治，诸侯不来侵伐。

十年，韩姬弑其君悼公。十一年，昭侯如秦。二十二年，申不害死。二十四年，秦来拔我宜阳。

二十五年，旱，作高门。屈宜臼曰："昭侯不出此门。何也？不时。吾所谓时者，非时日也，人固有利不利时。昭侯尝利矣，不作高门。往年秦拔宜阳，今年旱，昭侯不以此时恤民之急，而顾益奢，此谓'时绌举赢'。"二十六年，高门成，昭侯卒，果不出此门。子宣惠王立。

宣惠王五年，张仪相秦。八年，魏败我将韩举。十一年，君号为王。与赵会区鼠。十四，秦伐败我鄢。

【译文】

景侯六年，韩与赵、魏被承认位列诸侯。

景侯九年，郑国包围韩国的阳翟。景侯去世。其子列侯韩取继位。

列侯三年，聂政刺杀了韩国宰相侠累。九年，秦国攻打韩国宜阳，夺取六座城邑。十三年，列侯去世，其子文侯继位。同年魏文侯去世。

韩文侯二年，韩国攻打郑国，夺取阳城。攻打宋国，攻到彭城，俘获宋国国君。七年，攻打齐国，攻到桑丘。郑国背叛晋国。九年，韩国攻打齐国，攻至灵丘。十年，韩文侯去世，其子哀侯继位。

韩哀侯元年，韩、赵、魏三家瓜分晋国。二年，韩国消灭郑国，将都城迁至新郑。

哀侯六年，韩严杀死了国君哀侯，哀侯之子懿侯继位。

懿侯二年，魏军在马陵大败韩军。五年，韩侯与魏惠王在宅阳会盟。九年，魏军在浍水大败韩军。十二年，懿侯去世，其子昭侯继位。

韩昭侯元年，秦军在西山大败韩军。二年，宋国攻克韩国黄池。魏国夺取朱邑。六年，韩军征讨东周，攻取了陵观、邢丘。

昭侯八年，申不害任韩国宰相，运用君主驾驭群臣，使国家得到治理，局势日渐稳定，其他诸侯不敢来犯。

昭侯十年，韩姬杀死国君悼公。十一年，昭侯去秦国。二十二年，申不害去世。二十四年，秦军攻克韩国宜阳。

昭侯二十五年，遇到旱灾，修建了高大的城门。屈宜臼说："昭侯出不了城门。为什么这么说呢？原因是与时势不合。我所说的时指的不是时间，人本就有顺利和不顺利的时候。昭侯曾顺利过，但没有建高大的城门。去年秦国攻下宜阳，今年遇到旱灾，昭侯不在此时救济百姓所遇到的困难，却更加奢侈，这就是衰败的，更何况他如此的奢侈。"二十六年，高大的城门建成，昭侯去世了，没能走出这座城门。其子宣惠王继位。

宣惠王五年，张仪出任秦国宰相。八年，魏军战胜了韩国将军韩举。十一年，改君号为王。与赵王在区鼠相会。十四年，秦军出兵并在鄢陵大败韩军。

【原文】

十六年，秦败我脩鱼，虏得韩将鳆、申差于浊泽。韩氏急，公仲谓韩王曰："与国非可恃也。今秦之欲伐楚久矣，王不如因张仪为和于秦，赂以一名都，具甲，与之南伐楚，此以一易二之计也。"韩王曰："善。"乃警公仲之行，将西购于秦。楚王闻之大恐，召陈轸告之。陈轸曰："秦之欲伐楚久矣，今又得韩之名都一而具甲，秦韩并兵而伐楚，此秦所祷祀而求也。今已得之矣，楚国必伐矣。王听臣为之警四境之内，起师言救韩，命战车满道路，发信臣，多其车，重其币，使信王之救已也。纵韩不能听我，韩必德王也，必不为雁行以来，是秦韩不和也，兵虽至，楚不大病也。为能听我绝和于秦，秦必大怒，以厚怨韩。韩之南交楚，必轻秦；轻秦，其应秦必不敬：是因秦、韩之兵而免楚国之患也。”楚王曰：“善。”乃警四境之内，兴师言救韩。命战车满道路，发信臣，多其车，重其币。谓韩王曰：“不穀国虽小，已悉发之矣。愿大国遂肆志于秦，不穀将以楚殉韩。”韩王闻之大说，乃止公仲之行。公仲曰：“不可。夫以实伐我者秦也，以虚名救我者楚也。王恃楚之虚名，而轻绝强秦之敌，王必为天下大笑。且楚韩非兄弟之国也，又非素约而谋伐秦也。已有伐形，因发兵言救韩，此必陈轸之谋也。且王已使人报于秦矣，今不行，是欺秦也。夫轻欺强秦而信楚之谋臣，恐王必悔之。”韩王不听，遂绝于秦。秦因大怒，益甲伐韩，大战，楚救不至韩。十九年，大破我岸门。太子仓质于秦以和。

二十一年，与秦共攻楚，败楚将屈丐，斩首八万于丹阳。是岁，宣惠王卒，太子仓立，是为襄王。

【译文】

宣惠王十六年，秦军在脩鱼打败韩军，在浊泽俘获韩将鲠和申差。韩国告急，相国公仲对韩王说：“盟国不可靠。现在秦国想攻打楚国很久了，大王不如通过张仪向秦求和，献一座名城，并准备好盔甲武器，与秦军共伐楚国，这是以一失换二的策略。”韩王说：“好。”便为公仲之行做好准备，想西去与秦国讲和。楚王听后很害怕，召见陈轸询问情况。陈轸说：“秦国想打楚国确实很久了，如今又得到韩国的一座名城，并且还准备好了盔甲武器，想合兵伐楚，这是秦国梦寐以求的结果，如今得到了，楚国定会受到侵犯。按我的意思，不如在全国加强戒备，发兵声援韩国，让战车布满道路，然后派使臣外出，多配备些车辆，带厚礼前去，让韩国以为我们是在救他们。就算韩王不听从我们的建议，韩国也会十分感谢，就不会与我们为敌了，到时就会使秦韩不和，就算军队到了，也不会对我们构成太大的危害。如果韩国采纳我们的建议，便会放弃与秦求和，秦国必会生气，加深对韩国的怀恨；韩国便会向南与楚结好，怠慢秦国，这就会使秦国得不到尊重，我们利用秦韩之间的矛盾来避免祸患。”楚王说：“很好！”便下令全国加强戒备，同时放言发兵救韩，让战车布满道路，然后派使臣，为其配备诸多车辆，带厚礼去韩国。楚国使者对韩王说："敝国弱小，已派出全部军队，望贵国能竭尽全力与秦国作战，敝国将让楚军为韩国死战。"韩王听后很高兴，就放弃了命公仲与秦国议和的想法。公仲说："不行啊，秦国侵犯我们靠的是实力，楚国对我们的救助是虚假的。大王想依靠楚国的虚伪，就轻易与强秦绝交，这必定会让天下人嘲笑。况且楚韩并非是兄弟之国，以前又没有共伐秦国的约定。我们有了联秦攻楚的行动，楚国才会发兵救韩，这定是陈轸的阴谋。况且我们已经派人把想法告诉秦国了，如果不去，必会惹怒秦国。欺骗了强大的秦国，偏信楚国谋臣，到时大王定会后悔的。"韩王不听，最终与秦绝交。秦国大怒，增兵攻打韩国，两国大战，而楚国救兵一直未到。十九年，秦军在岸门大败韩军。韩国只得派太子仓作为人质向秦求和。

宣惠王二十一年，韩、秦共伐楚国，打败了楚将屈丐，在丹阳杀死八万楚军。同年，宣惠王去世，太子仓继位，即襄王。

【原文】

襄王四年，与秦武王会临晋。其秋，秦使甘茂攻我宜阳。五年，秦拔我宜阳，斩首六万。秦武王卒。六年，秦复与我武遂。九年，秦复取我武遂。十年，太子婴朝秦而归。十一年，秦伐我，取穰。与秦伐楚，败楚将唐昧。

十二年，太子婴死。公子咎、公子虮虱争为太子。时虮虱质于楚。苏代谓韩咎曰："虮虱亡在楚，楚王欲内之甚。今楚兵十余万在方城之外，公何不令楚王筑万室之都雍氏之旁，韩必起兵以救之，公必将矣。公因以韩楚之兵奉虮虱而内之，其听公必矣，必以楚韩封公也。"韩咎从其计。

楚围雍氏，韩求救于秦。秦未为发，使公孙昧入韩。公仲曰："子以秦为且救韩乎？"对曰："秦王之言曰'请道南郑、蓝田，出兵于楚以待公'，殆不合矣。"公仲曰："子以为果乎？"对曰："秦王必祖张仪之故智。楚威王攻梁也，张仪谓秦王曰：'与楚攻魏，魏折而入于楚，韩固其与国也，是秦孤也。不如出兵以到之，魏楚大战，秦取西河之外以归。'今其状阳言与韩，其实阴善楚。公待秦而到，必轻与楚战。楚阴得秦之不用也，必易与公相支也。公战而胜楚，遂与公乘楚，施三川而归。公战不胜楚，楚塞三川守之，公不能救也。窃为公患之。司马庚三反于郢，甘茂与昭鱼遇于商於，其言收玺，实类有约也。”公仲恐，曰：“然则奈何？”曰：“公必先韩而后秦，先身而后张仪。公不如亟以国合于齐楚，齐楚必委国于公。公之所恶者张仪也，其实犹不无秦也。”于是楚解雍氏围。

【译文】

襄王四年，与秦武王在临晋会面。同年秋，秦国派甘茂攻打韩国宜阳。五年，秦国夺取宜阳，杀死六万韩军。秦武王去世。六年，秦国又将武遂还给韩国。九年，秦国再度夺取韩国的武遂。十年，韩国太子婴朝拜秦王后归来。十一年，秦军攻打韩国，夺取了穰邑。韩秦共伐楚国，打败了楚将唐眜。

襄王十二年，太子婴去世。公子咎、公子虮虱争做太子。当时虮虱在楚国做人质。苏代对韩咎说：“虮虱在楚国流亡，楚王很想送他回国。现在十几万楚军在方城山北驻扎，您为何不让楚国在雍氏城的旁边建座万户的城邑，这样韩王必会派兵救助雍氏，必会命你统帅。您就可利用韩楚两国的军队拥立虮虱，将其接回韩国，以后他必会听从于你，并会将楚韩边境封给您。”韩咎听从了他的建议。

楚军围困雍氏，韩国向秦求助。秦国没有出兵，派公孙眜来到韩国。公仲对公孙眜说：“您认为秦国会援助韩国吗？”公孙眜说：“秦王是这样说的：‘我们要取道南郑、蓝田，出兵到楚国后等待您的军队。’恐怕不能会合了。”公仲说：“你觉得真这样吗？”公孙眜说：“秦王定会按张仪最初的计策行事。当初楚威王攻打魏国时，张仪对秦王说：‘秦、楚共伐魏，魏国失败后会与楚国交好，韩国本就是它的盟国，这样就会孤立秦国。我们不如出兵来搅乱他们，让魏楚大战，秦军就可占据西河以外的土地再返回。’如今的秦王表面上在同韩国结盟，其实是暗中与楚国交好。您等待秦军来援助，必会与楚军有场大战。楚国暗中早知秦军不会援助韩国，便会容易与您对抗。此战如能打败楚国，秦国必会与您共同凌驾在楚国之上，然后在三川扬威再回国。此战如果不能打败楚国，楚国阻住三川坚守，您就无法得救了。我暗中在替你担忧呢。秦人司马庚三度往返于郢都，秦相甘茂与楚相昭鱼在商於相会，表面扬言要收回攻打韩楚的印信，其实双方有密约。"公仲惊恐地说："那该如何是好呢？"公孙昧说："您必须先从韩国自身考虑，然后再思考秦国能否前来救助，先想好自救之法，再考虑如何应付张仪的计谋。你不如尽快同齐楚联合，齐楚必会将国事托付给你。您厌恶的是张仪的阴谋诡计，但不能对秦国无礼！"楚国因此解除了对雍氏的围困。

【原文】

苏代又谓秦太后弟芈戎曰："公叔伯婴恐秦楚之内虮虱也，公何不为韩求质子于楚？楚王听入质子于韩，则公叔伯婴知秦楚之不以虮虱为事，必以韩合于秦楚。秦楚挟韩以窘魏，魏氏不敢合于齐，是齐孤也。公又为秦求质子于楚，楚不听，怨结于韩。韩挟齐魏以围楚，楚必重公。公挟秦楚之重以积德于韩，公叔伯婴必以国待公。"于是虮虱竟不得归韩。韩立咎为太子。齐、魏王来。

十四年，与齐、魏王共击秦，至函谷而军焉。十六年，秦与我河外及武遂。襄王卒，太子咎立，是为釐王。

釐王三年，使公孙喜率周、魏攻秦。秦败我二十四万，虏喜伊阙。五年，秦拔我宛。六年，与秦武遂地二百里。十年，秦败我师于夏山。十二年，与秦昭王会西周而佐秦攻齐。齐败，湣王出亡。十四年，与秦会两周间。二十一年，使暴鸢救魏，为秦所败，鸢走开封。

【译文】

苏代对秦太后的弟弟芈戎说："公叔伯婴害怕秦国将虮虱送回韩国，您为何不为韩国去请求楚国放回质子虮虱呢？楚国如不答应，公叔伯婴就知道秦、楚两国并不重视虮虱的事，定会使韩国与秦、楚结好。秦、楚就能靠韩国牵制魏国，魏国也就不敢与齐国联合了，这样就能孤立齐国。然后您再替秦国求楚国将质子虮虱送回秦国，楚国不答应，就会与韩国结仇。韩国就会依靠齐、魏围困楚国，楚国必会尊重您。您依靠秦、楚的尊崇对韩国施以恩惠，公叔伯婴定会用整个国家对待您。"于是虮虱最终未能回到韩国。韩国立公子咎为太子。齐、魏到韩国祝贺。襄王十四年，韩与齐、魏共伐秦国，在函谷关驻扎。十六年，秦国将河外之地和武遂还给韩国。襄王去世，太子咎继位，即釐王。

釐王三年，派公孙喜率周、魏的军队攻打秦国。秦国打败二十四万韩军，在伊阙俘获了公孙喜。五年，秦军攻取了韩国宛城。六年，韩国将武遂的二百里土地割让给秦国。十年，秦军在夏山大败韩军。十二年，韩釐王与秦昭王在西周国会面，并帮秦国攻打齐国。齐国失利，齐湣王逃亡国外。十四年，韩秦在两周国间会面。二十一年，派暴鸢援助魏国，后被秦军打败，暴鸢逃至开封。

【原文】

二十三年，赵、魏攻我华阳。韩告急于秦，秦不救。韩相国谓陈筮曰："事急，愿公虽病，为一宿之行。"陈筮见穰侯。穰侯曰："事急乎？故使公来。"陈筮曰："未急也。"穰侯怒曰："是可以为公之主使乎？夫冠盖相望，告敝邑甚急，公来言未急，何也？"陈筮曰："彼韩急则将变而佗从，以未急，故复来耳。"穰侯曰："公无见王，请今发兵救韩。"八日而至，败赵、魏于华阳之下。是岁，釐王卒，子桓惠王立。

桓惠王元年，伐燕。九年，秦拔我陉，城汾旁。十年，秦击我于太行，我上党郡守以上党郡降赵。十四年，秦拔赵上党，杀马服子卒四十余万于长平。十七年，秦拔我阳城、负黍。二十二年，秦昭王卒。二十四年，秦拔我城皋、荥阳。二十六年，秦悉拔我上党。二十九年，秦拔我十三城。

三十四年，桓惠王卒，子王安立。

王安五年，秦攻韩，韩急，使韩非使秦，秦留非，因杀之。

九年，秦虏王安，尽入其地，为颍川郡。韩遂亡。

太史公曰：韩厥之感晋景公，绍赵孤之子武，以成程婴、公孙杵臼之义，此天下之阴德也。韩氏之功，于晋未睹其大者也。然与赵、魏终为诸侯十余世，宜乎哉！

【译文】

釐王二十三年，赵、魏共伐韩国华阳。韩国向秦求救，秦国没有答应。韩国相国对陈筮说："事态紧迫，虽然你有病，还希望能连夜到秦国去。”陈筮到秦国后首先见了穰侯魏冉。穰侯说：“事情很紧迫吗？才派你来的。”陈筮说：“并不十分紧迫。”穰侯生气地说：“既然这样，你的君主还能派你来做使臣？你们的使臣络绎不绝，都是来告急的，你来了却说不紧迫，什么原因？”陈筮说：“韩国要是真的危急，就会改变政策追随他国了，因为还没到十分的危急时刻，我才来的。”穰侯说：“你没有必要见秦王了，如今我马上发兵救韩。”过了八天，秦军赶到，在华阳山下大败赵、魏联军。同年，釐王去世，其子桓惠王继位。

桓惠王元年，韩国攻打燕国。九年，秦军攻占了韩国陉城，并在汾水旁建造城池。十年，秦军在太行山攻打韩国，韩国的上党郡守献出上党投降了赵国。十四年，秦国夺取赵国的上党。在长平杀死了马服之子赵括率领的四十万军兵。十七年，秦军攻占了韩国阳城、负黍。二十二年，秦昭王去世。二十四年，秦军夺取了韩国城皋、荥阳。二十六年，秦军攻占了韩国的全部上党地区。二十九年，秦军夺取了韩国十三座城池。

三十四年，桓惠王去世，其子王安继位。

韩王安五年，秦国攻打韩国，韩国形势危急，派韩非出使秦国，秦国留下了韩非，后来把他杀了。

九年，秦军俘获韩王安，韩国领土全被秦国占有，设为颍川郡。韩国最终灭亡。

太史公说：韩厥感动了晋景公，让赵氏孤儿赵武做了赵氏江山的继承人，也成全了程婴和公孙杵臼的大义，这是天下难得的阴德。韩氏在晋国并没有多少显现功劳，但最终能与赵、魏一样，位居诸侯十几代，也算是顺理成章的事了！

【评析】

韩国这样的诸侯国从成立的第一天起，就得接受战乱纷争，它注定无法置身事外。尽管它作为新兴的诸侯国，有一定的政治活力，还不被排在弱国之列。但是它依然无法与齐、秦等大国相抗衡，即使是和同时兴起的赵、魏相比，它有时还是不免会处于比较尴尬的境地。所谓弱国无外交，落后就要挨打。韩国就是这样被大国欺凌，不得以周旋于强于自己的国家之间。本文对韩国的记述并不是很详细，但是其中还是提到了公子韩非——这个法家思想的代表人物。他的政治主张很大程度上维持着韩国的生存。但是凭借一己之力，怎么能力挽狂澜？面对秦国的强大攻势，就是延口残喘的时间都不会留下太多。国家也好，个人也罢，都要自强，有时别人的帮忙固然能够解救燃眉之急，但毕竟不是长久之计。要想真正立足于当时的社会，就得不断地壮大自己的实力。在激烈的竞争中，没有永远的朋友，也没有永远的敌人，只有永远的利益。当双方利益不一致或发生冲突时，弱者就只有被吞噬的份儿。

第十三章 孔子世家

【原文】

孔子生鲁昌平乡陬邑。其先宋人也，曰孔防叔。防叔生伯夏，伯夏生叔梁纥。纥与颜氏女野合而生孔子，祷于尼丘得孔子。鲁襄公二十二年而孔子生。生而首上圩顶，故因名曰丘云。字仲尼，姓孔氏。

丘生而叔梁纥死，葬于防山。防山在鲁东，由是孔子疑其父墓处，母讳之也。孔子为儿嬉戏，常陈俎豆，设礼容。孔子母死，乃殡五父之衢，盖其慎也。陬人挽父之母诲孔子父墓，然后往合葬于防焉。

孔子要绖，季氏飨士，孔子与往。阳虎绌曰："季氏飨士，非敢飨子也。"孔子由是退。

孔子年十七，鲁大夫孟釐子病且死，诫其嗣懿子曰："孔丘，圣人之后，灭于宋。其祖弗父何始有宋而嗣让厉公。及正考父佐戴、武、宣公，三命兹益恭，故鼎铭云：'一命而偻，再命而伛，三命而俯，循墙而走，亦莫敢余侮。饘于是，粥于是，以糊余口。'其恭如是。吾闻圣人之后，虽不当世，必有达者。今孔丘年少好礼，其达者欤？吾即没，若必师之。"及釐子卒，懿子与鲁人南宫敬叔往学礼焉。是岁，季武子卒，平子代立。

【译文】

孔子出生在鲁国昌平乡的陬邑。他的祖先是宋国人，叫孔防叔。防叔生子伯夏，伯夏生了叔梁纥。叔梁纥年老时娶颜氏女子生下孔子，那时他们向尼丘山祷告后才生得孔子。鲁襄公二十二年孔子降生。出生时头顶是凹下去的，所以起名叫丘。字仲尼，姓孔。

孔子出生后不久叔梁纥就去世了，葬在防山。防山在鲁国东部，所以孔子无法得知父亲坟墓的确切位置，其实是母亲没有把父亲埋葬的地方告诉他。孔子年幼时嬉戏，常摆起各种祭器，学做祭祀的动作。孔子的母亲去世后，便将灵柩停放在五父之衢，出于慎重而没立即下葬。陬人輓父的母亲告诉了孔子父亲的葬地，然后孔子才把母亲迁去防山与父亲安葬在一起。

孔子腰系孝带守丧时，季孙氏盛宴待客，孔子前往。季孙氏家臣阳虎说："季氏待客，没有请你。"孔子便退了回来。

十七岁时，鲁国大夫孟釐子病危，临终前告诫儿子懿子："孔丘是圣人的后代，他的祖先在宋国被灭。他的先祖弗父何本应继任宋国国君，但让给了弟弟厉公。到他的另一先祖正考父时，辅佐宋戴公、宋武公、宋宣公三代，使三次受命一次比一次恭敬，所以正考父鼎上的铭文说：'首次任命鞠躬而受，二次任命弯腰而受，三次任命俯首而受。走路时顺墙而走，没人敢欺侮；我在鼎中做些面糊以求度日。'他就是如此恭谨节俭。我听说圣人后代虽不一定成为国君，但必会成为才德显达之人。如今孔子年少而知礼，他不就是才德显达之人吗？如果我去世了，你一定要拜他为师。"等孟釐子死后，孟懿子与鲁国人南宫敬叔前往孔子处学礼。同年，季武子去世，由平子继任卿位。

【原文】

孔子贫且贱。及长，尝为季氏史，料量平；尝为司职吏而畜蕃息。由是为司空。已而去鲁，斥乎齐，逐乎宋、卫，困于陈蔡之间，于是反鲁。孔子长九尺有六寸，人皆谓之"长人"而异之。鲁复善待，由是反鲁。

鲁南宫敬叔言鲁君曰："请与孔子适周。"鲁君与之一乘车，两马，一竖子俱，适周问礼，盖见老子云。辞去，而老子送之曰："吾闻富贵者送人以财，仁人者送人以言。吾不能富贵，窃仁人之号，送子以言，曰：'聪明深察而近于死者，好议人者也。博辩广大危其身者，发人之恶者也。为人子者毋以有己，为人臣者毋以有己。'"孔子自周反于鲁，弟子稍益进焉。是时也，晋平公淫，六卿擅权，东伐诸侯；楚灵王兵强，陵轹中国；齐大而近于鲁。鲁小弱，附于楚则晋怒；附于晋则楚来伐；不备于齐，齐师侵鲁。

鲁昭公之二十年，而孔子盖年三十矣。齐景公与晏婴来适鲁，景公问孔子曰："昔秦穆公国小处辟，其霸何也？"对曰："秦，国虽小，其志大；处虽辟，行中正。身举五羖，爵之大夫，起累绁之中，与语三日，授之以政。以此取之，虽王可也，其霸小矣。"景公说。

【译文】

孔子家境贫寒，地位低下。长大后曾给季氏做过管理仓库的小吏，出纳钱粮十分公平；也曾做过管理牧场的小吏，牲畜蕃息。后来又升任为主管营建工程的司空。不久后，他离开鲁国，在齐国又受到排挤，在宋、卫遭到驱逐，又在陈、蔡两国间被围困，最后又返回鲁国。孔子高九尺六寸，人都称他"长人"，与众不同。鲁国后来善待于他，他才返回了鲁国。

鲁国人南宫敬叔对鲁国国君说："请让我和孔子出使周朝。"国君鲁昭公便给了他们一辆车，两匹马，一名仆从，随之前去，到周朝学礼，据说遇到老子。辞行时老子送他们时说："我听说富贵的人送别时赠送财物，有道德的人送别时赠送良言。我不是富贵人，但窃取了有道德之人的名号，便以言辞送别吧。说：'聪明深察的人经常挣扎在死亡的边缘，原因是好议论他人的缘故；博学善辩见识深远的人时常遭受厄运，这是因为他好揭发他人罪恶的缘故。做子女的忘掉自己而心系父母，做臣下的忘掉自己而心系君主。'"孔子从周返回鲁国后，自己的弟子逐渐多了起来。

此时，晋平公淫乱，六卿专权，出兵东伐诸侯，楚灵王兵强马壮，经常侵犯中原；强大的齐国靠近鲁国。鲁国弱小，归附于楚国就会惹怒晋国；归附于晋国就会遭到楚国攻伐；对齐国稍有怠慢，就会遭到齐军侵犯。

鲁昭公二十年，孔子三十岁左右。齐景公与晏婴来到鲁国，景公问孔子："以前秦穆公的国家弱小，地处偏远，他称霸的原因是什么呢？"孔子说："秦国虽然弱小，但志向远大；虽地处偏僻，但施政恰当。秦穆公用五张黑公羊皮赎回百里奚，授予大夫之职，将他从狱中救出，一起谈了三天话，随后将执政大权交给他。用这种眼光治理国家，就算统治天下也不为过呀，他成为霸主还算是小的呢。”景公听后很高兴。

【原文】

孔子年三十五，而季平子与郈昭伯以斗鸡故得罪鲁昭公，昭公率师击平子，平子与孟氏、叔孙氏三家共攻昭公，昭公师败，奔于齐，齐处昭公乾侯。其后顷之，鲁乱。孔子适齐，为高昭子家臣，欲以通乎景公。与齐太师语乐，闻韶音，学之，三月不知肉味，齐人称之。

景公问政孔子，孔子曰：“君君，臣臣，父父，子子。”景公曰：“善哉！信如君不君，臣不臣，父不父，子不子，虽有粟，吾岂得而食诸！”他日又复问政于孔子，孔子曰：“政在节财。”景公说，将欲以尼溪田封孔子。晏婴进曰：“夫儒者滑稽而不可轨法；倨傲自顺，不可以为下；崇丧遂哀，破产厚葬，不可以为俗；游说乞贷，不可以为国。自大贤之息，周室既衰，礼乐缺有间。今孔子盛容饰，繁登降之礼，趋详之节，累世不能殚其学，当年不能究其礼。君欲用之以移齐俗，非所以先细民也。”后，景公敬见孔子，不问其礼。异日，景公止孔子曰：“奉子以季氏，吾不能。”以季孟之间待之。齐大夫欲害孔子，孔子闻之。景公曰：“吾老矣，弗能用也。”孔子遂行，反乎鲁。

【译文】

孔子三十五岁时，季平子因与郈昭伯斗鸡得罪了鲁昭公，昭公率军攻打平子，平子与孟氏、叔孙氏三家共伐昭公，昭公落败，逃到齐国，齐国把昭公安置在乾侯。不久，鲁国又发生内乱。孔子来到齐国，成了高昭子的家臣，想通过高昭子接近景公。他与齐国的乐官谈论音乐，听到了《韶》乐，便学了起来，三个月竟然不知肉味，齐国人很赞赏他这种精神。

齐景公向孔子询问政事，孔子说：“国君要有国君的样子，臣子要有臣子的样子，父亲要有父亲的样子，儿子要有儿子的样子。”景公听后说：“太好了！如果国君不像国君，臣子不像臣子，父亲不像父亲，儿子不像儿子，就算有再多的粮食，我恐怕也吃不上呀！”后来景公请教孔子为政之道，孔子说：“管理国家重在节约开支。”景公听后很高兴，想把尼溪的田地封给孔子。晏婴劝道："儒家这样的人，油嘴滑舌，但无法用法律约束他们；他们高傲任性、自以为是，不能把他们当下臣使用；他们重丧事，尽哀情，即使破产，也要厚葬，这样的做法不能风行；他们四处游说以求得到官禄，不能用他们来治理国家。自圣贤降世以来，周王室也随之衰微，礼乐也日渐恶化。如今孔子讲究仪容服饰，规定的朝廷礼节如此烦琐，刻意追求规矩的尽快执行，这些繁文缛节几代人也学不完，一辈子也搞不懂。您如用这套东西改变齐国风俗，恐怕不是引导百姓的好方法。"景公听后，虽然很有礼貌地接见了孔子，但没有再提关于礼的问题。一天，景公挽留孔子说："像季氏那样高的待遇对您，我做不到。"后便用上卿季孙氏、下卿孟孙氏间的礼遇待孔子。齐国大夫有的想害孔子，孔子听到了。景公说："我老了，不能任用你了。"孔子便离开齐国，返回了鲁国。

【原文】

孔子年四十二，鲁昭公卒于乾侯，定公立。定公立五年，夏，季平子卒，桓子嗣立。季桓子穿井得土缶，中若羊，问仲尼云"得狗"。仲尼曰："以丘所闻，羊也。丘闻之，木石之怪夔、罔阆，水之怪龙、罔象，土之怪坟羊。"

吴伐越，堕会稽，得骨节专车。吴使使问仲尼："骨何者最大？"仲尼曰："禹致群神于会稽山，防风氏后至，禹杀而戮之，其节专车，此为大矣。"吴客曰："谁为神？"仲尼曰："山川之神足以纲纪天下，其守为神，社稷为公侯，皆属于王者。"客曰："防风何守？"仲尼曰："汪罔氏之君守封、禺之山，为釐姓。在虞、夏、商为汪罔，于周为长翟，今谓之大人。"客曰："人长几何？"仲尼曰："僬侥氏三尺，短之至也。长者不过十之，数之极也。"于是吴客曰："善哉圣人！"

桓子嬖臣曰仲梁怀，与阳虎有隙。阳虎欲逐怀，公山不狃止之。其秋，怀益骄，阳虎执怀。桓子怒，阳虎因囚桓子，与盟而醳之。阳虎由此益轻季氏。季氏亦僭于公室，陪臣执国政，是以鲁自大夫以下皆僭离于正道。故孔子不仕，退而修诗书礼乐，弟子弥众，至自远方，莫不受业焉。

定公八年，公山不狃不得意于季氏，因阳虎为乱，欲废三桓之适，更立其庶孽阳虎素所善者，遂执季桓子。桓子诈之，得脱。定公九年，阳虎不胜，奔于齐。是时孔子年五十。

【译文】

孔子四十二岁，鲁昭公在齐国乾侯去世，鲁定公继位。定公继位五年后的夏天，季平子死了，季桓子继任。季桓子掘井时得到一个陶器，里面有个像羊的东西，对孔子说时谎称“是条狗”。孔子说：“据我所知，应该是只羊。我听说，山林中有怪夔（传说有一只脚）和罔阆（会学人声的山精），水中的怪物是神龙和叫‘罔象’的水怪，而泥土中的怪物就应是‘坟羊’了。”

吴国伐越，攻陷了越国国都会稽，得到一节有一辆车那么长的骨头。吴国派使询问孔子：“什么骨头最大？”孔子说：“大禹召集群神来到会稽山，防风氏来迟了，大禹杀了他并陈尸示众，他的骨头一节就有车那么长，这便是最大的骨头。”吴国使者又问：“神又是谁呢？”孔子说：“山川之神能够造福天下，负责监守山川的就是神。坚守社稷的是公侯，他们都属于王者”。吴使又问：“防风氏守护什么呢？”孔子说：“汪罔氏的君长监守封山和禺山一带的祭祀，是釐姓。在虞、夏、商三朝叫汪罔，在周朝叫长翟，现在叫大人。”吴使问：“人身高是多少？”孔子说：“僬侥身高三尺，是最矮的；高的不过三丈，可算最高了。”吴使听后说：“真是了不起的圣人呀！”

季桓子有个叫仲梁怀的宠臣，与阳虎有矛盾。阳虎想驱逐仲梁怀，季氏家臣公山不狃劝阻了他。同年秋，仲梁怀十分骄横，阳虎捉住了他。季桓子大怒，阳虎也囚禁了季桓子，直到季桓认输盟约后才放了他。阳虎从此更加瞧不起季氏家族。后来季氏执政凌驾于国君之上，鲁国出现了大臣专权的局面。从此鲁国大夫以下的臣民都不守礼分，越权悖理行事。孔子不想再在鲁国做官了，便归隐在家，研修诗书礼乐方面的典籍，弟子越来越多，多远的都有，都虚心向孔子求教。

鲁定公八年，公山不狃在季桓子手下不得志，这给了阳虎作乱的机会，想废掉季孙氏、孟孙氏、叔孙氏三家的后人，另立平日受阳虎宠爱的庶子，便捉住了季桓子。桓子用计骗子他，才得以脱身。鲁定公九年，阳虎作乱失败，逃到齐国。时年孔子五十岁。

【原文】

公山不狃以费畔季氏，使人召孔子。孔子循道弥久，温温无所试，莫能己用，曰："盖周文武起丰镐而王，今费虽小，傥庶几乎！"欲往。子路不说，止孔子。孔子曰："夫召我者岂徒哉？如用我，其为东周乎！"然亦卒不行。

其后定公以孔子为中都宰，一年，四方皆则之。由中都宰为司空，由司空为大司寇。

定公十年春，及齐平。夏，齐大夫黎鉏言于景公曰："鲁用孔丘，其势危齐。"乃使使告鲁为好会，会于夹谷。鲁定公且以乘车好往。孔子摄相事，曰："臣闻有文事者必有武备，有武事者必有文备。古者诸侯出疆，必具官以从。请具左右司马。"定公曰："诺。"具左右司马。会齐侯夹谷，为坛位，土阶三等，以会遇之礼相见，揖让而登。献酬之礼毕，齐有司趋而进曰："请奏四方之乐。"景公曰："诺。"于是旍旄羽袚矛戟剑拨鼓噪而至。孔子趋而进，历阶而登，不尽一等，举袂而言曰："吾两君为好会，夷狄之乐何为于此！请命有司！"有司却之，不去，则左右视晏子与景公。景公心怍，麾而去之。有顷，齐有司趋而进曰："请奏宫中之乐。"景公曰："诺。"优倡侏儒为戏而前。孔子趋而进，历阶而登，不尽一等，曰："匹夫而营惑诸侯者罪当诛！请命有司！"有司加法焉，手足异处。景公惧而动，知义不若，归而大恐，告其群臣曰："鲁以君子之道辅其君，而子独以夷狄之道教寡人，使得罪于鲁君，为之奈何？"有司进对曰："君子有过则谢以质，小人有过则谢以文。君若悼之，则谢以质。"于是齐侯乃归所侵鲁之郓、汶阳、龟阴之田以谢过。

【译文】

公山不狃凭借费城背叛季氏，他派人召孔子帮忙。孔子寻求治国之道已经很久了，但总是不得志，无用武之地，得不到重用，就说："当初周文王、周武王在丰、镐兴起王业，如今费城虽小，看来也差不多吧！"想去应召，子路不高兴，劝阻了孔子。孔子说："他们请我，难道能白跑一趟吗？如果得到重用，我想建立一个像周那样的王朝！"但最终没能实现。

以后鲁定公任孔子为中都长官，一年后，各地纷纷效法治理。孔子又升任为司空，后又提升为大司寇。

鲁定公十年春，鲁齐和解。夏天，齐国大夫黎鉏对景公说："鲁国起用孔丘，要威胁到齐国"。于是景公便派使者告诉鲁国，想与鲁定公在夹谷友好约会。鲁定公准备驾车前往，没有一点戒备之意。孔子兼办会晤典礼事宜，对定公说："我听说办理文事时必要有武力方面的准备，办理武事也要有文事的配合。以前诸侯出境，必带齐必要的官员随从。我请求君主与左、右司马一同前往。"定公说："好吧。"便带左、右司马一同前去。在夹谷与齐侯相会。在那里建造了盟坛，备好席位，设置三级台阶，以国君礼仪相互见面，而后拱手揖让登坛。彼此赠送应酬仪式之后，齐国官员快步上前说："请演奏四方各族的乐曲"。齐景公说："好吧。"于是齐国的乐队以旌旗为先导，头戴羽冠，身披锦衣，手执矛、戟、剑、楯等武器跟上台阶，一拥而上。孔子见状赶忙跑过来，一步一阶，还差一级时便扬起衣袖说："两国国君为和好而来，为何在此演奏夷狄之乐，请命令管事官员停止！"主管官员命乐队退下，他们不肯，看着晏婴与齐景公的眼色。齐景公心里惭愧，挥手让乐队退了下去。不久，齐国的管事官员又跑来说："不如演奏宫中乐曲"。景公说："好吧。"于是一些歌伎艺人和身材矮小的侏儒前来演奏。孔子又跑过来。一步一阶上台，在最后一阶处说："普通人敢来迷惑诸侯，当杀！请命主事官员执行！"于是主事官员依法问罪，将他们手足异处。齐景公大惊，深受触动，知道自己理屈，回国后很惊恐，对大臣们说："鲁国是以君子之道辅佐国君的，而你们却以夷狄之法教化我，使我得罪了鲁国国君，这该怎么办呢？"主管官员上前说："君子有过就以实际行动向人家道歉；小人有过就以花言巧语来谢罪。您如果后悔，就以具体行动来道歉吧。"于是齐景公退还了以前侵占的鲁国郓、汶阳、龟阴的土地，以此向鲁国道歉。

【原文】

定公十三年夏，孔子言于定公曰："臣无藏甲，大夫毋百雉之城。"使仲由为季氏宰，将堕三都。于是叔孙氏先堕郈。季氏将堕费，公山不狃、叔孙辄率费人袭鲁。公与三子入于季氏之宫，登武子之台。费人攻之，弗克，入及公侧。孔子命申句须、乐颀下伐之，费人北。国人追之，败诸姑蔑。二子奔齐，遂堕费。将堕成，公敛处父谓孟孙曰："堕成，齐人必至于北门。且成，孟氏之保障，无成是无孟氏也。我将弗堕。"十二月，公围成，弗克。

定公十四年，孔子年五十六，由大司寇行摄相事，有喜色。门人曰："闻君子祸至不惧，福至不喜。"孔子曰："有是言也。不曰'乐其以贵下人'乎？"于是诛鲁大夫乱政者少正卯。与闻国政三月，粥羔豚者弗饰贾；男女行者别于途；途不拾遗；四方之客至乎邑者不求有司，皆予之以归。

齐人闻而惧，曰："孔子为政必霸，霸则吾地近焉，我之为先并矣。盍致地焉？"黎鉏曰："请先尝沮之；沮之而不可则致地，庸迟乎！"于是选齐国中女子好者八十人，皆衣文衣而舞康乐，文马三十驷，遗鲁君。陈女乐文马于鲁城南高门外，季桓子微服往观再三，将受，乃语鲁君为周道游，往观终日，怠于政事。子路曰："夫子可以行矣。"孔子曰："鲁今且郊，如致膰乎大夫，则吾犹可以止。"桓子卒受齐女乐，三日不听政；郊，又不致膰俎于大夫。孔子遂行，宿乎屯。而师已送，曰："夫子则非罪。"孔子曰："吾歌可夫？"歌曰："彼妇之口，可以出走；彼妇之谒，可以死败。盖优哉游哉，维以卒岁！"师已反，桓子曰："孔子亦何言？"师已以实告。桓子喟然叹曰："夫子罪我以群婢故也夫！"

【译文】

鲁定公十三年夏，孔子对定公说："臣子家中没有收藏武器，大夫的封邑不能筑起高达百丈的城墙。"于是就派仲由去季氏家做管家，以拆毁季孙、孟孙、叔孙三家的城邑。此时，叔孙氏的郈邑首先被拆除。季孙氏也准备这么做，公山不狃和叔孙辄率费邑人袭击鲁国。鲁定公和季孙、孟孙、叔孙三人躲进季孙的宫内，登上了季孙武子的高坛。费邑人攻打他们，无法进入，但有人已从侧面突入。孔子命申句须、乐颀下台攻打他们，费邑人败逃而去，鲁国人乘胜追击，在姑蔑打败他们。公山不狃与叔孙辄逃到了齐国，费邑之城随后被毁。正打算拆成城，孟孙氏的家臣公敛处父对孟孙说："拆除成邑，齐国人必会攻打北门。且成城是孟氏的屏障，失去了成城就意味着失去了孟氏。不能拆。"十二月，鲁定公率兵围困成城，没能攻克。

鲁定公十四年，孔子五十六岁，他由大司寇行国相之职，面有喜色。他的弟子说："听说君子大祸临头也不会害怕，福分来临也不会喜形于色"。孔子说："确实如此，但还有'乐在身居高位而礼贤下士'这句话。"于是就诛杀了扰乱国政的大夫少正卯。孔子执政三个月，贩卖猪、羊的商人就不敢漫天要价了；男女行人都各行其道；路上掉了东西也没人捡；来到鲁国城邑的客人从不向官员送礼，都能得到满意的照顾，快乐地回家。

齐国听后很害怕，说："孔子在鲁国执政，以后定会称霸，一旦鲁国称霸，我们离它最近，首先吞并的必是我们。何不先送些土地给他们？"黎鉏说："我们先试着阻止他们，如不成功，再送土地，这难道还算迟吗？"于是便从齐国挑选了八十个美貌女子，身穿华丽衣装，教会他们《康乐》舞蹈，以及有花纹的马三十匹，送给鲁国国君。先把女乐和纹马彩车安放在鲁城南的高门外。季桓子便微服前去观看，打算接受，就告诉鲁君想以周游视察为名，乘机到南门观看齐国的美女、骏马，荒废了国家的政事，子路看到这种情况后对孔子说："老师，我们离开这里吧。"孔子说："鲁国想在郊外祭祀，如能把典礼后的烤肉分给大夫，我就能留下来"。季桓子最终接受了齐国的女乐和骏马，一连三天不问政事；在郊外的祭祀结束后，又违背常礼，没把烤肉分给大夫。孔子便离开了鲁国，当天在屯地住宿。鲁国一名叫师己的乐师送行时对他说："先生是没有错的。"孔子说："我唱首歌，行吗？"便唱道："妇人之口，可以使大臣亲信出走；妇人之害，可以使事败人亡。悠闲啊悠闲，我只能这样终老一生了！"师己返回后，桓子问他："孔子说什么了？"师己如实相告。桓子长叹一声，说："先生是怪我们接受了齐国女乐啊！"

【原文】

孔子遂适卫，主于子路妻兄颜浊邹家。卫灵公问孔子："居鲁得禄几何？"对曰："奉粟六万。"卫人亦致粟六万。居顷之，或谮孔子于卫灵公。灵公使公孙余假一出一入。孔子恐获罪焉，居十月，去卫。

将适陈，过匡，颜刻为仆，以其策指之曰："昔吾入此，由彼缺也。"匡人闻之，以为鲁之阳虎。阳虎尝暴匡人，匡人于是遂止孔子。孔子状类阳虎，拘焉五日，颜渊后，子曰："吾以汝为死矣。"颜渊曰："子在，回何敢死！"匡人拘孔子益急，弟子惧。孔子曰："文王既没，文不在兹乎？天之将丧斯文也，后死者不得与于斯文也。天之未丧斯文也，匡人其如予何！"孔子使从者为宁武子臣于卫，然后得去。

去即过蒲。月余，反乎卫，主蘧伯玉家。灵公夫人有南子者，使人谓孔子曰："四方之君子不辱欲与寡君为兄弟者，必见寡小君。寡小君愿见。"孔子辞谢，不得已而见之。夫人在絺帷中。孔子入门，北面稽首。夫人自帷中再拜，环佩玉声璆然。孔子曰："吾乡为弗见，见之礼答焉。"子路不说。孔子矢之曰："予所不者，天厌之！天厌之！"居卫月余，灵公与夫人同车，宦者雍渠参乘，出，使孔子为次乘，招摇市过之。孔子曰："吾未见好德如好色者也。"于是丑之，去卫，过曹。是岁，鲁定公卒。

孔子去曹适宋，与弟子习礼大树下。宋司马桓魋欲杀孔子，拔其树。孔子去。弟子曰："可以速矣。"孔子曰："天生德于予，桓魋其如予何！"

【译文】

孔子来到卫国，寄住在子路妻子的兄长颜浊邹家。卫灵公问孔子："你在鲁国得到多少俸禄？"孔子说："俸米六万。"卫国也照样给了六万斗。不久，有人向卫灵公说了孔子的坏话，卫灵公派公孙余监视孔子的出入。孔子害怕获罪，居了十个月后就离开了。

孔子想去陈国，路过匡地，弟子颜刻做仆人，颜刻用马鞭指着说："以前我来过这个城邑，就是从那缺口进去的"。匡人听后，误以为是鲁国的阳虎来了，阳虎曾残害过匡人，于是匡人就围困了孔子。孔子长相很像阳虎，所以被困了整整五天。颜渊后来赶到，孔子说："我还以为你死了。"颜渊说："老师活着，我怎敢死！"匡人围攻孔子更加严重，弟子都很害怕。孔子说："周文王已经去世，周代的礼乐制度不还在我们这里吗？如上天要毁灭这些礼制的话，就不会让我们这些后死的人担当维护它的责任了。上天并不想消灭周代的这些礼乐，匡人又能把我怎么样呢！"孔子派一随从跟他到宁武子那里称臣，才得以离开匡地。

孔子后又来到蒲地，一个月后，又返回卫国，寄住在蘧伯玉家。卫灵公有个叫南子的夫人，命人对孔子说："各国君子凡看得起我们国君的，愿与我们国君建立像兄弟般交情的，必要见一下南子夫人，我们南子夫人也很想见见您"。孔子辞谢，但不得已还是见了她。南子夫人坐在葛布的帷帐中。孔子进门后面北叩首。南子夫人在帷帐中拜了两拜，披戴的玉器声叮当乱响。事后孔子说："我来就不愿见她，现在既然见了，就得以礼相待。"子路不高兴。孔子发誓说："我如说得不对，上天定会厌弃我！厌弃我！"在卫国一个多月后，灵公与夫人同坐一车，宦官雍渠陪伴，出宫后，让孔子坐在第二辆车上，在市上从容地走过。孔子说："我从没见过道德修养好的人这样喜欢女色。"对卫灵公的行为深感厌恶，就离开卫国，前去曹国。同年，鲁定公去世。

孔子离开曹国又来到宋国，和弟子们在大树下谈礼仪。宋国司马桓魋想杀死孔子，就把大树砍掉。孔子离开了。弟子们催促说："快点走。"孔子说："上天既然把宣扬道德的使命赐给我，桓魋又能把我如何！"

【原文】

孔子适郑，与弟子相失，孔子独立郭东门。郑人或谓子贡曰："东门有人，其颡似尧，其项类皋陶，其肩类子产，然自要以下不及禹三寸。累累若丧家之狗。"子贡以实告孔子。孔子欣然笑曰："形状，末也。而谓似丧家之狗，然哉！然哉！"

孔子遂至陈，主于司城贞子家。岁余，吴王夫差伐陈，取三邑而去。赵鞅伐朝歌。楚围蔡，蔡迁于吴。吴败越王句践会稽。

有隼集于陈廷而死，楛矢贯之，石砮，矢长尺有咫。陈湣公使使问仲尼。仲尼曰："隼来远矣，此肃慎之矢也。昔武王克商，通道九夷百蛮，使各以其方贿来贡，使无忘职业。于是肃慎贡楛矢石砮，长尺有咫。先王欲昭其令德，以肃慎矢分大姬，配虞胡公而封诸陈。分同姓以珍玉，展亲；

分异姓以远方职，使无忘服。故分陈以肃慎矢。”试求之故府，果得之。

孔子居陈三岁，会晋楚争强，更伐陈，及吴侵陈，陈常被寇。孔子曰：“归与归与！吾党之小子狂简，进取不忘其初。”于是孔子去陈。

过蒲，会公叔氏以蒲畔，蒲人止孔子。弟子有公良孺者，以私车五乘从孔子。其为人长贤，有勇力，谓曰：“吾昔从夫子遇难于匡，今又遇难于此，命也已。吾与夫子再罹难，宁斗而死。”斗甚疾。蒲人惧，谓孔子曰：“苟毋适卫，吾出子。”与之盟，出孔子东门。孔子遂适卫。子贡曰：“盟可负邪？”孔子曰：“要盟也，神不听。”

【译文】

孔子来到郑国，与弟子们失散了，孔子独自立在城东门外。郑国有人对子贡说：“东门有个人，额头像唐尧，脖子像皋陶，肩膀像郑子产，但腰部以下比禹短了三寸，狼狈不堪，无精打采，像条丧家之犬。”子贡如实地把话告诉了孔子。孔子高兴地说：“对我容貌的形容并不一定对，但说我像条丧家之犬，很正确！很正确！”

孔子进入陈国，寄住在司城贞子家。一年多后，吴王夫差伐陈，夺取了三座城邑后退去。赵鞅攻打朝歌。楚国包围蔡国，蔡国迁至吴地。吴国在会稽打败越王句践。

有一天许多只隼落在陈国宫廷中死了，有楛木做的箭穿在身上，箭头是石制的，长一尺多。陈湣公派使者寻问孔子，孔子说：“这些隼是从远方飞来的，箭是肃慎部族的。以前武王消灭商纣，加强与各少数民族的联系，让九夷百蛮各族都贡献地方特产，叫他们不要忘记职责和义务。于是肃慎部族献来楛木做的箭和石制的箭头，长一尺多。周武王为显示美德，就把肃慎部族的箭分给长女大姬，后来大姬嫁给虞胡公，虞胡公后又封于陈国。当初王室分宝器给同姓诸侯，以表重视亲族；将远方贡品分赠给异姓诸侯，以提醒他们不要忘记服从周王。所以把肃慎部族的箭分给了陈国。”陈湣公听后派人去查找，果然找到了这种箭。

孔子在陈国住了三年，又遇上晋楚争霸，两国轮流攻打陈国，后又是吴国攻打陈国，陈国屡遭侵犯。孔子说：“走吧，走吧！家乡的弟子志向远大，都很有进取心，从没忘记过初衷。”于是便离开了陈国。

孔子路过蒲地，遇上了公叔氏在蒲地背叛卫国，蒲人捉住了孔子。弟子中有个叫公良孺的，带五辆车子随孔子周游。他为人贤德，又有勇力，对孔子说："我以前跟老师周游在匡地遇难，如今又在这里遇难，看来是命中注定呀。我与老师一再遇难，不如搏斗而死。"公良孺跟蒲人打得十分激烈，蒲人很害怕，对孔子说："如果你不到卫国去，我就放了你。"孔子与他们盟约，才从东门放了孔子。孔子却又到了卫国。子贡说："能违背盟约吗？"孔子说："强迫下的盟约，神是不会承认的。"

【原文】

卫灵公闻孔子来，喜，郊迎。问曰："蒲可伐乎？"对曰："可。"灵公曰："吾大夫以为不可。今蒲，卫之所以待晋楚也，以卫伐之，无乃不可乎？"孔子曰："其男子有死之志，妇人有保西河之志。吾所伐者不过四五人。"灵公曰："善。"然不伐蒲。

灵公老，怠于政，不用孔子。孔子喟然叹曰："苟有用我者，期月而已，三年有成。"孔子行。

佛肸为中牟宰。赵简子攻范、中行，伐中牟。佛肸畔，使人召孔子。孔子欲往。子路曰："由闻诸夫子，'其身亲为不善者，君子不入也'。今佛肸亲以中牟畔，子欲往，如之何？"孔子曰："有是言也。不曰坚乎，磨而不磷；不曰白乎，涅而不淄。我岂匏瓜也哉，焉能系而不食？"

孔子击磬。有荷蒉而过门者，曰："有心哉，击磬乎！硁硁乎，莫己知也夫而已矣！"

孔子学鼓琴师襄子，十日不进。师襄子曰："可以益矣。"孔子曰："丘已习其曲矣，未得其数也。"有间，曰："已习其数，可以益矣。"孔子曰："丘未得其志也。"有间，曰："已习其志，可以益矣。"孔子曰："丘未得其为人也。"有间，有所穆然深思焉，有所怡然高望而远志焉。曰："丘得其为人，黯然而黑，几然而长，眼如望羊，如王四国，非文王其谁能为此也！"师襄子辟席再拜，曰："师盖云文王操也。"

【译文】

卫灵公听说孔子归来，很高兴，亲到郊外迎接。灵公问孔子："蒲地能讨伐吗？"孔子说："可以。"灵公说："大夫们却说不可以，因为蒲地是防御晋、楚的屏障，如果卫国派兵攻打，恐怕不妥吧？"孔子说："蒲地男子有誓死效忠卫国的决心，妇女有守卫西河的愿望。我说的讨伐，指的是那些为首叛乱的几个人。"卫灵公说："好。"但没有出兵平叛。

卫灵公年老后，懒于政事，又不想任用孔子。孔子长叹道："如有人任用我，一年时间就足够了，三年就会大见成效。"孔子离开了。

佛肸做中牟的长官。晋国赵简子攻打范氏、中行氏，讨伐中牟。佛肸在中牟据守，并派人请孔子。孔子本想前去。子路说："我听老师说过：'亲自做坏事的那个地方，君子不会去的'。如今佛肸据守中牟反叛，您却前去，为什么呢？"孔子说："我确实说过这句话。但我也说过，坚硬的东西是不怕磨的；洁白的东西是无法染黑的。难道我是只能看中不能吃的匏瓜吗，岂能老是挂着不给人吃？"

有次孔子敲磬，有个背着草篓的人在门口路过，说："真是有心呀，击磬人敲得如此响亮急促，却得不到赏识，就算了吧！"

孔子向师襄子学弹琴，一连十天也没有增加新曲子。师襄子说："可以学新曲了。"孔子说："我已熟习乐曲了，但还没有明白弹琴的技巧。"不久，师襄子又说："你已熟习弹琴的技巧了，可以学新曲子了。"孔子说："我还没有领会其中寓意。"不久之后，师襄子又说："你已经明白曲中寓意了，该学新曲子了。"孔子说："我还没有体会到作曲者的为人如何。"不久之后，孔子神情很肃穆，若有所思，接着又豁然开朗，好像志向很远大。说："我知道作曲者是怎样的人了，他肤色黝黑，身材修大，目光明亮而深邃，好像个统治四方的王者，除了周文王谁又能如此呢！"师襄子离座对孔子拜了两拜，说："我老师曾经说过，这曲子就是《文王操》。"

【原文】

孔子既不得用于卫，将西见赵简子。至于河而闻窦鸣犊、舜华之死也，临河而叹曰："美哉水，洋洋乎！丘之不济此，命也夫！"子贡趋而进曰："敢问何谓也？"孔子曰："窦鸣犊、舜华，晋国之贤大夫也。赵简子未得志之时，须此两人而后从政；及其已得志，杀之乃从政。丘闻之也，刳胎杀夭则麒麟不至郊，竭泽涸渔则蛟龙不合阴阳，覆巢毁卵则凤皇不翔。何则？君子讳伤其类也。夫鸟兽之于不义也尚知辟之，而况乎丘哉！”乃还息乎陬乡，作为陬操以哀之。而反乎卫，入主蘧伯玉家。

他日，灵公问兵陈。孔子曰：“俎豆之事则尝闻之，军旅之事未之学也。”明日，与孔子语，见蜚雁，仰视之，色不在孔子。孔子遂行，复如陈。

夏，卫灵公卒，立孙辄，是为卫出公。六月，赵鞅内太子蒯聩于戚。阳虎使太子絻，八人衰绖，伪自卫迎者，哭而入，遂居焉。冬，蔡迁于州来。是岁鲁哀公三年，而孔子年六十矣。齐助卫围戚，以卫太子蒯聩在故也。

夏，鲁桓釐庙燔，南宫敬叔救火。孔子在陈，闻之，曰：“灾必于桓釐庙乎？”已而果然。

秋，季桓子病，辇而见鲁城，喟然叹曰：“昔此国几兴矣，以吾获罪于孔子，故不兴也。”顾谓其嗣康子曰：“我即死，若必相鲁；相鲁，必召仲尼。”后数日，桓子卒，康子代立。已葬，欲召仲尼。公之鱼曰：“昔吾先君用之不终，终为诸侯笑。今又用之，不能终，是再为诸侯笑。”康子曰：“则谁召而可？”曰：“必召冉求。”于是使使召冉求。冉求将行，孔子曰：“鲁人召求，非小用之，将大用之也。”是日，孔子曰：“归乎归乎！吾党之小子狂简，斐然成章，吾不知所以裁之。”子赣知孔子思归，送冉求，因诫曰“即用，以孔子为招”云。

【译文】

孔子在卫国没有得到重用，想西游求见赵简子。走到黄河畔时听到了窦鸣犊、舜华被杀死了。便面对黄河感叹地说：“壮美的黄河，多么气势磅礴，我不能渡过黄河，看来是命运的安排呀！”子贡上前问道：“请问老师这话是什么意思呢？”孔子说：“窦鸣犊、舜华两人都是晋国的圣贤大夫。赵简子还未得志时，依靠的就是他们两人；等得志以后，便杀了他们亲掌大权。我听说过，某地剖腹取胎杀害幼兽，麒麟就不会到来，排干池塘捉鱼，龙就会调和阴阳兴风作雨，捣毁鸟巢取卵，凤凰就不会飞来。

为什么呢？君子忌讳伤害同类。鸟兽对不义之举尚且知道躲避，何况我孔丘呢！”便回到了老家陬乡，创作了《陬操》琴曲以示哀悼。然后返回卫国，寄住在蘧伯玉家。

有一天，卫灵公向孔子询问国阵。孔子说：“祭祀之事我曾听说过，排兵布阵的事我还没有学过。”次日，卫灵公与孔子谈话时，见空中飞来大雁，就只顾抬头仰望，神色远离了孔了。孔子便离开了卫国，前去陈国。

夏天，卫灵公去世，其孙辄立继位，即卫出公。六月，赵鞅将流亡在外的卫灵公太子蒯聩接到戚地。阳虎命太子蒯聩穿上孝服，又让八人披麻戴孝，扮成卫国使者来接太子回去奔丧，进了戚城，在那里住了下来。冬天，蔡国迁都州来。同年是鲁哀公三年，孔子六十岁。齐国帮助卫国围困戚城，因为卫太子蒯聩在那。

同年夏，鲁桓公、釐公的庙堂起火。南宫敬叔去救火。孔子在陈国得知后说：“火灾定是发生在桓公、釐公的庙堂。”不久后证实，确如其言。

秋天，季桓子病危，乘车前往鲁城，感叹地说：“以前这个国家差点兴旺，因我得罪了孔子，才没有兴旺起来。”回头又对嗣子季康子说：“我死之后，你定要接掌鲁国政权辅佐国君；到时一定要召回孔子。”几天后季桓子去世，季康子继任了职位。办完丧事后，想召回孔子。大夫公之鱼说：“以前国君鲁定公曾任用过他，因没有始终才被诸侯耻笑。如今你再次任用他，如果也不能善终，便会再次招来诸侯耻笑。”季康子说：“那召谁才好呢？”公之鱼说：“一定要召会冉求。”于是就派人召回了冉求。冉求本想前往，孔子说：“此次鲁国召冉求，不会小用，只会重用。”就在当天，孔子说：“回去吧，回去吧！家乡的那些弟子志向高远而行事疏阔，且富有文采，我真不知该从何处教导他们。”子赣知道孔子思乡想回家，在送冉求时叮嘱他“你要是得到重用，要想着召回老师”之类的话。

【原文】

冉求既去，明年，孔子自陈迁于蔡。蔡昭公将如吴，吴召之也。前昭公欺其臣迁州来，后将往，大夫惧复迁，公孙翩射杀昭公。楚侵蔡。秋，齐景公卒。

明年，孔子自蔡如叶。叶公问政，孔子曰："政在来远附迩。"他日，叶公问孔子于子路，子路不对。孔子闻之，曰："由，尔何不对曰'其为人也，学道不倦，诲人不厌，发愤忘食，乐以忘忧，不知老之将至'云尔。"

去叶，反于蔡。长沮、桀溺耦而耕，孔子以为隐者，使子路问津焉。长沮曰："彼执舆者为谁？"子路曰："为孔丘。"曰："是鲁孔丘与？"曰："然。"曰："是知津矣。"桀溺谓子路曰："子为谁？"曰："为仲由。"曰："子，孔丘之徒与？"曰："然。"桀溺曰："悠悠者天下皆是也，而谁以易之？且与其从辟人之士，岂若从辟世之士哉！"耰而不辍。子路以告孔子，孔子怃然曰："鸟兽不可与同群。天下有道，丘不与易也。"

他日，子路行，遇荷蓧丈人，曰："子见夫子乎？"丈人曰："四体不勤，五谷不分，孰为夫子！"植其杖而芸。子路以告，孔子曰："隐者也。"复往，则亡。

【译文】

冉求离去后，第二年孔子从陈国移居到蔡国。蔡昭公想到吴国去，吴国召他去的。以前昭公欺骗大臣，把国都迁到州来，此次前往，大夫们怕他再次迁都，公孙翩就在路上把蔡昭公射死了。后来楚军攻打蔡国。同年秋，齐景公去世。

第二年，孔子从蔡国前去叶地。叶公询问孔子为政之道，孔子说："为政之道在于招贤纳士，使近人归服"。后来，叶公又问子路关于孔子的情况，子路不答。孔子听后对子路说："仲由，你为何不告诉他：'他这个人学习道理不知疲惫，教导他人不知厌烦，发愤学习不记吃饭，快乐时忘记忧愁，以至于自己老了都不知道'。"

孔子离开楚国叶地来到蔡国。在路上遇见长沮、桀溺两人在耕田，孔子以为他们是隐士，便让子路前去打听渡口在何地。长沮说："那个拉着马缰绳的人是谁？"子路说："是孔丘。"长沮又问："是鲁国的孔丘吧？"子路说："是。"长沮说："那他该知道渡口在哪儿。"桀溺又问子路："你是谁？"子路说："仲由。"桀溺说："你是孔丘的学生吗？"子路说："是的。"桀溺说："天下到处动荡不安，谁能改变这种现状呢？况且你跟随逃避暴乱的人四处奔走，还不如跟着我们这些躲避乱世的人呢？"说完就继续耕田。子路告诉了孔子，孔子失意地说："我们不能在山林中与鸟兽同群，天下要是太平，也就不用我为之四处奔走了"。

有一天，子路行路时，遇到一位肩扛农具的老人。子路问："您见过我的老师吗？"老人说："你们四肢不勤，五谷不分，又怎知你的老师是谁？"说完就拄着拐杖拔草去了。事后子路把此话告诉了孔子，孔子说："那是位隐士。"子路再去那里，老人已不在了。

【原文】

孔子迁于蔡三岁，吴伐陈。楚救陈，军于城父。闻孔子在陈蔡之间，楚使人聘孔子。孔子将往拜礼，陈蔡大夫谋曰："孔子贤者，所刺讥皆中诸侯之疾。今者久留陈蔡之间，诸大夫所设行皆非仲尼之意。今楚，大国也，来聘孔子。孔子用于楚，则陈蔡用事大夫危矣。"于是乃相与发徒役围孔子于野。不得行，绝粮。从者病，莫能兴。孔子讲诵弦歌不衰。子路愠见曰："君子亦有穷乎？"孔子曰："君子固穷，小人穷斯滥矣。"

子贡色作。孔子曰："赐，尔以予为多学而识之者与？"曰："然。非与？"孔子曰："非也。予一以贯之。"

孔子知弟子有愠心，乃召子路而问曰："诗云'匪兕匪虎，率彼旷野'。吾道非邪？吾何为于此？"子路曰："意者吾未仁邪？人之不我信也。意者吾未知邪？人之不我行也。"孔子曰："有是乎！由，譬使仁者而必信，安有伯夷、叔齐？使知者而必行，安有王子比干？"

子路出，子贡入见。孔子曰："赐，诗云'匪兕匪虎，率彼旷野'。吾道非邪？吾何为于此？"子贡曰："夫子之道至大也，故天下莫能容夫子。夫子盖少贬焉？"孔子曰："赐，良农能稼而不能为穑，良工能巧而不能为顺。君子能修其道，纲而纪之，统而理之，而不能为容。今尔不修尔道而求为容。赐，而志不远矣！"

【译文】

孔子在蔡国住了三年，吴国攻打陈国。楚国救助，军队驻扎在城父。听说孔子在陈、蔡两国边境上，楚国便派人去请孔子。孔子正想前去拜受聘礼，陈、蔡两国大夫商议说："孔子是位德才兼备的圣贤，他的指责都切中诸侯要害。如今长久在陈、蔡两国间，大夫们的施政所为都会与他意见不合。现在的楚国是大国，却来聘请孔子。如果孔子在楚国被重用，那我们陈、蔡两国掌权的大夫们就危险了。”于是他们便派了服劳役的人在野外围困孔子。孔子和他的弟子无法行动，断绝了粮食。弟子有饿病的，无法站立。孔子却还在不停地讲学，诵诗、歌唱、弹琴。子路生气地来见孔子：“君子也有究困之时吗？”孔子说：“君子在困境面前能坚守节操，人小遇到困境就无法控制，肆意妄为。”

此时子贡脸色也变了。孔子说：“赐，你认为我是博学多识之人吗？”子贡说：“是呀。难道错了吗？”孔子说：“不是。我是在用基本原则贯穿于全部知识之中。”

孔子知道弟子们不高兴。便叫来子路问：“《诗经》上说‘不是犀牛也不是老虎，但它却在旷野上徘徊’，难道我们的学说有不对的地方吗？我们为何会落到如此地步呢？”子路说：“大概是我们的德行不够吧？得不到他人信任；或是我们的智谋不够，人家不放我们过去。”孔子说：“是这样吗？仲由，有仁德的人如能得到信任，又怎么有伯夷、叔齐饿死在首阳山之事呢？如果有智谋的人能畅通无阻，又哪会有王子比干被剖心之事呢？”

子路离去，子贡来见孔子。孔子说：“赐，《诗经》上说‘不是犀牛也不是老虎，但它却在旷野上徘徊’。难道我们的学说有不对的地方吗？我们为何会落到这步田地呢？”子贡说：“老师的学说无人可及，所以天下没有国家能容得下老师。老师为什么不降低些要求呢？”孔子说：“赐，好的农夫虽善于耕种，但无法保证有好的收成；好的工匠虽手艺精巧，但所做却未必都能使人满意。君子能善修其道，先制定规范再去遵守，然后统筹疏理，这些并不一定都能被世人接受。如今你不去研修学说，却想降格迎合他人。赐呀，你志向太不远大了。”

【原文】

子贡出，颜回入见。孔子曰：“回，诗云‘匪兕匪虎，率彼旷野’。吾道非邪？吾何为于此？”颜回曰：“夫子之道至大，故天下莫能容。虽然，夫子推而行之，不容何病，不容然后见君子！夫道之不修也，是吾丑也。

夫道既已大修而不用，是有国者之丑也。不容何病，不容然后见君子！”孔子欣然而笑曰：“有是哉颜氏之子！使尔多财，吾为尔宰。”

于是使子贡至楚。楚昭王兴师迎孔子，然后得免。

昭王将以书社地七百里封孔子。楚令尹子西曰：“王之使使诸侯有如子贡者乎？”曰：“无有。”“王之辅相有如颜回者乎？”曰：“无有。”“王之将率有如子路者乎？”曰：“无有。”“王之官尹有如宰予者乎？”曰：“无有。”“且楚之祖封于周，号为子男五十里。今孔丘述三五之法，明周召之业，王若用之，则楚安得世世堂堂方数千里乎？夫文王在丰，武王在镐，百里之君卒王天下。今孔丘得据土壤，贤弟子为佐，非楚之福也。”昭王乃止。其秋，楚昭王卒于城父。

楚狂接舆歌而过孔子，曰：“凤兮凤兮，何德之衰！往者不可谏兮，来者犹可追也！已而已而，今之从政者殆而！”孔子下，欲与之言。趋而去，弗得与之言。

于是孔子自楚反乎卫。是岁也，孔子年六十三，而鲁哀公六年也。

【译文】

子贡走后，颜回进见孔子。孔子说：“回啊，《诗经》说‘不是犀牛也不是老虎，然而它在旷野上徘徊’。难道是我们的学说有错吗？我们为何会沦落到如此地步呢？”颜回说：“老师的学说到了极点，天下没有能容纳老师的国家。就是如此，老师依然宣扬学说，不被天下接受又有什么关系呢？不被接受，才能体现君子的气节！一个人不研修自己的学问，就是自己的耻辱。所取得的成果不能被世人所用，那是当权者的耻辱。不被天下接受又有什么关系呢？不被接受，才能显现君子的秉性！”孔子听后欣慰地说：“是呀，姓颜的年轻人！如果你有很多钱财，我愿给你做管家。”

于是派子贡前去楚国。楚昭王举兵迎接孔子，才消除了灾祸。

楚昭王想把七百里有户籍的土地封给孔子。楚国令尹子西劝阻说：“大王派往各国的使臣，有像子贡这样的吗？”昭王说：“没有。”“大王的辅臣有像颜回这样的吗？”昭王说：“没有。”“大王的将帅有像子路这样的吗？”昭王说：“没有。”“大王的各部官员，有像宰予这样的吗？”昭王说：“没有。”“楚国的祖先受封于周天子，封号为子爵，方圆五十里。如今孔丘讲述三皇五帝的治国之法，宣说周公旦、召公辅佐的功业，大王如任用他，楚国还能世代保有几千里的土地吗？当年文王在丰邑、武王在镐京，封地只有百里，最终能统一天下。如今孔丘拥有七百城土地，再加上贤能的弟子辅佐，这对楚国有利吗？”昭王听后便打消了原来的念头。同年秋天，楚昭王在城父去世。

楚国狂人接舆唱着歌与孔子擦肩而过，说：“凤凰呀凤凰呀，你的美德为何会衰微？以前的无法再挽回，未来的还能再赶上吗？算了吧，算了吧！如今从政的人都很危险呀！”孔子下车想与他攀谈，但他快步走开了，没能和他说上话。

于是孔子从楚国返回了卫国。时年孔子六十三岁，即鲁哀公六年。

【原文】

其明年，吴与鲁会缯，征百牢。太宰嚭召季康子。康子使子贡往，然后得已。

孔子曰：“鲁卫之政，兄弟也。”是时，卫君辄父不得立，在外，诸侯数以为让。而孔子弟子多仕于卫，卫君欲得孔子为政。子路曰：“卫君待子而为政，子将奚先？”孔子曰：“必也正名乎！”子路曰：“有是哉，子之迂也！何其正也？”孔子曰：“野哉由也！夫名不正则言不顺，言不顺则事不成，事不成则礼乐不兴，礼乐不兴则刑罚不中，刑罚不中则民无所错手足矣。夫君子为之必可名，言之必可行。君子于其言，无所苟而已矣。”

其明年，冉有为季氏将师，与齐战于郎，克之。季康子曰：“子之于军旅，学之乎？性之乎？”冉有曰：“学之于孔子。”季康子曰：“孔子何如人哉？”对曰：“用之有名；播之百姓，质诸鬼神而无憾。求之至于此道，虽累千社，夫子不利也。”康子曰：“我欲召之，可乎？”对曰：“欲召之，则毋以小人固之，则可矣。”而卫孔文子将攻太叔，问策于仲尼。仲尼辞不知，退而命载而行，曰：“鸟能择木，木岂能择鸟乎！”文子固止。会季康子逐公华、公宾、公林，以币迎孔子，孔子归鲁。

孔子之去鲁凡十四岁而反乎鲁。

鲁哀公问政，对曰：“政在选臣。”季康子问政，曰：“举直错诸枉，则枉者直。”康子患盗，孔子曰：“苟子之不欲，虽赏之不窃。”然鲁终不能用孔子，孔子亦不求仕。

【译文】

第二年，吴、鲁两国在缯地会盟，吴国要鲁国提供百牢的祭品。吴国太宰嚭召见季康子。季康子派子贡前去，然后再纳百牢祭品。

孔子说："鲁、卫两国政治如同兄弟一般。"此时卫出公辄的父亲蒯聩因没有继位还在外流亡，诸侯对此屡加指责。孔子的弟子有不少在卫国做官，卫国国君也想请孔子执政。子路对孔子说："卫国国君想请您执政，您想先做些什么？"孔子说："当然正名分了！"子路说："真的吗，你也太迂钝了！为什么先正名分？"孔子说："你鲁莽呀仲由！名分不正，言语就不顺当；言语不顺，事情就不能成功；事情不成功，礼乐之教就不能兴盛；乐教不兴，刑罚就不准确，这样百姓就会手足无措，不知该何去何从。所以君子行事必先要正名分，言出必行。君子对自己的言语，要毫不苟且才行。"

第二年，冉有成为季氏统帅，在郎地与齐国大战，大败齐军。季康子说："您的军事才能是学来的还是天生的？"冉有说："是跟我老师孔子学的。"季康子问："孔子是怎样的人呢？"冉有说："任用他要正名分，他的学说已流传到百姓当中了，即使面对鬼神也是没有遗憾的。对于军事，我虽凭功累计封到二千五百户人家，但孔子却不会为之所动。"康子说："我想召他来，行吗？"冉有说："你想召他，只要不让小人从中阻拦就行了。"当时，卫国孔文子想攻打太叔，向孔子问计。孔子推说不知，回到住处便立即备车离开了，说："鸟能选择树木栖息，树木怎能选择鸟呢？"孔文子坚决挽留。恰逢季康子派公华、公宾、公林带礼物来迎接孔子，孔子便回到了鲁国。

孔子离开鲁国后历经十四年又返回祖国。

鲁哀公向孔子问为政之道，孔子说："为政重在选择好大臣。"季康子也问孔子为政之道，孔子说："要推举正直之人，抛弃奸佞小人，教化邪曲之人行事正直。"季康子担心盗窃，孔子说："如果你没有私欲，就不如奖赏，人们就不会去偷窃了。"但鲁国最终没有重用孔子，孔子也没有提出做官的要求。

【原文】

孔子之时，周室微而礼乐废，诗书缺。追迹三代之礼，序书传，上纪唐虞之际，下至秦缪，编次其事。曰："夏礼吾能言之，杞不足征也。殷礼吾能言之，宋不足征也。足，则吾能征之矣。"观殷夏所损益，曰："后虽百世可知也，以一文一质。周监二代，郁郁乎文哉。吾从周。"故书传、礼记自孔氏。

孔子语鲁大师："乐其可知也。始作翕如，纵之纯如，皦如，绎如也，以成。""吾自卫反鲁，然后乐正，雅颂各得其所。"

古者诗三千余篇，及至孔子，去其重，取可施于礼义，上采契后稷，中述殷周之盛，至幽厉之缺，始于衽席，故曰"关雎之乱以为风始，鹿鸣为小雅始，文王为大雅始，清庙为颂始"。三百五篇孔子皆弦歌之，以求合韶武雅颂之音。礼乐自此可得而述，以备王道，成六艺。

孔子晚而喜易，序彖、系、象、说卦、文言。读易，韦编三绝。曰："假我数年，若是，我于易则彬彬矣。"

孔子以诗书礼乐教，弟子盖三千焉，身通六艺者七十有二人。如颜浊邹之徒，颇受业者甚众。

孔子以四教：文，行，忠，信。绝四：毋意，毋必，毋固，毋我。所慎：齐，战，疾。子罕言利与命与仁。不愤不启，举一隅不以三隅反，则弗复也。

其于乡党，恂恂似不能言者。其于宗庙朝廷，辩辩言，唯谨尔。朝，与上大夫言，訚訚如也；与下大夫言，侃侃如也。

【译文】

孔子时周室衰微，礼崩乐坏，《诗》《书》也残缺不全。孔子追溯夏、商、西周三代礼制，编制了《书传》，上起唐尧、虞舜，下至秦穆公，按事情先后整理编排。孔子说："夏代的礼制我还能讲出来，可惜后代的杞国没有留下足够的证明。殷商的礼制我也能讲出，但殷商的后代宋国也没有留下足够的证明。如果杞、宋两国留下足够的文献，我就能证明这些制度了。"孔子考察了殷代继承夏代时对礼制的增减后说："即使经过百代，对于增减的也是可以预知的，因为一种重视的是文采，另一种则是追求朴实。周代的礼制是在夏、殷二代的基础上制定的，所以显得更为丰富多彩。所以我喜欢周代的礼制。”《书传》《礼记》都是由孔子编定的。

孔子对鲁国乐官大师说：“音乐可以通晓。刚演奏时要相互配合，继续下去是节奏和谐，声音清晰，不能间断，这样才能演奏完整的一首乐曲。我从卫国返回鲁国后，就开始更正诗、乐，使《雅》《颂》都恢复了原来的曲调。”

以往留传下的诗有三千多篇，到孔子时他删掉了重复的，选取了其中可以用于礼教的，最早的是追述殷始祖契、周始祖后稷，其次是殷、周两代的兴盛，直到周幽王、周厉王的缺失，开头是叙述男女夫妇关系和感情的篇章，所以说：“《关雎》这章是《国风》的第一篇，《鹿鸣》是《小雅》的第一篇；《文王》是《大雅》的第一篇；《清庙》是《颂》的第一篇”。三百零五篇诗孔子都能演奏歌唱，以求与《韶》《武》《雅》《颂》这些乐曲的音调相吻合。先王的乐制度从此才得以恢复，并得到传承，王道完备了，孔子也完成了被称为“六艺”的《诗》《书》《乐》《易》《春秋》的编修。

孔子晚年爱好钻研《周易》，他详解《彖辞》《系辞》《象》《说卦》《文言》等。孔子读《周易》时很刻苦，以致把穿书简的牛皮绳子弄断了多次。他还说：“再让我多活几年，这样我就对《周易》的文辞和义理充分理解了。”

孔子用《诗》《书》《礼》《乐》作教材教育学生，光弟子就有三千人，其中精通礼、乐、射、御、数、术六艺的有七十二人。像颜浊邹那样的学生，多方面受到孔子教诲却没有记载的学生就更多了。

孔子对弟子的教育主要集中在四个方面：学问、言行、忠恕、信义。四条禁戒：不猜测、不武断、不固执、不炫耀。他认为谨慎的是：斋戒、战争、疾病。孔子很少谈利益，即使谈也与命运、仁德相联系。他教育弟子时，当他人有难时，烦闷急躁时，不去启发开导。他教导弟子不能触类旁通，要举一反三，不能重复讲述。

孔子在乡里十分谦恭，不善言谈。在宗庙祭祀和朝廷议政这些场合，却能言善辩，言辞明晰通达，但又恭谨小心。上朝时，与大夫们交谈，态度和蔼，自然正直；与下大夫交谈时，显得安乐祥和。

【原文】

入公门，鞠躬如也；趋进，翼如也。君召使傧，色勃如也。君命召，不俟驾行矣。

鱼馁，肉败，割不正，不食。席不正，不坐。食于有丧者之侧，未尝饱也。

是日哭，则不歌。见齐衰、瞽者，虽童子必变。

“三人行，必得我师。”“德之不修，学之不讲，闻义不能徙，不善不能改，是吾忧也。”使人歌，善，则使复之，然后和之。

子不语：怪，力，乱，神。

子贡曰：“夫子之文章，可得闻也。夫子言天道与性命，弗可得闻也已。”颜渊喟然叹曰：“仰之弥高，钻之弥坚。瞻之在前，忽焉在后。夫子循循然善诱人，博我以文，约我以礼，欲罢不能。既竭我才，如有所立，卓尔。虽欲从之，蔑由也已。”达巷党人曰：“大哉孔子，博学而无所成名。”子闻之曰：“我何执？执御乎？执射乎？我执御矣。”牢曰：“子云‘不试，故艺’。”

鲁哀公十四年春，狩大野。叔孙氏车子鉏商获兽，以为不祥。仲尼视之，曰：“麟也。”取之。曰：“河不出图，雒不出书，吾已矣夫！”颜渊死，孔子曰：“天丧予！”及西狩见麟，曰：“吾道穷矣！”喟然叹曰：“莫知我夫！”子贡曰：“何为莫知子？”子曰：“不怨天，不尤人，下学而上达，知我者其天乎！”

“不降其志，不辱其身，伯夷、叔齐乎！”谓“柳下惠、少连降志辱身矣”。谓“虞仲、夷逸隐居放言，行中清，废中权”。“我则异于是，无可无不可。”

【译文】

孔子进入国君公门，低头弯腰，以示恭敬谨慎，进门后急行，彬彬有礼。国君命他迎接客人，声色庄重认真。国君召见他，不待车驾备好，就动身前去了。

鱼不新鲜，肉有变质，切割不正，孔子不吃。席位不正，不落座。在有丧事的人旁边吃饭，从未吃饱过。

一天内哭过，就不再歌唱。看到穿孝服的人或盲人，就算是小孩会以示同情。

孔子说："三人同行，其中必有可做我老师的。"又说："修德不明，不探求学业，听到正直的道理不学习，对错误不能改正，这些是我担心的事。"孔子请人唱歌，唱得好便会让人再唱一遍，不好就会与之和唱。

孔子不谈论奇怪、暴力、混乱、鬼神之事。

子贡说："老师的文章很出色，这我们都知道。老师讲过天道与命运的关系，我们就无法理解。"颜渊感叹地说："我越是仰慕老师的学问，越感到他无比崇高，越是钻研深究，越觉得他坚实深厚。看见他在前面，忽然间又在后面。老师善于循序渐进地教导，用典籍丰富我们的学问，用礼仪规范我们的言行，使我想放松都不可能。即使筋疲力尽了还可发力，虽然我也有所成就，但与老师相比依然无可比拟。虽然我也想赶上他，但是心有余而力不足。"达巷这地方的人对我说："孔子多么伟大呀，他博学多识却不专于一行。"孔子听后说："我专注于什么呢？是驾车还是射箭？还是驾车吧。"子牢说："老师曾说：'没被世事所用，才学会了这么多技艺'。"

鲁哀公十四年春，在大野狩猎。叔孙氏的车夫鉏商获得一头怪兽，以为这是不祥之兆。孔子看后说："这是麒麟。"于是便将它带走了。孔子说："黄河上再也看不到神龙负图了，洛水上再也看不到神龟负洛书了，我也要完了！"颜渊死了，孔子说："这是老天要我的命呀！"等他在大野狩猎见到麒麟后说："我的生命该结束了！"感慨地说："没有人能了解我！"子贡说："为什么说没人了解您呢？"孔子说："我既不怨天，也不怪人，下学人事，上通天理，了解我的也只有上天吧！"

"不降低志向，不使自己受辱，只有伯夷、叔齐两人呀！"又说："柳下惠、少连降低了志向，使人格受辱"。又说："隐居的虞仲、夷逸不言世务，清高纯洁，废弃权能"。还说："我与他们不同，虽然世人褒贬不一，但我知道没有绝对的可以，也没有绝对的不可以"。

【原文】

子曰："弗乎弗乎，君子病没世而名不称焉。吾道不行矣，吾何以自见于后世哉？"乃因史记作春秋，上至隐公，下讫哀公十四年，十二公。据鲁，亲周，故殷，运之三代。约其文辞而指博。故吴楚之君自称王，而春秋贬之曰"子"；践土之会实召周天子，而春秋讳之曰"天王狩于河阳"：推此类以绳当世。贬损之义，后有王者举而开之。春秋之义行，则天下乱臣贼子惧焉。

孔子在位听讼，文辞有可与人共者，弗独有也。至于为春秋，笔则笔，削则削，子夏之徒不能赞一辞。弟子受春秋，孔子曰："后世知丘者以春秋，而罪丘者亦以春秋。"

明岁，子路死于卫。孔子病，子贡请见。孔子方负杖逍遥于门，曰："赐，汝来何其晚也？"孔子因叹，歌曰："太山坏乎！梁柱摧乎！哲人萎乎！"因以涕下。谓子贡曰："天下无道久矣，莫能宗予。夏人殡于东阶，周人于西阶，殷人两柱间。昨暮予梦坐奠两柱之间，予始殷人也。"后七日卒。

孔子年七十三，以鲁哀公十六年四月己丑卒。

哀公诔之曰："旻天不吊，不憖遗一老，俾屏余一人以在位，茕茕余在疚。呜呼哀哉！尼父，毋自律！"子贡曰："君其不没于鲁乎！夫子之言曰：'礼失则昏，名失则愆。失志为昏，失所为愆。'生不能用，死而诔之，非礼也。称'余一人'，非名也。"

【译文】

孔子说："不行啊不行！君子最担心的就是死后无好名。自己的主张无法实行，我凭什么才能给社会留下好名声呢？"于是便根据鲁国史书篇写了《春秋》，上起鲁隐公元年，下止鲁哀公十四年，共有鲁国十二位国君。以鲁国为中心，以事奉周室为正统，以殷商旧说为借鉴，文辞旁征博引，寓意深刻。以前吴、楚国君曾自称为王，在《春秋》中便被贬为子爵；晋文公在践土与诸侯会盟，实际上是召周襄王入会，在《春秋》中却避讳说"周天子巡狩来到河阳"。依此类推，《春秋》就是用这些原则来对时事进行褒贬的，后经国君推广开来，使《春秋》义法通行天下，使乱臣贼子都心惊胆战。

孔子任司寇审理案件时，文辞上有与他人商议的时候，他从不独断专行。写《春秋》时就不一样了，该写的定要写上，该删定要删掉，连子夏这些长于文字的弟子，也不能增删其中的一句话。弟子们学习《春秋》，孔子说：“后人将会通过《春秋》了解我，后人也会因为《春秋》责怪我。”

第二天，子路在卫国去世。孔子病了，子贡前来探望。孔子拄着拐杖在门口散步，说：“赐，你为什么来得这样晚呀？”孔子十分感叹，随即唱道：“泰山要倒了！梁柱要毁了，哲人要死了！”边唱边落泪。对子贡说：“天下失去常道已经很久了，没人能遵从我的建议。夏人死了停棺在东厢的台阶，周人死了停棺在西厢的台阶，殷人死了停棺在堂屋的两柱间。昨晚我梦见自己坐在两柱之间受人祭奠，我原本是殷商的后人呀。”七天后孔子死了。

孔子享年七十三岁，死在鲁哀公十六年四月己丑日。

鲁哀公作了一篇悼词：“老天不仁，你不肯留下这位老人，让他离我而去，孤独无助，独自一人的我十分悲痛。哎！尼父啊，没人可以成为我学习的楷模了！”子贡说：“鲁君难道不能在鲁国终老吗？老师曾说：‘失去礼制就会昏乱，失去名分就会产生过错。失去意志就会迷乱，失去合适的就会有差错。’老师活着时不重用他，死后又作祭文哀悼他，这不合礼制。以诸侯身份称‘余一人’，不合名分呀。”

【原文】

孔子葬鲁城北泗上，弟子皆服三年。三年心丧毕，相诀而去，则哭，各复尽哀；或复留。唯子赣庐于冢上，凡六年，然后去。弟子及鲁人往从冢而家者百有余室，因命曰孔里。鲁世世相传以岁时奉祠孔子冢，而诸儒亦讲礼乡饮大射于孔子冢。孔子冢大一顷。故所居堂、弟子内，后世因庙，藏孔子衣冠琴车书，至于汉二百余年不绝。高皇帝过鲁，以太牢祠焉。诸侯卿相至，常先谒然后从政。

孔子生鲤，字伯鱼。伯鱼年五十，先孔子死。

伯鱼生伋，字子思，年六十二。尝困于宋。子思作中庸。

子思生白，字子上，年四十七。子上生求，字子家，年四十五。子家生箕，字子京，年四十六。子京生穿，字子高，年五十一。子高生子慎，年五十七，尝为魏相。

子慎生鲋，年五十七，为陈王涉博士，死于陈下。

鲋弟子襄，年五十七。尝为孝惠皇帝博士，迁为长沙太守。长九尺六寸。

子襄生忠，年五十七。忠生武，武生延年及安国。安国为今皇帝博士，至临淮太守，蚤卒。安国生卬，卬生驩。

太史公曰：诗有之："高山仰止，景行行止。"虽不能至，然心向往之。余读孔氏书，想见其为人。适鲁，观仲尼庙堂车服礼器，诸生以时习礼其家，余祗回留之不能去云。天下君王至于贤人众矣，当时则荣，没则已焉。孔子布衣，传十余世，学者宗之。自天子王侯，中国言六艺者折中于夫子，可谓至圣矣！

【译文】

孔子死后葬在鲁城北面的泗水畔，弟子们都为其服丧三年。三年服丧后，大家分别离去，都泣不成声，十分悲痛；有的留了下来。子贡在墓旁建了一间小房住下，守墓共六年，然后离去。弟子和鲁国其他人，前来墓旁居住的有一百多家。后来就把这里称为"孔里"。鲁国世代相传，每年都定时到孔子墓前祭拜，而儒生们也到时来讲习礼仪，行乡学业考学的饮酒礼，以及其他仪式。孔子的墓地有一顷那么大。孔子故居的房屋及弟子们居住的内室，后来改成孔庙，收藏孔子生前的衣服、帽子、琴、车、书籍等，直到汉代的二百多年间从未间断。高皇帝刘邦经过鲁地时，曾用牛羊猪俱全的太牢祭祀过孔子。诸侯、卿大夫、宰相常是先去拜谒孔子墓，然后再 去就职上任。

孔子生了儿子名鲤，字伯鱼。伯鱼享年五十岁，比孔子死得早。

伯鱼生了伋，字子思，享年六十二岁。曾受困于宋国。子思编写了《中庸》。

子思生子白，字子上，享年四十七岁。子上生了求，字子家，享年四十五岁。子家生了箕，字子京，享年四十六岁。子京生了穿，字子高，享年五十一岁。子高生了慎，享年五十七岁，曾做过魏国国相。

子慎生了鲋，享年五十七岁，曾做过陈胜身旁的博士，在陈地去世。

鲋的弟弟名子襄，享年五十七岁。曾做过汉孝惠皇帝的博士，后升任长沙太守。身高九尺六寸。

子襄生子忠，享年五十七岁。忠生子武，武生子延年和安国。安国做了当今孝武皇帝的博士，后升任临淮太守，英年早逝。安国生子卬，卬生子驩。

太史公说：《诗》中云："像高山般受人尊崇，像大道般受人敬仰。"虽然我无法达到这种境地，但却一心向往着。我读孔子的著作，心中想到他的为人。到了鲁地，参拜孔子的庙堂、车辆、衣服、礼器，看到这么多学生按时去孔子旧宅中学习礼仪的情景。我心中怀着无比崇敬的心情留连忘返，不愿离去。从天下君王到贤能之士，可谓不胜枚举，虽然活着时荣耀百倍，但死后却一无所有了。孔子是一介平民，名声、学说却流传了十几代，读书人把他遵奉为宗师。从天子王侯到全国精通六艺的人，都把孔子的学说视为评判的最高标准，足以说明孔子真是至高无上的圣人呀！

【评析】

孔子在我国乃至世界上都享有盛名，司马迁对先贤更是高山仰止，他认为孔子是我国古代足以称为"周公第二"的大圣人、大学者，因此他以孔子为楷模。孔子有宏伟的政治抱负，并有将此付诸实践的政治才能。但是客观形势却没有给孔子施展才华的机会，他处处碰壁。尽管如此，孔子从来都没有放弃过。他的信念始终都没有改变，现实再残酷都没能使他降低目标，没有使他与恶势力同流合污。相反，这些困难似乎更加坚定了他要用自己的学说和政治主张来改变世界的决心。于是他百折不挠、明知不可为而为之。类似的悲剧不只是发生在孔子一个人身上，但是面对挫折，他们是愈挫愈勇，毫不退却。司马迁写道"文王拘而演《周易》，仲尼厄而作《春秋》，屈原放逐乃赋《离骚》，左丘失明遂有《国语》"，这些都是司马迁遭宫刑却坚持奋斗力量的源泉。锲而不舍，金石可镂。尽管他们在当时未能实现自己的抱负，但是他们的才能得到了后人肯定，并且他们的精神激励着一代又一代后人。

第十四章 陈涉世家

【原文】

陈胜者，阳城人也，字涉。吴广者，阳夏人也，字叔。陈涉少时，尝与人佣耕，辍耕之垄上，怅恨久之，曰："苟富贵，无相忘。"庸者笑而应曰："若为庸耕，何富贵也？"陈涉太息曰："嗟乎，燕雀安知鸿鹄之志哉！"

二世元年七月，发闾左适戍渔阳，九百人屯大泽乡。陈胜、吴广皆次当行，为屯长。会天大雨，道不通，度已失期。失期，法皆斩。陈胜、吴广乃谋曰："今亡亦死，举大计亦死，等死，死国可乎？"陈胜曰："天下苦秦久矣。吾闻二世少子也，不当立，当立者乃公子扶苏。扶苏以数谏故，上使外将兵。今或闻无罪，二世杀之。百姓多闻其贤，未知其死也。项燕为楚将，数有功，爱士卒，楚人怜之。或以为死，或以为亡。今诚以吾众诈自称公子扶苏、项燕，为天下唱，宜多应者。"吴广以为然。乃行卜。卜者知其指意，曰："足下事皆成，有功。然足下卜之鬼乎！"陈胜、吴广喜，念鬼，曰："此教我先威众耳。"乃丹书帛曰"陈胜王"，置人所罾鱼腹中。卒买鱼烹食，得鱼腹中书，固以怪之矣。又间令吴广之次所旁丛祠中，夜篝火，狐鸣呼曰"大楚兴，陈胜王"。卒皆夜惊恐。旦日，卒中往往语，皆指目陈胜。

【译文】

陈胜是阳城人，字涉。吴广是阳夏人，字叔。陈涉年轻时，曾经被雇用耕田，有次当他在田埂上休息，感慨了好久后说：“谁要是将来富贵了，可不要忘了大家呀。”受雇佣的人笑着说：“我们是被雇给人家种田的，怎么能富贵呢？”陈涉叹息道：“唉！燕雀这样的小鸟怎能理解大雁、天鹅的志向呢！”

秦二世元年七月，征发居住在里巷左边的贫民去防守渔阳，有九百人驻扎在大泽乡。陈胜、吴广都在这次征发的行列中，当了屯长。途中赶上大雨，道路不通，估计可能要误了到达渔阳的期限。如果超过期限，按律是要杀头的。陈胜、吴广商量说：“如今逃走也是死，起义干番大事业也是死，同样都是死，倒不如为国事而死，如何？”陈胜说：“天下百姓受秦朝统治的痛苦实在太久了。我听说二世皇帝是始皇帝的幼子，本不该他继位，该继位的是公子扶苏。扶苏因屡次劝谏始皇的缘故，被皇上派到外地驻守边疆。现在才听说他本无罪过，而二世皇帝竟杀害了他。百姓都听说扶苏公子贤德，不知道他已经死了。项燕原是楚国将军，屡立战功，爱护士兵，深受楚国人爱戴。有的人以为他死了，有的人以为他逃匿在外。如果我们现在假冒公子扶苏和项燕的名义，向天下人民发号施令，必会有不少人纷纷响应。”吴广觉得有道理。便去占卜吉凶，占卜的人明白他们的意图，便说：“你们的事定能成功，并取得一定的功业。但你们向鬼神问过吉凶吗？”陈胜、吴广十分高兴，占卜人所说向鬼神问吉凶，其意是说：“这样做是为了让你们在众人中树立威望。”于是用朱砂在一白绸子上写了“陈胜王”三字，让人放到了鱼的肚子里。戍卒买鱼回来煮着吃，发现了鱼肚中的帛书，觉得十分奇怪。陈胜又暗中命吴广到驻地附近草木丛生的古庙里，在夜里点燃篝火，模仿狐狸的声音叫道：“大楚兴，陈胜王。”戍卒听到后都十分惊恐。第二天早晨，此事在戍卒中传开了，对陈胜都指指点点。

【原文】

吴广素爱人，士卒多为用者。将尉醉，广故数言欲亡，忿恚尉，令辱之，以激怒其众。尉果笞广。尉剑挺，广起，夺而杀尉。陈胜佐之，并杀两尉。召令徒属曰：“公等遇雨，皆已失期，失期当斩。藉弟令毋斩，而戍死者固十六七。且壮士不死即已，死即举大名耳，王侯将相宁有种乎！”

徒属皆曰："敬受命。"乃诈称公子扶苏、项燕，从民欲也。袒右，称大楚。为坛而盟，祭以尉首。陈胜自立为将军，吴广为都尉。攻大泽乡，收而攻蕲。蕲下，乃令符离人葛婴将兵徇蕲以东。攻铚、酂、苦、柘、谯皆下之。行收兵。比至陈，车六七百乘，骑千余，卒数万人。攻陈，陈守令皆不在，独守丞与战谯门中。弗胜，守丞死，乃入据陈。数日，号令召三老、豪杰与皆来会计事。三老、豪杰皆曰："将军身被坚执锐，伐无道，诛暴秦，复立楚国之社稷，功宜为王。"陈涉乃立为王，号为张楚。

当此时，诸郡县苦秦吏者，皆刑其长吏，杀之以应陈涉。乃以吴叔为假王，监诸将以西击荥阳。令陈人武臣、张耳、陈余徇赵地，令汝阴人邓宗徇九江郡。当此时，楚兵数千人为聚者，不可胜数。

葛婴至东城，立襄强为楚王。婴后闻陈王已立，因杀襄彊，还报。至陈，陈王诛杀葛婴。陈王令魏人周市北徇魏地。吴广围荥阳。李由为三川守，守荥阳，吴叔弗能下。陈王征国之豪杰与计，以上蔡人房君蔡赐为上柱国。

【译文】

吴广一向关心别人，戍卒大多愿为他效力。押送队伍的县尉喝醉了，吴广故意扬言要逃跑，来激怒县尉，使他当众羞辱自己，然后再激怒众人。那县尉果然鞭打吴广，县尉又拔出佩剑，吴广奋起反抗，夺剑杀死了县尉。陈胜帮助他，一起杀死了两个县尉。然后召集戍卒说："我们在这里遇上大雨，必定要误了期限，这按照规定是要杀头的。就算不被杀头，去戍边守卫的人死去的也有十之六七。大丈夫不死便罢，死就要死得名扬天下，王侯将相难道都是天生的贵种吗！"其他的戍卒听后都齐声说："我们听凭你的差遣。"于是便假冒公子扶苏和楚将项燕的名义举行起义，以顺应百姓的愿望。大家都露出右臂作为标志，号称大楚。然后筑高台盟誓，用县尉的头作祭品。陈胜自立为将军，吴广为都尉。首先攻打大泽乡，夺取后又攻打蕲县。蕲县攻克后，便派符离人葛婴率兵攻打蕲县以东的地方。铚、酂、苦、柘、谯等地相继攻克。一面进军，一面扩大队伍。等攻打到陈县时，已拥有兵车六七百辆，骑兵一千多，兵卒几万人。攻打陈县时，守城的郡守、县令都不在，只有郡丞领兵与义军在城下作战。结果战败，郡丞被杀，起义军进入城中占据了陈县。几天后，陈胜召集掌管教化的三老、地方豪杰都来商议此事。这些人都说："将军身披铠甲，手执利器，讨伐无道昏君，诛灭暴虐秦朝，重建楚国社稷，论功行赏也应称王。"陈涉便自立为王，国号为张楚。

此时，各郡县遭受秦朝暴政之苦的人，都对各地的官吏进行了处罚，杀死他们以响应陈涉。于是便让吴广代理为王，率各将领向西攻打荥阳。命陈县武臣、张耳、陈余攻打原属赵国的土地，命汝阴人邓宗攻打九江郡。此时，楚地有几千人聚集在一起的队伍，难以数计。

葛婴来到东城，立襄强为楚王。葛婴后来听说陈胜已自立为王，便杀了襄强，回报陈胜。刚到陈县，陈胜就杀了葛婴。陈胜命魏人周市北上攻取原属魏国的地方。吴广包围了荥阳。李由任三川郡守，守卫荥阳，吴广久攻不下。陈胜召国内豪杰商议，命上蔡人房君蔡赐为上柱国。

【原文】

周文，陈之贤人也，尝为项燕军视日，事春申君，自言习兵，陈王与之将军印，西击秦。行收兵至关，车千乘，卒数十万，至戏，军焉。秦令少府章邯免郦山徒、人奴产子生，悉发以击楚大军，尽败之。周文败，走出关，止次曹阳二三月。章邯追败之，复走次渑池十余日。章邯击，大破之。周文自刭，军遂不战。

武臣到邯郸，自立为赵王，陈余为大将军，张耳、召骚为左右丞相。陈王怒，捕系武臣等家室，欲诛之。柱国曰："秦未亡而诛赵王将相家属，此生一秦也。不如因而立之。"陈王乃遣使者贺赵，而徙系武臣等家属宫中，而封耳子张敖为成都君，趣赵兵亟入关。赵王将相相与谋曰："王王赵，非楚意也。楚已诛秦，必加兵于赵。计莫如毋西兵，使使北徇燕地以自广也。赵南据大河，北有燕、代，楚虽胜秦，不敢制赵。若楚不胜秦，必重赵。赵乘秦之弊，可以得志于天下。"赵王以为然，因不西兵，而遣故上谷卒史韩广将兵北徇燕地。

燕故贵人豪杰谓韩广曰："楚已立王，赵又已立王。燕虽小，亦万乘之国也，愿将军立为燕王。"韩广曰："广母在赵，不可。"燕人曰："赵方西忧秦，南忧楚，其力不能禁我。且以楚之强，不敢害赵王将相之家，赵独安敢害将军之家！”韩广以为然，乃自立为燕王。居数月，赵奉燕王母及家属归之燕。

【译文】

周文是陈地有名的圣贤之士，曾是项燕手下的占卜望日官，也曾事奉过春申君，自称熟习兵法，陈王授予他将军印，让他向西攻打秦地。一路上他边行军边召兵马，到达函谷关时，战车达千辆，士兵有几十万，到达戏亭时便驻扎了下来。秦王朝派少府章邯赦免了骊山服役的人，以及家奴的后人，全部征调来共伐张楚大军，大败楚军，周文失败后，从函谷关逃走，在曹阳驻留了两三个月。章邯追上把他打败，后又逃到渑池驻留了十几天。章邯追上又将他击败。周文自杀，军队失去了战斗力。

武臣来到邯郸，自立为赵王，陈余为大将军，张耳、召骚为左、右丞相。陈王知道后大怒，就囚禁了武臣等人的家属，打算杀死他们。上柱国蔡赐说：“秦朝还没有灭亡就杀赵王将相的家属，这等于又多了一个与我们作对的秦国。不如就此立他为王好了。”陈胜便派使者前去赵国庆贺，并把武臣等人的家属迁到宫中，又封张耳之子张敖为成都君，并命赵国军队向函谷关进军。赵王武臣的将相商议说：“大王在赵国称王，并非楚国本意。如楚国消灭秦朝后，必会攻打赵国。最好的办法是不派兵西进，而是向北夺取原属燕国的土地以扩大我们的土地。赵国南据黄河，北靠燕、代，就算楚国战胜秦国，也不敢来压制赵国。如楚国不能战胜秦国，就会求助于赵国。到时赵国趁秦国疲敝，就可得志于天下了。”赵王觉得有道理，便没有领兵西进，而是派上谷郡卒史韩广率兵北攻燕地。

燕国原来的贵族豪杰对韩广说：“楚国已立为王，赵国也称王了。燕国虽小，曾经也是万乘之国，希望将军能自立为燕王。”韩广说：“我的母亲还在赵国，不行。”燕人说：“赵国西面有秦朝的忧患，南面有楚王的忧患，他是无法制约我们的。强大的楚国都不敢杀害赵王将相的家属，赵国又怎敢杀害您的家属呢？”韩广觉得有理，便自立为燕王。几个月后，赵国派人护送燕王的母亲及家属来到燕国。

【原文】

当此之时，诸将之徇地者，不可胜数。周市北徇地至狄，狄人田儋杀狄令，自立为齐王，以齐反，击周市。市军散，还至魏地，欲立魏后故甯陵君咎为魏王。时咎在陈王所，不得之魏。魏地已定，欲相与立周市为魏王，周市不肯。使者五反，陈王乃立宁陵君咎为魏王，遣之国。周市卒为相。

将军田臧等相与谋曰："周章军已破矣，秦兵旦暮至，我围荥阳城弗能下，秦军至，必大败。不如少遗兵，足以守荥阳，悉精兵迎秦军。今假王骄，不知兵权，不可与计，非诛之，事恐败。"因相与矫王令以诛吴叔，献其首于陈王。陈王使使赐田臧楚令尹印，使为上将。田臧乃使诸将李归等守荥阳城，自以精兵西迎秦军于敖仓。与战，田臧死，军破。章邯进兵击李归等荥阳下，破之，李归等死。

阳城人邓说将兵居郏，章邯别将击破之，邓说军散走陈。铚人伍徐将兵居许，章邯击破之，伍徐军皆散走陈。陈王诛邓说。

陈王初立时，陵人秦嘉、铚人董绁、符离人朱鸡石、取虑人郑布、徐人丁疾等皆特起，将兵围东海守庆于郯。陈王闻，乃使武平君畔为将军，监郯下军。秦嘉不受命，嘉自立为大司马，恶属武平君。告军吏曰："武平君年少，不知兵事，勿听！"因矫以王命杀武平君畔。

章邯已破伍徐，击陈，柱国房君死。章邯又进兵击陈西张贺军。陈王出监战，军破，张贺死。

【译文】

此时，去攻城占地的各地将领数不胜数。周市北上攻城略地到达狄县，狄人田儋杀死了县令，自立为齐王，凭借齐地反击周市。周市溃败，退回魏地，想立魏王的后代宁陵君咎为魏王。当时咎在陈王那里，无法回到魏地。魏地平定后，大家想共立周市为魏王，周市不肯。使者先后五次往返于陈王与周市之间，陈王才答应立宁陵君咎为魏王，护送他回到魏国。周市做了魏相。

将军田臧等人谋划说："周文的军队已经溃败，秦军早晚会来到，我们围困荥阳也没攻下，如果秦军来到，定会落败。不如留下少量军队，先保住荥阳，其余精兵全部攻打秦军。现在代理王吴广骄横，又不懂兵权之谋，这样的人无法与他商议，不杀了他，我们的计划就会失败。”于是他们便假冒陈胜的命令杀了吴广，将吴广的人头献给了陈王。陈王便派使者赐给田臧楚令尹的大印，封他为上将军。田臧派部将李归等人驻守荥阳，自己带精兵西进到敖仓迎战秦军。双方经过大战，田臧战死，军队溃败。章邯领兵趁机到荥阳城下攻打李归，取得了胜利，李归等人战死。

阳城人邓说领兵居住在郏城，被章邯的一支部队打败，邓说败逃到陈县。铚人伍徐率兵驻扎在许县，章邯打败了他。伍徐的军队败逃到陈县。陈王杀了邓说。

陈胜开始自立为王时，陵县人秦嘉、铚县人董绁、符离人朱鸡石、取虑人郑布、徐县人丁疾等也都起兵反秦，他们领兵把东海郡守庆围困在郯城。陈王听说后，便派武平君畔为将军，督率郯城军队作战。秦嘉对此不予接受，自立为大司马，不想隶属于武平君畔。便对手下军吏说：“武平君年轻，不懂军法，不能听他的！”接着就假托陈王之命杀死了武平君畔。

章邯打败伍徐后，继而攻打陈县，陈王的上柱国房君蔡赐战死。章邯又领兵进攻后驻守在陈县西的张贺部队。陈王亲自督战，楚军战败，张贺阵亡。

【原文】

腊月，陈王之汝阴，还至下城父，其御庄贾杀以降秦。陈胜葬砀，谥曰隐王。

陈王故涓人将军吕臣为仓头军，起新阳，攻陈下之，杀庄贾，复以陈为楚。

初，陈王至陈，令铚人宋留将兵定南阳，入武关。留已徇南阳，闻陈王死，南阳复为秦。宋留不能入武关，乃东至新蔡，遇秦军，宋留以军降秦。秦传留至咸阳，车裂留以徇。

秦嘉等闻陈王军破出走，乃立景驹为楚王，引兵之方与，欲击秦军定陶下。使公孙庆使齐王，欲与并力俱进。齐王曰：“闻陈王战败，不知其死生，楚安得不请而立王！”公孙庆曰：“齐不请楚而立王，楚何故请齐而立王！且楚首事，当令于天下。”田儋诛杀公孙庆。

秦左右校复攻陈，下之。吕将军走，收兵复聚。鄱盗当阳君黥布之兵相收，复击秦左右校，破之青波，复以陈为楚。会项梁立怀王孙心为楚王。

陈胜王凡六月。已为王，王陈。其故人尝与庸耕者闻之，之陈，扣宫门曰："吾欲见涉。"宫门令欲缚之。自辩数，乃置，不肯为通。陈王出，遮道而呼涉。陈王闻之，乃召见，载与俱归。入宫，见殿屋帷帐，客曰："夥颐！涉之为王沈沈者！"楚人谓多为夥，故天下传之，夥涉为王，由陈涉始。客出入愈益发舒，言陈王故情。或说陈王曰："客愚无知，颛妄言，轻威。"陈王斩之。诸陈王故人皆自引去，由是无亲陈王者。陈王以朱房为中正，胡武为司过，主司群臣。诸将徇地，至，令之不是者，系而罪之，以苛察为忠。其所不善者，弗下吏，辄自治之。陈王信用之。诸将以其故不亲附，此其所以败也。

【译文】

十二月，陈王退到汝阴，在到达下城父时，他的车夫庄贾杀了他投降了秦军。陈胜死后葬在砀县，谥号隐王。

陈王的旧臣吕臣组织了一支青巾裹头的"仓头军"，在新阳起兵攻打陈县，取胜后杀了庄贾，立陈县为楚都。

开始，陈王刚到陈县时，命铚县人宋留率兵去平定南阳，后入武关。宋留攻占了南阳后，听到陈王被杀的消息，于是南阳又被秦军夺回。宋留无法进入武关，便向东到达新蔡，不想遇上了秦军，宋留率军投降了秦军。秦军将宋留押回咸阳，将其五马分尸。

秦嘉等人听说陈王的军队溃败逃走，便立景驹为楚王，率兵来到方与，准备攻打定陶的秦军。于是派公孙庆出使齐国去见齐王田儋，想一同进军。齐王说："听说陈王战败，生死不明，楚国怎能不来向我请示就自立为王呢？"公孙庆说："齐国不请示楚国称王，楚国为何要请示齐国称王呢？何况楚是首先反秦的，理当号令天下。"田儋杀了公孙庆。

秦军左右校尉率兵再次攻打陈县，并夺取了它。将军吕臣失败后逃走，重新集结兵马。并与当年在鄱阳为盗后被封为当阳君的黥布联合起来，攻打秦军左右校尉的军队，在青波将他们击败，再次以陈县为楚都。

此时项梁立楚怀王之孙心为楚王。

陈胜称王总六个月。称王之后，以陈县为国都。以前与他一起雇佣给人耕田的伙计听说他做了王，便来陈县投奔，敲着宫门说："我要见陈涉。"守宫门的长官把他捆了起来。经反复解说才放了他，但仍不肯为他通报。等陈王出门时，他拦路呼叫陈涉之名。陈王听后，召他进见，与他坐同一辆车回宫。进宫后，见殿屋帷帐，客人说："夥颐！陈涉大王的宫殿好气派啊！"楚地人把"多"叫作"夥"，天下流传的"夥涉为王"就是从陈涉开始的。客人在宫中越来越放肆，常跟人讲陈涉以前的一些旧事。有人对陈王说："您的客人愚昧无知，胡说八道，有损于您的威严。"陈王就把来客杀了。此后，陈王的故旧知交都纷纷离去，没有再与陈王亲近的了。陈王命朱房做中正，胡武做司过，专门督察群臣的过失。将领取得战功回到陈县后，如稍有不服，就抓起来问罪，以苛刻的督察看是否忠于陈王。凡是他俩不喜欢的人，一旦有错，不用交给司法官吏去审理，就擅自惩治。陈王十分信任他们。将领们因此便不再亲附于他。这就是陈王失败的原因。

【原文】

陈胜虽已死，其所置遣侯王将相竟亡秦，由涉首事也。高祖时为陈涉置守冢三十家砀，至今血食。

褚先生曰：地形险阻，所以为固也；兵革刑法，所以为治也。犹未足恃也。夫先王以仁义为本，而以固塞文法为枝叶，岂不然哉！吾闻贾生之称曰：

"秦孝公据殽函之固，拥雍州之地，君臣固守，以窥周室。有席卷天下，包举宇内，囊括四海之意，并吞八荒之心。当是时也，商君佐之，内立法度，务耕织，修守战之备；外连衡而斗诸侯。于是秦人拱手而取西河之外。

"孝公既没，惠文王、武王、昭王蒙故业，因遗策，南取汉中，西举巴蜀，东割膏腴之地，收要害之郡。诸侯恐惧，会盟而谋弱秦。不爱珍器重宝肥饶之地，以致天下之士。合从缔交，相与为一。当此之时，齐有孟尝，赵有平原，楚有春申，魏有信陵：此四君者，皆明知而忠信，宽厚而爱人，尊贤而重士。约从连衡，兼韩、魏、燕、赵、宋、卫、中山之众。于是六国之士有宁越、徐尚、苏秦、杜赫之属为之谋，齐明、周最、陈轸、邵滑、楼缓、翟景、苏厉、乐毅之徒通其意，吴起、孙膑、带他、兒良、王廖、田忌、廉颇、赵奢之伦制其兵。尝以什倍之地，百万之师，仰关而攻秦。秦人开关而延敌，九国之师遁逃而不敢进。秦无亡矢遗镞之费，而天下固已困矣。于是从散约败，争割地而赂秦。秦有余力而制其弊，追亡逐北，伏尸百万，流血漂橹，因利乘便，宰割天下，分裂山河，强国请服，弱国入朝。

【译文】

陈胜虽然已死，但他所封派的王侯将相最终消灭了秦朝，这是陈涉率先起义的结果。汉高祖时，在砀县安置了三十户人为陈涉守墓，到现在仍按时杀牲祭祀。

褚先生说：地形险阻，可以固守；拥有武器装备和法制规章，便于统治国家。但光有这些还是不够的。先王以仁德治国为本，把巩固边塞、制定规章制度看作枝叶，这样做难道不对吗？我曾听贾谊说：

“秦孝公占据崤山和函谷的险要地形，拥有雍州之地，君臣固守，可以窥视整个周王朝，有席卷天下、包举宇内之势，囊括四海的意思，并吞八方的心气。就在此时，商鞅辅佐秦孝公，在国内建立法度，致力于耕织，整治攻守之备，对外以连横的策略使其他诸侯相互争斗。秦国才像两手相合般毫不费力地夺取了黄河以西的大片土地。

“秦孝公去世后，秦惠文王、武王、昭襄王承接秦孝公之业，遵循先人策略，向南夺取汉中，向西夺取巴蜀，向东割取肥沃的土地，夺取险阻的郡邑。诸侯们因此十分惊恐，会盟商量对策来削弱秦国。他们不吝惜财宝土地，用来招纳天下贤才。采用合纵之策结盟，相互支持，形成一体。此时齐国有孟尝君，赵国有平原君，楚国有春申君，魏国有信陵君。这四位公子都英明神武、忠诚有信，宽厚爱人，尊重贤士，器重能人。他们相互约定合纵，共抗秦军，破坏秦国的连横策略，联合韩、魏、燕、楚、齐、赵、宋、卫、中山等国士人。像六国的士人有宁越、徐尚、苏秦、杜赫等为他们谋划；有齐明、周最、陈轸、邵滑、楼缓、翟景、苏厉、乐毅这些人为他们提供建议；有吴起、孙膑、带他、兒良、王廖、田忌、廉颇、赵奢这些人作为将领。诸侯们曾用相当于秦国十倍的土地，百万的大军攻打函谷关。秦国开关迎敌，但九国军队却畏缩不前。秦国没有耗费一支箭，天下诸侯就已经疲惫不堪了。于是合纵的盟约被破坏，各自割地贿赂秦国。秦国有充裕的力量利用诸侯间的弱点，追赶败北的敌人，杀得他们横尸百万，血流满地，以致船橹都漂浮起来；秦国趁有利时机，分割天下，占据山河，使强国臣服，弱国朝拜。

【原文】

“施及孝文王、庄襄王，享国之日浅，国家无事。

“及至始皇，奋六世之余烈，振长策而御宇内，吞二周而亡诸侯，履至尊而制六合，执敲朴以鞭笞天下，威振四海。南取百越之地，以为桂林、象郡，百越之君俯首系颈，委命下吏。乃使蒙恬北筑长城而守籓篱，却匈奴七百余里，胡人不敢南下而牧马，士亦不敢贯弓而报怨。于是废先王之道，燔百家之言，以愚黔首。堕名城，杀豪俊，收天下之兵聚之咸阳，销锋镝，铸以为金人十二，以弱天下之民。然后践华为城，因河为池，据亿丈之城，临不测之渊以为固。良将劲弩，守要害之处，信臣精卒，陈利兵而谁何。天下已定，始皇之心，自以为关中之固，金城千里，子孙帝王万世之业也。

“始皇既没，余威振于殊俗。然而陈涉瓮牖绳枢之子，氓隶之人，而迁徙之徒也。才能不及中人，非有仲尼、墨翟之贤，陶朱、猗顿之富也。蹑足行伍之间，俛仰仟佰之中，率罢散之卒，将数百之众，转而攻秦。斩木为兵，揭竿为旗，天下云会响应，赢粮而景从，山东豪俊遂并起而亡秦族矣。

“且天下非小弱也；雍州之地，殽函之固自若也。陈涉之位，非尊于齐、楚、燕、赵、韩、魏、宋、卫、中山之君也；鉏櫌棘矜，非铦于钩戟长铩也；谪戍之众，非俦于九国之师也；深谋远虑，行军用兵之道，非及乡时之士也。然而成败异变，功业相反也。尝试使山东之国与陈涉度长絜大，比权量力，则不可同年而语矣。然而秦以区区之地。致万乘之权，抑八州而朝同列，百有余年矣。然后以六合为家，殽函为宫。一夫作难而七庙隳，身死人手，为天下笑者，何也？仁义不施，而攻守之势异也。”

【译文】

“到秦孝文王、庄襄王时，他们在位的时间很短，国家却相安无事。

“到秦始皇时，发扬六代传下来的功业，挥动长鞭来驾驭各诸侯国，吞并了东西二周这些小国，消灭了六国诸侯，登上皇帝宝座号令天下，手持刑杖鞭笞天下，声震四海。向南夺取百越之地，设桂林郡、象郡；百越的君长低着头，用绳子拴住自己的脖子来投降，将性命交给秦朝的下级官吏掌握。派蒙恬到北方修筑长城，作为防守边疆的屏障，把匈奴向北驱赶了七百多里；匈奴人不敢到南方牧马，兵士也不敢搭弓寻仇。废除先王治国之道，焚烧诸子百家著作，想使百姓愚昧无知；毁坏名城，杀戮豪杰，收集天下兵器集中到咸阳，熔化刀剑、箭头，铸成十二个金人，以削弱天下人民的力量。然后靠华山建筑城墙，把黄河当成护城河，依据亿丈高的华山，临守深不可测的黄河，作为守卫的险要之地。良将拿弓，防守要塞，亲信的大臣和精干的士兵，摆列锋利的兵器，严查过往行人。天下已定，在秦始皇的心中，自以为关中固若金汤，是千里金城，可以作为子孙万世的基业。

“秦始皇死后，其余威还威震远方。但陈涉只是一个用破瓮作窗户，用草绳拴门轴的穷困子弟，是个耕田人，是受人奴役的人，是被征发守边的人。才能连一般人都比不上，更无孔子、墨子那样的贤能，也没有陶朱、猗顿那样富有，置身于戍卒之中，兴起在乡野之间，率疲乏散乱的戍卒，领几百个人，转身反叛秦国，斩树木为兵器，举竹竿为旗帜，天下众人如风云般纷纷响应，担着粮食，如影随形。崤山函谷关以东的英雄豪杰也纷纷加入，最终推翻了秦朝。

“况且秦王朝的天下没有削弱；雍州的土地，崤山函谷关都十分坚固。陈涉的地位并不比齐、楚、燕、赵、韩、宋、卫、中山等国国君尊贵；锄耙戟柄也不比钩戟长矛锋利；戍守边疆的百姓，也不比九国的军队强大；论智谋策略、行军作战的能力，也不比以前六国的有才之士。但成败却正好相反，功业也不相同，这是为什么呢？如果以崤山、函谷关以东各诸侯国与陈涉相比较，无论是地位，还是权威，以及实力，都不可同日而语，相提并论。秦国从当初的一块小的封地，发展成拥有万辆兵车的强国，继而控制其他八州，使地位与之相同的诸侯国都来朝拜称臣，已有百年的历史了。把四方当作家，把崤山、函谷关当作宫墙。可陈涉一介莽夫一旦倡导起义后，秦朝的七代宗庙顷刻时被毁，连秦王子婴也死在他人之手，被天下讥笑，这是为什么呢？原因就是仁义不行呀，这才导致了攻守天下的形势有了变化。”

【评析】

“王侯将相宁有种乎！”这一声呐喊改变了以出身论成就的观点，那种“君权神授”的思想也第一次被提出质疑。陈胜、吴广揭竿而起，反对暴秦，开创了中国历史上农民起义的先河。尽管最后陈胜还是兵败身亡了，但是他点燃的反秦烈火已经成了燎原之势。本篇篇幅不长，但是处处都表现了陈胜的过人之处。首先他有远大的志向，遭到别人的嘲笑后，他觉得“燕雀安知鸿鹄之志哉”；其次他有果敢过人的胆识，他觉得横竖是一死，大丈夫就应该死得其所，没准还会有意想不到的结果；再次他有高深的智谋，他利用人们的无知，通过迷信手段，让众人认为自己称王是天意，虽然他反对“君权神授”，但是他同样用此观点来拉拢众人的心。然后再用受人敬重的公子扶苏之名来使更多的人响应。虽然最后陈胜并没有推翻秦，但是陈胜在反秦过程中起到的历史作用还是巨大的。其起兵、兵败的过程都给后人以借鉴。

第十五章 萧相国世家

【原文】

萧相国何者，沛丰人也。以文无害为沛主吏掾。

高祖为布衣时，何数以吏事护高祖。高祖为亭长，常左右之。高祖以吏繇咸阳，吏皆送奉钱三，何独以五。

秦御史监郡者与从事，常辨之。何乃给泗水卒史事，第一。秦御史欲入言征何，何固请，得毋行。

及高祖起为沛公，何常为丞督事。沛公至咸阳，诸将皆争走金帛财物之府分之，何独先入收秦丞相御史律令图书藏之。沛公为汉王，以何为丞相。项王与诸侯屠烧咸阳而去。汉王所以具知天下阸塞，户口多少，强弱之处，民所疾苦者，以何具得秦图书也。何进言韩信，汉王以信为大将军。语在淮阴侯事中。

汉王引兵东定三秦，何以丞相留收巴蜀，填抚谕告，使给军食。汉二年，汉王与诸侯击楚，何守关中，侍太子，治栎阳。为法令约束，立宗庙社稷宫室县邑，辄奏上，可，许以从事；即不及奏上，辄以便宜施行，上来以闻。关中事计户口转漕给军，汉王数失军遁去，何常兴关中卒，辄补缺。上以此专属任何关中事。

汉三年，汉王与项羽相距京索之间，上数使使劳苦丞相。鲍生谓丞相曰："王暴衣露盖，数使使劳苦君者，有疑君心也。为君计，莫若遣君子孙昆弟能胜兵者悉诣军所，上必益信君。"于是何从其计，汉王大说。

【译文】

萧相国萧何是沛县丰邑人。他通晓法律，无人可比，曾在县令手下任职。

汉高祖刘邦身为平民时，萧何多次凭官吏之职保护过他。刘邦当了亭长，萧何经常帮助他。刘邦身为官吏被派到咸阳服役，其他官员都奉送三百钱，只有萧何送了五百。

秦朝御史到泗水郡督察工作，萧何也跟随而去，做事井井有条。因此升任为泗水郡卒史，在考察中居第一位。秦朝御史想入朝重用萧何，萧何再三辞谢，才没有调走。

等到高祖在沛县起事后，萧何常为他督办公事。沛公攻入咸阳，将领们争抢库中的金银财宝，只有萧何入宫后先做的是搜取秦朝丞相及御史的法律等文献资料。沛公做了汉王后，任萧何为相。项羽和其他诸侯进入咸阳后烧杀抢掠后离去。汉王之所以能了解天下的险关要塞，户口多少，各地强弱，百姓疾苦等，都是因萧何收藏了秦朝文献的缘故。萧何后来又推荐了韩信，汉王封韩信为大将军。此事在《淮阴侯列传》中有记载。

汉王领兵向东平定三秦，萧何以丞相之职留守巴蜀，安抚民众，布告天下，提供粮草。汉王二年，汉王与各路诸侯攻打楚军，萧何把守关中，事奉太子，治理栎阳。颁布法令制度，修建宗庙社稷、宫室县邑，一切都会上奏汉王，以征求意见，允许后才会执行；如来不及禀报，就先酌情处理，等汉王回来后再汇报。萧何在关中管理户口，征集运送粮草。汉王多次弃军败逃，萧何经常在关中征发士卒，补充军队。汉王因此专门委任萧何处理关中政事。

汉三年，汉王与项羽在京县、索城间对峙，汉王多次派使者慰问萧何。一名叫鲍生的人对丞相说：“汉王在前线风餐露宿，却多次派使者慰问您，看来是对你有疑心呀。我替你着想，不如派子孙兄弟中能打仗的人都到军中效力，汉王会对你深信不疑。”萧何听从了他的意见，汉王很高兴。

【原文】

汉五年，既杀项羽，定天下，论功行封。群臣争功，岁余功不决。高祖以萧何功最盛，封为酂侯，所食邑多。功臣皆曰：“臣等身被坚执锐，多者百余战，少者数十合，攻城略地，大小各有差。今萧何未尝有汗马之劳，徒持文墨议论，不战，顾反居臣等上，何也？”高帝曰：“诸君知猎乎？”曰：“知之。”“知猎狗乎？”曰：“知之。”高帝曰：“夫猎，追杀兽兔者狗也，而发踪指示兽处者人也。今诸君徒能得走兽耳，功狗也。至如萧何，发踪指示，功人也。且诸君独以身随我，多者两三人。今萧何举宗数十人皆随我，功不可忘也。”群臣皆莫敢言。

列侯毕已受封，及奏位次，皆曰：“平阳侯曹参身被七十创，攻城略地，功最多，宜第一。”上已桡功臣，多封萧何，至位次未有以复难之，然心欲何第一。关内侯鄂君进曰：“群臣议皆误。夫曹参虽有野战略地之功，此特一时之事。夫上与楚相距五岁，常失军亡众，逃身遁者数矣。然萧何常从关中遣军补其处，非上所诏令召，而数万众会上之乏绝者数矣。夫汉与楚相守荥阳数年，军无见粮，萧何转漕关中，给食不乏。陛下虽数亡山东，萧何常全关中以待陛下，此万世之功也。今虽亡曹参等百数，何缺于汉？汉得之不必待以全。奈何欲以一旦之功而加万世之功哉！萧何第一，曹参次之。”高祖曰：“善。”于是乃令萧何第一，赐带剑履上殿，入朝不趋。

【译文】

汉五年，打败了项羽，统一了天下，论功行赏。群臣争功，一年多也没能决定下来。高祖认为萧何的功劳最大，封他为酂侯，受封的食邑最多。功臣们说：“我们身披战甲，手执兵器，上阵参战，身经百战，少则数十合，攻城略地，立下大小战功无数。萧何没有这样的汗马功劳，只是舞文弄墨，提供建议，从没有参加过战斗，先重赏他后封我们，为什么呢？”高帝说：“你们懂得打猎吗？”群臣说：“当然知道。”高帝问：“知道猎狗吗？”群臣说：“知道。”高帝说：“打猎时，追杀野兔的是猎狗，但发现其行踪的是猎人。现在大家只能捉到野兽，功劳与猎狗相似。而发现行踪的却是萧何，他把猎取的目标指给我们，其功劳就如猎人一般。另外，诸位追随我的多是只身一人，多则不过两三人。而萧何让本族的几十人追随我打天下，他的功劳我不能忘记。”群臣就都不言语了。

列侯都受封后，轮到高祖评定位次的时候了，群臣说：“平阳侯曹参身受七十处创伤，攻城掠地，功劳最大，应排在首位。”高祖已经委屈了功臣，多赏了萧何，在评定位次时没有反驳大家，但暗中还是把萧何排在了第一位。关内侯鄂千秋说："各位大臣的意见错了。曹参虽然有转战各处、夺城无数之功，这不过是一时的。大王与楚军相持五年，经常失掉军队，士卒逃散，只身逃亡就有数次。但萧何常在关中派兵补充军队，这些并非是大王让他做的，数万士卒派往前线正是大王危急之时，这种情况已有多次。汉楚两军在荥阳对垒数年，军中缺少粮草，萧何从关中用车船运来，军粮供应从没间断过。陛下虽多次失掉崤山以东的地区，但萧何一直据守关中等待我们归来，这些功劳才是万世不朽啊。就算是缺少上百个曹参这样的人，对汉室又有什么损失呢？汉室得到了这些人也不一定能够保全。怎能让一时的功劳凌驾在万世功勋之上呢？萧何应该排在首位，曹参在次席。"高祖说："说得好。"便将萧何排在首位，特许他带剑穿鞋上殿，上朝时可小步快走。

【原文】

上曰："吾闻进贤受上赏。萧何功虽高，得鄂君乃益明。"于是因鄂君故所食关内侯邑封为安平侯。是日，悉封何父子兄弟十余人，皆有食邑。乃益封何二千户，以帝尝繇咸阳时何送我独赢奉钱二也。

汉十一年，陈豨反，高祖自将，至邯郸。未罢，淮阴侯谋反关中，吕后用萧何计，诛淮阴侯，语在淮阴事中。上已闻淮阴侯诛，使使拜丞相何为相国，益封五千户，令卒五百人一都尉为相国卫。诸君皆贺，召平独吊。召平者，故秦东陵侯。秦破，为布衣，贫，种瓜于长安城东，瓜美，故世俗谓之"东陵瓜"，从召平以为名也。召平谓相国曰："祸自此始矣。上暴露于外而君守于中，非被矢石之事而益君封置卫者，以今者淮阴侯新反于中，疑君心矣。夫置卫卫君，非以宠君也。愿君让封勿受，悉以家私财佐军，则上心说。"相国从其计，高帝乃大喜。

汉十二年秋，黥布反，上自将击之，数使使问相国何为。相国为上在军，乃拊循勉力百姓，悉以所有佐军，如陈豨时。客有说相国曰："君灭族不久矣。夫君位为相国，功第一，可复加哉？然君初入关中，得百姓心，十余年矣，皆附君，常复孳孳得民和。上所为数问君者，畏君倾动关中。今君胡不多买田地，贱贳贷以自污？上心乃安。"于是相国从其计，上乃大说。

【译文】

高祖说："我听说推荐贤才要受上等奖赏。萧何的功劳很高，但经过鄂君的表彰后就更高了。"于是据鄂君原来受封的关内侯食邑，封为安平侯。当天，萧何父子兄弟十多人都封了食邑。后又加封萧何两千户，因为当年高祖在咸阳服役时，萧何曾多赠送给他二百钱。

汉十一年，陈豨叛变，高祖亲率大军来到邯郸。平叛还没结束时，淮阴侯韩信又想谋反，吕后用萧何之计杀了淮阴侯，这在《淮阴侯列传》中有记载。高祖听说淮阴侯被杀，便派使者拜萧何为相国，加封五千户，并命五百士卒、一名都尉做他的护卫。这让许多人羡慕不已，只有召平以示哀悼。召平原为秦朝东陵侯。秦朝灭亡后，他沦为平民，因家中贫穷，在长安城东以种瓜为生。他的瓜味道甜美，所以被世人称为"东陵瓜"，这是以其封号来命名的。召平对萧何说："祸患要开始了。皇上风吹日晒地在外征战，而你留守朝中未经战事之险，却增加封邑和设置护卫，这是因为淮阴侯刚谋反不久，对您心有怀疑。所以设护卫保护您，这并非是对你的信任。希望您能辞谢不受，将家产资财全都捐给军队，皇上必会十分高兴。"萧何听从了他的建议。高帝果然十分高兴。

汉十二年秋，黥布谋反，高祖亲率大军征讨，多次派人询问萧何在做什么。萧何因皇上在军中，便在后方安抚百姓，将全部家财捐给了军队，与讨伐陈豨时一样。有一门客对萧何说："您灭族的日子要来到了。身居相国，功劳居首，还能有更高的赏赐吗？当初入关时你就深得民心，到现在已经十多年了，民众都信任你，您还如此勤勉地做事，亲近百姓，接受爱戴。皇上屡次询问您的原因就是怕您在关中产生影响。现在你为什么不买田置地，用低价、赊借等手段败坏声誉呢？这样皇上才会安心。"萧何听从了他的意见，高祖得知后很高兴。

【原文】

上罢布军归，民道遮行上书，言相国贱强买民田宅数千万。上至，相国谒。上笑曰："夫相国乃利民！"民所上书皆以与相国，曰："君自谢民。"相国因为民请曰："长安地狭，上林中多空地，弃，愿令民得入田，毋收稾为禽兽食。"上大怒曰："相国多受贾人财物，乃为请吾苑！"乃下相国廷尉，械系之。数日，王卫尉侍，前问曰："相国何大罪，陛下系之暴也？"上曰："吾闻李斯相秦皇帝，有善归主，有恶自与。今相国多受贾竖金而为民请吾苑，以自媚于民，故系治之。"王卫尉曰："夫职事苟有便于民而请之，真宰相事，陛下奈何乃疑相国受贾人钱乎！且陛下距楚数岁，陈豨、黥布反，陛下自将而往，当是时，相国守关中，摇足则关以西非陛下有也。相国不以此时为利，今乃利贾人之金乎？且秦以不闻其过亡天下，李斯之分过，又何足法哉。陛下何疑宰相之浅也。"高帝不怿。是日，使使持节赦出相国。相国年老，素恭谨，入，徒跣谢。高帝曰："相国休矣！相国为民请苑，吾不许，我不过为桀纣主，而相国为贤相。吾故系相国，欲令百姓闻吾过也。"

何素不与曹参相能，及何病，孝惠自临视相国病，因问曰："君即百岁后，谁可代君者？"对曰："知臣莫如主。"孝惠曰："曹参何如？"何顿首曰："帝得之矣！臣死不恨矣！"

何置田宅必居穷处，为家不治垣屋。曰："后世贤，师吾俭；不贤，毋为势家所夺。"

孝惠二年，相国何卒，谥为文终侯。

后嗣以罪失侯者四世，绝，天子辄复求何后，封续酂侯，功臣莫得比焉。

太史公曰：萧相国何于秦时为刀笔吏，录录未有奇节。及汉兴，依日月之末光，何谨守管籥，因民之疾秦法，顺流与之更始。淮阴、黥布等皆以诛灭，而何之勋烂焉。位冠群臣，声施后世，与闳夭、散宜生等争烈矣。

【译文】

高祖打败黥布回来后，民众拦路上书，说相国低价强买百姓田地房屋数千万。高祖回到京城，召见相国。高祖笑着说："你这个相国竟是这样利民！"高祖将百姓的上书交给相国看，说："你亲自向百姓谢罪吧。"萧何趁机向民众请求说："长安地带狭小，上林苑中空地很多，已经荒废，我想让百姓去那耕田种地，留禾秆做禽兽的饲料。"高祖生气地说："你大量地接受商人财物，为的就是让他们占有我的上林苑吗！"于是便将相国交给廷尉，用镣铐囚禁了他。几天后，一姓王的卫尉事奉高祖时问：“相国身犯弥天大罪，陛下将他囚禁得如此严酷？”高祖说：“我听说李斯辅佐秦始皇时，有了成绩归主上，出了差错归自己。现在相国收受大量钱财为那些奸商占用我的苑林，以讨好民众，所以才铐起来治罪。”卫尉说：“在职责范围内如有利于百姓而为他们请求，这应是宰相的分内事，陛下怎能怀疑相国收受商人钱财呢！陛下与楚军作战多年，后又遇到陈豨、黥布反叛，陛下亲率大军平叛，让相国留守关中，他跺一跺脚，就使函谷关以西的地盘不为陛下所有了。相国此时都没有谋利，现在却收受商人钱财，这可能吗？再说秦始皇正因不愿听自己的过失而葬送了天下，李斯分担过错，又岂能效仿？陛下为何怀疑相国到如此浅薄的地步呢？”高祖很不高兴。当天高祖派人放了萧何。相国年事已高，一生谦恭谨慎，入见高祖时赤脚前来谢罪。高祖说：“算了吧相国！你为民请求苑林，我没有答应，与夏桀、商纣那样的君主又有何区别呢，你是贤相。我之所以要铐禁你，是想让百姓知道我的过错。”

萧何素来与曹参不和，萧何病危时，孝惠皇帝亲去探视，顺便问：“您如果去世了，谁能接替您呢？”萧何说：“最了解臣子的是君主。”孝惠帝说：“曹参怎么样？”萧何叩首说：“陛下得到合适人选了！我死而无憾！”

萧何购置田地住宅居住在穷困之地，建造房屋，修筑高墙。他说：“后代如果贤能，就学我的俭朴；如果不贤能，也不至于被有权势的人夺走。”

孝惠二年，萧何去世，谥号文终侯。

萧何的后人因罪，失去了四代人享受的侯爵封号，每次断绝继承人时，天子总会再寻求萧何的后代，续封为酂侯，功臣中还没有能与萧何的后人相比的。

太史公说：相国萧何在秦朝时只是个刀笔小吏，十分普通，没有什么惊人之处。汉室兴盛后，仰仗帝王余光，萧何谨守职责之事，根据民众痛恨秦朝的情况，顺应历史，除旧更新。韩信、黥布等人相继被诛，而萧何却能使功勋更加卓著。地位位居群臣之首，声望流芳百世，真可以与闳夭、散宜生等人媲美了。

【评析】

作为“汉初三杰”之一的萧何，在辅佐刘邦打天下、安天下的过程中立下了卓绝的功勋。但是由于刘邦猜忌心重，萧何总是过得战战兢兢，时时刻刻处在谋求自保的艰难处境。萧何对刘邦忠心耿耿，并且功劳如此之大，然而他的处境还是如此岌岌可危。由此可见统治者内部为了权利而使人性极度扭曲。这在中国漫长的封建社会里形成了一种历史规律。司马迁在文中极其生动、极其细致地表现了刘邦和萧何的双方心理。为相期间的萧何实行清静无为的政策，使当时人民生活安定，社会经济得到了发展，后来他又不计较个人的得失，推荐曹参作为自己的接班人，这样的贤臣无疑是司马迁心中理想的大臣标准，然而在杀韩信的问题上，萧何却扮演了一个极不光彩的角色。对此司马迁也含蓄地表达了讽刺之意。

第十六章 留侯世家

【原文】

留侯张良者，其先韩人也。大父开地，相韩昭侯、宣惠王、襄哀王。父平，相釐王、悼惠王。悼惠王二十三年，平卒。卒二十岁，秦灭韩。良年少，未宦事韩。韩破，良家僮三百人，弟死不葬，悉以家财求客刺秦王，为韩报仇，以大父、父五世相韩故。

良尝学礼淮阳。东见仓海君。得力士，为铁锥重百二十斤。秦皇帝东游，良与客狙击秦皇帝博浪沙中，误中副车。秦皇帝大怒，大索天下，求贼甚急，为张良故也。良乃更名姓，亡匿下邳。

良尝闲从容步游下邳圯上，有一老父，衣褐，至良所，直堕其履圯下，顾谓良曰："孺子，下取履！"良愕然，欲殴之。为其老，强忍，下取履。父曰："履我！"良业为取履，因长跪履之。父以足受，笑而去。良殊大惊，随目之。父去里所，复还，曰："孺子可教矣。后五日平明，与我会此。"良因怪之，跪曰："诺。"五日平明，良往。父已先在，怒曰："与老人期，后，何也？"去，曰："后五日早会。"五日鸡鸣，良往。父又先在，复怒曰："后，何也？"去，曰："后五日复早来。"五日，良夜未半往。有顷，父亦来，喜曰："当如是。"出一编书，曰："读此则为王者师矣。后十年兴。十三年孺子见我济北，谷城山下黄石即我矣。"遂去，无他言，不复见。旦日视其书，乃太公兵法也。良因异之，常习诵读之。

居下邳，为任侠。项伯常杀人，从良匿。

【译文】

留侯张良的祖先是韩国人。祖父名开地，做过韩昭侯、宣惠王、襄哀王的国相。父亲平做过釐王、悼惠王的国相。悼惠王二十三年，他的父亲去世。二十年后，秦国消灭了韩国。当时张良年纪还小，没在韩国做官。韩国灭亡时，张良家有三百奴仆，弟弟死了不厚葬，用全部家产寻求刺客谋杀秦王，想为韩国报仇，因为他的祖父、父亲曾任过五代韩王之相。

张良曾在淮阳学过礼法，后到东方遇见了仓海君。他找到一个大力士，为其造了个一百二十斤重的铁锤。秦始皇巡游东方，张良与大力士在博浪沙袭击秦始皇，误中了副车。秦始皇大怒，在全国搜捕刺客，十分急迫，为此张良更名改姓，逃到了下邳。

张良闲暇时在下邳桥上游玩，有个老人身穿布衣，走到张良面前，故意将鞋甩到了桥下，然后对张良说："小子，把鞋给我捡上来吧！"张良感到很吃惊，想打他，因他年老才忍了下来，下去捡来了鞋。老人说："给我穿上吧！"张良既然替他把鞋捡了回来，就又跪着给老人穿上了。老人把脚伸出来穿上鞋后就笑着离去了。张良十分奇怪，目送老人而去。老人走了大约一里路后又回来了，说："你这孩子值得教导。五天后天刚亮时，我在这与你相会。"张良觉得此事蹊跷，跪下说："好的。"五天后拂晓，张良前来与老人会面。但老人已先到了，并生气地说："跟老人约会却后到，为什么？"老人走时说："五天后早些来会面。"五天后鸡一叫，张良就来了。老人又先到了，并生气地说："你又来晚了，为什么？"老人走时又说："五天后再早些来。"五天后，张良还不到半夜就赶到了。一会儿后老人也来了，高兴地说："这样才对吗。"老人拿出一部兵书对张良说："读了这部书就能成为帝王的老师。十年后就会发迹。十三年后你再到济北见我，谷城山下的黄石就是我。"说完就走了，没有说其他的，此后便再也没见到过那位老人。天明后一看老人的书，原来是《太公兵法》。张良觉得这部书非同一般，经常参习诵读。

张良在下邳居住时，行侠仗义。项伯杀了人，在张良处藏了起来。

【原文】

后十年，陈涉等起兵，良亦聚少年百余人。景驹自立为楚假王，在留。良欲往从之，道遇沛公。沛公将数千人，略地下邳西，遂属焉。沛公拜良为厩将。良数以太公兵法说沛公，沛公善之，常用其策。良为他人言，皆不省。良曰："沛公殆天授。"故遂从之，不去见景驹。

及沛公之薛，见项梁。项梁立楚怀王。良乃说项梁曰："君已立楚后，而韩诸公子横阳君成贤，可立为王，益树党。"项梁使良求韩成，立以为韩王。以良为韩申徒，与韩王将千余人西略韩地，得数城，秦辄复取之，往来为游兵颍川。

沛公之从雒阳南出轘辕，良引兵从沛公，下韩十余城，击破杨熊军。沛公乃令韩王成留守阳翟，与良俱南，攻下宛，西入武关。沛公欲以兵二万人击秦峣下军，良说曰："秦兵尚强，未可轻。臣闻其将屠者子，贾竖易动以利。愿沛公且留壁，使人先行，为五万人具食，益为张旗帜诸山上，为疑兵，令郦食其持重宝啖秦将。"秦将果畔，欲连和俱西袭咸阳，沛公欲听之。良曰："此独其将欲叛耳，恐士卒不从。不从必危，不如因其解击之。"沛公乃引兵击秦军，大破之。逐北至蓝田，再战，秦兵竟败。遂至咸阳，秦王子婴降沛公。

沛公入秦宫，宫室帷帐狗马重宝妇女以千数，意欲留居之。樊哙谏沛公出舍，沛公不听。良曰："夫秦为无道，故沛公得至此。夫为天下除残贼，宜缟素为资。今始入秦，即安其乐，此所谓'助桀为虐'。且'忠言逆耳利于行，毒药苦口利于病'，愿沛公听樊哙言。"沛公乃还军霸上。

【译文】

十年后，陈涉等起兵反秦，张良也号召了一百多人。景驹自立为楚王，驻扎在留县。张良想前去投奔他，半道遇上沛公。沛公领着几千人，夺取了下邳以西的地方，张良便归附了沛公。沛公命张良为厩将。张良多次按《太公兵法》给沛公献策，沛公很器重他，经常听从他的意见。张良对别人说这些，他们都无法理解。张良说："沛公大概是受天命的安排吧。"所以张良便跟随了沛公，没有去投奔景驹。

等沛公到达薛地，与项梁相会。项梁拥立了楚怀王。张良便劝说项梁，"您已经拥立了楚王后人，而韩国各位公子中最贤能的要数横阳君韩成，你可立他为王，以培植自己的党羽。"项梁便派张良寻找到韩成，立他为韩王。命张良为韩国司徒，随韩王率一千多人马向西攻取原属韩国的土地，攻取了几座城池，后来又被秦军夺了回去，韩军便在颍川一带游击作战。

沛公从洛阳向南穿过轘辕山，张良率兵跟从沛公，夺取韩地十多座城邑，打败了杨熊。沛公便命韩王成留守阳翟，自己和张良南下攻打宛县，向西进入武关。沛公想以两万兵力攻打秦朝的峣关，张良劝说："秦军强大，不能轻敌。峣关的守将是屠户之子，最好以利引诱。望沛公暂留军营，派人先去，先准备五万人的食物，最好在山上多挂些旗帜，以迷惑敌人，命郦食其带贵重宝物引诱秦军将领。"秦军将领果然反叛了秦朝，想与沛公联合向西袭打咸阳，沛公想听从秦将的意见。张良说："虽然峣关的守将想反叛，但其部下的士兵未必肯听从。士兵不从必有祸患，不如趁他们懈怠时攻打他们。"沛公便率兵攻打秦军，大胜。然后将败军追至蓝田，再次交战，秦兵溃败。沛公来到咸阳，秦王子婴投降。

沛公攻入秦宫，宫室、帐幕、狗马、宝物、美女数以千计，沛公想留下居住在这里。樊哙劝谏沛公出去居住，沛公不听。张良说："正因为秦朝暴虐无道，我们才来到这里。替天下铲除暴秦，就应以清廉朴素为本。如今刚攻破秦都就要安享快乐，这无异于人们所说的'助桀为虐'。况且'忠言逆耳利于行，良药苦口利于病'，希望沛公能听从樊哙之见。"沛公才回军驻扎在霸上。

【原文】

项羽至鸿门下，欲击沛公，项伯乃夜驰入沛公军，私见张良，欲与俱去。良曰："臣为韩王送沛公，今事有急，亡去不义。"乃具以语沛公。沛公大惊，曰："为将奈何？"良曰："沛公诚欲倍项羽邪？"沛公曰："鲰生教我距关无内诸侯，秦地可尽王，故听之。"良曰："沛公自度能却项羽乎？"沛公默然良久，曰："固不能也。今为奈何？"良乃固要项伯。项伯见沛公。沛公与饮为寿，结宾婚。令项伯具言沛公不敢倍项羽，所以距关者，备他盗也。及见项羽后解，语在项羽事中。

汉元年正月，沛公为汉王，王巴蜀。汉王赐良金百溢，珠二斗，良具以献项伯。汉王亦因令良厚遗项伯，使请汉中地。项王乃许之，遂得汉中地。汉王之国，良送至褒中，遣良归韩。良因说汉王曰："王何不烧绝所过栈道，示天下无还心，以固项王意。"乃使良还。行，烧绝栈道。

良至韩，韩王成以良从汉王故，项王不遣成之国，从与俱东。良说项王曰："汉王烧绝栈道，无还心矣。"乃以齐王田荣反书告项王。项王以此无西忧汉心，而发兵北击齐。

项王竟不肯遣韩王，乃以为侯，又杀之彭城。良亡，间行归汉王，汉王亦已还定三秦矣。复以良为成信侯，从东击楚。至彭城，汉败而还。至下邑，汉王下马踞鞍而问曰："吾欲捐关以东等弃之，谁可与共功者？"良进曰："九江王黥布，楚枭将，与项王有郄；彭越与齐王田荣反梁地：此两人可急使。而汉王之将独韩信可属大事，当一面。即欲捐之，捐之此三人，则楚可破也。"汉王乃遣随何说九江王布，而使人连彭越。及魏王豹反，使韩信将兵击之，因举燕、代、齐、赵。然卒破楚者，此三人力也。

【译文】

项羽来到鸿门，想攻打沛公，项伯便连夜来到沛公军营，私下会见了张良，想让张良跟沛公远一点。张良说："我替韩王伴随沛公，现在情况危急，不辞而别就是违背道义。"于是便将实情告诉了沛公。沛公很吃惊，说："我该怎么办呢？"张良说："沛公想反叛项羽吗？"沛公说："无知小辈叫我封锁函谷关不让诸侯进来，说这样就可主宰秦朝土地，因此我听从了他们意见。"张良说："沛公自己认为能战胜项羽吗？"沛公想了一会儿说："这是不可能的。如今如何是好呢？"张良坚决邀请项伯见沛公。项伯才与沛公见了面。沛公与项伯同饮，为他敬酒祝福，并结为亲家。沛公请项伯转告项羽，说沛公不敢背叛项羽，沛公封锁函谷关是为防备其他强人。等沛公见到项羽后，此事得以和解，这些在《项羽本纪》中有记载。

汉元年正月，沛公做了汉王，统治巴蜀。汉王赏赐张良黄金百镒，珍珠二斗，张良把这些都赠给了项伯。汉王也因此让张良厚赠项伯，让项伯为他请求汉中土地。项羽答应了，汉王才得到了汉中。汉王回到封国后，张良送到褒中，汉王命张良返回韩国。张良劝告汉王说："大王为何不烧断经过的栈道，向天下表示不再回来的决心，以此稳住项王。"汉王便让张良返回韩国。汉王行进中，烧断了经过的栈道。

张良来到韩国，韩王成因张良跟随汉王，项王不派韩成回国，而是命他跟自己一起东去。张良对项王说："汉王烧断栈道，没有了返回的意思。"张良便把齐王田荣反叛之事上告给项王。项王由此放松了对西边汉王的警惕，举兵北上伐齐。

项王终不肯派韩王回国，便将贬为侯，又在彭城杀了他。张良赶忙逃离了，抄近路暗中回到了汉王那里，汉王此时已回师平定了三秦。汉王封张良为成信侯，跟随自己东征楚国。到达彭城，汉军大败而归。来到下邑，汉王下马倚鞍问："我想放弃函谷关以东等地，将此地作为封赏，谁能与我共建大业呢？"张良劝说："九江王黥布是楚国猛将，与项王有矛盾；彭越与齐王田荣在梁地背叛楚。这两人可以利用。汉王的将领中只有韩信可托付大事，独当一面。如要舍弃这些地方，就送给他们三人吧，这样便可打败楚国了。"汉王于是派随何去游说九江王黥布，又派人去和彭越接触。等魏王豹反叛汉王时，汉王派韩信率兵平反，一举拿下燕、代、齐、赵等地。最终打败楚国，靠的全是这三人之力。

【原文】

张良多病，未尝特将也，常为画策臣，时时从汉王。

汉三年，项羽急围汉王荥阳，汉王恐忧，与郦食其谋桡楚权。食其曰："昔汤伐桀，封其后于杞。武王伐纣，封其后于宋。今秦失德弃义，侵伐诸侯社稷，灭六国之后，使无立锥之地。陛下诚能复立六国后世，毕已受印，此其君臣百姓必皆戴陛下之德，莫不向风慕义，愿为臣妾。德义已行，陛下南向称霸，楚必敛衽而朝。"汉王曰："善。趣刻印，先生因行佩之矣。"

食其未行，张良从外来谒。汉王方食，曰："子房前！客有为我计桡楚权者。"具以郦生语告，曰："于子房何如？"良曰："谁为陛下画此计者？陛下事去矣。"汉王曰："何哉？"张良对曰："臣请藉前箸为大王筹之。"曰："昔者汤伐桀而封其后于杞者，度能制桀之死命也。今陛下能制项籍之死命乎？"曰："未能也。""其不可一也。武王伐纣封其后于宋者，度能得纣之头也。今陛下能得项籍之头乎？"曰："未能也。""其不可二也。武王入殷，表商容之闾，释箕子之拘，封比干之墓。今陛下能封圣人之墓，表贤者之闾，式智者之门乎？”曰：“未能也。”“其不可三也。发钜桥之粟，散鹿台之钱，以赐贫穷。今陛下能散府库以赐贫穷乎？”曰：“未能也。”“其不可四矣。殷事已毕，偃革为轩，倒置干戈，覆以虎皮，以示天下不复用兵。今陛下能偃武行文，不复用兵乎？”曰：“未能也。”“其不可五矣。休马华山之阳，示以无所为。今陛下能休马无所用乎？”曰：“未能也。”“其不可六矣。放牛桃林之阴，以示不复输积。今陛下能放牛不复输积乎？”曰：“未能也。”“其不可七矣。且天下游士离其亲戚，弃坟墓，去故旧，从陛下游者，徒欲日夜望咫尺之地。今复六国，立韩、魏、燕、赵、齐、楚之后，天下游士各归事其主，从其亲戚，反其故旧坟墓，陛下与谁取天下乎？其不可八矣。且夫楚唯无强，六国立者复桡而从之，陛下焉得而臣之？诚用客之谋，陛下事去矣。”汉王辍食吐哺，骂曰：“竖儒，几败而公事！”令趣销印。

【译文】

张良多病，没有带兵作战，一直是出谋划策，跟随在汉王左右。

汉三年，项羽急攻荥阳，汉王十分担心，与郦食其共议想削弱楚国。郦食其说：“以前商汤讨伐夏桀，将其后人封于杞国。周武王讨伐商纣，将其后人封于宋国。现在秦朝丧德失权、背信弃义，消灭其他六国后人，使他们没有立足之地。陛下如能重立六国后人，使他们受制于陛下，这样六国君臣百姓必会对陛下感恩戴德，心服口服，仰慕你的道义，甘做你的臣民。随着恩德道义的施行，陛下就可面南称霸，楚王也必会恭敬地前来朝拜。”汉王说：“说得好。赶快刻制印信，先生就可带印前去了。”

郦食其还未前去，张良从外回来拜见汉王。汉王正在吃饭，说：“子房过来！有个客人为我设计削弱楚国。”接着把郦食其的话告诉了张良，然后问：“你觉得怎么样？”张良说：“谁为你出的这个主意？恐怕要大事已去了。”汉王说：“为什么？”张良说：“请允许我用大王的筷子为你解说一下当前的形势。”然后说：“以前商汤讨伐夏桀并将其后人封在杞国，那是对制桀于死地有稳操胜券的把握。如今大王有制项羽于死地的把握吗？”汉王说：“没有。”张良说：“这是不能做的第一个方面。武王伐纣后将其后人封于宋国，那是确保能得到纣王的脑袋。现在陛下能得到项羽的脑袋吗？”汉王说：“不能。”张良说：“这是不能做的第二个方面。武王攻入殷都后，在商容居室大门上表彰他，释放箕子，重修比干墓。现在大王能重修圣人坟墓，在贤人居地大门表彰他们，对有才智的人彬彬有礼吗？”汉王说：“不能。”张良说：“这是不能做的第三个方面。周武王发放钜桥粮食，散发鹿台钱财，以救济贫苦百姓。现在大王能散发仓库财物救济穷人吗？”汉王说：“不能。”张良说：“这是不能做的第四个方面。周武王消灭商朝后，将兵车改为乘车，将兵器倒置存放，盖上虎皮，向天下表明不再发动战争。如今大王能停息战事，推行文治，远离战争吗？”汉王说：“不能。”张良说：“这是不能做的第五个方面。武王在华山阳面放牧战马，以表明不再用马匹。目前大王能不再使用战马吗？”汉王说：“不能。”张良说：“这是不能做的第六个方面。武王在桃林北面放牛，以表明不再用于运输备战的粮草。现在大王能放牧牛群不再运输粮草吗？”汉王说：“不能。”张良说：“这是不能做的第七个方面。天下说客离开亲人，舍弃祖坟，告别乡友，跟随陛下游走天下，只盼着能分得一小块封地。如果复立六国，拥立韩、魏、燕、赵、齐、楚的后人，天下游说之人便会各归其主，事奉亲人，返回故土家乡，陛下还能和谁共取天下呢？这是不能的第八个方面。目前只有楚国还算强大，不然被封立的六国后人就会屈服于楚国，陛下又怎能使他们臣服呢？如果真要采用此人的计策，陛下便会大事复之东流。”汉王把嘴里嚼的东西吐了出来，骂道：“这个书呆子，差点坏了老子的大事！”便下令赶快销毁了印信。

【原文】

汉四年，韩信破齐而欲自立为齐王，汉王怒。张良说汉王，汉王使良授齐王信印，语在淮阴事中。

其秋，汉王追楚至阳夏南，战不利而壁固陵，诸侯期不至。良说汉王，汉王用其计，诸侯皆至。语在项籍事中。

汉六年正月，封功臣。良未尝有战斗功，高帝曰：“运筹策帷帐中，决胜千里外，子房功也。自择齐三万户。”良曰：“始臣起下邳，与上会留，此天以臣授陛下。陛下用臣计，幸而时中，臣愿封留足矣，不敢当三万户。”

乃封张良为留侯，与萧何等俱封。

上已封大功臣二十余人，其余日夜争功不决，未得行封。上在雒阳南宫，从复道望见诸将往往相与坐沙中语。上曰：“此何语？”留侯曰：“陛下不知乎？此谋反耳。”上曰：“天下属安定，何故反乎？”留侯曰：“陛下起布衣，以此属取天下，今陛下为天子，而所封皆萧、曹故人所亲爱，而所诛者皆生平所仇怨。今军吏计功，以天下不足遍封，此属畏陛下不能尽封，恐又见疑平生过失及诛，故即相聚谋反耳。”上乃忧曰：“为之奈何？”留侯曰：“上平生所憎，群臣所共知，谁最甚者？”上曰：“雍齿与我故，数尝窘辱我。我欲杀之，为其功多，故不忍。”留侯曰：“今急先封雍齿以示群臣，群臣见雍齿封，则人人自坚矣。”于是上乃置酒，封雍齿为什方侯，而急趣丞相、御史定功行封。群臣罢酒，皆喜曰：“雍齿尚为侯，我属无患矣。”

【译文】

汉四年，韩信攻破齐国后想自立为齐王，汉王大怒。张良劝说汉王，汉王便派张良去给韩信授予齐王的印信，这在《淮阴侯列传》中有记载。

同年秋，汉王追击楚军来到阳夏南，因战事不利而固守在陵地，诸侯本已约定，但都未到。张良向汉王献计，汉王听从了，诸侯才都赶到。这在《项羽本纪》中有记载。

汉六年正月，封赏功臣。张良没有战功，高帝说：“运筹于帷幄之中，决胜于千里之外，这一切都是子房的功劳。让他在齐国选择了三万户作为封邑。”张良说：“我当初在下邳起事，在留县遇到了陛下，这是天意的安排。陛下用我的计谋，庆幸的是还算取得了一定的成效，我只想拥有留县就足够了，不敢受三万户之封。”于是张良被封为留侯，与萧何等人一同受封。

皇上封赏了二十多位大臣，其余的因日夜争功，难下决定，便没有封赏。皇上在洛阳南宫，在桥上看到一些将领常坐在沙地上议论。皇上说：“他们在说些什么？”留侯说：“陛下不知道吗？他们是在商议反叛呢。”皇上说：“天下已经平定了，为什么又要谋反？”留侯说：“陛下从一介平民起事，靠他们夺取了天下，如今陛下身为天子，封赏的只是萧何、曹参这些亲近宠幸的乡友，诛杀的都是仇人。现在这些将领在度算自己的功劳，认为天下土地不够封赏之用，怕封不到自己，又怕平生的过失因罪被诛杀，便聚在一起想谋反了。”皇上对此忧心忡忡地说：“那该怎么办呢？”留侯说：“皇上平生最厌恶的人，群臣心里都有数，你认为谁最突出呢？”皇上说：“雍齿与我有矛盾，曾多次使我受辱。我本想杀他，但他功劳卓著，便没有忍心下手。”留侯说：“现在要先对雍齿进行封赏，群臣见雍齿都被封赏了，就会对自己受封深信不疑了。”因此皇上大摆酒宴，封雍齿为什方侯，并急催丞相、御史论功行赏。群臣吃过酒后，都高兴地说：“雍齿都被封为侯了，我们还有什么好担心的呢。”

【原文】

刘敬说高帝曰：“都关中。”上疑之。左右大臣皆山东人，多劝上都雒阳：“雒阳东有成皋，西有殽黾，倍河，向伊雒，其固亦足恃。”留侯曰：“雒阳虽有此固，其中小，不过数百里，田地薄，四面受敌，此非用武之国也。夫关中左殽函，右陇蜀，沃野千里，南有巴蜀之饶，北有胡苑之利，阻三面而守，独以一面东制诸侯。诸侯安定，河渭漕挽天下，西给京师；诸侯有变，顺流而下，足以委输。此所谓金城千里，天府之国也，刘敬说是也。”于是高帝即日驾，西都关中。

留侯从入关。留侯性多病，即道引不食谷，杜门不出岁余。

上欲废太子，立戚夫人子赵王如意。大臣多谏争，未能得坚决者也。吕后恐，不知所为。人或谓吕后曰：“留侯善画计策，上信用之。”吕后乃使建成侯吕泽劫留侯，曰：“君常为上谋臣，今上欲易太子，君安得高枕而卧乎？”留侯曰：“始上数在困急之中，幸用臣策。今天下安定，以爱欲易太子，骨肉之间，虽臣等百余人何益。”吕泽强要曰：“为我画计。”留侯曰：“此难以口舌争也。顾上有不能致者，天下有四人。四人者年老矣，皆以为上慢侮人，故逃匿山中，义不为汉臣。然上高此四人。今公诚能无爱金玉璧帛，令太子为书，卑辞安车，因使辩士固请，宜来。来，以为客，时时从入朝，令上见之，则必异而问之。问之，上知此四人贤，则一助也。”于是吕后令吕泽使人奉太子书，卑辞厚礼，迎此四人。四人至，客建成侯所。

【译文】

刘敬对高帝说："以关中为都城。"皇上对此心有疑虑。左右大臣都是关东人，多数劝皇上定都洛阳，他们说："洛阳东有成皋，西有崤山、渑池，背靠黄河，面对伊水、洛水，地形险要，城郭坚固，足可自保。"留侯说："洛阳虽然险固，但中间地带狭小，方圆不过数百里，土地贫瘠，四面受敌，并非是用武之地。关中左有崤山、函谷关，西有陇山、岷山，沃野千里，南有巴蜀的沃土，北有胡苑的有利地势，靠这三面的险阻，单凭东方控制诸侯就可以了。安定了诸侯，就可经黄河、渭河运送粮食，向西供给京都；诸侯如有反叛，可顺流而下，足可供运输之用。这就是所说的'金城千里，天府之国'，刘敬说得对呀。"因此高帝便起驾，往西定都关中。

留侯相随入关。因体弱多病，便施行道术，不食五谷，在家休养了一年多。

皇上想废太子，立戚夫人之子赵王如意。大臣劝谏，都无法改变高帝的意思。吕后十分害怕，不知如何是好。有人对吕后说："留侯善于计谋，深得皇上信任。"吕后便命建成侯吕泽威胁留侯说："您是皇上的谋臣，如今皇上想更换太子，您岂能高枕无忧呢？"留侯说："皇上多次处于危难之中，幸好采用了我的计谋。现在平定了天下，因个人偏爱想改立太子，这是骨肉间的事，就算有像我这样的一百多位大臣劝谏，也是没有用的。"吕泽要挟说："你一定要给我出个主意。"留侯说："这件事是难以用口舌争辩清楚的。皇上不能招来任用的贤人，在天下只有四个人。这四个人都年事已高，都认为皇上傲慢无礼，便隐居在山中，他们按道义不想做汉朝臣子。但皇上很敬重这四人。如果你们能够不吝惜金玉璧帛，让太子写信，言辞谦恭，备好车辆，派能言善辩之人前去恳求出山，他们应当会答应。到来后将他们礼为贵宾，让他们时常跟随入朝，故意让皇上知道，到时皇上必会对此好奇而询问。到时皇上知道了这四位贤人，就会明白太子有人帮助。"因此吕后命吕泽派人带太子书信，以谦恭的言辞和厚礼请四人出山。四人来到后，便住在了建成侯的府第中。

【原文】

汉十一年，黥布反，上病，欲使太子将，往击之。四人相谓曰：“凡来者，将以存太子。太子将兵，事危矣。”乃说建成侯曰：“太子将兵，有功则位不益太子；无功还，则从此受祸矣。且太子所与俱诸将，皆尝与上定天下枭将也，今使太子将之，此无异使羊将狼也，皆不肯为尽力，其无功必矣。臣闻‘母爱者子抱’，今戚夫人日夜待御，赵王如意常抱居前，上曰‘终不使不肖子居爱子之上’，明乎其代太子位必矣。君何不急请吕后承间为上泣言：‘黥布，天下猛将也，善用兵，今诸将皆陛下故等夷，乃令太子将此属，无异使羊将狼，莫肯为用，且使布闻之，则鼓行而西耳。上虽病，强载辎车，卧而护之，诸将不敢不尽力。上虽苦，为妻子自强。’”于是吕泽立夜见吕后，吕后承间为上泣涕而言，如四人意。上曰：“吾惟竖子固不足遣，而公自行耳。”于是上自将兵而东，群臣居守，皆送至灞上。留侯病，自强起，至曲邮，见上曰：“臣宜从，病甚。楚人剽疾，愿上无与楚人争锋。”因说上曰：“令太子为将军，监关中兵。”上曰：“子房虽病，强卧而傅太子。”是时叔孙通为太傅，留侯行少傅事。

汉十二年，上从击破布军归，疾益甚，愈欲易太子。留侯谏，不听，因疾不视事。叔孙太傅称说引古今，以死争太子。上详许之，犹欲易之。及燕，置酒，太子侍。四人从太子，年皆八十有余，须眉皓白，衣冠甚伟。上怪之，问曰：“彼何为者？”四人前对，各言名姓，曰东园公，角里先生，绮里季，夏黄公。上乃大惊，曰：“吾求公数岁，公辟逃我，今公何自从吾儿游乎？”四人皆曰：“陛下轻士善骂，臣等义不受辱，故恐而亡匿。窃闻太子为人仁孝，恭敬爱士，天下莫不延颈欲为太子死者，故臣等来耳。”上曰：“烦公幸卒调护太子。”

【译文】

汉十一年，黥布反叛，皇上有病，想派太子率兵讨逆。四人相互商议说：“我们出山是为了保全太子的，太子如出兵平叛，就有危险了。”便劝告建成侯说：“太子率兵出战，即使立功，权位也不会高过太子；如无功而返，便会遭到惩罚。再说随太子出征的将领，都是曾为皇上平定天下的猛将，现在听命于太子，这无异于羊指挥狼群，他们定不会为太子出力，太子无法成功便成了必然。我们听说‘爱其母必抱其子’，现在戚夫人日夜事奉皇上，赵王如意常被抱到皇上面前，皇上说‘我不能让不成器的儿子在我的爱子之上’，显然，赵王如意取代太子之位是无疑的了。您为什么不请吕后趁机向皇上哭诉：‘黥布是天下的猛将，善于用兵，现今各位将领都是陛下的故交好友，您让太子统率他们，这无异于让羊指挥狼群，他们肯定不会效力，如果黥布知道后，便会举兵西进。皇上虽然有病，还可强行乘坐辎车，坐着指挥军队，众将必会尽力为你效劳。皇上虽然辛苦，但为了妻儿还是应该这么做的。’”于是吕泽马上连夜求见吕后，吕后寻机向皇上哭诉，将四人所说的话诉说了一遍。皇上说：“我就知道这小子不能派遣他们，还是我去吧。”于是皇上亲自率军东征，群臣留守，都送到灞上。留侯有病，勉强起身，送到曲邮，对皇上说：“我本应前往，但病情严重。楚人剽悍迅猛，希望皇上不要与楚人硬碰。”留侯又趁机对皇上说：“让太子做将军，监守关中军队吧。”皇上说：“子房虽然有病，也要勉强在卧床时辅佐太子。”当时叔孙通为太傅，留侯为少傅。

汉十二年，皇上打败黥布的军队回来，病情更加严重，又想起更换太子之事。留侯劝谏，皇上不听，留侯便托病不再过问朝政。叔孙太傅引证古今事例劝说皇上，死保太子。皇上假装答应，但还是想更换太子。在安闲之时，设下酒宴，太子在身旁伺候。四位贤人也在太子身旁，年龄都已八十开外，须眉洁白，衣冠奇特。皇上十分奇怪，问：“他们是谁？”四人答谢，各报姓名，分别是东园公、角里先生、绮里季、夏黄公。皇上大惊道：“我寻访各位数年，你们都躲着我，如今怎会与我儿相交呢？”四人说：“陛下轻慢士人，喜好骂人，我们讲求义理，不愿受辱，所以才躲避。我们听说太子仁义孝顺，谦恭有礼，好结士人，天下没有不想为太子誓死效力的。所以便来了。”皇上说：“烦劳诸位要好好地调教保护太子呀。”

【原文】

四人为寿已毕，趋去。上目送之，召戚夫人指示四人者曰：“我欲易之，彼四人辅之，羽翼已成，难动矣。吕后真而主矣。”戚夫人泣，上曰：“为我楚舞，吾为若楚歌。”歌曰：“鸿鹄高飞，一举千里。羽翮已就，横绝四海。横绝四海，当可奈何！虽有矰缴，尚安所施！”歌数阕，戚夫人嘘唏流涕，上起去，罢酒。竟不易太子者，留侯本招此四人之力也。

留侯从上击代，出奇计马邑下，及立萧何相国，所与上从容言天下事甚众，非天下所以存亡，故不著。留侯乃称曰：“家世相韩，及韩灭，不爱万金之资，为韩报仇强秦，天下振动。今以三寸舌为帝者师，封万户，位列侯，此布衣之极，于良足矣。愿弃人间事，欲从赤松子游耳。”乃学辟谷，道引轻身。会高帝崩，吕后德留侯，乃强食之，曰：“人生一世间，如白驹过隙，何至自苦如此乎！”留侯不得已，强听而食。

后八年卒，谥为文成侯。子不疑代侯。

子房始所见下邳圯上老父与太公书者，后十三年从高帝过济北，果见谷城山下黄石，取而葆祠之。留侯死，并葬黄石。每上冢伏腊，祠黄石。

留侯不疑，孝文帝五年坐不敬，国除。

太史公曰：学者多言无鬼神，然言有物。至如留侯所见老父予书，亦可怪矣。高祖离困者数矣，而留侯常有功力焉，岂可谓非天乎？上曰：“夫运筹策帷帐之中，决胜千里外，吾不如子房。”余以为其人计魁梧奇伟，至见其图，状貌如妇人好女。盖孔子曰：“以貌取人，失之子羽。”留侯亦云。

【译文】

四人敬酒完毕后，快步离去。皇上目送他们，召来戚夫人指着四人对她说：“我本想更换太子，但现在有他们四人辅佐太子，看来太子羽翼已丰，不可能更改了。吕后真要做你的主人了。”戚夫人大哭，皇上说：“你为我跳楚舞，我为你唱楚歌吧。”皇上唱道：“鸿鹄高飞，振翅千里。羽翼已成，翱翔四海。翱翔四海，无可奈何！虽有短箭，如何施用！”皇上唱了几遍，戚夫人泣不成声，皇上起身离去，酒宴结束。皇上最终没有更换太子，最终还是留侯的建议招来四人，才有了效力。

留侯随皇上攻打代国，在马邑城下献妙计，以及劝皇上立萧何为相，他常与皇上谈论天下诸多大事，但并不是关于国家存亡的大事，所以没有记载。留侯说：“我家世代为韩相，韩国灭亡后，不惜万金替韩国向强秦寻仇，天下为之震动，现在凭借三寸不烂之舌为帝王老师，封邑万户，位居列侯，这是一介平民至高无上的荣誉，我已心满意足了。我愿丢弃人间事情，随赤松子去寻游天下。”张良于是学辟谷术，投行修道。正值高帝驾崩之时，吕后为感谢留侯，便极力让其进食，说：“人生一世，时光如白驹过隙般迅速，何必使自己如此受苦呢！”留侯不得已，勉强进食。

八年后，留侯去世，谥号文成侯。其子张不疑袭封为侯。

张子房开始在下邳桥上遇一老人赠给他《太公兵法》，当十三年后张良随高帝经过济北时，竟果真见到了谷城山下的黄石，把它取回后，奉若至宝地供奉。留侯去世后，与黄石一并安葬。以后每逢扫墓及冬夏节日祭祀时，也同祭黄石。

留侯张不疑，在孝文帝五年犯了不敬之罪，封国被废。

太史公说：学者大多说没有鬼神，但说有精怪。至于像留侯碰到的老丈赠书之事，也的确很神奇。高祖遇难有多次，留侯常在危难时建功立业，难道说不是天意吗？皇上说：“运筹于帷幄之中，决胜于千里之外，我不如子房。”我认为这样的人便是高大威武的样子，等看到他的画像，才知相貌却像个美丽的妇人。孔子说：“按相貌评判人，在评价子羽时便会有过失。”对留侯来说就是这样吧。

【评析】

“运筹于帷幄之中,决胜于千里之外”，对于张良，刘邦在得天下后如是说。这绝对不是夸张，大家都看到了张良在辅佐刘邦灭秦灭项的过程中筹谋划策。在刘邦建国后，又协助他稳定王朝秩序。可以说，没有张良就没有妇孺皆知的“鸿门宴”，没有张良，历史就有可能改写。太史公对张良的足智多谋，以及他辅佐刘邦，建立大汉的功勋是非常敬佩的。但是对他那种欲取反予、出尔反尔、故弄玄虚的手段，还是存在不满的，尤其是对张良那种远事避祸、明哲保身的态度，更是不满。其实对张良的看法，自古以来都是仁者见仁，智者见智。但是不管后人怎么评说，有一个事实是无法磨灭的，那就是张良能够在刘邦猜忌功臣、诛杀功臣的险恶环境下一直没有受到什么牵连，最后得到善终。这样的人并不多，与他并称为“汉初三杰”的韩信就是相反的例子。世间万事万物都是守恒的，舍了封赏，得了安宁。“舍”“得”间的境界并不是普通人达到得了的。

列传

第一章 伯夷列传

【原文】

夫学者载籍极博，犹考信于六艺。诗书虽缺，然虞夏之文可知也。尧将逊位，让于虞舜，舜禹之间，岳牧咸荐，乃试之于位，典职数十年，功用既兴，然后授政。示天下重器，王者大统，传天下若斯之难也。而说者曰尧让天下于许由，许由不受，耻之逃隐。及夏之时，有卞随、务光者。此何以称焉？太史公曰：余登箕山，其上盖有许由冢云。孔子序列古之仁圣贤人，如吴太伯、伯夷之伦详矣。余以所闻由、光义至高，其文辞不少概见，何哉？

孔子曰："伯夷、叔齐，不念旧恶，怨是用希。""求仁得仁，又何怨乎？"余悲伯夷之意，睹轶诗可异焉。其传曰：伯夷、叔齐，孤竹君之二子也。父欲立叔齐，及父卒，叔齐让伯夷。伯夷曰："父命也。"遂逃去。叔齐亦不肯立而逃之。国人立其中子。

【译文】

学者们涉猎的书籍尽管很多，但是还要从《六经》里考察寻求依据。《诗经》《尚书》虽然残缺不全，但是还可以从记载虞、夏两代的文献中了解清楚。唐尧将要退位时，把帝位让给虞舜；虞舜又把帝位让给夏禹的时候，四方诸侯和州牧都来推荐，这才把他放在适当的位置上加以考察试用。主持国政几十年，建立卓著的功绩后，才被授予政权。这表示天下是极贵重的宝器，帝王是极尊贵的地位，所以传授政权是如此郑重审慎啊！

可是诸子杂记里说：唐尧要把天下让给许由，许由不仅不肯接受，反而还认为是一种耻辱，因此逃走隐居起来。到了夏朝，又有不接受商汤让位的卞随、务光。这又如何解说呢？太史公说：我曾登上箕山，说是山上有许由的坟墓。孔子依次列出古代的仁人、圣人、贤人，如吴太伯、伯夷这些人，都很详细。我认为所听到的许由、务光的德行非常高尚，可为什么在经书里却连一点大略的文字记载都找不到呢？

孔子说："伯夷和叔齐不把以往的仇恨记在心里，因此怨恨也就少了。""他们追求仁德便得到了仁德，还有什么怨恨呢？"我对伯夷的意志用心进行思考，看到他们没有被经书载录的遗诗，又非常诧异。他们的传记上说：伯夷和叔齐是孤竹君的两个儿子。父亲想让叔齐做国君，等到父亲去世后，叔齐就想把君位让给伯夷。伯夷说："由你继承君位是父亲的遗命啊！"于是逃离。叔齐也不肯继承君位而逃离。国人只好拥立孤竹君的次子。

【原文】

于是伯夷、叔齐闻西伯昌善养老，盍往归焉。及至，西伯卒，武王载木主，号为文王，东伐纣。伯夷、叔齐叩马而谏曰："父死不葬，爰及干戈，可谓孝乎？以臣弑君，可谓仁乎？"左右欲兵之。太公曰："此义人也。"扶而去之。武王已平殷乱，天下宗周，而伯夷、叔齐耻之，义不食周粟，隐于首阳山，采薇而食之。及饿且死，作歌。其辞曰："登彼西山兮，采其薇矣。以暴易暴兮，不知其非矣。神农、虞、夏忽焉没兮，我安适归矣？于嗟徂兮，命之衰矣！"遂饿死于首阳山。由此观之，怨邪非邪？

或曰："天道无亲，常与善人。"若伯夷、叔齐，可谓善人者非邪？积仁絜行如此而饿死！且七十子之徒，仲尼独荐颜渊为好学。然回也屡空，糟糠不厌，而卒蚤夭。天之报施善人，其何如哉？盗跖日杀不辜，肝人之肉，暴戾恣睢，聚党数千人横行天下，竟以寿终。是遵何德哉？此其尤大彰明较著者也。若至近世，操行不轨，专犯忌讳，而终身逸乐，富厚累世不绝。或择地而蹈之，时然后出言，行不由径，非公正不发愤，而遇祸灾者，不可胜数也。余甚惑焉，傥所谓天道，是邪非邪？

【译文】

这时，伯夷、叔齐听说西伯昌善待老人，就想何不去投奔他呢！可是到那里时，西伯昌已经去世，其子武王追尊西伯昌为文王，并把他的木制灵牌载在兵车上，去东伐殷纣。伯夷、叔齐勒住武王的马缰谏诤说：“父亲去世了，尚未安葬就要发动战争，这能说是孝顺吗？以臣弑君，这怎能说是仁义呢？”武王的随从要把他们杀掉。太公吕尚说：“这是有节义的人啊。”于是搀扶着他们离去。等到武王把商纣平定，天下都归顺了周朝，可伯夷和叔齐却认为这是一件耻辱的事情，他们坚守仁义，决不食周朝的粮食，在首阳山隐居，靠采摘野菜度日。在即将饿死时，他们作了一首歌，歌词为：“登上那西山啊，采摘那里的薇菜。以暴臣换暴君啊，居然看不到这其中的错误。神农、虞和夏的太平盛世转眼即逝，哪里才是我们的归宿啊？唉，只有死啊，命运如此不济！”于是饿死在首阳山。由此看来，他们是怨恨还是不怨恨呢？

有人说：“天道公正而无丝毫偏私，总是经常帮助好人。”像伯夷、叔齐是应该说是好人，或者是不该说是好人呢？他们如此积累仁德，端正品行，却最终饿死！再说，孔子的七十名得意的学生中，唯独颜渊被推重为好学之人，可是颜渊又总是被贫穷困扰，连粗劣的食物都无法吃饱，而最终早早地去世。天道对好人的报应到底如何呢？盗跖整日滥杀无辜，烤人的心肝当肉吃，凶残放纵，聚集党徒几千人横行天下，反而寿终正寝。这遵循的又是什么道德呢？这是极大而又显著的事例啊。至于说到近代，那些行为不正、专门违法犯禁的人，却能终生安逸享乐，衣食无忧，世世代代都不断绝。而有的人，选好地方后才肯迈步，找准时机后才肯说话，不走歪门邪道，不是公正的事决不发愤去做，诸如此类小心审慎而遭祸灾的人，数不胜数。我深感困惑不解。倘若有所谓天道，那么这是对呢，还是错呢？

【原文】

子曰：“道不同不相为谋”，亦各从其志也。故曰：“富贵如可求，虽执鞭之士，吾亦为之。如不可求，从吾所好”。“岁寒，然后知松柏之后凋”。举世混浊，清士乃见。岂以其重若彼，其轻若此哉？

“君子疾没世而名不称焉。”贾子曰：“贪夫徇财，烈士徇名，夸者死权，众庶冯生。”“同明相照，同类相求。”“云从龙，风从虎，圣人作而万物睹。”伯夷、叔齐虽贤，得夫子而名益彰。颜渊虽笃学，附骥尾而行益显。岩穴之士，趣舍有时若此，类名堙灭而不称，悲夫！闾巷之人，欲砥行立名者，非附青云之士，恶能施于后世哉？

【译文】

孔子说：“思想主张不一致的人，不能一起商量谋事。”也只好分别按着自己的意志行事。所以他又说：“倘若富贵是可以寻求得到的话，即使作个卑贱的赶车人，我也情愿；倘若无法寻到，则还是依照自己的爱好去做好了。”“季节严寒后，才知道松柏是最后凋谢的。”全社会混乱污浊的时候，品行高洁的人才会凸显出来。这难道不是因为有的人把富贵安乐看得很重，才显出另部分人把富贵安乐看得很轻吗？

孔子说：“君子所遗憾的是一直到死后名声都不被称述。”贾谊说：“贪心之人为财而死，重义轻生的人为名献身，矜夸而贪图权势的人为权势卖命，平民百姓则只贪图生而厌恶死。”《易经》上说：“同样明亮的东西，就会相互映照，同类性质的事物，自然相互影响。”“彩云随着龙吟飞腾，谷风随着虎啸而吹起，圣人的出现，使万物本来的面目都显露出来。”伯夷和叔齐虽德行高尚，也是因为得到孔子的称赞，其名声才更加显赫。颜渊专心好学，也是由于追随孔子，才更加彰显了他的德行。居岩穴处的隐士，有的名声晓达，有的湮没无闻，都是有这样的时机的，如果这样的人名声被埋没而得不到称扬，是多可惜啊！穷乡僻壤的士人要砥砺德行，树立名声，若不攀附德隆望尊的人，怎么能扬名于后世呢！

【评析】

司马迁本人崇敬“礼让”，他痛恨统治者为了争权夺利而互相残杀，导致生灵涂炭。因此，司马迁将让国的“伯夷”置于“列传”之首，这就跟“本纪”之首的尧、舜，“世家”之首的吴太伯相同。这些倍受司马迁推崇的人都有一个共同的特点：不追名逐利，能做到“奔义”“让国”。这是司马迁所倾心赞美的一种品德。而与此形成鲜明对比的是，汉代自成立以来就伴随着君臣、父子、兄弟、叔侄等之间的钩心斗角，攻伐残杀。无休止的“争利”“争国”不仅动摇了统治集团的本身，而且还对当时的社会生产，百姓的生活起居造成了一定的影响。这也正是司马迁极力反对的。

第二章 管晏列传

【原文】

管仲夷吾者，颍上人也。少时常与鲍叔牙游，鲍叔知其贤。管仲贫困，常欺鲍叔，鲍叔终善遇之，不以为言。已而鲍叔事齐公子小白，管仲事公子纠。及小白立，为桓公，公子纠死，管仲囚焉。鲍叔遂进管仲。管仲既用，任政于齐，齐桓公以霸，九合诸侯，一匡天下，管仲之谋也。

管仲曰："吾始困时，尝与鲍叔贾，分财利多自与，鲍叔不以我为贪，知我贫也。吾尝为鲍叔谋事而更穷困，鲍叔不以我为愚，知时有利不利也。吾尝三仕三见逐于君，鲍叔不以我为不肖，知我不遭时也。吾尝三战三走，鲍叔不以我为怯，知我有老母也。公子纠败，召忽死之，吾幽囚受辱，鲍叔不以我为无耻，知我不羞小节而耻功名不显于天下也。生我者父母，知我者鲍子也。"

鲍叔既进管仲，以身下之。子孙世禄于齐，有封邑者十余世，常为名大夫。天下不多管仲之贤而多鲍叔能知人也。

【译文】

管仲，名夷吾，颍上人。他年轻时常常同鲍叔牙交往，鲍叔牙了解他贤明、有才干。管仲家境贫困，常占鲍叔的便宜，但鲍叔始终都对他很好，从不为此抱怨。不久，鲍叔辅佐齐国公子小白，管仲辅佐公子纠。等小白即位被立为齐桓公后，让鲁国把公子纠杀了，管仲也被囚禁。于是鲍叔把管仲推荐给齐桓公。管仲被任用后，在齐国执政，桓公依靠管仲而称霸，并以霸主身份，多次会合诸侯，使天下归一，这都是管仲为他出谋划策的结果。

管仲说："我贫困时，曾和鲍叔合伙做买卖，分财利时自己总是多分一些，但是鲍叔并不认为我贪财，而是知道我家境贫困。我曾替鲍叔谋划事情，却使他更加困顿不堪，陷于窘迫的境地，鲍叔也没有认为我愚笨，他知道时运总是有顺与不顺的时候。我曾多次做官同时也多次都被国君驱逐，鲍叔却从不认为我不成器，他知道我没有遇上好的机遇。我曾多次打仗时逃跑，鲍叔却不认为我胆小，他知道那是因为我家里有老母需要我来赡养。公子纠失败，召忽为此自杀，我被囚禁遭受屈辱，鲍叔不认为我不知廉耻，那是因为他知道我不因小过失而感到羞愧，而是以功名不显扬于天下而感到耻辱。生养我的是父母，真正了解我的却是鲍叔。"

鲍叔举荐管仲后，情愿把自己置于管仲之下听从指挥。他的子孙世代在齐国享有俸禄，得到的封地先后经过了十几代，总是会有人成为著名的大夫。所以天下的人不称道管仲的才干，反而赞美鲍叔知人善任。

【原文】

管仲既任政相齐，以区区之齐在海滨，通货积财，富国强兵，与俗同好恶。故其称曰："仓廪实而知礼节，衣食足而知荣辱，上服度则六亲固。四维不张，国乃灭亡。下令如流水之原，令顺民心。"故论卑而易行。俗之所欲，因而予之；俗之所否，因而去之。

其为政也，善因祸而为福，转败而为功。贵轻重，慎权衡。桓公实怒少姬，南袭蔡，管仲因而伐楚，责包茅不入贡于周室。桓公实北征山戎，而管仲因而令燕修召公之政。于柯之会，桓公欲背曹沫之约，管仲因而信之，诸侯由是归齐。故曰："知与之为取，政之宝也。"

管仲富拟于公室，有三归、反坫，齐人不以为侈。管仲卒，齐国遵其政，常强于诸侯。后百余年而有晏子焉。

【译文】

管仲任齐相执政后，凭着小小的齐国地处海滨的便利条件，流通货物，积聚财富，使国富兵强，与百姓的爱憎愿望相符。所以，他说："仓库储备充实，百姓就懂礼节；衣食丰足，百姓才能知道荣辱；君主的作为合乎法度，上下左右才会团结稳固。若礼义廉耻得不到提倡，则国家就会灭亡。国家发布政令就好比流水的源头，要顺应百姓的心意往下流。”因此政令符合下情才容易推行。百姓想要得到的，就满足他们；百姓不满的，就加以废除。

管仲执政时，善于把祸患化为福利，把失败转化为成功。他重视事物的轻重缓急，对事情的利弊得失进行慎重地权衡。齐桓公本来因为怨恨少姬改嫁而南下袭击蔡国，管仲就趁机进攻楚国，责备它不向周王室进贡包茅。桓公本来是北上出兵进攻山戎，管仲就趁机让燕国施行召公时期的政教。在柯地会盟时，桓公想背弃曹沫，撕毁盟约，管仲就顺势劝桓公信守盟约，于是诸侯纷纷归顺齐国。因此说：“懂得给予正是为了取得，这是治国从政的法宝。”

管仲的财富可以比得上国君，拥有设置华丽的三归台以及同诸侯宴饮时的设备，齐国人却从不认为他奢侈。管仲去世后，齐国仍遵循他的政策，因此还是总比其他诸侯国强大。百余年后，齐国又出了个晏婴。

【原文】

晏平仲婴者，莱之夷维人也。事齐灵公、庄公、景公，以节俭力行重于齐。既相齐，食不重肉，妾不衣帛。其在朝，君语及之，即危言；语不及之，即危行。国有道，即顺命；无道，即衡命。以此三世显名于诸侯。

越石父贤，在缧绁中。晏子出，遭之涂，解左骖赎之，载归。弗谢，入闺。久之，越石父请绝。晏子懼然，摄衣冠谢曰：“婴虽不仁，免子于厄，何子求绝之速也？”石父曰：“不然。吾闻君子诎于不知己而信于知己者。方吾在缧绁中，彼不知我也。夫子既已感寤而赎我，是知己；知己而无礼，固不如在缧绁之中。”晏子于是延入为上客。

晏子为齐相，出，其御之妻从门间而窥其夫。其夫为相御，拥大盖，策驷马，意气扬扬，甚自得也。既而归，其妻请去。夫问其故。妻曰：“晏子长不满六尺，身相齐国，名显诸侯。今者妾观其出，志念深矣，常有以自下者。今子长八尺，乃为人仆御，然子之意自以为足，妾是以求去也。”其后夫自抑损。晏子怪而问之，御以实对。晏子荐以为大夫。

【译文】

晏平仲，名婴，齐国莱地夷维人。他先后辅佐了齐灵公、庄公和景公三代国君，由于他节俭又工作努力，备受齐国人们的尊重。他做了齐国宰相，吃饭从不吃两样肉食，妻妾不穿丝绸衣服。在朝廷上，受到国君的夸奖时，就据理直说这件事情；当自己不被信任重用时，就只注意自己行为的高洁而不再发表言论。国君行正道时，就服从命令去做，反之，他就斟酌而行。因此，他在齐灵公、庄公、景公三代，名闻于各国诸侯。

越石父是个贤才，但是正被囚禁。晏子外出时，在路上遇到了他，就解开乘车左边的马，把他赎了出来，并用车载着他回到家。晏子没有向越石父告辞，就直接走进内室，过了一段时间，越石父就请求与晏子绝交而离去。晏子很吃惊，匆忙整理好衣帽道歉说："我虽然不够善良宽厚，可也帮您从困境中解脱出来，您为什么这么快就要绝交而离去呢？"越石父说："并非如此，我听说君子由于人不了解自己而受到委屈，也会因为了解自己的人而使意志得到伸张。我被囚禁的时候，他们不了解我。你既然已经受到感动而醒悟来赎买我，这就是了解我；可是了解我却又不能以礼相待，还不如仍然被囚禁呢。"于是晏子就请他进屋，并奉为贵宾。

晏子做齐国宰相时，有一次坐车外出，车夫的妻子从门缝里偷看她的丈夫。她的丈夫为宰相驾车，头上遮着大车盖，鞭打着那四匹驾车的马，神情洋洋得意。不久回到家里，妻子就要求离开他，车夫问她要走的原因，妻子说："晏子身高不过六尺，却做了宰相，声名远扬，我看他外出时，志向思想都很深沉，常显出谦卑的态度。现在你身高八尺，只不过是做人家的车夫，可你的神态，却显出自满，所以我才要离你而去的。"从此以后，车夫就谦虚收敛。晏子发现了他的变化，很奇怪，就问他原因，车夫也如实相告。晏子便推荐他做了大夫。

【原文】

太史公曰：吾读管氏牧民、山高、乘马、轻重、九府，及晏子春秋，详哉其言之也。既见其著书，欲观其行事，故次其传。至其书，世多有之，是以不论，论其轶事。

管仲，世所谓贤臣，然孔子小之。岂以为周道衰微，桓公既贤，而不勉之至王，乃称霸哉？语曰“将顺其美，匡救其恶，故上下能相亲也”。岂管仲之谓乎？

方晏子伏庄公尸哭之，成礼然后去，岂所谓“见义不为无勇”者邪？至其谏说，犯君之颜，此所谓“进思尽忠，退思补过”者哉！假令晏子而在，余虽为之执鞭，所忻慕焉。

【译文】

太史公说：我读了管仲的《牧民》《山高》《乘马》《轻重》《九府》和《晏子春秋》，这些书上说的都很详细！读了他们的书，还想让人们了解他们的事迹，因此就编写了这篇列传。至于他们的著作，社会上已经有很多了，所以就不再论述了，只叙述了他们的佚事。

管仲是世人所称赞的贤臣，然而孔子却小看他，难道是由于周朝统治衰微，齐桓公既然贤明，管仲不勉励他实行王道却只是称霸主吗？古语说：“要顺势助成君主的美德，纠正挽救他的过失，因此君臣百姓之间能亲密无间。”难道这说的是管仲吗？

当初晏子趴在齐庄公尸体上痛哭，礼节完成后才离去，难道是人们所说的“遇到正义的事情不去做、没有勇气”的人吗？至于晏子直言进谏，冒犯君主的威严，这大概就是人们所说的“在朝中就要想到竭尽忠心，身退后就要想到弥补过失”的人吧！如果晏子还活着，我就算为他挥动鞭子赶车，也心甘情愿啊！

【评析】

“人生得一知己足矣”，恃才傲物的管仲始终受到鲍叔牙的厚待。晚年的管仲在总结自己的一生时，曾反复告诉世人，只有鲍叔牙了解他，不跟他计较小事，并大胆地向齐桓公推荐他，这才成就了他，同时也成就了齐桓公。可以说，管仲得遇于鲍叔牙，齐桓公得遇于鲍叔牙，管仲得遇于齐桓公，都是绝配，他们互相成就了对方。鲍叔牙深知自己才干不及管仲，他就厚待管仲，并在恰当的时候帮助管仲寻找施展才能的机会，同时为主公解决了人才之忧，这就是能识千里马的伯乐，也是以大局为重的良臣。齐桓公能接受鲍叔牙的建议，重用管仲才成就霸业，可谓听从良言，知人善任的明君。而管仲能抓住这个机会，尽力施展自己的才华，可谓治国贤臣。管仲的为政方略被世人所认可，并受到后世万代的尊崇。鲍叔牙不计个人得失的高尚品德也万世流芳。可见成就别人的同时也成就了自己。这不得不让人想起孙膑和庞涓，同样被后人熟知，但谁又会将鲍叔牙和庞涓相提并论呢？

第三章 老子韩非列传

【原文】

老子者，楚苦县厉乡曲仁里人也，姓李氏，名耳，字聃，周守藏室之史也。

孔子适周，将问礼于老子。老子曰："子所言者，其人与骨皆已朽矣，独其言在耳。且君子得其时则驾，不得其时则蓬累而行。吾闻之，良贾深藏若虚，君子盛德，容貌若愚。去子之骄气与多欲，态色与淫志，是皆无益于子之身。吾所以告子，若是而已。"孔子去，谓弟子曰："鸟，吾知其能飞；鱼，吾知其能游；兽，吾知其能走。走者可以为罔，游者可以为纶，飞者可以为矰。至于龙吾不能知，其乘风云而上天。吾今日见老子，其犹龙邪！"

老子修道德，其学以自隐无名为务。居周久之，见周之衰，乃遂去。至关，关令尹喜曰："子将隐矣，强为我著书。"于是老子乃著书上下篇，言道德之意五千余言而去，莫知其所终。

或曰：老莱子亦楚人也，著书十五篇，言道家之用，与孔子同时云。

盖老子百有六十余岁，或言二百余岁，以其修道而养寿也。

自孔子死之后百二十九年，而史记周太史儋见秦献公曰："始秦与周合，合五百岁而离，离七十岁而霸王者出焉。"或曰儋即老子，或曰非也，世莫知其然否。老子，隐君子也。

老子之子名宗，宗为魏将，封于段干。宗子注，注子宫，宫玄孙假，假仕于汉孝文帝。而假之子解为胶西王卬太傅，因家于齐焉。

世之学老子者则绌儒学，儒学亦绌老子。“道不同不相为谋”，岂谓是邪？李耳无为自化，清静自正。

【译文】

老子是楚国苦县厉乡曲仁里人。姓李，名耳，字聃，做过周朝掌管藏书室的史官。

孔子去周都，向老子请教礼的学问。老子说：“你所说的礼，倡导它的人尸骨都已经腐烂了，只是他的言论还在罢了。况且君子机遇来了就会驾着车出去做官，生不逢时，就随遇而安。我听说，善于经商的人会把货物隐藏起来，好像什么都没有，君子具有高尚的德行，但表面上却显得愚钝。把您的骄气和过多的欲望抛却吧，将您做作的情态神色和过大的志向抛却吧，因为这些对您自身是没有好处的。我能告诉您的，也就只有这些了。”孔子离去后，对弟子们说：“是鸟，我就知道它能飞；是鱼，我就知道它能游；是兽，我就知道它能跑。会跑的兽可以织网捕获，会游的鱼可以制成丝线去钓，会飞的鸟可以用箭去射。至于龙，我就不知如何去办了，它是驾着风而腾飞上天的。今天我见到老子，他大概就是龙吧！”

老子研究道德学问，他学说的宗旨就是隐匿声迹，不求闻达。他在周都住了很久，看到周朝日益衰微，就离开了。到了函谷关，关令尹喜对他说：“您就要隐居了，就麻烦您为我们写一本书吧。”于是老子就撰写了一本书，分为上下两篇，阐述了关于道德的本意，大概五千多字，然后离去，从此无人知道他的下落。

有人说：老莱子也是楚国人，他著书十五篇，论述的是道家的作用，据说他同孔子是同一时代。

据说老子活了一百六十多岁，也有人说活了二百多岁，这是由于他修道养心才健康长寿的啊。

孔子死后一百二十九年，史书记载，周朝的太史儋会见秦献公时，曾预言说：“当初秦国与周朝是合在一起的，合了五百年后又分开了，分了七十年后，就会出现了称霸的人。”有人说太史儋就是老子，也有人说不是，世人都不知道哪种说法正确。总之，老子是一位隐居的君子。

老子的儿子叫李宗，他做过魏国的将军，封地是段干。李宗的儿子叫李注，李注的儿子叫李宫，李宫的玄孙叫李假，李假在汉文帝时做过官。而李假的儿子李解曾担任胶西王刘卬的太傅，因而李氏定居在齐地。

社会上信奉老子学说的人就排斥儒家学说，信奉儒家学说的人也排斥老子学说。“主张观点不同的人，就无法在一起共事”，难道就是指这样的情况吗？老子主张无为而治，使百姓自化；主张清静不挠，使百姓归于正。

【原文】

庄子者，蒙人也，名周。周尝为蒙漆园吏，与梁惠王、齐宣王同时。其学无所不窥，然其要本归于老子之言。故其著书十余万言，大抵率寓言也。作渔父、盗跖、胠箧，以诋訾孔子之徒，以明老子之术。畏累虚、亢桑子之属，皆空语无事实。然善属书离辞，指事类情，用剽剥儒、墨，虽当世宿学不能自解免也。其言洸洋自恣以适己，故自王公大人不能器之。

楚威王闻庄周贤，使使厚币迎之，许以为相。庄周笑谓楚使者曰：“千金，重利；卿相，尊位也。子独不见郊祭之牺牛乎？养食之数岁，衣以文绣，以入大庙。当是之时，虽欲为孤豚，岂可得乎？子亟去，无污我。我宁游戏污渎之中自快，无为有国者所羁，终身不仕，以快吾志焉。”

申不害者，京人也，故郑之贱臣。学术以干韩昭侯，昭侯用为相。内修政教，外应诸侯，十五年。终申子之身，国治兵强，无侵韩者。

申子之学本于黄老而主刑名。著书二篇，号曰申子。

【译文】

庄子是蒙地人，名周。他曾担任蒙地漆园的小吏，与梁惠王、齐宣王等同时代。他学识渊博，涉猎范围无所不包，他的中心思想却源自老子学说。他撰写了十余万字的著作，多为托词寄意的寓言。他写的《渔父》《盗跖》《胠箧》中有诋毁孔子学派人的内容而表明老子学说为目的。诸如《畏累虚》《亢桑子》之类的，都空设言语，没有实事根据。不过庄子善于行文措辞，描摹事物，抒发情感，以攻击和驳斥儒家和墨家，即使是当世博学之士，也不能逃过他的攻击。他的语言汪洋浩漫，随心所欲，所以自王公大人起，都无法器重他。

楚威王得知庄周贤能，就派使臣带着丰厚的礼物去聘请他，答应任他为宰相。庄周笑着对楚国使臣说：“千金，的确是厚礼；卿相，的确是尊贵的职位。难道你不知道祭祀天地用的牛吗？把它喂养几年，然后给它披上带有花纹的绸缎，牵进太庙去当祭品，这时，它就算想做一头孤独的小猪，难道能实现吗？你赶快走吧，别玷污了我。我宁愿在小水沟里身心愉快地嬉戏，也不愿受君王的束缚。我终身不做官，以愉悦自己的心志。”

申不害是京邑人，曾是郑国的小官吏。后来研究了刑名法术学问，向韩昭侯求取官职，昭侯任用他为宰相。他对内修明政治，对外应对诸侯，前后十五年。直到申子去世，国家安定，政治修明，军队强大，没有谁敢侵犯韩国。

申不害的学说源于黄帝和老子，但是他却以循名责实为主，其著作有两篇，名为《申子》。

【原文】

韩非者，韩之诸公子也。喜刑名法术之学，而其归本于黄老。非为人口吃，不能道说，而善著书。与李斯俱事荀卿，斯自以为不如非。

非见韩之削弱，数以书谏韩王，韩王不能用。于是韩非疾治国不务修明其法制，执势以御其臣下，富国强兵而以求人任贤，反举浮淫之蠹而加之于功实之上。以为儒者用文乱法，而侠者以武犯禁。宽则宠名誉之人，急则用介胄之士。今者所养非所用，所用非所养。悲廉直不容于邪枉之臣，观往者得失之变，故作孤愤、五蠹、内外储、说林、说难十余万言。

然韩非知说之难，为说难书甚具，终死于秦，不能自脱。

说难曰：

凡说之难，非吾知之有以说之难也；又非吾辩之难能明吾意之难也；又非吾敢横失能尽之难也。凡说之难，在知所说之心，可以吾说当之。

所说出于为名高者也，而说之以厚利，则见下节而遇卑贱，必弃远矣。所说出于厚利者也。而说之以名高，则见无心而远事情，必不收矣。所说实为厚利而显为名高者也，而说之以名高，则阳收其身而实疏之；若说之以厚利，则阴用其言而显弃其身。此之不可不知也。

【译文】

韩非，是韩国的贵族子弟。他喜好刑名法术的学问。他学说的理论基础源于黄帝和老子。韩非天生口吃，不善言谈，却善于著书立说。他和李斯都是荀卿的学生，李斯自认为学识不及韩非。

韩非看到韩国日益衰弱，屡次上书对韩王进行规劝，可韩王不采纳。当时韩非痛恨君主治理国家却不致力于修明法制，难以凭借君王掌握的权势来驾驭臣子，无法富国强兵寻求任用贤能之士，反而任用那些夸夸其谈、危害国家的文学游说之士，并且把他们置于那些讲求功利实效的人之上。他认为儒家用经典文献扰乱国家法度，而游侠却凭武力违犯国家法令。国家太平时，就宠信那些徒有虚名的人，危急来临时，就使用那些披甲戴盔的武士。现在国家供养的人并不是真正需要的，而真正需要的人又不是所供养的。他悲叹廉洁正直的人总是不被那些邪曲奸枉之臣所容，他考察了古今得失的变化，所以写下了《孤愤》《五蠹》《内外储》《说林》《说难》等十多万字的著作。

然而韩非深深懂得游说的艰难。他撰写的《说难》一书，讲得非常详细，可他最终还是死在秦国，没能逃脱游说的祸难。

《说难》写道：

大凡游说的困难，不是难在我的才智不足以说服君主；也不是难在我的口才不足以明确地表达出我的思想；也不是难在我不敢毫无顾虑地把意见全部表达出来。大凡游说，难在如何了解游说对象的心理，然后用我的说辞打中他。

游说的对象在博取高名，而游说的人却用重利去说服他，则你就会被认为品德低下而受到卑贱的待遇，必然会被遗弃和疏远。游说的对象出于贪图重利，而游说的人却用博取高名去说服他，他就会觉得你不真诚且脱离实际，必然不录用你。游说的对象实际上贪图重利，但是却装作博取高名，若游说的人用博取高名去说服他，则他就会表面上接受你，其实却疏远你；若游说的人用重利去说服他，则他会暗中采纳你的意见，却会公开抛弃你这个人，这些都是游说的人不能不了解的。

【原文】

夫事以密成，语以泄败。未必其身泄之也，而语及其所匿之事，如是者身危。贵人有过端，而说者明言善议以推其恶者，则身危。周泽未渥也而语极知，说行而有功则德亡，说不行而有败则见疑，如是者身危。夫贵人得计而欲自以为功，说者与知焉，则身危。彼显有所出事，乃自以为也故，说者与知焉，则身危。强之以其所必不为，止之以其所不能已者，身危。故曰：与之论大人，则以为间己；与之论细人，则以为粥权。论其所爱，则以为借资；论其所憎，则以为尝己。径省其辞，则不知而屈之；泛滥博文，则多而久之。顺事陈意，则曰怯懦而不尽；虑事广肆，则曰草野而倨侮。此说之难，不可不知也。

【译文】

行事保密就能成功，言谈中泄露机密就会失败。这也不一定是游说者本人故意把机密泄露出去的，往往言谈中无意地说到了君主内心隐藏的秘密，这样的话，游说之人就会遭受灾祸。君主有了过失，游说之人却引用一些美善之议来推导出他过失的严重，则游说者就会有危险。君主对游说者的恩宠尚未达到深厚的程度，游说的人却把心里的话全说出，若被采纳实行且收到实效，则君主就会忘掉你的功劳；若意见行不通且遭到失败，则游说者就会被君主怀疑，这样，游说者也会有危险。君主得到了如愿的良策，并且想作为自己的功绩，游说者参与这件事，则也会有危险，君主表面上做一件事，内地里却另有目的，若游说者知道真相，则他也会有危险。君主坚决不愿做的事，却勉强让他去做，君主坚决要做的事，又上去阻止，游说者就危险。所以说，和君主议论在任的大臣，就会认为你在挑拨离间；和君主议论地位低下的人，就会认为你在卖弄权势。议论他所喜好的，则君主会认为你是在利用他；议论他所憎恶的，则君主就会认为你在试探他含怒的深浅。若游说者文辞简略，则就会认为你没有才智而羞辱你；若你铺陈辞藻，夸夸其谈，则又会认为你语言放纵而无当。若你顺应君主的主张陈述事情，则会说你胆小而做事不尽人意。若你谋虑深远，则会说你鄙陋粗俗，倨傲侮慢。这些都是游说的难处，是不能不知道的啊。

【原文】

凡说之务，在知饰所说之所敬，而灭其所丑。彼自知其计，则毋以其失穷之；自勇其断，则毋以其敌怒之；自多其力，则毋以其难概之。规异事与同计，誉异人与同行者，则以饰之无伤也。有与同失者，则明饰其无失也。大忠无所拂悟，辞言无所击排，乃后申其辩知焉。此所以亲近不疑，知尽之难也。得旷日弥久，而周泽既渥，深计而不疑，交争而不罪，乃明计利害以致其功，直指是非以饰其身，以此相持，此说之成也。

伊尹为庖，百里奚为虏，皆所由干其上也。故此二子者，皆圣人也，犹不能无役身而涉世如此其污也，则非能仕之所设也。

【译文】

大凡游说者最重要的，在于懂得美化君主所推崇的事端，而掩盖他所憎恶的事情。他自认为高明的计策，就不要追究他以往的过失；他自认为是勇敢的决断，就不要用他的敌人来激怒他；他夸耀自己的力量强大，就不要用他的难处来拒绝他。游说者规劝或称赞同他一样计谋，一样做法的人或事，就要文饰那人那事，防止中伤他。有与君主同样过失的人，游说者就明确地粉饰说他没有过失。直到游说者的忠心不再遭到君主的抵触，游说者的说辞不再被君主排斥，则此后，游说者就可以施展自己的口才和智慧了。这就是与君主亲近而不被怀疑的方法，也是能说尽心里话的难处啊！直到历时很久之后，君主对游说者恩泽已经深厚了，游说者深远的计谋也就不会再被怀疑了，互相争论也不被加罪了，便可以明白地计议利害关系以成就国君的功业，可直接指出他的是非以正其身，以此来扶持他，就是游说成功了。

伊尹做厨师，百里奚当俘虏，他们都是以此来求得君上的任用。因此虽然他们都是圣人，却仍不得不做低贱的事而经历世事这样的卑污，则这就并非智能之士所引以为耻的了。

【原文】

宋有富人，天雨墙坏。其子曰“不筑且有盗”，其邻人之父亦云，暮而果大亡其财，其家甚知其子而疑邻人之父。昔者郑武公欲伐胡，乃以其子妻之。因问群臣曰："吾欲用兵，谁可伐者？"关其思曰："胡可伐。"乃戮关其思，曰："胡，兄弟之国也，子言伐之，何也？"胡君闻之，以郑为亲己而不备郑。郑人袭胡，取之。此二说者，其知皆当矣，然而甚者为戮，薄者见疑。非知之难也，处知则难矣。

昔者弥子瑕见爱于卫君。卫国之法，窃驾君车者罪至刖。既而弥子之母病，人闻，往夜告之，弥子矫驾君车而出。君闻之而贤之曰："孝哉，为母之故而犯刖罪！"与君游果园，弥子食桃而甘，不尽而奉君。君曰："爱我哉，忘其口而念我！"及弥子色衰而爱弛，得罪于君。君曰："是尝矫驾吾车，又尝食我以其余桃。"故弥子之行未变于初也，前见贤而后获罪者，爱憎之至变也。故有爱于主，则知当而加亲；见憎于主，则罪当而加疏。故谏说之士不可不察爱憎之主而后说之矣。

夫龙之为虫也，可扰狎而骑也。然其喉下有逆鳞径尺，人有婴之，则必杀人。人主亦有逆鳞，说之者能无婴人主之逆鳞，则几矣。

【译文】

宋国有个富人家，天下雨毁坏了墙。他儿子说："不修好将会有盗贼"，其邻人的父亲也这么说。晚上果然丢失了很多财物，他全家都认为儿子很聪明却怀疑邻人的父亲。以前郑武公想要进攻胡国，却把女儿嫁给胡国君主。就问大臣道："我要用兵，可进攻谁？"关其思答道："可进攻胡国。"郑武公就杀了关其思，并说："胡国，是我们兄弟之国，你让我攻打它是何居心？"胡国君主得知此事，就把郑国君主看作自己的亲人而不防备，郑国就趁机偷袭胡国，并将其占领。这两个说客，其预见都是对的，可言重的被杀，言轻的被怀疑，因此了解某事不难，如何处理已知的事才难。

以前弥子瑕被卫国君主宠爱。按卫国的法律，偷驾君车的人要被断足。不久，弥子瑕的母亲病了，有人得知此事，就连夜通知他，弥子瑕就谎称主令驾君主的车出去了。君主听说此事反而赞美他道："多孝顺啊，为了母亲竟愿犯下断足的惩罚！"弥子瑕和卫君去果园玩，弥子瑕吃到一个甜桃子，没吃完就献给卫君。卫君说："多关心我啊，自己不吃却想着我！"等到弥子瑕渐渐衰老，卫君对他的宠爱也疏淡了，后来得罪了卫君。卫君说："此人曾诈称我的命令驾我的车，还曾把咬剩下的桃子给我吃。"弥子瑕的德行同当初一样没变，以前之所以被认为孝顺而后却被治罪，是因为卫君对他的爱憎发生了极大的改变。因此，被君主宠爱时就认为他聪明能干，愈加亲近。被君主憎恶时，就认为他有罪，愈加疏远。所以，劝谏游说者，务必要了解了君主的爱憎之后再去游说。

龙属虫类，可驯养、游戏、坐骑。不过它喉咙下端有一尺长的倒鳞，人若触动倒鳞，则会被伤害。君主也有，游说者做到不触犯他的倒鳞，就基本算得上善于游说了。

【原文】

人或传其书至秦。秦王见孤愤、五蠹之书，曰："嗟乎，寡人得见此人与之游，死不恨矣！"李斯曰："此韩非之所著书也。"秦因急攻韩。韩王始不用非，及急，乃遣非使秦。秦王悦之，未信用。李斯、姚贾害之，毁之曰："韩非，韩之诸公子也。今王欲并诸侯，非终为韩不为秦，此人之情也。今王不用，久留而归之，此自遗患也，不如以过法诛之。"秦王以为然，下吏治非。李斯使人遗非药，使自杀。韩非欲自陈，不得见。秦王后悔之，使人赦之，非已死矣。

申子、韩子皆著书，传于后世，学者多有。余独悲韩子为说难而不能自脱耳。

太史公曰：老子所贵道，虚无，因应变化于无为，故著书辞称微妙难识。庄子散道德，放论，要亦归之自然。申子卑卑，施之于名实。韩子引绳墨，切事情，明是非，其极惨礉少恩。皆原于道德之意，而老子深远矣。

【译文】

有人把韩非的著作传到秦国。秦王见到《孤愤》《五蠹》等著作，说："啊，我若能见到此人并能同他交往，死而无憾。"李斯说："这书是韩非写。"秦王因此立即出兵韩国。起初韩王不重用韩非，直到情势危急，才派韩非出使秦国。秦王虽喜欢他，却尚未被信用。李斯和姚贾嫉妒他，就在秦王面前诋毁他道："韩非，是韩国贵族子弟。现在大王要吞并各国，韩非最终还是要帮韩国而不帮秦国，这是人之常情啊。如今大王不任用他，在秦国时间长了，再放他回去，这不是给自己留下祸根吗？干脆给他加个罪名，将其依法处死。”秦王认为他说得对，就命司法官吏给韩非定罪。李斯又派人给韩非送去了毒药，让他自杀。韩非本想当面向秦王陈述是非，却又见不到。后来秦王后悔了，派人去赦免他，遗憾的是韩非已死了。

申子、韩子都著书立说，留传后世，学士大多都有他们的书，我唯独悲叹韩非写下《说难》，本人却仍未逃脱游说君主的祸患。

太史公说：老子推重的“道”，虚无，顺应自然，以无为来适应各种变化，因此，他的著述中很多措辞微妙不易理解。庄子宣扬道德，纵意推论，最后的要点也归本于自然无为。申子勤奋自勉，推行于循名责实。韩子依据法度作为规范行为的绳墨，决断事情，明辨是非，用严酷苛刻的法度，绝少施恩。都始于道德的理论，而老子的思想理论就深邃旷远了。

【评析】

“道可道，非常道。名可名，非常名。” 老子在《道德经》开篇就道出了“道”的真正内涵，“道”在天地未形成前就存在于浩瀚的宇宙中，当天地生成以后，它就在万事万物中发挥着自身的作用，贯穿于万物生成、生长、发展、消亡的始终，作为一种自然规律客观地存在着。短短五千言的《道德经》所阐述的道理远不止这些。今天的人们对《道德经》的深奥义理，对老子悟透宇宙的神智，仍然未能深层探知和领悟，这不能不说是一大遗憾。再说韩非，自古至今怀才不遇的例子数不胜数，但“是金子总会闪光”，他们当时不被当权者重用，却随着时间的推移，而被后世推崇。孔子周游列国，并没有受到当权者的赏识；屈原也没有逃脱被放逐的命运。然而他们却都名留青史。韩非也是如此，他不被韩王重用，好不容易遇到了赏识自己的秦王，却又被嫉妒自己的同窗所害，然而韩非的思想在今天仍有现实意义。

第四章 司马穰苴列传

【原文】

司马穰苴者，田完之苗裔也。齐景公时，晋伐阿、甄，而燕侵河上，齐师败绩。景公患之。晏婴乃荐田穰苴曰："穰苴虽田氏庶孽，然其人文能附众，武能威敌，愿君试之。"景公召穰苴，与语兵事，大说之，以为将军，将兵扞燕晋之师。穰苴曰："臣素卑贱，君擢之闾伍之中，加之大夫之上，士卒未附，百姓不信，人微权轻，愿得君之宠臣，国之所尊，以监军，乃可。"于是景公许之，使庄贾往。穰苴既辞，与庄贾约曰："旦日日中会于军门。"穰苴先驰至军，立表下漏待贾。贾素骄贵，以为将己之军而己为监，不甚急；亲戚左右送之，留饮。日中而贾不至。穰苴则仆表决漏，入，行军勒兵，申明约束。约束既定，夕时，庄贾乃至。穰苴曰："何后期为？"贾谢曰："不佞大夫亲戚送之，故留。"穰苴曰："将受命之日则忘其家，临军约束则忘其亲，援枹鼓之急则忘其身。今敌国深侵，邦内骚动，士卒暴露于境，君寝不安席，食不甘味，百姓之命皆悬于君，何谓相送乎！"

【译文】

司马穰苴，是田完的后代子孙。齐景公的时候，晋国攻打齐国的东阿和甄城，燕国也进犯齐国黄河南岸的领土。齐军都被打得大败。为此，齐景公很忧虑。于是晏婴就把田穰苴推荐给齐景公，说："穰苴虽是田家的妾生之子，可他的才能却使大家信服；武略能使敌人畏惧。请君王试用他。”于是齐景公召见穰苴，同他讨论军国大事，齐景公很高兴，立即任命他为将军，率兵去抵抗燕、晋两国的军队。穰苴说：“我地位卑微，君王把我从平民中提拔起来，置于大夫之上，士兵不服从，百姓也不信任，人的资望轻微，权威就无法树立，希望能派一位君王宠信、国家尊重的大臣，来做监军。”于是齐景公就答应了他的要求，让庄贾去做监军。穰苴向景公辞行，又同庄贾约定说：“明天正午在营门会齐。”第二天，穰苴率先到达军门，树起计时的木表和漏壶，等待庄贾。庄贾向来骄盈显贵，认为率领的是自己的军队，自己又做监军，就不是很着急；亲戚朋友为他饯行，留他喝酒。直到正午，庄贾还没到来。穰苴就把木表打倒，把漏壶摔破，到军营去巡视营地，整饬军队，宣布各种规章号令。部署完毕，已日暮降临，庄贾才来到。穰苴说：“为何不按时到达？”庄贾表示歉意，他解释说：“亲戚朋友送行，所以晚了。”穰苴说：“作为将领，自接受命令时起，就应当忘掉自己的家庭，到军队宣布规定号令后，就应把私人交情忘掉，擂鼓进军，战况紧急时，就应当把生命抛到脑后。现今敌人已侵入国境，国内骚乱不安，士兵已在前线战场暴露，无所隐蔽，君主睡不好，吃不香，全国百姓的生命都系在你的身上，还谈什么送行呢！”

【原文】

召军正问曰：“军法期而后至者云何？”对曰：“当斩。”庄贾惧，使人驰报景公，请救。既往，未及反，于是遂斩庄贾以徇三军。三军之士皆振栗。久之，景公遣使者持节赦贾，驰入军中。穰苴曰：“将在军，君令有所不受。”问军正曰：“驰三军法何？”正曰：“当斩。”使者大惧。穰苴曰：“君之使不可杀之。”乃斩其仆，车之左驸，马之左骖，以徇三军。遣使者还报，然后行。士卒次舍井灶饮食问疾医药，身自拊循之。悉取将军之资粮享士卒，身与士卒平分粮食，最比其羸弱者，三日而后勒兵。病者皆求行，争奋出为之赴战。晋师闻之，为罢去。燕师闻之，度水而解。于是追击之，遂取所亡封内故境而引兵归。未至国，释兵旅，解约束，誓盟而后入邑。景公与诸大夫郊迎，劳师成礼，然后反归寝。既见穰苴，尊为大司马。田氏日以益尊于齐。

【译文】

把军法官叫来问道："军法上对迟到者是怎么说的？"答道："当斩首。"庄贾害怕，就派人飞马报告齐景公，请求搭救。报信的人去后没多长时间，尚未返回，庄贾就被斩首了，在军中巡行示众，全军将士为此震惊。很长时间后，齐景公派的使者才拿着节符来赦免庄贾。车马飞奔直入军营。穰苴说："将军队里，君主的命令有的可以不接受。"又问军法官说："驾车马在军营里奔驰，军法该如何处置？"军法官说："当斩首。"使者异常恐惧。穰苴说："君主的使者不能斩首。"就把使者的仆从斩了，把左边的夹车木砍断，还把左边驾车的马杀死，在军中巡行示众。又让使者回去报告给齐景公，然后就出发了。士兵们安营扎寨，掘井立灶，饮水吃饭，探问疾病，安排医药，田穰苴无不亲自过问抚慰。还把自己作为将军专用的物资粮食全都拿出来款待士兵。自己同兵士一样平分粮食。统计体弱有病的兵士。三天后对军队重新整训，准备出战。病弱的兵士也纷纷请求一同奔赴战场，争先恐后地奋勇作战。晋军得知此情况，就撤军了。燕军得知此情况，因渡黄河向北撤退而分散松懈，于是齐军趁势追击，把所有沦陷的领土收复了，然后率兵凯旋。还没到国都，就把战备解除了，把战时规定的号令取消了。宣誓立盟后才进入国都。齐景公率文武大臣到城外来迎接，按礼仪慰劳将士后，才回到寝宫。齐景公接见了田穰苴，并推崇他做大司马。从此，田氏在齐国的地位就日益显贵起来。

【原文】

已而大夫鲍氏、高、国之属害之，谮于景公。景公退穰苴，苴发疾而死。田乞、田豹之徒由此怨高、国等。其后及田常杀简公，尽灭高子、国子之族。至常曾孙和，因自立，为齐威王，用兵行威，大放穰苴之法，而诸侯朝齐。

齐威王使大夫追论古者司马兵法而附穰苴于其中，因号曰司马穰苴兵法。

太史公曰：余读司马兵法，闳廓深远，虽三代征伐，未能竟其义，如其文也，亦少褒矣。若夫穰苴，区区为小国行师，何暇及司马兵法之揖让乎？世既多司马兵法，以故不论，著穰苴之列传焉。

【译文】

后来，大夫鲍氏、高氏、国氏等人忌妒他，在齐景公面前恶意中伤、诬陷他。齐景公就解除了他的官职，穰苴因病去世了。田乞、田豹等人因此而对高氏、国氏家族的人怀有怨恨。后来，田常杀死齐简公后，就把高氏和国氏家族的人全部诛杀。到了田常的曾孙田和的时候，就自立为君，号齐威王。他率兵打仗施使权威，都效仿穰苴的做法，诸侯纷纷都到齐国朝拜。

齐威王派大夫整理古代的《司马兵法》，并把大司马田穰苴的兵法也附在里边，因此定名为《司马穰苴兵法》。

太史公说：我读《司马兵法》，感到宏大广博，深不可测。即使是夏、商、周三代的战争，也未能完全阐释出它的内蕴，那些文辞，也略微推许的有些过分了。至于说到田穰苴，他不过是为小小的诸侯国带兵打仗的，怎么能与《司马兵法》相提并论呢？世人既然推崇《司马兵法》，所以不再评论，只写下这篇《司马穰苴列传》。

【评析】

司马穰苴是一个恩威并施的非凡将才，同时风度儒雅。他明大义、知礼节、雍容揖让，是一名少有的儒将。司马迁在文中对其描写可谓生动传神，绘声绘色。但是，文章主要突出了司马穰苴蓄谋设陷地杀人以立威的事情。可以说，这件事充分表现了他的智谋。就连齐景公和庄贾都成了他利用的两颗棋子。以庄贾的头颅和景公的使者来正军法，树军威，这无疑能够起到上乘的效果。事实也的确如此，他的士兵纪律严明、气势如虹，大有万夫不可挡之势，并因此受到重用。当然，他还很注重收买人心，在士兵眼里，他是一个可以同甘共苦，值得以死相报的军官。同样的道理，今天，无论是带兵打仗、处理政事，还是管理企业、管理家庭，要想服众，仅有威严是不够的，但必须注意的是一味仁爱而少威严更行不通。能够做到恩威并施的人才是真正不可多得的将帅之才，才能取得骄人的成绩。

第五章 孙子吴起列传

【原文】

孙子武者，齐人也。以兵法见于吴王阖庐。阖庐曰：“子之十三篇，吾尽观之矣，可以小试勒兵乎？”对曰：“可。”阖庐曰：“可试以妇人乎？”曰：“可。”于是许之，出宫中美女，得百八十人。孙子分为二队，以王之宠姬二人各为队长，皆令持戟。令之曰：“汝知而心与左右手背乎？”妇人曰：“知之。”孙子曰：“前，则视心；左，视左手；右，视右手；后，即视背。”妇人曰：“诺。”约束既布，乃设鈇钺，即三令五申之。于是鼓之右，妇人大笑。孙子曰：“约束不明，申令不熟，将之罪也。”复三令五申而鼓之左，妇人复大笑。孙子曰：“约束不明，申令不熟，将之罪也；既已明而不如法者，吏士之罪也。”乃欲斩左右队长。吴王从台上观，见且斩爱姬，大骇。趣使使下令曰：“寡人已知将军能用兵矣。寡人非此二姬，食不甘味，愿勿斩也。”孙子曰：“臣既已受命为将，将在军，君命有所不受。”遂斩队长二人以徇。用其次为队长，于是复鼓之。妇人左右前后跪起皆中规矩绳墨，无敢出声。于是孙子使使报王曰：“兵既整齐，王可试下观之，唯王所欲用之，虽赴水火犹可也。”吴王曰：“将军罢休就舍，寡人不愿下观。”孙子曰：“王徒好其言，不能用其实。”于是阖庐知孙子能用兵，卒以为将。西破强楚，入郢，北威齐晋，显名诸侯，孙子与有力焉。孙武既死，后百余岁有孙膑。

【译文】

孙子名武，齐国人。他因精通兵法而被吴王阖庐接见。阖庐说："我看了你的十三篇兵书，可用来小规模地试着指挥军队吗？"孙子答道："可以。"阖庐说："可用妇女试验吗？"回答说："可以。"于是阖庐答应他试验，把宫中美女叫出，约一百八十人。孙子把她们分为两队，让吴王阖庐最宠爱的两位侍妾分别担任队长，让所有的美女都拿一支戟。然后命令道："你们知道自己的心、左右手和背吗？"回答说："知道。"孙子说："我说向前，你们就看心口所对的方向；我说向左，你们就看左手所对的方向；我说向右，你们就看右手所对的方向；我说向后，你们就看背所对的方向。"妇人们答："是。"号令宣布完后，就把斧钺等刑具摆好，然后又把已经宣布的号令一再交代清楚。就击鼓发令，让她们向右，妇人们都大笑。孙子说："不清楚纪律，不熟悉号令，这是将领的过失。"又反复地交代清楚，然后击鼓发令让她们向左，妇人们又都大笑。孙子说："弄不清纪律，不熟悉号令，这是将领的过失；现在已经讲得很清楚了，却不按号令行事，那就是军官和士兵的过失了。"于是就要把两队的队长杀掉。吴王正在台上观看，见孙子将要杀自己的爱妾，很吃惊。急忙派使臣传达命令说："我已经知道将军善用兵了，若没了这两个侍妾，吃东西都不觉香甜，请不要杀她们吧。"孙子说："我已经接受命令担任将领，将在军队里，君主的命令有的就可以不接受。"于是把两个队长杀了示众。然后又按顺序任用两队副队长为队长，于是继续击鼓发令，妇人们无论是向左向右、向前向后、跪倒、站起都符合号令和纪律的要求，谁也不敢出声。于是孙子派使臣去报告吴王："队伍已操练整齐，大王可下台来验察她们的演习，凭大王随意使用她们，就算让她们赴汤蹈火也在所不辞。"吴王说："让将军停止演练，回去休息。我不想下去察看了。"孙子感叹地说："大王仅仅是欣赏我的军事理论，却不能让我付诸实践。"从此，吴王阖庐知道孙子真的很善于用兵，最终任他为将军。吴国向西把强大的楚国打败，把郢都攻克，向北威震齐国和晋国，在诸侯各国名声赫赫，这期间，孙子不仅参与了，而且出了很大的力。孙子去世了一百多年又出了一个孙膑。

【原文】

膑生阿鄄之间，膑亦孙武之后世子孙也。孙膑尝与庞涓俱学兵法。庞涓既事魏，得为惠王将军，而自以为能不及孙膑，乃阴使召孙膑。膑至，庞涓恐其贤于己，疾之，则以法刑断其两足而黥之，欲隐勿见。

齐使者如梁，孙膑以刑徒阴见，说齐使。齐使以为奇，窃载与之齐。齐将田忌善而客待之。忌数与齐诸公子驰逐重射。孙子见其马足不甚相远，马有上、中、下辈。于是孙子谓田忌曰："君弟重射，臣能令君胜。"田忌信然之，与王及诸公子逐射千金。及临质，孙子曰："今以君之下驷与彼上驷，取君上驷与彼中驷，取君中驷与彼下驷。"既驰三辈毕，而田忌一不胜而再胜，卒得王千金。于是忌进孙子于威王。威王问兵法，遂以为师。

其后魏伐赵，赵急，请救于齐。齐威王欲将孙膑，膑辞谢曰："刑余之人不可。"于是乃以田忌为将，而孙子为师，居辎车中，坐为计谋。田忌欲引兵之赵，孙子曰："夫解杂乱纷纠者不控卷，救斗者不搏撠，批亢捣虚，形格势禁，则自为解耳。今梁赵相攻，轻兵锐卒必竭于外，老弱罢于内。君不若引兵疾走大梁，据其街路，冲其方虚，彼必释赵而自救。是我一举解赵之围而收弊于魏也。"田忌从之，魏果去邯郸，与齐战于桂陵，大破梁军。

【译文】

孙膑出生在阿城和鄄城一带，也是孙武的后代子孙。他曾与庞涓一起学习兵法。庞涓奉事魏国后，当了魏惠王的将军，他深知自己的才能不比孙膑。就暗自找来孙膑。孙膑来后，庞涓担心他比自己贤能，忌恨他，于是就假借罪名把他的两只脚砍断了，还刺字在他脸上，想让他隐藏起来不敢再抛头露面。

齐国的使臣来到大梁，孙膑以犯人的身份私下里会见了齐使，进行游说。齐使认为他是不可多得之才，就偷偷地用车把他载回齐国。齐将军田忌很赏识他，把他奉为上宾。田忌常与齐国贵族子弟赛马，赌注下得很大。孙膑发现他们的马脚力都差不多，可分为上、中、下三等。于是孙膑就对田忌说："你放心下大赌注吧，我保证让你取胜。"田忌信以为真，就与齐王和贵族子弟们比赛下了千金的赌注。将要比赛时，孙膑对田忌说："现在用您的下等马对付他们的上等马，用您的上等马对付他们的中等马，用您的中等马对付他们的下等马。"三次比赛结束后，田忌败了一次，胜了两次，赢得了齐王千金赌注。于是田忌就向齐威王推荐孙膑。威王向他请教兵法后，就拜他为老师。

后来魏国进兵赵国，赵国形势危急，求救于齐国。齐威王想任用孙膑为主将，孙膑辞谢说："受过酷刑的人，不应任主将。"于是就任田忌为主将，孙膑为军师，坐在带篷帐的车里，暗中谋划。田忌想要率救兵直奔赵国，孙膑说："要解开乱丝，就不能紧握双拳生拉硬扯；要劝解斗殴，就不能卷进去胡乱搏击。而是要把争斗者的要害扼住，争斗者因形势限制，就会自行解开。现在魏赵两国相互攻打，魏国的精锐部队必定在国外精疲力竭，在国内的老弱残兵疲惫不堪。你不如率军火速赶往大梁，将交通要道占据，冲击它正空虚之处，魏国必定要放弃赵国而回兵自救。这样，我们就一举解了赵国之围，同时又能坐收魏国自行挫败的效果。"田忌照孙膑说的去做。果真魏军离开邯郸回师，在桂陵地方交战，大败魏军。

【原文】

后十三岁，魏与赵攻韩，韩告急于齐。齐使田忌将而往，直走大梁。魏将庞涓闻之，去韩而归，齐军既已过而西矣。孙子谓田忌曰："彼三晋之兵素悍勇而轻齐，齐号为怯，善战者因其势而利导之。兵法，百里而趣利者蹶上将，五十里而趣利者军半至。使齐军入魏地为十万灶，明日为五万灶，又明日为三万灶。"庞涓行三日，大喜，曰："我固知齐军怯，入吾地三日，士卒亡者过半矣。"乃弃其步军，与其轻锐倍日并行逐之。孙子度其行，暮当至马陵。马陵道狭，而旁多阻隘，可伏兵，乃斫大树白而书之曰"庞涓死于此树之下"。于是令齐军善射者万弩，夹道而伏，期曰"暮见火举而俱发"。庞涓果夜至斫木下，见白书，乃钻火烛之。读其书未毕，齐军万弩俱发，魏军大乱相失。庞涓自知智穷兵败，乃自刭，曰："遂成竖子之名！"齐因乘胜尽破其军，虏魏太子申以归。孙膑以此名显天下，世传其兵法。

【译文】

十三年后，魏国和赵国联合进攻韩国，韩国求救于齐国。齐王派田忌率军前去支援，径直进军大梁。魏将庞涓得知此消息，率师撤离韩国回到魏国，而齐军已经越过边界向西挺进了。孙膑对田忌说："魏军一向凶悍勇猛，小看齐兵，齐兵被称作胆小怯懦，善于指挥作战的将领，就应顺应这样的趋势而加以引导。兵法上说'军队急行百里同敌人争利的，其上将军有可能折损；军队急行五十里同敌人争利的，则士兵中可能有一半会掉队。命军队进入魏境先砌供十万人做饭的锅灶，第二天砌供五万人做饭的锅灶，第三天砌供三万人做饭的锅灶'。"庞涓行军三日后，就很高兴地说："我本来就知道齐军怯懦胆小，进入我国境刚刚三天，逃跑的就已经超过了半数！"于是就放弃了他的步兵，只率轻装精锐的部队日夜兼程地追击齐军。孙膑估计他们当晚可以赶到马陵。马陵道路狭窄，且两旁多峻隘险阻，适合埋伏军队。孙膑就命人剥去树皮，露出白木，写上"庞涓死于此树之下"。于是命一万名善于射箭的齐兵，在马陵道两边埋伏，约定说："晚上一看到树下火光亮起，就一起放箭。"庞涓当晚果然赶到了那棵被剥去树皮的大树下，看见白木上有字，就点火照树干上的字，结果字还没读完，齐军伏兵就万箭齐发，一时魏军大乱，互不接应。庞涓自知无计可施，败局已定，就拔剑自刎，临死说："倒成就了这小子的名声！"齐军又乘胜追击，彻底击溃了魏军，魏国太子申被俘虏。孙膑也因此名扬天下，后世社会上流传着他的《兵法》。

【原文】

吴起者，卫人也，好用兵。尝学于曾子，事鲁君。齐人攻鲁，鲁欲将吴起，吴起取齐女为妻，而鲁疑之。吴起于是欲就名，遂杀其妻，以明不与齐也。鲁卒以为将。将而攻齐，大破之。

鲁人或恶吴起曰："起之为人，猜忍人也。其少时，家累千金，游仕不遂，遂破其家，乡党笑之，吴起杀其谤己者三十余人，而东出卫郭门。与其母诀，啮臂而盟曰：'起不为卿相，不复入卫。'遂事曾子。居顷之，其母死，起终不归。曾子薄之，而与起绝。起乃之鲁，学兵法以事鲁君。鲁君疑之，起杀妻以求将。夫鲁小国，而有战胜之名，则诸侯图鲁矣。且鲁卫兄弟之国也，而君用起，则是弃卫。”鲁君疑之，谢吴起。

吴起于是闻魏文侯贤，欲事之。文侯问李克曰：“吴起何如人哉？”李克曰：“起贪而好色，然用兵司马穰苴不能过也。”于是魏文侯以为将，击秦，拔五城。

【译文】

吴起是卫国人，善用兵。曾求学于曾子，奉事鲁国国君。齐国的军队攻打鲁国，鲁君想任吴起为将军，可吴起却娶了齐国人为妻，因而鲁君怀疑他。当时，吴起一心想成名，就把妻子杀了，以表明他不亲附齐国。鲁君终于任命他为将军，率军攻打齐国，大败齐军。

鲁国就有的人诋毁吴起说：“吴起为人，是猜疑残忍的。他年轻时，家里有千金积蓄，在外求官无果，反而荡尽了家产，乡邻笑话他，他就杀了三十多个讥笑自己的人。然后从卫国的东门逃走了。他与母亲诀别时，咬着自己的胳膊狠狠地说：‘我不做卿相，绝不再回卫国。’于是就师从曾子。不久，他母亲去世，吴起也没回去奔丧。曾子看不起他并同他断绝了师徒关系。吴起就又去了鲁国，学习兵法来奉事鲁君。鲁君猜忌他，吴起就杀妻表明心迹，以谋求将军的职位。鲁国虽小，却有着战胜国的名声，那么诸侯各国就要谋算鲁国了。况且鲁国和卫国是兄弟国家，鲁君若重用吴起，就等于抛弃了卫国。”鲁君于是怀疑吴起，并逐渐疏远他。

这时，吴起听说魏国文侯贤明，想去奉事他。文侯问李克说：“吴起这个人如何啊？”李克答道：“吴起贪恋功名又爱好女色，不过若论带兵打仗，就连司马穰苴也比不上他。”于是魏文侯就拜他为主将，攻打秦国，夺下五座城池。

【原文】

起之为将，与士卒最下者同衣食。卧不设席，行不骑乘，亲裹赢粮，与士卒分劳苦。卒有病疽者，起为吮之。卒母闻而哭之。人曰：“子卒也，而将军自吮其疽，何哭为。”母曰：“非然也。往年吴公吮其父，其父战不旋踵，遂死于敌。吴公今又吮其子，妾不知其死所矣。是以哭之。”

文侯以吴起善用兵，廉平，尽能得士心，乃以为西河守，以拒秦、韩。

魏文侯既卒，起事其子武侯。武侯浮西河而下，中流，顾而谓吴起曰："美哉乎山河之固，此魏国之宝也！"起对曰："在德不在险。昔三苗氏左洞庭，右彭蠡，德义不修，禹灭之。夏桀之居，左河济，右泰华，伊阙在其南，羊肠在其北，修政不仁，汤放之。殷纣之国，左孟门，右太行，常山在其北，大河经其南，修政不德，武王杀之。由此观之，在德不在险。若君不修德，舟中之人尽为敌国也。"武侯曰："善。"

【译文】

吴起做主将，同最下等的士兵穿一样的衣服，吃一样的东西，睡觉不铺垫褥，行军不乘车马，亲自背着捆扎好的粮食与士兵同甘共苦。有个士兵生了恶性毒疮，吴起就为他吸吮脓液。士兵的母亲得知，就放声大哭。有人说："你儿子是个无名小卒，将军却亲自为他吸吮脓液，为何还哭呢？"那位母亲答道："并非如此，以前吴将军也替他父亲吸吮毒疮，他父亲就在战场上勇往直前，最后死在敌人手里。现在吴将军又给他儿子吸吮毒疮，我不知道儿子又会在何时死在何方，所以我才哭啊。"

魏文侯因吴起善于用兵打仗，公平清廉，能得到所有将士的拥护，就让他任西河地区的长官，来抗拒秦国和韩国。

魏文侯死后，吴起又奉事文侯的儿子魏武侯。武侯乘船从黄河顺流而下，船到半途，回头来对吴起说："山川如此险要壮美，这是魏国的瑰宝啊！"吴起答道："稳固国家政权，就要施德于民，而不是靠地势险要。以前三苗氏左临洞庭湖，右濒彭蠡泽，但由于它不修德行，不讲信义，因此被夏禹灭掉。夏桀的疆土，左临黄河、济水，右靠泰山、华山，南有伊阙山，北有羊肠坂。但却因不施仁政而被商汤放逐。殷纣的疆土，左有孟门山，右有太行山，北有常山，南有黄河，但却因不施仁德而被武王所杀。由此看来，政权稳固的关键在于给百姓施以恩德，而不在于地势的险要。倘若您不施恩德，就算是同乘一条船的人也会变成您的仇敌啊！"武侯说："讲得好。"

【原文】

吴起为西河守，甚有声名。魏置相，相田文。吴起不悦，谓田文曰："请与子论功，可乎？"田文曰："可。"起曰："将三军，使士卒乐死，敌国不敢谋，子孰与起？"文曰："不如子。"起曰："治百官，亲万民，实府库，子孰与起？"文曰："不如子。"起曰："守西河而秦兵不敢东乡，韩赵宾从，子孰与起？"文曰："不如子。"起曰："此三者，子皆出吾下，而位加吾上，何也？"文曰："主少国疑，大臣未附，百姓不信，方是之时，属之于子乎？属之于我乎？"起默然良久，曰："属之子矣。"文曰："此乃吾所以居子之上也。"吴起乃自知弗如田文。

田文既死，公叔为相，尚魏公主，而害吴起。公叔之仆曰："起易去也。"公叔曰："奈何？"其仆曰："吴起为人节廉而自喜名也。君因先与武侯言曰：'夫吴起贤人也，而侯之国小，又与强秦壤界，臣窃恐起之无留心也。'武侯即曰：'奈何？'君因谓武侯曰：'试延以公主，起有留心则必受之。无留心则必辞矣。以此卜之。'君因召吴起而与归，即令公主怒而轻君。吴起见公主之贱君也，则必辞。"于是吴起见公主之贱魏相，果辞魏武侯。武侯疑之而弗信也。吴起惧得罪，遂去，即之楚。

【译文】

吴起做西河守，声望很高。魏国设置了相位，任田文为国相。吴起很不高兴，对田文说："我可以与您比一比功劳吗？"田文说："可以。"吴起说："统率三军，让士兵情愿为国去战死，敌国不敢图谋魏国，我俩相比，谁好？"田文说："不如您。"吴起说："管理文武百官，让百姓亲附，使府库储备充实，我俩比，谁行？"田文说："不如您。"吴起说："拒守西河令秦国的军队不敢向东侵犯，让韩国和赵国都服从归顺，我俩比，谁能？"田文说："不如您。"吴起说："这些方面您都不如我，可是您的职位却在我上头，这是什么道理啊？"田文说："田君尚年轻，国人疑虑不安，群臣不亲附，民众不信任，这个时候，是把政事托付给您呢，还是托付给我呢？"吴起沉默了很长时间，然后说："应托付给您。"田文说："这就是我的职位高过您的原因啊。"吴起这才明白在这方面自己比不过田文。

田文死后，公叔任国相，娶魏君的女儿，却畏忌吴起。公叔的仆人说："赶走吴起，轻而易举。"公叔问："怎么办？"那人说："吴起为人有骨气而又在意名誉和声望。您可找机会先对武侯说：'吴起此人贤能，可您的国土却太小，又和强大的秦国接壤，我暗自担心吴起不想长期留在魏国。'武侯就会说：'那该怎么办啊？'您就趁机对武侯说：'请您下嫁公主来对他进行试探，若吴起想长期留在魏国，就一定会答应娶公主，反之，就一定会推辞。以此可以推断他的心志。'您找个机会请吴起一起回家，故意惹怒公主而使她当面鄙视您，吴起看到公主如此蔑视您，那就必然不会娶公主了。"当时，吴起看公主如此蔑视国相，果真婉言谢绝了魏武侯。武侯怀疑吴起，也就不再信任他。吴起担心招来灾祸，于是就离开魏国，随即去了楚国。

【原文】

楚悼王素闻起贤，至则相楚。明法审令，捐不急之官，废公族疏远者，以抚养战斗之士。要在强兵，破驰说之言从横者。于是南平百越；北并陈蔡，却三晋；西伐秦。诸侯患楚之强。故楚之贵戚尽欲害吴起。及悼王死，宗室大臣作乱而攻吴起，吴起走之王尸而伏之。击起之徒因射刺吴起，并中悼王。悼王既葬，太子立，乃使令尹尽诛射吴起而并中王尸者。坐射起而夷宗死者七十余家。

太史公曰：世俗所称师旅，皆道孙子十三篇，吴起兵法，世多有，故弗论，论其行事所施设者。语曰："能行之者未必能言，能言之者未必能行。"孙子筹策庞涓明矣，然不能蚤救患于被刑。吴起说武侯以形势不如德，然行之于楚，以刻暴少恩亡其躯。悲夫！

【译文】

楚悼王向来就听说吴起贤能，一到楚国就任他为国相。他使法明确，依法办事，令出必行，裁汰冗员，停止疏远王族的按例供给，以抚养战士。加强军事力量，揭穿往来奔走的游说之客。于是平定了南方的百越；吞并了北方的陈国和蔡国，打退韩、赵、魏三国的进攻；讨伐西方的秦国。诸侯各国对楚国的强大感到忧虑。以往被吴起停止供给的疏远王族都想谋害吴起。悼公一死，王室大臣发动叛乱，攻打吴起，吴起就跑到楚王停尸的地方，伏在悼王尸体上。攻打吴起的那帮人趁机用箭射，同时也射中了悼王的尸体。等安葬了悼王后，太子即位。就让令尹把射杀吴起同时射中悼王尸体的人全部处死，因射杀吴起而被灭族的有七十多家。

太史公说：世人称道军旅战法，都是称道《孙子》十三篇和吴起的《兵法》，这两部书在社会上流传很广，因此我就不加论述，只评论他们生平行事所涉及的情况。俗话说："能做的不一定能说，能说的不一定能做。"孙膑算计庞涓的军事行动相当高明，可他自己却无法预先避免刖足的酷刑。吴起向魏武侯讲凭借地势的险要，不如施恩德于人民的道理，然而到楚国执政后反而因刻薄、暴戾、少恩而葬送性命。可叹啊！

【评析】

孙武的军事才能是有目共睹的，其著作《孙子兵法》是中国古代最伟大的兵书，历代的兵家对这部"兵学圣典"都极为推崇。其中"攻其无备，出其不意""知彼知己，百战不殆""避实击虚"等作战思想仍然适用于现代战争。《孙子兵法》所包含的战略思想还被广泛地应用在商战上。商场如战场，兵法中的很多战略思想，运用到企业管理、市场营销等诸多方面，同样妙不可言。"木秀于林，风必摧之"，孙膑和吴起就是秀于"林"的"木"，他们杰出的军事才华能够得到国君的认可，并委以重任，但是树大招风，在他日益被重用的同时，也招致了妒意、记恨。孙膑坚信"留得青山在，不怕没柴烧"，因此他忍辱负重，最终名留千古。吴起很识时务，他懂得"良禽择木而栖"，无论投奔到哪里，他都能凭借非凡的才能得到国君的赏识，但同时又会招致新的嫉妒、仇恨和陷害。当他失去了保护伞时，就立即成了那群嫉贤妒能的平庸之辈的囊中之物。这是人才的悲哀，是国家的悲哀，也是时代的悲哀。

第六章 伍子胥列传

【原文】

伍子胥者，楚人也，名员。员父曰伍奢。员兄曰伍尚。其先曰伍举，以直谏事楚庄王，有显，故其后世有名于楚。

楚平王有太子名曰建，使伍奢为太傅，费无忌为少傅。无忌不忠于太子建。平王使无忌为太子取妇于秦，秦女好，无忌驰归报平王曰：“秦女绝美，王可自取，而更为太子取妇。”平王遂自取秦女而绝爱幸之，生子轸。更为太子取妇。

无忌既以秦女自媚于平王，因去太子而事平王。恐一旦平王卒而太子立，杀己，乃因谗太子建。建母，蔡女也，无宠于平王。平王稍益疏建，使建守城父，备边兵。

顷之，无忌又日夜言太子短于王曰：“太子以秦女之故，不能无怨望，愿王少自备也。自太子居城父，将兵，外交诸侯，且欲入为乱矣。”平王乃召其太傅伍奢考问之。伍奢知无忌谗太子于平王，因曰：“王独奈何以谗贼小臣疏骨肉之亲乎？”无忌曰：“王今不制，其事成矣。王且见禽。”于是平王怒，囚伍奢，而使城父司马奋扬往杀太子。行未至，奋扬使人先告太子：“太子急去，不然将诛。”太子建亡奔宋。

【译文】

伍子胥，楚国人，名员。他的父亲叫伍奢，哥哥叫伍尚。其祖先名伍举，因侍奉楚庄王时刚直谏诤而显贵，因此其后代子孙在楚国很有名气。

楚平王有个太子叫建，楚平王让伍奢做太子太傅，费无忌做少傅。费无忌不忠心于太子。平王派无忌到秦国为太子建娶亲。秦女长的姣美，无忌就忙赶回来报告平王道："这是个绝色美女，大王可自己娶她，再给太子另找一个。"平王就娶了秦女，宠爱至极，生了个儿子叫轸，又另给太子建娶了媳妇。

费无忌用秦国美女讨好了楚平王后，就趁机离开太子去侍奉平王。可是他又担心有一天平王死了，太子建继位会给自己招致祸患，于是诋毁太子建。太子建的母亲为蔡国人，不被楚平王宠爱。平王与太子建也逐渐疏远起来，派太子建驻守城父，防守边疆。

不久，无忌又不停地在平王面前说太子建的坏话，他说："太子由于秦女的缘故，不无怨恨情绪，请大王自己稍微防备。自太子驻守城父后，因其统率军队，对外与诸侯交往，将要进入都城作乱。"楚平王就将太子太傅伍奢召回审问。伍奢知道无忌在平王面前诬陷了太子，因此说："大王怎么可以仅凭搬弄是非的小人谗言就疏远骨肉至亲呢？"无忌说："大王现在不制止，他们的阴谋就会得逞，则大王将被捉！"于是平王怒，囚禁伍奢，同时命城父司马奋扬去杀太子建。还没走到，奋扬派人提前告诉太子："请快离开，不然将被杀。"于是太子建逃到了宋国。

【原文】

无忌言于平王曰："伍奢有二子，皆贤，不诛且为楚忧。可以其父质而召之，不然且为楚患。"王使使谓伍奢曰："能致汝二子则生，不能则死。"伍奢曰："尚为人仁，呼必来。员为人刚戾忍訽，能成大事，彼见来之并禽，其势必不来。"王不听，使人召二子曰："来，吾生汝父；不来，今杀奢也。"伍尚欲往，员曰："楚之召我兄弟，非欲以生我父也，恐有脱者后生患，故以父为质，诈召二子。二子到，则父子俱死。何益父之死？往而令仇不得报耳。不如奔他国，借力以雪父之耻，俱灭，无为也。"伍尚曰："我知往终不能全父命。然恨父召我以求生而不往，后不能雪耻，终为天下笑耳。"谓员："可去矣！汝能报杀父之仇，我将归死。"尚既就执，使者捕伍胥。伍胥贯弓执矢向使者，使者不敢进，伍胥遂亡。闻太子建之在宋，往从之。奢闻子胥之亡也，曰："楚国君臣且苦兵矣。"伍尚至楚，楚并杀奢与尚也。

【译文】

无忌告诉平王："伍奢有两个贤能的儿子，不杀他们，则终为楚国的祸害。可以其父作人质，召来他们，否则楚国后患无穷。"平王就派使臣对伍奢说："能叫来你的两个儿子就可活命，否则就被处死。"伍奢说："伍尚为人宽厚仁慈，让他来则必来；伍员桀骜不驯，忍辱负重，能成大事，他深知来了必定被擒，肯定不来。"平王不听，派人召伍奢的两个儿子，说："来，可保全你父性命；否则，就立即杀死伍奢。"伍尚准备前往，伍员说："楚王召我们俩，并不是想让父亲活命，而是担心我们逃跑，留下后患，因此用父亲作人质来欺骗我们。我们一到，就肯定同父亲一起被处死。对父亲的死有什么好处呢？去了，则令我们无法报仇。不如逃到别国，借助别国的力量来洗雪父亲的耻辱。一同送死是没有意义的呀。"伍尚说："我知道即使去最后也无法保全父亲的性命。可只恨父亲召我们是为了求得生存，若不去，以后又无法洗雪耻辱，终会被天下人耻笑。"于是就对伍员说："你可以逃走，你能报杀父之仇，我将要就身去死。"伍尚被抓后，使臣又要抓伍子胥，伍子胥拉满了弓，箭对准使者，使者不敢上前，伍子胥就逃走了。他得知太子建在宋国，就去投奔他。伍奢听说子胥逃跑后说道："楚国君臣将要苦于战火了。"伍尚来到楚都，就同父亲一起被楚平王杀害了。

【原文】

伍胥既至宋，宋有华氏之乱，乃与太子建俱奔于郑。郑人甚善之。太子建又适晋，晋顷公曰："太子既善郑，郑信太子。太子能为我内应，而我攻其外，灭郑必矣。灭郑而封太子。"太子乃还郑。事未会，会自私欲杀其从者，从者知其谋，乃告之于郑。郑定公与子产诛杀太子建。建有子名胜。伍胥惧，乃与胜俱奔吴。到昭关，昭关欲执之。伍胥遂与胜独身步走，几不得脱。追者在后。至江，江上有一渔父乘船，知伍胥之急，乃渡伍胥。伍胥既渡，解其剑曰："此剑直百金，以与父。"父曰："楚国之法，得伍胥者赐粟五万石，爵执珪，岂徒百金剑邪！"不受。伍胥未至吴而疾，止中道，乞食。至于吴，吴王僚方用事，公子光为将。伍胥乃因公子光以求见吴王。

久之，楚平王以其边邑钟离与吴边邑卑梁氏俱蚕，两女子争桑相攻，乃大怒，至于两国举兵相伐。吴使公子光伐楚，拔其钟离、居巢而归。伍子胥说吴王僚曰："楚可破也。愿复遣公子光。"公子光谓吴王曰："彼伍胥父兄为戮于楚，而劝王伐楚者，欲以自报其仇耳。伐楚未可破也。"伍胥知公子光有内志，欲杀王而自立，未可说以外事，乃进专诸于公子光，退而与太子建之子胜耕于野。

【译文】

伍子胥到宋国后，恰逢宋国华氏作乱，就和太子建一起逃往郑国。郑国君臣对他们都很友好。太子建又去晋国，晋顷公说："您既然跟郑国的关系密切，郑国信任您，若您能给我们做内应，我们从外面进攻，定能灭掉郑国，灭掉郑国后就把它分封给您。"于是太子就回到郑国。举事时机尚未成熟，正赶上太子因个人私事打算杀掉一个随从，这个人知道太子的计划，就报告给郑国。郑定公和子产把太子建杀了。建有个儿子叫胜。伍子胥害怕了，就与胜一起逃向吴国。到了昭关，昭关的官兵要捉拿他们，于是，伍子胥和胜各自只身徒步逃跑，差一点脱不了身。追兵在后。到江边，江上有一个渔翁乘着船，知伍子胥危急，就将其渡过江。过江后，伍子胥解下随身带的宝剑说："这把剑价值百金，送给你。"渔翁说："楚国的法令，抓到伍子胥的人，赏粮五万石，封执珪的爵位，难道是仅仅值百金的宝剑吗？"不肯接受。伍子胥还没逃到吴国京城，就病了，中途停下讨饭吃。到达吴都，吴王僚刚刚当权执政，公子光做将军。伍子胥就通过公子光的关系求见吴王。

很久以后，楚平王因楚国边邑钟离和吴国边邑卑梁氏都养蚕，这两地的女子为争采桑叶而发生撕打的缘故而大发雷霆，以致两国相互动兵攻打。吴国派公子光攻打楚国，攻破楚国的钟离和居巢就回去了。伍子胥劝吴王僚道："楚国是可以打败的，请再派公子去。"公子光对吴王说："那伍子胥的父兄被楚国杀害，他劝大王进攻楚国，是为了报他的私仇。攻打楚国未必能成功啊。"伍子胥知道公子光在国内有野心，想把吴王僚杀死而自立为君，不可用对外的军事行动劝说他，就把专诸推荐给公子光，然后离开朝廷，同太子建的儿子胜一起到乡下种地去了。

【原文】

五年而楚平王卒。初，平王所夺太子建秦女生子轸，及平王卒，轸竟立为后，是为昭王。吴王僚因楚丧，使二公子将兵往袭楚。楚发兵绝吴兵之后，不得归。吴国内空，而公子光乃令专诸袭刺吴王僚而自立，是为吴王阖庐。阖庐既立，得志，乃召伍员以为行人，而与谋国事。

楚诛其大臣郤宛、伯州犁，伯州犁之孙伯嚭亡奔吴，吴亦以嚭为大夫。前王僚所遣二公子将兵伐楚者，道绝不得归。后闻阖庐弑王僚自立，遂以其兵降楚，楚封之于舒。阖庐立三年，乃兴师与伍胥、伯嚭伐楚，拔舒，遂禽故吴反二将军。因欲至郢，将军孙武曰："民劳，未可，且待之。"乃归。

四年，吴伐楚，取六与灊。五年，伐越，败之。六年，楚昭王使公子囊瓦将兵伐吴。吴使伍员迎击，大破楚军于豫章，取楚之居巢。

九年，吴王阖庐谓子胥、孙武曰："始子言郢未可入，今果何如？"二子对曰："楚将囊瓦贪，而唐、蔡皆怨之。王必欲大伐之，必先得唐、蔡乃可。"阖庐听之，悉兴师与唐、蔡伐楚，与楚夹汉水而陈。吴王之弟夫概将兵请从，王不听，遂以其属五千人击楚将子常。子常败走，奔郑。于是吴乘胜而前，五战，遂至郢。己卯，楚昭王出奔。庚辰，吴王入郢。

【译文】

五年后，楚平王去世。当初，平王从太子建那儿夺来的秦女生了一个儿子名轸，平王去世后，轸竟然继承平王位，即为昭王。吴王僚趁楚国办丧事之机，派烛庸和盖余二公子率兵袭击楚国。楚国出兵将吴国军队的后路切断，使吴军无法回国。吴国国内空虚，公子光就让专诸暗杀了吴王僚，然后自立为王，即为吴王阖庐。阖庐自立后，实现了愿望，就把伍员召回，官拜为行人，同他一起策划国事。

楚国杀了它的大臣郤宛和伯州犁，伯州犁的孙子伯嚭逃到吴国，吴国任用伯嚭为大夫。先前，吴王僚派去进攻楚国的两位公子，因其后路被切断而无法回国，后来得知阖庐杀死吴王僚而自立为王，就率军投降了楚国，楚国把舒地封给他们。阖庐自立为王后的第三年，就发兵同伍子胥、伯嚭等一起攻打楚国，并将舒地占领，捉了原来背叛吴国的两个将军。

阖庐想乘胜进兵郢都，将军孙武说："百姓太疲惫了，不可以，还是等等吧。"就收兵回国了。

阖庐四年，吴国进攻楚国，夺取了六地和灊地。阖庐五年，进攻越国，并获胜。阖庐六年，楚昭王派公子囊瓦领兵攻打吴国。吴国派伍子胥迎战，在豫章打败了楚国的军队，夺取了楚国的居巢。

阖庐九年，吴王阖庐对子胥和孙武说："当初你们说郢都不可攻入，现在的情形如何？"二人答道："楚国将军囊瓦贪财，唐国和蔡国都怨恨他。大王若非要大规模地进攻楚国，就必须先要求得唐国和蔡国的支持才可。"阖庐采纳了他们的意见，出动了全部军队，同唐、蔡二国共同进攻楚国，和楚国军队在汉水两岸列兵对阵。吴王的弟弟夫概率军请求一起出征，吴王不答应，夫概就用自己属下五千人去进攻楚将子常，子常战败逃往宋国。于是，吴军乘胜追击，五次战役后，就打到了郢都。己卯日，楚昭王出逃。第二天，吴王进入郢都。

【原文】

昭王出亡，入云梦；盗击王，王走郧。郧公弟怀曰："平王杀我父，我杀其子，不亦可乎！"郧公恐其弟杀王，与王奔随。吴兵围随，谓随人曰："周之子孙在汉川者，楚尽灭之。"随人欲杀王，王子綦匿王，己自为王以当之。随人卜与王于吴，不吉，乃谢吴不与王。

始伍员与申包胥为交，员之亡也，谓包胥曰："我必覆楚。"包胥曰："我必存之。"及吴兵入郢，伍子胥求昭王。既不得，乃掘楚平王墓，出其尸，鞭之三百，然后已。申包胥亡于山中，使人谓子胥曰："子之报仇，其以甚乎！吾闻之，人众者胜天，天定亦能破人。今子故平王之臣，亲北面而事之，今至于僇死人，此岂其无天道之极乎！"伍子胥曰："为我谢申包胥曰，吾日莫途远，吾故倒行而逆施之。"于是申包胥走秦告急，求救于秦。秦不许。包胥立于秦廷，昼夜哭，七日七夜不绝其声。秦哀公怜之，曰："楚虽无道，有臣若是，可无存乎！"乃遣车五百乘救楚击吴。六月，败吴兵于稷。会吴王久留楚求昭王，而阖庐弟夫概乃亡归，自立为王。阖庐闻之，乃释楚而归，击其弟夫概。夫概败走，遂奔楚。楚昭王见吴有内乱，乃复入郢。封夫概于堂溪，为堂溪氏。楚复与吴战，败吴，吴王乃归。

【译文】

楚昭王逃走，进入云梦大泽；昭王被强盗袭击后又逃到郧地。郧公的弟弟怀说："平王把我们的父亲杀死了，我们把他的儿子杀死，不也可以吗？"郧公恐怕昭王被杀，就和昭王一起逃到随地。吴兵把随地包围了，对随地人说："汉水流域的周朝子孙，被楚国全部灭掉了。"随人要杀昭王，王子綦就把他藏起来，自己假装昭王来搪塞他们。随人算了一卦，卦象显示把昭王交给吴军是不吉利的，就谢绝吴国，不交昭王。

当初，伍子胥和申包胥是至交，伍子胥逃跑时，对包胥说："我一定要把楚国颠覆。"包胥说："我一定要保全楚国。"等到吴兵攻进郢都，伍子胥没有搜寻到昭王，就把楚平王的坟挖开，将其尸体拖出，鞭打了三百下才停下。申包胥逃到山里，派人去对伍子胥说："您这样报仇，实在是太过分了！我听说：'人多可胜天，天公降怒也能把人毁灭。'您原本是平王的臣子，曾亲自称臣侍奉他，现在却弄到侮辱死人的地步，这难道不是极度伤天害理吗？"伍子胥对来人说："你替我转告申包胥，就说：'我就好比太阳落山的时候，路途尚远。因此，我要逆情悖理地行动。'"于是申包胥就跑到秦国去报告危急情况，向秦国请求救援，秦国不答应。申包胥站在秦国的朝廷上，日夜痛哭，其哭声七天七夜没有中断。秦哀公同情他，就说："楚王虽昏庸无道，但有这样的臣子，怎能不保全楚国吗？"就派了五百辆战车援救楚国，攻打吴国。六月间，在稷地把吴军打败。正赶上吴王长时间地留在楚国寻找楚昭王，阖庐的弟弟夫概逃回国内，自立为王。阖庐得知此消息，就弃楚国赶回去，进攻夫概。夫概兵败，逃到楚国。楚昭王趁吴国内部变乱，又打回郢都，把堂溪封给夫概，叫作堂溪氏。楚国再次同吴军交战，打败吴军，吴王就回国了。

【原文】

后二岁，阖庐使太子夫差将兵伐楚，取番。楚惧吴复大来，乃去郢，徙于鄀。当是时，吴以伍子胥、孙武之谋，西破强楚，北威齐晋，南服越人。

其后四年，孔子相鲁。

后五年，伐越。越王句践迎击，败吴于姑苏，伤阖庐指，军却。阖庐病创将死，谓太子夫差曰："尔忘句践杀尔父乎？"夫差对曰："不敢忘。"是夕，阖庐死。夫差既立为王，以伯嚭为太宰，习战射。二年后伐越，败越于夫湫。越王句践乃以余兵五千人栖于会稽之上，使大夫种厚币遗吴太宰嚭以请和，求委国为臣妾。吴王将许之。伍子胥谏曰："越王为人能辛苦。今王不灭，后必悔之。"吴王不听，用太宰嚭计，与越平。

其后五年，而吴王闻齐景公死而大臣争宠，新君弱，乃兴师北伐齐。伍子胥谏曰："句践食不重味，吊死问疾，且欲有所用之也。此人不死，必为吴患。今吴之有越，犹人之有腹心疾也。而王不先越而乃务齐，不亦谬乎！"吴王不听，伐齐，大败齐师于艾陵，遂威邹鲁之君以归。益疏子胥之谋。

【译文】

两年后，阖庐派太子夫差率兵进攻楚国，夺取番地。楚国害怕吴军再次大规模进攻，就离开郢城，把都城迁到鄀邑。这时，吴国用伍子胥、孙武的战略，向西把强大的楚国打败，向北威镇齐国、晋国，向南将越国降服。

夫差攻楚取番以后四年，孔子任鲁国国相。

又过了五年，吴军攻伐越国。越王句践率兵迎战，在姑苏把吴军打败，吴王阖庐的脚趾受伤，吴军退却。阖庐创伤发作，很严重，临死前对太子夫差说："你能忘掉句践杀你父亲吗？"夫差回答说："不敢忘。"当天晚上，阖庐就去世了。夫差继吴王位后，任伯嚭做太宰，操练士兵。两年后攻伐越国，在夫湫将越军打败，越王句践就带领残兵败将在会稽山上驻军，派大夫文种用重礼赠送太宰嚭请求媾和，把国家政权托付给吴国，情愿做吴国的奴仆。吴王准备接受越国的请求，伍子胥劝道："越王句践为人能忍辱负重，如今，大王若不一举歼灭他，将来必定会有后悔。"吴王不听，反而采纳了太宰嚭的计策，和越国议和。

和越国议和后又过了五年，吴王得知齐景公去世了，群臣争权夺利，新立国君又懦弱，就出兵向北攻打齐国。伍子胥劝道："句践一餐不吃两味荤菜，他哀悼死去的、慰问有病的，准备大干一番。此人不死，必成吴国的祸患。如今吴国有越国在身边，就像得了心腹疾病。大王不考虑先把越国铲除，反而一心致力攻打齐国，不是荒谬得很吗？”吴王听不进伍子胥的规劝，仍然攻打齐国。在艾陵大败齐军，于是慑服了邹国和鲁国的国君而回国。从此，就越来越不听伍子胥的计谋了。

【原文】

其后四年，吴王将北伐齐，越王句践用子贡之谋，乃率其众以助吴，而重宝以献遗太宰嚭。太宰嚭既数受越赂，其爱信越殊甚，日夜为言于吴王。吴王信用嚭之计。伍子胥谏曰：“夫越，腹心之病，今信其浮辞诈伪而贪齐。破齐，譬犹石田，无所用之。且盘庚之诰曰：‘有颠越不恭，劓殄灭之，俾无遗育，无使易种于兹邑。’此商之所以兴。原王释齐而先越；若不然，后将悔之无及。”而吴王不听，使子胥于齐。子胥临行，谓其子曰：“吾数谏王，王不用，吾今见吴之亡矣。汝与吴俱亡，无益也。”乃属其子于齐鲍牧，而还报吴。

吴太宰嚭既与子胥有隙，因谗曰：“子胥为人刚暴，少恩，猜贼，其怨望恐为深祸也。前日王欲伐齐，子胥以为不可，王卒伐之而有大功。子胥耻其计谋不用，乃反怨望。而今王又复伐齐，子胥专愎强谏，沮毁用事，徒幸吴之败以自胜其计谋耳。今王自行，悉国中武力以伐齐，而子胥谏不用，因辍谢，详病不行。王不可不备，此起祸不难。且嚭使人微伺之，其使于齐也，乃属其子于齐之鲍氏。夫为人臣，内不得意，外倚诸侯，自以为先王之谋臣，今不见用，常鞅鞅怨望。愿王早图之。”吴王曰：“微子之言，吾亦疑之。”乃使使赐伍子胥属镂之剑，曰：“子以此死。”

【译文】

四年后，吴王准备北上攻打齐国，越王句践采用子贡的计谋，率领人马帮吴国作战，把贵重的宝物献给太宰嚭。太宰嚭多次收受越国的贿赂。就特别喜欢并信任越国，不停地在吴王面前替越国说好话。吴王总是相信和采纳太宰嚭的计谋。伍子胥规劝吴王道：“越国，是心腹大患，如今相信那虚饰浮夸狡诈欺骗之词，贪图齐国。把齐国攻克，就好比占领了一块石田，无任何用处。更何况《盘庚之诰》上说：‘有破坏礼法，不恭王命的就要被彻底割除灭绝，使他们无法传宗接代，不要让他们在这个城邑里把好人影响坏了。’这就是商朝之所以兴盛的原因。请大王放弃齐国，先进攻越国；否则，再悔恨也来不及了。”吴王不听伍子胥的劝，却派他出使齐国。子胥临行前对儿子说：“我多次规劝大王，大王都不听。我如今看到吴国的末日了，你与吴国一起毁灭，没什么好处。”于是就把儿子托付给齐国的鲍牧，然后返回吴国向吴王报告。

吴国太宰嚭和伍子胥在感情上产生裂痕后，就趁机在吴王面前诋毁他：“子胥为人强硬凶恶，无情无义，猜忌狠毒，他的怨恨恐怕会酿成深重的灾难。上次大王要攻打齐国，子胥反对，大王最终发兵并取得了重大的胜利，子胥因自己计谋未被采用而感到羞耻，因此产生了怨恨情绪。如今大王又一次要攻打齐国，伍子胥依然独断固执，强行谏阻，败坏、诋毁大王的事业，只盼吴国战败以证明自己高明的计谋。如今大王亲自出征，发动全部武力攻打齐国，而伍子胥的劝谏不被采纳，于是就中止上朝，装病不随大王出征。大王不可不戒备，这极易引起祸端。况且我暗中派人探查，他出使齐国，就把他的儿子托付给齐国的鲍氏。为人臣子，在国内不得意，就在外依靠诸侯，自己认为是先王的谋臣，现在不被信用，便常常郁郁不乐，怨恨情绪滋生。请大王对此事早想办法。”吴王说：“你不跟我说这番话，我也已经对他产生怀疑了。”就派使臣把属镂宝剑赐给伍子胥，说：“你用此宝剑自杀吧。”

【原文】

伍子胥仰天叹曰：“嗟乎！谗臣嚭为乱矣，王乃反诛我。我令若父霸。自若未立时，诸公子争立，我以死争之于先王，几不得立。若既得立，欲分吴国予我，我顾不敢望也。然今若听谀臣言以杀长者。”乃告其舍人曰：“必树吾墓上以梓，令可以为器；而抉吾眼悬吴东门之上，以观越寇之入灭吴也。”乃自刭死。吴王闻之大怒，乃取子胥尸盛以鸱夷革，浮之江中。吴人怜之，为立祠于江上，因命曰胥山。

吴王既诛伍子胥，遂伐齐。齐鲍氏杀其君悼公而立阳生。吴王欲讨其贼，不胜而去。其后二年，吴王召鲁卫之君会之橐皋。其明年，因北大会诸侯于黄池，以令周室。越王句践袭杀吴太子，破吴兵。吴王闻之，乃归，使使厚币与越平。后九年，越王句践遂灭吴，杀王夫差，而诛太宰嚭，以不忠于其君，而外受重赂，与己比周也。

伍子胥初所与俱亡故楚太子建之子胜者，在于吴。吴王夫差之时，楚惠王欲召胜归楚。叶公谏曰："胜好勇而阴求死士，殆有私乎！"惠王不听。遂召胜，使居楚之边邑鄢，号为白公。白公归楚三年而吴诛子胥。

【译文】

伍子胥仰天叹息道："唉！谗言小人伯嚭作乱，大王却来杀我。我帮助你父称霸。你尚未被确定为王位继承人时，公子们争着立为太子，我在先王面前冒死相争才让你得到了太子的位置。你立为太子后，还允诺要把吴国分一部分给我，我并未存有要你报答的念头，可如今你居然听信谄言来杀害长辈。"于是对他亲近的门客说："你们一定要在我的坟墓上种植梓树，等生长到可以制造武器的时候，也就是吴国灭亡的时候。把我的眼珠挖出悬挂在吴国都城的东门楼上，以观看越国是怎么灭掉吴国的。"于是自刎，吴王得知，大发雷霆，就把伍子胥的尸体装进皮革袋子里，漂浮在江中。吴国人同情他，就在江边为他修建了祠堂，因此此地被命名为胥山。

吴王杀了伍子胥后，就攻伐齐国。齐国鲍氏杀了他们的国君悼公辅佐阳生作国君。吴王准备讨伐鲍氏，可是没能获胜就撤兵回去了。此后二年，吴王召集鲁国和卫国的国君在橐皋会盟。第二年，就势北上，在黄池大会诸侯，来号令周天子。这时，越王句践袭击吴国，吴太子被杀，吴军战败。吴王闻听此事后回国，派出使者用丰厚贵重的礼物和越国媾和。过后九年，越王句践终于把吴国灭掉，吴王夫差被杀，太宰嚭也未能幸免，因为他不忠于他的国君，接受外国的贵重贿赂，私下亲近越国。

当初跟伍子胥一起逃亡的楚国原太子建的儿子胜，现在在吴国。吴王夫差在位时，楚惠王要召胜回楚国。叶公劝道："胜爱好勇武而暗中寻访敢死的勇士，恐怕有私心！"惠王不听，依然把胜召回来，让他居住在楚国的边邑鄢。号称白公。白公回楚三年而吴王杀了伍子胥。

【原文】

白公胜既归楚，怨郑之杀其父，乃阴养死士求报郑。归楚五年，请伐郑，楚令尹子西许之。兵未发而晋伐郑，郑请救于楚。楚使子西往救，与盟而还。白公胜怒曰："非郑之仇，乃子西也。"胜自砺剑，人问曰："何以为？"胜曰："欲以杀子西。"子西闻之，笑曰："胜如卵耳，何能为也。"

其后四岁，白公胜与石乞袭杀楚令尹子西、司马子綦于朝。石乞曰："不杀王，不可。"乃劫王如高府。石乞从者屈固负楚惠王亡走昭夫人之宫。叶公闻白公为乱，率其国人攻白公。白公之徒败，亡走山中，自杀。而虏石乞，而问白公尸处，不言将亨。石乞曰："事成为卿，不成而亨，固其职也。"终不肯告其尸处。遂亨石乞，而求惠王，复立之。

太史公曰：怨毒之于人甚矣哉！王者尚不能行之于臣下，况同列乎！向令伍子胥从奢俱死，何异蝼蚁。弃小义，雪大耻，名垂于后世，悲夫！方子胥窘于江上，道乞食，志岂尝须臾忘郢邪？故隐忍就功名，非烈丈夫孰能致此哉？白公如不自立为君者，其功谋亦不可胜道者哉！

【译文】

白公胜回楚国后不久，对郑国杀死他的父亲怀恨在心，于是私下收养敢死的勇士向郑国报仇。回到楚国五年，请求楚王攻伐郑国，楚国令尹子西答应了他的要求。可尚未发兵，晋国已经出兵攻打郑国，郑国派人到楚国请求援助，楚王派子西前去支援，和郑国订立了盟约才回国。白公胜发怒说："我的仇敌不是郑国，我的仇敌是子西！"白公胜亲自磨砺宝剑，有人问他："要做什么？"白公胜答道："要杀子西。"子西听后，笑着说："白公胜就好像鸟蛋，能有什么作为呢？"

此后四年，白公胜和石乞在朝廷上突然刺杀了令尹子西及司马子綦。石乞说："不杀楚惠王不行。"于是，就劫持楚惠王到高府。石乞的随从屈固背着楚惠王逃到昭夫人住的宫室。叶公听说白公胜作乱，便带领他封地的人攻伐白公胜。白公胜一伙人战败后逃到山里自杀了。石乞被俘，审问他白公胜的尸首在哪里，不说就要把他煮死。石乞说："事情成功了就做卿相，不成功就被煮死，这是固有的职分。"最终没有说出白公胜尸首在何处。于是，被煮死了。找回楚惠王，再立他为国君。

太史公说：怨毒对于人类来说实在是太厉害了！国君尚且不能与臣子结下怨毒，更何况是地位相同的人呢！倘若伍子胥跟其父伍奢一起死去，就和蝼蚁没什么区别。放弃小义，洗雪遭受的重大耻辱，让名声在后世流传。悲哀啊！当伍子胥在江边困窘危急之时，在路上沿途乞讨之时，其心志难道曾经有片刻忘掉郢都的仇恨吗？因此，克制忍耐，成就功名，若非刚正有气性的男子，又怎能达到这种地步呢！白公若不自立为王，其功业和谋略恐怕也是说不尽的啊！

【评析】

“留得青山在，不怕没柴烧”。伍子胥如果当初同兄伍尚一起去陪同父亲伍奢送死，则最多落一个“孝”的美名，但是，那样的话，历史上就不会有那个不拘小节、一心报杀父之仇的人物了。伍子胥无疑是明智的、识时务的，他那样做并不是胆小怕死，而是他深知有些牺牲是不必要的，无谓的牺牲反而使施凶者更加狂傲。于是，在同父亲一起死和置父亲的生死而不理、尽力保全自己以寻求报仇的机会这两个方面，他毫不迟疑地选择了后者。这样的果敢就已经超出了常人，因此，他最终能够流芳百世也就不足为怪了。

第七章 商君列传

【原文】

商君者，卫之诸庶孽公子也，名鞅，姓公孙氏，其祖本姬姓也。鞅少好刑名之学，事魏相公叔座为中庶子。公叔座知其贤，未及进，会座病，魏惠王亲往问病，曰："公叔病，有如不可讳，将奈社稷何？"公叔曰："座之中庶子公孙鞅，年虽少，有奇才，愿王举国而听之。"默然。王且去，座屏人言曰："王即不听用鞅，必杀之，无令出境。"王许诺而去。公叔座召鞅谢曰："今者王问可以为相者，我言若，王色不许我。我方先君后臣，因谓王即弗用鞅，当杀之。王许我。汝可疾去矣，且见禽。"鞅曰："彼王不能用君之言任臣，又安能用君之言杀臣乎？"卒不去。惠王既去，而谓左右曰："公叔病甚，悲乎，欲令寡人以国听公孙鞅也，岂不悖哉！"

【译文】

商君，是卫国国君姬妾生的公子。名鞅，姓公孙，其祖先本姓姬。公孙鞅年轻时就喜欢刑名法术之学，做了魏国国相公叔座的中庶子。公叔座深知他贤能，还没来得及向魏王推荐。恰好公叔座生病，魏惠王亲自去探病，说："若你病有不测，国家该怎么办呢？"公叔座回答说："我的中庶子公孙鞅，虽然年轻，却有奇才，请大王把国政全部交给他，由他去治理。"魏惠王听后默默无言。当魏惠王准备离开时，公叔座屏退左右随侍人员，说道："大王若不任用公孙鞅，就务必要杀了他，不要让他走出国境。"魏王答应后就离去了。公叔座召来公孙鞅，道歉说："刚才大王询问能够出任国相的人，我推荐了你。看大王的神情是不会接受我的建议。我本着先忠于君后考虑臣的立场，于是劝大王若不用公孙鞅，就该杀掉他。大王也答应了。你快走吧，不然马上就要被擒。”公孙鞅说：“大王既然不能接受您的建议任用我，又怎么会接受您的建议来杀我呢？”最终也没有离开魏国。惠王离开后，对随侍人员说：“公叔座病得很重，真叫人伤心啊，他建议我把国政全部交给公孙鞅掌管，岂不是很糊涂吗？”

【原文】

公叔既死，公孙鞅闻秦孝公下令国中求贤者，将修缪公之业，东复侵地，乃遂西入秦，因孝公宠臣景监以求见孝公。孝公既见卫鞅，语事良久，孝公时时睡，弗听。罢而孝公怒景监曰：“子之客妄人耳，安足用邪！”景监以让卫鞅。卫鞅曰：“吾说公以帝道，其志不开悟矣。”后五日，复求见鞅。鞅复见孝公，益愈，然而未中旨。罢而孝公复让景监，景监亦让鞅。鞅曰：“吾说公以王道而未入也。请复见鞅。”鞅复见孝公，孝公善之而未用也。罢而去。孝公谓景监曰：“汝客善，可与语矣。”鞅曰：“吾说公以霸道，其意欲用之矣。诚复见我，我知之矣。”卫鞅复见孝公。公与语，不自知膝之前于席也。语数日不厌。景监曰：“子何以中吾君？吾君之欢甚也。”鞅曰：“吾说君以帝王之道比三代，而君曰：‘久远，吾不能待。且贤君者，各及其身显名天下，安能邑邑待数十百年以成帝王乎？’故吾以强国之术说君，君大说之耳。然亦难以比德于殷周矣。”

【译文】

公叔座死后时间不长，公孙鞅听说秦孝公下令在全国寻访贤能之人，要重振秦穆公时代的霸业，向东收复失地，于是他就西去秦国，通过孝公的宠臣姓景的太监求见孝公。孝公召见卫鞅，让他说了很久的国家大事，孝公一边听一边打瞌睡，丝毫都没有听进去。事后孝公迁怒景监说：“你的客人是大言欺人的家伙，怎么能任用这种人呢！”景监又用孝公的话责备卫鞅。卫鞅说：“我用尧、舜治国的方法去劝说大王，他无法领会。”几天后，景监又请求孝公召见卫鞅。卫鞅再见孝公时，又把治国之道说得淋漓尽致，可依然没能合孝公的心意。事后孝公又责备景监，景监也同样责备卫鞅。卫鞅说："我用禹、汤、文、武的治国方法去劝说大王，可他依然听不进去。请求他再召见我一次。"卫鞅又一次见到孝公，孝公对他很友好，但仍未任用他。会见退出后，孝公对景监说："你的客人不错，我可以与他谈了。"景监告诉卫鞅，卫鞅说："我用春秋五霸的治国方法去说服大王，看来他是准备采纳了。果真再召见我一次，我就知道该说什么了。"于是卫鞅又见到了孝公，孝公跟他谈得非常投机，不知不觉地在垫席上向前移动膝盖，谈了好几天都不感到厌倦。景监说："您凭什么能合上大王的心意呢？我们的国君非常高兴。"卫鞅答道："我劝大王以帝王治国的办法，建立夏、商、周那样的盛世，可大王说：'时间太长了，我不能等，何况贤明的国君都想自己在位的时候名扬天下，怎么可以让我闷闷不乐地等上几十年、几百年才成就帝王大业呢？'因此，我用富国强兵的办法劝说他，他才特别高兴。但是，这也就无法与殷、周的德行相媲美了。"

【原文】

孝公既用卫鞅，鞅欲变法，恐天下议己。卫鞅曰："疑行无名，疑事无功。且夫有高人之行者，固见非于世；有独知之虑者，必见敖于民。愚者暗于成事，知者见于未萌。民不可与虑始，而可与乐成。论至德者不和于俗，成大功者不谋于众。是以圣人苟可以强国，不法其故；苟可以利民，不循其礼。"孝公曰："善。"甘龙曰："不然。圣人不易民而教，知者不变法而治。因民而教，不劳而成功；缘法而治者，吏习而民安之。"卫鞅曰："龙之所言，世俗之言也。常人安于故俗，学者溺于所闻。以此两者居官守法可也，非所与论于法之外也。三代不同礼而王，五伯不同法而霸。智者作法，愚者制焉；贤者更礼，不肖者拘焉。"杜挚曰："利不百，不变法；功不十，不易器。法古无过，循礼无邪。"卫鞅曰："治世不一道，便国不法古。故汤武不循古而王，夏殷不易礼而亡。反古者不可非，而循礼者不足多。"孝公曰："善。"以卫鞅为左庶长，卒定变法之令。

【译文】

孝公任用卫鞅后不久，想变更法度，又恐怕天下人议论自己。卫鞅说："行动不坚定，就不会搞出名堂，办事犹豫不决就无法成功。况且超出常人的行为，本来就常遭到世俗的非议；见解独到的人，必定会被一般人嘲笑。愚蠢的人事成之后都弄不明白，聪明的人事先就能预见将要发生的事情。同百姓不能谋划新事物的创始但是可以和他们分享成功的喜悦。探讨最高道德的人不与世俗合流，成就大业之人不与一般人合谋。因此，圣人只要能使国家强盛，就不必沿袭旧法；只要能有利于百姓，就不必遵循旧礼制。”孝公说：“说的好！”甘龙说：“并非如此。圣人不改变民俗而施以教化，聪明的人不改变成法而治理国家。顺应民风民俗而施教化者，则不费力就可成功；沿袭成法而治理国家者，则官吏习惯而百姓安定。”卫鞅说：“甘龙讲的也是世俗的说法啊。一般人安于旧有的习俗，而读书人又拘泥于书本上的见闻。这些人奉公守法还行，但若和他们谈论成法以外的改革就不行了。三代礼制不同却都能统一天下，五伯法制不一也都能各霸一方。聪明之人制定法度，愚蠢之人被法度制约；贤能之人变更礼制，寻常之人被礼制约束。”杜挚说：“无百倍的利益，就不要改变成法；无十倍的功效，就不要更换旧器。仿效成法不会有过失，遵循旧礼也不会出偏差。”卫鞅说：“治国无一成不变之法，有利于国家就不仿效旧法度。因此汤武不沿袭旧法度而能王天下，夏殷不更换旧礼制而走向灭亡。反对旧法的人不能非难，而沿袭旧礼的人不值得赞扬。”孝公说：“说得好！”于是任卫鞅为左庶长，终于制定了变更成法的命令。

【原文】

令民为什伍，而相牧司连坐。不告奸者腰斩，告奸者与斩敌首同赏，匿奸者与降敌同罚。民有二男以上不分异者，倍其赋。有军功者，各以率受上爵；为私斗者，各以轻重被刑大小。僇力本业，耕织致粟帛多者复其身。事末利及怠而贫者，举以为收孥。宗室非有军功论，不得为属籍。明尊卑爵秩等级，各以差次名田宅，臣妾衣服以家次。有功者显荣，无功者虽富无所芬华。

令既具，未布，恐民之不信，已乃立三丈之木于国都市南门，募民有能徙置北门者予十金。民怪之，莫敢徙。复曰“能徙者予五十金”。有一人徙之，辄予五十金，以明不欺。卒下令。

令行于民期年，秦民之国都言初令之不便者以千数。于是太子犯法。

卫鞅曰："法之不行，自上犯之。"将法太子。太子，君嗣也，不可施刑，刑其傅公子虔，黥其师公孙贾。明日，秦人皆趋令。行之十年，秦民大说，道不拾遗，山无盗贼，家给人足。民勇于公战，怯于私斗，乡邑大治。秦民初言令不便者有来言令便者，卫鞅曰"此皆乱化之民也"，尽迁之于边城。其后民莫敢议令。

【译文】

下令十家编为一什，五家编为一伍，互相监督检举，一家犯法，十家连带治罪。对奸恶不告发的处以腰斩的刑罚，告发的与斩敌首级的同样受赏，藏匿奸恶的人与投降敌人受同样的惩罚。一家有两个以上的壮丁不分居的，其赋税就要加倍。有军功的人，按照各自的标准升爵受赏；为私事斗殴的，要根据情节的轻重分别处以大小不同的刑罚。致力于农业生产，使粮食丰收、布帛增产的免除自身的劳役或赋税。因从事工商业及懒惰贫穷的，其妻子全都没收为官奴。王族里没有立下军功的，不能列入家族的名册。将尊卑爵位等级明确，按各自的等级差别占有土地、房产，家臣奴婢的衣饰，也按各家爵位等级决定。有军功的显赫荣耀，没有的即使富有也不能显荣。

新法一切准备就绪后，尚未公布，担心百姓不信，就在国都后边市场的南门竖起一根三丈长的木头，宣称百姓中能把木头搬到北门的人赏给十金。百姓认为此事很怪，谁都不敢动。又宣布"能把木头搬到北门的人赏五十金"。这时有一个人把它搬走了，当下就得到了五十金的赏金，借此表明令出必行，绝不欺骗。然后就颁布了新法。

新法在民间施行了一年整，有数以千计的秦国百姓到国都说新法不方便。恰遇此时太子触犯了新法。卫鞅说："新法之所以无法顺利推行，就是因为有上层人触犯它。"要依新法处罚太子。太子是国君的继承人，又不能施以刑罚，于是就对监督他行为的老师公子虔进行处罚，对给他传授知识的老师公孙贾处以墨刑。第二天，秦国人就都遵循新法了。新法推行了十年，秦国百姓都很高兴，路上无人拾别人丢的东西为己有，山林里也没了盗贼，家家充足富裕。民众勇于为国打仗，不敢为私利争斗，整个社会秩序安定。当初说新法不方便的秦国百姓又有来说法令方便了，卫鞅说："这些都是扰乱教化的人"，于是就把他们全都迁到了边疆。此后，百姓中再无人敢议论新法了。

【原文】

于是以鞅为大良造。将兵围魏安邑，降之。居三年，作为筑冀阙宫庭于咸阳，秦自雍徙都之。而令民父子兄弟同室内息者为禁。而集小乡邑聚为县，置令、丞，凡三十一县。为田开阡陌封疆，而赋税平。平斗桶权衡丈尺。行之四年，公子虔复犯约，劓之。居五年，秦人富强，天子致胙于孝公，诸侯毕贺。

其明年，齐败魏兵于马陵，虏其太子申，杀将军庞涓。其明年，卫鞅说孝公曰："秦之与魏，譬若人之有腹心疾，非魏并秦，秦即并魏。何者？魏居领阨之西，都安邑，与秦界河而独擅山东之利。利则西侵秦，病则东收地。今以君之贤圣，国赖以盛。而魏往年大破于齐，诸侯畔之，可因此时伐魏。魏不支秦，必东徙。东徙，秦据河山之固，东乡以制诸侯，此帝王之业也。"孝公以为然，使卫鞅将而伐魏。魏使公子卬将而击之。军既相距，卫鞅遗魏将公子卬书曰："吾始与公子欢，今俱为两国将，不忍相攻，可与公子面相见，盟，乐饮而罢兵，以安秦魏。"

魏公子卬以为然。会盟已，饮，而卫鞅伏甲士而袭虏魏公子卬，因攻其军，尽破之以归秦。魏惠王兵数破于齐秦，国内空，日以削，恐，乃使使割河西之地献于秦以和。而魏遂去安邑，徙都大梁。梁惠王曰："寡人恨不用公叔座之言也。"卫鞅既破魏还，秦封之於、商十五邑，号为商君。

【译文】

于是卫鞅被任命为大良造。他率军队围攻魏国安邑，使他们屈服投降。三年后，秦国在咸阳建筑宫廷城阙，把国都从雍地迁往咸阳。明令禁止百姓父子兄弟同居一室。把零星的乡镇村庄合并成县，设有县令、县丞，总共合并划分为三十一个县。废除井田重新划分田地的界线，鼓励开垦荒地，使赋税平衡。统一度量衡。实施了四年后，公子虔又犯了新法，结果被判处劓刑。又过了五年，秦国国富兵强，周天子把祭肉赐给秦孝公，各国诸侯都来祝贺。

第二年，齐国军队在马陵打败魏军，魏国的太子申被俘虏，将军庞涓被射杀。下一年，卫鞅劝孝公说："秦和魏的关系，就好比是人得了心腹疾病，不是魏兼并了秦国，就是秦国吞并了魏国。为何要这么说呢？魏国地处山岭险要的西部，把都城建在安邑，与秦国以黄河为界而独立据有崤山以东的地利。形势有利就向西进犯秦国，反之就向东扩展领地。如今凭大王圣明贤能，秦国才繁荣昌盛。而魏国往年被齐国打败，诸侯都背叛了它，可趁此良机进攻魏国。魏国抵挡不住秦国，必然要向东撤退。如此一来，秦国就占据了黄河和崤山险固的地势，东面可以控制各国诸侯，这可是统一天下的帝王伟业啊！"孝公赞同。就派卫鞅率军攻伐魏国。魏国派公子卬领兵迎击。两军对峙，卫鞅派人给魏将公子卬送来一封信，写道："当初我与公子相处得很愉快，现在我俩却成了敌对两国的将领，实在不忍相互攻击，可以与公子当面相见，订立盟约，痛饮几杯后各自撤兵，让秦魏两国相安无事。"

魏公子卬认为卫鞅说的有道理。会盟结束，喝酒，而卫鞅却埋伏下士兵突然袭击并俘虏了魏公子卬，并趁机进攻他的军队，彻底把魏军打垮后，押着公子卬班师回国。魏惠王的军队多次被齐、秦击溃，国内空虚，日渐削弱，他害怕了，就派使者把河西地区割让给秦国作为媾和的条件。魏国就离开安邑，把都城迁到大梁。梁惠王后悔地说："我真后悔当初没采纳公叔座的意见。"卫鞅打败魏军回来后，秦孝公把於、商十五个邑封给了他，封号叫作商君。

【原文】

商君相秦十年，宗室贵戚多怨望者。赵良见商君。商君曰："鞅之得见也，从孟兰皋，今鞅请得交，可乎？"赵良曰："仆弗敢愿也。孔丘有言曰：'推贤而戴者进，聚不肖而王者退。'仆不肖，故不敢受命。仆闻之曰：'非其位而居之曰贪位，非其名而有之曰贪名。'仆听君之义，则恐仆贪位贪名也。故不敢闻命。"商君曰："子不说吾治秦与？"赵良曰："反听之谓聪，内视之谓明，自胜之谓强。虞舜有言曰：'自卑也尚矣。'君不若道虞舜之道，无为问仆矣。"商君曰："始秦戎翟之教，父子无别，同室而居。今我更制其教，而为其男女之别，大筑冀阙，营如鲁卫矣。子观我治秦也，孰与五羖大夫贤？”赵良曰：“千羊之皮，不如一狐之腋；千人之诺诺，不如一士之谔谔。武王谔谔以昌，殷纣墨墨以亡。君若不非武王乎，则仆请终日正言而无诛，可乎？”商君曰：“语有之矣，貌言华也，至言实也，苦言药也，甘言疾也。夫子果肯终日正言，鞅之药也。鞅将事子，子又何辞焉！”

【译文】

商君任秦相十年，被很多皇亲国戚怨恨。赵良去见商君。商君说：“我能见到你，是因为孟兰皋的介绍，现在我们可以交个朋友吗？”赵良回答说：“我可不敢奢望。孔子说过：‘推举贤能，受人民拥戴的人才会前来；聚集不肖之徒，即使能使成王业的人也会引退。’鄙人不才，因此不敢从命。我听过这样的说法：‘占有不该占有的职位叫作贪位，享有不该享有的名声叫作贪名。’我若接受了您的情谊，那恐怕就是既贪位又贪名了。因此不敢从命。”商鞅说：“您不满意我对秦国的治理吗？”赵良说：“能接受别人的意见叫作聪，能自我省察叫作明，能自我克制叫作强。虞舜曾说：‘自我谦虚的人被人尊重。’您还是遵循虞舜的主张，无须问我了。”商鞅说：“当初，秦国和戎狄是一样的习俗，父子不分开，男女老少同居一室。现今我把秦国的教化改变了，使他们男女有别，分居而住，大造宫廷城阙，把秦建的像鲁、魏两国一样。您看我在治理秦国方面与五羖大夫比，谁更有才干？”赵良说：“一千张羊皮不如一领狐腋贵重，一千个随声附和的人不如一个人正义直言。武王允许群臣直言谏诤，国家就昌盛，纣王的臣子不敢讲话，于是灭亡。您若不反对武王的做法，则请允许我整天直言而不受责备，可以吗？”商君说：“俗话说，外表上动听的话好比是花朵，真实至诚的话就好比果实，苦口相劝、听来逆耳的话是治病的良药，而献媚奉承的话则是疾病。您若真的愿意终日正义直言，那就是我治病的良药了。我将拜您为师，您为何又拒绝同我交朋友呢！”

【原文】

赵良曰：“夫五羖大夫，荆之鄙人也。闻秦缪公之贤而愿望见，行而无资，自粥于秦客，被褐食牛。期年，缪公知之，举之牛口之下，而加之百姓之上，秦国莫敢望焉。相秦六七年，而东伐郑，三置晋国之君，一救荆国之祸。发教封内，而巴人致贡；施德诸侯，而八戎来服。由余闻之，款关请见。五羖大夫之相秦也，劳不坐乘，暑不张盖，行于国中，不从车乘，不操干戈，功名藏于府库，德行施于后世。五羖大夫死，秦国男女流涕，童子不歌谣，舂者不相杵。此五羖大夫之德也。今君之见秦王也，因嬖人景监以为主，非所以为名也。相秦不以百姓为事，而大筑冀阙，非所以为功也。刑黥太子之师傅，残伤民以骏刑，是积怨畜祸也。教之化民也深于命，民之效上也捷于令。今君又左建外易，非所以为教也。君又南面而称寡人，日绳秦之贵公子。诗曰：'相鼠有体，人而无礼；人而无礼，何不遄死。'以诗观之，非所以为寿也。公子虔杜门不出已八年矣，君又杀祝懽而黥公孙贾。诗曰：'得人者兴，失人者崩。'此数事者，非所以得人也。君之出也，后车十数，从车载甲，多力而骈胁者为骖乘，持矛而操闟戟者旁车而趋。此一物不具，君固不出。书曰：'恃德者昌，恃力者亡。'君之危若朝露，尚将欲延年益寿乎？则何不归十五都，灌园于鄙，劝秦王显岩穴之士，养老存孤，敬父兄，序有功，尊有德，可以少安。君尚将贪商於之富，宠秦国之教，畜百姓之怨，秦王一旦捐宾客而不立朝，秦国之所以收君者，岂其微哉？亡可翘足而待。"商君弗从。

【译文】

赵良说："那五羖大夫，是楚国偏僻的乡下人。闻听秦穆公贤明，就想去亲自拜见，可是却没有路费，于是就把自己卖给秦国人，穿着粗布短衣给人家喂牛。整整有一年之久，秦穆公听说此事后就把他从牛嘴下面提拔起来，凌驾于万人之上，对此，秦国无人有异议。他任秦相六七年，向东讨伐过郑国，三次拥立晋国的国君，一次出兵救楚。在境内施行德化，巴国来纳贡；施德政于诸侯，周围少数民族前来朝见。由余听到此情形，前来敲门投奔。五羖大夫任秦相，疲劳不坐车，酷暑炎热不打伞，走遍国中，没有随从的车辆，没有武装防卫，其功名载于史册，藏于府库，其德行施教于后代。五羖夫去世的时候，秦国男女痛哭流涕，甚至小孩子都不唱歌谣了，正在舂米的人也因悲哀而不发出相应的呼声。这就是五羖大夫的德行啊。现在您能够见秦王，凭的是秦王宠臣景监推荐介绍，这就谈不上什么名声了。身为秦国国相却不为百姓造福，而是大规模地营建宫阙，这就谈不上为国家建立功业了。惩罚太子的师傅，用严刑酷法残害百姓，这正是积累怨恨、聚积祸患啊。教化百姓比命令百姓更能得到百姓的拥护，百姓效仿上边的行为比命令百姓来得更快。现在您却违背情理地建立权威变更法度，这并不是教化百姓啊。您又在商於封地面南而称君，整日用新法来逼迫秦国的贵族子弟。《诗经》上说：'相鼠尚且懂得礼貌，人却没有礼仪，人既已失去了礼仪，为何不快快地死呢。'照这句诗看来，实在是无法恭维您了。公子虔闭门不出已经有八年时间了，您又把祝欢杀死，并把公孙贾处以墨刑。《诗经》上说：'得人心者振兴，失人心者灭亡。'这几件事，都不得人心呀。您一出门，后边跟随着数以十计的车辆，车上都是穿戴盔甲的卫士，贴身警卫都身强力壮，紧靠您的车子奔随的人都持矛操戟。这些防卫缺少一样，您就必定不敢出门。《尚书》上说：'靠施德者昌盛，靠武力者灭亡。'您的处境就好比早晨的露水，很快就会消亡一样危险，您还准备要延年益寿吗？那为何不把商於十五邑封地交还秦国，到偏僻荒远的地方去浇园自耕，劝秦王重用那些隐居山林的贤才，赡养老人，抚育孤儿，使父兄互敬互爱，依功序爵，尊崇有德之士，这样才可稍保平安。您还要贪图商於的富有，以独揽秦国的政教为荣宠，聚集百姓的怨恨，秦王若有朝一日舍弃宾客而无法当朝，则秦国要拘捕您的人难道会少吗？您丧生的日子就如同抬脚那样迅速地到来。"但商君听不进赵良的劝告。

【原文】

后五月而秦孝公卒，太子立。公子虔之徒告商君欲反，发吏捕商君。商君亡至关下，欲舍客舍。客人不知其是商君也，曰："商君之法，舍人无验者坐之。"商君喟然叹曰："嗟乎，为法之敝一至此哉！"去之魏。魏人怨其欺公子卬而破魏师，弗受。商君欲之他国。魏人曰："商君，秦之贼。秦强而贼入魏，弗归，不可。"遂内秦。商君既复入秦，走商邑，与其徒属发邑兵北出击郑。秦发兵攻商君，杀之于郑黾池。秦惠王车裂商君以徇，曰："莫如商鞅反者！"遂灭商君之家。

太史公曰：商君，其天资刻薄人也。迹其欲干孝公以帝王术，挟持浮说，非其质矣。且所因由嬖臣，及得用，刑公子虔，欺魏将卬，不师赵良之言，亦足发明商君之少恩矣。余尝读商君开塞耕战书，与其人行事相类。卒受恶名于秦，有以也夫！

【译文】

过了五个月，秦孝公去世，太子即位。公子虔一班人告发商君要造反，派人去逮捕商君。商君逃到边境关口，想住旅店。旅店的主人不认识他，说："商君有令，住店之人若无证件，则店主要连带判罪。"商君长叹一声道："唉！制定新法的贻害竟然到了这样的地步！"离开秦国逃到魏。魏国人对他欺骗公子卬而打败魏军怀恨在心，拒绝收留他。商君准备去别国。魏国人说："商君是秦国的逃犯，秦国强大，逃犯跑到魏国来，不送还是不行的。"于是就把商君送回秦国。商君再回到秦国后，就潜逃到他的封地商邑，同他的部属发动邑中的士兵，一起向北进攻郑国以谋求生路，秦国出兵进攻商君，把他杀死在郑国黾池。秦惠王把商君五马分尸示众，说："不要像商鞅那样谋反！"于是就把商君全家诛灭了。

太史公说：商君的天性就是个残忍少恩的人，考察其当初用帝王之道游说孝公，凭借的是虚饰浮说，而非其自身的资质。再说依靠国君宠臣太监的推荐，一被任用，就刑罚公子虔，欺骗魏将公子卬，且听不进赵良的规劝，足以证明其残忍少恩了。我曾读过他开塞耕战的书籍，其内容和他本身的作为相类似。但最终还是在秦国落下个谋反的恶名，这是有缘故的呀！

【评析】

魏国的国君没有识别人才的慧眼，又不能听从臣子的建议，及时地将商鞅杀掉，这无疑是放虎归山，后患无穷。结果也正是如此。商鞅受到了秦国的重用，推行了一系列的变法改革，使秦国国富兵强，再也没有谁敢于与其抗衡。魏国当然也不例外，它第一个成为秦国称霸路上的牺牲品。毫无疑问，商鞅是一个走在社会前沿的人才，他敢于冲破旧制度，并能够根据实际情况，采取相应的措施，同时讲究策略，树立诚信，且执法如山，因此，新法推行的比较顺利，没几年，秦国的民众就感受到了变法带来的强大功效。俗话说："变则通。"经过这次变法，秦国成了当时最强大的国家，也为后来秦始皇能够一扫六合、统一天下奠定了基础。改革是发展的前提，日本通过“明治维新”走上了强国的道路，而中国当时的“戊戌变法”不过百日便烟消云散，于是差距就拉开了。由此可见，国家也好，企业也罢，要想求生存、求发展，就要时刻准备变通，以适应当时社会发展的大趋势。

第八章 张仪列传

【原文】

张仪者，魏人也。始尝与苏秦俱事鬼谷先生，学术，苏秦自以不及张仪。

张仪已学而游说诸侯。尝从楚相饮，已而楚相亡璧，门下意张仪，曰："仪贫无行，必此盗相君之璧。"共执张仪，掠笞数百，不服，释之。其妻曰："嘻！子毋读书游说，安得此辱乎？"张仪谓其妻曰："视吾舌尚在不？"其妻笑曰："舌在也。"仪曰："足矣。"

苏秦已说赵王而得相约从亲，然恐秦之攻诸侯，败约后负，念莫可使用于秦者，乃使人微感张仪曰："子始与苏秦善，今秦已当路，子何不往游，以求通子之愿？"张仪于是之赵，上谒求见苏秦。苏秦乃诫门下人不为通，又使不得去者数日。已而见之，坐之堂下，赐仆妾之食。因而数让之曰："以子之才能，乃自令困辱至此。吾宁不能言而富贵子，子不足收也。"谢去之。张仪之来也，自以为故人，求益反见辱，怒，念诸侯莫可事，独秦能苦赵，乃遂入秦。

【译文】

张仪是魏国人。曾和苏秦一起师从鬼谷子先生，学习游说之术，苏秦自认为才学不如张仪。

张仪完成学业，就去游说诸侯。他曾陪楚相喝酒，席间，楚相的一块玉璧不见了，门客们怀疑张仪道："张仪贫穷，品行卑劣，一定是他干的。”于是，大家一起把张仪拘捕起来，拷打了几百下。张仪始终都不承认，那些人只好释放了他。他的妻子又悲又恨地说：“唉！您若不读书游说，又怎会受到这样的屈辱呢？”张仪说：“你看看我的舌头还在吗？”妻子笑着说：“在呀。”张仪说：“这就够了。”

那时，苏秦已经说服了赵王而得以去各国结缔合纵相亲的联盟，可他担心秦国趁机攻打各诸侯国，盟约还没结缔之前就会遭到破坏。又考虑到尚无可以派到秦国的合适人选，于是派人暗中引导张仪说：“您当初和苏秦很要好，如今苏秦已经当权，您为何不去结交他，以实现功成名就的愿望呢？”于是张仪就去赵国，呈上名帖，请求会见苏秦。苏秦就告诫门下的人不给张仪通报，又让他好几天无法离去。这时苏秦才接见了他，让他坐在堂下，把奴仆侍妾吃的饭菜赐给他，还屡次责备他说：“以您的才能，却让自己穷困潦倒到如此境地。难道我不能推荐您让您富贵吗？只是您不值得录用罢了。”说完就把张仪打发走了。张仪来投奔苏秦，本以为都是老朋友了，可以求得好处，没想到却被羞辱，很生气，又考虑到诸侯中没有值得侍奉的人，只有秦国能侵扰赵国，于是就去了秦国。

【原文】

苏秦已而告其舍人曰：“张仪，天下贤士，吾殆弗如也。今吾幸先用，而能用秦柄者，独张仪可耳。然贫，无因以进。吾恐其乐小利而不遂，故召辱之，以激其意。子为我阴奉之。”乃言赵王，发金币车马，使人微随张仪，与同宿舍，稍稍近就之，奉以车马金钱，所欲用，为取给而弗告。张仪遂得以见秦惠王。惠王以为客卿，与谋伐诸侯。

苏秦之舍人乃辞去。张仪曰：“赖子得显，方且报德，何故去也？”舍人曰：“臣非知君，知君乃苏君。苏君忧秦伐赵败从约，以为非君莫能得秦柄，故感怒君，使臣阴奉给君资，尽苏君之计谋。今君已用，请归报。”张仪曰：“嗟乎，此在吾术中而不悟，吾不及苏君明矣！吾又新用，安能谋赵乎？为吾谢苏君，苏君之时，仪何敢言。且苏君在，仪宁渠能乎！”张仪既相秦，为文檄告楚相曰：“始吾从若饮，我不盗而璧，若笞我。若善守汝国，我顾且盗而城！”

【译文】

不久苏秦对他左右亲近的人说："张仪是天下最有才能的人，我是没法跟他比的。现今，幸亏我比他先受重用，而能够胜任掌握秦国权力的只有张仪。但是他很穷，没有进身之阶。我担心他满足小的利益而成就不了大的功业，因此才召他来加以羞辱，以激发他的意志，您替我暗中照顾他。"苏秦禀明赵王，发给他金钱、财物和车马，并派人暗中跟随张仪，同他在同一客栈投宿，逐渐接近他，还送给他车马和金钱，凡是他需要的，都给他提供，却不说是谁给的。于是张仪才有了拜见秦惠王的机会。惠王任他作客卿，同他策划攻打诸侯的计划。

这时，苏秦派来的门客即将告辞离去，张仪说："由于您的鼎力相助，我才得到显贵的地位，正准备报答您的恩德，为何要走呢？"门客说："真正了解您并不是我，而是苏先生。他担心秦国攻打赵国，破坏合纵联盟，认为除您之外便无掌握秦国大权的人了，因此故意激怒您，而后又派我暗中供您钱财，这都是苏先生谋划的策略。现在您已被重用，就请允许我回去复命吧！"张仪说："哎呀，这些权谋本来都是我研习过的范围，可我却未察觉，我没有苏先生高明啊！况且我才刚被任用，又怎么能图谋攻打赵国呢？请代我感谢苏先生，苏先生当权的时代，我怎敢奢谈攻赵呢？"张仪任秦国宰相后，写信警告楚国宰相说："当初我陪你喝酒，并没偷你的玉璧，你却鞭打我。你务必要好好地守护住你的国家，我要偷你的城池了！"

【原文】

苴蜀相攻击，各来告急于秦。秦惠王欲发兵以伐蜀，以为道险狭难至，而韩又来侵秦，秦惠王欲先伐韩，后伐蜀，恐不利，欲先伐蜀，恐韩袭秦之敝，犹豫未能决。司马错与张仪争论于惠王之前，司马错欲伐蜀，张仪曰："不如伐韩。"王曰："请闻其说。"

仪曰："亲魏善楚，下兵三川，塞什谷之口，当屯留之道，魏绝南阳，楚临南郑，秦攻新城、宜阳，以临二周之郊，诛周王之罪，侵楚、魏之地。周自知不能救，九鼎宝器必出。据九鼎，案图籍，挟天子以令于天下，天下莫敢不听，此王业也。今夫蜀，西僻之国而戎翟之伦也，敝兵劳众不足以成名，得其地不足以为利。臣闻争名者于朝，争利者于市。今三川、周室，天下之朝市也，而王不争焉，顾争于戎翟，去王业远矣。”

【译文】

苴国和蜀国交战，分别到秦国告急。秦惠王要出兵讨伐蜀国，又认为道路艰险狭窄，不容易到达。这时韩国又来侵犯秦国。秦惠王若先攻伐韩国，然后再讨伐蜀国，恐怕有所不利；若先攻打蜀国，又担心韩国趁着久战疲惫之机来偷袭，犹豫不决。司马错和张仪在惠王面前争论不休，司马错主张讨伐蜀国，张仪说：“不如先进攻韩国。”惠王说：“我愿听一下你们各自的理由。”

张仪说：“我们先同魏国相亲，与楚国交好，而后进军三川，把什谷的隘口堵绝，将屯留的要道挡住。这样，就会断绝魏国到南阳的通道，使楚国出兵逼近南郑，秦军对新城和宜阳进攻，并径直逼近西周和东周的城郊，讨伐周王的罪恶，再攻占楚、魏两国的土地。周王深知无法挽救，一定会献出传国的九鼎宝物。秦国占有了九鼎之宝，按地图和户籍，就可挟周天子而号令天下，谁都不敢不听从。这是统一天下的大业啊！现今蜀国是西方偏僻的国家，这些像戎狄一样的落后民族，却使我们士兵疲惫、百姓劳苦，也无法扬名天下，夺取了他们的土地也没有实际的好处。我听说追求名位的人要去朝廷，追求利益的人要去市场。现在，三川和周室就好比朝廷和市场，大王却不去争夺，反而去争夺戎狄等落后地区，这就远离了帝王的功业。”

【原文】

司马错曰：“不然。臣闻之，欲富国者务广其地，欲强兵者务富其民，欲王者务博其德，三资者备而王随之矣。今王地小民贫，故臣愿先从事于易。夫蜀，西僻之国也，而戎翟之长也，有桀纣之乱。以秦攻之，譬如使豺狼逐群羊。得其地足以广国，取其财足以富民缮兵，不伤众而彼已服焉。拔一国而天下不以为暴，利尽西海而天下不以为贪，是我一举而名实附也，而又有禁暴止乱之名。今攻韩，劫天子，恶名也，而未必利也，又有不义之名，而攻天下所不欲，危矣。臣请谒其故：周，天下之宗室也；

齐，韩之与国也。周自知失九鼎，韩自知亡三川，将二国并力合谋，以因乎齐、赵而求解乎楚、魏，以鼎与楚，以地与魏，王弗能止也。此臣之所谓危也。不如伐蜀完。”

惠王曰：“善，寡人请听子。”卒起兵伐蜀，十月，取之，遂定蜀，贬蜀王更号为侯，而使陈庄相蜀。蜀既属秦，秦以益强，富厚，轻诸侯。

秦惠王十年，使公子华与张仪围蒲阳，降之。仪因言秦复与魏，而使公子繇质于魏。仪因说魏王曰：“秦王之遇魏甚厚，魏不可以无礼。”魏因入上郡、少梁，谢秦惠王。惠王乃以张仪为相，更名少梁曰夏阳。

【译文】

司马错说：“并非如此。我听说，要使国家富强，就得开拓他的疆土；要使军队强大，就得使百姓富足；要使天下统一，就得广施恩德。具备了这三种条件，帝王大业也就水到渠成了。现今，大王的疆土还狭小，百姓还贫穷，因此我希望大王先做些好办的事情。蜀国，是西方偏僻的国家，却又统领戎狄，已发生了类似夏桀、商纣的祸乱。出动秦国强大的军队去进攻它，就好比是让豺狼去驱赶羊群。将其土地占领就可扩大秦国疆域，将其财富夺取就可使百姓富足、整治军队。无须损兵折将，他们就已经屈服了。攻克一个国家，天下人不认为我们残暴；取尽西方所有的财富，天下人不认为我们贪婪，我们一出兵，使声望、实利都有增益，同时还能享有禁止暴乱的好名声。现在去攻打韩国，劫持天子，名声就很坏了，不见得能得到好处，还背负了不义的丑名，而又是天下人所不希望攻打的国家，那就危险了。请让我陈述一下我的理由：周王是全天下的宗主，且和齐、韩交往密切。周王自知会失掉传国的九鼎，韩国自知会失去三川，他们必将通力合谋，凭借齐、赵两国的力量，与楚、魏谋求和解。若他们送给楚国九鼎宝器，让给魏国土地，大王是无法阻止的，这就是我说的危险所在，所以不如攻打蜀国那样完满。”

惠王说：“好，我听您的。”最终出兵讨伐蜀国。当年十月把蜀国攻占。于是，平定了蜀国的暴乱，贬谪蜀王，改封号为蜀侯，派陈庄出任宰相。蜀国归秦后，秦国于是更强大、富足，对其他诸侯也更加不放在眼里了。

惠王十年，派公子华和张仪围攻魏国的蒲阳，并将其降服。张仪趁机又劝说秦王把它归还魏国，而且派公子繇到魏国去作人质。张仪又趁机劝魏王道："秦国对魏国这么宽厚，魏国不可不以礼相报。"魏国于是就把上郡、少梁献给秦国，以答谢秦惠王。惠王就任张仪为国相，把少梁改名叫夏阳。

【原文】

仪相秦四岁，立惠王为王。居一岁，为秦将，取陕。筑上郡塞。

其后二年，使与齐、楚之相会啮桑。东还而免相，相魏以为秦，欲令魏先事秦而诸侯效之。魏王不肯听仪。秦王怒，伐取魏之曲沃、平周，复阴厚张仪益甚。张仪惭，无以归报。留魏四岁而魏襄王卒，哀王立。张仪复说哀王，哀王不听。于是张仪阴令秦伐魏。魏与秦战，败。

明年，齐又来败魏于观津。秦复欲攻魏，先败韩申差军，斩首八万，诸侯震恐。而张仪复说魏王曰："魏地方不至千里，卒不过三十万。地四平，诸侯四通辐辏，无名山大川之限。从郑至梁二百余里，车驰人走，不待力而至。梁南与楚境，西与韩境，北与赵境，东与齐境，卒戍四方，守亭鄣者不下十万。梁之地势，固战场也。梁南与楚而不与齐，则齐攻其东；东与齐而不与赵，则赵攻其北；不合于韩，则韩攻其西；不亲于楚，则楚攻其南：此所谓四分五裂之道也。

【译文】

张仪任秦国国相四年，正式拥戴惠王为王。一年后，张仪任秦国的将军，夺取了陕邑，修筑了上郡要塞。

此后二年，秦王派张仪同齐、楚两国的国相在啮桑会谈。从东方归来后，他被免去国相的职务，为了秦国的利益，他去魏国担任国相，计划让魏国首先臣侍秦国而让其他诸侯国效法它。魏王不接受张仪的建议，秦王大怒，立即发兵攻克了魏国的曲沃和平周，暗中更加优待张仪。张仪深感惭愧，觉得没有什么可回报秦王。他留任魏国四年，魏襄侯去世，哀王即位。张仪又劝说哀王，哀王也不接受。于是，张仪暗中让秦国进攻魏国。魏国和秦国交战，失败了。

第二年，齐国又大败魏军于观津。秦国打算再次攻打魏国，先打败了韩国申差的部队，杀死八万官兵，使诸侯震惊慌恐。张仪再次游说魏王道："魏国土地纵横不到一千里，士兵也超不过三十万。四周地势平坦，像车轴的中心，可以畅通四方的诸侯国，又无名山大川的隔绝。从新郑到大梁只有二百多里，战车疾驰，士兵奔跑，用不了多少力气就可到达。魏国南边与楚国接壤，西边同韩国接壤，北边与赵国接壤，东边和齐国接壤，士兵驻守四面边疆，光是防守边塞堡垒的人就不少于十万。魏国的地势，本来就是个战场。倘若魏国向南与楚国交好而不同齐国友善，则齐国就会进攻你的东面；向东与齐国交好而不和赵国友善，则赵国就会进攻你的北面；与韩国不合，则韩国就会进攻你的西面；不亲附楚国，则楚国就会进攻你的南面；这就叫作四分五裂的地理形势啊。

【原文】

"且夫诸侯之为从者，将以安社稷尊主强兵显名也。今从者一天下，约为昆弟，刑白马以盟洹水之上，以相坚也。而亲昆弟同父母，尚有争钱财，而欲恃诈伪反复苏秦之余谋，其不可成亦明矣。

"大王不事秦，秦下兵攻河外，据卷、衍、燕、酸枣，劫卫取阳晋，则赵不南，赵不南而梁不北，梁不北则从道绝，从道绝则大王之国欲毋危不可得也。秦折韩而攻梁，韩怯于秦，秦韩为一，梁之亡可立而须也。此臣之所为大王患也。

"为大王计，莫如事秦。事秦则楚、韩必不敢动；无楚、韩之患，则大王高枕而卧，国必无忧矣。

"且夫秦之所欲弱者莫如楚，而能弱楚者莫如梁。楚虽有富大之名而实空虚；其卒虽多，然而轻走易北，不能坚战。悉梁之兵南面而伐楚，胜之必矣。割楚而益梁，亏楚而适秦，嫁祸安国，此善事也。大王不听臣，秦下甲士而东伐，虽欲事秦，不可得矣。

"且夫从人多奋辞而少可信，说一诸侯而成封侯，是故天下之游谈士莫不日夜搤腕瞋目切齿以言从之便，以说人主。人主贤其辩而牵其说，岂得无眩哉。

"臣闻之，积羽沉舟，群轻折轴，众口铄金，积毁销骨，故愿大王审定计议，且赐骸骨辟魏。”

【译文】

“况且，各国诸侯缔结合纵联盟是为了凭靠它使国家安宁，君主尊崇，军队强大，名声显赫。现今，那些主张合纵的人，想使天下联合为一体，相约为兄弟手足，在洹水边上杀白马为誓，歃血为盟，彼此表示信守盟约的坚定信念。可是，就算是一母同胞，还会有争夺钱财的，您还打算凭借苏秦虚伪欺诈、反复无常的策略，则失败是显而易见的。

“若大王不奉事秦国，秦国出兵攻打河外、占领卷地、衍地、燕地、酸枣，劫持卫国攻取阳晋，则赵军就无法南下支援魏国，赵军无法南下而魏军无法北上，魏军无法北上，则合纵联盟的通道就被断绝。合纵联盟的道路被断绝，则大王的国家就不可避免会遭受危难。秦国使韩国屈服，进而攻伐魏国，韩国畏惧秦国，一旦秦、韩合为一体，则魏国的灭亡就会快的来不及坐下等待啊。这是我替大王担忧的啊。

“我替大王着想，不如奉事秦国。若您奉事秦国，则楚国和韩国必然不敢轻举妄动；没有楚国和韩国的外患，则大王就可高枕无忧，安心睡觉了，国家也不会有什么可忧虑的事了。

“况且，秦国想要削弱的莫过于楚国，而能够削弱楚国的莫过于魏国。楚国有富足强大的名声，事实上很空虚；它的士兵很多，却总是轻易地逃跑溃散，不能够艰苦奋战。若魏国发动所有军队向南进攻楚国，肯定会胜利。宰割楚国有利于魏国，却会使楚国亏损而归服秦国，转嫁灾祸，使自己的国家安宁，这是好事啊。若大王不听从我的建议，则一旦秦国出动精锐部队向东进攻，到时即使您想臣服，恐怕都来不及了。

“况且，那些主张合纵的人，多数只会说大话，唱高调，很少让人信任。他们只想游说一个国君以求封侯，因此天下游说之士，无不日夜激动地紧握手腕，瞪大双眼，磨牙鼓舌，大谈合纵的好处，以劝说各国的国君。国君欣赏他们的口才，被其游说所迷惑，岂不是糊涂吗？

“我听说，羽毛虽轻，但聚多了，也可沉船；货物虽轻，但载多了也可折断车轴；众口所毁，即使金石也可被销熔；谗言诽谤多了，即使是骨肉之亲也会怀疑。所以我希望大王审慎地拟订正确的策略，并请准许我乞身引退，离开魏国。”

【原文】

哀王于是乃倍从约而因仪请成于秦。张仪归，复相秦。三岁而魏复背秦为从。秦攻魏，取曲沃。明年，魏复事秦。

秦欲伐齐，齐楚从亲，于是张仪往相楚。楚怀王闻张仪来，虚上舍而自馆之。曰：“此僻陋之国，子何以教之？”仪说楚王曰：“大王诚能听臣，闭关绝约于齐，臣请献商於之地六百里，使秦女得为大王箕帚之妾，秦楚娶妇嫁女，长为兄弟之国。此北弱齐而西益秦也，计无便此者。”楚王大说而许之。群臣皆贺，陈轸独吊之。楚王怒曰：“寡人不兴师发兵得六百里地，群臣皆贺，子独吊，何也？”陈轸对曰：“不然，以臣观之，商於之地不可得而齐秦合，齐秦合则患必至矣。”楚王曰：“有说乎？”陈轸对曰：“夫秦之所以重楚者，以其有齐也。今闭关绝约于齐，则楚孤。秦奚贪夫孤国，而与之商於之地六百里？张仪至秦，必负王，是北绝齐交，西生患于秦也，而两国之兵必俱至。善为王计者，不若阴合而阳绝于齐，使人随张仪。苟与吾地，绝齐未晚也；不与吾地，阴合谋计也。”楚王曰：“愿陈子闭口毋复言，以待寡人得地。”乃以相印授张仪，厚赂之。于是遂闭关绝约于齐，使一将军随张仪。

【译文】

于是，哀王背弃了合纵盟约，根据张仪的请求与秦国和解。张仪回秦国后，重新出任国相。三年后，魏国又背弃了秦国加入合纵盟约。秦国就出兵攻伐魏国，夺下曲沃。第二年，魏国再次臣事秦国。

秦国想攻伐齐国，可是齐、楚两国却缔结了合纵相亲的盟约，于是张仪就去楚国出任国相。楚怀王闻听张仪到来，留出上等宾馆，亲自到宾馆为他安排住宿。说：“这是个偏僻鄙陋的国家，您用什么来指教我呢？”张仪游说楚王道：“大王若真听从我的意见，就与齐国断绝往来，解除盟约，我可以请秦王献出商於一带六百里的土地，让秦女作为服侍大王的侍妾，秦、楚之间娶妇嫁女，永结兄弟国家，这样向北可削弱齐国而与此同时西方的秦国也就得到好处，没有比这更好的策略了。”楚王高兴地应允了。群臣来向楚王祝贺，只有陈轸为他伤悼。楚王很生气地说："我不用调兵遣将就得到六百里土地，群臣向我祝贺，为何只有你为我伤悼？"陈轸答道："并非如此，在我看来，不仅得不到商於一带的土地，而且齐国和秦国可能会联合起来，那么一定会祸患临头。"楚王说："能说出原因吗？"陈轸说："秦之所以重视楚，就是因为楚国结盟齐国的缘故。现在若与齐国断绝往来，废除盟约，则楚国就被孤立。秦国为什么不满足地追求一个孤立无援的楚国，而给它六百里土地呢？张仪回秦后，定会背弃承诺，这样就向北和齐国断绝了外交关系，又从西方的秦国招来祸患，两国的军队肯定会同时打到楚国。我妥善地为大王想出了对策，不如暗中同齐联合表面上却断绝关系，并派人随同张仪去秦国。若秦国给了我们土地，再与齐国断交也不迟；反之，就正符合了我们的策略。"楚王说："请陈先生闭上嘴，别再讲话了，等着我得到土地。"就把相印授给了张仪，还馈赠了很多财物。于是就同齐国断绝了关系，废除了盟约，派一位将军随同张仪到去秦国接收土地。

【原文】

张仪至秦，佯失绥堕车，不朝三月。楚王闻之，曰："仪以寡人绝齐未甚邪？"乃使勇士至宋，借宋之符，北骂齐王。齐王大怒，折节而下秦。秦齐之交合，张仪乃朝，谓楚使者曰："臣有奉邑六里，愿以献大王左右。"楚使者曰："臣受令于王，以商於之地六百里，不闻六里。"还报楚王，楚王大怒，发兵而攻秦。陈轸曰："轸可发口言乎？攻之不如割地反以赂秦，与之并兵而攻齐，是我出地于秦，取偿于齐也，王国尚可存。"楚王不听，卒发兵而使将军屈匄击秦。秦齐共攻楚，斩首八万，杀屈匄，遂取丹阳、汉中之地。楚又复益发兵而袭秦，至蓝田，大战，楚大败，于是楚割两城以与秦平。

秦要楚欲得黔中地，欲以武关外易之。楚王曰："不愿易地，愿得张仪而献黔中地。"秦王欲遣之，口弗忍言。张仪乃请行。惠王曰："彼楚王怒子之负以商於之地，是且甘心于子。"张仪曰："秦强楚弱，臣善靳尚，尚得事楚夫人郑袖，袖所言皆从。且臣奉王之节使楚，楚何敢加诛。假令诛臣而为秦得黔中之地，臣之上愿。"遂使楚。楚怀王至则囚张仪，将杀之。

靳尚谓郑袖曰："子亦知子之贱于王乎？"郑袖曰："何也？"靳尚曰："秦王甚爱张仪而不欲出之，今将以上庸之地六县赂楚，以美人聘楚，以宫中善歌讴者为媵。楚王重地尊秦，秦女必贵而夫人斥矣。不若为言而出之。"于是郑袖日夜言怀王曰："人臣各为其主用。今地未入秦，秦使张仪来，至重王。王未有礼而杀张仪，秦必大怒攻楚。妾请子母俱迁江南，毋为秦所鱼肉也。"怀王后悔，赦张仪，厚礼之如故。

【译文】

张仪回到秦国，假装没拉住车上的绳索，跌下车受了伤，三个月都没上朝，楚王听说此事，说："张仪是因为我与齐国断交还不彻底吧？"就命勇士到宋国借了符节，然后北去齐国辱骂齐王，齐王愤怒，将符节斩断而委屈地结交秦国。秦、齐建交，张仪才上朝。他告诉楚国的使者："我有秦王赐给的六里封地，愿把它献给楚王。"楚国使者说："我奉楚王之命，来接收商於之地六百里，没听说是六里。"使者回报楚王，楚王怒火中烧，要立即出兵攻打秦国。陈轸说："我可以开口了吗？与其攻打秦国，还不如割让土地来贿赂他，和他合兵攻打齐国，我们把割让给秦的土地，再从齐那里夺回来补偿，这样，大王的国家还可生存下去。"楚王不听，最终出兵并派将军屈匄进攻秦国。秦、齐两国合力攻打楚国，杀死八万官兵，并杀死屈匄，于是夺下丹阳、汉中的土地。楚国又派出更多的军队去袭击秦国，在蓝田展开大规模的战争，楚军大败，于是楚国又割让两座城池和秦国媾和。

秦国要挟楚国，想得到黔中一带的土地，要用武关以外的土地交换它。楚王说："我不想交换土地，只要得到张仪，愿把黔中地区献出。"秦王准备遣送张仪，又不忍开口。张仪却主动请求前往。惠王说："那楚王恼恨您背弃奉送商於土地的承诺，这是存心要报复您。"张仪说："秦强楚弱，我和楚国大夫靳尚交好，靳尚能够去奉承楚国夫人郑袖，而郑袖的话楚王全部听从。何况我是奉大王之命出使楚国的，楚王怎敢杀我。若杀我而替秦国取得黔中土地，这也是我最大的愿望。"于是，他出使楚国。楚怀王等张仪一到就将其囚禁，打算杀掉他。靳尚对郑袖说："您知道您将被大王鄙弃吗？"郑袖说："为什么？"靳尚说"秦王钟爱张仪而要把他从囚禁中救出来，现在将要用上庸六个县的土地贿赂楚国，献给楚王美女，用宫中擅长歌唱的女人作陪嫁。楚王看重土地，就会敬重秦国。秦国的美女必然会受到宠爱而尊贵，这样，夫人您就将被鄙弃了。不如替张仪求情，把他从囚禁中释放。”于是郑袖日夜向怀王讲情道：“作为臣子，各自为国效力。如今土地尚未交给秦国，秦王就派张仪来了，对大王尊重至极。大王还没有回礼却杀张仪，秦王必定大怒而出兵攻伐楚国。我请求让我们母子都搬到江南，不要像鱼肉一样地受到秦国的欺凌屠戮。”怀王后悔了，就把张仪赦免，像过去一样优厚地款待他。

【原文】

张仪既出，未去，闻苏秦死，乃说楚王曰：“秦地半天下，兵敌四国，被险带河，四塞以为固。虎贲之士百余万，车千乘，骑万匹，积粟如丘山。法令既明，士卒安难乐死，主明以严，将智以武，虽无出甲，席卷常山之险，必折天下之脊，天下有后服者先亡。且夫为从者，无以异于驱群羊而攻猛虎，虎之与羊不格明矣。今王不与猛虎而与群羊，臣窃以为大王之计过也。

“凡天下强国，非秦而楚，非楚而秦，两国交争，其势不两立。大王不与秦，秦下甲据宜阳，韩之上地不通。下河东，取成皋，韩必入臣，梁则从风而动。秦攻楚之西，韩、梁攻其北，社稷安得毋危？

“且夫从者聚群弱而攻至强，不料敌而轻战，国贫而数举兵，危亡之术也。臣闻之，兵不如者勿与挑战，粟不如者勿与持久。夫从人饰辩虚辞，高主之节，言其利不言其害，卒有秦祸，无及为已。是故愿大王之孰计之。

【译文】

张仪从囚禁中出来不久，还没离去，就听说苏秦死了，于是游说楚怀王道：“秦国的土地占了天下的一半，军队的实力可抵挡四方的国家，四境险要，黄河如带横流，四周都有设防重地可以坚守。百万勇武之士，千辆战车，万匹战马，堆积如山的存粮。法令严明，士兵们都不避艰苦危难，愿为国牺牲，国君贤明而威严，将帅智谋而勇武，即使不出兵，其声威就能够席卷险要的常山，折断天下的脊骨，天下后臣服的国家就会先被灭亡。而且，那些合纵的国家要与秦国相较，就跟驱赶羊群进攻猛虎没什么两样，猛虎和绵羊不能成为敌手显而易见。现在，大王不亲附老虎而去亲附绵羊，我自认为大王打算错了。

“如今，天下强大的国家，不是秦国就是楚国，不是楚国就是秦国，两国争战，看其形势，不可能两个国家都存在下去。若大王不去亲附秦国，则秦国必定出兵先占据宜阳，韩国的土地也就被切断不通。出兵河东，夺取城皋，韩国必然要称臣于秦国，魏国就会闻风而动。秦国进军楚国的西边，韩国和魏国进军楚国的北边，则国家怎会不危险呢？

“况且，那些主张合纵的人聚集了一群弱小的国家进攻最强大的国家，不权衡敌对国的力量而盲目发动战争，国家贫穷而又频繁地打仗，这就是导致危亡的策略。我听说，您的兵力不比别国强大，就别挑起战争；您的粮食不比人家多，就别持久作战。那些主张合纵的人，粉饰言辞，空发言论，抬高他们国君的节行，只讲对国君的好处，不讲危害，一旦招致秦国的祸患，就来不及应付了。所以请大王仔细考虑此问题。

【原文】

“秦西有巴蜀，大船积粟，起于汶山，浮江已下，至楚三千余里。舫船载卒，一舫载五十人与三月之食，下水而浮，一日行三百余里，里数虽多，然而不费牛马之力，不至十日而距扞关。扞关惊，则从境以东尽城守矣，黔中、巫郡非王之有。秦举甲出武关，南面而伐，则北地绝。秦兵之攻楚也，危难在三月之内，而楚待诸侯之救，在半岁之外，此其势不相及也。夫恃弱国之救，忘强秦之祸，此臣所以为大王患也。

“大王尝与吴人战，五战而三胜，阵卒尽矣；偏守新城，存民苦矣。臣闻功大者易危，而民敝者怨上。夫守易危之功而逆强秦之心，臣窃为大王危之。

“且夫秦之所以不出兵函谷十五年以攻齐、赵者，阴谋有合天下之心。楚尝与秦构难，战于汉中，楚人不胜，列侯执珪死者七十余人，遂亡汉中。楚王大怒，兴兵袭秦，战于蓝田。此所谓两虎相搏者也。夫秦楚相敝而韩魏以全制其后，计无危于此者矣。愿大王孰计之。

【译文】

“秦国拥有西方的巴郡、蜀郡，用大船装满粮食，从汶山起程，顺江水漂浮而下，到楚国有三千多里。两船相并运送士兵，一条船可载五十人以及三个月的粮食，顺流而下，一天可行三百多里，即使路程较长，可以不花费牛马的力气，用不了十天就可到达扞关。扞关形势一紧张，则边境以东的所有国家就都要据城守御了。黔中和巫郡将不再属大王所有。秦国发兵出武关，向南进攻，楚国的北部地区就被切断。秦军进攻楚国，三个月内可以造成楚国的危难，而楚国若等其他诸侯的救援，则需要半年多的时间，从这形势看来，根本来不及。依靠小国的救援，而忽略强秦带来的祸患，这就是我之所以替大王担忧的理由啊。

“大王曾与吴国人作战，五战三胜，阵地上的士兵死光了；楚军在偏远之地守卫着新占领的城池，可活着的百姓却很辛苦。我听说功业过大的国君，很容易遭到危险，也会被疲惫困苦的百姓怨恨。守候着容易遭到危险的功业而违背强秦的心意，我暗自替大王感到危险。

“秦国之所以十五年不出兵函谷关攻打齐国和赵国，就是由于秦国的暗中策划，有一举吞并天下的雄心。楚国曾给秦国造成祸患，在汉中打了一仗，楚国得胜，却战死了七十多位列侯执珪的人，于是丢了汉中。楚王大怒，出兵袭击秦国，又在蓝田展开交战。此所谓两虎相斗啊。秦、楚两国相互厮杀，疲惫困顿，韩国和魏国就用全部国力从后边进攻，没有比这样的策略更危险的了。请大王仔细考虑。

【原文】

“秦下甲攻卫阳晋，必大关天下之匈。大王悉起兵以攻宋，不至数月而宋可举，举宋而东指，则泗上十二诸侯尽王之有也。

“凡天下而以信约从亲相坚者苏秦，封武安君，相燕，即阴与燕王谋伐破齐而分其地；乃详有罪出走入齐，齐王因受而相之；居二年而觉，齐王大怒，车裂苏秦于市。夫以一诈伪之苏秦，而欲经营天下，混一诸侯，其不可成亦明矣。

“今秦与楚接境壤界，固形亲之国也。大王诚能听臣，臣请使秦太子入质于楚，楚太子入质于秦，请以秦女为大王箕帚之妾，效万室之都以为汤沐之邑，长为昆弟之国，终身无相攻伐。臣以为计无便于此者。”

于是楚王已得张仪而重出黔中地与秦，欲许之。屈原曰：“前大王见欺于张仪，张仪至，臣以为大王烹之；今纵弗忍杀之，又听其邪说，不可。”怀王曰：“许仪而得黔中；美利也。后而倍之，不可。”故卒许张仪，与秦亲。

【译文】

“若秦国出兵攻占魏国的阳晋，必然像锁住天下的胸膛一样。大王出动全部军队攻打宋国，不用几个月，宋国就会被拿下，攻占了宋国而挥师向东进发，则泗水流域的许多小国便全归大王所有了。

“游说天下各国凭借信念合纵交好、坚守盟约的人就是苏秦。他被封为武安君，任燕国宰相，却暗中与燕王策划攻破齐国，并且分割其土地；装作获罪于燕王而逃亡到齐国，齐王因此将其收留且任用他为宰相；经过两年被发觉，齐王大怒，在刑场上把苏秦五马分尸。凭借一个奸诈虚伪的苏秦，就想经营整个天下，让诸侯们结为一体，他的策略不可能成功是必然的。

“现今，秦国和楚国连壤接境，看地理形势也应为亲近的国家。大王若真能听取我的建议，我请秦王派太子来楚国作人质，楚国派太子到秦国作人质，让秦王的女儿作为侍奉大王的姬妾，进献有一万户居民的都邑，作为大王征收赋税供给汤沐之具之地，永结兄弟邻邦，终生不相互攻打。我认为再无比这更合适的策略了。”

此时，楚王虽已得到张仪，却又不想让出黔中土地给秦国，准备接受张仪的建议。屈原说：“上次大王被张仪欺骗，张仪来到楚国，我以为大王会用鼎镬煮死他，现在却将其释放，不忍杀之，还听信其邪妄之言，万万不可啊！”怀王说：“接受张仪的建议可保住黔中土地，此事美好而有利。已经答应而又背弃他，不可行。”因此最终接受了张仪的建议，同秦国交好。

【原文】

张仪去楚，因遂之韩，说韩王曰："韩地险恶山居，五谷所生，非菽而麦，民之食大抵菽饭藿羹。一岁不收，民不餍糟糠。地不过九百里，无二岁之食。料大王之卒，悉之不过三十万，而厮徒负养在其中矣。除守徼亭障塞，见卒不过二十万而已矣。秦带甲百余万，车千乘，骑万匹，虎贲之士跿跔科头贯颐奋戟者，至不可胜计。秦马之良，戎兵之众，探前趹后蹄间三寻腾者，不可胜数。山东之士被甲蒙胄以会战，秦人捐甲徒裼以趋敌，左挈人头，右挟生虏。夫秦卒与山东之卒，犹孟贲之与怯夫；以重力相压，犹乌获之与婴儿。夫战孟贲、乌获之士以攻不服之弱国，无异垂千钧之重于鸟卵之上，必无幸矣。

"夫群臣诸侯不料地之寡，而听从人之甘言好辞，比周以相饰也，皆奋曰'听吾计可以强霸天下'。夫不顾社稷之长利而听须臾之说，诖误人主，无过此者。

"大王不事秦，秦下甲据宜阳，断韩之上地，东取成皋、荥阳，则鸿台之宫、桑林之苑非王之有也。夫塞成皋，绝上地，则王之国分矣。先事秦则安，不事秦则危。夫造祸而求其福报，计浅而怨深，逆秦而顺楚，虽欲毋亡，不可得也。

【译文】

张仪离开楚国，就趁机到韩国游说韩王道："韩国地势险恶，人都居住在山区，生产的粮食是豆而非麦，人们吃的多为豆子饭、豆叶汤。一年没收成，人们便连糟糠这样粗劣的食物都不能吃饱。不足九百里的土地，没有储存二年的粮食。估计大王的士兵，全数也不过三十万人，就这还包括那些勤杂兵和后勤人员呢。不算防守驿亭、边防要塞的士兵，现有兵士不过二十万罢了。可秦国武装部队就有一百多万，战车千辆，战马万匹，数不胜数的勇武之士飞奔跳跃勇往直前，头盔都不戴，双手捂着面颊，带着武器愤怒地扑向敌阵。秦国战马精良，骏马奔驰，那些前蹄扬起，后蹄腾空，一跃就是两丈多远的马多得都数不清。山东六国的兵士，戴头盔，穿铠甲会合作战，秦的兵士却甩掉战袍，赤足露身扑向敌人，左手提人头，右手挟俘虏。秦兵与山东六国的兵相比，就好比勇猛的大力士孟贲和软弱的胆小鬼；用巨大的威力压下去，简直就是勇猛的大力士乌获与婴儿的对抗。用孟贲、乌获这样的军队去攻伐那些不服从的弱小国家，无异于把千钧的重量压在鸟卵上，必定不存在侥幸的结果。

“那些诸侯、大臣们不估量自己的土地狭小，却听信那些主张合纵之人的甜言蜜语，他们结伙营私，互相掩饰，都振奋地说：‘听从我的策略就可称霸天下。’放下国家的长远利益而听从一时的游说，贻误国君，没有比这更严重的了。

“若大王不奉事秦国，秦国发动武装部队占据宜阳，切断韩国的土地，夺取东边的成皋、荥阳，则鸿台的宫殿、桑林的林苑，就不再归大王拥有了。再说，成皋被堵塞，土地被切断，大王的国土就会被分割。先臣事秦国就安全，否则就危险。制造了祸端却想求得吉祥的回报，计谋短浅鄙陋而结下的仇怨深重，违背秦国而服从楚国，即使想不灭亡都难。

【原文】

“故为大王计，莫如为秦。秦之所欲莫如弱楚，而能弱楚者莫如韩。非以韩能强于楚也，其地势然也。今王西面而事秦以攻楚，秦王必喜。夫攻楚以利其地，转祸而悦秦，计无便于此者。”

韩王听仪计。张仪归报，秦惠王封仪五邑，号曰武信君。使张仪东说齐湣王曰：“天下强国无过齐者，大臣父兄殷众富乐。然而为大王计者，皆为一时之说，不顾百世之利。从人说大王者，必曰‘齐西有强赵，南有韩与梁。齐，负海之国也，地广民众，兵强士勇，虽有百秦，将无奈齐何’。大王贤其说而不计其实。夫从人朋党比周，莫不以从为可。臣闻之，齐与鲁三战而鲁三胜，国以危亡随其后，虽有战胜之名，而有亡国之实。是何也？齐大而鲁小也。今秦之与齐也，犹齐之与鲁也。秦赵战于河漳之上，再战而赵再胜秦；战于番吾之下，再战又胜秦。四战之后，赵之亡卒数十万，邯郸仅存，虽有战胜之名而国已破矣。是何也？秦强而赵弱。

“今秦楚嫁女娶妇，为昆弟之国。韩献宜阳；梁效河外；赵入朝渑池，割河间以事秦。大王不事秦，秦驱韩梁攻齐之南地，悉赵兵渡清河，指博关，临菑、即墨非王之有也。国一日见攻，虽欲事秦，不可得也。是故愿大王孰计之也。”

【译文】

“因此我替大王策划，不如帮助秦国，秦国所想的最重要的无疑就是削弱楚国，能够削弱楚国的，韩国最有实力。并非因为韩国比楚国强大，而是因为韩国地理形势。现在若大王向西臣事秦国而进攻楚国，则秦王必然很高兴。进攻楚国在它土地上取得利益，又使自己的祸患转移而使秦国高兴，这计策最适宜了。”

韩王听信了张仪的策略。张仪回到秦国报告，秦惠王便封赏了他五个都邑，封为武信君。又派张仪东去游说齐湣王道：“天下强大的国家要属齐国，大臣及其父兄兴旺发达、富足安乐。可是给大王出谋划策的人，都是为了暂时的欢乐，而不顾国家长远的利益。主张合纵的人游说大王，肯定会说：‘齐国西面是强大的赵国，南面是韩国和魏国，齐国背靠大海，土地广阔，人口众多，军队强大，士兵勇敢，就算有一百个秦国，也奈何不了齐国。’大王认为他们的说法很高明，却考虑不到实际情况。主张合纵的人，结党营私，排斥异己，都说合纵是可行的。我听说，齐国和鲁国打了三次仗，而鲁国胜了三次，国家却也因此随后而亡，就算有战胜的名声，却还是没能逃脱国家灭亡的现实。这是为何呢？原因就是齐国强大而鲁国弱小啊。如今，秦国同齐国比较，就像齐国和鲁国一样。秦国和赵国交战于漳河边上，两次交战两次打败秦国；在番吾城下交战，又是两次交战两次打败秦国。四次战役后，赵国士兵有几十万阵亡，才勉强保住了邯郸。即使赵国有战胜之名，国家却已残破不堪了。这是为何呢？原因就是秦国强大而赵国弱小啊。

“现在秦、楚两国嫁女娶妇，结成兄弟盟国。韩国把宜阳献出，魏国把河外献出，赵国在渑池朝拜秦王，把河间割让以奉事秦国。若大王不臣事秦国，则秦国就会驱使韩、魏进攻齐的南方，赵军全部出动，渡过清河，直指博关和临菑，即墨就不再属于大王了。国家一旦被进攻，即使想要臣事秦国，也不可能了，所以请大王慎重考虑。”

【原文】

齐王曰：“齐僻陋，隐居东海之上，未尝闻社稷之长利也。”乃许张仪。张仪去，西说赵王曰：“敝邑秦王使使臣效愚计于大王。大王收率天下以宾秦，秦兵不敢出函谷关十五年。大王之威行于山东，敝邑恐惧慑伏，缮甲厉兵，饰车骑，习驰射，力田积粟，守四封之内，愁居慑处，不敢动摇，唯大王有意督过之也。

“今以大王之力，举巴蜀，并汉中，包两周，迁九鼎，守白马之津。秦虽僻远，然而心忿含怒之日久矣。今秦有敝甲凋兵，军于渑池，愿渡河逾漳，据番吾，会邯郸之下，愿以甲子合战，以正殷纣之事，敬使使臣先闻左右。

“凡大王之所信为从者恃苏秦。苏秦荧惑诸侯，以是为非，以非为是，欲反齐国，而自令车裂于市。夫天下之不可一亦明矣。今楚与秦为昆弟之国，而韩梁称为东藩之臣，齐献鱼盐之地，此断赵之右臂也。夫断右臂而与人斗，失其党而孤居，求欲毋危，岂可得乎？

【译文】

齐王说：“齐国偏僻落后，处在东海边上，不曾听到过国家长远利益的道理。”就接受了张仪的建议。

张仪离开齐国，西去游说赵王道：“敝邑秦王派我做使臣来给大王献上不成熟的意见。大王率天下诸侯抵制秦国，秦国军民十五年都不敢出函谷关。大王的声威遍布各国，敝邑担惊受怕，屈服而不敢妄动，整治军备，磨砺武器，整顿战车战马，训练跑马射箭，努力种地，储存粮食，守护在四方边境之内，日夜担忧地生活着，不敢轻举妄动，怕大王有意深责我们的过失。

“现在，凭借大王的督促之力，秦国已将巴、蜀攻克，将汉中吞并，将东、西二周夺取，将九鼎宝器迁走，据守着白马渡口。秦国虽说地处偏僻遥远，可内心压抑愤懑的日子太长了。现在，秦国有一支残兵败将，在渑池驻扎，正计划渡黄河，跨漳水，占番吾，同贵军会于邯郸城下，想在甲子这一天与贵军交战，以效法武王伐纣的旧事，所以秦王郑重地派出使臣先来敬告大王及其左右亲信。

“大王信赖倡导合纵联盟的原因，是凭借苏秦。苏秦迷惑诸侯，颠倒是非，他想反对齐国，自己却被五马分尸于刑场。天下诸侯不可能统一是显而易见的。现今，楚国和秦国已结成盟国，而韩国和魏国也已臣服于秦国，成为东方的属国，齐国献出盛产鱼盐之地，这就相当于把赵国的右臂斩断了。斩断了右臂而同别人争斗，失去同伙而孤立无援，想使国家不危险都是不可能的？

【原文】

“今秦发三将军：其一军塞午道，告齐使兴师渡清河，军于邯郸之东；一军军成皋，驱韩梁军于河外；一军军于渑池。约四国为一以攻赵，赵破，必四分其地。是故不敢匿意隐情，先以闻于左右。臣窃为大王计，莫如与秦王遇于渑池，面相见而口相结，请案兵无攻。愿大王之定计。”

赵王曰：“先王之时，奉阳君专权擅势，蔽欺先王，独擅绾事，寡人居属师傅，不与国谋计。先王弃群臣，寡人年幼，奉祀之日新，心固窃疑焉，以为一从不事秦，非国之长利也。乃且愿变心易虑，割地谢前过以事秦。方将约车趋行，适闻使者之明诏。”赵王许张仪，张仪乃去。

北之燕，说燕昭王曰：“大王之所亲莫如赵。昔赵襄子尝以其姊为代王妻，欲并代，约与代王遇于句注之塞。乃令工人作为金斗，长其尾，令可以击人。与代王饮，阴告厨人曰：‘即酒酣乐，进热啜，反斗以击之。’于是酒酣乐，进热啜，厨人进斟，因反斗以击代王，杀之，王脑涂地。其姊闻之，因摩笄以自刺，故至今有摩笄之山。代王之亡，天下莫不闻。

【译文】

“如今，秦国派出三支军队：一支堵塞午道，通知齐国调动军队渡过清河，驻扎在邯郸的东面；一支驻扎在成皋，驱使韩国和魏国的军队驻扎在河外；一支驻扎在渑池。相约四国军队结为一体进攻赵国，攻破赵国，必然由四国瓜分它的土地。因此我不敢隐瞒实情，先报告给大王左右亲信。我暗自为大王考虑，不如与秦王会晤于渑池，当面作个口头约定，请求按兵不动，不要进攻。请大王定夺。”

赵王说：“先王在世时，奉阳君独揽权势，蒙蔽先王，独断政事，我还深居宫内，从师学习，不参与谋划国家大事。先王抛弃群臣谢世时，我还年轻，继承君位的时间也不长，我心中的确暗自怀疑这种做法，认为各国联合一体，不奉事秦国，不是我国长远的利益。于是，我想改变心志，去除疑虑，割让土地弥补已往的过失，以奉事秦国。我正要整备车马去请罪，恰逢听到您明智的教诲。”赵王接受了张仪的建议，张仪才离去。

向北到了燕国，游说燕昭王道：“大王最亲近赵国了。过去赵襄子曾把自己的姐姐嫁给代王为妻，想吞并代国，约定与代王在句注要塞会晤，就命工匠做了一个金斗，加长了斗柄以击杀人命。赵王与代王饮酒，暗中对厨工说：‘趁酒酣时，你献上热羹，并趁机反转斗柄来击杀他。’于是当酒喝到酣畅时，送上热腾腾的羹汁，厨工趁送上金斗的机会，反转斗柄击中代王，并将其杀死，代王的脑浆流了一地。赵王的姐姐得知此事后，把簪子磨快自杀了，因此今天还有一个名叫摩笄的山名。代王的死，天下无人不知。

【原文】

“夫赵王之很戾无亲，大王之所明见，且以赵王为可亲乎？赵兴兵攻燕，再围燕都而劫大王，大王割十城以谢。今赵王已入朝渑池，效河间以事秦。今大王不事秦，秦下甲云中、九原，驱赵而攻燕，则易水、长城非大王之有也。

“且今时赵之于秦犹郡县也，不敢妄举师以攻伐。今王事秦，秦王必喜，赵不敢妄动，是西有强秦之援，而南无齐赵之患，是故愿大王孰计之。”

燕王曰：“寡人蛮夷僻处，虽大男子裁如婴儿，言不足以采正计。今上客幸教之，请西面而事秦，献恒山之尾五城。”燕王听仪。仪归报，未至咸阳而秦惠王卒，武王立。武王自为太子时不说张仪，及即位，群臣多谗张仪曰：“无信，左右卖国以取容。秦必复用之，恐为天下笑。”诸侯闻张仪有郤武王，皆畔衡，复合从。

【译文】

“赵王凶暴，六亲不认，大王是有明确见识的，还能觉得赵王可以亲近吗？赵国出兵攻打燕国，两次围困燕国首都来劫持大王，大王还得割让十座城池向他道歉。现今，赵王已到渑池朝拜秦王，献出河间一带土地奉事秦国。现在若大王不奉事秦国，则秦将发动武装部队直下云中、九原，驱使赵国进攻燕国，那么易水和长城将不再属于大王。

“而且，现在的赵国对秦国来说，好比郡和县的关系，不敢胡乱出兵攻打别国。现在若大王奉事秦国，则秦王一定高兴，而赵国也不敢轻举妄动，这就等于西边有强大秦国的支援，而南边又解除了齐国、赵国的忧虑，因此请大王仔细考虑。”

燕王说：“我就像蛮夷之徒一样处在落后荒远之地，这里的人即使是男子汉，也都仅仅像个婴儿，其言论无法产生正确的决策。如今，承蒙贵客教诲，我愿意向西面奉事秦国，把恒山脚下五座城池献出。”燕王接受了张仪的建议。张仪回报秦王，尚未到达咸阳秦惠王就去世了，武王即位。武王做太子时就不喜欢张仪，等到继承王位，很多大臣说张仪的坏话：“张仪不讲信用，反复无常，卖国求宠。秦国若一定要继续任用他，则恐怕会被天下人耻笑。”诸侯们得知张仪和武王感情上有裂痕，就又都纷纷背叛了连横政策，恢复了合纵联盟。

【原文】

秦武王元年，群臣日夜恶张仪未已，而齐让又至。张仪惧诛，乃因谓秦武王曰：“仪有愚计，愿效之。”王曰：“奈何？”对曰：“为秦社稷计者，东方有大变，然后王可以多割得地也。今闻齐王甚憎仪，仪之所在，必兴师伐之。故仪愿乞其不肖之身之梁，齐必兴师而伐梁。梁齐之兵连于城下而不能相去，王以其间伐韩，入三川，出兵函谷而毋伐，以临周，祭器必出。挟天子，按图籍，此王业也。”秦王以为然，乃具革车三十乘，入仪之梁。齐果兴师伐之。梁哀王恐。张仪曰：“王勿患也，请令罢齐兵。”乃使其舍人冯喜之楚，借使之齐，谓齐王曰：“王甚憎张仪；虽然，亦厚矣王之托仪于秦也！”齐王曰：“寡人憎仪，仪之所在，必兴师伐之，何以托仪？”对曰：“是乃王之托仪也。夫仪之出也，固与秦王约曰：‘为王计者，东方有大变，然后王可以多割得地。今齐王甚憎仪，仪之所在，必兴师伐之。故仪愿乞其不肖之身之梁，齐必兴师伐之。齐梁之兵连于城下而不能相去，王以其间伐韩，入三川，出兵函谷而无伐，以临周，祭器必出。挟天子，案图籍，此王业也。’秦王以为然，故具革车三十乘而入之梁也。今仪入梁，王果伐之，是王内罢国而外伐与国，广邻敌以内自临，而信仪于秦王也。此臣之所谓‘托仪’也。”齐王曰：“善。”乃使解兵。

张仪相魏一岁，卒于魏也。

【译文】

秦武王元年，群臣日夜诋毁张仪，而齐国又派人来责备张仪。张仪担心被杀，就趁机对武王说：“我有个不成熟的计策，希望献给大王。”武王说：“怎么办？”回答说：“为秦国着想，必须使东方各国发生大的变故，大王才能得到更多的土地。现在，听说齐王很恨我，我在哪个国家，他就必然会出动军队讨伐它。因此请让我这个不成才的人到魏国去，齐国肯定会出兵攻打魏国。魏军和齐军在城下混战而谁都无法回师离开之时，大王趁此机会攻打韩国，打进三川，军队开出函谷关而不要攻打别的国家，直接挺进，兵临周都，周天子定会献出祭器。大王就可挟持天子，掌握天下的地图户籍，这是成就帝王的功业啊。”秦王觉得他说的有道理，就准备了兵车三十辆，把张仪送到魏国，齐王果真发兵攻打魏国，梁哀王很担心。张仪说：“大王不用担忧，我让齐国罢兵。”

就派遣他的门客冯喜去楚国，再借用楚国的使臣到齐国，对齐王说：“大王痛恨张仪；尽管如此，可大王让张仪在秦国有所依托，也做得够周到了啊！”齐王说：“我恨张仪，张仪在哪里，我就出兵攻打哪里，我怎么是让张仪有所依托呢？”回答说：“这恰是大王让张仪有所依托呀。张仪离开秦国时，本来与秦王约定说：‘为大王着想，必须使东方各国发生大变故，大王才能割得更多的土地。现在齐国憎恨我，我在哪国，他就必然会出兵攻打哪国。因此请让我这个不成才的人去魏国，齐国定要出兵攻打魏国，当魏军和齐军在城下混战而谁都无法回师离开之时，大王就可趁此机会攻打韩国，打进三川，军队开出函谷关而不要攻打别的国家，直接挺进，兵临周都，周天子定会献出祭器。大王就可挟持天子，掌握天下的地图户籍，这是成就帝王的功业啊。’秦王认为他说的有道理，所以备了三十辆兵车把张仪送到了魏国。现在，张仪去了魏国，大王果真要攻打它，这让大王使国内疲惫困乏而对外攻打与自己建立邦交的国家，广泛树敌，患及自身，反而让张仪得到秦国的信任。这就是我所说的‘让张仪有所依托’啊。”齐王说：“好。”就将攻打魏国的战争解除了。

张仪出任魏国宰相一年，就死在了魏国。

【原文】

陈轸者，游说之士。与张仪俱事秦惠王，皆贵重，争宠。张仪恶陈轸于秦王曰："轸重币轻使秦楚之间，将为国交也。今楚不加善于秦而善轸者，轸自为厚而为王薄也。且轸欲去秦而之楚，王胡不听乎？"王谓陈轸曰："吾闻子欲去秦之楚，有之乎？"轸曰："然。"王曰："仪之言果信矣。"轸曰："非独仪知之也，行道之士尽知之矣。昔子胥忠于其君而天下争以为臣，曾参孝于其亲而天下愿以为子。故卖仆妾不出闾巷而售者，良仆妾也；出妇嫁于乡曲者，良妇也。今轸不忠其君，楚亦何以轸为忠乎？忠且见弃，轸不之楚何归乎？"王以其言为然，遂善待之。

居秦期年，秦惠王终相张仪，而陈轸奔楚。楚未之重也，而使陈轸使于秦。过梁，欲见犀首。犀首谢弗见。轸曰："吾为事来，公不见轸，轸将行，不得待异日。"犀首见之。陈轸曰："公何好饮也？"犀首曰："无事也。"曰："吾请令公厌事可乎？"曰："奈何？"曰："田需约诸侯从亲，楚王疑之，未信也。公谓于王曰：'臣与燕、赵之王有故，数使人来，曰：无事何不相见，愿谒行于王。'王虽许公，公请毋多车，以车三十乘，可陈之于庭，明言之燕、赵。"燕、赵客闻之，驰车告其王，使人迎犀首。楚王闻之大怒，曰："田需与寡人约，而犀首之燕、赵，是欺我也。"怒而不听其事。齐闻犀首之北，使人以事委焉。犀首遂行，三国相事皆断于犀首。轸遂至秦。

【译文】

陈轸，是游说的策士。与张仪共同侍奉秦惠王，都被重用而显贵，互相争宠。张仪在秦王面前中伤陈轸说："陈轸以丰厚的礼物随便地来往于秦楚之间，应当为国家外交工作。现在楚国却不曾对秦国更加友好反而亲善陈轸，足见其为自己打算的多而为大王着想的少啊。而且陈轸想离开秦国而到楚国去，大王怎么没听说呢？"秦王对陈轸说："我听说先生打算离开秦国去楚国，有此事吗？"陈轸说："有。"秦王说："张仪的话果真可信。"陈轸说："不仅是张仪知道此事，就连路人也都知道此事。以前伍子胥忠于国君，天下国君都争着要他作臣子；曾参孝敬父母，天下的父母都希望他做儿子。因此被出卖的奴仆侍妾不等走出里巷就卖掉了，因为他们都是好奴仆；被遗弃的妻子还能在本乡本土嫁出去，因为他们都是好女人。现在，陈轸若不忠于自己的国君，楚国又凭什么认为陈轸能忠于他呢？忠诚却被抛弃，陈轸不去楚国，又能去哪儿呢？”秦王认为他说得对，于是就更加优待他。

陈轸在秦国过了整整一年，秦惠王终于任张仪为宰相，而陈轸投奔楚国，楚王没有重用他，却派他出使秦国。他路过魏国，想见一下犀首，犀首谢绝不见。陈轸说：“我有事才来，您不见我就要走了，无法等到第二天。”犀首便接见了他。陈轸说：“您为何爱好喝酒呢？”犀首说：“无事可做。”陈轸说：“我让您有很多事做，好吗？”犀首说：“怎么做？”陈轸说：“田需约集各国合纵相亲，楚王怀疑他，还不相信。您跟魏王说：‘我和燕、赵两国国君有旧交情，他们曾多次派人来对我说：闲着没事为何不互相见见面。希望您去晋见我们国君。’魏王即使答应您去，您也不必多要车辆，只需把三十辆车摆列在庭院里，公开宣称要去燕国和赵国。”燕、赵两国的外交人员听了此消息，急忙驱车回报他们的国君，派人迎接犀首。楚王听了此消息，很生气，说：“田需同我相约，而犀首却去燕、赵，这是在欺骗我呀。”楚王因很生气而不再理睬田需合纵的事。齐国听说犀首去了北方，便派人把国家政事托付给他，犀首就去了齐国，于是三国宰相的事务都由犀首决断，陈轸也就回到了秦国。

【原文】

韩魏相攻，期年不解。秦惠王欲救之，问于左右。左右或曰救之便，或曰勿救便，惠王未能为之决。陈轸适至秦，惠王曰：“子去寡人之楚，亦思寡人不？”陈轸对曰：“王闻夫越人庄舄乎？”王曰：“不闻。”曰：“越人庄舄仕楚执珪，有顷而病。楚王曰：‘舄故越之鄙细人也，今仕楚执珪，贵富矣，亦思越不？’中谢对曰：‘凡人之思故，在其病也。彼思越则越声，不思越则楚声。’使人往听之，犹尚越声也。今臣虽弃逐之楚，岂能无秦声哉！”惠王曰：“善。今韩魏相攻，期年不解，或谓寡人救之便，或曰勿救便，寡人不能决，愿子为子主计之余，为寡人计之。”陈轸对曰：“亦尝有以夫卞庄子刺虎闻于王者乎？庄子欲刺虎，馆竖子止之，曰：‘两虎方且食牛，食甘必争，争则必斗，斗则大者伤，小者死，从伤而刺之，一举必有双虎之名。’卞庄子以为然，立须之。有顷，两虎果斗，大者伤，小者死。庄子从伤者而刺之，一举果有双虎之功。今韩魏相攻，期年不解，是必大国伤，小国亡，从伤而伐之，一举必有两实。此犹庄子刺虎之类也。臣主与王何异也。”惠王曰：“善。”卒弗救。大国果伤，小国亡，秦兴兵而伐，大克之。此陈轸之计也。

【译文】

韩国同魏国交战，整整一年都未能解除。秦惠王想让他们和解，问左右亲信的意见。有的说和解有利，有的说不和解有利，惠王作不出决断。陈轸正好回到秦国，惠王说：“先生离开我到楚国，也想我吗？”陈轸回答说：“大王听说过越国人庄舄吗？”惠王说：“没有。”陈轸说：“越人庄舄在楚国官做到执珪的爵位，没多长时间就生病了。楚王说：‘庄舄原本是越国一个地位低微的人，现在官做到执珪的爵位，富贵了，也不知想不想越国？’中谢说：‘大凡人们思念自己的故乡，是在其生病之时，若他思念越国，就会操越国的腔调，反之就要操楚国的腔调。’派人前去偷听，庄舄还是操越国的腔调。今天我即使被遗弃跑到楚国，难道能丢下秦国的腔调吗？”惠王说：“好。现在韩国与魏国交战，一整年都没有解除，有人说让他们和解有利，有人说不让他们和解有利，我无法做出决断，请先生为你的国君出谋划策之余，也替我出个主意。”陈轸答道：“也曾有人把卞庄子刺虎的事讲给大王听吗？庄子正要刺杀猛虎，旅馆有个小子阻止他道：‘两只虎正在吃牛，等它们吃出滋味时必定会争夺，一争夺就肯定会打起来，一旦打起来，则大的就必然会受伤，小的会死亡，追逐着受伤的老虎而刺杀它，这一来必然获得刺杀双虎的名声。’卞庄认为他说的有道理，站在旁边等待它们，不久，两只老虎果真打了起来，结果大的受了伤，小的死了，庄子追赶上受伤的老虎而将其杀死，这一来果真获得了杀死双虎的功劳。现在韩、魏交战，一年不能解除，这样势必大国损伤，小国危亡，追逐着受到损伤的国家而讨伐它，则必然会获得两个胜利果实。这就好比庄子刺杀猛虎一类的事啊。我为自己的国君出主意和为大王出主意有什么区别呢？”惠王说：“说得好。”最终没有让它们和解。大国果真受到损伤，小国面临危亡，秦国就趁机出兵讨伐它们，获得大胜，这是陈轸的策略呀。

【原文】

犀首者，魏之阴晋人也，名衍，姓公孙氏。与张仪不善。

张仪为秦之魏，魏王相张仪。犀首弗利，故令人谓韩公叔曰：“张仪已合秦魏矣，其言曰‘魏攻南阳，秦攻三川’。魏王所以贵张子者，欲得韩地也。且韩之南阳已举矣，子何不少委焉以为衍功，则秦魏之交可错矣。然则魏必图秦而弃仪，收韩而相衍。”公叔以为便，因委之犀首以为功。果相魏。张仪去。

义渠君朝于魏。犀首闻张仪复相秦，害之。犀首乃谓义渠君曰：“道远不得复过，请谒事情。”曰：“中国无事，秦得烧掇焚杅君之国；有事，秦将轻使重币事君之国。”其后五国伐秦。会陈轸谓秦王曰：“义渠君者，蛮夷之贤君也，不如赂之以抚其志。”秦王曰：“善。”乃以文绣千纯，妇女百人遗义渠君。义渠君致群臣而谋曰：“此公孙衍所谓邪？”乃起兵袭秦，大败秦人李伯之下。

张仪已卒之后，犀首入相秦。尝佩五国之相印，为约长。

太史公曰：三晋多权变之士，夫言从衡强秦者大抵皆三晋之人也。夫张仪之行事甚于苏秦，然世恶苏秦者，以其先死，而仪振暴其短以扶其说，成其衡道。要之，此两人真倾危之士哉！

【译文】

犀首，是魏国阴晋人。名叫衍，姓公孙。和张仪关系不好。

张仪为了秦国而到魏国去，魏王任张仪做宰相。犀首觉得不利于自己，于是他使人对韩国公叔说：“张仪已经让秦、魏联合了，他扬言道：‘魏国进攻南阳，秦国进攻三川。’魏王之所以器重张仪，是因为想得到韩国的土地。况且韩国的南阳已经被占领，先生何不稍微把一些政事委托给公孙衍，让他到魏王面前请功，那么秦国和魏国的交往就会停止。既然如此，则魏国一定谋取秦国而抛弃张仪，结交韩国而让公孙衍任宰相。”

公叔觉得有利，于是就把政事委托犀首，让他献功。犀首果真作了魏国宰相，张仪离开魏国。

义渠君前来朝拜魏王。犀首听说张仪又任秦国宰相，迫害义渠君。犀首就对义渠君说：“贵国道路遥远，今日分别，不容易再来访问，请允许我把一件事情告诉你。”他继续说：“中原各国不联合起来讨伐秦国，秦国才会焚烧掠夺您的国家，中原各国共同讨伐秦国，秦国就会派遣轻装的使臣带着厚礼事侍您的国家。”此后，楚、魏、齐、韩、赵五国联合讨伐秦国，正赶上陈轸对秦王说：“义渠君是蛮夷各国中的贤明君主，不如赠送财物以安抚其心志。”秦王说：“好。”就把一千匹锦绣和一百名美女赠送给义渠君，义渠君把群臣招来商量道：“这就是公孙衍告诉我的情形吗？”于是就起兵袭击秦国，大败秦军于李伯城下。

张仪死后，犀首到秦国任宰相。曾经佩带过五个国家的相印，做了联盟的领袖。

太史公说：三晋出了很多权宜机变的人物，那些主张合纵、连横使秦国强大的，多为三晋人。张仪的作为比苏秦有过之，可社会上之所以厌恶苏秦，是因为他先死了而张仪张扬暴露了他合纵政策的短处，以附会自己的主张，促成连横政策。总之，此二人都是真正险诈的人。

【评析】

出于某种情感和价值观的考虑，太史公司马迁在更大的程度上还是同情苏秦，而厌恶张仪的。当然这种情感倾向也表现在司马迁本人对战国时代其他历史人物身上，显然，他对于东方六国的人物似乎怀有更多的好感，而对于秦国的将相却相对较少。而事实上现代战国史的研究者们在深入考辨的基础上得出了可信的结论，那就是张仪的历史贡献要远远超过苏秦，这一点很多古人也都已经看清楚了，因此，尽管不能将其当作历史，但是本着忠实于原著的原则，对于司马迁的“一家之言”，每一篇都不能忽视。另外文中人物在贫困潦倒时，在碰壁后的那种隐忍发奋、不甘于现状、坚持不懈的精神还是值得每一个人学习的。

第九章 樗里子甘茂列传

【原文】

樗里子者，名疾，秦惠王之弟也，与惠王异母。母，韩女也。樗里子滑稽多智，秦人号曰“智囊”。

秦惠王八年，爵樗里子右更，使将而伐曲沃，尽出其人，取其城，地入秦。秦惠王二十五年，使樗里子为将伐赵，虏赵将军庄豹，拔蔺。明年，助魏章攻楚，败楚将屈丐，取汉中地。秦封樗里子，号为严君。

秦惠王卒，太子武王立，逐张仪、魏章，而以樗里子、甘茂为左右丞相。秦使甘茂攻韩，拔宜阳。使樗里子以车百乘入周。周以卒迎之，意甚敬。楚王怒，让周，以其重秦客。游腾为周说楚王曰：“知伯之伐仇犹，遗之广车，因随之以兵，仇犹遂亡。何则？无备故也。齐桓公伐蔡，号曰诛楚，其实袭蔡。今秦，虎狼之国，使樗里子以车百乘入周，周以仇犹、蔡观焉，故使长戟居前，强弩在后，名曰卫疾，而实囚之。且夫周岂能无忧其社稷哉？恐一旦亡国以忧大王。”楚王乃悦。

【译文】

樗里子，名疾，是秦惠王同父异母的弟弟。其母是韩国女子。樗里子待人接物能说会道，足智多谋，因此秦人都称他是个“智囊”人物。

秦惠王八年，樗里子封为右更爵位，秦王派他率兵攻打魏国的曲沃，他把那里的人全都赶走，占领了城邑，曲沃周围的土地便并入了秦国。秦惠王二十五年，秦王任樗里子为将军攻伐赵国，把赵国将军庄豹俘虏了，拿下了蔺邑。第二年，又协助魏章攻伐楚国，战败楚将屈丐，夺取了汉中地区。秦王赐封樗里子，封号是严君。

秦惠王死后，太子武王即位，把张仪和魏章驱逐，任樗里子和甘茂为左右丞相。秦王派甘茂攻伐韩国，一举拿下宜阳，同时还派樗里子率百辆战车进抵周朝都城。周王派士兵列队迎接，看起来很是恭敬。楚王知道后怒不可遏，就责骂周王，因为周王不该如此敬重秦国的不速之客。对此，游腾替周王劝说楚王道："先前知伯攻打仇犹时，用赠送大车的办法，趁机让军队跟在后面，结果仇犹灭亡了。为什么？就是因为没有防备啊。齐桓公攻打蔡国时，声称是要诛罚楚国，其实是偷袭蔡国。现在的秦国，是个如虎似狼的国家，派樗里子带着百辆战车进入周都，居心叵测，周王是以仇犹、蔡国的教训来看待此事，因此派手持长戟的兵卒在前，让佩带强弓的军士列在后，表面说是护卫樗里子，实际上是看管他，以防不测。再说，周王怎能不担忧周朝的天下呢？恐怕一旦亡国会给大王您带来麻烦。"楚王这才高兴起来。

【原文】

秦武王卒，昭王立，樗里子又益尊重。

昭王元年，樗里子将伐蒲。蒲守恐，请胡衍。胡衍为蒲谓樗里子曰："公之攻蒲，为秦乎？为魏乎？为魏则善矣，为秦则不为赖矣。夫卫之所以为卫者，以蒲也。今伐蒲入于魏，卫必折而从之。魏亡西河之外而无以取者，兵弱也。今并卫于魏，魏必强。魏强之日，西河之外必危矣。且秦王将观公之事，害秦而利魏，王必罪公。"樗里子曰："奈何？"胡衍曰："公释蒲勿攻，臣试为公入言之，以德卫君。"樗里子曰："善。"胡衍入蒲，谓其守曰："樗里子知蒲之病矣，其言曰必拔蒲。衍能令释蒲勿攻。"蒲守恐，因再拜曰："愿以请。"因效金三百斤，曰："秦兵苟退，请必言子于卫君，使子为南面。"故胡衍受金于蒲以自贵于卫。于是遂解蒲而去。还击皮氏，皮氏未降，又去。

昭王七年，樗里子卒，葬于渭南章台之东。曰："后百岁，是当有天子之宫夹我墓。"樗里子疾室在于昭王庙西渭南阴乡樗里，故俗谓之樗里子。至汉兴，长乐宫在其东，未央宫在其西，武库正直其墓。秦人谚曰："力则任鄙，智则樗里。”

【译文】

秦武王死后，昭王即位，樗里子更加受到尊重了。

昭王元年，樗里子率兵进攻蒲城。蒲城的长官很恐惧，便请胡衍出主意。胡衍便出面替蒲城长官对樗里子说：“您进攻蒲城，是为了秦国，还是为了魏国啊？若是为了魏国，那当然好了；若是为了秦国，那就不算有利了。因为卫国之所以成为一个国家，就是因为有蒲城存在。现在您进攻它迫使它投入魏国怀抱，整个卫国就会屈服并依附魏国。魏国丧失了西河之外的城邑却无法夺回来，就是因为兵力薄弱啊。现在攻打蒲城使卫国并入魏国，魏国必定强大起来。魏国强大的时候，也就是贵国所占城邑危险的时候。况且，秦王要察看您此次的行动，倘若有害于秦国而使魏国得利，则秦王定要加罪于您。”听后，樗里子若有所思地说：“如何是好呢？”胡衍顺势说：“您放弃蒲城别进攻，我试着替您到蒲城说说这个意思，让卫国国君不忘您给予他的恩德。”樗里子说：“好吧。”胡衍进入蒲城后，就对那个长官说：“樗里子已经掌握了蒲城困厄的处境，他扬言定要拿下蒲城。不过，我可以使他放弃蒲城，不再进攻。”蒲城长官很担心，听了胡衍的话，仿佛见到了救星，拜了又拜连声说：“求您施恩救助。”于是还献上三百斤黄金，又表示说：“若秦军果真撤退了，请让我一定把您的功劳报告给卫国国君，让您享受国君一样的待遇。”于是胡衍从蒲城得到重金而使自己在卫国成了显贵。这时，樗里子已解围撤离了蒲城，回兵进攻魏国城邑皮氏，皮氏没投降，便又撤离了。

昭王七年，樗里子去世，葬在渭水南边章台之东。他临终前曾预言：“百年之后，此处会有天子的宫殿夹着我的坟墓。”樗里子嬴疾的家在昭王庙西边渭水之南的阴乡樗里，所以人们俗称他为樗里子。汉朝兴起，所建长乐宫就在他坟墓的东边，而在他坟墓的西边则是未央宫，武库正对着他的坟墓，果如所言。秦国人有句谚语说：“力气大要数任鄙，智谋多要数樗里。”

【原文】

甘茂者，下蔡人也。事下蔡史举先生，学百家之术。因张仪、樗里子而求见秦惠王。王见而说之，使将，而佐魏章略定汉中地。

惠王卒，武王立。张仪、魏章去，东之魏。蜀侯辉、相壮反，秦使甘茂定蜀。还，而以甘茂为左丞相，以樗里子为右丞相。

秦武王三年，谓甘茂曰："寡人欲容车通三川，以窥周室，而寡人死不朽矣。"甘茂曰："请之魏，约以伐韩，而令向寿辅行。"甘茂至，谓向寿曰："子归，言之于王曰'魏听臣矣，然愿王勿伐'。事成，尽以为子功。"向寿归，以告王，王迎甘茂于息壤。甘茂至，王问其故。对曰："宜阳，大县也，上党、南阳积之久矣。名曰县，其实郡也。今王倍数险，行千里攻之，难。昔曾参之处费，鲁人有与曾参同姓名者杀人，人告其母曰'曾参杀人'，其母织自若也。顷之，一人又告之曰'曾参杀人'，其母尚织自若也。顷又一人告之曰'曾参杀人'，其母投杼下机，逾墙而走。夫以曾参之贤与其母信之也，三人疑之，其母惧焉。今臣之贤不若曾参，王之信臣又不如曾参之母信曾参也，疑臣者非特三人，臣恐大王之投杼也。始张仪西并巴蜀之地，北开西河之外，南取上庸，天下不以多张子而以贤先王。魏文侯令乐羊将而攻中山，三年而拔之。乐羊返而论功，文侯示之谤书一箧。乐羊再拜稽首曰：'此非臣之功也，主君之力也。'今臣，羁旅之臣也。樗里子、公孙奭二人者挟韩而议之，王必听之，是王欺魏王而臣受公仲侈之怨也。"

【译文】

甘茂，是下蔡人。曾侍奉下蔡的史举先生，跟他学习诸子百家的学说。后来通过张仪和樗里子的引荐得以拜见秦惠王。惠王接见后，很喜欢他，就派他带兵去支援魏章夺取汉中地区。

惠王死后，武王即位。当时张仪和魏章都已离开秦国，跑到东边的魏国。不久，秦公子蜀侯辉和他的辅相陈壮谋反，武王就派甘茂去平定蜀地。返回秦国后，武王任甘茂为左丞相，任樗里子为右丞相。

秦武王三年，武王对甘茂说："我有个心愿想乘着垂帷挂幔的车子，通过三川之地，去看一看周朝都城，死了也心满意足。"甘茂心领神会，便说："请允许我到魏国，与魏国相约去攻伐韩国，并请让向寿辅助我一同前往。"武王应许了甘茂的请求。甘茂到魏国后，就对向寿说："您回去告诉武王出使的情况，就说'魏国听从我的主张了，但我希望大王先不要攻伐韩国'。事情成了，全算是您的功劳。"向寿回到秦国，把甘茂的话报告给武王，武王到息壤迎接甘茂。甘茂抵达息壤，武王问他先不攻打韩国的原因。甘茂说："宜阳是个大县，上党、南阳财赋的积贮经时很久了。名为县，其实是个郡。如今大王离开自己所凭据的几处险要关隘，不远千里去攻打它们，取胜困难很大。从前，曾参住在费邑，鲁国有个与曾参同姓同名的人杀了人，有人告诉曾参的母亲说'曾参杀了人'，其母正在织布神情泰然自若。一会儿，又一个人来说'曾参杀了人'，其母仍然织布神情不变。一会儿，又有一个人来说'曾参杀了人'，他的母亲就扔下梭子，走下织布机，翻墙逃跑了。凭着曾参的贤德与他母亲对他的深信不疑，有三个人怀疑他，以致他母亲真的害怕他杀了人。现在我贤能不比曾参，大王对我的信任也不比曾参的母亲信任曾参，可是怀疑我的绝非只是三个人，我怕大王也像曾母投杼一样，怀疑我啊。当初，张仪在西边兼并巴蜀的土地，在北面扩大了西河之外的疆域，在南边夺取了上庸，天下人并不因此夸赞张仪，而是认为大王贤能。魏文侯让乐羊带兵去攻伐中山国，三年才将其攻下。乐羊回到魏国论功请赏，而魏文侯把一箱子告发信拿给他看。吓得乐羊一连两次行跪拜大礼道：'这可并非我的功劳，全仗主上的威力啊。'现在我是个寄居此地的臣僚。樗里子和公孙奭二人会以韩国国力强为由来同我争议攻韩的得失，大王必定会听从他们的意见，这样就会造成大王欺骗魏王而我将遭到韩相公仲侈怨恨的结果。"

【原文】

王曰："寡人不听也，请与子盟。"卒使丞相甘茂将兵伐宜阳。五月而不拔，樗里子、公孙奭果争之。武王召甘茂，欲罢兵。甘茂曰："息壤在彼。"王曰："有之。"因大悉起兵，使甘茂击之。斩首六万，遂拔宜阳。韩襄王使公仲侈入谢，与秦平。

武王竟至周，而卒于周。其弟立，为昭王。王母宣太后，楚女也。楚怀王怨前秦败楚于丹阳而韩不救，乃以兵围韩雍氏。韩使公仲侈告急于秦。秦昭王新立，太后楚人，不肯救。公仲因甘茂，茂为韩言于秦昭王曰："公仲方有得秦救，故敢扞楚也。今雍氏围，秦师不下殽，公仲且仰首而不朝，公叔且以国南合于楚。楚、韩为一，魏氏不敢不听，然则伐秦之形成矣。不识坐而待伐孰与伐人之利？"秦王曰："善。"乃下师于殽以救韩，楚兵去。

秦使向寿平宜阳，而使樗里子、甘茂伐魏皮氏。向寿者，宣太后外族也，而与昭王少相长，故任用。向寿如楚，楚闻秦之贵向寿，而厚事向寿。向寿为秦守宜阳，将以伐韩。韩公仲使苏代谓向寿曰："禽困覆车。公破韩，辱公仲，公仲收国复事秦，自以为必可以封。今公与楚解口地，封小令尹以杜阳。秦楚合，复攻韩，韩必亡。韩亡，公仲且躬率其私徒以阏于秦。愿公孰虑之也。"向寿曰："吾合秦楚非以当韩也，子为寿谒之公仲，曰秦韩之交可合也。"

【译文】

武王说："我不听他们的，请让我跟您盟誓。"最终让丞相甘茂带兵攻打宜阳。足足打了五个月却还没能拿下宜阳，樗里子和公孙奭果真提出反对意见。武王召甘茂回国，准备退兵不攻了。甘茂说："息壤就在那里，您可别忘记……"武王说："有过盟誓。"于是就调集了全部兵力，命甘茂进攻宜阳，斩敌六万人，终于攻克了宜阳。韩襄王派公仲侈到秦国谢罪，同秦国讲和。

武王最终通过了三川之地到了周都，最后在那里去世。武王的弟弟即位，即昭王。昭王的母亲宣太后是楚国女子。楚怀王由于怨恨原来秦国在丹阳打败楚国的时候，韩国坐视不救，因而就带兵围攻韩国雍氏。韩王派公仲侈到秦国告急求援。秦昭王初即位，太后又是楚国人，因此不肯出兵救援。公仲侈就去托付甘茂，甘茂便替韩国向秦昭王进言道："公仲侈正是由于渴望得到秦国援救，所以才敢于抵抗楚国。眼下雍氏被围攻，秦军不肯下殽山救援，公仲侈将会轻蔑秦国而不来朝见了。韩公叔也将会让韩国向南同楚国联合，楚国和韩国一旦联合起来，魏国就不敢不任其摆布，这样看来，攻打秦国之势就会形成了。您认为坐等别人进攻和主动进攻别人相比，怎么更好呢？"秦武王说："好。"于是就让军队下殽山去救韩国。楚国军队随即撤离。

秦王让向寿去平定宜阳，同时派樗里子和甘茂去攻伐魏国皮氏。向寿是宣太后的娘家亲戚，与昭王从小就很要好，因此被昭王任用。向寿先到了楚国，楚王听说秦王很敬重向寿，便优厚地礼遇向寿。向寿替秦国驻守宜阳，打算据此攻打韩国。韩相公仲侈派苏代对向寿说："野兽被围困急了就能撞翻猎人车子。您攻破韩国，虽使公仲侈受辱，但公仲侈仍可收拾韩国局面再去奉事秦国，他会自认为必定能得到秦国的封赐。现在您将解口送给楚国，又将杜阳封给下小令尹，使秦、楚交好。秦和楚联合，也就是为了再次攻伐韩国，韩国必然要灭亡。韩国要灭亡，则公仲侈必将亲自率领他的私家徒隶去顽强抗拒秦国。请您慎重考虑。"向寿说："我联合秦、楚两国，并不是为了对付韩国，您替我把这个意思转达给公仲侈，说秦国与韩国的关系是可以合作的。"

【原文】

苏代对曰："愿有谒于公。人曰贵其所以贵者贵。王之爱习公也，不如公孙奭；其智能公也，不如甘茂。今二人者皆不得亲于秦事，而公独与王主断于国者何？彼有以失之也。公孙奭党于韩，而甘茂党于魏，故王不信也。今秦楚争强而公党于楚，是与公孙奭、甘茂同道也，公何以异之？人皆言楚之善变也，而公必亡之，是自为责也。公不如与王谋其变也，善韩以备楚，如此则无患矣。韩氏必先以国从公孙奭而后委国于甘茂。韩，公之仇也。今公言善韩以备楚，是外举不僻仇也。"向寿曰："然，吾甚欲韩合。"对曰："甘茂许公仲以武遂，反宜阳之民，今公徒收之，甚难。"向寿曰："然则奈何？武遂终不可得也？"对曰："公奚不以秦为韩求颍川于楚？此韩之寄地也。公求而得之，是令行于楚而以其地德韩也。公求而不得，是韩楚之怨不解而交走秦也。秦楚争强，而公徐过楚以收韩，此利于秦。"向寿曰："奈何？"对曰："此善事也。甘茂欲以魏取齐，公孙奭欲以韩取齐。今公取宜阳以为功，收楚韩以安之，而诛齐魏之罪，是以公孙奭、甘茂无事也。"

【译文】

苏代回答说："我愿意向您进一言。人们常说尊重别人所尊重的东西，才能赢得别人的尊重。您被秦王的亲近程度，比不上公孙奭；您的智慧才能被秦王赏识的程度，也比不上甘茂。可是现在此二人都不能直接参与秦国大事，而您却独能与秦王对秦国大事做出决策，这是为什么呢？是由于他们各有自己失去信任的地方啊。公孙奭偏向韩国，而甘茂则偏袒魏国，因此不被秦王所信任。如今秦国与楚国争强，可您却偏护楚国，这就与公孙奭、甘茂走上了同一条路。您还能靠什么来跟他们相区别呢？人们都说楚国善于权变，您必然会在同楚国结交上栽跟头，这是自惹麻烦。还不如与秦王谋划对付楚国权变的策略，交好韩国而防备楚国，这样就无忧患了。韩国与秦国交好必定会先把国家大事交给公孙奭，听从他的处理意见，然后会再把国家托付给甘茂。韩国是您的仇敌。现在您提出与韩国交好而防备楚国，这就是外交结盟不避仇敌啊。"向寿说："是这样，我确实很想与韩国合作。"苏代说："甘茂曾答应公仲侈将武遂还给韩国，让宜阳百姓返回宜阳，现在您只想着要收回武遂，办到就会有困难。" 向寿说："既然如此，该如何是好呢？武遂就终究不能得到了？"苏代说："您为何不借重秦国的声威，替韩国向楚国索回颍川呢？颍川是韩国的寄托之地，您如果索取并得到它，这是您的政令在楚国被推行而以楚国的地盘来使韩国感激您。您若索取而得不到它，这样韩国与楚国的怨仇无法化解就会争着巴结秦国。秦楚两国争强，您一点一点地责备楚国以使韩逐渐靠拢您，这对秦国有很大益处。"向寿听后，掂量利弊，一时不能下决心，便顺口说道："如何是好呢？"苏代立即答道："这是好事啊。甘茂想借着魏国的力量去攻伐齐国，公孙奭想借韩国的势力去攻伐齐国。如今您夺取了宜阳作为功劳，又得到了楚、韩的信任并使它们安定下来，进而再诛罚齐国和魏国的罪过，这样做了，公孙奭和甘茂的计划便都将化为泡影，他们在秦国的权势也就会进一步削弱。"

【原文】

甘茂竟言秦昭王，以武遂复归之韩。向寿、公孙奭争之，不能得。向寿、公孙奭由此怨，谗甘茂。茂惧，辍伐魏蒲阪，亡去。樗里子与魏讲，罢兵。

甘茂之亡秦奔齐，逢苏代。代为齐使于秦。甘茂曰：“臣得罪于秦，惧而遁逃，无所容迹。臣闻贫人女与富人女会绩，贫人女曰：‘我无以买烛，而子之烛光幸有余，子可分我余光，无损子明而得一斯便焉。’今臣困而君方使秦而当路矣。茂之妻子在焉，愿君以余光振之。”苏代许诺。遂致使于秦。已，因说秦王曰：“甘茂，非常士也。其居于秦，累世重矣。自殽塞及至鬼谷，其地形险易皆明知之。彼以齐约韩魏反以图秦，非秦之利也。”秦王曰：“然则奈何？”苏代曰：“王不若重其贽，厚其禄以迎之，使彼来则置之鬼谷，终身勿出。”秦王曰：“善。”即赐之上卿，以相印迎之于齐。甘茂不往。苏代谓齐湣王曰：“夫甘茂，贤人也。今秦赐之上卿，以相印迎之。甘茂德王之赐，好为王臣，故辞而不往。今王何以礼之？”齐王曰：“善。”即位之上卿而处之。秦因复甘茂之家以市于齐。

【译文】

甘茂终于向秦昭王提出，把武遂还给韩国。向寿和公孙奭竭力反对，但无济于事。向寿和公孙奭因此而怨愤，常在昭王面前说甘茂的坏话。甘茂担心自己会有不测，便停止进攻魏国的蒲阪，趁机逃亡而去。樗里子与魏国和解撤兵作罢。

甘茂逃出秦国跑到齐国，恰巧路遇苏代。当时，苏代正替齐国出使秦国。甘茂说：“我在秦国获罪，怕遭殃便逃了出来，现在还无容身之地。我听说贫家女和富家女在一起搓麻线，贫家女说：‘我没钱买蜡烛，而您的烛光幸好有剩余，请您分给我一点剩余的光亮，这影响不到您照明，却能使我同您一样享用烛光的方便。’现今我处于困窘境地，而您正出使秦国，大权在握。我的妻儿尚在秦国，请您拿点余光救济他们。”苏代答应了，于是就出使到达秦国。完成任务后，苏代借机劝说秦王道：“甘茂是个不平常的士人。他居住秦国多年，连续三代被重用，从殽塞到鬼谷，地形哪里险要哪里平展，他都了如指掌。倘若他依靠齐国与韩国、魏国约盟联合，反过来图谋秦国，则对秦国不利呀。”秦王说：“既然如此，那该怎么办呢？”苏代说：“大王干脆送他更加贵重的礼物，给他更加丰厚的俸禄，将其迎回，一旦迎回，就将其安置在鬼谷，终身不准出来。”秦王说：

“好。”随即赐给甘茂上卿官位，并派人拿着相印到齐国迎接甘茂。甘茂执意不回。苏代对齐湣王说：“甘茂可是个贤人。如今秦国已赐给他上卿官位，并带着相印来迎接他。由于甘茂感激大王的恩赐，情愿做大王的臣下，所以推辞邀请而不去秦国。现在大王您拿什么来礼遇他呢？”齐王说：“好。”立即安排他上卿官位，把他留在了齐国。秦国也将甘茂全家的赋税徭役免除来同齐国争着收买甘茂。

【原文】

齐使甘茂于楚，楚怀王新与秦合婚而欢。而秦闻甘茂在楚，使人谓楚王曰：“愿送甘茂于秦。”楚王问于范蜎曰：“寡人欲置相于秦，孰可？”对曰：“臣不足以识之。”楚王曰：“寡人欲相甘茂，可乎？”对曰：“不可。夫史举，下蔡之监门也，大不为事君，小不为家室，以苟贱不廉闻于世，甘茂事之顺焉。故惠王之明，武王之察，张仪之辩，而甘茂事之，取十官而无罪。茂诚贤者也，然不可相于秦。夫秦之有贤相，非楚国之利也。且王前尝用召滑于越，而内行章义之难，越国乱，故楚南塞厉门而郡江东。计王之功所以能如此者，越国乱而楚治也。今王知用诸越而忘用诸秦，臣以王为钜过矣。然则王若欲置相于秦，则莫若向寿者可。夫向寿之于秦王，亲也，少与之同衣，长与之同车，以听事。王必相向寿于秦，则楚国之利也。”于是使使请秦相向寿于秦。秦卒相向寿，而甘茂竟不得复入秦，卒于魏。

甘茂有孙曰甘罗。

【译文】

齐国派甘茂出使楚国，楚怀王刚与秦国通婚结亲，对秦国很是亲热。秦王听说甘茂正在楚国，就派人告诉楚王：“希望把甘茂送到秦国来。”楚王向范蜎询问说：“我想在秦国安排一个丞相，您看谁适合？”范蜎说：“我能力不够，看不准谁合适。”楚王说：“我想让甘茂去任丞相，合适吗？”范蜎答道：“不合适。那个史举，是下蔡城门的看守，大事上侍奉不好国君，小事上治理不好家庭，他以苟且活命，人格低下，节操不廉而闻名于世，可是甘茂奉事他却很恭顺。因此，就惠王的明智，武王的敏锐，张仪的善辩来说，甘茂能够一一奉事他们，取得十个官位而没有罪过，这是平常士人做不到的。甘茂的确是个贤才，但不能到秦国任丞相。秦国有了贤能的丞相，对楚国来讲并不是好事。更何况大王先前曾把召滑推荐到越国任职，他却暗中鼓动章义发难，搞得越国大乱，因此楚国才得以开拓疆域，以厉门为边塞，把江东作郡县。我考虑大王的功绩之所以能够达到如此辉煌的地步，就是因为越国大乱，而楚国大治。如今大王只知道把这种谋略用于越国却忽视用于秦国，我认为您派甘茂到秦国任相是个重大的过失。话又说回来，您如果真的想在秦国安置丞相，那就不如安置向寿这样的人更为合适些。向寿对于秦王来说，是亲戚关系，小时候又与秦王同穿一件衣服，长大后与秦王同乘一辆车子，因此可以直接参与国政。大王若安置向寿到秦国任相，对楚国来讲就是好事了。”于是楚王派使臣去请求秦王让向寿在秦国任相。秦国最终让向寿担任了丞相。甘茂最终也没能够再到秦，后来在魏国去世。

甘茂有个孙子叫甘罗。

【原文】

甘罗者，甘茂孙也。茂既死后，甘罗年十二，事秦相文信侯吕不韦。

秦始皇帝使刚成君蔡泽于燕，三年而燕王喜使太子丹入质于秦。秦使张唐往相燕，欲与燕共伐赵以广河间之地。张唐谓文信侯曰：“臣尝为秦昭王伐赵，赵怨臣，曰：‘得唐者与百里之地。’今之燕必经赵，臣不可以行。”文信侯不快，未有以强也。甘罗曰：“君侯何不快之甚也？”文信侯曰：“吾令刚成君蔡泽事燕三年，燕太子丹已入质矣，吾自请张卿相燕而不肯行。”甘罗曰：“臣请行之。”文信侯叱曰：“去！我身自请之而不肯，女焉能行之？”甘罗曰：“大项橐生七岁为孔子师。今臣生十二岁于兹矣，君其试臣，何遽叱乎？”于是甘罗见张卿曰：“卿之功孰与武安君？”卿曰：“武安君南挫强楚，北威燕、赵，战胜攻取，破城堕邑，不知其数，臣之功不如也。”甘罗曰：“应侯之用于秦也，孰与文信侯专？”张卿曰：“应侯不如文信侯专。”甘罗曰：“卿明知其不如文信侯专与？”曰：“知之。”甘罗曰：“应侯欲攻赵，武安君难之，去咸阳七里而立死于杜邮。今文信侯自请卿相燕而不肯行，臣不知卿所死处矣。”张唐曰：“请因孺子行。”令装治行。

【译文】

甘罗是甘茂的孙子。甘茂去世时，甘罗才十二岁，奉事秦国丞相文信侯吕不韦。

秦始皇派刚成君蔡泽到燕国，三年后燕国国君喜派太子丹到秦国作人质。秦国打算派张唐去燕国任相，想同燕国一起进攻赵国以扩张河间一带的领地。张唐对文信侯说："我曾为昭王进攻过赵国，因此赵国怨恨我，曾称言道：'谁能够逮住张唐，就赏给他百里方圆的土地。'现在去燕国赵国是必经之路，我不能去。"文信侯听后心中不快，可是没什么办法勉强他去。甘罗说："君侯您为何如此闷闷不乐呢？"文信侯说："我让刚成君蔡泽奉事燕国三年，燕太子丹已经来秦国作人质了，我亲自请张卿去燕国任相，可他不肯去。"甘罗说："请让我去说服他。"文信侯呵斥道："快走开！我亲自请他去，他都不答应，你能有什么办法？"甘罗说："项橐七岁就作了孔子的老师。现在我都已满十二岁了，您还是让我试一试。何必这么急着呵斥我呢？"于是文信侯就同意了。甘罗去拜见张卿说："您与武安君白起相比谁的功劳大？"张卿说："武安君南败强大的楚国，北威慑燕、赵两国，战无不胜，攻无不克，夺取不计其数的城邑，我的功劳可比不上他。"甘罗又说："应侯范雎在秦国任丞相时与现在的文信侯相比，哪个权力大？"张卿说："应侯没有文信侯的权力大。"甘罗进而说："您确实明了应侯没有文信侯的权力大吗？"张卿说："确实明了这一点。"甘罗接着说："应侯想去攻伐赵国，武安君故意为难他，结果武安君刚离开咸阳七里地就死在杜邮。现今文信侯亲自请您去燕国任相而您执意不肯，我不说不准您会死在什么地方了。"张唐说："那就依着你这个童子的意见前往燕国吧。"于是就让人整治行装，准备上路。

【原文】

行有日，甘罗谓文信侯曰："借臣车五乘，请为张唐先报赵。"文信侯乃入言之于始皇曰："昔甘茂之孙甘罗，年少耳，然名家之子孙，诸侯皆闻之。今者张唐欲称疾不肯行，甘罗说而行之。今愿先报赵，请许遣之。"始皇召见，使甘罗于赵。赵襄王郊迎甘罗。甘罗说赵王曰："王闻燕太子丹入质秦欤？"曰："闻之。"曰："闻张唐相燕欤？"曰："闻之。""燕太子丹入秦者，燕不欺秦也。张唐相燕者，秦不欺燕也。燕、秦不相欺者，伐赵，危矣。燕、秦不相欺无异故，欲攻赵而广河间。王不如赍臣五城以广河间，请归燕太子，与强赵攻弱燕。”赵王立自割五城以广河间。秦归燕太子。赵攻燕，得上谷三十城，令秦有十一。

甘罗还报秦，乃封甘罗以为上卿，复以始甘茂田宅赐之。

太史公曰：樗里子以骨肉重，固其理，而秦人称其智，故颇采焉。甘茂起下蔡闾阎，显名诸侯，重强齐楚。甘罗年少，然出一奇计，声称后世。虽非笃行之君子，然亦战国之策士也。方秦之强时，天下尤趋谋诈哉。

【译文】

行期已定下，甘罗便对文信侯说：“借我五辆马车，请让我为张唐赴燕先到赵国打个招呼。”文信侯就进宫把甘罗的请求报告给秦始皇说：“过去的甘茂有个孙子甘罗，年纪很轻，然而是著名门第的子孙，因此诸侯们都有所闻。最近，张唐推托有病不想去燕国，结果被甘罗说服，使其毅然前往。现在甘罗想先去赵国把张唐的事通报一声，请允许派他去。”秦始皇召见了甘罗，就派他去赵国。赵襄王到郊外远迎甘罗。甘罗劝赵王道：“大王听说燕太子丹到秦国作人质了吗？”赵王回答说：“听说了。”甘罗又问道：“听说张唐要去燕国任相了吗？”赵王答道：“听说了。”甘罗接着说：“燕太子丹到秦国来，说明燕国不欺骗秦国。张唐到燕国任相，表明秦国不欺骗燕国。燕、秦两国互不相欺，显然是为了要共同进攻赵国，这样赵国就危险了。燕、秦两国互不相欺，没有别的缘故，就是要进攻赵国以扩大自己在河间一带的领地。大王不如先送给我五座城邑以扩大秦国在河间的领地，我劝说秦王送回燕太子，再帮助强大的赵国攻打弱小的燕国。”赵王立即亲自划出五座城邑来扩大秦国在河间的领地。秦国送回燕太子，赵国有恃无恐便进攻燕国，结果得到上谷三十座城邑，让秦国占有其中的十一座。

甘罗回来后把情况报告了秦王，秦王于是封赏甘罗并将其拜为上卿，又把原来甘茂的田地房宅赐给了甘罗。

太史公说：樗里子因是秦王的骨肉兄弟而受到尊重，这本是常理，但秦国人称颂其才智，所以较多地采录了他的事迹。甘茂出身下蔡平民，名声显扬于诸侯，被强大的齐、楚所推重。甘罗年纪很轻，却因献出一条妙计而名垂后世。尽管他不能算上是品行忠厚的君子，但也算得上是战国时代名副其实的谋士。要知道，当秦国强盛起来之时，天下非常时行权变谋诈之术呢！

【评析】

《战国策 · 魏策二》："庞聪与太子质于邯郸，谓魏王曰：'今一人言市有虎，王信之乎？'王曰：'否。''二人言市有虎，王信之乎？'王曰：'寡人疑之矣。''三人言市有虎，王信之乎？'王曰：'寡人信之矣。'庞葱曰：'夫市之无虎明矣。然而三人言而成虎。……'"城市本来就没有虎，但是传言有虎的人多了，就会信以为真。当谣言和讹传一再重复时，就能蛊惑人心了。文中曾子的母亲本来是很信任儿子不会杀人，然而说的人多了，她也就不那么坚定了。母亲尚且如此，更何况外人呢。历史上"三人成虎"的事例数不胜数，这是因为人们往往相信大多数人的意见。尤其是对一个领导者而言，在用人上最重要的是疑人不用、用人不疑，要相信自己的判断力，不能听信多数人的谣传。要知道，有时候，真理掌握在少数人的手里。

第十章 穰侯列传

【原文】

穰侯魏冉者，秦昭王母宣太后弟也。其先楚人，姓芈氏。

秦武王卒，无子，立其弟为昭王。昭王母故号为芈八子，及昭王即位，芈八子号为宣太后。宣太后非武王母。武王母号曰惠文后，先武王死。宣太后二弟：其异父长弟曰穰侯，姓魏氏，名冉；同父弟曰芈戎，为华阳君。而昭王同母弟曰高陵君、泾阳君。而魏冉最贤，自惠王、武王时任职用事。武王卒，诸弟争立，唯魏冉力为能立昭王。昭王即位，以冉为将军，卫咸阳。诛季君之乱，而逐武王后出之魏，昭王诸兄弟不善者皆灭之，威振秦国。昭王少，宣太后自治，任魏冉为政。

昭王七年，樗里子死，而使泾阳君质于齐。赵人楼缓来相秦，赵不利，乃使仇液之秦，请以魏冉为秦相。仇液将行，其客宋公谓液曰："秦不听公，楼缓必怨公。公不若谓楼缓曰'请为公毋急秦'。秦王见赵请相魏冉之不急，且不听公。公言而事不成，以德楼子；事成，魏冉故德公矣。"于是仇液从之。而秦果免楼缓而魏冉相秦。

欲诛吕礼，礼出奔齐。昭王十四年，魏冉举白起，使代向寿将而攻韩、魏，败之伊阙，斩首二十四万，虏魏将公孙喜。明年，又取楚之宛、叶。魏冉谢病免相，以客卿寿烛为相。其明年，烛免，复相冉，乃封魏冉于穰，复益封陶，号曰穰侯。

【译文】

穰侯魏冉是秦昭王母亲宣太后的弟弟。他的先世是楚国人，姓芈。

秦武王去世后，没有儿子，所以立武王的弟弟为国君，即昭王。昭王之母原是宫内女官称为芈八子，等到昭王即位，芈八子才称为宣太后。宣太后并非武王生母。武王的母亲称惠文后，死在武王去世之前。宣太后有两个弟弟：她的异父长弟叫穰侯，姓魏，名冉；她的同父弟弟叫芈戎，即华阳君。昭王还有两个同母弟弟：高陵君和泾阳君。诸多人中，魏冉最贤能，从惠王、武王时即已任职掌权。武王死后，他的弟弟们争相继承王位，唯有魏冉有能力物色并拥立了昭王。昭王即位后，便任魏冉为将军，戍守咸阳。他曾平定了季君公子壮及一些大臣的叛乱，并把武王后驱逐到魏国，昭王的兄弟中有图谋不轨的全部被诛灭，魏冉的声威一时震动秦国。当时昭王年纪还轻，宣太后亲自主持朝政，魏冉执掌大权。

昭王七年，樗里子去世，秦国派泾阳君到齐国作人质。赵国人楼缓来秦国任相，这显然不利于赵国，于是赵国派仇液到秦国游说，请求让魏冉担任秦相。仇液将要上路时，门客宋公对他说："若秦王不接受您的劝说，您必定会遭到楼缓的怨恨。不如对楼缓说'请为您打算，我劝说秦王任用魏冉为相将会有所保留。'秦王见赵国使者并不急切请求任用魏冉，必感奇怪，将会不接受您的劝说。您这样一说，若事情不成功，秦王乃用楼缓为相，您就会得到楼缓的好感；若事情成功了，秦王任用魏冉为相，则当然会得到魏冉感激。"于是，仇液听从了宋公的意见。秦国果然免掉了楼缓，魏冉做了丞相。

秦昭王要诛杀吕礼，吕礼逃到齐国。昭王十四年，魏冉任白起为将军，派他代替向寿领兵攻伐韩国和魏国，在伊阙打败了他们，斩敌二十四万人，俘虏了魏将公孙喜。第二年，又攻取了楚国的宛、叶两座城邑。此后，魏冉托病免职，秦王任客卿寿烛为丞相。第二年，寿烛免职，又起用魏冉为丞相，于是赐封魏冉于穰地，后来又加封陶邑，称为穰侯。

【原文】

穰侯封四岁，为秦将攻魏。魏献河东方四百里。拔魏之河内，取城大小六十余。昭王十九年，秦称西帝，齐称东帝。月余，吕礼来，而齐、秦各复归帝为王。魏冉复相秦，六岁而免。免二岁，复相秦。四岁，而使白起拔楚之郢，秦置南郡。乃封白起为武安君。白起者，穰侯之所任举也，相善。于是穰侯之富，富于王室。

昭王三十二年，穰侯为相国，将兵攻魏，走芒卯，入北宅，遂围大梁。梁大夫须贾说穰侯曰："臣闻魏之长吏谓魏王曰：'昔梁惠王伐赵，战胜三梁，拔邯郸；赵氏不割，而邯郸复归。齐人攻卫，拔故国，杀子良；卫人不割，而故地复反。卫、赵之所以国全兵劲而地不并于诸侯者，以其能忍难而重出地也。宋、中山数伐割地，而国随以亡。臣以为卫、赵可法，而宋、中山可为戒也。秦，贪戾之国也，而毋亲。蚕食魏氏，又尽晋国，战胜暴子，割八县，地未毕入，兵复出矣。夫秦何厌之有哉！今又走芒卯，入北宅，此非敢攻梁也，且劫王以求多割地。王必勿听也。今王背楚、赵而讲秦，楚、赵怒而去王，与王争事秦，秦必受之。秦挟楚、赵之兵以复攻梁，则国求无亡不可得也。愿王之必无讲也。王若欲讲，少割而有质；不然，必见欺。'此臣之所闻于魏也，愿君之以是虑事也。周书曰'惟命不于常'，此言幸之不可数也。夫战胜暴子，割八县，此非兵力之精也，又非计之工也，天幸为多矣。今又走芒卯，入北宅，以攻大梁，是以天幸自为常也。智者不然。臣闻魏氏悉其百县胜甲以上戍大梁，臣以为不下三十万。以三十万之众守梁七仞之城，臣以为汤、武复生，不易攻也。夫轻背楚、赵之兵，陵七仞之城，战三十万之众，而志必举之，臣以为自天地始分以至于今，未尝有者也。"

【译文】

穰侯受封的第四年，担任秦国将领攻打魏国。魏国被迫献出河东方圆四百里的土地。后来又占领了魏国的河内地区，攻取了大小六十余座城邑。昭王十九年，由魏冉操持，秦昭王自称西帝，尊齐湣王为东帝。一个多月后，吕礼又来到秦国，齐、秦两国国君取消了帝号仍旧称王。魏冉再度任秦国丞相后，第六年头上便免职了。免职后二年，第三次出任秦国丞相。在第四年时，派白起攻下楚国的郢都，秦国设置了南郡。于是赐封白起为武安君。白起是穰侯所举荐的将军，两人很交好。当时，穰侯私家的豪富，超过了国君之家。

秦昭王三十二年，穰侯任相国，率军攻伐魏国，使魏将芒卯战败而逃，进入北宅，随即围攻大梁。魏国大夫须贾劝穰侯道："我听魏国的一位长吏对魏王说：'从前梁惠王攻伐赵国，攻取了三梁，拿下了邯郸；而赵王即使战败也不肯割地，后来邯郸最终被收复。齐国人攻伐卫国，攻下了国都，子良被杀死；而卫人宁愿受辱也决不割地，后来丧失的国都仍归卫人所有。卫、赵两国之所以国家完整，军队强劲，土地没有被诸侯兼并，就是因为他们能忍受苦难，爱惜每一寸土地。宋国和中山国屡次遭到进犯又屡次割地，结果国家迅速灭亡。我认为卫国、赵国值得效法，而宋国、中山国则应该引以为戒。秦国贪得无厌，凶恶暴戾，千万不要亲近。它蚕食魏国，吞并原属晋国之地，战胜暴鸢，割取八个县之多，土地来不及全部并入，可军队却又耀武扬威地出动了。秦国哪有满足的时候啊？现在又使芒卯败逃，开进了北宅，这并非敢于进攻魏都，而是威胁大王要求多多割让土地。大王万万不可接受它的要求。现今若大王背弃楚国、赵国而与秦国讲和，则必定被楚、赵两国所怨恨而使它们背离大王，并同大王争着买好秦国，秦国也肯定会接受它们的做法。秦国挟制楚、赵两国的军队再进攻魏都，则魏国想要不亡国恐怕是不可能的。请大王千万别讲和。大王要想讲和，也一定要少割地并且要有人质作保；否则必定会上当受骗。'这是我在魏国所听到的，希望您据此来考虑围攻大梁的事。《周书》上说'要明白上天的意旨并非一成不变。'这就是说天赐幸运是不可多得的。秦国战胜暴鸢，割取八县，并非因为兵力精良，也并非凭借计谋的高超巧妙，而是主要靠运气。如今秦国又打败了芒卯，兵入北宅，进而围攻大梁，以此看来是自己把侥天之幸当作了常规，聪明的人并不这样。据我所知魏国已调集了全部上百个县的精兵良将来守卫大梁，看起来不少于三十万人。以三十万的大军来守卫七丈高的城垣，我觉得就算是商汤、周武王死而复生，也攻不下。轻易背着楚、赵两国军队，要登七丈高的城垣，与三十万大军对垒，而且志在必得，我看从开天辟地直到今天，都不曾有过。"

【原文】

"攻而不拔，秦兵必罢，陶邑必亡，则前功必弃矣。今魏氏方疑，可以少割收也。愿君逮楚、赵之兵未至于梁，亟以少割收魏。魏方疑而得以少割为利，必欲之，则君得所欲矣。楚、赵怒于魏之先己也，必争事秦，从以此散，而君后择焉。且君之得地岂必以兵哉！割晋国，秦兵不攻，而魏必效绛安邑。又为陶开两道，几尽故宋，卫必效单父。秦兵可全，而君制之，何索而不得，何为而不成！愿君熟虑之而无行危。”穰侯曰：“善。”乃罢梁围。

明年，魏背秦，与齐从亲。秦使穰侯伐魏，斩首四万，走魏将暴鸢，得魏三县。穰侯益封。

明年，穰侯与白起客卿胡阳复攻赵、韩、魏，破芒卯于华阳下，斩首十万，取魏之卷、蔡阳、长社，赵氏观津。且与赵观津，益赵以兵，伐齐。齐襄王惧，使苏代为齐阴遗穰侯书曰：“臣闻往来者言曰‘秦将益赵甲四万以伐齐’，臣窃必之敝邑之王曰‘秦王明而熟于计，穰侯智而习于事，必不益赵甲四万以伐齐’。是何也？夫三晋之相与也，秦之深仇也。百相背也，百相欺也，不为不信，不为无行。今破齐以肥赵。赵，秦之深仇，不利于秦。此一也。秦之谋者，必曰‘破齐，弊晋、楚，而后制晋、楚之胜’。”

【译文】

“攻而不克，秦军定会疲惫不堪，大梁攻不下而陶邑却定要丧失，那样就会前功尽弃了。现在魏国正犹疑未决，可以让它少割土地先拢住它。希望您把握住楚、赵援军尚未到达大梁的时机，抓紧以少割土地来收服魏国。魏国正在犹豫不决，会把得到以少割土地换取大梁解围的做法看作是有利的上策，定会想这么办，那么您的愿望就会实现了。楚、赵两国对于魏国抢先与秦国媾和会很恼火，肯定会争先恐后地讨好秦国，合纵便因此瓦解，然后您再从容地选择对象逐个攻破。何况，您要取得土地也不一定非用军事手段呀！割取了原来的晋国土地，秦军不必攻坚，魏国就会乖乖把绛、安邑两城献出。这样又为您打开了河西与河东两条通道，原来的宋国土地也将会全部归秦国所有，随即卫国必会献出单父。秦军不动一兵一卒，而您却可以控制全面局势，有什么索取得不到，有什么作为成功不了呢？请您仔细考虑围攻大梁之事而不要使自己的行动冒险。”穰侯说：

"好。"于是停止攻梁，解围而去。

第二年，魏国背离了秦国，同齐国合纵交好。秦王派穰侯攻伐魏国，斩敌四万人，使魏将暴鸢战败而逃，攻取了魏国的三个县。穰侯又增加了封邑。

第三年，穰侯与白起、客卿胡阳再次攻伐赵国、韩国和魏国，在华阳城下大败芒卯，斩十万敌，夺取了魏国的卷、蔡阳、长社，赵国的观津。然后又把观津还给了赵国，并且给赵国增加了兵力，让它去攻伐齐国。齐襄王担心被伐，就让苏代替齐国暗地里送给穰侯一封信说："我从来往人们那里听说'秦国准备给赵国增援四万士兵来攻打齐国'，我私下一定对我们国君说'秦王精明而又谙熟谋略，穰侯机智而又精通军事，肯定不这么做'。为何这么说呢？韩、赵、魏三国友好结盟，是秦国的大敌。此三国之间关系非同一般，尽管有上百次的背弃，上百次的相骗，但都算不上是背信弃义，一旦对外它们是互信不疑的。现在要战败齐国会使赵国强盛起来。赵国被秦国所仇视，显然不利于秦国。这是第一点。秦国的谋臣策士们，必定会说'打败齐国，先把三晋和楚国的力量削弱，然后再战而胜之'。"

【原文】

"夫齐，罢国也，以天下攻齐，如以千钧之弩决溃痈也，必死，安能弊晋、楚？此二也。秦少出兵，则晋、楚不信也；多出兵，则晋、楚为制于秦。齐恐，不走秦，必走晋、楚。此三也。秦割齐以啖晋、楚，晋、楚案之以兵，秦反受敌。此四也。是晋、楚以秦谋齐，以齐谋秦也，何晋、楚之智而秦、齐之愚？此五也。故得安邑以善事之，亦必无患矣。秦有安邑，韩氏必无上党矣。取天下之肠胃，与出兵而惧其不反也，孰利？臣故曰秦王明而熟于计，穰侯智而习于事，必不益赵甲四万以伐齐矣。"于是穰侯不行，引兵而归。

昭王三十六年，相国穰侯言客卿灶，欲伐齐取刚、寿，以广其陶邑。于是魏人范睢自谓张禄先生，讥穰侯之伐齐，乃越三晋以攻齐也，以此时奸说秦昭王。昭王于是用范睢。范睢言宣太后专制，穰侯擅权于诸侯，泾阳君、高陵君之属太侈，富于王室。于是秦昭王悟，乃免相国，令泾阳之属皆出关，就封邑。穰侯出关，辎车千乘有余。

穰侯卒于陶，而因葬焉。秦复收陶为郡。

太史公曰：穰侯，昭王亲舅也。而秦所以东益地，弱诸侯，尝称帝于天下，天下皆西向稽首者，穰侯之功也。及其贵极富溢，一夫开说，身折势夺而以忧死，况于羁旅之臣乎？

【译文】

“其实，齐国是个势单力薄的疲惫之国，调集天下诸侯的兵力攻伐齐国，就好比用千钧强弓去冲开溃烂的痈疽，齐国必死无疑，怎么会使三晋和楚国削弱呢？这是第二点。秦国若出兵少，则三晋和楚国就不相信秦国；若出兵多，则又会让三晋和楚国担忧将被秦国控制。齐国担心被伐，不会投靠秦国，而是会投靠三晋和楚国。这是第三点。秦国以瓜分齐国来引诱三晋和楚国，而三晋和楚国派兵进驻进行扼守，秦国反而会腹背受敌。这是第四点。这种做法就是让三晋与楚国借秦国之力来谋取齐国，用齐国之地来对付秦国，难道三晋、楚国如此聪明而秦国、齐国如此愚蠢吗？这是第五点。所以得到安邑把它治理好，就一定没有祸患了。秦国占据了安邑，韩国也就必定控制不了上党了。把天下的中心区域夺取，与出兵而担忧其不能返回，二者相比较，哪个有利？这些都是显而易见的道理，因此我才说秦国精明而又谙熟谋略，穰侯机智而又精通军事，肯定不会给赵国四万士兵让他攻伐齐国了。”于是穰侯不再进军，而是领兵回国了。

昭王三十六年，当时相国穰侯与客卿灶商量准备攻伐齐国夺取刚、寿两城，借以扩大自己在陶邑的封地。这时有个叫范雎自称张禄先生的魏国人，讥笑穰侯居然越过韩、魏等国去攻伐齐国，他趁此机会请求劝说秦昭王。昭王于是任用了范雎。范雎向昭王阐明宣太后专制于朝内，穰侯专权于外事，泾阳君和高陵君等人则过于奢侈，以致富于国君之家。这使秦昭王幡然醒悟，就把穰侯的相国职务免除，责令泾阳君等人一律迁出国都，去各自的封地。穰侯走出国都关卡时，载物坐人的车子有一千多辆。

穰侯在陶邑去世，就葬在那里。秦国把陶邑收回并设为郡。

太史公说：穰侯是秦昭王的亲舅舅。秦国之所以能向东扩张领土，削弱诸侯，曾称帝于天下，各国诸侯纷纷俯首称臣，主要离不开穰侯的功劳。等到显贵至极豪富无比时，一人说破，便屈居下位，权势被夺，忧郁而亡，何况那些寄居异国的臣子呢？

【评析】

秦昭王之所以得立，很大一部分原因就是得力于穰侯的辅佐。穰侯为相，又推举白起为将，将相联合，为秦昭王开拓疆土，为秦国国力强盛，为后来秦的统一都奠定了坚实的基础。其贡献可以说是巨大的，但是他也未能善终。原因就是“过满则溢”，当他爵高位显的时候，就不注意收敛自己了，这样就使君臣之间产生罅隙。再加上穰侯主张“近交远攻”，国家费力但得到的实惠却不大，相反穰侯本人却得到不少私利。如此一来，范雎的“远交近攻”战略倒是颇见实效。因此，穰侯便很自然地就失势了，直至抑郁而亡。司马迁对此感到很是可惜，然而现在看来，这又能怪谁呢？当权者当然是要重用自己喜欢的，或是认为对自己用处相对较大的人了。在这种情况下，亲情显得那么微不足道。但是今天，即使没有很严重的利益冲突，人与人之间的感情还是越来越淡漠。面对这种情况，我们有必要对此重新进行一番思考。

第十一章 白起王翦列传

【原文】

白起者，郿人也。善用兵，事秦昭王。昭王十三年，而白起为左庶长，将而击韩之新城。是岁，穰侯相秦，举任鄙以为汉中守。其明年，白起为左更，攻韩、魏于伊阙，斩首二十四万，又虏其将公孙喜，拔五城。起迁为国尉。涉河取韩安邑以东，到乾河。明年，白起为大良造。攻魏，拔之，取城小大六十一。明年，起与客卿错攻垣城，拔之。后五年，白起攻赵，拔光狼城。后七年，白起攻楚，拔鄢、邓五城。其明年，攻楚，拔郢，烧夷陵，遂东至竟陵。楚王亡去郢，东走徙陈。秦以郢为南郡。白起迁为武安君。武安君因取楚，定巫、黔中郡。昭王三十四年，白起攻魏，拔华阳，走芒卯，而虏三晋将，斩首十三万。与赵将贾偃战，沉其卒二万人于河中。昭王四十三年，白起攻韩陉城，拔五城，斩首五万。四十四年，白起攻南阳太行道，绝之。

四十五年，伐韩之野王。野王降秦，上党道绝。其守冯亭与民谋曰："郑道已绝，韩必不可得为民。秦兵日进，韩不能应，不如以上党归赵。赵若受我，秦怒，必攻赵。赵被兵，必亲韩。韩赵为一，则可以当秦。"因使人报赵。赵孝成王与平阳君、平原君计之。平阳君曰："不如勿受。受之，祸大于所得。"平原君曰："无故得一郡，受之便。"赵受之，因封冯亭为华阳君。

四十六年，秦攻韩缑氏、蔺，拔之。

【译文】

白起是郿地人，善用兵，奉事秦昭王。昭王十三年，白起封为左庶长，带兵进攻韩国的新城。这一年，穰侯任秦国丞相。他举用任鄙做了汉中郡守。第二年，白起又封为左更，攻伐韩、魏两国联军，在伊阙交战，斩二十四万敌人，还把他们的将领公孙喜俘虏了，攻取了五座城邑。白起升为国尉。他率兵渡过黄河把韩国安邑以东直到干河的大片土地夺取。第三年，白起再封为大良造。打败魏国军队，夺取了大小六十一座城邑。第四年白起与客卿错进攻垣城，随即拿了下来。此后的第五年上，白起攻伐赵国，夺取了光狼城。这以后的第七年，白起攻伐楚国，占领了鄢、邓等五座城邑。第二年，又一次进攻楚国，占领了楚国都城郢，把楚国先王的墓地烧毁，一直向东到达竟陵。楚王逃离郢都，向东奔逃迁都到陈。秦国便设郢地为南郡。白起被封为武安君，他趁势攻下楚地，并将巫、黔中两郡平定。昭王三十四年，白起进攻魏，拔取华阳，使芒卯败逃，并将赵、魏将领俘获，斩敌十三万。当时白起与赵国将领贾偃交战，把赵国两万士兵沉到黄河里。昭王四十三年，白起攻打韩国的陉城，攻取了五个城邑，斩敌五万人。四十四年，白起攻伐韩国的南阳太行道，把这条通道堵死。

昭王四十五年，白起发兵攻打韩国的野王城，野王投降，使韩国的上党郡同韩国的联系被切断。上党郡守冯亭便与民众谋划道："通往都城郑的道路被切断，韩国肯定不能管我们了。秦国军队日渐逼近，韩国不能救应，不如把上党归附赵国。赵国弱接受我们，则秦国恼怒，定会攻打赵国。赵国遭到武力攻击，定会亲近韩国。韩、赵两国联合就可抵挡秦国。"于是便派人通报赵国。赵孝成王跟平阳君和平原君共同研究此事，平阳君说："不如不接受。接受带来的殃祸远比得到的好处大。"平原君表示异议道："白得一郡，接受有利。"结果赵王接受了上党，就封冯亭为华阳君。

昭王四十六年，秦国攻取了韩国的缑氏和蔺邑。

【原文】

四十七年，秦使左庶长王龁攻韩，取上党。上党民走赵。赵军长平，以按据上党民。四月，龁因攻赵。赵使廉颇将。赵军士卒犯秦斥兵，秦斥兵斩赵裨将茄。六月，陷赵军，取二障四尉。七月，赵军筑垒壁而守之。秦又攻其垒，取二尉，败其阵，夺西垒壁。廉颇坚壁以待秦，秦数挑战，赵兵不出。赵王数以为让。而秦相应侯又使人行千金于赵为反间，曰："秦之所恶，独畏马服子赵括将耳，廉颇易与，且降矣。"赵王既怒廉颇军多失亡，军数败，又反坚壁不敢战，而又闻秦反间之言，因使赵括代廉颇将以击秦。秦闻马服子将，乃阴使武安君白起为上将军。而王龁为尉裨将，令军中有敢泄武安君将者斩。赵括至，则出兵击秦军。秦军详败而走，张二奇兵以劫之。赵军逐胜，追造秦壁。壁坚拒不得入，而秦奇兵二万五千人绝赵军后，又一军五千骑绝赵壁间，赵军分而为二，粮道绝。而秦出轻兵击之。赵战不利，因筑壁坚守，以待救至。秦王闻赵食道绝，王自之河内，赐民爵各一级，发年十五以上悉诣长平，遮绝赵救及粮食。

【译文】

昭王四十七年，秦国派左庶长王龁进攻韩国，拿下了上党。上党的百姓纷纷逃往赵国。赵国在长平屯兵，据以接应上党的百姓。四月，王龁借此进攻赵国。赵国派廉颇去统领军队。秦赵两军士兵时有交手，赵军士兵把秦军侦察兵侵害了，秦军侦察兵又被赵军名叫茄的副将斩了，战事逐渐扩大。六月，秦军攻克赵军阵地，夺下两个城堡，还俘虏了四个尉官。七月，赵军高筑围墙坚壁不出。秦军实施攻坚，俘虏了两个尉官，攻克赵军阵地，拿下西边的营垒。廉颇固守营垒，用防御态势与秦军对峙，秦军一再挑战，赵兵坚守不出。赵王多次指责廉颇不与秦军交战。秦国丞相应侯又遣人到赵国花费千金之多施行反间计，大肆宣扬道："秦国最伤脑筋的只是怕马服君的儿子赵括担任将领，廉颇好对付，他就要投降了。"赵王早已恼怒廉颇军队伤亡很多，屡次战败，却又坚守营垒不敢出战，加上听到很多反间谣言，就信以为真，于是就派赵括取代廉颇率兵进攻秦军，秦国得知马服君的儿子充任将领，就暗中派武安君白起担任上将军，让王龁担任尉官副将，并命军中有敢于泄露白起出任最高指挥官的，格杀勿论。赵括一到任，就发兵进击秦军。秦军佯装战败而逃，同时布置了两支突袭部队逼近赵军。赵军乘胜追击，一直追到秦军营垒。但是秦军营垒坚固异常，无法攻入，而秦军的一支突袭部队两万五千人已经将赵军的后路切断了，另一支五千骑兵的快速部队楔入赵军的营垒之间，断绝了它们的联系，赵军被分割成两个孤立的部分，运粮通道也被堵住。这时秦军派出轻装精兵实施攻打，赵军交战失利后就构筑壁垒，顽强固守以待援兵。秦王得知赵国运粮通道已被截断，就亲自到河内，封给百姓爵位各一级，征调十五岁以上的青壮年全部集中到长平战场，拦截赵国的救兵，断绝他们的粮食。

【原文】

至九月，赵卒不得食四十六日，皆内阴相杀食。来攻秦垒，欲出。为四队，四五复之，不能出。其将军赵括出锐卒自搏战，秦军射杀赵括。括军败，卒四十万人降武安君。武安君计曰："前秦已拔上党，上党民不乐为秦而归赵。赵卒反复。非尽杀之，恐为乱。"乃挟诈而尽坑杀之，遗其小者二百四十人归赵。前后斩首虏四十五万人。赵人大震。

四十八年十月，秦复定上党郡。秦分军为二：王龁攻皮牢，拔之；司马梗定太原。韩、赵恐，使苏代厚币说秦相应侯曰："武安君禽马服子乎？"曰："然。"又曰："即围邯郸乎？"曰："然。""赵亡则秦王王矣，武安君为三公。武安君所为秦战胜攻取者七十余城，南定鄢、郢、汉中，北禽赵括之军，虽周、召、吕望之功不益于此矣。今赵亡，秦王王，则武安君必为三公，君能为之下乎？虽无欲为之下，固不得已矣。秦尝攻韩，围邢丘，困上党，上党之民皆反为赵，天下不乐为秦民之日久矣。今亡赵，北地入燕，东地入齐，南地入韩、魏，则君之所得民亡几何人。故不如因而割之，无以为武安君功也。"于是应侯言于秦王曰："秦兵劳，请许韩、赵之割地以和，且休士卒。"王听之，割韩垣雍、赵六城以和。正月，皆罢兵。武安君闻之，由是与应侯有隙。

【译文】

到了九月，赵国士兵断绝口粮已经四十六天，军内士兵们暗中互相残杀以人肉充饥。困厄至极的赵军扑向秦军营垒，发动攻击，想突围。他们编成四队，轮番进攻了四、五次，仍无效果。他们的将领赵括派出精锐士兵并亲自披挂上阵率领这些部下与秦军搏杀，结果被秦军射死。赵括的部队大败，四十万士兵向武安君投降。武安君谋划道："前时秦军拿下上党，上党百姓不甘心作秦国臣民而归附赵国。赵国士兵变化无常，不将其全部杀掉，恐怕要出乱子。"于是就用欺骗伎俩把赵国降兵全部活埋了。只把那些年纪尚小的士兵二百四十人放回了赵国。此战前后斩首擒杀赵兵四十五万，赵国上下一片震惊。

昭王四十八年十月，秦军再次平定上党郡。以后，秦军兵分两路：王龁攻下皮牢，司马梗平定太原。韩、赵两国非常担忧，就派苏代到秦国，献上丰厚的礼物劝丞相应侯说："武安君擒杀赵括了吗？"应侯回答说："是的。"苏代又问："就要围攻邯郸了吗？"应侯答道："是的。"于是苏代说："赵国灭亡，秦王就要君临天下了，武安君应当被封为三公。武安君足足为秦国攻占夺取了七十多座城邑，向南平定了楚国的鄢、郢及汉中地区，向北俘获了赵括的四十万大军，就算在历史上赫赫有名的周公、召公和吕望等人的功劳也超不过这些了。若赵国灭亡，秦王君临天下，则武安君位居三公是无疑的，您能屈居他之下吗？就算不甘心屈居下位，可已成事实也就不得不屈从了。秦军曾进攻韩国，围击刑丘，困死上党，上党百姓都转而归附赵国，天下百姓早就不甘作秦国臣民了。若灭掉赵国，则其北边土地将落入燕国，东边土地将并入齐国，南边土地将归入韩国、魏国，而您得到的百姓也就没有多少了。所以不如趁韩国、赵国惊恐之机让它们割让土地，不要再让武安君立功了。"听了苏代这番话应侯便向秦王进言道："秦国士兵已经很劳累了，请您应允韩国、赵国割地讲和，暂且让他们休整一下。"秦王听从了应侯的意见，割取了韩国的垣雍和赵国的六座城邑便讲和了。正月，双方停战。武安君听说停战消息，自有想法，此后与应侯互有恶感。

【原文】

其九月，秦复发兵，使五大夫王陵攻赵邯郸。是时武安君病，不任行。四十九年正月，陵攻邯郸，少利，秦益发兵佐陵。陵兵亡五校。武安君病愈，秦王欲使武安君代陵将。武安君言曰："邯郸实未易攻也。且诸侯救日至，彼诸侯怨秦之日久矣。今秦虽破长平军，而秦卒死者过半，国内空。远绝河山而争人国都，赵应其内，诸侯攻其外，破秦军必矣。不可。"

秦王自命，不行；乃使应侯请之，武安君终辞不肯行，遂称病。

秦王使王龁代陵将，八九月围邯郸，不能拔。楚使春申君及魏公子将兵数十万攻秦军，秦军多失亡。武安君言曰："秦不听臣计，今如何矣！"秦王闻之，怒，强起武安君，武安君遂称病笃。应侯请之，不起。于是免武安君为士伍，迁之阴密。武安君病，未能行。居三月，诸侯攻秦军急，秦军数却，使者日至。秦王乃使人遣白起，不得留咸阳中。武安君既行，出咸阳西门十里，至杜邮。秦昭王与应侯群臣议曰："白起之迁，其意尚怏怏不服，有余言。"秦王乃使使者赐之剑，自裁。武安君引剑将自刭，曰："我何罪于天而至此哉？"良久，曰："我固当死。长平之战，赵卒降者数十万人，我诈而尽坑之，是足以死。"遂自杀。武安君之死也，以秦昭王五十年十一月。死而非其罪，秦人怜之，乡邑皆祭祀焉。

【译文】

这一年九月，秦国曾再次派军队，命五大夫王陵进攻赵国邯郸。当时武安君因病无法出征。昭王四十九年正月，王陵进攻邯郸，但战果很少，进展也不大，秦国便增派部队帮王陵继续进攻。结果王陵部队损失了五个军营。武安君病好了，秦王想让武安君代替王陵去统率部队。武安君进言道："邯郸委实难攻。且诸侯国的救兵每天都有到达的，他们对秦国的怨恨已积存很久了。如今秦国虽把长平的赵军消灭了，可是秦军死亡的士兵也超过了一半，国内兵力空虚。远行千里越过河山去争夺别人的国都，赵军同诸侯军里应外合，内外夹击，秦军必败无疑。这个仗不能打。"秦王亲自下令，武安君不肯赴任；于是就命应侯去请他，但武安君始终推辞不肯赴任，从此推病不起。

秦王只好改派王龁代替王陵统率军队，八、九月围攻邯郸没成功。楚国派春申君同魏公子信陵君率数十万士兵进攻秦军，秦军兵士损失、伤亡不计其数。武安君有话说了："秦国不听我的意见，如今怎样！"秦王听后怒火中烧，强令武安君赴任，武安君就说病情严重。应侯又请他，仍然推辞而不赴任。于是就把武安君的官爵免去降为士兵，让他离开咸阳迁到阴密。但武安君因病未能成行。三个月后，诸侯联军攻击秦军更加紧迫，秦军屡次退却，报告失利情况的使者每天都有。秦王就派人驱逐白起，不让他留在咸阳城里。武安君已经上路，走出咸阳西门十里路，到达杜邮。秦昭王与应侯以及群僚议论道："让白起迁出咸阳，他还不情愿，不服气，有怨言。"秦王就派使者赐给他一把剑，让他自杀。武安君要用剑抹脖子时，仰天长叹道："我对上天有什么罪过竟落得这个结果？"过了好一会儿，说："我原本就该死。长平之战，赵国士兵有几十万士兵投降，我欺诈他们并将其全部活埋，这足够死罪了。"随即自杀。武安君死在秦昭王五十年十一月。武安君死而无罪，秦国人都同情他，因此无论城乡都祭祀他。

【原文】

王翦者，频阳东乡人也。少而好兵，事秦始皇。始皇十一年，翦将攻赵阏舆，破之，拔九城，十八年，翦将攻赵。岁余，遂拔赵，赵王降，尽定赵地为郡。明年，燕使荆轲为贼于秦，秦王使王翦攻燕。燕王喜走辽东，翦遂定燕蓟而还。秦使翦子王贲击荆，荆兵败。还击魏，魏王降，遂定魏地。

秦始皇既灭三晋，走燕王，而数破荆师。秦将李信者，年少壮勇，尝以兵数千逐燕太子丹至于衍水中，卒破得丹，始皇以为贤勇。于是始皇问李信："吾欲攻取荆，于将军度用几何人而足？"李信曰："不过用二十万人。"始皇问王翦，王翦曰："非六十万人不可。"始皇曰："王将军老矣，何怯也！李将军果势壮勇，其言是也。"遂使李信及蒙恬将二十万南伐荆。王翦言不用，因谢病，归老于频阳。李信攻平与，蒙恬攻寝，大破荆军。信又攻鄢郢，破之，于是引兵而西，与蒙恬会城父。荆人因随之，三日三夜不顿舍，大破李信军，入两壁，杀七都尉，秦军走。

始皇闻之，大怒，自驰如频阳，见谢王翦曰："寡人以不用将军计，李信果辱秦军。今闻荆兵日进而西，将军虽病，独忍弃寡人乎！"王翦谢曰："老臣罢病悖乱，唯大王更择贤将。"始皇谢曰："已矣，将军勿复言！"王翦曰："大王必不得已用臣，非六十万人不可。"始皇曰："为听将军计耳。"于是王翦将兵六十万人，始皇自送至灞上。王翦行，请美田宅园池甚众。始皇曰："将军行矣，何忧贫乎？"王翦曰："为大王将，有功终不得封侯，故及大王之向臣，臣亦及时以请园池为子孙业耳。"始皇大笑。王翦既至关，使使还请善田者五辈。或曰："将军之乞贷，亦已甚矣。"王翦曰："不然。夫秦王怚而不信人。今空秦国甲士而专委于我，我不多请田宅为子孙业以自坚，顾令秦王坐而疑我邪？"

【译文】

王翦是频阳东乡人。少年时就喜好军事，后来奉事秦始皇。始皇十一年，王翦带兵进攻赵国的阏与，不仅将其攻陷，还一连拿下九座城邑。始皇十八年，王翦率兵进攻赵国。一年多就攻取了赵国，赵王投降，赵国各地均被平定，设置为郡。第二年，燕国派荆轲去秦国刺杀秦王，秦王派王翦进攻燕国。燕王喜逃往辽东，王翦最终平定了燕国都城蓟胜利而回。秦王派王翦的儿子王贲攻伐楚国，楚兵战败。再掉头来进击魏国，魏王投降，最后平定了魏国各地。

秦始皇灭掉了韩、赵、魏三国，又把燕王喜赶跑，同时多次打败楚军。秦国将领李信，年轻气盛，英勇威武，曾率几千士兵把燕太子丹追击到衍水，最后打败燕军捉到太子丹，秦始皇认为李信贤能勇敢。一天，秦始皇问李信："我想攻伐楚国，将军估计得调用多少人才够？"李信答道："最多不过二十万人。"秦始皇又问王翦，王翦说："非六十万不可。"秦始皇说："王将军老啦，胆子小啦！李将军真是果断勇敢，他说得对。"于是就派李信和蒙恬率二十万兵士向南进军攻打楚国。王翦的话不被采用，就推病回到频阳家乡养老。李信进攻平与，蒙恬进攻寝邑，大败楚军。李信接着又拿下了鄢郢，于是带领部队向西前进，要与蒙恬会师于城父。其实，楚军正在跟踪追击他们，三天三夜不停息，结果大败李信部队，攻入两个军营，七个都尉被杀，秦军大败而逃。

秦始皇得知后大为震怒，亲自乘快车奔往频阳，见到王翦道歉说："我因为没采用您的计策，李信果然使秦军蒙受了耻辱。如今听说楚军一天天向西逼近，将军虽染病，难道就忍心弃我于不顾吗？"王翦推辞道："老臣病弱疲乏，昏聩无能，请大王另择良将。"秦始皇再次表示歉意道："好啦，将军不要再说了！"王翦说："大王非要不得已而用我的话，则非六十万士兵不可。"秦始皇满口答应道："全听将军您谋划。"于是王翦率领六十万大军出发了，秦始皇亲自到灞上送行。王翦临出发时，请求赐予许多良田、美宅、园林池苑等。秦始皇说："将军尽管走吧，何必担忧家里日子不好过呢？"王翦说："为大王带兵，就算有功劳也终究难以得到封侯赐爵，因此趁大王器重我的时候，我也得赶快请求大王赐予园林池苑来给子孙后代置份家产吧。"秦始皇听了大笑。王翦出发后到了函谷关，又连续五次派使者回朝廷请求赐予良田。有人说："将军请求赐予家业，未免太过分了吧。"王翦说："不对。秦王性情粗暴多疑。如今他把全国的武士调光特地委托给我，我不用多多请求赏赐田宅给子孙们置份家产来表示自己出征的坚定意志，难道反而让他平白无故地怀疑我吗？"

【原文】

王翦果代李信击荆。荆闻王翦益军而来，乃悉国中兵以拒秦。王翦至，坚壁而守之，不肯战。荆兵数出挑战，终不出。王翦日休士洗沐，而善饮食抚循之，亲与士卒同食。久之，王翦使人问军中戏乎？对曰："方投石超距。"于是王翦曰："士卒可用矣。"荆数挑战而秦不出，乃引而东。翦因举兵追之，令壮士击，大破荆军。至蕲南，杀其将军项燕，荆兵遂败走。秦因乘胜略定荆地城邑。岁余，虏荆王负刍，竟平荆地为郡县。因南征百越之君。而王翦子王贲，与李信破定燕、齐地。

秦始皇二十六年，尽并天下，王氏、蒙氏功为多，名施于后世。

秦二世之时，王翦及其子贲皆已死，而又灭蒙氏。陈胜之反秦，秦使王翦之孙王离击赵，围赵王及张耳钜鹿城。或曰："王离，秦之名将也。今将强秦之兵，攻新造之赵，举之必矣。"客曰："不然。夫为将三世者必败。必败者何也？必其所杀伐多矣，其后受其不祥。今王离已三世将矣。"居无何，项羽救赵，击秦军，果虏王离，王离军遂降诸侯。

太史公曰：鄙语云"尺有所短，寸有所长"。白起料敌合变，出奇无穷，声震天下，然不能救患于应侯。王翦为秦将，夷六国，当是时，翦为宿将，始皇师之，然不能辅秦建德，固其根本，偷合取容，以至殁身。及孙王离为项羽所虏，不亦宜乎！彼各有所短也。

【译文】

王翦终于代替李信进攻楚国。楚王得知王翦增兵而来，就用全国军队来抗拒秦兵。王翦抵达战场，构筑坚固的营垒采取守势，不肯出兵交战。楚军多次挑战，王翦始终坚守不出，他还让士兵们天天休息洗浴，供给上等饭食抚慰他们，亲自与士兵同饮同食。一段时间后，王翦派人询问士兵中玩什么游戏？回来报告说："正比赛投石看谁投得远。"于是王翦说："士兵可以被派用了。"楚军多次挑战后秦军都不应战，于是就领兵东去。王翦趁机发兵追击，派健壮力战的兵丁实施强击，大败楚军。追到蕲南，楚国将军项燕被杀，楚军终于败逃。秦军乘胜追击，将楚国城邑占领并平定了。一天后，楚王负刍被俘虏，最后将楚国各地平定，并设为郡县。又乘势征伐南边的百越国王。同时，王翦的儿子王贲同李信一起攻陷平定了燕国和齐国各地。

秦始皇二十六年，把所有诸侯国兼并，统一了天下，王将军和蒙将军的功劳最多，名声流传后世。

秦二世的时候，王翦和他的儿子王贲都已去世，蒙恬也因被陷害而遭诛杀。陈胜起义反抗秦朝时，二世派王翦的孙子王离攻伐赵国，把赵歇和张耳围困在钜鹿城。当时有个人说："王离是秦朝的名将。如今他率领强大的秦军攻伐初建的赵国，获胜是必然的。"一个过客说："并非如此。说来做将领的世家到第三代的时候必定要失败。说他必然失败是什么道理呢？肯定是由于他家杀戮的人太多了，后代就要承受为恶的惩罚。如今王离已是第三代将领了。"不久，项羽救援赵国，进攻秦军，果真将王离俘虏，王离的军队就投降了诸侯军。

太史公说：俗话说"尺有所短，寸有所长。"白起算计敌人会随机应变，计策无穷，奇妙多变，名震天下，然而却对付不了应侯给他制造的祸患。王翦作为秦国将领，平定六国，功绩卓著，在当时可谓元老将军，被秦始皇尊为师，可他不能辅佐秦始皇建立德政，以巩固国家根基，反而苟且迎合，取悦人主，直至死去。到了他的孙子王离被项羽俘虏，不也是理所应当吗？他们各自有各自的短处啊。

【评析】

文章最后太史公慨叹：白起声名震动天下，奇策层出不穷，却没能拯救应侯所造成的灾害，正应了"尺有所短，寸有所长"的道理。他在协助秦国统一六国的过程中建立的卓越功绩有目共睹，其杰出的军事才华更令后人赞叹。但自古优秀的人都会遭到嫉妒。在听信范雎的谗言后，秦昭王将白起赐死了。再说文中提到的赵括“纸上谈兵”而导致战败的故事，它的寓意可以说众人皆知。实践是检验真理的唯一标准，学以致用才算真的将知识转化成了自己的能力。今天提倡的素质教育也是这个目的。熟读兵法并不一定能打胜仗，就好比读过所有的关于游泳的书，却从未下过水，一旦身临其境，就只有大口大口喝水的份儿，甚至丧命。王翦在秦国统一过程中建立了丰功伟绩。毫无疑问，他是一个出众的将帅之才。然而就是这样一个攻无不克、战无不胜的大将，也同样坚持客观实际的原则，面对强敌，他毫不轻敌，所谓“知己知彼、百战不殆”，正是因为他对敌我双方的正确估量，才能取得战争的胜利。然而自古至今，能够做到不狂傲自大、不骄傲自满的人并不是很多。“骄傲使人落后”，骄傲的人就不会客观分析形势的发展，做不到“知彼知己”，其结果可想而知。

第十二章 孟子荀卿列传

【原文】

太史公曰：余读孟子书，至梁惠王问“何以利吾国”，未尝不废书而叹也。曰：嗟乎，利诚乱之始也！夫子罕言利者，常防其原也。故曰“放于利而行，多怨”。自天子至于庶人，好利之弊何以异哉！

孟轲，驺人也。受业子思之门人。道既通，游事齐宣王，宣王不能用。适梁，梁惠王不果所言，则见以为迂远而阔于事情。当是之时，秦用商君，富国强兵；楚、魏用吴起，战胜弱敌；齐威王、宣王用孙子、田忌之徒，而诸侯东面朝齐。天下方务于合从连衡，以攻伐为贤，而孟轲乃述唐、虞、三代之德，是以所如者不合。退而与万章之徒序诗书，述仲尼之意，作孟子七篇。其后有驺子之属。

齐有三驺子。其前驺忌，以鼓琴干威王，因及国政，封为成侯而受相印，先孟子。

其次驺衍，后孟子。驺衍睹有国者益淫侈，不能尚德，若大雅整之于身，施及黎庶矣。乃深观阴阳消息而作怪迂之变，终始、大圣之篇十余万言。其语闳大不经，必先验小物，推而大之，至于无垠。先序今以上至黄帝，学者所共术，大并世盛衰，因载其禨祥度制，推而远之，至天地未生，窈冥不可考而原也。

【译文】

太史公说：我读《孟子》，每当读梁惠王问“怎样才有利于我的国家”时，总免不了放下书本而感叹。说：唉，谋利的确是一切祸乱的开始啊！孔夫子很少讲利的问题，就是为了时常防备这个祸乱的根源。因此他说“依据个人的利益而行动就会带来很多怨恨”。上自天子下至平民，都有好利的弊病，有什么区别呢？

孟轲是邹国人。他曾师从子思的弟子。通晓孔道之后便去游说齐宣王，没有被任用，于是就到了魏国，梁惠王不但不听信他的主张，反而认为其主张不切实际。当时，各诸侯国都在实行变革，秦国任用商鞅使国富兵强；楚国和魏国也都任用过吴起，战胜了一些国家，使强敌削弱；齐威王和宣王用孙膑和田忌等人，使国力强盛，各诸侯国纷纷东来朝拜齐国。当各诸侯国正致力于“合纵连横”的攻伐谋略，把能攻善伐看作贤能的时候，孟子却称述唐尧、虞舜以及夏、商、周三代的德政，因而与他所周游的那些国家的需要不符。于是就回到家乡与万章等人整理《诗经》《书经》，阐发孔丘的思想学说，写成《孟子》一书，共七篇。在他之后又出现了学者邹子等人。

齐国有三个邹子。在前的叫邹忌，他凭弹琴的技艺得以求见齐威王，随后便参与了国家政事，封为成侯并接受相印，做了宰相，他生活的时代早于孟子。

第二个叫邹衍，生在孟子之后。邹衍目睹了那些掌握国权的诸侯日益荒淫奢侈，不崇尚德政，不像《诗经·大雅》所要求的那样先整饬自己，再推及百姓。于是就深入观察万物的阴阳消长，记述怪异玄虚的变化，如《终始》《大圣》等篇共十余万字。他的话宏大广阔但又荒诞不合情理，一定要先从细小的事物验证开始，然后推广到大的事物，以至达到无边无际。先从现在说起再向前推至学者们所共同谈论的黄帝时代，然后再大体上按照世代的盛衰变化，记载不同时代的凶吉制度，再从黄帝时代向前推到很远很远，一直到天地还未出现之时，真是深幽玄妙不能稽考而追究它的本源。

【原文】

先列中国名山大川，通谷禽兽，水土所殖，物类所珍，因而推之，及海外人之所不能睹。称引天地剖判以来，五德转移，治各有宜，而符应若兹。以为儒者所谓中国者，于天下乃八十一分居其一分耳。中国名曰赤县神州。赤县神州内自有九州，禹之序九州是也，不得为州数。中国外如赤县神州者九，乃所谓九州也。于是有裨海环之，人民禽兽莫能相通者，如一区中者，乃为一州。如此者九，乃有大瀛海环其外，天地之际焉。其术皆此类也。然要其归，必止乎仁义节俭，君臣上下六亲之施，始也，滥耳。王公大人初见其术，惧然顾化，其后不能行之。

是以驺子重于齐。适梁，惠王郊迎，执宾主之礼。适赵，平原君侧行撇席。如燕，昭王拥彗先驱，请列弟子之座而受业，筑碣石宫，身亲往师之。作主运。其游诸侯见尊礼如此，岂与仲尼菜色陈蔡，孟轲困于齐梁同乎哉！故武王以仁义伐纣而王，伯夷饿不食周粟；卫灵公问陈，而孔子不答；梁惠王谋欲攻赵，孟轲称大王去邠。此岂有意阿世俗苟合而已哉！持方枘欲内圜凿，其能入乎？或曰，伊尹负鼎而勉汤以王，百里奚饭牛车下而缪公用霸，作先合，然后引之大道。驺衍其言虽不轨，傥亦有牛鼎之意乎？

自驺衍与齐之稷下先生，如淳于髡、慎到、环渊、接子、田骈、驺奭之徒，各著书言治乱之事，以干世主，岂可胜道哉！

【译文】

他先列出中国的名山大川，长谷、禽兽，水土所生的，各种物类中最珍贵的，一概俱全，并由此推广开去，直到人们根本无法看到的海外。他称述开天辟地以来，金、木、水、火、土的五种德性相生相克，而历代帝王的更替恰好都与它们相配合。天降祥瑞与人事相应就是如此。他认为儒家所说的中国，只不过是天下的八十一分之一而已。中国称作“赤县神州”。赤县神州之内又有九州，即夏禹按次序排列的九个州，但不是州的全部数目。在中国之外，还有九个像是赤县神州的地方，这才是所谓的九州。在那里都有小海环绕，人和禽兽不能与其他州相通，好像一个独立的区域，这才算是一州。共有九个像这样的州，更有大海环在它的外面，那就到了天地的边际了。邹衍的学说都是这一类的述说。然而总括其要领，一定都归结到仁义节俭，并在君臣上下和六亲之间施行，不过开始的述说确实泛滥无节了。王公大臣初见他的学说，感到惊异而思考，受到感化，但后来却不能实行。

因此，邹衍在齐国受到尊重。到魏国时，梁惠王远接高迎，同他行宾主的礼节。到赵国，平原君侧身陪行，并亲自为他拂拭席位。到燕国，燕昭王用扫帚清除道路为他作先导，并请求坐在弟子的座位上向他学习，还曾为他修建碣石宫，并亲自拜他为老师。他作了《主运》篇。邹衍周游各国受到如此礼尊，这同孔丘陈蔡断粮面有饥色，孟轲在齐、梁遭到困厄，怎可同日而语啊？以前周武王用仁义讨伐殷纣王而称王天下，伯夷宁肯饿死都不吃周朝的粮食；卫灵公问作战方阵，孔子却不回答；梁惠王想攻伐赵国，孟轲却称颂太王离开邠地的事迹。这些有名人物的做法，难道是故意迎合世俗讨好人主就算了吗？要把拿着的方榫头放入圆榫眼，怎能放进去呢？有人说，伊尹背着鼎去给汤烹饪，却勉励汤行王道，结果汤统一了天下；百里奚在车下喂牛而被秦穆公任用，因而秦穆公称霸诸侯。他们的做法都是先投合人主的意愿，然后再引导人主向正大的道路上走。邹衍的话虽然不合常理常情，但或许有伊尹负鼎、百里奚喂牛的意思吧？

从邹衍到齐国稷下的很多学士，如淳于髡、慎到、环渊、接子、田骈、邹奭等人，各自著书立说探讨国家兴亡治乱的大事，以求得国君的信用，这些怎能说得完呢？

【原文】

淳于髡，齐人也。博闻强记，学无所主。其谏说，慕晏婴之为人也，然而承意观色为务。客有见髡于梁惠王，惠王屏左右，独坐而再见之，终无言也。惠王怪之，以让客曰："子之称淳于先生，管、晏不及，及见寡人，寡人未有得也。岂寡人不足为言邪？何故哉？"客以谓髡。髡曰："固也。吾前见王，王志在驱逐；后复见王，王志在音声：吾是以默然。"客具以报王，王大骇，曰："嗟乎，淳于先生诚圣人也！前淳于先生之来，人有献善马者，寡人未及视，会先生至。后先生之来，人有献讴者，未及试，亦会先生来。寡人虽屏人，然私心在彼，有之。"后淳于髡见，壹语连三日三夜无倦。惠王欲以卿相位待之，髡因谢去。于是送以安车驾驷，束帛加璧，黄金百镒。终身不仕。

慎到，赵人。田骈、接子，齐人。环渊，楚人。皆学黄老道德之术，因发明序其指意。故慎到著十二论，环渊著上下篇，而田骈、接子皆有所论焉。

驺奭者，齐诸驺子，亦颇采驺衍之术以纪文。于是齐王嘉之，自如淳于髡以下，皆命曰列大夫，为开第康庄之衢，高门大屋，尊宠之。览天下诸侯宾客，言齐能致天下贤士也。

【译文】

淳于髡是齐国人。见多识广，强于记忆，学业不专注一家之言。从他劝说君王的言谈中看，好像他更仰慕晏婴直言敢谏的为人，可事实上他专事察言观色，揣摩人主的心意。一次，有个宾客向梁惠王推荐淳于髡，惠王将身边侍从喝退，单独坐着两次接见他，可他始终不发一言。惠王感到很奇怪，就责备那个宾客道："你称赞淳于髡，说连管仲、晏婴都比不上他，可他见了我却让我得不到一点收获啊。难道是我不配跟他谈话吗？到底是为什么呢？"那个宾客把惠王的话告诉了淳于髡。淳于髡说："本来我前一次见大王时，大王的心思全用在相马上；后一次见大王，大王的心思却用在了声色上，所以我沉默不语。"那个宾客把淳于髡的话全部告诉给惠王，惠王大吃一惊道："哎呀，淳于先生真是个圣人啊！头一次淳于先生来时，有人献上一匹好马，我没来得及相一相，正好淳于先生来了。后一次，又有人献来歌伎，我还没来得及试一试，也就赶上淳于先生来了。我接见淳于先生时虽将身边侍从喝退了，可心里却还在想着马和歌伎，是有这么回事。"后来淳于髡见惠王，两人专注地交谈，三天三夜都无丝毫倦意。惠王打算封给淳于髡卿相官位，淳于髡客气地推辞不受便离开了。当时，惠王送给他一辆四匹马驾的精致车子、五匹帛和璧玉和百镒黄金。淳于髡终身都未做官。

慎到是赵国人。田骈和接子是齐国人。环渊是楚国人。他们都专攻黄帝、老子关于道德的理论学说，对黄老学说的意旨进行阐述发挥。因此他们都有著述，慎到著有十二篇论文，环渊著有上、下篇，田骈和接子也都有各自的论著。

邹奭，是齐国几位邹子中的一个，他多用邹衍的学说来著述文章。当时齐王很欣赏这些学士，从淳于髡以下的人都被任命为列大夫，给他们在人来人往的通衢大道旁建造住宅，高门大屋，以表示对他们的尊崇和偏爱。以此招揽各诸侯国的宾客，宣扬齐国最能招贤纳士。

【原文】

荀卿，赵人。年五十始来游学于齐。驺衍之术迂大而闳辩；奭也文具难施；淳于髡久与处，时有得善言。故齐人颂曰："谈天衍，雕龙奭，炙毂过髡。"田骈之属皆已死齐襄王时，而荀卿最为老师。齐尚修列大夫之缺，而荀卿三为祭酒焉。齐人或谗荀卿，荀卿乃适楚，而春申君以为兰陵令。春申君死而荀卿废，因家兰陵。李斯尝为弟子，已而相秦。荀卿嫉浊世之政，亡国乱君相属，不遂大道而营于巫祝，信禨祥，鄙儒小拘，如庄周等又猾稽乱俗，于是推儒、墨、道德之行事兴坏，序列著数万言而卒。因葬兰陵。

而赵亦有公孙龙为坚白同异之辩，剧子之言；魏有李悝，尽地力之教；楚有尸子、长卢；阿之吁子焉。自如孟子至于吁子，世多有其书，故不论其传云。

盖墨翟，宋之大夫，善守御，为节用。或曰并孔子时，或曰在其后。

【译文】

荀卿是赵国人。五十岁时才到齐国来游说讲学。邹衍的学说曲折夸大而多空洞的论辩；邹奭的文章完备周密却难以实行；若与淳于髡相处久了，就能时常学到一些精辟的言论。因此齐国人称颂他们道："高谈阔论的是邹衍，精雕细刻的是邹奭，智多善辩、滔滔不绝的是淳于髡。"田骈等人都已在齐襄王时去世，此时荀卿是最年长，最资深的宗师。当时齐国仍在补列大夫的缺额，荀卿曾先后三次以宗师的身份而任稷下学士的祭酒。后来被齐国人毁谤，荀卿就去了楚国，春申君让他担任兰陵令。春申君去世后，荀卿又被罢官，便在兰陵安了家。李斯曾是他的学生，后来任秦朝的丞相。荀卿憎恶乱世的黑暗政治，亡国昏乱之君不断地出现，他们不通晓常理正道而被装神弄鬼的巫祝所迷惑，相信求神赐福去灾，庸俗鄙陋的儒生拘泥于琐碎礼节，再加上庄周等人狡猾多辩，伤风败俗。于是就推究儒家、墨家、道家活动的成败，编次著述了几万字的文章便辞世了。

死后就葬在兰陵。

当时赵国也有个公孙龙，他曾用“离坚白”之说，同惠施的“合同异”之说展开了论辩，另外还有剧子的著述；魏国曾有李悝，他提出鼓励耕作以尽地力的主张；楚国曾有尸子和长卢，齐国东阿也有一位吁子。自孟子到吁子，世上流传他们的著作很多，因此就不详叙这些著作的内容了。

墨翟是宋国的大夫，擅长防守和抵御之术，竭力倡导节省费用。有人说他与孔子同时代，也有人说他在孔子之后。

【评析】

孟子不愧他“亚圣”的称谓。今天翻开《孟子》，我们依然可以感觉到其气大声宏。他能言善辩，走到哪里辩到哪里，没有人不被他辩的落荒而逃。他关心国家的兴亡和百姓的疾苦，一篇又一篇文章，语言的脍炙人口，文字的鞭辟入里，思想的合理先进，精神的百折不挠，都可以做后人的楷模。中国古代总有很多这样的贤士，其中与荀卿同时代的著名文人学士，还有宋国的墨翟、赵国的慎到、齐国的田骈、楚国的环渊等等。这些人都满腹经纶，才华横溢，但是他们都或因未遇明君，或淡泊名利，因此在当时声名不显，倒是有著述流传于世，为后世所看重。这真是很有戏剧性，每个时代都有当时的名人，但是，我们今天只知道那些在当时并不被人看好的名人，恰恰是名重一时者，后人却不知，当时声名不显者，却深得后世景仰。这或许就是崇尚权势富贵和追求品德学问所带来的两种截然不同的结果吧！孟轲如此，荀卿如此，还有数不胜数的类似于这两位的先贤，不能说他们生不逢时，谁又能说得准呢，也许我们这个时代在若干年以后也会有被后人敬仰的人，同样不被今人看重的贤者呢。造化往往弄人，时代也爱跟人才开玩笑。看来，很多时候被外界所接受时需要一个漫长的过程，有时甚至会漫长到千百年。

第十三章 魏公子列传

【原文】

魏公子无忌者，魏昭王少子而魏安釐王异母弟也。昭王薨，安釐王即位，封公子为信陵君。是时范雎亡魏相秦，以怨魏齐故，秦兵围大梁，破魏华阳下军，走芒卯。魏王及公子患之。

公子为人仁而下士，士无贤不肖皆谦而礼交之，不敢以其富贵骄士。士以此方数千里争往归之，致食客三千人。当是时，诸侯以公子贤，多客，不敢加兵谋魏十余年。

公子与魏王博，而北境传举烽，言“赵寇至，且入界”。魏王释博，欲召大臣谋。公子止王曰：“赵王田猎耳，非为寇也。”复博如故。王恐，心不在博。居顷，复从北方来传言曰：“赵王猎耳，非为寇也。”魏王大惊，曰：“公子何以知之？”公子曰：“臣之客有能深得赵王阴事者，赵王所为，客辄以报臣，臣以此知之。”是后魏王畏公子之贤能，不敢任公子以国政。

【译文】

魏公子叫无忌，是魏昭王的小儿子、魏安釐王的异母弟弟。昭王去世后，安釐王即位，公子被封为信陵君。当时范雎从魏国逃到秦国任秦相，由于怨恨魏相魏齐屈打自己几乎致死的缘故，就派秦军围攻大梁，将魏国驻扎在华阳的部队击败，使魏将芒卯战败而逃。魏王和公子十分焦虑此事。

公子为人仁爱宽厚又礼贤下士，士人无论有无才能或才能大小，他都谦恭有礼地与其交往，从来不因自己富贵而轻慢士人。因此方圆几千里的士人都前来争相归附，招徕食客三千人。当时，诸侯各国因公子贤德，宾客众多，接连十几年都不敢动兵侵犯魏国。

有一次，公子正在跟魏王下棋，北边边境却传来警报，说“赵国发兵进犯，马上要进入边境。”魏王立即放下棋子，就要召集大臣们商讨对策。公子劝阻魏王道：“是赵王在打猎罢了，并非进犯边境。”又接着同魏王下棋，就好像什么都没有发生过一样。可是魏王担心，没有下棋的心思。过了一会儿，又从北边传来消息说：“是赵王打猎罢了，并非进犯边境。”魏王听后感到很惊诧，问：“公子是怎么知道的？”答道：“我的食客中有个人可以深入底里探到赵王的秘密，赵王的一切行动，都会被他探到而立即报告我，所以我知道此事。”此后，魏王因畏惧公子的贤能，所以不敢任用他来处理国家大事。

【原文】

魏有隐士曰侯嬴，年七十，家贫，为大梁夷门监者。公子闻之，往请，欲厚遗之。不肯受，曰：“臣修身洁行数十年，终不以监门困故而受公子财。”公子于是乃置酒大会宾客。坐定，公子从车骑，虚左，自迎夷门侯生。侯生摄敝衣冠，直上载公子上坐，不让，欲以观公子。公子执辔愈恭。侯生又谓公子曰：“臣有客在市屠中，愿枉车骑过之。”公子引车入市，侯生下见其客朱亥，俾倪，故久立与其客语，微察公子。公子颜色愈和。当是时，魏将相宗室宾客满堂，待公子举酒。市人皆观公子执辔。从骑皆窃骂侯生。侯生视公子色终不变，乃谢客就车。至家，公子引侯生坐上坐，遍赞宾客，宾客皆惊。酒酣，公子起，为寿侯生前。侯生因谓公子曰：“今日嬴之为公子亦足矣。嬴乃夷门抱关者也，而公子亲枉车骑，自迎嬴于众人广坐之中，不宜有所过，今公子故过之。然嬴欲就公子之名，故久立公子车骑市中，过客以观公子，公子愈恭。市人皆以嬴为小人，而以公子为长者能下士也。”于是罢酒，侯生遂为上客。

【译文】

魏国有个隐士叫侯嬴，已经七十岁了，家境贫寒，是大梁城东门的看门人。公子听说此人，就派人去拜见，并想送予厚礼。但侯嬴不肯接受，他说：“我几十年来修养品德，坚持操守，到底也不能因我看门贫困的缘故而接受公子的财礼。”公子于是就大摆酒席，宴饮宾客。大家来齐坐定后，公子就带车马随从，并将车子上的左位空出，亲自到东城门去迎接侯先生。侯先生整理了一下破旧的衣帽，就径直上了车子坐在公子空出的尊贵座位上，毫无谦意，想借此观察一下公子的态度。可公子手握马缰绳更加恭敬。侯先生又对公子说：“我有个朋友在街市的屠宰场，请委屈一下车马载我去拜访他吧。”公子立即驾车进入街市，侯先生下车去会见他的朋友朱亥，他斜眯着眼看公子，故意站在那里很久，同他的朋友聊天，也同时暗中观察公子。公子面色更加和悦。这时候，魏国的将军、宰相、宗室大臣以及高朋贵宾坐满堂上，正等着公子举杯开宴。街市上人人都看到公子手握缰绳替侯先生驾车。公子的随从人员都私下里责骂侯先生。侯先生看到公子面色始终不变，才告别了朋友上车。到家后，公子让侯先生坐到上位，并向全体宾客赞扬地介绍了侯先生，满堂宾客惊异不已。大家酒兴正浓时，公子站起来，走到侯先生面前举杯为他祝寿。侯先生趁机对公子说：“今天我侯嬴也够为难公子的了。我只是个城东门抱门插关的人而已，可公子却委屈车马，亲自在大庭广众之中迎接我，我本不该再去拜访朋友，可是今天公子却屈尊陪我去拜访他。因此我也想成就公子的名声，才故意让公子的车马在街市中停了很久，借拜访朋友来观察公子，结果公子更加谦恭。街市上的人都认为我是小人，而认为公子是个高尚的，能礼贤下士的人啊。”这次宴会散后，侯先生便成了公子的贵客。

【原文】

侯生谓公子曰：“臣所过屠者朱亥，此子贤者，世莫能知，故隐屠间耳。”公子往数请之，朱亥故不复谢，公子怪之。

魏安釐王二十年，秦昭王已破赵长平军，又进兵围邯郸。公子姊为赵惠文王弟平原君夫人，数遗魏王及公子书，请救于魏。魏王使将军晋鄙将十万众救赵。秦王使使者告魏王曰：“吾攻赵旦暮且下，而诸侯敢救者，已拔赵，必移兵先击之。”魏王恐，使人止晋鄙，留军壁邺，名为救赵，实持两端以观望。平原君使者冠盖相属于魏，让魏公子曰：“胜所以自附为婚姻者，以公子之高义，为能急人之困。今邯郸旦暮降秦而魏救不至，安在公子能急人之困也！且公子纵轻胜，弃之降秦，独不怜公子姊邪？”公子患之，数请魏王，及宾客辩士说王万端。魏王畏秦，终不听公子。公子自度终不能得之于王，计不独生而令赵亡，乃请宾客，约车骑百余乘，欲以客往赴秦军，与赵俱死。

【译文】

侯先生对公子说：“我所拜访的屠夫朱亥很贤能，只是由于不被人们所了解而隐没在屠夫中罢了。”公子曾多次前往拜见朱亥，朱亥故意不回拜答谢，公子觉得此人很奇怪。

魏安釐王二十年，秦昭王已经在长平大败赵国军队，然后进兵围攻邯郸。公子的姐姐是赵惠文王弟弟平原君的夫人，多次送信给魏王和公子，请求魏国支援。魏王派将军晋鄙率十万之众的部队去救赵国。秦昭王得知此消息后就派使臣告诫魏王道：“我就要攻下赵国了，这只是迟早的事，诸侯中谁敢救赵国，则攻取赵国后就一定调兵先攻打它。”魏王很担心，就派人阻止晋鄙不要再进军了，把军队留在邺城扎营驻守，打着救赵国的旗号，事实上是用两面倒的策略来观望形势的发展。平原君使臣的车子陆续地来到魏国，频频告急，责备魏公子道：“我之所以自愿依托魏国跟魏国联姻结亲，就是因为公子的道义高尚，可以热心帮别人摆脱危难。现在邯郸危在旦夕，迟早就要投降秦国，可魏国救兵至今未到，公子能帮别人摆脱危难又表现在何处呢！再说就算公子不把我放在眼里，抛弃我让我投降秦国，难道您就不可怜您的姐姐吗？”公子为此事万分忧虑，屡次请求魏王抓紧出兵，又让宾客辩士们千方百计地劝说魏王。魏王因为害怕秦国，始终都不肯听从公子的意见。公子估计终究不能征得魏王同意出兵了，就决定不能自己活着而让赵国灭亡，于是就请来宾客，凑集了一百多辆战车，准备带着宾客赶到战场上去同秦军拼一死命，与赵国人同甘共苦。

【原文】

行过夷门，见侯生，具告所以欲死秦军状。辞决而行，侯生曰：“公子勉之矣，老臣不能从。”公子行数里，心不快，曰：“吾所以待侯生者备矣，天下莫不闻，今吾且死，而侯生曾无一言半辞送我，我岂有所失哉？”复引车还，问侯生。侯生笑曰：“臣固知公子之还也。”曰：“公子喜士，名闻天下。今有难，无他端而欲赴秦军，譬若以肉投馁虎，何功之有哉？尚安事客？然公子遇臣厚，公子往而臣不送，以是知公子恨之复返也。”公子再拜，因问。侯生乃屏人间语，曰：“嬴闻晋鄙之兵符常在王卧内，而如姬最幸，出入王卧内，力能窃之。嬴闻如姬父为人所杀，如姬资之三年，自王以下欲求报其父仇，莫能得。如姬为公子泣，公子使客斩其仇头，敬进如姬。如姬之欲为公子死，无所辞，顾未有路耳。公子诚一开口请如姬，如姬必许诺，则得虎符夺晋鄙军，北救赵而西却秦，此五霸之伐也。”公子从其计，请如姬。如姬果盗晋鄙兵符与公子。

【译文】

公子带着车队走过东门时，去见侯先生，把准备同秦军决一死战的情况全都告诉给他。而后向侯先生诀别准备上路，行前侯先生说：“公子努力做吧，老臣我无法随行。”公子走了几里路，心中不快，自语道：“我对侯先生算是周到的了，天下人人知晓，现在我都快要死了，侯先生竟无一言半语来送我，我难道对待他有闪失吗？”于是就又赶着车子返回来，想问问侯先生原因。侯先生一见公子便笑着说：“我就知道公子会回来的。”接着说：“公子好客爱士，天下闻名。现在有了危难，无计可施反而要赶到战场上同秦军拼死，这就好比把肥肉扔给饥饿的老虎，有什么用呢？若这样，还用我们这些宾客做什么呢？公子待我情深意厚，公子前往可我却不送行，所以知道公子必然恼恨我而会返回。”公子连着两次向侯先生拜礼，进而询问对策。侯先生就让旁人离开，同公子密谈道：“我听说晋鄙的兵符常放在魏王的卧室内，其妻妾中如姬最受宠爱，她可以随意出入魏王的卧室，只要尽力就可以将兵符偷出来的。我还听说如姬的父亲被人杀死，如姬报仇雪恨的心志积蓄了三年之久，从魏王以下的群臣左右无不想为如姬报仇，但都未能如愿。为此，如姬曾对公子哭诉，公子派门客把那个仇人的头斩了，恭敬地献给如姬。如姬必为公子效命，即使死都在所不辞，只是无行动的机会罢了。公子果真要开口请求如姬帮忙，她必答应，那么就可得到虎符而夺了晋鄙的军权，北可救赵国，西能抵御秦国，这是春秋五霸的功业啊。”公子按照侯嬴的计策，请如姬帮忙。如姬果然盗出晋鄙的兵符交给了公子。

【原文】

公子行，侯生曰：“将在外，主令有所不受，以便国家。公子即合符，而晋鄙不授公子兵而复请之，事必危矣。臣客屠者朱亥可与俱，此人力士。晋鄙听，大善；不听，可使击之。”于是公子泣。侯生曰：“公子畏死邪？何泣也？”公子曰：“晋鄙嚄唶宿将，往恐不听，必当杀之，是以泣耳，岂畏死哉？”于是公子请朱亥。朱亥笑曰：“臣乃市井鼓刀屠者，而公子亲数存之，所以不报谢者，以为小礼无所用。今公子有急，此乃臣效命之秋也。”遂与公子俱。公子过谢侯生。侯生曰：“臣宜从，老不能。请数公子行日，以至晋鄙军之日，北向自刭，以送公子。”公子遂行。

至邺，矫魏王令代晋鄙。晋鄙合符，疑之，举手视公子曰：“今吾拥十万之众，屯于境上，国之重任，今单车来代之，何如哉？”欲无听。朱亥袖四十斤铁椎，椎杀晋鄙，公子遂将晋鄙军。勒兵下令军中曰：“父子俱在军中，父归；兄弟俱在军中，兄归；独子无兄弟，归养。”得选兵八万人，进兵击秦军。秦军解去，遂救邯郸，存赵。赵王及平原君自迎公子于界，平原君负韊矢为公子先引。赵王再拜曰：“自古贤人未有及公子者也。”当此之时，平原君不敢自比于人。公子与侯生决，至军，侯生果北向自刭。

【译文】

公子拿到了兵符准备上路，侯先生说：“将帅在外作战时，有机断处置的权力，国君的命令有的可以不接受，以有利于国家。公子到那后就算两符相合，验明无误，可若晋鄙仍不交给公子兵权反而再去请示魏王，则事情就危险了。我的朋友屠夫朱亥可跟您前往，此人力大无比。若晋鄙听从，那是再好不过了；否则，可让朱亥击杀他。”公子听后便哭了。侯先生见状便问道：“公子是怕死吗？为何要哭呢？”公子答道：“晋鄙是魏国勇猛强悍、富有经验的老将，我去他那里恐怕他不会听从命令，必定要将其杀死，所以我难过地哭了，怎么会是怕死呢？”于是公子去请求朱亥一同前往。朱亥笑着说："我只不过是个市场上击刀杀生的屠夫，可公子竟多次登门问候我，我之所以不回拜答谢您，是因为我觉得小礼小节没什么用。现在公子有危难，这正是我为公子杀身效命之时。"于是就同公子上路了。公子去向侯先生辞行。侯先生说："我本应随您同去，但因年老，心有余力不足，无法成行。请允许我计算您行程的日期，您到达晋鄙军部的那一天，我将面北刎颈而死，以表达我为公子送行的一片忠心。"公子于是上路出发。

到了邺城，公子便拿出兵符假传魏王命令代替晋鄙担任将领。晋鄙合了兵符，验证无误，但仍然怀疑此事，就举着手盯着公子道："如今我统帅十万之众的大军，驻扎在边境上，这是关系到国家命运的重任，现在您只身一人来代替我，这是怎么回事啊？"正要拒绝接受命令。这时朱亥取出藏在衣袖里四十斤重的铁椎，一椎将其击死，公子于是统帅了晋鄙的军队。然后整顿部队，向军中下令道："父子都在军队里的，父亲回家；兄弟同在军队里的，长兄回家；没有兄弟的独生子，回家去奉养双亲。"整顿选拔后，得到八万精兵。开拔前线攻击秦军。秦军解围撤离而去，于是邯郸得救，赵国得以保全。赵王和平原君到郊界来迎接公子。平原君替公子背着盛满箭支的囊袋在前面引路。赵王连着两次拜谢道："自古以来的贤人没有哪个能赶得上公子。"这时，平原君不敢再拿自己跟别人比了。公子与侯先生诀别之后，在到达邺城军营的那一天，侯先生果然面北刎颈而亡。

【原文】

魏王怒公子之盗其兵符，矫杀晋鄙，公子亦自知也。已却秦存赵，使将将其军归魏，而公子独与客留赵。赵孝成王德公子之矫夺晋鄙兵而存赵，乃与平原君计，以五城封公子。公子闻之，意骄矜而有自功之色。客有说公子曰："物有不可忘，或有不可不忘。夫人有德于公子，公子不可忘也；公子有德于人，愿公子忘之也。且矫魏王令，夺晋鄙兵以救赵，于赵则有功矣，于魏则未为忠臣也。公子乃自骄而功之，窃为公子不取也。"于是公子立自责，似若无所容者。赵王扫除自迎，执主人之礼，引公子就西阶。公子侧行辞让，从东阶上。自言罪过，以负于魏，无功于赵。赵王侍酒至暮，口不忍献五城，以公子退让也。公子竟留赵。赵王以鄗为公子汤沐邑，魏亦复以信陵奉公子。公子留赵。

公子闻赵有处士毛公藏于博徒，薛公藏于卖浆家，公子欲见两人，两人自匿，不肯见公子。公子闻所在，乃间步往从此两人游，甚欢。平原君闻之，谓其夫人曰："始吾闻夫人弟公子天下无双，今吾闻之，乃妄从博徒卖浆者游，公子妄人耳。"夫人以告公子。公子乃谢夫人去，曰："始吾闻平原君贤，故负魏王而救赵，以称平原君。平原君之游，徒豪举耳，不求士也。无忌自在大梁时，常闻此两人贤，至赵，恐不得见。以无忌从之游，尚恐其不我欲也，今平原君乃以为羞，其不足从游。"乃装为去。夫人具以语平原君。平原君乃免冠谢，固留公子。平原君门下闻之，半去平原君归公子，天下士复往归公子，公子倾平原君客。

【译文】

魏王恼怒公子盗出了他的兵符，假传君令击杀晋鄙，这一点公子也是知道的。因此在打退秦军拯救赵国之后，就让部将带着部队返回魏国，而自己和他的门客就留在了赵国。赵孝成王感激公子假托君命夺取晋鄙军权从而保住了赵国这一义举，就与平原君商量，封赏给公子五座城邑。公子听说此消息后，产生了骄傲自大的情绪，显露出居功自满的神色。门客中有个人劝公子道："事物有不可以忘的，也有不可以不忘的。别人对公子有恩德，公子不可忘；公子对别人有恩德，请公子忘掉它。况且假托魏王命令，夺取晋鄙兵权去救赵国，这对赵国来说算是有功劳了，但对魏国来说那就不是忠臣了。公子却因此而自以为有功，洋洋自得，我个人认为公子实在不应该。"公子听后，立刻责备自己，很是无地自容。赵国召开盛大欢迎宴会，赵王打扫了殿堂台阶，亲自到门口迎接贵客，并执行主人的礼节，带公子走进殿堂的西边台阶。公子则侧身一再推辞谦让，并主动从东边的台阶升堂。宴会上，公子称说自己有罪，愧对魏国，于赵国也无功可言。赵王陪公子饮酒直到傍晚，始终不好意思开口将封献五座城邑之事，因为公子始终在谦让自责。公子终于留在了赵国。赵王把鄗邑封赏给公子，这时魏王也把信陵邑奉还给公子。公子仍留在赵国。

公子听说赵国有两个人有才有德而没有从政，一个是藏身于赌徒中的毛公，一个是藏身在酒店里的薛公，公子很想见见此二人，可他们却躲起来不肯见公子。公子打听到他们的藏身地址，就悄悄地步行去同他们交往，彼此都以相识为乐事，非常高兴。平原君得知此情况，就对夫人说："当初我听说夫人的弟弟魏公子是个举世无双的大贤人，如今我听说他竟然胡来，同那伙赌徒、酒店伙计交往，公子只不过是个无知妄为的人罢了。"平原君夫人把此跟公子说了。公子听后就向夫人告辞准备离开这里，说："以前我听说平原君贤德，因此才背弃魏王而救赵国，满足他的要求。今天才知道平原君与人交往，只是显示富贵的豪放举动罢了，他并不是求取贤士人才啊。我从在大梁时，就常听说此二人贤能有才，到了赵国，我唯恐无法见到他们。拿我这个人跟他们交往，还担心他们不要我呢，现在平原君却把跟他们交往看作是羞辱，平原君此人实在不值得结交。"于是就整理行装准备离去。夫人把公子的话又全都告诉了平原君，平原君听后自感惭愧便去向公子脱帽谢罪，坚决地把公子挽留下来。平原君门下的宾客们闻听此事，有一半人离开了平原君而归附于公子门下，天下士人也纷纷去投靠公子，公子的为人使平原君的宾客都到公子的门下来。

【原文】

公子留赵十年不归。秦闻公子在赵，日夜出兵东伐魏。魏王患之，使使往请公子。公子恐其怒之，乃诫门下："有敢为魏王使通者，死。"宾客皆背魏之赵，莫敢劝公子归。毛公、薛公两人往见公子曰："公子所以重于赵，名闻诸侯者，徒以有魏也。今秦攻魏，魏急而公子不恤，使秦破大梁而夷先王之宗庙，公子当何面目立天下乎？"语未及卒，公子立变色，告车趣驾归救魏。

魏王见公子，相与泣，而以上将军印授公子，公子遂将。魏安釐王三十年，公子使使遍告诸侯。诸侯闻公子将，各遣将将兵救魏。公子率五国之兵破秦军于河外，走蒙骜。遂乘胜逐秦军至函谷关，抑秦兵，秦兵不敢出。当是时，公子威振天下，诸侯之客进兵法，公子皆名之，故世俗称魏公子兵法。

【译文】

公子留在赵国十年不回魏国。秦国听说公子留在赵国，就日夜兼程，发兵向东进攻伐魏国。魏王为此万分焦虑，就派使臣去请公子回国。公子仍恐怕魏王恼怒自己，就告诫门下宾客道："谁敢替魏王使臣通报传达，就被处死。"由于宾客们都是背弃魏国来赵国的，因此无人敢劝公子回魏国。这时，毛公和薛公两人去见公子说："公子之所以能够在赵国受到尊重，名扬诸侯，都是因为有魏国存在啊。如今秦国进攻魏国，魏国危急而公子却毫不顾念，倘若秦国攻破大梁而夷平您先祖的宗庙，公子还有什么脸面活在世上呢？"话尚未说完，公子就变了脸色，嘱咐车夫赶快套车回去救魏国。

魏王见到公子，两人禁不住相对落泪，魏王把上将军大印授给公子，公子便正式担任了上将军这个统帅军队的最高职务。魏安釐王三十年，公子派使臣把自己担任上将军职务一事通报给各诸侯国。诸侯们听说公子担任了上将军，都各自调兵遣将救援魏国。公子率五个诸侯国的军队大败秦军于黄河以南地区，秦将蒙骜败逃。又乘胜追击到函谷关，把秦军压在函谷关内，使其不敢再出关。当时，公子的声威震动天下，各诸侯国来的宾客都进献兵法，公子将其合在一起签上自己的名字，于是世上俗称《魏公子兵法》。

【原文】

秦王患之，乃行金万斤于魏，求晋鄙客，令毁公子于魏王曰："公子亡在外十年矣，今为魏将，诸侯将皆属，诸侯徒闻魏公子，不闻魏王。公子亦欲因此时定南面而王，诸侯畏公子之威，方欲共立之。"秦数使反间，伪贺公子得立为魏王未也。魏王日闻其毁，不能不信，后果使人代公子将。公子自知再以毁废，乃谢病不朝，与宾客为长夜饮，饮醇酒，多近妇女。日夜为乐饮者四岁，竟病酒而卒。其岁，魏安釐王亦薨。

秦闻公子死，使蒙骜攻魏，拔二十城，初置东郡。其后秦稍蚕食魏，十八岁而虏魏王，屠大梁。

高祖始微少时，数闻公子贤。及即天子位，每过大梁，常祠公子。高祖十二年，从击黥布还，为公子置守冢五家，世世岁以四时奉祠公子。

太史公曰：吾过大梁之墟，求问其所谓夷门。夷门者，城之东门也。天下诸公子亦有喜士者矣，然信陵君之接岩穴隐者，不耻下交，有以也。名冠诸侯，不虚耳。高祖每过之而令民奉祠不绝也。

【译文】

秦王担心公子将进一步威胁秦国，就用万斤黄金到魏行贿，寻找晋鄙以前的门客，让他们在魏王面前进谗言说："公子流亡在外十年了，如今担任魏国大将，诸侯国的将领都归他指挥，诸侯们只知道魏国有个魏公子，不知道还有个魏王。公子也要趁此时机决定称王。诸侯们害怕公子的权势声威，正准备共同出面拥立他为王呢。"秦国又实行多次反间，利用在秦国的魏国间谍，假装不知情地请他们向公子祝贺问是否已立为魏王了。魏王整日听到这些毁谤公子的话，不能不信以为真，后来果真派人代替公子担任上将军。公子明知这是又一次因毁谤而被废黜，于是就推病不上朝了，他在家里与宾客们通宵达旦地宴饮，痛饮烈性酒，常同女人厮混，就这样日夜寻欢作乐度过了四年，终于因饮酒无度而患病死亡，这一年，魏安釐王也去世了。

秦王得知公子已死，就派蒙骜进攻魏国，攻占了二十座城邑，开始设立东郡。此后，秦国逐渐蚕食魏国的领土，十八年后便俘虏了魏王假，屠杀大梁军民，毁掉了这座都城。

汉高祖当初地位低贱时，就曾不止一次听说魏公子贤德有才。到他即位做了皇帝后，每次路过大梁，都要去祭祀公子。汉高祖十二年，他从击败叛将黥布的前线归来，路过大梁时为公子安置了五户人家，专门看守他的坟墓，让他们世世代代每年按四季祭祀公子。

太史公说：我经过大梁废墟时，也曾寻访那个所谓的夷门。原来夷门就是大梁城的东门。天下诸多公子中也的确有好客喜士的，但却唯有信陵君能够结交那些隐没在社会各个角落的人，他不以结交下层贱民为耻，是非常有道理的。他的名声远远超过了那些诸侯，的确不是虚传。所以，高祖每次路过大梁都会命令百姓祭祀他不能断绝。

【评析】

中国有句古话叫作“士为知己者死”，本篇文章就有一个典型的“为知己者死”的动人故事。那么什么才是“知己者”呢？信陵君和侯嬴就告诉给了我们答案。信陵君礼贤下士，身系国家安危。司马迁曾在《自序》中说：“能以富贵下贫贱，贤能诎于不肖，唯信陵君为能之，作《魏公子列传》。”很明显，礼贤下士也是司马迁的一项重要的社会理想。战国四君子中，每一个人都养了很多门客，然而在司马迁眼中，孟尝君的养士不过是一种收买与被收买的关系，而平原君和信陵君养士却是用于国家。对于侯嬴，司马迁也认为他不同于其他一些士人。侯嬴等人的活动是为了抗秦救赵，而救赵的最终目的是为了救自己的国家——魏国。这种事关重大的事情跟那些只为某一个人而奔走的事情，二者根本不能等量齐观。这也正是在战国四君子中，不仅司马迁最为推崇信陵君，而且后人也最为推崇信陵君的关键之所在。

第十四章 范雎蔡泽列传

【原文】

范雎者，魏人也，字叔。游说诸侯，欲事魏王，家贫无以自资，乃先事魏中大夫须贾。

须贾为魏昭王使于齐，范雎从。留数月，未得报。齐襄王闻雎辩口，乃使人赐雎金十斤及牛酒，雎辞谢不敢受。须贾知之，大怒，以为雎持魏国阴事告齐，故得此馈，令雎受其牛酒，还其金。既归，心怒雎，以告魏相。魏相，魏之诸公子，曰魏齐。魏齐大怒，使舍人笞击雎，折胁折齿。雎详死，即卷以箦，置厕中。宾客饮者醉，更溺雎，故僇辱以惩后，令无妄言者。雎从箦中谓守者曰："公能出我，我必厚谢公。"守者乃请出弃箦中死人。魏齐醉，曰："可矣。"范雎得出。后魏齐悔，复召求之。魏人郑安平闻之，乃遂操范雎亡，伏匿，更名姓曰张禄。

【译文】

范雎是魏国人，字叔。他曾周游列国希望那里的国君接受自己的主张而有所作为，但没有成功，便回到魏国想给魏王任职服务，可他家境贫寒又筹集不到活动资金，于是就先在魏国中大夫须贾门下混事。

有一次，须贾为魏昭王出使到齐国办事，范雎也跟去了。他们在齐国逗留了几个月，无果。当时齐襄王听说范雎很有口才，就派专人给范雎送去了十斤黄金以及牛肉美酒之类的礼物，但范雎再三推辞而不敢受。须贾知道后，大为恼火，认为范雎必是把魏国的秘密出卖给齐国了，因此才得到这种馈赠，于是他就让范雎收下牛肉美酒之类的食品，把黄金送回去。回魏国后，须贾心里恼怒嫉恨范雎，就将此事报告给魏国宰相。魏国的宰相是魏国公子之一，名魏齐。魏齐听后大怒，就命左右近臣用板子、荆条对范雎进行抽打，范雎被打得胁折齿断。当时范雎假装死去，魏齐就命人用席子把他卷了卷扔在厕所里。又让宴饮的宾客喝醉后轮番往范雎身上撒尿，故意污辱他以惩一警百，警示别人不许再乱说。卷在席里的范雎还活着，他对看守说："您若放走我，日后我必定重谢您。"看守有意放走范雎，就请示魏齐说把席子里的死人扔掉算了。恰好魏齐喝得酩酊大醉，就顺口应道："可以。"范雎因而得以逃脱。后来魏齐后悔把范雎当死人扔掉，又派人去搜索范雎。魏国人郑安平听说此事，就带着范雎一起逃跑了，他们隐藏起来，范雎隐名改姓为张禄。

【原文】

当此时，秦昭王使谒者王稽于魏。郑安平诈为卒，侍王稽。王稽问："魏有贤人可与俱西游者乎？"郑安平曰："臣里中有张禄先生，欲见君，言天下事。其人有仇，不敢昼见。"王稽曰："夜与俱来。"郑安平夜与张禄见王稽。语未究，王稽知范雎贤，谓曰："先生待我于三亭之南。"与私约而去。

王稽辞魏去，过载范雎入秦。至湖，望见车骑从西来。范雎曰："彼来者为谁？"王稽曰："秦相穰侯东行县邑。"范雎曰："吾闻穰侯专秦权，恶内诸侯客，此恐辱我，我宁且匿车中。"有顷，穰侯果至，劳王稽，因立车而语曰："关东有何变？"曰："无有。"又谓王稽曰："谒君得无与诸侯客子俱来乎？无益，徒乱人国耳。"王稽曰："不敢。"即别去。范雎曰："吾闻穰侯智士也，其见事迟，乡者疑车中有人，忘索之。"于是范雎下车走，曰："此必悔之。"行十余里，果使骑还索车中，无客，乃已。王稽遂与范雎入咸阳。

已报使，因言曰："魏有张禄先生，天下辩士也。曰'秦王之国危于累卵，得臣则安。然不可以书传也'。臣故载来。"秦王弗信，使舍食草具。待命岁余。

当是时，昭王已立三十六年。南拔楚之鄢郢，楚怀王幽死于秦。秦东破齐。湣王尝称帝，后去之。数困三晋。厌天下辩士，无所信。

【译文】

这个时候，秦昭王派出使臣王稽到魏国。郑安平就假装差役，侍候王稽。王稽问他："魏国是否有贤能人士愿跟我一起到西边去呢？"郑安平说："我的乡里有位张禄先生，想求见您，谈谈天下大事。不过他有仇人，不敢白天出来。"王稽说："那就夜里你跟他一起来好了。"于是郑安平就在夜里带着张禄来拜见王稽。二人话尚未谈完，王稽就发现范雎是个贤才，便对他说："先生请在三亭冈的南边等着我。"范雎与王稽暗中约好见面时间就离开了。

王稽辞别魏国上路后，经过三亭冈南边时，载上范雎便很快进入了秦国国境。车到湖邑时，远远望见一队车马从西边奔驰而来。范雎便问："那边过来的是谁？"王稽答道："是秦国国相穰侯去东边巡行视察县邑。"范雎一听说是穰侯便说："我听说穰侯独揽秦国大权，他最不喜欢收纳各国的说客了，这样见面恐怕我要被侮辱，我宁可暂时躲在车里。"不一会儿，穰侯果然来到，向王稽道过问候，便停下车询问说："关东局势有何变化？"王稽答道："没什么变化。"穰侯又对王稽说："使臣先生不会是带着那般说客一起来的吧？那些人无一点好处，只会扰乱别人的国家。"王稽忙答道："臣下不敢。"两人随即告别而去。范雎对王稽说："我听说穰侯足智多谋，处理事情多有疑惑，刚才他怀疑车中藏着人，却忘记搜查了。"于是范雎就跳下车来奔走，说："此事穰侯不会罢休，他肯定后悔没有搜查车子。"大约走了十几里路，穰侯果然又派骑兵追回来搜查车子，却未发现有人，这才作罢。王稽于是与范雎进了咸阳。

王稽报告秦王出使情况后，趁机进言道："魏国有个张禄先生，是天下难得的能言善辩之士。他说'秦王的国家处境危险到层层堆卵的地步，能采用我的方略便可安全。但得面谈而不能用书信传达'。我这才把他载到秦国来。"秦王不相信，只让范雎住在客舍，给他吃粗劣的饭食。就这样，范雎等待秦王接见有一年多。

当时，秦昭王已经在位三十六年了。秦国夺取了南面楚国的鄢和郢重镇，楚怀王已在秦国被囚禁而死。攻破了东面的齐国。此前齐湣王曾经自称东帝，不久又将此帝号取消。还曾多次围攻韩、赵、魏三国以使领土得到了扩张。昭王武功赫赫，因而讨厌那些说客，从不听信他们。

【原文】

穰侯，华阳君，昭王母宣太后之弟也；而泾阳君、高陵君皆昭王同母弟也。穰侯相，三人者更将，有封邑，以太后故，私家富重于王室。及穰侯为秦将，且欲越韩、魏而伐齐纲寿，欲以广其陶封。范雎乃上书曰：

臣闻明主立政，有功者不得不赏，有能者不得不官，劳大者其禄厚，功多者其爵尊，能治众者其官大。故无能者不敢当职焉，有能者亦不得蔽隐。使以臣之言为可，愿行而益利其道；以臣之言为不可，久留臣无为也。语曰："庸主赏所爱而罚所恶；明主则不然，赏必加于有功，而刑必断于有罪。"今臣之胸不足以当椹质，而腰不足以待斧钺，岂敢以疑事尝试于王哉！虽以臣为贱人而轻辱，独不重任臣者之无反复于王邪？

且臣闻周有砥砨，宋有结绿，梁有县藜，楚有和朴，此四宝者，土之所生，良工之所失也，而为天下名器。然则圣王之所弃者，独不足以厚国家乎？

臣闻善厚家者取之于国，善厚国者取之于诸侯。天下有明主则诸侯不得擅厚者，何也？为其割荣也。良医知病人之死生，而圣主明于成败之事，利则行之，害则舍之，疑则少尝之，虽舜禹复生，弗能改已。语之至者，臣不敢载之于书，其浅者又不足听也。意者臣愚而不概于王心邪？亡其言臣者贱而不可用乎？自非然者，臣愿得少赐游观之间，望见颜色。一语无效，请伏斧质。

【译文】

穰侯和华阳君是昭王母亲宣太后的弟弟，而泾阳君和高陵君都是昭王的同胞弟弟。穰侯任国相，华阳君、泾阳君和高陵君更番任将军，他们都有封赐的领地，由于宣太后庇护他们，使他们富可敌国。等到穰侯担任了秦国将军，他又要越过韩国和魏国去进攻齐国的纲寿，想借此扩大他的陶邑封地。于是范雎就上书启奏秦王说：

我听说圣明的君主推行政事，有功劳者必给奖赏，有才能者必授官职，劳苦者多俸禄，功绩多者高爵位，能管众多事务者职大。因此无才能者不敢担当官职，有才能者也不致被埋没。如果您认为我的话可用，就请您推行并进一步使这种主张得以实现；倘若认为我的话不可用，则长久留我在此也无意义。俗话说："庸碌的君主奖赏其宠爱之人而惩罚其厌恶之人；圣明的君主就不这样，他的奖赏一定施给有功之人，刑罚一定判给有罪之人。"现在我的胸膛耐不住铡刀和砧板，我的腰也无法承受小斧和大斧，怎敢用毫无根据疑惑不定的主张来试探大王呢？就算您认为我是个微贱之人而加以轻蔑，难道就不在乎推荐我的人对您的担保吗？

况且我听说周室有砥砨，宋国有结绿，魏国有县藜，楚国有和氏璞玉，这四件宝玉，产于土中，可著名的工匠却误认为是石头，可它们最终还是成为天下的名贵器物。既然这样，则圣明君主所抛弃的人，难道就不能够使国家强大吗？

我听说善于中饱私囊的大夫，是从诸侯国中取利；善于使一国富足的诸侯，是从其他诸侯国中取利。而天下有了圣明的君主则诸侯就不得独自豪富，这是什么原因呢？原因就是它们会削割国家而使自我显贵。高明的医生能了解病人的生死，圣明的君主可洞察国事的成败，认为有利于国家的就实行，反之就舍弃，有疑惑的就稍加试验，就算舜和禹死而复生，也改变不了这种方略。要说的至深话语，我是不敢写在书信上的，那些浅露的话又不值得您一听。大概是我愚笨而不符合大王的心意吧？或者是推荐我的人人贱言微而不值得听信呢？若非如此，我希望您赐给少许空闲时间，让我拜见您一次。若一次谈话没有效果，则我请求服罪受死刑。

【原文】

于是秦昭王大说，乃谢王稽，使以传车召范雎。

于是范雎乃得见于离宫，详为不知永巷而入其中。王来，而宦者怒逐之，曰："王至！"范雎缪为曰："秦安得王？秦独有太后、穰侯耳。"欲以感怒昭王。昭王至，闻其与宦者争言，遂延迎，谢曰："寡人宜以身受命久矣，会义渠之事急，寡人旦暮自请太后；今义渠之事已，寡人乃得受命。窃闵然不敏，敬执宾主之礼。"范雎辞让。是日观范雎之见者，群臣莫不洒然变色易容者。

秦王屏左右，宫中虚无人。秦王跽而请曰："先生何以幸教寡人？"范雎曰："唯唯。"有间，秦王复跽而请曰："先生何以幸教寡人？"范雎曰："唯唯。"若是者三。秦王跽曰："先生卒不幸教寡人邪？"范雎曰："非敢然也。

臣闻昔者吕尚之遇文王也，身为渔父而钓于渭滨耳。若是者，交疏也。已说而立为太师，载与俱归者，其言深也。故文王遂收功于吕尚而卒王天下。乡使文王疏吕尚而不与深言，是周无天子之德，而文武无与成其王业也。今臣羁旅之臣也，交疏于王，而所愿陈者皆匡君之事，处人骨肉之间，愿效愚忠而未知王之心也。”

【译文】

读了这封书信，秦昭王心中大喜，便向王稽表示了歉意，派他用专车去接范雎。

于是范雎才得以去离宫拜见秦昭王，到了宫门口，他装作不知道是内宫的通道，就往里走。这时恰巧秦昭王出来，宦官发怒，驱赶范雎，呵斥道：“大王来了！”范雎故意乱嚷：“秦国哪里有王？秦国只有太后和穰侯罢了。”他想用此话激怒秦昭王。昭王走过来，听到范雎正与宦官争吵，便上前迎接范雎，并道歉说：“我本该早就向您请教了，但是正遇到处理义渠事件很紧迫，我早晚都要请示太后，现在义渠事件已处理完毕，我才有了向您请教的机会。我糊涂、不聪敏，让我向您敬行一礼。”范雎客气地还了礼。这一天凡是看到范雎谒见昭王情况的文武百官，无不肃然起敬。

秦昭王将左右近臣喝退，宫中没有别的人。这时秦昭王长跪着向范雎请求道：“先生如何赐教我？”范雎说：“嗯嗯。”停了一会，秦昭王又长跪着向范雎请求道：“先生如何赐教我？”范雎说：“嗯嗯。”像这样连续询问了三次。秦昭王长跪着说：“先生终究都不肯赐教我吗？”范雎说：“不敢。我听说以前吕尚遇到周文王时，他只是个渭水边上钓鱼的渔夫罢了。像他们这种关系，就属于交情生疏。可文王听完他的一席话便立他为太师，并立即用车把他载回宫，就是由于他的这番话说中了文王的心思。因此文王便得到吕尚的辅佐而最终统一了天下。倘若当初文王疏远吕尚而不与他深谈，则周朝就失去了做天子的德望，而文王、武王也就无人辅佐来成就他们统一天下的大业了。现在我是个寄居异国他乡的臣子，与大王交情生疏，可我所希望陈述的都是匡扶补正国君的大事，我处在大王与亲人的骨肉关系之间来谈这些大事，本愿进献我的一片愚诚的忠心却不知大王心里想什么。”

【原文】

“此所以王三问而不敢对者也。臣非有畏而不敢言也。臣知今日言之于前而明日伏诛于后，然臣不敢避也。大王信行臣之言，死不足以为臣患，亡不足以为臣忧，漆身为厉、被发为狂不足以为臣耻。且以五帝之圣焉而死，三王之仁焉而死，五伯之贤焉而死，乌获、任鄙之力焉而死，成荆、孟贲、王庆忌、夏育之勇焉而死。死者，人之所必不免也。处必然之势，可以少有补于秦，此臣之所大愿也，臣又何患哉！伍子胥橐载而出昭关，夜行昼伏，至于陵水，无以糊其口，膝行蒲伏，稽首肉袒，鼓腹吹篪，乞食于吴市，卒兴吴国，阖闾为伯。使臣得尽谋如伍子胥，加之以幽囚，终身不复见，是臣之说行也，臣又何忧？箕子、接舆漆身为厉，被发为狂，无益于主。假使臣得同行于箕子，可以有补于所贤之主，是臣之大荣也，臣有何耻？臣之所恐者，独恐臣死之后，天下见臣之尽忠而身死，因以是杜口裹足，莫肯向秦耳。足下上畏太后之严，下惑于奸臣之态，居深宫之中，不离阿保之手，终身迷惑，无与昭奸。大者宗庙灭覆，小者身以孤危，此臣之所恐耳。若夫穷辱之事，死亡之患，臣不敢畏也。臣死而秦治，是臣死贤于生。”秦王跽曰：“先生是何言也！夫秦国辟远，寡人愚不肖，先生乃幸辱至于此，是天以寡人慁先生而存先王之宗庙也。寡人得受命于先生，是天所以幸先王，而不弃其孤也。先生奈何而言若是！事无小大，上及太后，下至大臣，愿先生悉以教寡人，无疑寡人也。”范雎拜，秦王亦拜。

【译文】

“这就是大王连续三次询问我而我却不敢回答的原因。我并非害怕什么而不敢说出来。我明知今天向您陈述主张明天就可能服罪受死，可我决不想逃避。大王若真照我的话办了，受死不值得我忧患，流亡也不值得我苦恼，即使漆身生癞，披发装疯我也不会感到羞耻。再说了，像五帝那样圣明的人最终都不免死去，三王那样仁爱的人也不免死去，春秋五霸那样贤能的人都死了，乌获、任鄙那样力大无比的人也难免一死，成荆、孟贲、王庆忌、夏育那样勇猛威武的人也一个个死去了。可见，死亡是谁都避免不了的。处在明了必然死去的形势下，能够对秦国有少许补益，这就是我最大的愿望了，我有什么可担忧的呢！过去伍子胥被装在口袋里逃出了昭关，夜里行走，白天隐藏，走到陵水，连饭也吃不上了，只好爬着行走，裸出上身，叩着响头，鼓起肚皮吹笛子，在吴国街市上四处行乞讨饭，后来却终于使吴国振兴，使阖闾称霸。若我能像伍子胥那样极尽智谋效忠秦国，就算再把我囚禁起来，终身不再见大王，这样我的主张实行了，我又担忧什么呢？过去箕子、接舆漆身生癞，披发装疯，可却对君主毫无益处。若我也跟箕子有同样的遭遇而披发装疯，可只要能对我认为贤能的君主有所补益，这是我的最大荣幸，我又有什么耻辱的？我所担忧只是怕我死后，天下人看见我为君主尽忠却遭死罪，因此闭口停步，谁都不肯来秦国罢了。如今您上怕太后的威严，下被奸佞臣子的惺惺作态所迷惑，自己身居深宫禁院，离不开左右近臣的把持，终身迷惑不清，也无人帮您辨出邪恶。长此以往，从大处说国家覆亡，从小处说您孤立无援岌岌可危，我所担忧的只此而已。至于说困穷、屈辱等事情，处死、流亡等忧患，我从不害怕。若我死了而秦国得以大治，这是我死了比活着更有意义。”秦昭王长跪着说：“先生这是怎么说呢！秦国偏僻远处一隅，我又愚笨无能，先生肯屈尊光临此地，这是上天恩准我烦劳先生来保存我的先王的遗业啊。我能聆听先生的教诲，正是上天恩赐我的先王，而不抛弃他们的这个后代啊。先生怎么能这样说呢！今后，事情无论大小，上至太后，下到大臣，有关问题都希望先生毫无保留地指教我，不要再怀疑我了。”范雎听后打躬行礼，秦昭王也连忙还礼。

【原文】

范雎曰：“大王之国，四塞以为固，北有甘泉、谷口，南带泾、渭，右陇、蜀，左关、阪，奋击百万，战车千乘，利则出攻，不利则入守，此王者之地也。民怯于私斗而勇于公战，此王者之民也。王并此二者而有之。夫以秦卒之勇，车骑之众，以治诸侯，譬若施韩卢而搏蹇兔也，霸王之业可致也，而群臣莫当其位。至今闭关十五年，不敢窥兵于山东者，是穰侯为秦谋不忠，而大王之计有所失也。”秦王跽曰：“寡人愿闻失计。”

然左右多窃听者，范雎恐，未敢言内，先言外事，以观秦王之俯仰。因进曰：“夫穰侯越韩、魏而攻齐纲寿，非计也。少出师则不足以伤齐，多出师则害于秦。臣意王之计，欲少出师而悉韩、魏之兵也，则不义矣。今见与国之不亲也，越人之国而攻，可乎？其于计疏矣。且昔齐湣王南攻楚，破军杀将，再辟地千里，而齐尺寸之地无得焉者，岂不欲得地哉，形势不能有也。诸侯见齐之罢弊，君臣之不和也，兴兵而伐齐，大破之。士辱兵顿，皆咎其王，曰：‘谁为此计者乎？’”

【译文】

范雎说：“大王的国家，四周均为坚固的要塞，北有甘泉高山、谷口险隘，南边环绕着泾、渭二水，右为陇山、蜀道，左为函谷关、殽阪山，百万雄师，千辆战车，有利就进攻，不利则退守，这是据以建立王业的好地方啊。百姓不敢因私事而争斗，却勇于为国作战，这是据以建立王业的好百姓啊。如今大王兼有地利、人和这两种有利条件。凭着秦国勇猛兵士，众多的战车，去制伏诸侯，就好比放出韩国壮犬去捕捉跛足的兔子一样轻而易举，建立霸王的事业是完全可以办到的，可您的臣子却都不称职。秦国至今闭关固守已十五年，之所以不敢伺机进兵崤山以东，都是因为穰侯为秦国出谋划策不肯竭尽忠心，而大王的计策也有失误之处啊，”秦昭王长跪着说：“我愿听听我的失策之处。”

可范雎发现谈话时周围有不少人在偷听，心里惶惑不安，不敢谈宫廷内太后专权之事，就先谈穰侯对诸侯国的外交谋略，以观察秦王的态度。于是凑向昭王面前说：“穰侯越过韩、魏两国去进攻齐国纲寿，这不是个好计策。出兵少了就损伤不了齐国，出兵多了又会损害秦国自己。我猜想大王的计策，是希望自己少出兵而让韩、魏两国尽遣兵力来协同秦国，这就违背情理了。现在已经看出这两个友国实际并非真正亲善，您却要越过他们的国境去进攻齐国，这样合适吗？这在计策上考虑太欠周密了。何况曾有过这种失算的先例，先前齐湣王向南进攻楚国，杀楚军、斩楚将，开辟了千里之遥的领土，可最后齐国却连寸尺大小的土地都没得到，难道是他们不想得到土地吗，是形势迫使它不可能占有啊。各诸侯国看到齐国已疲惫困顿国力衰退，国君又与臣属不和，便发兵攻打齐国，结果大败齐国。齐国将士受辱溃不成军，上下一片责怪齐王之声，说：‘策划攻打楚国的是谁？’”

【原文】

“王曰：‘文子为之。’大臣作乱，文子出走。故齐所以大破者，以其伐楚而肥韩、魏也。此所谓借贼兵而赍盗粮者也。王不如远交而近攻，得寸则王之寸也，得尺亦王之尺也。今释此而远攻，不亦缪乎！且昔者中山之国地方五百里，赵独吞之，功成名立而利附焉，天下莫之能害也。今夫韩、魏，中国之处而天下之枢也，王其欲霸，必亲中国以为天下枢，以威楚、赵。楚强则附赵，赵强则附楚，楚、赵皆附，齐必惧矣。齐惧，必卑辞重币以事秦。齐附而韩、魏因可虏也。”昭王曰：“吾欲亲魏久矣，而魏多变之国也，寡人不能亲。请问亲魏奈何？”对曰：“王卑词重币以事之；不可，则割地而赂之；不可，因举兵而伐之。”王曰：“寡人敬闻命矣。”乃拜范雎为客卿，谋兵事。卒听范雎谋，使五大夫绾伐魏，拔怀。后二岁，拔邢丘。

客卿范雎复说昭王曰：“秦韩之地形，相错如绣。秦之有韩也，譬如木之有蠹也，人之有心腹之病也。天下无变则已，天下有变，其为秦患者孰大于韩乎？王不如收韩。”昭王曰：“吾固欲收韩，韩不听，为之奈何？”对曰：“韩安得无听乎？王下兵而攻荥阳，则巩、成皋之道不通；北断太行之道，则上党之师不下。王一兴兵而攻荥阳，则其国断而为三。夫韩见必亡，安得不听乎？若韩听，而霸事因可虑矣。”王曰：“善。”且欲发使于韩。

【译文】

“齐王说：‘是田文。’于是齐国大臣发动叛乱，田文被迫逃亡。由此可见齐国大败的原因，就是它耗尽兵力攻打远方的楚国反而使韩、魏两国从中获利。这就是把兵器借给强盗，把粮食送给窃贼啊。大王不如结交远邦而攻伐近国，这样每攻取一寸土地就会成为您的一寸土地，每攻取一尺土地也就成为您的一尺土地。现在放弃近国而攻打远邦，不是很荒谬吗？再说，过去中山国领土有方圆五百里，赵国独自把它吞并了，功业建成，名声高杨，利益到手，天下无人能侵害它。现在韩、魏两国，地处中原这个天下的中心，大王若想称霸，则必须先亲近中原国家把它作为掌握天下的关键，以威胁楚国和赵国。楚国强大您就亲近赵国，赵国强大您就亲近楚国，楚、赵两国就都会亲附您，齐国肯定会担忧了。齐国担忧，势必会低声下气拿出丰厚财礼来奉事秦国。齐国亲附了秦国，则韩、魏两国便可乘势收服了。”昭王说：“我早就想亲近魏国了，可魏国翻云覆雨变化无常，我无法同它亲近。请问怎么才能亲近魏国？”范睢说：“大王可先说好话送厚礼来靠拢它，实在不行，就割让土地收买它；再不行，就寻找机会发兵攻打它。”昭王说：“我就恭候您的指教了。”于是授给范睢客卿官职，同他一起谋划军事。终于按照范睢的谋略，派五大夫绾带兵攻打魏国，拿下怀邑。两年后，又夺取了邢丘。

客卿范睢后来又劝说昭王道：“秦、韩两国的地形，犬牙交错简直就好像交织的刺绣。秦国境内伸进韩国的土地，就好比树干中生了蛀虫，人身体内患了心病。天下的形势无变化也就罢了，一旦发生变化，则给秦国造成祸患的还有谁能比韩国大呢？大王不如拢住韩国。”昭王说：“我原本就想拢住韩国，可它不听从，该怎么办呢？”范睢说：“韩国怎能不听从呢？您进兵去攻荥阳，则韩国由巩县通成皋的道路被堵住；在北面切断太行山要道，则上党的军队就无法南下。大王一旦发兵荥阳，则韩国就会被分割成三块孤立的地区。韩国眼看必将灭亡，怎能不听从呢？若韩国服帖了，则您就可乘势盘算称霸的事业了。”昭王说：“好。”于是就准备派使臣到韩国去。

【原文】

范睢日益亲，复说用数年矣，因请间说曰：“臣居山东时，闻齐之有田文，不闻其有王也；闻秦之有太后、穰侯、华阳、高陵、泾阳，不闻其有王也。夫擅国之谓王，能利害之谓王，制杀生之威之谓王。今太后擅行不顾，穰侯出使不报，华阳、泾阳等击断无讳，高陵进退不请。四贵备而国不危者，未之有也。为此四贵者下，乃所谓无王也。然则权安得不倾，令安得从王出乎？臣闻善治国者，乃内固其威而外重其权。穰侯使者操王之重，决制于诸侯，剖符于天下，政适伐国，莫敢不听。战胜攻取则利归于陶，国弊御于诸侯；战败则结怨于百姓，而祸归于社稷。诗曰‘木实繁者披其枝，披其枝者伤其心；大其都者危其国，尊其臣者卑其主’。崔杼、淖齿管齐，射王股，擢王筋，悬之于庙梁，宿昔而死。李兑管赵，囚主父于沙丘，百日而饿死。今臣闻秦太后、穰侯用事，高陵、华阳、泾阳佐之，卒无秦王，此亦淖齿、李兑之类也。且夫三代所以亡国者，君专授政，纵酒驰骋弋猎，不听政事。其所授者，妒贤嫉能，御下蔽上，以成其私，不为主计，而主不觉悟，故失其国。今自有秩以上至诸大吏，下及王左右，无非相国之人者。见王独立于朝，臣窃为王恐，万世之后，有秦国者非王子孙也。”昭王闻之大惧，曰：“善。”于是废太后，逐穰侯、高陵、华阳、泾阳君于关外。秦王乃拜范雎为相。收穰侯之印，使归陶，因使县官给车牛以徙，千乘有余。到关，关阅其宝器，宝器珍怪多于王室。

【译文】

范雎日益得到秦昭王的信任，转眼间受到秦昭王的信用就有几年了，一次范雎请求昭王在闲暇方便之余进言议事说：“我在山东时，只听说齐国有田文，从未听说齐国有齐王；只听说秦国有太后、穰侯、华阳君以及高陵君、泾阳君，从未听说秦国有秦王。独掌国家大权的称为王，能兴利除害的称为王，掌握生杀予夺权势的称为王。现在太后独断专行毫无顾忌，穰侯出使国外从不报告，华阳君、泾阳君等惩处断罚随心所欲，高陵君任免官吏也从不请示。这四种权贵凑在一起而国家却无危险，那是从来没有过的。人们处在这四种权贵的统治之下，就是我所说的没有秦王啊。这样大权怎能不旁落，政令又怎能由大王发出呢？我听说善于治国的，就是要在国内牢固自己的威势而对国外集中自己的权力。穰侯的使臣操持着大王的重权，对诸侯国发号施令，他又向天下遍派持符使臣订盟立约，征讨敌方，攻打别国，无人不敢听命。若打了胜仗，夺取了城地就把好处归入陶邑，国家一旦遭到困厄他便可在诸侯国中用事；若打了败仗就会使百姓怨恨国君，而把祸患推给国家。有诗说：‘树上结果太多了就会压折树枝，树枝断了就会伤害树心；封地城邑太大就会危害国都，抬高臣属就会压抑君主。’从前崔杼和淖齿在齐国专权，崔杼射中齐庄公的大腿并将其杀死，淖齿抽了齐湣王的筋又将其悬吊在庙梁上，一夜就吊死了。李兑在赵国专权，把赵武灵王囚禁在沙丘的宫里，被困饿一百天而死。现在我听说秦国的太后、穰侯专权，高陵君、华阳君和泾阳君相帮，没有谁眼里有秦王，他们也是淖齿、李兑一类的人物啊。再说夏、商、周三代之所以亡国，就是因为君主把大权全都交给宠臣，恣意饮酒纵情游猎，不理朝政。他们授权任职的宠臣，个个妒贤嫉能，瞒上欺下，谋取私利，从不为君主考虑，可君主又不醒悟，因此才丧失了自己的国家。现在秦国从小乡官到各个大官吏，再到大王的左右侍从，都是相国穰侯的亲信。我见大王在朝廷孤单一人，暗自替您担忧，在您之后，拥有秦国的恐怕就不是您的子孙了。”昭王听后如梦初醒大感惊惧，说：“说得对啊。”于是把太后废弃，把穰侯、高陵君以及华阳君、泾阳君驱逐出国都，任命范雎为相国，将穰侯的相印收回，让他回到封地陶邑去，由朝廷派给车子和牛帮他拉东西迁出国都，装载东西的车子有一千多辆。到了国都关卡，守关官吏检查他的珍宝器物，发现珍贵奇异的宝物比国君之家还要多。

【原文】

秦封范雎以应，号为应侯。当是时，秦昭王四十一年也。

范雎既相秦，秦号曰张禄，而魏不知，以为范雎已死久矣。魏闻秦且东伐韩、魏，魏使须贾于秦。范雎闻之，为微行，敝衣闲步之邸，见须贾。须贾见之而惊曰：“范叔固无恙乎！”范雎曰：“然。”须贾笑曰：“范叔有说于秦邪？”曰：“不也。雎前日得过于魏相，故亡逃至此，安敢说乎！”须贾曰：“今叔何事？”范雎曰“臣为人庸赁。”须贾意哀之，留与坐饮食，曰：“范叔一寒如此哉！”乃取其一绨袍以赐之。须贾因问曰：“秦相张君，公知之乎？吾闻幸于王，天下之事皆决于相君。今吾事之去留在张君。孺子岂有客习于相君者哉？”范雎曰：“主人翁习知之。唯雎亦得谒，雎请为见君于张君。”须贾曰：“吾马病，车轴折，非大车驷马，吾固不出。”范雎曰：“愿为君借大车驷马于主人翁。”

【译文】

秦昭王把应城封给范雎，封号为应侯。这时是秦昭王四十一年。

范雎做了秦国相国后，秦国人仍称他叫张禄，而魏国人对此毫无所知，认为范雎早已死了。魏王听说秦国即将东攻韩、魏两国的消息，便派须贾出使秦国。范雎得知须贾到了秦国，便隐蔽了相国身份改装出行，他穿着破旧的衣服偷空步行到客馆，见到须贾。须贾一见范雎不禁惊愕道："范叔原来没有灾祸啊！"范雎说："是啊。"须贾笑着说："范叔是来秦国游说的吧？"范雎说："不是的。我先前得罪了魏国宰相，才流落逃跑到此，还怎敢游说呢！"须贾问道："现在你干些什么事？"范雎答道："我给人家做差役。"须贾听了有些怜悯他，便留下他一起坐下吃饭，又不无同情地说："范叔怎么竟贫寒到如此地步！" 于是就取出了自己一件粗丝袍送给了他。须贾趁便问道："秦国的相国张君，你知道他吧。我听说他在秦王那里很得宠，关于天下的大事都由他决定。这次我办事成败也都取决于他。你这个年轻人有没有跟相国张君熟悉的朋友啊？"范雎说："我的主人跟他很熟悉。就是我也能求见的，请让我把您引见给张君。"须贾很不以为然地说："我的马病了，车轴也断了，非四匹马拉的大车，我决不出门。"范雎说： "我愿意替您向我的主人借来四匹马拉的大车。"

【原文】

范雎归取大车驷马，为须贾御之，入秦相府。府中望见，有识者皆避匿。须贾怪之。至相舍门，谓须贾曰："待我，我为君先入通于相君。"须贾待门下，持车良久，问门下曰："范叔不出，何也？"门下曰："无范叔。"须贾曰："向者与我载而入者。"门下曰："乃吾相张君也。"须贾大惊，自知见卖，乃肉袒膝行，因门下人谢罪。于是范雎盛帷帐，待者甚众，见之。须贾顿首言死罪，曰："贾不意君能自致于青云之上，贾不敢复读天下之书，不敢复与天下之事。贾有汤镬之罪，请自屏于胡貉之地，唯君死生之！"范雎曰："汝罪有几？"曰："擢贾之发以续贾之罪，尚未足。"范雎曰："汝罪有三耳。昔者楚昭王时而申包胥为楚却吴军，楚王封之以荆五千户，包胥辞不受，为丘墓之寄于荆也。今雎之先人丘墓亦在魏，公前以雎为有外心于齐而恶雎于魏齐，公之罪一也。当魏齐辱我于厕中，公不止，罪二也。更醉而溺我，公其何忍乎？罪三矣。然公之所以得无死者，以绨袍恋恋，有故人之意，故释公。"乃谢罢。入言之昭王，罢归须贾。

【译文】

范雎回去弄来四匹马拉的大车，并亲自为须贾驾车，直进了秦国相府。相府里的人见范雎驾着车子来了，有些认识他的人都回避离开了。须贾见此情景感到很奇怪。到了相国办公地方的门口，范雎对须贾说："等等我，我替您先进去向相国张君通报一声。"须贾就等在门口，拽着马缰绳等了很长时间不见人来，便问门卒说："怎么范叔进去很长时间了还不出来？"门卒说："这里没有范叔。"须贾说："就是刚才跟我一起乘车进去的那个人。"门卒说："他是我们的相国张君。"须贾一听大惊失色，自知被诓骗进来，就忙脱掉上衣光着膀子双膝跪地而行，托门卒向范雎认罪。于是范雎派人挂上盛大的帐幕，召来许多侍从，才让须贾上堂来见。须贾见到范雎连叩响头口称死罪道："我没想到您靠自己的能力达到如此高的尊位，我不敢再读天下书，也不敢再参与天下事了。我犯了该煮杀的大罪，把我抛到荒凉野蛮的胡貉地区我也甘心，要活要死全听凭您的决定了！"范雎说："你的罪状有多少？"须贾连忙答道："拔下我的头发来数我的罪过也数不清。"范雎说："你的罪状有三条。从前楚昭王时申包胥为楚国谋划打退了吴国军队，楚王把楚地的五千户封给他作食邑，申包胥辞而不受，因为他的祖坟安葬在楚国，打退吴军也可将其祖坟保住。如今我的祖坟在魏国，可你先前却认为我对魏国有外心暗通齐国而在魏齐面前说我的坏话，这是你的第一条罪状。当魏齐把我扔到厕所里肆意侮辱我时，你没有制止，这是第二条罪状。更有甚者你喝醉后往我身上撒尿，你怎么忍心呢？这是第三条罪状。但是你之所以可以不被处死，就是因为今天你赠我一件粗丝袍来看，你还有点老朋友的依恋之情，因此放你一条生路。"于是辞开须贾，结束了会见。随即范雎进宫把事情的原委报告了昭王，决定不接受魏国来使，责令须贾回国。

【原文】

须贾辞于范雎，范雎大供具，尽请诸侯使，与坐堂上，食饮甚设。而坐须贾于堂下，置莝豆其前，令两黥徒夹而马食之。数曰："为我告魏王，急持魏齐头来！不然者，我且屠大梁。"须贾归，以告魏齐。魏齐恐，亡走赵，匿平原君所。

范雎既相，王稽谓范雎曰："事有不可知者三，有不可奈何者亦三。宫车一日晏驾，是事之不可知者一也。君卒然捐馆舍，是事之不可知者二也。使臣卒然填沟壑，是事之不可知者三也。宫车一日晏驾，君虽恨于臣，无可奈何。君卒然捐馆舍，君虽恨于臣，亦无可奈何。使臣卒然填沟壑，君虽恨于臣，亦无可奈何。”范雎不怿，乃入言于王曰：“非王稽之忠，莫能内臣于函谷关；非大王之贤圣，莫能贵臣。今臣官至于相，爵在列侯，王稽之官尚止于谒者，非其内臣之意也。”昭王召王稽，拜为河东守，三岁不上计。又任郑安平，昭王以为将军。范雎于是散家财物，尽以报所尝困厄者。一饭之德必偿，睚眦之怨必报。

范雎相秦二年，秦昭王之四十二年，东伐韩少曲、高平，拔之。

【译文】

须贾去向范雎辞行，范雎便大摆宴席，把所有诸侯国的使臣请来，与他同坐堂上，酒菜饭食摆设得很丰盛。却让须贾坐在堂下，在他面前放了一槽草豆掺拌的饲料，又命两个受过墨刑的犯人在两旁夹着，像喂马一样喂他吃饲料。范雎责令他道：“回去给我告诉魏王，快把魏齐的脑袋拿来！否则，我就要屠平大梁。”须贾回到魏国，告诉给魏齐，魏齐大为惊恐，便逃到了赵国，躲藏在平原君的家里。

范雎担任秦相后，王稽曾经对范雎说：“事情不可预知的有三件，毫无办法的也有三件。君王不定哪天死去，这是不可预知的第一件事。您突然死去，是不可预知的第二件事。若我突然死去，便是不可预知的第三件事。若君王有一天死了，您即使因我没被君王重用而感到遗憾，那是毫无办法的。若您突然死了，您即使为还未报答我而感到遗憾，也是毫无办法的。若我突然死了，您即使因不曾及时推荐我而感到遗憾，也是毫无办法的。”范雎听后闷闷不乐，就入宫向秦王进言道：“若非王稽对秦国忠诚，就不会把我带进函谷关；若非大王贤能圣明，就不会使我如此显贵。现在我官至相国，爵位已经封到列侯，可王稽却还仅是个谒者，这应该非他带我进关的本意吧。”秦昭王于是便召见了王稽，任命他为河东郡守，且允许他三年之内可不向朝廷汇报郡内的政治、经济情况。范雎又向秦昭王举荐曾保护过他的郑安平，昭王便任郑安平为将军。范雎于是散发家里的财物，以报答那些曾帮过他却处境困苦的人。凡是给过他一顿饭吃的小恩小惠他都必定要报答，而瞪过他一眼的小怨小仇他也是必定要报复的。

范雎任秦相的第二年，也就是秦昭王四十二年，秦国向东进攻韩国的少曲和高平，拿下了这两个城邑。

【原文】

秦昭王闻魏齐在平原君所，欲为范雎必报其仇，乃详为好书遗平原君曰：“寡人闻君之高义，愿与君为布衣之友，君幸过寡人，寡人愿与君为十日之饮。”平原君畏秦，且以为然，而入秦见昭王。昭王与平原君饮数日，昭王谓平原君曰：“昔周文王得吕尚以为太公，齐桓公得管夷吾以为仲父，今范君亦寡人之叔父也。范君之仇在君之家，愿使人归取其头来；不然，吾不出君于关。”平原君曰：“贵而为交者，为贱也；富而为交者，为贫也。夫魏齐者，胜之友也，在，固不出也，今又不在臣所。”昭王乃遗赵王书曰：“王之弟在秦，范君之仇魏齐在平原君之家。王使人疾持其头来；不然，吾举兵而伐赵，又不出王之弟于关。”赵孝成王乃发卒围平原君家，急，魏齐夜亡出，见赵相虞卿。虞卿度赵王终不可说，乃解其相印，与魏齐亡，间行，念诸侯莫可以急抵者，乃复走大梁，欲因信陵君以走楚。信陵君闻之，畏秦，犹豫未肯见，曰：“虞卿何如人也？”时侯嬴在旁，曰：“人固未易知，知人亦未易也。夫虞卿蹑屩檐簦，一见赵王，赐白璧一双，黄金百镒；再见，拜为上卿；三见，卒受相印，封万户侯。当此之时，天下争知之。夫魏齐穷困过虞卿，虞卿不敢重爵禄之尊，解相印，捐万户侯而间行。急士之穷而归公子，公子曰‘何如人’。人固不易知，知人亦未易也！”信陵君大惭，驾如野迎之。魏齐闻信陵君之初难见之，怒而自刭。赵王闻之，卒取其头予秦。秦昭王乃出平原君归赵。

【译文】

秦昭王听说魏齐藏在平原君的家里，想替范雎报这个仇，就假装交好写了一封信给平原君说：“我早就听说您为人高尚有道德情义，想跟您交个像平民百姓一样无拘无束的知心朋友，您若肯光临我这里小住几日的话，我愿同您开怀畅饮十天。”平原君本来就畏惧秦国，看了信后又认为秦昭王真的有意交好，就到秦国见了秦昭王。昭王陪着平原君宴饮了几天，便对平原君说：“从前周文王得到吕尚后尊他为太公，齐桓公得到管夷吾后尊他为仲父，现在范先生也是我的叔父啊。范先生的仇人住在您家里，希望您派人把他的脑袋取来；否则我就不让您出函谷关。”平原君说：“显贵了还要交低贱的朋友，是为了不忘低贱时的情谊；豪富了还要交贫困的朋友，是为了不忘贫困时的友情。魏齐是我的朋友，就算他在我家，我也决不能把他交出来，更何况现在他根本不在我家呢。”昭王又给赵国国君写了一封信说：“大王的弟弟在我秦国，而范先生的仇人魏齐就在平原君家里。请大王派人赶快拿他的脑袋来；否则我就要发动军队攻打赵国，且不把大王的弟弟放出函谷关。”赵孝成王看了信后就派士兵包围了平原君的家宅，危急中，魏齐连夜逃出了平原君家，见到了赵国宰相虞卿。虞卿猜测不可能说服赵王，就把自己的相印解下，同魏齐一起逃出了赵国，两人抄小路奔逃，想来想去几个诸侯国都无可以急人之难而投靠之人，就又奔回大梁，想通过信陵君投奔到楚国去。信陵君听说后，由于担心秦国找上门来，就犹豫不决不肯接见他们，问周围的人说：“虞卿这个人怎么样？”当时侯嬴也在旁边，就回说：“人固然很难被别人了解，可了解别人也非易事。那个虞卿脚踏草鞋，肩搭雨伞，远行而到赵国，第一次见赵王，赵王赐给他一对白璧，百两黄金；第二次见赵王，赵王任命他为上卿；第三次见赵王，就得到了相印，被封为万户侯。如今天下人都争着了解虞卿的为人。魏齐走投无路时投奔了虞卿，虞卿丝毫没把高官厚禄看在眼里，而是解下相印，抛弃万户侯的爵位同魏齐一起逃亡。能把别人的困难当作自己的困难来投奔您，您还问‘这人怎么样’。人固然很难被别人了解，可了解别人也实非易事啊！”信陵君听了这番话分明有讥讽自己的意味深感惭愧，赶忙驱车到郊外去迎接他们。可魏齐听到的是信陵君当初不大肯接见他的消息，便一怒之下刎颈自杀了。赵王得知魏齐自杀身亡，就取了他的脑袋送到秦国。秦昭王这才把平原君放回赵国。

【原文】

昭王四十三年，秦攻韩汾陉，拔之，因城河上广武。

后五年，昭王用应侯谋，纵反间卖赵，赵以其故，令马服子代廉颇将。秦大破赵于长平，遂围邯郸。已而与武安君白起有隙，言而杀之。任郑安平，使击赵。郑安平为赵所围，急，以兵二万人降赵。应侯席藁请罪。秦之法，任人而所任不善者，各以其罪罪之。于是应侯罪当收三族。

秦昭王恐伤应侯之意，乃下令国中："有敢言郑安平事者，以其罪罪之。"而加赐相国应侯食物日益厚，以顺适其意。后二岁，王稽为河东守，与诸侯通，坐法诛。而应侯日益以不怿。

昭王临朝叹息，应侯进曰："臣闻'主忧臣辱，主辱臣死'。今大王中朝而忧，臣敢请其罪。"昭王曰："吾闻楚之铁剑利而倡优拙。夫铁剑利则士勇，倡优拙则思虑远。夫以远思虑而御勇士，吾恐楚之图秦也。夫物不素具，不可以应卒，今武安君既死，而郑安平等畔，内无良将而外多敌国，吾是以忧。"欲以激励应侯。应侯惧，不知所出。蔡泽闻之，往入秦也。

【译文】

昭王四十三年，秦国进攻韩国的汾陉，夺取了它，并在靠着黄河边上的广武山筑城。

五年后，昭王采用应侯的谋略，施行反间计使赵国上当，赵国因此让马服君赵奢的儿子赵括代替廉颇统帅军队。结果秦军在长平大败赵军，进而围攻邯郸。此后不久应侯同武安君白起结下了怨仇，就向昭王进谗言而杀了白起。于是昭王任用郑安平，派他领兵进攻赵国。郑安平在战场上反被赵军团团围住，危急的情况下，他带领二万人投降了赵国。对此应侯自知罪责难逃，就跪在草垫上请求惩处治罪。按秦国法令，举荐了官员而被举荐的官员犯了罪，则举荐人也同样按被举荐官员的罪名治罪。因此应侯应判逮捕父、母、妻三族的罪刑。可秦昭王怕伤害了应侯的感情，就下令国都内："有敢于议论郑安平事的，一律按郑安平的罪名治罪。"同时加赏相国应侯更为丰厚的食物，以安应侯安的心。此后二年，王稽任河东郡守，曾与诸侯有勾结，因犯法而被诛杀。为此，应侯一天比一天懊丧。

后来，有一天昭王上朝时总叹息，应侯走上前去说："我听说'人主忧虑是臣下的耻辱，人主受辱是臣下的死罪'。今天大王当朝处理政务却如此忧虑，我请求治我的罪。"昭王说："我听说楚国的铁剑锋利却歌舞演技拙劣。这个国家的铁剑锋利则士兵就勇敢，其歌舞演技拙劣则国君的谋计必定深远。心怀深远的谋略而指挥勇敢的士兵，我担心楚国要在秦国身上打算盘。办事不早作准备，就无法应付突然的变化。现在武安君已死，而郑安平等人叛变了，国内没有能征善战的大将，国外敌对国家却很多，我因此忧虑。”昭王说此话是为了激发鼓励应侯。可应侯听了却感到恐惧，也想不出什么办法来。蔡泽得知此事后便从燕国来到秦国。

【原文】

蔡泽者，燕人也。游学干诸侯小大甚众，不遇。而从唐举相，曰：“吾闻先生相李兑，曰‘百日之内持国秉’，有之乎？”曰：“有之。”曰：“若臣者何如？”唐举孰视而笑曰：“先生曷鼻，巨肩，魋颜，蹙齃，膝挛。吾闻圣人不相，殆先生乎？”蔡泽知唐举戏之，乃曰：“富贵吾所自有，吾所不知者寿也，愿闻之。”唐举曰：“先生之寿，从今以往者四十三岁。”蔡泽笑谢而去，谓其御者曰：“吾持粱刺齿肥，跃马疾驱，怀黄金之印，结紫绶于腰，揖让人主之前，食肉富贵，四十三年足矣。”去之赵，见逐。之韩、魏，遇夺釜鬲于涂。闻应侯任郑安平、王稽皆负重罪于秦，应侯内惭，蔡泽乃西入秦。

将见昭王，使人宣言以感怒应侯曰：“燕客蔡泽，天下雄俊弘辩智士也。彼一见秦王，秦王必困君而夺君之位。”应侯闻，曰：“五帝三代之事，百家之说，吾既知之，众口之辩，吾皆摧之，是恶能困我而夺我位乎？”使人召蔡泽。蔡泽入，则揖应侯。应侯固不快，及见之，又倨，应侯因让之曰：“子尝宣言欲代我相秦，宁有之乎？”对曰：“然。”应侯曰：“请闻其说。”蔡泽曰：“吁，君何见之晚也！夫四时之序，成功者去。夫人生百体坚强，手足便利，耳目聪明而心圣智，岂非士之愿与？”应侯曰：“然。”蔡泽曰：“质仁秉义，行道施德，得志于天下，天下怀乐敬爱而尊慕之，皆愿以为君王，岂不辩智之期与？”应侯曰：“然。”蔡泽复曰：“富贵显荣，成理万物，使各得其所；性命寿长，终其天年而不夭伤；天下继其统，守其业，传之无穷；名实纯粹，泽流千里，世世称之而无绝，与天地终始：岂道德之符而圣人所谓吉祥善事者与？”应侯曰：“然。”

【译文】

蔡泽是燕国人。曾周游列国从师学习并向许多大小诸侯谋求官职，但没有得到重用。有一次他请唐举相面，说：“我听说先生给李兑相面，说‘一百天内将掌握一国的大权’，可有此事？”唐举说：“有。”蔡泽说：

“像我这样的人你看怎么样？”唐举仔细地看了一番便笑着说：“先生是朝天鼻，端肩膀，凸额头，塌鼻梁，罗圈腿。我听说圣人不在貌相，大概说的就是先生吧。”蔡泽知道唐举是在跟自己开玩笑，就说：“富贵我本来就有，我所不知道的只是寿命的长短，希望听听你的说法。”唐举说：“先生的寿命，从今往后还有四十三岁。”蔡泽笑着表示感谢便走开了，随后对他的车夫说：“我端着米饭吃肥肉，赶着马车奔驰，手抱黄金大印，腰系紫色丝带，在人主面前备受尊重，享受荣华富贵，四十三年也该满足了。”于是便离开燕国到了赵国，但却被赵国赶了出来。随即前去韩国、魏国，路遇强盗抢走了他的锅鼎之类的炊具。他听说应侯举荐的郑安平和王稽都在秦国犯下大罪，应侯内心惭愧抬不起头来，蔡泽向西来到秦国。

他准备去拜见秦昭王，先派人到应侯面前扬言一番来激怒应侯说：“燕国来的宾客蔡泽，是个天下见识超群，极富辩才的智谋之士。他若一见秦王，秦王必定使您处于困境而剥夺您的权位。”应侯听后说：“五帝三代的事理，诸子百家的学说，我也都通晓，许多人的巧言雄辩，也都能被我折服，此人怎能使我难堪而夺取我的权位呢？”于是就派人去召蔡泽来。蔡泽进来后只向应侯作了个揖。应侯本来就不痛快，见了蔡泽，看他如此傲慢，应侯就斥责他说：“你曾扬言要取代我做秦相，可曾有此事？”蔡泽答道：“有。”应侯说：“让我听听你的说法。”蔡泽说：“呦！您认识问题怎么如此迟钝啊！一年之中春、夏、秋、冬四季更替，各自完成了它的使命就自动退去。人的身体各个部分都很健壮，手脚灵活，耳清目明，心神聪慧，这难道不是士人的愿望吗？”应侯说：“是。”蔡泽说：“以仁为本，主持正义，推行正道，广施恩德，想在天下实现自己的志向，天下人拥护爱戴而尊敬仰慕他，都想让他做君主，这难道不是善辩明智之士所期望的吗？”应侯说：“是。”蔡泽又说：“位居富贵显赫荣耀，治理一切事物，使它们都可以各得其所；性命活得长久，平安度过一生而不会夭折；天下都继承其传统，固守其事业，并永远流传；名实相符完美无缺，恩泽远施千里之外，世代称赞他永不断绝，与天地一样长久，这难道不是推行正道广施恩德的效果而圣人所说的吉祥善事的吗？”应侯说：“是。”

【原文】

蔡泽曰："若夫秦之商君，楚之吴起，越之大夫种，其卒然亦可愿与？"应侯知蔡泽之欲困己以说，复谬曰："何为不可？夫公孙鞅之事孝公也，极身无二虑，尽公而不顾私；设刀锯以禁奸邪，信赏罚以致治；披腹心，示情素，蒙怨咎，欺旧友，夺魏公子卬，安秦社稷，利百姓，卒为秦禽将破敌，攘地千里。吴起之事悼王也，使私不得害公，谗不得蔽忠，言不取苟合，行不取苟容，不为危易行，行义不辟难，然为霸主强国，不辞祸凶。大夫种之事越王也，主虽困辱，悉忠而不解，主虽绝亡，尽能而弗离，成功而弗矜，贵富而不骄怠。若此三子者，固义之至也，忠之节也。是故君子以义死难，视死如归；生而辱不如死而荣。士固有杀身以成名，唯义之所在，虽死无所恨。何为不可哉？"

蔡泽曰："主圣臣贤，天下之盛福也；君明臣直，国之福也；父慈子孝，夫信妻贞，家之福也。故比干忠而不能存殷，子胥智而不能完吴，申生孝而晋国乱。是皆有忠臣孝子，而国家灭乱者，何也？无明君贤父以听之，故天下以其君父为僇辱而怜其臣子。今商君、吴起、大夫种之为人臣，是也；其君，非也。故世称三子致功而不见德，岂慕不遇世死乎？夫待死而后可以立忠成名，是微子不足仁，孔子不足圣，管仲不足大也。夫人之立功，岂不期于成全邪？身与名俱全者，上也。名可法而身死者，其次也。名在僇辱而身全者，下也。"于是应侯称善。

【译文】

蔡泽说："至于说到秦国的商鞅，楚国的吴起，越国的大夫文种，他们的悲惨结局也可羡慕吗？"应侯知道蔡泽要用这些话来堵自己的嘴，从而说服自己，便故意狡辩说："为何不可啊？那公孙鞅奉事秦孝公，终身无二心，一心为公而毫不顾念自身；用刀锯酷刑来禁绝奸诈邪恶，切实论赏行罚以使国家太平；剖露忠心，昭示真情，蒙受怨恨指责，诱骗老友，捉住魏公子卬，使秦国的国家安定，百姓获利，终于为秦国擒敌将，破敌军，开拓了千里之遥的疆域。吴起奉事楚悼王，使私人不能损害公家，奸佞谗言无法蔽塞忠臣，议论不随声附和，办事不苟且保身，不因危险而改变自己的行动，坚持大义而不躲避灾难。就这样为使君主能够成就霸业，使国家强盛，决不躲避殃祸凶险。大夫文种奉事越王，君主即使遭困受辱，仍竭尽忠心毫不懈怠，君主即使面临断嗣亡国，也仍竭尽全力挽救而不离弃，越王复国大功告成而不骄傲自夸，自己富贵也不放纵轻慢。像这三位先生，本来就是道德大义的标准，忠诚气节的榜样。所以君子为大义遭难而死，视死如归；活着受辱还不如死了光荣。士人本就该有牺牲性命成就名声的志向，只要是为了大义，就算是死了也没什么遗憾的。有什么不可以的呢？”

蔡泽说：“君主圣明，臣子贤能，是天下的大福；国君明智，臣子正直，是一国的福气；父慈子孝，丈夫诚实，妻子忠贞，是一家的福分。所以比干忠诚却未能保住殷朝，子胥多谋却未能保全吴国；申生孝顺可是晋国却大乱。这些都是有忠臣孝子，却反而国家灭亡、大乱的事例，这是什么原因呢？原因就是没有明智的国君贤能的父亲听他们的声音，所以天下人都觉得这样的国君和父亲是可耻的，转而怜惜同情他们的臣子和儿子。今天看来，商鞅、吴起、大夫文种作为臣子，他们是正确的，可他们的国君则是错的。因此世人称说这三位先生建立了功绩却不得好报，难道是羡慕他们不被国君体察而无辜死去吗？要是只能用死才可树立忠诚的美名，则微子就不能称为仁人，孔子也不能被称为圣人，管仲也不能称为伟人了。人们要建功立业，哪个不希望功成人在呢？自身性命与功业名声都能保全者为上等。功名可让后世效法而自身性命没能保全者为次等。名声被人诟辱而自身性命得以保全者为下等。”说到这里，应侯称赞讲得好。

【原文】

蔡泽少得间，因曰：“夫商君、吴起、大夫种，其为人臣尽忠致功则可愿矣，闳夭事文王，周公辅成王也，岂不亦忠圣乎？以君臣论之，商君、吴起、大夫种其可愿孰与闳夭、周公哉？”应侯曰：“商君、吴起、大夫种弗若也。”蔡泽曰：“然则君之主慈仁任忠，惇厚旧故，其贤智与有道之士为胶漆，义不倍功臣，孰与秦孝公、楚悼王、越王乎？”应侯曰：“未知何如也。”蔡泽曰：“今主亲忠臣，不过秦孝公、楚悼王、越王，君之设智，能为主安危修政，治乱强兵，批患折难，广地殖谷，富国足家，强主，尊社稷，显宗庙，天下莫敢欺犯其主，主之威盖震海内，功彰万里之外，声名光辉传于千世，君孰与商君、吴起、大夫种？”应侯曰：“不若。”蔡泽曰：“今主之亲忠臣不忘旧故不若孝公、悼王、句践，而君之功绩爱信亲幸又不若商君、吴起、大夫种，然而君之禄位贵盛，私家之富过于三子，而身不退者，恐患之甚于三子，窃为君危之。语曰‘日中则移，月满则亏’。物盛则衰，天地之常数也。进退盈缩，与时变化，圣人之常道也。故‘国有道则仕，国无道则隐’。圣人曰‘飞龙在天，利见大人’。‘不义而富且贵，于我如浮云’。今君之怨已仇而德已报，意欲至矣，而无变计，窃为君不取也。且夫翠、鹄、犀、象，其处势非不远死也，而所以死者，惑于饵也。苏秦、智伯之智，非不足以辟辱远死也，而所以死者，惑于贪利不止也。是以圣人制礼节欲，取于民有度，使之以时，用之有止，故志不溢，行不骄，常与道俱而不失，故天下承而不绝。

【译文】

蔡泽抓住了应侯“称善”的这个缝隙，趁势说：“商鞅、吴起、大夫文种，他们作为臣子都竭尽忠诚建立功绩是令人仰慕的，闳夭奉事周文王，周公辅成王，难道不也是竭尽忠诚极富智慧吗？按君臣的关系而论，商鞅、吴起、大夫文种他们令人仰慕跟闳夭、周公相比如何呢？”应侯说：“商君、吴起、大夫文种比不上闳夭、周公。”蔡泽说：“既然如此，那么您的人主慈爱仁义信用忠臣，厚道诚实不忘旧情，他贤能智慧跟那些有才能明大理的人士关系极为密切，情义深厚不背弃功臣，在这些方面跟秦孝公、楚悼王、越王相比如何呢？”应侯不便回答就说：“不知。”蔡泽说：“现在您的人主亲近忠臣，是超不过秦孝公、楚悼王、越王的，您施展才能，努力为主君解决危难，治理国家，平定叛乱，增强兵力，排除祸患，消除灾难，拓宽疆域，增种谷物，使国家富强，百姓安居，加强人主的权力提高国家的地位，显示王族的高贵，天下诸侯无人敢侵凌冒犯自己的人主，人主的威势压倒一切诸侯，震动海内四方，功劳显扬于万里以外的地方，声名光辉灿烂，流传千秋万代，在这些方面您同商鞅、吴起、大夫文种相比如何呢？”应侯说：“我比不上他们。” 蔡泽说：“现在您的人主亲近忠臣，不忘旧情比如秦孝公、楚悼王、越王句践，可您的功绩以及受到的信任、宠爱又不如商鞅、吴起和大夫文种，可您的官职爵位却显贵至大，自家的富有超过了他们三位，自己却不知引退，恐怕您遭到的祸患要更甚于他们三位啊，我私下替您感到危险。俗话说‘太阳升到正中就要逐渐偏斜，月亮达到圆满就要开始亏缺’。事物发展到鼎盛就要衰败，这是天地间万事万物的规律。进退伸缩，符合时势的变化，是圣人恪守的常理。因此‘国家政治清明就出来做官，国家政治黑暗就隐退不做’。圣人说‘明君在位，有作为的人就应辅佐以施展抱负’。‘通过不正当的手段得到的富贵，在我看来就好比浮云’。现在您的怨仇已经报复，恩德已经报答，心愿满足了，可是依然没有应变的谋划，我私自认为您不该采取这样的态度。再说了，翠鸟、鸿鹄、犀牛、大象这些动物，它们所处的形势位置，并非不远离死亡，可它们之所以死亡，就是因为被诱饵所迷惑。像苏秦、智伯那样的机智多谋，不是不能够避开耻辱远离死亡，可他们之所以死于非命，就是因为被贪得无厌所迷惑。所以圣人才制定礼法，节制欲望，向百姓征收财物要有限度，使用百姓要按时节，并且要有节制，因此心志不过分强求，行动不骄横无理，时时事事严守制礼节欲的原则而不失掉它，天下因而才承继他们的事业而永不断绝。

【原文】

“昔者齐桓公九合诸侯，一匡天下，至于葵丘之会，有骄矜之志，畔者九国。吴王夫差兵无敌于天下，勇强以轻诸侯，陵齐晋，故遂以杀身亡国。夏育、太史噭叱呼骇三军，然而身死于庸夫。此皆乘至盛而不返道理，不居卑退处俭约之患也。夫商君为秦孝公明法令，禁奸本，尊爵必赏，有罪必罚，平权衡，正度量，调轻重，决裂阡陌，以静生民之业而一其俗，劝民耕农利土，一室无二事，力田蓄积，习战阵之事，是以兵动而地广，兵休而国富，故秦无敌于天下，立威诸侯，成秦国之业。功已成矣，而遂以车裂。楚地方数千里，持戟百万，白起率数万之师以与楚战，一战举鄢郢以烧夷陵，再战南并蜀汉。又越韩、魏而攻强赵，北坑马服，诛屠四十余万之众，尽之于长平之下，流血成川，沸声若雷，遂入围邯郸，使秦有帝业。楚、赵天下之强国而秦之仇敌也，自是之后，楚、赵皆慑伏不敢攻秦者，白起之势也。身所服者七十余城，功已成矣，而遂赐剑死于杜邮。吴起为楚悼王立法，卑减大臣之威重，罢无能，废无用，损不急之官，塞私门之请，一楚国之俗，禁游客之民，精耕战之士，南收杨越，北并陈、蔡，破横散从，使驰说之士无所开其口，禁朋党以励百姓，定楚国之政，兵震天下，威服诸侯。功已成矣，而卒枝解。大夫种为越王深谋远计，免会稽之危，以亡为存，因辱为荣，垦草入邑，辟地殖谷，率四方之士，专上下之力，辅句践之贤，报夫差之仇，卒擒劲吴。令越成霸。

【译文】

“从前，齐桓公曾九次盟会诸侯，制止混战使天下归正，但到葵丘会盟时，他有骄横自大之意，结果许多国家叛离了他。吴王夫差的军队天下无敌，依仗勇猛强悍而轻视各个诸侯，侵犯齐国、晋国，以致自己最终被杀，国家灭亡。夏育、太史噭勇猛异常一声呼喊可把大军吓退，最后却死在平庸之辈之手。这些都是到了名功极为煊赫时而回不到常规常理上来，不能自甘谦下、自我节制所造成的祸患啊。商鞅为秦孝公制法令昭示全国，把奸邪的根源禁绝，崇尚封爵制度有功必赏，有罪必罚，统一权、衡，统一度、量，调节商品、货币流通等轻重关系，铲除纵横交错的田埂，允许开垦荒田，使百姓生活安宁且民俗统一，鼓励百姓耕种，以发挥土地的效益，一家不操二业，努力种田积贮粮食，平时演练军事战阵，于是发动军队就可扩展领土，休整军队就可富国强兵，因此秦国天下无敌，扬威于诸侯，为秦国奠定了基业。功业告成，却身遭车裂而死。楚国地域方圆几千里，士兵也有百万之多，白起率几万人的军队同楚军交战，第一次交战就将鄢、郢攻克，把夷陵祖坟烧毁，第二次交战兼并了南面的蜀汉地区。后来又越过韩国和魏国去攻打强大的赵国，在北面坑杀了马服之子赵括的军队，四十多万人全部被屠杀在长平城下，血流成河，血水咆哮好似雷鸣，进而围攻邯郸，使秦国帝业形成。楚国和赵国是天下的强大国家却又是秦国的仇敌，此后，楚国、赵国都因恐惧而屈服不敢再攻打秦国，这是因为白起杀出的威风啊。他亲自征服了七十多座城邑，功业告成，却最终被赐剑自杀于杜邮。吴起为楚悼王制定法令降低削弱大臣的权力，把庸才罢免、废黜，裁减冗员，杜绝豪门贵族的请托，整饬划一了楚国风俗，禁止游民无业游荡，选练既能耕田又可作战的农民士兵，向南攻取了杨越，向北兼并了陈、蔡两个小国，拆穿纵横机谋的无用辩说，让那些往来游说的人无法开口，禁止结党营私而鼓励百姓为国耕战，使楚国政治安定，兵震天下，威慑各诸侯国。功业告成，可最后仍惨遭肢解而死。大夫文种为越国国君深谋远虑，避免了会稽被困亡国在即的危急，采用屈降计策以图谋生存，借君臣受辱而求得复国的光荣，开垦荒地，招募游民以充实城邑，开辟农田，种植谷物，率全国民众，集中上上下下的力量，辅助句践这样贤能的君王报夫差灭越之仇，终于把强劲的吴国灭掉，使越国成为霸主。

【原文】

“功已彰而信矣，句践终负而杀之。此四子者，功成不去，祸至于此。此所谓信而不能屈，往而不能返者也。范蠡知之，超然辟世，长为陶朱公。君独不观夫博者乎？或欲大投，或欲分功，此皆君之所明知也。今君相秦，计不下席，谋不出廊庙，坐制诸侯，利施三川，以实宜阳，决羊肠之险，塞太行之道，又斩范、中行之涂，六国不得合从，栈道千里，通于蜀汉，使天下皆畏秦，秦之欲得矣，君之功极矣，此亦秦之分功之时也。如是而不退，则商君、白公、吴起、大夫种是也。吾闻之，‘鉴于水者见面之容，鉴于人者知吉与凶’。书曰‘成功之下，不可久处’。四子之祸，君何居焉？ 君何不以此时归相印，让贤者而授之，退而岩居川观，必有伯夷之廉，长为应侯。世世称孤，而有许由、延陵季子之让，乔松之寿，孰与以祸终哉？即君何居焉？忍不能自离，疑不能自决，必有四子之祸矣。易曰‘亢龙有悔’，此言上而不能下，信而不能屈，往而不能自返者也。愿君孰计之！”应侯曰：“善。吾闻‘欲而不知足，失其所以欲；有而不知止，失其所以有’。先生幸教，睢敬受命。”于是乃延入坐，为上客。

【译文】

“功业彰明而获得信望，可句践却最终忘恩负义将其杀了。这四位先生，功业告成却不离开官职，遭祸居然如此悲惨。这就是常说的能伸而不能屈，能往却不能返啊。范蠡明白这个道理，因此他超脱世俗远避世事，永做悠然自乐的陶朱公。您难道没见过那些赌博之人吗？他们有时要下大赌注，有时又得分次下小赌注，这些都是您清楚地了解的。如今您任秦国相国，出计不用离开座位，策划无须走出朝廷，坐而指挥即可控制诸侯，谋取三川之地，展开威势，以增强宜阳实力，将羊肠坂道的天险打通，将太行山的通路堵塞，将范、中行氏这些韩、魏领土上的要道切断，使六国诸侯无法联合，栈道连绵千里，可通往蜀汉地区，使天下诸侯都畏惧秦国，秦国的欲望满足了，您的功业也到了顶点了，秦国也就要分次下小赌注了。如果这时还不引退，则您就会和商鞅、白起、吴起、大夫文种是一样的结局。我听说过这样的话‘用水来照镜，可看清自己的面容，用别人作借鉴，就可明知事情的吉凶’。《书》上说‘功成名就后不能久留’。这四位先生的灾祸，您何必还要去经受呢？何不在此时送回相印，将其让给贤能之人，自己引退而隐居山林观览流水，肯定会得到伯夷正直廉洁的美名，长享应侯爵位，世代称侯，且有许由、延陵季子谦让的声誉，同王乔、赤松子一样高寿，这么做跟终遭灾祸相比如何？您认为处于哪种情况好呢？忍耐不能自动离去，犹疑不能自我决断，必定要遭到四位先生那样的灾难。《易经》上说‘龙飞得太高了达到顶点既无法上升又无法下降因而后悔’，这说的就是能上不能下，能伸不能屈，能往不能自觉返回所造成的状态，以警惕人们。希望慎重考虑该问题！”应侯说：“好的。我听说‘有欲望而不知满足，就会失去欲望；只知占有而不知节制，就会丧失占有’。承蒙先生教导，我恭听从命。”于是就请蔡泽入座，待为上客。

【原文】

后数日，入朝，言于秦昭王曰：“客新有从山东来者曰蔡泽，其人辩士，明于三王之事，五伯之业，世俗之变，足以寄秦国之政。臣之见人甚众，莫及，臣不如也。臣敢以闻。”秦昭王召见，与语，大说之，拜为客卿。应侯因谢病请归相印。昭王强起应侯，应侯遂称病笃。范雎免相，昭王新说蔡泽计画，遂拜为秦相，东收周室。

蔡泽相秦数月，人或恶之，惧诛，乃谢病归相印，号为纲成君。居秦十余年，事昭王、孝文王、庄襄王。卒事始皇帝，为秦使于燕，三年而燕使太子丹入质于秦。

太史公曰：韩子称“长袖善舞，多钱善贾”，信哉是言也！范雎、蔡泽世所谓一切辩士，然游说诸侯至白首无所遇者，非计策之拙，所为说力少也。及二人羁旅入秦，继踵取卿相，垂功于天下者，固强弱之势异也。然士亦有偶合，贤者多如此二子，不得尽意，岂可胜道哉！然二子不困厄，恶能激乎？

【译文】

几天后，应侯上朝，对秦昭王进言说："有位刚从山东过来的客人叫蔡泽，此人能言善辩，对三王的典事，五霸的业绩以及世俗的变迁他都了如指掌，秦国的大政完全可以托付给他。我见到的人有很多，但赶得上他的却没有，我也不如。我冒昧地将此情况报告给您。"秦昭王便召见了蔡泽，跟他谈话后，很是喜欢，就授给他客卿职位。应侯趁机推病请求送回相印。昭王还是竭力让他执事，应侯于是称说病重。范雎被免掉了相国官职，昭王初次召见蔡泽就很赏识他的谋划，于是任他做秦国相国。向东灭掉了周朝。

蔡泽在秦国做了几个月的相国，就有人恶语中伤，他担心被杀，便推病送回了相印，他被赐给封号叫纲成君。蔡泽在秦国居住了十多年，曾奉事昭王、孝文王、庄襄王。最后奉事秦始皇，曾为秦国出使燕国，三年后燕国太子丹到秦国作人质。

太史公说：韩非子说"袖子长的人善舞蹈，钱多的人善做生意"。这话说得真是实在啊！范雎和蔡泽是人们所说的一代辩士，然而那些游说诸侯直至白发苍苍未能遇到知音的，并非计策谋略拙劣，而是使游说获得功效的条件不够。到了他们二人寄居秦国，得以相继取得卿相地位，功名流传天下，其原因本是国家强弱的形势不同啊。但辩士也有偶然的机遇，许多像范雎、蔡泽一样贤能之人，因无机遇尽施才能，这些人怎能说得完呢！然而他们二人若不遭到困厄境遇，又怎会奋发有为呢？

【评析】

自古人们都会对那些能言善辩的演说家另眼相看，先哲圣贤们纷纷游说列国，以求实现自己的理想抱负。这其中最著名之一例当属毛遂了，他不仅是靠着"自荐"的勇气使世人惊叹，还靠着天才的演说。平原君都说毛遂的"三寸不烂之舌，胜于百万之师"。此评价很高，但似乎并不夸张。正是因为辩士在内政外交上，有时候都能胜过“百万之师”，所以才会有越来越多的人才出现在这个时代。本文中范睢和蔡泽也是两个“口辩之士”，凭借自己的聪明才智一举取代宰相，告别布衣的地位，这无疑是惊人的。但是，事实上，他们能够官高位显，并不仅仅是因为他们能言善辩，其他方面的能力也是有目共睹的。不过是口才更加突出罢了。今天，语言表达能力显得尤为重要，人与人之间的沟通交流的成功与否直接取决于语言表达的恰当与否。能够将自己的思想、情感付诸恰当的语言绝非易事。但这又是存在于社会应必备的一项技能。

第十五章 廉颇蔺相如列传

【原文】

廉颇者，赵之良将也。赵惠文王十六年，廉颇为赵将伐齐，大破之，取阳晋，拜为上卿，以勇气闻于诸侯。蔺相如者，赵人也，为赵宦者令缪贤舍人。

赵惠文王时，得楚和氏璧。秦昭王闻之，使人遗赵王书，愿以十五城请易璧。赵王与大将军廉颇诸大臣谋：欲予秦，秦城恐不可得，徒见欺；欲勿予，即患秦兵之来。计未定，求人可使报秦者，未得。宦者令缪贤曰："臣舍人蔺相如可使。"王问："何以知之？"对曰："臣尝有罪，窃计欲亡走燕，臣舍人相如止臣，曰：'君何以知燕王？'臣语曰：'臣尝从大王与燕王会境上，燕王私握臣手，曰愿结友。以此知之，故欲往。'相如谓臣曰：'夫赵强而燕弱，而君幸于赵王，故燕王欲结于君。今君乃亡赵走燕，燕畏赵，其势必不敢留君，而束君归赵矣。君不如肉袒伏斧质请罪，则幸得脱矣。'臣从其计，大王亦幸赦臣。臣窃以为其人勇士，有智谋，宜可使。"于是王召见，问蔺相如曰："秦王以十五城请易寡人之璧，可予不？"相如曰："秦强而赵弱，不可不许。"王曰："取吾璧，不予我城，奈何？"相如曰："秦以城求璧而赵不许，曲在赵。赵予璧而秦不予赵城，曲在秦。均之二策，宁许以负秦曲。"王曰："谁可使者？"相如曰："王必无人，臣愿奉璧往使。城入赵而璧留秦；城不入，臣请完璧归赵。"赵王于是遂遣相如奉璧西入秦。

【译文】

廉颇是赵国优秀的将领。赵惠文王十六年，廉颇率赵军讨伐齐国，大败齐军，夺取阳晋，因而被封为上卿，他以勇气闻名于诸侯各国。蔺相如是赵国人，是赵国宦者令缪贤家的门客。

赵惠文王时，得到了楚国的和氏璧。秦昭王听说后，就派人给赵王一封书信，表示愿用十五座城来交换这块宝玉。赵王同大将军廉颇及众臣商量：若把宝玉给了秦国，秦国的城邑恐怕得不到，白白受骗；若不给呢，则就担心秦军会马上来攻打。无法确定如何解决，想找一个能派到秦国去回复的使者，也没能找到。宦者令缪贤说："我的门客蔺相如可以派去。"赵王问："你怎么知道他能胜任呢？"缪贤答道："为臣曾犯过罪，私下准备逃亡燕国，我的门客相如却阻拦我，说：'您怎么会了解燕王呢？'我说：'我曾随大王在国境上与燕王会见，燕王私下握住我的手，说愿意跟我交朋友。因此我就了解他了，所以想去他那里。'相如说：'赵强而燕弱，您又受宠于赵王，所以燕王才会想要同您结交。现在您是逃出赵国奔到燕国，燕国怕赵国，这种情况下燕王肯定不敢收留您，且还会把您捆绑起来送回赵国。您不如脱掉上衣，露出肩背，伏在斧刃之下请求治罪，这样也许会幸免。'臣听从了他的意见，大王也的确开恩赦免了为臣。为臣私下认为此人是个勇士，有智谋，派他出使很合适。"于是赵王立即召见，问蔺相如："秦王用十五座城请求交换我的和氏璧，能不能给他？"相如说："秦强而赵弱，不能不答应。"赵王说："得了我的宝璧，却不给我城邑，怎么办？"相如说："秦国请求用城换璧，若赵国不答应，则赵国理亏；赵国给了璧而秦国不给赵国城邑，则秦国理亏。两种对策衡量一下，就宁可答应，让秦国来承担理亏的责任。"赵王说："谁可以作为使臣？"相如说："大王若确实无人可派，臣愿捧护宝璧前往出使。城邑归属赵国了，就把宝璧留给秦国；否则我就一定把和氏璧完好地带回赵国。"赵王于是就派遣蔺相如带好和氏璧西行入秦。

【原文】

秦王坐章台见相如，相如奉璧奏秦王。秦王大喜，传以示美人及左右，左右皆呼万岁。相如视秦王无意偿赵城，乃前曰："璧有瑕，请指示王。”王授璧，相如因持璧却立，倚柱，怒发上冲冠，谓秦王曰：“大王欲得璧，使人发书至赵王，赵王悉召群臣议，皆曰‘秦贪，负其强，以空言求璧，偿城恐不可得’。议不欲予秦璧。臣以为布衣之交尚不相欺，况大国乎！且以一璧之故逆强秦之欢，不可。于是赵王乃斋戒五日，使臣奉璧，拜送书于庭。何者？严大国之威以修敬也。今臣至，大王见臣列观，礼节甚倨；得璧，传之美人，以戏弄臣。臣观大王无意偿赵王城邑，故臣复取璧。大王必欲急臣，臣头今与璧俱碎于柱矣！”相如持其璧睨柱，欲以击柱。秦王恐其破璧，乃辞谢固请，召有司案图，指从此以往十五都予赵。相如度秦王特以诈详为予赵城，实不可得，乃谓秦王曰：“和氏璧，天下所共传宝也，赵王恐，不敢不献。赵王送璧时，斋戒五日，今大王亦宜斋戒五日，设九宾于廷，臣乃敢上璧。”秦王度之，终不可强夺，遂许斋五日，舍相如广成传。相如度秦王虽斋，决负约不偿城，乃使其从者衣褐，怀其璧，从径道亡，归璧于赵。

【译文】

秦王坐在章台上接见蔺相如，相如捧璧献给秦王。秦王大喜，就把宝璧给妻妾和左右侍从传看，左右皆高呼万岁。相如看出秦王毫无用城邑给赵国抵偿之意，便上前道：“璧上有个小红斑，请让我指给大王看。”秦王把璧交给他，相如于是手持璧玉退后几步站定，身体靠着柱子，怒发冲冠，对秦王说：“大王想得到宝璧，派人送信给赵王，赵王召集群臣商议，大家都说：‘秦国贪得无厌，倚仗其强大，就想用空话得到宝璧，给我们的城邑恐怕是得不到。’商议的结果不想把宝璧给秦国。可我认为平民百姓的交往尚且不互相欺骗，更何况是大国呢！况且为了一块玉璧的缘故就使强大的秦国不高兴，也不应该。于是赵王斋戒了五天，派我捧着宝璧在殿堂上恭敬地拜送国书。为何这么做呢？是尊重大国的威望以表示敬意呀。现在我来到贵国，大王却在一般的台观接见我，礼节很傲慢；得到宝璧后，传给姬妾们观看来戏弄我。我看大王没有给赵王十五城的诚意，因此才又收回宝璧。大王若定要逼我，则我的头今天就同宝璧一起在柱子上撞碎！”相如手持宝璧，斜视庭柱，就要撞向庭柱。秦王怕他真把宝璧撞碎，便向他道歉，坚决请求他不要如此，并召来主管的官员查看地图，指明从某地到某地的十五座城邑交割给赵国。相如估计秦王不过是用欺诈手段谎称给赵国城邑，事实上赵国是不可能得到的，于是就对秦王说："和氏璧是天下公认的宝物，赵王畏惧贵国，不敢不奉献出来。赵王送璧之前斋戒了五天，现在大王也应斋戒五天，在殿堂上安排九宾大典，我才敢献上宝璧。"秦王估量此事，到底无法强夺，于是就答应斋戒五天，请相如住在广成宾馆。相如猜测秦王虽然答应斋戒，但必定背约不给城邑，便派随从穿上粗麻布衣服，怀中藏好宝璧，从小路逃出，把宝璧送回赵国。

【原文】

秦王斋五日后，乃设九宾礼于廷，引赵使者蔺相如。相如至，谓秦王曰："秦自缪公以来二十余君，未尝有坚明约束者也。臣诚恐见欺于王而负赵，故令人持璧归，间至赵矣。且秦强而赵弱，大王遣一介之使至赵，赵立奉璧来。今以秦之强而先割十五都予赵，赵岂敢留璧而得罪于大王乎？臣知欺大王之罪当诛，臣请就汤镬，唯大王与群臣孰计议之。"秦王与群臣相视而嘻。左右或欲引相如去，秦王因曰："今杀相如，终不能得璧也，而绝秦赵之欢，不如因而厚遇之，使归赵，赵王岂以一璧之故欺秦邪！"卒廷见相如，毕礼而归之。

相如既归，赵王以为贤大夫使不辱于诸侯，拜相如为上大夫。秦亦不以城予赵，赵亦终不予秦璧。

其后秦伐赵，拔石城。明年，复攻赵，杀二万人。

秦王使使者告赵王，欲与王为好会于西河外渑池。赵王畏秦，欲毋行。廉颇、蔺相如计曰："王不行，示赵弱且怯也。"赵王遂行，相如从。廉颇送至境，与王诀曰："王行，度道里会遇之礼毕，还，不过三十日。三十日不还，则请立太子为王，以绝秦望。"王许之，遂与秦王会渑池。秦王饮酒酣，曰："寡人窃闻赵王好音，请奏瑟。"赵王鼓瑟。秦御史前书曰"某年月日，秦王与赵王会饮，令赵王鼓瑟"。蔺相如前曰："赵王窃闻秦王善为秦声，请奏盆缶秦王，以相娱乐。"秦王怒，不许。于是相如前进缶，因跪请秦王。秦王不肯击缶。相如曰："五步之内，相如请得以颈血溅大王矣！"左右欲刃相如，相如张目叱之，左右皆靡。于是秦王不怿，为一击缶。相如顾召赵御史书曰“某年月日，秦王为赵王击缶”。秦之群臣曰：“请以赵十五城为秦王寿”。蔺相如亦曰：“请以秦之咸阳为赵王寿。”秦王竟酒，终不能加胜于赵。赵亦盛设兵以待秦，秦不敢动。

【译文】

秦王斋戒五天后，就在殿堂上安排了九宾大典，去请赵国使者蔺相如。相如来后，对秦王说：“秦国从穆公以来的二十几位君主，一个都不坚守盟约。我实在是怕被大王欺骗而有负于赵王，因此已派人带着宝璧回去，抄小路已到赵国了。况且秦强赵弱，大王派一位使臣到赵国，赵国立即就会把宝璧送来。现在凭您秦国的强大，先把十五座城邑割让给赵国，赵国怎敢留下宝璧而得罪您呢？我知道欺骗大王之罪应被杀，我情愿下油锅被烹，只希望大王和各位大臣慎重考虑此事。”秦王和群臣面面相觑并有惊怪之声。侍从有人准备把相如拉下，秦王趁机说：“现今杀了相如，也还是得不到宝璧，反而破坏了秦赵两国的交情，不如趁此款待他，放他回赵国，赵王难道会为了一块玉璧的缘故而欺骗秦国吗？”最终还是在殿堂上接见相如，完成了大礼让他回国。

相如回国后，赵王认为他是一位称职的大夫，身为使臣而不受诸侯的欺辱，于是就封其为上大夫。秦国没给赵国城邑，赵国也始终没给秦国宝璧。

此后秦国攻打赵国，夺取了石城。第二年，秦国再次攻赵，杀死两万人。

秦王遣使者通告赵王，想在西河外的渑池与赵王进行一次友好的会见。赵王害怕秦国，不想去。廉颇和蔺相如商议说：“若大王不去，就显得赵国既软弱又胆小。”赵王于是去赴会，相如随行。廉颇送到边境，和赵王诀别说：“大王此行，估计路程和会见礼仪结束，再加上返回的时间，不会超过三十天。若三十天还没回，就请允许我们立太子为王，以断绝秦国的妄想。”赵王同意，便去渑池与秦王会见。秦王饮到酒兴正浓时，说：“寡人私下里听说赵王爱好音乐，请您弹瑟吧！”于是赵王就弹起瑟来。秦国的史官上前来写道：“某年某月某日，秦王与赵王一起饮酒，令赵王弹瑟。”蔺相如上前道：“赵王私下里听说秦王擅长秦地土乐，请让我为秦王捧上盆缶，以共同娱乐。”秦王怒，不答应。这时相如向前递上瓦缶，并跪下请求秦王演奏。秦王不肯，相如便说：“五步之内，我要把脖颈里的血溅在大王身上了！”侍从们想杀相如，相如圆睁双眼大喝一声，侍从们都吓退了。当时秦王不大高兴，可也只好敲了一下缶。于是相如便回头招呼赵国史官写道：“某年某月某日，秦王为赵王击缶。”秦国群臣说：“请你们用赵国的十五座城献礼给秦王。”蔺相如也说：“请你们用秦国的咸阳献礼给赵王。”秦王直到酒宴结束，始终也没能把赵国压倒。赵国也部署了大批军队以防秦国，因而秦国也不敢轻举妄动。

【原文】

既罢归国，以相如功大，拜为上卿，位在廉颇之右。廉颇曰：“我为赵将，有攻城野战之大功，而蔺相如徒以口舌为劳，而位居我上，且相如素贱人，吾羞，不忍为之下。”宣言曰：“我见相如，必辱之。”相如闻，不肯与会。相如每朝时，常称病，不欲与廉颇争列。已而相如出，望见廉颇，相如引车避匿。于是舍人相与谏曰：“臣所以去亲戚而事君者，徒慕君之高义也。今君与廉颇同列，廉君宣恶言而君畏匿之，恐惧殊甚，且庸人尚羞之，况于将相乎！臣等不肖，请辞去。”蔺相如固止之，曰：“公之视廉将军孰与秦王？”曰：“不若也。”相如曰：“夫以秦王之威，而相如廷叱之，辱其群臣，相如虽驽，独畏廉将军哉？顾吾念之，强秦之所以不敢加兵于赵者，徒以吾两人在也。今两虎共斗，其势不俱生。吾所以为此者，以先国家之急而后私仇也。”廉颇闻之，肉袒负荆，因宾客至蔺相如门谢罪。曰：“鄙贱之人，不知将军宽之至此也。”卒相与欢，为刎颈之交。

是岁，廉颇东攻齐，破其一军。居二年，廉颇复伐齐几，拔之。后三年，廉颇攻魏之防陵、安阳，拔之。后四年，蔺相如将而攻齐，至平邑而罢。其明年，赵奢破秦军阏與下。

【译文】

渑池会见结束后，相如因功劳大而被封为上卿，位于廉颇之上。廉颇说：“我是赵国将军，有攻城野战的大功，而蔺相如只不过是靠能说会道立了点功，可他的地位却在我之上，况且他原本就是卑贱之人，我感到羞耻，在其之下我难以忍受。”并且扬言：“我若遇见相如，则必定要羞辱他一番。”相如听说后便不肯和他相会。每到上朝时，相如就常推病而不愿和廉颇去争位次的先后。不久，相如外出，远远看到廉颇，就掉转车子回避。于是相如的门客就一起来直言进谏道：“我们之所以离开亲人来侍奉您，就是仰慕您高尚的节义呀。现在您与廉颇官位相同，他口出恶言，而您却害怕躲避，您怕得也太狠了，平庸之人尚且感到羞耻，更何况是身为将相之人呢？我们这些人没出息，请让我们走吧！”蔺相如坚决地挽留他们，说：“诸位认为廉将军和秦王比谁更厉害？”回答说：“廉将军没秦王厉害。”相如说：“以秦王的威势，我都敢在朝廷上呵斥他，羞辱他的群臣，我虽无能，难道会怕廉将军吗？可是我想，强秦之所以不敢对赵国用兵，就是因为有我们二人在呀，如今两虎相斗，势必无法共存。我之所以这样忍让，就是为了要把国家的急难摆在前面，而把个人的私怨放在后面啊。”廉颇听说后，就脱去上衣，露出上身，背着荆条，由宾客带引，来到蔺相如的门前请罪。他说：“我是个粗野卑贱之人，想不到将军您却如此宽厚！”二人终于相互交欢和好，成为生死之交。

这一年，廉颇向东进攻齐国，打败了它的一支军队。两年后，廉颇又攻打齐国的几邑，将其攻占。此后三年，廉颇进攻魏国的防陵、安阳，也都攻克了。再过四年，蔺相如领兵攻齐，打到平邑就收兵了。第二年，赵奢在阏与城下大败秦军。

【原文】

赵奢者，赵之田部吏也。收租税而平原君家不肯出租，奢以法治之，杀平原君用事者九人。平原君怒，将杀奢。奢因说曰：“君于赵为贵公子，今纵君家而不奉公则法削，法削则国弱，国弱则诸侯加兵，诸侯加兵是无赵也，君安得有此富乎？以君之贵，奉公如法则上下平，上下平则国强，国强则赵固，而君为贵戚，岂轻于天下邪？”平原君以为贤，言之于王。王用之治国赋，国赋大平，民富而府库实。

秦伐韩，军于阏舆。王召廉颇而问曰：“可救不？”对曰：“道远险狭，难救。”又召乐乘而问焉，乐乘对如廉颇言。又召问赵奢，奢对曰：“其道远险狭，譬之犹两鼠斗于穴中，将勇者胜。”王乃令赵奢将，救之。

兵去邯郸三十里，而令军中曰：“有以军事谏者死。”秦军军武安西，秦军鼓噪勒兵，武安屋瓦尽振。军中候有一人言急救武安，赵奢立斩之。坚壁，留二十八日不行，复益增垒。秦间来入，赵奢善食而遣之。间以报秦将，秦将大喜曰：“夫去国三十里而军不行，乃增垒，阏與非赵地也。”赵奢既已遣秦间，乃卷甲而趋之，二日一夜至，令善射者去阏與五十里而军。军垒成，秦人闻之，悉甲而至。军士许历请以军事谏，赵奢曰：“内之。”许历曰：“秦人不意赵师至此，其来气盛，将军必厚集其阵以待之。不然，必败。”赵奢曰：“请受令。”许历曰：“请就𫓧质之诛。”赵奢曰：“胥后令邯郸。”许历复请谏，曰：“先据北山上者胜，后至者败。”赵奢许诺，即发万人趋之。秦兵后至，争山不得上，赵奢纵兵击之，大破秦军。秦军解而走，遂解阏與之围而归。

赵惠文王赐奢号为马服君，以许历为国尉。赵奢于是与廉颇、蔺相如同位。

【译文】

赵奢，本是赵国征收田租的官吏。在收租税的时候，平原君家不肯缴纳，赵奢便依法处置，把平原君家九个当权管事的人杀了。平原君大怒，要杀死赵奢。赵奢便趁机劝说道：“您在赵国贵为公子，现在若纵容您家而不遵奉公家的法令，就会使法令削弱，法令一旦削弱就会使国家衰弱，国家一旦衰弱诸侯就要出兵侵犯，诸侯一旦出兵侵犯赵国就会灭亡，那么您还怎能保有这些财富呢？以您的地位和尊贵，能奉公守法就能使国家上下公平，上下公平就能使国家强盛，国家强盛了赵氏的政权就会稳固，而您身为赵国贵戚，难道还会被天下人轻视吗？”平原君认为他很有才干，便把他推荐给赵王。赵王让他掌管全国的赋税，全国赋税就非常公平合理，民众富足，国库充实。

秦国进攻韩国，军队在阏與驻扎。赵王召见廉颇问道：“可以去援救吗？”回答说：“路远，且艰险狭窄，很难援救。”又召见乐乘问此事，乐乘的回答和廉颇一样。又召见赵奢来问，赵奢说：“道远地险路狭，就好比两只老鼠在洞里争斗，勇猛者胜。”赵王便派赵奢领兵，去救援阏與。

军队离开邯郸三十里，赵奢就在军中下令说：“有谁来为军事进谏的处死刑。”秦军在武安西边驻扎，秦军击鼓呐喊的练兵之声，把武安城中的屋瓦都震动了。赵军中的一个侦察人员请求火速支援武安，赵奢立即将其斩首。赵军坚守营垒，停留二十八天不前进，反而又加筑营垒。秦军间谍潜入赵军营地，赵奢用饮食款待他而后又把他遣送回去。间谍把情报告给秦军将领，秦将大喜，说：“离开国都三十里军队就不前进了，而且还增修营垒，阏與不会属于赵国了。”赵奢遣送秦军间谍后，就命士兵卸下铁甲，快速向阏與进发。两天一夜就抵达前线，下令善射的骑兵在离阏與五十里扎营。军营筑成后，秦军得知此情况，便立即全军赶来。一个叫许历的军士请求就军事提出建议，赵奢说：“让他进来。”许历说：“秦人本没想到赵军会来到这里，如今他们赶来对敌，士气很盛，将军一定要集中兵力严阵以待。否则必定要失败。”赵奢说：“请让我接受您的指教。”许历说：“我请求接受死刑。”赵奢说：“那就等回邯郸后的命令吧。”许历请求再提个建议，说：“谁先占据北面山头谁就能得胜，否则就会失败。”赵奢同意，立即派出一万人迅速奔上北面山头。秦兵后到，与赵军争夺北山但始终攻不上去，赵奢指挥士兵猛攻，大败秦军。秦军四处逃散，于是阏與的包围被解除，赵军回国。

赵惠文王赐给赵奢的封号为马服君，并任许历为国尉。赵奢于是与廉颇、蔺相如职位相同。

【原文】

后四年，赵惠文王卒，子孝成王立。七年，秦与赵兵相距长平，时赵奢已死，而蔺相如病笃，赵使廉颇将攻秦，秦数败赵军，赵军固壁不战。秦数挑战，廉颇不肯。赵王信秦之间。秦之间言曰：“秦之所恶，独畏马服君赵奢之子赵括为将耳。”赵王因以括为将，代廉颇。蔺相如曰：“王以名使括，若胶柱而鼓瑟耳。括徒能读其父书传，不知合变也。”赵王不听，遂将之。

赵括自少时学兵法，言兵事，以天下莫能当。尝与其父奢言兵事，奢不能难，然不谓善。括母问奢其故，奢曰：“兵，死地也，而括易言之。使赵不将括即已，若必将之，破赵军者必括也。”及括将行，其母上书言于王曰：“括不可使将。”王曰：“何以？”对曰：“始妾事其父，时为将，身所奉饭饮而进食者以十数，所友者以百数，大王及宗室所赏赐者尽以予军吏士大夫，受命之日，不问家事。今括一旦为将，东向而朝，军吏无敢仰视之者，王所赐金帛，归藏于家，而日视便利田宅可买者买之。王以为何如其父？父子异心，愿王勿遣。”王曰：“母置之，吾已决矣。”括母因曰：“王终遣之，即有如不称，妾得无随坐乎？”王许诺。

赵括既代廉颇，悉更约束，易置军吏。秦将白起闻之，纵奇兵，详败走，而绝其粮道，分断其军为二，士卒离心。四十余日，军饿，赵括出锐卒自博战，秦军射杀赵括。括军败，数十万之众遂降秦，秦悉坑之。赵前后所亡凡四十五万。明年，秦兵遂围邯郸，岁余，几不得脱。赖楚、魏诸侯来救，乃得解邯郸之围。赵王亦以括母先言，竟不诛也。

自邯郸围解五年，而燕用栗腹之谋，曰“赵壮者尽于长平，其孤未壮”，举兵击赵。赵使廉颇将，击，大破燕军于鄗，杀栗腹，遂围燕。燕割五城请和，乃听之。赵以尉文封廉颇为信平君，为假相国。

【译文】

四年后，赵惠文王去世，太子孝成王即位。孝成王七年，秦军与赵军在长平对阵，那时赵奢已去世，蔺相如也已病重，赵王便派廉颇率兵攻打秦军，秦军几次把赵军打败，赵军坚守营垒不出战。秦军一再挑战，廉颇始终置之不理。赵王听信秦军间谍散布的谣言。秦军间谍说：“秦军所担心忌讳的就是让马服君赵奢的儿子赵括做将军。”赵王于是就任赵括为将军，取代了廉颇。蔺相如说：“大王只凭借名声来任用赵括，就好像用胶把调弦的柱粘死再去弹瑟那样不懂得变通。赵括只会读其父留下的书，不会灵活应变。”赵王不听，仍然命赵括为将。

赵括从小就学习兵法，谈论军事，以为天下无人能抵得过他。他曾与父亲赵奢谈论用兵之事，赵奢也难不倒他，可是并不称赞他。赵括的母亲问赵奢为什么，赵奢说：“用兵打仗是关乎生死的事情，可他却把这事说得很容易。若赵国不用赵括为将也就罢了，一旦让他为将，则令赵军失败的必定就是他了。”等赵括即将起程的时候，他母亲上书给赵王说：“不能让赵括做将军。”赵王说：“为什么？”答道：“当初我侍奉他父亲，那时他是将军，由他亲自捧着饮食侍候吃喝的人数以十计，被他当作朋友看待的人数以百计，大王和王族们赏赐的东西也全都分给军吏和僚属，从接受命令的那天起，就不再过问家事了。如今赵括一下子做了将军，就面向东接受朝见，军吏中无人敢抬头看他，大王赏赐的金帛，他都带回家收藏起来，还天天访查便宜合适的田地房产，能买的就买下来。大王认为他何处像他父亲？父子二人心地不同，请大王别让他领兵。”赵王说：“您就别管此事了，我已经决定了。”赵括的母亲接着说：“您若真要派他领兵，则若他有不称职的情况，我可以不受株连吗？”赵王答应了。

赵括代替廉颇后，把原有的规章制度全都改了，也撤换了原来的军吏。秦将白起听说后便调遣奇兵，假装败逃，又去把赵军运粮的道路截断，将赵军分割成两半，赵军士卒离心。四十多天后，赵军饥饿，赵括出动精兵亲自与秦军搏斗，结果被秦军射死。赵括军队战败，几十万大军于是投降秦军，秦军将其全部活埋。赵国前后损失共四十五万人。第二年，秦军就把邯郸包围，有一年多，赵国几乎不能保全，全靠楚国和魏国军队来援救，才得以解除邯郸之围。赵王也因赵括的母亲有言在先，最终没有株连她。

邯郸解围之后五年，燕国采纳栗腹的计谋，说是“赵国的壮丁都死在长平了，他们的遗孤还没有成人”，燕王便发兵攻赵。赵王派廉颇领兵反击，大败燕军于鄗城，并把栗腹杀死，于是把燕国都城包围。燕国割让五座城请求讲和，赵王才答应停战。赵王把尉文封给廉颇，封号是信平君，由他任代理相国。

【原文】

廉颇之免长平归也，失势之时，故客尽去。及复用为将，客又复至。廉颇曰：“客退矣！”客曰：“吁！君何见之晚也？夫天下以市道交，君有势，我则从君，君无势则去，此固其理也，有何怨乎？”居六年，赵使廉颇伐魏之繁阳，拔之。

赵孝成王卒，子悼襄王立，使乐乘代廉颇。廉颇怒，攻乐乘，乐乘走。廉颇遂奔魏之大梁。其明年，赵乃以李牧为将而攻燕，拔武遂、方城。

廉颇居梁久之，魏不能信用。赵以数困于秦兵，赵王思复得廉颇，廉颇亦思复用于赵。赵王使使者视廉颇尚可用否。廉颇之仇郭开多与使者金，令毁之。赵使者既见廉颇，廉颇为之一饭斗米，肉十斤，被甲上马，以示尚可用。赵使还报王曰："廉将军虽老，尚善饭，然与臣坐，顷之三遗矢矣。"赵王以为老，遂不召。

楚闻廉颇在魏，阴使人迎之。廉颇一为楚将，无功，曰："我思用赵人。"廉颇卒死于寿春。

李牧者，赵之北边良将也。常居代雁门，备匈奴。以便宜置吏，市租皆输入莫府，为士卒费。日击数牛飨士，习射骑，谨烽火，多间谍，厚遇战士。为约曰："匈奴即入盗，急入收保，有敢捕虏者斩。"匈奴每入，烽火谨，辄入收保，不敢战。如是数岁，亦不亡失。然匈奴以李牧为怯，虽赵边兵亦以为吾将怯。赵王让李牧，李牧如故。赵王怒，召之，使他人代将。

岁余，匈奴每来，出战。出战，数不利，失亡多，边不得田畜。复请李牧。牧杜门不出，固称疾。赵王乃复强起使将兵。牧曰："王必用臣，臣如前，乃敢奉令。"王许之。

【译文】

廉颇在长平被免职回家，失掉权势的时候，以前的门客都离开了他。等到又被任用为将军，门客们又都回来了。廉颇说："先生们都请回吧！"门客们说："唉！您的见解怎么如此落后呢？天下之人都是按市场交易的方法进行结交，您有权势，我们就跟您，您没有权势了，我们就离开，这原本是很普通的道理啊，有什么可抱怨的呢？"又过了六年，赵国派廉颇进攻魏国的繁阳，将其攻克。

赵孝成王去世，太子悼襄王即位，派乐乘接替廉颇。廉颇大怒，攻打乐乘，乐乘逃跑了。廉颇于是也逃到魏国的大梁。第二年，赵国便以李牧为将攻伐燕国，攻下了武遂和方城。

廉颇在大梁住久了，魏国对他不能信任重用。赵国因屡次被秦兵围困，赵王就想重新任廉颇为将，廉颇也想再被赵国任用。赵王派使臣去探望廉颇，看他还能否被任用。廉颇的仇人郭开用重金贿赂使者，让他回来后说廉颇的坏话。赵国使臣见到廉颇后，廉颇当着他的面一顿饭吃了一斗米，十斤肉，还披铁甲上马，以示自己还可被任用。赵国使者回去报告赵王说："廉将军虽老，但饭量还很不错，不过陪我坐着时，一会儿就拉了三次屎。"赵王认为廉颇老了，就不再把他召回了。

楚国听说廉颇在魏国，便暗中派人去迎接他。廉颇虽做了楚国的将军，但并无战功，他说："我想指挥赵国的士兵啊。"廉颇最终在寿春去世。

李牧是赵国北部边境的良将。长期驻守代地雁门郡，防备匈奴。他根据需要设置官吏的权力，防地内城市的租税都送入李牧的幕府，作为军队的经费。他每天宰杀几头牛犒赏士兵，还教士兵练习射箭骑马，谨慎看守烽火台，多派侦察敌情的人员，优待战士。定出规章说："若匈奴入侵，则要赶快收拢人马退入营垒固守，有胆敢去捕捉敌人的就被斩首。"匈奴每次入侵，烽火传来警报，就立即收拢人马退入营垒固守，不敢出战。就这样过了好几年，人马物资也无损失。可是匈奴却认为李牧胆小，甚至赵国守边的官兵也认为自己的主将胆小怯战。赵王责备李牧，李牧却依然如故。赵王发怒，把他召回后另派别人代他领兵。

此后一年多时间，匈奴每次来侵犯，就出兵交战。出兵交战，屡次失利，损失伤亡很多，边境上也无法耕田、放牧。赵王只好再请李牧出任。李牧却闭门不出，坚持说有病在身。赵王就一再强使李牧出来，让他领兵。李牧说："大王果真要用我，我还得像以前那样做才敢奉命。"赵王答应了。

【原文】

李牧至，如故约。匈奴数岁无所得。终以为怯。边士日得赏赐而不用，皆愿一战。于是乃具选车得千三百乘，选骑得万三千匹，百金之士五万人，彀者十万人，悉勒习战。大纵畜牧，人民满野。匈奴小入，详北不胜，以数千人委之。单于闻之，大率众来入。李牧多为奇陈，张左右翼击之，大破杀匈奴十余万骑。灭襜褴，破东胡，降林胡，单于奔走。其后十余岁，匈奴不敢近赵边城。

赵悼襄王元年，廉颇既亡入魏，赵使李牧攻燕，拔武遂、方城。居二年，庞煖破燕军，杀剧辛。后七年，秦破杀赵将扈辄于武遂，斩首十万。

赵乃以李牧为大将军，击秦军于宜安，大破秦军，走秦将桓齮。封李牧为武安君。居三年，秦攻番吾，李牧击破秦军，南距韩、魏。

赵王迁七年，秦使王翦攻赵，赵使李牧、司马尚御之。秦多与赵王宠臣郭开金，为反间，言李牧、司马尚欲反。赵王乃使赵葱及齐将颜聚代李牧。李牧不受命，赵使人微捕得李牧，斩之。废司马尚。后三月，王翦因急击赵，大破杀赵葱，虏赵王迁及其将颜聚，遂灭赵。

太史公曰：知死必勇，非死者难也，处死者难。方蔺相如引璧睨柱，及叱秦王左右，势不过诛，然士或怯懦而不敢发。相如一奋其气，威信敌国，退而让颇，名重太山，其处智勇，可谓兼之矣！

【译文】

李牧来到边境，还依照原来的章程。匈奴好几年都一无所获，但还始终认为李牧胆怯。边境官兵每天得到赏赐却无用武之地，都愿意打一仗。于是李牧就准备了精选的一千三百辆战车和一万三千匹战马，还有敢于冲锋陷阵的五万勇士，善射的十万士兵，全部组织起来训练作战。同时让大批牲畜到处放牧，放牧的人民遍布山野。匈奴小股人马入侵，李牧就装作失败，故意丢弃几千人给匈奴。单于听说后就率大批人马入侵。李牧布下许多奇兵，张开左右两翼包抄反击敌军，大败匈奴，杀死了十多万人马。灭了襜褴，打败了东胡，收降了林胡，单于逃跑。此后十多年，匈奴不敢接近赵国边境城镇。

赵悼襄王元年，廉颇已逃到魏国之后，赵国派李牧进攻燕国，攻克了武遂和方城。过了两年，庞煖打败燕军，杀死了剧辛。又过了七年，秦军在武遂打败并杀死了赵将扈辄，十万赵军被斩杀。赵国便任李牧为大将军，在宜安进攻秦军，大败秦军，秦将桓齮被赶走。李牧被封为武安君。又过三年，秦军进攻番吾，李牧击败秦军，又向南抵御韩国和魏国。

赵王迁七年，秦国派王翦攻打赵国，赵国派李牧和司马尚抵御秦军。秦国向赵王的宠臣郭开贿赂很多金钱，让他施行反间计，造谣说李牧和司马尚要谋反。赵王便让赵葱和齐国将军颜聚接替李牧，李牧不接受命令。赵王便暗中派人乘其不备将李牧逮捕后杀了，并撤了司马尚的官职。三个月后，王翦趁机猛攻赵国，赵军大败，赵葱被杀，赵王迁和他的将军颜聚被俘虏，赵国灭亡。

太史公说：知道即将面临死难而不害怕，必定是很有勇气；死并不是什么难事，怎样对待这个死才难。当蔺相如手举宝璧斜视庭柱，以及呵斥秦王侍从之时，就面前形势而言，最多不过是被杀，然而一般士人却往往因胆小懦弱而不敢如此表现。相如一旦振奋起他的勇气，其威力就伸张出来将敌国压倒。后来却又对廉颇谦逊退让，其声誉重于泰山，他处事中表现的智慧和勇气，可以说是兼而有之啊！

【评析】

“完璧归赵”“渑池之会”“负荆请罪”“将相和”的故事流传至今。蔺相如的品质和才干不得不让人佩服，面对强敌他毫不畏惧退缩，用勇气和智慧维护了君主和国家的尊严。为了大局，蔺相如不争一己私利，宁愿自己受点委屈也不想跟廉颇产生正面冲突而导致将相不和，他深知“和”为“兴万事”的基础，正是他这种身系国家安危而感动了他人，包括一直对其耿耿于怀的廉颇。廉颇也是个心系国家大局的人，当他意识到自己的过失后便立即去负荆请罪，致使赵国很长一段时间都无入侵者。然而，他们两个还是没能遇上明主。赵王听信谗言，废弃忠良，直到最后李牧被杀，赵王终于昏庸愚蠢到自毁长城，致使国破家亡。历史已经走到今天，“廉颇老矣，尚能饭否？”这句话依然可以表达出多少仁人志士由于种种外界因素而没有机会施展自身才华的遗憾啊！

第十六章 田单列传

【原文】

田单者，齐诸田疏属也。湣王时，单为临菑市掾，不见知。及燕使乐毅伐破齐，齐湣王出奔，已而保莒城。燕师长驱平齐，而田单走安平，令其宗人尽断其车轴末而傅铁笼。已而燕军攻安平，城坏，齐人走，争途，以轊折车败，为燕所虏，唯田单宗人以铁笼故得脱，东保即墨。燕既尽降齐城，唯独莒、即墨不下。燕军闻齐王在莒，并兵攻之。淖齿既杀湣王于莒，因坚守，距燕军，数年不下。燕引兵东围即墨，即墨大夫出与战，败死。城中相与推田单，曰："安平之战，田单宗人以铁笼得全，习兵。"立以为将军，以即墨距燕。

顷之，燕昭王卒，惠王立，与乐毅有隙。田单闻之，乃纵反间于燕，宣言曰："齐王已死，城之不拔者二耳。乐毅畏诛而不敢归，以伐齐为名，实欲连兵南面而王齐。齐人未附，故且缓攻即墨以待其事。齐人所惧，唯恐他将之来，即墨残矣。"燕王以为然，使骑劫代乐毅。

乐毅因归赵，燕人士卒忿。而田单乃令城中人食必祭其先祖于庭，飞鸟悉翔舞城中下食。燕人怪之。田单因宣言曰："神来下教我。"乃令城中人曰："当有神人为我师。"有一卒曰："臣可以为师乎？"因反走。田单乃起，引还，东向坐，师事之。卒曰："臣欺君，诚无能也。"田单曰："子勿言也！"因师之。每出约束，必称神师。乃宣言曰："吾唯惧燕军之劓所得齐卒，置之前行，与我战，即墨败矣。"

【译文】

田单是齐国田氏王族的远房本家。齐湣王时，他任首都临淄佐理市政的小官，并不被齐王重用。后来，燕国派遣大将乐毅攻破齐国，齐湣王被迫从都城逃跑，不久又退守莒城。就在燕国军队长驱直入征讨齐国时，田单也逃离都城到了安平，让同族人把车轴两端的突出部位全部锯下，安上铁箍。不久，燕军进攻安平，城池被攻破，齐国人争路逃亡，都因被撞得轴断车坏而沦为燕军的俘虏。只有田单与族人因用铁箍包住了车轴而得以逃脱，向东退守即墨。这时，燕军已将齐国大小城市全部降伏，只有莒和即墨两城未被攻下。燕军听说齐湣王在莒城，就调集军队全力进攻。大臣淖齿就把齐湣王杀死了，坚守城池抗击燕军，燕军几年都未攻破该城。不得已，燕将带兵东行来围攻即墨。即墨的守城官员出城与燕军交战，结果战败被杀。即墨城中军民都推举田单做首领，说："安平那一仗，田单与族人因用铁箍包住车轴才得以安然脱险，可见其很会用兵。"于是大家就拥立田单为将军，坚守即墨，抗击燕军。

不久，燕昭王去世，燕惠王即位，他和乐毅有些不和。田单得知此消息后，就派人到燕国去行反间计，扬言："齐湣王已被杀死，没被攻克的齐国城池只不过还剩两座而已。乐毅是担心被杀而不敢回国，他以讨伐齐国为名，实际上是想同齐国联合，在齐国称王。齐国人心尚未归附，所以暂且拖延时间，慢慢进攻即墨，以待时机成熟后再称王。齐国人担心的是，一旦其他将领来带兵，则即墨城就必破无疑了。"燕惠王当真了，就派大将骑劫去代替乐毅。

乐毅被免职后直接逃到赵国，燕军官兵都为此愤愤不平。田单又命城中军民在吃饭之前都要祭祀祖先，使众多的飞鸟因争食祭祀的食物而盘旋飞舞在城上。城外的燕军看了，感到很奇怪。田单又扬言说："这是神仙要下界指导我们克敌制胜。"又对城里人说："一定会有神人来做我的老师来指导我的。"有一个士兵说："我能做您的老师吗？"然后就扬长而去。田单忙站起把他拉过来，请他坐在面向东的上座，用侍奉老师的礼节来侍奉他。那个士兵说："我骗您了，我没有一点本事。"田单说："请您什么都不要再说了。"然后就奉他为师。每次发号施令，必称是神师的主意。他又扬言说："我最担心燕军把俘虏的齐国士兵割去鼻子，放在队伍的前列，再与我们交战，那样即墨就被攻克无疑了。”

【原文】

燕人闻之，如其言。城中人见齐诸降者尽劓，皆怒，坚守，唯恐见得。单又纵反间曰：“吾惧燕人掘吾城外冢墓，僇先人，可为寒心。”燕军尽掘垄墓，烧死人。即墨人从城上望见，皆涕泣，俱欲出战，怒自十倍。

田单知士卒之可用，乃身操版插，与士卒分功，妻妾编于行伍之间，尽散饮食飨士。令甲卒皆伏，使老弱女子乘城，遣使约降于燕，燕军皆呼万岁。田单又收民金，得千镒，令即墨富豪遗燕将，曰：“即墨即降，愿无虏掠吾族家妻妾，令安堵。”燕将大喜，许之。燕军由此益懈。

田单乃收城中得千余牛，为绛缯衣，画以五彩龙文，束兵刃于其角，而灌脂束苇于尾，烧其端。凿城数十穴，夜纵牛，壮士五千人随其后。牛尾热，怒而奔燕军，燕军夜大惊。牛尾炬火光明炫耀，燕军视之皆龙文，所触尽死伤。五千人因衔枚击之，而城中鼓噪从之，老弱皆击铜器为声，声动天地。燕军大骇，败走。齐人遂夷杀其将骑劫。燕军扰乱奔走，齐人追亡逐北，所过城邑皆畔燕而归田单，兵日益多，乘胜，燕日败亡，卒至河上，而齐七十余城皆复为齐。乃迎襄王于莒，入临菑而听政。

襄王封田单，号曰安平君。

【译文】

燕军听说后，就照此施行。城里的人看到齐国众多降兵都被割去了鼻子，个个义愤填膺，拼力坚守城池，唯恐被敌人捉住。田单又派人施反间计说：“我很担心燕国人把我们城外的祖坟挖了，侮辱了我们的祖先，这可实在是让人寒心的事。”燕军听说后，又把齐国人的坟墓全都挖出，并把死尸焚烧殆尽。即墨人从城上看到这个情景，个个痛哭流涕，纷纷请求出城拼杀，愤怒的情绪增长十倍。

田单知道此时是出战的好时机，于是就亲自拿着夹板铲锹，同士兵们一起修筑工事，并把自己的妻子姬妾都编在队伍之中，还拿出全部食物来犒劳士卒。命装备整齐的精锐部队埋伏起来，让老弱妇女上城防守，又派使者去与燕军约定投降事宜，燕军官兵高呼万岁。田单又把民间的黄金收集起来，共得一千镒，让即墨城里有钱有势的人去给燕军送去，请求说："即墨即将投降，请你们进城后，不要掳掠我们的妻子姬妾，使我们可以平安地生活。"燕军将领非常高兴，满口答应。燕军于是更加松懈。

田单于是从城里收集了一千多头牛，为它们披上大红绸绢制成的被服，上面画有五颜六色的蛟龙图案，把锋利的刀子绑在他们的角上，把渍满油脂的芦苇绑在牛尾上，然后点燃其末端。又把城墙凿开几十个洞穴，趁夜把牛从洞穴中赶出，派五千精壮士兵跟在火牛之后。因尾巴被烧得发热，火牛都狂怒地直奔燕军，这一切都在夜间突然发生，燕军惊慌失措。牛尾上的火把将夜间照得通明如昼，燕军看到它们全是龙纹，所触及的人非死即伤。五千壮士随后又悄然无声地杀来，而城里的人趁机擂鼓呐喊，在后面紧紧跟随，甚至老弱妇孺都手持铜器敲得震天响，同城外的呐喊声汇合成惊天动地的声浪。燕军害怕极了，大败而逃。齐国人在乱军之中把燕国的主将骑劫杀死了。燕军纷乱，溃散逃命，齐军紧紧追击溃逃的敌军，所到城镇纷纷背叛燕军，归顺田单。田单的兵力也与日俱增，乘胜追击。燕军仓皇而逃，战斗力日渐减弱，一直退到了黄河边，原来齐国的七十多座城池又都被收复。于是田单去莒城迎接齐襄王，襄王也就回到都城临淄来处理政务。

齐襄王封赏田单，赐爵号为安平君。

【原文】

太史公曰：兵以正合，以奇胜。善之者，出奇无穷。奇正还相生，如环之无端。夫始如处女，敌人开户；后如脱兔，敌不及距：其田单之谓邪！

初，淖齿之杀湣王也，莒人求湣王子法章，得之太史嬓之家，为人灌园。嬓女怜而善遇之。后法章私以情告女，女遂与通。及莒人共立法章为齐王，以莒距燕，而太史氏女遂为后，所谓"君王后"也。

燕之初入齐，闻画邑人王蠋贤，令军中曰"环画邑三十里无入"，以王蠋之故。已而使人谓蠋曰："齐人多高子之义，吾以子为将，封子万家。"蠋固谢。燕人曰："子不听，吾引三军而屠画邑。"王蠋曰："忠臣不事二君，贞女不更二夫。齐王不听吾谏，故退而耕于野。国既破亡，吾不能存；今又劫之以兵为君将，是助桀为暴也。与其生而无义，固不如烹！”遂经其颈于树枝，自奋绝脰而死。齐亡大夫闻之，曰：“王蠋，布衣也，义不北面于燕，况在位食禄者乎！”乃相聚如莒，求诸子，立为襄王。

【译文】

太史公说：用兵作战要一面同敌人正面交锋，一面出奇制胜。善于用兵的人，总是能够奇兵迭出且变化无穷。正面的交锋和背侧的奇袭都要起作用，这两种战术的相互转化，就好像圆环没有起止一般让人捉摸不定。用兵之初要像处女那样沉静、柔弱，诱惑敌人大敞门户而毫不戒备；然后在时机到来时，就像逃跑的兔子一样快速敏捷，让敌人来不及防御。田单用兵就是这样吧！

当初，在淖齿把齐湣王杀死之时，莒城人访求齐湣王的儿子法章，在太史嬓的家里将其找到，他正在替人家种地浇田。太史嬓的女儿喜欢他并对他很好。后来法章就把自己的情况对她说了，她就与法章私通。到莒城人共同拥立法章为齐王以莒城抗击燕军时，太史嬓的女儿便被立为王后，这就是人们所说的“君王后”。

燕军在初攻入齐国之时，听说画邑人王蠋有才有德，就命令军队道：“不许进入画邑方圆三十里之内。”这是由于王蠋是画邑人的缘故。不久，燕国又派人对王蠋说：“齐国有许多人都称颂您的品德高尚，我要任用您为将军，还封赏给您食邑万户。”王蠋坚决辞而不受。燕国人说：“您要是不肯接受，我就要带兵把画邑屠平！”王蠋说：“尽忠的臣子不能侍奉两个君主，贞烈的女子不能再嫁第二个丈夫。齐王不听我的劝谏，因此我才隐居在乡间种田。齐国已破亡，我也无法使它复存，如今你们又用武力劫持我做你们的将领，答应了，我就是帮坏人做坏事。与其活着做这不义之事，还不如受烹刑而死呢！”然后他就把自己的脖子吊在树枝上，奋力挣扎，扭断脖子死去。齐国那些四处奔逃的官员听说此事，说：“王蠋只是一个平民百姓，尚且能做到坚守节操，不屈服称臣于燕人，何况我们这些享受国家俸禄的在职官员呢？”于是他们就聚集在一处，奔赴莒城去寻求齐湣王的儿子，将其拥立为齐襄王。

【评析】

本篇主要记载了田单巧用智谋，出奇制胜，在即墨大破燕军，然后乘胜追击，一步一步将齐国恢复，其非凡的智慧和军事才华，以及卓越的历史功勋总令世人惊叹不已。所谓“时势造英雄”，正是因为田单身在当时被燕国侵略，面对燕军的暴行，齐人忍无可忍的情况下，他才得以乘着那个“天怒人怨”的东风成就了一世的英明。齐国即将被踏平，仅剩下两座城邑，田单能够在危难之中安全脱身，又能够将劣势转化成优势，使得城内军民上下一致，协力奋战，最终得胜。我们说，田单在整个过程中并没有出过多少力气，可是他起的作用却是至关重要的。很长时间以来，总有这样一个问题困扰着人们，到底是英雄创造了历史，还是劳动人民创造了历史，其实毫无疑问，历史是人民群众创造的，但是无论是哪个历史时期，英雄人物对历史的作用都不能忽视。

第十七章　吕不韦列传

【原文】

吕不韦者，阳翟大贾人也。往来贩贱卖贵，家累千金。

秦昭王四十年，太子死。其四十二年，以其次子安国君为太子。安国君有子二十余人。安国君有所甚爱姬，立以为正夫人，号曰华阳夫人。华阳夫人无子。安国君中男名子楚，子楚母曰夏姬，毋爱。子楚为秦质子于赵。秦数攻赵，赵不甚礼子楚。

子楚，秦诸庶孽孙，质于诸侯，车乘进用不饶，居处困，不得意。吕不韦贾邯郸，见而怜之，曰“此奇货可居”。乃往见子楚，说曰：“吾能大子之门。”子楚笑曰：“且自大君之门，而乃大吾门！”吕不韦曰：“子不知也，吾门待子门而大。”子楚心知所谓，乃引与坐，深语。吕不韦曰：“秦王老矣，安国君得为太子。窃闻安国君爱幸华阳夫人，华阳夫人无子，能立适嗣者独华阳夫人耳。今子兄弟二十余人，子又居中，不甚见幸，久质诸侯。即大王薨，安国君立为王，则子毋几得与长子及诸子旦暮在前者争为太子矣。”子楚曰：“然。为之奈何？”吕不韦曰：“子贫，客于此，非有以奉献于亲及结宾客也。不韦虽贫，请以千金为子西游，事安国君及华阳夫人，立子为适嗣。”子楚乃顿首曰：“必如君策，请得分秦国与君共之。”

【译文】

吕不韦是阳翟的大商人，他往来各地，以低价买进，高价卖出，因此积累起千金的家产。

秦昭王四十年，太子去世了。到了昭王四十二年，他的第二个儿子安国君被立为太子。而安国君有二十多个儿子。另外安国君有个非常宠爱的妃子，将其立为正夫人，称之为华阳夫人。华阳夫人无子。安国君有个排行居中的儿子名叫子楚，子楚的母亲叫夏姬，不被安国君宠爱。子楚作为秦国的人质被派到赵国。秦国多次攻伐赵国，赵国对子楚也不重视。

子楚是秦王庶出的孙子，在赵国做人质，他乘的车马和日常的财用都不富足，生活窘迫，很不得意。吕不韦到邯郸去做生意，见到子楚后非常高兴，他说："子楚就像一件奇货，可以囤积居奇。以等待高价售出"。于是他就前去拜访子楚，并对他游说道："我能光大你的门庭。"子楚笑着说："你还是先光大自己的门庭，然后再来光大我的门庭吧！"吕不韦说："你不明白啊，我的门庭只有等你的门庭光大了才能光大。"子楚心知吕不韦所言之意，就拉他坐在一起深谈。吕不韦说："秦王已老，安国君被立为太子。我私下听说安国君非常宠爱华阳夫人，可是华阳夫人却没有儿子，而能够选立太子的只有华阳夫人一个。如今你有二十多个兄弟，你又排行中间，且不受秦王宠幸，长期被留在诸侯国做人质，就算是秦王去世，安国君继承王位，你也不要指望同你长兄和早晚都在秦王身边的其他兄弟们争太子之位啦。"子楚说："是这样的，但是该怎么办呢？"吕不韦说："你很贫窘，又客居在此，也没有什么可以拿出来献给亲长，结交宾客。我虽不富有，但仍然情愿拿出千金来为你西去秦国游说，侍奉安国君和华阳夫人，让他们立你为太子。"子楚于是叩头拜谢道："若果真实现了您的计划，我愿意分秦国的土地与您共享。"

【原文】

吕不韦乃以五百金与子楚，为进用，结宾客；而复以五百金买奇物玩好，自奉而西游秦，求见华阳夫人姊，而皆以其物献华阳夫人。因言子楚贤智，结诸侯宾客遍天下，常曰"楚也以夫人为天，日夜泣思太子及夫人"。夫人大喜。不韦因使其姊说夫人曰："吾闻之，以色事人者，色衰而爱弛。今夫人事太子，甚爱而无子，不以此时蚤自结于诸子中贤孝者，举立以为适而子之，夫在则重尊，夫百岁之后，所子者为王，终不失势，此所谓一言而万世之利也。不以繁华时树本，即色衰爱弛后，虽欲开一语，尚可得乎？今子楚贤，而自知中男也，次不得为适，其母又不得幸，自附夫人，夫人诚以此时拔以为适，夫人则竟世有宠于秦矣。”华阳夫人以为然，承太子闲，从容言子楚质于赵者绝贤，来往者皆称誉之。乃因涕泣曰：“妾幸得充后宫，不幸无子，愿得子楚立以为适嗣，以托妾身。”安国君许之，乃与夫人刻玉符，约以为适嗣。安国君及夫人因厚馈遗子楚，而请吕不韦傅之，子楚以此名誉益盛于诸侯。

吕不韦取邯郸诸姬绝好善舞者与居，知有身。子楚从不韦饮，见而说之，因起为寿，请之。吕不韦怒，念业已破家为子楚，欲以钓奇，乃遂献其姬。姬自匿有身，至大期时，生子政。子楚遂立姬为夫人。

秦昭王五十年，使王齮围邯郸，急，赵欲杀子楚。子楚与吕不韦谋，行金六百斤予守者吏，得脱，亡赴秦军，遂以得归。赵欲杀子楚妻子，子楚夫人赵豪家女也，得匿，以故母子竟得活。秦昭王五十六年，薨，太子安国君立为王，华阳夫人为王后，子楚为太子。赵亦奉子楚夫人及子政归秦。

秦王立一年，薨，谥为孝文王。太子子楚代立，是为庄襄王。庄襄王所母华阳后为华阳太后，真母夏姬尊以为夏太后。庄襄王元年，以吕不韦为丞相，封为文信侯，食河南雒阳十万户。

【译文】

吕不韦于是拿出五百金送给子楚，作为日常生活和结交宾客的费用；又拿出五百金购买珍奇玩物，自己带着西去秦国游说，他先去拜见华阳夫人的姐姐，把带来的东西全部献给华阳夫人。顺便谈及子楚聪明贤能，所结交的诸侯宾客，遍及天下，还常说“我子楚把夫人看成天一般，日夜哭泣思念太子和夫人”。

夫人很高兴。吕不韦乘机又让华阳夫人的姐姐劝说华阳夫人道：“我听说靠美色来侍奉别人的，一旦色衰，宠爱也就随之消失。如今夫人您侍奉太子，甚被宠爱，可是却没有儿子，不趁这时早一点在太子的儿子中结交一个有才能并且又孝顺的人，立他为继承人而又像亲生儿子一样对待他，则丈夫在世时受到尊重，丈夫去世后，自己立的儿子继位为王，最终也不会失势，这就是人们所说的一句话能得到万世的好处啊。如果在容貌美丽之时不树立根本，等到容貌衰竭，宠爱失去后，即使想同太子说上一句话恐怕都没有可能了啊！现在子楚贤能，而自己也知道排行居中，按次序是不能被立为继承人的，并且他的生母又不受宠爱，自己就会主动依附于夫人，夫人若真能在此时提拔他为继承人，则夫人您一生在秦国都会受到尊宠啦。”华阳夫人听了认为是这样，就趁太子方便的时候，委婉地谈到在赵国做人质的子楚很有才能，来往之人纷纷称赞他。接着就哭着说：“我有幸能填充后宫，但遗憾的是没有儿子，我希望可以把子楚立为继承人，以便我日后有个依靠。”安国君答应了，就和夫人刻下玉符，决定立子楚为继承人，安国君和华阳夫人都送好多礼物给子楚，且请吕不韦做他的老师，因此子楚的名声在诸侯中越来越大。

吕不韦选取了一位姿色非常漂亮而又善于跳舞的邯郸女子一起同居，知道她怀了身孕。子楚有一次同吕不韦在一起饮酒，见到此女后很是喜欢，于是就站起身来向吕不韦祝酒，并且请求把此女赐给他。吕不韦非常生气，可转念一想，自己都已经为子楚破费了大量家产，为的借以钓取奇货，于是就献出了这个女子。此女隐瞒了自己有孕在身的实情，十二个月后，生下儿子名政。子楚就立此姬为夫人。

秦昭工五十年，派王齮围攻邯郸，情况紧急，赵国想杀了子楚。子楚就与吕不韦密谋，用六百斤金子送给守城官吏，方得以脱身，逃到秦军大营，这才顺利回国。赵国又想把子楚的妻子和儿子杀了，但是由于子楚的夫人是赵国富豪人家的女儿，因此才得以隐藏起来，于是母子二人竟得活命。秦昭王五十六年，昭王去世，太子安国君继位为王，华阳夫人为王后，子楚为太子。赵国也护送子楚的夫人和儿子嬴政回到秦国。

秦王继位一年后去世，谥号为孝文王。太子子楚继位，他就是庄襄王。庄襄王尊奉为母的华阳王后为华阳太后，生母夏姬被尊称为夏太后。庄襄王元年，吕不韦被任为丞相，且被封为文信侯，食邑河南洛阳十万户。

【原文】

庄襄王即位三年，薨，太子政立为王，尊吕不韦为相国，号称“仲父”。秦王年少，太后时时窃私通吕不韦。不韦家僮万人。

当是时，魏有信陵君，楚有春申君，赵有平原君，齐有孟尝君，皆下士喜宾客以相倾。吕不韦以秦之强，羞不如，亦招致士，厚遇之，至食客三千人。是时诸侯多辩士，如荀卿之徒，著书布天下。吕不韦乃使其客人人著所闻，集论以为八览、六论、十二纪，二十余万言。以为备天地万物古今之事，号曰吕氏春秋。布咸阳市门，悬千金其上，延诸侯游士宾客有能增损一字者予千金。

始皇帝益壮，太后淫不止。吕不韦恐觉祸及己，乃私求大阴人嫪毐以为舍人，时纵倡乐，使毐以其阴关桐轮而行，令太后闻之，以啖太后。太后闻，果欲私得之。吕不韦乃进嫪毐，诈令人以腐罪告之。不韦又阴谓太后曰："可事诈腐，则得给事中。"太后乃阴厚赐主腐者吏，诈论之，拔其须眉为宦者，遂得侍太后。太后私与通，绝爱之。有身，太后恐人知之，诈卜当避时，徙宫居雍。嫪毐常从，赏赐甚厚，事皆决于嫪毐。嫪毐家僮数千人，诸客求宦为嫪毐舍人千余人。

【译文】

庄襄王即位三年后去世，太子嬴政继立为王，尊奉吕不韦为相国，称其为"仲父"。秦王年纪还小，太后常和吕不韦私通。吕不韦家有成千上万的奴仆。

在那时，魏国有信陵君，楚国有春申君，赵国有平原君，齐国有孟尝君，他们都礼贤下士，结交天下宾客。并且要在这方面争个高低上下。吕不韦认为秦国如此强大，却不如他们，因此认为这是一件令人羞愧的事，于是他也招来了文人学士，给他们优厚的待遇，门下食客多达三千人。那时各诸侯国有许多才辩之士，像荀卿那类人，著书立说，流行天下。吕不韦就命他的食客将各自的见闻记下，综合在一起成为八览、六论、十二纪，共二十多万言。自认为其中囊括了天地万物古往今来的事理，因此命名为《吕氏春秋》。并将之刊布在咸阳的城门，上面悬挂着一千金的赏金，遍请诸侯各国的游士宾客，如果有人能增删一字，就给予一千金的奖励。

秦始皇日益年长，但太后仍然淫乱不止。吕不韦担心事情败露，灾祸降临在自己头上，于是就暗中寻求了一个阴茎特别大的人嫪毐作为门客，不时让演员歌舞取乐，让嫪毐用他的阴茎穿在桐木车轮上，使之转动而行，并想法让太后知道了此事，以此引诱她。太后听说后，真的想暗中占有他。于是吕不韦就进献嫪毐，假意让人告发他犯下了该受宫刑的罪。吕不韦又暗中对太后说："你可以让嫪毐假装已经受了宫刑，就可以在供职宫中的人员中得到他。"太后就偷偷地送给主持宫刑的官吏许多东西，装作处罚嫪毐，将其胡须拔掉假充宦官，这就得以侍奉太后。太后暗中与他通奸，非常喜爱他。后来太后怀孕在身，担心别人知道，就谎称算卦不吉，需要换一个环境来躲避一下，于是就迁移到雍地的宫殿中居住。嫪毐总是随从左右，所受的赏赐也非常优厚，事事都由嫪毐决定。嫪毐家中有奴仆几千人。那些为求得官职来当嫪毐家门客的多达一千余人。

【原文】

始皇七年，庄襄王母夏太后薨。孝文王后曰华阳太后，与孝文王会葬寿陵。夏太后子庄襄王葬芷阳，故夏太后独别葬杜东，曰"东望吾子，西望吾夫。后百年，旁当有万家邑"。

始皇九年，有告嫪毐实非宦者，常与太后私乱，生子二人，皆匿之。与太后谋曰"王即薨，以子为后"。于是秦王下吏治，具得情实，事连相国吕不韦。九月，夷嫪毐三族，杀太后所生两子，而遂迁太后于雍。诸嫪毐舍人皆没其家而迁之蜀。王欲诛相国，为其奉先王功大，及宾客辩士为游说者众，王不忍致法。

秦王十年十月，免相国吕不韦。及齐人茅焦说秦王，秦王乃迎太后于雍，归复咸阳，而出文信侯就国河南。

岁余，诸侯宾客使者相望于道，请文信侯。秦王恐其为变，乃赐文信侯书曰："君何功于秦？秦封君河南，食十万户。君何亲于秦？号称仲父。其与家属徙处蜀！"吕不韦自度稍侵，恐诛，乃饮酖而死。秦王所加怒吕不韦、嫪毐皆已死，乃皆复归嫪毐舍人迁蜀者。

始皇十九年，太后薨，谥为帝太后，与庄襄王会葬芷阳。

太史公曰：不韦及嫪毐贵，封号文信侯。人之告嫪毐，毐闻之。秦王验左右，未发。上之雍郊，毐恐祸起，乃与党谋，矫太后玺发卒以反蕲年宫。发吏攻毐，毐败亡走，追斩之好畤，遂灭其宗。而吕不韦由此绌矣。孔子之所谓"闻"者，其吕子乎？

【译文】

秦始皇七年，庄襄王的生母夏太后去世。孝文王后是华阳太后，她与孝文王合葬在寿陵。夏太后的儿子庄襄王葬在芷阳，于是夏太后另外单独埋葬在杜原之东，称“东可看到我的儿子，西可看到我的丈夫。在百年之后，旁边定会有个万户的城邑”。

秦始皇九年，有人告发嫪毐的假宦官身份，常与太后淫乱私通，而且还生下了两个儿子，把他们隐藏起来，还同太后谋议说“如果是秦王死了，就立这儿子继位”。于是秦始皇命法官严查此事，弄清了事情的全部真相，事情牵连到相国吕不韦。这年九月，嫪毐家三族人众全部被杀死，太后与嫪毐所生的两个儿子也被杀死，并把太后迁到雍地居住。嫪毐家的食客们都被没收家产后迁往蜀地。秦王想杀了相国吕不韦，但念其侍奉先王功劳极大，且又有许多宾客辩士为他求情说好话，秦王不忍心将他绳之以法。

秦始皇十年十月，将吕不韦的相国职务免除。等到齐人茅焦劝说秦王，秦王这才到雍地把太后迎回，使她又回归咸阳，但是却把吕不韦遣出京城，前往河南的封地。

一年多后，各诸侯国的宾客使者络绎不绝，前来问候吕不韦。秦王担心他发动叛乱，就写信给吕不韦说：“你对秦国有什么功劳？秦国封你在河南，食邑十万户。你跟秦王有什么血缘关系？却号称仲父。你带着家属迁到蜀地去居住吧！”吕不韦一想到自己已逐渐被逼迫，担心日后被杀，就喝下酖酒自杀而亡。秦王所痛恨的吕不韦、嫪毐均已死去，就让迁徙到蜀地的嫪毐门客又都回到了京城。

秦始皇十九年，太后去世，谥号为帝太后。同庄襄王合葬在芷阳。

太史公说：吕不韦不及嫪毐贵显，吕不韦封号文信侯。有人告发嫪毐，嫪毐听说此事。秦始皇查讯左右，事情尚未败露。秦王去雍地祭天，嫪毐担心大祸临头，就与亲信同党密谋，盗用太后的大印调集兵士在蕲年宫发动叛乱。秦王调动官兵攻伐嫪毐，嫪毐败走，被秦王追到，在好畤被斩首，然后将其满门抄斩。而吕不韦也因此被贬斥。孔子所说的“闻”，指的大概就正吕不韦这样的人吧！

【评析】

吕不韦从一个投机的商人，一步步地涉足政治领域，直到执掌秦国的政权。其实原本吕不韦已经富可敌国了，但是他并没有满足于现状，凭着自己更甚于其他商人的投机心理，他认为当时在赵国做人质的子楚实在是“奇货可居”，于是为了改变自己的人生轨迹，他不惜以金钱、美人做诱饵，来钓秦国江山这条大鱼。当他一步步走向权力的巅峰时，却因嫪毐之乱而被牵连赐死，于是作为一个特殊商人的一生结束了。太史公的文章极具讥讽之意，因此文中丝毫未提吕不韦对秦国有何建树，这实在是有失偏颇。事实上吕不韦在政治、文化方面的建树为秦的发展壮大、统一六国奠定了坚实的基础。暂且不说结果，单就吕不韦从一个商人摇身一变为秦国的宰相而言，就足以显示出其超常的才华和胆识、过人的智慧和谋略。

第十八章 刺客列传

【原文】

曹沫者，鲁人也，以勇力事鲁庄公。庄公好力。曹沫为鲁将，与齐战，三败北。鲁庄公惧，乃献遂邑之地以和。犹复以为将。

齐桓公许与鲁会于柯而盟。桓公与庄公既盟于坛上，曹沫执匕首劫齐桓公，桓公左右莫敢动，而问曰："子将何欲？"曹沫曰："齐强鲁弱，而大国侵鲁亦甚矣。今鲁城坏即压齐境，君其图之。"桓公乃许尽归鲁之侵地。既已言，曹沫投其匕首，下坛，北面就群臣之位，颜色不变，辞令如故。桓公怒，欲倍其约。管仲曰："不可。夫贪小利以自快，弃信于诸侯，失天下之援，不如与之。"于是桓公乃遂割鲁侵地，曹沫三战所亡地尽复予鲁。

其后百六十有七年而吴有专诸之事。

专诸者，吴堂邑人也。伍子胥之亡楚而如吴也，知专诸之能。伍子胥既见吴王僚，说以伐楚之利。吴公子光曰："彼伍员父兄皆死于楚而员言伐楚，欲自为报私仇也，非能为吴。"吴王乃止。伍子胥知公子光之欲杀吴王僚，乃曰："彼光将有内志，未可说以外事。"乃进专诸于公子光。

光之父曰吴王诸樊。诸樊弟三人：次曰余祭，次曰夷眛，次曰季子札。诸樊知季子札贤而不立太子，以次传三弟，欲卒致国于季子札。诸樊既死，传余祭。余祭死，传夷眛。夷眛死，当传季子札；季子札逃不肯立，吴人乃立夷眛之子僚为王。公子光曰："使以兄弟次邪，季子当立；必以子乎，则光真适嗣，当立。"故尝阴养谋臣以求立。

【译文】

曹沫是鲁国人，凭勇敢和力气侍奉鲁庄公。庄公喜欢有力气的人。曹沫任鲁国将军，同齐国作战时曾多次战败逃跑。鲁庄公害怕了，就献出遂邑地区求和。但还继续让曹沫任将军。

齐桓公答应和鲁庄公在柯地会见，订立盟约。桓公和庄公在盟坛上订立盟约后，曹沫手拿匕首胁迫齐桓公，桓公的侍卫人员无人敢轻举妄动，桓公问："您打算做什么？"曹沫说："齐强而鲁弱，而大国侵略鲁国也太过分了。现在鲁国都城一倒塌就会压到齐国的边境了，您要考虑考虑这个问题。"于是齐桓公答应将鲁国被侵占的土地全部归还。说完以后，曹沫便扔下匕首走下盟坛，回到面向北的臣子的位置上，面不改色，谈吐从容如常。桓公很生气，想背弃盟约。管仲说："不可。贪图小的利益以求得一时之快意，就会在诸侯面前丧失信用，失去天下人对您的支持，不如把他们的失地归还。"于是，齐桓公就把占领的鲁国土地归还，曹沫多次打仗所丢失的土地全部回归鲁国。

此后一百六十七年，吴国有专诸的事迹。

专诸是吴国堂邑人。伍子胥逃离楚国前往吴国时，知道专诸有本领。伍子胥进见吴王僚后，用进攻楚国的好处劝说他。吴公子光说："那个伍员，父亲、哥哥都被楚国杀死了，因此他讲攻打楚国，是为了报自己的私仇，并非是替吴国打算。"吴王就不再议伐楚之事。伍子胥知道公子光想把吴王僚杀掉，就说："那个公子光有在国内夺取王位的企图，现在还无法劝说他向国外出兵。"于是就把专诸推荐给公子光。

公子光的父亲是吴王诸樊。诸樊有三个弟弟：按兄弟次序排，大弟弟为余祭，二弟弟为夷眜，最小的弟弟为季子札。诸樊知道季子札贤明，就不立太子，想按照兄弟的次序把王位传递下去，不过最后好把国君的位子传给季子札。诸樊死后王位传给了余祭。余祭死后，传给夷眛。夷眛死后本该传给季子札，可是季子札却逃避不肯立为国君，吴国人就拥立夷眛的儿子僚为国君。公子光说："若按兄弟次序当立季子；若一定要传给儿子的话，则我才是真正的嫡子，应当立我为君。"因此他常秘密地供养一些有智谋的人，以便凭借他们的帮助取得王位。

【原文】

光既得专诸，善客待之。九年而楚平王死。春，吴王僚欲因楚丧，使其二弟公子盖余、属庸将兵围楚之灊；使延陵季子于晋，以观诸侯之变。楚发兵绝吴将盖余、属庸路，吴兵不得还。于是公子光谓专诸曰："此时不可失，不求何获！且光真王嗣，当立，季子虽来，不吾废也。"专诸曰："王僚可杀也。母老子弱，而两弟将兵伐楚，楚绝其后。方今吴外困于楚，而内空无骨鲠之臣，是无如我何。"公子光顿首曰："光之身，子之身也。"

四月丙子，光伏甲士于窟室中，而具酒请王僚。王僚使兵陈自宫至光之家，门户阶陛左右，皆王僚之亲戚也。夹立侍，皆持长铍。酒既酣，公子光详为足疾，入窟室中，使专诸置匕首鱼炙之腹中而进之。既至王前，专诸擘鱼，因以匕首刺王僚，王僚立死。左右亦杀专诸，王人扰乱。公子光出其伏甲以攻王僚之徒，尽灭之，遂自立为王，是为阖闾。阖闾乃封专诸之子以为上卿。

其后七十余年而晋有豫让之事。

豫让者，晋人也，故尝事范氏及中行氏，而无所知名。去而事智伯，智伯甚尊宠之。及智伯伐赵襄子，赵襄子与韩、魏合谋灭智伯，灭智伯之后而三分其地。赵襄子最怨智伯，漆其头以为饮器。豫让遁逃山中，曰："嗟乎！士为知己者死，女为说己者容。今智伯知我，我必为报仇而死，以报智伯，则吾魂魄不愧矣。"乃变名姓为刑人，入宫涂厕，中挟匕首，欲以刺襄子。襄子如厕，心动，执问涂厕之刑人，则豫让，内持刀兵，曰："欲为智伯报仇！"左右欲诛之。襄子曰："彼义人也，吾谨避之耳。且智伯亡无后，而其臣欲为报仇，此天下之贤人也。"卒释去之。

【译文】

公子光得到专诸后，像对待宾客一样款待他。吴王僚九年，楚平王去世。这年春天，吴王僚想趁楚国办丧事的时候，派他的两个弟弟公子盖余、属庸率军把楚国的灊城包围，派延陵季子到晋国，以观察各诸侯国的动静。楚国出兵断绝了吴将盖余、属庸的后路，吴国军队无法归还。这时公子光对专诸说："不能错过此机会，不去争取，哪会获得！况且我才是真正的继承人，应当立为国君，就算季子回来，也不会把我废掉呀。"专诸说："王僚是可以杀掉的。母老子弱，两个弟弟带兵攻打楚国，其后路已被楚军断绝。当前吴军在外被楚国围困，而国内又无正直敢言的忠臣。这样王僚还能怎么我们呢。"公子光以头叩地说："我公子光的身体，也就是您的身体，您身后的事都由我负责了。"

这年四月丙子日，公子光在地下室埋伏下身穿铠甲的武士，备办酒席宴请吴王僚，王僚派出卫队，从王宫一直排列到公子光的家里，门户和台阶两旁也都是王僚的亲信。夹道站立的都是举着长矛的侍卫。喝酒喝到畅快时，公子光装作脚有毛病，进入地下室，让专诸把匕首放到烤鱼的肚子里，然后把鱼进献上去。到王僚跟前，专诸掰开鱼，趁势用匕首刺杀王僚，王僚当场毙命。侍卫人员也将专诸杀死，王僚手下的人一时混乱不堪。公子光放出埋伏的武士攻击王僚的部下，将其全部消灭，于是自立为国君，这就是吴王阖闾。阖闾于是把专诸的儿子封为上卿。

此后七十多年，晋国有豫让的事迹。

豫让是晋国人，曾侍奉范氏和中行氏两家大臣，没什么名声。他离开那里去奉事智伯，深得智伯的尊重和宠幸。等到智伯攻打赵襄子时，赵襄子和韩、魏合谋灭了智伯；消灭智伯后，三家把他的国土分割了。赵襄子最恨智伯，就把他的头盖骨漆成饮具。豫让潜逃到山中，说："哎呀！好男儿当为了解自己的人去死，好女子该为爱慕自己的人梳妆打扮。如今智伯是我的知己，我定要为他报仇而献出生命，以报答智伯，我就是死了，魂魄也没有什么可惭愧的了。"于是便更名改姓，伪装成受过刑的人，到赵襄子宫中修整厕所，身上藏着匕首，想用它来刺杀赵襄子。赵襄子去厕所，心一悸动，拘问修整厕所的刑人，才知是豫让，衣服里还别着利刃，豫让说："我要给智伯报仇！"侍卫要杀掉他。襄子说："他是义士，我小心谨慎地回避就是了。况且智伯死后无继承人，而其家臣想替他报仇，这是天下的贤人啊。"最后还是把他放走了。

【原文】

居顷之，豫让又漆身为厉，吞炭为哑，使形状不可知，行乞于市。其妻不识也。行见其友，其友识之，曰："汝非豫让邪？"曰："我是也。"其友为泣曰："以子之才，委质而臣事襄子，襄子必近幸子。近幸子，乃为所欲，顾不易邪？何乃残身苦形，欲以求报襄子，不亦难乎！”豫让曰：“既已委质臣事人，而求杀之，是怀二心以事其君也。且吾所为者极难耳！然所以为此者，将以愧天下后世之为人臣怀二心以事其君者也。”

既去，顷之，襄子当出，豫让伏于所当过之桥下。襄子至桥，马惊，襄子曰：“此必是豫让也。”使人问之，果豫让也。于是襄子乃数豫让曰：“子不尝事范、中行氏乎？智伯尽灭之，而子不为报仇，而反委质臣于智伯。智伯亦已死矣，而子独何以为之报仇之深也？”豫让曰：“臣事范、中行氏，范、中行氏皆众人遇我，我故众人报之。至于智伯，国士遇我，我故国士报之。”襄子喟然叹息而泣曰：“嗟乎豫子！子之为智伯，名既成矣，而寡人赦子，亦已足矣。子其自为计，寡人不复释子！”使兵围之。豫让曰：“臣闻明主不掩人之美，而忠臣有死名之义。前君已宽赦臣，天下莫不称君之贤。今日之事，臣固伏诛，然愿请君之衣而击之焉，以致报仇之意，则虽死不恨。非所敢望也，敢布腹心！”于是襄子大义之，乃使使持衣与豫让。豫让拔剑三跃而击之，曰：“吾可以下报智伯矣！”遂伏剑自杀。死之日，赵国志士闻之，皆为涕泣。

其后四十余年而轵有聂政之事。

【译文】

不久，豫让又把漆涂在身上，使肌肤肿烂得像是得了癞疮，吞炭使声音变得嘶哑，使自己的形体相貌不可辨认，沿街讨饭。甚至妻子都不认识他了。路上遇见他的朋友，辨认出来，说：“你不是豫让吗？”回答说：“是我。”朋友为他流着眼泪说：“凭您的才能，委身侍奉赵襄子，襄子定会亲近宠爱您。被亲近宠爱后，您再做您想做的事，难道不是很容易的吗？为什么还要摧残自己的身体，丑化形貌，以此来实现向赵襄子报仇的目的，这不是更困难吗？”豫让说：“托身侍奉人家后再杀掉人家，这是怀着异心侍奉他的君主啊。我知道选择这种做法是很困难，可我之所以选择这种做法，就是为了要天下后世的那些怀着异心侍奉国君的臣子感到惭愧！”

豫让说完就走了，不久，襄子正赶上外出，豫让潜藏在他必经的桥下。襄子来到桥上，马受惊，襄子说：“这定是豫让。”派人去查问，果然是他。于是襄子就列举罪过指责他道：“您不是曾经侍奉过范氏、中行氏吗？智伯把他们都消灭了，而您不去为他们报仇，反而托身为智伯的家臣。现在智伯已经死了，您为何单单如此急切地为他报仇呢？”豫让说：“我侍奉范氏、中行氏，他们都把我当作一般人看待，因此我像一般人那样报答他们。至于智伯，他把我当作国士看待，因此我就像国士那样报答他。”襄子喟然长叹，流着泪说：“唉，豫让先生！您为智伯报仇，已算成名了；而我宽恕你，也足够了。您应当自己作个打算，我不能再放过您了！”于是命士兵将其团团围住。豫让说：“我听说贤明的君主不埋没别人的美名，而忠臣有为美名去死的道理。以前您宽恕了我，普天之下无人不称道您的贤明。今天的事，我本当受死罪，可我还是希望能得到您的衣服刺它几下，这样也就达到我报仇的意愿了，这样就算死了也不会有遗恨了。我不敢指望您答应我的要求，但我还是冒昧地把我的心意说出来！”于是襄子非常赞赏他的侠义，就派人拿着自己的衣裳给豫让。豫让拔出宝剑多次跳起来击刺它，说：“我可用以报答智伯于九泉之下了！”于是用剑自杀。自杀那天，赵国的有志之士听到这个消息后，都为他哭泣。

此后四十多年，轵邑有聂政的事迹。

【原文】

聂政者，轵深井里人也。杀人避仇，与母、姊如齐，以屠为事。

久之，濮阳严仲子事韩哀侯，与韩相侠累有隙。严仲子恐诛，亡去，游求人可以报侠累者。至齐，齐人或言聂政勇敢士也，避仇隐于屠者之间。严仲子至门请，数反，然后具酒自畅聂政母前。酒酣，严仲子奉黄金百溢，前为聂政母寿。聂政惊怪其厚，固谢严仲子。严仲子固进，而聂政谢曰：“臣幸有老母，家贫，客游以为狗屠，可以旦夕得甘脆以养亲。亲供养备，不敢当仲子之赐。”严仲子辟人，因为聂政言曰：“臣有仇，而行游诸侯众矣；然至齐，窃闻足下义甚高，故进百金者，将用为大人粗粝之费，得以交足下之欢，岂敢以有求望邪！”聂政曰：“臣所以降志辱身居市井屠者，徒幸以养老母；老母在，政身未敢以许人也。”严仲子固让，聂政竟不肯受也。然严仲子卒备宾主之礼而去。

久之，聂政母死。既已葬，除服，聂政曰：“嗟乎！政乃市井之人，鼓刀以屠，而严仲子乃诸侯之卿相也，不远千里，枉车骑而交臣。臣之所以待之，至浅鲜矣，未有大功可以称者，而严仲子奉百金为亲寿，我虽不受，然是者徒深知政也。夫贤者以感忿睚眦之意而亲信穷僻之人，而政独安得默然而已乎！且前日要政，政徒以老母；老母今以天年终，政将为知己者用。”乃遂西至濮阳，见严仲子曰：“前日所以不许仲子者，徒以亲在；今不幸而母以天年终。仲子所欲报仇者为谁？请得从事焉！”严仲子具告曰：“臣之仇韩相侠累，侠累又韩君之季父也，宗族盛多，居处兵卫甚设，臣欲使人刺之，终莫能就。今足下幸而不弃，请益其车骑壮士可为足下辅翼者。”聂政曰：“韩之与卫，相去中间不甚远，今杀人之相，相又国君之亲，此其势不可以多人，多人不能无生得失，生得失则语泄，语泄是韩举国而与仲子为仇，岂不殆哉！”遂谢车骑人徒，聂政乃辞独行。

【译文】

聂政是轵邑深井里人。他因为杀人躲避仇家，和母亲、姐姐逃往齐国，以屠宰牲畜为职业。

很久以后，濮阳严仲子奉事韩哀侯，与韩国国相侠累结下仇怨。严仲子因怕遭杀害而逃走了。他四处游历，寻访能替他向侠累报仇的人。到了齐国，齐国有人说聂政是个勇敢之士，因回避仇人而躲藏在屠夫中间。严仲子登门拜访，多次往返，然后备办了宴席，亲自捧杯为聂政的母亲敬酒。喝到畅快兴浓时，严仲子献上一百镒黄金，到聂政老母跟前祝寿。聂政面对厚礼感到奇怪，坚决谢绝严仲子。严仲子却执意要送，聂政辞谢说：“我幸有老母健在，家里虽然贫穷，但客居在此，以杀猪宰狗为业，早晚之间买些甘甜松脆的东西来奉养老母，老母的供养还算得上是齐备，可不敢接受仲子的赏赐。”严仲子避开别人，趁机对聂政说：“我有仇人，我周游好多诸侯国，都没能找到一个为我报仇的人；但来到齐国，私下听说您很重义气，因此献上百金，将作为您母亲大人一点粗粮的费用，同时也能够跟您交个朋友，哪里敢有别的索求和指望啊！”聂政说：“我之所以使心志卑下，屈辱身份，在这市场上做个屠夫，就只是希望借此来奉养老母；老母在世，我不敢对别人以身相许。”严仲子执意赠送，聂政却始终不肯接受。但是严仲子终于尽到了宾主相见的礼节，告辞离去。

过了很久，聂政的母亲去世，安葬后，直到丧服期满，聂政说：

“唉！我不过是平民百姓，拿着刀杀猪宰狗，可严仲子身为诸侯的卿相，却不远千里，委屈身份同我结交。我待人家的情谊是太浅薄太微不足道了，没什么大的功劳可以和他对我的恩情相抵，而严仲子献上百金为老母祝寿，我虽未接受，可是这件事就说明他是特别了解我啊。贤德的人因感愤于一点小的仇恨，视我这个处于偏僻的穷困屠夫为亲信，我怎可以一味地默不作声，就此完事了呢！况且以前来邀请我，我只是由于老母在世才没有答应。现在老母享尽天年，我也该为了解我的人出力了。”于是就向西到濮阳，见到严仲子说：“以前我之所以没答应仲子的邀请，仅仅是因为我有老母在世；现在不幸老母已享尽天年。仲子要报复的仇人是谁？请让我办这件事吧！”严仲子原原本本地告诉他说：“我的仇人是韩国宰相侠累，他又是韩国国君的叔父，其宗族旺盛，人丁众多，居住的地方士兵防卫严密，我准备派人刺杀他，始终都没能得手。如今承蒙您不嫌弃我，应允下来，请增加车骑壮士作为您的助手。”聂政说：“韩国与卫国中间的距离不太远，如今刺杀人家的宰相，宰相又是国君的亲属，在这种情况下是不能去很多人的，人一多就难免会发生意外，发生意外就会走漏风声，走漏风声，那就等于整个韩国的人与您为仇，这难道不是非常危险的吗？”于是就谢绝了车骑人众，辞别严仲子只身前往。

【原文】

杖剑至韩，韩相侠累方坐府上，持兵戟而卫侍者甚众。聂政直入，上阶刺杀侠累，左右大乱。聂政大呼，所击杀者数十人，因自皮面决眼，自屠出肠，遂以死。

韩取聂政尸暴于市，购问莫知谁子。于是韩悬购之，有能言杀相侠累者予千金。久之莫知也。

政姊荣闻人有刺杀韩相者，贼不得，国不知其名姓，暴其尸而悬之千金，乃於邑曰：“其是吾弟与？嗟乎，严仲子知吾弟！”立起，如韩，之市，而死者果政也，伏尸哭极哀，曰：“是轵深井里所谓聂政者也。”市行者诸众人皆曰：“此人暴虐吾国相，王悬购其名姓千金，夫人不闻与？何敢来识之也？”荣应之曰：“闻之。然政所以蒙污辱自弃于市贩之间者，为老母幸无恙，妾未嫁也。亲既以天年下世，妾已嫁夫，严仲子乃察举吾弟困污之中而交之，泽厚矣，可奈何！士固为知己者死，今乃以妾尚在之故，重自刑以绝踪，妾其奈何畏殁身之诛，终灭贤弟之名！”大惊韩市人。乃大呼天者三，卒於邑悲哀而死政之旁。

晋、楚、齐、卫闻之，皆曰：“非独政能也，乃其姊亦烈女也。乡使政诚知其姊无濡忍之志，不重暴骸之难，必绝险千里以列其名，姊弟俱僇于韩市者，亦未必敢以身许严仲子也。严仲子亦可谓知人能得士矣！”

其后二百二十余年秦有荆轲之事。

【译文】

他带着宝剑到韩国都城，韩国宰相侠累正好坐在堂上，还有很多持刀荷戟的护卫。聂政径直而入，走上台阶刺杀侠累，侍从人员大乱。聂政高声大叫，有几十个人都被他击杀了，然后又趁势毁坏自己的面容，挖出眼睛，剖开肚皮，流出肠子，就这样死了。

韩国把聂政的尸体陈列在街市上，出赏金查问凶手是谁家的人，无人知道。于是韩国悬赏征求，谁能说出杀死宰相侠累的人就赏给千金。过了很久仍然无人知道。

聂政的姐姐聂荣听说有人刺杀了韩国的宰相，却不知道凶手到底是谁，全韩国的人也都不知道他的姓名，陈列着他的尸体，悬赏千金，让人们辨认，就抽泣着说：“大概是我弟弟吧？唉，严仲子了解我弟弟！”于是就马上动身，前往韩国的都城，来到街市，死者果然是聂政，就趴在尸体上痛哭，极为哀伤，说：“这就是所谓轵深井里的聂政啊。”街上的行人们纷纷说：“这个人残酷地杀害我国宰相，君王正在悬赏千金询查他的姓名，难道夫人没听说吗？怎么敢来认尸啊？”聂荣回答他们说：“我听说了。可聂政之所以承受羞辱不惜混在屠猪贩肉的人中间，完全是因为老母健在，我还没有出嫁。如今老母享尽天年去世后，我也已嫁人，严仲子从穷困低贱的处境中把我弟弟挑选出来结交他，恩情深厚，我弟弟还能怎么办呢！勇士本来就应该替了解自己的人牺牲性命，现在又是因为我还活在世上的缘故，所以他重重地自行毁坏面容躯体，使人无法辨认，以免牵连别人，我又怎么能害怕杀身之祸，而使我弟弟的名声永远被埋没呢！”这整个街市上的人都大为震惊。聂荣于是高喊三声“天哪”，最终由于过度哀伤而死在了聂政身旁。

晋、楚、齐、卫等国的人听到这个消息后，都说："不仅仅是聂政有能力，就连他的姐姐也是个烈性女子。倘若聂政果真知道他姐姐没有含忍的性格，不顾惜露尸于外的苦难，一定要越过千里的艰难险阻来公开他的姓名，以致姐弟二人一同死在韩国的街市，那他也未必敢对严仲子以身相许。严仲子也算得上是识人，才能够赢得贤士啊！"

从此以后二百二十多年，秦国有荆轲的事迹。

【原文】

荆轲者，卫人也。其先乃齐人，徙于卫，卫人谓之庆卿。而之燕，燕人谓之荆卿。

荆卿好读书击剑，以术说卫元君，卫元君不用。其后秦伐魏，置东郡，徙卫元君之支属于野王。

荆轲尝游过榆次，与盖聂论剑，盖聂怒而目之。荆轲出，人或言复召荆卿。盖聂曰："曩者吾与论剑有不称者，吾目之；试往，是宜去，不敢留。"使使往之主人，荆卿则已驾而去榆次矣。使者还报，盖聂曰："固去也，吾曩者目摄之！"

荆轲游于邯郸，鲁句践与荆轲博，争道，鲁句践怒而叱之，荆轲默而逃去，遂不复会。

荆轲既至燕，爱燕之狗屠及善击筑者高渐离。荆轲嗜酒，日与狗屠及高渐离饮于燕市，酒酣以往，高渐离击筑，荆轲和而歌于市中，相乐也，已而相泣，旁若无人者。荆轲虽游于酒人乎，然其为人沉深好书；其所游诸侯，尽与其贤豪长者相结。其之燕，燕之处士田光先生亦善待之，知其非庸人也。

居顷之，会燕太子丹质秦亡归燕。燕太子丹者，故尝质于赵，而秦王政生于赵，其少时与丹欢。及政立为秦王，而丹质于秦。秦王之遇燕太子丹不善，故丹怨而亡归。归而求为报秦王者，国小，力不能。其后秦日出兵山东以伐齐、楚、三晋，稍蚕食诸侯，且至于燕，燕君臣皆恐祸之至。太子丹患之，问其傅鞠武。武对曰："秦地遍天下，威胁韩、魏、赵氏，北有甘泉、谷口之固，南有泾、渭之沃，擅巴、汉之饶，右陇、蜀之山，左关、殽之险，民众而士厉，兵革有余。意有所出，则长城之南，易水以北，未有所定也。奈何以见陵之怨，欲批其逆鳞哉！”丹曰：“然则何由？”对曰：“请入图之。”

【译文】

荆轲是卫国人，祖先是齐国人，后来迁移到卫国，卫国人称呼他庆卿。到燕国后，燕国人称呼他荆卿。

荆卿喜好读书、击剑，凭借着剑术游说卫元君，卫元君没有任用他。此后秦国攻打魏国，设置了东郡，把卫元君的旁支亲属迁移到野王。

荆轲漫游曾路经榆次，与盖聂谈论剑术，盖聂对他怒目而视。荆轲出去后，有人劝盖聂再把荆轲叫回来。盖聂说：“刚才我与他谈论剑术，他谈的有不甚得当的地方，我就用眼瞪了他；去找找看吧，我用眼瞪他，他应该已经走了，不敢再留在这里了。”于是派人到荆轲住处询问房东，荆轲已乘车离开榆次了。派去的人回来报告，盖聂说：“本来就该走了，刚才我用眼睛瞪他，他害怕了。”

荆轲漫游邯郸，鲁句践跟荆轲士博戏，争执博局的路数，鲁句践发怒呵斥他，荆轲就默无声息地走了，于是不再见面。

荆轲到燕国后，喜欢上一个以宰狗为业的人和一个擅长击筑的高渐离。荆轲非常爱饮酒，天天与那个宰狗的屠夫以及高渐离在燕市上喝酒，喝到似醉非醉后，高渐离击筑，荆轲就和着拍节在街市上唱歌，相互娱乐，不一会儿又相互哭泣，好像身旁没有人的样子。荆轲虽说混在酒徒中，可他的为人却深沉稳重，喜欢读书；他游历过诸侯各国，都是与当地贤士豪杰德高望重的人相结交。到了燕国后，燕国隐士田光先生也对他非常友好，知道他不是平庸之人。

不久，正好赶上在秦国作人质的燕太子丹逃回燕国。燕太子丹，过去曾在赵国作人质，而秦王嬴政又出生在赵国，他少年时曾与太子丹要好。等嬴政被立为秦王，太子丹又到秦国作人质。秦王对燕太子丹不够友好，因此太子丹因怨恨而逃回。归来就寻求报复秦王的办法，但是燕国弱小，力不能及。此后秦国整日出兵山东，攻打齐、楚和三晋，像蚕吃桑叶一样，逐渐地侵吞各国。战火即将波及燕国，燕国君臣唯恐大祸临头。太子丹为此深感忧虑，请教他的老师鞠武。鞠武回答说："秦国土地遍天下，威胁到韩国、魏国、赵国。它北有甘泉、谷口坚固险要的地势，南有泾河、渭水流域肥沃的土地，据有富饶的巴郡、汉中地区，右有陇、蜀崇山峻岭为屏障，左有殽山、函谷关做要塞，人口众多同时士兵训练有素，且武器装备绰绰有余。一旦他们有意图向外扩张，则长城以南，易水以北就没有安稳的地方了。为何您还因为被欺侮的怨恨，而要去触动秦王的逆鳞呢！"太子丹说："既然这样，我们该怎么办才好呢？"鞠武回答说："让我进一步考虑考虑。"

【原文】

居有间，秦将樊於期得罪于秦王，亡之燕，太子受而舍之。鞠武谏曰："不可。夫以秦王之暴而积怒于燕，足为寒心，又况闻樊将军之所在乎？是谓'委肉当饿虎之蹊'也，祸必不振矣！虽有管、晏，不能为之谋也。愿太子疾遣樊将军入匈奴以灭口。请西约三晋，南连齐、楚，北购于单于，其后乃可图也。"太子曰："太傅之计，旷日弥久，心惛然，恐不能须臾。且非独于此也，夫樊将军穷困于天下，归身于丹，丹终不以迫于强秦而弃所哀怜之交，置之匈奴，是固丹命卒之时也。愿太傅更虑之。"鞠武曰："夫行危欲求安，造祸而求福，计浅而怨深，连结一人之后交，不顾国家之大害，此所谓'资怨而助祸'矣。夫以鸿毛燎于炉炭之上，必无事矣。且以雕鸷之秦，行怨暴之怒，岂足道哉！燕有田光先生，其为人智深而勇沉，可与谋。"太子曰："愿因太傅而得交于田先生，可乎？"鞠武曰："敬诺。"出见田先生，道"太子愿图国事于先生也"。田光曰："敬奉教。"乃造焉。

太子逢迎，却行为导，跪而蔽席。田光坐定，左右无人，太子避席而请曰："燕秦不两立，愿先生留意也。"田光曰："臣闻骐骥盛壮之时，一日而驰千里；至其衰老，驽马先之。今太子闻光盛壮之时，不知臣精已消亡矣。虽然，光不敢以图国事，所善荆卿可使也。"太子曰："愿因先生得结交于荆卿，可乎？"田光曰："敬诺。"即起，趋出。太子送至门，戒曰："丹所报，先生所言者，国之大事也，愿先生勿泄也！"田光俯而笑曰："诺。"

【译文】

过了一段时间，秦将樊於期因得罪了秦王而逃到燕国，太子接纳了他，并收留他住下来。鞠武规劝说："不行。秦王本来就很凶暴残忍，再积怒到燕国，这就足以让人担惊受怕了，又何况他听说樊将军住在这里呢？这就是'把肉放置在饿虎经过的小路上'啊，祸患一定难以挽救！就算有管仲、晏婴，也无法为您出谋划策了。希望您赶快把樊将军送到匈奴去，以消除秦国攻打我们的借口。请您向西与三晋结盟，向南联络齐、楚，向北与单于和好，然后就可以想对付秦国的办法了。"太子丹说："老师的计划需要的时间太长了，我心里忧闷烦乱，恐怕片刻都等待不及了。况且并非仅仅由于这个缘故，樊将军在天下已是穷途末路，他投奔于我，我总不能由于迫于强暴的秦国而抛弃我所同情的朋友，把他送到匈奴去这应当是我生命完结的时刻。希望老师再考虑其他的办法吧。"鞠武说："选择危险的行动又想求得安全，制造祸患而又祈请幸福，计谋浅薄而又怨恨深重，为了结交一个新朋友，却连国家的大祸患都不顾，这就是所说的'积蓄仇怨而助祸患'了。把大雁的羽毛放在炉炭上一下子就会给烧光了。何况是雕鸷一样凶猛的秦国，对燕国发泄仇恨残暴的怒气，难道用得着说吗！燕国有位田光先生，此人智谋深邃而勇敢沉着，可以与他商量。"太子说："希望通过老师来结交田先生，可以吗？"鞠武说："遵命。"鞠武便出去拜会田先生，说："太子想跟田先生一起谋划国事。"田光说："谨领教。"就前去拜访太子。

太子上前迎接，倒退着走为田光引路，然后跪下来拂拭座位给田光让坐。田光坐稳后，左右没有其他人，太子便离开自己的座位向田光请教说："燕国与秦国誓不两立，希望先生留意。"田光说："我听说骐骥盛壮的时候，一天可奔驰千里之远，等到它衰老了，即使是劣等马也能跑到它的前边。如今太子只听说我盛壮之年的情景，却不知道我的精力已经衰竭了。尽管如此，我虽无法冒昧地同您一起谋划国事，但是我的好朋友荆卿是可以承担这个使命的。"太子说："希望可以通过先生来同荆卿结交，可以吗？"田光说："遵命。"于是即刻起身，急忙出去了。太子送到门口，告诫道："我所讲的，先生所说的，都是国家的大事，希望先生不要泄露！"田光俯下身去笑着说："是。"

【原文】

偻行见荆卿，曰："光与子相善，燕国莫不知。今太子闻光壮盛之时，不知吾形已不逮也，幸而教之曰'燕秦不两立，愿先生留意也'。光窃不自外，言足下于太子也，愿足下过太子于宫。"荆轲曰："谨奉教。"田光曰："吾闻之，长者为行，不使人疑之。今太子告光曰'所言者，国之大事也，愿先生勿泄'，是太子疑光也。夫为行而使人疑之，非节侠也。"欲自杀以激荆卿，曰："愿足下急过太子，言光已死，明不言也。"因遂自刎而死。

荆轲遂见太子，言田光已死，致光之言。太子再拜而跪，膝行流涕，有顷而后言曰："丹所以诫田先生毋言者，欲以成大事之谋也。今田先生以死明不言，岂丹之心哉！"荆轲坐定，太子避席顿首曰："田先生不知丹之不肖，使得至前，敢有所道，此天之所以哀燕而不弃其孤也。今秦有贪利之心，而欲不可足也。非尽天下之地，臣海内之王者，其意不厌。今秦已虏韩王，尽纳其地。又举兵南伐楚，北临赵；王翦将数十万之众距漳、邺，而李信出太原、云中。赵不能支秦，必入臣，入臣则祸至燕。燕小弱，数困于兵，今计举国不足以当秦。诸侯服秦，莫敢合从。丹之私计愚，以为诚得天下之勇士使于秦，窥以重利；秦王贪，其势必得所愿矣。诚得劫秦王，使悉反诸侯侵地，若曹沫之与齐桓公，则大善矣；则不可，因而刺杀之。彼秦大将擅兵于外而内有乱，则君臣相疑，以其间诸侯得合从，其破秦必矣。此丹之上愿，而不知所委命，唯荆卿留意焉。"

【译文】

田光弯腰驼背地走着去见荆卿，说："我与您彼此要好，燕国人人知道，现在太子听说了我盛壮之年时的情景，却不知道我现在的身体已经是力不从心了，我荣幸地听他教诲说：'燕国和秦国誓不两立，希望先生留意。'我私下与您不见外，已经把您推荐给了太子，希望您去宫中拜访太子。"荆轲说："谨领教。"田光说："我听说年长老成的人行事，不应该让别人怀疑他。如今太子告诫我说：'所说的都是国家大事，希望先生不要泄露'，这说明太子在怀疑我。一个人行事却受到别人的怀疑，他就不算是有节操、讲义气的人。"他要用自杀来激励荆卿，说："希望您立即去见太子，就说我已经死了，以表明我不会把机密泄露出去。"因此就刎颈自杀了。

荆轲于是便去会见太子，告诉他田光已经自杀，并转达了田光的话。太子拜了两拜跪下去，跪着前进，痛哭流涕，过了一会说："我之所以告诫田先生不要讲，是为了想使大事的谋划得以成功。现在田先生却以死来表明他不会说出去，难道这是我的初衷吗！"荆轲坐稳，太子离开座位以头叩地说："田先生不知道我不上进，使我能够到您跟前，不揣冒昧地有所陈述，这是上天哀怜燕国，不抛弃我啊。现在秦王有贪利的野心，而且他的欲望是不会满足的。不将天下的土地占尽，使各国的君王臣服于他，他的野心就永远不会满足的。如今秦国已俘虏了韩王，并占领了他的全部领土。他又出兵向南攻打楚国，向北逼近赵国；王翦率领几十万大军抵达漳水、邺县一带，而李信出兵太原、云中。赵国实在抵挡不住秦军，必定会向秦国臣服；一旦赵国臣服，那么灾祸就会降临到燕国。燕国弱小，多次被战争所困扰，现在估计，调动全国的力量也抵挡不住秦军。诸侯畏服秦国，无人敢提倡合纵策政，我私下有个不成熟的计策，认为如果真可以得到天下的勇士，把他们派往秦国，用重利诱惑秦王，秦王贪婪，其情势一定可以达到我们的愿望。果真能够将秦王劫持，让他把侵占各国的土地全部归还，就像曹沫劫持齐桓公，实在是太好了；倘若不行，就趁势杀死他。他们秦国的大将在国外独揽兵权，一旦国内出了乱子，则君臣定会彼此猜疑，趁此机会，东方各国得以联合起来，就一定能够把秦国打败。这是我最大的愿望，却不知道把这个使命委托给谁，希望荆卿仔细地考虑这件事。"

【原文】

久之，荆轲曰："此国之大事也，臣驽下，恐不足任使。"太子前顿首，固请毋让，然后许诺。于是尊荆卿为上卿，舍上舍。太子日造门下，供太牢具，异物间进，车骑美女恣荆轲所欲，以顺适其意。

久之，荆轲未有行意。秦将王翦破赵，虏赵王，尽收入其地，进兵北略地至燕南界。太子丹恐惧，乃请荆轲曰："秦兵旦暮渡易水，则虽欲长侍足下，岂可得哉！"荆轲曰："微太子言，臣愿谒之。今行而毋信，则秦未可亲也。夫樊将军，秦王购之金千斤，邑万家。诚得樊将军首与燕督亢之地图，奉献秦王，秦王必说见臣，臣乃得有以报。"太子曰："樊将军穷困来归丹，丹不忍以己之私而伤长者之意，愿足下更虑之！”

荆轲知太子不忍，乃遂私见樊於期曰：“秦之遇将军可谓深矣，父母宗族皆为戮没。今闻购将军首金千斤，邑万家，将奈何？”於期仰天太息流涕曰：“於期每念之，常痛于骨髓，顾计不知所出耳！”荆轲曰：“今有一言可以解燕国之患，报将军之仇者，何如？”於期乃前曰：“为之奈何？”荆轲曰：“愿得将军之首以献秦王，秦王必喜而见臣，臣左手把其袖，右手揕其胸，然则将军之仇报而燕见陵之愧除矣。将军岂有意乎？”樊於期偏袒搤腕而进曰：“此臣之日夜切齿腐心也，乃今得闻教！”遂自刭。太子闻之，驰往，伏尸而哭，极哀。既已不可奈何，乃遂盛樊於期首函封之。

【译文】

过了好一会儿，荆轲说：“这是国家的大事，我的才能低劣，恐怕无法胜任。”太子上前以头叩地，坚决请求不要推托，然后荆轲就答应了。当时太子就尊奉荆卿为上卿，住进上等的宾馆。太子每天到荆轲的住所拜望。供给贵重的饮食，还时常献上奇珍异物，车马美女任荆轲随心所欲，以便满足他的心意。

过了很久，荆轲还是没有行动的意思。这时，秦将王翦已经攻破赵国的都城，俘虏了赵王，赵国的领土也全部纳入了秦国的版图。大军挺进，向北夺取土地，一直到燕国的南部边界。太子丹害怕了，于是请求荆轲说：“秦国军队早晚之间就要横渡易水了，那时就算我想要长久地侍奉您，怎么能办得到呢！”荆轲说：“就算太子不说，我也要请求行动了。现在到秦国去，没有让秦王相信我的东西，则秦王就不会接近我。那樊将军，秦王悬赏黄金千斤、封邑万户来购买他的脑袋。如果真能得到樊将军的脑袋和燕国督亢的地图，把这些献给秦王，秦王一定会很高兴接见我，这样我才可以寻找机会报效您。”太子说：“樊将军到了穷途末路才来投奔我，我不忍心为自己私利而伤害这位长者的心，希望您再另外考虑别的办法吧！”

荆轲明白太子不忍心，于是就私下会见樊於期说：“秦国对待将军可以说是残酷至极，您的父母、家族都被杀尽。如今听说他们用黄金千斤、封邑万户，购买将军的首级，您打算怎么办呢？”於期仰望苍天，叹息流泪说："每当我想到这些，就痛入骨髓，却又总想不出办法来！"荆轲说："现在有一计策可以解除燕国的祸患，也能洗雪将军的仇恨，如何？"於期凑向前说："怎么办？"荆轲说："希望得到将军的首级献给秦王，秦王一定会非常高兴地召见我，我左手抓住他的衣袖，右手用匕首直刺他的胸膛，则将军的仇恨可以洗雪，同时燕国被欺凌的耻辱也可以涤除了，将军是否有这个心意呢？"樊於期脱掉一边衣袖，露出臂膀，一只手紧紧握住另一只手腕，走近荆轲说："这是我日夜切齿碎心的仇恨，今天才听到您的教诲！"于是就自刎了。太子听说后亲自驾车奔驰前往，趴在尸体上痛哭，极其悲哀。已经没法挽回，于是就把樊於期的首级装到匣子里密封起来。

【原文】

于是太子豫求天下之利匕首，得赵人徐夫人匕首，取之百金，使工以药焠之，以试人，血濡缕，人无不立死者。乃装为遣荆卿。燕国有勇士秦舞阳，年十三，杀人，人不敢忤视。乃令秦舞阳为副。荆轲有所待，欲与俱；其人居远未来，而为治行。顷之，未发，太子迟之，疑其改悔，乃复请曰："日已尽矣，荆卿岂有意哉？丹请得先遣秦舞阳。"荆轲怒，叱太子曰："何太子之遣？往而不返者，竖子也！且提一匕首入不测之强秦，仆所以留者，待吾客与俱。今太子迟之，请辞决矣！"遂发。

太子及宾客知其事者，皆白衣冠以送之。至易水之上，既祖，取道，高渐离击筑，荆轲和而歌，为变徵之声，士皆垂泪涕泣。又前而为歌曰："风萧萧兮易水寒，壮士一去兮不复还！"复为羽声慷慨，士皆瞋目，发尽上指冠。于是荆轲就车而去，终已不顾。

遂至秦，持千金之资币物，厚遗秦王宠臣中庶子蒙嘉。嘉为先言于秦王曰："燕王诚振怖大王之威，不敢举兵以逆军吏，愿举国为内臣，比诸侯之列，给贡职如郡县，而得奉守先王之宗庙。恐惧不敢自陈，谨斩樊於期之头，及献燕督亢之地图，函封，燕王拜送于庭，使使以闻大王，唯大王命之。"秦王闻之，大喜，乃朝服，设九宾，见燕使者咸阳宫。荆轲奉樊於期头函，而秦舞阳奉地图柙，以次进。至陛，秦舞阳色变振恐，群臣怪之。

【译文】

当时太子已提前寻找天下最锋利的匕首，找到赵国人徐夫人的匕首，用百金将其买下，让工匠用毒水淬它，用人试验，只要见一丝儿血，就立刻死去。于是就准备行装，送荆轲出发。燕国有位勇士叫秦舞阳，十三岁就杀了人，没有人敢正面对着看他。于是就派秦舞阳做助手。荆轲等待一个人，打算一起出发；那个人住得很远，还没赶到，而荆轲已替那个人准备好了行装。又过了些日子，荆轲还没有出发，太子以为他在拖延时间，怀疑他反悔，就再次催请他说："日子不多了，荆卿打算动身了吗？请允许我派遣秦舞阳先行。"荆轲发怒，斥责太子说："太子这样派遣是什么意思呢？只顾去而不顾完成使命回来，那就是没有出息的小子！况且是拿一把匕首进入难以测度的强暴的秦国。我之所以暂留，就是为了等待另一位朋友同去。眼下太子认为我拖延了时间，那我就告辞诀别吧！"于是就出发了。

太子及宾客中知道这件事的，都穿着白衣戴着白帽为荆轲送行。到易水岸边，饯行后上路，高渐离击筑，荆轲和着拍节唱歌，发出的声调极其苍凉凄婉，送行的人无不流泪哭泣，边向前走边唱道："风萧萧兮易水寒，壮士一去兮不复还！"然后又发出慷慨激昂的声调，送行的人们怒目圆睁，头发直竖，把帽子都顶了起来。于是荆轲就上车走了，始终连头都没有回。

一到秦国，荆轲便带着价值千金的礼物，厚赠秦王宠幸的臣子中庶子蒙嘉。蒙嘉替荆轲先在秦王面前说："燕王确实因大王的威严震慑得心惊胆战，也不敢出动军队抗拒大王的将士，情愿全国上下都做秦国的臣子，比照其他诸侯国排列其中，纳税尽如同直属郡县职分，使得以奉守先王的宗庙。但是由于慌恐畏惧不敢亲自前来陈述。谨此砍下樊於期的首级并献上燕国督亢地区的地图，装匣密封。燕王还在朝廷上举行了拜送仪式，并派出使臣把这种情况禀明大王，敬请大王指示。"秦王听说后非常高兴，就穿上了礼服，并安排了外交上极为隆重的九宾仪式，在咸阳宫召见燕国的使者。荆轲捧着樊於期的首级，秦舞阳捧着地图匣子，按照正、副使的次序前进，走到殿前台阶下秦舞阳脸色突变，害怕得浑身发抖，大臣们都感到奇怪。

【原文】

荆轲顾笑舞阳，前谢曰：“北蕃蛮夷之鄙人，未尝见天子，故振慑。愿大王少假借之，使得毕使于前。”秦王谓轲曰：“取舞阳所持地图。”轲既取图奏之，秦王发图，图穷而匕首见。因左手把秦王之袖，而右手持匕首揕之。未至身，秦王惊，自引而起，袖绝。拔剑，剑长，操其室。时惶急，剑坚，故不可立拔。荆轲逐秦王，秦王环柱而走。群臣皆愕，卒起不意，尽失其度。而秦法，群臣侍殿上者不得持尺寸之兵；诸郎中执兵皆陈殿下，非有诏召不得上。方急时，不及召下兵，以故荆轲乃逐秦王。而卒惶急，无以击轲，而以手共搏之。是时侍医夏无且以其所奉药囊提荆轲也。秦王方环柱走，卒惶急，不知所为，左右乃曰：“王负剑！”负剑，遂拔以击荆轲，断其左股。荆轲废，乃引其匕首以擿秦王，不中，中桐柱。秦王复击轲，轲被八创。轲自知事不就，倚柱而笑，箕踞以骂曰：“事所以不成者，以欲生劫之，必得约契以报太子也。”于是左右既前杀轲，秦王不怡者良久。已而论功，赏群臣及当坐者各有差，而赐夏无且黄金二百溢，曰：“无且爱我，乃以药囊提荆轲也。”

于是秦王大怒，益发兵诣赵，诏王翦军以伐燕。十月而拔蓟城。燕王喜、太子丹等尽率其精兵东保于辽东。秦将李信追击燕王急，代王嘉乃遗燕王喜书曰：“秦所以尤追燕急者，以太子丹故也。今王诚杀丹献之秦王，秦王必解，而社稷幸得血食。”其后李信追丹，丹匿衍水中，燕王乃使使斩太子丹，欲献之秦。秦复进兵攻之。后五年，秦卒灭燕，虏燕王喜。

【译文】

荆轲回头朝秦舞阳笑笑，上前谢罪说：“北方藩属蛮夷之地的粗野人，没见过天子，因此胆战心惊。请大王稍微宽容他，让他能够在大王面前完成使命。”秦王对荆轲说：“把舞阳拿的地图递上来。”荆轲取过地图献上，秦王展开地图，图卷展到尽头，就露出来了匕首。荆轲趁机左手抓住秦王的衣袖，右手拿匕首直刺。未近身，秦王大吃一惊，自己抽身跳起，衣袖挣断。慌忙抽剑，但是由于剑长，只是抓住了剑鞘。一时惊慌急迫，剑又套得很紧，所以无法立刻拔出。荆轲追赶秦王，秦王绕着柱子奔跑躲避。大臣们都吓得目瞪口呆，突然发生意外事变，众人都失去常态。

而秦国的法律规定，殿上侍从大臣不许携带任何兵器；各位侍卫武官也只能拿着武器依序守卫在殿外，没有诏令，任何人不准进殿。就在这危急时刻，来不及传唤下边的侍卫官兵，所以荆轲能够追赶秦王。仓促之间，惊慌急迫，没有用来攻击荆轲的武器，只有赤手空拳同荆轲搏击。这时，侍从医官夏无且用他所捧的药袋投击荆轲。正当秦王围着柱子奔跑闪躲，仓促慌急，不知所措的时候，侍从们喊道："大王，把剑推到背后！"于是秦王把剑推到背后，才拔出宝剑攻击荆轲，将其左腿砍断。荆轲残废，就举起他的匕首直接投刺秦王，没有击中，却击中了铜柱。秦王接连攻击荆轲，荆轲八处被刺伤。荆轲自知大事无法办成功了，就倚在柱子上大笑，张开两腿像簸箕一样坐在地上骂道："大事之所以没能办成，就是因为我想活捉你，迫使你订立归还诸侯们土地的契约来回报太子。"这时侍卫们冲上前来把荆轲杀死，而秦王也不高兴了好长一段时间。过后评论功过，赏赐群臣及处置当办罪的官员都各有差别。赐给夏无且二百镒黄金，说："无且爱我，才用药袋投击荆轲啊。"

于是秦王大发雷霆，增派军队前往赵国，命王翦的军队去进攻燕国，十月就攻克了蓟城。燕王喜和太子丹等率全部精锐部队向东退守辽东。秦将李信紧追燕王不舍，代王嘉就写信给燕王喜说："秦军之所以这么急迫地追击燕军，是由于太子丹的缘故。现在您若把太子丹杀掉，把他的人头献给秦王，就必然会得到秦王的宽恕，而社稷或许侥幸可以得到祭祀。"此后李信率军追赶太子丹，太子丹隐藏在衍水中，燕王就派使者把太子丹杀了，准备把他的人头献给秦王。秦王又进军攻打燕国。此后五年，秦国终于将燕国灭掉了，燕王喜被俘虏。

【原文】

其明年，秦并天下，立号为皇帝。于是秦逐太子丹、荆轲之客，皆亡。高渐离变名姓为人庸保，匿作于宋子。久之，作苦，闻其家堂上客击筑，傍徨不能去。每出言曰："彼有善有不善。"从者以告其主，曰："彼庸乃知音，窃言是非。"家丈人召使前击筑，一坐称善，赐酒。而高渐离念久隐畏约无穷时，乃退，出其装匣中筑与其善衣，更容貌而前。举坐客皆惊，下与抗礼，以为上客。使击筑而歌，客无不流涕而去者。宋子传客之，闻于秦始皇。秦始皇召见，人有识者，乃曰："高渐离也。"秦皇帝惜其善击筑，重赦之，乃矐其目。使击筑，未尝不称善。稍益近之，高渐离乃以铅置筑中，复进得近，举筑朴秦皇帝，不中。于是遂诛高渐离，终身不复近诸侯之人。

鲁句践已闻荆轲之刺秦王，私曰："嗟乎，惜哉，其不讲于刺剑之术也！甚矣，吾不知人也！曩者吾叱之，彼乃以我为非人也！"

太史公曰：世言荆轲，其称太子丹之命，"天雨粟，马生角"也，太过。又言荆轲伤秦王，皆非也。始公孙季功、董生与夏无且游，具知其事，为余道之如是。自曹沫至荆轲五人，此其义或成或不成，然其立意较然，不欺其志，名垂后世，岂妄也哉！

【译文】

第二年，秦王吞并了天下，立号为皇帝。于是就通缉太子丹和荆轲的门客，门客们都潜逃了。高渐离也隐名埋姓给人家做酒保，隐藏在宋子这个地方做工。时间一长，就觉得很劳累，听说主人家堂上有客人击筑，便走来走去怎么都舍不得离开。他常常张口就说："那筑的声调有好的地方，也有不好的地方。"侍候的人把高渐离的话告诉主人，说："那个庸工懂得音乐，私下说是道非的。"家主人便叫高渐离到堂前击筑，满座宾客都称赞他击得好，于是就赏给他酒喝。高渐离考虑到长久地隐姓埋名，担惊受怕地躲藏下去没有尽头，便退下堂来，从行装匣子里拿出来自己的筑和衣裳，改装整容来到堂前，满座宾客无不大吃一惊，离开座位用平等的礼节接待他，尊为上宾。请他击筑唱歌，宾客们听了，没有不被感动得流着泪而离去的。宋子城里的人轮流请他去做客，这消息传到秦始皇耳朵里。秦始皇召令进见，有认识他的人说："这是高渐离。"秦始皇怜惜他擅长击筑，特将其死罪赦免。于是薰瞎了他的眼睛，让他击筑，没有一次不说好。渐渐地更加接近秦始皇。高渐离便把铅放进筑中，再进宫击筑靠近时，就举筑撞击秦始皇，但是没有击中。于是秦始皇就把高渐离杀了。终身不敢再接近从前东方六国的人了。

鲁句践听到荆轲行刺秦王的事，私下说："唉！真是太可惜啦，他不讲究刺剑的技术啊，我太不了解这个人了！过去我呵斥他，他就认为我不是同路人了。”

太史公说：社会上谈论荆轲，每说到太子丹的命运时，就说什么“天上像下雨一样落下粮食来，马头长出角来！”这实在是太过分了。又说荆轲把秦王刺伤了，这都不是事实。当初公孙季功、董生和夏无且交游，都知道此事，他们告诉我的就像我记载的。从曹沫到荆轲这五个人，他们的侠义之举有的成功，有的失败，但他们的志向意图都很清楚明朗，谁都未违背自己的良心，名声流传到后代，这难道是虚妄的吗？

【评析】

“风萧萧兮易水寒，壮士一去兮不复返。”易水畔的这首悲壮的歌至今传唱不衰，荆轲也作为一个勇士而被世人颂扬。荆轲是一个刺客，而且是最名重于后世的刺客。但随着秦的统一，荆轲的事迹成了仗剑而行者最后的挽歌，弥漫着浓厚的悲伤情调。尽管如此，我们说他的活动还是有重大意义的，他远远超出了专诸、豫让、聂政等人的那种完全出于个人恩怨的“借友报仇”，而是具有一种见义勇为、急人之难之意。在一个国家面临灭亡之时，一群勇士不甘为奴，他们起来进行最后的抗争，尽管他们挽救不了危局，但是他们那种“明知山有虎，偏向虎山行”的侠肝义胆还是可歌可泣的，荆轲在易水畔慷慨悲歌之时也早就知道了自己的归宿，即“一去不复返”，可是他还是义无反顾。古人也好，今人也罢，能够勇于铁肩担道义，就总是会被世人敬仰。

第十九章 淮阴侯列传

【原文】

淮阴侯韩信者，淮阴人也。始为布衣时，贫无行，不得推择为吏，又不能治生商贾，常从人寄食饮，人多厌之者，常数从其下乡南昌亭长寄食，数月，亭长妻患之，乃晨炊蓐食。食时信往，不为具食。信亦知其意，怒，竟绝去。

信钓于城下，诸母漂，有一母见信饥，饭信，竟漂数十日。信喜，谓漂母曰："吾必有以重报母。"母怒曰："大丈夫不能自食，吾哀王孙而进食，岂望报乎！"

淮阴屠中少年有侮信者，曰："若虽长大，好带刀剑，中情怯耳。"众辱之曰："信能死，刺我；不能死，出我袴下。"于是信孰视之，俯出袴下，蒲伏。一市人皆笑信，以为怯。

及项梁渡淮，信杖剑从之，居麾下，无所知名。项梁败，又属项羽，羽以为郎中。数以策干项羽，羽不用。汉王之入蜀，信亡楚归汉，未得知名，为连敖。坐法当斩，其辈十三人皆已斩，次至信，信乃仰视，适见滕公，曰："上不欲就天下乎？何为斩壮士！"滕公奇其言，壮其貌，释而不斩。与语，大说之。言于上，上拜以为治粟都尉，上未之奇也。

【译文】

淮阴侯韩信是淮阴人。当初做平民百姓时，非常贫穷，且品行不好，不能够被推选去做官，又无法做买卖维持生活，经常寄居在别人家吃闲饭，人们大多不喜欢他。他曾多次去下乡南昌亭亭长处吃闲饭，连续数月，亭长的妻子厌恶他，于是就先做好早饭，端到内室床上去吃。开饭的时候，韩信去了，却不给他准备饭食。韩信也知道人家的意思。一怒之下，居然离去不再回来。

韩信在城下钓鱼，有几位老大娘在漂洗涤丝棉，其中一位大娘看见韩信饿了，就把饭送给他吃。几十天都这样，直到漂洗完毕。韩信非常高兴，就对那位大娘说："我一定会重重地报答您老人家。"大娘生气地说："大丈夫却无法养活自己，我是可怜你这位公子才给你饭吃的，难道是想得到你的报答吗？"

淮阴屠户中有个年轻人侮辱韩信说："你虽然长得高大，也喜欢带刀佩剑，可事实上只不过是个胆小鬼罢了。"又当众侮辱他说："你若不怕死，就用剑刺我；若怕死，就从我胯下爬过去。"韩信仔细打量了他一番，就低下身去，趴在地上，然后从他的胯下爬了过去。满街的人都笑话韩信，认为他实在胆小。

等项梁率军渡过了淮河，韩信持剑追随他，在项梁部下，却没有名声。项梁战败，又隶属项羽，项羽就让他做了郎中。他屡次向项羽献计，以求重用，但是却没有被项羽采纳。汉王刘邦入蜀，韩信脱离楚军归顺了汉王。由于没有什么名声，就只做了接待宾客的小官。后来因犯法而被判处了斩刑，同伙十三人都被杀了，轮到韩信时，他抬头仰视，正好看见滕公，就说："难道汉王不想成就统一天下的功业吗？为什么还要斩壮士啊！"滕公觉得他的话不同凡响，见他相貌堂堂，就放了他，与韩信交谈，非常欣赏，然后将此事报告给汉王，汉王任命韩信为治粟都尉。汉王并未察觉他有什么出奇超众的才能。

【原文】

信数与萧何语，何奇之。至南郑，诸将行道亡者数十人，信度何等已数言上，上不我用，即亡。何闻信亡，不及以闻，自追之。人有言上曰："丞相何亡。"上大怒，如失左右手。居一二日，何来谒上，上且怒且喜，骂何曰："若亡，何也？"何曰："臣不敢亡也，臣追亡者。"上曰："若所追者谁何？"曰："韩信也。"上复骂曰："诸将亡者以十数，公无所追；追信，诈也。”何曰：“诸将易得耳。至如信者，国士无双。王必欲长王汉中，无所事信；必欲争天下，非信无所与计事者。顾王策安所决耳。”王曰：“吾亦欲东耳，安能郁郁久居此乎？”何曰：“王计必欲东，能用信，信即留；不能用，信终亡耳。”王曰：“吾为公以为将。”何曰：“虽为将，信必不留。”王曰：“以为大将。”何曰：“幸甚。”于是王欲召信拜之。何曰：“王素慢无礼，今拜大将如呼小儿耳，此乃信所以去也。王必欲拜之，择良日，斋戒，设坛场，具礼，乃可耳。”王许之。诸将皆喜，人人各自以为得大将。至拜大将，乃韩信也，一军皆惊。

【译文】

韩信多次跟萧何谈话，萧何认为他是位奇才。到达南郑，各路将领在半路上逃跑的就有几十人。韩信揣测萧何等人已多次向汉王推荐自己，但并未被汉王任用，也就逃走了。萧何听说韩信逃了，顾不上报告汉王，就亲自去追赶。有人报告汉王说：“丞相萧何逃跑了。”汉王大怒，好像失去了左右手。过了一两天，萧何来拜见汉王，汉王又是恼怒又是高兴。骂萧何道：“你为什么要逃跑啊？”萧何说：“我是不敢逃跑的，我是去追赶逃跑的人。”汉王说：“你追赶的人是谁啊？”回答说：“是韩信。”汉王又骂道：“各路将领逃跑了有几十人，您没去追一个；却去追韩信，是骗人。”萧何说：“那些将领都很容易得到。可是像韩信这样的杰出人物，普天之下再找不出第二个了。大王若只想长期在汉中称王，自然用不着韩信，但是如果一定要争夺天下，除了韩信可就再也没有同您计议大事的人了。但看大王怎么决策了。”汉王说：“我是要向东发展啊，怎可以内心苦闷地长期待在这里呢？”萧何说：“大王决意向东发展，若能够重用韩信，则他就会留下来，否则，他终究还是要逃跑的。”汉王说：“我看在您的面子上，就让他做个将军。”萧何说：“就算是做将军，也一定留不下他。”汉王说：“那就任命他为大将军。”萧何说：“太好了。”于是汉王就要把韩信召来任命他。萧何说：“大王一向对人轻慢，不讲礼节，现在任命大将军就跟呼喊小孩儿似的。这就是韩信之所以要离去的原因啊。大王决心要任命他，就要选择良辰吉日，亲自斋戒，设置高坛和广场，礼仪一定要完备才可以呀。”汉王答应了萧何的要求。众将听到要拜大将都非常高兴，都以为自己要做大将军了。等到任命时，被任命的竟然是韩信，全军都感到非常惊讶。

【原文】

信拜礼毕，上坐。王曰："丞相数言将军，将军何以教寡人计策？"信谢，因问王曰："今东向争权天下，岂非项王邪？"汉王曰："然。"曰："大王自料勇悍仁强孰与项王？"汉王默然良久，曰："不如也。"信再拜贺曰："惟信亦为大王不如也。然臣尝事之，请言项王之为人也。项王喑恶叱咤，千人皆废，然不能任属贤将，此特匹夫之勇耳。项王见人恭敬慈爱，言语呕呕，人有疾病，涕泣分食饮，至使人有功当封爵者，印刓敝，忍不能予，此所谓妇人之仁也。项王虽霸天下而臣诸侯，不居关中而都彭城。有背义帝之约，而以亲爱王，诸侯不平。诸侯之见项王迁逐义帝置江南，亦皆归逐其主而自王善地。项王所过无不残灭者，天下多怨，百姓不亲附，特劫于威强耳。名虽为霸，实失天下心。故曰其强易弱。今大王诚能反其道，任天下武勇，何所不诛！以天下城邑封功臣，何所不服！以义兵从思东归之士，何所不散！且三秦王为秦将，将秦子弟数岁矣，所杀亡不可胜计，又欺其众降诸侯，至新安，项王诈坑秦降卒二十余万，唯独邯、欣、翳得脱，秦父兄怨此三人，痛入骨髓。今楚强以威王此三人，秦民莫爱也。大王之入武关，秋毫无所害，除秦苛法，与秦民约，法三章耳，秦民无不欲得大王王秦者。于诸侯之约，大王当王关中，关中民咸知之。大王失职入汉中，秦民无不恨者。今大王举而东，三秦可传檄而定也。"于是汉王大喜，自以为得信晚。遂听信计，部署诸将所击。

【译文】

任命韩信的仪式结束后，汉王就座。汉王说："丞相多次称道将军，将军用什么计策来指教我呢？"韩信谦让了一番，便趁势问汉王说："现在向东争夺天下，难道敌人不是项王吗？"汉王说："是。"韩信说："大王自己估计在勇敢、强悍、仁厚、兵力方面同项王相比，谁强？"汉王沉默了很久，说："我不如项王。"韩信拜了两拜，赞成地说："我也认为大王比不上他呀。不过，我曾侍奉过他，请让我把项王的为人说给大王听吧。项王震怒咆哮时，吓得千百人不敢稍动，但却不能放手任用有才能的将领，这只不过是匹夫之勇罢了。项王待人恭敬慈爱，言语温和，有生病的人都会心疼的流泪，把自己的饮食分给他，等有人立下战功，该加封爵位时，就把刻好的大印放在手里玩磨失去了棱角，还舍不得给人，这就是所说的妇人之仁啊。项王即使是称霸天下，使诸侯臣服，但是他放弃了关中的有利地形，而建都彭城。且还违背了义帝的约定，分封自己的亲信为王，诸侯们愤愤不平。诸侯们看到项王把义帝迁移到江南僻远的地方，也纷纷回去驱逐自己的国君，占据好的地方自立为王。凡是项王军队所经过的地方，无不横遭摧残毁灭，天下之人大都怨恨，百姓不愿归附，但却迫于威势，勉强服从了。虽然名义上是霸主，可实际上却已经失去了天下的民心。因此说他的优势很容易转化为劣势。现在大王若真能同他反其道而行：任用天下英勇善战的人才，有什么不能被诛灭的呢？把天下的城邑分封给有功之臣，谁会不心服口服呢？以正义之师，顺从将士东归的心愿，什么样的敌人不会被击溃呢？况且项羽分封的三个王，原本都是秦朝的将领，率秦地子弟打了好几年仗，被杀死和逃跑的不计其数，又欺骗他们的部下向诸侯投降。到达新安，项王狡诈将已投降的二十多万秦军兵士活埋，唯独章邯、司马欣和董翳得以留存，秦地父老兄弟对这三人恨之入骨。如今项羽凭恃着威势，强行将此三人封立为王，秦地百姓没有谁爱戴他们。而大王进入武关，秋毫无犯，将秦朝的苛酷法令废除了，还与秦地百姓约法三章，秦地百姓人人唯恐大王不在秦地做王。根据诸侯的成约，大王理应做关中王，关中百姓也都知道这件事，可是大王却失掉了应得的爵位进入汉中，秦地百姓没有不怨恨的。现在大王发动军队向东挺进，只要一道文书就可将三秦封地平定了。”于是汉王非常高兴，自认为得到韩信太晚了。于是就听从韩信的谋划，部署各路将领攻击的目标。

【原文】

八月，汉王举兵东出陈仓，定三秦。汉二年，出关，收魏、河南，韩、殷王皆降。合齐、赵共击楚。四月，至彭城，汉兵败散而还。信复收兵与汉王会荥阳，复击破楚京、索之间，以故楚兵卒不能西。

汉之败却彭城，塞王欣、翟王翳亡汉降楚，齐、赵亦反汉与楚和。六月，魏王豹谒归视亲疾，至国，即绝河关反汉，与楚约和。汉王使郦生说豹，不下。其八月，以信为左丞相，击魏。魏王盛兵蒲坂，塞临晋，信乃益为疑兵，陈船欲度临晋，而伏兵从夏阳以木罂缶渡军，袭安邑。魏王豹惊，引兵迎信，信遂虏豹，定魏为河东郡。汉王遣张耳与信俱，引兵东，北击赵、代。后九月，破代兵，禽夏说阏舆。信之下魏破代，汉辄使人收其精兵，诣荥阳以距楚。

【译文】

八月，汉王出兵路经陈仓向东挺进，平定了三秦。汉二年，出兵函谷关，收服了魏王、河南王，韩王、殷王也相继投降。汉王又联合齐王和赵王共同进攻楚军。四月，到达彭城，汉军兵败，溃散而回。韩信又将溃散的人马收集起来与汉王在荥阳会合，在京县、索亭之间又把楚军摧垮。于是楚军始终无法西进。

汉军在彭城败退后，塞王司马欣和翟王董翳叛汉降楚，齐国和赵国也背叛汉王同楚国和解。六月，魏王豹以探望老母疾病为由请假回乡，一到封国，便立即将黄河渡口临晋关的交通要道切断，反叛汉王，并与楚军订约讲和。汉王派郦生游说魏豹，但未能成功。这年八月，汉王任命韩信为左丞相，攻打魏王豹。魏王将主力部队驻扎在蒲坂，黄河渡口临晋关被堵塞。韩信就增设疑兵，故意排列开战船，装作要在临晋渡河，而隐蔽的部队却从夏阳用木制的盆瓮浮水渡河，对安邑进行偷袭。魏王豹惊慌失措，率兵迎击韩信，韩信就将魏豹俘虏，魏地被平定后，改制为河东郡。汉王派张耳和韩信一起率兵东进，然后又向北攻击赵国和代国。这年闰九月打垮了代国军队。在阏舆生擒了夏说。韩信攻克魏国，摧毁代国后，汉王就立刻派人将韩信的精锐部队调走，开往荥阳去抵御楚军。

【原文】

信与张耳以兵数万，欲东下井陉击赵。赵王、成安君陈余闻汉且袭之也，聚兵井陉口，号称二十万。广武君李左车说成安君曰："闻汉将韩信涉西河，虏魏王，禽夏说，新喋血阏舆，今乃辅以张耳，议欲下赵，此乘胜而去国远斗，其锋不可当。臣闻千里馈粮，士有饥色，樵苏后爨，师不宿饱。今井陉之道，车不得方轨，骑不得成列，行数百里，其势粮食必在其后。愿足下假臣奇兵三万人，从间道绝其辎重；足下深沟高垒，坚营勿与战。彼前不得斗，退不得还，吾奇兵绝其后，使野无所掠，不至十日，而两将之头可致于麾下。愿君留意臣之计。否，必为二子所禽矣。”成安君，儒者也，常称义兵不用诈谋奇计，曰：“吾闻兵法十则围之，倍则战。今韩信兵号数万，其实不过数千。能千里而袭我，亦已罢极。今如此避而不击，后有大者，何以加之！则诸侯谓吾怯，而轻来伐我。”不听广武君策，广武君策不用。

【译文】

韩信和张耳率领几十万人马，想突破井陉口，进攻赵国。赵王、成安君陈余听说汉军即将袭击赵国，就在井陉口聚集兵力，号称二十万大军。广武君李左车向成安君献计道：“听说汉将韩信渡过西河，魏豹被俘虏，夏说被生擒，新近血洗阏与，如今又以张耳辅助，计议夺取赵国。这是乘胜利的锐气离开本国远征，其锋芒是不可阻挡的。可是，我听说千里运送粮饷，士兵就会面带饥色，临时砍柴割草烧火做饭，兵士就无法经常吃饱。眼下井陉这条道路，两辆战车无法并行，骑兵无法排成行列，行进的军队迤逦数百里，运粮食的队伍必定会远远地落到后边，希望您临时拨给我三万奇兵，从隐蔽小路拦截他们的粮草，您就深挖战壕，高筑营垒，坚守军营，不同他们交战。他们向前不能战斗，向后也无法退，我出奇兵把他们的后路截断，使他们在荒野抢掠不到任何东西，不十天，两将的人头就可送到将军帐下。希望您认真考虑我的计策。否则，定会被他二人俘虏。”成安君是信奉儒家学说的刻板书生，常宣称正义的军队不用欺骗诡计，说：“我听兵书上讲，兵力十倍于敌人，就可以将其包围，超过敌人一倍就可与之交战。如今韩信的军队号称数万，实际上却不过数千。竟然跋涉千里来袭击我们，已经非常疲惫了。如今像这样回避不出击，等强大的后续部队到来后，又怎对付得了呢？诸侯们会认为我胆小，就会轻易地来攻打我们。”因此不采纳广武君的计谋。

【原文】

韩信使人间视，知其不用，还报，则大喜，乃敢引兵遂下。未至井陉口三十里，止舍。夜半传发，选轻骑二千人，人持一赤帜，从间道萆山而望赵军，诫曰："赵见我走，必空壁逐我，若疾入赵壁，拔赵帜，立汉赤帜。"令其裨将传飧，曰："今日破赵会食！"诸将皆莫信，详应曰："诺。"谓军吏曰："赵已先据便地为壁，且彼未见吾大将旗鼓，未肯击前行，恐吾至阻险而还。"信乃使万人先行，出，背水阵。赵军望见而大笑。平旦，信建大将之旗鼓，鼓行出井陉口，赵开壁击之，大战良久。于是信、张耳详弃鼓旗，走水上军。水上军开入之，复疾战。赵果空壁争汉鼓旗，逐韩信、张耳。韩信、张耳已入水上军，军皆殊死战，不可败。信所出奇兵二千骑，共候赵空壁逐利，则驰入赵壁，皆拔赵旗，立汉赤帜二千。赵军已不胜，不能得信等，欲还归壁，壁皆汉赤帜，而大惊，以为汉皆已得赵王将矣，兵遂乱，遁走，赵将虽斩之，不能禁也。于是汉兵夹击，大破虏赵军，斩成安君泜水上，禽赵王歇。

【译文】

韩信派人暗中打探，得知没有采纳广武君的计谋，回来报告，韩信大喜，才敢率兵进入井陉狭道。在离井陉口还有三十里的地方停下来宿营。半夜传令出发，精选了两千名轻装骑兵，每人各拿一面红旗，由隐蔽小道上山，在山上隐蔽着观察赵国的军队。韩信告诫说："交战时，赵军看到我军败逃，必定会倾巢出动追赶我军，然后你们就火速冲进赵军的营垒，把他们的旗帜拔掉，竖起汉军的红旗。"又让副将传达开饭的命令，说："今天打垮了赵军正式会餐"。将领们都不信，假意回答道："好。"韩信于是对手下军官说："赵军已提前占据了有利地形筑造了营垒，他们看不到我们大将旗帜、仪仗，就不肯攻击我军的先头部队，怕我们到了险要的地方退回去。"韩信就派出万人为先头部队，出了井陉口，背靠河水将战斗队列摆开。赵军远远望见，大笑不止。天蒙蒙亮，韩信就设置起大将的旗帜和仪仗，大吹大擂地开出井陉口。赵军打开营垒进攻汉军，激战了很久。这时，韩信、张耳装作抛旗弃鼓，向河边的阵地逃回。河边阵地的部队把营门打开放他们进去。然后再同赵军激战。赵军果真全部出动，来争夺汉军的旗鼓、追逐韩信、张耳。韩信和张耳已入河边阵地。全军拼死奋战，赵军都无法打败他们。韩信先派出去的两千轻骑兵，等到赵军全部出动去追逐战利品时，就火速冲入赵军空虚的营垒，拔掉了赵军的全部旗帜，竖立起两千面汉军的红旗。这时，赵军已无法取胜，又不能俘获韩信等人，就想退回营垒，可是却发现营垒插满了汉军的红旗，因此大为震惊，以为汉军已把赵王的将领全部俘获了，于是军队大乱，纷纷落荒而逃，赵将即使诛杀逃兵，也禁止不了。于是汉兵前后夹击，把赵军彻底摧垮了，俘虏了大批人马，并在泜水岸边活捉了赵王歇。

【原文】

信乃令军中毋杀广武君，有能生得者购千金。于是有缚广武君而致麾下者，信乃解其缚，东向坐，西向对，师事之。

诸将效首虏，毕贺，因问信曰："兵法右倍山陵，前左水泽，今者将军令臣等反背水阵，曰破赵会食，臣等不服。然竟以胜，此何术也？"信曰："此在兵法，顾诸君不察耳。兵法不曰'陷之死地而后生，置之亡地而后存'？且信非得素拊循士大夫也，此所谓'驱市人而战之'，其势非置之死地，使人人自为战；今予之生地，皆走，宁尚可得而用之乎！"诸将皆服曰："善。非臣所及也。"

于是信问广武君曰："仆欲北攻燕，东伐齐，何若而有功？"广武君辞谢曰："臣闻败军之将不可以言勇，亡国之大夫不可以图存。今臣败亡之虏，何足以权大事乎！"信曰："仆闻之，百里奚居虞而虞亡，在秦而秦霸，非愚于虞而智于秦也，用与不用，听与不听也。诚令成安君听足下计，若信者亦已为禽矣。以不用足下，故信得侍耳。"因固问曰："仆委心归计，愿足下勿辞。"

【译文】

韩信传令全军，不得杀害广武君，能把他活捉的就给予千金赏赐。于是就有人捆着广武君送到军营，韩信亲自为他松绑，并请他面向东坐，自己则面向西对坐着，像对待老师那样对待他。

众将献上首级和俘虏，祝贺韩信，并趁机对韩信说："兵法上说：

‘行军布阵应右边和背后靠山，前边和左边临水’。这次将军反而让我们背水列阵，还说‘打垮了赵军正式会餐’，我们并不信服，可是竟真的取胜了，这是什么战术啊？”韩信说：“这也在兵法上，只是诸位没留心罢了。兵法上不是说‘陷之死地而后生，置之亡地而后存’吗？再说了，我平素又没有机会训练诸位将士，这就是所说的‘把街市上的百姓赶去打仗’，这种形势下把将士们置之于死地，使人人为保全自己而战；若给他们留有后路，就会全部逃跑了，怎么还能用他们取胜呢？”将领们都佩服地说：“好，将军的谋略实在不是我们所能赶得上的呀。”

于是韩信就问广武君说：“我要向北攻伐燕国，向东讨伐齐国，怎么办才可以成功呢？”广武君推辞说：“我听说‘打了败仗的将领没有谈论勇敢的资格，亡了国的大夫没有资格谋划国家的生存’。现在我是兵败国亡的俘虏，有什么资格来计议大事呢？”韩信说：“我听说，百里奚在虞国而虞国灭亡了，可是他在秦国而秦国却能称霸，这并非是因为他在虞国愚蠢，到了秦国就聪明，而在于他能否得到国君的任用，其意见是否被采纳。如果当初成安君真的采纳了你的计谋，那么我也早被生擒了。因为他没采纳您的计谋，所以我才能够侍奉您啊。”韩信坚决请教说：“我倾心听从你的计谋，请您不要再推辞了。”

【原文】

广武君曰：“臣闻智者千虑，必有一失；愚者千虑，必有一得。故曰‘狂夫之言，圣人择焉’。顾恐臣计未必足用，愿效愚忠。夫成安君有百战百胜之计，一旦而失之，军败鄗下，身死泜上。今将军涉西河，虏魏王，擒夏说阏舆，一举而下井陉，不终朝破赵二十万众，诛成安君。名闻海内，威震天下，农夫莫不辍耕释耒，褕衣甘食，倾耳以待命者。若此，将军之所长也。然而众劳卒罢，其实难用。今将军欲举倦弊之兵，顿之燕坚城之下，欲战恐久力不能拔，情见势屈，旷日粮竭，而弱燕不服，齐必距境以自强也。燕齐相持而不下，则刘项之权未有所分也。若此者，将军所短也。臣愚，窃以为亦过矣。故善用兵者不以短击长，而以长击短。”韩信曰：“然则何由？”广武君对曰：“方今为将军计，莫如案甲休兵，镇赵抚其孤，百里之内，牛酒日至，以飨士大夫释兵，北首燕路，而后遣辩士奉咫尺之书，暴其所长于燕，燕必不敢不听从。燕已从，使喧言者东告齐，齐必从风而服，虽有智者，亦不知为齐计矣。如是，则天下事皆可图也。兵固有先声而后实者，此之谓也。”韩信曰：“善。”从其策，发使使燕，燕从风而靡。乃遣使报汉，因请立张耳为赵王，以镇抚其国。汉王许之，乃立张耳为赵王。

【译文】

广武君说：“我听说，‘智者千虑，必有一失；愚者千虑，必有一得’。所以俗话说：‘狂人的话，圣人也可选择’。只恐怕我的计谋不足以采用，但我还是愿意献出愚诚，忠心效力。成安君本有百战百胜的计谋，可是一旦失掉它，军队在鄗城之下战败，自己在泜水之上亡身。今天将军横渡西河，俘虏了魏王，生擒夏说于阏舆，一举攻克了井陉，还不到一早晨的时间就打垮了二十万赵军，成安君被诛杀。名声传扬四海，声威震动天下，农民们预感到兵灾临头，都放下农具，停止耕作，穿好的，吃好的，以打发日子，一心倾听战争的消息，等着死亡的降临。这些都是将军在策略上的长处。可是眼下百姓劳苦，士卒疲惫，很难用来作战。倘若将军发动疲惫的军队，停留在燕国坚固的城池下，争战恐怕时间过长，力量不足无法攻克。实情暴露，威势就会减弱，旷日持久，粮食耗尽，而弱小的燕国不肯降服，则齐国定会拒守边境，以图自强。一旦燕、齐两国坚持不肯降服，则刘项双方的胜负就断定不下。这些又是将军战略上的短处。我的见识浅薄，可我自认为攻燕伐齐是失策啊。所以，善于带兵打仗之人不以自己的短处去攻击敌人的长处，而是用自己的长处去攻击敌人的短处。”韩信说：“既然如此，那么该怎么办呢？”广武君说：“现在为将军打算，不如按兵不动，安定赵国的社会秩序，抚恤阵亡将士的遗孤。方圆百里之内，每日进献的牛肉美酒，来犒劳将士。摆出向北攻打燕国的姿态，然后派出说客，拿着书信，向燕国显示自己在战略上的长处，燕国肯定不敢不听。燕国顺从后，再派说客向东劝降齐国。齐国也会闻风而降。就算有聪明睿智之人，也不知该如何替齐国谋划了。如果这样，则夺取天下的大事都可以谋求了。用兵本来就有先虚张声势，然后采取实际行动的，我所说的就是这样的情况。”韩信说：“好。”于是听从了他的计策，派使者出使燕国，燕国得知消息后，果然立刻降服。于是就派人报告汉王，并请求立张耳为赵王，以镇抚赵国。汉王答应了他的请求，就把张耳封为赵王。

【原文】

楚数使奇兵渡河击赵，赵王耳、韩信往来救赵，因行定赵城邑，发兵诣汉。楚方急围汉王于荥阳，汉王南出，之宛、叶间，得黥布，走入成皋，楚又复急围之。六月，汉王出成皋，东渡河，独与滕公俱，从张耳军修武。至，宿传舍。晨自称汉使，驰入赵壁。张耳、韩信未起，即其卧内上夺其印符，以麾召诸将，易置之。信、耳起，乃知汉王来，大惊。汉王夺两人军，即令张耳备守赵地。拜韩信为相国，收赵兵未发者击齐。

信引兵东，未渡平原，闻汉王使郦食其已说下齐，韩信欲止。范阳辩士蒯通说信曰："将军受诏击齐，而汉独发间使下齐，宁有诏止将军乎？何以得毋行也！且郦生一士，伏轼掉三寸之舌，下齐七十余城，将军将数万众，岁余乃下赵五十余城，为将数岁，反不如一竖儒之功乎？"于是信然之，从其计，遂渡河。齐已听郦生，即留纵酒，罢备汉守御。信因袭齐历下军，遂至临菑。齐王田广以郦生卖己，乃烹之，而走高密，使使之楚请救。韩信已定临菑，遂东追广至高密西。楚亦使龙且将，号称二十万，救齐。

【译文】

楚国多次派奇兵渡过黄河攻打赵国。赵王张耳和韩信赶来救援，在行军中安定赵国城邑，调兵以支援汉王。楚军正将汉王紧紧地围困在荥阳，汉王从南面突围，到宛县、叶县一带，接纳了黥布，奔入成皋，楚军又急忙把成皋包围了。六月间，汉王逃出成皋，向东渡过黄河，只有滕公跟随，去张耳军队在修武的驻地。到后就住进客馆里。第二天早晨，他自称汉王使臣，骑马奔入赵军营垒。韩信和张耳尚未起床，汉王就在他们的卧室里将他们的印信和兵符夺取，用军旗召集众将，并更换了他们的职务。韩信和张耳起床后，才知道汉王来了，十分震惊。汉王将他二人统率的军队夺取，并命令张耳防守赵地，还任命韩信为国相，并让他收集赵国尚未发往荥阳的部队，去攻打齐国。

韩信领兵向东进发，还没渡过平原津，就听说汉王派郦食其已说服齐王归顺了。韩信准备停止进军。范阳说客蒯通规劝韩信道："将军是奉诏攻伐齐国，汉王只不过暗中派遣一个密使游说齐国投降，难道有诏令让将军停止进攻吗？为什么不进军呢？再说了，郦生不过是个读书人，他坐着车子，鼓动三寸之舌，就把齐国七十多座城邑收服了。将军率领数万大军，一年多的时间才将赵国五十多座城邑攻克。为将多年，难道还比不过一个读书小子的功劳吗？"于是韩信认为他说得有道理，就按照他的计策，率军渡过黄河。齐王听从郦生的规劝后，挽留郦生开怀畅饮，并将防备汉军的设施撤除了。韩信乘机突袭齐国属下的军队，很快就攻到国都临菑。齐王田广认为被郦生出卖了，就把他煮死，然后逃往高密，并派出使者前往楚国寻求救援。韩信平定临菑后，就向东追赶田广，一直追到高密城西。楚国也派龙且率领兵马，号称二十万，前来救援齐国。

【原文】

齐王广、龙且并军与信战，未合。人或说龙且曰："汉兵远斗穷战，其锋不可当。齐、楚自居其地战，兵易败散。不如深壁，令齐王使其信臣招所亡城，亡城闻其王在，楚来救，必反汉。汉兵二千里客居，齐城皆反之，其势无所得食，可无战而降也。"龙且曰："吾平生知韩信为人，易与耳。且夫救齐不战而降之，吾何功？今战而胜之，齐人半可得，何为止！"遂战，与信夹潍水阵。韩信乃夜令人为万余囊，满盛沙，壅水上流，引军半渡，击龙且，详不胜，还走。龙且果喜曰："固知信怯也。"遂追信渡水。信使人决壅囊，水大至。龙且军大半不得渡，即急击，杀龙且。龙且水东军散走，齐王广亡去。信遂追北至城阳，皆虏楚卒。

汉四年，遂皆降平齐。使人言汉王曰："齐伪诈多变，反复之国也，南边楚，不为假王以镇之，其势不定。愿为假王便。"当是时，楚方急围汉王于荥阳，韩信使者至，发书，汉王大怒，骂曰："吾困于此，旦暮望若来佐我，乃欲自立为王！"张良、陈平蹑汉王足，因附耳语曰："汉方不利，宁能禁信之王乎？不如因而立，善遇之，使自为守。不然，变生。"汉王亦悟，因复骂曰："大丈夫定诸侯，即为真王耳，何以假为！"乃遣张良往立信为齐王，征其兵击楚。

【译文】

齐王田广和司马龙且两支部队联合同韩信作战，还没交锋，有人规劝龙且说："汉军远离国土，拼死作战，其锋芒锐不可当。齐楚两军在本乡本土作战，士兵反而容易逃散。不如深沟高垒，坚守不出。让齐王派亲信大臣，去安抚那些已经沦陷的城邑，这些城邑的官吏和百姓得知他们的国王还在，且楚军又来援救，就必然会反叛汉军。汉军客居两千里之外，齐国城邑民众纷纷起来反叛他们，那肯定就无法得到粮食，这就可以迫使他们不战而降。"龙且说："我向来了解韩信的为人，容易对付他。况且援救齐国，不战而使韩信投降，那还有我什么功劳啊？如今战胜他，齐国一半土地就可分封给我，为什么不打呢？"于是就决定开战，同韩信隔着潍水摆开阵势。韩信下令连夜赶做一万多条口袋，装满沙土，堵住潍水上游，率一半军队渡过河去，进攻龙且，然后假装战败往回跑。龙且果然高兴地说："我就知道韩信胆小害怕。"于是就渡过潍水追赶韩信。

韩信于是下令挖开堵塞潍水的沙袋，河水汹涌而来，龙且的军队一多半还没渡过河去，韩信立即回师猛烈反击，把龙且杀死了。龙且在潍水东岸的那些还没有渡河的部队，见势四散逃跑，齐王田广也逃跑了。韩信追赶败兵直到城阳，楚军士兵被全部俘虏。

汉四年，韩信降服并将整个齐国平定了。派人向汉王上书，说："齐国狡诈多变，反复无常，南面边境与楚国交界，不设立一个暂时代理的王来镇抚，局势一定稳定不下来。为有利于当前的局势，请允许我暂时代理齐王。"正当这时，楚军在荥阳将汉王紧紧围困，韩信的使者到了，汉王打开书信一看，勃然大怒，骂道："我在这儿被围困，日夜盼你来帮我，可你却想自立为王！"张良、陈平暗中踩汉王的脚，凑近汉王的耳朵说："目前汉军处境不利，怎么可以禁止韩信称王呢？不如趁机册立他为王，好好待他，让他自己镇守齐国。否则可能发生变乱。"汉王醒悟，又故意骂道："大丈夫将诸侯平定了，就做真王吧，何必做个暂时代理的王呢？"于是就派遣张良前往，册立韩信为齐王，征调他的军队攻打楚军。

【原文】

楚已亡龙且，项王恐，使盱眙人武涉往说齐王信曰："天下共苦秦久矣，相与戮力击秦。秦已破，计功割地，分土而王之，以休士卒。今汉王复兴兵而东，侵人之分，夺人之地，已破三秦，引兵出关，收诸侯之兵以东击楚，其意非尽吞天下者不休，其不知厌足如是甚也。且汉王不可必，身居项王掌握中数矣，项王怜而活之，然得脱，辄倍约，复击项王，其不可亲信如此。今足下虽自以与汉王为厚交，为之尽力用兵，终为之所禽矣。足下所以得须臾至今者，以项王尚存也。当今二王之事，权在足下。足下右投则汉王胜，左投则项王胜。项王今日亡，则次取足下。足下与项王有故，何不反汉与楚连和，三分天下王之？今释此时，而自必于汉以击楚，且为智者固若此乎！"韩信谢曰："臣事项王，官不过郎中，位不过执戟，言不听，画不用，故倍楚而归汉。汉王授我上将军印，予我数万众，解衣衣我，推食食我，言听计用，故吾得以至于此。夫人深亲信我，我倍之不祥，虽死不易。幸为信谢项王！"

武涉已去，齐人蒯通知天下权在韩信，欲为奇策而感动之，以相人说韩信曰："仆尝受相人之术。"韩信曰："先生相人何如？"对曰："贵贱在于骨法，忧喜在于容色，成败在于决断，以此参之，万不失一。"韩信曰："善。先生相寡人何如？"对曰："愿少间。"信曰："左右去矣。"通曰："相君之面，不过封侯，又危不安。相君之背，贵乃不可言。"韩信曰："何谓也？"

【译文】

楚军失去龙且后，项王害怕了，他派盱眙人武涉前往规劝齐王韩信说："天下人痛恨秦朝的统治已久，大家才合力攻伐它。秦朝破灭后，按功劳裂土分封，各自为王，以便休兵罢战。现在汉王又兴师东进，侵犯他人的境界，掠夺他人的封地，已攻破三秦，率军开出函谷关，收集各路诸侯的军队向东攻打楚国，其意图是不吞并整个天下不罢休，他贪心到如此田地，实在是太过分了。况且汉王不可信任，自身落到项王的掌握之中多次了，是项王怜悯他才使他活下来，然而一经脱身，就立即背弃盟约，再次进攻项王。他是如此不可亲近，不可信任。如今就算您自认为同汉王交情深厚，为他竭尽全力作战，最终还得被他所擒。您之所以还能延续到今天，完全是因为项王还存在啊。当前刘、项争夺天下的胜败，起举足轻重作用的是您。您向右边站，则汉王胜，您向左边站，则项王胜。如果项王今天被消灭，则下一个被消灭的就是您了。您和项王有旧交情，为什么不反汉与楚联和，三分天下自立为王呢？如今，放过这个时机，非要站到汉王一边攻打项王，一个聪明睿智的人，难道应该这样做吗？”韩信辞谢说：“我侍奉项王，官不过郎中，职位也不过是个持戟的卫士，项王对我言不听、计不用，因此我才背楚归汉。汉王把上将军的印信授予我，还给我几万人马，并脱下他身上的衣服给我穿，把好食物给我吃，对我言听计用，因此我才能够到今天这般田地。人家对我亲近、信赖，我背叛他不吉祥，即使到死都不会变心。希望您替我辞谢项王的盛情！”

武涉走后，齐国人蒯通知道天下胜负的关键在于韩信，于是就想出奇计打动他，以看相的身份规劝韩信道：“我曾学过看相的技艺。”韩信说：“先生给人看相用什么方法？”蒯通回答说：“人的贵贱在于骨骼，忧喜在于面色，成败在于决断。用此三项验证人相万无一失。”韩信说：“好，先生看看我的相如何？”蒯通说：“请随从人员暂时回避一下。”韩信说：“周围的人都离开吧。”于是蒯通说：“看您的面相，只不过封侯，且还有危险不安全。看您的背相，却显贵不可言。”韩信说：“这话怎么讲呢？”

【原文】

蒯通曰：“天下初发难也，俊雄豪杰建号壹呼，天下之士云合雾集，鱼鳞杂遝，熛至风起。当此之时，忧在亡秦而已。今楚汉分争，使天下无罪之人肝胆涂地，父子暴骸骨于中野，不可胜数。楚人起彭城，转斗逐北，至于荥阳，乘利席卷，威震天下。然兵困于京、索之间，迫西山而不能进者，三年于此矣。汉王将数十万之众，距巩、雒，阻山河之险，一日数战，无尺寸之功，折北不救，败荥阳，伤成皋，遂走宛、叶之间，此所谓智勇俱困者也。夫锐气挫于险塞，而粮食竭于内府，百姓罢极怨望，容容无所倚。以臣料之，其势非天下之贤圣固不能息天下之祸。当今两主之命悬于足下。足下为汉则汉胜，与楚则楚胜。臣愿披腹心，输肝胆，效愚计，恐足下不能用也。诚能听臣之计，莫若两利而俱存之，三分天下，鼎足而居，其势莫敢先动。夫以足下之贤圣，有甲兵之众，据强齐，从燕、赵，出空虚之地而制其后，因民之欲，西乡为百姓请命，则天下风走而响应矣，孰敢不听！割大弱强，以立诸侯，诸侯已立，天下服听而归德于齐。案齐之故，有胶、泗之地，怀诸侯以德，深拱揖让，则天下之君王相率而朝于齐矣。盖闻天与弗取，反受其咎；时至不行，反受其殃。愿足下孰虑之。"

【译文】

蒯通说："当初，天下举兵起事时，英雄豪杰纷纷建立名号，一声呼喊，天下有志之士就像云雾那样聚集，像鱼鳞那样杂沓，好比火焰迸飞，狂风骤起。这时，关心的只是灭亡秦朝罢了。可是现在，楚汉分争，天下无辜的百姓因此肝胆涂地，父子的尸骨暴露在荒郊野外，不计其数。楚国人从彭城起事，转战四方，追逐败兵，直到荥阳，乘胜席卷而进，声势震动天下。然后军队被困在京、索之间，被阻于成皋以西的山岳地带而无法再向前，已有三年之久。汉王统领几十万人马在巩县、洛阳一带抗拒楚军，凭着险要的山河，虽然一日数战，却并无尺寸之功，以至遭受挫折失败，几乎无法自救。在荥阳战败，在成皋受伤，于是逃到宛、叶两县之间，这就是所谓的智尽勇乏了。将士的锐气因长期困顿于险要关塞而被挫伤，仓库的粮食也因此消耗殆尽，百姓疲劳困苦，怨声载道，人心动荡，无依无靠。在我看来，这样的局面非天下圣贤就无法将这场天下的祸乱平息。现在刘、项二王的命运都悬挂在您的手里。您协助汉王，则汉王胜利；协助楚王，则楚王胜利。我愿意披肝沥胆，敬献愚计，只恐怕您不采纳啊。若真能听从我的计策，不如让楚、汉双方都不受损害，同时存在下去，你与他们三分天下，鼎足而立，形成那种局面，就无人再敢轻举妄动了。凭您的贤能圣德，拥有众多的人马装备，占据强大的齐国，迫使燕、赵屈从，出兵刘、项两军的空虚地带，对他们的后方进行牵制，顺应百姓的心愿，向西去制止刘、项分争，为军民百姓请求保全生命，则天下就会迅速地群起而响应，谁敢不听从呢！而后，把大国的疆土割取，将强国的威势削弱，用以分封诸侯。诸侯恢复后，天下就会感恩戴德，归服听命于齐。稳守齐国故有的疆土，据有胶河、泗水流域，以恩德感召诸侯，恭谨谦让，则天下君王就会纷纷前来朝拜齐国。听说：'苍天赐予的好处不接受反而会受到惩罚；时机到了不采取行动，反而会遭到祸殃’。希望您慎重地考虑此事。”

【原文】

韩信曰：“汉王遇我甚厚，载我以其车，衣我以其衣，食我以其食。吾闻之，乘人之车者载人之患，衣人之衣者怀人之忧，食人之食者死人之事，吾岂可以向利倍义乎！”蒯生曰：“足下自以为善汉王，欲建万世之业，臣窃以为误矣。始常山王、成安君为布衣时，相与为刎颈之交，后争张黡、陈泽之事，二人相怨。常山王背项王，奉项婴头而窜，逃归于汉王。汉王借兵而东下，杀成安君泜水之南，头足异处，卒为天下笑。此二人相与，天下至欢也。然而卒相禽者，何也？患生于多欲而人心难测也。

今足下欲行忠信以交于汉王，必不能固于二君之相与也，而事多大于张黡、陈泽。故臣以为足下必汉王之不危己，亦误矣。大夫种、范蠡存亡越，霸句践，立功成名而身死亡。野兽已尽而猎狗烹。夫以交友言之，则不如张耳之与成安君者也；以忠信言之，则不过大夫种、范蠡之于句践也。此二人者，足以观矣。愿足下深虑之。且臣闻勇略震主者身危，而功盖天下者不赏。臣请言大王功略：足下涉西河，虏魏王，禽夏说，引兵下井陉，诛成安君，徇赵，胁燕，定齐，南摧楚人之兵二十万，东杀龙且，西向以报，此所谓功无二于天下，而略不世出者也。今足下戴震主之威，挟不赏之功，归楚，楚人不信；归汉，汉人震恐。足下欲持是安归乎？夫势在人臣之位而有震主之威，名高天下，窃为足下危之。”韩信谢曰：“先生且休矣，吾将念之。”

【译文】

韩信说：“汉王给我优厚的待遇，他的车子给我坐，他的衣裳给我穿，他的食物给我吃。我听说，坐人家车子之人，要为人家分担祸患，穿人家衣裳之人，心里要想着人家的忧患，吃人家食物之人，要为人家的事业效死，我怎能图谋私利而背信弃义呢！”蒯通说：“你自认为与汉王友好，想建立流传万世的功业，我私自认为这种想法是错的。当初常山王、成安君还是平民百姓的时候，结成割掉脑袋也不反悔的交情，可是后来因张黡和陈泽的事而发生争执，使得二人彼此仇恨。常山王背叛项王，捧着项婴的人头跑去归降汉王。汉王借给他军队向东进击，在泜水以南将成安君杀死，身首异处，被天下人耻笑。此二人之交情，可以说是天下最要好的。可是到头来，都想置对方于死地，这是为什么呢？祸患产生于贪得无厌而人心又难以猜测。

今天您打算用忠诚、信义与汉王结交，肯定不比张耳、陈余结交更巩固，而你们之间关联的事情又比张黡、陈泽的事件重要得多，因此我认为您断定汉王不会危害自己，也错了。大夫文种、范蠡使濒临灭亡的越国保存下来，辅佐句践称霸诸侯，功成名就后，文种被迫自杀，范蠡被迫逃亡。野兽都已经打完了，猎犬就会被烹杀。以交情友谊而论，您与汉王就不比张耳同成安君了，以忠诚信义而论也赶不上大夫文种、范蠡与越王句践。从这两个事例来看，足够您断定是非了。希望您进行深思熟虑。况且我听说，勇敢、谋略使君主感到威胁的人会有危险；而功勋卓著冠盖天下的人得不到赏赐。请让我说一下大王的功绩和谋略吧！您横渡西河，俘虏赵王，生擒夏说，率军夺取井陉，杀死成安君，攻占了赵国，以声威镇服燕国，平定安抚齐国，向南摧毁楚国二十万军队，向东杀死楚将龙且，西面向汉王捷报，这可以说是功劳天下无二。而计谋出众，世上少有。 现在您具有威胁君主的威势，持有无法封赏的功绩，归附楚国，楚国人不信任；归附汉国，汉国人震惊恐惧，您带着这样大的功绩和声威，那里可以容身呢？身处臣子地位而有着使国君感到威胁的震动，名望高于天下所有的人，我私下为您感到危险。”韩信说：“先生暂且说到这儿吧！让我考虑一下。”

【原文】

后数日，蒯通复说曰：“夫听者事之候也，计者事之机也，听过计失而能久安者，鲜矣。听不失一二者，不可乱以言；计不失本末者，不可纷以辞。夫随厮养之役者，失万乘之权；守儋石之禄者，阙卿相之位。故知者决之断也，疑者事之害也，审毫厘之小计，遗天下之大数，智诚知之，决弗敢行者，百事之祸也。故曰‘猛虎之犹豫，不若蜂虿之致螫；骐骥之跼躅，不如驽马之安步；孟贲之狐疑，不如庸夫之必至也；虽有舜禹之智，吟而不言，不如喑聋之指麾也’。此言贵能行之。夫功者难成而易败，时者难得而易失也。时乎时，不再来。愿足下详察之。”韩信犹豫不忍倍汉，又自以为功多，汉终不夺我齐，遂谢蒯通。蒯通说不听，已详狂为巫。

汉王之困固陵，用张良计，召齐王信，遂将兵会垓下。项羽已破，高祖袭夺齐王军。汉五年正月，徙齐王信为楚王，都下邳。

信至国，召所从食漂母，赐千金。及下乡南昌亭长，赐百钱，曰：“公，小人也，为德不卒。”召辱己之少年令出胯下者以为楚中尉。告诸将相曰：“此壮士也。方辱我时，我宁不能杀之邪？杀之无名，故忍而就于此。”

【译文】

此后过了数日，蒯通又对韩信说：“能听取别人的善意，就可以预见事情发展变化的征兆，能反复思考，就可以把握成功的关键。听取意见不能做出正确的判断，决策失误而能够长治久安的人，实在少之又少。听取意见很少判断失误之人，就无法用花言巧语去惑乱他；计谋筹划周到不本末倒置之人，就无法用花言巧语去扰乱他。甘愿做劈柴喂马差事之人，就会失掉争取万乘之国权柄的机会；安心微薄俸禄之人，就得不到公卿宰相的高位。因此办事坚决是聪明人果断的表现，犹豫不决是办事情的祸害。专门把心思用在细小的事情上，就会把天下的大事丢掉，有判断是非的智慧，决定后又不敢贸然行动，这是所有事情的祸根。因此俗话说：‘猛虎犹豫无法决断，还不如黄蜂、蝎子用毒刺去螫；骏马徘徊不前，还不如劣马安然慢步；勇士孟贲狐疑不定，还不如凡夫俗子，决心实干，以求达到目的；就算有虞舜、夏禹的智慧，若闭上嘴巴不讲话，则还不如聋哑人借助打手势起作用’。这些俗语都说明付诸行动是最可宝贵的。所有的事业都是成功很难而失败却很容易，抓住时机困难而失掉容易。时机啊时机，错过了就不会再来。希望您仔细地考虑斟酌。”韩信犹豫不决，不忍心背叛汉王，又自认为功勋卓著，汉王终究不会把自己的齐国夺取，于是谢绝了蒯通。蒯通的规劝没有被采纳，就假装疯癫做了巫师。

汉王被围困在固陵时，采用了张良的计策，征召齐王韩信，于是韩信率军与汉王会师于垓下。项羽被打败后，高祖用突然袭击的办法把齐王的军权夺取。汉五年正月，改封齐王韩信为楚王，建都下邳。

韩信到了下邳，召见曾分给他饭吃的那位漂母，并赐给她千斤黄金。轮到下乡南昌亭亭长，赐给百钱，说："您，是小人，做好事有始无终。"召见曾侮辱过自己、让自己从他胯下爬过去的年轻人，任用他为中尉，并告诉将相们说："这是位壮士。当初他侮辱我时，难道我不能杀死他吗？然而杀掉他又有什么意义呢？因此我忍受了一时的侮辱而成就了今天的功业。"

【原文】

项王亡将钟离眛家在伊庐，素与信善。项王死后，亡归信。汉王怨眛，闻其在楚，诏楚捕眛。信初之国，行县邑，陈兵出入。汉六年，人有上书告楚王信反。高帝以陈平计，天子巡狩会诸侯，南方有云梦，发使告诸侯会陈："吾将游云梦。"实欲袭信，信弗知。高祖且至楚，信欲发兵反，自度无罪，欲谒上，恐见禽。人或说信曰："斩眛谒上，上必喜，无患。"信见眛计事。眛曰："汉所以不击取楚，以眛在公所。若欲捕我以自媚于汉，吾今日死，公亦随手亡矣。"乃骂信曰："公非长者！"卒自刭。信持其首，谒高祖于陈。上令武士缚信，载后车。信曰："果若人言，'狡兔死，良狗亨；高鸟尽，良弓藏；敌国破，谋臣亡。'天下已定，我固当亨！"上曰："人告公反。"遂械系信。至雒阳，赦信罪，以为淮阴侯。

信知汉王畏恶其能，常称病不朝从。信由此日夜怨望，居常鞅鞅，羞与绛、灌等列。信尝过樊将军哙，哙跪拜送迎，言称臣，曰："大王乃肯临臣！"信出门，笑曰："生乃与哙等为伍！"上常从容与信言诸将能不，各有差。上问曰："如我能将几何？"信曰："陛下不过能将十万。"上曰："于君何如？"曰："臣多多而益善耳。"上笑曰："多多益善，何为为我禽？"信曰："陛下不能将兵，而善将将，此乃信之所以为陛下禽也。且陛下所谓天授，非人力也。"

【译文】

项王部下逃亡的将领钟离眛家住伊庐，向来与韩信友好。项王死后，他逃出来归附韩信。汉王怨恨钟离眛，听说他在楚国，便诏令楚国逮捕钟离眛。韩信初到楚国，巡行所属县邑，进出都带着武装卫队。汉六年，有人上书告发韩信谋反。高帝根据陈平的计谋，假托天子外出巡视会见诸侯，南方有个云梦泽，派使臣通告各诸侯到陈县聚会，说："我要巡视云梦泽。"其实是打算袭击韩信，韩信却不知。高祖即将到达楚国时，韩信曾想发兵反叛，可是又认为自己无罪，想朝见高祖，又担心被擒。有人对韩信说："杀了钟离眜去朝见皇上，皇上一定高兴，就可免除祸患了。"韩信去见钟离眜商量。钟离眜说："汉王之所以不攻打楚国，就是因为我在您这里，如果你想逮捕我取悦汉王，则如果我今天死去，你也会紧跟着死的。"于是骂韩信说："你不是个忠厚的人！"终于刎颈身死。韩信于是就拿着他的人头，到陈县朝拜高帝。皇上命武士捆绑了韩信，押在随行的车上。韩信说："果真如人们所说'狡兔死了，出色的猎狗就遭到烹杀；高翔的飞禽没了，优良的弓箭就被收藏；敌国破灭了，谋臣就会死亡'。现在天下已安定，我本当遭烹杀！"皇上说："有人告发你谋反。"然后就给韩信带上了刑具。到了洛阳，就赦免了韩信的罪过，改封为淮阴侯。

韩信知道汉王畏忌自己的才能，常推病不参加朝见和侍行。从此，韩信日夜怨恨，在家闷闷不乐，和绛侯、灌婴处于同等地位感到羞耻。韩信曾拜访樊哙将军，樊哙跪拜送迎，自称臣子。说："大王怎么竟肯光临。"韩信出门笑着说："我这辈子居然同樊哙这般人为伍了。"皇上经常从容地和韩信议论将军们的高下，认为各有长短。皇上问韩信："像我的才能可以统率多少兵马？"韩信说："陛下最多不过能统率十万。"皇上说："你呢？"回答说："我当然是越多越好。"皇上笑着说："您越多越好，怎么还被我俘虏了？"韩信说："陛下不能带兵，却善于驾驭将领，这就是我被陛下俘虏的原因。况且陛下是上天赐予的，不是人力能做到的。"

【原文】

陈豨拜为钜鹿守，辞于淮阴侯。淮阴侯挈其手，辟左右与之步于庭，仰天叹曰："子可与言乎？欲与子有言也。"豨曰："唯将军令之。"淮阴侯曰："公之所居，天下精兵处也；而公，陛下之信幸臣也。人言公之畔，陛下必不信；再至，陛下乃疑矣；三至，必怒而自将。吾为公从中起，天下可图也。"陈豨素知其能也，信之，曰："谨奉教！"汉十年，陈豨果反。上自将而往，信病不从。阴使人至豨所，曰："弟举兵，吾从此助公。"信乃谋与家臣夜诈诏赦诸官徒奴，欲发以袭吕后、太子。部署已定，待豨报。其舍人得罪于信，信囚，欲杀之。舍人弟上变，告信欲反状于吕后。吕后欲召，恐其党不就，乃与萧相国谋，诈令人从上所来，言豨已得死，列侯群臣皆贺。相国绐信曰："虽疾，强入贺。"信入，吕后使武士缚信，斩之长乐钟室。信方斩，曰："吾悔不用蒯通之计，乃为儿女子所诈，岂非天哉！"遂夷信三族。

【译文】

陈豨被任命为钜鹿郡守，辞别淮阴侯。淮阴侯拉着他的手避开左右侍从在庭院里漫步，仰望苍天叹息说："您能听一下我的知心话吗？我有些心里话想跟您谈谈。"陈豨说："一切听任将军吩咐！"淮阴侯说："您管辖的地区，是天下精兵聚集之处；而您又是陛下信任宠幸的臣子。若有人告发说您反叛，陛下必定不会相信；再次告发，陛下就会怀疑了；三次告发，陛下必然会大怒而亲自率兵前来围剿。我为您在京城做内应，天下就可得了。"陈豨向来清楚韩信的雄才大略。深信不疑，说："我一定听从您的指教！"汉十年，陈豨果然反叛。皇上亲自率领兵马前往，韩信推病没有随从。而是暗中派人到陈豨处说："只管起兵，我在这里协助您。"韩信就与家臣商量，夜里假传诏书赦免各官府服役的罪犯和奴隶，打算发动他们去袭击吕后和太子。部署完毕，以等待陈豨的消息。他的一位家臣得罪了韩信，韩信就将其囚禁起来，准备杀掉他。他的弟弟上书告变，向吕后告发了韩信准备反叛的事情。吕后想把韩信召来，但又担心他不肯就范，就和萧相国谋划，令人假说从皇上那儿回来，说陈豨已被俘获处死，列侯群臣都来祝贺。萧相国欺骗韩信说："就算有病，也应该打起精神进宫祝贺吧。"韩信进宫，吕后命武士把韩信捆起来，在长乐宫的钟室将其杀掉了。韩信临斩时说："我后悔没有采纳蒯通的计谋，以至被妇女小人所欺骗，这难道不是天意吗？"于是将韩信三族诛灭。

【原文】

高祖已从豨军来，至，见信死，且喜且怜之，问："信死亦何言？"吕后曰："信言恨不用蒯通计。"高祖曰："是齐辩士也。"乃诏齐捕蒯通。蒯通至，上曰："若教淮阴侯反乎？"对曰："然，臣固教之。竖子不用臣之策，故令自夷于此。如彼竖子用臣之计，陛下安得而夷之乎！"上怒曰："烹之。"通曰："嗟乎，冤哉烹也！"上曰："若教韩信反，何冤？"对曰："秦之纲绝而维弛，山东大扰，异姓并起，英俊乌集。秦失其鹿，天下共逐之，于是高材疾足者先得焉。跖之狗吠尧，尧非不仁，狗因吠非其主。当是时，臣唯独知韩信，非知陛下也。且天下锐精持锋欲为陛下所为者甚众，顾力不能耳。又可尽烹之邪？"高帝曰："置之。"乃释通之罪。

太史公曰：吾如淮阴，淮阴人为余言，韩信虽为布衣时，其志与众异。其母死，贫无以葬，然乃行营高敞地，令其旁可置万家。余视其母冢，良然。假令韩信学道谦让，不伐己功，不矜其能，则庶几哉，于汉家勋可以比周、召、太公之徒，后世血食矣。不务出此，而天下已集，乃谋畔逆，夷灭宗族，不亦宜乎！

【译文】

高祖从平叛陈豨的军中回到京城，见韩信已死，又高兴又怜悯他，问："韩信临死时说过什么话吗？"吕后说："韩信说悔恨没有采纳蒯通的计谋。"高祖说："此人是齐国的说客。"就诏令齐国捕捉蒯通。蒯通被带到，皇上说："你唆使淮阴侯谋反吗？"回答说："是的。我的确教过他，可是那小子不采纳我的计策，因此落得自取灭亡的下场。如果他采纳我的计策，陛下怎能够灭掉他呢？"皇上生气地说："煮了他。"蒯通说："哎呀，煮死我，冤枉啊！"皇上说："你唆使韩信造反，有什么冤枉可言？"蒯通说："秦朝法度败坏，政权瓦解之时，六国大乱，各路诸侯纷纷起事，一时天下英雄豪杰像乌鸦一样聚集。秦朝失去了他的帝位，天下英杰纷纷抢夺，于是才智高超，行动敏捷的人率先得到它。跖的狗对着尧狂叫，尧并非不仁德，只因为他不是狗的主人罢了。那个时候，我只知道有个韩信，并不知道有陛下。况且天下磨快武器、手执利刃想做陛下所做的事业的人实在是太多了，不过是力不从心而已。您怎么能够把他们都煮死呢？"高祖说："放掉他。"于是就赦免了蒯通的罪过。

太史公说：我到淮阴，淮阴人对我说，韩信做平民百姓时，其心志就与众不同。他母亲去世了，家中贫困无法埋葬，可他还是到处寻找又高又宽敞的坟地，让坟墓旁可安置万户人家。我看了他母亲的坟墓，的确如此。倘若韩信能够谦恭退让，不夸耀自己的功劳，不自恃才能，那就差不多了。他在汉朝的功勋可以说比得上周朝的周公、召公、太公等人，后世子孙就可以享祭不绝。然而他没能这样做，在天下已经安定之时，反而图谋叛乱，因此被诛灭宗族，不也是应该的吗。

【评析】

“狡兔死，良狗烹；高鸟尽，良弓藏；敌国破，谋臣亡。”韩信死到临头才明白这个道理，可惜为时晚矣。若他早明白这些，收敛自己的行为，大概也不至于这样。说到底都是贪欲太强烈，想想那些清心寡欲之人，总不至于得到如此凄惨的下场。同是刘邦的开国功臣，张良可以说是得到了善终。原因就是贪欲之心不强烈，懂得功成身退的道理。其实应该说他也有贪欲，那就是贪图自己的性命。世上万事万物都遵循一个客观守恒的定律，有失就必有得。丢弃那些功名利禄，得到清静闲适的生活，而韩信恰恰相反，无穷尽的私欲最后葬送了自己最为宝贵的性命。掂量其轻重，毫无疑问生命是最重要的，可是尽管如此，古今中外，为名利而葬送自己前程和生命的事例还是层出不穷。

第二十章 卫将军骠骑列传

【原文】

大将军卫青者，平阳人也。其父郑季，为吏，给事平阳侯家，与侯妾卫媪通，生青。青同母兄卫长子，而姊卫子夫自平阳公主家得幸天子，故冒姓为卫氏。字仲卿。长子更字长君。长君母号为卫媪。媪长女卫孺，次女少儿，次女即子夫。后子夫男弟步广皆冒卫氏。

青为侯家人，少时归其父，其父使牧羊。先母之子皆奴畜之，不以为兄弟数。青尝从入至甘泉居室，有一钳徒相青曰："贵人也，官至封侯。"青笑曰："人奴之生，得毋笞骂即足矣，安得封侯事乎！"

青壮，为侯家骑，从平阳主。建元二年春，青姊子夫得入宫幸上。皇后，堂邑大长公主女也，无子，妒。大长公主闻卫子夫幸，有身，妒之，乃使人捕青。青时给事建章，未知名。大长公主执囚青，欲杀之。其友骑郎公孙敖与壮士往篡取之，以故得不死。上闻，乃召青为建章监，侍中，及同母昆弟贵，赏赐数日间累千金。孺为太仆公孙贺妻。少儿故与陈掌通，上召贵掌。公孙敖由此益贵。子夫为夫人。青为大中大夫。

元光五年，青为车骑将军，击匈奴，出上谷；太仆公孙贺为轻车将军，出云中；大中大夫公孙敖为骑将军，出代郡；卫尉李广为骁骑将军，出雁门：军各万骑。青至茏城，斩首虏数百。骑将军敖亡七千骑；卫尉李广为虏所得，得脱归：皆当斩，赎为庶人。贺亦无功。

【译文】

大将军卫青是平阳县人，其父郑季充当县中小吏，在平阳侯曹寿家供事，曾与平阳侯的小妾卫媪通奸，生下卫青。卫青的同母哥哥卫长子，同母姐姐卫子夫在平阳公主家得到汉武帝的宠爱，因此冒充卫姓。卫青，字仲卿。卫长子改表字为长君。长君的母亲是卫媪。卫媪的大女儿名卫孺，二女儿名卫少儿，三女儿就是卫子夫。后来卫子夫的弟弟步和广也都冒充卫姓。

卫青是平阳侯家的仆人，小时候回到父亲郑季家里，父亲让他牧羊。郑季前妻生的儿子们都像对待奴仆一样对他，而不把他算作兄弟。卫青曾跟人来到甘泉宫的居室，有个脖子上戴着铁枷的犯人给卫青相面说："你是个贵人，以后能当大官，封侯！"卫青笑道："我是被奴役的人所生的孩子，能不挨他人打骂就知足了，怎敢想封侯的事呢！"

长大后，卫青当了平阳侯家的骑兵，常跟着平阳公主。汉武帝建元二年的春天，卫青的姐姐卫子夫进入皇宫，受到武帝的宠幸。皇后陈阿娇是堂邑大长公主刘嫖之女，皇后无子，却嫉妒别人，大长公主听说卫子夫受到武帝宠幸，且有了身孕，就非常嫉妒，于是派人把卫青逮捕。当时卫青在建章宫供职，还没有什么名声。大长公主逮捕囚禁卫青，想将其杀掉。卫青的朋友骑郎公孙敖就同一些壮士把他抢了出来，因此卫青免于一死。武帝听说此事，就把卫青招来，任命他为建章监，加侍中官衔。连同他的同母兄弟们都得到显贵，皇上给他们的赏赐，数日之间竟累积千金之多。卫孺做了太仆公孙贺的妻子。卫少儿曾与陈掌私通，武帝便召来陈掌，使他显贵。公孙敖也因此日益显贵。卫子夫做了武帝的夫人。卫青被升为太中大夫。

元光五年，卫青当了车骑将军，讨伐匈奴，从上谷出兵；太仆公孙贺做轻车将军，从云中出兵；大中大夫公孙敖做骑将军，从代郡出兵；卫尉李广为骁骑将军，从雁门出兵；每军各有一万骑兵。卫青领兵到达茏城，斩杀数百敌人。骑将军公孙敖损失骑兵七千名，卫尉李广被敌人俘获，逃脱而回。公孙敖和李广都被判死刑，但他们又都交了赎金，免了死刑，成为平民。公孙贺也无功劳。

【原文】

元朔元年春，卫夫人有男，立为皇后。其秋，青为车骑将军，出雁门，三万骑击匈奴，斩首虏数千人。明年，匈奴入杀辽西太守，虏略渔阳二千余人，败韩将军军。汉令将军李息击之，出代；令车骑将军青出云中以西至高阙。遂略河南地，至于陇西，捕首虏数千，畜数十万，走白羊、楼烦王。遂以河南地为朔方郡。以三千八百户封青为长平侯。青校尉苏建有功，以千一百户封建为平陵侯。使建筑朔方城。青校尉张次公有功，封为岸头侯。天子曰："匈奴逆天理，乱人伦，暴长虐老，以盗窃为务，行诈诸蛮夷，造谋藉兵，数为边害，故兴师遣将，以征厥罪。诗不云乎，'薄伐猃狁，至于太原'，'出车彭彭，城彼朔方'。今车骑将军青度西河至高阙，获首虏二千三百级，车辎畜产毕收为卤，已封为列侯，遂西定河南地，按榆溪旧塞，绝梓领，梁北河，讨蒲泥，破符离，斩轻锐之卒，捕伏听者三千七十一级，执讯获丑，驱马牛羊百有余万，全甲兵而还，益封青三千户。"其明年，匈奴入杀代郡太守友，入略雁门千余人。其明年，匈奴大入代、定襄、上郡，杀略汉数千人。

【译文】

元朔元年春天，卫子夫生下一个男孩，被立为皇后。这年秋天，卫青做车骑将军，从雁门出境，率骑兵三万进攻匈奴，斩杀敌人几千人。第二年，匈奴侵入边境，辽西郡太守被杀死，渔阳郡二千多人被虏，韩安国将军的军队被打败。汉朝命令李息将军进攻匈奴，从代郡出兵；又命令车骑将军卫青从云中出发，西去攻伐匈奴，直到高阙。于是攻破了河南地区，直到陇西，捕获几千名敌人，缴获十万头牲畜，白羊王和楼烦王被打跑。汉朝就改河南地区为朔方郡，并划定三千八百户封卫青为长平侯。卫青的校尉苏建有军功，朝廷也划定一千一百户将其封为平陵侯，并派苏建修筑朔方城。卫青的校尉张次公有军功，也被封为岸头侯。天子说："匈奴逆天理，悖人伦，侵凌长辈，虐待老人，专门从事盗窃，欺诈各个蛮夷之国，策划阴谋，凭借其武力，一再侵害汉朝边境，因此朝廷才调兵遣将，去讨伐它的罪恶。《诗经》上不是说吗：'征讨猃狁，直到太原'，'出征的战车，万马奔腾修筑那座朔方城'。现在车骑将军卫青越过西河地区，直到高阙，斩杀二千三百名敌人，并将其战车、辎重和牲畜全部缴获，已被封为列侯，于是往西平定了河南地区，巡行榆溪的古代要塞，越过梓领，架设北河的桥梁，讨伐蒲泥，攻克符离，斩杀敌人的轻捷精锐的士卒，捕获三千零七十一名敌人的侦察兵，捉到敌人的间谍，把死敌的左耳割下以计功劳，赶回敌人的一百多万只马、牛和羊，保全大军，胜利回师，增封卫青三千户。”第二年，匈奴又入侵边境，代郡太守共友被杀，他们侵入雁门，抢掠千余人。第二年，匈奴又大规模入侵代郡、定襄、上郡、斩杀抢掠数千名汉朝百姓。

【原文】

其明年，元朔之五年春，汉令车骑将军青将三万骑，出高阙；卫尉苏建为游击将军，左内史李沮为强弩将军，太仆公孙贺为骑将军，代相李蔡为轻车将军，皆领属车骑将军，俱出朔方；大行李息、岸头侯张次公为将军，出右北平：咸击匈奴。匈奴右贤王当卫青等兵，以为汉兵不能至此，饮醉。汉兵夜至，围右贤王，右贤王惊，夜逃，独与其爱妾一人壮骑数百驰，溃围北去。汉轻骑校尉郭成等逐数百里，不及，得右贤裨王十余人，众男女万五千余人，畜数千百万，于是引兵而还。至塞，天子使使者持大将军印，即军中拜车骑将军青为大将军，诸将皆以兵属大将军，大将军立号而归。天子曰：“大将军青躬率戎士，师大捷，获匈奴王十有余人，益封青六千户。”而封青子伉为宜春侯，青子不疑为阴安侯，青子登为发干侯。青固谢曰：“臣幸得待罪行间，赖陛下神灵，军大捷，皆诸校尉力战之功也。陛下幸已益封臣青。臣青子在襁褓中，未有勤劳，上幸列地封为三侯，非臣待罪行间所以劝士力战之意也。伉等三人何敢受封！”天子曰：“我非忘诸校尉功也，今固且图之。”乃诏御史曰：“护军都尉公孙敖三从大将军击匈奴，常护军，傅校获王，以千五百户封敖为合骑侯。都尉韩说从大将军出窳浑，至匈奴右贤王庭，为麾下搏战获王，以千三百户封说为龙额侯。骑将军公孙贺从大将军获王，以千三百户封贺为南窌侯。轻车将军李蔡再从大将军获王，以千六百户封蔡为乐安侯。校尉李朔，校尉赵不虞，校尉公孙戎奴，各三从大将军获王，以千三百户封朔为涉轵侯，以千三百户封不虞为随成侯，以千三百户封戎奴为从平侯。将军李沮、李息及校尉豆如意有功，赐爵关内侯，食邑各三百户。”其秋，匈奴入代，杀都尉朱英。

【译文】

第二年，即元朔五年春天，朝廷命车骑将军卫青率骑兵三万，从高阙出兵；命卫尉苏建做游击将军，左内史李沮为强弩将军，太仆公孙贺为骑将军，代国之相李蔡为轻车将军，他们都隶属车骑将军卫青，一同从朔方出兵；朝廷又命大行李息、岸头侯张次公为将军，由右北平出兵。他们全都去攻伐匈奴。匈奴右贤王正对着卫青等人的大兵，以为汉朝军队到不了这里，便喝起酒来。晚上，汉军到达，把右贤王包围；右贤王大惊，连夜逃跑，独自同他的一个爱妾和几百名精壮骑兵，急驰突围，向北逃去。汉朝的轻骑校尉郭成等追赶了几百里，没有赶上。汉军捕获了十多名右贤王的小王，一万五千余名男女民众，数千百万头牲畜，于是卫青便领兵凯旋。卫青的军队走到边塞，武帝派使者拿着大将军的官印，就在军中任命车骑将军卫青为大将军，其他将军均率兵隶属于大将军卫青，大将军确立名号，班师回京。武帝说："大将军卫青亲自率领战士拼杀，军队取得大捷，俘虏十多名匈奴小王，加封卫青六千户。"又把卫青的儿子卫伉封为宜春侯，卫青的儿子卫不疑为阴安侯，卫青的儿子卫登为发干侯。卫青坚决推辞说："我侥幸能在军中做官，靠陛下的神圣威灵，才使军队取得大捷，同时这也是各位校尉奋勇杀敌的功劳。陛下已降恩加封我的食邑。我的儿子们年纪还小，他们无征战的劳苦和功绩，皇上降恩，割地封他们三人为侯，这并非我在军队中做官，用来鼓励战士奋力打仗的本意啊！卫伉等三人怎敢接受封赏。"天子说："我并没有忘却各位校尉的功劳，现在本来就要考虑他们的奖赏。"武帝就下令御史说："护军都尉三次随大将军出击匈奴，常接应各军，率领一队人马将匈奴小王捕获，划定一千五百户封公孙敖为合骑侯。都尉韩说随从大将军由窳浑塞出兵，直打到匈奴右贤王的王庭，在大将军的指挥下搏杀奋战，把匈奴小王俘获，划定一千三百户封韩说为龙頟侯。骑将军公孙贺随大将军俘获匈奴小王，划一千三百户封公孙贺为南窌侯。轻车将军李蔡两次随大将军俘获匈奴小王，划一千六百户封李蔡为乐安侯。校尉李朔、校尉赵不虞、校尉公孙戎奴，每人都三次随大将军俘获匈奴小王，划一千三百户封李朔为涉轵侯，划一千三百户封赵不虞为随成侯，划一千三百户封公孙戎奴为从平侯。将军李沮、李息及校尉豆如意有军功，赐关内侯的爵位，各食邑三百户。”这年秋，匈奴入侵代郡，都尉朱英被杀。

【原文】

其明年春，大将军青出定襄，合骑侯敖为中将军，太仆贺为左将军，翕侯赵信为前将军，卫尉苏建为后将军，郎中令李广为后将军，右内史李沮为强弩将军，咸属大将军，斩首数千级而还。月余，悉复出定襄击匈奴，斩首虏万余人。右将军建、前将军信并军三千余骑，独逢单于兵，与战一日余，汉兵且尽。前将军故胡人，降为翕侯，见急，匈奴诱之，遂将其余骑可八百，奔降单于。右将军苏建尽亡其军，独以身得亡去，自归大将军。大将军问其罪正闳、长史安、议郎周霸等：“建当云何？”霸曰：“自大将军出，未尝斩裨将。今建弃军，可斩以明将军之威。”闳、安曰：“不然。兵法‘小敌之坚，大敌之禽也’。今建以数千当单于数万，力战一日余，士尽，不敢有二心，自归。自归而斩之，是示后无反意也。不当斩。”大将军曰：“青幸得以肺腑待罪行间，不患无威，而霸说我以明威，甚失臣意。且使臣职虽当斩将，以臣之尊宠而不敢自擅专诛于境外，而具归天子，天子自裁之，于是以见为人臣不敢专权，不亦可乎？”军吏皆曰“善”。遂囚建诣行在所。入塞罢兵。

【译文】

第二年春天，大将军卫青由定襄出兵。合骑侯公孙敖做中将军，太仆公孙贺为左将军，翕侯赵信为前将军，卫尉苏建做右将军，郎中令李广做后将军，左内史李沮做强弩将军。他们均隶属大将军，斩杀几千敌人而回。一个多月后，他们又全都由定襄出兵攻伐匈奴，杀死一万多敌人。右将军苏建、前将军赵信的军队联合共三千多骑兵，独遇匈奴单于的军队，同他们展开了一天多时间的交战，汉军将要全军被歼。前将军赵信本为匈奴人，投降汉朝后被封为翕侯，现在看到军情危急，匈奴人又引诱他，于是他率剩余约八百骑兵去投降单于。右将军苏建损失了全部军队，独自一人逃回，自己来到大将军卫青那里。大将军卫青就苏建的罪过征求军正闳、长史安和议郎周霸等的意见，他说："怎么定苏建的罪呢？"周霸说："大将军出征至今未曾杀过副将。现在苏建弃军而归，可将其杀掉以表明大将军的威严。"闳和安都说："不可。兵法书上说'两军交锋，军队少的一方即使顽强拼杀，也会被军队多的一方打败'。现在苏建率几千军队去对抗单于的几万军队，拼战了一天多的时间，战士全部牺牲，即使这样，他仍然不敢有背叛汉朝的心意，自己归来。自己归来而被杀，这就是向战士表明今后若有失败且不可返回汉朝。因此不应当杀苏建。"大将军卫青说："卫青我侥幸以皇帝亲戚的身份在军队中做官，不担心缺少威严，可是周霸劝我树立个人威严，实在是有失做人臣的旨意。况且就算我的职权允许我斩杀有罪的将军，但是凭我尊宠的地位也不敢在国境外擅自诛杀，而要向天子详细报告情况，由天子自己裁决，以示为人臣者不敢专权，不也可以吗？"军中官吏们都说："好！"于是就关押起苏建，送往皇帝的行在所。卫青率兵进入边塞，停止了对匈奴的征伐。

【原文】

是岁也，大将军姊子霍去病年十八，幸，为天子侍中。善骑射，再从大将军，受诏与壮士，为剽姚校尉，与轻勇骑八百直弃大军数百里赴利，斩捕首虏过当。于是天子曰："剽姚校尉去病斩首虏二千二十八级，及相国、当户，斩单于大父行籍若侯产，生捕季父罗姑比，再冠军，以千六百户封去病为冠军侯。上谷太守郝贤四从大将军，捕斩首虏二千余人，以千一百户封贤为众利侯。"是岁，失两将军军，亡翕侯，军功不多，故大将军不益封。右将军建至，天子不诛，赦其罪，赎为庶人。

大将军既还，赐千金。是时王夫人方幸于上，甯乘说大将军曰："将军所以功未甚多，身食万户，三子皆为侯者，徒以皇后故也。今王夫人幸而宗族未富贵，愿将军奉所赐千金为王夫人亲寿。"大将军乃以五百金为寿。天子闻之，问大将军，大将军以实言，上乃拜甯乘为东海都尉。

张骞从大将军，以尝使大夏，留匈奴中久，导军，知善水草处，军得以无饥渴，因前使绝国功，封骞博望侯。冠军侯去病既侯三岁，元狩二年春，以冠军侯去病为骠骑将军，将万骑出陇西，有功。天子曰："骠骑将军率戎士逾乌盭，讨遬濮，涉狐奴，历五王国，辎重人众慑慴者弗取，冀获单于子。转战六日，过焉支山千有余里，合短兵，杀折兰王，斩卢胡王，诛全甲，执浑邪王子及相国、都尉，首虏八千余级，收休屠祭天金人，益封去病二千户。”

【译文】

这一年，大将军卫青姐姐的儿子霍去病十八岁，受武帝宠爱，做了皇帝侍中。霍去病善骑马射箭，两次随大将军出征，大将军奉皇上之命，拨给他一些勇士，任命他为剽姚校尉。他率八百名轻捷勇敢的骑兵，径直抛开大军几百里，寻找有利时机攻杀敌人，结果他们所斩杀的敌兵数量远远超过了他们的损失。于是皇上说：“剽姚校尉霍去病杀敌二千零二十八人，其中有匈奴相国和当户，单于祖父一辈的籍若侯产被杀，单于叔父罗姑比被活捉，其功劳在全军两次数第一，划定一千六百户封霍去病为冠军侯。上谷太守郝贤四次随大将军出征，斩获二千余名敌军，划定一千一百户封郝贤为众利侯。”这一年，有两位将军的军队损失了，翕侯赵信逃亡，军功不多，因此大将军卫青没有增封。右将军苏建回来后，天子没有杀他，而是赦免了他的罪过，交了赎金，成为平民百姓。

大将军卫青回到京城，皇上赏赐千金。这时，王夫人正受到汉武帝的宠幸，宁乘就劝说卫青道：“将军您之所以军功还不太多却食邑万户，三个儿子都受封为侯，是因为卫皇后的缘故。现在王夫人得幸，而其同姓亲戚尚未富贵，请将军捧着皇上赏赐的千金，去给王夫人的双亲祝寿。”于是大将军卫青就拿出五百金给王夫人的双亲祝寿。武帝听说后就问大将军卫青，大将军卫青告诉了皇上实情，皇上就任命宁乘为东海都尉。

张骞随大将军出征，因为他曾出使大夏而被扣留在匈奴很长时间，这次他做大军的向导，熟知有水草的好地方，因而使大军避免饥渴，加上他曾出使遥远国家的功劳，被封为博望侯。 冠军侯霍去病被封侯三年，元狩二年春天，皇帝命冠军侯霍去病做骠骑将军，率骑兵一万，从陇西出击匈奴，立下军功。武帝说：“骠骑将军亲率战士越过乌盭山，讨伐遬濮，渡过狐奴河，经过五个匈奴的王国，不掠取畏惧顺从者的财物和民众，只求捕获单于的儿子。转战六天，越过焉支山一千多里，与敌人短兵相接，杀了折兰王，砍了卢胡王的头，诛杀全副武装的敌兵，捕获了浑邪王的儿子及匈奴相国、都尉，歼敌共八千余人，缴获了休屠王的祭天金人。加封霍去病二千户。”

【原文】

其夏，骠骑将军与合骑侯敖俱出北地，异道；博望侯张骞、郎中令李广俱出右北平，异道：皆击匈奴。郎中令将四千骑先至，博望侯将万骑在后至。匈奴左贤王将数万骑围郎中令，郎中令与战二日，死者过半，所杀亦过当。博望侯至，匈奴兵引去。博望侯坐行留，当斩，赎为庶人。而骠骑将军出北地，已遂深入，与合骑侯失道，不相得，骠骑将军逾居延至祁连山，捕首虏甚多。天子曰：“骠骑将军逾居延，遂过小月氏，攻祁连山，得酋涂王，以众降者二千五百人，斩首虏三万二百级，获五王，五王母，单于阏氏、王子五十九人，相国、将军、当户、都尉六十三人，师大率减什三，益封去病五千户。赐校尉从至小月氏爵左庶长。鹰击司马破奴再从骠骑将军斩遬濮王，捕稽沮王，千骑将得王、王母各一人，王子以下四十一人，捕虏三千三百三十人，前行捕虏千四百人，以千五百户封破奴为从骠侯。校尉句王高不识，从骠骑将军捕呼于屠王王子以下十一人，捕虏千七百六十八人，以千一百户封不识为宜冠侯。校尉仆多有功，封为辉渠侯。”合骑侯敖坐行留不与骠骑会，当斩，赎为庶人。诸宿将所将士马兵亦不如骠骑，骠骑所将常选，然亦敢深入，常与壮骑先其大军，军亦有天幸，未尝困绝也。然而诸宿将常坐留落不遇。由此骠骑日以亲贵，比大将军。

【译文】

这年夏天，骠骑将军和合骑侯公孙敖都由北地出兵，分道进军；博望侯张骞和郎中令李广都由右北平出兵，分道进军。他们都去攻伐匈奴。郎中令率四千骑兵首先到达，博望侯率一万骑兵随后到达。匈奴左贤王率几万骑兵围攻郎中令李广，郎中令同敌兵战斗了两天，牺牲了一多半兵士，他们杀敌数目超过了损失人数。博望侯带兵赶到时，匈奴的军队已撤走。博望侯因犯有行军滞留而延误军机之罪而被判死刑，交了赎金后成为平民百姓。骠骑将军出了北地后，已远远地深入匈奴之中，因合骑侯公孙敖走错了路而没能相会。骠骑将军越过居延泽，到达祁连山，捕获了很多敌人。天子说："骠骑将军越过居延泽，又经过小月氏，攻到祁连山，俘虏酋涂王，二千五百人率众投降，三万零二百人被杀，五个匈奴小王、五个匈奴小王的母亲、单于的妻子、五十九个匈奴王子被俘，同时被俘的还有匈奴相国、将军、当户、都尉等共六十三人，汉朝军队大概减损十分之三，增封霍去病五千户。赏赐随霍去病到达小月氏的校尉们左庶长的爵位。鹰击司马赵破奴两次随骠骑将军出征，把遬濮王斩杀，把稽且王俘虏，千骑将捉到匈奴小王和小王母各一人，王子以下四十一人，俘虏敌兵三千三百三十人，先头部队俘虏敌兵一千四百人，划定一千五百户封赵破奴为从骠侯。校尉句王高不识，随骠骑将军霍去病俘虏呼于屠王和王子以下共十一人，俘获一千七百六十八名敌兵，划定一千一百户封高不识为宜冠侯。校尉仆多有军功，封为辉渠侯。"合骑侯公孙敖因行军滞留而未能与骠骑将军会师而被判死刑，交了赎金后成为平民百姓。各位老将军所率领的兵士和马匹武器也都比不上骠骑将军，骠骑将军所率领的是经过挑选的士兵。但他敢深入敌军境内作战，还常常和壮健的骑兵冲锋在前，他的军队运气也很好，未曾遇到过绝境。可是各位老将却常因行军迟缓落后而错失战机。此后，骠骑将军日益更被皇上亲近，更加显贵，跟大将军卫青相仿佛。

【原文】

其秋，单于怒浑邪王居西方数为汉所破，亡数万人，以骠骑之兵也。单于怒，欲召诛浑邪王。浑邪王与休屠王等谋欲降汉，使人先要边。是时大行李息将城河上，得浑邪王使，即驰传以闻。天子闻之，于是恐其以诈降而袭边，乃令骠骑将军将兵往迎之。骠骑既渡河，与浑邪王众相望。浑邪王裨将见汉军而多欲不降者，颇遁去。骠骑乃驰入与浑邪王相见，斩其欲亡者八千人，遂独遣浑邪王乘传先诣行在所，尽将其众渡河，降者数万，号称十万。既至长安，天子所以赏赐者数十巨万。封浑邪王万户，为漯阴侯。封其裨王呼毒尼为下摩侯，鹰庇为辉渠侯，禽犁为河綦侯，大当户铜离为常乐侯。于是天子嘉骠骑之功曰："骠骑将军去病率师攻匈奴西域王浑邪，王及厥众萌咸相奔，率以军粮接食，并将控弦万有余人，诛猇骋，获首虏八千余级，降异国之王三十二人，战士不离伤，十万之众咸怀集服，仍与之劳，爰及河塞，庶几无患，幸既永绥矣。以千七百户益封骠骑将军。”减陇西、北地、上郡戍卒之半，以宽天下之繇。

居顷之，乃分徙降者边五郡故塞外，而皆在河南，因其故俗，为属国。其明年，匈奴入右北平、定襄，杀略汉千余人。

【译文】

这年秋天，匈奴单于因在西方的浑邪王总是被骠骑将军率领的汉军打败，损失几万人而大怒，想将浑邪王召来杀死。所以浑邪王和休屠王等想投降汉朝，就先派人到边境迎住汉人。这时，大行李息率兵在黄河岸边筑城，一见浑邪王的使者，便立即命传车急驰而归，报告皇帝。皇上听后，怕浑邪王用诈降的办法来发动偷袭，于是就命骠骑将军领兵前去迎接浑邪王和休屠王。骠骑将军已渡过黄河，与浑邪王的部队相互遥望。浑邪王的副将们看到汉朝军队，大多不想投降，很多人逃走了。骠骑将军霍去病就打马跑到敌营，同浑邪王相见，把想逃走的八千人杀掉，于是命浑邪王独自乘传车，先到皇帝的行在所，然后由他率领浑邪王的全部军队渡过黄河，投降者有几万人，号称十万。他们到长安后，天子用来赏赐的钱就有几十万。划定一万户封浑邪王为漯阴侯。把他的小王呼毒尼封为下摩侯，鹰庇为辉渠侯，禽梨为河綦侯，大当户铜离为常乐侯。于是天子称颂骠骑侯霍去病的功劳道：“骠骑将军霍去病率军攻打匈奴西域浑邪王，浑邪王及其部队与民众都争相投奔汉朝，用军粮接济汉军。骠骑将军一并率领他们的善射一万余名兵卒，将那些妄图逃亡的凶悍之人诛杀，斩杀八千多人，使敌国之王三十二人投降汉朝。汉军士卒无伤亡，十万大军全都归来，因此他们承担了战争的劳苦，所以使河塞地区的边患几乎全部消除，有幸将永保安宁。划定一千七百户增封骠骑将军。”于是就减少了陇西、北地、上郡戍守之兵的一半，以此使全国百姓的徭役负担得到宽缓。

不久，朝廷就将那些归降的匈奴人分别迁徙到边境五郡原先的边塞外，但还都在河南地区，并保持他们原有的习俗，作为汉王朝的属国。第二年，匈奴侵入右北平、定襄，杀掠汉朝一千多人。

【原文】

其明年，天子与诸将议曰："翕侯赵信为单于画计，常以为汉兵不能度幕轻留，今大发士卒，其势必得所欲。"是岁元狩四年也。

元狩四年春，上令大将军青、骠骑将军去病将各五万骑，步兵转者踵军数十万，而敢力战深入之士皆属骠骑。骠骑始为出定襄，当单于。捕虏言单于东，乃更令骠骑出代郡，令大将军出定襄。郎中令为前将军，太仆为左将军，主爵赵食其为右将军，平阳侯襄为后将军，皆属大将军。兵即度幕，人马凡五万骑，与骠骑等咸击匈奴单于。赵信为单于谋曰："汉兵既度幕，人马罢，匈奴可坐收虏耳。"乃悉远北其辎重，皆以精兵待幕北。而适值大将军军出塞千余里，见单于兵陈而待，于是大将军令武刚车自环为营，而纵五千骑往当匈奴。匈奴亦纵可万骑。会日且入，大风起，沙砾击面，两军不相见，汉益纵左右翼绕单于。单于视汉兵多，而士马尚强，战而匈奴不利，薄莫，单于遂乘六骒，壮骑可数百，直冒汉围西北驰去。时已昏，汉匈奴相纷挐，杀伤大当。汉军左校捕虏言单于未昏而去，汉军因发轻骑夜追之，大将军军因随其后。匈奴兵亦散走。迟明，行二百余里，不得单于，颇捕斩首虏万余级，遂至窴颜山赵信城，得匈奴积粟食军。军留一日而还，悉烧其城余粟以归。

【译文】

第二年，汉武帝同众将军商议道："翕侯赵信为匈奴单于出谋划策，总认为汉朝军队无法越过沙漠轻易留在那里，现在派大军出击，势必能使我们的愿望得以实现。"这一年是元狩四年。

元狩四年春天，武帝命大将军卫青、骠骑将军霍去病分别率五万骑兵，令有几十万步兵和转运物资的人跟随，而那些敢于奋力战斗和勇于深入的士兵都隶属于骠骑将军。骠骑将军开始准备由定襄出兵，迎击单于。后来捕到的匈奴俘虏说单于东去，于是就改令骠骑将军由代郡出兵，命大将军卫青由定襄出兵。郎中令李广做前将军，太仆公孙贺任左将军，主爵都尉赵食其任右将军，平阳侯曹襄任后将军，他们都隶属大将军。随后大军越过沙漠，连人带马共计五万骑兵，同骠骑将军等一起向匈奴的单于发动进攻。赵信替单于出谋划策道："汉军已越过沙漠，人困马疲，匈奴可坐收汉军俘虏了。”于是就把他们的辎重全都运到遥远的北方，把精兵全部安排在大漠以北以待汉军。正赶上大将军卫青的军队开出塞外一千多里，见单于的军队排成阵势等在那里，于是大将军就下令让武刚车排成环形营垒，又命五千骑兵纵马奔驰，抵挡匈奴。匈奴也有大概一万骑兵奔驰而来。恰巧太阳即将落下，大风刮起，沙石打在人们的脸上，两军看不见对方，汉军又命左右两翼急驰向前包抄单于。单于见汉军很多，且战士和战马还很强大，交战将不利于匈奴。因此，傍晚时单于就乘着六头骡子拉的车子，带着几百名壮健的骑兵，径直冲开汉军包围圈，向西北逃奔。这时天已黄昏，汉军和匈奴人相互扭打，杀伤人数大致相同。汉军左校尉捕到匈奴俘虏，说单于在天未黑时已离去，于是汉军就派轻骑兵连夜追击，大将军的军队也紧随其后。匈奴兵士四处奔逃。直到天快亮时，汉军已行走二百余里，依然没追到单于，但是却俘获和斩杀了一万多名敌兵，于是到达了窴颜山赵信城，获得匈奴积存的粮食以供军队食用。汉军留住一日而回，将剩余粮全部烧掉才归来。

【原文】

大将军之与单于会也，而前将军广、右将军食其军别从东道，或失道，后击单于。大将军引还过幕南，乃得前将军、右将军。大将军欲使使归报，令长史簿责前将军广，广自杀。右将军至，下吏，赎为庶人。大将军军入塞，凡斩捕首虏万九千级。

是时匈奴众失单于十余日，右谷蠡王闻之，自立为单于。单于后得其众，右王乃去单于之号。

骠骑将军亦将五万骑，车重与大将军军等，而无裨将。悉以李敢等为大校，当裨将，出代、右北平千余里，直左方兵，所斩捕功已多大将军。军既还，天子曰：“骠骑将军去病率师，躬将所获荤粥之士，约轻赍，绝大幕，涉获章渠，以诛比车耆，转击左大将，斩获旗鼓，历涉离侯。济弓闾，获屯头王、韩王等三人，将军、相国、当户、都尉八十三人，封狼居胥山，禅于姑衍，登临翰海。执卤获丑七万有四百四十三级，师率减什三，取食于敌，逴行殊远而粮不绝，以五千八百户益封骠骑将军。”右北平太守路博德属骠骑将军，会与城，不失期，从至梼余山，斩首捕虏二千七百级，以千六百户封博德为符离侯。北地都尉邢山从骠骑将军获王，以千二百户封山为义阳侯。故归义因淳王复陆支、楼专王伊即靬皆从骠骑将军有功，以千三百户封复陆支为壮侯，以千八百户封伊即靬为众利侯。从骠侯破奴、昌武侯安稽从骠骑有功，益封各三百户。校尉敢得旗鼓，为关内侯，食邑二百户。校尉自为爵大庶长。军吏卒为官，赏赐甚多。而大将军不得益封，军吏卒皆无封侯者。

【译文】

在大将军卫青同单于会战时，前将军李广和右将军赵食其的军队由东方的道路进军，因迷路而未能如期同卫青一起进攻单于。直到大将军卫青领兵回到大漠以南，才遇到了前将军和右将军。大将军想派使者回京报告天子，就命令长史去按文书所列罪状审问前将军李广，李广自杀。右将军回京后被交给法官，赵食其交了赎金后成为平民百姓。大将军卫青进入边塞，此次共斩获一万九千名敌兵。

这时，匈奴的部众失去单于十多天，右谷蠡王听说后就自立为单于。单于后来又与他的部众相会合，右谷蠡王就将自立的单于之名去掉。

骠骑将军也率领五万骑兵，所带军需物资也与大将军卫青的相同，却无副将。于是就任李敢等人做大校以充当副将，从代郡、右北平出兵一千余里，遇上左贤王的军队，他们斩获敌兵的功劳已远远超过了大将军卫青。出征大军全部归来时，武帝说："骠骑将军霍去病率军出征，又亲自带回所俘虏的匈奴士兵，携带少量军需物资，越过大沙漠，渡河捕获单于近臣章渠，诛杀匈奴小王比车耆转而攻击匈奴左大将，斩杀敌将，夺取其军旗和战鼓。翻越离侯山，渡过弓闾河，捕获匈奴屯头王和韩王等三人，以及将军、相国、当户、都尉等八十三人。而后在狼居胥山祭天，在姑衍山祭地，且登上高山以望大沙漠。共计七万零四百四十三被捕获俘虏或被杀，汉军大概减损十分之三。他们从敌人那里获取粮食，一次能行到极远的地方而没有断绝军粮。划定五千八百户增封骠骑将军霍去病。"右北平太守路博德隶属于骠骑将军，与骠骑将军在与城会师，未错过日期，随骠骑将军到达梼余山，俘虏和斩杀二千七百匈奴人，划定一千六百户封路博德为符离侯。北地都尉邢山随骠骑将军捕获匈奴小王，划定一千二百户封邢山为义阳侯。以前投降汉朝的匈奴因淳王复陆支、楼专王伊即靬皆随骠骑将军攻匈奴有功，划定一千三百户封复陆支为壮侯，划定一千八百户封伊即靬为众利侯。从骠侯赵破奴、昌武侯赵安稽都随骠骑将军打匈奴有功，各增封三百户。校尉李敢把敌军的军旗战鼓夺了，封为关内侯，赐食邑二百户。校尉徐自为被授予大庶长的爵位。另外骠骑将军霍去病属下的小吏士卒很多都当官和受赏。而大将军卫青却未能得到加封，军中的官员和士卒也都没有被封侯。

【原文】

两军之出塞，塞阅官及私马凡十四万匹，而复入塞者不满三万匹。乃益置大司马位，大将军、骠骑将军皆为大司马。定令，令骠骑将军秩禄与大将军等。自是之后，大将军青日退，而骠骑日益贵。举大将军故人门下多去事骠骑，辄得官爵，唯任安不肯。

骠骑将军为人少言不泄，有气敢任。天子尝欲教之孙吴兵法，对曰："顾方略何如耳，不至学古兵法。"天子为治第，令骠骑视之，对曰："匈奴未灭，无以家为也。"由此上益重爱之。然少而侍中，贵，不省士。其从军，天子为遣太官赍数十乘，既还，重车余弃粱肉，而士有饥者。其在塞外，卒乏粮，或不能自振，而骠骑尚穿域蹋鞠。事多此类。大将军为人仁善退让，以和柔自媚于上，然天下未有称也。

骠骑将军自四年军后三年，元狩六年而卒。天子悼之，发属国玄甲军，陈自长安至茂陵，为冢象祁连山。谥之，并武与广地曰景桓侯。子嬗代侯。嬗少，字子侯，上爱之，幸其壮而将之。居六岁，元封元年，嬗卒，谥哀侯。无子，绝，国除。

自骠骑将军死后，大将军长子宜春侯伉坐法失侯。后五岁，伉弟二人，阴安侯不疑及发干侯登皆坐酎金失侯。失侯后二岁，冠军侯国除。其后四年，大将军青卒，谥为烈侯。子伉代为长平侯。

自大将军围单于之后，十四年而卒。竟不复击匈奴者，以汉马少，而方南诛两越，东伐朝鲜，击羌、西南夷，以故久不伐胡。

大将军以其得尚平阳长公主故，长平侯伉代侯。六岁，坐法失侯。

【译文】

当卫青和霍去病所率领的两支大军出塞时，曾在边塞阅兵，当时官府和私人马匹共计十四万，可当他们重回塞内时，所剩战马不足三万。于是朝廷就增置大司马官位，大将军和骠骑将军都当了大司马。且定下法令，让骠骑将军的官阶和俸禄同大将军相等。此后，大将军卫青的权势日渐减退，而骠骑将军却日益显贵。大将军的老友和门客很多都离开他而去奉事骠骑将军，这些人常因此而得到官爵，只有任安不肯这么做。

骠骑将军为人寡言少语，不泄露别人的话，有气魄，且敢作敢为。武帝曾想教他孙子和吴起的兵法，他说："战争只看方针策略如何足矣，不必学习古代兵法。"武帝为他修盖府第，让骠骑将军去看看，他说："匈奴尚未灭，无心考虑私事。"此后，武帝更加重用和喜爱他。但是，霍去病从少年时代起，就在宫中侍候皇帝，得到显贵，却不知体恤士卒。他出兵打仗时，天子派太官赠送给他几十车食物，回来时，辎重车上丢弃了许多剩余的米和肉，可他的士卒却还有忍饥挨饿的。他在塞外打仗时，士卒缺粮，有人饿得站不住，可骠骑将军却还在画定球场，踢球游戏。他做的事很多都这样。大将军卫青却仁爱善良，有退让的精神，以宽和柔顺取悦皇上，可也不为天下之人称赞。

骠骑将军自元狩四年出击匈奴以后三年，即元狩六年就去世了。武帝对此很悲伤，调遣边境五郡的铁甲军，从长安到茂陵排列成阵，给霍去病修的坟墓外形像祁连山。为他命名谥号，把勇武与扩地两个原则加以合并，称他为景桓侯。霍去病的儿子嬗接替了冠军侯的爵位。霍嬗年纪小，表字子侯，深得皇上的喜爱，希望长大后任命他为将军。六年后，即元封元年，霍嬗死去，皇上封赐他哀侯的谥号。他无子，因而后代断绝了，封国也被废除。

骠骑将军死后，大将军的长子宜春侯卫伉因犯法而失掉侯爵。五年后，卫伉的两个弟弟阴安侯卫不疑和发干侯卫登，也都因犯了助祭金成色不足和分量不够的罪而失掉侯爵。失掉侯爵后两年，冠军侯的封国被废除。此后四年，大将军卫青死去，朝廷加封他的谥号是烈侯。卫青儿子卫伉接替爵位作长平侯。

大将军于围攻匈奴单于后十四年去世，这期间没有再攻打匈奴，是因为汉朝马匹少，且正在讨伐南方的东越和南越，讨伐东方的朝鲜，攻击羌人和西南夷，因此很长时间没有对匈奴用兵。

因大将军卫青娶了平阳公主的原因，所以长平侯卫伉才能接替侯爵。但是六年后，他又因犯法而失掉侯爵。

【原文】

左方两大将军及诸裨将名：

最大将军青，凡七出击匈奴，斩捕首虏五万余级。一与单于战，收河南地，遂置朔方郡，再益封，凡万一千八百户。封三子为侯，侯千三百户。并之，万五千七百户。其校尉裨将以从大将军侯者九人。其裨将及校尉已为将者十四人。为裨将者曰李广，自有传。无传者曰：

将军公孙贺。贺，义渠人，其先胡种。贺父浑邪，景帝时为平曲侯，坐法失侯。贺，武帝为太子时舍人。武帝立八岁，以太仆为轻车将军，军马邑。后四岁，以轻车将军出云中。后五岁，以骑将军从大将军有功，封为南窌侯。后一岁，以左将军再从大将军出定襄，无功。后四岁，以坐酎金失侯。后八岁，以浮沮将军出五原二千余里，无功。后八岁，以太仆为丞相，封葛绎侯。贺七为将军，出击匈奴无大功，而再侯，为丞相。坐子敬声与阳石公主奸，为巫蛊，族灭，无后。

将军李息，郁郅人。事景帝。至武帝立八岁，为材官将军，军马邑；后六岁，为将军，出代；后三岁，为将军，从大将军出朔方：皆无功。凡三为将军，其后常为大行。

【译文】

下面是两位大将军及其诸位副将的名单：

总计大将军卫青出击匈奴共有七次，斩获五万多敌兵。他同单于交战一次，把河南地区收复，于是设置了朔方郡，两次增封，共受封一万一千八百户。他的三个儿子都被封侯，每人受封一千三百户。卫家受封的户数加在一起共有一万五千七百户。卫青的校尉副将因为随卫青有功而被封侯的共有九个人，他的副将及校尉已经当了将军的共十四人。当副将的有位李广，自有传记。其他没有传的有：

将军公孙贺。他是义渠人，祖先是匈奴人。公孙贺的父亲浑邪，在汉景帝时代被封为平曲侯，因犯法而失掉侯爵。公孙贺在汉武帝当太子时做舍人。汉武帝即位八年，公孙贺以太仆身份任轻车将军，在马邑驻军。四年后，公孙贺以轻车将军的身份由云中出发攻打匈奴。又过了五年，公孙贺以骑将军的身份跟随大将军攻打匈奴有功，被封为南窌侯。过了一年，公孙贺以左将军的身份两次随大将军由定襄出兵打匈奴，无功。过了四年，因犯了助祭金成色不足和分量不足之罪而失掉侯爵。过了八年，以浮沮将军的身份由五原出兵，远征两千余里攻打匈奴，无功。过了八年，以太仆的身份出任丞相，受封葛绎侯。公孙贺七次做将军，出击匈奴未立功，却两次被封侯，且当了丞相。后来因儿子公孙敬声与阳石公主通奸，又搞巫蛊之事而被灭族，没有留下后代。

将军李息是郁郅人。他曾服侍过汉景帝，到汉武帝即位八年时，做了材官将军，在马邑驻军。过了六年，他做了将军，从代郡出兵攻打匈奴。过了三年，李息做了将军，随大将军由朔方出兵攻打匈奴。都没有功劳。李息共三次做将军，后来他常常任大行之职。

【原文】

将军公孙敖，义渠人。以郎事武帝。武帝立十二岁，为骑将军，出代，亡卒七千人，当斩，赎为庶人。后五岁，以校尉从大将军有功，封为合骑侯。后一岁，以中将军从大将军，再出定襄，无功。后二岁，以将军出北地，后骠骑期，当斩，赎为庶人。后二岁，以校尉从大将军，无功。后十四岁，以因杅将军筑受降城。七岁，复以因杅将军再出击匈奴，至余吾，亡士卒多，下吏，当斩，诈死，亡居民间五六岁。后发觉，复系。坐妻为巫蛊，族。凡四为将军，出击匈奴，一侯。

将军李沮，云中人。事景帝。武帝立十七岁，以左内史为强弩将军。后一岁，复为强弩将军。

将军李蔡，成纪人也。事孝文帝、景帝、武帝。以轻车将军从大将军有功，封为乐安侯。已为丞相，坐法死。

将军张次公，河东人。以校尉从卫将军青有功，封为岸头侯。其后太后崩，为将军，军北军。后一岁，为将军，从大将军，再为将军，坐法失侯。次公父隆，轻车武射也。以善射，景帝幸近之也。

将军苏建，杜陵人。以校尉从卫将军青，有功，为平陵侯，以将军筑朔方。后四岁，为游击将军，从大将军出朔方。后一岁，以右将军再从大将军出定襄，亡翕侯，失军，当斩，赎为庶人。其后为代郡太守，卒，冢在大犹乡。

将军赵信，以匈奴相国降，为翕侯。武帝立十七岁，为前将军，与单于战，败，降匈奴。

【译文】

将军公孙敖是义渠人。最初以郎官身份服侍汉武帝。汉武帝即位十二年，他做了骑将军，由代郡出兵攻打匈奴，因损失七千士兵而被判死刑，他交了赎金后成为平民百姓。五年后，他以校尉身份随大将军攻打匈奴有功，被封为合骑侯。过了一年，以中将军身份随大将军两次由定襄出兵攻打匈奴，无功。过了两年，他以将军身份由北地出兵，因延误同骠骑将军约定的时间而被判死刑，交了赎金后成为平民百姓。过了二年，他以校尉的身份随大将军攻打匈奴，无功。过了十四年，他以因杅将军的身份负责修筑受降城。七年后，他又以因杅将军的身份再次出兵攻打匈奴，进军到余吾，因损失士卒过多而被交付法官判处死刑，他却诈称已死，逃亡到民间五六年。后来，事发后又被逮捕。因其妻搞巫蛊之事，全家被杀。他共当过四次将军，出击匈奴，一次被封侯。

将军李沮是云中人，曾服侍汉景帝。汉武帝即位十七年时，他以左内史的身份当了强弩将军。一年后，他又当了强弩将军。

将军李蔡是成纪人，服侍过汉文帝、汉景帝和汉武帝。曾以轻车将军身份随大将军攻打匈奴有功，被封为乐安侯。后来做了丞相，因犯法而被杀。

将军张次公是河东人，曾以校尉身份随卫青将军攻打匈奴有功，封为岸头侯。后来王太后去世，他做了将军，驻守在北军的军部所在地。一年后，他以将军身份随大将军卫青攻打匈奴。他两次当将军，因犯法而失掉侯爵。张次公的父亲张隆，是驾驭轻便战车的勇敢射手。因他善射箭而被汉景帝喜欢和亲近。

将军苏建是杜陵人，以校尉身份随卫青将军攻打匈奴，因战功而被封为平陵侯，且以将军身份负责修筑朔方城。四年后，他任游击将军，随大将军卫青由朔方出兵攻打匈奴。过了一年，他以右将军的身份再次随大将军由定襄出兵攻打匈奴，结果翕侯叛逃匈奴，大军蒙受了损失，他被判死刑，交出赎金后成为平民百姓。之后，他任代郡太守。死后葬在大犹乡。

将军赵信，以匈奴相国的身份投降汉朝，被封为翕侯。汉武帝即位十七年，赵信做了前将军，同匈奴单于打仗，失败后投降了匈奴。

【原文】

将军张骞，以使通大夏，还，为校尉。从大将军有功，封为博望侯。后三岁，为将军，出右北平，失期，当斩，赎为庶人。其后使通乌孙，为大行而卒，冢在汉中。

将军赵食其，祋祤人也。武帝立二十二岁，以主爵为右将军，从大将军出定襄，迷失道，当斩，赎为庶人。

将军曹襄，以平阳侯为后将军，从大将军出定襄。襄，曹参孙也。

将军韩说，弓高侯庶孙也。以校尉从大将军有功，为龙额侯，坐酎金失侯。元鼎六年，以待诏为横海将军，击东越有功，为按道侯。以太初三年为游击将军，屯于五原外列城。为光禄勋，掘蛊太子宫，卫太子杀之。

将军郭昌，云中人也。以校尉从大将军。元封四年，以太中大夫为拔胡将军，屯朔方。还击昆明，毋功，夺印。

将军荀彘，太原广武人。以御见，侍中，为校尉，数从大将军。以元封三年为左将军击朝鲜，毋功。以捕楼船将军坐法死。

最骠骑将军去病，凡六出击匈奴，其四出以将军，斩捕首虏十一万余级。及浑邪王以众降数万，遂开河西酒泉之地，西方益少胡寇。四益封，凡万五千一百户。其校吏有功为侯者凡六人，而后为将军二人。

【译文】

将军张骞，以使者的身份出访大夏，回来后任校尉。他因随大将军卫青攻打匈奴有功而被封为博望侯。三年后，他做了将军，由右北平出击匈奴，因误了约定的军期而被判死刑，交了赎罪金后成为平民百姓。以后，他作为使者出使乌孙，后来又做了大行，去世后葬在汉中。

将军赵食其是祋祤人。汉武帝即位二十二年，他以主爵都尉的身份做了右将军，随大将军卫青由定襄出兵攻打匈奴，因迷路延误军期而被判死刑，交了赎罪金后成为平民百姓。

将军曹襄，以平阳侯的身份做了后将军，随大将军卫青由定襄出兵攻打匈奴。曹襄是曹参的孙子。

将军韩说是弓高侯韩颓当的庶出孙子。他以校尉的身份随大将军卫青攻打匈奴有功，被封为龙额侯，后因犯了助祭金成色不足分量不够的罪行而失掉侯爵。元鼎六年，韩说以待诏的身份当上横海将军，因领兵攻打东越有功而被封为按道侯。太初三年，他当上游击将军，在五原以外的一些城堡驻军。后来，他做光禄勋，因到太子宫挖掘巫蛊罪证而被卫太子所杀。

将军郭昌是云中人。他以校尉身份随大将军卫青攻打匈奴。元封四年，他以太中大夫的身份当上拔胡将军，在朔方驻军。回来后，领兵去攻打昆明，因无战功而被收回官印罢了官。

将军荀彘是太原郡广武人。他凭借善于驾车的本领求见皇上，被任命为侍中，又做了校尉，多次随从大将军卫青攻打匈奴。元封三年，他当了左将军，领兵攻打朝鲜，无功。他因捕楼船将军杨仆犯了罪而被处死。

总计骠骑将军霍去病共六次出击匈奴，其中四次出击是以将军的身份，共斩获匈奴兵士十一万多人。浑邪王率几万人投降后，就开拓了河西和酒泉等地，使西部地区匈奴侵扰的活动逐渐减少。他被四次加封，共食邑一万五千一百户。他的校尉因有功而被封侯的共有六人，后来成为将军的有两人。

【原文】

将军路博德，平州人。以右北平太守从骠骑将军有功，为符离侯。骠骑死后，博德以卫尉为伏波将军，伐破南越，益封。其后坐法失侯。为强弩都尉，屯居延，卒。

将军赵破奴，故九原人。尝亡入匈奴，已而归汉，为骠骑将军司马。出北地时有功，封为从骠侯。坐酎金失侯。后一岁，为匈河将军，攻胡至匈河水，无功。后二岁，击虏楼兰王，复封为浞野侯。后六岁，为浚稽将军，将二万骑击匈奴左贤王，左贤王与战，兵八万骑围破奴，破奴生为虏所得，遂没其军。居匈奴中十岁，复与其太子安国亡入汉。后坐巫蛊，族。

自卫氏兴，大将军青首封，其后枝属为五侯。凡二十四岁而五侯尽夺，卫氏无为侯者。

太史公曰：苏建语余曰："吾尝责大将军至尊重，而天下之贤大夫毋称焉，愿将军观古名将所招选择贤者，勉之哉。大将军谢曰：'自魏其、武安之厚宾客，天子常切齿。彼亲附士大夫，招贤绌不肖者，人主之柄也。人臣奉法遵职而已，何与招士！'"骠骑亦放此意，其为将如此。

【译文】

将军路博德是平州人。他因以右北平太守的身份随骠骑将军攻打匈奴有功而被封为符离侯。骠骑将军霍去病去世后，路博德以卫尉的身份做了伏波将军，讨伐并打败南越，朝廷给予加封。此后他因犯法而失掉侯爵。后来，他又做了强弩都尉，在居延驻军，直到去世。

将军赵破奴原为九原人，曾逃到匈奴，后来又回归汉朝，做了骠骑将军霍去病的司马。他领兵由北地出击匈奴，时常有功，因而被封为从骠侯。后来他因犯了助祭金成色不足分量不够的罪行而失掉侯爵。一年后，他做了匈河将军，攻打匈奴直到匈河水，无战功。过了两年，他因攻打并并将楼兰王俘虏而被封为浞野侯。六年后，他做了浚稽将军，率两万骑兵攻打匈奴左贤王，左贤王同他交战，用八万骑兵围困了赵破奴，赵破奴被敌人活捉，其军队也全部覆灭。他在匈奴住了十年后又同长子安国逃回汉朝。后来，因犯巫蛊罪而被灭族。

自从卫氏兴起，大将军卫青首先被封侯，后来其子孙有五人被封侯。共历时二十四年，而五个侯爵全被剥夺，卫氏再无人被封侯。

太史公说：苏建曾对我说："我曾责备大将军卫青那么尊贵却不被全国的贤士大夫称赞，希望将军能够效法古代那些招选贤人的名将，努力去做吧。大将军拒绝说：'自从魏其侯窦婴和武安侯田蚡厚待宾客，天下之人便常常切齿痛恨。那亲近和安抚士大夫，招选贤才，废除不肖者的事，是国君的权柄。臣子只需遵守法度做好本职工作，何必参与招选贤士之事呢？’”骠骑将军霍去病也仿效这种想法，他们当将军的做法就是这样。

【评析】

外戚在中国的封建社会占据着很重要的位置，这是因为，在中国封建社会的舞台上，皇帝是主角，后妃则是很重要的配角。后宫佳丽三千，当集三千宠爱于一身的时候，她的命运就从此改写了，随之改写命运的还有她的家人。所谓“一人得道，鸡犬升天”，白居易在《长恨歌》里写道“姊妹弟兄皆列土，可怜光彩生门户。遂令天下父母心，不重生男重生女。”在男尊女卑的封建社会，“不重生男重生女”实在是极度反常，然而这种反常又恰恰说明一旦成为外戚就将会有数不尽的好处接踵而至，金钱、权力、地位等，这种金钱有时候可能是整个江山，这种权力有时候可能就达到至高无上，这种地位有时候就可能是指点江山的天子。历史上这样的例子数不胜数，隋朝开国皇帝杨坚就以外戚的身份执掌了皇权，王莽也是以外戚的身份几乎一统江山，类似的还有很多很多。当然像文中提到的卫青和霍去病，身为外戚，大功于朝廷，又备受当时及后世的景仰的可谓凤毛麟角。

第二十一章 游侠列传

【原文】

韩子曰："儒以文乱法，而侠以武犯禁。"二者皆讥，而学士多称于世云。至如以术取宰相卿大夫，辅翼其世主，功名俱著于春秋，固无可言者。及若季次、原宪，闾巷人也，读书怀独行君子之德，义不苟合当世，当世亦笑之。故季次、原宪终身空室蓬户，褐衣疏食不厌。死而已四百余年，而弟子志之不倦。今游侠，其行虽不轨于正义，然其言必信，其行必果，已诺必诚，不爱其躯，赴士之厄困，既已存亡死生矣，而不矜其能，羞伐其德，盖亦有足多者焉。

且缓急，人之所时有也。太史公曰：昔者虞舜窘于井廪，伊尹负于鼎俎，傅说匿于傅险，吕尚困于棘津，夷吾桎梏，百里饭牛，仲尼畏匡，菜色陈、蔡。此皆学士所谓有道仁人也，犹然遭此灾，况以中材而涉乱世之末流乎？其遇害何可胜道哉！

鄙人有言曰："何知仁义，已飨其利者为有德。"故伯夷丑周，饿死首阳山，而文武不以其故贬王；跖、蹻暴戾，其徒诵义无穷。由此观之，"窃钩者诛，窃国者侯，侯之门仁义存"，非虚言也。

【译文】

韩非子说："儒生用儒家经典来破坏法度，而侠士用勇武的行为来违犯法令。"韩非对这两种人都加以讥笑，但儒生却往往被世人所称颂。至于用权术取得宰相卿大夫的职位，辅助当代天子，其功名都被记载在史书中，这本来没什么可说的。至于像季次、原宪，他们是平民百姓，用功读书，怀抱着特异的君子的德操，坚守道义，不与当代同流合污，他们也被当代世俗之人所嘲笑。因此季次和原宪一生都住在空荡荡的草屋里，穿粗布衣，连粗饭都吃不饱。他们死了四百余年了，而他们世代相传的弟子们，却不知倦怠地怀念着他们。今天的游侠者，他们的行为虽然不符合道德法律准则，但他们说话一定守信用，做事一定果断，已经答应的必定实现，以示诚实，肯于牺牲，去救助别人的危难。已经历了生死存亡的考验，却并不自我夸耀本领，也不好意思夸耀自己的功德，也许这也是很值得赞美的地方吧！

况且危急之事，人们总是能遇到。太史公说：以前虞舜在淘井和修廪时遇到了危难，伊尹也曾背负鼎俎当厨师，傅说曾藏身傅岩服苦役，吕尚曾在棘津遭遇困厄，管仲曾戴过脚镣与手铐，百里奚曾喂牛做奴隶，孔子曾在匡遭拘囚，在陈、蔡遭饥饿。这些人都是儒生所称扬的有道德的仁人，他们尚且遭遇这样的灾难，更何况是中等才能且又遇到乱世的人呢？他们所遇的灾难怎么能说得完呢？

世俗人有这样的说法："何必要去区别仁义与否，已经受利的就算是有德。"因此伯夷以吃周粟为耻，竟饿死在首阳山；而文王和武王却并未因此而损害王者的声誉。盗跖和庄蹻凶暴残忍，可是他们的党徒却歌颂他们道义无疆。由此可见，"偷盗衣带钩的要被诛杀，盗窃国家政权的却被封侯，受封为侯的人家就有仁义了"，这话并非虚假不实之言啊。

【原文】

今拘学或抱咫尺之义，久孤于世，岂若卑论侪俗，与世沉浮而取荣名哉！而布衣之徒，设取予然诺，千里诵义，为死不顾世，此亦有所长，非苟而已也。故士穷窘而得委命，此岂非人之所谓贤豪间者邪？诚使乡曲之侠，予季次、原宪比权量力，效功于当世，不同日而论矣。要以功见言信，侠客之义又曷可少哉！

古布衣之侠，靡得而闻已。近世延陵、孟尝、春申、平原、信陵之徒，皆因王者亲属，藉于有土卿相之富厚，招天下贤者，显名诸侯，不可谓不贤者矣。比如顺风而呼，声非加疾，其势激也。至如闾巷之侠，修行砥名，声施于天下，莫不称贤，是为难耳。然儒、墨皆排摈不载。自秦以前，匹夫之侠，湮灭不见，余甚恨之。以余所闻，汉兴有朱家、田仲、王公、剧孟、郭解之徒，虽时扞当世之文罔，然其私义廉洁退让，有足称者。名不虚立，士不虚附。至如朋党宗强比周，设财役贫，豪暴侵凌孤弱，恣欲自快，游侠亦丑之。余悲世俗不察其意，而猥以朱家、郭解等令与暴豪之徒同类而共笑之也。

鲁朱家者，与高祖同时。鲁人皆以儒教，而朱家用侠闻。所藏活豪士以百数，其余庸人不可胜言。然终不伐其能，歆其德，诸所尝施，唯恐见之。振人不赡，先从贫贱始。家无余财，衣不完采，食不重味，乘不过軥牛。专趋人之急，甚己之私。既阴脱季布将军之厄，及布尊贵，终身不见也。自关以东，莫不延颈愿交焉。

【译文】

如今拘泥于片面见闻的学者，有的死守着狭隘的道理，久久地孤立于世人之外，怎能比得上以低下的观点迁就世俗、随世俗的沉浮而博取荣耀和名声的人呢？而平民百姓之人，看重取予皆符合道义、应允能实现的美德，不惜千里之外去追随道义，为道义而死而不顾世俗的责难，这也是他们的长处所在，并非轻易就可做到的。所以读书人穷困窘迫时，愿意托身于他，这难道不就是人们所说的贤能豪侠中间之人吗？若真能让民间游侠者与季次、原宪比较权势和力量，比对当代的贡献，是不可同日而语的。总之，从事情的显现和言必有信的角度看，侠客的正义行为又怎可缺少呢！

古代的平民侠客，没有听说过。近代延陵季子、孟尝君、春申君、平原君、信陵君这些人，都是由于君王的亲属，依仗封国及卿相的雄厚财富，招揽天下名士，在各诸侯国中声名显赫，不能说他们不是贤才。这就好比顺风呼喊，并非声音更加洪亮，可听者却感到清楚，这是由于风势激荡。至于闾巷的布衣侠客，修行品行，磨砺名节，名望传布天下，无人不称颂其贤德，这是不好做到的。可儒家和墨家都排斥扬弃他们，不在他们的文献中记载。秦朝以前，平民侠客的事迹就已被埋没而见不到了，我深感遗憾。据我听说的情况来看，汉朝建立以来，有朱家、田仲、王公、剧孟、郭解等人，他们虽常违犯汉朝的法律禁令，但他们的行为符合道义，廉洁而有退让的精神，有值得称赞之处。他们的名声并不是虚假地树立起来的，读书人也并非毫无根据地附和他们。至于那些结成帮派的豪强，互相勾结，依势奴役穷人，凭豪强暴力欺凌孤独势弱之人，放纵欲望，自己满足取乐，这也是游侠之士以为耻的。我哀伤世俗之人不能明察其中的真意，反而错误地把朱家和郭解等人与暴虐豪强之流的人看作同类，一样地加以嘲笑。

鲁国的朱家与高祖为同时代人。鲁国人都喜欢儒家思想的教育，而朱家却以侠士闻名。他藏匿和救活了几百名豪杰，另外普通人被救的说也说不完。但他始终不夸耀自己的才能，不自我欣赏对别人施的恩德，那些他曾给予过施舍的人，害怕再见到他们。他救济别人的困难，先从贫贱开始。他家中无剩余钱财，衣服破到没有完整的彩色，每顿饭只吃一样菜，乘坐的不过是牛拉的车子。他一心救别人于危难，胜过为自己办事。他曾暗中帮助季布将军摆脱了被杀的厄运，等季布将军地位尊贵后，他却始终不肯与季布相见。从函谷关往东，人们莫不伸长脖子盼着同他交往。

【原文】

楚田仲以侠闻，喜剑，父事朱家，自以为行弗及。田仲已死，而雒阳有剧孟。周人以商贾为资，而剧孟以任侠显诸侯。吴楚反时，条侯为太尉，乘传车将至河南，得剧孟，喜曰："吴楚举大事而不求孟，吾知其无能为已矣。"天下骚动，宰相得之若得一敌国云。剧孟行大类朱家，而好博，多少年之戏。然剧孟母死，自远方送丧盖千乘。及剧孟死，家无余十金之财。而符离人王孟亦以侠称江淮之间。

是时济南瞯氏、陈周庸亦以豪闻，景帝闻之，使使尽诛此属。其后代诸白、梁韩无辟、阳翟薛兄、陕韩孺纷纷复出焉。

郭解，轵人也，字翁伯，善相人者许负外孙也。解父以任侠，孝文时诛死。解为人短小精悍，不饮酒。少时阴贼，慨不快意，身所杀甚众。以躯借交报仇，藏命作奸剽攻，休乃铸钱掘冢，固不可胜数。适有天幸，窘急常得脱，若遇赦。及解年长，更折节为俭，以德报怨，厚施而薄望。然其自喜为侠益甚。既已振人之命，不矜其功，其阴贼著于心，卒发于睚眦如故云。而少年慕其行，亦辄为报仇，不使知也。解姊子负解之势，与人饮，使之嚼。非其任，强必灌之。人怒，拔刀刺杀解姊子，亡去。解姊怒曰："以翁伯之义，人杀吾子，贼不得。"弃其尸于道，弗葬，欲以辱解。解使人微知贼处。贼窘自归，具以实告解。解曰："公杀之固当，吾儿不直。"遂去其贼，罪其姊子，乃收而葬之。诸公闻之，皆多解之义，益附焉。

【译文】

楚地的田仲因侠义闻名，他喜好剑术，像服侍父亲那样对待朱家，他认为自己的操行比不上朱家。田仲死后，洛阳出了个剧孟。洛阳人以经商为生，而剧孟因行侠显名于诸侯。吴、楚七国叛乱时，条侯周亚夫任太尉，乘着驿站的车子，就要到洛阳时得到剧孟，高兴地说："吴、楚七国发动叛乱而不求剧孟相助，我知道他们是不会有作为的。"天下动乱，太尉得到他就像得到了一个相等的国家。剧孟的行为大致跟朱家相似，却喜欢博棋，他所做的多半为少年人的游戏。可剧孟的母亲去世时，从远方来送丧车子大概有上千辆。等到剧孟去世时，家中连十金的钱财都没有。这时符离人王孟也因行侠而闻名于长江和淮河之间。

这时济南瞯姓的人家、陈地的周庸也因豪侠而闻名。汉景帝听说后，派使者把他们全杀了。此后，代郡姓白的、梁地的韩无辟、阳翟的薛况、陕地的韩孺等又纷纷出现。

郭解是轵县人，字翁伯。他是善给人相面的许负的外孙。郭解的父亲因行侠而在汉文帝时被杀。郭解个子矮小，精明强悍，不喝酒。他小时候残忍狠毒，心中愤慨不快时，就亲手杀很多人。他不惜牺牲生命去为朋友报仇，藏匿亡命之徒去犯法抢劫，停下来就私铸钱币，盗挖坟墓，其不法活动数都数不清。但却能得到上天的保佑，在窘迫危急时常能脱身，或者遇到大赦。等郭解年纪大了，就改变行为，检点自己，以恩报怨，多施舍别人，并且很少怨恨别人。但他自己喜欢行侠的思想越来越强烈。救了别人的命也不自夸功劳，但其内心仍然残忍狠毒，为小事突然怨怒行凶依然像从前。当时的少年仰慕他的行为，也常为他报仇，却不让他知道。郭解姐姐的儿子仗着郭解的势力，同别人喝酒，让人家干杯。若人家的酒量小不能再喝了，他还要强行灌酒。那人发怒，就拔刀刺死了郭解姐姐的儿子，然后逃跑了。郭解姐姐发怒道："以弟弟翁伯的义气，人家杀了我的儿子，凶手却无法捉到。"于是她就把儿子的尸体丢弃在道上，不埋葬，想以此羞辱郭解。郭解暗中派人探知凶手下落。凶手窘迫，自动回来把真实情况告诉了郭解。郭解说："你杀了他本应该，是我家孩子无理。"于是就放了凶手，把罪责归于姐姐的儿子，并将其收尸埋葬。人们听到此事，都称赞郭解的道义行为，更加依附于他。

【原文】

解出入，人皆避之。有一人独箕倨视之，解遣人问其名姓。客欲杀之。解曰："居邑屋至不见敬，是吾德不修也，彼何罪！"乃阴属尉史曰："是人，吾所急也，至践更时脱之。"每至践更，数过，吏弗求。怪之，问其故，乃解使脱之。箕踞者乃肉袒谢罪。少年闻之，愈益慕解之行。

雒阳人有相仇者，邑中贤豪居间者以十数，终不听。客乃见郭解。解夜见仇家，仇家曲听解。解乃谓仇家曰："吾闻雒阳诸公在此间，多不听者。今子幸而听解，解奈何乃从他县夺人邑中贤大夫权乎！"乃夜去，不使人知，曰："且无用，待我去，令雒阳豪居其间，乃听之。"

解执恭敬，不敢乘车入其县廷。之旁郡国，为人请求事，事可出，出之；不可者，各厌其意，然后乃敢尝酒食。诸公以故严重之，争为用。邑中少年及旁近县贤豪，夜半过门常十余车，请得解客舍养之。

及徙豪富茂陵也，解家贫，不中訾，吏恐，不敢不徙。卫将军为言："郭解家贫不中徙。"上曰："布衣权至使将军为言，此其家不贫。"解家遂徙。诸公送者出千余万。轵人杨季主子为县掾，举徙解。解兄子断杨掾头。由此杨氏与郭氏为仇。

【译文】

郭解每次外出或归来，人们都躲避他，只有一个人傲慢地坐在地上看他，郭解派人去问他的姓名。门客中有人要杀那人，郭解说："在乡里之中居住，却不被人尊敬，这是我自己道德修养得还不够，他有什么罪过啊。"于是就暗中嘱托尉史道："此人是我最关心的，轮到他服役时，请加以免除。"以后每到服役时，好多次县中官吏都没找这位对郭解无礼之人。他感到奇怪，问其中原因，原来是郭解使人免除了他的差役。于是，他就袒露着身体去找郭解谢罪。少年们听说后越发仰慕郭解的行为。

洛阳人有相互结仇的，城中有数以十计的贤人豪杰从中调解，双方始终不听劝解。门客们就来拜见郭解，说明情况。郭解晚上去会见结仇的人家，他们出于对郭解的尊重，委屈心意地听从了劝告，准备和好。郭解就对仇家说："我听说洛阳诸公为你们调解，你们都不接受。现在你们幸而听从了我的劝告，我怎可从别县跑来侵夺人家城中贤豪大夫们的调解权呢？"于是郭解又当夜离去，不让人知道，说："暂时不要听我的调解，等我离开后，让洛阳豪杰从中调解，你们就听他们的。"

郭解保持着恭敬待人的态度，从不敢乘车走进县衙门。他到旁的郡国去替人办事，能办的一定办成，办不成的，也要尽量使有关方面都满意，然后才敢去吃人家酒饭。所以深受大家的尊重，都争着为他效力。城中少年及附近县城的贤人豪杰，半夜上门拜访郭解的总是有十多辆车子，请求把郭解家的门客接回自家供养。

到汉武帝元朔二年，朝廷要将各郡国的豪富人家迁往茂陵居住，郭解家贫，不符合资财三百万的迁转标准，但迁移名单中仍有郭解，因而官吏害怕，不敢不让郭解迁移。当时卫青将军替郭解向皇上说："郭解家贫，不符合迁移标准。"但是皇上却说："一个百姓的权势竟能使将军为他说话，可见他家不穷。"郭解于是被迁徙到茂陵。人们为郭解送行共出钱一千余万。轵人杨季主的儿子当县掾，是他提名迁徙郭解的。郭解哥哥的儿子把杨县掾的头砍掉。从此杨家与郭家结仇。

【原文】

解入关，关中贤豪知与不知，闻其声，争交欢解。解为人短小，不饮酒，出未尝有骑。已又杀杨季主。杨季主家上书，人又杀之阙下。上闻，乃下吏捕解。解亡，置其母家室夏阳，身至临晋。临晋籍少公素不知解，解冒，因求出关。籍少公已出解，解转入太原，所过辄告主人家。吏逐之，迹至籍少公。少公自杀，口绝。久之，乃得解。穷治所犯，为解所杀，皆在赦前。轵有儒生侍使者坐，客誉郭解，生曰："郭解专以奸犯公法，何谓贤！"解客闻，杀此生，断其舌。吏以此责解，解实不知杀者。杀者亦竟绝，莫知为谁。吏奏解无罪。御史大夫公孙弘议曰："解布衣为任侠行权，以睚眦杀人，解虽弗知，此罪甚于解杀之。当大逆无道。"遂族郭解翁伯。

自是之后，为侠者极众，敖而无足数者。然关中长安樊仲子，槐里赵王孙，长陵高公子，西河郭公仲，太原卤公孺，临淮儿长卿，东阳田君孺，虽为侠而逡逡有退让君子之风。至若北道姚氏，西道诸杜，南道仇景，东道赵他、羽公子，南阳赵调之徒，此盗跖居民间者耳，曷足道哉！此乃乡者朱家之羞也。

太史公曰：吾视郭解，状貌不及中人，言语不足采者。然天下无贤与不肖，知与不知，皆慕其声，言侠者皆引以为名。谚曰："人貌荣名，岂有既乎！"於戏，惜哉！

【译文】

郭解迁移到关中，关中贤人豪杰不管以前是否知道郭解，现在听到他的名声，也都争着与他交好。郭解个子矮，不喝酒，出门不乘马。后来又把杨季主杀了。杨季主的家人上书告状，有人又把告状的在宫门下给杀了。皇上听说此事，就向官吏下令捕捉郭解。郭解逃跑，把母亲安置在夏阳，自己逃到临晋。临晋籍少公向来不认识郭解，郭解冒昧去会见，顺便要求他帮助出关。籍少公送郭解出关后，郭解转移到太原，所到之处，总把自己的情况告诉留他食宿的人家。官吏追逐郭解，追踪到籍少公家里。籍少公无奈自杀，断绝了口供。很久，官府才捕到郭解，并彻底深究他的犯法罪行，发现了一些人被郭解所杀的事，都发生在赦令公布之前。一次，轵县有个儒生陪前来查办郭解案件的使者闲坐，郭解门客称赞郭解，他却说："郭解专爱做那些奸邪犯法之事，怎能说他是贤人呢？"郭解门客听到此话，就把这个儒生杀了，并割下了他的舌头。官吏以此责问郭解，让他交出凶手，而郭解确实不知道是谁杀的人。杀人者也始终没查出来，不知道是谁。官吏向皇上报告，说郭解无罪。御史大夫公孙弘议论道："郭解以平民身份玩弄权诈之术，因小事而杀人，他自己虽不知道，可这个罪过比他自己杀人还严重呢。应判处他大逆无道之罪。"于是就诛杀了郭解翁伯的家族。

此后，行侠的人特多，但都傲慢无礼没有值得称道的。但是关中长安的樊仲子、槐里赵王孙，长陵的高公子，西河的郭公仲，太原的卤公孺，临淮的儿长卿，东阳的田君孺，虽然行侠却能有谦虚退让的君子之风。至于像北道的姚氏，西道的一些姓杜的，南道的仇景，东道的赵他、羽公子，南阳赵调之流，他们不过都是处在民间的盗跖罢了，怎值得一提呢！这些都是被以前朱家那样的人视为可耻的人。

太史公说：我看郭解，状貌不比中等人才，语言也无可取的地方。可天下人们，无论贤人还是不肖之人，无论认识他还是不认识他的，都仰慕他的声名，谈论游侠的都标榜郭解以提高自己的名声。谚语说："人可用光荣的名声作容貌，难道会有穷尽之时吗？"唉，可惜呀！

【评析】

韩非子曾说："儒以文乱法，而侠以武犯禁。"他认为儒生和侠士，同为不利于社会发展进步的"五蠹"之一。然而，正如儒家思想一直是中国封建社会的主流统治思想，侠义精神同样是广大民众一直都极为渴慕和崇尚的思想理念。昔时，孟尝君、信陵君、平原君、春申君大肆招揽天下之士，其中就有许多不为名利、专门济人危困的侠士。朱家由于长时间地济人危困，所以由本来很富裕变成后来衣食住行越来越简陋，然而这非但没有让人瞧不起，反而让他赢得了更多人的称赏和爱戴。朱家死后，以侠义闻名者，楚地有田仲、剧孟等人。景帝时，济南瞷氏以侠义闻名，被张汤治罪诛杀。此后，在景帝朝内被砍头捕杀的侠士颇多，难以数计。然而，侠士并未因这场浩劫而远离人们的生活，就像秦始皇焚书坑儒，却无法禁止后人去读古代圣贤之书一样。在当时众多的侠士中，名声最响的，当属轵州人郭解。郭解年少时也有作奸犯科，但是伴随着年龄的增长，他意识到自己狂放的行为可能给自己带来严重的后果，于是就开始收敛，尽管依然犯法，但郭解已经完全摆脱了自我私欲的控制，转为劫富济贫。古代的老百姓对这样的人显然是欢迎的，在那种统治阶级只顾自身利益的封建社会里，能有一个肯为自己服务的侠士，大家自然是求之不得的。郭解也就理所当然地受到了大多数人的拥戴，甚至有人肯为他去犯法。他其貌不扬，言不惊人，但是却能笼络社会上众人的心，虽然未得善终，但其个人魅力是任何人、任何时代都无法磨灭的。

第二十二章 滑稽列传

【原文】

孔子曰："六艺于治一也。礼以节人，乐以发和，书以道事，诗以达意，易以神化，春秋以义。"太史公曰：天道恢恢，岂不大哉！谈言微中，亦可以解纷。

淳于髡者，齐之赘婿也。长不满七尺，滑稽多辩，数使诸侯，未尝屈辱。齐威王之时喜隐，好为淫乐长夜之饮，沉湎不治，委政卿大夫。百官荒乱，诸侯并侵，国且危亡，在于旦暮，左右莫敢谏。淳于髡说之以隐曰："国中有大鸟，止王之庭，三年不蜚又不鸣，不知此鸟何也？"王曰："此鸟不飞则已，一飞冲天；不鸣则已，一鸣惊人。"于是乃朝诸县令长七十二人，赏一人，诛一人，奋兵而出。诸侯振惊，皆还齐侵地。威行三十六年。语在田完世家中。

威王八年，楚大发兵加齐。齐王使淳于髡之赵请救兵，赍金百斤，车马十驷。淳于髡仰天大笑，冠缨索绝。王曰："先生少之乎？"髡曰："何敢！"王曰："笑岂有说乎？"髡曰："今者臣从东方来，见道旁有禳田者，操一豚蹄，酒一盂，祝曰：'瓯窭满篝，污邪满车，五谷蕃熟，穰穰满家。' 臣见其所持者狭而所欲者奢，故笑之。"于是齐威王乃益赍黄金千溢，白璧十双，车马百驷。髡辞而行，至赵。赵王与之精兵十万，革车千乘。楚闻之，夜引兵而去。

【译文】

孔子说："六经对于治理国家来讲，作用都是一样的，《礼》用来规范人的言行，《乐》用来启发人的和谐，《书》用来叙述以往的事情，《诗》用来表达人的情感，《易》用来明辨天地万物的神秘变化，《春秋》用来阐释世间的道义。"太史公说：天地之间的道义宽广无疆，难道还不够伟大吗！言谈若能稍微切中事理，也可排解纠纷。

淳于髡是齐国的一个入赘女婿。身高不足七尺，为人滑稽善辩，多次出使诸侯国，从未受过辱。齐威王在位时，爱说隐语，又喜好彻夜宴饮，逸乐无度，陶醉于饮酒之中，不理政事，把政事委托给卿大夫。文武百官荒淫放纵，各国都来侵犯，国家危在旦夕。齐王身边近臣都不敢进谏。淳于髡用隐语来规劝讽谏齐威王，说："都城中有只大鸟，落在了大王的庭院中，三年来不飞也不叫，大王知道这只鸟是为什么吗？"齐威王说："此鸟不飞则已，一飞就直冲云霄；不鸣则已，一鸣就使人震惊。"于是就诏令全国七十二个县的长官全来入朝奏事，奖赏一人，诛杀一人；然后又发兵御敌，诸侯十分惊恐，把侵占的土地又全部归还齐国。齐国的声威竟维持达三十六年之久。这些话全记载在《田完世家》里。

齐威王八年，楚国派大军侵犯齐境。齐王派淳于髡出使赵国请求援军，让他携带礼物百斤黄金，十辆驷马车。淳于髡却仰天大笑，连系帽子的带子都笑断了。威王说："先生是嫌礼物太少吗？"淳于髡说："怎敢嫌少！"威王说："那您笑难道有什么说辞吗？"淳于髡说："今天我从东边来时，看到路旁有个人在祈祷田神，他拿着一个猪蹄、一杯酒，祈祷道：'高地上收获的谷物盛满篝笼，低田里收获的庄稼装满车辆；五谷繁茂丰熟，米粮堆积满仓。'我见他拿的祭品很少，祈求的东西却太多，因此笑他。"于是齐威王就把礼物增加到黄金千镒、白璧十对、驷马车百辆。淳于髡于是告辞起行，来到赵国。赵王拨给他十万精兵、一千辆裹有皮革的战车。楚国闻听此消息，连夜退兵。

【原文】

威王大说，置酒后宫，召髡赐之酒。问曰："先生能饮几何而醉？"对曰："臣饮一斗亦醉，一石亦醉。"威王曰："先生饮一斗而醉，恶能饮一石哉！其说可得闻乎？”髡曰：“赐酒大王之前，执法在旁，御史在后，髡恐惧俯伏而饮，不过一斗径醉矣。若亲有严客，髡帣韝鞠跽，待酒于前，时赐余沥，奉觞上寿，数起，饮不过二斗径醉矣。若朋友交游，久不相见，卒然相睹，欢然道故，私情相语，饮可五六斗径醉矣。若乃州闾之会，男女杂坐，行酒稽留，六博投壶，相引为曹，握手无罚，目眙不禁，前有坠珥，后有遗簪，髡窃乐此，饮可八斗而醉二参。日暮酒阑，合尊促坐，男女同席，履舄交错，杯盘狼藉，堂上烛灭，主人留髡而送客，罗襦襟解，微闻芗泽，当此之时，髡心最欢，能饮一石。故曰酒极则乱，乐极则悲；万事尽然，言不可极，极之而衰。”以讽谏焉。齐王曰：“善。”乃罢长夜之饮，以髡为诸侯主客。宗室置酒，髡尝在侧。

其后百余年，楚有优孟。

优孟，故楚之乐人也。长八尺，多辩，常以谈笑讽谏。楚庄王之时，有所爱马，衣以文绣，置之华屋之下，席以露床，啖以枣脯。马病肥死，使群臣丧之，欲以棺椁大夫礼葬之。左右争之，以为不可。王下令曰：“有敢以马谏者，罪至死。”优孟闻之，入殿门。仰天大哭。王惊而问其故。优孟曰：“马者王之所爱也，以楚国堂堂之大，何求不得，而以大夫礼葬之，薄，请以人君礼葬之。”王曰：“何如？”

【译文】

齐威王很高兴，在后宫设置酒肴，召见淳于髡，赐给他酒喝。问他说：“先生能喝多少酒才醉？”淳于髡说：“我喝一斗酒也能醉，喝一石酒也能醉。”威王说：“先生喝一斗就醉了，怎么还能喝一石呢？能跟我说说其中道理吗？”淳于髡说：“大王当面赏酒给我，执法官在旁边站着，御史在背后站着，我胆战心惊，低头伏地地喝，不到一斗就醉了。若父母有尊贵的客人来家，我卷起袖子，弓着身子，奉酒敬客，客人不时赏我残酒，屡次举杯敬酒应酬，不到两斗就醉了。若朋友间交游，好久不曾见面，突然相见了，高兴地讲述往事，倾吐衷肠，大约喝五六斗就醉了。至于乡里之间的聚会，男女杂坐，彼此敬酒，无时间限制，又作六博、投壶一类的游戏，呼朋唤友，相邀成对，握手言欢不受处罚，眉目传情不遭禁止，面前有耳环落下，背后有发簪丢掉，此时我最开心，可喝上八斗酒，也不过有两三分醉意。天黑了，酒也快完了，把剩下的酒并在一起，大家促膝而坐，男女同席，鞋子木屐混杂，杯盘杂乱不堪，堂屋里蜡烛已经熄灭，主人只留住我一人，而把别的客人都送走，绫罗短袄的衣襟已经解开，略略闻到阵阵香味，这时我心里最为高兴，就能喝下一石酒。所以说，酒喝得太多就容易出乱子，乐极生悲。大凡事情皆如此，即做事不能做到极点，做到了极点就会走向衰败。”淳于髡以此来婉转地劝说齐威王。威王说：“好。”于是，威王就不再彻夜欢饮，并任用淳于髡为接待诸侯宾客的宾礼官。齐王宗室设置酒宴，淳于髡常常作陪。

在淳于髡之后一百多年，楚国出了个优孟。

优孟本是楚国的老歌舞艺人。他身高八尺，能言善辩，常用说笑方式劝诫楚王。楚庄王有一匹爱马，给它穿华美的绣花衣服，养在富丽堂皇的屋里，睡在没有帐幔的床上，用蜜饯枣干来喂它。马因而得肥胖病而死，庄王便派群臣给马办丧事，要用棺椁盛殓，按大夫那样的礼仪来葬埋死马。左右近臣争论此事，认为这样不妥。庄王下令道：“有谁再敢以葬马的事来进谏，就处死。”优孟听说后，走进殿门，仰天大哭。庄王吃惊地问他为何哭。优孟说：“马是大王所喜爱的，就凭楚国这样强大，有什么事办不到，却用大夫的礼仪来埋葬它，太薄待了，请用人君的礼仪来埋葬它。”庄王问：“那怎么办？”

【原文】

对曰：“臣请以雕玉为棺，文梓为椁，楩枫豫章为题凑，发甲卒为穿圹，老弱负土，齐赵陪位于前，韩魏翼卫其后，庙食太牢，奉以万户之邑。诸侯闻之，皆知大王贱人而贵马也。”王曰：“寡人之过一至此乎！为之奈何？”优孟曰：“请为大王六畜葬之。以垅灶为椁，铜历为棺，赍以姜枣，荐以木兰，祭以粮稻，衣以火光，葬之于人腹肠。”于是王乃使以马属太官，无令天下久闻也。

楚相孙叔敖知其贤人也，善待之。病且死，属其子曰：“我死，汝必贫困。若往见优孟，言我孙叔敖之子也。”居数年，其子穷困负薪，逢优孟，与言曰：“我，孙叔敖子也。父且死时，属我贫困往见优孟。”优孟曰：“若无远有所之。”即为孙叔敖衣冠，抵掌谈语。岁余，像孙叔敖，楚王及左右不能别也。庄王置酒，优孟前为寿。庄王大惊，以为孙叔敖复生也，欲以为相。优孟曰："请归与妇计之，三日而为相。"庄王许之。三日后，优孟复来。王曰："妇言谓何？"孟曰："妇言慎无为，楚相不足为也。如孙叔敖之为楚相，尽忠为廉以治楚，楚王得以霸。今死，其子无立锥之地，贫困负薪以自饮食。必如孙叔敖，不如自杀。"因歌曰："山居耕田苦，难以得食。起而为吏，身贪鄙者余财，不顾耻辱。身死家室富，又恐受赇枉法，为奸触大罪，身死而家灭。贪吏安可为也！念为廉吏，奉法守职，竟死不敢为非。廉吏安可为也！楚相孙叔敖持廉至死，方今妻子穷困负薪而食，不足为也！"于是庄王谢优孟，乃召孙叔敖子，封之寝丘四百户，以奉其祀。后十世不绝。此知可以言时矣。

其后二百余年，秦有优旃。

【译文】

优孟说："我请求用雕刻花纹的美玉做棺材，用细致的梓木做套材，用楩、枫、樟等名贵木材做护棺的木块，命士兵给它挖掘墓穴，让老人儿童背土筑坟，齐国和赵国的使臣都在前面陪祭，韩国和魏国的使臣在后面护卫，建立祠庙，用牛羊猪做祭祀，封万户大邑来供奉。诸侯听说后，就都知道大王轻视人而看重马了。"庄王说："我竟错到了这种地步吗？该怎么办才好呢？"优孟说："请大王准许按埋葬畜生的办法来葬埋它：在地上堆个土灶做套材，用大铜锅当棺材，用姜枣调味，用香料解腥，用稻米作祭品，用火做衣服，将其安葬在人的肚肠中。"于是庄王就派人把马交给了主管宫中膳食的太官，不让天下人长久传扬此事。

楚国宰相孙叔敖深知优孟贤能，待他很好。孙叔敖患病临终前，叮嘱他的儿子说："我死后，你必定贫困。那时你就去拜见优孟，说你是孙叔敖的儿子。"几年后，孙叔敖的儿子果然十分困窘，以卖柴为生。一次路遇优孟，就对优孟说："我是孙叔敖的儿子。父亲临终前，嘱咐我贫困时就去拜见您。"优孟说："你不要去远处。"于是，他就立即缝制了类似孙叔敖的衣服帽子穿戴起来，模仿孙叔敖的言谈举止，音容笑貌。一年多的时间，模仿得活像孙叔敖，就连楚庄王左右近臣都分辨不出来。楚庄王设置酒宴，优孟上前为庄王敬酒祝福。庄王很吃惊，以为孙叔敖又复活了，想要让他做楚相。优孟说："请让我回去同妻子商量一下，三日后再来就任楚相。"庄王答应了。三天后，优孟又来见庄王。庄王问："你妻子怎么说？"优孟说："她说千万别做楚相，不值得做。像孙叔敖那样地做楚相，忠正廉洁地治理楚国，楚王才得以称霸。现在过世了，他的儿子却无立锥之地，贫困到每天靠打柴谋生的地步。若像孙叔敖那样做楚相，还不如自杀。"接着唱道："住在山野耕田辛苦，难以获得食物。出外做官，自身贪鄙的，积有余财，不顾廉耻，死后家室虽然富足，但又恐怕贪赃枉法，做非法之事，犯下大罪，自己被杀，也祸及家室。贪官怎能做呢？想做个清官，遵纪守法，忠于职守，到死都不敢做非法之事。唉，清官又怎能做呢？比如楚相孙叔敖，他一生坚持廉洁的操守，如今妻儿老小却贫困到以打柴为生。清官真是不值得做啊！"于是，庄王就向优孟表示歉意，当即召见孙叔敖的儿子，把寝丘这个四百户之邑封给他，以供祭祀孙叔敖之用。此后，十年都没断绝。优孟的这种聪明才智，可以说是正得其宜，抓住了发挥的时机。

在优孟以后二百多年，秦国出了个优旃。

【原文】

优旃者，秦倡侏儒也。善为笑言，然合于大道，秦始皇时，置酒而天雨，陛楯者皆沾寒。优旃见而哀之，谓之曰："汝欲休乎？"陛楯者皆曰："幸甚。"优旃曰："我即呼汝，汝疾应曰诺。"居有顷，殿上上寿呼万岁。优旃临槛大呼曰："陛楯郎！"郎曰："诺。"优旃曰："汝虽长，何益，幸雨立。我虽短也，幸休居。"于是始皇使陛楯者得半相代。

始皇尝议欲大苑囿，东至函谷关，西至雍、陈仓。优旃曰："善。多纵禽兽于其中，寇从东方来，令麋鹿触之足矣。"始皇以故辍止。

二世立，又欲漆其城。优旃曰："善。主上虽无言，臣固将请之。漆城虽于百姓愁费，然佳哉！漆城荡荡，寇来不能上。即欲就之，易为漆耳，顾难为荫室。"于是二世笑之，以其故止。居无何，二世杀死，优旃归汉，数年而卒。

太史公曰：淳于髡仰天大笑，齐威王横行。优孟摇头而歌，负薪者以封。优旃临槛疾呼，陛楯得以半更。岂不亦伟哉！褚先生曰：臣幸得以经术为郎，而好读外家传语。窃不逊让，复作故事滑稽之语六章，编之于左。可以览观扬意，以示后世好事者读之，以游心骇耳，以附益上方太史公之三章。

【译文】

优旃是秦国的歌舞艺人，个子矮小。他擅长说笑话，而又都能合乎大道理。秦始皇时，宫中设酒宴，正赶上天下雨，殿阶下执楯站岗的卫士都淋着雨，受着风寒。优旃看了很同情他们，对他们说："你们想休息吗？"卫士们都说："很想。"优旃说："若我叫你们，你们就要立即答应我。"过了一会儿，宫殿上向秦始皇祝酒，高呼万岁。优旃靠近栏杆旁大声喊道："卫士！"卫士答道："有。"优旃说："你们长得高大有什么用？只有幸站在露天淋雨。而我虽身材矮小，却有幸在这里休息。"于是，秦始皇准许卫士减半值班，轮流接替。

秦始皇曾经计议要扩大射猎区域，东到函谷关，西到雍县和陈仓。优旃说："好啊。多养些禽兽在里面，敌人从东面来侵犯，就可以让麋鹿用角去抵触他们。"秦始皇听了此话，就停止了扩大猎场的计划。

秦二世皇帝即位，又想用漆涂饰城墙。优旃说："好啊。就算皇上不讲，我也想请您这样做的。漆城墙虽然给百姓带来愁苦和耗费，可是很美啊！城墙漆得漂漂亮亮的，敌人来了也爬不上来。想成就此事，涂漆倒容易，但是难办的是要找一所大房子，把漆过的城墙搁进去，使它阴干。"于是二世皇帝笑了，也将此计划取消。不久，二世皇帝被杀，优旃归顺了汉朝，几年后就去世了。

太史公说：淳于髡仰天大笑，齐威王于是横行天下。优孟摇头歌唱，打柴人于是受到封赏。优旃靠近栏杆大喊一声，阶下卫士因而得以减半值勤，轮流倒休。这些难道不都是伟大而可颂扬的吗？褚少孙先生说：我有幸能因通晓经学而做了郎官，而且喜欢读史传杂说之类的书。不自量力，又写了六章滑稽的故事，编在太史公原著的后面。以供阅览，扩充见闻，流传给后代不怕絮烦的人浏览，以舒畅心胸，警醒听闻，因此特意将其增附在上面太史公三则滑稽故事之后。

【原文】

武帝时有所幸倡郭舍人者，发言陈辞虽不合大道，然令人主和说。武帝少时，东武侯母常养帝，帝壮时，号之曰“大乳母”。率一月再朝。朝奏入，有诏使幸臣马游卿以帛五十匹赐乳母，又奉饮糒飧养乳母。乳母上书曰：“某所有公田，愿得假倩之。”帝曰：“乳母欲得之乎？”以赐乳母。乳母所言，未尝不听。有诏得令乳母乘车行驰道中。当此之时，公卿大臣皆敬重乳母。乳母家子孙奴从者横暴长安中，当道掣顿人车马，夺人衣服。闻于中，不忍致之法。有司请徙乳母家室，处之于边。奏可。乳母当入至前，面见辞。乳母先见郭舍人，为下泣。舍人曰：“即入见辞去，疾步数还顾。”乳母如其言，谢去，疾步数还顾。郭舍人疾言骂之曰：“咄！老女子！何不疾行！陛下已壮矣，宁尚须汝乳而活邪？尚何还顾！”于是人主怜焉悲之，乃下诏止无徙乳母，罚谪谮之者。

武帝时，齐人有东方生名朔，以好古传书，爱经术，多所博观外家之语。朔初入长安，至公车上书，凡用三千奏牍。公车令两人共持举其书，仅然能胜之。人主从上方读之，止，辄乙其处，读之二月乃尽。诏拜以为郎，常在侧侍中。数召至前谈语，人主未尝不说也。时诏赐之食于前。饭已，尽怀其余肉持去，衣尽污。数赐缣帛，檐揭而去。徒用所赐钱帛，取少妇于长安中好女。率取妇一岁所者即弃去，更取妇。所赐钱财尽索之于女子。人主左右诸郎半呼之“狂人”。人主闻之，曰：“令朔在事无为是行者，若等安能及之哉！”朔任其子为郎，又为侍谒者，常持节出使。

【译文】

汉武帝时，有个受宠爱的艺人姓郭，他说话虽不合乎大道理，却能讨皇上的欢心。武帝年幼时，东武侯的母亲曾乳养过他，长大后，武帝就称其为“大乳母”。大概每月入朝两次。每次入朝的通报呈送进去，必有诏旨派宠爱的侍臣马游卿拿五十匹绸绢赏给乳母，并备饮食供养乳母。乳母上书道：“某处有块公田，请拨借给我使用。”武帝说：“乳母想得到它吗？”于是就把公田赐给了她。乳母的话，没有不听的。又下诏乳母所乘坐的车子可行走在御道上。这时，公卿大臣都敬重乳母。乳母家里的子孙奴仆等人在长安城中横行霸道，当道拦截过路车马，抢夺他人衣物。消息传入朝中，武帝不忍心用法律来制裁乳母。主管的官吏奏请把乳母一家迁移到边疆去。武帝批准了。乳母理当进宫到武帝前面辞行。乳母先会见了郭舍人，为此而哭泣。郭舍人说："赶快进去面见辞行，快步退出，多回过身来望几次皇帝。"乳母照他说的做了，面见武帝辞行，然后快步退出，屡屡转过身来看武帝。郭舍人大骂乳母道："啐！老婆子，还不快走！皇上已经长大了，难道还要等你喂奶才能活命吗？还转身看什么！"于是武帝可怜她，不禁悲伤起来，就下令制止，不准迁移乳母一家，还处罚了说乳母坏话的人。

汉武帝时，齐地有个人叫东方朔，因喜好古代流传下来的书籍，爱好儒家经术，遍读诸子百家之书。东方朔刚到长安时，到公车府那里上书给皇帝，共用了三千个木简。公车府派了两个人一起来抬他的奏章，勉强能抬起。武帝在宫内阅读东方朔的奏章，需要停阅时，便在那里划个记号，两个月后才读完。武帝下令任东方朔为郎官，他常在皇上身边侍奉。屡次叫他到跟前谈话，武帝没有不高兴过。武帝常下诏赐他御前用饭。饭后，他便把剩下的肉全都揣在怀里带走，以致弄脏了衣服。皇上屡次赐给他绸绢，他都是肩挑手提地拿走。他专用这些赐来的钱财绸绢，娶长安城中年轻漂亮的女子为妻。多数都是娶过来一年光景便又抛弃，然后再娶。皇上所赏赐的钱财全都用在女人身上。皇上身边的侍臣有一半都称他为"疯子"。武帝听了说："若东方朔当官行事无这些荒唐行为，你们谁能比得上他呢？"东方朔保举他的儿子做郎官，又升为侍中的谒者，常常衔命奉使，公出办事。

【原文】

朔行殿中，郎谓之曰："人皆以先生为狂。"朔曰："如朔等，所谓避世于朝廷间者也。古之人，乃避世于深山中。"时坐席中，酒酣，据地歌曰："陆沈于俗，避世金马门。宫殿中可以避世全身，何必深山之中，蒿庐之下。"金马门者，宦者署门也，门旁有铜马，故谓之曰"金马门"。

时会聚宫下博士诸先生与论议，共难之曰："苏秦、张仪一当万乘之主，而都卿相之位，泽及后世。今子大夫修先王之术，慕圣人之义，讽诵诗书百家之言，不可胜数。著于竹帛，自以为海内无双，即可谓博闻辩智矣。然悉力尽忠以事圣帝，旷日持久，积数十年，官不过侍郎，位不过执戟，意者尚有遗行邪？其故何也？”东方生曰：“是固非子所能备也。彼一时也，此一时也，岂可同哉！夫张仪、苏秦之时，周室大坏，诸侯不朝，力政争权，相禽以兵，并为十二国，未有雌雄，得士者强，失士者亡，故说听行通，身处尊位，泽及后世，子孙长荣。今非然也。圣帝在上，德流天下，诸侯宾服，威振四夷，连四海之外以为席，安于覆盂，天下平均，合为一家，动发举事，犹如运之掌中。贤与不肖，何以异哉？方今以天下之大，士民之众，竭精驰说，并进辐辏者，不可胜数。悉力慕义，困于衣食，或失门户。使张仪、苏秦与仆并生于今之世，曾不能得掌故，安敢望常侍侍郎乎！”

【译文】

一天东方朔从殿中经过，郎官们对他说：“人们都觉得先生是狂人。”东方朔说：“像我这样的人，就是所谓隐居在朝廷里的人。古人都是隐居在深山里。”他常坐在酒席中，酒喝得畅快时，就趴在地上唱：“在世俗隐居中，在金马门避世。宫殿里可以隐居起来保全自身，为何还要隐居在深山之中、茅舍里面呢？”所谓金马门，就是宦者衙署的门，大门旁有铜马，因此叫作“金马门”。

当时正是朝廷召集学宫里的博士先生们参与议事，大家一同诘难东方朔道：“苏秦和张仪偶然遇到大国的君主，就能居于卿相的地位，恩泽留传后世。如今先生您研究先王治国御臣之术，仰慕圣人立身处世的道理，熟习《诗》《书》和诸子百家之言论，无法一一列举。又有文章著作，自以为天下无双，就可称为见多识广、聪敏才辩了。可您竭尽全力、忠心耿耿地奉事圣明的皇帝，累积长达数十年，官衔却不过是个侍郎，职位也不过是个卫士，看来您还是有不检点之处吧？这是为什么呢？”东方朔说：“这原本就不是你们能完全了解的。那时是一个时代，现在是另一个时代，怎可相提并论呢？张仪和苏秦的时代，周朝衰败，诸侯都不去朝见周天子，以武力征伐夺取权势，用军事相互侵犯，天下兼并为十二个诸侯国，势力不相上下，得到士人的就强大，反之就灭亡，因此才对士人言听计从，使士人身居高位，恩泽留传后代，子孙长享荣华。现在不同了，圣明的皇帝在上执掌朝政，恩泽遍及天下，诸侯归顺服从，威势震慑四方，将四海之外的疆土连接成像坐席那样的一片乐土，比倒放的盘盂还要安稳得多，天下一统，凡有所举动，都好似在手掌中转动一下那样轻而易举。贤与不贤，靠什么来辨别呢？如今因天下广大，士民众多，竭尽精力，奔走游说，就像辐条凑集到车毂一样，争着集中到京城里向朝廷献计献策的人数不胜数。尽管竭力仰慕道义，仍免不了会被衣食所困，有的甚至连进身的门路都没有。倘若张仪和苏秦和我同生在当今时代，他们连一个掌管旧制旧例等故事的小官都得不到，还怎敢奢望做常侍郎呢？”

【原文】

“传曰：‘天下无害灾，虽有圣人，无所施其才；上下和同，虽有贤者，无所立功。’故曰时异则事异。虽然，安可以不务修身乎？诗曰：‘鼓钟于宫，声闻于外。鹤鸣九皋，声闻于天。’。苟能修身，何患不荣！太公躬行仁义七十二年，逢文王，得行其说，封于齐，七百岁而不绝。此士之所以日夜孜孜，修学行道，不敢止也。今世之处士，时虽不用，崛然独立，块然独处，上观许由，下察接舆，策同范蠡，忠合子胥，天下和平，与义相扶，寡偶少徒，固其常也。子何疑于余哉！”于是诸先生默然无以应也。

建章宫后阁重栎中有物出焉，其状似麋。以闻，武帝往临视之。问左右群臣习事通经术者，莫能知。诏东方朔视之。朔曰：“臣知之，愿赐美酒粱饭大飧臣，臣乃言。”诏曰：“可。”已又曰：“某所有公田鱼池蒲苇数顷，陛下以赐臣，臣朔乃言。”诏曰：“可。”于是朔乃肯言，曰：“所谓驺牙者也。远方当来归义，而驺牙先见。其齿前后若一，齐等无牙，故谓之驺牙。”其后一岁所，匈奴混邪王果将十万众来降汉。乃复赐东方生钱财甚多。

至老，朔且死时，谏曰：“诗云‘营营青蝇，止于蕃。恺悌君子，无信谗言。谗言罔极，交乱四国’。愿陛下远巧佞，退谗言。”帝曰：“今顾东方朔多善言？”怪之。居无几何，朔果病死。传曰：“鸟之将死，其鸣也哀；人之将死，其言也善。”此之谓也。

【译文】

“古书上说：‘天下无灾害，即使有圣人都无处施展其才华；君臣上下和睦同心，即使有贤人也无处建立其功业。’因此说，时代不同了，事情也就随之发生变化。尽管如此，又怎能不努力去修养自身呢？《诗》说：‘在宫内敲钟，声音可传到外面。’‘鹤在遥远的水泽深处鸣叫，声音也可传到天上。’若能修养自身，还怕什么无法获得荣耀！齐太公亲身实行仁义七十二年，遇到周文王后才得以施行自己的主张，封在齐国，其思想影响留传七百年不绝。这就是士人之所以日夜孜孜不倦地研究学问，推行自己的主张而不敢停止的原因。当今世上的隐士，一时虽未被任用，却可超然自立，孑然独处，远观许由，近看接舆，智谋可比范蠡，忠诚可比伍子胥，天下和平，修身自持，但是却寡朋少侣，这本是件很平常的事。你们为何对我有疑虑呢？”于是那些先生们便无话可说了。

建章宫后阁的双重栏杆中，有一只动物跑了出来，它形似麋鹿。消息传到宫中，武帝亲自去观看。问身边群臣中熟悉事物而又通晓经学之人，无人能说出它是何物。诏来东方朔，东方朔说：“我知道此物，请赐给我美酒好饭让我饱餐一顿，我才说。”武帝说：“可以。”酒饭后，东方朔又说：“某处有公田、鱼池和苇塘好几顷，陛下赏赐给我，我才说。”武帝说：“可以。”于是东方朔才肯说道：“此物叫驺牙。远方当有前来投诚之事，因而驺牙便先出现。它的牙齿前后一样，大小相等而无大牙，因此叫驺牙。”后来过了一年左右，匈奴混邪王果然带领十万人来归降汉朝。武帝于是又赏赐东方朔很多钱财。

到了晚年。东方朔临终时，规劝武帝说：“《诗经》上说‘来回飞的苍蝇落在篱笆上面。慈祥善良的君子不要听信谗言。’‘谗言无止境，四方邻国不得安宁。’希望陛下能远离那些巧言谄媚之人，斥退他们的谗言。”武帝说：“最近东方朔屡屡讲良善的话吗？”对此感到惊奇。不久，东方朔果然病死了。古书上说：“鸟临死时，其叫声特别悲哀；人临终时，其言语也十分诚恳。”说的就是这个意思吧。

【原文】

武帝时，大将军卫青者，卫后兄也，封为长平侯。从军击匈奴，至余吾水上而还，斩首捕虏，有功来归，诏赐金千斤。将军出宫门，齐人东郭先生以方士待诏公车，当道遮卫将军车，拜谒曰："愿白事。"将军止车前，东郭先生旁车言曰："王夫人新得幸于上，家贫。今将军得金千斤，诚以其半赐王夫人之亲，人主闻之必喜。此所谓奇策便计也。"卫将军谢之曰："先生幸告之以便计，请奉教。"于是卫将军乃以五百金为王夫人之亲寿。王夫人以闻武帝。帝曰："大将军不知为此。"问之安所受计策，对曰："受之待诏者东郭先生。"诏召东郭先生，拜以为郡都尉。东郭先生久待诏公车，贫困饥寒，衣敝，履不完。行雪中，履有上无下，足尽践地。道中人笑之，东郭先生应之曰："谁能履行雪中，令人视之，其上履也，其履下处乃似人足者乎？"及其拜为二千石，佩青蜗出宫门，行谢主人。故所以同官待诏者，等比祖道于都门外。荣华道路，立名当世。此所谓衣褐怀宝者也。当其贫困时，人莫省视；至其贵也，乃争附之。谚曰："相马失之瘦，相士失之贫。"其此之谓邪？

王夫人病甚，人主至自往问之曰："子当为王，欲安所置之？"对曰："愿居洛阳。"人主曰："不可。洛阳有武库、敖仓，当关口，天下咽喉。自先帝以来，传不为置王。然关东国莫大于齐，可以为齐王。"王夫人以手击头，呼"幸甚"。王夫人死，号曰"齐王太后薨"。

【译文】

汉武帝时，大将军卫青是卫皇后的哥哥，被封为长平侯。他率兵出击匈奴，追至余吾水边才返回，斩杀大量敌兵，捕获许多俘虏，立下赫赫战功归来，武帝下令赏赐千斤黄金。大将军从宫门出来，齐地人东郭先生以方士身份在公车府候差，当道把卫将军的车马拦住，拜见说："有事禀告大将军。"卫将军停在车前，东郭先生靠在车旁说："王夫人新近得到皇帝的宠爱，家里贫困。现在将军获得千斤黄金，若将其中一半送给王夫人的父母，则皇上知道后定会很高兴。这就是所谓巧妙而便捷的计策啊。"卫将军感谢他说："亏得先生把这便捷的计策告诉了我，一定遵从指教。"于是卫将军就把五百斤黄金送给了王夫人的父母。王夫人把此事告知武帝。武帝说："大将军不懂得这么做。"便问卫青从哪里得来的计策，回答说："是从候差的东郭先生那里得来的。"于是就下令召见东郭先生，任命他为郡都尉。东郭先生长期在公车府候差，窘迫饥寒，衣衫破旧，鞋子也不完好。走在雪地里，鞋子有面无底，脚全踩在地上。过路人嘲笑他，东郭先生就说："谁能穿鞋走在雪地里，让人看去，鞋上是鞋子，鞋子下竟像人的脚呢？"等到他被任命为俸禄二千石的官，佩戴着青绶，走出宫门去辞谢他的主人时，以前同他一起候差的，都分批的在都城郊外为他饯行。一路荣华显耀，名扬当时。这就是所谓的身穿粗衣，怀揣珍宝之人。他贫困时，大家都不理睬他；等显贵时，就都争着去依附。俗话说："相马因其外表消瘦而错失良马，相士因其外貌贫困而错过人才。"难道说的就是这种情况吗？

王夫人病重，皇上亲自探望，问她说："你的儿子应当封王，你要他封在哪里？"答道："希望封在洛阳。"皇上说："不行。洛阳有兵器库、大粮仓，而且还是交通关口，是天下的咽喉要道。从先帝以来，相传不在洛阳一带封王。不过关东一带的封国，要数齐国最大了，可封他为齐王。"王夫人用手拍着头，口呼："太幸运了"。王夫人去世后，就称为"齐王太后薨"。

【原文】

昔者，齐王使淳于髡献鹄于楚。出邑门，道飞其鹄，徒揭空笼，造诈成辞，往见楚王曰："齐王使臣来献鹄，过于水上，不忍鹄之渴，出而饮之，去我飞亡。吾欲刺腹绞颈而死。恐人之议吾王以鸟兽之故令士自伤杀也。鹄，毛物，多相类者，吾欲买而代之，是不信而欺吾王也。欲赴佗国奔亡，痛吾两主使不通。故来服过，叩头受罪大王。"楚王曰："善，齐王有信士若此哉！"厚赐之，财倍鹄在也。

武帝时，征北海太守诣行在所。有文学卒史王先生者，自请与太守俱，"吾有益于君"，君许之。诸府掾功曹白云："王先生嗜酒，多言少实，恐不可与俱。"太守曰："先生意欲行，不可逆。"遂与俱。行至宫下，待诏宫府门。王先生徒怀钱沽酒，与卫卒仆射饮，日醉，不视其太守。太守入跪拜。王先生谓户郎曰："幸为我呼吾君至门内遥语。"户郎为呼太守。太守来，望见王先生。王先生曰："天子即问君何以治北海令无盗贼，君对曰何哉？"对曰："选择贤材，各任之以其能，赏异等，罚不肖。"王先生曰："对如是，是自誉自伐功，不可也。愿君对言，非臣之力，尽陛下神灵威武所变化也。”太守曰：“诺。”召入，至于殿下，有诏问之曰：“何于治北海，令盗贼不起？”叩头对言：“非臣之力，尽陛下神灵威武之所变化也。”武帝大笑，曰：“於呼！安得长者之语而称之！安所受之？”对曰：“受之文学卒史。”帝曰：“今安在？”对曰：“在宫府门外。”有诏召拜王先生为水衡丞，以北海太守为水衡都尉。传曰：“美言可以市，尊行可以加人。君子相送以言，小人相送以财。”

【译文】

从前，齐王派淳于髡去楚国进献黄鹄。出了都城门，中途那只黄鹄飞走了，他就只好托着空笼子，编了假话去拜见楚王道：“齐王派我来进献黄鹄，从水上经过，不忍心黄鹄渴，于是将其放出喝水，却不料它却飞离我而去。我想刺腹或勒脖子而死，可又担心别人非议大王由于鸟兽的缘故而致使士人自杀。黄鹄是羽毛类的东西，相似的不少，我想买一个相似的来代替，但是这样既不诚实，又欺骗了大王。想要逃奔到别国，又痛心齐楚两国君主之间的通使会由此断绝。因此才前来服罪，向大王叩头请求责罚。”楚王说：“很好，齐工竟有如此忠信的人。”于是用厚礼赏赐淳于髡，财物比进献黄鹄多一倍。

汉武帝时，召北海郡太守去皇帝行宫。有个执掌文书的府吏王先生，自动请求与太守一同前往，说：“我会有利于您的。”太守答应了。太守府中的许多府吏、功曹禀告道：“王先生爱喝酒，爱说闲话，不办实事，恐怕不宜同行。”太守说：“王先生想去，也不好违背他的意愿。”于是就同他一起去了。到了宫门外，在宫府门待命。王先生只顾揣钱买酒，与卫队长官叙饮，整天醉醺醺的，也不去看望太守。太守入宫拜见皇上。王先生对守门郎官说：“请帮我叫我们太守到宫门口来，我要跟他远远地讲几句话。”守门郎官替他去喊太守。太守出来，看见了王先生。王先生说：“皇上若问您如何治理北海郡，使郡里没有盗贼，您会说些什么？”太守说：“选择贤能之人，按他们的能力分别任用，对才能超群的进行奖赏，对不图上进的进行惩罚。”王先生说：“这样说完全是自己称颂自己，自夸功劳不行啊。希望您能这样说：‘非臣之力，完全因为陛下神明威武才发挥的作用。'" 太守说："好。"太守被召进宫中，走到殿下时有诏令问他："你是怎么治理北海郡，使盗贼不敢泛起的？"太守叩头答道："这并非臣之力，完全是陛下神明威武发生的作用。"武帝大笑道："啊！怎么学得长者的言语而称颂起来？从何处听来的？"太守说："是文学卒史教给的。"武帝说："他在何处？"太守说："就在宫府门外。"武帝于是下诏召见，任命王先生为水衡丞，北海太守做水衡都尉。古书上说："美好的言辞能出卖，高贵的品行能超人。君子用美言赠人，小人以钱财送人。"

【原文】

魏文侯时，西门豹为邺令。豹往到邺，会长老，问之民所疾苦。长老曰："苦为河伯娶妇，以故贫。"豹问其故，对曰："邺三老、廷掾常岁赋敛百姓，收取其钱得数百万，用其二三十万为河伯娶妇，与祝巫共分其余钱持归。当其时，巫行视小家女好者，云是当为河伯妇，即娉取。洗沐之，为治新缯绮縠衣，闲居斋戒；为治斋宫河上，张缇绛帷，女居其中。为具牛酒饭食，十余日。共粉饰之，如嫁女床席，令女居其上，浮之河中。始浮，行数十里乃没。其人家有好女者，恐大巫祝为河伯取之，以故多持女远逃亡。以故城中益空无人，又困贫，所从来久远矣。民人俗语曰'即不为河伯娶妇，水来漂没，溺其人民' 云。"西门豹曰："至为河伯娶妇时，愿三老、巫祝、父老送女河上，幸来告语之，吾亦往送女。"皆曰："诺。"

至其时，西门豹往会之河上。三老、官属、豪长者、里父老皆会，以人民往观之者三二千人。其巫，老女子也，已年七十。从弟子女十人所，皆衣缯单衣，立大巫后。西门豹曰："呼河伯妇来，视其好丑。"即将女出帷中，来至前。豹视之，顾谓三老、巫祝、父老曰："是女子不好，烦大巫妪为入报河伯，得更求好女，后日送之。"

【译文】

魏文侯的时候，西门豹为邺县令。西门豹到了邺县，召集年高而有名望之人，询问民间疾苦。那些人都说："苦于给河神娶媳妇，也因此事而贫困。"西门豹问其原因，答道："邺地的三老、廷掾常年向百姓征收赋税，收取他们的钱足有数百万，用其中的二三十万为河神娶媳妇，再同庙祝、巫婆一起瓜分剩下的钱，拿回家去。期间，巫婆四处巡视，见到贫苦人家的女儿中有长得漂亮的，就说应该做河神的媳妇，就立即下聘礼娶走。为她洗澡沐浴，为她缝制新的绸绢衣服，独住下来，静心养性，还替她在河边盖起斋居的房子，挂上大红厚绢的帐子，让女孩在里面住。又为她宰牛造酒准备饭食，折腾十几天。时间一到，大家便一同来装点乘浮之具，就像出嫁女儿的床帐枕席一样，让女孩坐在上面，放到河中漂行。开始时漂在水面，漂流几十里后就沉没了。那些有漂亮女子的人家，因害怕大巫婆替河神娶他们的女儿，所以大多带着女儿远远地逃离了。因此城里也越来越空虚，人越来越少，因而更加贫困了，这种情况已经持续很久了。民间俗话说：'若不给河神娶媳妇，则河水会冲来淹没田产，淹死那些老百姓。'"西门豹说："等到再为河神娶媳妇时，请三老、巫婆、父老们到河边去送新娘，也请来告诉我，我也要去送新娘。"大家说："是。"

到了那一天，西门豹就到河边同大家相会。三老、官吏、豪绅以及乡间父老都到齐了，还有观看的百姓共二三千人。那个大巫婆是个已有七十岁的老太婆。随从有十几个女弟子，都穿着绸子单衣，在大巫婆后面站着。西门豹说："把河神的媳妇叫过来，看她美不美。"巫婆们就从帐子里把新娘扶出，来到西门豹面前。西门豹看了看，回头对三老、庙祝、巫婆及父老说："这女子不美，烦劳大巫婆先到河中报告河神，就说需要调换一个漂亮女孩，后天再送她来。"

【原文】

即使吏卒共抱大巫妪投之河中。有顷，曰："巫妪何久也？弟子趣之！"复以弟子一人投河中。有顷，曰："弟子何久也？复使一人趣之！"复投一弟子河中。凡投三弟子。西门豹曰："巫妪弟子是女子也，不能白事，烦三老为入白之。"复投三老河中。西门豹簪笔磬折，向河立待良久。长老、吏旁观者皆惊恐。西门豹顾曰："巫妪、三老不来还，奈之何？"欲复使廷掾与豪长者一人入趣之。皆叩头，叩头且破，额血流地，色如死灰。西门豹曰："诺，且留待之须臾。"须臾，豹曰："廷掾起矣。状河伯留客之久，若皆罢去归矣。"邺吏民大惊恐，从是以后，不敢复言为河伯娶妇。

西门豹即发民凿十二渠，引河水灌民田，田皆溉。当其时，民治渠少烦苦，不欲也。豹曰："民可以乐成，不可与虑始。今父老子弟虽患苦我，然百岁后期令父老子孙思我言。"至今皆得水利，民人以给足富。十二渠经绝驰道，到汉之立，而长吏以为十二渠桥绝驰道，相比近，不可。欲合渠水，且至驰道合三渠为一桥。邺民人父老不肯听长吏，以为西门君所为也，贤君之法式不可更也。长吏终听置之。故西门豹为邺令，名闻天下，泽流后世，无绝已时，几可谓非贤大夫哉！

传曰："子产治郑，民不能欺；子贱治单父，民不忍欺；西门豹治邺，民不敢欺。"三子之才能谁最贤哉？辨治者当能别之。

【译文】

于是就命士兵一齐抱起大巫婆投进河里。过了一会儿，西门豹又说："大巫婆怎么去这么久还不回来呢？徒弟去催一下吧。"于是又把一个徒弟投进河中。过了一会儿，又说："徒弟怎么一去这么久也不回来呢？再派一个人去催促她们！"于是又把另一个徒弟投进河里。一共投进河里三个徒弟。西门豹说："看来巫婆、徒弟是女人，不会禀告事由，那就烦劳三老替我进去禀告河神吧。"于是又把三老投进河里。西门豹头上插着笔，弯着腰，面对河水站着等了很久。长者、官吏和旁观者都很害怕。西门豹回头说："巫婆、三老不回来，怎么办？"想再派廷掾和一个豪绅进去催促他们。廷掾和豪绅都跪在地上磕头，把头都磕破了，血流满地，脸色死灰。西门豹说："好吧，再等一会儿。"待了一会儿，西门豹说："廷掾起来吧。看来河神是留客太久了，你们都离开这里回家去吧。"邺县的官吏、百姓都很害怕，从此无人敢再说替河神娶媳妇了。

西门豹就征发百姓开凿了十二条渠道，引漳河水浇灌农田，农田都得到灌溉。开凿河渠时，百姓多少是有些劳苦的，因此有些不愿干。西门豹说："百姓可与他们安享其成，却不能同他们谋划事业的开创。现在父老子弟虽认为我给他们带来辛苦，但百年之后，希望让父老子弟再想想我今天所说的话。"直到今天，那里都得到河水的好处，百姓也因此富裕起来。十二条河渠横穿御道，到汉朝建立时，地方官吏认为十二条河渠上的桥梁截断了御道，彼此离得又很近，不行。想要合并渠水，并把流经御道的那段，三条渠水合为一条，只架一桥。邺地百姓不听地方官吏的意见，认为那些渠道是由西门先生规划开凿的，贤良长官的法度规范是不应该更改的。地方长官终于听取了大家的意见，把并渠计划放弃。所以西门豹做邺县令，名闻天下，恩德流传后世，难道可以说他不是贤大夫吗？

古书上说："子产治理郑国，百姓不能欺骗他；子贱治理单父，百姓不忍欺骗他；西门豹治理邺县，百姓不敢欺骗他。"此三人的才能，哪个最高明呢？研究治道的人，应该会分辨出来。

【评析】

天地之大，无奇不有，人生百态，也是万象纷呈。帝王将相、骚人墨客、商贾巨子，或以武功见长，或以学问闻世，或以钱帛著称。也有一类人，不同于上述诸人，而是以智慧聪敏而让人缅怀景仰。中国历史上的谏臣很多，其中最著名的当属魏征，然而我们说像李世民那样从谏如流的君主并不多，所以说魏征是幸运的。委婉地进谏还是让人比较容易接受的。淳于髡是个聪明的人，当然齐威王也更明智，所以淳于髡用自己独特的方式实现了劝谏的目标意图，同时齐威王也巧妙地表述了自己振作奋发的理想愿望。这样当然要比君臣之间争得面红耳赤要好得多。优孟也很有手段，他顺着楚庄王的思路一步一步地将楚庄王此举的荒谬演绎了出来，并且最后让楚庄王清楚地意识到了这一点。有时候，委婉和幽默可以避免很多不必要的纷争，这不仅仅是表现在纳谏上。今天，我们的生活或工作中遇到类似的事情，同样可以参考。面对同一件事情，换一种方式去解决就可能达到意想不到的效果。据说优旃不仅长得矮，而且面貌奇丑无比，但是他凭借敏捷的思维和独特的行止，所到之处每每能博得人们一致的笑声和掌声，以致迅速成为众人非常喜欢的知名人物，最后得以位列大夫之中。优旃之意，乃是希望二世能励精图治、富国强兵，方可永远保得秦朝的万世基业。但二世终究不是一位明君，最后甚至为赵高所害。